Festschrift zum 125jährigen Bestehen der ETH Zürich

Eidgenössische Technische Hochschule Zürich

1955–1980

Festschrift zum 125jährigen Bestehen

Herausgegeben vom Rektor der ETH Zürich
und redigiert von
Jean-François Bergier und Hans Werner Tobler
(Institut für Geschichte)

Verlag Neue Zürcher Zeitung

Herstellung: Druckerei Neue Zürcher Zeitung, Zürich
Printed in Switzerland

ISBN 3 858 23028 6

Vorwort

Von Rektor Hans Grob

Man kann sich wirklich fragen, ob das vorliegende Buch eine Festschrift sei. Einmal feiert die ETH ihr Jubiläum nicht einfach durch ein Fest, sondern hat sich mit der Frage «Technik wozu und wohin?» ein ganzes Jahr an Arbeit und Diskussionen ringsum in der Schweiz beschert. Ferner ging der Ausarbeitung der Schrift keine umfassende historische Abklärung voraus, wie dies bei Festschriften sonst üblich ist. Das Werk entsprang vielmehr einer spontanen Willenserklärung der verschiedenen Autoren, die Entwicklung der letzten 25 Jahre von ihrem Standpunkt aus zu schildern. Diese Entwicklung hat während der betrachteten Zeitspanne ein derartiges Ausmass angenommen, dass wir es nach anfänglichem Zögern doch als richtig empfanden, schon 25 Jahre nach dem Zentenarium wieder einen Marschhalt einzulegen und mit einem Rückblick den Stand der Dinge festzuhalten.

Die verfügbare Zeit war kurz, und jeder musste rasch zusammentragen, was ihm wichtig erschien. Die Redaktoren haben die Beiträge unter Schwierigkeiten gesammelt und nur die gröbsten Unebenheiten abgeschliffen. Angesichts der verschiedenen Voraussetzungen der Autoren — die einen haben die Entwicklung seit der Jahrhundertfeier wirklich mitgemacht, während andere eher nur das Resultat erlebten — und ihrer unterschiedlichen Temperamente entstand ein breites Spektrum der Ansichten und Urteile, das unsere vielfältige Schule treffend widerspiegelt. Man spürt förmlich ihren lebendigen Atem, der manchmal fast etwas keuchend geht, wenn die Dynamik des Wachstums und des Umbruchs sich an ihren Grenzen reibt.

Zuerst wird der Anschluss an die Geschichte der ersten hundert Jahre gesucht und der Versuch einer Synthese unternommen. Das Hauptgewicht liegt auf der Darstellung der Abteilungen aus der Sicht der Professoren. Anschliessend kommen die übrigen «Stände» — Assistenten, Studenten und Bedienstete — zu Wort. Schliesslich wird von den augenfälligsten Veränderungen der Schule in organisatorischer und baulicher Hinsicht und von den wichtigsten Dienstleistungseinrichtungen berichtet, die zum Leben der Schule gehören. Der Anhang umfasst Verzeichnisse und Tabellen, dazu graphische Darstellungen, welche einen raschen Ueberblick über die Entwicklung, aber auch über die internationale Stellung der ETHZ ermöglichen sollen. Dabei zeigt ein Vergleich mit den soweit als möglich aufgeführ-

ten Angaben aus dem ersten Jahrhundert unserer Hochschule anschaulich die besondere Dynamik der Entwicklung in den letzten 25 Jahren.

Alle Mitarbeiter haben unter Zeitdruck eine grosse nebenamtliche Arbeit auf sich genommen, voran die Autoren der einzelnen Kapitel und die beiden Redaktoren. Dr. Beat Glaus hat für die Illustration gesorgt und Emil Herensperger zusammen mit Frau Claire Wüger für die graphischen Darstellungen. Der Dozentendienst unter Rudolf Flückiger stellte die Verzeichnisse zusammen; Frau Yvette Angst und Frau Monika Kramer erledigten die umfangreiche administrative Arbeit. All den Genannten, aber auch den übrigen Mitarbeitern, die eher im Verborgenen gewirkt haben, gebührt der aufrichtige Dank der Schule und der Leserschaft.

Zum Geleit

Von Bundesrat Hans Hürlimann
Vorsteher des Eidgenössischen Departements des Innern

Die Jahrhundertfeier unserer Bundeshochschule in Zürich scheint manchen von uns noch gar nicht so weit zurückzuliegen. Die seither verflossenen fünfundzwanzig Jahre dürften von späteren Historikern vermutlich zu den bedeutsamsten Perioden der ETHZ gezählt werden. Eine wesentliche Ausbauetappe, die einen zweiten Standort, den Hönggerberg, erschloss und auch eine beträchtliche Erneuerung und Ausdehnung der Bauten im bestehenden Universitätsviertel umfasste, ist in dieser Zeit als Resultat weitblickender Initiativen des verstorbenen Schulratspräsidenten, Professor Pallmann, in Angriff genommen und zu einem guten Abschluss gebracht worden. Dank dem grossen Verständnis der eidgenössischen Räte verfügt unsere Zürcher Hochschule heute über modern eingerichtete Lehr- und Forschungsstätten, mit denen sie auch noch steigenden Bedürfnissen begegnen kann. Die Aeusserung Professor Pallmanns in seiner Festansprache 1955: «Es braucht sehr viel Geld, um in der Forschung auf der Höhe der Mittelmässigkeit zu bleiben, es braucht aber eine Grössenordnung mehr, um auf bestimmten Gebieten in eine Frontstellung zu gelangen», haben sich die zuständigen Stellen offensichtlich zu Herzen genommen und sich bemüht, die materiellen Voraussetzungen für die Erhaltung des hohen Ansehens, das die ETHZ bereits in der Vergangenheit in der ganzen Welt besass, zu schaffen.

Mit Befriedigung dürfen die verantwortlichen politischen Behörden feststellen, dass die Dozenten, Assistenten und übrigen Mitarbeiter der ETHZ sowie die Studenten diese Grosszügigkeit gelohnt haben. Wir verdanken der ETHZ im letzten Vierteljahrhundert wiederum eine hohe Zahl tüchtiger, gut ausgebildeter wissenschaftlicher und technischer Nachwuchskräfte, die zum Teil schon heute wichtige Führungspositionen einnehmen. Zahlreiche in- und ausländische Anerkennungen, die jedes Jahr Mitgliedern des ETH-Lehrkörpers zuteil werden, zeugen von der vorzüglichen Qualität der Lehre und Forschung.

Bedeutsam für die Zukunft der ETHZ erwies sich aber auch die Uebernahme der «Ecole polytechnique de l'Université de Lausanne» durch den Bund im Jahre 1969. Damit fiel der Eidgenossenschaft in der Schweiz die volle Verantwortung für die Ausbildung in den Ingenieurwissenschaften und für die Bereitstellung eines wesentlichen Teils der Studienplätze in den Naturwissenschaften zu. Der Einbezug der Waadtländer Hochschule in den Schulratsbereich eröffnete die Möglichkeit, eine Begrenzung des Wachstums der Zürcher Anlagen trotz stetig steigender Bedürfnisse zur Wahrung überschaubarer Dimensionen vorzusehen. Die Existenz von je einer ETH im deutsch- und französischsprachigen Landesteil, jede mit ihrer eigenen Tradition, erweist sich darüber hinaus als fruchtbar für unsere föderalistische Gemeinschaft. Die stets noch wachsende Vielfalt und Kostspieligkeit der an den beiden Hochschulen gepflegten Wissenschaften verlangt allerdings, dass nicht einfach in Lausanne und Zürich eine völlige Symmetrie der Einrichtungen und Tätigkeiten angestrebt, sondern, wenn immer vertretbar, eine Komplementarität verwirklicht wird.

Im vergangenen Vierteljahrhundert vollzogen sich der weitere Ausbau der ETHZ und die Entfaltung ihres Betriebes zunächst in einem durch die wirtschaftliche Hochkonjunktur begünstigten Klima. In dieser durch den Glauben an die Nützlichkeit des wissenschaftlichen und technischen Fortschritts gekennzeichneten Zeit konnte die ETHZ auf das uneingeschränkte Wohlwollen und Vertrauen weiter Kreise zählen. Heute muss sie ihre Anliegen gegenüber einer eher kritisch gewordenen Oeffentlichkeit vertreten und mit einem Kreditvolumen, das nicht allen Wünschen gerecht zu werden erlaubt, auskommen. Dies erfordert eine Besinnung auf das Wesentliche, das die Wahrung unserer Traditionen und den steten Wandel in unserer Gemeinschaft angemessen berücksichtigt. Angesichts der ständigen wissenschaftlichen und technischen Entwicklung darf sich die ETHZ allerdings nicht einfach auf die Verteidigung des Ueberkommenen und die Erhaltung des bereits Vorhandenen beschränken, sondern sie muss auch neue Vorhaben in Angriff nehmen können. Die erfolgreiche Bewältigung des verflossenen, recht bewegten und anspruchsvollen Vierteljahrhunderts ihrer Geschichte gibt uns volles Vertrauen, dass die ETHZ auch die kommenden schwierigeren Jahre mit viel Geschick und Weitsicht meistern und weiterhin ihre segensreiche Tätigkeit zugunsten der Allgemeinheit sowie der Wissenschaft und Technik aufrechterhalten und entfalten wird. Trotz aller bestehenden Schwierigkeiten, mit denen sich der Bund gegenwärtig konfrontiert sieht, bin ich überzeugt, dass die ETHZ bei ihren Anstrengungen stets auf das Verständnis und Wohlwollen der verantwortlichen Bundesbehörden zählen kann.

Abschliessend möchte ich meinen Dank und meine Anerkennung für die vorzüglichen bisherigen Leistungen mit meinen besten Wünschen für die Zukunft verbinden.

Inhalt

Assistenten- und Studentenschaft/Bedienstete

Organisatorische und bauliche Entwicklung

Bibliothek, Rechenzentrum, Graphische Sammlung

Anhang

Zur Entwicklung der ETH 1855–1980

Vom Polytechnikum zur Eidgenössischen Technischen Hochschule: Die ersten hundert Jahre 1855–1955 im Ueberblick

Von Klaus Urner

Als die «eidgenössische polytechnische Schule» — so lautete ursprünglich die offizielle Bezeichnung — am 15. Oktober 1855 unter dem Salut von 22 Kanonenschüssen und mit Glockengeläute festlich eröffnet wurde, begann auch in der Geschichte der Polytechnika ein neuer Abschnitt. Voller Bewunderung wird acht Jahre später in der vergleichenden Studie des Prager Professors Carl Kořistka festgestellt, in Zürich sei den industriellen und technischen Wissenschaften und Künsten eine «Zufluchtstätte» geschaffen worden, «wie sie noch keine der grössten Staaten Europa's besitzt».[1] Dabei gehörte das Polytechnikum in Zürich keineswegs zu den Gründungen der ersten Generation. Um zu verstehen, was damals vor sich ging, wollen wir uns kurz in die Anfänge der modernen technischen Ausbildung zurückversetzen.

Schon im 18. Jahrhundert sind eine Reihe von Spezialschulen geschaffen worden, die in einzelnen technischen Bereichen dem steigenden Bedürfnis des Staates nach Fachkräften Rechnung trugen. Um im zentralisierten Frankreich die Strassen zu verbessern, wurden mehr Bauingenieure benötigt. Die 1747 gegründete «Ecole des ponts et chaussées» in Paris suchte diesem Mangel abzuhelfen. Die Freiberger Bergakademie (1765) in Sachsen oder die Schemnitzer Berg- und Forstakademie (1770) im südwestlichen Teil des slowakischen Erzgebirges waren weit über die Landesgrenzen hinaus schrittmachend für die Technik des Bergbaus und der Verhüttung.

Die Geburtsstunde der polytechnischen Schule fällt jedoch ins Zeitalter der Französischen Revolution. Die 1794 in Paris gegründete «Ecole centrale des Travaux publics», die ein Jahr später als «Ecole polytechnique» bahnbrechend für die Entstehung weiterer Polytechnika in Europa geworden ist, eröffnete für das Verständnis der technischen Wissenschaften eine neue Dimension. Die vom Ingenieuroffizier und Konventsabgeordneten Lazare Carnot initiierte Schöpfung ging von der Erkenntnis aus, dass alle Zweige der Technik auf einer gemeinsamen wissenschaftlichen Basis beruhen. Die «Ecole polytechnique» stellte sich ganz in den Dienst dieser Grundlagenausbildung. Hier studierte die Elite der französischen Techniker in einem zweijährigen Kurs Mathematik, Physik und Chemie und trat erst nach dem Abschluss in eine Spezialschule wie die «Ecole des Mines» oder die Kriegsakademie ein.

Ihrer ganzen Anlage nach war jedoch die Pariser Schule von unserem Polytechnikum noch weit entfernt. In militärischer Zucht wurden dort Techniker ausschliesslich für den Staatsdienst herangebildet. Die Schüler trugen Uniform, lebten kaserniert und mussten am Sonntagvormittag im Schulhof exerzieren.[2]

Es ist das Verdienst von Philipp Albert Stapfer, dem Minister der Künste und Wissenschaften im schweizerischen Einheitsstaat der Helvetik, die epochale Bedeutung der französischen Gründung erkannt und als erster im Ausland ein Projekt entworfen zu haben, das die Vorteile eines Polytechnikums mit den Vorzügen einer Universität, wie sie sich an traditionellen deutschen Hochschulen darboten, zu vereinen strebte. Die kühne Utopie einer nationalen Zentralakademie, die Stapfer in seiner Botschaft vom 18. November 1798 entwarf, war allerdings nur denkbar in der von Frankreich abhängigen Helvetischen Republik. Deren Verfassung hatte die Ordnung der Alten Eidgenossenschaft radikal beseitigt, ohne auf die Verwurzelung des historisch gewachsenen Föderalismus zu achten. Die Mediationsakte von 1803 überliess das Schulwesen wieder ganz der Souveränität der Kantone, womit das Projekt einer eidgenössischen Universität, an der neben Aerzten und Juristen unter anderen Ingenieure und Architekten ausgebildet werden sollten, vorerst in Vergessenheit geriet.[3]

Im Ausland entstanden hingegen eine Reihe von polytechnischen Instituten, die auch für Zürich Bedeutung gewannen. Zur gleichen Zeit wie Stapfer begann Franz Anton Gerstner, Mathematikprofessor an der Prager Universität, Pläne zu entwickeln, die auf die Errichtung eines Polytechnikums in der Habsburger Monarchie zielten. Um dort Realisierungschancen zu haben, musste der modernen Wissenschaft der Beigeschmack revolutionären Zeitgeistes so weit wie möglich genommen werden. Im zunehmenden Konkurrenzkampf der einsetzenden Industrialisierung sollte die technische Schule dazu dienen, durch wissenschaftlichen Unterricht das heimische Gewerbe zu fördern. Dank der Initiative der böhmischen Stände konnte nach Paris 1806 in Prag das zweite polytechnische Institut eröffnet werden. Weitere Gründungen in Wien (1815), Karlsruhe (1825), München (1827), Dresden (1828) und Stuttgart (1829), die zumeist Handwerks- oder Gewerbeanstalten als Vorläufer hatten, trugen zivilen Charakter und sollten sowohl der Privatindustrie wie dem Staat zugutekommen.[4] Diesen ersten von oben dekretierten Schöpfungen fehlte der notwendige Unterbau. Daher waren sie gezwungen, für die Vorschulung selbst besorgt zu sein. Im Niveau waren sie der 1833 in Zürich gegründeten Industrieschule, der späteren Oberrealschule, vergleichbar. Nach der Reform von 1832 wurde das Polytechnikum Karlsruhe schrittmachend. Im Unterschied zur Pariser Konzeption war es gleichsam als technische Gesamtschule strukturiert: In die zweijährige Vorschule konnte eintreten, wer das 13. Lebensjahr vollendet hatte. Dann folgten zwei mathematische Klassen, an die sich fünf Fachschulen anschlossen: Ingenieurschule, Bauschule, Forstschule, Höhere Gewerbeschule, die sich unter anderem mit Maschinenbau und chemisch-technischen Lehrstoffen befasste, sowie eine Handelsschule.[5]

Das Polytechnikum in Zürich war nun die erste Schule, die von Anfang an auf die Vorschulung verzichtete und ausgesprochenen Hochschulcharakter anstrebte. Ihm gereichte es zum Vorteil, dass inzwischen ein technisches Bildungswesen auf breiter Basis herangewachsen war. Es dauerte über die Gründung des Bundesstaates von 1848 hinaus, bis die Industrie- und Gewerbeschulen mehr leisteten als eine allgemeine Vorbereitung auf die unmittelbare Berufspraxis in Handel und Gewerbe. Zu den Ausnahmen in jener Frühphase gehörte die Oberstufe der erwähnten Zürcher Industrieschule, zu deren Lehrern Ferdinand Redtenbacher zählte, der — 1841 nach Karlsruhe berufen — die Wissenschaft der technischen Mechanik begründete.[6] Der erste Direktor des Eidgenössischen Polytechnikums, der aus Stans gebürtige Joseph Wolfgang von Deschwanden (1819—1866), war an der Zürcher Industrieschule nicht nur Lehrer, sondern dort zuvor auch Schüler Redtenbachers gewesen. Die persönlichen Verbindungen zu Karlsruhe haben mit dazu beigetragen, dass beim ersten wegweisenden Gesetzesentwurf von 1851, der von Alfred Escher und seinem Berater Deschwanden geprägt war, in Abweichung zur Skizze von Dufour und Blanchet das französische zugunsten des badischen Vorbildes mit seiner Gliederung in Fachschulen zurücktrat.[7] Doch damit ist die unmittelbare Gründungsgeschichte des schweizerischen Polytechnikums angesprochen.

Zwei umstrittene Vorlagen

Im Zeichen des liberalen Umbruchs und der Regeneration war zunächst die Idee einer gemeinsamen Universität wieder aufgelebt. Ein Vorstoss der Waadt im Jahr 1832 führte dazu, dass eine Hochschulkommission unter Charles Monnard, Tagsatzungsgesandter und Professor der französischen Literatur an der Akademie Lausanne, ein entsprechendes Projekt ausarbeitete. Dieser Plan einer Universität mit fünf Fakultäten und insgesamt vierzig ordentlichen Professuren, die auf dem Konkordatsweg verwirklicht werden sollte, hatte jedoch eine ganz andere Wirkung als beabsichtigt. Sowohl Zürich wie Bern, die sich mit eigenen Hochschulplänen trugen und dabei hofften, zum Sitz der nationalen Institution zu werden, forcierten ihre kantonalen Projekte. Ohne weiter abzuwarten, eröffnete Zürich am 29. April 1833 seine Universität, zumal die mit dem Monnardschen Entwurf verbundenen Lasten als zu hoch veranschlagt wurden. Bern, das diesen Vorsprung einzuholen strebte, wandelte seine Akademie zur Universität um, die es am 15. November 1834 einweihte.[8] Basel-Stadt war seinerseits von der Sorge um den Fortbestand seiner traditionsreichen, bis ins Jahr 1460 zurückreichenden Universität erfüllt. Mit seiner Landschaft zerstritten, fiel ein konservatives Basel als Sitz ausser Betracht, vollzog sich doch der Umbruch auf allen Stufen des Bildungswesens im Zeichen der radikalen Freiheits- und Fortschrittsbegeisterung.[9] Auch Genf und Lausanne sahen sich zu Reformen ihrer Akademien veranlasst. Statt einer Verwirklichung der eidgenössischen Universität näher zu kommen, sind die partikularistischen Bildungsanstrengungen in den Kantonen gestärkt worden — zum Gewinn der föderalistischen Vielfalt.

Die während der dreissiger Jahre in der Hochschulfrage eingeschlagene Richtung erwies sich schliesslich als irreversibel. In dieser Ausgangslage mitbegründet liegt die überraschende Wende, dass das Projekt für ein Polytechnikum im Gegensatz zur Universitätsvorlage realisiert wurde, obwohl es zuerst lediglich am Rande aufgetaucht war. In den Diskussionen um den Hochschulartikel der Bundesverfassung von 1848 war wiederum die Errichtung einer eidgenössischen Universität das beherrschende Thema. Die zur Vorbereitung der Bundesverfassung von der Tagsatzung eingesetzte Revisionskommission befasste sich in ihrer sechsten Sitzung, am 24. Februar 1848, mit der Hochschulfrage. Damals machte der Genfer Oberst Frédéric Jacques Louis Rilliet als erster die Anregung, im Hinblick auf die Bedürfnisse der schweizerischen Industrie auch an die Gründung eines Polytechnikums zu denken. Rilliet, der Offizier im Dienste Napoleons und bis 1822 Hauptmann der Schweizergarde unter Ludwig XVIII. gewesen war, kannte die Errungenschaften des technischen Bildungswesens in Frankreich aus eigener Anschauung. Dieser Vorschlag stiess zunächst auf Ablehnung, waren doch die Aussichten auf eine nationale Universität ungewiss genug. Es bedurfte mehrerer Anläufe, wobei sich der Freiburger Rechtsgelehrte Jean F. M. Bussard, der Führer der waadtländischen Radikalen Henri Druey sowie der Kommissionspräsident Johann Ulrich Ochsenbein, der einflussreiche Wortführer der Berner Radikalen, mit Vehemenz für die Errichtung eines eigenen Polytechnikums einsetzten.

Das Ergebnis, das schliesslich erzielt werden konnte, war ein Kompromiss. «Der Bund ist befugt, eine Universität und eine polytechnische Schule zu errichten», so legte nun Artikel 22 im Grundgesetz des neuen Bundesstaates vom 12. September 1848 fest.[10] Die Verpflichtung auf ein Obligatorium war fallengelassen worden.

Der Bundesrat berief im Mai 1851 eine Kommission, die sowohl für die Universität wie für das Polytechnikum die gewünschten, vom Zürcher Erziehungsdirektor Alfred Escher redigierten Berichte und Gesetzesentwürfe vorlegte. Im Begleitkommentar zum Polytechnikumsentwurf hob Deschwanden mit grossem Geschick hervor, dass die schweizerischen Verhältnisse beim Bau von Strassen und Eisenbahnlinien, bei der Korrektion von Flüssen und für deren Nutzung als Antriebskraft besonders hohe technische Anforderungen stellten, die nach einem eigenen Polytechnikum verlangten. Das vorgeschlagene Bundesgesetz bestach durch die massvolle, ja sparsame Konzeption und rückte den praktischen Nutzen in den Vordergrund: «Die Aufgabe der polytechnischen Schule», so definierte Paragraph zwei, «besteht darin, Techniker 1) für den Strassen-, Eisenbahn-, Wasser- und Brückenbau, 2) für die industrielle Mechanik, 3) für die industrielle Chemie, unter steter Berücksichtigung der besondern Bedürfnisse der Schweiz, theoretisch und, soweit tunlich, praktisch auszubilden. Die polytechnische Schule kann auch zur teilweisen Ausbildung von Lehrern für technische Lehranstalten benutzt werden.»[11]

Wohl war richtig, dass in England, im Pionierstaat der Industrialisierung, die Werkstätten und Fabriken und damit die Praxis und nicht die Wissenschaften den technischen Fortschritt geprägt hatten. Aber dies galt nicht allein für England, das im Bereich des technischen Unterrichts gegenüber Frankreich, Oesterreich und deutschen Staaten zurücklag. Auch die im Vergleich zu andern Ländern auf dem Kontinent frühzeitig erfolgte Industrialisierung in der Schweiz hatte ganz im Zeichen der praktisch geschulten Experimentierer und Unternehmer gestanden. Die «Take-off-Periode» der schweizerischen Wirtschaft, die zu Beginn des 19. Jahrhunderts mit der einsetzenden Mechanisierung der Textilindustrie sukzessiv den Uebergang von der Heimarbeit zum Fabriksystem gebracht und das Aufkommen der Maschinenindustrie beschleunigt hatte, war um 1850 abgeschlossen.[12] Das technische Wissen erfuhr eine rasche Ausdehnung, die längerfristig ohne eine systematische wissenschaftliche und praktische Schulung nicht zu bewältigen war. Angesichts der speziellen Produktionsverhältnisse in der rohstoffarmen Schweiz, die zu qualitativ hochstehenden Leistungen zwangen, konnten die Argumente für die Gründung eines Polytechnikums an Gewicht nur zunehmen. Es präsentierte sich überdies mit veranschlagten jährlichen Ausgaben von Fr. 80 000.— (Universität: Fr. 400 000.—) auch finanziell bedeutend günstiger.[13]

Da Bern Bundeshauptstadt geworden war, rechnete Zürich damit, durch die eidgenössische Universität eine gewisse Kompensation zu erhalten, während das Polytechnikum nach Lausanne verlegt werden sollte. Doch einmal mehr kam es zu einem Stimmungsumschwung. Die Westschweiz hatte die Errichtung des Bundesstaates voll mitgetragen, fürchtete nunmehr aber, eine eidgenössische Universität könnte der vielbeschworenen «Germanisation» Vorschub leisten. Im Hinblick auf die geplanten theologischen Fakultäten — die Ausweisung der Jesuiten und der Sonderbundskrieg zeitigten auch hier Nachwirkungen — entstanden dem Projekt im konservativen Lager weitere Gegner.

Am 16. Januar 1854 begann der grosse Meinungskampf in den eidgenössischen Räten. Er war erfüllt von leidenschaftlich geführten Kontroversen in erster Linie um die Universitätsvorlage, bedingt durch politische, kantonale, sprachliche und konfessionelle Interessenunterschiede, die die Befürworter und Gegner je nach den zur Diskussion gestellten Vorschlägen zu wechselnden Koalitionen zusammenschlossen. Durch ein überraschendes Manöver Eschers und Kerns begünstigt, stimmte der Nationalrat am 27. Januar im Verhältnis 59 zu 39 dem Kompromissvorschlag zu, Universität und Polytechnikum an einem einzigen Ort zu vereinen und damit Kosten zu sparen. Im Waadtland löste der Beschluss einen Proteststurm aus. Ueber fünfzehntausend Gegner aus 220 Gemeinden hielten den Föderalismus als tragende Kraft des Bundesstaates für gefährdet und forderten in einer Petition die Bundesversammlung auf, das vorgeschlagene Universitätsgesetz zu verwerfen. Die oppositionellen Gruppierun-

Der Semperbau kurz nach seiner Fertigstellung (1865).

gen setzten im Ständerat zum Gegenzug an. Die kleine Kammer lehnte es am 1. Februar mit 27 gegen 15 Stimmen ab, auf den nationalrätlichen Gesetzesentwurf einzutreten. Damit drohte auch die Vorlage für ein Polytechnikum unterzugehen. Die Rettung des Polytechnikums verdanken wir einem politischen Ueberraschungsmanöver, an dem neben dem Zürcher Staatsmann Alfred Escher vor allem zwei Persönlichkeiten aus dem Thurgau mitwirkten: Ständerat Karl Kappeler, der von 1857 bis 1888 als Schulratspräsident für den weiteren Ausbau des Polytechnikums sorgte — er stammte wie der spätere Schulratspräsident Hans Pallmann aus Frauenfeld —, sowie Nationalrat Johann Konrad Kern, der als erster dem Schulrat vorstand. Auch der Tessiner Bundesrat Stefano Franscini unterstützte als Chef des Departementes des Innern das Projekt nach Kräften. Am 1. Februar, jenem denkwürdigen Tag, fasste der Ständerat einen zweiten Beschluss:

«1. Es wird grundsätzlich die Errichtung einer eidgenössischen polytechnischen Schule in Verbindung mit einer Schule für das höhere Studium der exakten, politischen und humanistischen Wissenschaften beschlossen. 2. Es soll diese Anstalt in Zürich errichtet werden. 3. Die Kommission ist beauftragt, der Versammlung einen hierauf bezüglichen Gesetzesvorschlag mit Kostenberechnungen zu hinterbringen.»[14]

Wenn man jetzt die Vorlage wiederum auf die lange Bank schob, hatten die Gegner Zeit genug, ihre Opposition auf das verbliebene Projekt zu konzentrieren. Karl Kappeler hat als Berichterstatter der ständerätlichen Hochschulkommission noch in der Nacht zum 2. Februar in kühner Anlehnung an das soeben verworfene Universitätsgesetz einen neuen Entwurf für ein erweitertes Polytechnikum ausgearbeitet. Aus Furcht, die abgelehnte Universität werde durch die Hintertür wieder eingeführt, wies der Ständerat zwar den humanistisch-politischen Fächern lediglich eine Hilfsfunktion zu, billigte jedoch am 4. Februar das Polytechnikumsgesetz mit 27 gegen 12 Stimmen. Am 7. Februar 1854 nahm der Nationalrat den Entwurf unverändert mit einer starken Mehrheit an (63 Ja- gegen 25 Nein-Stimmen), obwohl der Waadtländer Grosse Rat selbst gegen die Errichtung eines Polytechnikums einmütig Protest erhoben hatte.[15]

Die Ablehnung in der Westschweiz, dies sei hier beigefügt, richtete sich nicht gegen die technische Ausbildung, deren Notwendigkeit gerade von Persönlichkeiten in französischsprachigen Kantonen frühzeitig erkannt worden war. Aus solcher Einsicht entstand im Jahr 1853 die «Ecole spéciale de Lausanne», die als private Ausbildungsstätte für Ingenieure begann. Sie wurde 1869 der waadtländischen Akademie, die 1890 zur Universität umgewandelt worden ist, angegliedert. In ihr findet sich die Vorläuferin der «Ecole polytechnique de l'Université de Lausanne» (EPUL), die 1969 vom Bund übernommen und zur Schwesterschule der ETH Zürich in der Westschweiz wurde.[16] Damit kam doch noch ein später Ausgleich zustande, da Lausanne – erst 1874 zum Sitz des Bundesgerichtes geworden – ursprünglich leer ausgegangen war.

Selbst in Zürich, das mit dem Sitz des Polytechnikums beträchtliche Verbindlichkeiten zu übernehmen hatte, fand sich neben der überwiegenden Zustimmung auch Ablehnung: «Wir ziehen vor», so schrieb das Organ der Zürcher Konservativen, «da das Ganze nicht möglich war, auf alles zu verzichten, denn für etwas danken zu müssen, was beinahe als eine Satyre auf die Idee, die man verwirklichen wollte, aussieht.»[17] Das Polytechnikum musste solchen Skeptikern erst noch beweisen, dass es mehr war als nur ein bescheidener Ersatz für das Entgangene. Aber auch seine eifrigsten Befürworter ahnten nicht, welch enormen Aufwand an finanziellen Mitteln das Gedeihen ihres Schützlings erfordern würde.

Bedeutende Anfänge dank hervorragender Lehrer

Das vom Nationalrat am 7. Februar 1854 gutgeheissene Polytechnikumsgesetz schuf lediglich den äusseren Rahmen. Obwohl in äusserster Eile in seine endgültige Form gebracht, erwies es sich als ausserordentlich weitsichtig und hat bis in die Gegenwart noch keine adäquate Neufassung gefunden. Die eigentliche Organisation legte das von den künftigen Professoren Deschwanden und Bolley sowie den Nationalräten Escher und Kern im Detail ausgearbeitete «Reglement für die eidgenössische polytechnische Schule» fest, das der Bundesrat am 31. Juli 1854 genehmigt hat. Fassen wir das Ergebnis der von den eidgenössischen Räten und der Expertenkommission geleisteten Arbeit zusammen, so begann das Polytechnikum nicht mit — wie ursprünglich vorgesehen — drei, sondern mit sechs selbständigen Abteilungen. Jede von ihnen diente zumindest zwei divergierenden Ausbildungszielen. Unter Berücksichtigung des damaligen Standes der Technik und des Sprachgebrauchs wird die spätere weitere Aufgliederung schon in den Anfängen erkennbar. So lernten in der Bauschule, die auf Initiative des Waadtländer Nationalrats und Architekten Louis Wenger neu hinzugefügt worden war, die künftigen Baumeister den «Zivil- und Monumentalbau». Die Ingenieurschule bildete einerseits Strassen-, Eisenbahn-, Brücken- und Wasserbauingenieure aus, anderseits auch topographische Ingenieure, die sich speziell mit der Geodäsie befassten. Die dritte Abteilung, die mechanisch-technische Schule, pflegte sowohl die theoretische Maschinenlehre wie den praxisbezogenen Maschinenbau. Die Ausbildungszeit in diesen drei Abteilungen dauerte sechs Semester. Die chemisch-technische Schule und die auf Anregung des Solothurner Ständerats Schenker hinzugekommene Forstschule konnten innerhalb von zwei Jahren absolviert werden. Dass mit den Chemikern auch Pharmazeuten herangebildet wurden, ist der Initiative von Pompejus Alexander Bolley zu verdanken. Im Polytechnikumsgesetz war die Pharmazie als Lehrfach nicht vorgesehen gewesen. Zwar wurde für Lehramtskandidaten noch keine eigene Fachschule eingerichtet, doch kam ihnen die sechste Abteilung zunutze. Sie umfasste die mathematischen Disziplinen, die Naturwissenschaften sowie «literarisch-staatswirtschaftliche» Fächer, darunter die Literatur der drei Landessprachen, in denen am Polytechnikum unterrichtet wurde, allgemeine und schweizerische Geschichte, Kunstgeschichte, Archäologie, Staats- und Handelsrecht, Nationalökonomie, freies Handzeichnen.

Eine wichtige Weichenstellung ergab sich aus der Klärung der Frage, auf welcher Stufe mit dem Lehrstoff begonnen werden sollte. Wäre in Analogie zu vergleichbaren Anstalten im Ausland auch die Vorschulung übernommen worden, so hätte sich dies für die regionalen Institutionen nachteilig auswirken können. Statt dessen entschied man sich dafür, die kantonalen Mittelschulen zu fördern und sie, wo notwendig, zur Anhebung des Niveaus zu veranlassen. Der Hochschulcharakter des Polytechnikums wurde durch die Organe der Lehrerschaft unterstrichen. Der Direktor mit der Gesamtkonferenz, die sämtliche Professoren umfasste, entsprach dem Rektor und Senat bei der Universität, die Abteilungsvorstände und die sechs Abteilungskonferenzen korrespondierten mit den Fakultäten und ihren Dekanen.

Geprägt wurde das Polytechnikum jedoch durch das Präsidialsystem, das über den «conseil de perfectionnement» französischer Schulen weit hinausging. Für seine übergeordneten Aufgaben der Leitung und Ueberwachung wurden dem Schweizerischen Schulrat, der von drei auf fünf Mitglieder erweitert worden

Die Schulratspräsidenten der ersten hundert Jahre

Johann Konrad Kern
(1854–1857)

Johann Karl Kappeler
(1857–1888)

Hermann Bleuler
(1888–1905)

Robert Gnehm
(1905–1926)

Arthur Rohn
(1926–1948)

Hans Pallmann
(1949–1965)

war, und seinem Präsidenten weitgehende Kompetenzen eingeräumt. Er entschied über die Verteilung der Finanzmittel, die die Bundesversammlung bewilligt hatte. Während er unter anderem den Direktor und die Abteilungsvorstände wählte, blieb er im Fall der Professoren und Hilfslehrer auf das Recht der Antragsstellung beschränkt. Oberstes Organ war der Gesamtbundesrat, der sich hier die Entscheidungsbefugnis vorbehalten hatte.[18]

Hinzu kamen je nach Abteilung Werkstätten, Laboratorien, Sammlungen und die Einrichtung einer Bibliothek. Das ursprüngliche Budget war verdoppelt worden. Der Bund — von der Universität entlastet — wollte bis zu 150 000 Franken für die jährlichen Aufwendungen bereitstellen, während Kanton und Stadt Zürich 16 000 Franken beizutragen hatten. Gerechnet wurde mit einer Frequenz von hundert Schülern. Um zu gewährleisten, dass sich genügend Studenten mit den erwarteten Voraussetzungen einfänden, war bereits am 1. Mai 1855 mit einem einmaligen Vorbereitungskurs begonnen worden. Im ersten Schuljahr 1855/56 übertrafen die insgesamt 231 Studierenden die Berechnungen bei weitem, von denen die Kommissionen und Behörden bei der Projektierung ausgegangen waren. Die grosse Mehrheit gehörte allerdings den Auditoren an, während lediglich 71 Studenten auf den vorgesehenen Diplomabschluss hinarbeiteten.[19]

Der Ruf des Polytechnikums hing ganz entscheidend von der Qualität seiner Lehrkräfte ab. Im Oktober 1854 waren 32 Professuren und 9 bis 12 Hilfslehrerstellen in in- und ausländischen Blättern ausgeschrieben worden. Die finanziellen Anstellungsbedingungen nahmen sich im Vergleich dürftig aus. Das Spitzensalär war vom Bundesrat auf fünftausend Franken im Jahr begrenzt worden; Zusatzleistungen gab es keine. Dennoch gingen 189 Anmeldungen ein, davon 113 allein aus deutschen Staaten. Die Attraktivität der Schweiz lag vor allem in den politischen Verhältnissen Europas begründet. Vom Zustrom deutscher Flüchtlinge hatten die Universitäten Zürich und Bern schon in den dreissiger Jahren grossen Nutzen gezogen. Sämtliche Ordinarien der Zürcher Gründung von 1833 waren Deutsche gewesen, zumal die einheimischen Kräfte nicht ausreichten. Als die Reaktion über die revolutionären Bewegungen von 1848/49 siegte, flüchteten sich viele der Verfolgten in die Schweiz, nach England oder gar nach Uebersee. Einige seiner berühmtesten Lehrer gewann das Polytechnikum aus den Reihen der um ihrer politischen Gesinnung willen Diskriminierten.

Erinnert sei an Gottfried Semper, der eine ganze Bauepoche mitgeprägt hat. Wegen seiner Beteiligung am Barrikadenbau während des Dresdener Maiaufstandes von 1849 hatte er fliehen müssen, und die Berufung, zu der Richard Wagner den Anstoss gab, erreichte ihn im Londoner Exil. Pompejus Alexander Bolley, zum Professor für technische Chemie gewählt, hatte als Burschenschafter und Teilnehmer des Hambacher Festes von 1834 eine sechsmonatige Festungshaft verbüssen müssen. In seinem beruflichen Fortkommen behindert, emigrierte er in die Schweiz. Er erwarb sich als Rektor grosse Verdienste um das Aufblühen der aargauischen Gewerbeschule und führte als Direktor des Polytechnikums von 1859 bis 1865 ein autoritäres Regiment. Sowohl Hermann Behn-Eschenburg, Professor für englische Literatur, wie der von der Reaktion in Neapel verfolgte Francesco De Sanctis, der italienische Literatur dozierte und später Unterrichtsminister im geeinigten Königreich Italien wurde, haben drei Jahre lang in Festungshaft zubringen müssen. Selbst der bekannte Aesthetiker Friedrich Theodor Vischer, der 1849 zu den Unentwegten der Frankfurter Nationalversammlung gehört hatte, wechselte von Tübingen nach Zürich über, weil er der Einengung der Lehrfreiheit entrinnen wollte. Bekannte ehemalige Exponenten der achtundvierziger Emigration waren Johannes Scherr, in contumaciam zu fünfzehn Jahren Zuchthaus verurteilt, der im Herbst 1860 als Professor für allgemeine Geschichte an das Polytechnikum berufen wurde, sowie der ehemalige Freischärler Gottfried Kinkel, der aber erst 1866 als Professor für Archäologie und Kunstgeschichte nach Zürich kam.[20]

Die junge Schule war erfüllt vom Geist des technischen wie geistigen Fortschritts. Hierfür sorgten auch qualifizierte, zumeist junge Fachkräfte, die nicht dieser Gruppe der politisch Verfolgten zuzuzählen sind: der Anfang 1857 gewählte Architekt Ernst Georg Gladbach, Karl Culmann, Professor für Ingenieurwissenschaften und Begründer der graphischen Statik, Gustav Anton Zeuner und Franz Reuleaux, die, wofür es im Ausland noch keine Analogie gab, die Maschinenlehre in einen theoretischen und einen praktischen Teil untereinander aufgliederten. Sie stammten wie der Chemiker Georg Städeler und Rudolf J. E. Clausius, der Pionier auf dem Gebiet der mechanischen Wärmetheorie, aus deutschen Staaten; doch fanden sich auch unter den Schweizern, die etwa die Hälfte des Professorenkollegiums ausmachten, bewährte Lehrer. Joseph Wolfgang von Deschwanden übernahm die Professur für darstellende Geometrie. Der Physiker Rudolf Albrecht Mousson und der Geologe Arnold Escher von der Linth, Sohn des Erbauers des Linthkanals, hatten zuvor schon an der Universität Zürich gelehrt. Um Doppelspurigkeiten zu vermeiden, dienten eine Anzahl Professuren sowohl der polytechnischen Schule wie der kantonalen Hochschule. Mancher Lehrer des Polytechnikums legte Wert darauf, zugleich zum Ordinarius an der Universität gewählt zu werden, bestanden doch gegenüber der Ranggleichheit noch starke Vorurteile. Nur kurze Zeit wirkte Jacob Burckhardt am Polytechnikum. An Ostern 1858 gab er seinen Lehrstuhl für Kunstgeschichte und Archäologie auf, um dem Ruf an die Basler Universität zu folgen.[21]

Trotz aller Bemühungen war es nicht gelungen, auch den anderssprachigen Landesteilen eine angemessene Vertretung im Lehrkörper zu sichern. Im zweiten Jahr sind von den 83 abgehaltenen Kollegien 70 in deutscher, 9 in französischer und 4 in italienischer Sprache durchgeführt worden.[22] Auch den späteren, in der Aera Kern unternommenen Anstrengungen, vermehrt hervorragende Lehrer aus Frankreich zu gewinnen, blieb nur ein Teilerfolg beschieden. Kein Polytechnikum der ersten und zweiten Generation hat mit einem derart illustren Dozentenkollegium beginnen dürfen, was neben den erwähnten besonderen Zeitverhältnissen auch der beigefügten sechsten Abteilung zuzuschreiben war, für die es in dieser ausgedehnten Form an anderen Polytechnika noch nichts Vergleichbares gab.

Ausbau zur Technischen Hochschule

Länger als erwartet musste das Polytechnikum in Provisorien ausharren. Die Errichtung des Hauptgebäudes hat sich in erster Linie wegen der Kostenfrage immer wieder verzögert. Dem Stand Zürich oblag es, den benötigten Grund und die notwendigen Räumlichkeiten zur Verfügung zu stellen. Die definitive Ausarbeitung durch Gottfried Semper, der den unterschiedlichen Begehren der Fachschulen und Sammlungen in ästhetisch vollendeter Weise Rechnung trug, fand begeisterte Zustimmung, obwohl der Bau zusammen mit der Entschädigung für den «Schinhut» doppelt so viel kostete wie jene Million, mit der sich die Zürcher Regierung vergeblich von der Baupflicht zu entbinden gehofft hatte. Das Nebengebäude für Chemie konnte 1860/61 bezogen werden, während im nordöstlichen Teil des Hauptgebäudes, wo sich die mechanische Schule einrichtete, am 22. April 1863 die erste Vorlesung gehalten wurde. Der nach Südost gelegene Flügel diente der Zürcher Universität als Unterkunft. 1864 begann die unter der Leitung Sempers erbaute Eidgenössische Sternwarte mit ihren astronomischen Beobachtungen.[23]

Obwohl die polytechnische Schule – vor allem was den Lehrkörper anbetraf – Hochschulcharakter trug, unterschied sie sich grundsätzlich von der Universität, die in einer andersgearteten Traditionsgebundenheit wurzelte. Das Polytechnikum behandelte seine Studenten während der ersten fünf Jahrzehnte noch als Schüler. Die Studienpläne waren obligatorisch. Leistungsnoten entschieden über die Promotion in den nächsthöheren Kurs. Es unterwarf die Studierenden einer Fleisskontrolle. Wer ihr nicht genügte, hatte disziplinarische Massnahmen zu gewärtigen. Wenn es schon früh zu Reibungen zwischen Polytechnikern und Universitätsstudenten kam, die den Schulrat zum energischen Einschreiten in der Duellfrage veranlassten, so hatte dies mit seine Ursache in der unterschiedlichen Handhabung der akademischen Freiheit.[24] Die Schulordnung war in der Endphase des Provisoriums nur noch mühsam aufrecht zu erhalten gewesen. In jener Zeit nahm die Zahl der neu Eintretenden rasch zu. Hatte man in den ersten Jahren die Anforderungen etwas zu hoch geschraubt mit der Konsequenz, dass der erhoffte Aufschwung ausblieb, so war durch das revidierte Aufnahmeregulativ sowie durch die 1859 erfolgte Einführung eines einjährigen mathematischen Vorbereitungskurses eine wesentliche Verbesserung der Zugänglichkeit erreicht worden. Mit dem Vorkurs, der 1881 wieder aufgehoben wurde, sollte nicht der Verzicht auf eine Vorschule unterlaufen werden, vielmehr wollte man allen denjenigen eine Hilfe bieten, die aus anderen Sprachregionen stammten oder die wegen kantonal bedingter Unterschiede in der Vorbildung nicht sofort in die Fachschulen eintreten konnten. Vertragliche Regelungen über die Anerkennung der Maturitätszeugnisse ermöglichten die direkte Aufnahme.

Diese Neuerungen zeitigten Wirkung. 1858/59 hatten nur 109 Studierende auf einen Diplomabschluss hingearbeitet, fünf Jahre später betrug die Frequenz der regulären Schüler 560. In den Provisorien führte dies zu unhaltbaren Zuständen; 1862/63 wurden 22% aller Studierenden disziplinarisch belangt, sei es durch Mahnungen, durch die Androhung der Wegweisung oder gar durch die Relegation. Kaum war das Hauptgebäude bezogen, kam es zur umfassenden Boykottbewegung, die sich gegen Direktor Bolley richtete. Dieser hatte im Juli 1864 wegen mutwilliger Beschädigungen im Semperbau einen Aufruf zur Disziplin erlassen, an dem sich der Konflikt vordergründig entzündet hat. Zugleich ging es um eine Kampfansage gegen die von Bolley forciert gehandhabte strenge Schulordnung, zumal in Aussicht stand, dass diese im Hauptgebäude strikter kontrolliert werden würde als in den bisherigen Provisorien. Der Konflikt endete damit, dass über dreihundert Polytechniker in einem spektakulären Protestakt sich als relegiert erklärten und, da der Schulrat auf den geforderten Rücktritt Bolleys nicht einging, die Schule tatsächlich auch verliessen. Obwohl sich der Streitfall durch das starr autoritäre Auftreten Bolleys zuspitzte, lässt sich diese Auseinandersetzung nicht allein auf eine Personenfrage reduzieren. Der «Kampf um ein liberales Princip», wie die Studentenschaft der Universität den denkwürdigen Vorgang in einer Sympathieadresse nannte, galt zugleich der Besserstellung der Polytechniker und bildet den dramatischen Auftakt zu ihren späteren Bestrebungen, sich mehr studentische Rechte und mehr akademische Freiheit zu sichern.[25]

Das «Revolutionsjahr 1863/64» — der Ausdruck findet sich im Jahresbericht des Polytechnikums — hatte auf die Entwicklung der Frequenz nur ephemere Auswirkung; durch die vielen Neuzugänge blieb der Aufschwung ungebrochen.[26] Das aufstrebende Polytechnikum zählte Anfang der sechziger Jahre mehr Lehrer als selbst Karlsruhe, obwohl dort der Bestand an Studierenden grösser war. Die entsprechenden Institute in Stuttgart, Dresden, Berlin und Hannover wiesen einen wesentlich kleineren Umfang auf. Seit dem Nachtragsgesetz vom 29. Januar 1859, das eine Anhebung der Lehrerbesoldung ermöglichte, erfreute sich das Polytechnikum in jeder Hinsicht einer grosszügigen Wirkungsbasis. Es übertraf die genannten polytechnischen Schulen nicht allein an den jährlichen Gesamtausgaben gemessen. Selbst auf den einzelnen Studenten umgerechnet, waren hier die Aufwendungen, sieht man vom damaligen Gewerbeinstitut in Berlin ab, am höchsten. Darin widerspiegeln sich auch die Anstrengungen, die Sammlungen aufzubauen. Ein ausländischer Sachkenner fand vor allem die mineralogisch-geologische Sammlung, in die ältere Bestände von Kanton und Stadt Zürich eingebracht worden waren, sowie die Sammlung für Maschinenbau und diejenige für geometrische Instrumente schon in dieser frühen Phase als bemerkenswert.[27]

Seitdem das Polytechnikum im Semperbau in vollem Glanz erstrahlte, übte es auf Süd- wie Norddeutsche, auf Oesterreicher, auf Studenten aus Ungarn und manch anderen Ländern eine grosse Anziehungskraft aus. Ein Jahrzehnt lang stellten die Schweizer unter den immatrikulierten Studenten nur eine Minderheit. Kurzfristig — Anfang der siebziger Jahre — war das Polytechnikum die

Tit.!

Da es der Mehrheit der Polytechniker daran gelegen sein muss, ihr Vorgehen gegen das Auftreten des Herrn Director Bolley in weitesten Kreisen, und besonders vor den Angehörigen der betreffenden Polytechniker zu begründen, hat dieselbe beschlossen, ihre Schritte in folgendem Actenstück der Oeffentlichkeit zu übergeben.

An die hohe Direction des eidgenössischen Polytechnikums.

In Erwägung, dass die Mehrheit der Polytechniker seit längerer Zeit sich durch das Auftreten des Herrn Director Bolley in ihrer Ehre verletzt fühlt, und dass namentlich ein Anschlag, der die Gesammtheit der Polytechniker in ihrer Ehre empfindlich berührte, durch einen andern ersetzt wurde, der trotz des darauf gegebenen Manneswortes nicht dem Wortlaut eines von der Commission angenommenen Anschlages entsprach, sondern vom Herrn Director in verschärfender Weise geändert wurde;

in Erwägung, dass dadurch die Grundlagen der Unterhandlungen zerstört, und das Vertrauen zu dem Director vernichtet worden ist;

ferner, dass ohne jeden vorliegenden Grund Einige unserer Commilitonen am heutigen Morgen von dem Herrn Director von der Anstalt weggewiesen worden sind, einem Andern, weil er seine Meinung über die Anschläge frei geäussert, vom Herrn Director befohlen wurde, die Anstalt augenblicklich zu verlassen, und demselben auf beleidigendste Weise die Thüre gewiesen wurde;

in Erwägung aller dieser Umstände sehen sich die Unterzeichneten veranlasst, ihren Austritt aus dem Polytechnikum zu erklären.

Die obigen Thatsachen sind wir bereit, sei es auf mündlichem oder schriftlichem Wege, zu begründen und durch Zeugen zu beweisen.

Sollte das hohe Directorium zu weiteren Unterhandlungen sich veranlasst sehen, so haben wir folgende, von der heutigen Polytechnikerversammlung als Grundlagen weiterer Verhandlungen gestellte Forderungen mitzutheilen:

1) **Rücktritt des Herrn Prof. Bolley vom Directorat.**

2) **Zurücknahme der erfolgten Wegweisungen.**

Die unterzeichnete Commission weist den Vorwurf von sich zurück, die Gemüther ihrer Commilitonen in irgend einer Weise erhitzt zu haben, und ist überzeugt, dass die gethanen Schritte, als durchaus gesetzlich und von der Nothwendigkeit der Umstände veranlasst, gewürdigt werden.

Folgen 350 Unterschriften.

Vorstehende Erklärung wurde am 27. Juli 1864 dem hohen Directorium von der unterzeichneten Commission überreicht.

Zürich, den 28. Juli 1864.

Die Commission:

Carl Meyer,	mech.-techn. Schule	III.	Curs.
Heinrich Främbs,	"	"	"
Conrad Maurer,	"	"	"
Traj. Rittershaus,	"	II.	"
Fritz Andreæ,	Ingenieur-Schule	III.	Curs.
Arnold Meley,	"	II.	"

Protest-Flugblatt vom 28. Juli 1864 gegen Direktor Pompejus A. Bolley: 350 Polytechniker drohen mit Massenaustritt.

grösste derartige Schule im deutschsprachigen Raum, eine Vorrangstellung, die zuvor und auch später das Wiener Institut innehielt.[28]

Kaum war die Kulmination im Schuljahr 1875/76 mit insgesamt 725 Polytechnikern und 289 Freifachhörern erreicht, begann ein empfindlicher Rückgang, der sich zur Dauerkrise auszuwachsen drohte. In ihren Ursachen hatte sich diese schon früher abgezeichnet. Durch die nationale Einigung im Süden und Norden der Schweiz waren tiefgreifende Veränderungen eingetreten, deren Auswirkungen auch das Polytechnikum in Zürich zu spüren bekam. Mit dem zunehmenden Nationalismus und dem imperialistischen Machtstreben in den Nachbarstaaten wurde dort die Bedeutung eigener technischer Bildungsanstalten, denen eine glänzende Zukunft bevorstand, nunmehr höher eingestuft. In München ist 1868, in Aachen 1870 und in Berlin durch die Vereinigung von Bau- und Gewerbeakademie 1879 eine Technische Hochschule geschaffen worden. Mancher bewährte Lehrer verliess die Schweiz, um einem Ruf in heimatlichere Gefilde zu folgen. Im Oktober 1871 siedelte Gottfried Semper nach Wien über, wo ihn mit der Hofburg und anderen Monumentalbauten ehrenvolle Aufgaben erwarteten. Weniger bekannt ist, dass Semper zu dem Komitee gehört hat, das auf dem Weg eines Inserats die deutsche Kolonie Zürichs sowie schweizerische Sympathisanten zur Sieges- und Reichsgründungsfeier vom 9. März 1871 in die alte Tonhalle einlud. Während der Veranstaltung, gegen die sich draussen eine erregte Menge empörte, hielt Sempers Kollege Johannes Scherr eine Rede, die dem einstigen republikanischen Vorkämpfer den Vorwurf des Gesinnungsverrats eintrug.[29] Die Kundgebung musste abgebrochen werden; es kam zu Ausschreitungen, dem bekannten «Tonhalle-Krawall», der auch das Verhältnis zu den deutschen Professoren vorübergehend trübte. Unter diesen blieb Gottfried Kinkel, der mit seinem Kupferstichkabinett den Grundstein zur Graphischen Sammlung legte, eine Ausnahme, indem er als unentwegter Republikaner dem Kaiserreich skeptisch gegenüberstand. Dessenungeachtet waren bis zum Ausbruch des Ersten Weltkrieges mindestens die Hälfte des Professorenkollegiums Ausländer, darunter überwiegend Deutsche. Aber es bot angesichts der zunehmenden Konkurrenz fortan grössere Schwierigkeiten, für das Polytechnikum aus dem Ausland Spitzenkräfte zu gewinnen und in Zürich trotz verlockender Angebote zu halten.

Hinzu kam, dass zwei Jahrzehnte nach der Gründung sich die zunehmende Raumnot ungünstig auszuwirken begann. Der Kanton Zürich war nicht mehr länger bereit, für den ständigen Baubedarf die finanziellen Mittel aufzubringen. Er hatte, nachdem im Oktober 1871 die landwirtschaftliche Schule ihren ersten Jahreskurs begann, für die Forst- und Landwirtschaft ein eigenes Gebäude errichtet, das im Herbst 1874 bezogen werden konnte. Die innere Ausgestaltung des Polytechnikums liess Zürich zu Recht fürchten, dass gewaltige Aufwendungen für Aufgaben notwendig würden, die ursprünglich nicht vorgesehen waren und für die Stadt und Kanton auch nicht mehr aufkommen wollten. Seit der Reglementsrevision von 1866 stand die sechste Abteilung ganz im Dienst der Ausbildung von Fachlehrern sowohl der mathematischen wie naturwissenschaftlichen Richtung, während die Freifächer die siebente Abteilung bildeten. Vorstösse aus landwirtschaftlichen Kreisen hatten auch erreicht, dass 1878 eine Samenkontrollstation und die landwirtschaftlich-chemische Untersuchungsstation als erste Annexanstalten ins Leben gerufen wurden. Sie haben sich aus bescheidensten Anfängen zu eigenständigen Institutionen entwickelt und sind 1897 vom Polytechnikum abgetrennt und nach Oerlikon verlegt worden.[30]

Die älteste bis heute mit der ETH durch den Schulrat als gemeinsames Aufsichtsorgan verbundene Annexanstalt feiert in diesem Jahr ihr hundertstes Jubiläum. Die Vorgeschichte der am 1. Januar 1880 gegründeten «Materialprüfungsanstalt» handelt von einer einzigen Maschine: von der 1866 durch den Bund angekauften Werder-Universalfestigkeitsmaschine, die bei der Prüfung von Baumaterialien vorzügliche Dienste leistete, deren Unterbringung jedoch erhebliche Probleme stellte. Es ist das Verdienst von Ludwig Tetmajer, dass die spätere «Eidgenössische Materialprüfungs- und Versuchsanstalt für Industrie, Bauwesen und Gewerbe» eine zweckdienliche Wirkungsstätte erhielt, und zwar im Neubau, den sie 1891 an der Leonhardstrasse beziehen konnte.[31]

Anfang der achtziger Jahre drängte man sich im Hauptgebäude, während sich Bund und Kanton wegen der Baupflicht vor dem Bundesgericht stritten. Eine neue Aera des technischen und industriellen Fortschritts hatte bereits begonnen. Im Jahr 1880 wurde in Zürich auf private Initiative hin das erste Telefonnetz der Schweiz erstellt. Ein Jahr später begannen am Polytechnikum auf freiwilliger Basis die ersten Uebungskurse auf dem Gebiete der Elektrizität. Solange der geforderte Bau eines eigenen Physikgebäudes nicht zustandekam, fehlte es an modernen Laboratorien. Es wurde dies, wie der Jahresbericht 1883 mahnte, zu einer Lebensfrage: «Geschieht in dieser Sache nichts, so wird die Schule aus ihrer jetzigen Stellung allmälig auf tiefere Stufen hinabgedrängt werden. Beschliesst man erst nach Jahren diesen Bau, so ist die günstigste Zeit für die Weiterentwicklung der Schule vorüber.»[32] Durch den starken Rückgang bei den ausländischen Studenten war der Gesamtbestand bis fast auf vierhundert abgesunken, während bei den Freifachhörern die Frequenz wieder zunahm.

Eine aussergerichtliche Einigung, mit der sich der Kanton Zürich von seinen Baupflichten, nicht aber von der Unterhaltspflicht für die von ihm zuvor erstellten Gebäude loskaufen konnte, machte den Weg im Frühjahr 1883 frei. Jetzt endlich konnte — allerdings auf Kosten des Bundes — die zweite Bauperiode in Angriff genommen werden. Unter der Leitung der Architekturprofessoren Bluntschli und Lasius entstanden das neue Chemiegebäude (1884/86) an der Universitätstrasse und das Physikgebäude (1887/90) an der Gloriastrasse. Dort fand auch bis 1933 die «Eidgenössische Anstalt für das forstliche Versuchswesen» Unterkunft, die nach mehrfachen Interventionen des Forstvereins mit Bundesbeschluss vom 27. März 1885 geschaffen worden war.[33]

Die Ausbildung der Maschineningenieure verlangte dringend nach einer Erweiterung. Es genügte nicht mehr, die Konstruktionsübungen auf zeichnerische Entwürfe zu beschränken. Für experimentelle Untersuchungen bedurfte es eines

Maschinenlaboratoriums. Nachdem die eidgenössischen Räte 1897 die Kredite bewilligt hatten, konnte sogleich mit den Bauarbeiten begonnen werden: das Maschinenlaboratorium (1897/1900) bildete mit dem neuen Zeichensaalgebäude einen Gesamtkomplex.[34] Die Entlastung, die dadurch im Hauptgebäude spürbar wurde, nutzte man dazu, für die Bibliothek neue Räume sowie einen grösseren Lesesaal zu schaffen. Diese verfügte nun über einen Bestand von rund 50 000 Bänden. Seit der Gründung hatte sich der vielseitige Astronom Rudolf Wolf fast vier Jahrzehnte lang um ihren Ausbau bemüht. Sein Nachfolger war der Mathematiker Ferdinand Rudio, und erst mit dem 1921 ernannten Oberbibliothekar Emil Wettstein übernahm ein Spezialist des Bibliothekswesens die Leitung.[35]

Die unternommenen Anstrengungen bewirkten, dass für das Polytechnikum ein erneuter Aufschwung einsetzte. Der Bestand der immatrikulierten Studenten überschritt um 1900 die Tausender- und gegen Ende des Ersten Weltkrieges die Zweitausendergrenze. Die Freifachhörer hatten seit dem Schuljahr 1878/79 (223 Auditoren) mit wenigen Unterbrüchen einen stetigen Zuwachs erhalten, eine Tendenz, die bis ins Kriegsjahr 1916/17 (1570 Hörer) anhielt, um dann im folgenden Jahrzehnt der Krisen und des Umbruchs vorübergehend bis zur Hälfte jenes Maximalbestandes zurückzufallen. Die Folgen eines derartigen Frequenzanstieges wurden bereits spürbar, als die zweite Bauphase kaum abgeschlossen war. Einer weiteren Vergrösserung standen jedoch die sogenannten Sammlungsverträge aus den Jahren 1859 und 1860 sowie die gemeinsame Nutzung des Hauptgebäudes durch Polytechnikum und Universität entgegen. Der Schulrat in der Präsidialzeit von Hermann Bleuler (1888—1905) und der Aera Robert Gnehm (1905—1926) hat im Interesse der freien Entfaltung mit Erfolg darauf hingewirkt, völlige Unabhängigkeit zu erlangen. Der Bund kündigte 1898 die mit dem Kanton und der Stadt Zürich eingegangenen Verträge. Langwierige Verhandlungen begannen. Sie führten zum bekannten Aussonderungsvertrag, der am 9. Juni 1908 in Kraft trat und die endgültige Ablösung einer Verflechung brachte, die insgesamt mehr von finanziellen Erwägungen als von wissenschaftsorientierten Interesssen geprägt gewesen war. Die Neuordnung zeitigte auch für die Universität trotz des erforderlichen Mehraufwandes günstige Auswirkungen. Das Hauptgebäude, das alte Chemiegebäude sowie die Räumlichkeiten der land- und forstwirtschaftlichen Schule wurden mitsamt dem dazu gehörenden Areal Eigentum der Eidgenossenschaft, die für die Unterhaltspflichten fortan selbst aufkam und für den ihr zugesprochenen Besitz eine Entschädigung ausrichtete. Die Sammlungen für Geologie und Mineralogie verblieben beim Polytechnikum, während jene für Zoologie 1913 in das neue biologische Institut der Universität überwechselte. Die Zürcher Hochschule räumte im Februar 1914 den von ihr benutzten Flügel im Semperbau und konnte in ihr eigenes, soeben fertiggestelltes monumentales Hauptgebäude einziehen.[36]

Auch die innere Entwicklung des Polytechnikums durchlief viele Stufen des Ausbaus, auf die im einzelnen hier nicht eingegangen werden kann. Die steigenden Anforderungen machten es notwendig, die Studienzeit in den Fachschulen auszudehnen. Der Bestand der Professoren hatte sich in den ersten fünfzig Jahren verdoppelt. Da sich die Frequenz um ein Vielfaches vergrösserte, wurde diesem Mehrandrang, zumal man mit langfristigen finanziellen Verpflichtungen zurückhielt, vor allem durch die vermehrte Zulassung von Privatdozenten und durch die starke Erhöhung bei den Assistenten Rechnung getragen. Neue Laboratorien und Institute kamen hinzu, die innerhalb der strukturellen Gliederung der Schule verblieben. Die vierte Reglementsrevision vom 3. Juli 1899 machte die militärwissenschaftliche Sektion zur selbständigen, damals achten Abteilung. Deren Anfänge gehen auf einen Bundesratsentscheid aus dem Jahr 1877 zurück, mit dem die «Militärschule» Wirklichkeit wurde. Dadurch gelangten frühere Postulate doch noch zur Ausführung, und dies vor allem, weil es Bundesrat Welti durchgesetzt hatte, dass in der Militärorganisation von 1874 ein Passus — die Artikel 94 und 95 — aufgenommen worden war, demzufolge das Polytechnikum für die militärwissenschaftliche Ausbildung des Offizierskorps nutzbar gemacht werden sollte.[37]

Diese allmähliche Entwicklung zur voll ausgebauten Hochschule fand durch die Reglementsrevision von 1908/09 ihren Abschluss, die nun auch den Studenten, denen für die letzten Semester schon zuvor grössere Freiheit konzediert worden war, eine grundsätzliche Verbesserung brachte. Die obligatorischen Studienpläne wurden durch Normalstudienpläne ersetzt. Sie wiesen die Richtung, wobei von Beginn des Studiums an die Fächerwahl freistand. Die sogenannten Promotionen und damit die Leistungsnoten, die am Schluss des Studienjahres für die Beförderung in den nächst höheren Kurs ausschlaggebend waren, wurden abgeschafft. Ebenso entfielen die Disziplinarmassregeln wegen Unfleiss. Die Kontroverse über Schulzwang oder Studienfreiheit, die seit Jahren den Inhalt eines leidenschaftlich geführten Meinungsstreites gebildet hatte, war damit zugunsten der akademischen Freiheit entschieden worden. Das Studium der technischen Fächer zwang von selbst zu einem strengeren Aufbau, so dass in der Praxis im Hinblick auf die Anforderungen für die Diplomprüfungen wenig Raum für die freie Wahl bestand. Für den Polytechniker handelte es sich jedoch darüber hinaus um eine Frage des Prinzips, um die langentbehrte Gleichstellung mit den Kommilitonen der Universität.[38]

Gleichzeitig mit der Neuordnung erhielt das Polytechnikum das Recht, die Würde eines Doktors der technischen Wissenschaften, der Naturwissenschaften oder der Mathematik zu verleihen. Auch hierin waren Polytechnika in Deutschland und Oesterreich bereits vorausgegangen. Es entsprach sowohl der eigenen wie der allgemeinen Entwicklung, dass die polytechnische Schule mit Bundesratsbeschluss vom 23. Juni 1911 in «Eidgenössische Technische Hochschule» umbenannt wurde, deren Direktor in der Konsequenz nunmehr Rektor hiess.[39]

Zunehmende Spezialisierung von Lehre und Forschung

Für die ETH schuf diese tiefgreifendste Reorganisation seit der Gründung von 1855 eine neue Wirkungsbasis, die die Schulleitung für die Inangriffnahme der drängenden Aufgaben optimistisch stimmte: «Eine neue und wichtige Etappe in der Bekämpfung des Raummangels ist hierdurch erreicht; für Lehre und Forschung eröffnet sich eine schöne Zukunft.»[40] Die Vorbereitungen für die dritte Ausbauphase nahmen einen günstigen Anfang. Die eidgenössischen Räte hatten im Dezember 1911 durch die Bewilligung eines Kredites von 11 489 600 Franken erneut ihrem Willen Ausdruck gegeben, der Bundeshochschule ein Schritthalten mit der starken Expansion auf allen Gebieten der technischen Wissenschaften zu ermöglichen. Mit dem Bau des Naturwissenschaftlichen Instituts an der Sonnegg-Clausiusstrasse und der Errichtung des neuen Land- und Forstwirtschaftlichen Gebäudes nordöstlich der alten Räumlichkeiten war unter der Leitung des ETH-Architekturprofessors Gustav Gull schon begonnen worden, und die geplante Erweiterung des Hauptgebäudes stand unmittelbar bevor, als der Ausbruch des Ersten Weltkrieges einen vollständigen Stillstand bewirkte. Die Neubauten konnten nach Ueberwindung erheblicher Schwierigkeiten in den Jahren 1915/16 bezogen werden. Trotz des Mangels an Bauarbeitern und der Knappheit gewisser Baumaterialien wurden im zweiten Kriegsjahr die Arbeiten am Semperbau aufgenommen. Zwar gelang es, Ende 1917 die Flügelbauten unter Dach zu bringen und die Kuppel sowie den Mittelbau 1918 im Rohbau fertigzustellen, doch bis alles vollendet war, dauerte der Umbau unter Einschluss der Reparaturarbeiten statt der vorgesehenen drei Jahre ein ganzes Jahrzehnt.

«Es sind», so berichtet Gull, «anlässlich der Renovation des Semperbaues konstruktive Mängel schwerwiegender Art zum Vorschein gekommen, welche den Bestand des Baues direkt gefährdeten. Deren Beseitigung hat grosse Kosten verursacht.»[41] Die unerfreuliche Ueberraschung war um so grösser, als Zweifel an Sempers Baukunst ausser Frage standen. Offensichtlich hatte sich die einstige Kurzsichtigkeit bitter gerächt, indem Semper der Zürcher Staatsbauinspektor Wolff als gleichgeordneter Mitarbeiter aufgedrängt worden war, dessen Aufgabe vor allem darin bestand, auf Sparsamkeit zu achten.

Die ständigen Stockungen in der Bauausführung, bedingt durch den Krieg, aber auch durch Streiks infolge Zuspitzung der Klassenantagonismen, sowie die Zusatzarbeiten und die gewaltige Teuerung — die Lebenskosten stiegen im Ersten Weltkrieg um 145% — hatten eine massive Kreditüberschreitung zur Folge. Es blieb nichts anderes übrig, als erneut Nachtragskredite von insgesamt elf Millionen zu bewilligen, so dass die überlange Bauperiode auf Ende Wintersemester 1924/25 abgeschlossen werden konnte.[42]

In der Entwicklungsgeschichte der ETH kommt den gelösten baulichen Aufgaben eine gewichtige Stellung zu, zumal der äussere, leichter überschaubare Rahmen ein bevorzugter, wenn auch nicht zuverlässiger Indikator für die Leistungsfähigkeit der Hochschule darbietet. Dennoch können wir uns damit begnügen, auf die vierte Bauperiode von 1930 bis 1940 lediglich hinzuweisen. Sie brachte die Inbetriebnahme der «Versuchsanstalt für Wasserbau und Erdbau» als Annexanstalt, den Bau des Fernheizkraftwerkes sowie Erweiterungen des Maschinenlaboratoriums und des Chemiegebäudes. 1939/40 wurde in Arosa ein astrophysikalisches Observatorium eingerichtet. In jenen Jahren waren auch die Arbeiten im Gang, um für die Cyclotronanlage und den Tensator ein eigenes Gebäude zu erstellen. Gleich nach dem Zweiten Weltkrieg wurde die fünfte Bauperiode in Angriff genommen, die im wesentlichen der Raumbeschaffung und Modernisierung innerhalb der bestehenden baulichen Strukturen galt. Grundlegende Veränderungen, die ein völlig neues Konzept für die Gesamtanlage erforderlich machten, wurden erst wieder nach 1955 vorgenommen und prägten das erste Viertel der zweiten hundert Jahre.[43]

Für den inneren Zusammenhalt der ETH brachte die ständige Ausfächerung auf allen Gebieten der Wissenschaften schwierige Probleme. Hier bewährte sich das vom Schulrat über Jahrzehnte befolgte Prinzip, neue Spezialgebiete möglichst in die bestehenden Strukturen zu integrieren. Wie der Vergleich der Reglemente von 1899, 1908 und 1924 verdeutlicht, gelang es, die Gefahr der Zergliederung zu bannen und an dem Ziel einer praxisbezogenen, grundlegenden Berufsausbildung festzuhalten. Die Vermehrung der Lehrstühle, die Aufnahme neuer Studienrichtungen sowie die zahlreichen Revisionen bei den Normalstudienplänen verliehen anderseits dem Willen Ausdruck, die Studenten in den höheren Semestern mit den jüngsten Entwicklungen der wissenschaftlichen Forschungen vertraut zu machen. Das ETH-Reglement vom 16. April 1924 schuf die trotz der inzwischen vorgenommenen Modifikationen bis heute gültige Gliederung der Hochschule in zwölf Abteilungen. Zur Berufsfortbildung räumte es den Fachhörern neben den Freifachhörern einen eigenen Status ein. Erst jetzt wurde die Unterscheidung zwischen ordentlichen und ausserordentlichen Professoren eingeführt, was eine Aufwertung der bisherigen Hilfslehrstellen bedeutete. Fortan fiel es in die Kompetenz der ordentlichen Professoren, den Rektor zu wählen. Auch die Abteilungen haben im Verlauf der Jahrzehnte mannigfache Veränderungen erfahren, und es lohnt sich, einige Grundzüge der Entwicklung herauszugreifen:

Architektur

Die Architekturabteilung stand, an der Zahl ihrer Studierenden gemessen, lange Zeit an vierter Stelle. Die beträchtlichen Schwankungen in der Frequenz lassen erkennen, dass hier die Abhängigkeit von der konjunkturellen Entwicklung besonders spürbar ist. Gegen Ende des Zweiten Weltkrieges setzte eine starke Zunahme ein. Sie war die Folge des durch den Krieg bedingten Nachholbedarfs und wurde durch die anhaltende Baukonjunktur begünstigt. Wenn 1948/49 als vorläufiges Maximum nicht weniger als 436 angehende Architekten die Abteilung besuchten, so hiess dies, dass sich der zahlenmässige Bestand der Studenten seit Kriegsausbruch verdreifacht hatte. Dem Verlangen nach Sensibilität für das gesellschaftliche Umfeld wurde je nach Epoche unterschiedlich Ausdruck verliehen, wobei die Architekturabteilung als nationale Ausbildungsstätte ganzer Generationen von Baumeistern sowohl im öffentlichen wie im privaten Bereich das Verständnis fortschrittlicher Baukunst wesentlich mitbestimmt hat. Dieser Wandel widerspiegelt sich auch in den grossen Bauwerken von Gottfried Semper (1855—1871), von Friedrich Bluntschli (1881—1914), Gustav Gull (1900—1929), Karl Moser (1915—1928), Otto Rudolf Salvisberg (1929—1940) und dessen Nachfolger Hans Hofmann (1941—1957), die neben ihrer Lehrtätigkeit die Bewährung in der Praxis für unabdingbar hielten.[44]

Bauingenieurwesen

Fast zwei Jahrzehnte lang hatte Carl Culmann (1855—1881) das gesamte Fachgebiet betreut. Im Bereich Baustatik und Brückenbau hat er durch seine Graphische Statik vermittels der geometrischen Erfassbarkeit neuen Berechnungsmethoden Bahn gebrochen, aber er lehrte auch die anderen damaligen Hauptfächer der Ingenieurwissenschaften: Wasserbau, Strassen- und Eisenbahnbau. 1873 übernahm Karl Pestalozzi, der letzte Nachkomme des grossen Pädagogen, die Vorlesungen über Fluss-, Kanal- und Seeuferbau. Vermehrte Bedeutung gewann der Wasserbau unter Eugen Meyer-Peter (1920—1952), der 1930 die Versuchsanstalt für Wasserbau gründete und mit seiner Versuchsmethodik neue Wege wies. Die Revolutionierung auf dem Gebiet des Verkehrswesens machte es nach Culmanns Tod unumgänglich, auch für den Strassen- und Eisenbahnbau einen eigenen Lehrstuhl zu schaffen. Eduard Gerlich (1882—1903), Friedrich Hennings (1903—1921), der Erbauer der Albulabahn, und Charles Andreae (1921—1937), der am Bau des Simplontunnels mitwirkte, erwiesen sich in Lehre und Praxis als Spezialisten des Eisenbahn- und Tunnelbaus. Entsprechend der zunehmenden Motorisierung begann Erwin Thomann (1932—1949) eine Neuorientierung des Unterrichts durchzuführen, die der Schwerpunktsverlagerung vom Eisenbahn- zum Strassenbau Rechnung trug. Das Lehrgebiet Baustatik und Brückenbau blieb unter Karl Wilhelm Ritter (1882—1905), Emil Mörsch (1904—1908) und Arthur Rohn (1908—1926) noch vereint. Als der letztere das Amt des Schulratspräsidenten antrat, wurde die Brückenbauprofessur in ihre Hauptrichtungen Stahl- und Massivbau aufgeteilt, zumal der Eisenbetonbau bereits in starker Entfaltung begriffen war. Im Gegensatz zu solchen Technischen Hochschulen, die schon früh mit der Spezialisierung einsetzten, bewahrte die Abteilung den Gesamtzusammenhang des Lehrgebiets dank der historisch bedingten Konzentration auf lediglich vier ordentliche «Fachprofessuren».[45]

Maschineningenieurwesen und Elektrotechnik

Diese Abteilung wies bis Ende der vierziger Jahre die weitaus grösste Besucherzahl auf, wobei der Anteil ausländischer Studenten vor dem Ersten Weltkrieg hier besonders hoch war. In die Grundkenntnisse des Maschinenbaus hatte Franz Reuleaux (1856—1864) als erster eingeführt, und unter denjenigen, die diese Aufgabe weiterführten, seien Georg Veith (1868—1894), Eugen Meyer (1894—1923) und Moritz ten Bosch (1923—1949) hervorgehoben, die alle mehr als ein Vierteljahrhundert an der ETH wirkten. Kontinuität zeichnet auch ein zweites Teilgebiet aus: die Werkstoffkunde und Formgebung der Metalle, für die schon im Jahr nach der Hochschulgründung ein eigener Lehrstuhl geschaffen worden war. Das dritte Lehrgebiet, die Theoretische Maschinenlehre, hatte ursprünglich Gustav Zeuner (1855—1871) betreut. Nach dessen Weggang wurde eine Zweiteilung vorgenommen. Die Richtung Hydraulische Maschinen nahm vor allem unter Franz Prášil (1894—1926) hervorragenden Anteil an der Entwicklung der Wasserturbinen. Die Wärmetechnik wandte sich unter Aurel Stodola (1892—1929) insbesondere dem Bau von Dampfturbinen zu. Nach der Jahrhundertwende erfolgte durch den Aufschwung bei der Konstruktion von Verbrennungsmotoren und in den dreissiger Jahren durch das Hinzukommen neuer Professuren für Textilmaschinenbau und für Aerodynamik eine starke Ausweitung. Soweit die Errichtung des Lehrstuhles für Flugzeugstatik und Flugzeugbau im Jahr 1937 zu hoch gespannte Erwartungen weckte, entsprach dies den Hoffnungen, diesen vielversprechenden Industriezweig auch in der Schweiz zu starker Entfaltung zu bringen.[46]

Im Jahr 1935 formierte sich die Elektrotechnik zur selbständigen Abteilung III B. Bereits Rudolf Clausius (1855—1867) war jeweils im vierten Semester auf die Elektrizitätslehre eingegangen. Für theoretische Elektrotechnik und Elektromaschinenbau wurde aber erst 1912 eine von der Physik getrennte eigene Professur geschaffen, der der aus Detmold gebürtige Karl Kuhlmann bis 1948 das Gepräge gab. Zur Berechnung und Konstruktion aller Maschinen für Gleich- und Wechselstrom, aber auch der Transformatoren wurde 1923 eine Professur für Elektromaschinenbau hinzugefügt. Die theoretische Elektrotechnik musste 1952 angesichts der Stoffausweitung in eine Professur für allgemeine und in eine solche für höhere Elektrotechnik aufgeteilt werden. Die Fernmeldetechnik, die Hochfrequenztechnik, die 1933 in den Normalstudienplan eingeführt worden ist, sowie die Hochspannungstechnik, die seit der spektakulären Energieübertragung von Lauffen (Neckar) nach Frankfurt anlässlich der Weltausstellung von 1891 einen gewaltigen Aufschwung genommen hatte, aber auch die Lehre von den elektrischen Anlagen und der Energiewirtschaft, Fächer, in denen Walter Wyssling (1895—1926) Pionierarbeit geleistet hat, die technische Physik und die elektrische Traktion — sie alle erfuhren eine zum Teil stürmische Expansion, die in vielen Bereichen die Lebensverhältnisse nachhaltig veränderte.[47]

Eidgenössisches Polytechnikum 1883—1886, III. mech. Kurs. Albumblatt zum Diplomabschluss.

Chemie

Die vierte Abteilung hatte seit 1891 die Studiendauer nicht mehr erhöht. Sie widersetzte sich zusammen mit den Architekten der Allgemeintendenz, die Ausbildungszeit auf vier Jahre auszudehnen. Allerdings zogen es immer mehr Chemiker vor, nach den sieben Semestern über das erlangte Diplom hinaus einige Zusatzsemester der Forschung zu widmen. Ihr Ziel war es, die durch die Promotionsordnung vom 31. März 1909 gebotene Möglichkeit zum Erwerb des Doktortitels zu nutzen. Als erster aller Doktoranden der gesamten Hochschule promovierte der Chemiker Jean Piccard bereits im Oktober 1909; er ist der Zwillingsbruder des Ballonfliegers, Tiefseetauchers und ETH-Physikers Auguste Piccard. Auf Antrag der Chemischen Abteilung verlieh die ETH auch ihre erste Ehrenpromotion. Sie wurde im November 1909 Schulratspräsident Robert Gnehm zuerkannt, der seit 1894 neben Georg Lunge (1876—1907) das Gebiet der technischen Chemie und hier vor allem die organische Richtung betreut hatte. Es zeugt für die Qualität der Lehrkräfte, dass fünf von ihnen während der sechs Jahrzehnte seit der Stiftung von 1895 mit dem Nobelpreis für Chemie ausgezeichnet worden sind, wenn auch die Verleihung zumeist nicht in den Zeitraum ihrer Zürcher Lehrtätigkeit fiel. Richard Willstätter (1905—1912), Professor für allgemeine Chemie, wurde die Ehrung 1915 auf Grund seiner Untersuchungen über Pflanzenstoffe, insbesondere über das Chlorophyll, zugesprochen. Auch sein Nachfolger Hermann Staudinger (1912—1926) erhielt 1953 den Nobelpreis für seine grundlegenden Arbeiten zur makromolekularen Chemie. Seine Erkenntnisse waren für die gesamte Plastikindustrie wegbereitend. Auf Staudinger folgte der aus Wien gebürtige Richard Kuhn (1926—1929), dem die hohe Anerkennung 1936 für seine Forschungen auf dem Gebiet der Vitamine, vor allem zur biochemisch wichtigen Substanz Vitamin B_2, dem Lactoflavin, zuteil wurde.

Die ehrenvolle Reihe setzte sich in Leopold Ruzicka fort, der seit 1929 als letzter Professor für allgemeine Chemie sowohl über anorganische wie organische Chemie las. Er erreichte die Synthesen von Androsteron und Testosteron. Dem Nobelpreisträger des Jahres 1939 gelang die an der ETH durchgeführte erste künstliche Herstellung männlicher Sexualhormone. Thadeus Reichstein (1937—1938), der Mitentdecker des lebenswichtigen Hormons Cortison, teilte den Nobelpreis für Physiologie und Medizin im Jahr 1950 mit zwei amerikanischen Forschern. Er hat an der ETH kurze Zeit als ausserordentlicher Professor gelehrt und fand in Basel als Leiter des Pharmazeutischen Instituts einen neuen Wirkungskreis. Der Ruf der Abteilung, sowohl als Ausbildungs- wie als Forschungsstätte Vorzügliches zu leisten, bestätigte sich auch in jüngster Zeit durch die 1975 erfolgte Auszeichnung Vladimir Prelogs mit dem Nobelpreis für Chemie.[48]

Pharmazie

Die Ausbildung der Pharmazeuten war ursprünglich im Rahmen der Chemisch-Technischen Schule erfolgt, in der sie seit 1899 eine eigene Sektion bildeten. Die seit 1908 selbständige Abteilung befand sich nicht in der Lage, Diplome auszustellen, die die Absolventen zur Führung einer Apotheke berechtigten. Die Fachprüfung für Apotheker wurde gemäss den Reglementen von 1912 und von 1935 auf gesamtschweizerischer Ebene festgelegt und von der Eidgenössischen Medizinalkommission abgenommen. Die Abteilung, deren Frequenz sich seit den dreissiger Jahren zwischen hundert und hundertfünfzig Studierenden bewegte, erfüllt daher eine doppelte Aufgabe: Auf dem Weg eines umfassenden Pharmaziestudiums bereitet sie auf die Fachprüfung für Apotheker vor und bietet durch ihre Mitarbeit in der Forschung den Absolventen die Möglichkeit, den Titel Dr. sc. nat. zu erlangen. Zum Zentrum der wissenschaftlichen Arbeit wurde das Pharmazeutische Institut dank der Ausbaubemühungen von Robert Eder (1917—1944). Unter ihm wandte es sich mehr und mehr auch der galenischen Pharmazie zu, dem wichtigen Bereich der Arzneiformen und Arzneizubereitung, dem dritten Gebiet neben der pharmazeutischen Chemie und Pharmakognosie.[49]

Forstwirtschaft

Die vielseitige Bedeutung des Waldes ist in der Schweiz schon früh erkannt worden. Der Ausbau der Forstorganisationen in Gemeinden und Kantonen kam in der zweiten Hälfte des 19. Jahrhunderts zu einem vorläufigen Abschluss, was zur Folge hatte, dass der Personalbestand bei den Forstämtern kaum mehr zunahm. Wohl ist richtig, dass beide Weltkriege auch in dieser Abteilung die Frequenz vorübergehend erheblich ansteigen liessen, aber im Gesamtüberblick hielt sich die Aufwärtsentwicklung trotz starker Schwankungen in engen Grenzen. Von den Jahren 1943 bis 1948 abgesehen, waren an der Abteilung stets weniger als hundert Studierende eingeschrieben. Die 1888 unter Anton Bühler (1882—1896) dem Polytechnikum angegliederte forstliche Versuchsanstalt sorgte dafür, dass der Waldbau in den Mittelpunkt von Lehre und Forschung rückte. 1927 wurde vom Bund ein grösserer Waldkomplex in der Nähe der Stadt als Lehrrevier erworben, das im Sinne Walter Schädelins (1924—1940) Gelegenheit bot, das Zusammenwirken von Waldbau und Forsteinrichtung experimentell zu erproben. Durch ihr eigenständiges Wirken wurde die «Zürcher Schule» ein Begriff; nach den Worten von Hans Leibundgut, der 1940 die Professur für Forstwissenschaften übernahm, hat sie sich sogar zu einer der «angesehensten forstlichen Lehr- und Forschungsstätten der Welt» entwickelt.[50]

Landwirtschaft

Zwei Persönlichkeiten versinnbildlichen besonders eindrücklich die enge Verbindung der Abteilung mit der landwirtschaftlichen Praxis. An ihr lehrte von 1908 bis 1935 Ernst Laur, dessen eigentliches Fachgebiet die landwirtschaftliche Betriebslehre war. Als Sekretär des Bauernverbandes machte er seine Erkenntnisse weit über den Hochschulrahmen hinaus fruchtbar, eine einflussreiche Doppelstellung, die auch sein Nachfolger Oskar Howald (1937—1967) innehielt. Als Friedrich Traugott Wahlen im Wintersemester 1943 die Professur für Pflanzenbau übernahm, befand sich die von ihm ausgelöste und systematisch geführte «Anbauschlacht» bereits mitten im Gange. Ihr Ziel war es, die durch die Achsenmächte eingeschlossene Schweiz von den Nahrungsmitteleinfuhren so weit wie nur möglich unabhängig zu machen. Im Rahmen der Kriegswirtschaft standen die wissenschaftlichen Forschungen dieser Abteilung ganz im Dienste der Leistungssteigerung. Der enorme Bedeutungszuwachs, den die Landwirtschaft sowohl im Ersten wie im Zweiten Weltkrieg erfuhr, widerspiegelt sich auch im starken Frequenzanstieg, der bis in die ersten Nachkriegsjahre anhielt, dann aber wieder von einer Phase der Verminderung abgelöst wurde. Die Ausbildung verfolgt das Prinzip, während der sieben bis acht Semester ein breit angelegtes, solides Fundament an Wissensstoff zu vermitteln, wobei die Spezialisierung durch eine Doktorarbeit noch vertieft werden kann. Bis zum Zentenarium haben an der Abteilung insgesamt 184 Absolventen von der Möglichkeit zur Promotion Gebrauch gemacht.[51]

Kulturingenieur- und Vermessungswesen

Dass der Integration in vorgegebene Strukturen Grenzen gesetzt war, dafür ist die Kulturingenieurschule ein illustratives Beispiel. Sie bildete zunächst innerhalb der Land- und Forstwirtschaftlichen Abteilung eine eigene Studienrichtung. Um eine bessere Ausbildung in den Baufächern zu ermöglichen, wurde sie 1909 der Ingenieurschule angegliedert. Nunmehr kamen jedoch die landwirtschaftlichen Studienbereiche zu kurz. Aus der Einsicht, dass keine der beiden Lösungen zweckmässig war, wurde im Schuljahr 1920/21 eine selbständige Abteilung für Kulturingenieure und Grundbuchgeometer geschaffen. Sie nahm 1933/34 auch die Vermessungsingenieure auf, die bis dahin bei der Abteilung für Bauingenieure verblieben waren. Da sich die Trennung vom Kulturingenieurstudium als nicht mehr sinnvoll erwies, wurde 1941 die fünfsemestrige Ausbildung von Grundbuchgeometern aufgegeben. In der Folge haben weitaus die meisten Kulturingenieure nach dem ETH-Diplom auch die eidgenössische Geometerpatentprüfung absolviert, für die eine zweijährige praktische Tätigkeit vorausgesetzt wurde. Das Hauptgewicht der kulturtechnischen Vorlesungen gilt den Problemen der Entwässerung und Bewässerung. Als erster hat Kaspar Zwicky

(1888—1933) dieses Hauptfach gelehrt; die Aera Zwicky formte eine ganze Generation von Kulturingenieuren. Ziehen wir die Parallele zum Gebiet der Geodäsie und Topographie, so ist an erster Stelle wohl Fritz Baeschlin zu nennen, der von 1909 bis 1947 den Vermessungsingenieuren die fachlichen Grundlagen vermittelte. Eduard Imhof, der zum massgeblichen Förderer der kartographischen Richtung wurde, wirkte seit 1922 an dieser Abteilung. Am Bestand der Studierenden gemessen, entsprach die Abteilung in ihrem zahlenmässigen Umfang am ehesten jener der Forstwirtschaft.[52]

Mathematik und Physik

Obwohl sich die Einheit der technischen Wissenschaften, wie sie im Gründungsgedanken der Ecole polytechnique in Paris zum Ausdruck gekommen war, nicht bewahren liess, blieben beide Disziplinen Grundlagenfächer für nahezu alle Abteilungen. Die ursprüngliche Aufgabe, fähige Mathematik- und Physiklehrer auszubilden, um auf diese Weise auch das Niveau der Schüler auf der Mittelstufe anzuheben, erfuhr im Verlauf der Jahrzehnte eine wesentliche Ausweitung. Auf die Kennzeichnung als Abteilung für Fachlehrer wurde seit 1932 verzichtet. Die Ausbildung zur Forschung gewann grundlegende Bedeutung für die vielfältigen neuen Berufsmöglichkeiten, die sich in Technik und Industrie, insbesondere auch im Versicherungswesen öffneten. Dieser wachsende Bedarf führte in der Abteilung seit den dreissiger Jahren zur erheblichen Zunahme der Frequenz und erreichte 1948/49 mit 230 Studenten eine Versechsfachung. Die dynamische Entwicklung in diesem Lehrgebiet und die beeindruckende Reihe hervorragender Physiker und Mathematiker, die im Zeitraum 1855 bis 1955 an der ETH gelehrt haben, ist von Jules T. Muheim gewürdigt worden. Erinnert sei hier lediglich an die Wirksamkeit der drei Nobelpreisträger. Albert Einstein, einst selbst Schüler der Fachlehrer-Abteilung, dozierte nur kurze Zeit — von 1912 bis 1914 — theoretische Physik an der ETH. Der aus Holland gebürtige Peter J. W. Debye (1920—1927), der Nachfolger des mit der Aera des Ferromagnetismus aufs engste verbundenen Pierre Weiss (1902—1919), gehörte zu den Wegbereitern der Festkörperphysik. Dieser universale Wissenschafter erhielt 1936 für seine Forschungen über die Molekülstruktur, insbesondere für seine Untersuchungen über Röntgen- und Elektroneninterferenzen in Gasen, den Nobelpreis für Chemie. Wolfgang Pauli (1928—1958), dessen berühmtes Ausschliessungsprinzip fundamental für die Quantenmechanik geworden ist, wurde 1945 Nobelpreisträger für Physik. Die Mathematiker Herman Minkowski (1896—1902) und Hermann Weyl (1913—1930), die Physiker Auguste Piccard (1915—1922), Franz Tank (1922—1960) und Paul Scherer (1920—1960), dessen Interesse zunächst der Ferroelektrizität galt und der in der Folge zum Wegbereiter der Kernforschung in der Schweiz wurde — sie und viele andere Persönlichkeiten haben dieser Abteilung zu internationalem Ansehen verholfen.[53]

Naturwissenschaften

Dem Umfang nach etwas kleiner als die vorhergehende Abteilung, vermochten die Naturwissenschaften trotz der Vielfalt ihrer Fächer bessere Ueberschaubarkeit zu bewahren. Sie unterscheiden sich in vier Richtungen: die botanisch-zoologische, die chemisch-physikalische, die geographisch-geologische und die geologisch-mineralogische. Besteht zur Spezialisierung ein breit gefächertes Angebot, so war die Besetzung der Lehrstühle in den Hauptfächern aufs beste dazu geeignet, auf den Zusammenhalt stabilisierend zu wirken. Besonders nachhaltig hat sich dies im Bereich der Botanik geltend gemacht. Allein drei Dozenten umfassten in der Abfolge bei der Professur für allgemeine Botanik mehr als ein volles Jahrhundert: Karl Cramer (1857—1901), der Waadtländer Paul Jaccard (1903—1938) und Albert Frey-Wyssling (1938—1970). Fast ebenso eindrücklich bietet sich die Situation beim Lehrstuhl für spezielle Botanik dar: Oswald Heer (1855—1882), Carl Schröter (1884—1926) und Ernst Gäumann (1927—1963). Unter den Hauptlehrern der Erdwissenschaften, die sich in vier Forschungsdisziplinen aufgliedern, seien aus der früheren Zeit Arnold Escher von der Linth (1856—1872) und Albert Heim (1873—1911) hervorgehoben. Sie haben als Geologen sowohl an der Universität Zürich wie am Polytechnikum unterrichtet — eine Doppelprofessur, die über die ersten hundert Jahre hinweg als solche erhalten blieb. Zusammenfassend lässt sich feststellen, dass auch in dieser Abteilung die Ausbildung von Fachlehrern zugunsten der Forschung an Gewicht verlor: Mehr und mehr fanden die Absolventen in Industrie und Versuchsanstalten verlockende Berufsperspektiven.[54]

Militärwissenschaften

Die Militärschule trug von Anfang an sowohl ihrem Status wie ihrer Zielsetzung nach Sondercharakter. Bis 1946 bewegte sich die Frequenz zwischen 3 und 26 Besuchern. Während des Aktivdienstes im Zweiten Weltkrieg stellte die Abteilung ihre Tätigkeit ganz ein; auch 1918/19 erfolgte ein Unterbruch, nachdem bereits zuvor schon stark reduziert werden musste. Ihr kam zugute, dass sie zu ihren Dozenten auch höchste Offiziere zählen konnte. Zu ihnen gehörten der spätere General Wille, die Armeeführer Bridler, Steinbuch, Wille jun., Constam und Bircher, um nur einige der bekanntesten Namen zu nennen. Der von Oberst Rothpletz (1878—1897) angestrebte Ausbau zur Militärakademie liess sich jedoch nicht verwirklichen. Die Kursdauer hielt sich im Rahmen von zwei bis drei Semestern.[55]

Freifächer

In den Gründungsjahren galt es für den ausländischen Sachkenner als ein fragwürdiges Experiment, auf das sich die Eidgenossen mit der Beifügung der damaligen Abteilung sechs eingelassen hatten. «Die Einrichtung dieser Abteilung ist eigentlich eine Abnormität», befand 1863 der Prager Professor Carl Kořistka. Sie widersprach dem vorherrschenden Zeitverständnis vom spezifischen Charakter polytechnischer Institute.[56] Obwohl es auch in Zürich nicht immer gelang, den im neunzehnten Jahrhundert vorherrschenden Antagonismus zu den Universitäten auszuräumen, leistete das Polytechnikum im Geiste Stapfers und dank der Weitsicht seiner liberalen Gründer beim Brückenschlag zu den Geisteswissenschaften Pionierdienste. Was den Skeptikern als zweifelhaftes Relikt der gescheiterten eidgenössischen Universität erschien, erweist sich im Rückblick als Vorwegnahme einer Entwicklung, die an anderen Polytechnika in vergleichbarer Weise zumeist viel später einsetzte. In der Verknüpfung von fachwissenschaftlichen mit allgemeinbildenden Studien ist die Technische Universität Berlin-Charlottenburg durch die Einführung einer «humanistischen Prüfung» nach dem Zweiten Weltkrieg noch einen bedeutenden Schritt weitergegangen.[57] Die ETH ist dieser Konzeption zwar nicht gefolgt, aber die im Zusammenhang mit dem «studium generale» vorgetragenen Postulate haben im wesentlichen lediglich neu formuliert, was von Anbeginn zu den grundsätzlichen Anliegen der Freifächerabteilung gehört hatte. Ihre Aufgabe ist es, den Einblick in das geistige Umfeld zu öffnen und in Ergänzung zum Fachstudium, das zwangsläufig der Spezialisierung unterliegt, den Gesichtskreis zu erweitern, und die Vertiefung der Allgemeinbildung zu ermöglichen. Auf Obligatorien und eine Integration in die Prüfungsordnung wurde jedoch verzichtet, sieht man von der bescheidenen Auflage ab, wie sie in Artikel 13 des ETH-Reglementes von 1924 formuliert worden ist. Demnach hat jeder Student mindestens eine Vorlesung allgemein bildenden Inhalts aus der philosophisch-staatswissenschaftlichen Abteilung pro Semester zu hören.

Aus dem 1854 den fünf Fachschulen beigefügten universitären Keimling haben sich die beiden erwähnten Abteilungen für die Fachlehrer-Ausbildung entwickelt, während sich die verbliebenen Freifächer 1909 in eine philosophisch-staatswissenschaftliche und in eine mathematisch-naturwissenschaftlich-technische Sektion aufgliederten. Die letztere bildete seit 1947 die Unterabteilung XII B, ohne eigenen Fakultätscharakter zu tragen, weil ihre allgemein zugänglichen Lehrveranstaltungen ebenso wie ihre Dozenten zumeist in die einzelnen Fachschulen integriert waren. Heute ist die zwölfte Abteilung ausschliesslich den Geistes- und Sozialwissenschaften gewidmet, die ein auf die Bedürfnisse des Polytechnikers abgestimmtes Lehrangebot umfasst. Handelte es sich vor allem in früheren Jahrzehnten vielfach um Doppelprofessuren, so verlangte dessenungeachtet die Tätigkeit an der ETH die Bereitschaft, sich für diesen anders gearteten Aufgabenkreis voll einzusetzen. Hier gibt es keine Wissenschafter im eigenen

Fachgebiet auszubilden, aber die Bundeshochschule eröffnet der Abteilung ein freieres Wirkungsfeld, das zahlreiche Gelehrte von hohem Rang zum gesamtschweizerischen Wohl zu nutzen verstanden.

Erinnert sei daran, in welch fruchtbarer Weise von diesem Forum aus sich Dozenten für das gegenseitige Verständnis der verschiedenen kulturellen und sprachlichen Traditionen eingesetzt haben. Zu Anfang führten namhafte ausländische Professoren in die Literatur der drei Landessprachen ein: der deutsche Aesthetiker Friedrich Theodor Vischer (1855—1866), der aus der Normandie stammende Paul-Armand Challemel-Lacour (1856—1859), der 1883 dem Kabinett Ferry neun Monate lang als französischer Aussenminister angehörte, und der spätere italienische Unterrichtsminister Francesco de Sanctis (1856—1860). In Zeiten des aufkommenden völkischen Imperialismus, der die überstaatliche Kulturgemeinschaft zur Spaltung der schweizerischen Willensnation zu missbrauchen suchte, erwies es sich als wertvoll, dass diese Professuren kompetenten Lehrkräften anvertraut wurden, die in den Sprachregionen der Schweiz verwurzelt waren. Der Genfer Liberale Paul Seippel, von 1898 bis 1926 Professor für französische Literatur und Sprache an der ETH, hat während des Ersten Weltkrieges an hervorragender Stelle für die Versöhnung des in sich zerstrittenen Landes gewirkt.[58] Auch der aus Neuenburg gebürtige Charly Clerc (1933—1952) hat die Tradition fortgesetzt, Mittler zwischen den Sprachregionen zu sein. Erst nach Giuseppe Pizzo (1882—1930) begann beim Lehrstuhl für italienische Sprache und Literatur die Aera der aus dem Tessin stammenden Professoren. Sie wurde interimistisch mit dem Dichter Francesco Chiesa würdig eröffnet, gefolgt von Giuseppe Zoppi (1931—1951) und Guido Calgari (1952—1969). Emil Ermatinger (1909—1943), Ordinarius für deutsche Literatur, hat sich in Ergänzung zu seinem Lehrauftrag an der Universität vermehrt der neueren schweizerischen Literatur zugewandt, um deren Förderung später auch Karl Schmid in seinen regelmässigen Vorlesungen über zeitgenössische Schriftsteller und deren Neuerscheinungen bemüht war. Der Lehrstuhl Ermatingers wurde auf zwei Nachfolger aufgeteilt: Fritz Ernst (1943—1958) wandte sich vor allem der vergleichenden Literaturgeschichte zu; Karl Schmid (1943—1974) hat — seit 1947 als Ordinarius — im Rahmen seines Lehrgebiets «Deutsche Literatur und Sprache» überdies die für die fremdsprachigen Studierenden eingerichteten Kurse in deutscher Sprache betreut. Er suchte den Dialog mit den Naturwissenschaften, wies Wege zur geistigen Standortbestimmung und gehörte zu der bereits traditionserfüllten Reihe von Dozenten, deren Ausstrahlungskraft weit über den Hochschulbereich hinausging. Aber auch jenem Kulturkreis, von dem die industrielle Entwicklung ihre Hauptimpulse empfing, haben die Gründer eine eigene Professur zugedacht: den Lehrstuhl für englische Sprache und Literatur. Dieser nahm unter Theodor Vetter (1895—1922), der sowohl der ETH wie der Universität Zürich als Rektor vorgestanden hat, nach einer Krise einen neuen Aufschwung.

Obwohl schon zuvor einzelne Vorlesungen zu den Fächern Philosophie und Pädagogik gehalten worden sind, bestand hierfür erst seit 1881 eine Professur, die durch Fritz Medicus (1911—1946) in der Abteilung ihre feste Verwurzelung erhielt. Ueber Psychologie lasen Privatdozenten, unter ihnen Carl Gustav Jung (1922—1941), seit 1935 als Titularprofessor. Kunst und Kunstgeschichte waren am Polytechnikum von Anfang an vorzüglich vertreten, zumal sich ihnen die Architektur als künstlerische Disziplin aufs engste verbunden wusste. Die schweizerischen Verhältnisse waren für die Errichtung einer Akademie der bildenden Künste wenig günstig geartet. Im vorgegebenen Rahmen fanden jedoch der praktische Kunstunterricht durch Modellieren, Figuren- und Landschaftszeichnen, aber auch die Kunstwissenschaft seit 1855 eine vielfältige Förderung. Zu Recht wird rückblickend jeweils Jacob Burckhardt (1855—1858) als erster und bedeutendster Lehrer hervorgehoben, doch auch seinen Nachfolgern verdanken wir ein reiches wissenschaftliches Erbe: nach Gottfried Kinkel (1866—1882) dem Zürcher Johann Rudolf Rahn (1883—1912) als Wegbereiter schweizerischer Kunstforschung, für die sich in der Folge Josef Zemp (1912—1934) und Linus Birchler (1934—1960) ebenfalls über die Hochschule hinaus engagierten.

Nach dem Tod von Johannes Scherr (1860—1886) erhielten die historischen und politischen Wissenschaften vermehrtes Gewicht durch die Erweiterung auf drei Professuren. Alfred Stern (1887—1927), dessen Lebenswerk unter anderem eine zehnbändige «Geschichte Europas seit den Wiener Verträgen 1815 bis zum Frankfurter Frieden 1871» umfasst, übernahm die Professur für allgemeine Geschichte, während endlich auch der Lehrstuhl für Schweizergeschichte und Schweizer Politik, über die Karl Dändliker seit 1875 als Privatdozent gelesen hatte, durch Wilhelm Oechsli (1887—1919) seine eigene Besetzung erhielt. Dieser verstand es durch seine Vorlesungen und seine Schulbücher, Geschichte anschaulich zu machen, zugleich war er ein der Forschung verpflichteter Historiker, den der Bundesrat mit dem Jubiläumswerk «Die Anfänge der schweizerischen Eidgenossenschaft» zur Sechshundertjahrfeier beauftragte und dem die ETH die gross angelegte Festschrift von 1905 verdankt. Im Zuge der Reorganisation war dem Anliegen aus der Westschweiz, die französischsprachigen Lehrstellen zu vermehren, unter anderem durch eine im Jahr 1887 geschaffene Professur für Geschichte und Geographie Rechnung getragen worden. Seit der Berufung von Georges Rossignol (1891—1894) blieb diese ausschliesslich der Geschichte in französischer Sprache vorbehalten. Zwei Historiker sind hier zu nennen, die während des letzten Weltkrieges in ihren Vorlesungen und durch ihre Wirksamkeit in der Oeffentlichkeit richtungweisend waren: Karl Meyer (1928—1946), unvergesslich als beredter Animator der geistigen Landesverteidigung, und Jean-Rudolf von Salis (1935—1968), der durch seine wöchentliche «Weltchronik» auch Radiohörern im Ausland, die von aller sachlichen Information abgeschnitten waren, Orientierung bot. Schweizergeschichte und schweizerische Verfassungskunde der neuern Zeit las Gottfried Guggenbühl (1928—1958), der mehr der Lehre als der Forschung zuneigte.

Obwohl ursprünglich auf «Hilfswissenschaft für höhere technische Ausbildung» begrenzt, hat auch bei den Freifächern die Forschung als unabdingbares Element der Lehrtätigkeit eine Bedeutung gewonnen, die, sollte das Hochschulniveau gehalten werden, das Fehlen selbstverständlicher institutioneller Hilfsmittel immer problematischer werden liess. Im Schuljahr 1907/08 haben erstmals mehr als tausend Freifachhörer die Kurse der damaligen Allgemeinen Abteilung belegt. Während der beiden Weltkriege, als das Bedürfnis nach besserer geistiger Fundierung besonders ausgeprägt war, drängten sich die Besucher vor allem im Wintersemester zu den in den frühen Abendstunden gehaltenen Vorlesungen. Sie kamen auch von der nahen Universität oder stammten ausserhalb der beiden Hochschulen. In anderen Zeiten haben selbst bedeutendste Lehrer vor kleinstem Auditorium gelesen, und es erwies sich für das Ansehen der Abteilung und damit der Schule insgesamt als kaum zu überschätzender Vorteil, dass die Qualität des Angebots nicht von den Frequenzschwankungen abhängig gemacht wurde.

Die Gründer hatten für den Rechtsunterricht zwei Lehrstellen vorgesehen: jene für Staatsrecht und eine weitere für Privat- und Handelsrecht. Zeitweise handelte es sich um Doppelprofessuren, doch wurde nach dem Rücktritt Johann Jakob Treichlers (1876—1895) als Dozent für allgemeine Rechtslehre und Verwaltungsrecht diese Verbindung mit der Universität Zürich wieder aufgegeben. Es fiel nun dem Luzerner Hans Rölli (1896—1917) zu, die verschiedenen Gebiete des Rechts allein zu behandeln, und auch später blieb der gesamte Rechtsunterricht während unserer Berichtszeit in einer Hand vereinigt. Seiner Bedeutung für die berufliche Praxis wegen erklärten ihn die meisten Abteilungen zum Pflichtfach.

Mit Unterbrüchen haben Nationalökonomen französischer Muttersprache an der ETH gelesen: unter anderen der Genfer Antoine-Elisée Cherbuliez (1855—1869), Verfasser der «Etudes sur les causes de la misère» (1853), der aus Paris berufene Pierre Charton (1888—1917), nach dem Zweiten Weltkrieg Paul René Rosset (1945—1973). Die zweite von Anfang an geplante Lehrstelle für Nationalökonomie und Statistik wurde erst 1866 durch die Wahl von Karl Viktor Böhmert besetzt. Dem bis 1875 an beiden Hochschulen Zürichs lehrenden, aus Sachsen stammenden Verfechter des uneingeschränkten Wirtschaftsliberalismus fehlte ein tieferes Verständnis für die Lösung der sozialen Frage. Der Tiroler Nationalökonom Julius Platter (1884—1922) hingegen wusste eine gesellschaftskritische Studentenschaft zu fesseln, etwa mit seinem Kolleg über die Theorien des wissenschaftlichen Sozialismus. Eine völlig neue Wirkungsbasis schuf Eugen Böhler (1924—1964) durch das 1929 ins Leben gerufene Betriebswissenschaftliche Institut, das durch eine praxisbezogene Forschung seine wissenschaftlichen Erkenntnisse auch Industrie und Wirtschaft fruchtbar macht.[59]

Dieser Rundgang durch die Abteilungen, der einige wenige historische Aspekte aufzeigen wollte und manche Lehrgebiete, wie die Ausbildung von Turn- und Sportlehrern, unerwähnt lassen muss, liesse sich in jenem anderen Bereich fortsetzen, der die Ausbauanstrengungen der ETH während der ersten

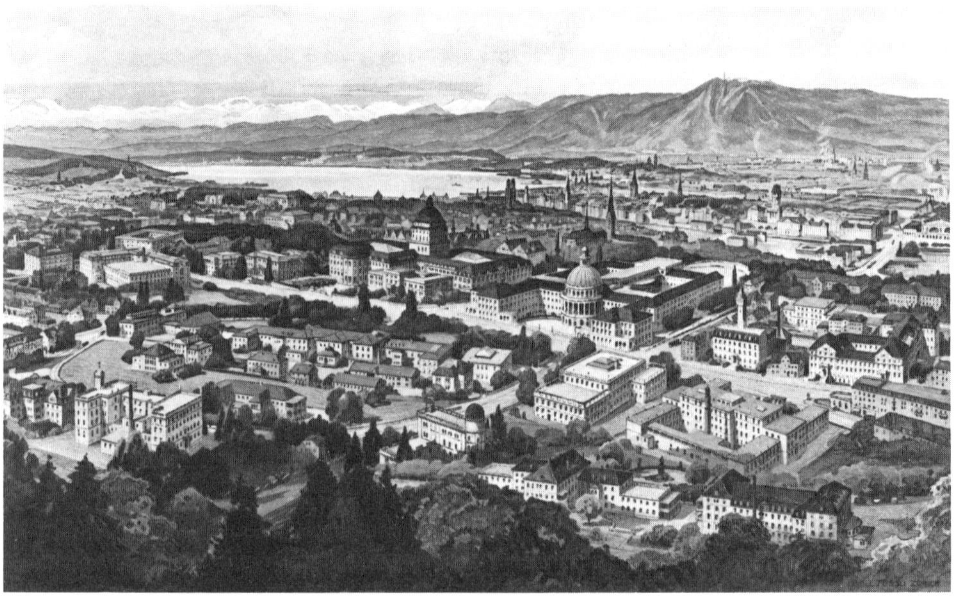

Panoramasicht auf Zürich und seine Hochschulbauten, um 1925.

Hälfte dieses Jahrhunderts dominiert hat. Neben der Ausbildung von Fachleuten und der Pflege allgemein bildender Studien war der Hochschule gemäss Reglement vom 16. April 1924 noch eine dritte Aufgabenstellung zugewiesen worden: die wissenschaftliche Forschung.

*

Im vorgegebenen Rahmen ist es nicht möglich zu verfolgen, wie die ETH zur Forschungsstätte von erstrangiger nationaler Bedeutung geworden ist. Vor der Gründung des Schweizerischen Nationalfonds im Jahr 1952 konzentrierte sich die vom Bund unterstützte technische und naturwissenschaftliche Forschung auf die von der ETH und ihren Annexanstalten geleistete Arbeit. Die Vorstellung, Behörden und Institutsleiter hätten in erster Linie diese Aufgabenausweitung vorangetrieben, ist jedoch falsch. In zahlreichen Fällen war es vielmehr umgekehrt, indem die Initiative zur Errichtung neuer Professuren, Institute oder Laboratorien von aussen, von Industrie und Berufsverbänden an die Schule herangetragen wurde. Da die Mittel für zusätzliche Verpflichtungen fehlten, erfuhr die ETH durch industrielle Unternehmungen und private Gönner, denen sie die Entstehung einer Reihe grösserer Fonds zu verdanken hat, wesentliche Unterstützung. «Der direkte Dienst an der Wirtschaft ist hochschulwürdig», formulierte 1955 Schulratspräsident Hans Pallmann und brachte damit die besondere Praxisbezogenheit zum Ausdruck, von der sich bereits die Gründer leiten liessen. In vielem hat sich ein kritischeres Problembewusstsein durchgesetzt, doch ändert dies grundsätzlich nichts an der Tatsache, dass die neben der reinen Forschung betriebene angewandte Forschung zugleich die Leistungsfähigkeit von Industrie und Gewerbe fördern und damit dem gesamten Land zugute kommen soll.

Auch für die Ausbildung erwies es sich als Vorteil, dass die Schweiz in ihrer Forschungspolitik unabhängig vom Ausland ihre eigenen Wege ging. 1911 trat in Berlin die Kaiser-Wilhelm-Gesellschaft zur Förderung der Wissenschaften e. V. ins Leben, um, losgelöst von der Verpflichtung zum Unterricht, die Forschung an besonderen Instituten vorwiegend naturwissenschaftlicher Richtung voranzutreiben. An diese finanzstarke Neugründung, die seit 1948 als Max Planck-Gesellschaft hervorragende Arbeit leistet, verlor die ETH zwei ihrer besten Wissenschafter: den Chemiker Richard Willstätter und Albert Einstein. England gliederte einem seiner Ministerien ein spezielles Departement für «industrial and scientific research» an, während Frankreich 1937 für die wissenschaftliche Forschung ein eigenes Unterstaatssekretariat einrichtete, ganz zu schweigen von den gewaltigen Forschungsaufwendungen in den Vereinigten Staaten von Amerika.[60] Es wäre verfehlt gewesen, wenn diesen Verselbständigungstendenzen in der Schweiz durch eine Kooperation von Staat und Wirtschaft abseits der Hochschulen Auftrieb gegeben worden wäre. Es bedurfte des engen Zusammenwirkens aller in der Forschung tätigen Kräfte, das im Rahmen der ETH zuerst zum Tragen kam und vergleichsweise spät zu einer nationalen Gesamtkonzeption ausgeweitet und verfestigt worden ist. Im Wintersemester 1954/55 waren an der ETH insgesamt vierzig Institute, zehn Laboratorien und sieben der Oeffentlichkeit zugängliche Sammlungen für Lehre und Forschung tätig. Hinzu kamen acht mit ihr verbundene Anstalten sowie vier Versuchsbetriebe für Land- und Forstwirtschaft. Sowohl das Betriebswissenschaftliche Institut wie das Institut für Wirtschaftsforschung und die Abteilung für industrielle Forschung des Institutes für technische Physik, die während der Zwischenkriegszeit insbesondere zur Bekämpfung von Krise und Arbeitslosigkeit gegründet worden waren, konnten auf die Hilfe eigener Fördergesellschaften zählen.[61] Die ETH selbst befand sich in der glücklichen Lage, aus dem Kreis ihrer Ehemaligen vielfache Anregung und Unterstützung zu erfahren.

Die «Gesellschaft Ehemaliger Studierender der Eidgenössischen Polytechnischen Schule» hat sich am 13. Juni 1869 in Zürich konstituiert. Sie erwarb sich wesentliche Verdienste um die Reorganisation von 1881, indem sie auf eine bessere Vorbildung der Aufnahmekandidaten und auf eine Anhebung des Eintrittsalters hinwirkte. Manche ihrer Initiativen eilten den Zeitgegebenheiten weit voraus, so die von ihr seit 1898 unternommenen Anstrengungen, in der Schweiz ein Maschinenmuseum zu errichten. Als im Ersten Weltkrieg die wirtschaftliche Abhängigkeit drastisch fühlbar geworden war, setzten sich die Ehemaligen für die Gründung der «Eidgenössischen Volkswirtschafts-Stiftung» ein. Diese diente fortan der wissenschaftlichen Forschung mit der weitsichtigen Zielsetzung, eine möglichst ökonomische Ausnutzung aller Energien zu erreichen. In Krisenzeiten bewährte sich die Gesellschaft gegenüber stellenlosen Absolventen als Helferin bei der Arbeitsbeschaffung, die in grösserem Umfange aber nur mit

Subventionen von Bund, Kantonen und Gemeinden im Rahmen des Technischen Arbeitsdienstes zu leisten war. Zur Gesellschaft gehörten 1955 auch rund 1400 Mitglieder im Ausland, die dort nach Möglichkeit Sektionen bilden und für das Ansehen ihrer Hochschule eintreten.[62] Während lange Zeit Deutschland und Frankreich das Blickfeld dominiert hatten, kam nach dem Ersten Weltkrieg eine vermehrt internationale Ausrichtung zum Tragen. Zusammen mit den übrigen schweizerischen Hochschulen beteiligte sich die ETH am Studentenaustausch mit den USA, der 1926 auf Initiative des «Institute of International Education» seinen Anfang nahm. Analoge Abmachungen mit Institutionen weiterer Länder folgten, doch erfuhr der Studenten- und Forscheraustausch infolge der weltpolitischen Entwicklung erst nach 1945 eine Intensivierung, die eine breite Basis für den internationalen Wissenschaftsaustausch schuf.[63]

Ein Ueberblick bietet wenig Raum, um auf das Innenleben der Hochschule einzugehen. Es fehlt nicht an dramatischen Ereignissen; aber auch manch illustrative Episode aus den Zeiten polytechnischer Burschenherrlichkeit wäre zu berichten. Bei einer geschichtslosen Gegenwartsperspektive kann die Auffassung entstehen, erst durch die Protestbewegung von 1968 sei eine bisher affirmativ eingestellte Studentenschaft zu kritischem Bewusstein erwacht. Eine solche Ausdeutung kennt nur den Vergleich mit der Studentengeneration der jüngsten Nachkriegszeit, für die sich angesichts des enormen Nachholbedarfs und des Wiederaufbaus im kriegszerstörten Europa zunächst eine ganz andere Prioritätensetzung aufdrängte.

Mit ihrer Absage an das «herrschende System» hat die Frontenbewegung im Zeichen des Rechtsradikalismus auch an der ETH ihre Anhänger gefunden. In welcher Richtung sich deren Aktivitäten im spezifischen Rahmen der Technischen Hochschule bewegten, manifestiert sich unter anderem im Aufruf der antifaschistischen Kampfgruppe gegen geistigen Terror vom 3. Juli 1933: «Als Studenten sind wir gegen alle Formen der kulturellen Reaktion. Wir sind dagegen, dass wissenschaftliche Theorien der Neuzeit (Einstein) von vorneherein aus nichtwissenschaftlichen Gründen abgelehnt werden. Wir sind gegen die Hemmung der modernen Strömungen in Architektur, Technik und Kunst. Wir wollen mit allen uns zur Verfügung stehenden Mitteln dagegen kämpfen, dass unser Land in Kulturbarbarei verfalle.»[64]

Die Infragestellung traditioneller Wertvorstellungen, aber auch das Engagement für eine vermehrte Berücksichtigung studentischer Forderungen reflektieren zugleich die Probleme, die einzelne Zeitabschnitte charakterisieren: die Weltwirtschaftskrisen der zwanziger Jahre, die die ETH über die «starke Ueberproduktion an akademisch gebildeten Absolventen» und über düstere Berufsaussichten klagen lassen, oder der Widerhall der dem Kriegswahnsinn ein Ende setzenden Gegenbewegungen, 1917 beispielsweise im allerdings erfolglosen Postulat, einen Lehrstuhl für Pazifismus zu errichten.[65] Erinnert sei an die Aufbruchsbewegung Ende der achtziger Jahre, als die Zürcher Hochschulen zum bevorzugten Treffpunkt einer mit ihren heimatlichen Verhältnissen unzufriedenen Jugend wurde. Die Anzahl der russischen Studenten am Polytechnikum war stets bedeutend kleiner gewesen als an der Universität. Die in den Tagen des jungen Naturalismus vorgetragene Kampfansage an eine dem rücksichtlosen Prosperitätsstreben huldigende Gesellschaft und deren doppelbödige Moral fand auch in den Diskussionen unter den Polytechnikern ihren Niederschlag, wobei der befehdete «Internationale Club sozialistischer Studenten» als Aussenseitergruppe isoliert blieb.[66]

Ein weiteres Jahrzehnt zurück ereignete sich ein Konflikt, der am 14. März 1878 zur Konstituierung des Vereins der Polytechniker führte. Seit langem hatten sich die Polytechniker in ihrer Mündigkeit missachtet geglaubt. Im Gefühl der Ueberforderung wirkte auf sie das rigorose Gebaren von Wilhelm Fiedler als Professor für darstellende Geometrie gleichsam als der zündende Funke. «Ein scharfer Wind weht in den Hallen des Polytechnikums», kündete ein Redner namens Howald im Februar 1878 anlässlich eines von den Architekturstudenten veranstalteten Kommerses, «ein Wind, der mit gellendem Pfeifen die Grundsäulen des Systems unserer polytechnischen Schule umtost und zum Wanken bringt.» Im Visier standen der verhasste Studienzwang, die herabwürdigenden Zitationen und Relegationsandrohungen. Der Zusammenschluss ermöglichte die bessere Vertretung der eigenen Interessen; aber bei allen Auseinandersetzungen ging es letztlich um das gemeinsame Bestreben, dem Gedeihen des Polytechnikums förderlich zu sein.[67] Der erste Vorläufer des «Verbandes der Studierenden an der ETH Zürich» ist — soweit feststellbar — der «Polytechnische Verein in Zürich». Von dessen beabsichtigter Gründung war schon im Februar 1863 die Rede; seine detailliert ausgearbeiteten Statuten datieren jedoch vom 2. Februar 1864. Damals fehlte noch das Mandat einer weiterreichenden Interessenwahrnehmung. Sein Zweck beschränkte sich darauf, den Mitgliedern Gelegenheit zu bieten, «sich über technische oder sonst allgemein wissenschaftliche Fragen auszusprechen». In wöchentlichen Zusammenkünften wurden gemäss Paragraph 3 «Referate aus technischen Journalen gegeben und von Mitgliedern Vorträge über frei gewählte Themata gehalten».[68]

Die wohl älteste Fachvereinigung war der am 5. Dezember 1861 gegründete Forstverein, dem 1870 der Zusammenschluss der Bauschüler, 1884 der «Akademisch landwirtschaftliche Verein» und weitere Vereinsgründungen innerhalb einzelner Abteilungen folgten. Ein reges geselliges Leben entwickelten die vor dem Ersten Weltkrieg zahlreichen Nationalitätenvereine. Musikalische und dramatische Aufführungen sorgten für Abwechslung, wobei die 1867 entstandene Vereinigung «Suisses Romands» den sogenannten Akademien besonderen Charme verlieh.[69]

Im Wintersemester 1871/72 besuchte erstmals eine Studentin einen Kurs des Polytechnikums: Nadina Smetzky aus Moskau, die in die mechanisch-technische Schule eintrat. In den folgenden zwei Jahrzehnten beteiligten sich nur Russinnen und Deutsche an den Lehrveranstaltungen der Fachabteilungen. 1877 erwarb mit Marie Kowalik aus Russland die erste Polytechnikerin ein Diplom, das der land- und forstwissenschaftlichen Schule entstammte. Erst im Jahr 1895 absolvierte eine Schweizerin das Schlussexamen, die Zürcherin Maja Knecht, die sich als Fachlehrerin in Naturwissenschaften ausbildete. Die Entwicklung des Frauenstudiums an der ETH hielt sich in engen Grenzen. Bei der Pharmazie hingegen stieg der Anteil der Studentinnen zeitweise bis auf vierzig Prozent.[70] Die erste Privatdozentin, Laura Herzner aus München, las von 1910 bis 1916 über chemische Mineralogie und Petrographie.

Die Not der Weltkriege, aber auch jene der Nachkriegszeit haben die Hochschule zu einer Reihe von Hilfsaktionen veranlasst, die Ansporn zu sein vermögen. Erwähnt sei hier einzig das Internierten-Hochschullager in Winterthur während des Zweiten Weltkrieges. Dank des freiwilligen Einsatzes von ETH-Dozenten konnten die internierten Polen ihr Studium in naturwissenschaftlichen und technischen Fächern fortsetzen oder gar erst beginnen. Leiter der Internierten-Hochschule war der ehemalige ETH-Rektor Charles Andreae. Vom fünften Studiensemester an durften die Internierten — anfänglich in militärischer Begleitung — Vorlesungen und Uebungen an der Hochschule in Zürich besuchen, um mit dem Diplom abzuschliessen oder zu promovieren.[71]

Die Zweischneidigkeit des technischen Fortschritts war nie so deutlich bewusst geworden wie bei Kriegsende. «Die Technik», so formulierte Rektor Franz Tank beim damaligen Gedenkanlass, «ist das Instrument, mit welchem der Menschheit unsägliche Wunden geschlagen wurden. Die Technik soll auch das Mittel sein, jene Wunden zu heilen.»[72] Der humanistisch gebildete Physiker hat in seinen Reden mehrfach die Unabdingbarkeit hervorgehoben, dass bei allen Anstrengungen, mit der technischen und wissenschaftlichen Entwicklung Schritt zu halten, die menschlichen Werte, der tiefergründende Sinnzusammenhang nicht verloren gehen darf — ein Postulat, das sich seither noch vordringlicher stellt.

Anmerkungen: Die ersten hundert Jahre

1 Kořistka Carl: Der höhere polytechnische Unterricht in Deutschland, in der Schweiz, in Frankreich, Belgien und England. Ein Bericht an den Landesausschuss des Königreichs Böhmen, Gotha 1863, S. 23.

2 Zur Geschichte der Pariser Gründung vgl. das Jubiläumswerk: Ecole Polytechnique, Livre du Centenaire, 3 Bde., Paris 1898 ff., sowie Pinet, P.: Histoire de l'Ecole Polytechnique, Paris 1887.

3 Die Botschaft wurde vom Direktorium dem Grossen Rat vorgelegt und dort am 19. Februar 1799 behandelt. Zu mehr als zur Ueberweisung an die Kommission für das Erziehungswesen kam es nicht. Luginbühl Rudolf: Philipp Albert Stapfer, Basel[2]1902, S. 118 f. Für weitere Literaturhinweise vgl. Koprio Georg: Basel und die eidgenössische Universität, Basler Beiträge zur Geschichtswissenschaft, Bd. 87, Basel 1963.

4 Sequenz H., Bancher E. (Hrsg.): 150 Jahre Technische Hochschule in Wien 1815—1965, 3 Bde., Wien 1965—67, insbes. Bd. I, S. 15—199. Technische Hochschule

München 1868—1968, Festschrift, München 1968, S. 64. Von älteren Darstellungen grundlegend ist der Beitrag des Karlsruher Historikers Franz Schnabel: Die Anfänge des Technischen Hochschulwesens, in: Festschrift anlässlich des 100jährigen Bestehens der T. H. Fridericiana zu Karlsruhe, Karlsruhe 1925. Aus neuerer Sicht vgl. Manegold Karl-Heinz: Universität, Technische Hochschule und Industrie. Ein Beitrag zur Emanzipation der Technik im 19. Jahrhundert unter besonderer Berücksichtigung der Bestrebungen Felix Kleins, Berlin 1970 (Schriften zur Wirtschafts- und Sozialgeschichte, Bd. 16). Zur marxistischen Interpretation der Frühgeschichte findet sich ein Beitrag in der Festschrift: Geschichte der Technischen Universität Dresden 1828—1978, hrsg. v. Autorenkollektiv unter Rolf Sonnemann, Dresden 1978, S. 8—44.

5 Zitzelsberger Wulf: Universität Karlsruhe TH: Bilder — Texte — Zahlen, Stuttgart 1972, S. 17 ff.

6 Hunziker Fritz: Die Mittelschulen in Zürich und Winterthur 1833—1933, Festschrift zur Jahrhundertfeier, Zürich 1933, S. 88 ff.

7 Als Vorbild hatten General Guillaume-Henri Dufour, Genf, sowie der Waadtländer Erziehungsrat Rodolphe Blanchet die «Ecole centrale des Arts et Manufactures» in Paris vor Augen, die 1829 auf Privatinitiative hin für die Zwecke der Privatwirtschaft ins Leben gerufen worden war. Sie schloss die Lücke, die die «Ecole polytechnique» als Vorbildungsanstalt für den Staatsdienst offen gelassen hat. Die Privatschule wurde erst 1857 vom Staat übernommen.

8 Gagliardi Ernst, Nabholz Hans, Strohl Jean: Die Universität Zürich 1833—1933 und ihre Vorläufer. Festschrift zur Jahrhundertfeier, hrsg. v. Erziehungsrate des Kantons Zürich, Zürich 1938, S. 177—217. Gagliardis ausserordentlich materialreicher Beitrag enthält zahlreiche Bezüge zur Geschichte des Polytechnikums. Feller Richard: Die Universität Bern 1834—1934, Bern 1935, S. 5—50.

9 Zur damaligen Krise und Rekonstitution vgl. Bonjour Edgar: Die Universität Basel von den Anfängen bis zur Gegenwart 1460—1960, Basel 1960, S. 402 ff.

10 Zur Frühgeschichte immer noch massgebend ist das grosse Jubiläumswerk von Wilhelm Oechsli: Geschichte der Gründung des eidgenössischen Polytechnikums, mit einer Uebersicht seiner Entwicklung 1855—1905, Festschrift zur Feier des fünfzigjährigen Bestehens der Anstalt, 1. Teil, Frauenfeld 1905. Guggenbühl Gottfried: Geschichte der Eidgenössischen Technischen Hochschule in Zürich, in: Festschrift Eidgenössische Technische Hochschule 1855—1955, Zürich 1955, S. 13—191. Guggenbühl hält sich für die ersten Jahrzehnte z. T. fast wörtlich an die Darstellung Oechslis. Im vorliegenden Beitrag wird versucht, unter vermehrtem Einbezug der allgemeinen Entwicklung der Polytechnika einige Hauptaspekte im Ueberblick der ersten hundert Jahre aufzuzeigen. Die notwendige, umfassende Neubearbeitung erfordert einen Forschungsaufwand, den zu leisten im Hinblick auf das 150-Jahr-Jubiläum würdig wäre.

11 Berichte der vom Bundesrat unterm 7. Mai 1851 niedergesetzten Kommission über eine zu errichtende eidgenössische Universität und polytechnische Schule nebst Gesetzentwürfen diese Anstalten betreffend, Juli 1851, S. 117 ff. (Bundesblatt 1851, Bd. II, Beilage).

12 Wittmann Walter: Die Take-off-Periode der schweizerischen Volkswirtschaft, in: Zeitschrift für die gesamte Staatswissenschaft 119 (1963), S. 592 ff.; Bickel Wilhelm: Die Volkswirtschaft der Schweiz, Entwicklung und Struktur, Aarau 1973, S. 40 ff., 193 ff.

13 Kommissionsbericht v. Juli 1851, S. 90 ff., 167 ff. Im Verlauf der weiteren Diskussionen gab es verschiedene Vorstösse, das Budget zu kürzen. Vgl. Bericht und Anträge der Majorität der nationalrätlichen Kommission zu den Gesetzes-Entwürfen betr. Errichtung einer eidgenössischen Universität und einer eidgenössischen polytechnischen Schule v. 4. August 1853 (SA).

[14] Wolf Rudolf: Das Schweizerische Polytechnikum, Historische Skizze zur Feier des 25jährigen Jubiläums, Zürich 1880, S. 11. Wolf war Gründer und Direktor der Eidg. Sternwarte, dem ältesten Institut der ETH. Sie hat Ende März 1980 ihren Betrieb eingestellt. Nachfolger auf neuer Basis ist das Institut für Astronomie. NZZ, Nr. 38 v. 15. Febr. 1980 (Abschied von der Eidgenössischen Sternwarte).

[15] Oechsli, Eidg. Polytechnikum, S. 97—164. Guggenbühl, Geschichte der ETH, S. 38—61. Zu Kerns in der Hochschulfrage bedeutsamer Mitarbeit vgl. Schoop Albert: Johann Konrad Kern, Jurist, Politiker, Staatsmann, Bd. I, Frauenfeld 1968, S. 351—368.

[16] Zu dessen Geschichte vgl. die Festschrift: Ecole polytechnique de l'Université de Lausanne, Ouvrage publié à l'occasion de son centenaire, 1853—1953, Lausanne 1953.

[17] Eidgenössische Zeitung v. 8. Febr. 1854; Oechsli, Eidg. Polytechnikum, S. 139 f. Zur Vorgeschichte vgl. a.: Scherrer Paul: Die Gründung des Eidgenössischen Polytechnicums und das schweizerische Nationalbewusstsein, in: Schweizerische Bauzeitung, Sonderheft zur Hundertjahrfeier der ETH, S. 593—599. Rappard William. E: Die Gründung der Eidgenössischen Technischen Hochschule, in: Schweizerische Hochschulzeitung, Sonderheft 1855—1955, S. 30—36.

[18] Oechsli, Eidg. Polytechnikum, S. 145 ff.; Bundesgesetz betreffend die Errichtung einer eidgenössischen polytechnischen Schule vom 7. Hornung 1854, A. S., Bd. IV, 1854, S. 1 ff.; Reglement für die eidgenössische polytechnische Schule vom 31. Juli 1854, A. S., Bd. IV, 1854, S. 275 ff. Einen Ueberblick über Geschichte und Stellung des Schweizerischen Schulrates gibt Maurice Cosandey: Die Leitung der Bundeshochschulen, in: NZZ, Nr. 44 v. 22. Febr. 1979.

[19] Die Eidgenössische Polytechnische Schule in Zürich, hrsg. i. A. des Schweizerischen Bundesrates bei Anlass der Weltausstellung in Paris 1889, Zürich 1889, S. 44 f. Die dort beigefügte Tabelle über die Jahresbestände der Studierenden seit Oktober 1855 gibt für die ersten Jahre andere Bestandeszahlen an als die entsprechenden Jahresberichte der Schule.

[20] Rudio Ferdinand: Direktoren und ehemalige Professoren der eidgenössischen polytechnischen Schule. Biographische Skizzen, SA aus der Festschrift der G. e. P. 1894, Zürich 1894. Schoop, Johann Konrad Kern, S. 369—388, der Kerns Wirken als erstem Schulratspräsidenten ein eigenes Kapitel widmet.

[21] Oechsli, Eidg. Polytechnikum, S. 171—222, 260 ff.; Gagliardi, Universität Zürich, S. 472—484, der auf das enge Verhältnis von Polytechnikum und kantonaler Hochschule näher eingeht.

[22] Bericht über das eidgenössische Polytechnikum vom Jahr 1856, S. 204 (Zit. als: Jahresbericht).

[23] Lasius Georg: Die Gebäude der Eidgenössischen Polytechnischen Schule, in: Die bauliche Entwicklung Zürichs in Einzeldarstellungen. Zur Feier des fünfzigjährigen Bestehens des Eidg. Polytechnikums, verf. v. Mitgliedern des Zürcher Ingenieur- und Architektenvereins, Zürich 1905, S. 322 ff.; Oechsli, Eidg. Polytechnikum, S. 285 ff.; Jahresbericht 1864, S. 11 ff.

[24] Wenn in offiziellen Verlautbarungen der ETH bis in die jüngste Zeit immer wieder von «Studierenden» anstatt von «Studenten» die Rede war, so widerspiegelt sich auch hierin der erwähnte Traditionsunterschied. Erst als infolge des Duellunfugs drei Todesopfer zu beklagen waren, zeigten sich die Zürcher Behörden unter dem Druck des Schulrates bereit, energischer gegen die Duellanten vorzugehen. Erb, Hans: Geschichte der Studentenschaft an der Universität Zürich 1833—1936, Diss. Univ. Zürich, Zürich 1937, S. 58 ff. Die häufigen Friktionen bewogen eine Gönnerin dazu, testamentarisch 28 000 Franken zu stiften, damit die Zinsen dazu verwendet würden, jeweils am 25. November Universitätsstudenten und Polytechniker zum gemeinsamen Kommers

friedlich zu vereinen. Formale Gründe sollen die Verwirklichung verhindert und die Kapitalerträgnisse für andere Zwecke der Hochschulen nutzbar gemacht haben.

[25] Akten betr. die Vorgänge am eidg. Polytechnikum im Juli 1864, Schachtel 1865, Archiv des Schweiz. Schulrates, ETHZ. Die Zahlenangaben divergieren, da die Angehörigen der Abschlusskurse ohnehin in Kürze ausschieden, während 91 ihren Entschluss zurückgenommen haben sollen. Alle Berechnungen kamen an der Tatsache nicht vorbei, dass 198 Polytechniker mit der verlangten elterlichen Bewilligung austraten, bzw. beim Beginn des neuen Kurses «einfach nicht mehr erschienen», wie in der internen «Statistik über die Vorgänge am Polytechnikum im Juli 1864» vermerkt wird. Schachtel 1864, ebenda. Beide Konfliktparteien haben ihren Standpunkt in gedruckter Form dargelegt: Offizieller Bericht des Schweizerischen Schulrathes an das Schweizerische Departement des Innern über die Vorfälle am Eidgenössischen Polytechnikum, Zürich 1864; Bericht der ausgetretenen Polytechniker über die Vorgänge am Eidgenössischen Polytechnikum, Zürich 1864. Vgl. a. die Präsidial- und Schulratsprotokolle v. 1864, S. 50 ff.

[26] Jahresbericht 1866, S. 3. 1863/64 hatten 560 Polytechniker die Schule besucht, im folgenden Jahr waren es 479. 1865/66 stieg die Frequenz bereits wieder auf 548 Studierende an.

[27] Kořistka, Der höhere polytechnische Unterricht, S. 14 ff.

[28] Festschrift 150 Jahre Technische Hochschule in Wien 1815—1965, Bd. 1, Wien 1965, S. 41.

[29] Urner Klaus: Die Deutschen in der Schweiz. Von den Anfängen der Kolonienbildung bis zum Ausbruch des Ersten Weltkrieges, Frauenfeld 1976, S. 208 ff. Präsidiert hatte die umstrittene Siegesfeier Johannes Wislicenus, 1864 bis 1872 Professor an der Universität Zürich, der 1871 als Nachfolger Städelers am Polytechnikum die Professur für allgemeine Chemie übernahm und zugleich als Direktor der Schule amtete, aber bereits 1872 einem Ruf an die Universität Würzburg folgte. Zum Initiativkomitee gehörte auch der Rektor der Universität Zürich, Adolf Gusserow, der ebenso wie der Mitunterzeichner und Jurist Adolf Exner 1872 die Limmatstadt verliess. Den Umbruch verdeutlicht der Weggang Gustav Zeuners, der 1871 Direktor der Bergakademie Freiberg wurde.

[30] Oechsli, Eidg. Polytechnikum, S. 294—315. Jahresberichte 1872, S. 17 ff.; 1897, S. 23.

[31] Amstutz Eduard: Eidgenössische Materialprüfungs- und Versuchsanstalt für Industrie, Bauwesen und Gewerbe, in: Festschrift ETH 1855—1955, S. 684—694.

[32] Jahresbericht 1883, S. 7. Wettstein Adolf: Aus der Entwicklungsgeschichte der Schwachstromtechnik an der Eidgenössischen Technischen Hochschule, in: Festgabe der GEP zur Hundertjahrfeier der ETH in Zürich, Zürich 1955, S. 463—485.

[33] Gnehm Robert: Die bauliche Entwicklung der Eidgenössischen Technischen Hochschule, in: Festschrift zum 75jährigen Bestehen der Eidgenössischen Technischen Hochschule in Zürich, Zürich 1930, S. 28 ff. Burger Hans: Eidgenössische Anstalt für das forstliche Versuchswesen, in: Festschrift ETH 1855—1955, S. 708 ff.

[34] Das Maschinen-Laboratorium am eidgenössischen Polytechnikum in Zürich, SA, Schweizerische Bauzeitung Bd. XLII, Zürich 1904.

[35] Scherrer Paul: Bibliothek, in: Festschrift ETH 1855—1955, S. 528 ff. Paul Scherrer war nach dem Weggang von Wettsteins Nachfolger Pierre Bourgeois 1947 Oberbibliothekar geworden und trug seit 1953 den Titel «Direktor».

[36] Gagliardi, Die Universität Zürich, S. 784—824. Jahresbericht 1908, S. 14.

[37] Kobelt Karl: Die Militärschule der ETH, in: Festgabe der GEP, S. 265—273. Cuénoud Bernard: La Section des Sciences militaires, in: Festschrift ETH 1855—1955, S. 508—513. Bircher Eugen: Militärakademie oder ETH?, Sonderausgabe der NZZ v. 21. Oktober 1955.

[38] Jahresbericht 1908, S. 12 ff.

[39] Keine Veränderung erfuhr jedoch die französische und italienische Bezeichnung: Ecole polytechnique fédérale und Scuola politechnica. Guggenbühl, Geschichte der ETH, S. 133 ff.

[40] Jahresbericht 1908, S. 14.

[41] Gull Gustav: Baubericht, in: Festschrift zum 75jährigen Bestehen der ETH, S. 58 ff.

[42] Gnehm Robert: Die bauliche Entwicklung der Eidgenössischen Technischen Hochschule (1859—1925), ebenda, S. 25—57.

[43] Das Maschinenlaboratorium der Eidg. Techn. Hochschule Zürich, seine Anlagen und Institute, SA, Schweiz. Bauzeitung, Zürich 1934/39. Das Maschinenlaboratorium und Fernheizkraftwerk der Eidg. Techn. Hochschule in Zürich (Zürich 1935). Pallmann Hans: Gesamtüberblick, in: Festschrift ETH 1855—1955, S. 522 ff.

[44] Hofmann Hans: Die Abteilung für Architektur, Festschrift ETH 1855—1955, S. 357—384. Die Eidgenössische Technische Hochschule, Ein Führer durch ihre Abteilungen und Institute, Zürich 1955, S. 14 f. Die Jahreszahlen, die den Dozenten in Klammer beigefügt sind, beziehen sich auf ihre Lehrtätigkeit als Professor an der ETH.

[45] Stüssi Fritz: Die Abteilung für Bauingenieurwesen, Festschrift ETH 1855—1955, S. 384—409. Den Beitrag der Abteilung zum Brückenbau würdigt ihr berühmtester Schüler O. H. Ammann: Entwicklungen im Bau eiserner Brücken in den letzten hundert Jahren, in: Festgabe der GEP zur Hundertjahrfeier der ETH in Zürich, Zürich 1955, S. 47—63.

[46] Eichelberg Gustav, Quiby Henri: Die Abteilung für Maschineningenieurwesen, Festschrift ETH 1855—1955, S. 409—424. Ackeret J.: Institut für Aerodynamik, in: Schweizer Archiv für angewandte Wissenschaft und Technik, Sonderheft, 1947, S. 42—44. Die Eidgenössische Technische Hochschule, Ein Führer durch ihre Abteilungen und Institute, hrsg. v. Professorenkollegium bei Anlass der Feier des 75jährigen Bestehens der Hochschule, Zürich (1930), S. 16—20.

[47] ETH-Festschrift 1855—1955, S. 424—443. Strutt M. J. O.: Ueber einige aktuelle und künftige Probleme der Elektrotechnik, in: Schweizerische Hochschulzeitung, Sonderheft 1855—1955, S. 101—104.

[48] Guyer August, Bieler Anton: Die Abteilung für Chemie, ETH-Festschrift 1855—1955, S. 443—469. Ruzicka L.: Entwicklung des organisch-chemischen Laboratoriums während des letzten Vierteljahrhunderts, in: SHZ, Sonderheft 1855—1955, S. 104—113. NZZ, Sonderausgabe v. 21. Okt. 1955 (Die Nobel-Preisträger der ETH).

[49] Büchi Jakob: Die Abteilung für Pharmazie, ETH-Festschrift 1855—1955, S. 470—480.

[50] Gonet Charles: La Section forestière, ETH-Festschrift 1855—1955, S. 480—486. Leibundgut H.: Die Forstwissenschaft an der ETH, in: SHZ, Sonderheft 1855—1955, S. 119—125.

[51] Laur E.: Die Abteilung für Landwirtschaft der ETH und der schweizerische Bauernstand, in: Festgabe der GEP, S. 275—279. Zollikofer Edzard: Die Abteilung für Landwirtschaft, ETH-Festschrift 1855—1955, S. 486—499. Lörtscher H.: Landwirtschaft und Eidgenössische Technische Hochschule, in: SHZ, Sonderheft, 1855—1955, S. 113—116.

[52] Kobold Fritz: Die Abteilung für Kulturingenieur- und Vermessungswesen, ETH-Festschrift 1855—1955, S. 499—508.

[53] Muheim Jules T.: Die ETH und ihre Physiker und Mathematiker. Eine Chronologie der Periode 1855—1955, NZZ, Nr. 81 v. 9. April 1975. Plancherel Michel: L'Ecole des sciences mathématiques et physiques et l'enseignement de base en mathématiques et en physique dans les autres sections, in: ETH-Festschrift 1855—1955. S. 297 bis 313. NZZ, Sonderausgabe v. 21. Oktober 1955 (Die Nobel-Preisträger der ETH).

[54] ETH-Festschrift 1855—1955, S. 313—336. NZZ, Sonderausgabe v. 21. Oktober 1955 (Ein Rundgang durch die Abteilungen der ETH). Die Eidgenössische Technische Hochschule, Ein Führer durch ihre Abteilungen und Institute, Zürich 1955, S. 36—39.

[55] Steiger Arnald: Ueber die Militärwissenschaftliche Abteilung an der Eidgenössischen Technischen Hochschule, in: SHZ, Sonderheft, 1955, S. 125—129. Cuénoud Bernard: La Section des Sciences militaires, Festschrift ETH 1855—1955, S. 508—513. Kobelt K.: Die Militärschule der ETH, in: Festgabe der GEP, S. 265—273.

[56] Kořistka Carl: Der höhere polytechnische Unterricht, S. 13 f. Fuchs Walther Peter: Die Stellung der Geisteswissenschaften an den Technischen Hochschulen, in: Die Fridericiana 1961. Gedanken und Bilder aus einer Technischen Hochschule, Hans Freudenberg zum 75. Geburtstag, hrsg. v. Otto Krämer, Köln 1963, S. 59—69.

[57] Vorläufige Rahmenordnung für die Diplomprüfungen und für die Prüfungen der Humanistischen Fakultät der Technischen Universität Berlin-Charlottenburg, Berlin 1955, S. 16 ff.; Otto Detlev E.: Die technische Universität Berlin-Charlottenburg, in: Zürcher Student, H. 4. Juli 1955, S. 144 f.

[58] Marti Hans: Paul Seippel 1858—1926, Basel 1973 (Basler Beiträge zur Geschichtswissenschaft Bd. 130). Literaturhinweise zur Biographie einzelner Dozenten sind im Rahmen dieses Ueberblicks nicht einbringbar.

[59] Vgl. die von Charly Clerc, Karl Schmid, Guido Calgari, Max Wildi, Raymond Savioz, Linus Birchler, Jean-Rodolphe de Salis, Walther Hug und Paul-René Rosset stammenden Berichte über die verschiedenen Freifachprofessuren in: ETH-Festschrift 1855—1955, S. 275—297. Zusätzlich wurden die Unterlagen zur Abteilung XII A im Nachlass Prof. Dr. Karl Schmid, Archiv für Zeitgeschichte ETHZ, beigezogen. Vgl. a. Seippel Claude: Die Abteilung für Freifächer an der Eidgenössischen Technischen Hochschule, in: SHZ, Sonderheft 1855—1955, S. 129—132, sowie die beigefügte Zuschrift v. Fritz Ernst, S. 132—137.

[60] Rohn A.: Industrielle Möglichkeiten und Notwendigkeiten der Schweiz, Aarau 1938, S. 10 f. (Kultur- und staatswissenschaftliche Schriften der ETH, H. 15); Rohn A.: Die Eidgenössische Technische Hochschule in der heutigen Technik, Wirtschaft und Kultur, Aarau 1934, S. 23 ff. (Kultur- und staatswissenschaftliche Schriften der ETH, H. 11); Pallmann H.: Die Eidgenössische Technische Hochschule und ihre Bedeutung für die schweizerische Wirtschaft, NZZ, Sonderausgabe, Nr. 2791/93 v. 21. Okt. 1955. Zipfel O.: Die Förderung der wissenschaftlichen Forschung, in: SHZ, Sonderheft Forschung, Industrie, Wirtschaft, 1953, S. 19—28.

[61] Pallmann Hans: Gesamtüberblick, ETH-Festschrift 1855—1955, S. 517 ff. Baumann E.: Die Aufgaben der Abteilung für industrielle Forschung des Institutes für technische Physik an der ETH, in: SHZ, Sonderheft 1953, S. 111—114. Die erste grosse Leistung dieses Institutes war die Entwicklung der Fernsehgrossprojektion, bekannt als Eidophorverfahren.

[62] Jegher Werner: Geschichte der G. E. P., in: Festgabe der GEP, S. 487—529.

[63] Neukomm G.: Studentenaustausche mit dem Ausland, in: SHZ, Sonderheft 1855—1955, S. 224 ff.; Jahresbericht 1927, S. 9 f.

[64] Vollständig abgedr. bei Hans Erb: Geschichte der Studentenschaft an der Universität Zürich 1833—1936, Diss. phil. I, Zürich 1937, S. 714 f. Zum Frontismus an den Zürcher Hochschulen vgl. Glaus Beat: Die Nationale Front. Eine Schweizer faschistische Bewegung 1930—1940, Zürich/Einsiedeln 1969, S. 156 ff. Wolf Walter: Faschismus in der Schweiz. Die Geschichte der Frontenbewegungen in der deutschen Schweiz, 1930—1945, Zürich 1969, S. 107 ff.

[65] Jahresbericht 1917, S. 17. Bericht des Bundesrates über seine Geschäftsführung im Jahre 1923, Departement des Innern, SA, S. 42.

[66] Urner Klaus: Die Deutschen in der Schweiz, S. 266 ff.

[67] Zit. nach Vetter Theodor, Waser Ernst: Verband der Studierenden an der Eidg. Technischen Hochschule in Zürich. Historischer Rückblick bei der Feier des fünfzigjährigen Bestandes 1863—1913, Zürich 1913, S. 9 ff.

[68] Statuten des Polytechnischen Vereins in Zürich, beschlossen in der Generalversammlung vom 2. Februar 1864, Zürich 1864.

[69] Vetter Th., Waser E.: a.a.O., S. 46 ff.

[70] Das Frauenstudium an den Schweizer Hochschulen, hrsg. v. Schweizerischen Verband der Akademikerinnen, Zürich 1928, S. 53 ff. Das Polytechnikum stand in der Zulassungsfrage somit an zweiter Stelle. 1864 war die Universität Zürich vorausgegangen, 1872 folgten Genf, 1873 Bern, 1876 Lausanne, 1890 Basel.

[71] Jahresberichte 1939/40, S. 9; 1940/41, S. 10; 1944/45, S. 6.

[72] Waffenruhe, Akademische Ansprachen, gehalten am 9. Mai 1945 an der Eidgenössischen Technischen Hochschule von Franz Tank, Charly Clerc, Karl Schmid, Giuseppe Zoppi, Zürich 1945, S. 7 (Kultur- und staatswissenschaftliche Schriften der ETH, H. 49).

Besoin de grandeur — Poly 1955-1980

Par Jean-François Bergier

Une histoire, ou un bilan?

Devant les feuillets encore vierges où je vais essayer d'évoquer vingt-cinq années du Poly — le temps d'une génération — je me sens dans la situation d'un photographe amateur qui voudrait saisir l'image d'une très nombreuse famille rassemblée pour quelque anniversaire. D'ailleurs, n'est-ce pas une sorte de famille que le Poly? (C'est pourquoi je préfère cette désignation familière, quoique anachronique, à la barbarie des sigles administratifs, ETH ou EPF.) Une famille avec son arbre généalogique (ou son organigramme...); avec ses douze branches maîtresses et quelque 110 rameaux (instituts); avec ses individus de tous âges et de toutes tailles, plus ou moins disciplinés ou carrément contestataires; avec ceux qui ont bien réussi dans la vie et ceux qui sont restés plus modestes; les acharnés et les flegmatiques; les originaux et les mieux alignés; les oncles et les cousins éloignés... Une famille où succès et soucis, fiertés et frustrations se rencontrent, qui ont marqué ces vingt-cinq années et qui nous accompagneront tout au long des prochaines. Comment ordonner tout ce monde, toute cette vie devant mon appareil, comment les fixer d'un seul regard sur ma pellicule? Et puis, pourquoi? Cette photo, dût-elle réussir, ne va-t-elle pas être enfermée dans un album, regardée de loin en loin à la recherche d'un souvenir? Vertige et incertitude...

C'est pourtant une tradition opportune que de prendre l'occasion d'un anniversaire plus ou moins rond pour jeter un regard en arrière, ne serait-ce qu'un instant. Le Poly n'y a pas manqué. Pour le premier demi-siècle, Wilhelm Oechsli avait accompli ce tour de force de le raconter à lui seul. Cinquante ans plus tard, pareille audace n'était plus raisonnable et la *Festschrift* du centenaire devint un recueil collectif ou chaque discipline enseignée au Poly vint se présenter elle-même. 1955: ce n'est pas encore si loin. Mais il est passé tant d'eau sous les ponts construits par nos ingénieurs, tant de micro-organismes sous les microscopes de nos biologistes, tant de ciment dans les bétonneuses de nos chantiers, ou tant de papier sous le ruban des machines à écrire de nos dactylos qu'il a paru opportun, au cent-vingt-cinquième anniversaire, de refaire halte. C'est ainsi qu'il a été demandé à chaque section de dresser son bilan; et certaines — pas toutes — se sont retournées vers les instituts qui les composent. L'Ecole, cependant, ne vit pas dans ses sections et ses instituts seulement. Elle a ses bâtiments à construire et à gérer. Elle a son appareil administratif complexe — certains diront: compliqué, envahissant. Elle a ses services communs (bibliothèque, centre de calcul, cabinet des estampes). Et puis — qui les oublierait? — elle a ses assistants et ses étudiants; les enfants sages et dociles d'autrefois ont fait place à une génération de jeunes gens en colère (du-moins, ceux qui s'expriment...) dont la critique ardente et les revendications ont — et c'est le moins qu'on puisse dire — animé nos dernières décennies... Il fallait retenir tout cela, qui appartient aussi à notre histoire récente. Et puisqu'il s'agit d'«histoire», les historiens de la Maison ont été chargés de provoquer leurs collègues (auxquels ils apportent ici excuses et remerciements), de rassembler les contributions, de les mettre en ordre — ce dont s'est occupé surtout Hans Werner Tobler, et de les coiffer de ce «chapeau». Klaus Urner a d'abord rappelé l'histoire des cent premières années. Beat Glaus (Bibliothèque) nous a assistés dans le choix de l'illustration.

*

Mais s'agit-il bien d'«histoire»? Sans doute, la *Festschrift* toute entière se réfère aux quelque vingt-cinq dernières années et remonte parfois plus haut dans le passé. En ce sens, nos collègues ont bien fait œuvre d'historiens, avec toute la compétence que leur confère une connaissance intime des disciplines dont ils parlent et des personnalités qui ont servi celles-ci au Poly. Une histoire cependant arbitrairement découpée, par la force des choses: un anniversaire ne coïncide pas naturellement avec une étape, un aboutissement ou une révolution... Une histoire qui n'est pas achevée, dont nous ne pouvons encore embrasser toute la perspective, dont le fin mot n'est pas connu... Non pas une histoire, d'ailleurs, mais des histoires multiples qu'on trouvera plus loin alignées dans les pages de ce livre. Et voici l'«historien» attitré bien emprunté pour proposer une synthèse: toutes ces histoires lui filent entre les doigts et chaque fois qu'il croit les prendre, elles se cachent derrière l'écran — pour moi tout à fait opaque — de leurs spécialités.

Plutôt qu'une histoire à raconter sans recul et sans fil apparent, est-ce un bilan qu'il s'agit de dresser? Beaucoup de nos collègues ont compris ainsi leur mission. De ces vingt-cinq années, ils ont retenu moins ce qu'elles contenaient que ce qu'elles signifient aujourd'hui, en 1980: un ensemble de conditions de travail, matérielles ou morales, dont il faut s'accommoder; un état des connaissances qu'il convient d'enseigner maintenant; une convergence de possibilités et de besoins qui déterminent, le plus souvent, les choix d'une recherche scientifique et technique responsable; tout ce qui a été fait, tout ce qui mérite d'être fait, ou d'être changé. De tels bilans, de nouveau, ne sauraient être homogènes. Il en est de plus positifs, ou de plus pessimistes — c'est aussi affaire de tempérament de la part des auteurs.

Derrière la diversité des approches, pourtant, des observations surgissent, ou des préoccupations, qui se répètent d'un rapport à l'autre, avec insistance quelquefois. Quelques fils conducteurs viennent ainsi, quoi que j'en aie dit, sous-tendre les vingt-cinq dernières années de l'histoire du Poly. Nous allons essayer de les suivre.

Deux grandeurs différentes

Première constatation, banale mais essentielle: le Poly a connu dans cette période un développement extraordinaire. Le nombre des étudiants passe de 2776 (semestre d'hiver 1955/56) à 7363 (semestre d'hiver 1978/79), celui des enseignants (sans assistants) de 184 à 745; le budget ordinaire ne dépensait encore en 1955 que quelque 14 millions de francs; en 1979, plus de 228 millions. Parallèlement, l'ensemble des locaux disponibles, déjà étroits au lendemain de la guerre, se sont étendus et modernisés d'une façon impressionnante. De 1945 à 1977, 14 projets d'achats de terrains et de constructions ont été adoptés par le Parlement; ils représentent un investissement global de 1094 millions de francs. L'ensemble du Hönggerberg, dont l'initiative fut prise par Hans Pallmann, président du Conseil des Ecoles, au cours des années 50, constitue à ce jour la plus vaste et la plus importante de toutes les constructions universitaires réalisées en Suisse. Des développements analogues ont aussi marqué les aspects matériels les plus divers de la vie de l'Ecole.

Tout ceci ne représente cependant que le côté formel des choses, l'effet de développements plus profonds et plus généraux. Développement de l'intérêt universel pour les sciences et les techniques et multiplication de la curiosité intellectuelle; ouverture de nouveaux champs d'investigation, tandis que la plupart des disciplines depuis plus longtemps établies affinaient ou renouvellaient leurs objectifs, leurs méthodes et leurs instruments; extension formidable — et parfois inquiétante — des besoins quantitatifs et qualitatifs ressentis par l'humanité, qui est venue provoquer l'imagination technique et scientifique appelée à satisfaire ces besoins mais entraînée souvent à en créer d'autres en retour; perspectives ouvertes par plusieurs innovations révolutionnaires (application de la physique nucléaire; ordinateurs; microbiologie; antibiotiques; etc.), même si les découvertes fondamentales — en physique notamment — sont plus anciennes, antérieures à la seconde guerre mondiale (le sommet se situant autour de 1930). Dans ce sens, le développement du Poly n'est qu'un reflet du Monde où nous avons vécu ce quart de siècle. Mais le Poly est aussi une institution suisse, portée par la collectivité nationale qu'il est donc destiné à servir: il participe ainsi d'une façon active et parfois directrice au développement spécifique du pays. Le Monde, la Suisse: deux lignes, deux exigences qu'il n'a pas toujours été aisé de concilier. Deux grandeurs différentes.

Dans un Monde qui change

Le Monde d'il y a vingt-cinq ou trente ans reprenait son souffle. La génération d'avant avait été bouleversée d'abord par la crise économique, sociale et morale des années 30, puis par la guerre, et absorbée enfin par l'effort de reconstruction — dans un climat international qui restait tendu. Savants et techniciens n'avaient pas pour autant chômé, loin de là. Ils avaient presque tous couru au plus pressé, pour résoudre des problèmes immédiats dont paraissaient dépendre tantôt la victoire militaire de leur pays, tantôt la survie même de leurs contemporains. Ces circonstances, qui privilégiaient les connaissances aussitôt applicables, n'avaient été favorables ni à un développement harmonieux de l'ensemble des sciences, ni à la libre communication de leurs acquisitions. Et la Suisse s'était trouvée singulièrement isolée.

Or, les années cinquante furent celles d'un nouveau démarrage: il n'est pas besoin d'insister ici sur la période de croissance que nous avons vécue deux décennies durant; ni sur les doutes qu'elle finit par faire naître autour de 1970 (rapport du Club de Rome); et pas davantage sur le grippage qui s'est produit dans la machine économique à partir de 1973/74. Il convient en revanche de souligner les changements d'atmosphère, et à travers eux l'attitude du public à l'égard du progrès technique et scientifique: car la vie du Poly s'en est trouvée directement affectée. Dans l'immédiat après-guerre, les besoins existentiels de la reconstruction avaient créé un capital de sympathie et d'espoir investi dans la science et la technique. Mais le capital financier, les moyens matériels disponibles n'étaient pas encore en proportion. Seuls les Etats-Unis avaient pu constituer et préserver un appareil de recherche à la mesure des besoins et des ambitions: ils attirèrent vers leurs universités et leurs centres de recherche un très grand nombre de savants, accourus de tous les coins du Monde. L'Amérique devint ainsi le pivot d'un système reconstitué d'échanges qui peu à peu rayonna, par le retour au pays d'une partie de ceux qui avaient reçu ou complété là-bas leur formation. Des liens étroits s'étaient noués, les idées, la littérature circulaient à nouveau à travers le Monde occidental — et perçaient parfois le rideau de fer. Entre temps, les autres pays industriels et riches d'une forte tradition scientifique — dont la Suisse — s'étaient repris. Inquiets de ce qu'on appela «l'hémorragie des cerveaux», mais capables de consacrer de nouveau des sommes importantes à l'enseignement supérieur et à la recherche, ils s'engagèrent fortement dans cette voie. Avec le consentement (et souvent l'appui) des milieux industriels, qui y voyaient avec évidence le moyen de développer leurs entreprises, de les diversifier et de lutter contre la concurrence des produits américains en réduisant au plus vite le «retard technologique». Et avec l'approbation générale des populations.

Le centenaire du Poly, en 1955, s'était placé au seuil de cette euphorie. Le prestige des hautes écoles n'avait jamais été aussi haut. Celui des sciences et des techniques fut encore rehaussé par l'ère des spoutniks, la conquête de la lune, la télévision et le transistor dans toutes les maisons, les rêves d'évasion entretenus par l'avion à réaction, les promesses largement diffusées de la biologie et de la médecine, les enzymes sortis des laboratoires pour envahir, gloutons, la publicité des poudres à lessive, etc. etc. La société de consommation faisait révérence à la technologie.

L'euphorie dura une quinzaine d'années, ce qui n'est pas très long. Assez long pour créer des habitudes, pour instituer une dépendance de la société à l'égard de ses propres réalisations matérielles, pour susciter des besoins, les populariser — et pour les satisfaire. Mais pas assez long pour que la vague balaye tous les autres problèmes. L'équilibre mondial restait précaire — étroitement soumis, à travers la course aux armements perfectionnés, à la domination technologique des grandes puissances. Le mouvement de décolonisation battait son plein, mais il révéla aussitôt la faiblesse structurelle des nouvelles nations que l'on voulait mettre «en voie de développement», et qui ne réussissaient pourtant guère à trouver cette voie. Une disparité aussi criante dans la condition des peuples du Monde suscitait l'envie des moins nantis et le malaise des pays riches. Chez ceux-ci, l'échelle traditionnelle des valeurs, les normes même de l'ordre social semblaient trop étroitement liées à la prospérité régnante. La contestation sociale ne datait certes pas de la veille. Mais son contenu idéologique et politique se vit renforcé — et le plus souvent dépassé — par des formes nouvelles de contestation, de la part d'une nouvelle génération: ce fut Mai 1968 (ou, au Poly, où les choses sont parfois moins spontanées, l'année 1969).

Un feu de paille? Oui, dans ses formes extrêmes, anarchiques, presque ludiques. Cette révolution n'a bouleversé ni le Monde, ni la Suisse, ni le Poly (quoi qu'en pensent certains). Mais elle les a émus. Et depuis lors, les choses ne sont plus tout à fait comme avant. En tout cas, le doute s'était glissé quant à la valeur du progrès — du progrès continu, de la «croissance», ce mot magique des années 60. L'enthousiasme généreux d'une décennie et plus tournait à la méfiance, ou pour le moins à une certaine réserve.

Quant à la récession qui devait s'installer peu après, elle échappe encore (puisque nous n'en sommes point ressortis) à l'interprétation de l'histoire. A-t-elle créé un courant d'opinion hostile à la technologie, ou favorable? Sûrement pas indifférent. On paraît d'une part reprocher à la technologie ses excès de naguère; plus particulièrement, on l'accuse d'avoir méprisé l'environnement, d'avoir porté atteinte au cadre physique et psychique de la vie. L'écologie a conquis les foules; elle est moins une discipline, une connaissance ou une action qu'une attitude et parfois une idéologie. Il n'empêche que la technique doit modifier son approche de la nature, la science chercher des solutions moins «polluantes». Le public attend d'autre part des réponses a de nouveaux défis — d'abord celui de l'énergie. La science, la technique peuvent-elles proposer d'autres sources d'énergie? Ce qu'il y a de neuf dans cette question, c'est que la technologie (ou l'industrie) n'est plus maîtresse de tous ses choix: elle est interpellée. C'est elle qui doit couvrir, si elle le peut, un besoin essentiel. Elle retrouve, dans un sens, sa situation de l'après-guerre; mais avec un capital de confiance diminué. La question de l'énergie n'est d'ailleurs qu'un exemple, privilégié parce qu'il est spectaculaire et que nous redoutons tous les jours de manquer de pétrole. Mais il en est d'autres, plus insidieux: les autres ressources naturelles; la faim; le climat, etc. Autant de problèmes qui viennent impliquer de nouvelles formes de dialogue entre la science et la politique et remettre en discussion le principe fondamental de la liberté du savant.

Sciences, du Nombre ou de l'Homme?

Au-delà de ces considérations fort générales et, ici, nécessairement sommaires, il convient de retenir quelques autres facteurs de l'évolution récente des techniques et des sciences. Nous venons d'esquisser cette évolution dans ses rapports avec la société. Mais elle se dessine aussi par une série de rapports internes: sciences et techniques se nourrissent mutuellement de leurs propres conquêtes. Ceci est une vérité de tous les temps, plus sensible cependant depuis le XVIIIe siècle. Et qui, je crois, éclate dans la période dont nous parlons.

Il s'est, d'abord, institué un échange plus intense que jamais auparavant entre le monde des ingénieurs et celui des sciences exactes ou naturelles. On en trouvera trop d'exemples dans les rapports qui suivent pour que je doive m'y arrêter longuement. L'application des mathématiques aux disciplines techniques (comme à toutes les autres, y compris les sciences humaines — même l'histoire) est évidente et d'ailleurs aussi ancienne que la technique elle-même: le moindre artisan de la Grèce antique ou d'une ville médiévale devait aussi compter et mesurer, tant bien que mal, et l'abaque des Anciens et des Arabes est l'ancêtre de nos calculatrices de poche. Tout est ici question de degré. Mais il est clair que certains progrès des mathématiques récentes ont été au bénéfice des ingénieurs (ou des écononistes), lorsqu'ils n'ont pas été leur fait. Plus récents, les apports de la physique (celle des solides) et surtout de la chimie ont été décisifs pour le génie civil (résistance des matériaux), pour le génie électrique et mécanique (propriétés des métaux, des alliages, des gaz, etc.; conducteurs et semi-conducteurs). Les liens étroit entre le génie rural d'une part, la physique des sols, la chimie organique, la biologie, etc., tombent sous le sens. Inversément, physique, chimie, pharmacie, biologie, géologie, mathématiques doivent beaucoup de leurs progrès aux ingénieurs qui mettent à leur disposition instruments de recherche et équipements de fabrication, construisent des bâtiments appropriés, forent profondément le sol de la terre (quand ils ne grattent pas celui de la lune...), et ainsi de suite. De sorte que la distinction traditionnelle, au Poly, entre sciences de l'ingénieur, sciences «vertes», et sciences exactes et naturelles est en train de perdre lentement son sens.

Cela va cependant plus loin encore. Et en lisant les chapitres de nos collègues, j'ai eu le sentiment que se brouillaient toutes mes notions (gymnasiales et assez vagues, au demeurant) de classification des sciences... Certes, chimie, physique, mathématiques répondent à des définitions précises — mais pour combien de temps encore? Ne se grignotent-elles pas mutuellement en repoussant leurs frontières loin à l'intérieur du domaine de la science voisine? Conquêtes pacifiques et fructueuses (mais qui créent, semble-t-il, quelques casse-têtes aux doyens des sections intéressées et à la direction de l'Ecole). Il me semble que dans ma jeunesse, le terrain d'entente était plutôt du côté de l'infiniment grand. Or, dans les années 60, ne s'est-il pas transporté vers l'infiniment petit, vers la molécule et l'atome dépecé, plus petits dénominateurs communs de la vie et de la matière?

Une autre mutation sensible de l'approche scientifique: l'intérêt s'est porté de l'analyse statique et systématique vers les processus dynamiques. De nouveau, je ne saurais affirmer qu'il s'agisse d'une innovation absolue de la dernière génération — ce serait absurde. C'est le caractère général de cette forme d'approche qui frappe. On la retrouve aussi bien dans la technologie mécanique, qui s'est ouverte à des procédés dynamiques, qu'en physique nucléaire, ou en biologie (génétique).

Et la Quantité (avec majuscule). Je ne veux plus dire ici les grandeurs administratives (nombre d'étudiants, d'enseignants, volume des locaux, crédits affectés à l'enseignement et à la recherche), mais le quantitatif, objet et sujet à la fois du travail scientifique. Objet, lorsqu'il s'agit d'accroître ou d'accélérer la production de biens grâce à des procédés, à des machines que les ingénieurs ne cessent de perfectionner: le souci de la performance quantitative au moindre coût a toujours été au cœur des innovations technologiques. Il est évident que la croissance économique récente a renforcé cet objectif. En même temps, le quantitatif est devenu le sujet même de la recherche dans presque chaque domaine. Mesurer, du plus grand au plus petit, tous les objets; appréhender statistiquement tous les phénomènes, depuis la réaction des particules élémentaires, en physique nucléaire, jusqu'à la génétique quantitative, en biologie, ou jusqu'à l'astronomie, la cristallographie, la géologie, la géographie — et même l'histoire («cliométrie», démographie historique): c'est devenu partout le souci primordial de la recherche. Méthodes de travail ou principes d'interprétation de l'observation scientifique ont été bouleversés par l'irruption massive et dominatrice du nombre. Sans doute est-ce là la révolution majeure de notre temps dans l'ordre de la connaissance. Une révolution qui prend sa source dans un besoin social (et politique) de mesure universelle pour définir une hiérarchie précise des valeurs et des moyens disponibles; et dans l'impasse où s'étaient trouvées de nombreuses disciplines au bout de leur effort descriptif, systématique et statique. Mais une révolution qui a engendré aussi ses propres instruments et les a bientôt livrés à la boulimie de la société.

A la tête de ces instruments l'ordinateur-roi. Rarement, jamais peut-être, une innovation comme celle de l'électronique ne s'est développée à une cadence pareille, les générations d'ordinateurs se succédant, qui rendent caduque la précédente à peine installée. Jamais un outil aussi compliqué n'a envahi à ce point tous les domaines de l'activité (de la gestion d'une bibliothèque à la création musicale...) L'ordinateur satisfait le besoin de calcul et de mesure que je viens de souligner; mais il le crée aussi. Sa révolution n'est plus technique seulement, elle tend à devenir un phénomène de civilisation, une manière de penser, et de gouverner. Partout présent, l'ordinateur joue «un rôle polymorphe», écrit plus loin un collègue.

*

J'ai indiqué tout à l'heure à quel point les sciences techniques et celles de la nature se sont rencontrées et en partie confondues au cours des récentes décennies. Or, cette rencontre concerne aussi les sciences dites de l'homme (*Geistes- und Sozialwissenschaften*). C'est encore là une dimension nouvelle de l'univers scientifique contemporain que cette intégration de tous les domaines de la connaissance, si différents qu'ils puissent paraître par leurs objectifs et leurs méthodes et si étrangers qu'ils soient longtemps restés les uns aux autres. Ces différences, ce sentiment de distance qui persiste, ont d'ailleurs rendu et continuent de rendre difficile le travail «interdisciplinaire»: celui-ci suppose une forte dose de bonne volonté, de modestie, de patience, et une large culture générale, qui est ouverture aux curiosités et aux besoins spécifiques de l'interlocuteur. D'ailleurs, cette exigence n'entre-t-elle pas en contradiction avec la tendance concomitante à la spécialisation, inévitable elle aussi, et qui s'est récemment accentuée? Il n'en reste pas moins que chercheurs des sciences techniques et naturelles d'une part, des sciences humaines d'autre part ont entrepris depuis une génération de surmonter les uns leur méfiance, les autres leur incompréhension: les fruits de cette collaboration commencent à mûrir.

Il est hors de propos d'énumérer ici les jardins où pareille collaboration a démarré. Je ne puis qu'en rappeler quelques-uns qui sont importants, et pour lesquels le Poly est équipé. A la fois science de l'homme et de la nature, la médecine contemporaine ne fait plus appel seulement à la biologie ou à la chimie, mais à la physique (radiologie; neurologie, biophysique du système nerveux), à la mécanique (appareils), à l'électronique, etc. Les domaines de l'architecture, du génie civil, du génie rural et forestier ont considérablement évolué: il ne s'agit plus de bâtir ou de planter seulement, mais d'insérer le bâtiment, le champ, la forêt dans un cadre d'ensemble, dans un plan d'aménagement de l'espace. On sait combien cette conscience de l'environnement, le besoin et les concepts de l'aménagement du territoire, de l'urbanisme, du respect physique et social des particularités locales ou régionales se sont imposés au cours de la dernière génération: l'idée de quelques pionniers rêveurs ou turbulents est devenue une volonté générale. Or, sa réalisation ne met pas en cause l'architecte et l'ingenieur seulement, mais le psychologue et le sociologue qui doivent évaluer les besoins; l'économiste qui calcule les moyens et la répartition de ceux-ci; le juriste qui définit les normes de l'opération; le géographe, voire le géologue, qui déterminent les structures de l'espace à aménager; l'historien qui en rapporte l'évolution dans le temps, les traditions ou les mutations...; le peuple enfin, ou ses représentants, qui décident — informés tant bien que mal par tous ceux qui précèdent.

Dans l'âge de croissance que nous avons vécu entre 1950 et 1970, ni la société ni le monde technique ne se sont beaucoup souciés de leurs racines, des conditions de leur extraordinaire développement. Mais la récession survenue, un problème de conscience s'est posé: à quoi bon? Et son corollaire: d'où venons-nous? Longtemps délaissé, abandonné à quelques obscurs spécialistes ou cultivé en dilettantes, l'intérêt pour l'histoire s'est réveillé, celle des techniques et des sciences en particulier . C'est elle qui semble permettre de retrouver des repères perdus, de distinguer des orientations plus solides que d'autres et de revenir, le cas échéant, sur des choix erronés.

Les sciences humaines au service, donc, de leurs sœurs et, par celles-ci, de la société. Mais pourquoi pas l'inverse? Car une rencontre en entraîne une autre: la concertation s'est aussi développée au bénéfice des premières. En apportant leur concours à l'industrie, à l'urbanisme, à l'aménagement du territoire, les sciences juridiques ou économiques se sont elles-mêmes fécondées, puisqu'elles ont eu à résoudre des problèmes inédits. En d'autres cas, les sciences humaines ont trouvé dans le développement des techniques ou des sciences exactes et naturelles des instruments de progrès inespérés ou tout à fait imprévus. Inspirés d'une part par une rigueur formelle beaucoup plus poussée qu'avant-guerre, elles se sont aussi appropriées les notions de structure que suggéraient les mathématiques, la physique des particules élémentaires, la chimie et la biologie: le structuralisme fut très à la mode dans les années 50 et 60 (même s'il était pratiqué par certains auparavant, sans l'étiquette), et il le reste. Les sciences humaines aussi ont privilégié l'analyse des processus dynamiques (dans le développement des individus, des rapports sociaux, de l'histoire). Elles aussi se sont converties aux mesures quantitatives, et se sont programmées pour alimenter les ordinateurs (dont les langages spécifiques avaient été construits, d'ailleurs, selon des règles dégagées par une science humaine, la linguistique).

De nouveau, un catalogue des emprunts, ou des appels, que les sciences de l'homme ont fait à leurs voisines conduirait trop loin. A elle seule la science historique (que je connais moins mal) a su déjà tirer parti de la physique (C^{14} pour la datation de sites et d'objets archéologiques; rayons X pour la lecture de documents effacés; radar), de la chimie inorganique (analyse d'objets métalliques, notamment d'alliages monétaires), de la dendrochronologie, de la climatologie, de la glaciologie, de la pollinologie (pour l'étude des variations historiques du climat), de la biologie génétique, de la virologie.. Sans parler des innovations techniques dont se sert l'historien, notamment dans le domaine de l'optique (microfilm, reproduction photographique, procédés de la photographie aérienne, etc.)

Dans un monde qui changeait de visage et de valeurs rapidement, sciences et techniques ont ainsi évolué de façon considérable: à la fois pour répondre aux exigences de la société en mutation, et comme agents essentiels de cette mutation. Dans le même temps et dans le même mouvement, sciences et techniques s'entraînaient les unes les autres. Elles ont été un élément dominant de l'histoire que nous avons vécue. Et malgré le scepticisme qui règne aujourd'hui à leur égard, il est vraisemblable qu'elles le demeurent.

Tenir le cap

Au milieu de la marée du progrès de ces vingt-cinq dernières années, le Poly a su tenir son cap. Est-ce prétentieux de l'affirmer? Certainement pas. Des récompenses prestigieuses (prix Nobel de V. Prelog en 1975 après ceux de L. Ruzicka en 1939 et W. Pauli en 1946), une collaboration étroite avec les plus importantes institutions analogues dans le Monde, des performances en maints domaines l'attestent assez. Certes, il y a des limites. La haute école zurichoise ne peut dépasser les ressources qui sont celles d'un petit pays, même si celui-ci est réputé riche (et l'a été, en effet). Elle doit former ses étudiants dans toutes les directions utiles que sa mission exige, mais il est certain qu'elle ne peut les pousser toutes à l'extrême pointe du développement. Au cours de son histoire récente, elle s'est trouvée devant plusieurs dilemnes; devant des choix dictés tantôt par l'exigence nationale, déterminée par le pouvoir politique (mais avec une marge salubre de liberté interne), tantôt par le développement même des sciences, envisagé par les professeurs ou la direction de chaque institut.

Un premier dilemne est aussi ancien que l'Ecole, je crois même aussi vieux que l'existence des universités: le dualisme de l'enseignement et de la recherche, qui forment ensemble la raison d'être et la mission de telles institutions. Tout le monde est d'accord: l'un ne va point sans l'autre, tous deux se nourrissent mutuellement. Dans la pratique, cependant, ces deux fonctions ne sont pas commodes à ménager — tous ceux qui travaillent dans la Maison le savent bien. Et ce n'est pas qu'une affaire d'organisation, de répartition des moyens en personnel (assistants) et en crédits. C'est surtout une question d'affinités personnelles, d'approche, de méthode. Inévitablement, l'obligation d'enseigner peut être ressentie comme une entrave à la recherche. Ai-je raison de penser que la dernière génération a subi plus vivement que les précédentes la tension entre les deux pôles de son activité? Le haut degré de spécialisation des secteurs de recherche — en opposition avec les enseignements beaucoup plus généraux et plus vastes — a pu faire courir le risque de discréditer le magistère. Un risque seulement: car ce fut une vertu indiscutable du Poly que l'engagement de ses maîtres pour préserver l'intégrité de l'enseignement, renforcer ses bases, dans une bataille constante contre le calendrier et pour l'équilibre des plans d'études. Rançon du dynamisme...

Nous touchons un deuxième dilemne, celui d'une spécialisation à l'extrême face au besoin de dispenser des connaissances aussi larges que possible à chaque étudiant. Le spécialiste contre le généraliste. Ici, force est de constater que les solutions n'ont pas été homogènes. Un conflit de générations ne serait-il pas en cours? Les plus anciens parmi nous, qui reçurent leur formation avant que ne se déclenche l'essor tempétueux des années 50 et 60, affirment la prééminence du généraliste; une spécialisation poussée ne devrait être développée qu'au stade de la recherche, ou dans l'exercice d'une profession dans une entreprise. Or, cette conception a semblé infirmée par la réalité: l'essor en pointe, loin des bases, appelait le spécialiste, mobilisait l'imagination des esprits jeunes, attirés d'ailleurs par le prestige des performances spécialiséees plus que par la grisaille ou disparaissait le généraliste (on a pu observer la même tendance dans les études médicales). Aujourd'hui pourtant, le souci d'assurer d'abord et surtout la formation d'esprits polyvalents, donc capables de s'adapter aux besoins les plus divers, semble inspiré à nouveau par l'incertitude qui s'est introduite quant à l'avenir même des sciences, des techniques et des carrières auxquelles celles-ci conduisent. Les attitudes suivent les mêmes articulations chronologiques que le développement économique.

Troisième dilemne: recherche fondamentale ou recherche appliquée? Mettons-nous d'accord sur la nécessité de ne pas les dissocier: il en va de la formation des étudiants, mais plus encore de la satisfaction cohérente des besoins de la société, mieux discernables à court terme qu'à long terme. Mais la pratique, de nouveau, tend parfois à contredire le principe. Et selon les domaines, l'accent a pu se déplacer. On observera qu'une discipline comme les mathématiques, traditionnellement regardée comme fondamentale, a récemment développé prodigieusement ses applications, à travers l'ordinateur notamment, ou à cause de lui, et parce que, nous l'avons vu, le besoin de calcul s'imposait à toutes les autres sciences. Ailleurs, c'est affaire d'équilibre, plus difficile à maintenir dans les secteurs les plus immédiatement «pratiques» — architecture, génie civil, mécanique, électrique, rural et forestier, mais aussi en chimie. Il était donc inévitable, en fonction même du dynamisme qu'a connu l'Ecole depuis trois décennies, que des hésitations se soient manifestées, un mouvement de pendule entre l'orientation fondamentale et l'orientation appliquée. Un examen attentif mettrait probablement en lumière, à ce propos, la pression qu'ont pu exercer les besoins de l'industrie. Il apparaît en tout cas que la récente phase de croissance est venue renforcer les liens traditionnels et naturels du Poly avec le secteur privé.

*

Il vient d'être question du dynamisme de notre Ecole. C'est là, bien sûr, une qualité qui devrait animer toujours l'existence d'un établissement d'enseignement supérieur. Mais rarement dans son histoire le Poly n'a été à ce point contraint de manifester sa capacité à s'adapter, à innover. Il faut ici rendre hommage au Conseil des Ecoles et tout particulièrement à Hans Pallmann, qui le présida de 1949 à sa mort le 13 octobre 1965: en pleine période décisive. Pallmann a su assurer, avant même la période de haute conjoncture, l'avenir matériel de l'Ecole. Il a surtout, avec une clairvoyance remarquable, su accrocher le Poly au train désormais rapide des techniques et des sciences. Son règne fut marqué par des créations nombreuses de chaires ou d'instituts et par toutes sortes d'initiatives qui rendaient compte des développements en cours. Il appuya avec conviction la section d'architecture soucieuse de s'ouvrir largement aux problèmes d'urbanisme et d'implantation régionale et créa en 1960 l'Institut de planification locale, régionale et nationale (ORL). Il prit acte des développements dans le domaine nucléaire — dramatiquement révélé à la fin de la guerre — et favorisa l'introduction de la physique nucléaire (par le regretté Pierre Marmier, en 1955/56), de la technique des réacteurs (1962), comme branches d'enseignements. Et l'on peut multiplier à l'envi les exemples de ses initiatives: on les trouvera plus loin, dans les rapports des sections.

Il serait tentant, dans ces conditions, de dresser la liste des performances de portée mondiale réalisées par les professeurs et les chercheurs du Poly. C'est malheureusement une tâche impossible, en tout cas dans le cadre de cet essai. Il me manque, d'une part, la compétence pour apprécier la plupart de ces performances et pour déterminer des critères qui les distinguent: il faudrait être à chaque fois spécialiste. Le lecteur voudra bien se reporter à chacune des contributions qui suivent de cette *Festschrift*. Mais la nature pionnière de réalisations qui ont eu dans notre Ecole leur origine est difficile à déterminer pour deux autres raisons. D'abord parce qu'une division internationale du travail de recherche s'est instituée depuis les années 50, qui vient en quelque sorte occulter la part qu'y a prise le Poly: beaucoup de recherches importantes ont été entreprises en collaboration avec d'autres institutions, à Zurich (Université), en Suisse (hautes écoles et institutions publiques comme nos «établissements annexes», CERN, entreprises privées) ou à l'étranger. Des rapports étroits existent avec les pays voisins, avec les Etats-Unis, la Grande-Bretagne, les Pays Scandinaves, voire la Pologne (Université de Cracovie: recherches sur les réactions nucléaires sous l'effet du lancement de noyaux légers), la Turquie, etc. D'autres travaux se font dans le cadre de programmes internationaux lancés par des organisations spécialisées (physique de l'atmosphère, réactions biologiques aux conditions atmosphériques, etc.)

D'autre part, des réalisations ont leur source au Poly, mais sont accomplies au-dehors. Cela est particulièrement vrai dans le domaine des ingénieurs: l'Ecole définit les bases théoriques d'ouvrages qui, en raison de leur taille et de leur coût, ne peuvent être réalisés que par des entreprises spécialisées et fortement équipées. C'est donc souvent au sein de ces entreprises (secteur de la construction, secteur mécanique), où travaillent d'anciens élèves du Poly, que des projets novateurs sont menés à bien. Sait-on par exemple que la plus haute tour du Monde (C. N. Tower, Toronto, 1973—75, record enregistré dans le fameux «Guiness Book of Records», édition 1980, p. 120) a été dressée à 555,33 m avec la collaboration décisive d'ingénieurs civils sortis du Poly, spécialistes du béton précontraint? Que, dans le même domaine, des entreprises suisses construisent

Verrazano Narrows Bridge, pont suspendu enjambant l'entrée du port de New York. Le dernier et le plus important des ouvrages du Schaffhousois Othmar H. Ammann, Dipl. Ing. E. P. (Eidg. Polytechnikum/Ecole Polytechnique Fédérale). Achevé en 1964, portée principale 1298,45 m. Le Technorama et l'Ecole Polytechnique Fédérale de Zurich ont commémoré, en 1979, le centième anniversaire de la naissance d'Ammann par une exposition très remarquée.

les structures bétonnées des énormes plates-formes de forage en Mer du Nord? Ou que des techniques de soutènement de fouilles profondes à l'aide de tirants d'ancrage ont été mises au point chez nous — et adoptées dix ans plus tard sur les chantiers des Etats-Unis? Trois exemples spectaculaires — il y en aurait davantage, non moins significatifs.

D'autres prestations pionnières du Poly présentent un intérêt général, tout en restant tributaires du cadre naturel de notre pays. Je pense aux résultats de recherches sur la construction des routes forestières, qui ont trouvé évidemment leur application d'abord en Suisse, mais ont été exportées ensuite. Ou à l'interprétation tout à fait nouvelle proposée par nos géologues des conditions du plissement alpin. Ou encore, dans la grande tradition des Maillart, des Ammann, mais renouvellée, au génie des ponts.

*

La division traditionnelle en douze sections passablement autonomes quant à leurs plans d'études et en instituts qui établissent eux-mêmes leurs programmes de recherche a été quelque peu mise à mal au cours du quart de siècle écoulé par le phénomène d'interpénétration des différentes sciences, déja signalé. Il a été de moins en moins possible de cantonner la chimie à la section IV, la physique ou les mathématiques à la section IX, et ainsi de suite. Il a fallu jongler avec des enseignements que plusieurs sections revendiquaient. Puisque tout le monde voulait apprendre à calculer, mais chacun à sa façon, il a fallu multiplier et redistribuer l'enseignement des mathématiques. Des instituts spécialisés ont dû être remodelés, rebaptisés, transférés au gré du développement des disciplines, du déplacement de leurs intérêts, de leur centre de gravité. D'autres ont été victimes de la mode, ou d'une évolution qui les rendaient obsolètes. Plus récemment, des critères d'économie ont aussi conduit à des remaniements, des suppressions contestées (chaire d'histoire et de sociologie rurale, par exemple). On pourra lire plus loin quelques-unes de ces «*Leidensgeschichten*». De retouche en retouche, le jour n'est peut-être plus très lointain où il faudra reprendre toute l'organisation de l'Ecole, revoir la division en sections et inventer une structure nouvelle?

Quant à l'intégration des sciences humaines, dont j'ai souligné plus haut la portée générale, elle ne s'est faite au Poly qu'avec lenteur. Elle est encore fort loin d'être satisfaisante. Il y a bien des raisons à cela. D'abord, le phénomène de rapprochement que j'ai indiqué, les perspectives de coopération interdisciplinaire qui se sont esquissées depuis, disons, vingt ans, sont loin d'être encore reconnues. Entre le monde des techniciens et des sciences pures, d'une part, celui des sciences humaines, d'autre part, subsiste pas mal de méfiance, d'incompréhension. Ceci s'explique par la différence des langages utilisés, des méthodes mises en œuvre autant que par l'objet même des recherches. De part et d'autre, on est peu ouvert à la collaboration parce qu'on n'en ressent pas encore assez l'opportunité. Il peut y avoir aussi quelque contestation au sujet des moyens — surtout depuis que ceux-ci sont nettement plus restreints. D'autant plus que la recherche en sciences humaines est devenue elle aussi plus coûteuse. Là où le savant d'une génération précédente travaillait seul chez lui, avec sa bibliothèque personnelle, une bonne rame de papier et quelques crayons, il faut maintenant une équipe — à rémunérer —, des locaux, des livres trop nombreux et trop chers pour être acquis personnellement, et souvent des appareils plus ou moins sophistiqués. L'évolution n'est pas encore complète. Mais le temps n'est plus où les vénérables professeurs de la section dite des cours libres — aujourd'hui des sciences humaines — venaient en tramway faire leur cours de 5 à 7, et puis s'en retournaient tranquillement chez eux à leurs chères études...

Si l'intégration se fait pourtant, c'est de manière ponctuelle, cas par cas. Juristes et économistes, puis les psychologues ont été les premiers à franchir le mur des sections «techniques», car il s'agissait de préparer les étudiants à des fonctions administratives aussi, chefs de chantiers ou d'entreprises. La sociologie est entrée par une petite porte chez les architectes, mais fait depuis longtemps antichambre. Les langues se sont imposées parce qu'elles procurent un instrument pratique, mais les littératures, la philosophie planent encore sur l'Olympe d'une culture générale que le Poly s'était donné pour mission de dispenser dès sa création; mais qui n'a jamais été vraiment absorbée. De même pour l'histoire. Cette branche commence à profiter pourtant de l'intérêt qui se dessine pour le sens de l'évolution technique et scientifique. L'Institut d'histoire — le seul créé au Poly (1974) pour une discipline non intégrée dans les plans d'études — offre une base à la satisfaction de cette demande nouvelle. Une chaire d'histoire des techniques, que je ne suis pas seul à souhaiter, constituera demain peut-être la meilleure réponse. Quoi qu'il en soit, la perspective d'une concentration de toutes les sciences me paraît se préciser pour un avenir assez proche. Puisse-t-elle, au Poly, savoir préserver l'identité de chacune dans ce qu'elle a de fondamental et respecter la démarche et la curiosité propres à chaque discipline.

*

Le Poly tient son cap. Il participe à l'évolution générale de notre temps. Une évolution rapide, et si imprévisible qu'il doit rester très attentif à ses détours. L'important n'est sans doute pas d'être partout dans le coup, à la pointe de chaque progrès. Mais de suivre — et si possible de précéder — les tendances majeures de cette évolution. C'est une condition de sa survie. C'est aussi une tâche d'importance nationale.

A la mesure du pays

On sera ici plus bref. Non pas que la dépendance du Poly à l'égard de la nation qui l'entretient soit moins essentielle ni qu'elle soit subordonnée au rayonnement que nous souhaitons entretenir au-delà des frontières. Au contraire, la plus haute responsabilité de l'Ecole, elle l'assume vis-à-vis du pays. Les deux exigences ne sont d'ailleurs nullement inconciliables: au service d'une forte nation industrielle, le Poly doit se maintenir en tête du progrès; en retour, ses contacts étroits avec la communauté scientifique universelle rendent plus efficace sa fonction nationale. Ceci s'est clairement vérifié depuis la guerre.

Mais c'est précisément parce que la Suisse a participé de plein pied à l'évolution économique, sociale, technologique et culturelle du Monde (en tout cas du monde occidental) qu'il est possible de n'évoquer qu'en quelques mots les transformations spécifiques qu'elle a connues en une génération et qui ont eu quelque effet sur la vie du Poly.

Comme tous les pays qui l'entourent, la Suisse a vu croître fortement le nombre de ceux que franchissaient le seuil des hautes écoles. Effet, en partie, de la croissance démographique. Les classes nées avant guerre avaient été peu nombreuses; elles s'amplifient pendant la guerre (jeunes gens obtenant leur maturité dès la fin des années 50): l'excédent des naissances passe de 5,2‰ (1914—1940) à 7,6‰ (1941—1960, moyenne annuelle). Le fort courant d'immigration d'après-guerre n'est pas en cause ici puisqu'il s'agit de travailleurs étrangers dont les enfants fréquentèrent peu l'université. Au contraire de L'EPUL lausannoise ou de l'Université de Genève, le contingent d'étudiants étrangers au Poly n'a jamais été très considérable, pour des raisons linguistiques surtout (1955: 377 étrangers, 13,58% du total des étudiants; 1978: 934 étrangers, 12,68%). L'appel de l'Ecole à l'étranger s'est manifesté au plan qualitatif surtout et au niveau du 3e cycle (*post-graduate*). Par rapport à la population totale de la Suisse, la fréquentation du Poly a évolué de la manière suivante:

1950	69 étudiants pour 100 000 habitants
1960	73 étudiants pour 100 000 habitants
1970	108 étudiants pour 100 000 habitants
1978	116 étudiants pour 100 000 habitants

La croissance économique porte dans cette évolution une responsabilité plus grande. Subjectivement, elle a créé un attrait pour les professions techniques, jugées pleines d'avenir, tandis que jouait le prestige des grandes réalisations de l'ère de l'atome et du spoutnik. Objectivement, la prospérité permit un plus large financement des études par la famille, les collectivités publiques (système des bourses) ou les entreprises privées. En même temps, le principe de la démocratisation des études encourageait l'afflux des étudiants. Afflux qui n'alla pas sans problèmes. Il fallut élargir les structures d'accueil — le personnel, qu'il faut d'abord former, et les locaux: terrains à trouver, crédits à obtenir, plans à concevoir et à mener à chef; tout ceci ne s'improvisait pas. C'est là que la prévoyance et l'énergie de Pallmann, puis de ses successeurs au Conseil des Ecoles et à la Présidence du Poly, firent merveille. Il y eut quelques années difficiles; mais dès le seuil des années 70, un rapport favorable entre nombre d'étudiants et volume des locaux put être rétabli. Le rapport numérique étudiants/personnel enseignant ne fut jamais compromis. Mais l'afflux créa aussi des difficultés qualitatives. Le niveau des connaissances à l'entrée tendit à se dégrader; la motivation des jeunes étudiants n'était plus aussi claire. Il fallut dédoubler certains cours, beaucoup d'exercices et de laboratoires, et cette tendance a pu concourrir à l'affaiblissement des approches générales (que seuls savent suggérer les maîtres d'expérience) au profit des spécialisations.

Peu avant 1970 cependant, s'est esquissé un renversement de tendance: le nombre des étudiants a tendu à se stabiliser — et même à diminuer dans les sections les plus «techniques». Dans un article récent de la «Revue suisse d'économie et de statistique» (116e année, 1980, no. 1, pp. 31—52), l'économiste Peter Stolz (Université de Bâle) a mesuré cette tendance (polynome du 3e degré, courbe infléchie) pour les diplômes décernés par les sections I, II, III A et III B; il l'a comparée à la tendance du nombre des maturités fédérales (et autres diplômes assimiliés), qui continue de croître avec régularité (polynome du 4e degré) (cf. graphiques). Stolz attribue cette désaffection relative pour les professions d'ingénieurs (chimistes et architectes compris) à l'*Umweltwelle,* à une attitude

Certificats de maturité reconnus sur le plan fédéral (1950—1972).

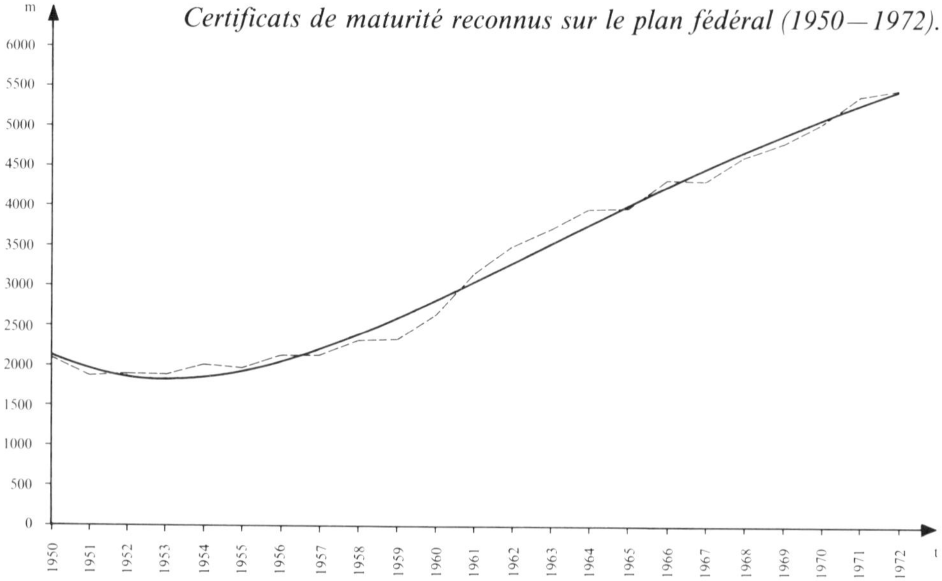

En pointillé: échelonnement dans le temps des certificats dispensés; en continu: courbe de tendance donné par un polynôme de quatrième degré.

Diplômes EPFZ en architecture, génie civil, électrotechnique et mécanique (1954—1976).

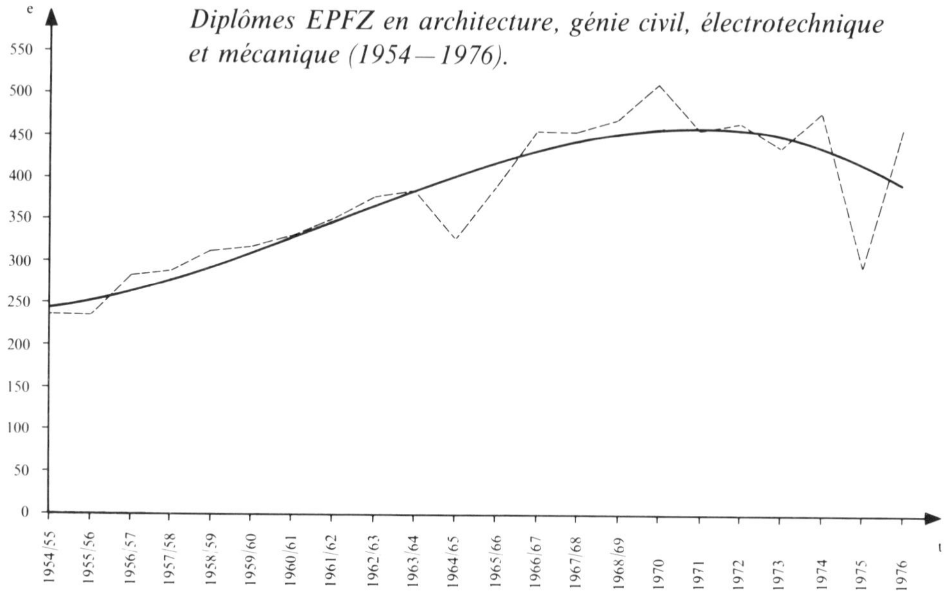

En pointillé: échelonnement dans le temps du nombre des diplômes dispensés annuellement; en continu: courbe de tendance donnée par un polynôme de troisième degré.

plus hostile envers la technique comme envers l'économie privée qui s'en sert. Il a certainement raison. Mais un calcul plus réaliste a pu aussi animer les jeunes bacheliers devant le choix de leurs études: les professions en question semblaient passablement encombrées, les chances d'emploi d'autant réduites...

*

L'ouverture sociale en même temps que le développement d'une consommation de masse imposèrent à l'Etat beaucoup de tâches nouvelles. Et ce fut surtout l'Etat fédéral, encouragé par des finances réjouissantes, que s'en chargea. Plusieurs de ces tâches se répercutèrent tantôt sur l'Ecole (Institut de toxicologie, par exemple), tantôt sur ses établissements annexes. Dans ce sens, la reprise par la Confédération, en 1970, de l'Ecole Polytechnique de Lausanne, jusque-là à la charge du Canton de Vaud, n'a pas manqué d'avoir ses répercussions sur l'institution zurichoise. Celle-ci cessait d'être l'enfant unique, elle dut apprendre à partager au moment même où le gâteau se rétrécissait. Il est probablement trop tôt pour juger de la qualité de ces répercussions. Vues de Zurich, elles paraissent au premier abord plutôt négatives. Nous voici pris par une contradiction: si les deux Ecoles sœurs (en dépit d'une forte différence de taille, et de traditions nettement étrangères l'une à l'autre) doivent devenir complémentaires et se répartir certaines spécialités ou quelques enseignements de pointes — ce qui, à la mesure de la Suisse, paraît raisonnable — Zurich doit consentir des sacrifices; elle l'a déjà fait, d'assez mauvais gré, pour la microtechnique. Mais il serait plus douloureux, plus dangereux et, j'ose le dire, plus absurde d'introduire entre Lausanne et Zurich un partage de langues. Depuis cent-vingt-cinq ans, un Poly sans frontières linguistiques et sans ghetto culturel a contribué d'une manière remarquable à la cohérence, à l'unité helvétique: c'est un de ses plus nobles mérites. Puisse-t-il ne pas être entraîné à y faillir.

Parmi les prérogatives de l'Etat fédéral, la défense nationale est l'une des plus anciennes et des plus essentielles. Au XIXe siècle, il avait paru tout naturel d'inclure dans le Polytechnicum fédéral une section des sciences militaires dont la fonction était — et est restée — la préparation des officiers instructeurs de l'Armée. On s'était inspiré du modèle de l'Ecole Polytechnique de Paris, qui formait aussi au premier chef des techniciens militaires. De plus, le Poly était le seul établissement fédéral d'enseignement: il semblait inutile d'en ouvrir un autre, à l'usage exclusif de l'Armée. Avec le temps, cependant, cette disposition a pris un caractère d'étrangeté. Le travail effectué dans cette section dépend, logiquement, du Département militaire fédéral: c'est lui qui recrute les élèves-instructeurs, élabore leur programme d'études — alors que l'ensemble de l'Ecole relève du Conseil des Ecoles et, administrativement, du Département de l'Intérieur. L'admission des candidats n'obéit pas aux mêmes critères que les autres sections. Les études n'y sont pas organisées en un bloç de quelques années qui conduisent à un diplôme, mais en séjours successifs d'un an ou de quelques mois, avec des intervalles de plusieurs années en services d'instruction sur les places d'armes. La section militaire ne peut compter que sur un noyau minuscule d'enseignants permanents et à plein temps. Enfin, à la différence de toutes les autres sections encore, elle ne poursuit aucune recherche: ce sont les services du Département militaire qui se chargent de cette fonction.

L'existence de la section militaire au Poly n'a jamais été sérieusement contestée; malgré ses singularités, elle semble avoir donné satisfaction. Il n'empêche qu'elle a suscité de tout temps quelque perplexité. Depuis la dernière guerre, les problèmes de la défense se sont compliqués. Avec le concept de défense nationale totale, les aspects purement militaires ont cédé une place assez large à d'autres préoccupations. L'évolution de la société a aussi modifié le rôle de l'officier instructeur: elle exige de lui des qualités didactiques accrues et une culture générale affinée. Autant d'exigences nouvelles qui, tout dernièrement, ont suggéré un renforcement de la section militaire, l'idée que celle-ci puisse à son tour entreprendre des recherches qui seraient d'autant plus efficaces que son statut ambigu lui permet de prendre quelques distances à l'égard de l'administration militaire. Ce pourrait être aussi la voie d'une meilleure intégration — ou pour mieux dire: d'une réintégration — de cette section dans la vie régulière de l'Ecole.

En dirons-nous autant des cours de gymnastique et de sport (qui ne forment pas une section de plein droit)? L'universalité de la pratique des sports dans la société d'aujourd'hui les a, ces dernières années, légitimés mieux que jamais. Le nombre des participants était de 5 en 1952; il dépasse désormais la centaine... Mais la pratique généralisée des sports ne va pas sans problèmes — pas plus que l'existence de ces cours. Il s'agit de former, pour les écoles suisses, des maîtres de sport polyvalents. Il s'agit en même temps d'organiser l'enseignement des exercices physiques en fonction des besoins et possibilités de chaque individu. Les recherches de biomécanique engagées par le regretté professeur Wartenweiler prennent ainsi tout leur sens. Ne conviendrait-il pas d'en prévoir dans d'autres directions (sociologie du sport, par exemple)?

*

La collectivité. L'Etat. Et le secteur privé. En Suisse, la part qu'a prise ce dernier aux activités de recherche et de développement est exceptionnelle: on estime que ces activités ont été financées en 1977 à 83% par des moyens privés, alors que ceux-ci n'ont représenté que 70% aux Etats-Unis (pourtant après que les coûteux programmes de la recherche spatiale et des armements aient été rayés du budget public), 65% en Allemagne fédérale, 60% au Japon (1977), 42% et 40% en France et en Grande-Bretagne (1975) — selon un récent rapport de l'Office Fédéral de Statistique, qui relève en outre que l'ensemble des dépenses de recherche et développement représentent en Suisse 3,15% du produit intérieur brut: un record mondial — les Etats-Unis suivent avec 2,4%, l'Allemagne avec 2,15% — qu'il convient d'attribuer surtout à la taille relative du pays... Entre le Poly et l'industrie suisse, les liens ont été si étroits qu'il est peu probable que l'un et l'autre survivent si ces liens venaient à se rompre. Il n'est guère possible de totaliser les fonds mis à la disposition du Poly par le secteur privé — ils sont assurément considérables. Il ne s'agit pourtant pas d'argent seulement, mais d'une stimulation constante, dans les deux sens. J'ai déjà fait allusion plus haut au génie civil: ce sont des entreprises privées qui sont chargées des grandes réalisations (barrages, ponts, tunnels, gratte-ciel, plateformes de forage, etc.); mais le Poly a formé les ingénieurs en vue de ces performances, il a fourni ses experts, entrepris directement, sous contrat, une partie des études. Il en retire une somme d'expériences, des impulsions nouvelles qui se transmettent aux étudiants plus jeunes. Il en va de même de l'industrie des machines qui, on le sait, domine pour quelques spécialités le marché mondial. Grâce à elle, les ingénieurs mécaniciens ou électriciens de l'Ecole ont pu éviter d'accumuler les retards technologiques — qu'on ne doit pas exagérer pour la Suisse. Inversément, la préparation reçue au Poly a permis aux ingénieurs de diversifier la production suisse de machines et de mieux faire ainsi face à une concurrence acharnée.

Bien des domaines, dans la recherche fondamentale surtout, ne peuvent cependant être entretenus ni pas les services publics, ni par l'économie privée, qui n'y ont pas d'intérêt direct. Ces domaines-là, en Suisse, furent longtemps financés avec des crédits du budget ordinaire des hautes écoles. L'essor des recherches au seuil des années 50 rendit cette situation intenable. L'Etat fédéral sut intervenir en instituant le Fonds national de la recherche scientifique (1952), géré non par des politiciens ou par des fonctionnaires, mais par la communauté scientifique elle-même. Cette solution, à ma connaissance unique en son genre (les institutions parallèles, à l'étranger, sont sous contrôle beaucoup plus rigoureux de l'administration publique), a donné pleine satisfaction; mais les moyens disponibles ne croissent plus, depuis une décennie, en fonction des besoins; et le principe de l'autonomie a été quelque peu affecté par les «Programmes nationaux», puisque c'est le Conseil fédéral qui décide souverainement de ceux-ci. Plus tard que le Fonds national, le Conseil suisse de la recherche (1965) est devenu l'instrument d'un dialogue entre les milieux de science et l'autorité (le président de ce Conseil est un professeur de l'Ecole, Gerhard Huber, comme l'avait été son prédécesseur, le regretté Karl Schmid; tous deux de la section des sciences humaines).

Le développement général a pourtant laissé aussi des victimes, même dans le monde scientifique. Regardez le pharmacien. Celui de nos parents était encore assigné à son officine, où il préparait sur ordonnance onguents et potions. Le pharmacien-commerçant d'aujourd'hui n'a plus guère qu'à vendre des pillules et autres produits tout préparés et emballés par l'industrie pharmaceutique. Ce métier universitaire n'a pas démérité, mais complètement changé de visage. Il s'est porté vers l'industrie, les services publics de santé, les hôpitaux civils et militaires, les laboratoires d'analyse clinique. De sorte que toute sa formation a dû être modifiée et élargie. Aucune section du Poly n'est aussi étroitement dépendante de la profession vers laquelle elle conduit, d'autant plus que ses plans d'études sont soumis à une réglementation fédérale distincte de celle qui régit l'Ecole.

Le prix de la grandeur

Toutes les circonstances, toutes les évolutions qui ont été évoquées dans ces pages — et bien d'autres que je n'ai pas pu, ou pas su retenir devant mon objectif, ont marqué profondément la vie interne de l'Ecole. Une vie qui n'a pas été aussi facile, ni aussi harmonieuse que mon propos a pu le suggérer, ou qu'une longue croissance eût pu induire. La grandeur se paie. Le dynamisme aussi. Ils créent décalages et tensions. Ils orientent quelquefois sur de mauvaises voies. En tout cas sur des voies qui ne sont pas évaluées de la même façon par tous ceux qui s'y trouvent engagés. Malaises et contestations ont fait partie de l'histoire du Poly.

Malaise ressenti, d'abord, par les étudiants, ouvertement manifesté par quelques-uns d'entre eux. Il serait trop long d'épiloguer sur les raisons de leur contestation; ils exposeront d'ailleurs eux-mêmes, plus loin dans ces pages, non sans finesse, les étapes d'une prise de conscience qui, en 1969, s'est muée en une revendication fondamentale: participer (ou plus précisément, cogérer, comme on disait alors en France). Il est clair que cette revendication ambitieuse et brusque a surpris, à l'époque: le Poly — pas plus que la plupart des Universités dans le Monde — n'y était préparé. Elle bousculait bien des habitudes, ou même une conception précise de l'autorité fondée sur l'efficacité dont celle-ci avait, si longtemps, fait preuve. Cette contestation intempestive s'inscrivait pourtant dans un courant un peu plus ancien de remise en cause de la société, son ordre et ses valeurs. Mais brusquement, des nuages d'une idéologie assez vague, elle descendait dans la rue, dans les couloirs et dans les auditoires du Poly. C'était peut-être une stratégie pour atteindre la société à travers l'une des ses institutions essentielles, mais fragiles. C'était surtout un refus d'accepter d'être embrigadé dans un système de production et de consommation que la jeune génération n'avait pas contribué à créer. Une génération qui n'avait pas vécu la guerre, encore moins la crise des années 30. Qui n'avait donc pas eu à lutter pour sa survie, mais à accepter un monde tout fait. Un monde qu'elle n'estimait pas meilleur pour autant. En 1969, elle se manifesta non pas comme à Berlin ou à Paris dans un déferlement de folklore et de violence, mais très démocratiquement, par un référendum qui fut approuvé. Nos étudiants avaient-ils gagné la bataille? Presque, mais pas assez pour triompher. L'enjeu était tout ou rien — ils n'eurent que la moitié. C'est à dire un compromis bien helvétique, une participation conditionnelle. Tout à fait insuffisante pour les étudiants (d'ailleurs contestés dans leur propres rangs par des organisations concurrentes du VSETH, comme le SOS-ETH). Beaucoup trop encombrante ou même paralysante pour la Direction et pour beaucoup de professeurs. Si un climat de confiance s'est maintenu en général au niveau des contacts intellectuels ou personnels entre étudiants et enseignants, il est sérieusement compromis, depuis dix ans, au niveau administratif devenu, en fait, politique.

Démonstration estudiantine contre la loi sur les Ecoles polytechniques fédérales. Les étudiants s'y opposèrent par le lancement d'un référendum en 1969.

Or, il y a eu malaise aussi, quoique plus feutré entre gens de bonne compagnie, dans le corps enseignant, à l'égard de la Direction, et d'une administration qui s'étendait, produisait des montagnes de circulaires et de questionnaires, et ne manifestait pas toute la souplesse souhaitée. Mais le vrai problème que nous avons vécu, au Poly comme ailleurs, est probablement d'une autre nature. La gestion d'une Université — ses crédits, ses locaux, son personnel, ses laboratoires, ses appareils, etc. — s'est beaucoup compliquée, et partant amplifiée. Elle a échappé à la vision d'ensemble et au contrôle personnel qu'avaient encore eus le président Pallmann ou le Dr Hans Bosshardt, admirable secrétaire du Conseil des Ecoles de 1955 à 1966. Elle a échappé aussi aux professeurs, dont ce n'est d'ailleurs pas le métier. L'ambiguïté de l'institution universitaire a éclaté durant cette période: trop singulière dans ses fonctions pour être inspirée par des personnes qui ne vivent pas dans l'enseignement et la recherche; mais trop vaste pour être dirigée par eux.

Ce malaise-là était latent au début de la décennie 70. Il a éclaté autour de l'affaire du Hönggerberg; c'est-à-dire de la nécessité de loger, sur un «campus» trop largement conçu dix ans plus tôt, des gens qui n'y étaient pas prévus et qui avaient tous de bonnes raisons de ne pas vouloir y aller. L'incident était fatal. Il eût laissé moins d'amertume s'il s'était produit dans une ambiance moins tendue.

Tout ceci a été important, grave: le destin du Poly en reste marqué. C'est pourtant secondaire: cela n'affecte que les formes, le cadre, non la substance du travail, qui ne s'est pas ralenti pour autant (ou à peine, en 1969—1970, dans la section d'architecture). Malgré sa partition topographique, l'Ecole reste aussi, pour la plupart d'entre nous (étudiants compris), un lieu d'humanité, de solidarité, de rencontre et d'amitié.

*

Le Poly du centenaire entrait, en 1955, dans une phase d'expansion; il pouvait multiplier ses tâches avec sérénité. Le Poly du cent-vingt-cinquième anniversaire sait que cette phase est passée. Il se heurte simultanément, depuis quelques années, au blocage du personnel, qu'il ressent durement, et aux restrictions de crédit. Il se heurte au scepticisme de l'opinion devant ses réalisations et ses ambitions. Il se heurte, par moment, à ses propes doutes. Il entend poursuivre sa tâche — avec une conscience plus aiguë de ses responsabilités: envers la science et la technique; envers les groupes et les régions défavorisées de l'humanité (formation d'étudiants du Tiers-Monde; boursiers de la Confédération; résurrection en cours des enseignements de 3e cycle sur les problèmes du développement, NADEL); envers ceux qui sont déjà engagés dans la vie pratique (recyclage, formation continue); envers les étudiants avancés (3e cycle). Envers la société toute entière. Envers la Suisse. Envers la jeune génération qui lui fait — quand même — confiance.

Ad multos annos!

N. B. — «Besoin de grandeur» était le titre que C.-F. Ramuz avait donné à un essai sur la Suisse (1938). Les mânes de ce grand écrivain, l'un des maîtres à penser de ma génération et que, enfant, je voyais souvent passer devant la maison de mes parents, drapé dans une vaste houppelande et coiffé de son chapeau rond légendaire, me pardonneront cet emprunt...

Lehre und Forschung

Die Abteilung für Architektur

Von Alfred Roth, Bernhard Hoesli, Herbert Kramel

Der Architekt lernt in seinem Studium *warum* und *wie* ein Bauwerk oder eine urbane Situation projektiert werden.

Der Studiengang zur Ausbildung der dazu notwendigen Kenntnisse und Fähigkeiten ist so aufgebaut, dass Entwerfen, Konstruktion und Tragwerkslehre in aufeinanderfolgenden Studienjahren von verschiedenen Professoren unterrichtet werden — wobei jeder seinen Unterricht auf Grundlagen aufbauen muss, die für diesen zwar unerlässlich, aber nicht von ihm selbst geschaffen worden sind.

Der Lehrkörper mit allen Professoren der zugehörigen geistes- und naturwissenschaftlichen Fächer ist sowohl *heterogen* als auch *ein zusammenwirkendes Ganzes,* welches dazu tendiert, zu zerfallen, und das nur in jeweiligen Konstellationen und nur vorübergehend stabil sein kann.

Eine Architekturschule kann von einer einzigen Persönlichkeit dominiert sein oder beherrscht von Faktionen, in deren Spannungsfeld der Student exponiert ist und seinen Weg finden muss. Es kann auch sein, dass ein normativer Lehrplan jede Lehrtätigkeit bestimmt.

Es macht Eigenart und Stärke der Architekturabteilung an der ETHZ aus, dass jeder ein Fachgebiet unterrichtet, das nur Teil sein kann eines Ganzen, das nur im Studierenden entstehen und im Absolventen wirksam werden kann.

So besteht auch dieser Bericht zur Geschichte der Architekturabteilung an der ETHZ von 1955 bis 1980 aus Teilen, die nicht nahtlos aneinandergefügt sind, sondern sich teilweise überschneiden und nur in der Ueberlagerung stereoskopisch ein Bild erkennen lassen.

Von 1958 bis 1978 standen die Professoren Alfred Roth, Charles-Edouard Geisendorf, Hans Heinrich Hauri, Bernhard Hoesli, Hans von Gunten, Riccardo Jagmetti und Herbert Kramel der Architekturabteilung vor.

Der Architekturabteilung erwachsen immer wieder die Abteilungsvorstände; jeder wird immer wieder gleichermassen unvorbereitet zu seinem Amt verpflichtet, und jeder entspricht mit seiner Tätigkeit den jeweiligen Zeitumständen und der besonderen Lage der Abteilung, so dass immer wieder im Standhalten und Vorausschauen Zusammenhalt und gemeinsame Richtung für alle sich ergeben haben.

Drei Abteilungsvorstände haben nun Berichte zu den drei Abschnitten der Entwicklung der Architekturabteilung im fünften Vierteljahrhundert ihrer Geschichte verfasst.

Dozenten der Abteilung für Architektur.

Hinten von links nach rechts:

Maissen	Aluis	LA
Corboz	André	o. Prof.
Geisendorf	Charles-Ed.	o. Prof.
Geiger	Martin	PD
Zimmermann	Klaus	Ass. mit LA
Reith	Wolf-Jürgen	Ass. mit LA
Trbuhovic	Ljubomir	LA
Hauri	Hans	o. Prof.
von Gunten	Hans	o. Prof.
Hoesli	Bernhard	o. Prof.
Jaray	Werner	o. Prof.
Junker	Jean-Pierre	LA
Morf	Ulrich	LA
Künzle	Otto	Ass. mit LA

vorne von links nach rechts:

Hediger	Herbert	LA
Roth	Ueli	LA
Spieker	Helmut	o. Prof.
Oswald	Franz	a. o. Prof.
Hofer	Paul	o. Prof.
Kunz	Heinrich	o. Prof.
Kühne	Hellmut	Tit.-Prof.
Huber	Benedikt	o. Prof.
Ronner	Heinz	o. Prof.
Schaal	Rolf	o. Prof.
Stein	Werner	LA
Meyer	Arved	LA

nicht anwesend:

Blatter	Christian	o. Prof.
Camenzind	Alberto	o. Prof.
Flury	Manfred	LA
Friedrich	Hans-Peter	o. Prof.
Furer	René	LA
Grandjean	Etienne	o. Prof.
Haussmann	Robert	LA
Hofmann	Robert	LA
Howald	Hans	LA
Hugi	Hans	o. Prof.
Jagmetti	Riccardo L.	o. Prof.
Jehle	Werner	LA
Jenny	Peter	o. Prof.
Kramel	Herbert	o. Prof.
Krause	Clemens	LA
Lauber	Anselm	Tit.-Prof.
Moersch	Georg	o. Prof.
Nussbaum	Manfred	Ass. mit LA
Ruchat	Flora	LA
Sagelsdorff	Ralph	LA
Schnebli	Dolf	o. Prof.
Silvetti	Jorge	LA
Stern	Christian	LA
Vogt	Adolf Max	o. Prof.
Wirz	Wilhelm	LA
Würgler	Hans	o. Prof.
Wuhrmann	Karl	o. Prof.

Grundlagen der Entwicklung

Von Alfred Roth

Der an die Hundertjahrfeier der ETH 1955 anschliessende Zeitabschnitt der Architekturabteilung ist gekennzeichnet durch eine Reihe wichtiger Veränderungen im personellen Bereich und im Unterricht. Die unmittelbar vorangehende Periode mit den Entwurfsprofessoren Dr. F. Hess, Dr. W. Dunkel (beide seit 1928 im Amt) und Dr. h. c. H. Hofmann (seit 1941) vollzog sich in einem in sich ruhenden, stabilisierten Unterrichtsklima. Der Rücktritt von Prof. Hess auf Ende Wintersemester 1956/57, vor allem aber die anwachsenden Studentenzahlen als Ausdruck der damaligen Baukonjunktur und das latente Bedürnis, die Schule geistig vermehrt nach aussen zu öffnen, veranlassten den Schweizerischen Schulrat unter Präsident Prof. Dr. H. Pallmann, dem Bundesrat die Wahl von vier neuen Entwurfsprofessoren aus den drei Sprachgebieten vorzuschlagen. Gewählt wurden Januar 1957, mit Unterrichtsbeginn im anschliessenden Sommersemester, die Architekten Ch.-Ed. Geisendorf (Genf-Stockholm), A. Roth (Zürich, Gastdozent in den USA), A. H. Steiner (Stadtbaumeister Zürich) und R. A. Tami (Lugano). Von den nun sechs Entwurfsprofessoren betreuten je zwei gemeinsam die Studierenden einer der drei Unterrichtsstufen. Prof. Dunkel und Prof. Hofmann teilten sich in die Führung der Diplomanden (bisher Hofmann allein), wobei die vier neuen Dozenten Gelegenheit hatten, die Arbeiten mitzubeurteilen. Wenig später waren alle Entwurfsprofessoren berechtigt, Diplomanden in ihren Projektarbeiten zu begleiten. Abteilungsvorstand war zu jener Zeit Prof. Dunkel.

Zur Verwirklichung des Gedankens einer vermehrten Oeffnung der Schule wurden gleich zu Beginn des Sommersemesters 1957 sogenannte Gastvorlesungen hauptsächlich für die oberen Semester eingeführt, mit Referenten aus dem Kreise praktizierender Architekten der Schweiz und des Auslandes. Das Thema des ersten Zyklus lautete «Städtebau und Siedlungswesen», dasjenige des nachfolgenden «Oeffentliche Bauten». Unter den Referenten befand sich auch der Genfer Architekt Paul Waltenspühl, dem dann zu Beginn des Sommersemesters 1959 die Nachfolge von Prof. Dunkel übertragen wurde.

Kurz nach Weihnachten 1957 verschied unerwartet Prof. Hofmann kaum sechzig Jahre alt. Den Unterricht führte sein langjähriger Assistent E. Weber vorderhand weiter, bis im Sommer 1958 Architekt Dr. h. c. Werner M. Moser an die Schule berufen wurde. Er setzte mit seinem lebendigen, von dem Lehrmeister F. Ll. Wright inspirierten Unterricht zu Beginn des Wintersemesters ein, zusammen mit den Assistenten Walter Custer und Bernhard Hoesli, denen wenig später eigene Lehrstühle zuteil wurden. Vom gleichen Zeitpunkt an wirkte Prof. Roth als Abteilungsvorstand, und damit war die klare, moderne und weltoffene Geisteshaltung der Architekturschule gefestigt.

Durch die auf Ende Sommersemester 1959 bevorstehenden Rücktritte der Dozenten O. Baumberger (zeichnerisches und farbiges Gestalten) und H. Gisler (plastisches Gestalten, Aktzeichnen) mussten für Lehrkörper und Unterricht weitere Veränderungen ins Auge gefasst werden. Man beriet in der Fakultät die Einführung des sogenannten «Grundkurses», einer vom Bauhaus Dessau schon in den zwanziger Jahren entwickelten neuartigen Unterrichtsform des experimentellen zwei- und dreidimensionalen Gestaltens. Der diesbezügliche Vorschlag der Abteilung fand bei Präsident Pallmann, der ganz allgemein die Entwicklung unserer Schule mit besonderer Aufmerksamkeit verfolgte, lebhaftes Interesse. Mit einem Lehrauftrag an B. Hoesli (nach analoger Lehrtätigkeit in Austin, Texas) wurde diese neue Unterrichtsform in der Unterstufe auf Beginn des Wintersemesters 1959 versuchsweise eingeführt, und zwar als eine Kombination der Grundkursprinzipien mit der Erarbeitung einfacher Projekte. Schon im Wintersemester desselben Jahres wurden der Lehrauftrag Hoesli in eine ausserordentliche Professur umgewandelt und eine neue ausserordentliche Professur für koordiniertes zeichnerisches und farbiges Gestalten geschaffen, mit Hans Ess als Inhaber (Zeichenlehrer am Zürcher Oberseminar). Auf Beginn des Sommersemesters 1961 trat dann noch Architekt Heinz Ronner als Professor für baukonstruktives Entwerfen hinzu, und damit hatte der Unterricht im ersten Jahreskurs eine vollkommen neue Form erhalten.

Wie schon im Zusammenhang mit den Gastvorlesungen über städtebauliche Fragen angedeutet, erachtete die Fakultät die Einführung eines systematischen Unterrichtes in stadt- und regionalplanerischer Hinsicht als dringend notwendig. Bestärkt wurde sie darin durch den Vorschlag des Geographen Prof. Dr. G. Gutersohn (Präsident der Schweizerischen Vereinigung für Orts-, Regional- und Landesplanung) zur Schaffung eines gleichlautenden Institutes an der ETH. Es sollte als Forschungs- und Vermittlungsinstitut allen interessierten Abteilungen der ETH, insbesondere der unsrigen, aber auch der übrigen Fachwelt und den Behörden zur Verfügung stehen. Die Anträge zur Realisierung des Gedankens und zur Einführung des Planungsunterrichtes in unserer Abteilung fanden beim Präsidenten volle Unterstützung und wurden in der Sitzung des Schulrates vom 21. Januar 1960 gutgeheissen. Das ORL-Institut konnte seine Tätigkeit unter der Leitung der Professoren Dr. G. Gutersohn und Dr. E. Winkler zu Beginn des Wintersemesters 1960 aufnehmen, und gleichzeitig setzte auch der Planungsunterricht in den oberen Semestern durch den Lehrbeauftragten W. Custer ein. Dem Antrag für die unumgänglich gewordene Verlängerung des Architekturstudiums von 7 auf 8 Semester hatte der Schulrat in der vorerwähnten Sitzung zugestimmt.

Weitere Veränderungen im Lehrkörper wurden in den kommenden Jahren einerseits infolge von Rücktritten und anderseits zur Ergänzung des sich entwikkelnden Lehrprogrammes notwendig. In die erste Kategorie fallen die Neuwahlen von Architekt Jacques Schader als Nachfolger des sich aus der Lehrtätigkeit unvermittelt zurückziehenden Prof. R. A. Tami (auf das Sommersemester 1960), von Kunsthistoriker Dr. Adolf Max Vogt als Nachfolger von Prof. Birchler (auf das Wintersemester 1960) und von Ingenieur H. H. Hauri als Nachfolger von Prof. Hofacker (auf das Sommersemester 1962). Zur zweiten Kategorie zu zählen ist der Soziologe Dr. Lucius Burckhardt (Basel), der mit seiner Vorlesung in unmittelbarer Verbindung mit dem Planungsunterricht zu Beginn des Wintersemesters 1962/63 einsetzte. In jenem Zeitabschnitt tauchte in den Diskussionen innerhalb der Fakultät bereits der Name Paul Hofer auf (Bern, Prof. für Stadtbaugeschichte an der Architekturschule Lausanne) als potentieller Nachfolger von Prof. Dr. E. Egli.

Zum Abschluss der Betrachtungen über den Zeitabschnitt 1955 bis 1963 sei noch kurz auf folgende Fakten hingewiesen. Er war, zusammengefasst, eine Periode grundlegender Wandlungen im Unterricht und damit verbundener personeller Veränderungen. Erwähnt seien sodann die zahlreichen ausländischen Gastdozenten jener Jahre, darunter Prof. W. Hebebrand (Hamburg), Prof. H. Hillebrecht (Hannover), Prof. J. van den Broek (Rotterdam), Prof. M. Sulikowski (Warschau), die Architekten G. Candilis (Paris), R. Erskine (Stockholm), J. Utzon (Kopenhagen). Die Auszeichnung eines Doctor honoris causa wurde auf Antrag der Abteilung anlässlich des ETH-Tages vom Herbst 1963 dem weltbekannten finnischen Architekten Alvar Aalto verliehen. Die gleiche Ehrung war bereits in der vorangegangenen Periode im Jahre 1955 Frank Lloyd Wright und Le Corbusier erteilt worden.

Während der besprochenen Periode hatten wir ferner eine ungewöhnlich hohe Zahl ausländischer Doktoranden hauptsächlich ägyptischer Herkunft. Die Zahl der Neueintritte stieg von 78 im Jahre 1955 auf 154 im Jahre 1963 und die der Gesamtzahl der Studierenden von 355 auf 545. Zum Nachfolger des Vorstandes A. Roth, der dieses Amt während vier Jahren betreut hatte, wurde Ende Sommersemester 1963 Prof. Ch.-E. Geisendorf gewählt.

Entwicklung und Herausforderung

Von Bernhard Hoesli

Am Anfang des Jahrzehnts von 1960 konnte der Unterricht nach seinem neuen Konzept für die Einführung in das Architekturstudium beginnen.

Während den Entwurfsprofessoren als neuartiger Studienbeginn eine Art «Vorkurs» wie am berühmten Bauhaus Dessau (1919—1933) vorschwebte, war es Bernhard Hoesli, dem neuberufenen Professor für architektonisches Entwerfen im ersten Jahreskurs, auf Grund seiner sechsjährigen Lehrtätigkeit und Erfahrung in den USA klar, dass eine Einführung in das Architekturstudium nicht länger ein «Grundkurs» in der Tradition des Bauhauses sein konnte. Ein Grundlagenunterricht an der Architekturabteilung der ETH konnte weder lediglich einer künstlerischen Sensibilisierung der Studenten noch dem Training visueller Gestaltungsfähigkeit und handwerklicher Fertigkeiten dienen, sondern musste als Teil der nur 8 Semester dauernden Ausbildung den Anfänger sofort systematisch in das Projektieren von Bauwerken einführen.

Es war seit den zwanziger Jahren Tradition der Architekturabteilung an der ETH, dass im Gegensatz zum Studium an andern europäischen Architekturschulen der Student vom ersten Semester an sofort lernt, Projekte zu machen.

Die Einführung in das architektonische Entwerfen musste endlich bewusst und systematisch auf die Moderne Architektur und das Werk ihrer Protagonisten gründen, damit die Architekturabteilung der ETH zum Stand der internationalen Architekturentwicklung aufschliessen konnte.

Die Moderne Architektur wurde an der ETH seit dem Ausscheiden von Professor Karl Moser, 1929, verdrängt; eine systematische Auseinandersetzung mit dem neuen Bauen der zwanziger und dreissiger Jahre war vernachlässigt worden.

Parallel zur Einführung in das architektonische Entwerfen wurde der Unterricht im Zeichnen und farbigen Gestalten auf Grund der Entwicklung in der bildenden Kunst seit den zwanziger Jahren und der Erfahrung an Fachschulen im In- und Ausland von Professor Hans Ess neu konzipiert.

Die Einführung in das architektonische Entwerfen wurde flankiert durch die Grundlagenvermittlung in naturwissenschaftlich-technischen Fächern einerseits und geisteswissenschaftlich-künstlerischen andererseits.

1960 begannen 87 Studenten das Architekturstudium; 1965 waren es 194; die Abteilung umfasste 728 Studierende. Diesem Wachstum entsprechend, musste in diesen fünf Jahren der Lehrkörper schrittweise vergrössert werden.

Im Lehrkörper setzte sich die Ueberzeugung durch, dass Konstruktion nicht länger wie bislang implizite Teil des Entwurfsunterrichts bleiben konnte. Die Ausbildung im Entwerfen gründet sich auf die Beziehungen zwischen der Nutzung und der Umgebung eines Bauwerkes und seinem räumlichen Aufbau.

Konstruktion und Tragwerkslehre müssen jedoch fachspezifisch selbständig aufgebaut werden, damit sie dann ihrer Bedeutung entsprechend im Projektentwurf integriert werden können.

1961 wurde zuerst eine Professur für Architektur und konstruktives Entwerfen für den ersten Jahreskurs geschaffen und Professor H. Ronner berufen.

Professor H. Hauri wurde 1962 Nachfolger von Professor K. Hofacker. Professor A. M. Vogt war Nachfolger von Professor L. Birchler geworden. Die Berufung von Professor H. von Gunten verbreiterte die Wirkung des Unterrichts in Baustatik und Tragwerkslehre. So war auch im Unterricht der Ingenieurwissenschaften und der Kunstgeschichte eine Wandlung vollzogen und die Möglichkeit für die Auswirkung neuer Impulse auf der soliden Basis des Hergebrachten gegeben.

1964 wurde nach der Emeritierung von Professor E. Egli der Lehrstuhl für Geschichte des Städtebaus und der allgemeinen Denkmalpflege geschaffen und Professor P. Hofer übergeben. Damit war der Architekturabteilung ein Boden geschaffen worden, auf dem eine neue Entwicklung — vorerst kaum bemerkt — beginnen konnte. Auf ihm gediehen in den siebziger Jahren die Impulse, die vom Wirken des Gastdozenten Aldo Rossi ausgingen und die Ende dieses Jahrzehnts eine entscheidende und notwendige Besinnung auf die Stadt zu einem Merkmal der Schule von Zürich machen sollten.

1963 zog sich Professor Werner M. Moser unerwartet früh von der Lehrtätigkeit zurück; Professor Alberto Camenzind wurde 1965 Nachfolger.

1965 wurde Professor W. Jaray als zweiter Professor für architektonisches Entwerfen im ersten Jahreskurs berufen, so dass nun für den Entwurfsunterricht in allen 4 Ausbildungsjahren fortan je zwei Lehrer mit ihren Assistenten bereit waren.

Schliesslich wurde die Siedlungsplanung im Entwurfsunterricht durch einen erweiterten und vertieften Planungsunterricht ergänzt. Eine Professur für Architektur und Planung sollte auch die Verbindung mit dem Institut für Orts-, Regional- und Landesplanung gewährleisten; Professor W. Custer wurde berufen und begann seine vielseitige Tätigkeit.

1967 erfolgte die Ernennung von Professor Schaal für konstruktives Entwerfen; 1971 wurde Professor H. Kramel für eine dritte Professur für Architektur und Konstruktion ernannt.

Während Jahren konnte so der Lehrkörper der Architekturabteilung als Ganzes verantwortlich der Sache gerecht werden, vorausschauen und mit der Unterstützung der Schulleitung dafür sorgen, dass der Architekturunterricht auf einer breiten Basis von Entwurf, Konstruktion, Tragwerkslehre, Bauphysik, Materialtechnik und Installationstechnik das Besondere der Schule von Zürich ausmachen konnte, das durch Abstützung in Architekturgeschichte, Geschichte des Städtebaus, aber auch in Soziologie oder Bau- und Städtehygiene in seine gesellschaftlichen Zusammenhänge gebettet war.

Die Zeit für dieses Wachstum war günstig; Wachstum schien selbstverständlich. Fast selbstverständlich konnte wenigstens anfänglich die Zunahme der Studentenzahlen berücksichtigt, der Lehrkörper vergrössert, damit das Lehrangebot erweitert und pädagogische Erkenntnisse entwickelt werden.

1967 wurde auf Initiative von Professor Vogt das Institut für Geschichte und Theorie der Architektur gegründet, in welchem Professoren für Architekturgeschichte, Geschichte des Städtebaus, für Denkmalpflege und für architektoniches Entwerfen zusammenarbeiten konnten. Professor Vogt ist zu verdanken, dass so die traditionelle Entfernung zwischen historisch-ästhetischer Betrachtung und Theorie der Architektur verringert wurde und in einem neuen Arbeitsklima eine bislang hingenommene Unvereinbarkeit von Theorie und Anwendung überwunden werden konnte. Das war eine Neubestimmung im Sinne einer Technischen Hochschule: zum erstenmal wurde Theorie der Architektur an der ETH explizite legitimiert, und mehr und mehr musste sich schliesslich der Vorwurf der «unwissenschaftlichen» Empirie von seiten der Universität als nicht länger berechtigt erweisen.

1969 erfolgte die Gründung des Instituts für Hochbauforschung, in welchem die Forschung von Professoren der technischen Fächer, der Konstruktion, Tragwerkslehre und Architektur zusammengefasst werden sollten.

Ende der sechziger Jahre war die Grundlage für eine weitere Entwicklung gegeben. Gleichsam als Bilanz wurde von der Ausstellungsorganisation der Architekturabteilung, welche Professor Ronner geschaffen hatte, für das Jubiläum «100 Jahre GEP» von 1969 eine grosse Ausstellung zur Uebersicht über die Entwicklung der Architekturabteilung seit 1855 vorbereitet.

Der Lehrplan war erprobt und bewährt, der Lehrkörper voll entwickelt, differenziert, leistungsfähig. Er umfasste 21 Professoren, 26 lehrbeauftragte Dozenten, 86 Assistenten für 912 Studierende.

Die Architekturabteilung hatte als erste Abteilung der ETH Zürich ein vollausgebautes Sekretariat, um die immer umfangreicheren administrativen Arbeiten erledigen zu können. Sie verfügte als erste Abteilung über einen Abteilungskredit für die finanzielle Unterstützung der allgemeinen Unterrichtsvorbereitung und des Unterrichts.

Als eine didaktische Neuerung war die Seminarwoche für interdisziplinären Epochenunterricht eingeführt und erprobt.

Das *Royal Institute of British Architects,* R. I. B. A., anerkannte nach Prüfung von Lehrplan und Unterricht der Abteilung das ETH-Diplom, wodurch Absolventen der Architekturabteilung eine berufliche Tätigkeit im *British Commonwealth* uneingeschränkt möglich wurde.

Die Tradition der Modernen Architektur war Ende der sechziger Jahre an der Architekturabteilung assimiliert. Eine neue Generation von Studierenden war da, für welche die Theorie und die Errungenschaften der Moderne weder Wiederentdeckung noch Erbe sein konnten. Die Moderne musste als Geschichte gesehen werden; neue Tendenzen wurden weltweit wirksam.

Im Unterricht war der Anschluss an die Gegenwartsarchitektur vollzogen; die Studierenden wurden in Vorlesungen, Uebungen und Ausstellungen systematisch mit den neusten Entwicklungen vertraut gemacht. Die Schule war bereit, in ihrer Lehr- und Forschungstätigkeit an der zeitgenössischen Entwicklung gestaltend, nicht nur nachvollziehend, teilzunehmen.

Dann kamen die Ereignisse des Mai 1968. Die unerwartete, aber nicht überraschende Rücktrittserklärung von Professor Schader (der «in die Baupraxis zurück» wollte) liess eine bislang latente Unzufriedenheit bei vielen Studierenden der Architekturabteilung an die Oberfläche dringen und virulent werden.

«Man spürt überall eine Kluft zwischen dem, was die Universitäten bieten, und dem, was die Studenten erwarten ...»[1] begann eine Resolution am Ende von Diskussionstagen im Juni 1968, an denen eine Studienreform gefordert wurde. Arbeitsgruppen kritisierten verschiedene Aspekte des Studiums und versuchten, Vorschläge für eine Studienreform zu formulieren. Mitte des Sommers wurde der damalige Abteilungsvorstand Prof. H. Hauri auf Ende seiner noch bis Herbst 1968 laufenden Amtszeit mit dem neugeschaffenen Amt eines Präsidenten der ETH Zürich betraut. Professor H. Hugi wurde sein Nachfolger im Unterricht für Baustatik.

An der Architekturabteilung begannen im Herbst 1968 unverzüglich Reformbestrebungen unter der Leitung des neuen Abteilungsvorstandes Professor Hoesli. Eine von der ETH, dem BSA und SIA unterstützte Untersuchung wurde eingeleitet, um über die Berufstätigkeit der Absolventen der Architekturabteilung seit 1945 Aufschluss zu erhalten.

Eine Arbeitsgruppe von Professoren, Assistenten und Studenten begann zu beraten, wie die Mitsprache der Studierenden bei der Gestaltung ihres Studiums konzipiert und eingeführt werden könnte.

Dem grössten Druck des Raummangels im ETH-Hauptgebäude war abgeholfen worden; die Schulleitung hatte die zwei Obergeschosse des Globusprovisoriums bei der Bahnhofbrücke von der Stadt Zürich mieten können. Das BQB konnte nach den Plänen der Architekturabteilung in den wenigen Wochen vom Juli bis Oktober für die neue Nutzung ausgebaut werden. Anfang des Wintersemesters konnten sich der zweite Jahreskurs und die Ausstellungsorganisation einrichten. Die Architekturabteilung hatte ein Labor für Unterrichtsreformen und Unterrichts-«Experimente».

Die Studierenden wurden durch den Vorstand an regelmässig stattfindenden Orientierungen über laufende Abteilungsgeschäfte und Entwicklungsabsichten informiert.

Aber bereits Ende des Wintersemesters 1968/69 hiess es in der Resolution einer Arbeitsgruppe von Studenten, welche kurzerhand der Presse zugestellt wurde: «Weder Studenten noch Lehrer sind bereit, konsequent ihre „Reformgedanken“ in die entsprechende Aktion umzusetzen.»[2] Das war als Provokation zur Beschleunigung von «Reformen» gedacht und kündete einen neuen Stil an. Noch war das Echo in der Oeffentlichkeit gering. Die Aufbruchstimmung der «Studentenbewegung» schien aber strahlend, erfreulich, vielversprechend.

In der Abteilung gingen die Vorbereitungen einer Studienreform und der studentischen Mitbestimmung weiter. Ab Juni 1969 wurden Studentenvertreter an die Abteilungskonferenzen als «Beobachter» eingeladen. Die Rücktritte der Professoren A. Roth und A. H. Steiner standen altershalber auf Herbst 1969 und Sommer 1970 bevor.

Im Zusammenhang mit der Uebernahme der EPUL durch den Bund hatte der Bundesrat im Herbst 1968 das alte ETH-Gesetz von 1874, nur unwesentlich erneuert, in Kraft gesetzt. Im Frühjahr 1969 kam dank der Initiative der Studenten ein Referendum zustande. Im Sommer wurde das Gesetz in einer Volksabstimmung verworfen. Eine Uebergangsregelung sollte an seine Stelle treten, bis ein neues Hochschulgesetz verabschiedet war. Eine «Experimentierphase» sollte eingeleitet werden. Den Studenten schien die Zeit gekommen, um die Mitbestimmung einzuführen und die Hochschule «zu demokratisieren» und in eine Institution zu verwandeln, von der aus politische Veränderungen in der Gesellschaft bewirkt werden konnten.

Im Winter 1969 verschlechterte sich das Klima an der Architekturabteilung; es wurde unwirtlich. Professoren und Dozenten bemühten sich weiterhin, alles einzuleiten, was nach der Ablehnung des ETH-Gesetzes durch das Schweizervolk zu der von den Studenten geforderten Hochschulreform und zur Verwirklichung einer studentischen Mitbestimmung führen konnte. Eine paritätische konstituierende Versammlung von Professoren, Assistenten und Studenten wurde gebildet; regelmässig fanden Sitzungen zur Beratung der Möglichkeiten und Formen der Mitbestimmung statt; die Bildung eines «Abteilungsrates», seiner möglichen Repräsentanz, Zuständigkeit und Kompetenz wurden erwogen.

Aber gleichzeitig begann auch die Störung von Vorlesungen und Uebungen durch «ad hoc contestation». Wir erlebten sehr rasch, wie anfällig für Störung eine Hochschule ist, wie einfach es ist, das für ihr Leben vorausgesetzte Klima zu zerstören.

Der Lehrkörper war damals infolge von Rücktritten bereits zahlenmässig geschwächt; die bevorstehenden Rücktritte stellten den Studierenden die Möglichkeit zum Eingreifen in das Berufungsverfahren in Aussicht. Die Situation für eine «Revolutionierung» der Hochschule aus einem allgemeinen, intensiven, aber unartikulierten Gefühl der Unzufriedenheit mit «Zeit» und «Gesellschaft» heraus schien da. Ablehnung des Vorhandenen und Aktion à tout prix musste für die Studierenden als sinnvolles Verhalten erscheinen, um das Studium zu reformieren und dem Fachunterricht neue Ziele zu weisen.

Noch war die allgemeine «Bewegung» von der Mehrzahl aller Studierenden der Architekturabteilung getragen. Aber bald zeichnete sich eine Spaltung ab.

Eine erste Generation «reformistischer Studentenvertreter» wurde abgelöst. Nach den Protestierenden, welche getragen waren von einer Aufbruchstimmung, welche etwa in «The Armies of the Night»[3] oder im Protest der Songs von Joan Baez und Bob Dylan formuliert wurde, kamen Ideologen. Diese «verstanden» sich als an der Literatur Lenins orientierte Techniker einer marxistischen Revolutionierung und wollten «an der Basis», auch ausserhalb der Hochschule, arbeiten. Im Grunde Söhne, die gegen Väter aufstanden.

Seit Januar 1970 arbeitete eine Gruppe von je 9 Professoren, Assistenten und Studenten an der Formulierung von Satzungen für die Architekturabteilung, welche einen Abteilungsrat vorsahen, der das Instrument zur Verwirklichung der Bestimmungen von Artikel 12 der Uebergangsregelung werden sollte. Am 29. April konnte der Entwurf für die Diskussion den drei Ständen unterbreitet werden.

Die Schule musste ihrer Lehrpflicht weiter genügen. Die Professoren und die Schulleitung nahmen an, dass Vakanzen im Lehrkörper durch Gastprofessoren mit Lehrauftrag vorübergehend besetzt werden könnten. Das versprach Experiment in allen Jahreskursen und konnte Ergänzung des Hochschulunterrichts aus der Praxis werden.

So wurde beispielsweise für 1969/70 eine «Professur sans Portefeuille», ein Lehrauftrag an einen Schriftsteller, von der Abteilungskonferenz erwartungsfroh beantragt und von der Schulleitung nicht ohne Bedenken, aber grossmütig erteilt.

Ein Soziologe und zwei Architekten aus Deutschland, H. Zinn, H.-O. Schulte und J. Janssen, die den Ruf genossen, fortschrittliche Experimente für einen neuartigen Architekturunterricht auf der Grundlage von Soziologie, Systemtechnik und Oekonomie durchgeführt zu haben und zu fördern, wurden nach Beratung mit den Studierenden auf 1970/71 mit Lehraufträgen ausgestattet.

Inzwischen war die «Uebergangsregelung» — die gesetzliche Grundlage für die Mitbestimmung der Studierenden bei der Studiengestaltung — für eine Experimentierphase in Kraft gesetzt worden.

Zu Beginn des Wintersemesters 1970 wurde die Situation sofort radikalisiert: Programme und Veranstaltungen der Abteilung wurden in Frage gestellt und bekämpft, Angehörige des Lehrkörpers wurden angegriffen, «Basisgruppen» von Studierenden entstanden.

Von Ausbildung im herkömmlichen Sinne konnte bald keine Rede mehr sein. Es wurde diskutiert, geschrieben, aber nur noch wenig projektiert.

Am 30. Oktober 1970 erschienen unerwartet etwa 40 Studierende im Pallmannzimmer, wo eben die erste Abteilungskonferenz des Wintersemesters eröffnet werden sollte. In einer Resolution wurde erklärt, dass nach Inkrafttreten der Uebergangsregelung die Abteilungskonferenz keine Aufgabe mehr und nach Erweiterung mit Studentenvertretern nun unverzüglich als Abteilungsrat die Leitung der Abteilung zu übernehmen habe. Die Satzungen für einen Abteilungsrat waren von den drei «Ständen» der Abteilung noch nicht genehmigt.

Derartige unüberlegte oder schlechtberatene und importierte Aktionen konnten endlich nur noch Widerstand hervorrufen.

Es war nicht möglich, etwa der Konferenz der Vorstände, dem Schulratspräsidenten und dem Schweizerischen Schulrat zu verdeutlichen, dass die Architekturabteilung nur besonders exponiert und als erste anfällig war für Erscheinungen, die sich auch an andern Abteilungen und verschiedenen Instituten der ETHZ bemerkbar machen würden. Es ging um eine Anfechtung der Hochschule.

Die Anteilnahme von aussen war verständnisvoll-herablassendes oder leicht schadenfrohes Zusehen; man hatte innerhalb der ETH ja schon immer «gewusst», dass Architekten eine seltsame Gruppe von Aussenseitern sind, die eigentlich nicht recht an die Eidgenössische Technische Hochschule passten und allenfalls als Kuriosum zu tolerieren waren. Die Architekten in der Praxis waren seit jeher geneigt, Architekturprofessoren als privilegierte Klasse ihresgleichen zu sehen und zu beneiden. Um so mehr als Architekturprofessoren unausgesetzt im Verdacht standen, sich mit einem eigenen Architekturbüro durch «Nebenverdienste» zu bereichern und ihre Lehrverpflichtung zu vernachlässigen.

Während Professoren anderer Abteilungen unverhohlen die Meinung äusserten, man sollte diese unordentliche und unbequeme Abteilung aus der ETH ausgliedern, mochte der Schulratspräsident gelassen annehmen, dass die Architekturabteilung mit ihrer Infektion am besten fertig werden würde, wenn man sie sich selber überlasse. Dieses Abwarten und «die Dinge an sich herankommen lassen» entsprach schweizerischer Art und sollte sich auf lange Sicht auch durchaus wieder bewähren — allerdings auf Kosten weniger: der vom Fach her besonders exponierten Professoren und Dozenten, des Abteilungsvorstandes, des Präsidenten der ETH Zürich.

Die «Meinungsbildung» der Abteilung unter Mitwirkung der Studierenden musste auf Grund des Artikels 12 der Uebergangsregelung für die Eidgenössischen Technischen Hochschulen organisiert werden.

Klare Vorstellungen oder auch nur Richtlinien dafür gab es weder im Schulrat noch in der Schulleitung. Die Architekturabteilung war auf sich selber angewiesen. Die andern Abteilungen warteten ab.

Im Dezember 1970 wurden nach fast einjährigen Beratungen die «Satzungen der Architekturabteilung» von den «3 Ständen» der Architekturabteilung, den Professoren und Dozenten, Assistenten, Studenten, angenommen. «Diese Satzungen regeln die Organisation der Abteilung und bilden die Grundlage für die Zusammenarbeit und Mitverantwortung von Dozenten, Assistenten und Studenten bei der Durchführung des Unterrichts an der Architekturabteilung.»[4] Als erste Abteilung der ETH Zürich hatte die Architekturabteilung einen drittelsparitätischen Abteilungsrat. Die Satzungen mussten allerdings noch der Schulleitung und dem Schulrat zur Genehmigung vorgelegt werden.

Die Uebertragung von Vorstellungen aus dem politischen Leben des Staates auf die Hochschule war jedoch nicht förderlich: die Studierenden, «angeleitet» und benutzt von einigen aktiven «Wortführern», sahen sich als Gruppe im Kampf der Interessen, die sich gegen die «herrschende Klasse» der Professoren durchsetzen musste. Damit war eine «Hochschulpolitik» entstanden, welche auf einer Absage an alles Bestehende beruhte und nur das Klima zerstören konnte, das die Hochschule braucht, um lebensfähig zu sein. Die Reformbestrebungen erschienen einer kleinen Gruppe führender Köpfe als Formen eines Machtkampfes, und oft schienen sie davon auszugehen, dass den Studierenden als den «Betroffenen» Mitbestimmung Alleinbestimmung zu verschaffen habe.

Es hatte so wohl anderthalb Jahre gedauert, bis allmählich erkannt werden konnte, dass das «Neue» nicht dazu da sein sollte, die Ausbildung des Architekten zu verbessern. Für die aktive Gruppe der Wortführer der Studierenden handelte es sich gar nicht um die Frage: Wie kann ein besserer Architekt für die vielfältigen Bauaufgaben der Gesellschaft ausgebildet werden?, sondern vielmehr: Wie kann man die Berufstätigkeit des Architekten und die Ausbildung des Architekten als Instrument zur notwendigen Veränderung der Gesellschaft verwenden?

Man kann sich heute jene Atmosphäre kaum mehr in Erinnerung rufen, geschweige denn vorstellen: Es gab «Diskussionen», die wie Kreuzverhöre der beteiligten Professoren durchgeführt wurden. Es wurden «Diskussionswochen» durchgeführt, während deren jeder Unterricht auszufallen hatte, um Studien- und Hochschulreform zu besprechen. An sogenannten «Vollversammlungen» sollten von zufällig und als Studenten ja nur vorübergehend anwesenden Studierenden Studienreformen von weitreichender und dauernder Auswirkung entschieden werden.

Es sollte möglich werden, auch einen Studenten oder Assistenten als Abteilungsvorstand zu wählen.

Der Geschäftsführer der Studierenden sollte ein Salär erhalten und seine Tätigkeit als Berufspraxis angerechnet werden.

Das sogenannte Projektstudium als Mittel der politischen Motivierung des Fachunterrichts und zur Stimulierung politischer Aktionen ausserhalb der Hochschule sollte eingeführt werden.

Es gab «spontane» Unterrichtsveranstaltungen, die von Aussenseitern der Hochschule beeinflusst wurden und den Hochschulunterricht nach Lehrplan unterwandern sollten.

Von Gastdozenten wurden ganzen Klassen eine «demokratische» Einheitsnote für Semesterarbeiten erteilt. Es wurde davon geredet, «die Abteilung zu besetzen», oder zu «streiken»; als ob man die Architekturabteilung als Objekt «besetzen» könnte und als ob Studenten nicht seit jeher das Privileg gehabt hätten, den Unterricht zu schwänzen. Es wurden Schlüssel und Akten entwendet.

Zur Illustration der fast aussichtslosen Situation, welche aus falscher Einschätzung der Lage entstehen musste, mag die «Affäre Janssen, Schulte, Zinn» dienen: Gastdozent Janssen hatte eine Erscheinung der schweizerischen Bauwirtschaft, welche als Auswirkung des schweizerischen Unternehmertums zu verstehen ist, mit fremder Optik gedeutet und mit importierten Methoden der Analyse gesellschaftspolitische Missstände aufdecken wollen, um in der Architektenausbildung an der ETHZ Möglichkeiten zu deren Beseitigung sichtbar zu machen.

Gastdozent Schulte vertrat eine blutleere, in bezug auf Architektur wirklichkeitsfremde und sinnentleerte «Methodologie»; indessen Gastdozent Zinn fatalerweise wohlmeinend glaubte, aus soziologischen Erwägungen eine «Self-demand-feeding»-Ideologie letztlich amerikanischen Ursprungs auf die Didaktik des Hochschulunterrichts im architektonischen Entwerfen übertragen zu können.

Das Experiment, das mit Optimismus eingeleitet worden war, konnte wegen der Zerstörung des Arbeitsklimas der Hochschule, der Spaltung in immer unversöhnlichere Aggressivität der Aktivisten, ratloser Passivität der Mehrzahl, wegen des abwartenden Lavierens vieler Assistenten und des begreiflichen, teils notwendigen Widerstandes der Professoren nur in eine Sackgasse führen.

Indessen mussten Unterricht und Ausbildung weitergehen, und man konnte nur hoffen, hie und da für die in der Masse verborgenen Hörer, die schwiegen, das richtige Wort zu finden.

Man darf auch nicht vergessen, dass jene wenigen Monate in den Jahren 1970 und 1971 für viele – vor allem für die das Hochschulstudium beginnenden – Studenten eine begeisternde und wertvolle Zeit bedeuteten, in der sie das kritische Infragestellen des Bestehenden und den Aufbruch in «eine bessere Zukunft» nach eigener Vorstellung möglich glaubten und an der Architekturabteilung verwirklicht fanden.

Für sie war so das Hochschulstudium nicht nur Fachausbildung, sondern vor allem das, was damals «Bewusstseinsbildung» genannt wurde.

Es ist tragisch, dass diese für sie begeisternde Zeit schliesslich nur zu Enttäuschung und resignierendem Rückzug auf die eigene Person und das Private führen konnten, weil der Begeisterung weder die kontestierenden Wortführer der Studentenbewegung gerecht werden konnten, noch – als Reaktion auf deren Wirken in einer vergifteten Atmosphäre – die Professoren imstande waren, Ziele sichtbar zu machen, welche der Kraft einer neuen Generation würdig und angemessen gewesen wären. Ein Erstgeburtsrecht wurde für ein Linsengericht vertan.

1971 trat Professor Waltenspuhl zurück.

Im Mai 1971 wurde vom Schulrat die Berufung von drei Professoren für Architektur beantragt; im Juni wurden die Professoren Franz Oswald, Dolf Schnebli und Helmut Spieker vom Bundesrat berufen. Stellen, die seit Jahren wegen Rücktritten vakant gewesen waren, wurden auf Beginn des Schuljahres 1971/72 wieder besetzt.

Zur gleichen Zeit verlangte der Präsident der ETHZ von den Professoren der Abteilung eine Stellungnahme zu den Unterrichtsexperimenten der lehrbeauftragten Gastdozenten. Die Professoren waren mehrheitlich der Auffassung, dass einige dieser Experimente durch andere abgelöst werden und die Lehraufträge für die Gastdozenten Janssen, Schulte, Zinn nicht erneuert, andere bestehende Lehraufträge für Gastdozenten aber verlängert werden sollten. Die Studierenden wurden darüber vom Abteilungsvorstand am 24. Juni 1971 orientiert.

Die Auffassung der Dozenten war, dass Reformbestrebungen und die «Experimentierphase» der Architekturabteilung fortgesetzt werden sollten.

Meinungsverschiedenheiten bestanden jedoch bei der «Frage, ob die Ausbildung des Architekten eine Fachausbildung sein soll, welche als Grundlage auch ein Bewusstsein der soziologisch-ökonomisch-politischen Zusammenhänge voraussetzt, oder ob die Ausbildung selbst schon eine „politische Aktion" zur Veränderung der soziologisch-ökonomisch-politischen Zusammenhänge sein muss.»[5]

Die Dozenten waren nicht der Auffassung, «dass die Architekturabteilung zu einem Ort werden soll, von dem aus „politische Aktionen" in die Oeffentlichkeit getragen werden.»[5]

«Jeder Architekt muss sich bewusst sein, dass seine Tätigkeit auch „politische" Aspekte hat, die verändernde oder erhaltende Auswirkung auf die Gesellschaft haben oder haben können — und er muss sich dessen in der Ausbildung bewusst werden.

Eine ganze andere Frage ist jedoch, ob die Ausbildung des Architekten selber verwandelt werden soll in ein Instrument zur Beseitigung des Bestehenden.»[5]

«Es ist durchaus möglich, eine Architekturschule so zu definieren, dass postuliert wird, dass der Architekt durch seine Fachtätigkeit zuerst die Gesellschaft verändern muss, bevor er wieder mitverantwortlich planen und bauen kann. Gegen diese Auffassung ist nichts einzuwenden. Ebensowenig ist jedoch etwas einzuwenden gegen die Feststellung, dass eine Entscheidung über Annahme oder Ablehnung einer derartigen oder andern Zielsetzung nicht allein bei der Abteilung liegt.»[5]

Anschliessend an die Orientierung durch den Abteilungsvorstand Hoesli, die im Globusprovisorium stattgefunden hatte, zog eine Gruppe von Studierenden zum Hauptgebäude der ETHZ, erhielt Zuzug von andern, die darauf gewartet hatten, und veranstaltete ein «walk-in». Sie drangen in den Raum des Präsidenten der ETHZ; dieser wurde mehrere Stunden lang in seinem Büro festgehalten und bedrängt mit der Absicht, von ihm einen Widerruf seiner Entscheidung, die Lehraufträge für die Gastdozenten Janssen, Schulte, Zinn nicht zu erneuern, zu erzwingen.

Als sich die Eingedrungenen schliesslich verzogen hatten, zeigte sich, dass die Arbeitsmappe des Präsidenten der ETHZ «abhanden» gekommen war, dass man sie — wie soll man sagen? — vorsorglich hatte mitlaufen lassen oder gestohlen hatte.

In dieser Mappe befanden sich mit andern Akten auch — später so genannte — «Geheimdokumente»: einen vom Präsidenten der ETHZ vom Abteilungsvorstand der Architekturabteilung angeforderten, dokumentierten Bericht zur Tätigkeit der Gastdozenten Janssen, Schulte, Zinn. Ende November 1971 wurde diese «Geheimdokumentation» dann der ARCHITEKTURA «anonym» zugestellt, und deren Wortführer glaubten, dieses Papier in der Presse und bis in den Nationalrat hinein «politisch» auswerten zu können und zu müssen.

Am 25. Juni 1971 gab der Präsident der ETHZ eine Erklärung ab: «An der ETH Zürich führt die Architekturabteilung seit einiger Zeit im Rahmen ihrer „Experimentierphase" Lehrveranstaltungen mit dem Zweck durch, neue Lehrmethoden und Lehrziele zu erproben. Der Präsident der ETHZ, Prof. H. Hauri, hat hiefür unter anderen an die Diplom-Ingenieure J. Janssen und H. O. Schulte sowie den Diplom-Soziologen H. Zinn, alle deutscher Staatsangehörigkeit, Jahreslehraufträge erteilt, die Ende Sommersemester 71 ablaufen.

Die Erfahrungen in dieser Experimentierphase des Studienjahres 1970/71 haben jedoch die Schulleitung veranlasst, die Erneuerung der Lehraufträge einer prinzipiellen Prüfung zu unterziehen.

Präsident Hauri betrachtet es als im Widerspruch zum gesetzlich verankerten Auftrag der Hochschule stehend, dass im Rahmen des obligatorischen Unterrichts angehende Architekten auf ein Berufsbild ausgerichtet werden, das die primäre Aufgabe des Architekten in der Umwandlung der politischen und gesellschaftlichen Struktur erblickt. Er ist deshalb dem Antrag des aus Dozenten, Assistenten und Studenten paritätisch zusammengesetzten Abteilungsrates nicht gefolgt, die drei Lehraufträge 1971/72 neu zu erteilen. Die Schulung in einer politischen Ideologie — gleich welcher Richtung — kann nicht Bestandteil des Unterrichts sein.»[6]

Der Konflikt hatte seinen Höhepunkt erreicht. Die für den 28. Juni 1971 vorgesehene Sitzung des Abteilungsrates wurde von den Studentenvertretern «boykottiert» mit der Begründung, dass von den Professoren und der Schulleitung die Beschlüsse des Abteilungsrates umgangen wurden und von Mitbestimmung keine Rede sein könne.

Eine «Vollversammlung» fand gleichentags statt, und in einer Resolution wurde erklärt: «Die Vollversammlung übernimmt die Leitung der Abteilungsgeschäfte.»

Aber auch der hoffnungsvollste, begeisterungs- und illusionsfähigste Student musste sich nun allmählich irregeleitet vorkommen, im Stich gelassen von seinen Wortführern, welche nicht imstande waren, ihm einen demokratischen Weg zu weisen, auf dem aus einem sich nicht sofort einstellenden Erfolg nicht lediglich Verzicht auf jedes weitere Mitmachen und Absage an das Gemeinsame gefolgert wurde. Jeder am Architekturstudium interessierte Student musste nun spüren, dass seine bisherigen Wortführer weder die Lage an der Architekturabteilung richtig einzuschätzen vermochten noch an einer wirklichen Lebensfront wirken wollten und daher auch nicht einsehen konnten, dass vorläufige Misserfolge in «Reformbestrebungen» und «Mitsprache» sich in bezug auf falsche Erwartungen eingestellt hatten.

Am Ende des Sommersemesters 1971 war der Höhepunkt der Krise überschritten. Es erfolgten zwar weitere Resolutionen, Forderungen, Anträge: die neuberufenen Professoren wurden gebeten, sich «zur Diskussion zu stellen» und, falls die «Abteilungsvollversammlung» sie nicht bestätigen sollte, aufgefordert, «die Wahl nicht zu akzeptieren».[7] Oder: «Die Dozenten werden aufgefordert, öffentlich zu erklären, dass sie bereit sind, von ihrem Amte zurückzutreten, sobald sie kein „Angebot" für die Abteilung mehr darstellen.»[8] Die Vereinigung der Architekturstudenten gelangte Ende August 1971 noch mit einer Verwaltungsbeschwerde gegen die Schulleitung ans Bundesgericht.

Die Professoren und Dozenten der Abteilung trafen sich im August und September in ausserordentlichen Abteilungskonferenzen, um zu besprechen, wie trotz allem eine Unterrichtsreform verwirklicht werden könne.

Zu Beginn des Wintersemesters hatten die üblichen Parolen, Argumente und Aktionen ihre Kraft eingebüsst. Eine «Diskussionswoche» anfangs Dezember 1971 brachte keine Resultate. Die «Studierenden» erklärten noch, die traditionelle, alljährliche Klausfeier «Niggi-Näggi» mit der humoristischen Bescherung der Professoren nicht mehr länger durchführen zu wollen. In den Abteilungsrat entsandten sie keine Vertreter.

Im Unterricht gingen die Reformbestrebungen weiter. Es wurden weiterhin Unterrichtsexperimente mit neuen Gastdozenten durchgeführt — vor allem das Einbeziehen ökonomischer und soziologischer Grundlagen im Grundlagenunterricht des ersten Jahreskurses und Epochenunterricht im zweiten Jahreskurs.

Neu eingeführt wurde auch die Möglichkeit, für die Diplomarbeit ein Thema selbst wählen zu können, das Programm selber vorzubereiten und die Arbeit von einem Architekturprofessor gemeinsam mit einem Koexaminator von ausserhalb der Hochschule begleiten und beurteilen zu lassen. Diese wichtige Neuerung entstand auf Initiative der Studierenden und war eine der wenigen, welche dank erfreulicher Zusammenarbeit von Professoren, Assistenten, Studenten und Schulleitung zustande kamen.

Es zeigte sich, dass überhaupt alle Neuerungen gerade von jenen Studenten angeregt, unterstützt und in langwieriger, sachbezogener Kleinarbeit mitvorbereitet wurden, welche im vordergründigen politischen Geschehen abseits gestanden hatten und kaum beachtet worden waren. Sie fanden Unterstützung bei jenen Professoren, welche im Fachunterricht seit Jahren Neuerungen eingeführt und Reformen durchgeführt hatten — und nicht bei den Wortführern, welche die «Protestbewegung» lautstark zu verkörpern schienen und meinten, durch ihre Aktivität die Zukunft zu machen und ihr Kommen zu beschleunigen.

Viele der damals Aktiven sind nun auf Grund ihrer Ausbildung irgendwie berufstätig geworden, sind aus dem Architektenberuf abgewandert — sind Assistenten an der Architekturabteilung oder Mitarbeiter an einem ETH-Institut geworden.

Mitte Dezember 1971 beauftragte der Präsident der ETH Zürich die Architekturabteilung, auf Grund der Unterrichtsexperimente und Erfahrungen bis April 1972 ein neues Ausbildungskonzept auszuarbeiten.

Im Januar 1972 wurde das Institut für Denkmalpflege gegründet und der Lehrbeauftragte A. Knöpfli zu seinem Leiter ernannt.

Im Februar 1972 – die zweite Amtszeit des amtierenden Abteilungsvorstandes Hoesli lief am 30. September ab – wurde Professor H. von Gunten als neuer Vorstand für 1972 bis 1974 gewählt.

Auf den 24. März 1972 war eine Tagung aller Professoren und Dozenten der Architekturabteilung vorgesehen – eine Art Landsgemeinde, um die Grundlagen und Grundzüge eines neuen Ausbildungskonzeptes zu beraten.

Alle waren überzeugt davon, dass die Erfahrungen aus drei Jahren nun zusammengefasst und in ein Ausbildungskonzept als Grundlage für den Studienaufbau der Architekturabteilung umgesetzt werden konnten.

Anfang März hatte der Abteilungsvorstand auf der Fahrt nach Italien in die Ferien einen schweren Autounfall und musste nach dem Spitalaufenthalt mit einer längeren Rekonvaleszenzzeit rechnen. Der neugewählte Abteilungsvorstand musste die Leitung der Abteilungsgeschäfte vorzeitig übernehmen. An der Tagung vom 24. März wurde dann die Grundlage für das Ausarbeiten eines neuen Ausbildungskonzeptes geschaffen.

Anmerkungen

1 Flugblatt der ARCHITEKTURA, Vereinigung der Architekturstudenten; Resolution vom 19./20. Juni 1968.
2 Pressemitteilung an die sda.
3 Norman Mailer: «The Armies of the Night», 1967; Bericht über die Anti-Vietnam-Demonstration in Washington D. C.
4 Präambel der Satzungen der Architekturabteilung.
5 Orientierung der Architekturstudenten am 24. Juni 1971 durch den Abteilungsvorstand Prof. B. Hoesli.
6 Pressecommuniqué des Präsidenten der ETH Zürich, Prof. H. H. Hauri, vom 25. Juni 1971.
7 Antrag: «Das Aktionskomitee», Juli 1971; im Zusammenhang mit einer Petition der ARCHITEKTURA an den Schweizerischen Bundesrat.
8 Aus einer Aufforderung der ARCHITEKTURA, Herbst 1971.

Folgen und neue Möglichkeiten

Von Herbert Kramel

Experimentierphase kann für eine Architekturschule nur bedeuten: Suche nach einem neuen Weg in der Ausbildung zum Architekten. Dieser wird in der politischen Situation der späteren sechziger Jahre auch dann beschritten, wenn Richtung und Ziel unklar oder nicht vorhanden sind.

Indem Bestehendes und Bewährtes in Frage gestellt wird, scheint der Weg zum Experiment geöffnet. Er soll vor allem aber zu Neuem, zu Besserem führen.

Ein neues Verständnis der Hochschule bezüglich ihrer sozialen und politischen Bezüge und Verantwortung kennzeichnet die Situation. In einer Umkehrung der politischen und sozialen Tradition soll die Gesellschaft durch die Hochschule und in der Folge davon durch Architektur verändert werden.

In der Euphorie des Experimentes besteht dabei die Gefahr, dass Neuerung und Veränderung zum Selbstzweck werden. Eine Architekturschule lebt jedoch von dem Wechselspiel zwischen Konstanten und Variablen. Nur das Zusammenwirken von Bewährtem und Neuem erlaubt eine echte, qualitative Entwicklung.

*

Mitten im Bemühen um ein neues Ausbildungskonzept verunfallt der Abteilungsvorstand Hoesli. Noch in seiner Amtszeit muss H. von Gunten das Vorstandsamt und damit auch die Revision des Bestehenden sowie die Ausarbeitung eines neuen Lehrplanes auf Grund des neuen Ausbildungskonzeptes übernehmen. Gleichzeitig mit dieser Arbeit leitet er eine erste Konsolidierungsphase ein, welche innerhalb der Abteilung wieder ein Zusammenwirken ermöglicht.

Es gilt, vor dem Hintergrund der neuen Entwicklung, die Grundlagen für den Unterricht zu überdenken und nach aussen verlorengegangenes Vertrauen wieder aufzubauen.

Unter dem Vorsitz des Präsidenten der ETHZ, H. Hauri, wird schon im Sommersemester 1972 durch eine Kommission ein Ausbildungskonzept für die Abteilung entwickelt. Dieses bildet die Grundlage für einen neuen Lehrplan.

In der Amtszeit von H. von Gunten wird durch die Gründung eines Institutes für Hochbautechnik die Voraussetzung für eine Intensivierung der Forschung im Bereiche der Bautechnik und Bautechnologie geschaffen. Der erste Leiter des neuen Institutes wird Professor H. Hauri, der 1973 sein Amt als Präsident der ETHZ abgibt.

Mitten in dieser ersten Phase der Konsolidierung verfügt 1974 die Schulleitung die Verlegung der Architekturabteilung auf den Hönggerberg.

Der Entscheid trifft die Abteilung unvermittelt und schwer, gefährdet er doch das sehr lockere innere Gefüge, das nach den Jahren der Unrast am Entstehen ist.

Er prägt die Amtszeit des neuen Vorstandes Riccardo Jagmetti (1974—1976). In einem Rekurs an den Schulrat versucht die Abteilung, ihre fachlich und didaktisch begründeten Anliegen vorzustellen. Zusätzlich dazu erarbeitet eine Gruppe von Professoren in den Sommerferien alternative Lösungsmöglichkeiten. Sie sollen, über den Rekurs hinaus, einen Beitrag zur Lösung der Belegungsfragen der ETHZ leisten.

Trotz den Vorstellungen der Abteilung bestätigt der Schulrat den Entscheid der Schulleitung; er räumt der Abteilung ein *pied à terre* im Hauptgebäude ein.

Ab Sommersemester 1976 wird der Unterricht der ersten sechs Semester auf dem Hönggerberg durchgeführt, das 7. und das 8. Semester und die damit beauftragten Lehrstühle verbleiben im Hauptgebäude. Für die Architekturabteilung ist damit das «HIL» neue Realität. Es ersetzt das «Poly», welches sowohl Träger einer Identität als auch Ort war. Abgeschlossen ist damit auch das Experiment des Globus-Provisoriums, in dem der zweite Jahreskurs, Studenten, Assistenten und Dozenten, gemeinsam ein Provisorium zu einem echten Labor des Lernens entwickelten.

Die Jahre des Umbruchs haben wesentlich zur Entwicklung einer Identität der Abteilung beigetragen.

Die Lehre wird programmatisch verstanden. Sie steht, in der Sicht der Abteilung, als Anliegen im Vordergrund. Sie ist «forschend» zu entwickeln. Die Beziehung zwischen Forschung und Lehre ist dadurch definiert.

Scheinbar im Gegensatz steht dazu das Modell der Schulleitung. Diese versteht die Institute und damit die Forschung als die Grundlage der ETHZ, aus der sich, gleich einer Dienstleistung, die Lehre ableitet.

In den Jahren des Umbruchs, welche die Funktionsfähigkeit der Abteilung stark beeinträchtigten, war der Entwurfsunterricht Kernstück der Auseinandersetzungen. Das neu erarbeitete Konzept rückt ihn wieder in eine zentrale Position in der Ausbildung. Durch die Wahl der Gastdozenten wird diese Entscheidung unterstrichen.

So erweist sich die Wahl von Gastdozent Aldo Rossi als sehr wichtig (1972). Seine Tätigkeit als Entwurfsdozent, und die Triennale in Mailand, kennzeichnen den Beginn einer fachlichen Auseinandersetzung, in der sich Funktionalismus und Neo-Realismus gegenüberstehen. Die Wahl von Gastdozenten aus dem Tessin trägt zur Kontinuität dieser Entwicklung wesentlich bei. Sie regt auch in den folgenden Jahren zur kontinuierlichen Auseinandersetzung an.

Die ersten Runden der Diskussion sind geprägt von Missverständnissen und Konflikten. Wie in jeder neuen Situation geht es vorerst um ein Entweder-Oder.

Das kontinuierliche Bemühen eines Teiles der Fakultät bewirkt, dass die Auseinandersetzung, welche zuerst ideologisch geführt wird, eine methodologische Fortsetzung findet. Es wird damit jene Entwicklung eingeleitet, welche für die Abteilung in den folgenden Jahren von grosser Bedeutung wird.

In die Amtszeit von R. Jagmetti fällt auch der Rücktritt von Hans Ess. Dieser ist von besonderer Bedeutung, weil damit die erste Entwicklungsphase des «Grundkurses» oder auch Einführungsunterrichts an der Architekturabteilung ihr Ende findet. Das didaktische Konzept dieses Unterrichts entwickelt Bernhard Hoesli in den Jahren 1959—1963. Die Vorstandszeit Hoeslis, die Experimentierphase, der Uebertritt von H. Ronner in den zweiten Jahreskurs und schliesslich der Rücktritt von H. Ess bilden Stufen und Abschluss einer Entwicklung. In einer zweiten Phase der Entwicklung des Grundlagenunterrichts, welcher konzeptionell eine Fortsetzung ist, arbeitet B. Hoesli nun einerseits mit H. Kramel (als Nachfolger von H. Ronner) und dem neugewählten P. Jenny (als Nachfolger von H. Ess) zusammen.

Von innerhalb der ETH aber auch von aussen, den Berufsverbänden, in Frage gestellt, findet die Abteilung wenig Verständnis für ihre Probleme und Anliegen. Dies führt in der Folge zu einer gewissen Abkapselung nach aussen. In den kritischen Jahren ist die Abteilung «auf sich selbst angewiesen»; das prägt ihr Verhalten.

1976 wird H. Kramel zum Vorstand gewählt. Bewusst versucht er, ein «Eigenverständnis» und den «Blick nach aussen» zu fördern. In Abteilungsveranstaltungen wird versucht, auf den «Hönggerberg», seine Möglichkeiten und Beschränkungen einzugehen.

Die Beteiligung am ILAUD *(International Laboratory for Architecture and Urban Design)* in Urbino, unter R. Jagmetti begonnen, die Durchführung eines Forums der *European Association for Architecture Education* und Austauschprogramme versuchen Beziehungen mit dem Ausland aufzubauen. Der Kontakt zu den Fachverbänden wird bewusst gesucht.

Dem Zweijahreszyklus folgend, wird Heinrich Kunz 1978 Vorstand der Architekturabteilung.

Zusätzlich zur Führung der Abteilung fällt in seine Amtszeit die Aufgabe, eine grundsätzlich konsolidierte Abteilung einer breiten Oeffentlichkeit vorzustellen. Anlass dazu ist der Tag der offenen Türe im April 1980 sowie, ebenfalls 1980, das 125-Jahr-Jubiläum der ETH.

In der Vorstandszeit von H. Kunz beschäftigen zwei Gruppen von «Rücktritten aus Altersgründen» die Abteilung.

1979 gilt es, die Nachfolge der Herren E. Gradmann, P. Hofer und A. Knöpfli zu regeln. Anschliessend daran, bis 1982, sind zusätzlich die Wiederbesetzungen der Professuren W. Custer, Ch.-E. Geisendorf und A. Camenzind zu regeln.

Die Professur für Kunstgeschichte wird aufgehoben, dafür eine neue für Denkmalpflege geschaffen; die Schulleitung setzt damit einen Akzent in der Entwicklung.

Es sind gerade die Neubesetzungen, welche nach Experimentierphase, Lehrplanrevision und Verlegung auf den Hönggerberg die kommenden Jahre prägen. Ein neuer Entwicklungsabschnitt beginnt.

*

Rückblickend lässt sich feststellen, dass etwa bis 1969 die Abteilung — dem Auftrag der Lehre folgend — für einen geordneten Unterricht sorgt, ihre laufenden Anliegen regelt und gesamthaft ihre «Substanz entwickelt und verwaltet». Nach 1969 gilt dieses statische Bild nicht mehr.

Jahr für Jahr ist die Abteilung nun mit Problemen und Aufgaben konfrontiert, welche, mittel- und langfristiger Natur, sich nicht aus den Eigengesetzlichkeiten der Abteilung entwickeln, sondern von aussen an die Schule herangetragen werden.

So waren auch die Jahre zwischen 1966 und 1974 durch wachsende Studentenzahlen sowie eine allgemeine Expansion gekennzeichnet.

Die einsetzende Rezession in der Bauindustrie führt in den Jahren 1975/76 zu einem Rückgang der Neueintritte von 202 auf 82.

Fragen nach der beruflichen Zukunft werden bereits bei der Maturandenorientierung mit grosser Dringlichkeit gestellt.

1975 verfügt der Bund einen absoluten Personalstopp, welcher nicht nur jede personelle Expansion beendet, sondern als Folge davon zu einer Reduktion der Assistentenstellen an der Abteilung führt. Präsident Ursprung erklärt die «Bewirtschaftung» von Finanzen, Personal und Raum zu einer vordringlichen Aufgabe der Verwaltung.

Er gibt damit das Zeichen für den Uebergang von einer statischen Verwaltung zu einer dynamischen Bewirtschaftung.

Im Rahmen dieser Orientierung ist auch die Schaffung einer Planungskommission von Professoren an der ETHZ und die Ausarbeitung von Professuren und Entwicklungsplänen seitens der Abteilungen zu sehen. Ein erster Plan umfasst die Jahre 1978 bis 1980, ein weiterer den Zeitraum 1981 bis 1984.

War die Abteilungskonferenz das traditionelle Organ der «Meinungsbildung» der Abteilung, so schafft die Einführung des Abteilungsrates mit seinen Kompetenzen eine neue, komplexe Situation.

Beide Gremien sind jedoch in Anbetracht der Entwicklung überfordert, welche sowohl die Behandlung kurzfristiger Probleme als auch das Verfolgen langfristiger Anliegen und Ziele erforderlich macht. «The management of change» wird selbst in der Abteilung zum Problem.

Durch die grosse Zahl und rasche Folge von Problemen, welche eine Lösung fordern, wächst der administrative Aufwand. Die Lehre wird davon berührt, die Forschung fast verunmöglicht.

*

Stellt man strukturelle Aenderungen innerhalb der ETHZ fest, welche auf die Abteilung zurückwirken, so ist ein Gleiches für die Berufspraxis und die nationale Bausituation zu sagen. Durch die Rezession wird *Fort- und Weiterbildung* ein aktuelles und dringliches Anliegen.

Weiter werden *Bauen im Ausland* und *Bauen in der Dritten Welt* intensiv diskutiert.

Ebenfalls als Folge der Rezession werden die *Erneuerung bestehender baulicher Substanz, Denkmalpflege* und allgemein das Verhältnis von *Alt-Neu* zu «Anliegen erhöhter Aktualität». Die Probleme der technischen Durchbildung von Bauten, in den Jahren der Expansion oft zu leicht genommen, haben zur Folge, dass die Diskussion über *Bauschäden* in die Schule getragen wird. Mit der Verknappung des Erdöls wird *energiebewusstes Bauen* aktualisiert. *Oekologisches Bauen* als Anliegen besteht schon vor der Oelkrise.

Die aufgezeigten Fragen beschäftigen Oeffentlichkeit und Fachwelt. Sie wirken direkt auf die Abteilung und verlangen von dieser Stellungnahme durch Entwicklung und Wandlung.

Eigengesetzlichkeiten der Hochschule und die nationale Entwicklung sind die zwei ersten Ebenen, die in funktioneller Beziehung zur Abteilung stehen. Die dritte Ebene ist die internationale Situation in der Architektur, die Auseinandersetzung mit politischen, geschichtlichen und kulturellen Problemen.

Auch auf dieser Ebene finden in den Jahren zwischen 1969 und 1979 drastische Veränderungen statt.

*

Theorien und Methoden, welche die Grundlagen des Funktionalismus bestimmen und damit den Rahmen des heutigen Bauens abstecken, werden in Frage gestellt. Mit dem Entstehen des Neo-Realismus, der Vorstellung von Architektur als Bedeutungsträger, den neuen Gedanken im Städtebau, dem methodischen Einbeziehen von Geschichte in den Gestaltungsprozess entstehen neue Voraussetzungen. Der Arbeitsprozess gewinnt an Komplexität.

Diese Entwicklung führt in der Abteilung nicht zur Ideologisierung, einem Entweder-Oder. Vielmehr wird, aufbauend auf der Tradition des Funktionalismus, methodisch und architekturtheoretisch die «neue Sicht» in die Lehre einbezogen.

*

Am Ende der Ausführungen seien diese selbst kurz behandelt. Die Vertreter der Abteilung I haben *die Geschichte der Abteilung* in den vergangenen 25 Jahren zum Thema der Festschrift gemacht. Dies mag auf den ersten Blick erstaunen oder befremden. Vor allem das Schwergewicht, welches das letzte Jahrzehnt dabei hat, mag zur Kritik aufrufen.

Der Grund für die Wahl des Themas liegt in der Auffassung, dass wir nicht am Ende eines Prozesses stehen. Vielmehr wird die Ansicht vertreten, dass die vergangenen zehn Jahre den Beginn einer Entwicklung darstellen, welche weit in das nächste Jahrzehnt reicht, in ein Jahrzehnt, in das wir — nicht unsicher, aber ungewiss, eintreten ...

Die Abteilung für Bauingenieurwesen

Von Bruno Thürlimann

Die Abteilung für Bauingenieurwesen vermittelt ihren Studenten eine gezielte akademische Berufsausbildung. Das Studium ist auf eine bestimmte, wenn auch sehr breit gefächerte spätere Berufstätigkeit ausgerichtet. Aus diesem Umstand ergibt sich zwangsläufig eine intensive Wechselwirkung zwischen Lehre und Forschung an der Hochschule und den Aufgaben und Problemen der Berufspraxis. Um die Entwicklung der Abteilung seit dem Zweiten Weltkrieg zu beschreiben, ist ein Rückblick auf die Bauwirtschaft in dieser Periode sehr aufschlussreich.

Schweizerische Bauwirtschaft 1945—1980

Für die meisten europäischen Staaten waren die ersten Bauaufgaben nach der Beendigung des Zweiten Weltkrieges (1939—1945) die Beseitigung der Trümmer und der Wiederaufbau. Anfänglich wurde von vielen Oekonomen eine Wirtschaftskrise erwartet. Glücklicherweise nahm die Wirtschaft einen anderen Verlauf. Zum einen zeigten die vom Krieg schwer geprüften Völker in einem unerwarteten Mass Disziplin und Arbeitseinsatz. Zum anderen dürfen wir auch die grosszügige Wirtschaftshilfe der USA in Form des Marshall-Plans für Europa nicht vergessen.

Die Schweiz, vom Krieg verschont, konnte mit geordneten sozialen Verhältnissen und einer intakten Industrie in diese Wirtschaftsphase eintreten. Der wirtschaftliche Aufschwung führte sehr rasch zu einer fast 30 Jahre dauernden Zunahme der Bauinvestitionen. Das Diagramm auf Seite 112 veranschaulicht das Wachstum von 3 Milliarden Franken im Jahre 1946 auf über 26 Milliarden im Jahre 1973. Der Zementverbrauch folgt recht genau diesem Trend und stellt damit einen zuverlässigen Index für die allgemeine Bautätigkeit dar.

Als Aufgabe von nationaler Bedeutung wurde zuerst der Ausbau der Wasserkraftanlagen aufgenommen. So wurden von 1950 bis 1976 zweiundzwanzig grosse Talsperren gebaut. Darunter befinden sich die höchste Gewichtsstaumauer (Grande Dixence, 1951—62, mit 285 m) und die höchste Bogenstaumauer (Mauvoisin, 1951—57, mit 237 m) sowie der damals höchste Staudamm der Welt (Göscheneralp, 1956—60, mit 155 m). Mit der Aufnahme eines Gewässerschutzartikels in die Bundesverfassung im Jahre 1953 und den folgenden Gesetzesbestimmungen wurde der systematische Ausbau der Kanalnetze und Kläranlagen

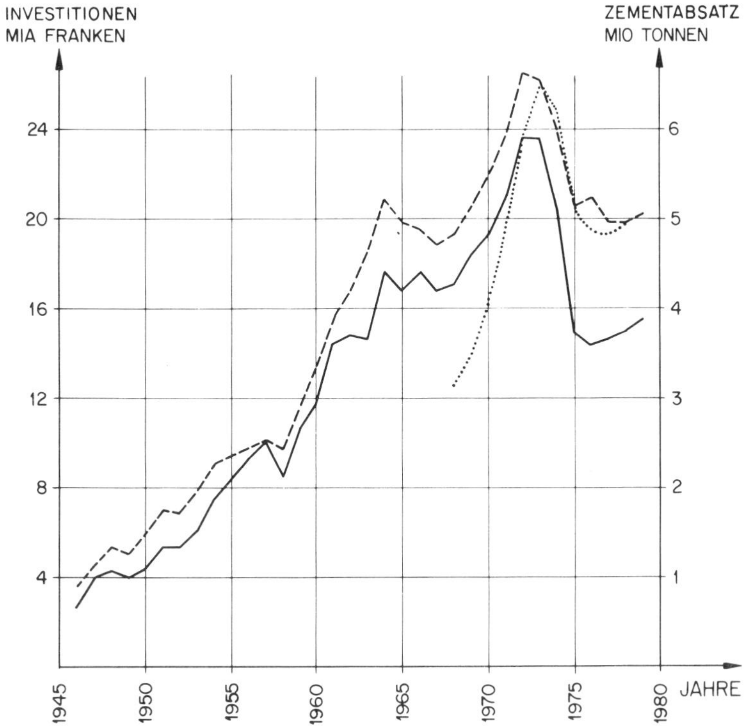

—— Absatz der Zementfabriken
– – – Reale Bruttobauinvestitionen (zu Preisen von 1978)
·········· Bautätigkeit in Mia. Franken

eingeleitet. Bis heute sind 65% der schweizerischen Abwässer an solche Anlagen angeschlossen. Die laufenden jährlichen Investitionen für Gewässerschutzmassnahmen liegen gegenwärtig bei 2 Milliarden Franken.

Mit einem Bundesgesetz vom Jahre 1958 wurden die gesetzlichen Grundlagen für den Nationalstrassenbau geschaffen. In zügigem Tempo wurde der Bau angegangen und erreichte sehr bald Jahresquoten von 700 Millionen bis 1 Milliarde Franken. Bis heute hat unser Nationalstrassennetz eine Länge von etwa 1060 km bei einem Aufwand von rund 17 Milliarden Franken erreicht. Nach Abschluss des geplanten Netzes im Jahre 1995 wird die Länge 1835 km erreichen, die geschätzten Kosten werden bei 35 bis 40 Milliarden Franken liegen. Neben den eigentlichen Strassen sind die zahlreichen Brücken wie auch die grossen Tunnels (Gotthard 1 × 16 km, Seelisberg 2 × 9 km) zu erwähnen.

Wichtige Verkehrsbauten wurden von den SBB ausgeführt, wie Heitersberglinie, Flughafenlinie Kloten, Neubau verschiedener Rangierbahnhöfe, Sanierung des Knotens Olten, Ersatz zahlreicher alter Stahlbrücken usw. Gegenwärtig ist der Ausbau der Lötschberglinie der BLS auf Doppelspur im Gange.

Baugrube — gestern (1950): durch schwere Holzspriesse abgestützt und versperrt.

Baugrube — heute: durch Schlitzwände und Erdanker gesichert (Schweizer Entwicklung).

Nebst diesen Bauwerken von gesamtschweizerischer Bedeutung sind viele öffentliche Bauten ausgeführt worden. In keiner früheren Zeitspanne sind so viele Kirchen, Schulen, Gemeinschaftszentren, Sportanlagen, Hallenbäder, Verwaltungsgebäude usw. erstellt worden.

Noch bedeutender waren die privaten Bauinvestitionen, welche mehr als das Doppelte der öffentlichen Investitionen ausmachten. Der gewaltige Ausbau unserer Industrie wurde durch verschiedene Umstände begünstigt. So sind die Risiko- und Innovationsfreudigkeit der schweizerischen Unternehmer und die günstigen Finanzierungsmöglichkeiten zu nennen. Dazu haben aber auch die geordneten sozialen Verhältnisse, der hohe Ausbildungsstand der gelernten Arbeiter wie auch des technischen und des kaufmännischen Kaders und schliesslich die bis vor wenigen Jahren im internationalen Vergleich recht günstigen Arbeits- und Lebenskosten beigetragen. Diese Entwicklung erforderte den Bau von vielen neuen Industrieanlagen, Bürobauten und Geschäftshäusern.

Der Wohnungsbau setzte relativ spät ein. Die jährliche Produktion schwankte in den fünfziger Jahren um 25 000 Einheiten, um dann stetig auf über 80 000 im Jahre 1973 anzusteigen (vgl. untenstehendes Diagramm).

Diese gewaltige wirtschaftliche Ausdehnung hat sich nicht problemlos vollzogen. Vorerst gilt es aber einmal festzuhalten, dass sie der Schweiz einen ökonomischen Wohlstand gebracht hat, den nach dem Krieg wohl niemand zu erwarten wagte. Alle Kreise unserer Bevölkerung haben an diesem Wohlstand partizipiert. Vergleichen wir nur die heutigen Möglichkeiten hinsichtlich des Wohnens, Essens, der Bildung, Erholung, kultureller Veranstaltungen mit den Verhältnissen vor und unmittelbar nach dem Krieg. Anderseits hat sie aber auch Veränderungen hervorgerufen, die nicht übersehen werden können. So haben Strassen, Brücken, Fabriken, Staumauern und Siedlungen das Landschaftsbild beein-

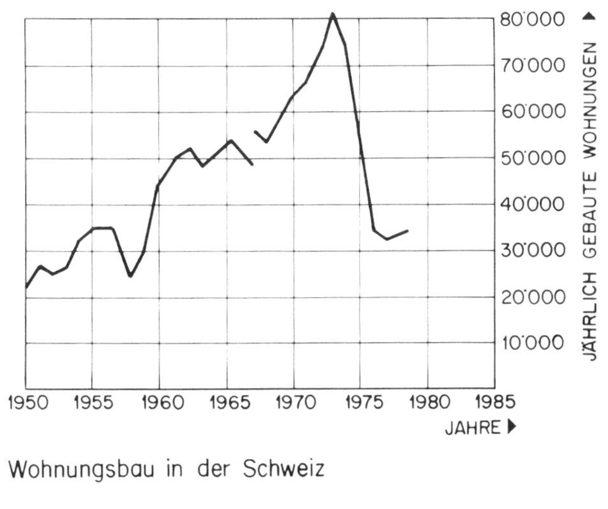

Wohnungsbau in der Schweiz

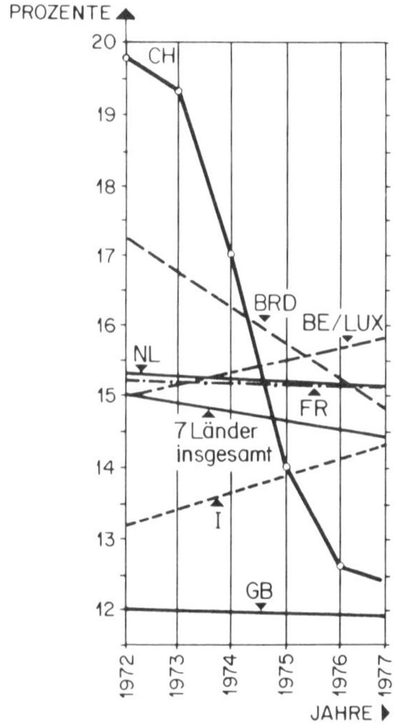

Anteil der Bauproduktion am Bruttosozialprodukt

flusst. Ihre Nutzung verursacht Emissionen in Form von Lärm, Staub, Gasen und Abfallstoffen, welche sowohl den Menschen als auch die Umwelt belasten. Nach einem rückblickend euphorisch anmutenden Wachstumsglauben müssen wir uns heute zu einer realistischen Betrachtungsweise zurückfinden, ohne dabei in eine pessimistische oder gar negative Einstellung gegen jede technische Entwicklung zu verfallen. Diese Einsicht wurde zuerst als Reaktion auf die Auswüchse der wirtschaftlichen Entwicklung hervorgerufen. Sie wurde noch verstärkt durch die seit 1973 eingetretenen Rezessionserscheinungen. Mit dem schon lang überfälligen Uebergang von festen Währungsverhältnissen zu einem freien Floating haben sich die weltwirtschaftlichen Verhältnisse grundlegend geändert. Dazu kommt heute noch der Engpass in der Energieversorgung, der sich mit der ersten Oelkrise von 1973 ankündigte.

In der Bauwirtschaft erfolgte nach 1973 ein eigentlicher Einbruch. Die Investitionen im Umfang von 26 Milliarden Franken gingen auf 20 Milliarden im Jahre 1976 zurück. Besonders ausgeprägt reagierte der Wohnungsbau, wobei die Produktion von 80 000 auf 30 000 Wohnungen pro Jahr absank. Diese starke Rückbildung der Bautätigkeit ist etwas besser verständlich, wenn wir bedenken, dass die Schweiz vor 1973 einen Bauboom erlebte, der völlig ausserhalb der Verhältnisse in vergleichbaren westlichen Industriestaaten lag. Nach obenstehendem Diagramm lag der Anteil der Bauproduktion am Bruttosozialprodukt für die

Schweiz bei 20%, während er im westeuropäischen Durchschnitt nur 15% betrug. Bis zum Jahre 1977 trat eine vollständige Umkehrung ein, indem dieser Anteil in der Schweiz auf 12,5% zusammenschrumpfte. Schliessen wir unerwartete externe Faktoren aus, so dürfen wir erwarten, dass er sich im Laufe der nächsten Jahre dem Durchschnitt von 14 bis 15% angleichen wird.

In den kommenden Jahren werden insbesondere die Aufwendungen für den Betrieb, den Unterhalt und die Renovation der in den letzten dreissig Jahren erstellten Bauwerke und Anlagen zunehmen. Daneben stellen sich weiterhin grosse öffentliche Bauaufgaben. So gilt es, das geplante Nationalstrassennetz bis etwa 1995 zu vollenden und dauernd zu unterhalten. Ein Ausbau des öffentlichen Verkehrs, insbesondere eine Schnellverbindungslinie durch das schweizerische Mittelland, ist von der Kommission für die Gesamtverkehrskonzeption bereits vorgeschlagen. Ausser dem weiteren Ausbau der Kläranlagen steht die Verbesserung der Reinigungswirkung, insbesondere die Reduktion der Phosphatfracht, im Vordergrund. Zur Bewältigung des Energieengpasses sind ebenfalls grosse bauliche Investitionen sowohl zur Versorgung als auch zur Verbesserung des Energiehaushaltes der Gebäude zu erwarten. Die privaten Investitionen im Geschäfts-, Industrie- und Wohnungsbau dagegen werden sich eher auf einem mittleren Niveau bewegen.

Die Auslandtätigkeit der schweizerischen Bauunternehmungen hat nach 1973 im Rahmen eines Ausweichens auf neue Märkte sprunghaft zugenommen. Sie hat gegenwärtig etwa 750 Millionen Franken erreicht. Inzwischen sind aber die ersten ernüchternden Ergebnisse dieses in vielen Fällen übereilten und ungenügend vorbereiteten Engagements eingetroffen. In zahlreichen Ländern ist zwar ein bedeutender Bedarf an Infrastruktur-, Siedlungs- und Industriebauten vorhanden. Auf die Länge wird es sich jedoch erweisen, dass von schweizerischer Seite nur Spezialverfahren und besondere Erfahrungen (zum Beispiel Vorspanntechnik, Fundations- und Injektionstechnik, Tunnel- und Stollenbau, Staumauern und Staudämme, Hebetechnik usw.) wirklich Erfolg haben werden. Daneben wird nach wie vor das spezielle Know-how auf dem Gebiet der Planung, Projektierung und Bauleitung von grösseren Projekten — oft im Zusammenhang mit der Finanzierung — international gesucht sein. Die normalen Bauaufgaben werden hingegen auch in den Entwicklungsländern immer mehr von einheimischen Firmen übernommen werden.

Mit diesem kurzen Abriss über die schweizerische Bauwirtschaft als Hintergrund lassen sich die Schwankungen in der Entwicklung der Abteilung für Bauingenieurwesen seit dem Zweiten Weltkrieg besser verstehen.

CN-Tower, Toronto (Canada). Höchstes freistehendes Bauwerk (550 m), erstellt unter massgeblicher Mitwirkung schweizerischer Ingenieure und Unternehmungen. ▶

The Mild One

Entwicklung der Abteilung für Bauingenieurwesen 1945–1980

Zahlenmässige Entwicklung

Das Diagramm auf Seite 119 hält die Zahlen der Studierenden seit 1946 fest. Im Jahre 1966 wurde das Maximum von 950 Studenten erreicht. Anschliessend setzte eine stetige Abnahme bis auf 359 im Jahre 1978 ein. Die Zahl der neu aufgenommenen Studierenden in die Abteilung wird mit den Bruttobauinvestitionen (Diagramm S. 112) verglichen. Nach einem kriegsbedingten Ueberhang der Studentenzahl bis etwa 1950 zeigen die beiden Linien eine deutliche Abhängigkeit. Der kurze Konjunkturrückgang der Jahre 1964 bis 1967 führte zu einer sehr deutlichen Abnahme der Studienanfänger. Dem erneuten Bauboom sind die Neueintritte aber nur bis 1970 gefolgt, um dann ganz massiv auf eine fast beängstigende Zahl von nur 59 im Jahr 1976 abzusinken. Seither ist sie wieder auf 72 im Jahre 1979 angestiegen.

Auffällig ist, dass der Rückgang bereits vor dem abrupten Abbruch des Baubooms im Jahre 1973 einsetzte. Nebst der Verschlechterung der Berufsaussichten haben seit dem Ende der sechziger Jahre sowohl ein zunehmendes Misstrauen gegenüber der ungehemmten Technisierung aller Lebensbereiche als auch eine natürliche Abwehr gegen Exzesse im Bauwesen, welche leider sowohl im Strassen- als auch im Siedlungsbau vorgekommen sind, mitgewirkt. Diese durchaus positive Reaktion der jungen Generation sollte uns zu denken geben und uns zu einer sinnvollen und menschenwürdigen Anwendung der Technik anhalten. Dabei sollten wir uns bewusst bleiben, dass nicht die Technik an sich, sondern die stetig wachsenden materiellen Ansprüche, welche wir alle stellen, die Probleme verursachen.

Bezüglich der Beschäftigungslage bestanden im Jahre 1976 noch gewisse Schwierigkeiten für neu diplomierte Bauingenieure, eine angemessene Stelle zu finden. Heute zeigt sich bereits ein deutlicher Nachfrageüberschuss. Unsere Abteilung hat 1977 in einer internen Studie versucht, den zukünftigen jährlichen Bedarf der Schweiz an akademisch gebildeten Bauingenieuren (ETH Zürich und ETH Lausanne) für die nähere Zukunft abzuschätzen. Unter Annahme der Stabilisierung der Bautätigkeit auf dem heutigen Niveau von rund 20 Milliarden Franken ergibt sich eine Zahl von 120 diplomierten Bauingenieuren. Für die ETH Zürich darf auf Grund der gegenwärtigen zahlenmässigen Relationen zur ETH Lausanne mit einem Anteil von 90 Diplomierten gerechnet werden. Daraus lässt sich erfahrungsgemäss eine Zahl von etwa 110 notwendigen Studienanfängern ermitteln.

Der zahlenmässige Ausbau der Professuren und Assistentenstellen der Abteilung war im wesentlichen durch die Bildung neuer Fachbereiche und die zuneh-

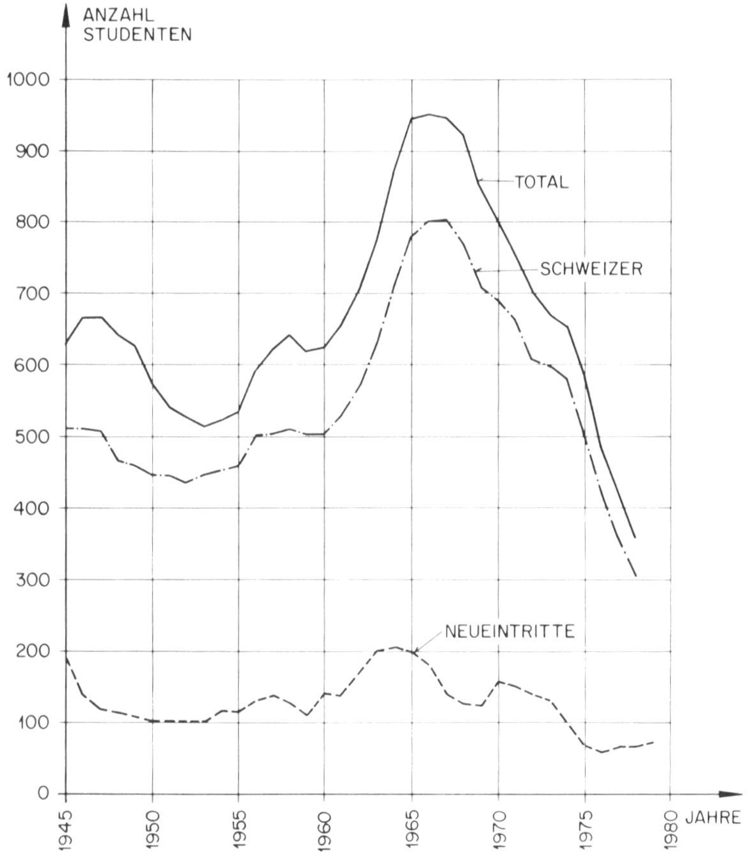

Studierende an der Abteilung für Bauingenieurwesen

mende Spezialisierung auf den bisherigen Gebieten des Bauingenieurwesens bedingt. Bei der Gründung des Eidgenössischen Polytechnikums im Jahre 1855 meisterte Prof. C. Culmann selbständig und souverän den gesamten Unterricht. Am Ende des Zweiten Weltkrieges waren es sechs Fachprofessoren, welche für die Fachgebiete Stahlbau, Massivbau, Grund- und Wasserbau, Strassen- und Eisenbahnbau, Vermessung und Baumaschinenlehre zuständig waren. Heute sind der Abteilung laut ETH-Statistik 20 Professoren zugerechnet (Tabelle S. 120). Im Jahre 1950 wurde neu die Professur für Verkehrswesen geschaffen. Der eigentliche Ausbau erfolgte mit der Einführung des neuen Studienplanes im Jahre 1968.

Name	gewählt zum: Assistenz-Professor	ausserord. Professor	ordentl. Professor	Fachgebiet
Hugo Bachmann	1. 10. 1969	1. 1. 1972	1. 10. 1977	Konstruktion
Franco Balduzzi		1. 1. 1965		Bodenmechanik
Heinrich Brändli		1. 4. 1975		Verkehr
Karl Dietrich	1. 4. 1973	1. 4. 1976	1. 4. 1979	Verkehr
Themistocles Dracos	1. 12. 1963		1. 4. 1970	Wasserbau
Pierre Dubas	1. 4. 1961		1. 4. 1966	Stahlbau
Hans Grob			1. 10. 1964	Strassenbau
Carl Hidber	1. 1. 1970	1. 5. 1972	1. 4. 1979	Verkehr
Jachen Huder		1. 4. 1971	1. 4. 1977	Grundbau und Bodenmechanik
Hans-Jürgen Lang			1. 10. 1968	Grundbau und Bodenmechanik
Christian Menn			1. 10. 1971	Konstruktion
Angelo Pozzi			1. 11. 1971	Bauplanung
Martin Rotach			1. 4. 1964	Verkehr
Oldrich Stradal		1. 12. 1971	1. 4. 1976	Baubetrieb
Bruno Thürlimann			1. 4. 1960	Konstruktion
Ernst Urs Trüeb			1. 4. 1972	Wasserbau
Daniel Vischer			1. 4. 1970	Wasserbau

Mit Lehrverpflichtungen an anderen Abteilungen:

Martin Lendi (XII)	1. 10. 1969	1. 10. 1972	1. 10. 1976	Rechtswissenschaften (ORL)
Jakob Maurer (ORL)	1. 8. 1966	1. 10. 1970	1. 4. 1977	Architektur (ORL)
Jörg Schneider (VIII)		1. 4. 1967	1. 4. 1970	Konstruktion

Im Departement für Materialwissenschaften mit Lehrverpflichtungen in Abt. II:

Alfred Rösli			1. 10. 1973	Baustoffe
Hans Böhni	1. 4. 1973	1. 10. 1976		Baustoffe

Rücktritte:

Theophil Weidmann (1. 4. 1977)
Otto Zweifel (1. 10. 1976)
Richard Heierli (30. 9. 1971)
Gerold Schnitter (1. 4. 1970)
Fritz Stüssi (1. 4. 1966)
Kurt Leibbrand (16. 2. 1963)

Todesfälle:

Max Stahel (9. 12. 1963)
Pierre Lardy (29. 10. 1958)

Vorstände der Abteilung für Bauingenieurwesen

1944–1946	Prof. Henry Favre
1948–1952	Prof. Pierre Lardy
1952–1956	Prof. Max Stahel
1956–1960	Prof. Gerold Schnitter
1960–1964	Prof. Fritz Kobold
1964–1968	Prof. Bruno Thürlimann
1968–1972	Prof. Pierre Dubas
1972–1974	Prof. Hans Grob
1974–1976	Prof. Themistocles Dracos
1976–1978	Prof. Martin Rotach
1978–	Prof. Hans-Jürgen Lang

Entwicklung der Lehre, neuer Studienplan

Der Lehrplan der Abteilung war bis in die sechziger Jahre im wesentlichen darauf ausgerichtet, akademisch gebildete Bauingenieure für die Projektierung von Bauwerken auszubilden. Das Schwergewicht lag eindeutig auf der späteren Tätigkeit in einem beratenden Ingenieurbüro. Nebenbei wurden auch einige Vorlesungen über unternehmerische Belange gegeben.

Die Praxis jedoch zeigte deutlich, dass eine Ausweitung der Ausbildung notwendig wurde. Der Einsatz von Bauingenieuren in der allgemeinen Planung (Orts-, Regional- und Landesplanung), in der Verkehrsplanung wie auch in der Bau- und Betriebsplanung grosser Anlagen gewann zusehends an Bedeutung. In den Unternehmungen wurden infolge des enormen Anstiegs der maschinellen und technischen Investitionen sowohl die betriebliche Führung, die Arbeitsvorbereitung als auch die Planung der technischen Baustelleneinrichtungen von immer grösserer Wichtigkeit. In diesem Zusammenhang ist zu erwähnen, dass die baulichen und maschinellen Einrichtungen einer grossen Tiefbaustelle (Tunnelbau, Staumauer usw.) eine halbe Million Franken pro Arbeitskraft übersteigen können.

Im Jahre 1965 wurde daher eine grosse Studienplanreform in Angriff genommen. Ausser den genannten Wünschen aus der Praxis verlangten auch das Anwachsen des Unterrichtsstoffes und die grosse Zahl der Studenten einen solchen Schritt.

Grundsätzlich wurde am achtsemestrigen Diplomstudium mit anschliessendem Diplomsemester festgehalten. Dabei wurde auch dem Umstand Rechnung getragen, dass der Mittelschulabschluss in der deutschsprachigen Schweiz relativ spät mit 19 bis 20 Jahren erfolgt und viele Studenten ein Jahr während der Studienzeit für den Militärdienst einsetzen müssen. Im weiteren kann die Hochschule wohl theoretisches Wissen und eine wissenschaftliche Arbeitsmethodik

WEGZÜGER (1965/70) AUS DEN LÄNDLICHEN GEBIETEN

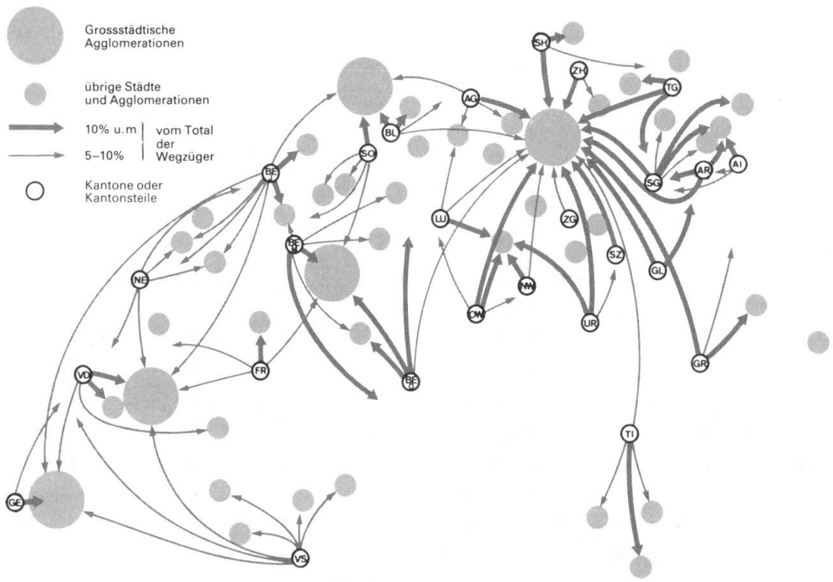

Am Institut für Orts-, Regional- und Landesplanung (ORL-Institut) werden zahlreiche interdisziplinäre Forschungsprojekte verfolgt, so zur politischen Planung, zur wirtschaftlichen Entwicklung im Berggebiet, zur Stadterneuerung und zu mathematischen Modellen für die Raumplanung. Die vorliegende Darstellung stammt aus dem Forschungsprojekt über die interregionale Migration.

vermitteln. Die Technik verlangt aber auch eine Erfahrung, welche nur in der Praxis erworben werden kann. Daher sollte im allgemeinen der Schritt von der Hochschule ins Berufsleben nicht zu spät vollzogen werden.

Innerhalb dieses unveränderten zeitlichen Rahmens galt es, aus einer grossen Zahl von Vorschlägen, Wünschen und Meinungen einen Studienplan auszuarbeiten mit dem Ziel, den Studenten eine solide und dauerhafte Grundlage für ihre spätere Berufstätigkeit zu vermitteln. Eine Ausweitung der Ausbildung auf den Gebieten Siedlungswasserbau, Verkehrsplanung und Transporttechnik, Bauplanung und Baubetrieb sowie eine Verstärkung der Lehre in der Materialtechnologie waren vordringlich.

Daneben galt es, die grundlegenden theoretischen und praktischen Entwicklungen auf den angestammten Gebieten der Konstruktion, des Wasserbaus und des Grund- und Strassenbaus zu berücksichtigen.

Schliesslich wollte man die erfolgreiche Tradition der Ingenieurausbildung an der ETH mit einer starken Betonung der propädeutischen Fächer in Mathematik, Physik und Mechanik fortsetzen. Gerade diese Fächer geben die dauernden

Grundlagen wie auch die Schulung zu einem klaren wissenschaftlichen Denken, welche notwendig sind, um in der späteren Berufspraxis der rasanten Entwicklung der Technik überhaupt folgen zu können.

Schematisch ist der neue Studienplan auf den Seiten 124 und 125 dargestellt. Das Studienziel ist immer noch eine allgemeine Ausbildung als Bauingenieur mit grundlegenden Kenntnissen in allen wichtigen Sparten. In den ersten sechs Semestern wird allen Studierenden die propädeutische Ausbildung und die allgemeine Grundausbildung vermittelt. Für das folgende Vertiefungsstudium werden sechs Fachrichtungen angeboten. Der Student muss zwei Fachrichtungen wählen, und zwar eine aus den drei entwurfsorientierten Richtungen, die zweite aus den restlichen fünf. Das Vertiefungsstudium ist nicht als eine Spezialisierung zu verstehen. Vielmehr soll dem Studenten auf zwei Gebieten eine Einführung in die spätere Berufspraxis gegeben werden. Durch je eine umfangreiche Semesterarbeit in den beiden Richtungen mit intensiver Betreuung werden das selbständige Anwenden der Grundausbildung wie auch das Studium der speziellen Fachliteratur gefördert. Das Prüfungssystem mit dem 1. und 2. Vordiplom nach zwei und vier Semestern und dem Schlussdiplom mit sechswöchiger Diplomarbeit wurde beibehalten.

Dieser Studienplan wurde im Herbst 1968 eingeführt und ist mit unwesentlichen Anpassungen bis heute in Kraft geblieben. Schon bei seiner Ausarbeitung wurde klar, dass eine Spezialisierung einerseits und interdisziplinäre Studiengänge anderseits nicht innerhalb eines vierjährigen Studiums zu bewältigen sind. Bereits damals wurden daher Pläne für ein Nachdiplomstudium gemacht. Das Fehlen eines ETH-Reglementes für ein Nachdiplomstudium wie auch die zusätzliche Beanspruchung der Professoren bei der Planung und Inbetriebnahme der Neubauten der Abteilung auf dem Hönggerberg verzögerten diese Pläne. Ausser einem Angebot von Spezialvorlesungen zur Weiterbildung nach dem Diplom besteht an unserer Abteilung bis heute nur das Ende 1979 beschlossene spezielle Nachdiplomstudium «Siedlungswasserbau und Gewässerschutz».

Nachdem nun ein allgemeines ETH-Reglement für das Nachdiplomstudium erlassen wurde (1. April 1979) und auch die Neubauten seit über drei Jahren bezogen sind, sollte die Verwirklichung eines Nachdiplomstudiums mit aller Energie angegangen werden. Ein Vergleich mit führenden ausländischen Hochschulen zeigt seine Bedeutung, um im internationalen Wettbewerb das nötige Niveau der akademisch gebildeten Führungskräfte in Industrie, Forschung und Lehre halten und, wo nötig, noch verbessern zu können. Damit ist sowohl unserer als auch den übrigen Abteilungen der ETH eine wichtige Aufgabe für die nähere Zukunft gestellt.

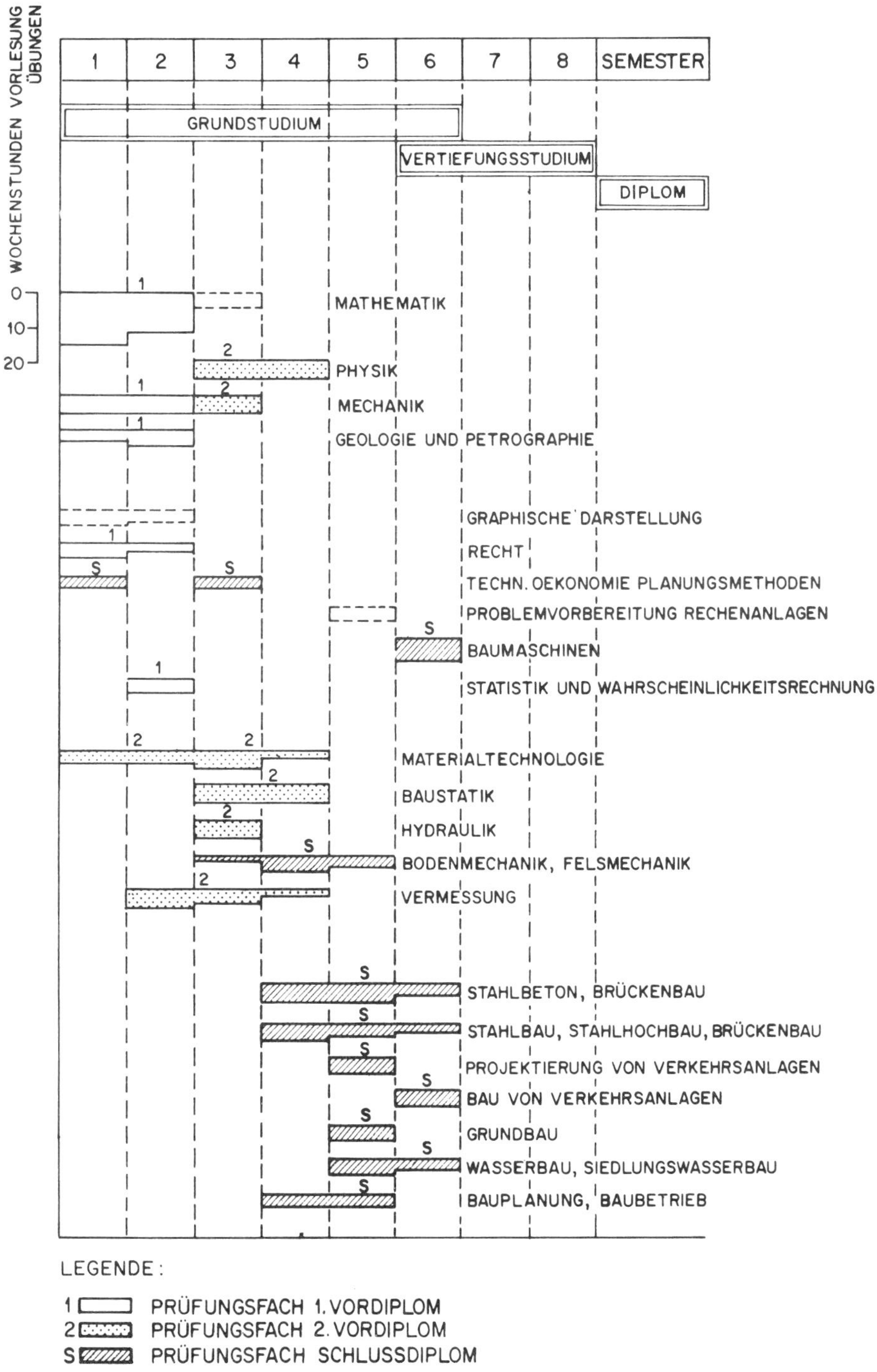

Schema des Diplomstudiums

VERTIEFUNGSRICHTUNGEN (VR):

1. KONSTRUKTION
2. WASSERBAU
3. GRUND- UND STRASSENBAU

4. PLANUNG UND VERKEHR
5. BAUBETRIEB UND UNTERNEHMUNG
6. BAUSTOFFE (INKL. MECHANIK)

WAHL VON 2VR, WOBEI EINE AUS DEN ERSTEN DREI

STUNDENBELEGUNG VON 2VR:

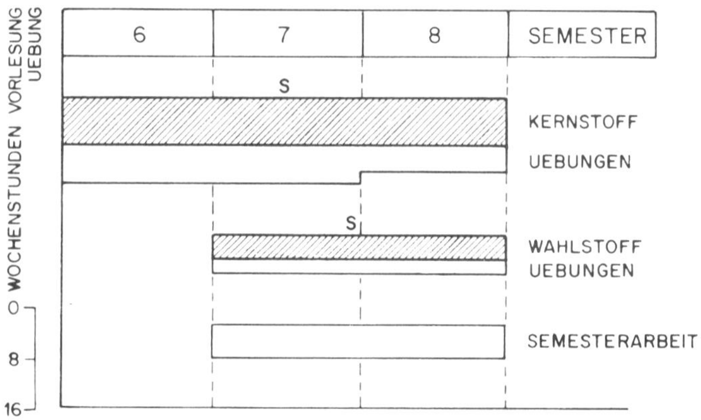

Vertiefungsstudium

Bedeutung und Entwicklung der Forschung, Institute

In den letzten 15 Jahren hat sich die früher lose Struktur der ETH zu einer differenzierten Organisation entwickelt, welche an anderer Stelle dieser Festschrift erläutert ist. Entsprechend sind die Institute Organisationseinheiten geworden, welche Lehre und Forschung eines bestimmten Fachbereichs abdecken. Die Abteilungen anderseits sind Unterrichtseinheiten, welche bestimmte Ausbildungsgänge in der Form eines Diplomstudienplanes organisieren und durchführen.

Innerhalb eines Institutes werden die administrativen und technischen Bereiche gemeinsam betrieben. Für die verschiedenen Forschungsprojekte sind jedoch die einzelnen Professoren allein verantwortlich, und das wissenschaftliche Personal ist ihnen direkt unterstellt. Bei grösseren Projekten können sich mehrere Professoren zu einer Gruppe zusammenschliessen. Dadurch ist die Forschungsfreiheit des einzelnen Professors hinsichtlich Thema, Methodik, Interpretation der Resultate und Veröffentlichungen voll gewahrt. Anderseits erlaubt diese Organisation einen ökonomischen Einsatz der Forschungseinrichtungen und des Personals.

In Tabelle S. 128/129 sind jene Institute aufgeführt, welche direkt mit der Abteilung für Bauingenieurwesen verbunden sind. Schon die Namen zeigen, welch grossen Forschungsbereich sie abdecken. Die Daten der Gründung lassen erkennen, dass die grössere Zahl erst in den letzten zwanzig Jahren entstanden ist. In der Tabelle sind auch die gegenwärtigen Forschungsthemen aufgeführt.

Es kann hier nicht auf eine Aufzählung der verschiedenen Forschungsprojekte eingegangen werden. Die Jahresberichte der Institute sowie der Forschungsbericht der ETH geben dazu eine Uebersicht.

Die wissenschaftlichen Ergebnisse werden durch Institutsberichte, Veröffentlichungen in Fachzeitschriften und Vorträge von Institutsangehörigen bekanntgemacht.

An dieser Stelle möchten wir auf die besondere Stellung der Hochschulforschung im Bauwesen hinweisen. Auf den meisten technischen Gebieten setzt die Industrie — Chemie, Elektronik, Energieerzeugung, Maschinenindustrie — direkt sehr grosse Forschungsmittel in ihren eigenen Forschungslaboratorien ein. Die Bauindustrie ist durch ihre strukturelle Gliederung hingegen nur in der Lage, die Entwicklung von Produkten, Methoden und Verfahren selber durchzuführen, hingegen nicht eigentliche Forschung zu betreiben. Da jedoch für die auf das Bruttosozialprodukt bezogen sehr bedeutenden baulichen Investitionen, welche zudem zur Hälfte von der öffentlichen Hand getätigt werden, eine Forschung auf diesem Gebiet volkswirtschaftlich unbedingt notwendig ist, muss sie von den Hochschulen oder besonderen staatlichen Forschungsstellen durchgeführt werden. Somit fällt in der Schweiz neben der EMPA, welche zur Haupt-

Wasserspiegel- und Geschwindigkeitsmessung mittels Drahtpegels und Messflügels mit Aufzeichnungsgerät. Modell des Luzerner Reusswehrs, 1:40 (Versuchsanstalt für Wasserbau, Hydrologie und Glaziologie, VAW).

sache staatliche Prüfungsaufgaben und Auftragsforschung für staatliche Stellen und die Privatindustrie durchführt, den Hochschulinstituten auf dem Gebiet der Forschung auch eine wichtige wirtschaftliche Rolle zu. Nur die Erhaltung und zielbewusste Förderung eines hohen wissenschaftlichen und technischen Niveaus in Forschung und Entwicklung setzt die schweizerische Bauindustrie in die Lage, ihre Aufgaben volkswirtschaftlich sinnvoll zu erfüllen.

Neben der wissenschaftlichen Forschung erbringen die Institute der Abteilung für Bauingenieurwesen auch wichtige Dienstleistungen für staatliche Stellen und im allgemeinen öffentlichen Interesse. Dies ist besonders auf den Gebieten des Wasserbaus, der Wasserwirtschaft, des Grund- und Strassenbaus und der Planung der Fall.

Diese Stellung im öffentlichen Interesse sollten die Hochschulinstitute anderseits nicht ausnützen, um Aufgaben zu übernehmen, welche von der Privatwirtschaft auch bearbeitet und gelöst werden können. In vielen Fällen ist eine sinnvolle Zusammenarbeit die richtige Lösung. In diesem Zusammenhang sind die Ausarbeitung und laufende Ueberarbeitung der technischen und organisatorischen Baunormen als ein Beispiel einer solchen Zusammenarbeit zu erwähnen.

Neubauten der Abteilung für Bauingenieurwesen

Seit der Erweiterung des Hauptgebäudes der ETH im Jahre 1920 war unsere Abteilung im wesentlichen im ersten Stock dieses Gebäudes angesiedelt. Mit Ausnahme der Versuchsanstalt für Wasserbau und Erdbau (VAWE; Bau 1930, Erweiterung 1951) standen der Abteilung praktisch keine Laborräume zur Verfügung, so dass eine experimentelle Forschung nur in beschränktem Umfang möglich war. Die seit 1945 eingetretene starke Vergrösserung der Studentenzahlen der ETH im allgemeinen und der Abteilung für Bauingenieurwesen im besonderen (Diagramm S. 119, Spitze 1965–68) sowie die Notwendigkeit, die Forschung auf den Gebieten der Konstruktion, des Grund- und Strassenbaus, der Hydromechanik und der Wasserwirtschaft sowie der Materialwissenschaften zu erweitern oder ganz neu aufzubauen, machten einen baulichen Ausbau unbedingt erforderlich.

Erste Studien, bis etwa 1962, wurden von einzelnen Instituten oder Professuren gemacht. Im Vordergrund stand der Bau von einzelnen Laboratorien auf dem Areal der alten EMPA an der Leonhardstrasse, welches mit dem Wegzug der EMPA nach Dübendorf im Jahre 1963 frei wurde. Die weitere Entwicklung verdient etwas ausführlicher festgehalten zu werden. Wohl zum erstenmal in der Geschichte der ETH griff in diesem Fall das eidgenössische Parlament direkt in die Planung unserer Schule ein.

In der Baubotschaft des Jahres 1965 (Neubauten Physik Hönggerberg, Maschinenlaboratorium II; Ausbau Hauptgebäude und naturwissenschaftliches Ge-

Mit der Abteilung für Bauingenieurwesen verbundene Institute

Institut	Gründung	Professoren	Gegenwärtige Forschungsthemen[6]
Baustatik und Konstruktion[1]	1928	Bachmann Menn Schneider Thürlimann	Plastizitätstheorie im Stahlbeton; dynamische Beanspruchungen (Ermüdung, Stoss, Erdbeben, Wind) von Bauteilen (Stahl- und Leichtbeton) und Tragwerken; Gebrauchs- und Tragfähigkeit von Einzelkomponenten (Stahl- und Spannbeton, Mauerwerk); Sicherheit von Bauwerken.
Versuchsanstalt für Wasserbau, Hydrologie und Glaziologie[2]	1930	Vischer	Gerinnehydraulik, Sedimenttransport, Seeströmungen, Gebietsverdunstung, Abflussprognosen, Gletscherbewegungen.
Strassen-, Eisenbahn- und Felsbau[3]	1936	Grob	*Strassen:* Oberflächeneigenschaften und Tragfähigkeit von Fahrbahnen, mechanische Eigenschaften bituminöser Baustoffe; Sicherheitseinrichtungen. *Eisenbahnen:* Simulationsmodelle; Fahrbahntechnologie; Dimensionierungsprobleme. *Fels:* Verformungen, Spannungen und Bruchmechanik; Entwicklung von Messinstrumenten; Sprengtechnik; mechanischer Felsabtrag.
Orts-, Regional- und Landesplanung	1961	Huber (Abt. I) Lendi (Abt. XII) Maurer (NDS RP) Schmid (Abt. VIII)	*Landschaft:* Entwicklung des ländlichen Raumes. *Siedlung:* Quartiererneuerung. *Methodik:* Programmsystem Bilanz. *Recht/Politik:* Parastaatliche Verwaltung. *Regionalwirtschaft:* Entwicklungsalternativen zur touristischen Entwicklung im Berggebiet.
Bau- und Transportmaschinen	1965	Oplatka, Dr.	Untersuchungen an Baumaschinen; Klimatisierung im Stollenbetrieb; Tragseilbremsen; Untersuchung von Seilen und Endbefestigungen; Seilantriebe.
Baustoffe, Werkstoffchemie und Korrosion[4]	1969	Böhni Rösli	Beständigkeit des Betons, insbesondere gegen Frost- und Tausalzeinwirkungen; glasfaserverstärkte Kunststoffe; rheologisches Verhalten von Baustoffen; lokale Korrosionsangriffe; Benetzungs- und Umsetzprobleme bei Metallen; Passivität metallischer Werkstoffe.

Grundbau- und Bodenmechanik[5]	1970	Balduzzi Huber Lang	Verhalten von Residualböden; Eigenschaften stabilisierter Böden, gefrorener Böden; Verhalten von Böden bei Stossbelastung und Erdbeben; Einfluss tonmineralogischer Kenngrössen auf die mechanischen Eigenschaften der Tone; Quellen überkonsolidierter Tongesteine.
Hydromechanik und Wasserwirtschaft	1970	Dracos Trüeb	Mischung und Transport von Feststoffen, inaktiven «Tracers» und Wärme in Flüssen und stehenden Gewässern; Grundwasserhydraulik und Grundwasserbewirtschaftung; Optimierung von Verteilsystemen.
Bauplanung und Baubetrieb	1971	Pozzi Stradal	Programmierung öffentlicher Bauvorhaben; Bauprojektablauf und Bauprojektorganisation; Leistungs- und Kostenkontrollsystem für die Bauproduktion.
Verkehrsplanung und Transporttechnik	1975	Brändli Dietrich Hidber Rotach	Verkehrsberuhigung und Wohnschutz; baulich integrierte Strassen; Gesamtbewertung von Projekten; Modelle für Wochenendverkehr; Verkehrssicherheit; Störungskumulation im Linienbetrieb; Erschliessung ländlicher Räume durch öffentlichen Verkehr.
Lehrstuhl für Baustatik und Stahlbau		Dubas	Stabilität (elasto-plastisches Kriechen, Beulen), Brettschichtholz; Seilbahngehänge.

[1] 1974: umbenannt, früher Institut für Baustatik
[2] 1970: umbenannt, früher Versuchsanstalt für Wasserbau und Erdbau, Standort: unverändert ETH-Zentrum
[3] 1976: umbenannt, früher Institut für Strassenbau
[4] Auch mit Abteilungen III A und III B verbunden
[5] Früher Teil der Versuchsanstalt für Wasserbau und Erdbau
[6] Detaillierte Angaben in Forschung 1978/79, Jahresberichte der Institute, ETH Zürich

bäude) fanden die Bedürfnisse der Abteilung II noch keine Berücksichtigung. Als auch in der folgenden Botschaft vom Jahre 1967 trotz intensiven Bemühungen der Abteilung kein Ausbau vorgesehen war, fassten die Professoren der Abteilung den Beschluss, ihre Anliegen durch den Abteilungsvorstand den Kommissionen des Ständerates und des Nationalrates bei der Beratung der Botschaft direkt vorzutragen. Diese Bemühungen fanden ihren Niederschlag in zwei praktisch gleichlautenden Postulaten, welche bei der Behandlung der Botschaft im Ständerat (Postulat Odermatt, 3. Oktober 1967) und im Nationalrat (Postulat Eisenring, 12. Dezember 1967) eingereicht und angenommen wurden:

«In Kenntnis der seit Jahren besonders prekären Verhältnisse der Abteilung II der ETH (Abteilung für Bauingenieurwesen) und in Würdigung der hohen Bedeutung dieser Abteilung für die schweizerische Volkswirtschaft wie für unser nationales Bildungswesen wird der Bundesrat beauftragt, ohne Verzug eine Vorlage auszuarbeiten und dem Parlament zuzustellen, in welcher insbesondere das bereits in der Botschaft vom 9. Juli 1965 in Aussicht gestellte Lehr- und Forschungsgebäude für Bau- und Maschineningenieurwesen enthalten ist, und die Projektierung und Bauverwirklichung so zu beschleunigen, dass die Bauarbeiten spätestens im Jahre 1970 in Angriff genommen werden könnten.»

Durch diesen direkten Auftrag des Parlamentes an den Bundesrat wurde die Planung der Neubauten der Abteilung eingeleitet. Die Abteilung II setzte eine Baukommission ein, um ihre baulichen Bedürfnisse und technischen Einrichtungen festzulegen. Durch die Eidgenössische Baudirektion wurden die Architekten Max Ziegler und Erik Lanter sowie das Ingenieurbüro Schalcher & Partner mit der Projektierung beauftragt.

Schon bald wurde klar, dass ein Neubau auf dem EMPA-Areal nicht in Frage kam. Platzmässig war die Unterbringung der Unterrichts-, Büro- und Forschungsräume nicht möglich. Zudem wäre der Bau von grösseren Forschungsanlagen mitten in der Stadt auch nutzungsmässig kaum zu verantworten gewesen.

Nach Konsultationen mit der Abteilung II fasste der Schweizerische Schulrat am 6. Juli 1968 den Beschluss, das Neubauprojekt auf dem Hönggerberg zu verwirklichen. Am 1. März 1969 wurde die Abteilung VIII auf ihren Wunsch hin in die Planung einbezogen. Entsprechend wurde die Baukommission durch Vertreter dieser Abteilung erweitert (Tabelle S. 131).

Aus einer intensiven Zusammenarbeit zwischen der Schulleitung der ETH, der Eidgenössischen Baudirektion V, den Architekten und der Baukommission wurde das grundlegende Konzept der neuen Anlagen entwickelt. Es umfasst folgende drei Komplexe:

- Lehr- und Bürogebäude
  (stapelbare, flexible Räume, niedriger Installationsgrad)
- Grössere Auditorien und Bibliothek
  (spezifische Verwendung, spezielle Einrichtungen, nicht flexibel)

Baukommission der Abteilung für Bauingenieurwesen und der Abteilung für Kulturtechnik und Vermessungswesen für die Neubauten Hönggerberg (1968–1976)

Präsident:	Prof. Bruno Thürlimann
Mitglieder:	Prof. Hans Böhni
	Prof. Themistocles Dracos
	Prof. Pierre Dubas
	Prof. Hans Grob
	Prof. Herbert Grubinger
	Prof. Hans-Jürgen Lang
	Prof. Herbert Matthias
	Prof. Christian Menn
	Prof. Angelo Pozzi
	Prof. Martin Lendi
	Prof. Jörg Schneider
	Prof. Ernst Spiess
	Prof. Daniel Vischer
	Prof. Otto Zweifel
	G. Amberg
	B. Porro, Sekretär Abt. II
	C. Hoinkes
	Dr. H. Knöpfel

- Forschungsgebäude
  (Räume mit speziellen Einrichtungen, hoher Installationsgrad, beschränkte Flexibilität)

In einer Botschaft des Schweizerischen Bundesrates vom 6. Mai 1970 wurde den eidgenössischen Räten ein Neubauprojekt von 153 Millionen Franken vorgelegt. Nach der Bewilligung dieses Kredites war der Weg für die Detailprojektierung und für die Ausführung frei.

Als Planungsgrundlage wurde der Vollausbau der ETH Zürich für 10 000 Studenten angenommen. Entsprechend dem prozentualen Anteil der Studenten der Abteilungen II und VIII im Studienjahr 1968 ergab sich eine Ausbaugrösse der Neuanlagen für 1600 Diplomstudenten und 200 Nachdiplomstudenten und Doktoranden. Es war klar, dass diese Richtzahlen sowohl für die gesamte ETH als auch für die beiden direkt beteiligten Abteilungen beim Bezug sicher noch nicht erreicht sein würden.

Anfang 1974 schlug der neue ETH-Präsident Prof. Dr. H. Ursprung etwas überraschend auch eine Verlegung der Abteilung für Architektur in die Neubauten auf den Hönggerberg vor. Bereits in der Botschaft vom 6. Mai 1970 war zwar als zukünftiger Standort der Abteilung für Architektur der Hönggerberg aufgeführt worden. Die endgültigen Ausmarchungen über die Belegung zwischen der Schulleitung und den betroffenen Abteilungen wurden recht engagiert geführt.

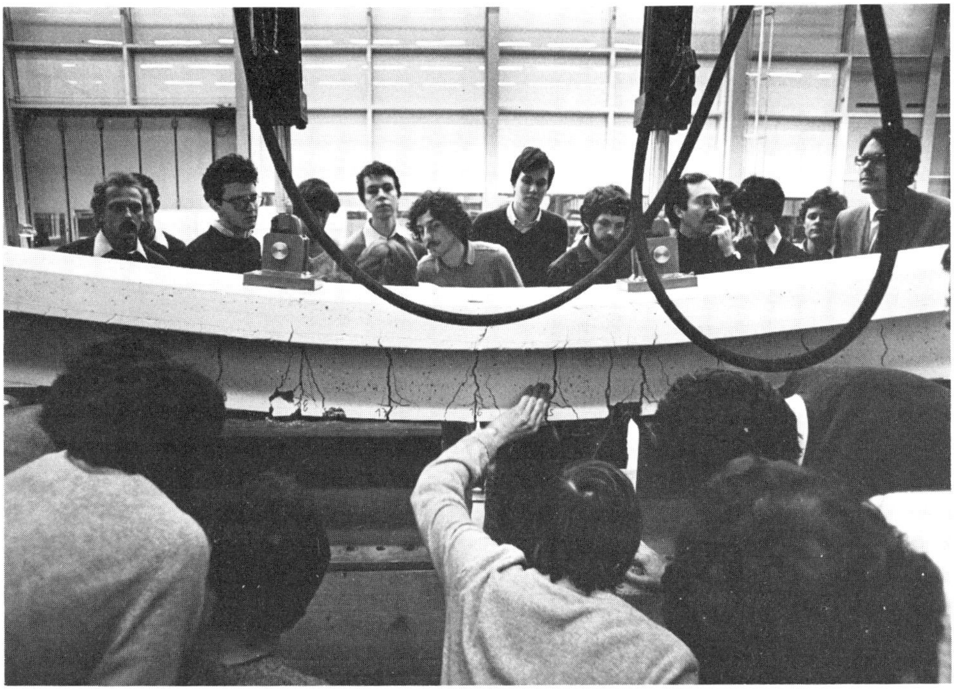

Bruchversuch an einem Stahlbetonbalken — Spannung auch auf den Gesichtern der Studenten!

Aus der Sicht der Abteilungen II und VIII dürfen wir heute aber mit Genugtuung feststellen, dass eine ausgewogene Lösung gefunden wurde, welche sich nach unserer Auffassung auch bewährt hat.

Im April 1976 wurden das neue Lehrgebäude HIL (Hönggerberg-Ingenieur-Lehrgebäude) und im folgenden Oktober das Forschungsgebäude HIF (Hönggerberg-Ingenieur-Forschungsgebäude) bezogen. Unsere Abteilung ist besonders dankbar für die neuen Forschungsanlagen, welche den mit ihr verbundenen Instituten zur Verfügung stehen. Für die meisten Institute ermöglichen diese Einrichtungen zum erstenmal, eine kontinuierliche, systematische, experimentelle Forschung aufzubauen. Daneben kann der theoretische Unterricht durch Demonstrationen und experimentelle Arbeiten der Studenten wirkungsvoll unterstützt und ergänzt werden.

Mit den Neubauten sind für unsere Abteilung sehr gute bauliche und technische Anlagen vorhanden. Sie sind so konzipiert, dass sie den sich laufend verändernden Bedürfnissen leicht angepasst werden können und für viele Jahre ausgezeichnete Dienste leisten werden.

Zusammenfassung

Die Entwicklung der Abteilung für Bauingenieurwesen seit dem Ende des Zweiten Weltkrieges lässt sich wie folgt zusammenfassen:

- Parallel zum gewaltigen Anstieg der Bautätigkeit nahm die Zahl der Studenten von etwa 600 auf über 900 in den Jahren 1965 bis 1968 zu.
- Schon vor der massiven Rückbildung der Bauinvestitionen ab 1973 nahm die Studentenzahl seit 1968 laufend ab, um 1978 ein Tief von nur noch 359 Studenten zu erreichen. Vermutlich zeigt sich darin auch eine Reaktion der jungen Generation gegen die zunehmende Technisierung des Lebens, welche in gewissen baulichen Entwicklungen der letzten Jahre besonders augenscheinlich zum Ausdruck gekommen ist.
- Seit dem Tief der Neueintritte von nur 59 Studenten im Jahre 1976 ist die Zahl wieder auf 72 im Jahre 1979 angestiegen. Nach Schätzungen von Fachleuten der Praxis wie auch eigenen Ueberlegungen ist diese Zahl jedoch völlig ungenügend für den notwendigen Nachwuchs der schweizerischen Bauindustrie. Dies drückt sich bereits deutlich in einem Nachfrageüberhang für junge Absolventen aus. Bei einer Stabilisierung der Bautätigkeit auf dem heutigen Niveau sollten mindestens 110 Studenten jährlich das Bauingenieurstudium an der ETH Zürich aufnehmen.
- In den traditionellen Gebieten des Bauingenieurwesens haben neue Techniken und neue wissenschaftliche Methoden zur Spezialisierung geführt. Dazu sind notwendige Ausweitungen auf planerischen und betrieblichen Gebieten gekommen. Gegenüber der Lehre hat die Forschung sowohl an Bedeutung wie an Umfang stark zugenommen. Diese Entwicklung findet ihren Niederschlag im Anwachsen der Professuren von sechs im Jahre 1945 auf etwa zwanzig im gegenwärtigen Zeitpunkt und der Gründung neuer Institute.
- Im Jahre 1968 wurde ein neuer Studienplan mit sechs Vertiefungsrichtungen eingeführt. Er berücksichtigt sowohl die wichtigen technisch-wissenschaftlichen Fortschritte als auch die geänderten und zum Teil neuen Bedürfnisse der Praxis.
- Im Zuge des baulichen Ausbaus der ETH konnte die Abteilung im Jahre 1976 grosszügig konzipierte Neubauten auf dem Hönggerberg beziehen. Damit stehen ihr zweckmässige und sehr gut eingerichtete Anlagen sowohl für die Lehre als auch für die Forschung zur Verfügung.
- In den letzten zwanzig Jahren hat der Bund weitsichtig und grosszügig seine ETH sowohl baulich wie personell ausgebaut. Die Abteilung für Bauingenieurwesen möchte dem Bundesrat und dem Parlament seine dankbare Anerkennung aussprechen sowohl für den Ausbau der ganzen ETH wie speziell ihrer eigenen Abteilung.

Die Abteilung für Maschineningenieurwesen

Von Paul Profos

Dieser Bericht ist eine Rückschau auf das Geschehen in der Abteilung III A während der letzten 25 Jahre. Er soll vor allem ehemaligen Studierenden, darüber hinaus auch einem weiteren Kreis in Wirtschaft und Politik einen Ueberblick über die Entwicklung dieser Abteilung vermitteln und über ihre Arbeit und deren Ergebnisse, ihre Probleme, ihre Zielsetzungen und die hinter allem stehenden Gedanken und Maximen orientieren. Es wird auch versucht zu zeigen, wie das Geschehen in der Abteilung in vielfältiger Weise mit äusseren Gegebenheiten, Strömungen und Veränderungen im Zusammenhang steht und mitunter auch gegen den Willen der Professoren davon beeinflusst wurde. Im gegebenen Rahmen lässt sich allerdings nur ein Bild in Umrissen entwerfen, und ein Eingehen auf Einzelheiten etwa aus der Tätigkeit der Institute, der geleisteten Forschungsarbeit usw. ist nicht möglich. Hierfür stehen dem Interessierten jedoch insbesondere die Jahresberichte der Institute und das alle zwei Jahre erscheinende Buch «ETH Forschung» zur Verfügung.

Aeussere Gegebenheiten

Die Abteilung für Maschineningenieurwesen ist, wie auch die ETH als Ganzes, nicht isoliert, sondern in eine Umwelt gestellt, mit der vielfältige Verbindungen existieren. So besteht zunächst natürlich eine enge Wechselbeziehung zwischen der Abteilung III A und den Stammgebieten des *Maschineningenieurwesens in der Praxis*. Es ist aber eines der Kennzeichen der technischen Entwicklung in den letzten Jahrzehnten, dass die Abgrenzung der Fachgebiete zunehmend unschärfer wird und verschiedene Disziplinen sich immer mehr gegenseitig durchdringen. So sind etwa Maschinenbau und Elektrotechnik in manchen Bereichen auf vielfältige Weise gegenseitig miteinander verbunden und verflochten. Andererseits führt die Verfahrenstechnik, die sich im wesentlichen des technischen Arsenals des Maschineningenieurs bedient, mitten in technische Chemie und Biotechnik, in Lebensmitteltechnik und weitere Gebiete hinein. Damit ist auch das Geschehen in scheinbar abseits liegenden technischen oder semitechnischen Bereichen oft von wesentlicher Bedeutung für das im Mittelpunkt unserer Betrachtung stehende Maschineningenieurwesen. Wenn nachfolgend versucht wird, die Entwicklung dieser Disziplin in den letzten Dezennien kurz zu charakterisieren, kann jedoch auf diese vielfältigen Einflüsse nur am Rande eingegangen werden.

Eines der hervorstechendsten Merkmale dieser Entwicklung ist wohl, dass seit Mitte der fünfziger Jahre kaum *sprunghafte Aenderungen* — vergleichbar etwa der Revolution der Elektronik durch die Halbleitertechnik — zu verzeichnen sind. Wohl fallen in diese Periode wichtige Ereignisse: vor allem ist die Kernenergietechnik in das industrielle Stadium getreten (1956 ging das erste grosse Werk in England in industriellen Betrieb). Und in den darauf folgenden Jahren feierte die Raumfahrt spektakuläre Triumphe (1969 erste bemannte Mondlandung). Aber das Fundament zu diesen Innovationen wurde immer schon während oder vor dem Zweiten Weltkrieg gelegt, und in jedem Fall wurde — besonders augenscheinlich am Beispiel Kernenergietechnik — in sehr beträchtlichem Umfange «klassische» Technik mitbenutzt. So weist die Entwicklung des Maschineningenieurwesens, ungeachtet der erzielten grossen Fortschritte, in der Hauptsache doch *evolutionären Charakter* auf.

Auffällig ist dabei die *grosse Breite dieser Entwicklung*. In fast allen Zweigen des Maschinenbaus ist eine markante *qualitative Verbesserung* der Produkte und Verfahren teilweise bis zu hoher technischer Vollkommenheit festzustellen, vielfach begleitet von einer immer weiter ausgreifenden Berücksichtigung der *Sicherheits- und Umweltaspekte*. Die Beispiele von technischen Erzeugnissen oder Prozessen, die in diesem Zeitraum aus dem Versuchs- oder Pionierstadium zur technischen Reife geführt wurden, sind mannigfaltig. Es mögen hier nur einige, stellvertretend für viele andere, erwähnt werden: Werkstoffe (Sphäroguss, Verbundstoffe usw.), Herstellungsverfahren (Schweisstechnik, Elektroerosion, Kunststoffverarbeitung usw.), Antriebsmaschinen (Gasturbinen, Turbotriebwerke, Drehkolbenmotoren u. a.), Textilmaschinen (schützenloser Webstuhl, Open-end-Spinnmaschinen usw.), Verkehrswesen (Durchbruch der Schallmauer bei der Militär- und Zivilaviatik). Daneben wurden an sich längst bekannte technische Produkte wie Wasser- oder Dampfturbinen, Dieselmotoren usw. in minuziöser Arbeit am Detail weiter vervollkommnet, in vielen Fällen parallel mit der Entwicklung zu immer grösseren Einheitenleistungen. Die Herstellungstechnik wurde sukzessive verfeinert und die Genauigkeit der industriellen Fertigung um eine Grössenordnung verbessert (numerisch gesteuerte Werkzeugmaschinen).

Diese Entwicklungsarbeiten sind durchwegs gekennzeichnet durch eine *zunehmende wissenschaftliche Durchdringung der Technik* und vielfach auch durch den Uebergang von nur statischer zur viel umfassenderen *dynamischen Betrachtungsweise technischer Vorgänge*. In sehr vielen Fällen wurde in der fraglichen Periode — zum Teil schon früher — der Punkt erreicht, wo mit Empirie allein keine wesentlichen Fortschritte mehr erreichbar waren. Es darf festgestellt werden, dass die Industrie diesen Sachverhalt im allgemeinen rechtzeitig erkannt und daraus auch die nötigen Konsequenzen gezogen hat. Dabei hat man sich auch die *neuen Möglichkeiten der Rechentechnik* für die industrielle Forschung und Entwicklung frühzeitig zunutze gemacht.

Es mag in diesem Zusammenhang auf die nicht selbstverständliche Tatsache hingewiesen werden, dass die schweizerische Maschinenindustrie auch in den letzten Jahrzehnten auf mehreren wichtigen Gebieten eine weltführende Stellung zu erreichen beziehungsweise zu behaupten vermocht hat. Das hat sie zweifellos vor allem seriöser Forschungs- und Entwicklungsarbeit zu verdanken und damit der Tatsache, dass der vielzitierte «technological gap» gegenüber dem Ausland, namentlich den USA, zu keiner Zeit *generell* bestanden hat. Das machen unter anderem wichtige Lizenzvergaben nach den USA seit dem Zweiten Weltkrieg deutlich.

Noch durch einen weiteren Zug ist die technische Entwicklung der letzten Dezennien immer mehr geprägt: durch den *zunehmenden Grad der Automatisierung*. Dieser Trend hat viele Ursachen. Sicher entspringt er nicht nur dem Bedürfnis nach immer noch rationellerer Produktion. Die zunehmende Komplexität und Grösse der technischen Anlagen, die wachsenden Anforderungen hinsichtlich Zuverlässigkeit und Sicherheit machen immer öfter den Einsatz der modernen Mess-, Regel- und Rechentechnik zur zwingenden Notwendigkeit.

Neben diesen Merkmalen, die eher Aenderungen gegenüber früheren Epochen kennzeichnen, sind auch einige Konstanten wesentlich. Eine davon ist die traditionell starke *produktmässige Diversifikation* der schweizerischen Maschinen- und Metallindustrie, die sich zusammen mit der ausgesprochenen Exportorientierung gerade in letzter Zeit einmal mehr als lebenswichtig erwiesen hat. Auch die schon immer angestrebte vergleichsweise hohe *spezifische Wertschöpfung* ist sicher für unser an Rohstoffen armes Land von grosser Bedeutung.

Neben den Ausstrahlungen der technischen Praxis sind natürlich auch andere Geschehnisse und Gegebenheiten von Einfluss auf die Entwicklung einer Maschinenbaufakultät. Da ist zunächst von zwar indirekter, aber doch von deutlich fühlbarer Wirkung die allgemeine *wirtschaftliche Entwicklung*, von der auch die Maschinen- und Metallindustrie erfasst wurde. Die nach dem Zweiten Weltkrieg einsetzende und bis Anfang der siebziger Jahre andauernde wirtschaftliche Aufwärtsbewegung war auch an der Hochschule spürbar. Materielle Mittel flossen reichlich und haben den personellen, räumlichen und ausrüstungsmässigen Ausbau begünstigt. Ebenso machten sich dann aber auch die Auswirkungen der Rezession bemerkbar: Sparmassnahmen beim Bund und insbesondere die Personalplafonierung wurden alsbald auch auf die ETH ausgedehnt und haben zum Teil zu fühlbaren, ja schmerzlichen Einschränkungen geführt. In diesem Zusammenhang ist zweifellos unter anderem der Stopp des weiteren räumlichen Ausbaus der Abteilung III A zu sehen (Projekt Maschinenlabor III).

Auf einer anderen Ebene und mehr oder weniger unabhängig von den konjunkturellen Einflüssen spielten *politische,* insbesondere auch *bildungspolitische Strömungen* in die Entwicklung der Abteilung hinein. So hat die allgemeine Bildungseuphorie der fünfziger Jahre durch die übermässige Propagierung der Mittelschulausbildung vorübergehend einen eher fragwürdigen Zuwachs an Studenten auch an der Abteilung III A begünstigt. Ungleich stärkere Auswirkungen, die nur schwer wieder korrigierbar sein dürften, hatte aber der politische Schock, den die Studentenunruhen zu Ende der sechziger Jahre auch in der schweizerischen Oeffentlichkeit erzeugten. Aus einer falsch verstandenen Demokratisierung abgeleitete, übereilte und oberflächliche *Reformen* waren auch an der ETH die unmittelbare Folge, deren teilweise ungünstige Auswirkungen sich auch in der Abteilung III A bemerkbar machen und die nicht nur den Unterricht belasten, sondern auch den Kontakt der Dozenten zur Schulleitung merklich erschweren. So brachte etwa die Abwertung der Abteilungskonferenz (Konferenz der Dozenten) durch den neugeschaffenen Abteilungsrat (Gremium mit Delegierten von Dozenten, Mittelbau und Studenten) einen faktischen Unterbruch der Kommunikation zwischen Professoren und Schulleitung. Denn durch den Abteilungsrat fühlen sich die Dozenten bei der Schulleitung nicht vertreten, und ihre Stellungnahme in der Abteilungskonferenz ist kaum mehr von Bedeutung. So sieht sich das Gros der Dozenten von jeder Mitsprache — von Mitbestimmung kann schon gar keine Rede sein — faktisch abgeschnitten, was ihrem Interesse an Problemen der Schule natürlich nicht förderlich ist.

Von bedeutender Tragweite war auch der vorwiegend politisch motivierte Entschluss der Bundesbehörden, die EPUL zur *zweiten Bundes-Hochschule* zu machen. Den beruhigenden Versicherungen der politischen Instanzen, dass dadurch die Entwicklung der ETH Zürich in keiner Weise beeinträchtigt würde, wurde schon damals mancherorts mit Skepsis begegnet. Inzwischen haben sich solche Befürchtungen gerade für die Abteilung III A in unangenehmer Weise bestätigt, vor allem durch die verfügte Aufhebung des Instituts für Feintechnik an der ETH Zürich zugunsten der ETH Lausanne.

Dieser kurze Rückblick auf die äusseren Gegebenheiten macht wohl deutlich, dass sich die Entwicklung der Abteilung III A doch vor einem eher bewegten Hintergrund vollzogen hat, dessen Auswirkungen das Geschehen in der Abteilung merklich beeinflussten. Die nachfolgende Darstellung der Entwicklung von Lehre und Forschung erfolgt daher mit Absicht vor diesem Hintergrund, in der Meinung, dass manches damit besser verstanden werden kann.

Entwicklung im Bereich der Lehre

Das allgemeine Ausbildungskonzept

Die Abteilung III A hat die *primäre Aufgabe,* Maschineningenieure so heranzubilden, dass sie nach entsprechender Einarbeit in der Lage sind, die sich in der Praxis stellenden Aufgaben zu lösen. Dabei ist von besonderer Bedeutung, dass die Vielfalt der Aufgabenstellungen in Industrie und Verwaltung mindestens in zwei Dimensionen sehr gross ist. Da ist zunächst die Mannigfaltigkeit der Produkte beziehungsweise Verfahren, die sich aus der starken Diversifikation der Schweizer Industrie ergibt. Anderseits stellen sich in jeder dieser technischen Sparten alle Arten von Ingenieuraufgaben von produktbezogener Forschung über Entwicklung und Konstruktion bis zu Fabrikation oder technischem Verkauf. Daraus ergibt sich nicht nur in einem gegebenen Zeitpunkt eine unübersehbar grosse Zahl von *Anforderungsprofilen* an Wissen, Können und persönlichen Eigenschaften; diese Anforderungen ändern sich ausserdem im Laufe der rund 40jährigen Tätigkeit eines Ingenieurs immer wieder mit der Entwicklung der Technik und seiner beruflichen Stellung, selbst wenn er sein angestammtes Fachgebiet nicht wechselt.

Bedenkt man noch die Kleinheit der Schweiz und damit die relativ geringe Zahl von auszubildenden Maschineningenieuren (ETH Zürich und ETH Lausanne zusammen etwa 200 Absolventen im Jahr), so zeigt sich klar, dass, abgesehen von Sonderfällen, die Lösung dieser Aufgabe praktisch nur über die Ausbildung von *Generalisten* möglich ist. Das Studium bis zum Diplom soll damit dem Absolventen vor allem breite, sorgfältig verankerte Grundlagenkenntnisse und das methodische Wissen um deren Anwendung auf praktische Ingenieuraufgaben vermitteln. Eine Spezialisierung wie auch eine weitere Ausbildung namentlich für Führungsaufgaben findet dann im allgemeinen erst nach dem Uebertritt in die Praxis statt. Bei der schnellen Entwicklung der Technik ist auch ein Wechsel des Fachgebietes nicht selten erforderlich. *Fähigkeit und Bereitschaft zu lebenslangem Lernen* sind damit für den akademischen Ingenieur — neben einer guten Grundausbildung — von entscheidender Bedeutung.

Dieses Grundprinzip der Generalisten-Ausbildung des Maschineningenieurs bis zum Diplom ist trotz der im Abschnitt I erwähnten Wandlungen während der letzten Jahrzehnte nie ernsthaft in Frage gestellt worden. Zwar wurden immer wieder aus der Industrie Wünsche nach Spezialausbildung laut, erwiesen sich aber meist als vorübergehende Anliegen. Anderseits ist uns durch die Praxis aber auch immer wieder die Vielseitigkeit und Anpassungsfähigkeit der Absolventen unserer Abteilung bestätigt worden.

Dagegen wurde in zwei Fällen dem Wunsche nach einer interdisziplinären Oeffnung des Studiums auf bestimmte Richtungen hin entsprochen. In einem Fall betrifft dies die Ausbildung in Richtung *Verfahrenstechnik,* in welcher die Belange des Maschinenbaus in besonderem Bezug zur Durchführung von physikalischen und chemischen Stoffwandlungen berücksichtigt werden. Ihr zwischen Maschineningenieurwesen und Chemie liegendes Gebiet hat sich nach dem Zweiten Weltkrieg sehr stark entwickelt und ausgeweitet, womit nicht nur ausbildungsmässig, sondern auch zahlenmässig (etwa 10 Absolventen pro Jahr) die Schaffung einer speziellen *Ausbildungsrichtung* innerhalb der Abteilung III A gerechtfertigt schien.

Der andere Sonderfall besteht schon seit längerer Zeit in Gestalt der *Ausbildungsrichtung Technische Betriebswissenschaften* (etwa 35 Absolventen pro Jahr). Auch diese stützt sich, wie die Richtung Verfahrenstechnik, auf das Propädeutikum des Maschineningenieurs und geht dann, wie jene, im Vertiefungsunterricht teilweise eigene Wege. Im Gegensatz zur Verfahrenstechnik handelt es sich hier allerdings nicht um eine Orientierung auf ein technisches Fachgebiet, sondern um eine Ausrichtung auf Aufgaben der Planung und Organisation der Fabrikation. Diese Richtung bleibt durch die Kombination des Studienganges mit einem Vertiefungsfach des allgemeinen Maschinenbaus mit der Abteilung eng verknüpft.

Ueber diese beiden Möglichkeiten hinaus ist natürlich eine Spezialisierung immer durch ein *Nachdiplomstudium* möglich. Meist wird davon Gebrauch gemacht in Sinne einer Ergänzung der Ausbildung in Richtung Forschung. Das Diplomstudium vermittelt ja im wesentlichen die Fähigkeit zur *Anwendung vorhandenen Grundlagenwissens*. Dagegen ist die Aufgabenstellung in der Forschung die der *Gewinnung unbekannter Grundlagen* und damit in wesentlichen Punkten anders geartet. In der Mehrzahl der Fälle wird eine solche Spezialausbildung mit einem Doktorat verbunden, das ja die Befähigung zu selbständiger wissenschaftlicher Tätigkeit bescheinigen soll.

In diesem Sinne bringt das Doktorat eine nicht produktspezifische Spezialausbildung und dient der Vorbereitung auf eine spezielle Art der Ingenieurtätigkeit, auf die *industrielle Forschung*. Allerdings ist zu beachten, dass dabei ein ganz anderer Forschertyp als etwa in den exakten oder Naturwissenschaften herangebildet werden soll. Die Vorbereitung des jungen Maschineningenieurs auf eine künftige Forschungstätigkeit in der Industrie bedingt eine andere Blickrichtung, die nicht die Erkenntnis an sich, sondern die *praktische Nutzbarkeit der Forschungsergebnisse* anvisiert.

Zusammenfassend ist also festzuhalten, dass gewisse Möglichkeiten zur Spezialisierung bereits während des Studiums heute vorhanden sind, dass aber doch für die Ausbildung der Maschineningenieure «in allgemeiner Richtung» das Grundkonzept der breiten Generalisten-Ausbildung unverändert beibehalten, ja im Laufe der Zeit eher noch konsequenter verfolgt worden ist. Es ist daher verständlich, dass die Mehrzahl der Studierenden denn auch dieser allgemeinen Richtung den Vorzug gibt.

Besondere Charakteristika der Maschineningenieurausbildung an der ETH Zürich

Es wurde im ersten Teil auf die wachsende Bedeutung *wissenschaftlicher Hilfsmittel und Methoden* im Bereich des Maschineningenieurwesens hingewiesen. Es ist klar, dass diese Tatsache auch im Unterricht ihre Berücksichtigung finden muss. Dabei ist aber entscheidend wichtig, dass Theorie vom Studierenden nicht nur formal begriffen wird, sondern auch auf praktische Problemstellungen angewendet werden kann. Weiter ist der Tatsache Rechnung zu tragen, dass der schliesslich auf die gestalterische Produktschöpfung hinzielende Maschineningenieur die Forderung nach Transparenz, Anschaulichkeit und oft auch nach physikalischer Deutbarkeit theoretischer Hilfsmittel stellt. Das bedeutet, dass zumindest im einführenden Unterricht oft auf sehr hohen Abstraktionsgrad verzichtet werden muss, allenfalls auf Kosten formaler Eleganz. Dafür ist es wichtig, dass der Maschineningenieur ein gewisses *«Prozessverständnis»* entwickelt, das heisst die Fähigkeit, auch bei einem komplexen technischen Geschehen die wesentlichen physikalischen Phänomene von den unwichtigen zu trennen und sich auf Grund dieser nunmehr überschaubaren relevanten Vorgänge ein hinreichend zutreffendes Bild von dem ihn interessierenden Sachverhalt zu machen. Hierbei spielt das Vorstellungsvermögen oft eine entscheidende Rolle.

Neben vorwiegend analytischen Problemen stellt sich dem Maschineningenieur vor allem auch die entscheidend wichtige Aufgabe der *konstruktiven Realisierung*. Der konstruktive Entwurf, im Sinne eines optimierenden gedanklichen *Wechselspiels von Synthese und Analyse,* ist von zentraler Bedeutung im akademischen Maschineningenieurstudium. Natürlich werden vorab in der Phase der Analyse, zunehmend aber auch bei der Synthese theoretische Hilfsmittel aller Art beigezogen (zum Beispiel rechnergestützte Konstruktion). Daneben spielen jedoch noch Erfahrung und — insbesondere beim kreativen Synthesevorgang — Phantasie, ja Intuition auch im Computerzeitalter eine unersetzliche Rolle und sind vor allem Quelle des beglückenden Gefühls schöpferischer Leistung, das ein gelungenes Werk dem Konstrukteur vermittelt.

Die Heranbildung konstruktiv befähigter Hochschulingenieure ist nach wie vor ein dringendes Anliegen der Praxis, dem sich die Hochschule nicht entziehen darf, selbst wenn sie natürlich nur in ganz ungenügendem Ausmass auch Konstruktions*erfahrung* zu vermitteln vermag. Und sie muss auch den Studierenden mit Nachdruck darauf hinweisen, dass sowohl Rechnung wie Experiment letzten Endes immer nur Hilfsmittel der erst das Produkt erschaffenden Konstruktion sind. Das will nicht heissen, dass im Studienplan nicht auch Ausbildungswege für den eher analytisch veranlagten Ingenieurstudenten vorgesehen sein sollen. Aber auch dieser muss so weit in das Wesen der Konstruktion eingeführt werden, dass er deren dominierende Bedeutung für das Ingenieurschaffen erkennt, wenn er vor späteren Enttäuschungen bewahrt werden soll.

Schliesslich muss der Maschineningenieur auch fähig sein, die Richtigkeit seiner Ueberlegungen und Berechnungen durch das *Experiment* nachzuprüfen. Zweckmässige, gutdurchdachte Planung, effiziente und sorgfältige Durchführung von Versuchen sowie die seriöse Auswertung und Deutung der Messergebnisse werden dabei um so wichtiger, je grösser die Tragweite der darauf sich stützenden Entschlüsse ist.

In den propädeutischen Semestern eignet sich der Maschineningenieurstudent ein breites Fundament von mathematischem, physikalischem, technologischem und methodologischem Grundlagenwissen an.
Studenten machen sich im messtechnischen Laboratorium mit Messgeräten und deren Anwendung vertraut.

Entwicklung des Studienaufbaus — Studienplanreformen

Aehnlich der technischen Entwicklung sind in den letzten drei Jahrzehnten keine umstürzenden Aenderungen an Aufbau und Inhalt des Maschineningenieurstudiums zu verzeichnen. Diese Entwicklung vollzog sich vielmehr in kleinen, aber zahlreichen Schritten. Dieses behutsame Vorgehen war durchaus beabsichtigt, sind doch solche Aenderungen nicht ohne Risiken und Störungen durchführbar. Vor allem ist es schwierig, die Auswirkungen von Reformen vorausschauend vollumfänglich zu überblicken. Dazu kommt, dass die effektiven Folgen erst nach Jahren sichtbar werden, Korrekturmassnahmen mithin erst mit grosser Verspätung eingeleitet werden können.

Natürlich muss es zunächst das Anliegen jedes *Dozenten* sein, *seine Lehrveran-*

Die Diplomausbildung ist daraufhin gerichtet, den Absolventen zu befähigen, im Bereich des Maschineningenieurwesens wissenschaftliche Methoden und Hilfsmittel zur Verbesserung bestehender und insbesondere zur Schaffung neuer Produkte oder Produktionsverfahren systematisch einzusetzen.
Zwei Studenten haben auf Grund theoretischer Ueberlegungen ein (pneumatisches) Regelgerät mit vorgegebenen Eigenschaften konzipiert und mit Hilfe von Baukastenelementen realisiert. Im Laboratorium prüfen sie nun, ob dieses Gerät die berechneten Eigenschaften wirklich aufweist.

staltungen fortlaufend der wissenschaftlichen und technischen Entwicklung nach Massgabe des verfolgten Lehrziels *anzupassen.* Dies gilt sowohl für den Inhalt als auch für die Art der Darbietung. Gerade hinsichtlich der Hochschuldidaktik sind ja in den letzten Jahrzehnten Fortschritte gemacht worden. Allerdings wurden zeitweilig sowohl in neue Lehrmethoden wie vor allem in technische Lehrhilfen da und dort viel zu hohe Erwartungen gesetzt. Dabei wurde unter anderem übersehen, dass es gar nicht unbedingt erwünscht ist, dem Studierenden alle Schwierigkeiten des Lernens auf ein Minimum zu reduzieren. Lebenslanges Lernen ist eine unerlässliche Vorbedingung für die produktive Tätigkeit eines Hochschulingenieurs, wobei in der Praxis der zu lernende Stoff beziehungsweise das zu bearbeitende Problem im allgemeinen nicht bereits methodisch schön aufbereitet und in didaktisch optimaler Weise dargeboten wird. Der Ingenieur muss vielmehr unter den verschiedensten Bedingungen und mit den verschiedensten Hilfsmitteln lernen können, und dazu sollte er schon während des Studiums angeleitet werden.

Natürlich ist nichts gegen eine sorgfältige und objektive Prüfung der verschiedenen Formen der Wissensvermittlung einzuwenden. Solche Untersuchungen haben denn auch gezeigt, dass auch alte Lehrformen neben neuartigen durchaus ihre Berechtigung behalten haben und namentlich bei beschränkten Mitteln oft effizienter sind. So hat sich die durch Wandtafelnotizen und Skizzen untermalte und, wo tunlich, durch Projektionen und Demonstrationen aufgelockerte Vorlesung noch immer als sehr wirksame Methode der Wissensvermittlung erwiesen, vor allem in Kombination mit Kolloquien und Uebungen. Namentlich auf Wunsch der Studierenden sind in den letzten Jahren zu vielen obligatorischen Lehrveranstaltungen auch Skripten erstellt worden, von manchen Dozenten allerdings mit gemischten Gefühlen. Denn die Versuchung namentlich für wenig interessierte beziehungsweise wenig motivierte Studenten, solchen Vorlesungen dann fernzubleiben, ist nachgewiesenermassen gross. Hauptnachteil ist dabei, dass das entsprechende Wissen dann für den darauf aufbauenden Unterricht nicht präsent ist und damit das Verständnis erschwert wird.

Aenderungen des Studienplanes, insbesondere des Gewichtes und der Zusammensetzung der Fächer, sind Sache der Abteilung und bedürfen im allgemeinen der Zustimmung der Schulbehörde. Diesen Studienplan immer wieder zu überprüfen und wenn nötig durch Korrekturmassnahmen einer optimalen Lösung möglichst nahe zu halten, hat sich die Abteilung III A von jeher zur Pflicht gemacht. Sie war sich dabei aber bewusst, dass jede Aenderung am komplexen Bau eines Curriculums grössere Teile des Gefüges in Mitleidenschaft zieht und dass sehr überlegt und sorgfältig vorgegangen werden muss, wenn negative Effekte vermieden werden sollen. Aus diesen Gründen hat man kleinere, öfters vorgenommene Aenderungen grossen, das ganze Gefüge aufbrechenden Reformen im allgemeinen vorgezogen.

Ohne Zweifel haben die Ingenieurwissenschaften in den letzten Jahrzehnten eine enorme Breitenentwicklung erfahren. Gleichzeitig sind sich aber die verschiedenen Disziplinen in den Grundlagen auch wesentlich nähergekommen, und die Möglichkeiten des *Zusammenfassens* auf dieser Ebene sind entsprechend grösser geworden. So konnte bisher immer noch eine Verlängerung des Studiums — eine solche wurde wiederholt erwogen — vermieden werden, allerdings um den Preis eines heute recht dichtgepackten Curriculums, das dem Studenten nur noch wenig Zeit für besondere Interessen lässt.

In die letzten Jahrzehnte fallen mehrere kleinere und grössere Studienplananpassungen (Schema S. 145). Sie haben zum Teil wichtige Aenderungen gebracht, die eine *Adaptierung an die gewandelten äusseren Bedingungen,* namentlich die wissenschaftliche und technische Entwicklung, bezweckten. Im Prinzip blieb dabei der allgemeine Studienaufbau, wenn auch in etwas aufgelockerter Form, erhalten, nach dem *zuerst* jeweilen das *Grundlagenwissen* vermittelt wird, das

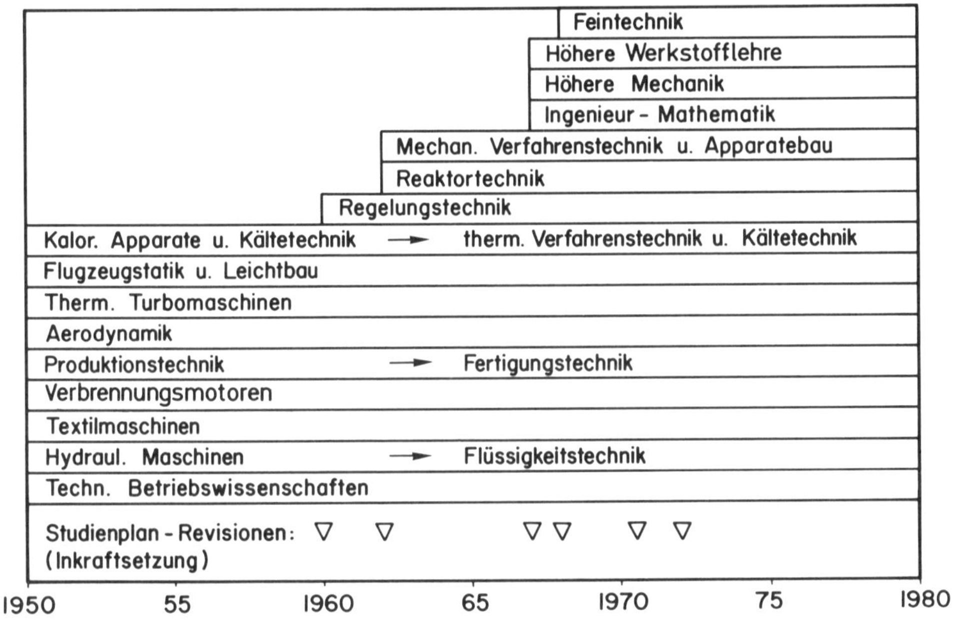

Zeitliche Entwicklung des Angebots von Vertiefungsfächern und Ueberblick über die Inkraftsetzung grösserer Studienplanänderungen (Zeitmarke ▽).

Voraussetzung für ein tieferes Verständnis jeden fachtechnischen Unterrichts auf Hochschulniveau ist.

Bis 1960 wurde dieses Grundlagenwissen weitgehend vollständig in den ersten fünf Semestern angeboten. Im fünften Semester setzte dann der Vertiefungsunterricht ein, wobei bis zum achten Semester aus neun möglichen Vertiefungsfächern drei zur Bearbeitung zu wählen waren. In den folgenden Jahren wurde die Zahl der zur Wahl stehenden Vertiefungsfächer vermehrt, einerseits um die Palette der herkömmlichen Lehrgebiete durch wichtige neue zu ergänzen, anderseits aber auch, um der stark angestiegenen Studentenzahl zu begegnen (Diagramm S. 150). So wurden 1960 *Regelungstechnik,* 1962 *Reaktortechnik* und *Mechanische Verfahrenstechnik* als neue Vertiefungsfächer aufgenommen, womit deren Gesamtzahl auf zwölf stieg.

Teilweise im Zusammenhang damit, teils auch auf Grund der allgemeinen Entwicklung, stellte man in der Folge fest, dass das bislang vermittelte Grundlagenwissen nicht mehr ausreichte. Insbesondere genügte für eine wachsende Zahl von Vertiefungsfächern das angebotene *mathematische Rüstzeug* nicht mehr. Ferner wurde eine allgemeine *Grundlagenausbildung in Mess- und Regeltechnik* vermisst. Eine weitere Ausdehnung des Propädeutikums erschien allerdings nicht als zweckmässige Lösung, um so mehr als ein Ausbau der theoretischen Basis nicht für alle Studierenden im gleichen Ausmass für notwendig erachtet wurde. So entschloss man sich 1967 dazu, den neuen Teil dieses erweiterten Grundlagenunterrichts parallel zu den Vertiefungsfächern anzubieten. Um zugleich auch vorwiegend analytisch begabten Studierenden eine bessere Entfaltungsmöglichkeit zu bieten, wurden Pakete dieses Stoffes zu neuen, theoretischen Vertiefungsfächern zusammengefasst: *Höhere Mechanik* und *Ingenieurmathematik*. Ausserdem wurde als weiteres Vertiefungsfach ohne damit verbundenen Konstruktionsunterricht das Gebiet *Höhere Werkstofflehre* aufgenommen. Dagegen liess man das Projekt, auch ein Vertiefungsfach Ingenieurphysik zu schaffen, nach längeren Bemühungen wieder fallen. — 1968 kam dann noch *Feintechnik* als weiteres Vertiefungsfach hinzu.

Im Zusammenhang mit dieser Vergrösserung der Zahl der Vertiefungsfächer wurde noch eine weitere wesentliche Aenderung vorgenommen. Zunächst musste in den oberen Semestern für die neuen Grundlagenfächer etwas Raum gefunden werden. Das war aber nur möglich entweder auf Kosten des Vertiefungsunterrichts oder durch eine Verlängerung der Mindeststudiendauer. Da das Anhängen eines weiteren Studiensemesters aus verschiedenen Gründen nicht in Betracht gezogen werden konnte, blieb nur die andere Möglichkeit: die Reduktion der Zahl der obligatorisch zu belegenden Vertiefungsfächer von drei auf zwei. Dabei konnte aber pro Vertiefungsfach mehr Zeit (namentlich für Uebungen) zur Verfügung gestellt und folglich eine noch gründlichere und tiefer schürfende Bearbeitung der verbleibenden zwei Gebiete erwartet werden. Trotz anfänglicher Bedenken hat sich diese Lösung denn auch im allgemeinen sehr gut bewährt. Fragwürdig wurde sie nur, wenn der Studierende zwei allzunahe beieinander liegende Vertiefungsfächer — zumal zwei Fächer ohne Konstruktion — wählte.

In diesem Zusammenhang ist darauf hinzuweisen, dass der Vertiefungsunterricht seit jeher nicht den Zweck verfolgte, speziell auf eine spätere Tätigkeit auf dem Gebiet der gewählten Fächer vorzubereiten, sondern ausgesprochen *exemplarischen Charakter* hatte. An wenigen, besonders geeigneten Beispielen soll dem Studenten die Anwendung des erworbenen Grundlagenwissens auf technische Problemstellungen demonstriert werden. Durch die Reduktion der Zahl der Vertiefungsfächer von drei auf zwei ist natürlich die Bedeutung dieses Prinzips noch unterstrichen worden. — Die meisten der Vertiefungsfächer sind zudem ausgesprochen anwendungsnah, und insbesondere die mit Konstruktion verbundenen pflegen seit jeher einen projektorientierten Unterricht.

1970 wurde im Einvernehmen mit der einschlägigen Industrie eine weitere wesentliche Aenderung vorgenommen, auf die bereits weiter vorn hingewiesen worden ist: Die Schaffung einer speziellen *Studienrichtung Verfahrenstechnik*. Zwar bestand zu diesem Zeitpunkt bereits die Möglichkeit, zwei verfahrenstechnische Vertiefungsfächer zu wählen und damit schon eine gewisse Spezialisierung der Ausbildung zu erreichen. Es wurde aber argumentiert, dass die Ausbildung in Richtung Chemie ungenügend sei. Dem trug ein neuer Spezialstudienplan nunmehr Rechnung.

Zu Anfang der siebziger Jahre wurde schliesslich der Spezialstudienplan für die Richtung *Technische Betriebswissenschaften* einer gründlichen Ueberholung unterzogen. Nebst einer Ausweitung des Fächerangebots wurde gleichzeitig eine klarere Strukturierung desselben angestrebt. Betriebswissenschaftliche und arbeitswissenschaftliche Fächer wurden im fünften und sechsten Semester konzentriert und bildeten mit neuen Fächern in Mathematik und Datenverarbeitung einen an das Propädeutikum anschliessenden Fächerblock, in welchem die für die Betriebsingenieurausbildung wesentlichen Grundlagenwissenschaften zusammengefasst wurden. Die betriebswissenschaftlichen Kernfächer wurden ebenfalls verstärkt, vor allem aber die *Unternehmensführung* erstmals formell in der Ausbildung verankert.

In diesem erweiterten Rahmen wurde nun auch versucht, die einzelnen Fächer inhaltlich besser miteinander zu verknüpfen und das ganze Studium auf das wesentliche Ausbildungsziel auszurichten, das darin besteht, den Absolventen zu befähigen, komplexe betriebswissenschaftliche Probleme in der Praxis zu lösen. Prüfstein für diese Befähigung sind — und zwar seit dem Bestehen der betriebswissenschaftlichen Ausbildung an der ETH — *die in der Industrie durchgeführten Semester- und Diplomarbeiten.* Neu war die verstärkte Betonung der methodischen Grundlagen der Problemlösung auf der Basis des «Systems Engineering» sowohl im vorbereitenden Unterricht wie in der Bewertung der Arbeiten.

Eine weitere, wesentliche Reform betrifft die obligatorische *Werkstattpraxis.* Der Wunsch nach einer Kürzung der 26wöchigen Dauer paarte sich hierbei mit dem dringenden Anliegen nach grösserer Effizienz der Praktikantentätigkeit. Dank dem verständnisvollen Entgegenkommen der Industrie konnte 1972 die folgende Lösung gefunden werden: Von der auf total 18 Wochen reduzierten Praxis wurden 6 Wochen für einen vor Beginn des 3. Studiensemesters zu absolvierenden, straff geführten *Werkstattgrundkurs* abgespalten. Die übrigen 12 Wochen sind vor dem 7. Semester zu absolvieren, wobei hier auch eine einschlägige Büro- und Labortätigkeit zugelassen ist. Diese Lösung hat sich inzwischen sehr gut bewährt.

Die zunehmend schnellere Entwicklung der technischen Wissenschaften in den letzten Jahrzehnten hat das schon immer vorhandene Bedürfnis der in der Praxis tätigen Ingenieure nach Möglichkeiten der beruflichen *Weiterbildung* wesentlich verstärkt. So sind speziell von Fachorganisationen diesbezügliche Wünsche vor allem an einzelne Institute der Abteilung III A herangetragen worden. Diese Anregungen wurden aufgenommen und haben zur Veranstaltung einer ganzen Reihe von *Weiterbildungskursen* namentlich über neue Entwicklungen der Ingenieur-Grundlagenwissenschaften (Mathematik, Regeltheorie, Messtechnik, Thermodynamik usw.), aber auch einzelner Anwendungsgebiete (Thermische Turbomaschinen, Verfahrenstechnik, Kernenergietechnik usw.) geführt.

Daneben wurde 1970 auf Abteilungsebene versucht, als Ergänzung zum schon seit jeher bestehenden Doktorat ein *Nachdiplomstudium* neu zu institutionalisieren, das zwar nicht zu einem neuen akademischen Titel führen, aber doch die

Möglichkeit eines *individuell gestalteten,* seriösen *Ergänzungsstudiums* schaffen sollte. Es hat sich aber seither gezeigt, dass das Bedürfnis nach einer solchen Möglichkeit in technischer Richtung offenbar gering ist, indem nur in sehr wenigen Fällen von ihr Gebrauch gemacht wurde. Dagegen besteht zunehmendes Interesse an einem Nachdiplomstudium in betriebswissenschaftlicher Richtung.

Wie schon eingangs erwähnt, wurden namentlich im Zusammenhang mit der durch die Studentenunruhen um 1968 ausgelösten Reformwelle auch an der ETH verschiedene Reformen allgemeiner Art durchgeführt, die jedoch teilweise unterschiedliche, abteilungsspezifische Wirkungen zeitigten. So hat etwa die neue Auslegung des *Testat*-Begriffs durch die Schulleitung dazu geführt, dass der Dozent nicht mehr berechtigt ist, ein Schlusstestat auf Grund einer ungenügenden Leistung zu verweigern. Damit wurde die laufende Erfolgskontrolle praktisch aufgehoben, was sofort einen markanten Abfall des Einsatzes während des Semesters bewirkte, und zwar bedauerlicherweise gerade bei den schwächeren Elementen. Der Hinweis, dass die Studierenden doch erwachsene

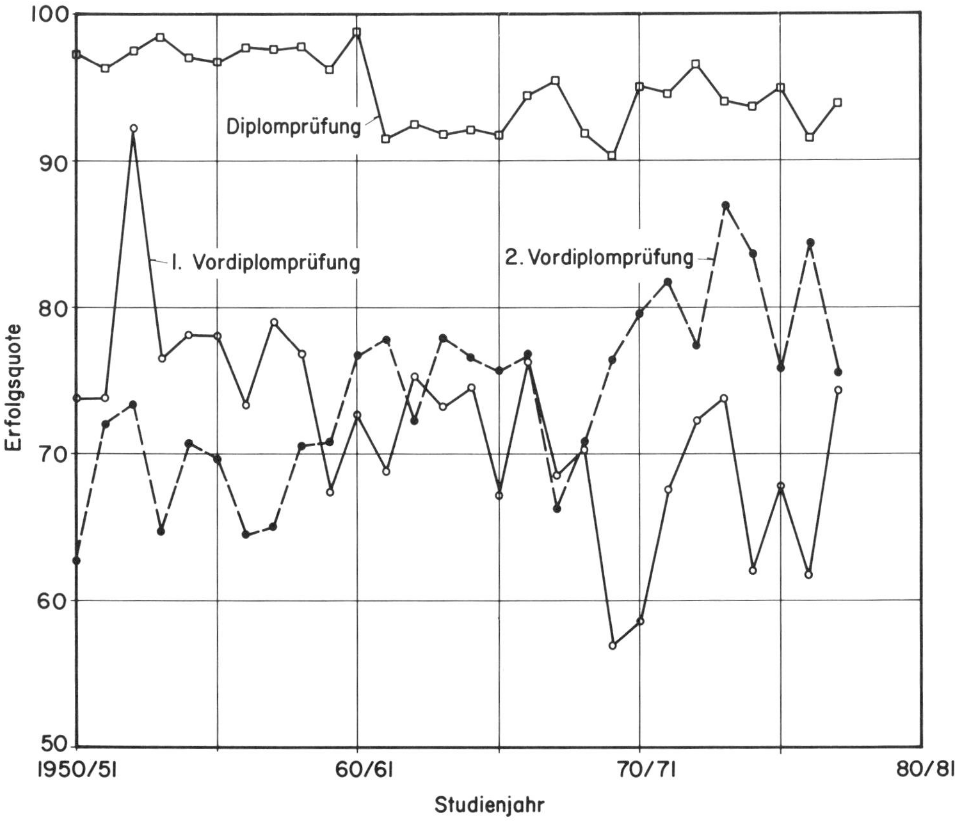

Zeitlicher Verlauf der Erfolgsquoten der Vordiplom- und Schlussprüfungen (Anmerkung: Erfolgsquote = Anzahl erfolgreicher Kandidaten bezogen auf Gesamtzahl der Kandidaten).

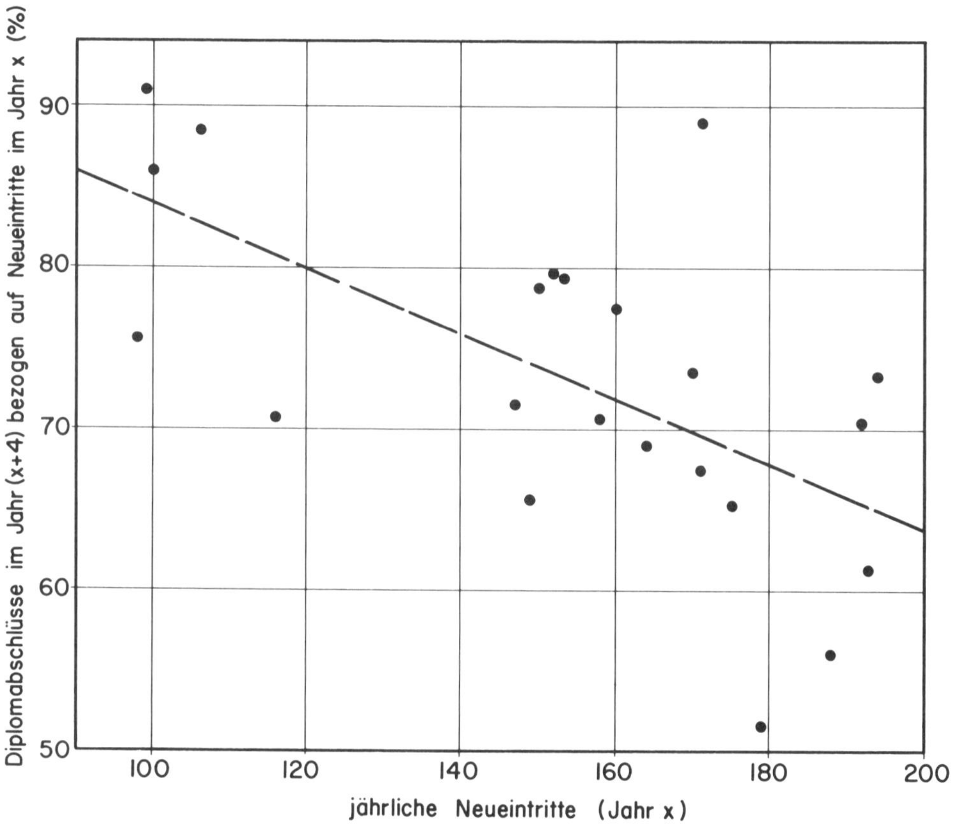

Korrelation zwischen Zahl der Neueintritte im Jahr x und der Zahl der Diplomabschlüsse im Jahr x + 4 (Herbst- und Frühjahrsprüfungen). Der nach rechts abfallende Trend ist statistisch gesichert (x: 1952 ... 1973).

Menschen seien, ist hier nur bedingt stichhaltig, denn die heute nachweislich spät einsetzende charakterliche Reife lässt eben doch für manchen noch unfertigen Studenten einen gewissen Leistungszwang als heilsam und notwendig erscheinen. Dies wird auch von sehr vielen Absolventen nach Studienabschluss ausdrücklich anerkannt, wie unter anderem manches Dankschreiben von besonderen «Sorgenkindern» beweist.

Gegenstand verschiedener Reformbestrebungen war auch das *Prüfungswesen*. Realisiert wurden aber bis heute nur geringfügige Aenderungen, von denen etwa die obligatorische Anwesenheit von Beisitzern in allen mündlichen Prüfungen als durchaus positiv zu bewerten ist, namentlich bei der Examinierung von einzelnen Kandidaten. Innerhalb der Abteilung III A wurde übrigens schon lange der Frage der Prüfungen grosse Beachtung geschenkt und auftretende Unregelmässigkeiten der Erfolgsquote oder des Notenbildes immer wieder zum Anlass einer sorgfältigen Durchleuchtung der Prüfungspraxis genommen. So hat zum

Beispiel eine bewusst vorgenommene Verlagerung des Gewichtes der Anforderungen dazu geführt, dass das *Ausscheiden ungeeigneter Kandidaten* zunehmend in der ersten Vordiplomprüfung erfolgte, während die Erfolgsquote bei der zweiten Vordiplomprüfung entsprechend anstieg (Diagramm S. 148).

Unabhängig davon sind die Prüfungen — nicht zuletzt auch die Schlussprüfungen — als eines der zur Verfügung stehenden Mittel gehandhabt worden, um die Qualität der Maschineningenieurausbildung auf keinen Fall absinken zu lassen. Das erwies sich als notwendig, indem, wie die relativen Erfolgsquoten ausweisen (Diagramm S. 149), die grösseren Studentenzahlen *überdurchschnittliche Anteile an ungenügend befähigten Elementen* brachten, womit die viel propagierte Ausschöpfung der sogenannten Begabtenreserven also mindestens im zur Diskussion stehenden Bereich fragwürdige Resultate zeitigte.

Entwicklung der Studentenzahlen

Aus untenstehendem Diagramm geht die Entwicklung der Neueintritte in die ETHZ sowie in die Abteilung III A im Verlauf der letzten 25 Jahre hervor. Während die Gesamtneueintritte in diesem Zeitabschnitt ziemlich regelmässig zunahmen, zeigt die Kurve der Maschineningenieuraspiranten einen anders gearteten Gang. Einem sprunghaften Anstieg im Jahre 1957 folgte eine lange Periode der Stagnation beziehungsweise eines allmählichen Rückgangs. Erst

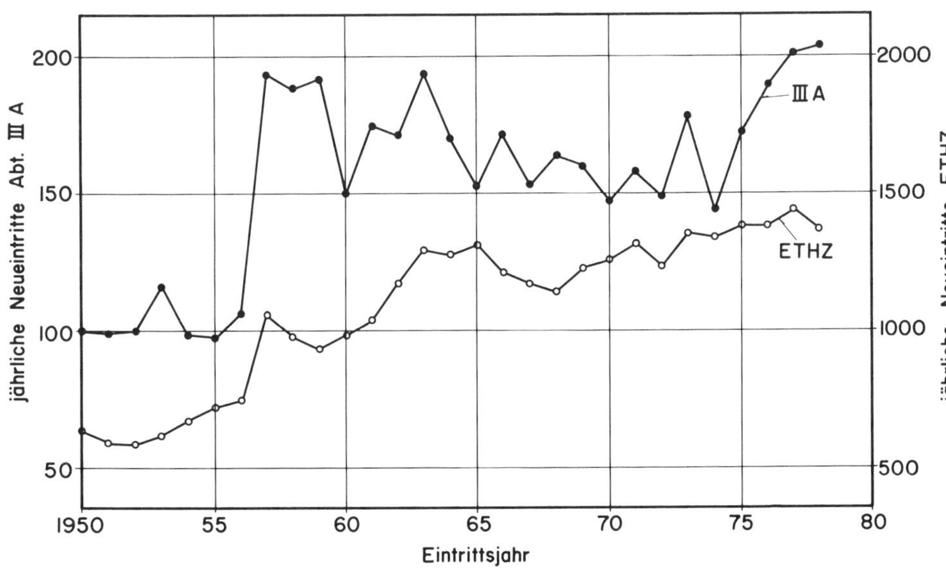

Zeitliche Entwicklung der Studentenzahlen (Neueintritte) an der Abteilung III A und an der ETH Zürich.

ab 1975 setzte wieder ein neuer, kräftiger Anstieg des Zustroms ein. Die Gründe dafür sind sicher vielfältiger Art und nur zu vermuten. Es darf aber wohl angenommen werden, dass ein Teil der 1957 festgestellten Zunahme der Eintritte mit dem allgemein grösseren Zustrom zur ETH zusammenhängt. Ein weiterer Grund mag in der Faszination liegen, die von den damals sich schnell überbietenden Erfolgen der Raumfahrt und der friedlichen Nutzung der Kernenergie ausging. Dieser Periode der technischen Hochstimmung folgte aber dann nichts Gleichwertiges mehr; vielmehr schlug diese Euphorie langsam in Ernüchterung und schliesslich in eine zum Teil sogar technikfeindliche Stimmung um. Dieser *Umschwung in der Einstellung der Oeffentlichkeit zur Technik* ist kaum ohne Einfluss auf die Berufswahl der Maturanden geblieben und könnte die rückläufige Tendenz wenigstens teilweise erklären. Interessant ist dann aber, dass der neuerliche starke Anstieg mit dem Beginn der Rezession zusammenfällt. Es erscheint nicht abwegig anzunehmen, dass die Aussicht auf einen relativ sicheren Arbeitplatz seither manchen Maturanden zur Wahl des Maschineningenieurberufs mitbewogen hat. Natürlich sind die Motive einer solchen Wahl vielfältig, wie auch eine durch den VSM angeregte Studie[1] eindrücklich darlegt. Das sehr ungenaue, ja in mancher Beziehung unzutreffende Bild, das sich Maturanden von Ausbildung und Beruf des Maschineningenieurs machen, hat aber wohl kaum die festgestellte Trendumkehr bewirkt.

Entwicklung im Bereich der Forschung

Motive der Forschungstätigkeit

Die Forschung im Bereich des Maschineningenieurwesens hat, wie in anderen Ingenieurgebieten auch, zunächst zwei Hauptmotive. Einmal wird geforscht aus dem menschlichen Urdrang nach Erkenntnis heraus, also aus rein ideellen Gründen. Daneben liefert der aus der Ingenieurpraxis kommende Wunsch nach einem besseren, tieferen Verständnis der technischen Vorgänge, nach effizienteren Arbeitsmethoden usw. eine weitere starke Motivation. Im speziellen Fall der Hochschulforschung kommt ausserdem noch ein dritter Beweggrund hinzu, nämlich die Bedeutung der Forschung für die Lehre sowohl als Instrument zur Gewinnung wie auch zur Vermittlung von Erkenntnis.

Nach aussen scheint die Praxisbezogenheit auch der akademischen Forschung im fraglichen Bereich sehr dominant, um so mehr als, wie wir noch sehen werden, die *angewandte Forschung* starkes Uebergewicht hat. Für den Forscher selber hat jedoch die ideelle Seite eine mindestens ebenso grosse Bedeutung, da *sie* ihm vor allem nachhaltige Befriedigung und inneren Gewinn bringt, ähnlich wie sie der konstruierende Ingenieur aus der schöpferischen Komponente seines Tuns empfängt.

Das Doktorat wird oft als Vorbereitung auf eine Tätigkeit im Bereich der industriellen Forschung aufgefasst, wo es darum geht, wissenschaftliche Hilfsmittel und Methoden zur Gewinnung neuer Erkenntnisse einzusetzen.
Ein Doktorand ist mit Messungen an einer selbst entworfenen und mit Hilfe der Institutswerkstatt aufgebauten Versuchseinrichtung beschäftigt. Im vorliegenden Fall geht es um die Untersuchung der Regeleigenschaften eines verfahrenstechnischen Prozesses (Luftbefeuchter).

Forschung und Lehre

Bis heute ist die *Einheit von Lehre und Forschung* an der ETH und insbesondere für den Hochschulbereich Maschineningenieurwesen nie ernsthaft in Frage gestellt worden. Sie scheint bisher fast eine Selbstverständlichkeit gewesen zu sein und wurde praktiziert, lange bevor das Wort «Lernen durch Forschen» zum Modewort wurde. Freilich ist diese Art Unterricht im Maschineningenieurstudium vor dem Diplom nur in geringem Umfang möglich, weil der Studierende frühestens in den allerletzten Semestern über die dazu nötigen Grundlagenkenntnisse und die methodische Erfahrung verfügt. Dagegen ist das Heranbilden von *Nachwuchsforschern* an der Hochschule natürlich ohne den Einsatz der Forschung als Instrument der Lehre nicht denkbar.

Selbstverständlich ist die forschende Tätigkeit nicht nur aus der Sicht des Studenten wichtig. Nicht weniger bedeutsam ist eine solche für den Dozenten selber, der sehr bald die Tuchfühlung mit der sich ständig weiter entwickelnden Wissenschaft seines Fachgebiets, aber auch die Glaubwürdigkeit gegenüber seinen Schülern verlieren würde, wenn er sich nicht persönlich in der Forschung engagierte. Akademische Forschung ist daher in einem gewissen Ausmass *zwangsläufig* mit der Lehre verbunden und hat keineswegs nur die Bedeutung der Erkenntnisgewinnung um ihrer selbst willen. Dies darf namentlich beim Blick auf die für Forschungsarbeiten im Bereich des Maschineningenieurwesens notwendige, relativ kostspielige Infrastruktur nicht ausser acht gelassen werden. Umgekehrt sollte der obligatorische Charakter der Forschung aber auch nicht vergessen werden, wenn etwa im Zusammenhang mit Schwerpunktsbildung an einer der beiden Bundeshochschulen mit dem Gedanken eines nur auf Servicebasis funktionierenden «Fernunterrichts» an der anderen ETH gespielt wird.

Akademische versus industrielle Forschung

Es ist kein Zufall, wenn die akademische Forschung im Bereich des Maschineningenieurwesens viel *Aehnlichkeiten,* ja *Gemeinsamkeiten mit der entsprechenden industriellen Forschung* aufweist. Dies hat sich im Laufe der letzten Jahrzehnte eher noch verdeutlicht. So wird an beiden Orten vorwiegend *angewandte Forschung* betrieben, und unmittelbaren Anlass zur Inangriffnahme eines Forschungsprojektes liefern hier wie dort sehr oft in der Praxis festgestellte *Schwierigkeiten* oder *Unzulänglichkeiten* bei technischen Produkten oder Verfahren. Anderseits bestehen jedoch in mancher Hinsicht auch deutliche Unterschiede. So ist die *Art der Fragestellung* auch bei der angewandten akademischen Forschung immer auf die *Gewinnung grundlegender,* nicht nur auf einen Einzelfall anwendbarer *Erkenntnisse* ausgerichtet und visiert eine Vertiefung des technischen Verständnisses der fraglichen Phänomene, nicht etwa nur eine Beseitigung der am technischen Produkt festgestellten Schwierigkeiten an.

Stark verschieden sind auch die *personellen Verhältnisse* vor allem in dem Sinne, als an der Hochschule vorwiegend mit «Anfängern» auf dem Gebiet der Forschung gearbeitet werden muss. Das hat allerdings den gelegentlich nicht unwesentlichen Vorteil, dass der Sachbearbeiter völlig unvoreingenommen an seine Aufgabe herangeht. Aber es kann nicht ausbleiben, dass unter solchen Umständen Forschungsarbeiten an der Hochschule vergleichsweise langsam vorankommen. Natürlich spielt daneben auch eine Rolle, dass akademische Forschungsarbeiten in der Regel nicht demselben Zeit- und Ergebnisdruck unterliegen wie in der Industrie.

Ein wesentlicher Unterschied zwischen akademischer und industrieller Forschungstätigkeit liegt ferner in der sogenannten *freien Themenwahl* an der Hochschule. Freilich ist auch diese Freiheit keine absolute, und bei der Auswahl der Forschungsschwerpunkte ebenso wie der einzelnen Forschungsprojekte sind in der Regel eine ganze Anzahl von Kriterien zu berücksichtigen; so etwa: die persönliche Erfahrung und Neigung des Forschungsleiters, die Eignung des Projektes im Sinne von «Lernen durch Forschen», die Wahrscheinlichkeit der Gewinnung von grundlegenden Einsichten, die Möglichkeit späterer praktischer Anwendung der gewonnenen Erkenntnisse und andere. Daneben muss selbstverständlich ein Forschungsvorhaben den vorhandenen materiellen und personellen Voraussetzungen am jeweiligen Institut angepasst sein.

Ungeachtet der festgestellten Unterschiede sind aber akademische und industrielle Forschung im Bereich des Maschineningenieurwesens eng verwandt. Bei dieser Sachlage ist es offensichtlich, dass in diesem Bereich eine Zusammenarbeit zwischen Hochschule und Industrie gegenseitig sehr anregend und befruchtend wirken kann. Namentlich durch das Mittel von ständigen *Seminarien* und *Kolloquien* sind in den letzten zwei Jahrzehnten entsprechende Institutionen der Begegnung und des Gedankenaustausches geschaffen worden, die sich ausgezeichnet bewährt haben. Daneben haben natürlich persönliche Kontakte zwischen Instituts- beziehungsweise Forschungsleiter und den jeweiligen Fachleuten in der Industrie unverändert ihre grosse Bedeutung. — Ganz allgemein kann gesagt werden, dass im Bereich der Abteilung III A eine sehr gute Zusammenarbeit mit der Industrie besteht.

Schwerpunktbildung in der akademischen Forschung

Nur in Ausnahmefällen ist ein frisch gebackener Maschineningenieur, der anschliessend doktorieren möchte, in der Lage, selber ein Forschungsthema vorzuschlagen. Das liegt in der Natur der Diplomausbildung, die eben nicht auf Spezialisierung (das heisst eng begrenzte Vertiefung) ausgerichtet ist. Der angehende Doktorand erwartet daher von seinem «Doktorvater» diesbezügliche Vorschläge, aus denen er eine seinen Neigungen entsprechende Wahl treffen kann. Anders liegen die Dinge bei Doktoranden, die nach einigen Jahren Industriepraxis an die Hochschule zurückkehren; diese bringen meist ihr Thema selber mit. Dieser Sachverhalt erleichtert es der Institutsleitung, die Forschungsarbeit im Sinne einer *Schwerpunktssetzung* zu steuern.

In den letzten zehn Jahren sind von den meisten Instituten der Abteilung III A durchschnittlich jeweils etwa vier solcher Forschungsbereiche ausgesucht und bearbeitet worden. In den meisten Fällen kann damit nur ein *kleiner Teil* des gesamten jeweiligen Forschungsgebietes abgedeckt werden. Die Beschränktheit der Mittel lässt aber keine Alternative offen, wenn überhaupt noch Leistungen erbracht werden sollen, die den internationalen Vergleich nicht zu scheuen brauchen.

Das heisst nun aber keineswegs, dass dadurch die Forschung im Bereich der Abteilung III A ungebührlich eingeschränkt sei. Im ganzen werden, wie etwa die Forschungsberichte der Institute belegen, gegen 100 verschiedene Schwerpunktsgebiete forschend bearbeitet, wobei kaum Ueberlappungen, selten auch nur Berührungen, vorkommen.

Spektrum der Forschungsziele beziehungsweise Forschungsarbeiten

Schon aus der grossen Zahl der bearbeiteten Schwerpunktsgebiete ergibt sich eine grosse Vielfalt der direkten und mittelbaren Forschungsziele. Dazu kommt noch, dass manche dieser Schwerpunktsbereiche immer noch weit ausgreifen und nochmals eine breite Themenfächerung zulassen. So ist denn auch das Bild, das man etwa bei der Lektüre der Instituts-Jahresberichte[2] erhält, eher verwirrend, und es ist nicht leicht, einen gewissen Ueberblick zu gewinnen.

Am ehesten gelingt dies, wenn zunächst die durch die Forschungsvorhaben anvisierten *mittelbaren Ziele* betrachtet werden. Diese lassen sich etwa in drei Hauptgruppen zusammenfassen:

1. *Verminderung des Aufwandes zur Herstellung technischer Güter.* Darunter fallen vor allem Forschungsvorhaben im Zusammenhang mit dem *Einsparen von unersetzlichen Rohstoffen und Energie.* Diesem Zielbereich waren von jeher eine grosse Zahl von Arbeiten zuzuordnen; seine Bedeutung ist aber in letzter Zeit noch stark angestiegen.

2. *Steigerung der Produktqualität.* Zu diesem Zielbereich sind zunächst Arbeiten zu zählen, die *gleichmässigere Produkteeigenschaften* anstreben, das heisst geringere Streuung derselben, natürlich ohne gleichzeitige Erhöhung der Ausschussquote. Dazu kommen weitere Bestrebungen, bestimmte Produkteeigenschaften immer weiter zu *verbessern* im Sinne einer *Maximierung.* Immer häufiger geht es auch darum, mehrere Gütemerkmale nach übergeordneten Kriterien zu *optimieren.* Dabei tritt hier in zunehmendem Mass ganzheitliches Denken an Stelle rein ökonomischer Gütekriterien, insbesondere auch der Einbezug ökologischer Aspekte. Bedeutsam ist in diesem Zusammenhang auch der Wandel im Verhältnis: Mensch — Maschine.

3. *Automatisierung.* Vor allem in diesem Bereich ist im letzten Vierteljahrhundert ein grundsätzlicher Wandel hinsichtlich der damit verfolgten Absichten festzustellen. Die ursprünglichen Ziele der spezifischen Produktionserhöhung und Personaleinsparung sind ganz anders gearteten gewichen: durch (sinnvolle) Automatisierung soll der Mensch entlastet werden von Arbeiten,
   - die *sinnentleert* und damit entwürdigend sind und aus diesem Grund nicht mehr geleistet werden *wollen;*
   - die *gesundheitsgefährdend* sind und daher nicht mehr ausgeführt werden *sollen;*

– die den Menschen körperlich, vor allem aber geistig *überfordern* und daher nicht mehr geleistet werden *können*.

Charakteristisch für den Wandel in der angewandten Forschung ist dabei auch, dass diese Zielsetzungen nicht mehr nur isoliert verfolgt werden, sondern immer öfter auch simultan und im Bewusstsein der gegenseitigen Bedingtheit dieser Ziele.

Versucht man, die in den letzten Dezennien an der Abteilung III A bearbeiteten Forschungsprojekte nach ihren *unmittelbar angestrebten Zielen* zu ordnen, so ergibt sich etwa folgendes Bild:

Eine relativ kleine Gruppe von Arbeiten ist der *eigentlichen Grundlagenforschung* gewidmet oder bewegt sich im Grenzbereich zur angewandten Forschung. Mit solchen Problemen befassen sich erwartungsgemäss vor allem Institute, die nicht direkt auf ein bestimmtes industrielles Gebiet hin orientiert sind (Mechanik, Operations Research, Werkstofflehre). Das will nicht heissen, dass nicht auch an anderen Instituten mitunter solche Aufgaben bearbeitet werden (zum Beispiel Aerodynamik, Mess- und Regeltechnik, Verfahrenstechnik und andere).

Der Schwerpunkt der Forschungsarbeiten lag und liegt aber, wie bereits ausgeführt wurde, im Bereich der mehr oder weniger direkt *anwendungsorientierten* Forschung. Dabei lässt sich die bunte Vielfalt der entsprechenden Forschungsarbeiten vor allem zwei direkten Zielen zuordnen: der Vertiefung des Verständnisses technischer Prozesse einerseits und der Entwicklung systematischer Arbeitsmethoden mit den dazu erforderlichen Arbeitsunterlagen anderseits.

Bei der *Vertiefung des technischen Prozessverständnisses* geht es, im Gegensatz zur Physik, im allgemeinen nicht um das Erforschen von Elementarvorgängen — das Verstehen derselben wird im allgemeinen durchaus vorausgesetzt. Das Problem ist vielmehr das *Zurückführen von komplexen, zunächst undurchschaubaren technischen Vorgängen* auf die sie hervorbringenden physikalischen *Elementarphänomene*. Im quantitativen Bereich bedeutet dies das Beschreiben solcher komplexer Vorgänge durch die entsprechenden elementaren physikalischen Gesetze. Wenn das möglich ist, spricht man vom *«Verstehen»* des fraglichen technischen Geschehens im Sinne des Ingenieurs. Der dazu benötigte Satz von mathematischen Gleichungen wird als *«mathematisches Modell»* bezeichnet, dessen quantitative Auswertung mit Hilfe von Rechenmaschinen mit *«Simulation»*.

◀ Experimentelle Forschung ist im Bereich des Maschineningenieurwesens vielfach mit sehr erheblichem räumlichem, apparativem und messtechnischem Aufwand verbunden und setzt oft auch eine leistungsfähige Infrastruktur (Hilfseinrichtungen, Hilfsenergie usw.) voraus.

Die abgebildete Versuchseinrichtung dient der Erforschung von Störungserscheinungen in Dampferzeugungsvorgängen (Energie- und Verfahrenstechnik). Sie ist eigens für diesen Zweck entworfen und gebaut worden, und ihr Betrieb setzt die Verfügbarkeit erheblicher Hilfsenergien (Elektrizität, Heizdampf) voraus.

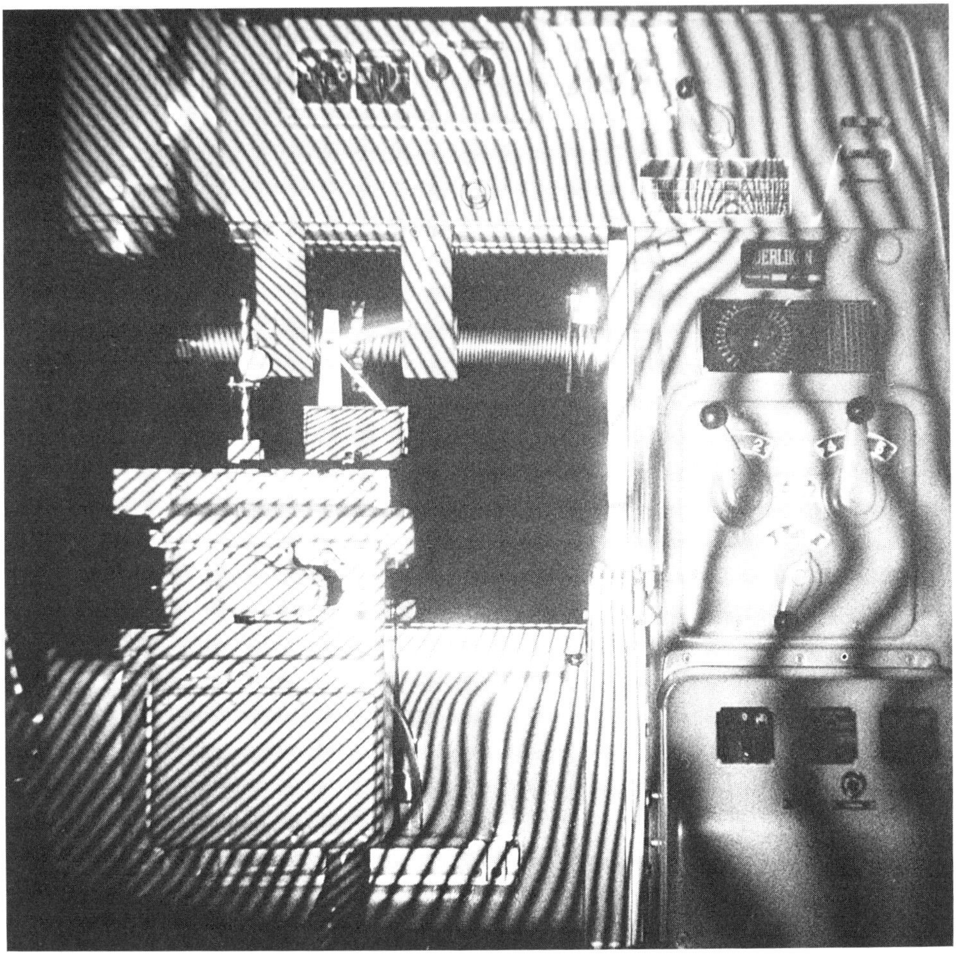

Die enorme Entwicklung der Messtechnik in jüngster Zeit hat auch im Bereich des Maschineningenieurwesens ganz neue Möglichkeiten für die experimentelle Forschung gebracht.
Die holographische Interferometrie gestattet, Deformationen von Bauelementen und ganzen Maschinen sichtbar zu machen. Das gezeigte Interferenzbild lässt Schlüsse auf die Verteilung der Verformungen zu, welche durch eine senkrecht zur Bildebene auf das Werkzeug einer Fräsmaschine wirkende Kraft hervorgerufen werden.

Während noch bis vor etwa zwanzig Jahren solche Untersuchungen sich vor allem auf nicht zeitabhängige Zusammenhänge bezogen (typischer Fall: Auslegung von Maschinen und Apparaturen für stationäre Betriebsbedingungen), hat seither die Bedeutung dynamischer Vorgänge in allen technischen Gebieten sehr stark zugenommen (transiente Vorgänge, Schwingungen, Regelvorgänge usw.), was auch in der Ausrichtung der neueren Forschungsarbeiten deutlich zum Ausdruck kommt.

Die praktische Bedeutung eines quantitativen Prozessverständnisses ist evident. Nur damit ist bereits im Entwurfsstadium das künftige Verhalten eines technischen Objektes zuverlässig zu bestimmen, mit allen Konsequenzen, die daraus abgeleitet werden können.

Die zweite direkte Zielrichtung vieler Forschungsarbeiten ist, wie bereits angeführt, das Bereitstellen *methodischer Hilfsmittel* für den praktisch tätigen Ingenieur. Die einschlägigen Arbeiten lassen sich in zweifacher Hinsicht gruppieren: einmal nach der Art der Ingenieuraufgaben, für deren Bearbeitung systematische Methoden entwickelt werden sollen, dann aber auch nach der Art dieser methodischen Hilfsmittel selber.

Im Zusammenhang mit der erstgenannten Klassierungsweise sind zwei für den praktischen Maschineningenieur besonders wichtige Problemarten zu nennen: das Analyse- und das Syntheseproblem. Das *Analyseproblem* stellt sich besonders häufig in folgender Form: Gegeben ein technisches Gebilde; gefragt ist nach seinem Verhalten unter ganz bestimmten Bedingungen. Beim *Syntheseproblem* ist die Fragestellung gewissermassen umgekehrt: Hier ist ein Pflichtenheft der Eigenschaften eines noch nicht existierenden technischen Gebildes vorgegeben, und es wird nach der optimalen Realisierung dieses Gebildes gefragt.

Zur systematischen Bearbeitung von Analyseproblemen werden vor allem *Berechnungsverfahren* entwickelt, wobei in immer grösserem Umfang von den Möglichkeiten moderner Rechenmaschinen Gebrauch gemacht wird. Oft schlagen sich solche Forschungsarbeiten auch in der Form von *Arbeitsunterlagen* oder *Arbeitsanweisungen* nieder.

Bei Synthesefragen, bei denen Konstruktions- beziehungsweise Organisationsprobleme im Vordergrund stehen, kommt der *Methodologie* beziehungsweise der Heuristik besondere Bedeutung zu. Im Gegensatz zu der namentlich in den USA angewandten schwerfälligen, aber wirksamen Strategie der Lösungsfindung hat die europäische Technik bisher eher — und soweit mit meist gutem Erfolg — methodisch eleganteren Strategien den Vorzug gegeben. Es wird sich aber weisen müssen, ob das unter den sich allmählich ändernden Voraussetzungen auch künftig noch aufrechterhalten werden kann. Fragenkomplexe besonderer Art haben sich schliesslich im Bereich der *technischen Betriebswissenschaften* ergeben, resultierend aus entsprechenden Problemen in der Industrie. Die Forschung konzentrierte sich dabei auf drei ausgesprochene Schwerpunkte:

- die Probleme der Gestaltung der Abläufe und ihrer Ueberwachung bei der Herstellung von Produkten
- das Gebiet der Arbeitswissenschaften
- die mit der Führung komplexer soziotechnischer Systeme und der Abwicklung von komplexen Projekten zusammenhängenden Fragen.

Quantitative und qualitative Aspekte

Im Bereich geistiger Tätigkeit ist die Messung von Güte oder Leistung der Arbeit schwierig, und Forschung ist geistige Arbeit par excellence. Insbesondere ist es bei der Einmaligkeit origineller geistiger Schöpfungen unvergleichlich schwer, auch nur einigermassen brauchbare Qualitätsmassstäbe zu setzen und anzuwenden. So ist es nicht überraschend, dass eine objektive Beurteilung sehr oft erst Jahre oder Jahrzehnte nach der Bekanntgabe bahnbrechender Arbeiten möglich ist. Daher wirkt eine sofortige, breite Anerkennung vielfach geradezu suspekt und lässt oft mangelnden Tiefgang vermuten.

Nach einem *Nachweis von Leistungen und Effizienz* wird aber auch in der Forschung immer lauter gerufen. Und da es mit der Qualitätsbeurteilung so schwierig ist, hat man es mit der Quantität versucht. Es ist in den letzten Dezennien auch bei uns zur fragwürdigen Mode geworden, die wissenschaftliche Leistung eines Instituts oder eines Forschers an der jährlichen *Zahl* der *Publikationen* zu messen. Das hat zu der bekannten Inflation im Bereich wissenschaftlicher Veröffentlichungen geführt, wobei neben dem kümmerlichen Neuheitsgehalt sehr oft auch die ungenügende Ausgereiftheit so mancher Publikation zu beklagen ist.

Natürlich ist die Anzahl origineller, inhaltsreicher und sorgfältig redigierter Arbeiten ein Leistungsmerkmal für ein Institut oder eine Abteilung, und in die-

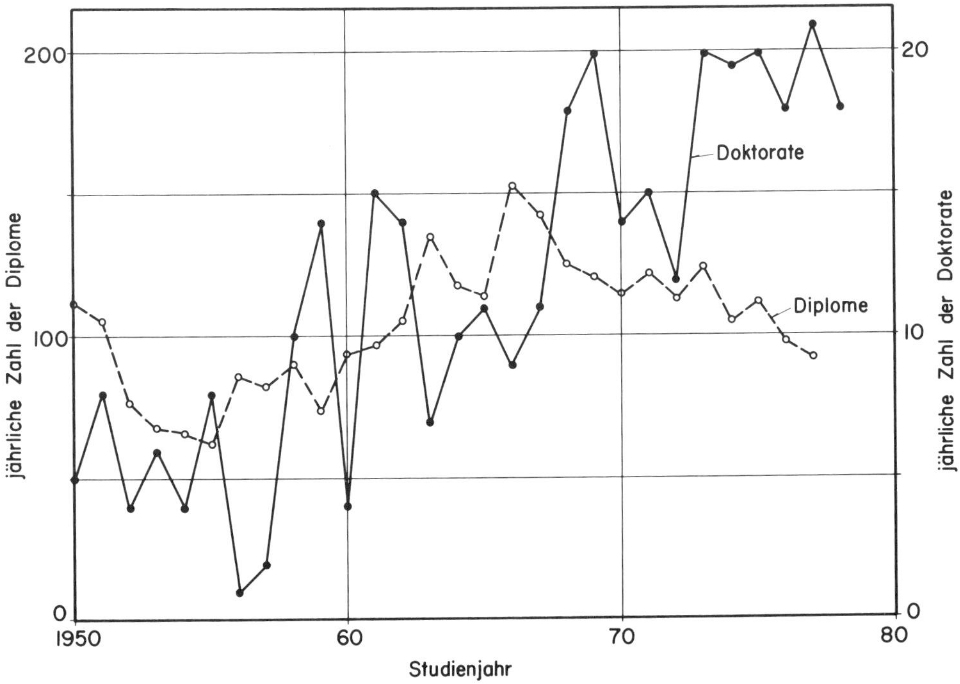

Zeitliche Entwicklung der jährlichen Zahl von Diplomen beziehungsweise Doktoraten.

sem Sinne kann vielleicht die Zahl der Dissertationen eine Aussage über die Intensität der Forschungstätigkeit liefern. Das Diagramm auf Seite 160 zeigt, dass an der Abteilung III A die Zahl der Doktorate in den letzten 25 Jahren wesentlich stärker als die Zahl der Diplome gestiegen ist, woraus sowohl auf eine absolut wie relativ verstärkte Forschungstätigkeit zu schliessen ist. Dabei kann es nicht überraschen, dass neue Disziplinen wie zum Beispiel Verfahrenstechnik oder Mess- und Regeltechnik in besonderem Masse an dieser Zunahme partizipieren. Daneben hat von jeher das Gebiet der technischen Betriebswissenschaften einen speziell hohen relativen Anteil an Dissertationen auszuweisen.

Eine Aussage über die Qualität der geleisteten Forschungsarbeit ist damit natürlich nicht gemacht. Aus der Sicht der Institute ist es zwar so, dass auf den jeweiligen Schwerpunktsgebieten ein Vergleich mit den Leistungen entsprechender ausländischer Forschungsinstitutionen im allgemeinen nicht gescheut zu werden braucht, und dies oft trotz der an der ETH ungleich kleineren zur Verfügung stehenden Mittel. Diese Leistungen sind es zweifellos, die sowohl bei fremden Instituten wie in der Industrie die Türen zur Zusammenarbeit öffnen, sofern natürlich die Bereitschaft dazu überhaupt vorhanden ist. Ein abschliessendes Urteil über die Qualität der geleisteten Forschungsarbeit wird aber wohl erst später gefällt, wenn sich in der Praxis zeigt, ob die Ergebnisse brauchbar und nützlich sind.

Ordentliche und ausserordentliche Professoren (Fachprofessoren) der Abteilung III A (1950 bis 1980)

J. Ackeret	bis 1968	H. W. Krause	seit 1962
E. Amstutz	bis 1970	A. Leyer	bis 1965
M. Berchtold	seit 1959	E. Matthias	seit 1965
E. Bickel †	bis 1963	H. Ott	seit 1965
H. Böhni	seit 1976	P. Profos	1958 bis 1978
E. Brem	seit 1975	H. Quiby †	bis 1954
A. Büchel	seit 1973	M. Rauscher	bis 1975
A. Buck	seit 1973	J. Reissner	seit 1972
A. Bukowiecky †	bis 1975	N. Rott	seit 1968
B. Chaix	seit 1969	M. Sayir	seit 1972
W. Daenzer	1953 bis 1975	M. Schumann	seit 1960
G. Eichelberg †	bis 1959	H. Schürch †	1975 bis 1979
W. Epprecht	seit 1966	M. Steiner	seit 1978
H. Favre †	bis 1966	H. H. Thomann	seit 1968
P. Fornallaz	1967 bis 1980	W. Traupel	seit 1954
H. P. Geering	seit 1979	C. Trepp	seit 1976
H. Gerber	bis 1969	C. Wehrli	seit 1960
P. Grassmann	bis 1976	F. Widmer	seit 1970
W. Hälg	seit 1964	H. Ziegler	bis 1977
E. Honegger	bis 1962		

Vorstände der Abteilung IIIA (1950 bis 1980)

J. Ackeret	1950 bis 1951
G. Eichelberg	1951 bis 1952
H. Gerber	1952 bis 1956
W. Traupel	1956 bis 1960
M. Rauscher	1960 bis 1964
P. Grassmann	1964 bis 1968
P. Profos	1968 bis 1970
H. Ott	1970 bis 1972
H. W. Krause	1972 bis 1974
N. Rott	1974 bis 1976
P. Fornallaz	1976 bis 1978
E. Matthias	1978 bis 1980

Anmerkungen

1 P. Graf: Die Vorstellungen der Studienanwärter von Beruf, Ausbildung und Wissenschaft des Maschinen- und Elektroingenieurs.

2 Zum Beispiel ETH Forschung 1978/79.

Die Abteilung für Elektrotechnik

Von Walter Guggenbühl und Kollegen

Die moderne Elektrotechnik und ihre Bedeutung für unsere Gesellschaft

Die heutige Zivilisation ist stark geprägt durch die vielfältigen technischen Hilfsmittel, für deren Funktion die Elektrotechnik je länger desto mehr eine eigentliche Schlüsselstellung einnimmt. Während in einer frühen Phase der Industrialisierung das Schwergewicht darin lag, Wasser- und Dampfantriebe durch Elektromotoren zu ersetzen, waren es später die elektronischen Steuerungen und Rechner, welche die Automatisierung der Fabrikationsprozesse ermöglichten und welche nunmehr in die Massenprodukte des täglichen Gebrauchs eingedrungen sind. Angesichts dieser Entwicklung können wir zu Recht sagen, dass wir im Zeitalter der Elektrizität leben.

Allerdings ist die Begeisterung für einen ungehinderten Ausbau der Technik im letzten Jahrzehnt einer wachsenden Skepsis gewichen. Der Ingenieur ist seinem Fach gegenüber kritischer eingestellt als vor 25 Jahren, zur Zeit der Hundertjahrfeier der ETH. Er weiss, dass der technische Fortschritt nicht Selbstzweck ist und dass er seine Ingenieurtätigkeit mit Verantwortung für Mensch und Natur ausüben soll.

Welches sind nun die gegenwärtigen Tendenzen auf dem Gebiet der Elektrotechnik? Neben der laufenden Weiterentwicklung der angestammten elektrotechnischen Gebiete stehen zurzeit vor allem die moderne Halbleitertechnologie und ihre Auswirkungen auf die Computer- und Kommunikationstechnik im Rampenlicht der Diskussion. Es ist heute möglich, auf wenigen Quadratmillimetern Zehntausende, ja Hunderttausende von Bauelementen in sogenannten integrierten Schaltungen unterzubringen und billigst herzustellen. Diese Miniaturisierung der elektronischen Schaltungstechnik fördert die Verarbeitung und Uebertragung von Daten aller Art in ungeahnter Weise:

- Zahlen, Zeichen, Sprache sowie Zusammenhänge von grosser Komplexität können durch den Computer verarbeitet werden.
- Zur effizienten Uebertragung dieser Daten stehen drahtgebundene, drahtlose und optische Methoden zur Verfügung.

Dabei spielt das Digitalprinzip eine dominante Rolle: die Informationsverarbeitung und -übertragung erfolgt quantisiert, meist in binärer Form; das heisst die betreffenden Signale nehmen pro Zeiteinheit nur einen von zwei Zuständen an,

Vorbau zum Zentralgebäude der Elektrotechnik, Sternwartstrasse 7. Er wurde 1950 bezogen und enthält heute neben zwei grösseren Hörsälen einen Teil der Institute für Fernmeldetechnik und Kommunikationstechnik.

entsprechend einer Ja- oder Nein-Information. Die Digitaltechnik, welche übrigens eine hohe Uebertragungsgenauigkeit und sogar die Korrektur allfällig auftretender Fehler ermöglicht, bestimmt heute die Computertechnik und die industrielle Steuerung; sie ist auch in die Bild-, Sprach- und Textverarbeitung eingedrungen und führt zu Rationalisierungsmassnahmen im kaufmännischen Bereich und in der Verwaltung.

Diese durch die moderne Elektronik ermöglichten Neuerungen werden somit in besonderer Weise den Dienstleistungssektor erfassen und die Büroarbeit wesentlich verändern. Nach der Ablösung der menschlichen Muskelkraft durch die Maschine und nach der Automatisierung der Produktion spricht man bereits von der dritten industriellen Revolution, von der man eine Reduktion der Arbeitsplätze befürchtet. Für ein hochindustrialisiertes Land wie die Schweiz kann es wohl kaum in Frage kommen, diese Entwicklung zu negieren oder sie einfach zu erdulden. Vielmehr werden wir uns anstrengen müssen, uns ihrer zu bemächtigen, um unsere Stellung als Exportland von Industriegütern zu behaupten. Dazu hat die elektrotechnische Forschung und Ausbildung wesentlich beizutragen.

Geschichtliche Entwicklung

Die ersten elektrotechnischen Erfindungen gehen auf die Zeit vor der Gründung der ETH zurück. Industrielle Bedeutung erhielt die Elektrotechnik aber erst durch die Erfindung des selbsterregten Gleichstromgenerators (1867) und ab etwa 1890 durch die Einführung des Drehstroms.

An der ETH war die Elektrizitätslehre von Anfang an im Unterricht vertreten — zuerst als Bestandteil der Physikvorlesungen von R. I. Clausius und später von F. Weber. Die Vorlesungen konzentrierten sich damals auf die Starkstromtechnik — heute als elektrische Energietechnik bezeichnet — und wurden als Bestandteil der Ausbildung von Maschineningenieuren gehalten. Der Titel des Elektroingenieurs (Dipl. El.-Ing. ETH) kam erst 1924 zur Einführung, und 1935 erfolgte schliesslich die Trennung der Abteilung für Maschineningenieurwesen und Elektrotechnik in zwei selbständige Fachabteilungen III A und III B.

Die Schwachstromtechnik — eine Bezeichnung, die inzwischen durch die Begriffe Nachrichtentechnik und Elektronik abgelöst worden ist — nahm ihren Anfang ebenfalls im letzten Jahrhundert. Ihre zunehmende Verbreitung verdankt sie zwei Erfindungen kurz nach der Jahrhundertwende: der drahtlosen Telegrafie und der Elektronenröhre. Prof. F. Tank las darüber erstmals im Studienjahr 1923/24 an der Abteilung für Mathematik und Physik. Im Rahmen der Abteilung III gewann dieses Gebiet seit Anfang der dreissiger Jahre zusehends an Bedeutung, und zur Zeit der Hundertjahrfeier der ETH diplomierte schon über die Hälfte der Elektroingenieure in Richtung Schwachstrom. Eine wichtige Entdeckung kurz nach dem Zweiten Weltkrieg führte zu einem weiteren Aufschwung der Elektrotechnik: der Transistor. Mit Hilfe von Erkenntnissen der

Eidgenössisches Physikgebäude an der Gloriastrasse 35. Bei seiner Fertigstellung entstand hier 1890 das erste Institut für Elektrotechnik unter der Leitung von Prof. F. Weber. Nachdem die Physiker ihre neuen Räumlichkeiten auf dem Hönggerberg bezogen hatten, diente es während mehrerer Jahre ganz der Elektrotechnik, bis es 1977 abgerissen wurde.

Halbleiterphysik und einer laufenden Verfeinerung der Technologie nahmen Elektronik und in der Folge die Computertechnik eine stürmische Entwicklung und gaben der gesamten Elektrotechnik – nicht zuletzt auch der Energietechnik – wesentliche Impulse, so dass die jüngste Fachabteilung der ETH bezüglich der Studentenzahl kürzlich die grösste geworden ist.

Die Studiendauer erfuhr schon 1887 eine Verlängerung von sechs auf sieben Semester und 1930 auf acht Semester. Auch nach der formalen Aufspaltung der Abteilung III erfolgte der propädeutische Unterricht in den ersten vier Semestern noch lange Zeit gemeinsam für III A und III B. Erst mit der Studienplanrevision von 1960 bekam die Ausbildung in Elektrotechnik schon vom ersten Semester an ein eigenes Gepräge. Gleichzeitig verzichtete man auf eine Gliederung in verschiedene Studienrichtungen. Die vierjährige Studienzeit blieb erhalten, obwohl der Wissensstoff aller Ingenieurbereiche stark zunahm. Die für eine erfolgreiche Tätigkeit notwendigen Spezialkenntnisse müssen daher in vermehrtem Masse in der beruflichen Praxis erworben werden. Zudem hat die Abteilung für Elektrotechnik vor einigen Jahren Nachdiplomstudien zur Weiterbildung eingeführt.

Heutige Ausbildung und Fachbereiche an der Abteilung für Elektrotechnik

Hauptvoraussetzung für jede wissenschaftlich gestützte Tätigkeit bilden die mathematischen und naturwissenschaftlichen Grundlagen. Sie waren seit jeher wichtigster Bestandteil der propädeutschen Ausbildung. Für den Ingenieur sind Mathematik und Naturgesetze zwar nicht letztes Erkenntnisziel, er baut jedoch sein Fachwissen darauf auf. Das Hauptinteresse des jungen Studierenden der Abteilung für Elektrotechnik richtet sich naturgemäss auf sein eigentliches Fachgebiet. Der Studienplan nimmt darauf Rücksicht und vermittelt die Grundbegriffe der Elektrotechnik schon in den ersten Semestern, ergänzt durch einführende Praktika. Weiter kommen Fragen der Technologie und der Arbeitsmethodik zur Sprache.

Bei der elektrotechnischen Fachausbildung hat sich in den letzten Jahren die Ueberzeugung durchgesetzt, dass der Studierende zunächst eine gründliche und breit angelegte Uebersicht über alle wichtigen Stoffgebiete benötigt. Im Anschluss daran bekommt er durch frei wählbare Vertiefungsrichtungen Gelegenheit, auf verschiedenen Teilgebieten der Elektrotechnik im Sinne von Beispielen stärker in die Details einzudringen und technische Aufgabenstellungen selbständig zu lösen. Es ist aber nicht der primäre Sinn der Fachausbildung, auf eine bestimmte berufliche Tätigkeit vorzubereiten. Das allgemeine Ausbildungziel der Abteilung liegt darin, dass sich der Absolvent durch gute Grundkenntnisse einerseits und durch eine ingenieurmässige Arbeitsweise anderseits in irgendein Arbeitsgebiet einarbeiten kann, um dort Neues zu verwirklichen.

Die elektrotechnische Fachausbildung zeichnet sich durch ein Gleichgewicht zwischen theoretischem Verständnis und praktischer Realisation aus: Vorlesungen und Uebungen auf der einen und Praktika und selbständige Arbeiten auf der anderen Seite. Der gute Ruf, welcher der an der ETH diplomierte Elektroingenieur geniesst (zum Beispiel auch in den USA), beruht zu einem guten Teil auf dieser ausgewogenen und breiten Ausbildung. Andere Hochschulen sind oft zu spezialisiert oder zu abstrakt.

In der modernen Technik sind seit einigen Jahren zwei Entwicklungen deutlich hervorgetreten: erstens eine wachsende Komplexität der technischen Systeme und eine dadurch bedingte Verflechtung verschiedener Gebiete. Entwicklungsprojekte werden daher je länger desto mehr in Teamarbeit ausgeführt, und zwar sowohl innerhalb eines Fachbereiches als auch in interdisziplinärem Rahmen. Zweitens ein immer deutlicheres Bewusstsein der Grenzen des technischen Wachstums. Diese Gesichtspunkte haben die Abteilung III B schon vor zehn Jahren dazu bewogen, einen besonderen Unterrichtsbereich zum Thema «Mensch, Technik, Umwelt» in den obligatorischen Studienplan aufzunehmen. Neben traditionellen Fächern wie Rechtslehre, Soziologie, Arbeitspsychologie und anderen kommen in diesen Lehrveranstaltungen auch Fragen über Recycling, Energiehaushalt, Bevölkerungswachstum und ökologisches Gleichgewicht zur Sprache. Ferner wird der angehende Ingenieur darin geschult, grössere Aufgaben zweckmässig zu planen und systematisch zu bearbeiten.

Doch zurück zur elektrotechnischen Fachausbildung. Sie gliedert sich in folgende vier Bereiche, welche alle im Schlussdiplom geprüft werden: Nachrichtentechnik, Elektronik, Automatik und Computertechnik, Energietechnik. Im letzten Studienjahr steht eine grössere Anzahl von Vertiefungsfächern — sogenannten Fachzweigen — zur Auswahl, wovon drei belegt werden müssen. Für die beiden Studienarbeiten und die Diplomarbeit kann sich der Studierende jeweils an einem Institut der Abteilung III B einschreiben. Anfang 1980 waren für die Fachausbildung der Elektroingenieure folgende Institute und Professoren zuständig:

Nachrichtentechnik	Institut für Fernmeldetechnik	Prof. Dr. G. Moschytz
	Institut für Kommunikationstechnik[1]	Prof. Dr. O. Kübler Prof. Dr. P. Leuthold
	Mikrowellenlaboratorium	Prof. Dr. G. Epprecht
Elektronik	Institut für Elektronik	Prof. H. Baggenstos Prof. Dr. W. Guggenbühl
	Institut für Technische Physik[2]	Prof. Dr. H. Melchior
Automatik	Institut für Automatik und Industrielle Elektronik	Prof. Dr. M. Mansour Prof. Dr. W. Schaufelberger Prof. Dr. R. Zwicky
Energietechnik	Institut für Elektrische Anlagen und Energiewirtschaft	Prof. H. A. Leuthold
	Institut für Elektrische Energieübertragung und Hochspannungstechnik	Prof. Dr. H. Glavitsch Prof. Dr. W. Zaengl
	Institut für Elektrische Maschinen	Prof. A. Dutoit Prof. Dr. K. Reichert
Interdisziplinäre Bereiche	Professur für Apparatebau der Elektrotechnik	Prof. H. Kern
	Institut für Biomedizinische Technik	Prof. Dr. M. Anliker

[1] früherer Name: Institut für Hochfrequenztechnik
[2] zukünftiger Name: Institut für Angewandte Physik

Die Institute für das Gebiet der Elektrotechnik

Professur für Apparatebau der Elektrotechnik

Wie in der Einleitung ausgeführt, ging die Abteilung für Elektrotechnik aus der Abteilung für Maschineningenieurwesen hervor. Während längerer Zeit gab es daher für die Studierenden beider Abteilungen gemeinsame Fächer, so auch das Fach Maschinenelemente. Im Jahre 1960 erfolgte auch hier die Trennung. Im damaligen neuen Studienplan der Abteilung III B erschien das Fach Bauelemente des Maschinenbaues und der Elektrotechnik. Dieses Fach erfasst ein viel weiter gespanntes Sachspektrum als das der Maschinenelemente. Es reicht von den feintechnischen Elementen zum Beispiel der Fernmelde-, Mess- und Regeltechnik bis zu den Elementen von Grossapparaten und -maschinen der Energietechnik. Ausgeklammert bleiben die aktiven elektronischen Elemente. Ungeachtet dieser Ausweitung des Stoffumfanges musste im neuen Studienplan die verfügbare Unterrichtszeit zugunsten rein elektrotechnischer Fächer gekürzt werden. Ein solcher Umstand ruft zunächst nach einer Beschränkung des Stoffes auf «ausgewählte Kapitel». Die jedoch — auch in didaktischer Hinsicht — sinnvollste Reduktion des zu vermittelnden Stoffes erreicht man dadurch, dass man einerseits das gleichartige, verbindende, anderseits das ausgesprochen spezifische der einzelnen Teilgebiete stark hervorhebt. Massgebend sind indessen die eigentlichen Lehr- oder besser Lernziele. Lernziele umschreiben, was die Studierenden aus Anleitungen und Fallstudien, vor allem aber durch eigenes Bemühen an Können erreichen sollen. Angesichts der stürmischen Entwicklung in der Elektrotechnik müssen sie sich hier Fähigkeiten und Arbeitsmethoden aneignen können, die auch in Zukunft bei der Problemlösung im konkreten Bereich der Elektrotechnik dienlich sind. Der Inhaber der Professur für Apparatebau der Elektrotechnik, H. Kern, hat sich seit 1961 intensiv um ein adäquates Lehrkonzept bemüht. Im folgenden sei der heutige Stand dieses Konzeptes dargelegt. Die charakteristischen Problemkreise technischer Entwicklungen und die zugehörigen Lernziele sind die wesentlichen Aspekte des Lehrkonzeptes.

Bauelemente, im folgenden als Bauteile bezeichnet, erlangen ihre technische Bedeutung erst eigentlich durch die Eingliederung in ein komplexeres technisches Gebilde, in ein technisches System. Bauteile sind deshalb immer im Zusammenhang mit dem zugehörigen System zu betrachten. Aus ihren Beziehungen zum System lassen sich die Anforderungen an die Bauteile herleiten.

Lernziele: Technische Systeme analysieren
Zusammenhänge, Wechselwirkungen zwischen Bauteil und System erkennen und berücksichtigen

Damit ein Bauteil den Anforderungen genügen kann, muss es entsprechende stoffbedingte und geometrische Eigenschaften erhalten.

Lernziele: Bauteile gestalten, das heisst Anforderungen in geeigneten Werkstoff, zweckmässige Formen und Dimensionen umsetzen
Bauteile geeignet kombinieren und anordnen

Gewählte Werkstoffe weisen neben den geforderten Eigenschaften auch mehr oder weniger unerwünschte Begleiteigenschaften auf. Mit dem Hochzüchten besonders wichtiger stofflicher Bauteileigenschaften muss die unerwünschte Veränderung anderer Eigenschaften in Kauf genommen werden.

Oft zielen die Anforderungen auf stoffliche Eigenschaften, die sich gegenseitig ausschliessen.

Lernziele: Werkstoffe wählen
Konsequenzen einer Wahl erkennen, beurteilen und berücksichtigen

Stoffliche Bauteileigenschaften, in der Folge auch geometrische, sind reversiblen und irreversiblen Veränderungen unterworfen. Für einen bestimmten Zeitpunkt kann der Zustand eines Bauteils als Ergebnis seiner Vorgeschichte beschrieben werden. Zustandsänderungen hängen ab von der Art der Intensität und vom zeitlichen Charakter der Einwirkungen und vom Zustand des Bauteils im Moment der Einwirkungen.

Lernziele: Bauteilzustände, Einwirkungen und Zustandsänderungen ermitteln
Das Bauteilverhalten voraussagen

Die Bauteile haben auch wirtschaftliche und andere nichttechnische Anforderungen zu erfüllen.

Lernziele: Bei technischen Entwicklungen berücksichtigen, dass finanzielle Mittel, Zeit und Rohstoffe nicht beliebig zur Verfügung stehen
Die Ingenieurtätigkeit in den Rahmen wirtschaftlicher Zielsetzungen stellen

Die Voraussagen über das Bauteil- und Systemverhalten bilden die Grundlage für die Beurteilung der Systemzuverlässigkeit.

Lernziel: Die Probleme im Zusammenhang mit einer geforderten Bauteilzuverlässigkeit erkennen und in geeigneter Weise anpacken

Zielgerichtete technische Entwicklungen erfordern ein systematisches Vorgehen und die Anwendung geeigneter Methoden. Grundsätzlich ist in allen Tätigkeitsbereichen des Ingenieurs das jeweilige Erkennen der Probleme und das allgemeine Denkverhalten den Problemen gegenüber von ausschlaggebender Bedeutung.

Lernziel: Mit Systematik und Methodik der technischen Entwicklungen und des allgemeinen Problemlösens arbeiten

Terminliche Anforderungen an komplexe technische Entwicklungen verlangen eine Arbeitsteilung. Die Koordination der Teilarbeiten muss geplant werden. Der planmässige Ablauf ist ständig unter Kontrolle zu halten. Die Pläne sind notfalls zu revidieren.

Lernziele: Entwicklungarbeiten planen
Den planmässigen Ablauf kontrollieren, beurteilen und eventuell revidieren

Die aufgeführten Problemkreise und Lernziele basieren auf den Erfahrungen einer langjährigen Tätigkeit als Ingenieur in industriellen Unternehmen. Es geht hier nicht darum, formelle Arbeits- und Denkrezepte zu vermitteln. Der Hochschullehrer kann nichts anderes tun, als dem Studierenden zu zeigen, wie er denkt, beziehungsweise zu denken gelernt hat, und damit den Studierenden anzuregen, sich um eine eigene zweckmässige Denkweise zu bemühen.

Das im Sinne der Lernziele individuell entwickelte Problemlösungsverhalten bildet die notwendige Basis für die Anpassung an neue Problemkreise.

Solche Zielsetzungen erfordern einen Unterricht mit sehr individueller Betreuung der Studierenden. Dies wird mit Uebungen und Seminarien in kleinen Gruppen weitgehend erreicht. Die Uebungsaufgaben an sich sind auf die einzelnen Lernziele ausgerichtet. Zum Teil werden die Aufgaben im Team, das heisst durch Gruppen von fünf Studierenden, bearbeitet. Die Vorlesungen werden grösstenteils dazu benützt, um in praxisorientierten Fallstudien die einzelnen Problemkreise und das mögliche Vorgehen bei der Lösung der Probleme zu zeigen.

Der Erfolg der Lehrbemühungen steht und fällt mit der Bereitschaft der Studierenden, im Sinne der Lernziele an sich selber zu arbeiten.

Institut für Automatik und Industrielle Elektronik

Das Fachgebiet des Institutes für Automatik und Industrielle Elektronik umfasst heute die Sparten der Regelungs-, Steuerungs- und Automatisierungstechnik, die elektrische Messtechnik und die Leistungselektronik. Leistungsfähige theoretische Grundlagen und die grossen Möglichkeiten der modernen Elektronik lassen leicht vergessen, dass dieses Fachgebiet noch verhältnismässig jung ist.

Vor dem Zweiten Weltkrieg war die Regelungstechnik lediglich ein interessantes Nebengebiet. Zur Realisierung standen vorwiegend elektromechanische Mittel zur Verfügung, und trotz vorhandener theoretischer Grundlagen (zum Beispiel des Stabilitätskriteriums von Nyquist) arbeitete man meistens empirisch. Für den Bereich grösserer Leistungen waren rotierende elektrische Maschinen das verbreitetste Mittel. Sowohl zur Verarbeitung von Signalen als auch zur

Laborgebäude der Elektrotechnik an der Physikstrasse 3. Es konnte 1973 bezogen werden und enthält unter anderem ein grösseres Hochspannungslabor, Praktikumsräume für elektrische Maschinen sowie einen Teil der Labors für Automatik und industrielle Elektronik.

Steuerung grosser elektrischer Leistungen konnte die Elektronik bei ihrem damaligen Stand nur zaghaft eingesetzt werden.

Schon frühzeitig setzte sich die Abteilung für Elektrotechnik mit den zukünftigen Möglichkeiten auseinander. In den vierziger Jahren erschienen bereits die ersten Vorlesungen von Privatdozenten als Vorboten einer neuen Richtung: Stabilitätsprobleme (Dr. P. Waldvogel, PD ab 1943) und Elektrische Stromrichter (E. Gerecke, PD ab 1947).

Den definitiven Einzug an der Abteilung für Elektrotechnik hielt das neue und noch junge Fachgebiet 1952 mit der Gründung des Institutes für allgemeine Elektrotechnik unter der Leitung von Prof. E. Gerecke. Nebst den Verpflichtungen in der Grundausbildung wurden hier mit Vorlesungen wie Elektroservotechnik oder später Regelungsautomatik wichtige weitere Grundsteine gelegt. Schliesslich erfolgte 1962 die Umbenennung auf die heutige Bezeichnung Institut für Automatik und Industrielle Elektronik. Es wird gegenwärtig von den Professoren Dr. M. Mansour, Dr. W. Schaufelberger und Dr. R. Zwicky geleitet.

Dieses Institut wirkt heute in grossem Masse an der gesamten elektrotechnischen Ausbildung aller Stufen mit. Die Aktualität des Gebietes findet den am meisten sichtbaren Niederschlag in der dauernd grossen Zahl der Studenten, welche für ihre Semester- oder Diplomarbeiten dieses Institut wählen. Sie werden zum grössten Teil innerhalb laufender Forschungsprojekte eingesetzt, denn die Voraussetzung einer effizienten Lehre ist aktive Forschung. Seit 1970 besteht auch die Möglichkeit, ein Nachdiplomstudium auf dem Gebiet der Automatik zu absolvieren.

Das Institut für Automatik und Industrielle Elektronik betreut ein sehr breites Arbeitsgebiet. Die Forschung richtet sich dabei insbesondere auf die nachstehenden Schwerpunkte.

- In der bereits weit fortgeschrittenen Theorie der Automatik werden vor allem mathematische Probleme behandelt, wobei der Schwerpunkt auf der Erarbeitung neuer mathematischer Methoden zur Untersuchung des Verhaltens und insbesondere der Stabilität von komplexen Systemen liegt. In Verbindung damit werden neue Algorithmen zur Regelung grosser Systeme mit gekoppelten Digitalrechnern entworfen und implementiert. Dieser Problemkreis hat zu einer intensiven Beschäftigung mit Digitalrechnern allgemein, insbesondere aber mit Prozessrechnern (Mini- und Mikrorechner) geführt, wobei neben speziellen Algorithmen und Programmpaketen auch intensiv auf neuen Echtzeit-Betriebssystemen gearbeitet wird.
- Die unabdingbar mit jeder Regelung verknüpfte Systemanalyse wird intensiv bearbeitet, wobei der Schwerpunkt auf der Messtechnik (Erfassung der Systemzustände und -parameter), der Signalanalyse und der On-line- und Off-line-Systemidentifikation liegt. Diese Arbeiten gestatten dann auch den Entwurf und die Realisation von adaptiven Regelkreisen. Ergänzt wird dieser Themenkreis durch eine intensive Tätigkeit auf dem Sektor «Computer-aided design» als effizientem Hilfsmittel zur theoretischen Systemanalyse und Systemsynthese sowie auf dem Sektor der Mustererkennung.
- Der Uebergang zum Prozess und allgemein zum breiten Gebiet der Energietechnik vollzieht sich im dritten Forschungsschwerpunkt, der Stromrichter- und Antriebstechnik. Hier werden einerseits rein elektrische Anwendungen wie zum Beispiel Stromrichter zur Blindleistungskompensation und zur Kupplung von Netzen mit verschiedener Betriebsfrequenz untersucht. Teil dieser Untersuchungen ist auch die tiefgehende Erforschung der Netzrückwirkungen, welche durch Stromrichter hervorgerufen werden, sowie die Entwicklung netzfreundlicher Schaltungen. Ein weiterer Schwerpunkt liegt in der Untersuchung neuer Antriebe mit Drehfeldmaschinen, wo gleichzeitig mit den Stromrichter- und Regelungsproblemen auch das Verhalten der Maschinen bei speziellen Speisungsarten untersucht wird.

Mehrere institutseigene Kleinrechner, eine Hybridrechenanlage, der Zugang zum Grossrechner der ETH sowie gut ausgerüstete Laboratorien bilden die materielle Grundlage eines effizienten Forschungsbetriebes. Zurzeit befindet sich ein Netzmodell für das Leistungsniveau von einigen Kilowatt in der Realisierungsphase. Es wird die Nachbildung des dynamischen und des stationären

Verhaltens realer elektrischer Energienetze im Echtzeitbetrieb gestatten und damit eine verstärkte Aktivität in der Anwendung der oben erwähnten Forschungsgebiete auf elektrische Energienetze ermöglichen.

Institut für Elektrische Anlagen und Energiewirtschaft

Für das Gebiet der elektrischen Anlagen wurde im Jahre 1895 ein Lehrstuhl für angewandte Elektrotechnik geschaffen, an dem bis zum Jahre 1927 Dr. h. c. Walter Wyssling und darauf bis zum Jahre 1957 Dr. Bruno Bauer als ordentliche Professoren gewirkt haben.

Nach der Wahl von Professor Heinrich Leuthold als Nachfolger von Professor Bauer wurde ein mit der Professur verbundenes Institut für Elektrische Anlagen und Energiewirtschaft errichtet und später auch der Lehrstuhl in Professur für Elektrische Anlagen und Energiewirtschaft umbenannt.

In den ersten Dezennien dieses Jahrhunderts lag der Schwerpunkt der Lehre und Forschung bei der Entwicklung der technischen Einrichtungen zur Nutzung der einheimischen Wasserkräfte und zur Fortleitung und Verteilung der mit ihnen produzierten elektrischen Energie; in der zweiten Phase verlagerte sich der Schwerpunkt mit der zunehmenden volkswirtschaftlichen Bedeutung der Elektrizitätsversorgung auf ihre wirtschaftlichen Probleme und auf ihr Verhältnis zu den im Wettbewerb stehenden festen, flüssigen und gasförmigen Brennstoffen.

Nach Ueberwindung der Wirtschaftskrise am Anfang der dreissiger Jahre und nach dem Ende des Zweiten Weltkrieges führte die stark steigende Nachfrage nach elektrischer Energie zu einem raschen Ausbau der hydraulischen Kraftwerke, zur Ueberlagerung der inländischen Uebertragungsnetze mit höheren Spannungsebenen und im zunehmenden Masse zum Verbundbetrieb mit ausländischen Uebertragungsnetzen (380 und 220 kV).

Zur Zeit des hundertjährigen Bestehens der Eidgenössischen Technischen Hochschule traten mit dem sich abzeichnenden Endausbau der hydraulischen Kraftwerke in der Schweiz die technischen und wirtschaftlichen Fragen ihrer Ergänzung mit thermischen Kraftwerken in den Vordergrund; fast gleichzeitig eröffnete die friedliche Nutzung der Kernenergie die Möglichkeit, neben den fossilen Brennstoffen nukleare Spaltstoffe zur Elektrizitätserzeugung zu verwenden.

In den seither vergangenen 25 Jahren ist der Energieverbrauch im Inland um mehr als das Dreifache auf fast 700 000 TJ angestiegen; dabei ist der Anteil der elektrischen Energie von rund 20% auf rund 17% zurückgegangen, während in der gleichen Zeit die flüssigen Brenn- und Treibstoffe ihren Anteil von etwa 35% auf 75,3% und das Gas von einem verschwindend kleinen Beitrag seinen Anteil auf etwa 4,2% erhöht und dabei die festen Brennstoffe weitgehend verdrängt haben.

Bei dem überaus stark anwachsenden Oelverbrauch setzte sich weltweit mehr und mehr die Erkenntnis durch, dass das Erdöl eine überragende Stellung mit einer unberechenbaren wirtschaftlichen und politischen Abhängigkeit von wenigen Ländern einnimmt, die maximale Förderkapazität in wenigen Jahren erreicht sein wird und dass seine sicheren und wahrscheinlichen Reserven bei weiterer Steigerung des Bedarfs in wenigen Jahrzehnten — in jedem Fall rascher als die Reserven an Erdgas, nuklearen Spaltstoffen und Kohle — zur Neige gehen werden; daraus folgte das dringende Postulat, den Verbrauch an Oel zu reduzieren und alle Möglichkeiten zu seiner Substitution zu studieren.

Im Laufe dieser Entwicklung verlagerten sich Lehre und Forschung des Institutes auf die betrieblichen und wirtschaftlichen Probleme, die sich bei der Eingliederung thermischer Kraftwerke mit fossilen und nuklearen Brennstoffen in die schweizerische Elektrizitätsversorgung stellen, und auf die gesamte Energieversorgung des Landes.

Besondere Aufmerksamkeit wird der Wärmeversorgung gewidmet; dabei liegt der Schwerpunkt auf dem wirtschaftlichen Vergleich der technischen Möglichkeiten zur Wärmebedarfsdeckung mit den verschiedenen Energieträgern und auf der Fernwärmeversorgung mit Wärmekraftkopplung bei gleichzeitiger Erzeugung elektrischer und thermischer Energie.

Institut für Elektrische Energieübertragung und Hochspannungstechnik

Die Tätigkeit des Instituts in Lehre und Forschung findet ihren Niederschlag in der Uebertragung elektrischer Energie. Markantes Beispiel dafür ist das europäische Verbundnetz. Als dessen Rückgrat kann das 420-kV-Drehstrom-Netz angesehen werden, das von Spanien bis Oesterreich und von Süditalien bis Dänemark reicht. Dieses stark vermaschte Netz dient zum Transport elektrischer Energie sowohl auf lokaler Ebene als auch über weite Entfernungen. Es speisen sogar geographisch oder politisch von Zentraleuropa getrennte Länder wie England, Norwegen und osteuropäische Länder in das Energieverteilungssystem ein, dessen Aufgabe es ist, die elektrische Energie dem Verbraucher in optimaler Art und Weise nutzbar zu machen. Schon die Anfänge des Verbundbetriebes, bei dem die Schweiz wesentlich beteiligt ist, waren auf dieses Ziel ausgerichtet.

In den letzten drei Jahrzehnten ist das Drehstromnetz durch Uebertragungen mit hochgespanntem Gleichstrom (HGÜ) ergänzt worden. Die HGÜ-Technik wird heute weltweit zum Transport grosser, räumlich abgelegener Energiereserven in die Verbraucherzentren angewendet. Auch die schweizerische Elektroindustrie ist an den Entwicklungen massgeblich beteiligt. Die dabei verwendeten Uebertragungs-Gleichspannungen liegen bereits höher als ± 500 kV, und es bestehen Projekte für Spannungen von mehr als ± 1000 kV (UdSSR).

Bei den Drehstromnetzen setzte der Trend zu noch höheren Uebertragungsspannungen 1965 ein (735 kV, Kanada) und wird mit Sicherheit im kommenden Jahrzehnt mit Spannungen von mehr als 1000 kV fortgesetzt werden (Italien, USA, UdSSR). Schliesslich sei noch erwähnt, dass in den letzten Jahren auch eine enorme Steigerung der Einheitsleistungen der Kraftwerksgeneratoren erfolgte: Nennleistungen von 1600 MVA auf einer Welle sind Realität, und weitere Steigerungen bis über 2000 MVA sind auch ohne supraleitende Generatoren möglich. Es besteht kein Zweifel, dass diese Entwicklung der Energieübertragungsnetze anhalten wird, da die elektrische Energie — unabhängig davon, auf welche Art die Primärenergie bereitgestellt wird — einen wichtigen Beitrag zum Umweltschutz und zur Reduktion der Abhängigkeit von Erdöl liefern wird.

Auch wenn der Anteil eines relativ kleinen Hochschulinstituts zur Lösung von weltweiten Problemen nur bescheiden sein kann, so unterstützt dennoch die aktive, auf Teilprobleme bezogene Forschungstätigkeit ganz wesentlich den Unterricht über die elektrische Energieübertragung. An der ETH konnte schon 1933 mit Hilfe der Industrie ein mittelgrosses Hochspannungslaboratorium im alten Physikgebäude eingerichtet werden. Als Dozent wirkte während 33 Jahren Dr. K. Berger — zuerst als Privatdozent (ab 1936) und später als ausserordentlicher Professor für Hochspannungstechnik. Aus seiner Tätigkeit sei die Blitzforschung auf dem Monte San Salvatore erwähnt, die eine weltweite Anerkennung fand. Im Jahre 1969 wurde das Institut für Hochspannungstechnik gegründet und für dessen Leitung Dr. W. Zaengl als ordentlicher Professor berufen. Der zunehmenden Bedeutung des Gebietes hat die ETH durch ein neues Hochspannungslaboratorium im Laborgebäude der Elektrotechnik Rechnung getragen. Es ist 1973 fertiggestellt und 1980 durch ein weiteres, kleines Labor im Zentralgebäude der Elektrotechnik ergänzt worden.

Diese gut ausgerüsteten Laboratorien ermöglichen grundlegende Forschungsarbeiten im Zusammenhang mit den Bemühungen, die hochspannungstechnischen Geräte stets kleiner und zuverlässiger zu bauen. Das führte in den letzten zwei Jahrzehnten beispielsweise zum Bau von druckgasisolierten Schaltanlagen mit SF_6-Isolation. Dieses stark elektronegative Gas, auch heute noch Gegenstand intensiver Forschungsaktivitäten, beeinflusste auch die Entwicklung der Hochspannungs-Leistungsschalter erheblich. Da durch die Mischung verschiedenartiger Gase weitere Verbesserungen denkbar sind, konzentriert sich ein Teil der Institutsaktivitäten auf diesen Problemkreis. Neue oder stark verbesserte Isolierstoffe beeinflussten praktisch alle energietechnischen Komponenten. Von besonderer Bedeutung ist auch das Vordringen der Halbleiterelektronik in der Messtechnik für das Labor und im Energieübertragungssystem. Nur fundierte Kenntnisse über die von starkstromtechnischen Geräten hervorgerufenen Vorgänge ermöglichen die Entwicklung zuverlässiger elektronischer Messapparaturen, welche durch diese Vorgänge so leicht gestört und auch zerstört werden. Mit diesen beiden Beispielen kann nur die Vielfalt der Probleme angedeutet werden.

Parallel zu dieser technologischen Entwicklung auf den Gebieten der Hochspannungs- und Apparatetechnik hat sich eine ebenso rasante Entwicklung bei der Informationstechnik in der elektrischen Energieerzeugung und -übertragung vollzogen. Träger dieser neuen Technik ist der Computer, und zwar in zwei Richtungen: erstens bei der Planung, das heisst bei der Systemanalyse, und zweitens bei der Netzführung, das heisst bei der Echtzeitregelung.

Dieser Entwicklung wurde 1977 durch die Schaffung einer Professur für Energieübertragungssysteme Rechnung getragen, die mit Prof. Dr. H. Glavitsch besetzt wurde; sie ist im folgenden Jahr mit dem Laboratorium für Hochspannungstechnik zu einem Institut für Elektrische Energieübertragung und Hochspannungstechnik zusammengefasst worden.

Die heutige Gesellschaft setzt eine dauernde Verfügbarkeit elektrischer Energie voraus. Diese Forderung verlangt von der Elektrizitätswirtschaft nicht nur ein genügendes Angebot an Energie aus den Kraftwerken, sondern auch eine sorgfältige Planung sowie verfeinerte Betriebsmethoden im gesamten Versorgungssystem. Dabei bedient sie sich in zunehmendem Mass der erwähnten modernen Hilfsmittel: seit Ende der fünfziger Jahre für die Planung mit Hilfe analytischer Methoden zur Simulation stationärer und nichtstationärer Zustände im Elektrizitätsversorgungsnetz und seit Ende der sechziger Jahre mit ähnlichen Methoden für die Netzregelung und -führung. Im letztgenannten Gebiet nimmt der Prozessrechner heute einen festen Platz ein.

Bei der Planung liegen die Schwierigkeiten in der Vielfalt an Komponenten und Parametern. Mit Hilfe von Optimierungsmethoden können die volks- und betriebswirtschaftlich besten Lösungen gut angenähert werden.

Die Steuerung von Elektrizitätsnetzen beginnt mit der Datenerfassung im ganzen System und der dadurch ermöglichten Ueberwachung. Heute hat der Computer diese Aufgabe vollständig übernommen. Daneben haben seit einigen Jahren komplexere Führungsfunktionen an Bedeutung gewonnen. Dabei kommen die Theorien der Regelung und Automatik sowie diejenigen der Wahrscheinlichkeits- und Zuverlässigkeitsrechnung zum Einsatz. Die Entwicklung ist voll im Gange und wird weiter durch die kostengünstigen Mikrorechner vorangetrieben, die sich als dezentrale Prozessrechenelemente auf den verschiedenen hierarchischen Stufen der Netzführung anbieten.

Die Fachgruppe für Energieübertragungssysteme hat sich ganz dieser Aufgaben angenommen.

Institut für Elektrische Maschinen

Das Lehrgebiet Elektrische Maschinen wird an der ETH seit 100 Jahren gepflegt. 1923 entstand dafür eine selbständige Professur. Nach der Aufteilung der Abteilung III in III A (Maschineningenieurwesen) und III B (Elektrotechnik) im Jahr 1935 wurden auch die Vorlesungen in «Einführung in die Elektrotechnik» für III A und in «Elektromaschinenbau» mit Konstruktionsübungen für III B aufgeteilt. Die Theorie der elektrischen Maschinen und das dazugehörige Praktikum betreute zunächst der Lehrstuhl für theoretische Elektrotechnik, ab 1952 das Institut für allgemeine Elektrotechnik. Entsprechend der Zielsetzung, die Studenten sowohl mit der Theorie als auch mit praxisnahen Aufgaben vertraut zu machen, wurden 1961 dem Institut für Elektromaschinenbau die Vorlesung über die Theorie elektrischer Maschinen und das zugehörige Praktikum übergeben. 1970 wurde demzufolge das Institut für Elektromaschinenbau in Institut für Elektrische Maschinen umbenannt. Der Schwerpunkt des Unterrichts verlagerte sich auf die Behandlung der einheitlichen, beziehungsweise der Zweiachsentheorie der elektrischen Maschinen und auf die Theorie ihrer inneren Vorgänge (Verluste, magnetische Streuung, Stromverdrängung, Oberwellen). Berechnung und Konstruktion wurden nur noch in Studien- und Forschungsarbeiten sowie in speziellen Seminarien behandelt.

Die schnelle Entwicklung der Halbleitertechnik, der Leistungselektronik und der steigende Energiebedarf der Industriestaaten haben auch das Gebiet der elektromagnetischen Energiewandlung und der elektrischen Maschinen wesentlich beeinflusst. Grössere Einheitsleistungen und ein jeweils optimales Systemverhalten werden ebenso für Generatoren als auch für Elektromotoren verlangt. Die elektrischen Maschinen bilden daher heute kein unabhängiges, selbständiges Gebiet der Elektrotechnik mehr. Die Maschinen arbeiten in fast allen Fällen zusammen mit elektronischen Regeleinrichtungen, die oft durch Prozessrechner ergänzt werden. Die elektrische Maschine ist somit ein Element eines ausgedehnten Systems geworden. Daraus ergeben sich neue Anforderungen an das statische und dynamische Verhalten, an die Auslegung und an den Wirkungsgrad.

Interessant ist es, dass in diesem Zusammenhang unkonventionelle Maschinen, wie zum Beispiel Schrittmotoren, Linearmotoren, dauermagneterregte Maschinen, wieder aktuell geworden sind.

Im Unterricht steht die Vermittlung des Verständnisses für die Wirkungsweise und das Betriebsverhalten elektrischer Maschinen und Energiewandler im einzelnen sowie in Systemen im Vordergrund. Gute Grundlagen vermittelte bereits der revidierte Studienplan von 1971. Der nächste, 1980 in Kraft tretende Studienplan sieht eine Umgestaltung des Vorlesungsstoffes vor, um den heutigen Bedürfnissen noch besser zu entsprechen.

Ohne praktische beziehungsweise experimentelle Uebungen sowie ohne Forschungsarbeiten wäre die Behandlung des Gebietes der elektromechanischen Wandler auf der Hochschulstufe ineffizient. Diesem Postulat entsprechend, wurden 1973 im Laborgebäude der Elektrotechnik neue Laboratorien für elektrische Maschinen errichtet — sowohl für Anfängerpraktika als auch für Studien-, Diplom- und andere Forschungsarbeiten. Die Abbildung zeigt das grosse Labor für Studien-, Diplom- und Forschungsarbeiten mit einem Leistungsbereich von einigen hundert Kilovoltampere.

Die Vertiefung des Fachgebietes erfolgt im 7. und 8. Semester. Dabei wird die

Institut für Elektrische Maschinen: grosses Labor für Forschungsarbeiten.

Theorie verallgemeinert, es wird über Anwendungs- und Systemfragen, über Berechnungs- und Auslegungsmethoden und über Sonderbauarten elektromagnetischer Energiewandler unterrichtet. Praktische und theoretische Studienarbeiten ergänzen wie üblich die Ausbildung. Dazu stehen verschiedene Einrichtungen, Anlagen, Geräte usw. zur Verfügung. Für die Behandlung theoretischer Probleme mit numerischen Methoden wird zurzeit noch auf das ETH-Rechenzentrum zurückgegriffen.

Die Forschung auf dem Gebiet der elektrischen Maschinen und Energiewandler konzentriert sich auf Systemfragen beziehungsweise Anwendungsprobleme, auf Entwicklungen neuartiger Systeme und vor allem auf Auslegungs- und Optimierungs- das heisst Aufwand- und Verlustminimierungsprobleme. Dabei haben die Identifikation, die Modellierung sowie die Behandlung der physikalischen Erscheinungen (elektromagnetische Felder, thermisches und mechanisches Verhalten usw.) eine besondere Bedeutung. Grundsätzliche Forschungsarbeiten auf diesen Gebieten müssen allerdings interdisziplinär unter Einbezug der Gebiete Feldtheorie, numerische Mathematik, Informatik und Anwendung durchgeführt werden. Für die Behandlung von Identifikations- und Modellierungsverfahren sind zusätzlich Laboreinrichtungen, elektrische Maschinen sowie Prozessdatenverarbeitungseinrichtungen unbedingt erforderlich.

Als Nachfolger für Prof. André Dutoit, welcher das Institut während über 20 Jahren geleitet hatte, wurde 1979 Prof. Dr. Konrad Reichert gewählt. Mit dieser Neubesetzung werden sich sicher gewisse Veränderungen oder Verlagerungen der Schwerpunkte ergeben. Eine verstärkte Hinwendung zu den Energieproblemen wäre wünschenswert.

Institut für Elektronik

Der Schwerpunkt der Tätigkeit des Instituts für Elektronik liegt auf dem Gebiet der elektronischen Bauelemente und Schaltungen, wobei im Zuge der Integration von elementaren Schaltungselementen zu immer grösseren Funktionseinheiten eine laufende Ausweitung der Tätigkeit in Richtung Architektur elektronischer Systeme stattfindet. Daneben ist in diesem Institut eine Arbeitsgruppe, die das Gebiet der elektromagnetischen Felder betreut, beheimatet. Ein grosser Teil dieser Gebiete wurde bereits im ehemaligen Institut für höhere Elektrotechnik, das bis Frühjahr 1974 unter Leitung von Prof. Dr. M. Strutt stand, gepflegt. Mit der Neuaufteilung der Arbeitsgebiete nach seinem Rücktritt, insbesondere der Eingliederung des Lehrstuhls für elektronische Schaltungstechnik, erfolgte die Umbenennung in «Institut für Elektronik», in dem heute drei Professoren (Prof. H. Baggenstos für elektromagnetische Felder, Prof. Dr. W. Guggenbühl und Prof. Dr. H. Melchior für Elektronik) tätig sind.

Das Gebiet der Elektronik hat im letzten Vierteljahrhundert eine stürmische Entwicklung erlebt. Die nach dem Ende des Zweiten Weltkrieges entwickelten Ideen zur statistischen Uebertragungstechnik (Shannon) und zur Computertechnik (von Neumann) erweiterten die systemtechnischen Grenzen zweier wichtiger Anwendungsgebiete der Elektroniktechnologie, die damals fast vollständig auf der Hochvakuumröhrentechnik basierte. Die praktische Realisierung dieser Ideen wurde durch die etwa gleichzeitigen Entwicklungen der Halbleiterphysik, die 1947 in der Entdeckung des Transistoreffektes gipfelten, ermöglicht.

Mit erstaunlicher Geschwindigkeit entstand in den USA im folgenden Jahrzehnt die zur wirtschaftlichen Herstellung des Transistors notwendige Technologie. Das Resultat dieser Anstrengungen, die sogenannte Planar-Diffusionstechnik, ermöglichte schliesslich die Herstellung ganzer Schaltungen mit der aus der Transistorentwicklung hervorgegangenen Massenproduktionstechnologie. In der Folge hat sich die Komplexität billigst herstellbarer integrierter Schaltungen jedes Jahr nahezu verdoppelt. Ein kleiner Computer hat heute in einer einzigen Schaltungskomponente Platz.

Diese Entwicklung brachte eine wesentliche Umstrukturierung und Umbewertung des ganzen Elektronikgebiets von den Grundlagen bis zu den Anwendungen mit sich. Die Entwicklung von der Elektronenröhre über den Transistor zur integrierten Schaltung und dem Computer auf einem Chip illustriert diese gewaltige Umwälzung. Am Institut für Elektronik und seinem Vorläufer, dem Institut für höhere Elektrotechnik, ist diesem Wandel einerseits durch eine stete Anpassung des Unterrichts Rechnung getragen worden. Dabei wurde besonders darauf geachtet, die grossen Linien der Entwicklung und bleibenden Grundprinzipien stärker hervortreten zu lassen und den jeweiligen Stand der Technologie anhand von Beispielen und praktischen Arbeiten zu illustrieren.

Anderseits konnten in der Forschung laufend Beiträge zur Weiterentwicklung des Gebiets erbracht werden. Folgende Forschungsthemen wurden über Jahre gepflegt:

Rauschen

Es werden die Auswirkungen spontaner Schwankungen der Elektrizitätsträger in elektronischen Komponenten untersucht. Diese mit dem Stichwort «Rauschen» charakterisierten Arbeiten begannen 1948 mit Arbeiten über Mischstufen. Später wurden fortlaufend neue Bauelemente wie Transistoren, Laser und neuerdings auch das Verhalten ganzer Schaltungen, wie Aktivfilter, photoelektrische Auswertekreise, in die Untersuchungen einbezogen.

Optoelektronik

Die Aktivitäten auf den Gebieten der Lichttechnik und Optoelektronik bauen ebenfalls auf einer langjährigen Tradition des Instituts auf. So wurden in den fünfziger und sechziger Jahren klassische Lichtquellen wie Lampen und Entladungsröhren untersucht, Spektromaten entwickelt und Arbeiten über lichtemittierende Halbleiterlichtquellen und Laser durchgeführt. Die jetzigen Forschungsaktivitäten erstrecken sich von der Technologie und der Untersuchung optoelektronischer Bauelemente bis hin zur Entwicklung ganzer Schaltungen für die optische Kommunikation mit Glasfasern.

Computer-Hardware

Die Diskussion allgemeiner aktueller Schaltungsprobleme konzentrierte sich anfänglich auf Transistorschaltungen, sie hat sich heute ausgeweitet bis zur Mikroprozessortechnik. Der Bedeutung dieses Zweigs der digitalen Schaltungstechnik entsprechend, wurde in den siebziger Jahren die Hardware-Architektur von Computersystemen zu einem der Hauptthemen der Institutstätigkeit. Dabei waren zunächst einmal die Aspekte des Unterrichts in diesem aktuellen Gebiet vor allem durch entsprechenden Aufbau im Bereich der Studien- und Diplomarbeiten zu befriedigen. In zunehmendem Masse werden nun auch Forschungsresultate erbracht.

Elektromagnetische Felder

Die Kenntnis des elektromagnetischen Feldes spielt beim Entwurf neuer oder der Optimierung bekannter Geräte und Anlagen eine wichtige Rolle. Es wurden daher am Institut immer wieder Feldprobleme mit den verschiedensten Methoden und Verfahren behandelt. In den fünfziger und sechziger Jahren wurden hauptsächlich mittels Analogieverfahren (Gummimembran, Analogienetzwerke) Raumladungsfelder in Elektronenröhren, Diffusionsvorgänge in Halbleiterbauelementen und Wechselfelder in Leitersystemen untersucht.

Die rasche Entwicklung der Rechen- und Speicherleistung digitaler Rechner erschliesst immer komplexere Feldprobleme einer Behandlung durch numerische Verfahren. Heute werden unter Anwendung verschiedenster analytischer und numerischer Methoden zum Beispiel magnetische Felder in nichtlinearen magnetischen Materialien, Nahfelder von Antennen und Wellenfelder zylindrischer Struktur berechnet.

Neben diesen kontinuierlich gepflegten Forschungsthemen wurden im Laufe des vergangenen Vierteljahrhunderts viele Einzelprobleme wie Entwicklung von Schaltungsmodellen für neue Komponenten, Untersuchung neuer Materialien und Verfahren usw. behandelt, die die Vielseitigkeit und den raschen Wandel aktueller Themen widerspiegeln.

Die Elektroniktechnologie hat ihre Schwungkraft noch keineswegs eingebüsst, so dass es an neuen aktuellen Themen auch in Zukunft nicht fehlen wird.

Institut für Fernmeldetechnik

Im Jahre 1931 wurde das Institut unter der Leitung von Prof. Dr. J. Forrer gegründet. Damals trug es den Namen Institut für Schwachstromtechnik und befasste sich mit der Entwicklung und Lehre der Uebertragungstechnik von Telegrafie- und hauptsächlich von Telefoniesignalen (Sprache und Musik) über Kabelleitungen. Im Jahr 1940 übernahm Prof. E. Baumann den Lehrstuhl bis 1948. In diese Zeit fiel der Zweite Weltkrieg, zugleich aber auch eine rasche Entwicklung hinsichtlich Ausnutzung der teuren Fernkabelleitungen mit Frequenzmultiplexsystemen, welche grosse Ansprüche an die Berechnung und Realisierung komplexer Filtersysteme und stabiler Verstärker stellten. Die ersten Trägersysteme in der Schweiz wurden an der ETH im Institut für Schwachstromtechnik entwickelt. Die Leitungstheorie, welche schon im 19. Jahrhundert begründet wurde, und die Filtertheorie, deren Anfang in der Zeit des Ersten Weltkrieges lag, wurden zusammengefasst in der umfassenden Netzwerktheorie mit konzentrierten und verteilten Elementen. Auch die Technik der Elektronenröhren spielte eine zunehmend wichtige Rolle beim Einsatz breitbandiger, sehr stabiler Verstärker in den Trägersystemen. Die hohe Stabilität wurde erreicht durch Gegenkopplung, welche den Einfluss der Abhängigkeit der Röhreneigenschaften von der Alterung und den Schwankungen der Speisung stark vermindert. Die Theorie der Gegenkopplung, zunächst für Verstärker entwickelt, befruchtete die Theorie der Regeltechnik ausserordentlich und ist noch heute wichtig bei der Stabilitätsbetrachtung von Nachrichtensystemen und aktiven Netzwerken. Im Jahre 1948 übernahm Prof. E. Baumann den frei gewordenen Lehrstuhl für technische Physik und die Leitung der AFIF (Abteilung für industrielle Forschung). Als sein Nachfolger führte Prof. H. Weber das Institut weiter bis zu seinem Rücktritt altershalber im Jahre 1973. In diese Zeit fiel die Umbenennung in den heutigen Namen. Viel wesentlicher war die stürmische Entwicklung der Technologie und die Erweiterung der theoretischen Betrachtungen. Die erstere war gekennzeichnet durch die Erfindung des Transistors, der heute die Elektronenröhre fast vollständig verdrängt hat, und durch die nachfolgende Miniaturisierung der Schaltungen in konsequenter Anwendung der Halbleitertechnik zur Kombination von Transistoren, Widerständen und Kapazitäten in sogenannten integrierten Schaltungen. Neben den bereits hoch entwickelten und in der Praxis weit verbreiteten Trägersystemen mit Einseitenband ohne Trägerfrequenz entstanden Trägersysteme mit Frequenzmodulation über Richtstrahlverbindungen mit Mikrowellen. Dazu kamen Zeitmultiplexsysteme, welche mit Impulsen arbeiten, die in der Amplitude, Zeitdauer oder in der zeitlichen Lage moduliert werden. Mit dem Umsetzen der Amplitude des Einzelimpulses in eine Impulsgruppe entstand die Puls-Code-Modulation (PCM), welche heute weltweit in steigendem Masse bei der Telefonieübertragung und -vermittlung angewandt wird. Zu den Grundlagen, welche nach dem Zweiten Weltkrieg geschaffen und ausgebaut wurden, gehören die Informationstheorie, die statistische Uebertragungstheorie und die Theorie der logischen Schaltungen. Aber auch die Netzwerktheorie wurde stark entwickelt, nachdem die integrierte Schaltungstechnik ermöglichte, Filter mit passiven Elementen zu ersetzen durch aktive Filter, welche zur Hauptsache nur aus Widerständen, Kondensatoren und Operationsverstärkern bestehen.

Alle diese Entwicklungen führten zu ständigen Aenderungen und zu einem steten Ausbau des Lehrplans bis zu den einzelnen Vorlesungen, Uebungen, Laboratorien, Semester-, Diplom- und Doktorarbeiten. So war zum Beispiel zu Beginn der letzten 25 Jahre die Akustik durch ein elektroakustisches Labor und die Vermittlungstechnik durch eine Vorlesung über Relaisschalttechnik und automatische Telefonzentralen im Institut vertreten. Heute ist die elektronische Schaltungstechnik (Verstärker, logische Schaltungen) aus dem Institut losgelöst und bildet einen eigenen Lehrstuhl (Prof. Dr. W. Guggenbühl), und die Akustik ist erweitert durch Vorlesungen über elektroakustische Wandler, akustische Messtechnik, Bekämpfung von Maschinengeräuschen und entsprechende Praktika (Tit.-Prof. Dr. E. J. Rathe). Neben den Lehr- und Forschungsarbeiten ist immer Wert gelegt worden auf ein gutes Einvernehmen mit den führenden Firmen der Nachrichtentechnik und der Telegrafen- und Telefonverwaltung. Dies ermöglichte den jungen Mitarbeitern am Institut wie auch den Absolventen, in der Industrie stets interessante und aktuelle Forschungs- und Entwicklungsbeiträge auf dem Gebiet der Nachrichtentechnik zu leisten.

Seit Herbst 1973 wird das Institut für Fernmeldetechnik von Prof. Dr. G. S. Moschytz geleitet. Das Institut ist seit dieser Zeit sowohl in Unterricht wie auch in Forschung hauptsächlich auf den Gebieten der Nachrichtentechnik, welche sich mit der Uebertragung und Verarbeitung von elektrischen Signalen verschiedenster Art befassen, tätig. Dazu gehören analoge Signale (z. B. Sprach- oder Biosignale) und digitale Signale (z. B. Datenübertragungszeichen oder codierte Sprachsignale). Dafür werden die Leitungstheorie, die Netzwerk- und Filtertheorie (sowohl klassische wie aktive und digitale Filter umfassend), das Gebiet der analogen und digitalen Signalverarbeitung (signal processing) und «computer-aided design» für Netzwerkoptimierungs- und verwandte Aufgaben gepflegt. Daneben beschäftigt sich das Institut auch weiterhin mit akustischen Ausbreitungsproblemen und solchen, die den Umweltschutz und die Lärmbekämpfung betreffen.

Die Kombination von Signalverarbeitung und Elektroakustik hat dazu geführt, dass am Institut Grundlagenforschungen auf dem Gebiet des Mittelohrs und des Hörvorganges im Innenohr ausgeführt werden. Auf dem Sektor Biosignalverarbeitung wird auch die Muskeltätigkeit durch Analyse von elektromyographischen Signalen untersucht. Neue Technologien haben einen starken Einfluss auf die laufenden Forschungsarbeiten des Institutes. Mikroprozessoren werden eingesetzt für die digitale Signalverarbeitung und die Realisierung von Digitalfiltern. Daneben werden Filterstrukturen entwickelt, welche sich optimal für die Realisierung mittels Dick- und Dünnfilm-Komponenten (Hybrid-Technik) eignen. Neuerdings ermöglicht die sich rasch entwickelnde MOS-Technologie sogar, vollintegrierte Filter herzustellen. Diese monolithischen Filter bestehen lediglich aus Kondensatoren, Schaltern und Operationsverstärkern und sind als geschaltete C-Filter bekannt. Mit ihnen ist der langersehnte Wunsch, Filterfunktionen auf einzelnen Silizium-Chips realisieren zu können, erfüllt worden. Am FMT-Institut sind wesentliche Beiträge zu diesen und verwandten Gebieten gemacht worden, und es bleibt zu hoffen, dass das Institut auch in Zukunft in Unterricht und Forschung eine erfolgreiche Tätigkeit aufrechterhalten kann.

Institut für Kommunikationstechnik

Die Kommunikationstechnik befasst sich mit der Uebertragung, Verarbeitung und Vermittlung informationstragender Signale verschiedenster Natur wie zum Beispiel Sprach- und Musiksignale, Televisionssignale, Datensignale, aber auch mit der Analyse und Aufarbeitung nicht zeitabhängiger Information in der Gestalt von Zeichen und Bildern. Da Information in elektrischer Form besonders leicht zu handhaben ist, werden hauptsächlich elektronische Systeme und Computermethoden zur Lösung der erwähnten Aufgaben benützt. Zur Behandlung von Bildinformation kommen auch optische und photographische Verfahren in Frage.

Der Uebertragung von Nachrichten, sei es über Draht-, Kabel- oder Glasfaserverbindungen oder auf drahtlosem Wege, sowie der elektronischen Informationsverarbeitung kommt in der modernen Gesellschaft eine fundamentale Rolle zu. Die Kommunikationstechnik stellt ein ausserordentlich anziehendes Gebiet für die jungen Studierenden dar, was auch durch stetig steigende Studentenzahlen in diesem Fachgebiet zum Ausdruck kommt.

Nach einer Basisausbildung werden den Studenten im fünften und sechsten Semester in drei Uebersichtsvorlesungen und in einem Praktikum die Grundlagen des nachfolgenden Fachstudiums in Kommunikationstechnik vermittelt. Ein weitgefächertes Angebot von Fachvorlesungen im siebten und achten Semester umfasst derzeit folgende Spezialgebiete: Uebertragungstheorie, Kommunikationssysteme, Bildtechnik, Netzwerktheorie und Mikrowellentechnik. Das Fachstudium wird durch zwei Studienarbeiten ergänzt, die sich jeweils über ein ganzes Semester erstrecken. Hier und in der anschliessenden Diplomarbeit bietet sich Gelegenheit, spezielle praktische und theoretische Probleme aus der Kommunikationstechnik zu bearbeiten.

Seit 1969 besteht die Möglichkeit einer Weiterbildung durch das sogenannte Nachdiplomstudium, in dem ausgewählte Gebiete der Nachrichten- beziehungsweise Kommunikationstechnik vertieft gepflegt werden. Dieser Studiengang, der anderthalb Semester dauert, richtet sich einerseits an Fachleute aus der Industrie, andererseits an wissenschaftliche Mitarbeiter nachrichtentechnisch orientierter Hochschulinstitute, die eine Dissertation durchführen möchten (post-graduate courses).

In den frühen dreissiger Jahren wurde an der Abteilung für Elektrotechnik das Institut für Hochfrequenztechnik gegründet, das seither für einen wesentlichen Teil der erwähnten Ausbildung und Forschung auf dem Gebiet der Nachrichtentechnik zuständig war. Die Integration einer Gruppe für Bildwissenschaft im Herbst 1979 gab Anlass zu einer Umbenennung des Instituts, das nun seit dem 1. November 1979 die dem breiten Interessenbereich besser angemessene Bezeichnung «Kommunikationstechnik» trägt. Das Institut für Kommunikationstechnik setzt sich aus einer Fachgruppe Bildwissenschaft und einer Fachgruppe Nachrichtentechnik zusammen und besitzt eine gemeinsame Infrastruktur.

Die *Fachgruppe für Nachrichtentechnik* unter der Leitung von Prof. Dr. P. Leuthold betreut in der Lehre die Uebersichtsvorlesung «Kommunikationstechnik» sowie verschiedene Fachvorlesungen in den Spezialgebieten Uebertragungstheorie und Kommunikationssysteme. Die Forschungs- und Entwicklungsaktivitäten zielen derzeit in vier Richtungen: Datenübertragung, Codierung, Systemtechnik elektromagnetischer Felder und spezielle Interface-Probleme zwischen Mensch und Maschine.

Ausgehend von der klassischen Datenübertragung über das Telefonnetz, ist heute auch die drahtlose Datenübertragung sowohl für zivile als auch für militärische Anwendungen von grösster Bedeutung. Zur Erhöhung der Uebertragungssicherheit und insbesondere zur Verminderung der Empfindlichkeit gegenüber gezielten Störungen kommen heute extreme Breitband-Modulationsverfahren zum Einsatz, deren Realisierung erst in neuerer Zeit dank modernster Technologien möglich geworden ist.

Die Codierung digitaler Signale kann im Hinblick auf drei verschiedene Zielsetzungen erfolgen. Die sogenannte Quellencodierung führt zu einer Kompression der Informationsdichte und erlaubt damit eine höhere Uebertragungsgeschwindigkeit bei vorgegebener Symbolrate. Die Kanalcodierung gestattet die Detektion oder sogar die Korrektur von Fehlern, die durch Störungen auf dem Uebertragungskanal verursacht werden. Als Kryptographie bezeichnet man schliesslich die Codierung zum Zwecke der Geheimhaltung. Alle drei Codierungsarten lassen sich nach informationstheoretischen Gesichtspunkten optimieren. Sowohl Untersuchungen als auch Systemrealisierungen sind ein dankbares Anwendungsgebiet für Minicomputer und Mikroprozessoren.

Systeme, die sich der Ausbreitungseigenschaften elektromagnetischer Wellen bedienen, sind aus der Nachrichtentechnik nicht wegzudenken. Allerdings bereitet auch die unerwünschte Ausbreitung elektromagnetischer Energie zwischen gleichartigen oder verschiedenen elektrischen und elektronischen Systemen den planenden Ingenieuren zunehmende Sorgen. Die sogenannte elektromagnetische Verträglichkeit, die sich mit der messtechnischen Erfassung und mit der Verhütung solcher Phänomene befasst, scheint damit zu einer immer wichtigeren Disziplin der Elektrotechnik heranzuwachsen.

In einem Informationsübertragungssystem bildet letztlich immer der Mensch die Quelle und/oder die Senke. Damit stellt sich die Frage nach der Anpassung zwischen den menschlichen Sinnesorganen und den Eingabe- und Ausgabe-Einrichtungen der Systeme. Auch hier sind interessante Optimierungsprobleme zu lösen.

Die *Fachgruppe für Bildwissenschaft* unter der Leitung von Prof. Dr. O. Kübler betreut in der Lehre das Spezialgebiet Bildtechnik sowie das interdisziplinäre Gebiet der Photographie.

Ein Arbeitsgebiet, bei dem die Verwandtschaft bildwissenschaftlicher Begriffe mit der Terminologie der Nachrichtentechnik besonders deutlich wird, besteht in der Restauration von Bildern. Abbildende Systeme lassen sich mathematisch beschreiben, indem die Impulsantwort oder, optisch gesprochen, die «Punktbildfunktion» in Abhängigkeit einiger weniger Parameter angegeben wird. Bei der Bildrestauration geht es darum, Fehler des Abbildungssystems im nachhinein zu korrigieren, wobei die durch das optische Rauschen gegebenen Grenzen beachtet werden. Nutzanwendungen finden sich in der Aufarbeitung von Satelliten- und Raumsondenbildern sowie von biologischem Bildmaterial.

Die in der Bildrestauration eingesetzten Methoden der Raumfrequenzfilterung eignen sich auch dazu, die Bildinformation der visuellen Beurteilung leichter zugänglich zu machen, das heisst eine eigentliche Bildverbesserung vorzunehmen. Insbesondere lassen sich je nach Aufgabenstellung Kanten oder allgemeine Konturen im Bild glätten oder verschärfen und periodische Bildanteile von aperiodischen Teilen trennen. Diese Anwendung erlangt bei der Interpretation extrem verrauschter elektronenmikroskopischer Aufnahmen von biologischen Membranen besondere Bedeutung.

Bildrestauration und Bildverbesserung erfolgen weitgehend ohne Rücksicht auf den Bildinhalt. Ein Fernziel der Bildwissenschaft ist es, Bildinhalte automatisch oder zumindest mit erheblicher Computerunterstützung analysieren zu können. Erste Schritte in diese Richtung wurden bei der Analyse zeitlich veränderlicher Bildinhalte mit Korrelations- und Differenzbildverfahren gemacht. Weitere Anstrengungen werden bei der multitemporalen Landnutzungskartierung von Satellitenbildaufnahmen unternommen. Die Analyse von Bildinhalten erfordert spezielle Einsicht in die Problemstellung des Anwenders, um komplexere Entscheidungssituationen erfassen und computergerecht formulieren zu können.

Das Mikrowellenlaboratorium

Die grundlegende Theorie der Mikrowellen stammt von J. C. Maxwell, deren experimenteller Nachweis von Heinrich Hertz und die (forcierte kriegs-)technische Nutzbarmachung aus dem Zweiten Weltkrieg. An der ETH begannen die Gehversuche in diesem Frequenzbereich am Hochfrequenzinstitut unter der Leitung von Prof. Dr. F. Tank, zum Teil mit Material aus in der Schweiz gelandeten alliierten Kriegsflugzeugen. In der Nachkriegszeit wurden an jenem Institut Mikrowellen-Vakuumröhren entwickelt und die ersten Schaltkreise in Hohlleitertechnik aufgebaut.

Vorlesungen, die ganz der Mikrowellentechnik gewidmet sind, gibt es an der ETH seit 1957. 1960 entstand unter der Leitung von Prof. Dr. G. Epprecht das Mikrowellenlaboratorium, zuerst als Teil des Institutes für Hochfrequenztechnik, ab 1966 als selbständiges Institut. Auf internationaler Ebene begannen sich im Mikrowellengebiet zu dieser Zeit die Schwerpunkte der Forschung auf die Halbleitertechnik zu legen (Tunneldioden 1957, GUNN-Effekt 1963, IMPATT-Diode 1965). Hier mitzuhalten fehlte in der Schweiz vor allem der industrielle Rückhalt und auch das technologische Know-how. Obwohl in der Schweiz (wie in Schweden oder Holland) die Entstehung einer Mikrowellen-Messgeräteindustrie durchaus möglich gewesen wäre, lagen die traditionellen Interessen unserer Industrie in anderen Richtungen. Aus diesen Gründen wurde auch am Mikrowellenlabor der ETH das Gewicht auf die Schaltungstechnik gelegt, insbesondere auf Anwendungen von Halbleiterelementen (Varactorverstärker, parametrische Verstärker, Tunneldiodenmischer). Nachteilig war dabei natürlich, dass nur mit kommerziell erhältlichen Elementen gearbeitet werden konnte und

Zentralgebäude der Elektrotechnik an der Gloriastrasse 35, kurz vor der Fertigstellung 1980. Es wurde anstelle des Eidgenössischen Physikgebäudes gebaut und enthält mehrere Institute aus dem Gebiet der Elektrotechnik und dazugehörende Unterrichtsräume.

nicht mit Mustern aus aktueller eigener Entwicklung. Mit Schaltungstechnik konnte man zwar kaum in die Schlagzeilen der wissenschaftlichen Literatur gelangen; aber sie ist wohl das Gebiet, das für Ingenieure der Fernmeldeindustrie die wichtigste Grundlage bildet.

Passive Schaltungsteile wurden in den ersten Jahren des Mikrowellenlabors fast ausschliesslich in Hohlleitertechnik hergestellt. Bald aber begann sich international eine schaltungstechnische Umwälzung abzuzeichnen, und es wurde klar, dass auch die bescheidene schweizerische Mikrowellenindustrie sich würde umstellen müssen, wenn sie im internationalen Konkurrenzkampf mithalten wollte. Die hauptsächlich in den USA aufkommende Streifenleitungstechnik beruhte auf einer weit entwickelten Technik, in welcher die Schweiz einen deutlichen Rückstand hatte. Hohe Technologie setzt hohe Investitionen und eine Tradition im Know-how voraus und ist wenig konform mit der Situation der Hochschule, wo der Bestand an technologisch geschultem Personal gering ist und wo auch die wissenschaftlichen Mitarbeiter häufig wechseln. Trotzdem schien es unumgänglich, mit der neuen Technologie (Stripline-Technik, MIC: microwave integrated circuits) anzufangen.

Ausbildungsmässig bietet die Streifenleitertechnik die Schwierigkeiten, dass Studenten ihre Schaltungen normalerweise nicht (wie etwa bei tieferen Frequenzen) selber herstellen können und dass fertige Schaltungen kaum mehr abgeändert werden können. Jede Herstellung oder Modifikation geschieht im photolithographischen und im Bonderlabor, teils unter Reinraumbedingungen. Das Experimentieren mit Schaltungen enthält also Arbeitsgänge, die dem Studenten nicht zugänglich sind und ihn, dem es zunächst um schaltungstechnische und nicht um technologische Aspekte geht, auch nicht wesentlich belasten sollten. (Diese Situation ist ähnlich, wie sie der Ingenieur später in der Industrie vorfindet.) Es ist deshalb notwendig, das technologische Labor instrumentell und organisatorisch so einzurichten, dass die Wartezeiten tolerierbar werden. Unser Ziel war, eine Schaltung — bei Vorliegen der geschnittenen 10:1-Maske — innerhalb eines Tages herstellen zu können und normal aufwendige Schaltungen innerhalb eines weiteren Tages mit den Halbleitern zu bestücken. Dieser technische Stand ist heute erreicht, so dass wir Studien-, Diplom- und Entwicklungsarbeiten flüssig durchführen können. Gegenwärtige Arbeitsthemen sind Mischer, Koppler, Leistungsteiler, Filter, Oszillatoren und Verstärker.

Besondere Wichtigkeit hat natürlich auch die Messtechnik. Am Mikrowellenlabor steht dafür in erster Linie je ein handbedienter und ein automatischer Netzwerkanalysator zur Verfügung. Der letztere löst das Problem der Messfehler, das bekanntlich im Mikrowellengebiet besonders schwerwiegend ist, durch einen mit dem Messgerät gekoppelten Computer, welcher in kürzester Zeit mit Hilfe geeigneter Eichprogramme die gemessenen Werte korrigiert und aufzeichnet oder ausdruckt.

Der neueste Zweig der photolithographischen Technik ist die Mikrowellenakustik, das heisst die Technik der Oberflächenwellen (= SAW: surface wave acoustics), die sich für viele Probleme der Signalverarbeitung eignet. Sie verlangt noch höhere Genauigkeiten, die an der Grenze des optischen Auflösungsvermögens liegen. Das Mikrowellenlaboratorium ist gegenwärtig die einzige Stelle in der Schweiz, welche SAW-Schaltungen herstellt.

Nicht nur durch unsere Studienabsolventen, sondern auch durch Mitwirkung bei der Ausbildung von Laborpersonal der Industrie konnte das Mikrowellenlabor mithelfen, den technologischen Rückstand der Schweiz auf diesem Gebiete teilweise aufzuholen. MIC- und SAW-Schaltungen sind aufwendig in der Entwicklung und billig in der Produktion. Sie haben das Tätigkeitsgebiet des Mikrowellenlabors stark in der Richtung moderner Technologie verschoben, was auch einen personellen Aufwand bedeutet.

Es bleibt zu hoffen, dass unsere Anstrengungen dazu beitragen, die eher schwache schweizerische Mikrowellenindustrie auf international lebensfähigem Stand zu halten.

Institut für Technische Physik

Die technische Physik ist diejenige Physik, welche der Technik dient. Nach dieser Begriffsbestimmung umfasst sie eine kaum überblickbare Vielfalt von Fachgebieten. Ein einzelnes Hochschulinstitut kann aber nur eine bescheidene Zahl von Sparten aus diesen Möglichkeiten pflegen.

Das Fach Technische Physik ist seinem Wesen nach interdisziplinär — nicht nur was die wissenschaftlichen Themen, sondern namentlich auch was die Zuordnung im Schema unserer Hochschulorganisation anbelangt. Das Institut für Technische Physik (ITP), welches während über 30 Jahren von Prof. Dr. Ernst Baumann geleitet worden ist, steht zwischen den rein physikalisch und mathematisch orientierten Instituten der Abteilung IX und den nach ingenieurwissenschaftlichen Gesichtspunkten organisierten Instituten der Ingenieurabteilungen. Traditionsgemäss hat das ITP sowohl mit der Abteilung IX als auch mit der Abteilung III B engen Kontakt.

Bezüglich der allgemeinen Bedeutung des Instituts sei auf die Ausführungen im Beitrag der Abteilung IX (siehe Seiten 380—382) verwiesen. An dieser Stelle soll über die Tätigkeiten des ITP für die Abteilung III B referiert werden.

Das Aufblühen der Elektronik zu Beginn der dreissiger Jahre übte einen entscheidenden Einfluss auf die Wahl der Arbeitsgebiete des Instituts für Technische Physik aus. Bei seiner Gründung wurden in unserem Land wiederholt Stimmen laut, die darauf hinwiesen, dass die Schweiz den Anschluss an die Elektronik «verpasst» habe, weshalb es notwendig sei, einen grossen Rückstand aufzuholen. Diese Ueberlegungen waren teilweise richtig, denn in den vorangegangenen Jahren hatte die Schweiz die vollständige Elektrifizierung der Bahnen und der Industrie durchgeführt, und es blieben deshalb wenig Zeit und Mittel übrig, um auch die Elektronik zu pflegen. Sie war damals für unsere Wirtschaft auch nicht von besonderer Bedeutung.

Die Elektronik umfasst zwei für die Wirtschaft und Industrie wichtige Gebiete. Das erste betrifft die Herstellung von Bauelementen, die in der Elektronik gebraucht werden. Früher waren es hauptsächlich Elektronenröhren, heute sind es Halbleiterbauelemente. Die Erfahrung zeigte immer wieder, dass es für schweizerische Unternehmen schwierig ist, auf diesem Gebiet selbständig erfolgreich tätig zu werden. Das mag damit zusammenhängen, dass es sich um Massenprodukte grössten Ausmasses vom Typus Halbfabrikate handelt, für deren Herstellung die kleine Schweiz offenbar kein günstiger Standort ist. Das zweite Fachgebiet ist die Schaltungstechnik, welche — im Gegensatz zu den Bauelementen — für die schweizerische Wirtschaft sehr wichtig ist. Sie spielt für mittlere und kleinere Unternehmen eine grosse Rolle, da sie auch für die Herstellung von kleineren Serien und Spezialgeräten zu den unabdingbaren Grundlagen gehört. Die Fabrikation solcher Produkte ist zudem nicht an übermässig grosse Investitionen für Einrichtungen gebunden. Dass die mit diesem Fachge-

Synthetisches Computerbild aus einem digitalen Geländemodell. Das verwendete Geländemodell besteht aus den digitalisierten Höhen des Geländes im Gebiet Grindelwald BE über einem Grundraster mit 50 m Maschenweite. Aufwendige Transformationen im Computer führen zu realistisch wirkenden Bildern, welche beliebige perspektivische Ansichten des Geländes simulieren. Das Bild zeigt den Blick vom Faulhorn in Richtung SE bei Tag- und Nachtgleiche um 13 Uhr. Sichtbar sind im Vordergrund das Faulhorn und im Hintergrund von links nach rechts: Grosse Scheidegg, Wetterhorn, Lauteraarhorn und Schreckhorn, Mittellegigrat.

biet zusammenhängenden Probleme am Institut für Technische Physik besonders intensiv bearbeitet werden, ist selbstverständlich.

Kurz nach dem 100-Jahr-Jubiläum der ETH Zürich kam die Halbleitertechnologie zum vollen Durchbruch, und es ist allgemein bekannt, welch dominierende Rolle die darauf aufbauende Elektronik erhielt. Diese Entwicklung beeinflusste das Arbeitsprogramm des ITP grundlegend. Das Institut ist immer bestrebt, auf denjenigen Gebieten tätig zu sein, die sich von der Physik als Grundlagenwissenschaft ablösen und für technische Anwendungen aktuell werden. Das Forschungs- und Arbeitsprogramm soll zudem in harmonischer Weise den für eine optimale Ausbildung von jungen Akademikern benötigten modernen Lehrstoff liefern.

Das ITP beschäftigte sich sehr früh mit Herstellung und Anwendungen von Halbleiterbauelementen. Die Pflege der traditionellen Röhrentechnologie und Bildverarbeitungstechnik seit der Gründung des Instituts lieferte den Grundstoff an Wissen, um mit der sich schnell entwickelnden digitalen Informationsverarbeitung an der Front Schritt zu halten. Die bekannten Leistungen der jungen Mitarbeiter auf dem Gebiet der digitalen Filter — in Theorie und Praxis — sind Zeugnisse dafür. Zu den jüngsten grösseren Projekten gehören der Bau eines Transmultiplexers auf rein digitaler Basis sowie Arbeiten auf dem Gebiet der Sprachanalyse und -synthese. Zurzeit wird ein Vocoder nach der Linear-Prediction-Methode entwickelt. Es kommen dazu die schnellsten zurzeit existierenden Bauelemente zur Anwendung, und es handelt sich um das erste derartige Gerät, das in Europa gebaut wird.

Die Halbleitertechnologie ist für die Ausbildung ebenfalls von grosser Bedeutung. Das ITP nahm sich dieser Aufgabe frühzeitig an und schuf im Rahmen seiner Möglichkeiten als Hochschulinstitut die für die Herstellung von einfachen Bauelementen (auch integrierten Schaltungen) nötigen Laborausrüstungen. Parallel dazu wurde ein entsprechendes Unterrichtsprogramm entwickelt.

Auch in der Bildverarbeitungstechnik kamen die digitalen Methoden zum Einsatz, was zu einer vielseitigen Zusammenarbeit mit der Industrie führte. Die Forschungsarbeiten auf dem Gebiete der technischen Optik wurden in den vergangenen zehn Jahren weiterverfolgt und ausgebaut. Wichtige Resultate konnten bei Anwendungen der Laseroptik auf die Messtechnik, bei Anwendungen der optischen Modulationsfunktionen sowie beim Bau einer zugehörigen Messapparatur erzielt werden. Als jüngstes Projekt wird ein optisch-elektronischer Datenbus mit einem verzweigten Glasfasernetz, das der Uebertragung der Daten dient, realisiert.

Im Jahre 1967 hat das ITP auf dem Hönggerberg eine neue Wirkungsstätte gefunden. Die ausgezeichnete Arbeitsatmosphäre, die sich in der Folge entwikkelte, hat ohne Zweifel grossen Anteil an den guten Erfolgen, die den Arbeiten des ITP beschieden sind.

Ganz besonders aber muss die grosszügige Unterstützung dieses Hochschulinstituts durch die Gesellschaft zur Förderung der Forschung an der ETH (GFF) hervorgehoben werden. Die mustergültige, transparente Zusammenarbeit zwischen Hochschule und Industrie über die dem Institut angegliederte Abteilung für industrielle Forschung (AFIF) ist vielen jungen Akademikern zu einem positiven Erlebnis geworden.

Institut für Biomedizinische Technik

Der Regierungsrat des Kantons Zürich und der Schweizerische Schulrat haben in ihren Beschlüssen vom 16. November 1971 und 28. Januar 1972 die Errichtung eines von der Universität Zürich und der ETHZ gemeinsam getragenen Instituts für Biomedizinische Technik (IBT) legalisiert. Diese Beschlüsse basierten auf Empfehlungen einer interdisziplinären Gruppe von Professoren der ETHZ und der Medizinischen Fakultät der UNI Zürich. Bis zum heutigen Zeitpunkt ist das IBT das einzige Hochschulinstitut dieser Art in der Schweiz. Seine Gründung widerspiegelt die Tatsache, dass die in den letzten vier Jahrzehnten erarbeiteten Fortschritte der Naturwissenschaften und der Technik zu signifikanten Veränderungen der Medizin beigetragen haben. Sie steht sicher auch in einem gewissen Zusammenhang mit den gehobenen Ansprüchen unserer Gesellschaft hinsichtlich medizinischer Betreuung.

In genereller Form lassen sich Aufgaben und Ziele der biomedizinischen Technik wie folgt beschreiben: «Systematische Anwendung von Methoden und Konzepten der technischen Wissenschaften in der biomedizinischen Forschung und in der praktischen Medizin, mit dem Ziel, ein besseres quantitatives Verständnis der biologischen Systeme sowie eine Verbesserung der Patientenbetreuung und Rationalisierung des Spitalbetriebes zu erreichen.» Aus einer solchen Definition lässt sich ein breites Spektrum von interdisziplinären Aktivitäten ableiten, welche wie bei den anderen technischen Disziplinen den Charakter von Forschung, Entwicklung und Anwendung haben können.

Als Ordinarius für biomedizinische Technik und Direktor des Institutes wurde im Herbst 1971 Dr. Max Anliker, Professor für Biomechanik an der Stanford Universität in Kalifornien, gewählt. Seine Zugehörigkeit zum Lehrkörper der ETHZ und zu dem der Medizinischen Fakultät der Universität Zürich ermöglichte es ihm, eine enge Zusammenarbeit zwischen Vertretern der technischen und medizinischen Fachbereiche in die Wege zu leiten und ein Forschungsprogramm aufzubauen, das sich einerseits auf medizinische Bedürfnisse abstützt und anderseits genügend Spielraum für wissenschaftliche Projekte bietet. Erste Schwerpunkte der Forschungstätigkeit am Institut beziehen sich auf eine Verfeinerung der Diagnostik durch die Entwicklung von nichtinvasiven Messverfahren mit hoher Empfindlichkeit, mit denen sich krankheitsspezifische Parameter an Mensch und Tier quantifizieren lassen. Von besonderem Interesse sind dabei Messverfahren für die Untersuchungen der Pathophysiologie des Kreislaufs, der Knochen und des Nervensystems. Solche Verfahren benötigt man einerseits, um Risikopatienten in regelmässigen Zeitabständen zu untersuchen, und anderseits, um den graduellen Verlauf von Krankheiten sowie ihr Ansprechen auf Therapie und Veränderungen der Lebensgewohnheiten und Umweltfaktoren zu dokumentieren. Von diesen Messverfahren wird erwartet, dass sie neue Wege eröffnen für effizientere therapeutische Massnahmen und für die vermehrte Prävention von folgeschweren Krankheiten und Geburtsschäden. Seit der Gründung des Instituts entstanden rund 20 Doktorarbeiten mit Themen aus dem Bereiche der Ultraschalldiagnostik, der Computertomographie, Videomikroskopie, computerunterstützten Bildanalyse und Neurologie. Ausserdem haben rund 100 Studenten der Abteilung für Elektrotechnik Semester- oder Diplomarbeiten auf dem Gebiete der biomedizinischen Technik ausgeführt.

Die Vorlesungen und Praktika in biomedizinischer Technik werden ausschliesslich auf fakultativer Basis besucht, da sie für keines der traditionellen Diplomstudien ein Obligatorium darstellen. Der angebotene Lehrstoff kann zum Teil als Voraussetzung für eine Doktorarbeit am Institut betrachtet werden. Lehre und Forschung in biomedizinischer Technik stellen somit gewissermassen ein Nachdiplomstudium dar.

Die Abteilung für Chemie

Von Vladimir Prelog, Heinrich Zollinger und Kollegen

Die Lehre an der Abteilung für Chemie

Die Struktur der Abteilung für Chemie und ihre Studienpläne haben sich vor ihrem 100-Jahr-Jubiläum (1955) viele Jahrzehnte nicht wesentlich verändert. Die Vorsteher der fünf Laboratorien (anorganische und analytische Chemie, organische Chemie, physikalische Chemie, anorganische Technologie und organische Technologie) waren für die Lehre und Forschung verantwortlich und haben diese durch ihre oft eigenwilligen Persönlichkeiten bestimmt und geprägt.

Trotzdem war die Zeit von 1945 bis 1955 für die späteren Aenderungen entscheidend. Eine Studienplanreform war schon in dieser Periode fällig, weil die Belastung der Studierenden durch die Mannigfaltigkeit der obligatorischen Fächer und die dadurch bedingte Stundenzahl der Vorlesungen und Praktika nicht mehr zumutbar war.

Dem damals gültigen einheitlichen Studienplan lag die Absicht zugrunde, den Studierenden der Abteilung eine ausgewogene Ausbildung auf dem ganzen Gebiet der reinen und angewandten Chemie zu vermitteln, um ihnen zu ermöglichen, sich später sowohl in der Forschung und Entwicklung als auch im technischen Betrieb zu betätigen. Die Studienzeit von 7 Semestern, von welchen das letzte zur Ausführung von 4 (später sogar 5!) Diplomarbeiten diente, genügte jedoch nicht, um dieses Ziel auch nur annähernd zu erreichen, was zu einer starken Verflachung des Studiums führte. Die enorme Entwicklung der Chemie nach dem Zweiten Weltkrieg hatte den Lehrstoff noch weiter anwachsen lassen, so dass es immer schwieriger wurde, ihn im Rahmen eines einheitlichen Studienplans zu bewältigen. Andererseits gab es aber auch beträchtliche Widerstände dagegen, den «bewährten» Studienplan abzuändern, und so gelang es trotz mehreren Vorstössen von L. Ruzicka und Pl. A. Plattner und Anregungen der Industrie bis 1955 nicht, eine Studienplanreform durchzuführen. Bald danach erfolgten jedoch Aenderungen in der Leitung der Laboratorien für anorganische und analytische Chemie (1955), organische Chemie (1957) und physikalische Chemie (1959); dazu kam noch die Gründung des Laboratoriums für Biochemie (1956). Dadurch ergab sich eine günstigere Ausgangslage für die längst notwendige Reform. Der schliesslich 1963 nach zähen Verhandlungen erreichte Kompromiss enthielt folgende wesentliche Neuerungen:

- Das Studium wurde auf acht Semester verlängert.
- Der Studienplan wurde in drei Richtungen geteilt, von welchen die zwei wichtigsten, die Studienrichtungen für dipl. Ingenieurchemiker und für dipl. Chemiker bis zum 5. Semester und zur zweiten Vordiplomprüfung gleich ausgebildet wurden. Mit dem 5. Semester beginnend, wurden die Studierenden der Richtung dipl. Ingenieurchemiker hauptsächlich in der anorganischen und organischen Technologie und Nebenfächern, diejenigen der Richtung dipl. Chemiker in anorganischer, organischer und physikalischer Chemie ausgebildet.
- In der letzteren Studienrichtung gab es nur noch eine Diplomarbeit mit freier Wahl des Faches, in der Richtung dipl. Ingenieurchemiker wurden zwei Diplomarbeiten ausgeführt.

Neben diesen beiden Hauptrichtungen bestand bereits früher eine weitere Studienrichtung für die Ausbildung in Metallurgie, die nur von einer kleinen Zahl von Studierenden gewählt wurde. Diese Studienrichtung lehnte sich an die Studienpläne für dipl. Ingenieurchemiker und für Maschineningenieure an; sie enthielt ausserdem einige für sie spezifische Fächer.

Bereits 6 Jahre später trennte man sich jedoch wieder von diesem Studienplan, weil der erwähnte Kompromiss sich nur teilweise bewährte.

Der nachfolgende Studienplan 1969, der heute noch gültig ist, basiert im wesentlichen auf drei Ueberlegungen:

- Die Bildung von Studienrichtungen für Chemiker, Chemieingenieure und Werkstoffingenieure innerhalb der Abteilung für Chemie ist zwar unumgänglich, die Trennung soll jedoch flexibler und weniger rigoros sein.
- Im Rahmen dieses Konzeptes wird in der Studienrichtung für Chemiker die Möglichkeit, angewandte Chemie zu lernen, angeboten. Andererseits soll bei den Chemieingenieuren das Hauptgewicht von der beschreibenden chemischen Technologie in Richtung auf die quantitativen Grundlagen des Chemieingenieurwesens verlegt werden.
- Entsprechend einer Ende der sechziger Jahre allgemein an den Hochschulen feststellbaren Tendenz, soll ein wesentlicher Teil der zweiten Studienhälfte aus einem grossen Angebot von Wahlfächern bestehen.

Das folgende Schema erläutert den Aufbau der drei Studienrichtungen für Chemiker, Chemieingenieure und Werkstoffingenieure.

1. und 2. Semester	allgemeine Chemie, Physik, Mathematik		
3., 4. und 5. Semester	anorganische, organische und physikalische Chemie	physikalische und organische Chemie, Mathematik, Reaktionsmechanismen, Chemieingenieurwesen, Wahlfächer	physikalische, organische und makromolekulare Chemie, Metallurgie, Werkstofflehre, Wahlfächer
6. und 7. Semester	eine Kernfachgruppe, zwei Fachgebiete	Austauschvorgänge, Reaktionstechnik, Regelungstechnik, Planung und Prozessentwicklung, Wahlfächer	Metallurgie, Werkstofflehre, Wahlfächer
8. Semester	Diplomarbeit	Diplomarbeit	Diplomarbeit
	dipl. Chemiker	dipl. Chemieingenieur	dipl. Werkstoffingenieur

In der Studienrichtung für *Chemiker* haben die Studierenden nach der Grundausbildung in den drei Hauptgebieten anorganische, organische und physikalische Chemie (3.—5. Semester) im 6. und 7. Semester Gelegenheit zur vertieften Ausbildung in selbstgewählten Gebieten. Von den vier folgenden Kernfachgruppen haben sie eine zu besuchen, nämlich anorganische, organische, physikalische oder technische Chemie. Zusätzlich belegen sie zwei weitere Fachgebiete aus einer Auswahl von 13 Möglichkeiten. Letztere umfassen neben den erwähnten Grundfächern die Fachgebiete analytische Chemie, organische Naturstoffe, chemische Kristallographie, Farbstoff- und Textilchemie, makromolekulare Chemie. Im 8. Semester machen sie in einem der zwei Fachgebiete oder in der Kernfachgruppe die Diplomarbeit. Die verschiedenen Wahlmöglichkeiten führen alle zum gleichen Diplomausweis.

Wesentliche inhaltliche Neuerungen grundsätzlicher Natur brachte der jetzige Studienplan vor allem für die *Chemieingenieure*. Ihre Ausbildung lehnt sich an das ursprünglich in den angelsächsischen Ländern entwickelte Konzept des «Chemical Engineering» an. Man geht von den allgemeinen physikalischen und chemischen Grundlagen aus und analysiert einen technisch-chemischen Prozess, wobei dieser in einzelne Teile zerlegt wird. Die Kenntnis dieser Einzelvorgänge führt zur Entwicklung des integrierten Prozesses und zum Aufbau der entsprechenden Anlage aus den Elementen. Dabei besteht das Ziel stets in einer quantitativen Behandlung der auftretenden Probleme. Bei der Ausbildung wird daher auf folgende Gebiete Gewicht gelegt: Mathematik, angewandte Thermodynamik, Stoff- und Energiebilanzen, Stoff- und Wärmetransport (Austauschvorgänge), chemische Kinetik und Reaktionsmechanismen, Trennverfahren. Ein wesentliches Merkmal des Chemieingenieurwesens ist ferner die Berücksichtigung ökonomischer Gesichtspunkte von Energie- und Umweltproblemen. Optimierung und Planung von Prozessen bilden deshalb einen Bestandteil des Unterrichts. Die zu belegenden Wahlfächer, die im 5., 6. und 7. Semester etwa 15 Prozent der Gesamtstundenzahl ausmachen, bieten die Möglichkeit zu einer weiteren Verstärkung der chemischen Komponente des Studiums.

Die Fachausbildung der *Werkstoffingenieure* besteht zu etwa gleichen Teilen aus Metallurgie und Werkstofflehre. In der Metallurgie werden die physikalischen und chemischen Grundlagen der metallurgischen Vorgänge sowie die Gewinnung und Raffination der wichtigsten Metalle behandelt. Die Werkstofflehre vermittelt die Zusammenhänge zwischen den Eigenschaften von Werkstoffen und ihrer Struktur. Es werden spezielle Werkstoffgruppen besprochen und ihr Bearbeitungsverhalten abgeleitet. Im 5., 6. und 7. Semester besteht ein breites Angebot an Wahlfächern, von denen die Studierenden mindestens 14 Wochenstunden belegen müssen. Die Ausbildung umfasst ferner ein obligatorisches achtwöchiges Praktikum in einer Industriefirma.

Seit Ende 1978 ist in der Abteilung für Chemie erneut eine Arbeitsgruppe mit der Vorbereitung einer Studienplanrevision beschäftigt. Welches sind die Gründe für diese Entwicklung? Fragt man Dozenten oder Assistenten, die am Unterricht beteiligt sind, sowie Studenten, die diesen Studienplan absolviert haben, wird man sehr verschiedenartige Antworten erhalten, die sich nur schwer auf einen Nenner bringen lassen.

Eine wesentliche — vielleicht sogar die wesentliche — Ursache für das Unbehagen mit dem Studienplan 1969 dürfte in der allgemein in allen Wissenschaften zu beobachtenden Diskrepanz zwischen einer zunehmenden Spezialisierung und Auffächerung der Wissensgebiete und der in den letzten zwei Jahrzehnten immer deutlicher werdenden Verknüpfung einzelner Fachgebiete durch gemeinsame Grundlagen liegen. In der Chemie zeigt sich dies etwa im Verhältnis von anorganischer zu organischer Chemie: An der ETH wurden bis in die zwanziger Jahre die Hauptvorlesungen beider Gebiete vom gleichen Dozenten gehalten, dann trennten sich anorganische und organische Chemie mehr und mehr. Erst seit etwa 20 Jahren beginnt sich eine gegenläufige Tendenz so klar abzuzeichnen, dass sie auch allgemeiner anerkannt wird. Das Lebenswerk von G. Schwarzenbach, Professor für anorganische Chemie an der ETH von 1955 bis 1974, ist ein gutes Beispiel dafür, wie fruchtbar sich Gedankengut und Methoden der anorganischen Chemie mit denjenigen der Chemie der Kohlenstoffverbindungen vereinigen lassen. Vor allem in den dreissiger und vierziger Jahren waren viele seiner Arbeiten der damaligen Zeit weit voraus. Aehnliches liesse sich für die vielfältigen Beziehungen der physikalischen Chemie zu Nachbargebieten sagen, nicht zuletzt auch zur chemischen Verfahrenstechnik und zur stoffbezogenen technischen Chemie.

Wenn sich deshalb in den gegenwärtigen Arbeiten für einen neuen Studienplan eine «Konzentration auf das Grundsätzliche und Gemeinsame» abzuzeichnen scheint, so dürfte dies im Sinne einer wahren *Hoch*schulausbildung liegen. Wir hoffen, dass dies gelingen wird.

Am weitesten fortgeschritten sind zur Zeit der Abfassung dieses Berichtes die Arbeiten an einem neuen Studienplan für Werkstoffingenieure, dessen Revision am dringendsten ist, um die bisher nicht behandelten Werkstoffklassen, nämlich die Kunststoffe und die elektronischen Werkstoffe, zu berücksichtigen und um das Schwergewicht in der Ausbildung in Richtung Physik und Ingenieurgrundlagen zu verschieben.

Das Hauptstudium besteht aus einem obligatorischen Kern für alle Studierenden der Fachrichtung «Werkstoffe» und aus einer der folgenden vier Vertiefungsrichtungen:

- metallische Werkstoffe
- Kunststoffe
- elektronische Werkstoffe
- metallurgische Verfahrenstechnik.

Der obligatorische Kern soll jedem künftigen Werkstoffingenieur ein Grundwissen auf allen Werkstoffgebieten vermitteln, damit der Schweizer Wirtschaft Fachleute zur Verfügung stehen, die zu einer werkstoffübergreifenden Betrachtung fähig sind. Das erscheint notwendig, weil die künftige Entwicklung und Anwendung neuer Werkstoffe vermehrt von der Kombination der Eigenschaften ganz verschiedener Werkstoffklassen Gebrauch machen wird.

Chemische Forschung an der Abteilung für Chemie

Allgemeines über die Entwicklung der Chemie in den Nachkriegsjahren

Die raschen Fortschritte der Chemie nach dem Krieg haben bewirkt, dass die Grenzen zwischen anorganischer, organischer und physikalischer Chemie sowie Biochemie immer unschärfer wurden. Neue Gebiete wie Instrumentalanalyse, molekulare Spektroskopie, metallorganische Chemie, makromolekulare Chemie, physikalisch-organische Chemie, bioorganische Chemie lassen sich nur willkürlich den klassischen Grundpfeilern der reinen oder der angewandten Chemie zuordnen. Es wurde aber bald evident, dass man für diese neuen Gebiete vollamtliche Dozenten braucht. Es war deshalb nicht mehr möglich, die reine Chemie wie bisher nur durch drei, die Technologie durch zwei Ordinarien vertreten und lehren zu lassen. Die Zahl der Dozenten ist dadurch rasch gestiegen und damit auch ihre Forderungen nach Laboratorien, Anschaffungs- und Betriebskrediten, Assistentenstellen und last but not least nach Mitarbeitern aus dem Kreis der Studierenden, deren Zahl sich jedoch nicht wesentlich vergrössert hat.

In der Zeit nach 1955 war die Forschung zuerst begünstigt durch die starke Entwicklung der Wirtschaft im allgemeinen und der chemischen Industrie im besonderen. Dazu kam noch der katalytische Einfluss der sogenannten Post-Sputnik-Zeit (nach Oktober 1957), in der sich die Politiker in den Vereinigten Staaten plötzlich bewusst wurden, dass es für ein führendes Land notwendig ist, die Naturwissenschaften und Technologie stark zu fördern, wenn man die führende Position erhalten will. Dem amerikanischen Beispiel folgend, haben auch die westeuropäischen Staaten und darunter auch die Schweiz grosse Bereitwilligkeit gezeigt, die wissenschaftliche Forschung zu fördern. Die Schweiz hat dazu beträchtliche Mittel zur Verfügung gestellt, und die ETH und ihre chemische Abteilung haben davon erheblich profitiert.

Die verstärkte materielle Unterstützung der Chemie war deshalb so wichtig, weil die Forschungskosten nach dem Kriege sehr stark gewachsen sind. Die Anschaffungskosten für teure Instrumente und für ihre Betreuung stiegen nach 1955 um eine bis zwei Grössenordnungen gegenüber dem Zeitabschnitt 1945 bis 1955. Parallel damit gingen auch die Personalkosten in die Höhe. Die Doktoranden, welche neben den relativ wenigen, meistens als Assistenten bezahlten älteren Mitarbeitern den Löwenanteil der Forschung trugen, haben noch während des Krieges für ihren Lebensunterhalt selbst gesorgt, und die Materialkosten wurden ihnen nur in Ausnahmefällen bezahlt. Dies hat später so geändert, dass 1955 praktisch alle Doktoranden Stipendien erhielten; ihre Laboratoriumsausgaben wurden ausnahmslos vom Laboratorium gedeckt. Dies alles war nur durch die grosszügige Hilfe der Schule, des inzwischen gegründeten Schweizerischen Nationalfonds zur Förderung der wissenschaftlichen Forschung und durch die Hilfe der Industrie möglich.

Diese Periode des starken wirtschaftlichen Wachstums und der zuversichtlichen Beurteilung des wissenschaftlichen und des technischen Fortschritts wurde Ende der sechziger Jahre aus verschiedenen richtigen und falschen Gründen in Zweifel gezogen, was seitdem das geistige Klima wesentlich geändert hat. In der Schweiz hat dieser Klimawechsel relativ früh (1968) im Referendum gegen das «neue» ETH-Gesetz seinen Niederschlag gefunden. In den siebziger Jahren ist dazu die allgemeine wirtschaftliche Rezession gekommen, welche auch ihren Anteil dazu beigetragen hat, dass die allgemeine Einstellung zur wissenschaftlichen und technischen Forschung kühler und skeptischer geworden ist.

Diese Aenderungen könnten sich langfristig besonders schwerwiegend bei dem wissenschaftlichen Nachwuchs auswirken, dessen Enthusiasmus von ausschlaggebender Bedeutung für die Zukunft der Chemie ist. Die abnehmende Zahl der Chemiestudierenden ist dafür ein warnendes Zeichen.

Laboratorium für anorganische Chemie

Gerold Schwarzenbach, der 1955 die Leitung des Laboratoriums übernommen hat, wurde an die ETH von der Universität Zürich berufen, wo er von 1931 bis 1955, seit 1948 als Professor für analytische Chemie, wirkte.

Seine Vorgänger an der ETH, *Frederick Pearson Treadwell* (1893—1918) und *William Dupré Treadwell* (1918—1955), haben sich hauptsächlich mit der anorganisch-chemischen Analytik und physikalischen Chemie der wässerigen Lösungen befasst, die damals auch die Hauptgegenstände der Lehre und Forschung in anorganischer Chemie waren.

Schwarzenbach, selber ein Schüler und Assistent W. D. Treadwells, hat an der Universität schon 1945 mit komplexometrischen Methoden nicht nur ein neues Kapitel der analytischen Chemie eröffnet, sondern auch die mit Alfred Werner begründete ruhmreiche Tradition auf dem Gebiet der Komplexchemie fortgesetzt.

Nachdem die rein chemischen analytischen Methoden immer mehr durch die instrumentellen ersetzt worden sind, war es für Schwarzenbach klar, dass die Identifikation von anorganischer mit analytischer Chemie keine zukunftsgerechte Gestaltung seines Wirkens an der ETH gestattet hätte. Er erwirkte deshalb für sein Lehrgebiet und sein Laboratorium, das er bis 1973 leitete und prägte, die Umschreibung «anorganische Chemie». In die Zeit seines Wirkens fiel jene stürmische Periode 1950 bis 1960, die man als «Renaissance der anorganischen Chemie» bezeichnete, zu der er einen wesentlichen Beitrag lieferte.

Nach seinem Antritt an der ETH sorgte Schwarzenbach dafür, dass die angestammten Tätigkeiten in geeigneter Form weiter gepflegt wurden, während er sich neuen Fragestellungen der Komplexchemie zuwandte.

Die klassische Analyse einschliesslich radiochemischer Methoden wurde von Titularprofessor *Otto Gübeli* weiter betreut — insbesondere die Analyse von Mineralwässern der Schweiz —, bis er 1963 einer Berufung an die Universität Quebec (Kanada) folgte. Michael Widmer, ein Schüler Gübelis und Schwarzenbachs, führte danach Löslichkeitsuntersuchungen von Silber- und Quecksilbersulfiden nach Anregungen und Ideen Schwarzenbachs weiter, die in Kreisen der Geochemie grosse Beachtung fanden. Eine eigentliche analytische Gruppe wurde erst später (1967) wieder ins Leben gerufen, als der ehemalige Schüler *Balasz Magyar* von Schwarzenbach wieder an die ETH geholt und mit der Einführung von Atomabsorptions- und Röntgenfluoreszenzspektroskopie beauftragt wurde.

Von der Komplexchemie wurden zuerst die Gleichgewichte in Lösung, das heisst die Ermittlung der Zusammensetzung und Stabilität von Komplexen bearbeitet. Dieses Gebiet hatte Schwarzenbach schon an der Universität Zürich aufgenommen und entwickelt; aber ein grosses Tatsachenmaterial von grundlegender Bedeutung harrte noch der Erschliessung.

Giorgio Anderegg kam 1955 ebenfalls an die ETH und betreute diese Sparte unter Leitung von Schwarzenbach, mit dem zusammen er auch die ersten «Stability Constants», ein von der Chemical Society London herausgegebenes Standardtabellenwerk, vorbereitete. Anderegg führte insbesondere die Computermethoden zur rechnerischen Ermittlung von Stabilitätskonstanten ein und später auch die kalorimetrische Ermittlung von Enthalpieänderungen.

Besonders in den USA waren im Zusammenhang mit der Kern- und Reaktorchemie viele nichtwässerige Medien, darunter auch geschmolzene Salze, zum Gegenstand von systematischer Grundlagenforschung geworden. Schwarzenbach regte seinen ehemaligen Mitarbeiter *Rudolf Gut,* den er 1956 wieder zu sich rief, zur gemeinsamen Bearbeitung von präparativen Problemen und zu optischen Untersuchungen in Salzschmelzen an. R. Gut nahm auch die selbständige Bearbeitung der Gleichgewichtsaufklärung von Alkoxokomplexen in Angriff.

Der breitere Rahmen des ETH-Institutes erlaubte es Schwarzenbach, sowohl die früheren Probleme mit verbesserten Methoden als auch die präparative Komplexchemie zu bearbeiten, welche seine angestammte «messende Komplexchemie» zu einem ausgewogenen Ganzen erweitern sollte. Zu den Arbeiten auf diesem Gebiet gehören Untersuchungen über rasche Reaktionen im Zeitbereich von Millisekunden, wie sie etwa bei Deprotonierungen im Verlauf der Vernetzung von Metallionen oder bei Protonierungen von polynuklearen Oxohydroxokomplexen vorkommen. Einen wichtigen Beitrag lieferte dazu *Gerhard Geier* mit seinen Studien über polynukleare Vanadate. Als um die Mitte der fünfziger Jahre Manfred Eigen in Göttingen seine Relaxationsmethoden zur Erfassung rascher Reaktionen im Zeitbereich von Mikrosekunden entwickelte, erkannte Schwarzenbach die tiefgreifende Bedeutung dieser Erweiterung der erfassbaren Zeitskala chemischer Reaktionen. Geier machte sich 1963/64 in Göttingen mit den neuen Methoden vertraut und führte sie an der ETH ein. Seine grundlegenden Arbeiten über Kinetik und Mechanismus der Lanthaniden- und Methylquecksilberkomplexe sind weitherum bekannt geworden. Auf dem Gebiet der präparativen Komplexchemie eröffnete Schwarzenbach mit einer Reihe von engagierten Mitarbeitern, darunter zuletzt insbesondere *Werner Marty,* das Gebiet der Mercaptophosphinkomplexe.

Von vielen weiteren Steinen im Mosaik der fruchtbaren Schwarzenbachschen Forschungsaktivität soll unbedingt das unermüdliche Verdichten der breiten Phänomenologie zur chemischen Systematik hervorgehoben werden, welches dem ganz und gar naturwissenschaftlich orientierten Forscher besonders am Herzen lag.

Gerold Schwarzenbach verfolgte mit grossem Interesse die enorme Entwicklung der Spektroskopie, Quantenchemie, strukturellen Chemie und chemischen Kinetik. *Walter Schneider* erhielt 1957 durch ihn die Gelegenheit, die Anregungen von einem Aufenthalt in England bei Frederic Dainton in Leeds, wo unter anderem Kinetik von Radikalreaktionen und Radiochemie gepflegt wurden, an der ETH zu realisieren. Er beschäftigte sich mit Elektronenspektroskopie, Ligandfeldtheorie und mit magnetischen Methoden. Zusammen mit *Alexander von*

Zelewsky nahm er Arbeiten in der Elektronenspinresonanzspektroskopie auf. Nach seiner Rückkehr von einem Studienjahr bei Connick in Berkeley arbeitete von Zelewsky als Oberassistent und Lehrbauftragter am Laboratorium, wechselte jedoch 1969 nach Fribourg, wo er als Ordinarius und Vorsteher das neue anorganisch-chemische Institut aufbaute. Das Lehrgebiet Theoretische anorganische Chemie wurde 1972 *John Ammeter* anvertraut, einem Schüler von Günthard. Als Oberassistent und Lehrbeauftragter fand er interessierte Mitarbeiter für seine spektroskopischen und quantenchemischen Studien über paramagnetische Metallocene mit orbitalentarteten Grundzuständen.

Die präparativen Studien Schwarzenbachs führten zum Bedürfnis nach Kristallstrukturbestimmung. Er fand 1971 in *Hans Beat Bürgi,* der bei Dunitz doktorierte, einen geeigneten Mitarbeiter. Bei der Verarbeitung von 11 Kristallstrukturen von nahe verwandten polynuklearen Thioglykolaten des Cadmiums entwickelte Bürgi die Idee der «Reaktionskoordinaten aus Kristallstrukturdaten», ein neues Forschungsgebiet, das viel Interesse erweckt hat.

Der Bericht über Schwarzenbachs Tätigkeit an der ETH wäre unvollständig ohne den Hinweis auf die einmalige Einheit von Forscher und Lehrer in seiner Person. Nach seiner Berufung an die ETH konzipierte und realisierte er ein in Europa bahnbrechendes Praktikum in anorganisch-analytischer Chemie. Er begeisterte die Studierenden mit einer Experimentalvorlesung von eindrücklicher Lebendigkeit und geprägt von persönlicher Sicht. Die grosse Experimentalvorlesung wurde seit 1968 von W. Schneider gehalten, der, als 1970 der neue Studienplan in Kraft trat, das neue Vorlesungsprogramm aufbaute. Der Emeritus in spe, Schwarzenbach, las das Programm des abgelösten Studienplanes in der Uebergangszeit. Der Uebergang verlief reibungslos, der Kern der Schwarzenbachschen Chemie wurde in die neue Phase hinübergetragen.

Nach dem Rücktritt Schwarzenbachs wurde 1973 *Luigi Mario Venanzi* als weiterer Professor für anorganische Chemie von der University of Delaware berufen. Durch ihn wurde das Gebiet der metallorganischen Chemie speziell der Platinmetalle mit weichen Liganden und im Hinblick auf die homogene Katalyse in das Arbeitsprogramm des Laboratoriums aufgenommen. Ammeter wurde 1978 als ausserordentlicher Professor an die Universität Zürich, Marty als Assistenzprofessor an die Universität Neuenburg und Bürgi 1979 als ausserordentlicher Professor an die Universität Bern berufen.

Nach diesen Mutationen werden zurzeit im Laboratorium vier grosse Gebiete der anorganischen Chemie bearbeitet: Analytik (B. Magyar), Synthese inklusive homogene Katalyse und Multikernresonanzspekroskopie (L. M. Venanzi, P. Pregosin) und Lösungschemie: Gleichgewichte (G. Anderegg, R. Gut) sowie Reaktionsgeschwindigkeiten und Mechanismen der Komplexchemie und ihre geochemischen und biologischen Aspekte (W. Schneider, G. Geier und I. Erni).

Leopold Ruzicka, Professor für organische Chemie 1929—1957, ein Pionier der Naturstoffchemie.

Laboratorium für organische Chemie

Unter den Laboratorien, die sich mit reiner Chemie befassten, war im Zeitabschnitt 1945—55 das Laboratorium für organische Chemie dominant, teils wegen der starken Persönlichkeit seines Vorstehers *Leopold Ruzicka* (Nobelpreis für Chemie 1939), teils deshalb, weil die aufblühende, vorwiegend organische chemische Industrie der Schweiz viele auf dem Gebiet der organischen Chemie gut ausgebildete Chemiker benötigte. Zahlreiche Studierende wurden durch die guten Aussichten, nach abgeschlossenem Studium in dieser Industrie eine gute Stellung zu finden, angeregt, sich der organischen Chemie zu widmen. Zwischen 1945 und 1955 hat ungefähr die Hälfte aller Doktoranden der ETH im Laboratorium für organische Chemie gearbeitet.

Das Hauptarbeitsgebiet des Laboratoriums war unter der Leitung von Ruzicka (1929 bis 1957) die Strukturaufklärung organischer Naturstoffe. Schon drei seiner Vorgänger: *Richard Willstätter* (1905 bis 1912, Nobelpreis für Chemie 1915), *Hermann Staudinger* (1912 bis 1926, Nobelpreis für Chemie 1953) und *Richard Kuhn* (1926 bis 1929, Nobelpreis für Chemie 1938) waren auf diesem Gebiet erfolgreich, keiner von ihnen hat es aber so systematisch wie Ruzicka behandelt. Der Zweck der Strukturaufklärung war für Ruzicka, zuerst die künstliche Herstellung der in der Natur in geringen Mengen vorkommenden kostspieligen Verbindungen (wie zum Beipiel Riechstoffe oder Hormone) zu ermöglichen. Später haben ihn hauptsächlich die allgemeinen Bauprinzipien der Naturstoffe (biogenetische Isoprenregel) und ihre Rolle im biologischen Geschehen fasziniert. Die anderen Forschungsgebiete waren für ihn mehr Hilfs- und Beweismittel oder Nebenprodukte der Strukturaufklärungen als Selbstzweck, obwohl sie sehr wichtige Folgen für die Theorie (vielgliedrige Ringe) und industrielle Praxis (Synthesen und Partialsynthesen der Moschusriechstoffe, der Terpene und der Steroidhormone) hatten.

Die Methodik der Strukturaufklärung hat sich nach dem Zweiten Weltkrieg wesentlich geändert. Die chemischen Methoden, die Ruzicka meisterhaft beherrschte, wurden immer mehr durch physikalische Methoden — durch Molekularspektroskopie und Röntgenstrukturanalyse —, welche rascher und eindeutiger zum Ziele führten, ersetzt und verdrängt. Ruzicka war sich unter dem Einfluss der jüngeren Mitarbeiter, von welchen besonders *Placidus A. Plattner* (1940 bis 1951) hervorgehoben werden muss, dieses Zeitgeistes wohl bewusst. Er hat auch alles getan, um diese neuen Arbeitsmethoden im Laboratorium einzuführen, wozu die Anschaffung von kostspieligen Instrumenten und die Ausbildung kompetenter Mitarbeiter gehörten. Das gut ausgestattete Laboratorium wurde dadurch zum Sammelpunkt für den physikalisch orientierten chemischen Nachwuchs. Es ist deshalb nicht verwunderlich, dass vier Schweizer Ordinarien für physikalische Chemie ihre Doktorarbeiten im Laboratorium für organische Chemie ausgeführt haben. Ruzicka hat sich selbst dieser neuen Werkzeuge kaum bedient und überliess dies, ebenso wie die Pflege der neueren theoretischen Anschauungen, seinen fortgeschrittenen Mitarbeitern. Das Laboratorium hat sich dadurch langsam in ein Mycel von selbständigen Forschungsgruppen umgewandelt, welche ihre eigenen Forschungsziele verfolgten, die oft nur lose oder gar nicht mit der ursprünglichen Hauptaufgabe zusammenhingen.

Sieben Leiter dieser Forschungsgruppen wurden durch Hausberufungen zu Professoren gewählt und blieben dadurch der ETH erhalten, obwohl sie verlokkende Anträge aus dem Ausland erhielten: *Vladimir Prelog, Emil Hardegger, Oskar Jeger, Edgar Heilbronner, Albert Eschenmoser, Duilio Arigoni* und *Wilhelm Simon.* Dazu wurde von der Royal Institution, London, *Jack D. Dunitz* berufen, um das Röntgenstrukturanalyse-Laboratorium aufzubauen. Als Heilbronner 1968 die Berufung als Professor für physikalische Chemie an die Universität Basel angenommen hatte, wurde zu seinem Nachfolger der Belgier *Jean F. M. Oth* gewählt. Schliesslich wurde nach dem Rücktritt von Prelog 1976 als weiterer ordentlicher Professor *Dieter Seebach* von der Universität Giessen berufen.

Von den in der Berichtsperiode habilitierten Privatdozenten sind mehrere an andere Hochschulen oder in die Forschungslaboratorien der Industrie übergetreten: *Jean T. Clerc* (PD 1975 bis 1978), Professor Universität Bern; *Tino Gäumann* (PD 1957 bis 1965), Professor EPF Lausanne; *Hans Gerlach* (PD 1971 bis 1978, Titularprofessor 1978), Professor Universität Bayreuth; *Fabian Gerson* (1966 bis 1969), Professor Universität Basel; *Reinhart Keese* (PD 1975 bis 1978), Professor Universität Bern; *Klaus Müllen* (PD 1977 bis 1978), Wiss. Rat Universität Köln; *Kurt Schaffner* (PD 1964 bis 1971, Titularprofessor 1971 bis 1972),

Professor Universität Genève, Max-Planck-Institut für Strahlungschemie Mülheim/Ruhr; *Hans Wehrli* (PD 1971 bis 1975), Forschungslaboratorien Ciba-Geigy, Basel. Drei Mitglieder des Laboratoriums, die ihre Habilitationsschriften vorbereitet haben, wurden an andere Hochschulen berufen: *Janos Rétey,* seit 1970 Professor Technische Universität Karlsruhe; *Rolf Scheffold,* seit 1968 Professor Universität Bern; *Andrea Vasella,* seit 1978 Ass.-Professor Universität Fribourg. Am Laboratorium für organische Chemie blieben folgende Privatdozenten: *Max Dobler* (PD 1975), *Hans Dutler* (PD 1967), *Camille Ganter* (PD 1974), *Walter Keller-Schierlein* (PD 1963, Titularprofessor 1968), *Klaus Müller* (PD 1978), *Josef Seibl* (PD 1967, Titularprofessor 1974).

Zum Vorsteher des Laboratoriums wurde nach dem Rücktritt von Ruzicka 1957 Prelog ernannt. Durch die Unterstützung des Schulratspräsidenten Hans Pallmann ist es seit 1965 gelungen, die Leitung des Laboratoriums an alle ordentlichen Professoren zu übertragen, welche jährlich aus ihrer Mitte den jeweiligen Vorsteher wählen. Diesem Beispiel folgten später auch andere grössere Institute.

Im folgenden seien die Hauptforschungsrichtungen des Laboratoriums und einige Ergebnisse, die in den letzten 25 Jahren erhalten worden sind, kurz aufgezählt.

Nach mehrjährigem intensivem Training in Naturstoffchemie bei Jeger begann *D. Arigoni* Ende der fünfziger Jahre mit einer eigenen Forschungsgruppe, einzelne Postulate der biogenetischen Isoprenregel experimentell zu überprüfen beziehungsweise den Gültigkeitsbereich dieser Theorie durch das Aufspüren neuartiger Gerüsttypen auszuweiten. Als Illustration für diesen Zugang mag die Ermittlung der Struktur und des komplexen biologischen Entstehungsweges des antibiotisch wirksamen Diterpenesters Pleuromutilin dienen. Weitere neuartige, biogenetisch bedeutsame Strukturtypen wurden mit Fusidinsäure und Pleurotin, mit Gascardinsäure, dem ersten Vertreter der Sesterterpene, sowie mit dem phytotoxischen Prinzip Victoxinin und den Indolo-diterpenen aufgespürt. Ueberraschung lösten im Rahmen der biogenetischen Arbeiten der Befund eines mevalonoiden Ursprungs der Indolalkaloide und der Nachweis von bis anhin nicht angetroffenen 1,3-Hydridverschiebungen bei der Biosynthese vieler Sesquiterpene aus. Für die Entstehung dieser letzteren konnte ein stereochemisch verfeinertes Bild abgeleitet werden.

Aus diesen Arbeiten entwickelte sich im Laufe der Jahre ein wachsendes Bemühen um das Verständnis des detaillierten Mechanismus enzymatischer Reaktionen, wobei stereochemische Betrachtungen bei der Bearbeitung der Probleme im Vordergrund standen und als Leitfaden dienten. Unter anderem konnten auf diese Weise einzelne, durch Pyridoxylphosphat bzw. B_{12}-Coenzym katalysierte Prozesse einem besseren Verständnis zugeführt werden.

Als besonders fruchtbar erwies sich in diesem Zusammenhang die Ausarbeitung einer Synthese, vor allem aber einer Nachweismethode für Verbindungen mit chiraler CHDT-Methylgruppe. Das in freundschaftlicher Kompetition mit dem Cornforth-Eggerer-Team geschaffene neue Werkzeug hat vielseitige Verwendung in der modernen bioorganischen Forschung gefunden. Zu den Themen, die in der Gruppe nach dieser Methodik erfolgreich bearbeitet wurden, gehören Claisen-artige enzymatische Kondensationen, die ω-Oxidation von Fettsäuren, mehrere biologische Methylierungsprozesse sowie Bildung und Oeffnung des Cyclopropanringes bei der Biosynthese von Phytosterinen.

Das Hauptziel der Forschungsgruppe von *J. D. Dunitz* war, die Zusammenhänge zwischen den durch Röntgenstrukturanalyse bestimmten Molekelstrukturen und der chemischen Reaktivität zu finden. Ausserdem wurden zahlreiche Strukturanalysen in Zusammenarbeit mit anderen Forschungsgruppen an der ETH und anderswo ausgeführt.

Ein wichtiges Ergebnis in der Richtung des Hauptzieles war die Bestimmung der stabilen Konformationen von mittleren Ringverbindungen, ein zweites war die Erkenntnis der strukturellen Grundlage für die Einkapselung von Kationen der Alkalimetalle in die lipophilen Ionophoren. Neuerdings wurde ein vielversprechendes Verfahren gefunden, um den räumlichen Weg einer Reaktion zu erforschen: die kleinen strukturellen Aenderungen, welche beobachtet werden können, wenn sich eine Molekel oder ein Teil einer Molekel in verschiedener Kristallumgebung befinden, werden als «eingefrorene» Stufen von chemischen Aenderungen interpretiert. Auf diese Weise war es möglich, für einige Prototypen der chemischen Reaktionen den räumlichen Verlauf zu beschreiben, ein Ergebnis, welches sehr schwer auf andere Weise erhalten werden könnte.

Die Untergruppe von *M. Dobler* führte die Strukturanalyse von zahlreichen natürlichen und synthetischen Ionophoren, Antibiotika und anderen komplexen Naturstoffen aus.

Bei den Arbeiten der Gruppe von *A. Eschenmoser* stand die Synthese komplexer organischer Naturstoffe im Mittelpunkt; darüber hinaus und damit zusammenhängend hat sich die Gruppe mit zahlreichen Problemstellungen auf den Gebieten der Stereochemie und des Mechanismus organischer Reaktionen sowie der Entwicklung neuer präparativer Methoden befasst.

Aus den fünfziger Jahren stammen experimentelle und theoretische Studien über den Mechanismus, die Stereochemie und die biosynthetischen Implikationen des Reaktionstyps der säurekatalysierten Polyencyclisation in der Terpenreihe, Arbeiten über die Fragmentierung von Kohlenstoff-Einfachbindungen und Untersuchungen über die sterische Kontrolle der Oxidation alicyclischer Alkohole mit Chromsäure. Stereochemische beziehungsweise präparative Arbeiten der späteren Jahre betrafen das Problem der endocyclischen nukleophilen Substitution am gesättigten Kohlenstoff, die Frage nach der Existenz bei Raumtemperatur nicht invertierender Amine, die Amidacetal-Claisenumlagerung, die Epoxyketon → Alkinon-Fragmentierung sowie die Chemie der α-Chlornitrone.

1959 gelang der Gruppe die Totalsynthese des Alkaloids der Herbstzeitlose, des Colchicins (mit J. Schreiber), und im Anschluss daran hat sie sich mit allen Kräften dem Problem der synthetischen Erschliessung der biologisch bedeutsamen Verbindungsklasse der Corrine gewidmet. Die wichtigsten Etappen dieses Unternehmens waren: 1964 die Synthese der ersten Corrinkomplexe, 1967 die Synthese metallfreier Corrine, 1969 die photochemische A/D-Secocorrin → Corrin-Cycloisomerisierung und 1972 — nach rund zehnjähriger Zusammenarbeit mit der Arbeitsgruppe von R. B. Woodward (Harvard-Universität) — die Synthese der Cobyrsäure beziehungsweise des Vitamins B_{12}. Dieses Ergebnis hat ein bekannter Chemiker mit dem Satz «Durch die B_{12}-Synthese wurde der Mount Everest unter den Synthesezielen bezwungen» bewertet.

Von den aus der Gruppe zu selbständiger akademischer Forschung herausgewachsenen jungen Forschern sind zu nennen: *R. Scheffold* (Chemie porphinoider Metallkomplexe), *R. Keese* (Existenznachweis des Norbornens, Chemie gespannter Verbindungen) und *K. Müller* (MO-theoretische und photoelektronspektroskopische Studien an Aminen).

Als Gastforscher hat *Th. Petrzilka* seit 1959 mit mehreren Mitarbeitern zahlreiche synthetische Arbeiten ausgeführt, unter welchen die Synthese des Tetrahydrocannabinols (der aktiven Komponente des Haschischs) besondere Beachtung gefunden hat.

Die Hauptthemen der Forschungsgruppe des 1978 verstorbenen *E. Hardegger* betrafen die Naturstoffchemie. Sie befasste sich mit Konfiguration und Synthese von Alkaloiden, mit der Strukturaufklärung und Synthese von Welkstoffen und Antibiotica und mit Synthesen in der Zuckerreihe.

Die absolute Konfiguration von verschiedenen aromatischen Naturstoffen, unter anderen der Morphinalkaloide, konnte durch Ozonabbau zu Verbindungen mit bekannter absoluter Konfiguration ermittelt werden. Eine Reihe von analytischen und synthetischen Untersuchungen über das Fliegenpilzgift Muscarin und seine Analoga haben zur Chemie und Stereochemie dieser vieluntersuchten Verbindungsklasse beigetragen. Von den mikrobiellen Stoffwechselprodukten wurden in Zusammenarbeit mit dem Institut für spezielle Botanik der ETH (E. Gäumann und H. Kern) mehrere neuartige Welkstoffe und Antibiotica wie Fusarinsäure, Javanicin, Lycomarasmin, Diaporthin und Streptozotocin isoliert, eingehend untersucht und teilweise auch synthetisiert. In der Zuckerreihe wurden besonders die Thiozucker mit verschiedener Lage der Thiolgruppe hergestellt.

Angeregt durch die Untersuchungen von Pl. A. Plattner über Azulene, stellte sich die Gruppe von *E. Heilbronner,* beginnend 1950, die Aufgabe, durch gezielte Herstellung und eingehende physikalisch-chemische Untersuchungen der «nicht alternierenden» aromatischen Systeme die experimentellen und theoretischen Grundlagen für das ungewöhnliche Verhalten der «nichtbenzenoiden» aromatischen Verbindungen zu erweitern. So entstanden die Arbeiten über die Derivate des Azulens, des Tropons, des Fulvens und des Tropylium-Kations. Durch Entwicklung spezieller theoretischer Modelle auf quantenmechanischer Grundlage wurde der Ausbau der damals noch schwachen Verknüpfung der Quantenchemie mit der organischen Chemie angestrebt.

Im Vorraum des neuen Chemiegebäudes hängt das faszinierende Modell des Vitamins B_{12} als Denkmal für die 1972 erreichte Totalsynthese.

Experimentell wurde vor allem auf spektroskopische Methoden, auf welche sich die Theorie zwanglos anwenden liess, sowie auf möglichst durchsichtige Reaktionen, wie zum Beispiel Säure-Basen-Gleichgewichte, Redox-Vorgänge und einfache photochemische Prozesse zurückgegriffen. Mit den erworbenen Einsichten liessen sich manche empirisch gefundene, aber schlecht begreifliche Regelmässigkeiten in der Farbstoffchemie, bei den Absorptionsspektren der linearen und gekreuzten Polyene und der Annulene leicht erklären.

F. Gerson, der sich im Rahmen der Gruppe besonders mit Elektronenspin-Resonanz-Spektroskopie befasste, folgte Heilbronner, als dieser an die Universität Basel berufen wurde, nach Basel.

1947 hat Ruzicka *O. Jeger* die Leitung der Forschungsarbeiten auf dem Gebiet der höheren Terpene übertragen. Es gelang ihm und seiner Gruppe in den fünfziger Jahren, die Konstitution praktisch aller damals bekannten tetracyclischen Triterpene aufzuklären und ihre strukturelle Verwandtschaft mit der biologisch wichtigen Stoffklasse der Steroide aufzuzeigen. Beiläufig zu diesen Untersuchungen wurden interessante Riechstoffe mit der Geruchsqualität der grauen Ambra entdeckt, die von verschiedenen Menschen olfaktorisch unterschiedlich wahrgenommen werden. Als letzte Arbeiten klassischer Art vor dem Aufkommen der Instrumentalanalyse sind die Strukturaufklärungen polyfunktioneller komplexer Naturstoffe anzuführen wie des Alkaloids Cevins (zusammen mit V. Prelog, R. B. Woodward [Harvard] und D. H. R. Barton [Imperial College London]) und diejenige des Limonins, eines Bitterstoffs der Citrusfrüchte (zusammen mit D. Arigoni, D. H. R. Barton und E. J. Corey [Harvard]). Die Struktur dieser zwei Schlüsselverbindungen diente später anderen Forschern als Grundlage für die Strukturaufklärung zahlreicher verwandter Naturstoffe.

Ein für die Synthese wichtiges Ergebnis weiterer Untersuchungen an Naturstoffen ist die Einführung neuartiger Verfahren zur Funktionalisierung nicht aktivierter Kohlenstoffatome, welche auf breiter Basis von der Industrie verwertet wurden; sie werden unter anderem zur Gewinnung von Norsteroiden eingesetzt, die Bestandteile von Ovulationshemmern der Humanmedizin darstellen. In der eigenen Forschungsgruppe wurden diese Verfahren für Partialsynthesen von Naturstoffen verwendet. So gelang *H. Wehrli* die Synthese des neurochemisch interessanten Batrachotoxins, das von B. Witkop (Natural Institute of Health, Bethesda) aus Froschdrüsen in kleinsten Mengen isoliert und strukturell aufgeklärt worden war.

Neben der Strukturaufklärung und der Partialsynthese von Naturstoffen befasste sich die Gruppe in Pionierarbeiten seit etwa 1955 eingehend mit Problemen der organischen Photochemie. Die zusammen mit *K. Schaffner* ausgeführten Untersuchungen auf dem Gebiet der Enonphotochemie sowie die Arbeiten zur Photochemie homokonjugierter Carbonylverbindungen trugen wesentlich zur Renaissance der präparativen organischen Photochemie bei. Zurzeit werden (mit *H. R. Wolf*) an Modellverbindungen mit spezifischer Stereochemie verschiedene Photoreaktionen (z. B. die Photoisomerisierung konjugierter Epoxyenone) im Hinblick auf deren theoretische und präparative Bedeutung eingehend untersucht.

In enger Zusammenarbeit mit der Forschungsgruppe, jedoch thematisch und experimentell selbständig, hat *C. Ganter* mehrere neuartige Polycyclen synthetisiert. Es wurden vor allem alicyclische sowie heterocyclische Systeme vom Adamantan-Typus hergestellt, die als Modellsubstrate für mechanistische Untersuchungen eingesetzt werden.

P. Jordan, der sich 1957 am Institut für Physik der ETH bei P. Scherrer habilitierte, leitete von 1958 bis 1973 die Isotopen-Abteilung des Laboratoriums für organische Chemie. Mit einer kleinen Forschungsgruppe hat er sich dort mit Bestimmung von ^{2}H, ^{3}H und ^{14}C, mit der Entwicklung der Messtechnik für radioaktive Isotopen und mit dem Tritiumeinbau in organische Verbindungen befasst. Seit 1973 leitet er ein unabhängiges Laboratorium, dessen Aufgabe Lehre und Forschung auf dem Gebiet der Radiochemie ist. Die Forschungsthemen sind: Radiotracer-Untersuchungen an Eisen(III)-Verbindungen (mit W. Schneider), Chemie des Technetiums (zusammen mit EIR) und weitere Entwicklungen der Radioaktivitätsmessmethodik.

Seitdem die Forschungsgruppe von *J. F. M. Oth* 1969 gegründet worden ist, beschäftigt sie sich mit den spektroskopischen (UV, Vis, NMR, ESR) und elektrochemischen (oszilloskopische Polarographie) Untersuchungen der Annulene, der Heteroannulene, der überbrückten Annulene und der entsprechenden Kationen und Anionen.

Diese Untersuchungen führten zum Schluss, dass bei den Annulenen mit $[4n + 2]\pi$-Elektronen rasche und reversible Umwandlungen von zwei oder mehreren, energetisch nahestehenden cis-trans-Stereoisomeren stattfinden; parallel dazu verlaufen rasche und reversible konformationelle Aenderungen. Bei Annulenen mit $[4n]\pi$-Elektronen finden zusätzlich zu den beiden Vorgängen noch die raschen und reversiblen π-Bindungs-Verschiebungen statt.

Die quantitative Auswertung der Aktivierungsenthalpien dieser einzelnen dynamischen Prozesse hat es erlaubt, die Energiedifferenzen zwischen den Verbindungen mit lokalisierten und delokalisierten π-Elektronen-Systemen abzuschätzen, deren Kenntnis von hohem theoretischem Interesse ist.

Die höheren Annulene lagern sich thermisch in polycyclische Isomeren um. Auf Grund von kinetischen Untersuchungen dieser Umlagerungen liessen sich in einigen Fällen die Reaktionsenthalpien bestimmen, woraus die Bildungsenthalpien mehrerer Annulene bestimmt werden konnten.

Durch elektrochemische Untersuchungen wurde gezeigt, dass die durch Addition von Elektronen an Annulene bedingte Konfigurations- und Konformationsänderung die Stabilitäten der reduzierten Spezies wesentlich beeinflussen.

Die Schlussfolgerungen aus den Ergebnissen aller dieser Untersuchungen liessen sich erst nach einer eingehenden mathematischen Analyse und rechnerischen Behandlung der experimentellen Daten ziehen.

K. Müllen hat sich besonders mit den π-Bindungs-Verschiebungen bei Pentalen und Heptalen sowie mit den π-Bindungs-Verschiebungen und mit der konformationellen Beweglichkeit des Octalens beschäftigt. Bei Pentalen und Heptalen waren die Aktivierungsbarrieren der π-Bindungs-Verschiebungen so klein, dass Tunneleffekte herangezogen werden mussten, um die kinetischen Daten zu interpretieren.

Ein Teil der Forschungsgruppe von *V. Prelog,* viele Jahre in Zusammenarbeit mit *W. Keller-Schierlein,* befasste sich mit dem traditionellen Arbeitsgebiet des Laboratoriums, mit der Strukturaufklärung von Naturstoffen. Statt der Naturstoffe aus höheren Tieren und Pflanzen — Alkaloide, Terpene und Steroide — wurden in enger Zusammenarbeit mit dem Institut für spezielle Botanik der ETH (E. Gäumann, L. Ettlinger und H. Zähner) hauptsächlich die Stoffwechselprodukte von Mikroorganismen bearbeitet, zu welchen auch die Antibiotika gehören. Die wichtigsten Ergebnisse waren die Strukturaufklärungen von Makrotetroliden, Siderochromen, Ansamycinen und Boromycin. Einige auf Grund dieser Arbeiten entwickelte Arzneimittel fanden wichtige Anwendungen in der Humanmedizin. Schon mehrere Jahre vor dem Rücktritt von Prelog hat Keller-Schierlein die Forschung über mikrobielle Stoffwechselprodukte in Zusammenarbeit mit H. Zähner (seit 1964 Institut für Mikrobiologie, Universität Tübingen) übernommen. Es gelang ihm seitdem, die Strukturen von weiteren ungewöhnlichen komplexen Metaboliten mit interessanten biologischen Eigenschaften aufzuklären, unter welchen besonders Borrelidin, Chlorotricin, Venturicidine und Aspochalasine erwähnt seien.

H. Gerlach (seit 1978 Professor an der Universität Bayreuth), der an der Strukturaufklärung der Makrotetrolide massgebend beteiligt war, hat später diese und andere vielgliedrige Laktone mit originellen Methoden synthetisiert. Ausserdem hat er interessante stereochemische Arbeiten ausgeführt.

Ein zweiter Teil der Forschungsgruppe von Prelog hat in Zusammenarbeit mit *H. Dutler* den sterischen Verlauf der enzymatischen Reduktion von Carbonylverbindungen untersucht. Die Spezifizität der teilweise neuen und alten bekannten Oxidodehydrasen wurde durch den charakteristischen Diamantgitterausschnitt spezifiziert. Die Arbeiten auf diesem Gebiet wurden von H. Dutler fortgesetzt, der die natürliche Funktion der neuen mit Hilfe künstlicher Substrate entdeckten Oxidodehydrasen festgestellt und auch weitere Enzyme wie Chymotrypsin in sein Arbeitsgebiet einbezogen und Beiträge zur Kenntnis ihrer Spezifizität geliefert hat.

Weitere Themen, die in der Forschungsgruppe Prelog erfolgreich bearbeitet wurden, waren die Struktur der aromatischen Erythrina-Alkaloide, der nicht klassische Verlauf der Substitution und Elimination bei mittleren Ringverbindungen, die neuartige Cyclostereoisomerie, die Herstellung und Eigenschaften rotationssymmetrischer chiraler Molekeln und die Synthese von chiralen Ionophoren.

Schliesslich wurde während der Berichtsperiode zusammen mit Robert S.

Stereochemische Begriffe wie «Händigkeit» (Chiralität) haben auch den Maler (Hans Erni) angeregt.

Cahn und Sir Christopher Ingold das CIP-System entwickelt, welches heute allgemein für die Spezifikation der Stereoisomeren verwendet wird.

Prelog wurde 1975 der Nobelpreis für Chemie (zusammen mit Sir John Cornforth) erteilt «für seine Arbeiten über Stereochemie organischer Molekeln und Reaktionen».

Die Gruppe *D. Seebach,* erst seit Anfang 1977 an der ETH tätig, bearbeitet wie früher in Giessen folgende vier Themenkreise unter synthetischen und mechanistischen Aspekten: Reaktivitätsumpolung, lithiumorganische Verbindungen, Herstellung chiraler Produkte und Reaktionen bei sehr tiefen Temperaturen (bis −170 °C).

In den letzten beiden Jahren wurde das Prinzip der Reaktivitätsumpolung auf einer wesentlich breiteren Basis als bisher definiert. Es wurden zwei prinzipiell neue Methoden entwickelt, um die Reaktivität organischer Verbindungen von der Umgebung funktioneller Gruppen weg an entfernte Kohlenstoffatome zu lenken. Einmal wurden hierzu sterisch geschützte, aber elektronisch wirksame Carbonylgruppen verwendet, zum anderen doppelt deprotonierte Verbindungen, Dianionderivate von π-Systemen, in welchen die Ladungsabstossung für ω-Reaktivität sorgt. Bei Temperaturen um $-120\,^{\circ}C$ konnten ^{13}C-markierte Bromcarbenoide NMR-spektroskopisch vermessen werden; die Resultate geben erstmals direkten Einblick in die Bindungsverhältnisse dieser Verbindungen: sie haben einen hohen Carbencharakter und können bei etwas höherer Temperatur in solvatisierte, nachweisbare Carbene übergehen.

Vorerst in der Forschungsgruppe von E. Heilbronner tätig, hat *W. Simon* gegen 1960 eine eigene, instrumentalanalytisch orientierte Forschungsgruppe aufgebaut, die sich vorwiegend mit apparativen Neuentwicklungen beschäftigte und damit die analytisch-chemische Praxis beeinflusste: Automation der C,H,N-Bestimmung, Curie-Punkt-Pyrolyse, Dampfdruckosmometrie, Messtechnik mit Glaselektroden, computerorientierte Spektreninterpretation (mit *J. T. Clerc*). Der Einsatz von Antibiotika (Valinomycin, Makrotetrolide) als ionenselektive Komponenten in Flüssigmembranelektroden hat allgemein Eingang in die klinische Analytik gefunden und hat die weitere Forschungsrichtung der Gruppe — Planung und Synthese von Ionophoren, Ionentransport durch Modellmembranen, ionenselektive Sensoren — bestimmt.

Systematische Studien der Forschungsgruppe von *J. Seibl* über die Reaktivität von Kationen in der Gasphase, insbesondere des Verhaltens metastabiler Ionen, haben zusammen mit der Verarbeitung einer grossen Anzahl von elektronenstossinduzierten Massenspektren verschiedenster an der ETH und anderswo hergestellter Verbindungen zu Erkenntnissen geführt, die einen wichtigen Beitrag zur Leistungsfähigkeit der Massenspektrometrie in der Konstitutionsaufklärung organischer Verbindungen bilden.

Die Gruppe des 1977 an die Universität Fribourg als Assistenz-Professor berufenen *A. Vasella* hat mit Erfolg begonnen, das Gebiet der stereospezifischen Synthesen in der Zuckerreihe zu bearbeiten.

Laboratorium für physikalische Chemie

Bis 1959 stand *Gottfried Trümpler* dem im Altbau angesiedelten Laboratorium für physikalische Chemie und Elektrochemie vor. Mit der Ernennung seines Nachfolgers *Hans H. Günthard* wurden Planung und Bau eines neuen Laboratoriumsgebäudes an der Universitätsstrasse 22 in Angriff genommen; das neue Laboratorium wurde Anfang der sechziger Jahre bezogen.

Die heute am Laboratorium tätigen Professoren gingen, manchmal nach einem längeren Aufenthalt in den USA, aus ehemaligen Mitarbeitern und Doktoranden hervor: *Hans Primas, Alfred Bauder, Richard Ernst, Urs P. Wild.* Im Zusammenhang mit der Beteiligung unseres Landes an Raumforschungsprogrammen wurde 1968 *Kurt Dressler* von der Princeton University als Professor für Molekularspektroskopie berufen; seither geniesst seine unabhängige Forschungsgruppe Gastrecht am physikalisch-chemischen Laboratorium.

Wichtige Lehrgebiete werden durch im Laboratorium tätige Privatdozenten betreut (*Tae-Kyu Ha, Rolf Bühler, Urs P. Fringeli, Rolf Meyer, Günter Rist*). Zwei weitere Privatdozenten, *Theo Bürer* und *Jürg Hoigné*, sind in andere Institutionen übergetreten.

Eine Reihe von ehemaligen Mitarbeitern wurde als Professoren an Hochschulen des In- und Auslandes berufen: Tino Gäumann (PD 1957 bis 1965), Professor für physikalische Chemie EPFL, Fritz Kneubühl, Professor für Physik ETHZ, Robert J. Huber, Professor für physikalische Chemie, Universität Konstanz bzw. Zürich, John Ammeter, Professor für anorganische Chemie, Universität Zürich.

Das heute bestehende Institut ist zum Teil aus Forschungsgruppen hervorgegangen, welche in den frühen fünfziger Jahren im Laboratorium für organische Chemie geschaffen wurden. War die Forschung des physikalisch-chemischen Laboratoriums vor dieser Zeit hauptsächlich auf Elektrochemie ausgerichtet, so wurde sie danach auf die bis dahin in der Schweiz wenig gepflegten spektroskopischen Disziplinen und ihrer quantenmechanischen Basis konzentriert. Die physikalisch-chemische Forschung über Struktur und Dynamik von einfachen und komplexen Molekeln wurde erst durch den beispiellosen Aufschwung der Experimentiertechnik und der Elektronik während des Zweiten Weltkriegs möglich. Dank der Unterstützung des damaligen Leiters des Laboratoriums für organische Chemie, L. Ruzicka, konnten in rascher Folge Forschungsgruppen über Infrarotspektroskopie, magnetische Kernresonanz und Mikrowellenspektroskopie geschaffen werden. Auch der Laboratoriumsneubau geht auf die Initiative von Ruzicka und auf finanzielle Hilfe der chemischen Industrie zurück. Ungefähr gleichzeitig mit der Beziehung des Neubaus wurde mit dem Aufbau von Forschungsgruppen für Elektronenspinresonanz, Kurzzeit-Photochemie, Strahlungschemie und theoretische Chemie begonnen.

Die von *H. H. Günthard* geleitete Forschungsgruppe für Infrarotspektroskopie entstand aus einem Dienstleistungsorgan für organisch-chemische Forschung und nahm nach 1954 selbständige Studien über Schwingungsspektroskopie organischer Molekeln, über optische Aktivität im infraroten Spektralbereich und über Matrix-Spektroskopie, zunächst im fernen Infrarot, dann systematisch im gesamten Infrarotbereich auf. Durch Kombination mit Gasspektroskopie und Verwendung isotoper Modifikationen wurden die Schwingungsspektren zahlreicher Molekeln mit 7—12 Atomen weitgehend aufgeklärt. Zur Erweiterung des Anwendungsbereichs wurden eine Reihe von Instrumenten entwickelt, zum Beispiel für Spektroskopie bei Heliumtemperatur, Modulations-Infrarot-Spektroskopie, Matrix-Spektroskopie mit gedämpfter Totalreflexion und mit thermischen und Ueberschall-Molekularstrahlen. In steigendem Mass wurden quantenchemische Berechnungen zur Bestimmung molekularer Potentialfunktionen herangezogen und dadurch die physikalischen Grundlagen empirisch bestimmter, intramolekularer Kräfte aufgeklärt. Erhebliche Anstrengungen über längere Zeiträume wurden der Bestimmung und der Dynamik von Konformationen nichtstarrer Molekeln gewidmet und dabei theoretisch und experimentell erhebliche Fortschritte in Richtung auf ein vertieftes Verständnis dieser häufigen Molekelklasse erzielt (R. Meyer). Im Zusammenhang mit Matrix-Infrarot-Spektroskopie als experimentelles Hilfsmittel wurden Probleme der Linienbreite, Relaxation und Wechselwirkung matrixisolierter Molekeln mit Diodenlaser-Spektroskopie sehr hoher Auflösung behandelt, welche bemerkenswerte neue empirische Kenntnisse lieferten. Anfang der siebziger Jahre nahm eine kleine Forschergruppe systematisch Anwendungen der Infrarot-Spektroskopie auf biologisch wichtige Molekeln und Biomembranen auf (U. P. Fringeli).

Die ebenfalls unter Leitung von *H. H. Günthard* stehende Forschungsgruppe für Elektrospin- und Elektrospin-Kernspin-Doppelresonanz (ESR, ENDOR), ursprünglich als Hilfsmittel für die Untersuchung optisch angeregter Zustände konzipiert, betrieb zunächst Forschung an anorganischen Komplexen seltener Metalle (Nb, Ta), wandte sich dann aber in vermehrtem Mass Problemen der Hochtemperaturchemie und Uebergangsmetallionen in Korundeinkristallen, Studien über metallorganische Komplexe und über Modulationsspektroskopie von photochemisch erzeugten Radikalen zu. Als typische Beispiele können die Redoxreaktionen von Kobalt gelten, bei welchen die Struktur des Defekts Co^{2+}, H^{+} in der Saphirstruktur geklärt werden konnte, sodann die Bestimmung der Kinetik und des Mechanismus (chemisches Netzwerk) von Photoradikalen anhand von Amplituden-Phasendiagrammen in Analogie zur wohlbekannten Messtechnik linearer und nichtlinearer elektrischer Netzwerke und die Dynamik des chemischen Austausches von Protonen in radikalischen Wasserstoffbrücken. Neuere Arbeiten waren ausgerichtet auf den Nachweis der Stickstoff-Hyperfein-Struktur in kobalt-organischen Komplexen und Molekeln vom Typus des Vitamins B_{12}, bei welchen Fragen der chemischen Bindung und der Struktur von Oxokomplexen im Vordergrund standen. Viele dieser Studien hängen eng mit den Problemen nichtstarrer Molekeln und Radikalen zusammen. Als weiteres Beispiel können Untersuchungen über hochsymmetrische Radikale wie C_3H_3, C_5H_5, C_5F_5, C_5Cl_5, C_5Br_5 genannt werden, in welchen zufolge der Jahn-Teller-Instabilität besonders interessante Auswirkungen von Kernbewegungen grosser Amplitude auftreten.

Die Forschungsgruppe für Kernresonanzspektroskopie wird jetzt von *R. R. Ernst* geleitet. Die Kernresonanzspektroskopie ist eines der schönsten Beispiele der Anwendung physikalischer Methoden in der Chemie. Sie war als physikalisches Phänomen 1945 entdeckt worden und hat sich seither zu einem der wichtigsten Hilfsmittel für Strukturanalyse des Chemikers entwickelt. Solche Brücken zwischen Physik und Chemie zu schlagen ist eine der Hauptaufgaben der physikalischen Chemie ganz allgemein. In diesem Sinn hat das Laboratorium für physikalische Chemie massgebend an der Entwicklung der Kernresonanzspektroskopie im Hinblick auf chemische Anwendungen mitgewirkt.

Die ersten Arbeiten wurden schon 1955 aufgenommen, also zu einer Zeit, wo die chemische Relevanz der Kernresonanz noch kaum evident war. Zuerst stan-

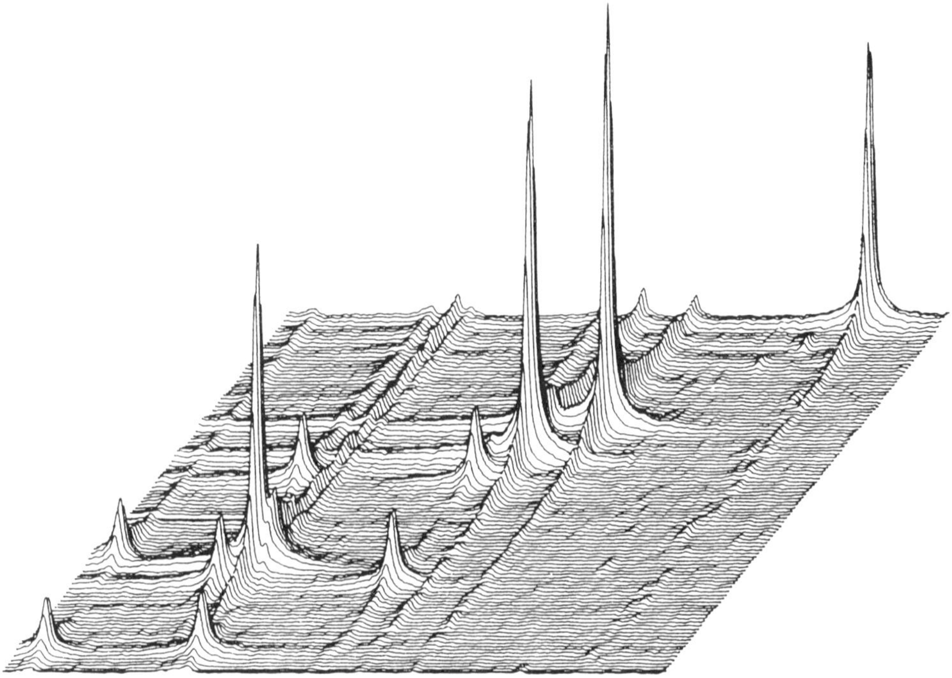

Die «Mondlandschaft» des an der ETH entwickelten zweidimensionalen Kernresonanzspektrums erlaubt eine vertiefte Einsicht in das Verhalten der Molekeln.

den instrumentelle Entwicklungen im Vordergrund, da kommerzielle Geräte noch nicht in genügender Perfektion erhältlich waren. Später wurden dann die Forschungsarbeiten auf methodische Entwicklungen konzentriert, wobei einige wesentliche Beiträge geleistet werden konnten. Als besonders fruchtbringend hat sich die Entwicklung der Fourier-Spektroskopie erwiesen, die heute das gebräuchlichste Verfahren zur Aufnahme von Kernresonanzspektren geworden ist. Daneben wurden Methoden der stochastischen Resonanz sowie Methoden zum Studium von Festkörpern und von chemischen Reaktionen entwickelt. Das neueste Arbeitsgebiet umfasst die Erweiterung der eindimensionalen auf die zweidimensionale Kernresonanzspektroskopie. Es zeigt sich hier eine ausserordentliche Mannigfaltigkeit von Möglichkeiten zur Erhöhung des Informationsgehaltes wie auch für neuartige Anwendungen der Kernresonanzspektroskopie.

Die von *A. Bauder* geleitete Forschungsgruppe für Mikrowellenspektroskopie beschäftigt sich hauptsächlich mit Untersuchungen über die geometrische Struktur und die Dynamik relativ kleiner Molekeln (bis zu 20 Atomen), die auf der Beobachtung und Analyse der Rotationsspektren im Gaszustand beruhen. Am Anfang lag das Schwergewicht notgedrungen auf der Konstruktion der kommerziell nicht erhältlichen Spektrometer, deren Entwicklung durch die Zusammenarbeit mit dem Institut für Hochfrequenztechnik (F. Tank) massgeblich gefördert wurde. In einer ersten Forschungsphase wurden vornehmlich die Spektren kleiner Ringmolekeln studiert und deren Struktur und Dipolmoment bestimmt. Dazu waren auch isotop-substituierte Molekeln nötig. Bald darauf kamen Verbindungen wie die Halopropene hinzu, die zusätzlich auch eine interne Rotation zeigen. Hier wurde neben der Bestimmung der Konformationen auch die Frage nach der Grösse der Potentialbarrieren untersucht, und die spektroskopischen Ergebnisse wurden häufig den Resultaten quantenchemischer Berechnungen der Potentialbarrieren gegenübergestellt. In Verbindung mit den experimentellen Studien wurden auch die theoretischen Grundlagen der Rotationsspektren von Molekeln mit einem oder zwei internen Rotatoren niedriger Symmetrie weiterentwickelt. In diesen Rahmen gehören die Untersuchungen der Mikrowellenspektren von Nitroverbindungen, Methylacetat und Aethylenglycol. Diese Arbeiten gaben den Anstoss zu einer Diskussion der Symmetrie nichtstarrer Molekeln, die wichtige allgemeine Einsichten in die molekulare Dynamik ermöglichte.

U. P. Wild leitet eine Gruppe für photophysikalische Chemie, die sich mit sämtlichen Vorgängen, die sich in einer Molekel abspielen, nachdem sie ein Photon absorbiert hat, befasst. Im Gegensatz zu der klassischen Chemie, in der die Eigenschaften des Grundzustandes einer Molekel von zentralem Interesse sind, liegt das Hauptgewicht in der photophysikalischen Chemie auf dem Verständnis des Reaktionsverhaltens angeregter Molekelzustände. Prozesse, die über solche Zustände verlaufen, sind im allgemeinen äusserst schnell, und ihre Erfassung erfordert Methoden der Kurzzeitspektroskopie. In den Jahren 1962—1965 wurden zwei Blitzlichtapparaturen entwickelt, die es erlaubten, Absorptionsspektren von lichtangeregten Proben mit einer Zeitauflösung von 10 ns zu registrieren. Aufbauend auf diesem Instrumentarium hat sich in der Folge die Forschungsgruppe in stetem Wachstum entwickelt. In der ersten Phase lag das Hauptgewicht der Forschungstätigkeit auf dem Studium des Verhaltens von Triplettzuständen (Triplett-Triplett-Absorption, Triplett-Triplett-Annihilation) und von photochromen Systemen (Bianthron, Indigo). Speziell durch Entwicklung der Lasertechnologie stehen heute Hilfsmittel zur Verfügung, die eine wesentlich höhere Zeitauflösung gestatten. So hat sich das Forschungsinteresse auf das Verhalten höher angeregter Singlettzustände verlagert. Mit einer kürzlich entwickelten Apparatur können Fluoreszenzlebenszeiten von unter einer Nanosekunde nachgewiesen werden, und eine weitere Verbesserung der Zeitauflösung in das Gebiet der Picosekunde ist in Bearbeitung. Auf dem Gebiet der Fluoreszenzspektroskopie werden Probleme der homogenen und inhomogenen Linienbreiten in Gläsern und Shpolskii-Matrizen sowie der Effizienz von Energieübertragungsmechanismen bei tiefen Temperaturen bearbeitet.

Die Arbeiten der Forschungsgruppe für Strahlungschemie von *R. Bühler* haben sich seit ihrer Gründung (1960) parallel zur Entwicklung dieser Disziplin verändert. Waren es anfänglich noch eher mechanistische Probleme, so werden heute gezielte Fragestellungen im molekularen Bereich untersucht. Dazu gehören beispielsweise Fragen nach den Wechselwirkungskräften zwischen den reaktiven Teilchen und den sie umgebenden Lösungsmittelmolekeln oder Fragen nach den Ursachen und molekularen Bedingungen für Ladungstransferprozesse. Ebenso wurden die anfänglich rein analytischen Techniken (zum Beispiel Gaschromatographie, Massenspektroskopie) abgelöst durch sehr viel raschere Nachweismethoden wie Spektroskopie im Ultravioletten bis nahen Infrarot oder kinetische Leitfähigkeitsmessungen, mit Erfassungszeiten im Bereich von Nanosekunden (Pulsradiolyse). Diese Techniken werden heute ergänzt durch Computer-Simulation der Reaktionssysteme zur Erhärtung kinetischer Modellvorstellungen oder durch quantenchemische Rechnungen zum Vergleich experimenteller Fakten mit theoretischen Daten zu isolierten Teilchen.

Im Verlauf der vergangenen rund zwanzig Jahre haben sich damit die anfänglichen Arbeiten über Reaktionsmechanismen in aliphatischen und aromatischen Kohlenwasserstoffen zu Untersuchungen von radikalischen Charge-Transfer-Komplexen in organischen Systemen, von Ionen-Molekel-Komplexen, von Ionenpaarbildungen in apolaren und polaren Lösungsmitteln und von Stabilitätsfragen beteiligter dissoziativer Ionen entwickelt.

Die stark auf theoretischen Grundlagen basierende physikalische Chemie der ETHZ war der ideale Platz für die Gründung einer eigenständigen Gruppe Theoretische Chemie, die sich vor allem mit der fundamentalen Theorie der molekularen Materie und deren Verknüpfung mit der mathematischen Systemtheorie beschäftigt. Das Ziel einer logisch konsistenten, empirisch richtigen und philosophisch akzeptablen Theorie der molekularen Materie in all ihren Erscheinungsformen erfordert eine enge Zusammenarbeit von Philosophen, Wissenschaftstheoretikern, Naturwissenschaftern und Mathematikern. Die von *H. Primas* geleitete Arbeitsgruppe lieferte Beiträge zu einer universellen Quantenlogik, einer verallgemeinerten molekularen Quantenmechanik und zu einer neuen nicht-Booleschen Theoriereduktion. Damit können nun die klassische Mechanik und Elektrodynamik, die Pionierquantenmechanik, die phänomenologische Thermodynamik und die mathematische Systemtheorie als Spezialfälle einer einheitlichen Theorie der Materie verstanden werden. Die Einführung klassischer Observablen in die theoretische Chemie erlaubt erstmals eine konsistente Beschreibung klassischer Eigenschaften von molekularen Systemen und bildet die Grundlage für die Anwendung der Quantenmechanik auf biologische Systeme.

Die Forschungsgruppe *K. Dressler* befasst sich mit der Spektroskopie zweiatomiger Molekeln in Gasphase und in fester Phase bei tiefen Temperaturen.

Neue Messungen des sichtbaren, infraroten und ultravioletten Lumineszenzspektrums von festem Stickstoff haben reichhaltige Informationen über Strahlungseigenschaften und Energieumwandlungsprozesse in Molekelkristallen geliefert. Kristalle vermögen Energie, die in Form von Licht oder Elektronen eingestrahlt wird, zu transportieren, in neuen Energieformen abzustrahlen und in Wärme umzuwandeln. Hand in Hand mit den Experimenten wurden Fortschritte in der quantitativen theoretischen Beschreibung dieser Prozesse sowie in der Theorie hochangeregter Molekelzustände erzielt.

Das technisch-chemische Laboratorium

Das technisch-chemische Laboratorium besteht seit der Gründung der ETH. Mit der Schaffung einer zweiten Professur für technische Chemie (1894) wurde es in zwei Laboratorien geteilt, die die anorganisch-chemische beziehungsweise die organisch-chemische Technologie betreuten. Ihre ersten Leiter waren *Georg Lunge* (1876—1908) beziehungsweise *Robert Gnehm* (1894—1905; Rektor 1899—1905, damals Direktor genannt, Schulratspräsident 1905—1926).

Während mehr als zwei Jahrzehnten nach dem Zweiten Weltkrieg war die anorganisch-chemische Technologie durch *August Guyer* (1931—1967) geprägt. Seine Zielsetzung war es, die Studierenden mit Verfahren und Methoden der chemischen Technik vertraut zu machen. Er mass der Ausbildung durch Laboratoriumsarbeiten grösste Bedeutung bei. Durch grössere Zubauten in den Jahren 1950—52 und die anschliessende Renovation der Hörsäle und Arbeitsräume im Altbau und deren Ausrüstung mit zeitgemässen Hilfsmitteln wurden die Voraussetzungen für eine experimentell ausgerichtete Ausbildung und Forschung erfüllt. Von jetzt an mussten nur noch ausnahmsweise Arbeiten wegen Unvollständigkeit der Einrichtungen aufgegeben werden. Aeusserst nützlich erwies sich dabei auch der vorgenommene Ausbau der Werkstätte, der erlaubte, manche Lücke zielgerecht und rasch zu schliessen, die sich insbesondere bei Arbeiten in extremen Temperatur- und Druckgebieten und mit industriellen Gasen noch zeigte. Die finanziellen Mittel der Behörden fanden eine massgebliche Ergänzung durch Unterstützung seitens der Industrie, die einen erheblichen Teil der apparativen Ausrüstung zur Verfügung stellte.

Im weiteren wurden auch spezielle Räume und Einrichtungen geschaffen, die gestatteten, die Studierenden zuerst in die technischen Arbeitsmethoden im Laboratoriumsmassstab einzuführen. Die Unterstützung durch die Barell-Stiftung und einige Ergänzungen durch weitere Industriegruppen erlaubten, den Studierenden dann praktisch mit den in der Technik üblichen Apparaturen vertraut zu machen, mit solchen selbständig zu arbeiten und mit der Mess- und Regeltechnik unter Einbezug des ökonomischen Denkens und Berücksichtigung von Korrosionsproblemen die Uebergangsstufen vom Laborversuch zu industriellen Anlagen kennenzulernen.

Ein Grossteil der über 300 von Guyer geleiteten Promotionsarbeiten ist in engem Kontakt mit der Industrie entstanden. Von diesen sei eine Serie auf dem Gebiet der heterogenen Katalyse (Grundlagen und Technik), der Trennung von Stoffen durch Adsorption, Absorption und Flotation, Hydrierungen und Oxidationen, organische Syntheseprodukte usw. erwähnt. Die Bearbeitung von Waschmethoden und elektrostatischen Abscheidungen ergaben die Basis für Untersuchungen auf dem Gebiet der Umwelttechnik sowie für Abtrennungen von unerwünschten Gaskomponenten aus Gasgemischen mit Hilfe von selbstentwickelten adsorptiv oder katalytisch wirksamen Hilfsstoffen.

Dem Laboratorium für organisch-chemische Technologie stand *Hans Eduard Fierz* (1917—1952) in der Nachkriegszeit nur noch wenige Jahre vor. Er hatte bis ins Alter neben seinem Hauptarbeitsgebiet, der Chemie der organischen Farbstoffe und ihrer Zwischenprodukte, sehr vielfältige Interessen innerhalb und ausserhalb der Chemie. Dadurch war es ihm vergönnt, die Studierenden zu begeistern, ein ganz wesentliches Moment für die spätere Berufstätigkeit! Auffallend ist die grosse Zahl der Schüler von Fierz, die später in der Schweiz und im Ausland leitende Stellungen in der chemischen Industrie innehatten. Das gleiche lässt sich, um ein bis zwei Jahrzehnte verschoben, von den ehemaligen Mitarbeitern von Guyer sagen.

Die Professur für organisch-chemische Technologie übernahm *Heinrich Hopff* (1952—1967). Er kam von der Badischen Anilin- und Soda-Fabrik in Ludwigshafen am Rhein, wo er in leitender Stellung vor allem auf dem Kunststoffgebiet tätig war. Ohne die Untersuchungen über Farbstoffe ganz aufzugeben, baute er an der ETH den Teil der Chemie aus, auf dem die Kunststoffe basieren, nämlich die Chemie makromolekularer Verbindungen.

Auf diesem Gebiet war an der ETH bereits in den zwanziger Jahren Arbeit von weltweiter Bedeutung geleistet worden: Es war bekannt, dass gewisse Naturstoffe wie Stärke, Cellulose, Kautschuk und Eiweiss zwar zu den organischen Verbindungen gehören, sich aber in ihrem physikalisch-chemischen Verhalten von den «klassischen» organischen Verbindungen deutlich unterscheiden. Hermann Staudinger, Professor für allgemeine Chemie an der ETH (1912—1926), erkannte 1920, dass hier nicht Assoziate kleiner Moleküle, sondern Riesenmolekeln mit faden- oder netzartiger Struktur vorlagen. Die makromolekulare Chemie ist deshalb an der ETH begründet worden; Staudinger erhielt für diese Leistung 1953 den Nobelpreis für Chemie.

Nachdem Staudinger an die Universität Freiburg i. Br. übersiedelte, ruhte an der ETH jede Tätigkeit auf diesem Gebiet bis zur Berufung von Hopff, der die makromolekulare Chemie in seinen Vorlesungen behandelte und eine grosse Forschungsgruppe aufbaute, die während 15 Jahren auf dem Gebiet der aus Vinylverbindungen hergestellten Polymeren sowie Polyamiden tätig war. Die makromolekulare Chemie wurde weiter durch *Hans Georg Elias* verstärkt, der 1962—71 als Assistenzprofessor die physikalische Chemie der Polymeren, insbesondere ihr Verhalten in Lösung, in Forschung und Lehre pflegte.

Auf den Zeitpunkt der altersbedingten Rücktritte von Guyer und Hopff wurden ihre beiden Laboratorien vereinigt, so dass die ETH seit 1968 wieder — wie vor 1894 — *ein* technisch-chemisches Laboratorium besitzt. Der Grund für diese Zusammenlegung ergab sich in erster Linie aus der Entwicklung der technisch-chemischen Wissenschaften: So wie die reine Chemie von der Mitte des 19. Jahrhunderts an für fast hundert Jahre vorwiegend stoffbezogen war und dadurch zu einer Trennung in die klar unterscheidbaren Gebiete der anorganischen und der organischen Chemie führte, so war dies auch in der chemischen Technologie der Fall; die erwähnte Teilung des technisch-chemischen Laboratoriums der ETH vor 86 Jahren war eine Konsequenz dieser Entwicklung. Nach dem Zweiten Weltkrieg zeigte es sich aber immer deutlicher, dass diese Trennung deshalb nicht mehr sinnvoll war, weil die Arbeitsmethoden der chemischen Technologie anorganischer und organischer Verbindungen sich je länger, desto weniger unterschieden und weil das Studium der wissenschaftlichen Grundlagen technologischer Verfahren für Ausbildung und Forschung anstatt ihrer eingehenden Beschreibung immer bedeutungsvoller wurde.

Das moderne Chemieingenieurwesen, wie es zum Beispiel am Massachusetts Institute of Technology in Cambridge (USA) in der ersten Hälfte unseres Jahrhunderts vor allem im Hinblick auf die Erdöl- und Grosschemikalienindustrie entwickelt worden war, gewann auch für die Schweiz an Bedeutung.

Auf Anregung der schweizerischen chemischen Industrie beschloss der Schulrat deshalb, die beiden technisch-chemischen Laboratorien zu vereinigen und in dem neuen Laboratorium drei Schwerpunkte zu setzen, nämlich makromolekulare Wissenschaften, technische organische Chemie (besonders Farbstoff- und Textilchemie) und chemische Verfahrenstechnik.

Als ordentlicher Professor für makromolekulare Chemie wurde 1968 *Piero Pino* von der Universität Pisa an die ETH berufen. Er schlug ein Konzept für die Entwicklung der makromolekularen Wissenschaften an der ETH vor, wonach Lehre und Forschung in drei Richtungen, nämlich Polymerchemie, Biopolymere und Polymerphysik entwickelt werden sollten. Nach diesem Plan wurden *Pier Luigi Luisi* von der Universität Oregon für die Richtung Biopolymere und *Joachim Meissner* für die Richtung Polymerphysik gewählt. Meissner war vorher in den Forschungslaboratorien der Badischen Anilin- und Soda-Fabrik in Ludwigshafen am Rhein tätig. Mit Pino kam *Gian Paolo Lorenzi* von der Universität Pisa an die ETH.

Entsprechend liegen die Schwerpunkte der Forschung: P. Pino stammt aus der Schule von Giulio Natta in Mailand, der die stereospezifische Synthese von Polymeren mit Hilfe von metallorganischen Katalysatoren entdeckte. Die Forschungsgruppe Pino beschäftigt sich mit derartigen Polymerisationsreaktionen, mit der Charakterisierung der bei solchen Vorgängen entstehenden optisch aktiven Polymeren und der Strukturregularität in Polymeren. Pino bearbeitet solche Polykondensationsreaktionen, bei denen Makromolekeln aus niedrigmolekularen Bausteinen in der Weise aufgebaut werden, indem jeweils eine nicht symmetrische Verbindung A-B mit einer symmetrischen Verbindung C-C kombiniert wird. Theoretische Berechnungen, die auch experimentell belegt werden konnten, zeigten, dass aufgrund der Reaktivitätsunterschiede zwischen den Gruppen A und B sowie durch sorgfältige Wahl der Polykondensationsbedingungen Polymerketten erhalten werden können, deren Struktur und deshalb auch deren physikalische und chemische Eigenschaften mit einfachen Mitteln kontrollierbar sind. Damit konnte gezeigt werden, dass sich auch in Makromolekeln Isomeriephänomene steuern lassen, die in kleinen Molekeln wohlbekannt sind. Ausserdem bearbeitet P. Pino die Rolle von Metallkomplexen in der homogenen

Katalyse, insbesondere die Regioselektivität der Carbonylierungsreaktionen organischer Verbindungen und die asymmetrische Katalyse.

P. L. Luisi untersucht die Katalyse durch Enzyme sowie durch synthetische Polymere und die Struktur von Biopolymeren in Lösung. Ziel dieser Arbeiten sind Kenntnisse über die strukturellen Grundlagen der katalytischen Wirkung der Enzyme und des Verhaltens von analogen synthetischen Modellverbindungen.

In der Gruppe Polymerphysik (J. Meissner) wird das Verhalten geschmolzener Polymere, die sogenannte Rheologie, insbesondere das Dehnverhalten und die Strömungsdynamik von Polymerschmelzen, studiert. Dieses Arbeitsgebiet steht deshalb nicht nur zur chemischen Technologie, sondern auch zur Physik und zu den Materialwissenschaften in enger Beziehung.

Auf einem Teilgebiet der makromolekularen Wissenschaften arbeitet *Heinrich Zollinger*, der sich als Professor für Farbstoff- und Textilchemie unter anderem mit dem Gebiet der natürlichen und synthetischen Fasern beschäftigt, die wie die Kunststoffe ebenfalls aus Makromolekeln aufgebaut sind. Er kam von Basel, wo er in der Farbstoff-Forschungsabteilung der CIBA AG und als Privatdozent an der Universität tätig gewesen war.

Die Farbstoff- und Textilchemie blickt an der ETH auf eine lange Tradition zurück: Seitdem Zollinger die Betreuung dieser Gebiete übernahm, traten rein technologische Fragestellungen und Verfahren in den Hintergrund, da diese in der Farbstoff- und Textilindustrie der Schweiz in qualifizierter Weise bearbeitet werden. Das Hauptgewicht wurde auf die Anwendung von Erkenntnissen und Methoden der reinen Chemie auf technologische Probleme gelegt. So gelang es in den sechziger Jahren, in der Art und Weise der organisch-chemischen Konstitutionsaufklärung zu zeigen, dass mit gewissen neuen Farbstoffklassen und bei Appretur von pflegeleichten Baumwollgeweben kovalente chemische Bindungen zu den Makromolekeln entstehen, aus denen die Textilfasern aufgebaut sind.

Aus dem Gesichtswinkel der technischen Chemie hat die Aufklärung von Reaktionsmechanismen den Sinn, chemische Prozesse mit grösseren Ausbeuten und mit weniger umweltbelastenden Nebenprodukten besser durchführen zu können. Bei der Herstellung von Farbstoffen werden täglich viele Tonnen der Diazoniumsalze verwendet. Diese Salze verlieren leicht in unerwünschten Nebenreaktionen molekularen Stickstoff. Bei der Aufklärung des Reaktionsmechanismus dieses Zerfalls mit Hilfe kinetischer Methoden und Isotopenmarkierung wurde in der Forschungsgruppe Zollinger gefunden, dass das als sehr kurzlebige Zwischenstufe entstehende Arylkation fähig ist, wieder mit Stickstoffmolekeln zu reagieren. Damit konnte zum erstenmal gezeigt werden, dass nicht nur metallorganische Komplexe und die Enzyme der Knöllchenbakterien, sondern auch einfache, sehr reaktive organische Verbindungen mit Stickstoff reagieren können.

Paul Rys untersucht katalytische Prozesse sowie die Rolle der Diffusion und Adsorption für die Mechanismen technisch wichtiger Reaktionen. Es gelang ihm zu zeigen, dass bei sehr rasch ablaufenden Reaktionen in Lösungen die Zusammensetzung der Produkte nicht nur von der Bildung und Brechung chemischer Bindungen, sondern auch von Diffusionsvorgängen bestimmt wird.

Als Leiter der Chemieingenieurgruppe wurde 1968 *John R. Bourne* gewählt, der dafür nicht nur industrielle Erfahrung (Imperial Chemical Industries) mitbrachte, sondern sich bereits als Dozent für Chemieingenieurwesen an der Universität Nottingham ausgewiesen hatte. Die ETH stützte sich damit bewusst und absichtlich auf das britische Chemieingenieurwesen ab, wo sich diese Disziplin — neben den Vereinigten Staaten und den Niederlanden — besonders stark entwickelt hatte. Dies führte dazu, dass noch zwei weitere Chemieingenieure aus England an die ETH berufen wurden, *David W. T. Rippin* und *Stanley Hartland.* Die Gruppe wurde im weiteren ergänzt durch zwei Privatdozenten aus der Schule von Guyer, *Werner Richarz* und *Günther Gut* sowie durch *Norbert Ibl,* der ursprünglich Mitarbeiter von Trümpler war. *Johannes Thies,* Mitarbeiter der CIBA-Geigy AG, hält seit einigen Jahren Vorlesungen über Hochdrucktechnik.

Die Forschungsschwerpunkte im Chemieingenieurwesen liegen im wesentlichen bei der wissenschaftlichen Abklärung der Grundlagen von Prozessen, deren empirische Anwendung in der chemischen Industrie bereits eine Rolle spielt, und bei der Entwicklung neuer Methoden, die von potentiellem Interesse für eine spätere industrielle Anwendung sind.

In der Arbeitsgruppe von J. R. Bourne werden die Grundlagen und Auswirkungen von Misch- und Rührprozessen in Flüssigkeiten studiert, wobei makroskopische und mikroskopische Vorgänge, die mit den Gesetzen der Hydrodynamik beschrieben werden können, in Wechselwirkungen mit der molekularen Diffusion stehen.

Die wirtschaftliche industrielle Durchführung vieler organischer Synthesen erfordert eine möglichst hohe Ausbeute des gewünschten Produktes. Aus diesen Gründen hat Bourne in den letzten Jahren Forschungsarbeiten über die Einflüsse des Reaktortypus und der Betriebsweise sowie des Strömungsbildes auf Mischvorgänge im makroskopischen Massstabe und über die Koppelung von Diffusionsprozessen mit raschen chemischen Reaktionen ausgeführt. In einer Reihe gemeinsam durchgeführter theoretischer und experimenteller Studien haben die Gruppen von Bourne und Rys vor allem Mischeffekte, das heisst Aenderung der Reaktionsgeschwindigkeit und Selektivität infolge einer beschränkten Mischrate der Edukte im Reaktor, untersucht, zum Beispiel bei schnell ablaufenden Bromierungen, Nitrierungen und Azokupplungen. Diese Kenntnisse ermöglichen eine gezieltere Konstruktion und Operation von Reaktoren mit einer erhöhten Selektivität. Dies führt zu einer wirksameren Ausnützung von Rohstoffen und einfacheren Trennung von Reaktionsprodukten. Neben diesen für industrielle Prozesse wichtigen Resultaten liess sich jetzt auch der Verlauf von organisch-chemischen Reaktionen verstehen, die man seit langem kannte, deren Mechanismus aber nicht im Einklang mit allgemeinen mechanistischen Prinzipien der Chemie zu stehen schien.

Bourne beschäftigt sich zusammen mit *Irving J. Dunn* ausserdem mit verfahrenstechnischen Problemen biotechnologischer Reaktionen, das heisst von chemischen Prozessen, die mit Hilfe von Enzymen und Mikroorganismen durchgeführt werden.

Wegen ihrer grossen technischen Bedeutung hat sich die Arbeitsgruppe von Hartland ganz auf das Studium von Grenzflächenphänomenen von Flüssigkeiten konzentriert. Die phänomenologisch exakte Erfassung, zum Beispiel von Tropfen- oder Blasenformen durch Photographie und Film, bildet die Ausgangsbasis für die hydrodynamische Deutung von Grenzflächenerscheinungen.

Oberflächenphänomene spielen in der heterogenen Katalyse, das heisst bei Reaktionen von Gasen oder Lösungen an porösen Festkörpern, eine ausschlaggebende Rolle. Auch hier ist die Ausarbeitung einer geeigneten Methodik zur Erklärung der Ursachen solcher Prozesse für das Chemieingenieurwesen charakteristisch. Sie steht im Zentrum des Interesses von W. Richarz, G. Gut und — mit besonderer Berücksichtigung elektrochemischer Vorgänge — von N. Ibl.

In der elektrochemischen Verfahrenstechnik liegt das Schwergewicht der Forschung beim elektrolytischen Stofftransport, bei der Optimierung elektrochemischer Systeme mit dem Ziel eines minimalen Energie- und Investitionsaufwandes und bei der Untersuchung der elektrolytischen Metallabscheidung.

Moderne chemische Produktionsanlagen sind ausserordentlich komplex: Neben den eigentlichen chemischen Reaktionen hängt ihr erfolgreicher, sicherer und wirtschaftlicher Einsatz von einem mehrdimensionalen Netzwerk voneinander abhängiger Grössen aller Art ab. Die elektronische Steuerung und Datenverarbeitung ist deshalb dafür in den letzten zwanzig Jahren in zunehmender, ja kaum mehr wegzudenkender Weise mit Erfolg eingesetzt worden. Die System-Engineering-Gruppe von D. W. T. Rippin, unterstützt von *Livingstone M. Rose,* befasst sich mit der Anwendung systematischer und, falls angemessen, quantitativer Computer-Methoden auf Probleme der chemischen Industrie. In den letzten Jahren standen dabei solche Fragen im Vordergrund des Interesses, bei denen starke Wechselwirkungen zwischen technischen und wirtschaftlichen Ueberlegungen eine Rolle spielen, so etwa für den Betrieb von chargenweise bedienten Mehrzweck-Chemieanlagen.

Die Probleme des Umweltschutzes sind heute für die industrielle Chemie von grosser Bedeutung. In der Forschung sind mehrere Gruppen des technisch-chemischen Laboratoriums mit solchen Fragen beschäftigt. Zum Teil arbeiten sie eng mit dem Institut für Mikrobiologie und mit der Eidgenössischen Anstalt für Wasserversorgung, Abwasserreinigung und Gewässerschutz (EAWAG) zusammen. Umweltschutzprobleme werden in praktisch allen technisch-chemischen Vorlesungen an konkreten Fällen diskutiert, ausserdem betreuen G. Gut und *Bruno Böhlen* (PD 1965, heute stellvertretender Direktor des Eidgenössischen Amtes für Umweltschutz) eine Spezialvorlesung auf diesem Gebiet.

Ausser den genannten Dozenten wirkten während eines Teils der Periode 1955—1980 folgende Privatdozenten am technisch-chemischen Laboratorium:

Hans Schütze, PD 1949—1965, später Mitinhaber der Färberei Schütze & Co., Zürich; *Anton Bieler,* PD 1950—1960, Titularprofessor seit 1957, gestorben 1960; *Otto Stamm,* PD 1964—1972, heute Vizedirektor in der CIBA-Geigy AG, Basel.

Vor dem Zweiten Weltkrieg war die Zahl der Chemiker, die nach einer in einem der beiden technisch-chemischen Laboratorien ausgeführten Dissertation eine akademische Laufbahn ergriff, sehr klein; H. H. Weber, ein Mitarbeiter von A. Guyer, wurde als Professor für Chemieingenieurwesen am Massachusetts Institute of Technology in Cambridge (USA) bekannt für seine Beiträge zur chemischen Thermodynamik. In den sechziger und siebziger Jahren hat sich dies deutlich geändert: mehrere Absolventen des technisch-chemischen Laboratoriums wurden Professoren an in- und ausländischen Hochschulen, nämlich drei Doktoranden von A. Guyer, fünf von H. Zollinger sowie je einer von J. Bourne und N. Ibl.

Ueberblicken wir zum Schluss die Forschungsrichtungen des technisch-chemischen Laboratoriums, so ergibt sich für den Aussenstehenden vielleicht ein vielfältiges Bild ohne innere Zusammenhänge. Die gemeinsamen Grundlagen lassen sich jedoch erkennen, wenn man dafür den Begriff der angewandten Chemie in dem Sinne braucht, dass in den Arbeitsgebieten des technisch-chemischen Laboratoriums Methoden und Erkenntnisse der reinen Chemie (anorganische, organische und physikalische Chemie), der Physik, der Mathematik und anderer Zweige der reinen Wissenschaften auf Probleme der industriell wichtigen chemischen Prozesse angewandt werden. Dies ist in erster Linie Aufgabe der Hochschulen, da die Industrie allein die Grundlagen, deren kurzfristiger wirtschaftlicher Nutzen meist nicht ersichtlich ist, nicht erschöpfend bearbeitet.

Bei dieser Anwendung von Grundlagen sollten deshalb auch Wechselwirkungen und «feed-back»-Effekte der reinen Wissenschaften auftreten. Dies ist tatsächlich der Fall, wie die hier kurz skizzierten Beispiele von Forschungsresultaten aus dem technisch-chemischen Laboratorium zeigten.

Die Abteilung für Pharmazie

Von Jakob Büchi

Die Pharmazie ist als Ausbildungsfach und Forschungsgebiet bereits 1855 bei der Gründung in das Eidgenössische Polytechnikum eingegliedert worden; als erste schweizerische Hochschule ermöglichte unsere Hochschule somit ein in sich abgeschlossenes Studium des Apothekerberufes. Organisatorisch war die Pharmazie als Unterabteilung der Chemie zugeteilt, um ab 1908 eine eigene Abteilung zu bilden. 1916 konnte bei der Eröffnung des Naturwissenschaftlichen Gebäudes in dessen Westbau (Clausiusstrasse 25) ein selbständiges Pharmazeutisches Institut bezogen werden, das sich heute noch, allerdings in wesentlich erweitertem Umfang, dort befindet.

Aufgabe der Abteilung ist die Ausbildung von diplomierten Apothekern und die Forschung auf dem Gebiete der pharmazeutischen Wissenschaften. Sie hat sich als Lehr- und Forschungsstätte innerhalb der verschiedenen Zweige des Apothekerberufes, der pharmazeutischen Technik sowie der pharmazeutischen und medizinischen Wissenschaften zu betätigen.

Seit der Gründung unserer Hochschule, insbesondere aber in den letzten 25 Jahren, hat die Abteilung für Pharmazie eine grosse und mannigfaltige Entwicklung durchgemacht, indem sie fortschrittsfreudig und erfolgreich den neuen Anforderungen des Apothekerberufes, der pharmazeutischen Industrie und Wissenschaften sowie der Gesellschaft zu folgen vermochte. Dies war möglich dank dem grossen Verständnis und Einsatz der Schulleitung.

Anstoss zum ständigen Ausbau der Abteilung und des Institutes waren vor allem die heute noch im Gang befindlichen Veränderungen im Arzneimittelwesen. Diese führten zu einer tiefgreifenden Umstrukturierung des Apothekerberufes und damit zu Neuordnungen der Ausbildung. Diese Vorgänge zu kennen ist Voraussetzung zum Verständnis der vor sich gegangenen Entwicklung der Pharmazie an der ETH. Der Apothekerberuf war einer umfassenden Umschichtung unterworfen, weil die Arzneimittelzubereitung und -prüfung in den öffentlichen Apotheken zurückging infolge der fabrikmässigen Herstellung von Arzneispezialitäten in der pharmazeutischen Industrie und sich dadurch die Aufgaben und Tätigkeitsgebiete verschoben. Die früher geübte Bereitstellung von Arznei- und Hilfsstoffen sowie ihre Verarbeitung zu applikationsbereiten Arzneipräparaten für die individuelle ärztliche Rezeptur und den Handverkauf ging weitgehend aus den Apotheken an die Industrie über. Die Weiterentwicklung des Arzneimittelwesens hat zudem zu verschiedenen Spezialisierungen innerhalb der Apothekertätigkeiten geführt, welche bei dessen Ausbildung und in der Forschung berücksichtigt werden müssen. Neben den das Hauptkontingent stellenden Offizinapothekern sind heute zahlreiche Industrieapotheker, dann in zunehmendem Masse Amtsapotheker (in Spitälern, bei Gesundheitsbehörden, in der Armeeapotheke) sowie Apotheker als Leiter klinisch-chemischer Laboratorien tätig. Als Schwerpunkte ihrer Tätigkeit haben sich deshalb die Beschaffung der Ausgangsstoffe, die Herstellung der Arzneipräparate, die Identitäts-, Reinheits- und Gehaltsprüfung, die Kontrolle, die Lagerung sowie die Beratung bei ihrer Abgabe ergeben. Auf das Wesen und die Bedeutung dieser Berufsaufgaben wird in den Abschnitten *Ausbildung* und *Forschung* näher eingegangen.

Entwicklung und Organisation von Abteilung und Institut

In Anpassung an die Ausbildungs- und Forschungsbedürfnisse unterteilt sich die Abteilung für Pharmazie seit ihrer Gründung wie folgt:

Naturwissenschaftlicher Teil: In diesem sind die propädeutischen Vorlesungen und Praktika zusammengefasst, welche von Professoren der Abteilungen für Chemie, Mathematik und Physik sowie Naturwissenschaften betreut werden. In den letzten 25 Jahren wurde der Unterricht in diesem Studienteil den Anforderungen der pharmazeutischen Praxis und Forschung angepasst, unter anderem durch die Einführung von Vorlesungen über Analysis (Integral- und Differentialrechnung, Statistik).

Fachwissenschaftlicher Teil: Dieser dient, nach Rückkehr der Studierenden aus dem pharmazeutischen Praktikum in einer öffentlichen oder eventuell einer Spitalapotheke an das Pharmazeutische Institut, der Ausbildung in den eigentlichen Fachdisziplinen Pharmazeutische Chemie, Pharmakognosie und Galenische Pharmazie. Zu diesen Fächern ist 1963 neu die Physikalische Pharmazie hinzugekommen. Ausserhalb des Institutes erfolgt die Ausbildung in Hygiene und an der Universität Zürich in Medizinischer Mikrobiologie und in Pharmakologie. Durch die letzteren Vorlesungen und Kurse kommt es zu einer wertvollen Zusammenarbeit mit auswärtigen Hochschulinstituten.

Die Fachdisziplinen am Pharmazeutischen Institut wurden von folgenden Professoren betreut:

Pharmazeutische Chemie: Als Nachfolger des 1944 verstorbenen *Prof. Dr. R. Eder* wurde als ordentlicher Professor und Institutsleiter *Prof. Dr. J. Büchi* berufen, der früher die Galenische Pharmazie betreute und dann einige Zeit als Leiter des wissenschaftlichen Forschungsinstitutes der Dr. A. Wander in Bern wirkte. Den Lehrstuhl für Pharmazeutische Chemie versah er bis zu seiner Versetzung in den Ruhestand im Jahre 1972. An seine Stelle trat als ordentlicher Professor *Dr. X. Perlia,* der seine akademische Laufbahn an der ETH Zürich absolvierte und sich auf die pharmazeutische Chemie spezialisierte. Er ist heute noch im Amt als pharmazeutischer Chemiker.

Pharmakognosie: Die Professur Arzneidrogenkunde war von 1935 bis 1971 vom ordentlichen Professor *Dr. H. Flück* besetzt, als dessen Nachfolger heute sein Schüler ordentlicher Professor *Dr. O. Sticher* wirkt.

Galenische Pharmazie: Nach ihrer Einführung an der ETH im Jahre 1936 wurde das neue Fach von *Prof. Dr. J. Büchi* bis 1948, von *Prof. Dr. K. Münzel* bis 1954, von *Prof. Dr. K. Steiger* bis 1961 und seither von *Prof. Dr. P. Speiser* betreut. Dieser rasche Wechsel war darauf zurückzuführen, dass die pharmazeutische Industrie unsere Professoren als Leiter und als Fachspezialisten ihrer neuen Forschungsabteilungen für die Arzneiformung berief.

Physikalische Pharmazie: Vom Jahre 1954 an begann sich Ass.-Prof. *Dr. X. Perlia* mit Problemen der physikalischen Pharmazie zu befassen, weil in der Ausbildung und Forschung sämtlicher Fachdisziplinen immer mehr Fragen physikalischer Natur zu bearbeiten waren. Als erste schweizerische Pharmazieschule entwickelte die ETH die physikalische Pharmazie zur selbständigen Disziplin, für die 1963 *Prof. Dr. X. Perlia* eingesetzt wurde. Nach dessen Wahl zum ordentlichen Professor für Pharmazie trat *PD Dr. H.-G. Weder* 1976 vorerst als Assistenz-Professor, dann als ausserordentlicher Professor für pharmazeutische Chemie an dessen Stelle.

Die *Leitung der Abteilung Pharmazie* übten in der Berichtsperiode die folgenden Abteilungsvorstände aus:

Prof. Dr. F. Tank	1956–1960
Prof. Dr. J. Büchi	1960–1964
Prof. Dr. E. Grandjean	1964–1968
Prof. Dr. P. Speiser	1968–1972
Prof. Dr. X. Perlia	1972–1976
Prof. Dr. O. Sticher	ab 1976

1972 nahm als neues Gremium der Abteilung ein aus drei Dozenten, drei Vertretern des Mittelbaus und drei Studenten bestehender Abteilungsrat sein Amt auf. Neben der Abteilungskonferenz ist damit ein Sprachrohr der Abteilung geschaffen worden, in dem alle drei Stände Mitsprache- und Mitbestimmungsrecht ausüben können. Ferner war die *Leitung des Pharmazeutischen Institutes* den folgenden Fachprofessoren anvertraut:

Prof. Dr. J. Büchi	1944–1970
Prof. Dr. X. Perlia	ab 1970

In dieser Weise konnte eine gewisse Kontinuität in den personellen Belangen und in der fachlichen Zielsetzung erreicht werden. Eine ständige Sorge war die Anpassung der Räumlichkeiten und Einrichtungen an die stets steigenden Anforderungen der erweiterten Studienpläne sowie die fortlaufend wachsende Zahl von Studierenden im Fachstudium von 60 im Jahre 1955 auf 200 im Jahre 1979.

Nachdem der Pharmazeutisch-chemischen, Pharmakognostischen und Galenischen Abteilung schon vor 1955 verschiedene Räume für Laboratorien im NW-Trakt des Naturwissenschaftlichen Gebäudes auf Kosten des Hygiene- und Arbeitsphysiologischen sowie des Photographischen Institutes zugeteilt werden mussten, kam es 1971 zu zusätzlichen Erweiterungen im alten EMPA-Gebäude (für die Pharmazeutisch-chemische Abteilung) und durch eine Laborbaracke beim Chemiegebäude (für die Galenische Abteilung). Die ab 1974 auftretende Zunahme der Studierendenzahl erforderte eine planmässige Erweiterung des Institutes. Diese wurde 1977 möglich durch die Verlegung des Institutes für Hygiene und Arbeitsphysiologie ins frühere Studentenheim und 1978 die teilweise Verlegung des Photographischen Institutes; das Pharmazeutische Institut verfügt heut über sämtliche Räume des NW-Traktes des Naturwissenschaftlichen Gebäudes.

Unterricht an der Abteilung für Pharmazie

Das *Ausbildungsziel* der Abteilung für Pharmazie besteht in der Erlangung des eidgenössischen Apothekerdiploms für Schweizer, beziehungsweise des Apothekerdiploms der ETH für Ausländer. Diese letztere Studienmöglichkeit wurde 1947 eingeführt; nach dem Zweiten Weltkrieg zeigte sich das Bedürfnis, Ausländern, vor allem Flüchtlingen, das Pharmaziestudium auch an unserer Hochschule und damit die Ausübung des Apothekerberufes in der Schweiz zu ermöglichen. Mit Rücksicht auf die kantonalen Sanitätsgesetze ist den Trägern dieses Ausländerdiploms jedoch die Leitung einer öffentlichen Apotheke in unserem Lande nicht gestattet.

Der *Studienplan* musste wiederholt den neuen Verhältnissen angepasst werden, um den vielseitigen Anforderungen der praktischen Berufsausübung, der Tätigkeit in der pharmazeutischen Industrie und der Mitwirkung im staatlichen Gesundheitswesen zu genügen. Für die einzelnen Berufsbereiche stehen heute folgende Tätigkeiten und die entsprechenden Kenntnisse im Vordergrund.

Die Arbeit des *Offizinapothekers* umfasst die Beschaffung, Herstellung und Prüfung der Ausgangsstoffe (Arznei- und Hilfsstoffe) und der Arzneipräparate, ihre Kontrolle und Lagerhaltung sowie die Vermittlung der gebrauchsfertigen Medikamente an den Arzt, Patienten und Kunden. Die letztere Aufgabe, an Bedeutung ständig wachsend, besteht in der fachgerechten Kenntnis der physikalischen und chemischen Eigenschaften der Ausgangsstoffe und ihrer Verarbeitung, ferner der Arzneimittel bezüglich Zusammensetzung, Haltbarkeit, Anwendung und Wirksamkeit (auch Nebenwirkungen, Interaktionen zwischen verschiedenen Wirkstoffen, Toxizität). Eine wesentliche und wichtig werdende Aufgabe des Apothekers besteht ausserdem in der Mitarbeit bei der Gesundheitserziehung, was erweiterte und vertiefte Kenntnisse bezüglich Hygiene und Präventivmedizin voraussetzt. Die Beherrschung dieses Wissens machte die Ausweitung der Apothekerausbildung in die Grenzgebiete zur Medizin nötig; sie stellt das Hauptmerkmal der durchgeführten Neuerungen im Studienplan dar.

Die Tätigkeit der *Industrieapotheker,* die in einer grösseren Zahl in den pharmazeutischen Forschungsabteilungen und Fabrikationsbetrieben angestellt werden, erfordert eine weitschichtige und tiefe Ausbildung bezüglich der wissenschaftlichen Entwicklung neuer pharmazeutischer Spezialitäten (Herstellung und Prüfung von Wirk- und Hilfsstoffen, Bereitung von Arzneiformen und Prüfung ihrer galenischen, vor allem der biopharmazeutischen Eigenschaften) und der Haltbarkeit einerseits sowie ihrer Grossfabrikation (Arzneiformung, Verpakkung und Fertigkontrolle) anderseits. Interdisziplinäre Kenntnisse und ein sinnvolles Zusammenwirken mit anderen Disziplinen stehen im Vordergrund dieser Berufsanforderungen.

Die Aufgaben der *Amtsapotheker,* bestehend in der Leitung von Spitalapotheken, Armeeapotheken und Laboratorien für die staatliche Arzneimittel- und Betäubungsmittelkontrolle sowie in der Ausarbeitung von Pharmakopöen, verlangen die Ausbildung in sämtlichen Fachdisziplinen und zum Teil eine weitergehende Spezialisierung in der analytischen Arzneimittelprüfung.

Diese verschiedenen Tätigkeitsbereiche setzen eine neuzeitliche, vertiefte pharmazeutische Ausbildung voraus. Während man in einigen Ländern zu einer Spezialisierung derselben vor dem Apothekerdiplom übergegangen ist, herrscht in der Schweiz die Ansicht, die Spezialisierung für einzelne Berufsbereiche erst nach der allgemeinen Berufsausbildung durch ein Doktorat und in der Nachdiplomausbildung an der Hochschule oder anschliessend in der praktischen Berufstätigkeit durchzuführen. Diese Regelung findet ihren Ausdruck im Studienplan unserer Abteilung.

Bezüglich *Studienplan* nimmt die Abteilung für Pharmazie eine besondere Stellung an unserer Hochschule ein. Nachdem die Ausbildung, Prüfung und Berufstätigkeit der Medizinalpersonen (Aerzte, Apotheker und Tierärzte, später auch Zahnärzte) seit 1848 kantonal geregelt war und äusserst verschieden gehandhabt wurde, kam es 1867 zum Abschluss eines *Konkordates über die Freizügigkeit des schweizerischen Medizinalpersonals* und so zu einer mehr oder weniger einheitlichen Lösung. Erst das Bundesgesetz betreffend die *Freizügigkeit des Medizinalpersonals in der schweizerischen Eidgenossenschaft* vom 19. Christmonat 1877 und die entsprechende Verordnung für die eidgenössischen Medizinalprüfungen von 1880 führten zu einer gesamteidgenössischen, zentralen Regelung, auch hinsichtlich Ausbildung. Diese erste Verordnung wurde durch diejenigen von 1888, 1899 und 1912 beziehungsweise durch die Reglemente für die eidgenössischen Medizinalprüfungen von 1935, 1964 und 1980 ergänzt beziehungsweise ersetzt. Die eidgenössischen Prüfungsverordnungen wurden somit auch für den Normalstudienplan der Abteilung für Pharmazie der ETH massgebend, der den Anforderungen des eidgenössischen Reglementes zu genügen hat. Der Leitende Ausschuss für die eidgenössischen Medizinalprüfungen sorgt für die vorschriftsgemässe und gleichmässige Durchführung der Prüfungen an der Hochschule. Die Prüfungskommissionen setzen sich aus dem Ortspräsidenten oder einem seiner Stellvertreter als Vorsitzendem, dem Examinator und dem Koexaminator zusammen; als solche wirken in der Regel die zuständigen Fachprofessoren der Abteilung für Pharmazie.

Der Ausbildungsplan liess sich an der ETH durch Aufnahme neuer Vorlesungen und Kurse stets kurzfristiger an die Berufsentwicklung und die Fortschritte der Wissenschaften anpassen, als es die eidgenössischen Vorschriften von 1935 und 1964 taten. Innerhalb des Normalstudienplanes der Abteilung für Pharmazie wurden jeweils sich aufdrängende Neuerungen erprobt, die bei den Revisionen des eidgenössischen Reglementes später berücksichtigt wurden. In diesem Sinne wurden nach 1964 für die propädeutischen Fächer im *naturwissenschaftlichen Studienteil* besondere Vorlesungen und Kurse in Chemie eingeführt, um die Vorbereitung der Fachausbildung zweckmässiger zu gestalten. Als neue Unterrichtsgegenstände enthält dieser Studienteil die Grundlagen der Analysis (Differential- und Integralrechnung, Statistik), die Pflanzenpathologie sowie die Schädlingsbekämpfung (pflanzenpathologischer und entomologischer Teil). Den Studierenden im *pharmazeutischen Praktikum* werden neu angeboten: Grundzüge der Anatomie und Physiologie sowie ein ausgewähltes Kapitel über Klinik für Apothekerpraktikanten. Im *fachwissenschaftlichen Studienteil* ist eine Vertiefung und Ergänzung gegenüber den Anforderungen der eidgenössischen Reglemente realisiert durch Vorlesungen über Synthetische Arzneimittel, Methoden der Arzneimittelprüfung, Qualitätskontrolle in der Arzneimittelherstellung, Grundlagen der physikalischen Pharmazie, Präventivmedizin, ferner durch ein anatomisch-histologisches sowie physiologisch-anatomisches Praktikum und einen pharmakologischen Kurs. Der Inhalt und das Ziel dieser zusätzlichen Fächer sind im alljährlich erscheinenden *Katalog der Lehrveranstaltungen der ETH* beschrieben. Sie lassen die fortschrittliche Entwicklung der phamazeutischen Ausbildung an unserer Hochschule deutlich erkennen. Ihre teilweise Einführung in den Studienplan des «Eidgenössischen Reglementes für die Medizinalprüfungen» ist bei der Studienreform 1980 vorgenommen worden.

Als weitere von den Studierenden sehr geschätzte und von ihnen weitgehend mitgestaltete Lehrveranstaltung führt das Pharmazeutische Institut seit 1970 jedes Wintersemester ein sogenanntes *Arbeitsskilager* an einem Wintersportplatz durch. Etwa die Hälfte der Zeit wird gearbeitet (Vorlesungen der Fachprofessoren und geladener Dozenten, Referate von Doktoranden und Studierenden über durchgeführte praktische Arbeiten und Diskussionen). Die übrige Zeit wird dem Wintersport gewidmet. Gesellige Veranstaltungen fördern den persönlichen Kontakt zwischen den Professoren, Assistenten und Studierenden. Zwei- bis dreitägige *Semesterexkursionen* des Pharmazeutischen Institutes dienen pharmakobotanischen Studien in den Bergen und der Besichtigung chemischer und pharmazeutischer Fabriken. In der Berichtsperiode wurden auch die durch den Zweiten Weltkrieg unterbrochenen *Auslandexkursionen* mit den Fachstudierenden und Doktoranden fortgesetzt (1949 nach Dänemark und Schweden, 1954 nach England, 1956 nach Deutschland und Holland, 1959 nach Südfrankreich und Norditalien). Mit diesen Exkursionen war die Besichtigung ausländischer pharmazeutischer Institute und Pharma-Forschungs- und -Fabrikationsstätten verbunden. Diese Besuche trugen wesentlich bei zur Erweiterung der Fachkenntnisse und der persönlichen Beziehungen zwischen den Studierenden, Professoren und ausländischen Berufs- und Fachkollegen. Diese Auslandexkursionen verdienten deshalb wieder ins Programm des Pharmazeutischen Institutes aufgenommen zu werden.

Der *Weiterbildung* der Studierenden und der höheren Semester dient ein wöchentlich durchgeführtes *Kolloquium über neuere pharmazeutische Arbeiten* (Uebersichten über abgeschlossene Doktorarbeiten, Literaturberichte sowie Gastdozentenvorträge). Auch eine Auswahl *empfohlener Vorlesungen* dient der Weiterbildung. Diese bezwecken vor allem die Belebung der interdisziplinären Verbindungen zur Biophysik, Biochemie, Pharmakologie und Toxikologie.

Für die *Nachdiplomausbildung* wurde 1965 auch an der Abteilung für Pharmazie ein besonderer Kurs eingeführt, mit dem Ziel, die Weiterausbildung vor allem in den Fachdisziplinen Pharmazeutische Chemie, Pharmakognosie und Galenische Pharmazie zu fördern. Anspruchsvollere Themata, wie sie sich vor allem in der pharmazeutischen Praxis, in der Industrie und Forschung stellten, wurden bearbeitet. Dieses Ausbildungsstufe fand wohl das Interesse der am Institut forschenden Mitarbeiter und Doktoranden, wurde aber von Apothekern aus der Praxis und der Industrie nur wenig frequentiert. Eine Ausnahme machte die im Wintersemester 1972/73 unter der Leitung von *Prof. Dr. X. Perlia* und *PD Dr. F. Hippenmeier* durchgeführte Vortragsreihe über die *Herstellung und Kontrolle in pharmazeutischen Fabrikationsbetrieben*. Sie wurde in Zusammenarbeit mit der Interkantonalen Kontrollstelle für Heilmittel (IKS Bern) und der pharmazeutischen Industrie mit Erfolg durchgeführt und fand in der pharmazeutischen Praxis und der Industrie sowie bei den Behörden eine grosse Resonanz.

Als wertvoll erwiesen sich auch die am Institut durchgeführten pharmazeutischen *Fortbildungskurse*. Aus besonderen Anlässen (100-Jahr-Jubiläum der ETH, Inkrafttreten der Pharmacopoea Helvetica Editio Sexta, Ehrungen usf.) wurden wissenschaftliche Tagungen mit Vorträgen und Demonstrationen über Fortschritte der pharmazeutischen und medizinischen Wissenschaften veranstaltet, die sich einer regen Teilnahme aus den Fachkreisen und aus verwandten Berufen erfreuten. Diese Veranstaltungen verdienten in Zukunft häufiger durchgeführt zu werden, da sie einem vorhandenen Bedürfnis entsprechen.

Die Ausführungen über den Unterricht an der Abteilung für Pharmazie sollen mit dem Hinweis abgeschlossen werden, dass die erfreulichen Fortschritte und der heutige gute Stand der Ausbildung und Forschung erreicht werden konnten dank des vollen Verständnisses und der rückhaltlosen Unterstützung durch den Schulratspräsidenten *Prof. Dr. H. Pallmann* sowie die ETH-Präsidenten *Prof. H. Hauri* und *Prof. Dr. H. Ursprung*. Entsprechend konnten die für die 1980 erfolgte Revision des «Eidgenössischen Reglementes» in Diskussion stehenden Verbesserungen an der Abteilung für Pharmazie bereits weitgehend realisiert werden.

Forschung am Pharmazeutischen Institut

Die *pharmazeutische Forschung* konzentriert sich heute hauptsächlich auf die vier Fachdisziplinen (Pharmazeutische Chemie, Physikalische Pharmazie, Pharmakognosie und Galenik). Auf allen diesen Gebieten zeichnete sich eine fortwährende Entwicklung ab, indem alle Forschungsrichtungen Schwerpunktsverlagerungen aufzuweisen haben, die mit einer vermehrten Pflege der Grundlagenforschung zu charakterisieren sind. Wie den diesbezüglichen Ausführungen über die Gestaltung der Forschungsprogramme der genannten Disziplinen zu entnehmen ist, sind diese durch Aufnahme neuer Gesichtspunkte gekennzeichnet, die neue Techniken erforderten und zu verbesserten apparativen Einrichtungen des Institutes führten.

Die in den letzten 25 Jahren durchgeführten Forschungen waren in dem geleisteten erfreulichen Umfange nur möglich dank des intensiven und zielstrebigen Einsatzes der Professoren, ihrer Mitarbeiter und einer erfreulich grossen Zahl von Doktoranden auf allen Gebieten. Das Doktorat als Weiterausbildung und die Promotion erwiesen sich nicht nur als wichtigste Voraussetzung zur Ergreifung der akademischen Laufbahn und als Qualifikation für den Eintritt in industrielle Forschungs- und Fabrikationsabteilungen sowie Amtsstellen; auch zahlreiche Apotheker, die sich der pharmazeutischen Praxis als Leiter von öffentlichen Apotheken zuwandten, wählten die selbständige Ausführung einer Forschungsarbeit als wertvolle Möglichkeit der Nachdiplom- und Weiterbildung. Während früher die Beschaffung der dazu benötigten Mittel recht schwierig war, konnten die Forschungsarbeiten immer mehr durch Beiträge aus der pharmazeutischen Industrie sowie aus verschiedenen wissenschaftlichen Fonds der ETH und des Bundes (Nationalfonds) unterstützt werden. Durch diese wurden auch am Pharmazeutischen Institut verschiedene wertvolle Forschungsprojekte ermöglicht.

Die Forschungstätigkeit und -entwicklung während der Berichtsperiode nahm folgenden Gang in den verschiedenen Fachgebieten:

Pharmazeutisch-chemische Forschung

Prof. Büchi verfolgte in seinem Forschungsprogramm die Isolierung und Identifizierung von Arzneidrogen-Inhaltsstoffen, analytische Arzneimittelprüfung und Arzneimittelsynthese. Der *Arzneimittelprüfung* kam stets eine grosse Bedeutung zu, erforderte doch seine Mitwirkung an der Ausarbeitung der Supplemente zur «Pharmacopoea Helvetica, Edition Quinta» sowie der «Pharmacopoea Helvetica, Edition Sexta» (1971) und der «Pharmacopoea Europaea» (1959, 1971 und 1975) umfangreiche experimentelle Studien und neue allgemeine Prüfungsverfahren der analytischen Chemie (Bestimmung des Schmelzpunktes, Differential Scanning Calorimetry [DSC], Vakuumsublimation zur Identifizierung von Alkaloiden, Barbitursäuren und Lokalanästhetica, Ionenaustauschverfahren, Dünnschicht-, Papier- und Säulenchromatographie zur Isolierung, Auftrennung und quantitative Bestimmung verschiedener Alkaloide, der Capsicum- und Filix-Inhaltsstoffe). Auch die Kernresonanz- und die Massenspektrometrie erwiesen sich bei diesen Drogeninhaltsstoffen als wertvolle Pharmakopöe-Methoden. Weitere geeignete Vorschriften wurden für die Identifizierung und Gehaltsbestimmung von Adrenalin, Barbituraten, Capsaicinoiden, Carbutamidanalogen, Nipaginen, Penicillinen, quarternären Ammoniumverbindungen, Secale- und Solanaceenalkaloiden, Salpetersäureestern usf. ausgearbeitet.

Im Rahmen der *Isolierung von Pflanzeninhaltsstoffen* wurden aus verschiedenen Drogen neue Wirkstoffe (Desaspidin, Rotenon, β-Sitosterol und ein Isoflanon [=Jamaicin], Petasin und S-Petasin sowie zwei weitere Capsaicinoide) isoliert und identifiziert.

Das Forschungsgebiet der *Arzneimittelsynthese* wurde nach dem Prinzip der Molekülmodifikation weiter gepflegt. Um neue verbesserte Wirkstoffe in den therapeutischen Stoffklassen der Analgetica und Antipyretica, Hypnotica, Antihistaminica, Spasmolytica und Vermizide zu finden, wurden die verschiedensten chemischen Stoffklassen bearbeitet. Antitussiv wirksame Stoffe wurden bei den substituierten Benzoesäure-dialkylaminoalkoxyalkylester entdeckt. Besonders intensiv wurde die therapeutische Stoffklasse der Lokalanästhetica erforscht, indem Homologe, Analoge und Isostere der Procaine, der Cinchocaine, der Xylocaine sowie von Estern verschiedener heterocyclischer Carbonsäuren und von Aethern des 6-Alkoxypyridins synthetisiert wurden. Die Synthese lokalanästhetisch wirksamer Verbindungen wird zusammen mit *Dr. Edith Rudinger-Adler* weiterbearbeitet.

Die synthetisierten Stoffe dienten *Prof. Büchi* und *Prof. Perlia* auch dem *Studium der Beziehungen zwischen den chemischen Eigenschaften und der lokalanästhetischen Wirkung*. Als erste begannen sie 1955 eine systematische Bearbeitung, indem sie von den vorgenannten homologen, analogen und isosteren Versuchsstoffen die wichtigsten physikalisch-chemischen Eigenschaften bestimmten, die für das Wirkstoffverhalten ausschlaggebend sind. Auch das Bindungsvermögen der Versuchsstoffe gegenüber Proteinen (Tierwolle) und Phosphatiden wurde überprüft. Entsprechende Konstitutions-Wirkungsstudien wurden auch bei den Nipaginen (4-Hydroxybenzoesäurealkylester) und den Progallinen (Gallussäurealkylester) durchgeführt. Diese Forschungsrichtung lieferte eine wertvolle Vorarbeit und einen wesentlichen Beitrag zur heute äusserst aktuellen Struktur-Aktivitäts-Analyse nach *Hansch, Free-Wilson* und *Mager*.

Alte Apotheke mit Arzneischrank aus dem Nonnenkloster St. Katharinental.

Modernes Labor (Qualitätskontrolle). Genaue Kontrolle aller Wirk- und Hilfsstoffe auf Verunreinigungen und Zersetzungsprodukte, zum Beispiel mit Hilfe der Dünnschicht-chromatographie, gewährleistet den hohen Qualitätsstandard des fertigen Arzneimittels.

Untersuchungen über die Herstellung von *Arzneibuchpräparaten* befassten sich mit der Sterilisationsmöglichkeit durch radioaktive Strahlen (Stoffzersetzungen) sowie mit Vorschriften für Injektionslösungen (Aminophyllin, Penicillinen resp. Eisensaccharat).

Prof. Perlia setzte die pharmazeutisch-chemischen Untersuchungen nach dem Ausscheiden von *Prof. Büchi* fort. *Arzneimittelsynthetische Arbeiten* befassen sich mit Strukturmodifikationen der bicyclischen Triazolopyridine, von denen Derivate bei bestimmten Sarkomen cytostatisch wirksam sind. Die Einführung pharmakodynamischer Gruppen kann auch zu Pharmaka anderer Wirkungsart führen. Ferner werden Umlagerungen und Tautomerien von 3-substitierten Triazolo[4,3-a]-pyridinen studiert. Die Synthese weiterer m-substituierter Procain-Analoger ist im Gang, um den Einfluss auf die Elektronendichte der Carbonylgruppe und des Benzolkerns abzuklären; solche Substituenten beeinflussen die lokalanästhetische Wirkung. Die Synthese von Piperidinyl-, Pyrrolidinyl- und Pyrazolidinyl-benzoesäureestern wird auch in dieser Stoffklasse die *Zusammenhänge zwischen den physikalisch-chemischen Eigenschaften, der chemischen Struktur und der Wirksamkeit* gestatten, wobei vor allem die Konformationsverhältnisse mit Bezug auf die Pharmakon-Rezeptor-Wechselwirkungen interessieren. Die Auswirkung der flexiblen und starren Aminoseitenkette wird abgeklärt. Konstitutions-Wirkungs-Beziehungen werden auch bei 2,6-substituierten Benzoesäurediäthylaminoäthylestern, Diäthylamino- und Piperidinoacetaniliden untersucht und vor allem die Einflüsse der Substituenten am Ring abgeklärt.

Auf dem Gebiet der *Arzneimittelanalytik und -prüfung* werden Prüfungsvorschriften und Arzneistoffmonographien (Kernresonanzspektroskopie, Hochdruckflüssigkeitschromatographie, Sulfonamide, Chlorambucil, halogenierte 8-Hydroxychinoline) für die schweizerische und die europäische Pharmakopoe bearbeitet. Vergleichende Untersuchungen über die thermische und photolytische Zersetzung verschiedener, therapeutisch verwendeter Phenothiazinderivate sind abgeschlossen, wobei die von den Versuchsbedingungen abhängigen Zersetzungprodukte teilweise identifiziert werden konnten. Die Haltbarkeit von Phenothiazinen in Arzneipräparaten, noch kaum untersucht, wird ebenfalls überprüft; die auftretenden Zersetzungsprodukte sollen isoliert und mit jenen der photolytischen Vorgänge verglichen werden. Entsprechende Untersuchungen sind bei einigen 5-Nitrofuran-Derivaten im Gang. Ihre photochemische Reaktivität dürfte als Noxe für Photodermatosen in Frage kommen.

Der *Einfluss von γ-Strahlen* auf Arzneisubstanzen (Diphenhydramin- und Pilocarpin-hydrochlorid) und -präparate wurde untersucht, da ionisierende Strahlen immer häufiger zur Sterilisation von Arzneimitteln eingesetzt werden. Dabei wurde die radiolytische Zerstörung der Stoffe abgeklärt. Ferner wurden Zerfallsmodelle für strahlenlabile Arzneistoffe und -präparate ausgearbeitet sowie versucht, die radiolytischen Zersetzungen durch geeignete Massnahmen zu verhindern. Diese Arbeiten werden von *Dr. H. Altdorfer* betreut.

Das pharmazeutisch-chemische Forschungsprogramm beinhaltet auch weiterhin Probleme der Arzneimittelanalytik bzw. Arzneimittelprüfung, Untersuchungen über Zusammenhänge zwischen physikalisch-chemischen Eigenschaften, chemischer Konstitution und biologischer Wirkung bei Lokalanästhetica und anderen therapeutischen Stoffklassen sowie das Studium des Einflusses von γ-Strahlen auf Arzneistoffe und Arzneipräparate.

Pharmakognostische Forschung

Prof. Flück hat, nachdem die Pharmakognosie früher nur morphologisch-anatomische Forschungsprobleme der Arzneidrogen kannte, besonders seit etwa 1950 begonnen, in fortschrittlicher Weise Fragen der Systematik und Genetik der Stammpflanzen, des Anbaues und Einsammelns der Arzneipflanzen, der Bildung der Wirkstoffe, der Konservierung, der Lagerung sowie der chemischen Zusammensetzung der Drogen zu bearbeiten. Als Voraussetzung für die eigenen Forschungsarbeiten und zwecks Ausarbeitung von Prüfungsvorschriften für die *«Pharmacopoea Helvetica»* und *«Pharmacopoea Europaea»* wurden *Methoden zur Gehaltsbestimmung* von Drogenwirkstoffen ausgearbeitet. Es resultierten vor allem Verfahren zur Bestimmung der ätherischen Oele, Schleime, Bitterstoffe und Saponine sowie papier- und dünnschichtchromatographische Methoden zur Trennung der Cinchona-, Opium- und Solanaceen-Alkaloide und ihrer quantitativen Bestimmung. In Freilandkulturen wurde der Einfluss der Umwelt auf den Wirkstoffgehalt von Arzneidrogen untersucht. An *Digitalis lanata (L.)* und *Veratrum album (L.)* wurde dem Einfluss der Höhenlage zwischen 600 m und 1800 m nachgegangen, wobei ein deutlicher Unterschied festzustellen war. Düngungsversuche wurden bei *Datura innoxia (L.)* gemacht und die Alkaloidgehalte erfasst.

Auch der Abstand von den Nachbarpflanzen hatte einen Einfluss auf den Alkaloidgehalt von *Datura innoxia (L.)*. Die tageszeitlichen Schwankungen im Wirkstoffgehalt waren ausgesprochen deutlich. Bei den Labiaten *Mentha* und *Thymus* war ein Maximum an ätherischen Oelen um etwa 15 Uhr, ein Minimum um etwa 23 Uhr festzustellen. Aehnlich verschiebt sich der Alkaloidgehalt der Blätter von *Datura innoxia (L.)*. Im Gesamtalkaloid/Scopolamin-Verhältnis war keine Aenderung im Tageszyklus festzustellen. Bei einigen Alkaloidpflanzen liess sich während der Vegetationsperiode ein deutlicher Gehaltsunterschied feststellen. Dies war auch bei den Glycosidgehalten der *Digitalis lanata (L.)* der Fall. Auch in der Relation Organgrösse der Pflanzen zum Wirkstoffgehalt treten interessante Unterschiede auf. Weitere Untersuchungsreihen wurden der Trocknung von Arzneipflanzen gewidmet, wobei hauptsächlich das Verhalten flüchtiger (ätherische Oele) und nichtflüchtiger Inhaltsstoffe (Alkaloide) überprüft und je nach Trocknungsart grosse Unterschiede gefunden wurden. Pulverisierversuche bei getrockneten Arzneidrogen liessen besonders bei Aetherisch-Oel-Drogen grosse Verluste erkennen (Oeffnung der Zellverbände, Luftstrom, höhere Temperaturen usw.). Es wird auf die Bedeutung der Pulverisiermethode (Bedingungen) hingewiesen. Grosses Interesse kommt auch Untersuchungen über neuzeitliche Packmaterialien (Plastikfolien, -säcke usw.) zu, indem sich diese als durchlässig für ätherische Oele erwiesen. Das von *Prof. Flück* durchgeführte Forschungsprogramm und seine Resultate stellen eine wesentliche Bereicherung des pharmakognostischen Wissens dar.

Prof. Sticher übernahm 1971 die Leitung der pharmakognostischen Forschung. Im Zuge der neuzeitlichen Konzeption der Pharmakognosie wandte er sich mit seinen Doktoranden vor allem der Erforschung der Inhaltsstoffe von Volksdrogen zu, die bisher noch ungenügend oder überhaupt nicht untersucht worden waren. Ihre Isolierung und Charakterisierung wurde mit den modernen Extraktions- und Trennungsverfahren (Dünnschicht-, Säulen-, Gas- und Hochdruckflüssigkeitschromatographie) und Strukturaufklärungsverfahren (UV, IR, NMR, MS usw.) durchgeführt. Es liegen bereits Resultate über verschiedene Iridoid- und Secoiridoidglucoside, Saponine und Xanthone vor. Eine zweite Forschungsrichtung befasst sich mit der Wertbestimmung und Standardisierung biogener Wirkstoffe in Arzneipflanzen und ihren Zubereitungen. Mit Hilfe der oben genannten Methoden, hauptsächlich der HPLC, konnten wertvolle Resultate hinsichtlich Trennung und Nachweis von Alkaloiden, Capsaicinoiden, Iridoid-, Secoirid- und Phenylglucosiden und Saponinen gewonnen werden. Weitere Arzneidrogen sind zurzeit in Bearbeitung, andere werden nachfolgen. Diese Neuorientierung der pharmakognostischen Forschung folgt aktuellen Richtungen und bedient sich erfolgreich neuer Methoden.

Galenische Forschung

Prof. Steiger, Lehrstuhlnachfolger von *Prof. Münzel*, setzte zwischen 1954 und 1961 dessen Forschungsprogramm fort. Er bearbeitete als technologische Probleme die Turboextraktion und die Zerstäubungstrocknung. Die Stabilitätsverbesserung der Emulsionen wurde mit Komplexemulgatoren erreicht. Die Sterilisation pharmazeutischer Präparate und Utensilien mit dielektrischer Hochfrequenz und mit andern Methoden studierte er auf breiter Grundlage. Weitere Arbeiten betreffen Probleme der Rheologie (Berechnung und Deutung von Messdaten, Rheologie der Schleimstoffe und der Suspensionen).

Prof. Speiser übernahm 1961 die galenische Forschung; verschiedene der von ihm geleiteten Doktorarbeiten befassten sich zunächst mit den Problemen der Teilchengrösse von festen Arzneistoffen in Darreichungsformen, wie die Teilchengrössenmessung, die Bedeutung bei den Augenarzneiformen, bei kutanen Salben im Hinblick auf Freigabe und Wirksamkeit. Hieraus abgeleitet, ergaben sich anschliessend Probleme der peroralen Depotarzneiformen, welche durch die Teilchengrösse und deren Oberflächenbehandlung wesentlich beeinflusst werden konnten. Die Oberflächenbehandlung führte ihrerseits wiederum zur

Entwicklung von technologischen Verfahren, wie die der Einbettung und Einhüllung fester Arzneistoffe im Mikrometerbereich, welche zu neuen Verfahren der Mikropelletisierung und Mikroverkapselung durch Koazervation und Sprühverkapselung mit Reaktivtensiden führten. Da es aus physiologischen Gründen sehr schwer ist, mit Hilfe der peroralen Medikation eine echte Langzeitwirkung zu erzielen, wird neuerdings auch die Wirkungsverlängerung durch parenterale Depotmedikation mit Hilfe von Nanoparts, Partikeln im kolloidalen Nanometerbereich (entsprechend 10^{-6} Millimetern), angestrebt. Auf dem Gebiete der Immunologie (Nanoverkapselung von Influenzaviren) liegen hiefür vielversprechende Tierversuche vor. Auch wurde gefunden, dass sich solche Nanoparts in der Zellphysiologie als Indikatoren benützen lassen. Zudem ergaben präliminare Versuche an Rattenembryonal-Gewebezellkulturen, dass Nanoparts als lysosominale Trägerstoffe Verwendung finden können und unter Umständen als Träger für krebshemmende Stoffe in Frage kommen.

Daneben wird ebenfalls versucht, die klassischen präparativen Arzneiformungsverfahren und Darreichungsformen an eine verbesserte Therapie anzugleichen. Hierfür seien einige bis anhin gelöste Probleme angeführt: Mischen, Granulieren und Trocknen in heterogenen Wirbelschichten mit Polymeren als Arzneiformenüberzüge, Zuckerdragierung mit Pigmentfarbstoffen, biopharmazeutische Eigenschaften von Tabletten, Kapseln und Suspensionen sowie rektale Arzneiformen, wie Xerogele, Rektalklystiere und Rektalweichkapseln, Wirkstofffreisetzung und Absorption der Wirkstoffe aus diversen modernen Arzneiformen sowie Haltbarkeit, Probleme physikalischer, chemischer und mikrobiologischer Natur. In Gang befinden sich Untersuchungen über die Verfahrensoptimierung von Triglyceridpellets, Mikrokapseln, Mikropellets und Tabletten. Das Forschungsprogramm der nächsten Jahre wird sich weiterhin mit Fragen der modernen Galenik (Entwicklung neuer kolloidaler Carriersysteme) sowie neuer Trägerstoffe für Arzneiformen und Optimierung der klassischen Arzneiformen befassen.

Physikalisch-pharmazeutische Forschung

Dieses jüngste, einzig am Pharmazeutischen Institut der ETH vertretene und selbständige Forschungsgebiet verdankt seine Entstehung der Erkenntnis, dass die physikalisch-chemischen und -biologischen Probleme in den pharmazeutischen Wissenschaften eine immer grössere Rolle spielen. Dies lässt sich auch aus den Forschungsarbeiten am Institut erkennen, die ab etwa 1955 durchgeführt wurden und zum Aufbau dieser Disziplin zugunsten der pharmazeutischen Chemie, der Galenik und der Pharmakologie beitrugen.

Als Grundlage für das Forschungsproblem physikalisch-chemischer Eigenschaften, chemischer Konstitution und lokalanästhetischer Wirkung erarbeitete *Prof. Perlia* vorerst die *Methoden zur Bestimmung der wichtigsten physikalisch-*

chemischen Stoffeigenschaften (Lösungseigenschaften, Verteilungskoeffizient, Reaktion, Ionisationsgrad und Basizität, Diffusions- und Permeationsvermögen, Oberflächen- und Grenzflächenaktivität sowie Adsorptionsvermögen). Diese Eigenschaften wurden vor allem in den analogen, homologen und isosteren Stoffreihen der Procaine, Percaine und Lidocaine ermittelt, um Beziehungen zu ihrer chemischen Struktur und lokalanästhetischen Wirksamkeit anzustellen.

Untersuchungen über die Bedeutung der Arzneistoff-Proteinbindung wurden von *Prof. Weder* seit 1976 fortgeführt. Die dabei vorgeschlagene neue Methode zur Bestimmung des freien Arzneistoffes im Plasma führte zu verbesserten Bindungsdaten mit wesentlich höherem Informationsgehalt. Dieses Forschungsprogramm umfasst gleichzeitig die Charakterisierung der spezifischen Bindung eines Arzneistoffes an seinen pharmakologischen Rezeptor, was mit verschiedenen zentralwirkenden Substanzen am biologischen Modell der isolierten Nervenendigungen (Synaptosomen) studiert wird.

Ein langfristiges Forschungsprogramm beinhaltet die Untersuchung der Wechselwirkungen von Arzneistoffen mit Modellmembranen. Dabei gelang die Entwicklung einer Methode zur gezielten Herstellung von physikalisch definierten und äusserst homogenen, unilamellaren Liposomen (Phospholipid-Bilayer). Bindung, Permeation und Diffusion von antipsychotisch wirksamen Verbindungen wurden an diesen Modellmembranen systematisch studiert und die Grundlagen für den Einsatz dieser Liposomen als Arzneistoffträger erarbeitet. Zurzeit liegt ein bereits recht informatives Bild über die Verteilung dieser Trägervehikel im Organismus der Ratte nach intravenöser Verabreichung vor, so dass die Eignung der mit Arzneistoff angereicherten Liposomen als protrahierend wirksame perorale und parenterale Darreichungsform abgeklärt werden kann. Die laufenden Forschungsarbeiten werden ohne Zweifel einen wertvollen Beitrag zur aktuellen, biopharmazeutisch einwandfreien Arzneitherapie und zur Wirkungsweise der Arzneistoffe zu leisten imstande sein.

Pharmakologische Forschung

Seit 1961 werden von Pharmazeuten auch Promotionsarbeiten unter Leitung von *Prof. Waser* am Pharmakologischen Institut der Universität Zürich ausgeführt und an der Abteilung für Pharmazie eingereicht. Es kommen dabei Forschungsprobleme aus den verschiedensten Gebieten der Pharmakologie zur Bearbeitung. Mit der Aufnahme, Verteilung und Bindung von Wirkstoffen befassten sich Untersuchungen über die ^{14}C-Cholin-Aufnahme in Cortex- und Hirnstamm-Synaptosomen und deren Beeinflussung durch verschiedene Wirkstoffe, über die molekulare Verteilung von ^{14}C-Toxiferin und ^{14}C-Dimethyl-d-tubocurarin in der muskulären Endplatte, von Pyridinaldoxim-^{14}C-methoiodid in Mäusen und über die Bindung am Acetylcholin-Rezeptor von elektrischen Organen von *Torpedo marmorata*. Ferner wurden analytische Mikromethoden ausgearbeitet zur fluorimetrischen Bestimmung von Monoaminen und zur gaschromatographischen Erfassung von Acetylcholin im Rattenhirn. Verschiedene Untersuchungen hatten die Erfassung der enzymatischen Aktivitäten von Adenosintriphosphatase in Myofibrillen und ihre Beeinflussung durch Pharmaka, von Cholinesterase in Endplatten sowie von Membran-Adenosintriphosphatase und Acetylcholinesterase von «Synaptosomen» durch Neuro- und Psychopharmaka zum Gegenstand. Verschiedene Stoffwirkungen wurden bei sedativen 2,4-Dihydrochinazolin-Derivaten, bei thermoregulatorischen Amphetamin-Isomeren, bei Tetrahydrocannabinol-, L-Pyrrolidin- und Gallamin-Abkömmlingen untersucht und der Effekt von Amphetamin und Nikotin auf die Nahrungs- und Wasseraufnahme sowie das Körpergewicht bei Ratten nachgewiesen. Toxikologische Probleme betrafen die Prophylaxe bei Vergiftungen mit Isopropyl- und Pinacolylmethyl-phosphonofluoridat und mit der Reaktivierung von Sarin-vergifteten Cholinesterase mit Oximen. Die Forschungsmöglichkeit am Pharmakologischen Institut der Universität erwies sich als äusserst wertvoll für die Weiterbildung der Apotheker.

Für die Zukunft besteht die Absicht, die laufenden Forschungsprobleme weiterzubearbeiten, zu ergänzen und neue Probleme der Arzneimittelforschung in Angriff zu nehmen. Dabei wird es sich weiterhin fast ausschliesslich um Grundlagenforschung handeln, die gegebenenfalls bis zur Auswertung in der pharmazeutischen Industrie in Form verbesserter und neuartiger Arzneimittel führen kann.

Die in den letzten drei Jahrzehnten durchgeführten Forschungsarbeiten waren möglich dank der ständig verbesserten Einrichtung und Apparaturenausrüstung des Institutes, die der grossen Unterstützung der Schulleitung zu verdanken ist, ferner dank den Forschungsbeiträgen der verschiedenen Fonds der ETH, ihrer Forschungskommission, des Nationalfonds und der pharmazeutischen Industrie. Durch die bewilligten Mittel ist die Infrastruktur des Pharmazeutischen Institutes mitgefördert und dessen Stellung innerhalb der ETH und gegenüber den in- und ausländischen Hochschulen gestärkt worden.

Die Forschung am Institut, die alle pharmazeutischen Fachdisziplinen beschlägt, trug auch in den letzten 25 Jahren zu erfreulichen Fortschritten bei. Die Forschungsrichtungen und -themata spiegeln das ständige Bestreben wider, die pharmazeutischen Wissenschaften zu fördern und mit neuen Impulsen zu bereichern. Die Forschungsresultate wurden durch Veröffentlichung in den wissenschaftlichen Fachschriften sowie durch Vorträge an Kongressen in der Schweiz und im Ausland bekanntgemacht. Dies führte zu einer fruchtbaren Zusammenarbeit mit ausländischen Forschergruppen und zu wertvollen interdisziplinären Beziehungen (Universitäten Frankfurt, Köln, Kopenhagen, München, Paris und Wisconsin USA). Sie fanden internationale Beachtung und Anerkennung durch Erteilung eines Ehrendoktorates (Prof. Büchi), durch Verleihung der Chaire Francqui au titre étranger (Prof. Perlia), durch Ueberreichung von Medaillen (Prof. Büchi, Flück, Perlia, Speiser und Sticher) sowie zahlreiche Ernennungen zu Ehren- und korrespondierenden Mitgliedern verschiedener wissenschaftlicher Gesellschaften. Andererseits wurden auf Antrag der Abteilung für Pharmazie hervorragende wissenschaftliche Leistungen geehrt durch Erteilung der Würde eines Doktors h.c. sc. nat. der ETH an *Dr. K. Siegfried,* Zofingen (1930), *Prof. Dr. S. A. Schou,* Kopenhagen (1955), *Dr. A. Hofmann,* Basel (1969) *Prof. Dr. R. Hegnauer,* Leiden (1971) und *Prof. Dr. T. Higuchi,* Lawrence, USA (1978).

Beziehungen zur Gesellschaft und zur Umwelt

Die Fachprofessoren des Pharmazeutischen Institutes waren sich der Bedeutung und der Auswirkungen eines engen Kontaktes und einer intensiven Zusammenarbeit mit der Gesellschaft und der Umwelt stets bewusst und richteten ihre Tätigkeit auch auf diese aus. Die Entwicklung der Ausbildung von Apothekern und Forschern auf pharmazeutischem Gebiet wirkte sich vor allem zugunsten des *Berufsstandes,* der *pharmazeutischen Industrie* und der *staatlichen Gesundheitsorganisation* aus. Wichtig war die Zusammenarbeit mit den Berufsverbänden bezüglich der Entwicklung der pharmazeutischen Studienordnung, indem sich manche Postulate der pharmazeutischen Praxis realisieren liessen. Eine umweltbezogene Aufgabe war vor allem, die Apotheker zur Beratung in Fragen der Arzneimittelabgabe, für die Anforderungen der Gesundheitserziehung auszubilden und zur Mitwirkung im staatlichen Gesundheitswesen vorzubereiten. Die Gründung verschiedener Informationswerke wissenschaftlichen Inhalts zugunsten der in der Praxis stehenden Apotheker («Subsidia Pharmaceutica» und «Index Nominum» des Schweizerischen Apothekervereins) ging vom Pharmazeutischen Institut aus. Die Redaktion der «Pharmaceutica Acta Helvetiae» lag von 1955 bis 1975 in den Händen der *Professoren Büchi und Perlia.* Zahlreich waren die wissenschaftlichen Uebersichtsreferate und Beiträge an Kongressen und Jahresversammlungen der Berufsverbände.

Die Zusammenarbeit mit der schweizerischen pharmazeutischen Industrie war stets sehr eng, hauptsächlich bezüglich der Anpassung der Apothekerausbildung an die ständig steigenden Anforderungen der industriellen Pharmazie. Als äusserst fruchtbar für die Hochschule erwies sich auch die wissenschaftliche Zusammenarbeit mit der pharmazeutischen Industrie, die von der Isolierung und Synthese neuer Wirkstoffe über ihre Arzneiform bis zur Entwicklung neuer pharmazeutischer Spezialitäten reicht.

Die Mitwirkung bei Aufgaben der staatlichen Gesundheitsorganisation umfasste auch in den letzten 25 Jahren die Ausbildung und Weiterbildung von Amtsapothekern (Spital- und Militärapothekern), für die Arzneimittelkontrolle und für die Ausarbeitung der Arzneibücher. Besonders wichtig war auch die Mitgliedschaft der Fachprofessoren in der Eidgenössischen Pharmakopöekommission, die von 1956 bis 1972 unter der Leitung von *Prof. Büchi* stand. Als wichtigste Aufgaben wurde am Institut die experimentelle Ausarbeitung allgemeiner Prüfungsmethoden und spezieller Monographien für die «Pharmacopoea Helvetica V» (Supplemente), die «Pharmacopoea Helvetica VI» sowie ab 1962 für die «Pharmacopoea Europaea» durchgeführt.

Die ständig wachsenden Verpflichtungen der pharmazeutischen Ausbildung und Forschung gegenüber den Bedürfnissen der Gesellschaft und der Umwelt haben stets die Aufmerksamkeit der Pharmazieprofessoren gefunden und müssen auch in Zukunft wahrgenommen werden, will das Pharmazeutische Institut sich auch weiterhin erfolgreich nach aussen auswirken.

Die Abteilung für Forstwirtschaft

Von Hans Leibundgut

Der Auftrag der Abteilung für Forstwirtschaft

Der Wald bedeckt in der Schweiz rund ein Viertel der gesamten Landesfläche und ein Drittel der ertragsfähigen Fläche. Er stellt das ökologisch stabilste Element unserer Kulturlandschaft dar, und sein Erzeugnis, das Holz, ist der wichtigste erneuerbare landeseigene Rohstoff. Unersetzbar sind die vielfältigen Schutzwirkungen des Waldes gegen Lawinen, Abschwemmung und Verwehung des Bodens, Hangrutschungen, Steinschlag, Verunreinigung des Grundwassers und der Einzugsgebiete von Quellen sowie seine Rolle für den Wasserhaushalt der Wildbäche, für den Landschafts- und Umweltschutz. Nahezu drei Viertel des Schweizer Waldes sind in öffentlichem Besitz und werden nach dem Nachhaltigkeitsprinzip bewirtschaftet. Das Betreten jeden Waldes ist jedermann gestattet, so dass er als Erholungsraum jederzeit frei zur Verfügung steht. Die Sicherstellung all dieser Waldfunktionen fällt neben anderen Aufgaben in den Pflichtenkreis der Forstleute.

Diese Hinweise sollen hervorheben, dass die soziale und volkswirtschaftliche Bedeutung unserer Abteilung für Forstwirtschaft nicht nach deren Studentenzahl, sondern vielmehr im Zusammenhang mit der kulturellen und wirtschaftlichen Rolle unserer Forstwirtschaft beurteilt werden muss. Obwohl ursprünglich mit einem geringen Bedarf an wissenschaftlich geschulten Forstleuten gerechnet wurde, führten die Erkenntnisse der nationalen Bedeutung eines geordneten Forstwesens, eine drohende Holznot, Wasser- und Lawinenkatastrophen schon im Jahr 1854 zum Beschluss der Bundesversammlung, bei der Gründung des Eidgenössischen Polytechnikums diesem eine Abteilung für Forstwirtschaft anzugliedern.

Der zentrale Auftrag dieser Abteilung ist bis heute unverändert geblieben: Es sollen Fachleute für eine rationelle Bewirtschaftung der Wälder und für die Wahrung ihrer Schutz- und Wohlfahrtsfunktionen ausgebildet werden.

Die Beständigkeit der Zielsetzung ist deshalb hervorzuheben, weil sich in der Forstwirtschaft Anschauungen und Lehren in Zeiträume auswirken, die mehrere Generationen umspannen.

Die aussergewöhnliche Dauer der Wachstumsvorgänge des Waldes und die Einsicht, wonach jeder Waldbestand etwas Besonderes, Einziges und Einmaliges darstellt, wirkten sich seit jeher auf die Ausbildung der Forstingenieure aus: Die

Fachprofessoren bemühten sich immer wieder, ihren Studenten nicht einfach rein fachtechnische Kenntnisse, sondern vielmehr eine ethische Berufsauffassung und Grundlagen für die eigene Entwicklung von Verfahren zu vermitteln, welche den zeitlichen und örtlichen Verhältnissen bestmöglich entsprechen. Darin liegt grossenteils die sich in der Praxis überaus fruchtbar auswirkende Beständigkeit der forstlichen Zielsetzungen begründet.

Ebenso hat die unumgängliche Langfristigkeit der meisten Untersuchungen, welche sich mit den Lebensvorgängen des Waldes und den Auswirkungen waldbaulicher Massnahmen befassen, zur Folge, dass ihre Ergebnisse viel dauerhafter sind als auf manchen anderen Gebieten der Biologie und Technik. Da es sich weniger um das Erfassen von nur örtlich gültigen als vielmehr um das Begreifen bestimmter Vorgänge, Abläufe und Erscheinungen handeln muss, lassen sich die «Halbwertzeiten» waldbiologischer Erkenntnisse mit denjenigen rasch zerkrümelnden Wissens mancher anderer Wissensgebiete nicht vergleichen. Im Gegenteil, Grundkenntnisse, welche die Denkrichtung der Forststudenten an unserer Hochschule schon um die Jahrhundertwende geprägt haben und denen wir bedeutende Fortschritte der forstlichen Praxis verdanken, erlangten seither durch praktische Erfahrungen und fortschreitende Forschungen zunehmend gesicherte Gewissheit.

Dies musste erwähnt werden, wenn der *heutige Auftrag unserer Forstschule* dargestellt werden soll. Für die im Dienst der Oeffentlichkeit und der Waldbesitzer stehenden Forstleute sind die Aufgaben im wesentlichen unverändert geblieben: Sie haben die Waldfläche unseres Landes zu erhalten, die Holzerzeugung nach Menge und Qualität nachhaltig zu steigern und die Schutz- und Wohlfahrtswirkungen des Waldes dauernd bestmöglich sicherzustellen. Damit ist auch das wichtigste Ausbildungsziel unserer Forstschule bereits weitgehend festgelegt. Neben diesen überlieferten Hauptaufgaben haben jedoch manche der einstigen Nebenaufgaben der Forstingenieure fortwährend an Bedeutung gewonnen, und verschiedene neue Gebiete gehören zu ihrem Aufgabenkreis und damit zu den Ausbildungsgegenständen unserer Forstabteilung. So ist zum Verbau und zur Aufforstung in den Einzugsgebieten der Wildbäche, einer angestammten Aufgabe des Forstdienstes, der Lawinenverbau hinzugekommen.

Neue Aufgaben brachte ebenso die Notwendigkeit, Spezialisten auf dem Gebiet der Holzkunde auszubilden. Vor allem aber erwiesen sich die Forstingenieure dank ihrer breiten biologischen, technischen und betriebswirtschaftlichen Ausbildung als besonders geeignet zur Bearbeitung interdisziplinärer Probleme des Natur-, Landschafts- und Umweltschutzes sowie zur Mitarbeit bei der Lösung von Aufgaben der Raumplanung.

Ebenso zeigte sich, dass mit Vorteil Forstingenieure in den Dienst der Entwicklungshilfe gestellt werden, sowohl für die zweckmässige Nutzung von Wäldern in Entwicklungsländern als aus naheliegenden Gründen auch zur Behebung der Auswirkungen von Waldzerstörungen durch sorglose Ausbeutung, Rodung oder Waldweide.

Das *Berufsbild des Forstingenieurs* hat sich deshalb seit dem letzten Weltkrieg fortwährend ausgeweitet und umfasst heute einen aussergewöhnlich weiten Bereich biologischer, wirtschaftlicher, technischer und sozialer Aufgaben. Von den Absolventen unserer Schule ist nur noch knapp die Hälfte im öffentlichen Forstdienst tätig. Die Mehrzahl ist in der Lehre und Forschung, im Natur-, Landschafts- und Umweltschutz, in der Raumplanung, im Bau- und Meliorationswesen, in der Industrie, in der Entwicklungshilfe oder in anderen verwandten Berufen beschäftigt. Die Ausbildung hat dieser Entwicklung stets durch Anpassung des Unterrichtsstoffes, die Einführung neuer Fächer, Fortbildungs- und Nachdiplomkurse und die Veranstaltung von Symposien nach Möglichkeit Rechnung getragen.

Der Unterricht an der Abteilung für Forstwirtschaft

Vom Bemühen der Abteilung, die Ausbildungsziele und Studienpläne immer wieder den Anforderungen anzupassen, zeugen die in den letzten 25 Jahren erfolgten wesentlichen Aenderungen der Studienpläne. So wurde in diesem Zeitabschnitt sechs Studienplanrevisionen vorgenommen und verschiedene neue Vorlesungen eingeführt: Flurholzanbau, Holztechnologie, Bodenphysik, Entwässerung, Hangsicherung usw. Dass dabei auch Einschränkungen zur Entlastung der Studienpläne unvermeidlich waren, ist selbstverständlich. So wurden unter anderem der Unterricht über Zoologie in die Gruppe der empfohlenen Fächer eingereiht, der zugeordnete Uebungskurs aufgehoben und auch verschiedene andere Uebungen gekürzt.

Wesentliche Aenderungen ergaben sich zum Teil in der *Unterrichtsgestaltung*. In den meisten Fächern wurden theoretische Vorlesungen und praktische Uebungen enger verbunden. Zudem erlaubte die Verlegung des für Anwärter des öffentlichen Forstdienstes verlangten Praktikums zwischen das 6. und 7. Studiensemester, den theoretischen Unterricht vorerst vermehrt auf das Grundsätzliche auszurichten und erst im 7. und 8. Semester Fragen zu behandeln, welche ein gewisses praktisches Verständnis voraussetzen.

Bei den einzelnen Fächern erfolgten zudem wesentliche Gewichtsverschiebungen: So wurde die forstliche *Betriebswirtschaftslehre* im Laufe der letzten 25 Jahre zunehmend ausgebaut, insbesondere auf dem Gebiet der Funktionenlehre und des forstlichen Rechnungswesens. Ausserdem wurde das öffentliche Forstrecht den Bedürfnissen der Praxis entsprechend in der Lehre stark erweitert, und ebenso fanden Probleme der Holzwirtschaftspolitik vermehrt Beachtung.

Die ständig wachsende infrastrukturelle Bedeutung des Waldes für den Natur-, Landschafts- und Umweltschutz und bei der Raumplanung verlangen, dass rechtliche und betriebswirtschaftliche Fragen heute im Unterricht eingehend behandelt werden. Das Institut für forstliche Betriebswirtschaftslehre steht mit allen für diese Fragen zuständigen Amststellen und Institutionen in enger Verbindung, was sich auch auf den Unterricht fruchtbar auswirkt.

Im *Waldbau* wird heute der waldbaulichen Planung vermehrte Beachtung geschenkt, nicht zuletzt, um damit die interdisziplinäre Betrachtungsweise zu fördern, indem diese Aufgabe nur in Verbindung mit Fragen der Standortskunde, der Waldertragslehre, der forstlichen Betriebswirtschaftslehre, der Forsteinrichtung und der Landschafts- und Umweltpflege gelöst werden kann.

Ungeachtet des Rückstandes in der Bewirtschaftungsintensität des Gebirgswaldes, der in der Praxis weniger auf mangelnden waldbaulichen Kenntnissen als auf der ungenügenden Erschliessung, Mängeln der Forstorganisation und ungünstigen Wirtschaftsergebnissen beruht, wird diesem Teilgebiet des Waldbaues ebenfalls eine grosse Bedeutung beigemessen, um so mehr als manche Probleme des Gebirgswaldbaues auch für den Waldbau in Entwicklungsländern gelten. Die Habilitation eines Mitarbeiters für den Gebirgswaldbau erlaubt seit einigen Jahren, ihm im 6. Semester einen Teil der für den Unterricht in Waldbau vorgesehenen Vorlesungs- und Uebungsstunden zu übertragen.

Ebenso wurde dem ständig an Bedeutung gewinnenden Fragenkomplex «Wald — Wild» durch die Einführung der obligatorischen zweistündigen Vorlesung über *Wildkunde* und den Einbau entsprechender Uebungen und Exkursionen in den Waldbauunterricht die notwendige Beachtung geschenkt.

In der *Forsteinrichtung* werden heute neben den hergebrachten Verfahren der Stichprobenerhebung auch neue Methoden zur Waldzustandserfassung eingehend behandelt. Ebenso wird der neuzeitlichen Entwicklung auf den Gebieten der einrichtungstechnischen Planung, der *Waldmesskunde* und *Waldertragskunde* gebührend Beachtung geschenkt. Die Verschiebung des Schwergewichtes von der analytischen Informationsbeschaffung in Inventaren zur Interpretation der Ergebnisse und Planung hat zu einem vermehrt interdisziplinär und gruppenweise durchgeführten Unterricht geführt, was einen gesteigerten Bedarf an Hilfskräften bei den Uebungen zur Folge hat.

Im *forstlichen Ingenieurwesen* wurden die Vermessungskunde und das Feldmessen abgebaut und der Vermessungskurs in einen Baukurs umgeändert. Die früher auf drei Dozenten aufgeteilte Bautechnik wurde zusammengefasst und dem Lehrstuhl für forstliches Bau- und Transportwesen zugeordnet. Starke Aenderungen erfolgten ebenso im ursprünglichen Unterricht über Strassenbau, indem dieser nun auch die neuzeitlichen Methoden der Bodenstabilisierung, die Baumaschinenkunde und allgemeine Erschliessungsfragen umfasst. In zweckmässiger Weise wurde das Fachgebiet *«Holzernte und forstliche Arbeitstechnik»* dieser Professur zugeordnet.

Eine starke Erweiterung fand der Unterricht über *Holzkunde*. Dabei wurden die morphologischen Probleme in den Vordergrund gerückt, während die Holztechnologie nur noch so weit behandelt wird, als der Forstingenieur darüber tatsächlich Bescheid wissen muss.

Dass neuen Grundlagenfächern die erforderliche Beachtung geschenkt wurde, beweisen die Errichtung der neuen Professuren für *Bodenphysik* und *Dendrologie*, inbegriffen die *Forstgenetik*.

Seit Jahrzehnten bemüht sich die Forstabteilung auch um die *Weiterbildung der Praktiker*. Im Wintersemester werden alle zwei Wochen mit holzwirtschaftlichen Kolloquien abwechselnd öffentliche forstliche Fachvorträge mit Diskussionen veranstaltet, welche sowohl von unseren Studierenden als auch von Forst- und Holzfachleuten aus der Praxis gut besucht werden.

Im weiteren ist zu erwähnen, dass sich Dozenten unserer Abteilung immer wieder für die Leitung der vom Bundesamt für Forstwesen organisierten *Fortbildungskurse für Praktiker* zur Verfügung stellen. Auch dadurch werden die Verbindungen zwischen unserer Forstschule und der forstlichen Praxis gefördert und wird gleichzeitig erreicht, dass neue Erkenntnisse und Forschungsergebnisse rasch nutzbringend wirken. Wir dürfen somit feststellen, dass unsere Schule ständig befruchtend auf die Praxis wirkt und dass die wechselseitigen Beziehungen eine den Bedürfnissen der Praxis nicht entsprechende Zielsetzung des Unterrichtes verhindern.

Die institutionelle und infrastrukturelle Entwicklung der Abteilung für Forstwirtschaft

Unsere Forstschule verfügte ursprünglich über keinerlei Forschungseinrichtungen. Als Forschungsstätte, welche auch den Forstprofessoren zur Verfügung stehen sollte, wurde erst im Jahre 1885 die Centralanstalt für das forstliche Versuchswesen, die heutige Eidgenössische Anstalt für das forstliche Versuchswesen, errichtet. Bis 1969 war die Leitung dieser Anstalt einem Professor der Forstabteilung übertragen.

Die dargestellte Ausweitung der Ausbildungsziele und die Erkenntnis, wonach im Interesse des Unterrichtes und der ständigen Weiterbildung der Lehrkräfte auch an einer Forsthochschule Lehre und Forschung gut ausgewogen verbunden sein müssen, bewirkten, dass unsere Forstschule neben der forstlichen Versuchsanstalt zunehmend zu einer Forschungsinstitution ausgebaut wird.

Im Jahre 1943 wurde das *Institut für Waldbau* errichtet. Dem Waldbau wurde zwar an der ETH seit jeher grosse Bedeutung beigemessen, aber experimentelle Forschungsmöglichkeiten fanden nur Anton *Bühler* (1888 bis 1896) und Arnold *Engler* (1902 bis 1923) als Leiter der forstlichen Versuchsanstalt. Walter *Schädelin* (1924 bis 1939) vermochte aus einer langen praktischen Tätigkeit heraus seine berühmten Arbeiten auf dem Gebiet der Waldpflege zu verfassen, ohne sich auf Forschungsergebnisse stützen zu können. Trotzdem betonte er immer wieder, dass neue und grundlegende Erkenntnisse nur von einer experimentellen Forschung zu erwarten seien. Der damalige Präsident des Schweizerischen Schulrates, Prof. Dr. Arthur *Rohn,* fand deshalb für die Notwendigkeit, an der Hochschule auf die forstliche Grundlagenforschung ausgerichtete Institute zu schaffen, Verständnis. Gefördert durch seine Nachfolger, die Schulratspräsidenten Prof. Dr. Hans *Pallmann* und Minister Dr. Jakob *Burckhardt,* konnte vorerst das Institut für Waldbau in verhältnismässig kurzer Zeit ausgebaut und zu einer Institution von internationaler Bedeutung entwickelt werden. Das Ziel dieses Instituts besteht darin, die Lebensvorgänge des Waldes und die Wirkungen waldbaulicher Massnahmen zu erforschen und daraus Folgerungen für seine im Hinblick auf die Wirtschafts- und Sozialfunktionen zweckmässige Pflege zu ziehen.

Im Jahre 1958 erfolgte die Gründung des *Institutes für mikrotechnologische Holzforschung.* 1969 konnte es dank dem Entgegenkommen der Monsanto Research S. A. an der Binzstrasse in Zürich wesentlich erweitert werden. In den Sektionen Holzbiologie und Holzphysik können nun auch Holzwerkstoffe untersucht und Probleme des Holzschutzes bearbeitet werden.

Im Jahre 1960 wurde das *Institut für forstliche Betriebswirtschaftslehre* gegründet. Dieses Institut befasst sich seither hauptsächlich mit betriebswirtschaftlichen Problemen des Forstwesens und solchen des holzwirtschaftlichen Gewerbesektors. Obwohl die Forschungen vorwiegend von den schweizerischen Verhältnissen ausgehen, werden sie zunehmend auch im Ausland beachtet. Das Institut dient im weiteren beratend Bundesstellen, der forstlichen Praxis, Verbänden der Wald- und Holzwirtschaft und Holzwirtschaftsbetrieben. Es hat das betriebswirtschaftliche Denken in der schweizerischen Forstwirtschaft ganz offensichtlich stark gefördert. Sein weitgespanntes Lehr- und Forschungsgebiet reicht von Organisations- und Haushaltungsfragen der Forstbetriebe bis zum Holzmarkt, und es stellt ein wichtiges Bindeglied zwischen dem Waldbau und den Interessen der Waldbesitzer, den Holzverbrauchern und der Oeffentlichkeit dar.

Neben diesen Instituten bestehen an der Forstabteilung *Fachprofessuren,* die zwar noch nicht zu Instituten ausgebaut oder solchen angegliedert sind, aber dennoch in den letzten Jahren personell und einrichtungsmässig ausgebaut wurden. Dies gilt namentlich für die Professuren für *Waldertragskunde* und *Forsteinrichtung* sowie für *forstliches Ingenieurwesen.* Der Professur für *Dendrologie* steht die Infrastruktur des Waldbauinstitutes zur Verfügung.

Da auf kaum einem anderen Fachgebiet die geschichtlichen Zusammenhänge derart unmittelbar eine grosse praktische Rolle spielen wie in der Forstwirtschaft, ist neben mancher erfreulichen Entwicklung unserer Abteilung zu erwähnen, dass die Professur für *Geschichte und Soziologie der Land- und Forstwirtschaft* nicht wiederbesetzt wurde. Auch wenn die forstgeschichtlichen Fragen in allen forstlichen Fächern berührt werden, bedeutet diese Einsparung doch eine empfindliche Einbusse.

Eine ständig wichtigere Rolle bei der Ausbildung unserer Studierenden, namentlich auf den Gebieten der Waldkunde und des Waldbaues, erlangten unsere *Lehrwälder.* Sie bedeuten für den Forststudenten in diesen Fächern ebensoviel wie das Laboratorium für den Chemiker, Physiker und Naturwissenschafter. Ein fruchtbarer waldbaulicher Unterricht ist nur möglich, wenn das tiefere Verständnis für die komplexen Lebensvorgänge des Waldes und das Interesse für die biologischen, technischen und wirtschaftlichen Probleme des Forstberufes vom ersten Studiensemester an im Walde selbst geweckt und gepflegt werden können. Durch die praktische Arbeit im Lehrwald gelangen unsere Studenten heute schon früh in eine unmittelbare Beziehung zu einem Forstbetrieb, was sich für das Verständnis in sämtlichen forstlichen Fächern günstig auswirkt. Denn so wenig wie sich Chemiker, Physiker und Ingenieure damit begnügen dürfen, Fabriken oder Baustellen zu besuchen, kann sich der forstliche Unterricht auf die Besichtigung von Forstbetrieben beschränken. Ebenso ist unerlässlich, dass sich der Waldbauprofessor dauernd praktisch beschäftigt und als Leiter eines Forstbetriebes mit den betriebswirtschaftlichen Problemen in ständiger Verbindung bleibt. Diese Erkenntnis hat im Jahre 1927 zum Ankauf des Korporationswaldes von Albisrieden geführt. Aus gleichen Ueberlegungen wurde im Jahre 1950 eine grössere Wieslandfläche in der Nähe des Lehrwaldes zur Anlage des Versuchsgartens «Grossmatt» und auf dem Areal des Klosters Fahr durch Pacht der Pappelversuchsgarten «Glanzenberg» eingerichtet.

Im November 1963 hat eine parlamentarische Kommission den Lehrwald besucht und sich von der Notwendigkeit seiner Arrondierung und Erweiterung sowie der Angliederung eines Landwirtschaftsbetriebes überzeugt. Dieser Betrieb stellt im Winter Arbeitskräfte für die Holzernte und Zugpferde für die Holzeinbringung zur Verfügung, und ausserdem dient er der zweckmässigen Nutzung der zahlreichen Wies- und Riedlandparzellen, welche zum Lehrwald gehören und aus Gründen des Landschaftsschutzes nicht aufgeforstet werden sollen.

Der Forstverwaltung der ETH sind heute 350 ha Wald, 3 ha Versuchsgärten und 15 ha landwirtschaftlich genutztes Areal unterstellt. Die genehmigte Arrondierung ist noch nicht vollständig abgeschlossen und wird bei Gelegenheit weitergeführt.

Die Lehrwaldungen dienen ausser der Waldkunde und dem Waldbau uneingeschränkt auch allen anderen forstlichen Fachgebieten und ebenso regelmässig der Standortskunde, Dendrologie und anderen Grundlagenfächern.

Von grossem Wert für den Unterricht in unserem Lehrwald ist dessen im Jahre 1946 durch den Zürcher Regierungsrat erfolgte Erklärung zum kantonalen *Pflanzenschutzgebiet*. Die Studierenden finden hier Gelegenheit, die wenig gestörte Vegetation nahezu aller für das schweizerische Mittelland wichtigen natürlichen Waldgesellschaften und deren Standortsbedingungen kennenzulernen.

Während das ursprüngliche, auf Stadtgebiet gelegene Lehrrevier Albisriederberg zum städtischen Wildschongebiet gehört, konnte 1961 im Einvernehmen mit dem Regierungsrat des Kantons Zürich, der kantonalen Jagdverwaltung und dem Gemeinderat Stallikon im Reppischtal das 597 ha umfassende *wildkundliche Versuchsrevier* geschaffen werden. Das standörtlich überaus vielgestaltige Versuchsrevier steht unter der Leitung unseres Dozenten für Wildkunde und dient

in erster Linie der Abklärung von Wechselbeziehungen zwischen Wald und freilebender Tierwelt, der Erprobung von Massnahmen zur Wildschadenverhütung und dem wildkundlichen Unterricht.

Um vermehrt *Probleme der Gebirgswaldbewirtschaftung* im Unterricht und in der Forschung berücksichtigen zu können, wurden im Jahre 1972 zwei *Lehrreviere im Gebirge* eingerichtet, das Revier Novaggio im Malcantone und das Revier Sedrun in der Gemeinde Tavetsch. Es handelt sich zwar nicht um hochschuleigene Waldungen; mit den beiden waldbesitzenden Gemeinden konnten jedoch Vereinbarungen erzielt werden, welche den Interessen von Lehre und Forschung hinreichend Rechnung tragen.

Wenn wir alle seit dem letzten Weltkrieg erfolgten institutionellen und infrastrukturellen Aenderungen und Entwicklungen unserer Abteilung überblicken, ist jedenfalls festzustellen, dass sich diese wie kaum jemals zuvor dynamisch entwickelt hat und neuen Ansprüchen der Praxis, des Unterrichtes und der Forschung immer wieder gefolgt ist.

Eine grundlegende Aenderung in der Organisation der Abteilung für Forstwirtschaft ergab sich dadurch, dass am 1. Oktober 1979 alle forstlichen Institute und Fachprofessuren zum *Institut für Wald- und Holzforschung* zusammengelegt wurden. Die «Fachbereiche» sollen zwar nach wie vor eine gewisse Selbständigkeit bewahren, doch verspricht man sich aus der Zusammenlegung administrative Vereinfachungen und eine verstärkte interdisziplinäre Zusammenarbeit in Unterricht und Forschung.

Die Forschung an der Abteilung für Forstwirtschaft

Neben der im Vordergrund stehenden Ausbildung unserer Studierenden ist die Forschung in allen Bereichen der Forstwissenschaften an unserer Schule stark gefördert worden. Davon zeugt auch der verhältnismässig grosse Anteil der Doktoranden an der Zahl unserer Absolventen. Wesentlich höhere Anteile weisen nur die Abteilungen für Chemie, Physik und Naturwissenschaften aus.

Der Breite der Forstwissenschaften entsprechend, sind auch die *Forschungsziele* breit gefächert. Die Schwergewichte liegen in den folgenden Bereichen:

Auf dem Gebiet der *Forstpolitik und des Forstrechtes* führt die wachsende volkswirtschaftliche Bedeutung des Waldes zur Erarbeitung von forstpolitischen Entscheidungsgrundlagen in Form von Analysen der tatsächlichen und rechtlichen Veränderungen. Dabei wird vermehrt politologisches und soziologisches Grundlagenwissen benützt. Im Vordergrund stehen Probleme der Walderhaltung, der Nachhaltigkeit im weitesten Sinne, der Anpassung der Rechtsnormen

---

◂ Gruppenweise, natürliche Verjüngung eines Mischwaldes (Femelschlagbetrieb).

an die veränderten Verhältnisse und die Eingliederung des Forstrechts in die Rechtsordnung.

Der *forstlichen Betriebswirtschaftslehre* stellen sich in erster Linie Probleme hinsichtlich der Dienstleistungsfunktionen des Waldes. Je mehr der Wald im Interesse öffentlicher Dienstleistungsfunktionen steht, um so mehr Bedeutung kommt der Erarbeitung geeigneter Betriebsführungssysteme zu. Da der Nutzen der verschiedenen infrastrukturellen Leistungen des Waldes nicht leicht quantifiziert werden kann, muss die Forschung mindestens die dazu erforderlichen Aufwendungen erfassen. Um so mehr als die Forstbetriebe zunehmend gezwungen sind, nach ökonomischen Gesichtspunkten zu arbeiten, ist der Forschung im weiteren die Aufgabe gestellt, optimale Betriebsstrukturen zu entwickeln. Schwierigkeiten liegen darin, dass kurzfristige Ueberlegungen mit dem Erfordernis der Nachhaltigkeit in Uebereinstimmung zu bringen sind.

Das Institut für forstliche Betriebswirtschaftslehre befasst sich als einzige Forschungsstelle in der Schweiz mit den Fragen der *Holzwirtschaft.* In enger Zusammenarbeit mit den Betrieben und deren Verbänden werden Probleme bearbeitet, welche im gegenseitigen Interesse von Forst- und Holzwirtschaft liegen. Dabei wird das Berggebiet besonders berücksichtigt.

Während die Probleme der *Forsteinrichtung,* insbesondere der Waldzustandserfassung und Ermittlung der Holzvorräte, hauptsächlich durch die entsprechende Professur an der ETH bearbeitet werden, befasst sich mit den langfristigen Untersuchungen über den Holzzuwachs der Waldbestände seit jeher die Eidgenössische Anstalt für das forstliche Versuchswesen.

Die an der ETH betriebene Forschung auf den Fachgebieten *Waldmesskunde* und *Ertragskunde* dient hauptsächlich der Erfassung, Deutung und Planung von Waldbeeinflussungen und Waldentwicklungen. In der Waldmesskunde wurden in der jüngsten Vergangenheit neue Inventurverfahren entwickelt, und in der Ertragskunde wandte man sich vor allem der Erforschung des Mengen- und Qualitätsertrages in Abhängigkeit von verschiedenen Waldstrukturen zu. Zur Verbesserung der ganzheitlichen Betrachtungs- und Handlungsweise wird dieses Fachgebiet zunehmend im Sinne des Systemdenkens weiterentwickelt, wobei ausser der Holznutzung auch Wohlfahrtsfunktionen einbezogen werden.

In der *Waldkunde* und im *Waldbau* hat sich die Forschung in den letzten Jahren neben den überlieferten Waldpflege- und Waldverjüngungsversuchen zunehmend auf die Naturwaldforschung und Gebirgswaldforschung verlagert. Die starke Betonung der Naturwaldforschung wird damit begründet, dass aus wirtschaftlichen Erwägungen bei den langen forstlichen Produktionszeiträumen die Erreichung der Waldbauziele in erster Linie durch die Lenkung kostenlos wirkender Naturkräfte angestrebt werden muss. Um so mehr als sich die bisherige Forschung hauptsächlich mit bewirtschafteten Wäldern befasst hat, verspricht die Erforschung der Strukturen und Lebensvorgänge von Naturwäldern neue und grundlegende Erkenntnisse. Der Untersuchung der natürlichen Lebensabläufe des Waldes dienen die über die ganze Schweiz verteilten Totalreservate der

Herkunftsversuche mit Lärchen im Versuchsgarten Waldegg.

Schweizerischen Arbeitsgemeinschaft für Waldreservate und die vor allem in osteuropäischen Urwaldresten durchgeführten Untersuchungen.

Obwohl in der Gebirgsforstwirtschaft vorerst zahlreiche forstpolitische und ökonomische Aufgaben zu lösen sind und Fragen der Walderschliessung im Vordergrund stehen, wird der *Forschung auf dem Gebiet des Gebirgswaldbaues* schon deshalb grosse Wichtigkeit beigemessen, weil die Hälfte der schweizerischen Waldfläche im Gebirge liegt, weil hier noch besonders viele Verständnislücken bestehen und weil die langsame Entwicklung der Gebirgswälder lange Zeiträume für die Forschung verlangt.

Eng verbunden mit waldbaulichen Problemen sind diejenigen der *Baumras-*

Sädlenegg: Rutschverbau mit Holzkasten, September 1973.

senforschung und *Forstgenetik.* Auch dabei handelt es sich um langfristige Forschungsarbeiten.

Zunehmend werden von seiten der Praxis und Organisationen des Natur-, Landschafts- und Umweltschutzes Fragen über die *Waldwirkungen auf die Umwelt* an unsere Schule herangetragen. Da die entsprechende Forschung hauptsächlich in den Bereich verschiedener Gebiete der Naturwissenschaften fällt, begnügt sich unser Fachbereich Waldbau in erster Linie mit der Entwicklung praktischer Nutzanwendungen der Forschungsergebnisse und deren zusammenfassenden Vermittlung an die Praxis.

Im *Fachbereich für mikrotechnologische Holzforschung* werden mit neuen Methoden vor allem holzkundliche und technologische Forschungen über Vorgänge im molekularen und submikroskopischen Bereich durchgeführt. Dabei wird auch der Verbindung mit der Holzforschung im Makrobereich alle Aufmerksamkeit geschenkt. Trotz der wachsenden Bedeutung des Holzes als Energieträger erlaubten die verfügbaren Mittel bisher noch keine grösseren Forschungsprojekte auf diesem Gebiet zu bearbeiten.

Ebenso waren Forschungen nur auf einzelnen Teilgebieten des forstlichen *Ingenieurwesens* möglich, obwohl diese zum grossen Teil ausschliesslich in den Aufgabenbereich der Professur fallen. Im Vordergrund der bisherigen und gegenwärtigen Untersuchungen stehen Fragen der rationellen Walderschliessung durch Transportanlagen, der computerunterstützten Projektierungsmethoden und der Anwendung neuer Methoden der Bodenmechanik im Waldstrassenbau.

Die Schweiz hat seit zwanzig Jahren als eines der ersten Länder die Grundlagen und Messmethoden der Bodenmechanik auf den Waldstrassenbau angewendet und damit wesentliche Impulse im europäischen Rahmen bewirkt. Den neuen, vor allem an unserer Hochschule weiterentwickelten und gelehrten Methoden des Waldstrassenbaues liegt die Absicht zugrunde, das am Ort vorhandene Material anstelle des früheren Einbaues von Kies-Tragschichten zu verwenden und durch geeignete Stabilisierungsmethoden tragfähige Fahrbahnen zu schaffen. Im Jahre 1960 wurde in Verbindung mit unserer Professur für forstliches Ingenieurwesen durch den Schweizerischen Ingenieur- und Architektenverein und das Bundesamt für Forstwesen die Arbeitsgemeinschaft für forstlichen Strassenbau geschaffen, die vorhandene Erfahrungen sammelt und bekanntmacht, vor allem aber aktiv die Forschung fördert.

Seit dem forstlichen Ingenieurwesen die *forstliche Arbeitstechnik* zugeordnet wurde, befasst sich der dafür zuständige Dozent in der Forschung vor allem mit Problemen der Arbeitssicherheit und Ergonomie in der Holzernte sowie mit dem mechanisierten Strassenunterhalt.

Die Probleme der *Schnee- und Lawinenforschung* werden nicht an der ETH, sondern in dem dem Bundesamt für Forstwesen unterstellten Eidgenössischen Institut für Schnee- und Lawinenforschung auf Weissfluhjoch bei Davos bearbeitet, diejenigen des forstlichen *Wasserbaues* und *Wildbachverbaues* an der Eidgenössischen Anstalt für das forstliche Versuchswesen.

Die Forschungsergebnisse werden der Praxis laufend durch Veröffentlichungen, Vorträge und in Fortbildungskursen zugänglich gemacht. Eine fruchtbare Zusammenarbeit aller unserer Fachbereiche und Fachprofessuren besteht mit ausländischen Forschungsinstitutionen im Rahmen des Internationalen Verbandes forstlicher Forschungsanstalten (IUFRO).

Die Forstabteilung der ETH nimmt in der internationalen Forschung eine bedeutende und angesehene Stellung ein, wovon sowohl viele Auszeichnungen von Angehörigen unseres Lehrkörpers durch ausländische Hochschulen, Akademien und wissenschaftliche Gesellschaften als auch die grosse Anzahl ausländischer Gäste und Besucher zeugen. Zahlreiche ehemalige wissenschaftliche Mitarbeiter unserer Institute und Professuren sind heute in der ganzen Welt verteilt Leiter von Forschungsanstalten und Inhaber von Lehrstühlen.

Die Forstabteilung der Zukunft

Das Suchen nach neuen Organisationsformen zur Förderung der interdisziplinären Zusammenarbeit beschäftigt auch unsere Abteilung. Durch die Gründung des Forstlichen Forschungsrates, der sich aus Vertretern aller Gebiete der Wald- und Holzforschung sowie daran interessierten Wissenschaftern von Universitäten, den Leitern der forst- und holzwirtschaftlichen Forschungsinstitutionen, mit der Wald- und Holzforschung verbundenen Parlamentariern und dem Direktor des Bundesamtes für Forstwesen zusammensetzt, wurde im Jahre 1975 die organisatorische Voraussetzung für eine zukünftig wirksame gegenseitige Abstimmung der Forschungstätigkeit geschaffen. Der Forstliche Forschungsrat hat 1976 im Beiheft 9 der «Wissenschaftspolitik» umfassend *die zukünftigen Ziele der Wald- und Holzforschung in der Schweiz* dargestellt: Das Hauptziel der Wald- und Holzforschung liegt weiterhin darin, durch neue Erkenntnisse den Wald- und Holzwirtschaftsbetrieben zu ermöglichen, einen optimalen Beitrag zur Förderung der allgemeinen Wohlfahrt zu erbringen und zugleich für ihren leistungs- und sozialgerechten Anteil am gesamten Produktionsertrag zu sorgen. Ausserdem wird auf manchen Teilgebieten der forstlichen Forschung das Ziel verfolgt, grundlegende Beiträge zu übergeordneten Wissensbereichen zu leisten.

Schwerpunkte der zukünftigen Wald- und Holzforschung liegen in sämtlichen Teilgebieten der Waldkunde, Waldbautechnik, Waldmess- und Ertragskunde, forstlichen Betriebslehre, des Forstrechtes, der Forsteinrichtung, Arbeitswissenschaft, des forstlichen Ingenieurwesens, der Holz- und Holzprodukteforschung und der Forst- und Holzwirtschaftspolitik. Stark im Vordergrund stehen dabei unter den verschiedenen Gesichtswinkeln der Beziehungskomplex «Wald - Umwelt» und alle praxisnahen Probleme der Wald- und Holzwirtschaft.

In der forstlichen Forschung ist wie bei der Ausbildung der Forstleute zu beachten, dass die forstliche Arbeit grossenteils auf die Zukunft ausgerichtet sein muss, indem sich die Auswirkungen von Massnahmen am Wald erst nach vielen Jahrzehnten zeigen. Eine sorgfältige Prognose der *zukünftigen* Ansprüche der Gesellschaft bildet daher die wichtigste Grundlage für die Festlegung der Ausbildungs- und Forschungsziele.

Mit Sicherheit sind die rasch fortschreitende Erschöpfung der abbaubaren Rohstoffe, das Versiegen mancher Energiequellen, eine zunehmende Umweltbelastung und damit ein wachsendes Bedürfnis der Menschen nach gesundem Erholungsraum vorauszusehen. Es unterliegt daher keinem Zweifel, dass die Bedeutung des Holzes als ständig neu erzeugter Baustoff und vielseitig verwendbarer Rohstoff zunehmen wird. Ebenso ist vorauszusehen, dass die Umweltwirkungen des Waldes fortwährend wichtiger werden, denn die Wälder sind im Lebenshaushalt der Kulturlandschaft das bedeutendste ökologisch stabilisierende Element. Wenn heute noch eine gewisse Funktionstrennung der Wälder nach wirtschaftlichen Gesichtspunkten, Schutz- und anderen Wohlfahrtswirkungen möglich ist, dürften zukünftig sämtliche Wälder Mehrzweckfunktionen zu erfüllen haben. Zweifellos werden sich dabei Interessenkonflikte zwischen materiellen Produktionszielen und geforderten Sozialfunktionen ergeben. Den Forstingenieuren werden damit in vermehrtem Masse Aufgaben der Aufklärung und Belehrung zufallen, deren Lösung neben rein forstlichen Kenntnissen ein Wissen über die vielseitigen Zusammenhänge im kulturellen und gesellschaftlichen

Bereich voraussetzt. Ein Hauptziel der zukünftigen Hochschulausbildung unserer Forstingenieure liegt daher in der Förderung der geistigen und ethischen Persönlichkeitswerte.

Das «Neueste» in der zukünftigen Ausbildung muss in einem Zurückbesinnen auf die eigentlichen Aufgaben des Forstmannes bestehen: im Fördern der Ueberzeugung, wonach die Erhaltung und Pflege des Waldes einer ethischen Verpflichtung entspricht und im Interesse des Gesamtwohls unseres Volkes und dessen zukünftigen Geschlechtern liegt. Dies verlangt zwingend, dass die Ausbildung im Walde selbst ein vermehrtes Gewicht erhält.

Die *Ziele der forstlichen Forschung* können somit nicht allein von den unmittelbaren Bedürfnissen der heutigen Praxis ausgehen, sondern sie müssen ausgeprägt zukunftsorientiert sein. Ihre Schwerpunkte liegen vorerst im *Beziehungskomplex «Wald - Umwelt»*. Wenn sich die Forstleute der Praxis zum Ziel setzen, den Wald der menschlichen Gesellschaft in landschaftsökologischer, ästhetischer, hygienischer und wirtschaftlicher Art zukünftig noch vermehrt und dauernd optimal dienstbar zu machen, stellen sich der Forschung in erster Linie Aufgaben, welche wissenschaftliche Grundlagen schaffen zur Erhaltung und Förderung der Gesundheit, Stabilität, Produktionsfähigkeit und Regenerationskraft der Wälder. Unsere dichtbesiedelte und auch im Bereich der Landwirtschaft zunehmend industrialisierte Kulturlandschaft ist notgedrungen grossenteils durch Nutzungsweisen gekennzeichnet, welche eine starke Umweltbelastung mit sich bringen. Im Bereich der forstlichen Tätigkeit ist um so mehr notwendig und auch möglich, Verfahren zu entwickeln, welche zusätzliche Umweltbelastungen weitgehend ausschliessen und zu deren Abbau beitragen. In den engeren Bereich der eigentlichen und dringend ausbauwürdigen forstlichen Forschung fällt deshalb die Erforschung sämtlicher Waldfunktionen, die einen Einfluss auf die Verbesserung der Umweltbedingungen in der Kulturlandschaft haben können. Es handelt sich namentlich darum, die möglichen Leistungen des Waldes in bezug auf den Schutz vor Natur- und Zivilisationsgefahren, die Erholung der Menschen und die Verbesserung der landschaftsökologischen Verhältnisse noch besser abzuklären. Eine Quantifizierung des Nutzens solcher Waldfunktionen wäre sowohl forstpolitisch als auch für eine gerechte Entschädigung der Waldbesitzer für dadurch eventuell erforderliche Einschränkungen im wirtschaftlichen Produktionssektor von grosser Bedeutung. Denn für eine optimale zukünftige Waldbewirtschaftung dürfen nicht mehr allein die einzelwirtschaftlichen Kosten und Erträge massgebend sein, sondern volkswirtschaftliche Grössen. Dies setzt gute Kenntnisse über die externen Erträge voraus.

Mit diesen Fragen steht die *waldkundliche Forschung* in einem engen Zusammenhang, denn sie befasst sich mit den gesamten Lebenserscheinungen und Lebensbeziehungen innerhalb des komplizierten Oekosystems «Wald» und dessen Wirkungen auf die Umwelt. Die zukünftige Waldforschung wird noch vermehrt von einer integralen Betrachtung der Probleme ausgehen, indem der Wald nicht mehr als «Baumacker» verstanden wird, sondern als verwickeltes Beziehungsgefüge von Waldbestand, übriger Pflanzenwelt, Waldtieren, Waldinnenklima und Waldboden.

Voraussetzung für die Lösung mancher Probleme des praktischen Waldbaues bildet neben der standortskundlichen Forschung diejenige über die *Biologie der Waldbaumarten*. Ihr Verhalten zum Standort, ihr Wachstumsgang, ihre gegenseitige Beeinflussung, ihre Krankheiten und Gefahren und vor allem die Rolle ihrer Erbanlagen sind noch ungenügend erforscht.

In diesen Problemkreis ist auch die *waldkundliche Wildforschung* einzuordnen, wobei unter «Wild» die gesamte, im Wald freilebende höhere Tierwelt zu verstehen ist. Während die an unseren Hochschulen betriebene vegetationskundliche Forschung führend ist, steht die in einem waldkundlichen Zusammenhang stehende Erforschung der höheren Tierwelt erst in ihren Anfängen. Der weitere Ausbau dieser Forschungsrichtung ist schon deshalb unumgänglich, weil die natürliche Verjüngung des Waldes und eine naturgemässe Baumartenwahl heute in vielen Fällen durch unnatürlich hohe Schalenwildbestände verunmöglicht werden, was sich vor allem im Gebirgswald folgenschwer auswirkt. Die zukünftige Wildforschung wird sich neben Fragen des Forstschutzes vorerst hauptsächlich mit der waldkundlichen Analyse der Lebensräume waldbewohnender Tierarten und deren Beeinflussung durch verschiedene Waldbauverfahren befassen.

Auf dem Gebiet der *Waldbautechnik* erstreckte sich die bisherige Forschung hauptsächlich auf aktuelle Fragen der forstlichen Praxis, wie Verfahren der Pflanzennachzucht, der Pflanzung, der natürlichen Verjüngung und der Bestandespflege. Die zukünftige Forschung hat dagegen hauptsächlich die Aufgabe, durch langfristige experimentelle Untersuchungen grundlegende Beiträge zur Weiterentwicklung der spezifisch schweizerischen Waldbaulehre zu leisten. Im Vordergrund werden neben den traditionellen, langfristigen Pflegeversuchen Forschungen über Mittel zur Förderung der natürlichen Verjüngung subalpiner Nadelwälder, der Wiederbewaldung von Brachland und im Bereich der klimatischen Waldgrenze, der Wiederherstellung überalterter und aufgelöster Schutzwälder und der rationellen Ueberführung ertragsarmer und brandgefährdeter Niederwälder in den südlichen Alpentälern in Hochwald stehen.

Auf den Gebieten der *Waldmesskunde* und *Ertragskunde*, der *Forsteinrichtung*, der forstlichen *Betriebsführung*, der *Arbeitswissenschaft* und *Holzerntetechnik* wie des forstlichen *Bauwesens* handelt es sich zum grossen Teil darum, die beschriebenen, an unserer Schule neu entwickelten Verfahren zu erproben und auszubauen.

Ebenso wird die *Holz-* und *Holzprodukteforschung* ihre bisherige erfolgreiche Forschungstätigkeit mit dem Ziel weiterführen, Erkenntnisse zu erarbeiten, welche als Grundlage für ein besseres Verständnis des Rohmaterials Holz dienen, dessen zweckmässige Verwendung fördern und eine Ausweitung seiner Verwendungsmöglichkeiten bewirken.

Wenn wir rückblickend feststellen dürfen, dass unsere Hochschule durch ihre

Forschungstätigkeit schon bisher einen beachtenswerten Beitrag zum heutigen Stand der Wald- und Holzwirtschaft geleistet hat, ist nicht zu übersehen, dass sich ihr zukünftig in allen Sektoren noch vermehrt neue Aufgaben der Grundlagenforschung stellen werden.

Abgesehen von der für unsere zukünftige nationale Wohlfahrt wichtigen Förderung der Wald- und Holzwirtschaft durch wissenschaftliche Forschung müssen die Forschungsmöglichkeiten an unserer Hochschule auch aus folgenden Gründen weiter zeitgemäss ausgebaut werden:

Eine Lehrtätigkeit ohne ständige Bereicherung durch eigene Forschungsarbeit führt erfahrungsgemäss rasch zur Wiedergabe sterilen und bald überholten Fachwissens. Unsere Hochschule soll jedoch gemäss der Berufsbezeichnung «Forstingenieur» Fachleute ausbilden, welche befähigt sind, ihre Kenntnisse fortwährend selbst zu erweitern und die ständig neuen und örtlich verschiedenen Probleme selbständig zu lösen. Solche Fähigkeiten können nur an einer Schule entwickelt werden, welche von einem forschenden Geist der Lehrkräfte durchdrungen ist. Das menschliche, ethische und geistig-suchende Vorbild des Lehrers vermag dem Studierenden auf seinen späteren Berufsweg mehr mitzugeben als jede noch so vollständige fachlich-technische Anleitung. Denn viele Bereiche der forstlichen Tätigkeit sind nicht einfach «Technik» und «Wirtschaft», sondern bestehen aus einer langfristigigen, schöpferischen und vom Glauben an eine aufbauende Zukunft getragenen Arbeit. Eine solche Arbeit setzt sowohl den ethischen Willen, einer Kulturaufgabe zu dienen, als auch eine fortwährende Verstärkung des wissenschaftlichen Fundamentes, also Forschung, voraus.

Ordentliche und ausserordentliche Professoren der Abteilung für Forstwirtschaft 1955–1980

Benjamin Bagdasarjanz	für forstliches Bau- und Transportwesen
Hans Heinrich Bosshard	für Holzkunde und Holztechnologie
Charles Gonet	für Forstwissenschaften
Viktor Kuonen	für forstliches Ingenieurwesen
Alfred Kurt	für Forstwissenschaften
Hans Leibundgut	für Forstwissenschaften
Enrique Marcet	für Dendrologie
Felix Richard	für Bodenphysik
Jean-Philippe Schütz	für Waldbau
Hermann Tromp	für Forstwissenschaften

Die Abteilung für Landwirtschaft

Von Roman Bach

Aufgaben der Landwirtschaft

Ursprüngliche Aufgaben

Die wichtigste Aufgabe der Landwirtschaft besteht in der Erzeugung von Lebens-Mitteln, zum Beispiel von Getreide, Gemüse und Früchten, von Fleisch, Milch und Eiern. In der schweizerischen Landwirtschaft stehen diese Produkte bei weitem im Vordergrund. Weltweit betrachtet erzeugt die Landwirtschaft aber auch Gewürze und Genussmittel, wie Tee, Kaffee, Kakao, Tabak; ferner Rohstoffe für verschiedene Zwecke, so Häute für Leder, Baumwolle, Wolle und Seide, Hanf und Sisal. Aus Mais wird Stärke gewonnen, die zu Sirup, Verdikkungs- und Bindemitteln verarbeitet wird. Die Soya liefert hochwertiges Eiweiss, aus dem auch «Kalbsschnitzel» und «Käse» hergestellt werden, ferner Oel für Nahrungsmittel, Farben und Lacke, sowie den Emulgator Lezithin; Metzgereiabfälle werden zu Futtermitteln, Seife, Leim und Dünger verarbeitet. Rosen werden zu Sträussen gebunden; aus ihren Blüten werden von alters her ätherische Oele für Parfüms abdestilliert. Pfefferminz und Baldrian sind altbekannte Naturheilmittel. Aus dem Mutterkorn stellt die pharmazeutische Industrie das Ergotamin her, aus dem Fingerhut (Digitalis) Herzglykoside. Die Liste liesse sich beliebig erweitern.

Weltweit veränderte Bedingungen — neue Aufgaben

Weltweit haben sich in den letzten Jahrzehnten soziale, wirtschaftliche und politische Aenderungen vollzogen, welche die Landwirtschaft und die landwirtschaftliche Forschung vor grössere und zum Teil völlig neue Aufgaben gestellt haben.

- Die Weltbevölkerung und der Bedarf an Lebensmitteln sind gewaltig gewachsen. Die Bevölkerung hat gerade in jenen Ländern am meisten zugenommen, wo die Landwirtschaft insgesamt am wenigsten produziert.
- In den entwickelten Ländern waren Lebensmittel meist im Ueberfluss vorhanden, und die Verbraucher stellten immer höhere Ansprüche an die Qualität.

- Erzeugung und Verbrauch von Lebensmitteln fallen örtlich und zeitlich immer weiter auseinander. Immer mehr Leute arbeiten nicht mehr in der Landwirtschaft und wohnen in den Städten; immer weniger Leute werden direkt von den Landwirten mit Lebensmitteln versorgt. Die Leute in den reichen Ländern wollen Früchte und Gemüse zu allen Jahreszeiten frisch auf den Tisch; anderseits werden immer mehr küchenfertige Produkte verlangt. Lagerung, Transport und Verarbeitung erlangen zunehmende Bedeutung und stellen neue Anforderungen an die Qualität der landwirtschaftlichen Produkte einerseits und an die Technik anderseits.
- Methoden, die sich an manchen Orten bewährten, versagten an anderen Orten, weil die Voraussetzungen für den Erfolg nicht gegeben waren. So konnten sich die neuen Hochertragssorten von Weizen vielerorts nicht durchsetzen, weil das Land nicht bewässert werden konnte; weil weder die technische noch die organisatorische Infrastruktur für den Einsatz der Hilfsstoffe und den Absatz der Produkte (Transportmittel, Lagerung, Vermarktung; Gesellschaften, Genossenschaften) vorhanden war; weil die Bauern Saatgut, Dünger, Pflanzenschutzmittel, Maschinen nicht kaufen konnten; weil sie der Tradition verhaftet und für die neuen Methoden weder aufgeschlossen noch ausgebildet waren und weil es schliesslich an fortgesetzter Beratung fehlte.
- Die natürliche Umwelt wird immer mehr gefährdet und geschädigt. Städte und Verkehrsanlagen fressen Land; der Schmutz in Wasser und Luft macht Pflanzen, Tiere und Menschen krank. Im Hungergebiet Sahel hat die wachsende Bevölkerung mehr Vieh gehalten; dieses hat die Vegetation übernutzt und den Boden der Erosion ausgesetzt. Im reichen Amerika haben unsinnige Anbaumethoden (unter anderem Stoppelbrennen) Millionen von Hektaren Ackerland durch Erosion verwüstet. In Gebieten mit intensiver Landwirtschaft droht die Bodenfruchtbarkeit durch übermässige Mengen chemischer Pflanzenschutz- und Unkrautvertilgungsmittel geschädigt zu werden.
- Moderne Methoden, lange Zeit mit Erfolg angewandt, erwiesen sich mit der Zeit und unter gewissen Umständen als verhängnisvoll für die Nutzpflanzen und Nutztiere selbst. Krankheiten breiten sich in einem rasch wachsenden, grossen und reinen Bestand viel rascher aus als in einem langsam wachsenden, gemischten Bestand. Von schädlichen Kerbtieren, Pilzen und Mikroorganismen haben alte und neu entstandene Mutanten überlebt und sich ausgebreitet, denen die vorhandenen chemischen Bekämpfungsmittel nichts mehr anhaben. Rückstände von Schädlingsbekämpfungsmitteln gelangen mit den Pflanzen in Tiere und Menschen und werden in diesen bis zu toxischen Mengen angereichert. Die Steigerung der Milchleistung und des Gewichtszuwachses war von Störungen der Fruchtbarkeit begleitet.
- Natürliche Rohstoffe wurden zum Teil durch Kunststoffe ersetzt, Gummi zum Beispiel durch Buna-Kautschuk, Holz und Zellulose als Bau- und Verpackungsmaterial durch Plastics, Baumwolle, Wolle und Seide durch Nylon und

andere Kunstfasern, natürliche Heilmittel und Aromastoffe durch synthetische, zum Teil naturidentische Stoffe.

- Gewisse natürliche Rohstoffe werden in einem solchen Mass ausgebeutet, dass in absehbarer Zeit mit ihrer Erschöpfung gerechnet werden muss. Das gilt besonders für den weltweit zurzeit wichtigsten Energieträger Erdöl.
- In den entwickelten Ländern waren Arbeitskräfte für die Landwirtschaft immer schwerer zu bekommen; die Bauern waren aus Kostengründen zur Mechanisierung und Rationalisierung der Betriebe gezwungen. Die Rationalisierung führte in manchen Zweigen zu einer Industrialisierung der landwirtschaftlichen Produktion, so zur weitgehend automatisierten Hühnerhaltung für die Eierproduktion, Poulet- und Schweinemast. In den Entwicklungsländern mit Ueberbevölkerung setzten «moderne» Landbaumethoden Arbeitskräfte frei, die alsdann die Heere der Arbeitslosen noch vergrösserten.
- In Mangelgebieten werden grosse Anstrengungen unternommen, um weitere Flächen landwirtschaftlich zu nutzen. In reichen Ländern werden grosse Flächen mit weniger günstigen Produktionsbedingungen von der Landwirtschaft aufgegeben.

Allgemeine Entwicklungstendenzen in der landwirtschaftlichen Forschung

Die Aufgaben der landwirtschaftlichen Forschung ergeben sich aus den ursprünglichen Aufgaben der Landwirtschaft selbst und aus den weltweiten Veränderungen in den Bedingungen der landwirtschaftlichen Produktion. Die Lösung der Aufgaben wurde erleichtert durch den allgemeinen Fortschritt der Wissenschaft.

- Experimentelle Methoden wurden verbessert, und neue Methoden wurden eingeführt, zum Beispiel Atomabsorptions- und IR-Spektrometrie, Gaschromatographie, Gefrierätzung, Rasterelektronenmikroskopie, Einsatz radioaktiv markierter Substanzen.
- Viele Methoden wurden automatisiert und die Zahl der Analysen vervielfacht.
- Computer schufen die Möglichkeit, das gewaltig anschwellende Zahlenmaterial auch aus Versuchen mit komplexen Systemen statistisch auszuwerten. Die landwirtschaftliche Forschung war selbst bahnbrechend in der Einführung der Statistik in die biologischen Wissenschaften.
- Natürliche einfache und komplexe Systeme werden vermehrt anhand von Modellen studiert. Mit Modellen kann der materielle Aufwand gewaltig vermindert werden, und vor allem zeitigen sie Ergebnisse in viel kürzerer Zeit.
- Die spezialisierte Forschung wird zunehmend durch ganzheitliche Betrachtungen ergänzt.

In der landwirtschaftlichen Forschung geht es angesichts der weltweiten Veränderungen in den Bedingungen der landwirtschaftlichen Produktion zwar immer noch um

- die Steigerung der Mengenerträge,

daneben je länger je mehr aber auch um

- die Erhaltung der Gesundheit und Fruchtbarkeit von Boden, Pflanzen und Tieren,
- die Verbesserung der Qualität der Produkte,
- die Vermeidung unerwünschter oder schädlicher Begleiterscheinungen und Folgen der Produktionsmethoden,
- eine sinnvolle Einordnung in die Volks- und Weltwirtschaft zum Nutzen sowohl der Landwirtschaft als auch der nichtbäuerlichen Bevölkerung,

kurz um eine im weitesten Sinne des Wortes «integrierte» landwirtschaftliche Produktion. Die Natur hat in den Ueberlegungen wieder mehr Gewicht bekommen, die «Technik» wird wieder mehr als Mittel zur Unterstützung denn als Mittel zur Beherrschung der Natur betrachtet. Und je länger je mehr merkt man, dass der Mensch nicht vom Brot allein lebt.

Besondere Bedingungen der landwirtschaftlichen Produktion und Forschung in der Schweiz

Rechtliche und politische Bedingungen

Der wichtigste Rechtssatz ist der sogenannte Landwirtschaftsartikel in der Bundesverfassung (Art 31bis, Abs. 3, Buchstabe b), wonach der Bund Vorschriften zur «Erhaltung eines gesunden Bauernstandes und einer leistungsfähigen Landwirtschaft» erlassen kann. Von Bedeutung sind auch der Raumplanungsartikel (Art 22^{quater}), der auf eine «zweckmässige Nutzung des Bodens» und «geordnete Besiedlung des Landes» abzielt, ferner der Umweltschutzartikel (Art. $24^{septies}$) und der Natur- und Heimatschutzartikel (Art. 24^{sexies}). Auf den Landwirtschaftsartikel in der Verfassung stützt sich das Landwirtschaftsgesetz, das unter anderem den Bundesrat verpflichtet, über die Lage der Landwirtschaft in der Schweiz regelmässig Bericht zu erstatten.

Im fünften Landwirtschaftsbericht nennt der Bundesrat als Hauptaufgaben der schweizerischen Landwirtschaft:

- Nahrungsmittelversorgung in Normalzeiten,
- Vorsorge für Zeiten gestörter Zufuhren.

Diese beiden Aufgaben entsprechen primären Bedürfnissen des Landes. Zugunsten der allgemeinen Wohlfahrt nennt er weiter als Aufgabe

- Landschaftspflege.

Dies bedeutet, dass die landwirtschaftliche Produktion unter Umständen auch unter weniger günstigen Bedingungen aufrechterhalten werden soll.

Im Bericht zum Entwurf eines Bundesgesetzes über Bewirtschaftungsbeiträge an die Landwirtschaft nennt der Bund als Einzelziele der Agrarpolitik

- Einkommenssicherung
- Entwicklung von leistungsfähigen bäuerlichen Betrieben mit einem rationellen Einsatz der Produktionsfaktoren
- Anpassung der Produktion an die Aufnahmefähigkeit des Marktes
- Stabilisierung der Agrarmärkte
- Umweltgerechte Produktion qualitativ hochwertiger Nahrungsmittel
- Möglichst «gerechte» Verteilung der Kosten des Agrarschutzes
- Aufrechterhaltung eines angemessenen Agrar-Importvolumens.

Gesetze und Politik sichern der Landwirtschaft in der Schweiz grundlegende Rechte, legen ihr umgekehrt aber eine Reihe von Pflichten und Einschränkungen auf. Die Forschung ist berufen und verpflichtet, die Landwirtschaft und den Bund in der Erfüllung der gegenseitigen Pflichten zu unterstützen. Konkret besteht die Verpflichtung darin, dass gewisse Ziele der Forschung zum Teil seit langem gesetzlich vorgegeben sind. In jüngster Zeit erst setzte eine ähnliche Entwicklung auch auf andern Gebieten ein, und zwar mit der Aufstellung nationaler Programme.

Entwicklung der Landwirtschaft in der Schweiz

Am auffälligsten spiegelt sich die Entwicklung der Landwirtschaft in der Schweiz wohl im Rückgang der Arbeitskräfte, die ständig in der Landwirtschaft beschäftigt sind. Waren es 1939 noch rund 580 000 Personen, so waren es 1975 noch rund 150 000. Die Zahl der Betriebe hat in der gleichen Zeit von 238 000 auf 133 000 abgenommen. Von 186 000 Betrieben mit weniger als 10 ha Kulturfläche sind 82 000 geblieben. Die Betriebe mit 10 bis 20 ha haben von 33 000 auf 36 000 zugenommen, jene mit über 20 ha von 9000 auf 15 000.

Zugtiere sind zum grössten Teil durch Traktoren und motorisierte Maschinen ersetzt worden, deren Zahl von 12 000 auf 210 000 gestiegen ist. Dazu waren 1975 45 000 Selbstladewagen, 34 000 Abladegebläse, 25 000 Heubelüftungseinrichtungen, 44 000 Melkmaschinen und 5000 Mähdrescher in Betrieb, Einrichtungen, die 1939 erst in kleiner Zahl oder überhaupt noch nicht vorhanden waren.

Die Ackerfläche ging von 355 000 ha im Jahr 1945 auf 246 000 im Jahr 1970 zurück; bis 1978 ist sie wieder auf 269 000 ha angestiegen und soll allmählich wieder auf 300 000 ha erhöht werden. Von 1949/50 bis 1971/74 stiegen die durchschnittlichen Hektarerträge von Winterweizen von 25,2 auf 42,7 q, von Sommerweizen von 19,6 auf 40,2 q, von Körnermais von 30,5 auf 60,3 q, von Kartoffeln von 180 auf 404 q, von Zucker aus Zuckerrüben von 53,7 auf 80,3 q. Der Arbeitsaufwand in Stunden pro Hektar sank auf etwa ⅓ bis ⅕.

Von 1951 bis 1978 nahm der Pferdebestand von 190 000 auf 63 000 Einheiten ab; das Rindvieh nahm von 1 272 000 auf 1 466 000, der Schweinebestand von 261 000 auf 556 000 Grossvieheinheiten zu. 1979 waren es nur noch 44 000 Pferde, und davon wurden nur noch rund 20 000 für landwirtschaftliche Arbeit verwendet. Die Zählung 1979 ergab den grössten je ermittelten Rindviehbestand, nämlich 2 038 000 Stück Rindvieh, wovon 896 600 Kühe, und einen Schweinebestand von 2 062 400 Stück.

Von 1950 bis 1978 stieg die Milchleistung je Kuh und Jahr von 2950 auf 4000 Liter, der Anteil wertvoller Fleischstücke beim Schwein von 51 auf fast 55%.

Die Rationalisierung führte anderseits dazu, dass Flächen mit weniger günstigen Produktionsbedingungen überhaupt nicht mehr bewirtschaftet, sondern brachgelegt wurden. 1974 waren es bereits etwa 80 000 ha Brachland, und hätten nicht vielseitige Anstrengungen eingesetzt, so hätte sich das Brachland bis zum Jahr 2000 schätzungsweise auf 260 000 ha ausgedehnt.

Gesamthaft ist festzuhalten, dass trotz des Rückgangs der Zahl der landwirtschaftlichen Arbeitskräfte und der bewirtschafteten Fläche die gesamte landwirtschaftliche Produktion nicht kleiner geworden ist, sondern von 1945 bis 1975 um 61% (ausgedrückt in Kalorien) zugenommen hat.

Organisation der landwirtschaftlichen Forschung in der Schweiz

Landwirtschaftliche Forschung wird in der Schweiz in grossem Umfang an den Eidgenössischen Forschungsanstalten betrieben, die dem Bundesamt für Landwirtschaft im Eidgenössischen Volkswirtschaftsdepartement (EVD) unterstellt sind, nämlich die Forschungsanstalt für Agrikulturchemie und Umwelthygiene in Liebefeld-Bern (FAC), für Betriebswirtschaft und Landtechnik in Tänikon (FAP), für landwirtschaftlichen Pflanzenbau in Zürich-Reckenholz (FAP), für Milchwirtschaft in Liebefeld-Bern (FAM), für Obst-, Wein- und Gartenbau in Wädenswil (FAW), für viehwirtschaftliche Produktion in Grangeneuve (FAG) sowie die Station fédérale de recherches agronomiques in Changins (RAC). An landwirtschaftlicher Forschung beteiligt sind von den Bundesanstalten auch die Anstalt für das forstliche Versuchswesen in Birmensdorf (EAfV), die Anstalt für Wasserversorgung, Abwasserreinigung und Gewässerschutz in Dübendorf (EAWAG), die Meteorologische Zentralanstalt in Zürich (MZA); ferner das Eidgenössische Veterinäramt und eben die ETH Zürich, auf die unten näher eingegangen wird; schliesslich die Veterinärmedizinischen Fakultäten der Universitäten Bern und Zürich. — Eine Landwirtschaftliche Forschungskommission, von der Abteilung für Landwirtschaft im EVD bestellt, ist mit der Koordination der Forschung, besonders der eidgenössischen Forschungsanstalten, beauftragt. Eigentliche Forschung wird auch in der agrochemischen Industrie betrieben, besonders über Pflanzenschutz- und Unkrautvertilgungs- sowie über Tierheilmittel und Futterzusätze. Neuerdings sind Schweizer Firmen über assoziierte Betriebe im Ausland auch in die Pflanzenzucht eingestiegen. Forschungen und Versuche unmittelbar im Dienst der Praxis werden auch von den landwirtschaftlichen Selbsthilfeorganisationen durchgeführt, so zum Beispiel auf dem Gebiet der Milchwirtschaft, der Tierzucht, der Saatgutproduktion bei Getreide und Kartoffeln, bei Gemüse- und Blumensamen, im Rebbau und in der Weinkelterung, in der Entwicklung neuer, sogenannter küchenfertiger Produkte und nicht zuletzt in der Marktforschung. An diesen Forschungen sind die Forschungsanstalten und Hochschulen vielfach direkt oder mindestens als Berater beteiligt.

Entwicklung der Möglichkeiten landwirtschaftlicher Forschung an der ETH

Lehrkörper

Der Zunahme der Studenten (siehe unten) und der Entwicklung der Wissenschaft folgend, wurde im vergangenen Vierteljahrhundert an der Abteilung VII auch die Zahl der Fachprofessoren vergrössert. In der Richtung Agrarwirtschaft folgte auf Prof. O. Howald 1967 Prof. J. Vallat, 1968 kam Prof. D. Onigkeit hinzu, und 1980 soll eine dritte Professur besetzt werden. Seit 1970 gab es auch die Professur für Geschichte und Soziologie der Land- und Forstwirtschaft, die nach dem Rücktritt von Prof. A. Hauser (1979) wegen des Personalstopps leider nicht mehr besetzt werden soll. Der Unterricht wird bis auf weiteres von Lehrbeauftragten erteilt. Seit 1972 ist E. Jaggi (Landwirtschaftliche Organisationen) Titularprofessor.

Auf dem Gebiet der Pflanzenproduktion wurde neben Prof. R. Koblet 1968 Prof. E. Keller zweiter Professor für Pflanzenbau. Auf Prof. Koblet folgte 1972 Prof. J. Nösberger. Eine dritte Professur, besonders für Pflanzenernährung, Düngung und Bodenbearbeitung, ist 1979 mit Prof. J. Oertli besetzt worden. In der Botanik (siehe Abteilung für Naturwissenschaften), die an der ETH traditionsgemäss eng mit der Abteilung VII zusammenarbeitet, sind heute, wenn man die Professoren in den neu hinzugekommenen Instituten für Geobotanik und für Zellbiologie hinzurechnet, deren zehn (dazu zwei Titularprofessoren) tätig, während es 1955 nur vier waren.

In der Bodenkunde folgte 1963 auf den Agrikulturchemiker Prof. H. Deuel († 1962) der Bodenkundler Prof. R. Bach. 1975 kam als Bodenchemiker Prof. H. Sticher hinzu, und schon 1966 war F. Richard zum Professor für Bodenphysik ernannt worden. Sein Laboratorium befindet sich nach wie vor an der Eidgenössischen Anstalt für das forstliche Versuchswesen in Birmensdorf. In der Entomologie (siehe Abteilung für Naturwissenschaften) wirken heute die drei Professoren G. Benz, V. Delucchi und W. Sauter gegenüber früher dem einzigen Prof. P. Bovey. Für die Verdienste im Unterricht Richtung Pflanzenbau erhielten H. Zogg (Pflanzenpathologie; Forschungsanstalt Zürich-Reckenholz) und R. Fritzsche (Intensivkulturen; Forschungsanstalt Wädenswil) den Professortitel.

In der Tierzucht wurde 1971 F. Weber zweiter Professor; auf Prof. W. Lörtscher (bis 1976) folgte 1977 Prof. G. Stranzinger; auf Prof. F. Weber († 1977) folgte 1978 Prof. N. Künzi. W. Bianca (Bioklimatologie) erhielt 1972 den Titel eines Professors. H. Le Roy war schon 1959 zum Professor für Biometrie und Populationsgenetik ernannt worden.

In der Tierernährung wurde A. Schürch 1963 zweiter Professor; auf Prof. E. Crasemann (1966) folgte 1967 Prof. J. Landis. H. Bickel wurde 1979 Titularprofessor. H. Heusser ist seit 1957 Professor für Tierhygiene.

Auf dem Gebiet der Lebensmittelwissenschaft folgte in der Agrikulturchemie 1963 auf Prof. H. Deuel († 1962) Prof. J. Neukom; 1965 kam Prof. J. Solms (Chemie und Technologie der Lebensmittel) hinzu. Am Milchtechnischen Institut folgten 1971 auf Prof. E. Zollikofer die Professoren M. Bachmann und Z. Puhan. F. Emch versieht seit 1965 die neue Professur für Verfahrenstechnik der Lebensmittelbereitung, W. Schmidt-Lorenz seit 1973 jene für Lebensmittelmikrobiologie. Titularprofessor H. Lüthi (Obst- und Traubenverwertung; Forschungsanstalt Wädenswil) trat 1978 zurück, sein Unterricht wird von Oberassistenten des Lebensmittelinstituts weitergeführt. In der Mikrobiologie folgte auf Prof. T. Wikén (1958) Prof. L. Ettlinger; 1967 wurden R. Hütter, 1969 A. Fiechter und 1972 T. Leisinger zu Professoren ernannt.

Organisatorische und räumliche Entwicklung

Zu Beginn der fünfziger Jahre gab es an der ETH im engen Fachbereich der Landwirtschaft das Agrikulturchemische, das Mikrobiologische und das Milchtechnische Institut, die Institute für Pflanzenbau, für Tierzucht, für Tierernährung und für landwirtschaftliche Betriebslehre, ferner die Professur für Anatomie und Physiologie der Haustiere. Das Entomologische Insititut ist historisch der Abteilung für Naturwissenschaften zugeordnet.

1959 wurde ein Laboratorium für Biometrie und Populationsgenetik errichtet und dem Institut für Tierzucht zugeordnet. 1971 wurde ein Laboratorium für Verfahrenstechnik der Lebensmittelbereitung und 1973 ein Laboratorium für

Oberhof Rossberg bei Kemptthal. Versuchsgut des Instituts für landwirtschaftliche Betriebslehre (Prof. Vallat). Versuchsstall für Mutterkühe und Mastvieh.

Lebensmittelmikrobiologie gegründet; 1974 schlossen sich die beiden mit dem Agrikulturchemischen und dem Milchtechnischen Institut zum Institut für Lebensmittelwissenschaft zusammen. Das ganze Institut soll demnächst im Ostbau der land- und forstwirtschaftlichen Gebäude auch räumlich vereinigt werden, der zurzeit entsprechend ausgerüstet wird.

1976 schlossen sich die drei Institute für Tierzucht, für Tierernährung und für Physiologie und Hygiene der Haustiere sowie das Laboratorium für Biometrie und Populationsgenetik zum Institut für Tierproduktion zusammen. Die Gruppe Tierzucht soll in absehbarer Zeit aus dem LF-Ostbau erst an die Tannenstrasse und dann endgültig in den LF-Westbau umgesiedelt werden. Das Institut für Tierproduktion befasst sich auch mit der Ernährung des Menschen, die im Unterricht der Agronomen und erst recht der Lebensmittelingenieure einen wichtigen Bestandteil ausmachen sollte. Dem Institut steht neben dem Lehr- und Versuchsgut Chamau, 1947 geschaffen, auch der Versuchs-Alpbetrieb Weissenstein am Albulapass zur Verfügung, der 1967 eingerichtet worden ist.

Seit 1949 hat die ETH auf dem Rossberg bei Kemptthal den Oberhof als Versuchsgut für Pflanzenbau, Landarbeits- und Landmaschinentechnik gepachtet. 1975 konnte das Institut für Pflanzenbau die neue Versuchsstation in Lindau-Eschikon beziehen, die auch exakte Studien über Produktionsphysiologie und

Ertragsbildung wichtiger Kulturpflanzen unter kontrollierten Bedingungen erlaubt. Auf dem Oberhof Rossberg konnte 1978 ein neuer Versuchsstall in Betrieb genommen werden, der für 90 Grossvieheinheiten Platz bietet (Abb. S. 273). Der Oberhof dient fortan hauptsächlich der Abklärung betriebswirtschaftlicher und produktionstechnischer Fragen.

Der technisch orientierte Teil der Mikrobiologie wurde 1978 aus dem Mikrobiologischen Institut ausgegliedert und verselbständigt; er hat seinen Standort auf dem Hönggerberg erhalten. Für das Institut wird das Versuchshaus zwischen LFO und LFW aufgestockt. Die Aufstockung soll auch eine Verfahrenshalle umfassen, die dem mikrobiologischen Institut und dem Institut für Lebensmittelwissenschaft zur Verfügung stehen wird.

Schliesslich sei noch erwähnt, dass das Entomologische Institut 1978 aus dem LFW in das ehemalige Studentenheim an der Clausiusstrasse verlegt worden ist und dass alle Institute laufend mit modernen Apparaten ausgerüstet worden sind.

Verbindung von Forschung und Unterricht

Ursprüngliche und erste Aufgabe der Hochschule ist ohne Zweifel der Unterricht. Als zweite Aufgabe kommt die Forschung hinzu; sie steht im gleichen Rang wie der Unterricht. Durch die Verbindung mit der Forschung erst erlangt der Unterricht akademischen Rang, Hochschulniveau. Die Abteilung für Landwirtschaft der ETH hat im Unterricht insofern noch eine besondere Stellung, als Landwirtschaft sowie Lebensmittelwissenschaft und -technologie an keiner andern Hochschule der Schweiz studiert werden können. Umgekehrt besteht die Besonderheit der Forschung an der Hochschule darin, dass sie zum grössten Teil direkt auch im Dienst des Unterrichts steht. Die Forschung ist an der ETH Sache der Institute und Lehrstühle und nicht der Abteilungen. Die landwirtschaftliche Forschung wird hier zum grössten Teil von Doktoranden ausgeführt; für sie ist die Forschung zugleich die höchste Stufe der akademischen Ausbildung. Die Zahl der fest angestellten akademischen sowie technischen und administrativen Mitarbeiter ist verhältnismässig klein. Wegen der gewaltig angestiegenen Studentenzahl und des Personalstopps hat die Belastung der Professoren und Mitarbeiter durch den Diplomunterricht enorm zugenommen; er kann vielfach nur deshalb noch ordnungsgemäss durchgeführt werden, weil nicht nur die Assistenten, sondern auch die aus öffentlichen und privaten Forschungskrediten besoldeten Mitarbeiter eingesetzt werden. Die vermehrte Belastung durch den Unterricht wiegt um so schwerer, als viele Forschungsarbeiten an Abläufe in der Natur gebunden sind und nicht in die Zeit zwischen den Semestern verlegt werden können. Im Interesse der Ausbildung von Fachleuten mit Spezialkenntnissen darf die landwirtschaftliche Forschung an der ETH keinesfalls eingeschränkt, sondern sollte eher noch ausgedehnt werden.

Grundlagenforschung steht an der ETH zwar im Vordergrund; im Hinblick auf die Ausbildung der künftigen Berufsleute und aus dem Bewusstsein der Verantwortung dem Land gegenüber befassen sich die Institute auch mit praktischen Problemen sowohl der Produktion als auch der Verarbeitung der landwirtschaftlichen Produkte. Angewandte und Grundlagenforschung lassen sich übrigens oft nicht unterscheiden. Die Institute der ETH arbeiten darum mit öffentlichen und privaten Anstalten und Organisationen, mit privaten Landwirten und gewerblichen und industriellen Unternehmungen zusammen. Manche Forschungen werden mit Krediten oder direkt im Auftrag von privaten Unternehmungen durchgeführt, und dies gerade auch in der Lebensmittelwissenschaft. Die Lehr- und Forschungsfreiheit erlaubt es daneben den Forschern an der Hochschule mehr als anderswo, Fragen aus reiner Neugier und ohne Rücksicht auf ihre praktische Bedeutung nachzugehen. Der Erfolg der Forschung an der Hochschule wird nicht zuletzt durch die hohe Motivation der Doktoranden sichergestellt, für welche die Forschung zugleich Mittel zur Erreichung eines persönlichen Zieles ist.

Forschungen an der ETH in einzelnen Bereichen der Landwirtschaft

Die Probleme der Produktion und der Verarbeitung der landwirtschaftlichen Produkte reichen von der Mathematik und den Naturwissenschaften über die technischen und Wirtschaftswissenschaften bis zu den Sozial- und Geisteswissenschaften. Nachdem die Forschung an der ETH Sache der Institute ist, ergibt es sich von selbst, dass gleichartige Untersuchungen von mehreren Instituten durchgeführt werden. So erforschen die Pflanzenbauer selbstverständlich auch den Wasser-, Luft- und Nährstoffhaushalt von Böden sowie die chemische Zusammensetzung der pflanzlichen Produkte — Gegenstände, die gewöhnlich eher zum Fachbereich der Bodenkunde oder der Lebensmittel- und Ernährungswissenschaft gezählt werden. Die Vielfalt und die Ueberschneidungen der Forschungsprobleme geben Anlass zur Zusammenarbeit zwischen den Instituten, die bis zu gemeinsamen Forschungsprojekten reicht. Wertvolle Zusammenarbeit kann schon darin bestehen, dass ein spezialisiertes Institut ein anderes, nicht spezialisiertes in der Wahl und Ausführung von Methoden berät, die von den Fachleuten des Spezialgebietes anerkannt sind, und dass es die Beratung auch bei der Auswertung der Ergebnisse gewährt. Ein Ziel der Zusammenarbeit aller Institute besteht darin, dass die einzelnen Probleme nicht isoliert, sondern in den weiteren Zusammenhängen gesehen und dass diese Zusammenhänge in der Forschung auch berücksichtigt werden, dies unbeschadet der Forschungsfreiheit, die nicht für jedes Projekt den Nachweis seiner praktischen Bedeutung verlangt.

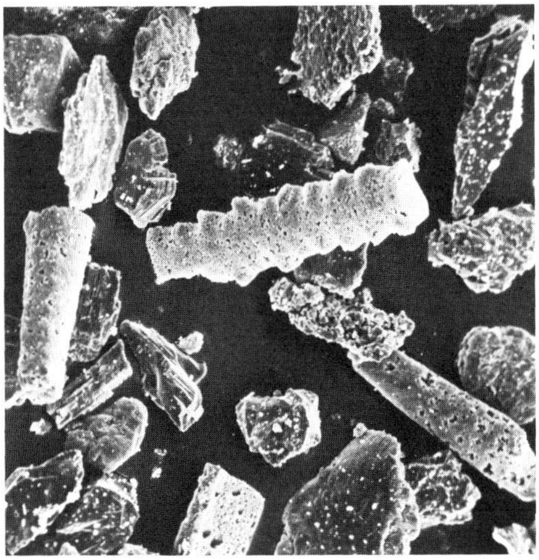

Phytolithen (in den Blättern von Gräsern ausgeschiedene Kieselsäure) aus einem Serpentinboden auf dem Wolfgang, Davos. Rasterelektronenmikroskop-Aufnahme. Laboratorium für Chemie, Technologie, Bodenkunde (Prof. H. Sticher) im Institut für Lebensmittelwissenschaft.

Im folgenden werden die Forschungen an der ETH nach Laboratorien und Instituten gegliedert beschrieben, welche die Träger der Forschung sind.

Pflanzenproduktion

Bodenkunde

Die Bodenkunde — soweit sie seinerzeit einen Teil des Agrikulturchemischen Institutes bildete und mit diesem ins Institut für Lebensmittelwissenschaft einging — befasst sich seit jeher mit Böden und Bodenbildung in der Schweiz. Böden unter natürlicher oder naturnaher Vegetation — ausser in der alpinen Stufe also unter Wald — standen dabei im Vordergrund. Die Untersuchungen im Gelände, die zusammen mit Pflanzensoziologen durchgeführt wurden, ergaben ein klares Bild der Standortsverhältnisse und damit der waldbaulichen Möglichkeiten im Bereich der Buchenwälder des Juras sowie im Verbreitungsgebiet der Weisstanne in den Alpen. Parabraunerden, Rendzinen, Aueböden, Gleye und Pseudogleye wurden ausserdem chemisch, mineralogisch und mikromorphologisch untersucht, ebenso Böden aus Silikatgestein im südlichen Tessin und Böden aus Serpentin in der Landschaft Davos (Abb. oben). In Böden aus Serpentin, Dolomit und Kalkstein wurden beträchtliche Mengen von silikatischem Flugstaub festgestellt, der den Nährstoffgehalt des Muttergesteins verbessert. Zurzeit werden Böden aus verschieden hoch gelegenen Rheinschottern erneut untersucht. Auf den obersten Terrassen (ältere Deckenschotter) wurden Profile gefunden, die über 6 m tief entkalkt und rostig verwittert sind. Eine weitere Arbeit läuft über Böden und Vegetation auf Silikat in der alpinen Stufe des Oberengadins.

In den fünfziger Jahren wurden erstmals organische Derivate von Tonmineralien hergestellt — ein Beitrag zur Erforschung ihrer Struktur und Eigenschaften. Auch wurde die organische Substanz aus verschiedenen Böden extrahiert und chemisch charakterisiert.

In neuester Zeit wird die Sorption von Schwermetallionen an organischer Substanz aus Boden sowie von Pestiziden an Eisenoxiden untersucht, die in unsern Böden bei der Verwitterung entstehen und sie braun bis rostrot färben. Die Versuche werden ausgedehnt auf Substanzen der Interaktion von Verwitterungs- und Humifizierungsprodukten. Wenn sie im Boden übermässig angereichert werden, beeinträchtigen Schwermetalle und Pestizide die Fruchtbarkeit der Böden und die Qualität der Pflanzen, die darauf wachsen. Ferner laufen Versuche über die Kompostierung von Kehricht und Stallmist sowie über den Einfluss des Komposts auf die stoffliche Zusammensetzung (Qualität) von Pflanzen. Bei der Kompostierung von Stallmist geht es auch darum, ein Verfahren zu finden, mit dem sich Stickstoffverluste und die Bildung übler Gerüche vermeiden lassen.

Pflanzenbau

Das Institut für Pflanzenbau ist zusammen mit der Bodenphysik und der Entomologie der ETH und drei landwirtschaftlichen Forschungsanstalten an langfristigen Forschungen über die Erhaltung der Ertragsfähigkeit des Bodens beteiligt. Es gilt abzuklären, wie sich Fruchtfolge, Düngung und Herbizide auf das Bodenleben und Bodengefüge sowie auf den Ertrag und die Qualität der Kulturpflanzen auswirken.

Die Versuche mit Wiesenpflanzen und Feldfrüchten zielen darauf ab, den Einfluss des Genotyps, der natürlichen Umwelt und der Bewirtschaftung auf die Produktivität der Pflanzen und die Qualität der Ernteprodukte zu erforschen und dem Landwirt zu zeigen, wie das natürliche Potential der Wiesen und Feldfrüchte optimal ausgenützt werden kann. So wird in Klimakammern und im Freiland untersucht, wie sich Temperatur und Lichtintensität, Stickstoffversorgung und Wasserhaushalt sowie die Bestandesstruktur auf die Entwicklung, die Substanzproduktion und die Inhaltsstoffe wichtiger Gräser und Leguminosen, so verschiedener Weiss- und Rotkleesorten, des italienischen Raygrases und des Wiesenschwingels, auswirken. Kenntnisse über die Lebenseigentümlichkeiten der einzelnen Arten und Sorten bilden eine Grundlage für gezielte futterbauliche Massnahmen (Nutzungsregime, Düngung), besonders auch in Berggebieten. Mit Weissklee laufen solche Versuche auch in einem Projekt der Entwicklungszusammenarbeit in den peruanischen Anden.

Im Testgebiet Grindelwald des «Man and Biosphere»-Programms der Unesco wird der Einfluss des Standorts und der Nutzung auf die Vegetation im Hinblick auf die alpwirtschaftliche Planung untersucht. Aehnliche Arbeiten laufen im Jura über Weiden, in Obwalden über die Grünlandflächen im Einzugsgebiet der Sarnersee-Wildbäche und im oberen Tessin über Fettwiesen.

Kreuzungszucht von Ackerbohnen. Auf der Versuchsstation Eschikon des Instituts für Pflanzenbau werden Versuche zur Züchtung von Sorten durchgeführt, die besser, ertragreicher und ertragssicherer sind (Prof. E. R. Keller). Die Versuche bieten den Studenten Gelegenheit, sich in der Kreuzungszucht zu üben.

Untersuchungen über die morphologischen und physiologischen Merkmale, die für die Leistung der Pflanze entscheidend sind, sollen aufdecken, worauf die Unterschiede im Leistungsvermögen verschiedener Weizensorten beruhen, und so das Ziel der Züchtung näher definieren helfen.

Auf dem Gebiet des Kartoffelbaues bildet die Blaufleckigkeit, deren Ursachen noch nicht restlos geklärt sind, Gegenstand von Forschungsprojekten. Zurzeit wird untersucht, wie sich der Witterungsverlauf auf die Entwicklung, die stoffliche Zusammensetzung und die Blauempfindlichkeit der Kartoffeln an verschiedenen Versuchsorten auswirkt. Man ist an Sorten interessiert, bei denen die Umweltverhältnisse nur einen geringen Einfluss auf die Blauempfindlichkeit haben.

Ackerbohne und Sojabohne könnten getreidereiche Fruchtfolgen entlasten, mit geringem Kapital- und Arbeitsaufwand angebaut werden und wären wegen der Inhaltsstoffe technologisch interessant. Die Ackerbohne stösst aber meist 60 bis 75% der Blüten und jungen Hülsen ab, was grosse Ertragsausfälle zur Folge hat. Es hat sich herausgestellt, dass die jungen Hülsen und Körner zugunsten des

Oekologische Untersuchungen über die Olivenfliege auf Kreta. Die aus dem Boden ausschlüpfenden Fliegen werden von der Falle über dem Käfig gefangen. Entomologisches Institut (Prof. Delucchi).

immer noch wachsenden Haupttriebs nicht ausreichend mit Assimilaten versorgt werden. Es wird nun untersucht, ob sich der Wuchsstoffhaushalt manipulieren lässt. Auch werden Ackerbohnen aus verschiedenen Erdteilen auf Ertrag und Ertragssicherheit geprüft und Versuche zur Züchtung besserer Sorten unternommen (Abb. S. 278). Zur Abklärung der Entwicklung und des Ertragsaufbaus der Sojabohne wurden in verschiedenen Landesgegenden der Schweiz Versuche angestellt.

Die Sojabohne entwickelt sich auch in klimatischen Grenzlagen gut; ihr Ertragspotential wird aber schlecht ausgenützt, weil zur Zeit der Hülsen- und Körnerbildung die Temperatur oft zu stark fällt. Die Forschungen konzentrieren sich daher auf die Erfassung von Kältetoleranz-Eigenschaften mit dem Ziel, toleranten Formen auch die nötige Frühreife und Ertragsleistung zu verleihen.

Besondere Studien liefen in den letzten Jahren über die Auswirkungen kosmischer Konstellationen im biologischen Landbau. — Als neueste Forschungsrichtungen befinden sich gegenwärtig die Arbeiten mit Zell- und Gewebekulturen sowie über Pflanzenernährung und Rhizosphäre im Aufbau.

Pflanzenschutz

In der Forschung über die chemische Bekämpfung von Pflanzenkrankheiten und Schädlingen liegt das Schwergewicht heute bald weniger auf der beabsichtigten Wirkung auf die Erreger als auf den Nebenwirkungen, zum Beispiel auf der Wirkung auf Nützlinge, auf der Anreicherung im Boden und dem Uebergang in die Nahrungskette von Tier und Mensch und den Folgen für deren Gesundheit. Das Ziel ist ein «integrierter» Pflanzenschutz, in dem das Hauptgewicht auf der Resistenz der Pflanzen, geeigneten Anbaumethoden und Fruchtfolgen liegt und chemische Mittel nur als Notbehelf und mit grösster Vorsicht eingesetzt werden.

Im Pflanzenbau werden in grossem Mass Triazine zur Unkrautvertilgung eingesetzt. Am Mikrobiologischen Institut werden Organismen isoliert, die Triazine abbauen können. Aehnliche Versuche laufen über den biologischen Abbau von industriellen Schadstoffen, zum Beispiel Methylenchlorid. — Mikroben werden auch zur Bekämpfung tierischer Schädlinge eingesetzt. Sie wirken sehr spezifisch, das heisst sie sind jeweils nur für eine kleine Gruppe nah verwandter Insekten pathogen, und bisher sind keine unerwünschten Nebenerscheinungen aufgetreten. Die Forschungen betreffen die Wirkung pathogener Erreger auf wichtige Schadinsekten, Möglichkeiten der Züchtung und der Steigerung der Virulenz der Erreger, ferner die Isolierung und Strukturaufklärung der Toxine.

Forschungen über Pilzkrankheiten und tierische Schädlinge werden am Institut für spezielle Botanik und am Entomologischen Institut betrieben und im Rahmen der Abteilung für Naturwissenschaften behandelt (Abb. S. 279).

Tierproduktion

Tierzucht

Am Institut für Tierzucht — heute Gruppe Tierzucht im Institut für Tierproduktion — standen zu Beginn der dreissiger Jahre die Beurteilung und Messung der Leistung im Vordergrund: Michleistung, Schlachtqualität, Qualität von Schafwolle, Zugkraft. Die Ergebnisse wurden alsdann populationsgenetisch ausgewertet. Theoretische Ansätze der Zuchtwertbestimmung wurden in Selektionsversuchen auf der Chamau praktisch geprüft. Beim Rind wurden hier auch verschiedene Rassen miteinander leistungsmässig verglichen und Versuche mit der Einkreuzung fremder Rassen unternommen. Die Populationsgenetik wurde von den Tierzuchtverbänden in die Praxis eingeführt, und der Wert der Tiere wurde je länger je weniger nach äussern Merkmalen geschätzt. Das heutige Zuchtziel besteht in der Erzeugung von Tieren, die unter den gegebenen und künftigen Produktionsbedingungen einen maximalen Gewinn in der Zuchttierhaltung ermöglichen. In den Gesamtzuchtwert eines Stieres zum Beispiel werden alle

Merkmale der Nachkommenschaft mit wirtschaftlicher Bedeutung eingeschlossen (zum Beispiel Format, Gewichtszunahme, Milchmenge, Euterform, Schwer- und Totgeburten usw.). Aus den verschiedenen Parametern lässt sich berechnen, welches Gewicht einem Merkmal im sogenannten Selektionsindex zukommt. Seit der Zuchtwert der Stiere quantitativ erfasst werden kann, werden immer mehr Kühe mit dem Sperma der besten Stiere besamt, 1974 waren es schon fast 60%.

Bei den Schweinen wurde die Mast- und Schlachtleistung bei verschiedener Haltung und Fütterung untersucht, und es wurden Methoden zur Beurteilung des Schlachtkörpers und der Fleischqualität schon am lebenden Tier ausgearbeitet. Experimente zur Selektion von Ebern nach der Eigenleistung schlossen sich an, und in neuester Zeit wird geprüft, ob sich Blutgruppenfaktoren für die Stressresistenzzüchtung verwenden lassen.

Beim Geflügel wurde anfänglich der Einfluss der Haltungsform auf die Leistung untersucht, später waren es die Genotyp-Umwelt-Interaktionen und Fragen der Zuchtwahl und Kreuzung nach populationsgenetischen Methoden. Die Blutgruppen und ihre Beziehung zur Leistung werden erforscht.

In den Klimakammern (Zootron) auf der Chamau werden gemeinsam mit den Gruppen Ernährung und Physiologie unter anderem folgende Fragen vor allem am Rind, aber auch an Ziegen, studiert: physiologische Anpassung der Tiere besonders an das Höhenklima (Zusammensetzung und Kreislauf des Blutes, Atmung), Futteraufnahme, Wachstum, Milchleistung und -zusammensetzung, Hitze- und Kältetoleranz, Geschlechtsfunktionen. Auf dem Alpbetrieb Weissenstein werden die Ergebnisse unter natürlichen Umweltbedingungen nachgeprüft.

In neuester Zeit sind Untersuchungen angelaufen, jene Merkmale zu bestimmen, die mit der Nutzleistung der Tiere enger verbunden sind, ebenso Versuche, den Zuchtwert von Jungtieren an diesen selbst experimentell zu erfassen, bevor sie geschlechtsreif sind. Endlich werden auch zellbiologische Methoden in die Züchtungsforschung einbezogen, zum Beispiel die Spermatozoengenetik zur Bestimmung der Befruchtungskapazität von Spermien vor der künstlichen Besamung, Genkartierung, Züchtung von Tieren mit Markerchromosomen; zytogenetische Populationsuntersuchungen an Nachkommen von Chromosomentranslokationsträgern; schliesslich biotechnische Methoden der Tierproduktion: Gewinnung, Konservierung und Uebertragung von Embryonen.

Die Gruppe Tierzucht führt ihre Forschungen zum Teil gemeinsam mit den Tierzuchtverbänden und mit andern Forschungsinstituten durch.

Tierernährung

Am Institut für Tierernährung — heute Gruppe Ernährung am Institut für Tierproduktion — laufen seit langem Untersuchungen über den Energieumsatz und die energetische Verwendung des Futters. Das Ziel besteht vor allem darin, jene

Eigenschaften des Futters kennenzulernen, welche die Wärmebildung und die Wärmeverluste der Tiere beeinflussen. Zu diesem Zweck werden Respirationsversuche mit Schafen und Schweinen durchgeführt.

Ein zweites langfristiges Projekt betrifft die Qualität und Verwertung des Proteins in Futtermitteln. Bei Wiederkäuern geht es darum, den Proteinabbau und die Proteinsynthese durch die Mikroorganismen im Verdauungstrakt zu erfassen. Wie weit hängt zum Beispiel die Verwertung des Futterproteins von der Gesamtration ab? Die Antwort auf solche Fragen ist um so wichtiger, als einerseits der weltweite Mangel an Eiweiss dazu führen muss, dass pflanzliches Eiweiss möglichst direkt für die Ernährung der Menschen verwendet wird, und anderseits auf einem grossen Teil der landwirtschaftlichen Nutzfläche der Schweiz nur Rauhfutter produziert werden kann, das einzig Wiederkäuer richtig verwerten können. Besondere Versuche laufen zum Beispiel über die Verwendung von Gras und Heu in der Ochsenmast, über die Fütterung von Kartoffeln, gedämpft und roh, an Schweine und auch an Rindvieh, über die Proteinversorgung von Schweinen sowie Jung- und Legehennen, über die Wirkung von «biologisch» erzeugtem Futter im Vergleich zu jener konventionell erzeugten Futters.

Die Konsumenten verlangen heute ein möglichst fettarmes Fleisch. Dem Mäster liegt an möglichst rascher Gewichtszunahme der Masttiere. Es galt abzuklären, wie die Fütterungsintensität den Zeitpunkt der Schlachtreife, das heisst das optimale Schlachtgewicht, beeinflusst. Untersuchungen über den Fettstoffwechsel geben anderseits darüber Aufschluss, wie sich die Zusammensetzung des Futterfetts und anderer Futterbestandteile auf die Qualität des Fettes (zum Beispiel Verhältnis ungesättigte/gesättigte Fettsäuren) in den Produkten (Fleisch, Milch, Eier) auswirken.

Die intensive Tierproduktion vor allem in grossen Beständen bringt verschiedene Gefahren mit sich, unter anderem Mangelerscheinungen, Stress, Infektionen. Um diesen vorzubeugen, auch um die Futterverwertung zu verbessern, werden vielfach Wirkstoffe mitverfüttert. Die vielfältigen Wirkungen und Nebenwirkungen werden laufend erforscht.

Gemeinsam mit Pflanzenbauern und Betriebswirtschaftern werden die Verluste und Qualitätseinbussen bei verschiedenen Verfahren der Gewinnung und Konservierung von Futter untersucht.

Umgekehrt reichen die Forschungen der Gruppe Ernährung bis in die Verarbeitung tierischer Produkte. Das Fleisch von sehr rasch gewachsenen Schweinen zum Beispiel eignet sich oft schlecht für die Verarbeitung, weil bei diesen die Glykolyse gestört ist. Es werden nun die Parameter ermittelt und gemessen, die für die Verarbeitung massgebend sind, so pH, Wasserbindungsvermögen, Gesamtfettgehalt, Fettsäurenmuster, Emulgierbarkeit des Fettes bei der Verwurstung. — In der Herstellung von Speisefetten werden die Fette vielfach hydriert, wobei auch «unnatürliche» Alkensäuren entstehen. Es laufen Untersuchungen darüber, welche Alkensäuren sich unter verschiedenen Reaktionsbedingungen bilden und wie sie sich im intermediären Fettstoffwechsel auswirken.

Die Ergebnisse der Forschung werden, soweit dies möglich ist, sofort der Praxis zur Verfügung gestellt, zum Beispiel in Form von Fütterungsnormen. Sie beeinflussen auch Rechtsnormen, zum Beispiel das Milchlieferungsregulativ.

Physiologie und Hygiene

Die physiologischen Untersuchungen der Gruppe Physiologie und Hygiene im Institut für Tierproduktion haben die Abklärung physiologisch-chemischer, hämatologischer und pathologischer Veränderungen zum Ziel, die im Zusammenhang mit tierischen Leistungen stehen. So laufen in Zusammenarbeit mit verschiedenen Universitätsinstituten und einer Pharmafirma Untersuchungen über das Parathormon, das für die Regulation des Calciumspiegels im Blutserum wichtig ist. Erforscht werden die Faktoren, welche die Sekretion des Parathormons beeinflussen, so Stimulatoren und Blocker, über- und unternormale Konzentration des Serumcalciums, ferner die biologische Wirkung und der biologische Abbau des Parathormons. Ein anderes Projekt betrifft die physiologisch-chemischen Veränderungen (Hormone und Metabolite) beim Energiewechsel, zum Beispiel bei unterschiedlicher Energiezufuhr (Hunger, reduziertem und kompensatorischem Wachstum) und im Verlauf der Laktation.

Gemeinsam mit der Meteorologischen Zentralanstalt, der Forschungsanstalt Tänikon und dem landwirtschaftlichen Bauamt Brugg werden eingehende Untersuchungen über das Stallklima durchgeführt und daraus optimale Werte für Temperatur, Luftfeuchtigkeit, Wärme-, Wasserdampf- und Kohlendioxidbildung der Tiere sowie die maximal zulässige Schadgaskonzentration in der Luft (NH_3, H_2S, CO_2) ermittelt. Das Ergebnis soll sich durch eine schweizerische Stallklimanorm praktisch auf Stallbau, Art der Tierhaltung und -pflege auswirken. — Dem Tierproduzenten sollte es ein Anliegen sein, dass die Tiere nicht nur möglichst hohen Gewinn abwerfen, sondern sich zeit ihres Lebens auch wohl fühlen. Naturwidrige Haltung führt oftmals zu Verhaltungsstörungen, die sich leicht auch in der Produktion negativ auswirken. Das Verhalten wird bei verschiedenen Tiergattungen und unter verschiedenen Haltungsbedingungen untersucht, und es werden daraus Empfehlungen für die Praxis abgeleitet, zum Beispiel für die Art der Anbindung, Standlänge, Auslauf. Leider werden in der Tierhaltung biologische Ueberlegungen oft rücksichtslos dem Gewinnstreben geopfert.

Biometrie und theoretische Populationsgenetik

Die Forschungen in Biometrie und theoretischer Populationsgenetik reichen weit über das Gebiet der Tierproduktion hinaus. Einige Beispiele mögen dies illustrieren.

Untersuchungen an vier Tiefenprofilen im Vierwaldstättersee ergaben, dass die Gehalte an Tritium thermonuklearen Ursprungs Informationen über die Durchmischungsverhältnisse in der betrachteten Wassermasse vermitteln.

Auf Grund eines einfachen Modells konnte ferner die Altersstuktur des Seewassers approximativ bestimmt werden.

Zum Vergleich einer Mutationsrate mit einer festen Kontrolle werden die zum Testen und Schätzen von Mutationsraten vorgeschlagenen Methoden und Näherungsverfahren zusammengestellt.

Zur Simulation der genetischen Anpassung wird eine homogene diploide Population einer neuen und ungünstigen Umwelt ausgesetzt. Die genetische Anpassungsfähigkeit soll analysiert werden als Funktion der Fortpflanzung, der Populationsgrösse zu Beginn der Umweltveränderung, der Mutationsrate, der Genwirkung, der Fruchtbarkeit und der Selektionsintensität. Es werden weitere Modifikationen berücksichtigt. Studiert werden die zeitlichen Veränderungen in der Populationsgrösse sowie die Ueberlebenswahrscheinlichkeiten der Population.

Beim Planen und Auswerten klinischer Versuche stellen sich viele statistische Probleme, die zum Beispiel bei der Stichprobentechnik, den vergleichbaren Messungen usw. liegen und die durch eine geschickte und zu verantwortende Planung einer optimalen Lösung zugeführt werden müssen.

Für schätzbare lineare Parameterkombinationen wird ein verständlicher Algorithmus mit einfacher Mathematik aufgebaut. Die Methode liefert gleichzeitig die korrekte Varianz der Parameterkombinationen.

Die Ergebnisse von Beobachtungen und Versuchen liegen oft als Prozentzahlen vor. Die für diesen Fall geeigneten statistischen Verfahren werden in den allgemeinen Lehrbüchern der mathematischen Statistik meist überhaupt nicht erwähnt; gelegentlich werden sie nur kurz gestreift. Ein Taschenbuch über sie soll diesem Mangel abhelfen.

In der praktischen Forschung mit Tieren als Versuchseinheiten ist immer mit Ausfällen zu rechnen, so dass die Lehrbuchmethoden nicht mehr sinnvoll angewendet werden können und die Analyse auf nicht orthogonale Daten umgeschrieben werden muss. Zum Schätzen von Varianzkomponenten bei Fehlstellen in einer geschichteten Stichprobe werden Zweiwegtabellen erstellt.

Sensorische Untersuchungen über Geschmackstoffe verlangen eine ganz bestimmte Planung mit entsprechender statistischer Auswertung. Für die vorliegende Untersuchung wurde dieses Problem eingehender studiert und die Informationsermittlung aufgezeigt.

Gibt es sinnesphysiologisch wirksame Gravitationswellen? Anhand von systematischen Beobachtungen am Maikäfer wurde die optimale statistische Analyse ausgearbeitet.

Agrarwirtschaft

Landwirtschaftliche Betriebslehre

Das Institut für landwirtschaftliche Betriebslehre befasst sich vor allem damit, Methoden für die Planung und die Kontrolle des Erfolges landwirtschaftlicher Betriebe auszuarbeiten und zu verbessern. Teilprobleme davon sind unter anderem Analyse und Klassifikation der Betriebe, statische und dynamische lineare Programmierung, Simulierung, Budgetierung und Investitionen. Im Vordergrund für den einzelnen Betrieb steht die optimale Organisation im Rahmen der natürlichen Gegebenheiten, persönlichen Voraussetzungen, technischen und finanziellen Möglichkeiten, der Marktverhältnisse für Produktionsmittel und Produkte. Hauptsächlich im Berggebiet stellt sich das Problem der Betriebe, die im Nebenberuf bewirtschaftet werden. Im folgenden seien einige konkrete Projekte genannt:

Von einer Reihe von Betrieben mit Mutter- und Ammenkuhhaltung werden die produktionstechnischen Aufzeichnungen und Buchhaltungen mehrerer Jahre analysiert und daraus Schlüsse gezogen, unter welchen betrieblichen und agrarpolitischen Bedingungen diese Betriebsform sinnvoll in die Betriebe und die ganze Landwirtschaft integriert werden kann. Aehnliche Untersuchungen, ebenfalls im Auftrag des Bundes, werden in Rindvieh-Mastbetrieben durchgeführt.

Im Rahmen der Reusstalforschung der ETH wird die Auswirkung agrarpolitischer Massnahmen auf die Produktion und die Wirtschaftlichkeit, unter anderem auf die Energiebilanz, im Landwirtschaftsbetrieb untersucht.

Auf dem Rossberg laufen Versuche und Untersuchungen über den Ertrag im Futterbau, die Winterfütterung von Milchvieh, die Anpassung der Fütterung an die Milchleistung, die Eignung von Mutterkühen für die Nutzung von Grenzstandorten (auch auf einer Alp), die Mutterkuhhaltung und Ausmast der Kälber auf dem Talbetrieb, die Tauglichkeit einzelner Maschinen.

Auf regionalwirtschaftliche Forschung ausgerichtet sind folgende Projekte: Beteiligung am nationalen Forschungsprogramm zur Entwicklung von Berggebieten, konkret am Programm für das Testgebiet Pays d'Enhaut des Unesco-«Man and Biosphere»-Programms — Integral-Melioration im Reusstal (interdisziplinäres Projekt Reusstalforschung der ETH) — Geldflüsse im Tschad, die durch den Anbau vermarktungsfähiger Produkte in Gang gesetzt werden, und ihr Einfluss auf die Landbevölkerung (in Zusammenarbeit mit der Direktion für Entwicklungszusammenarbeit im Eidgenössischen Departement für auswärtige Angelegenheiten) — Studium der Korrelation zwischen einzelnen Grössen, mit denen die sozio-ökonomische Struktur einer Berggemeinde definiert wird, um herauszufinden, wo angesetzt werden muss, um grundlegende Verbesserungen zu erzielen — Studium der historischen und psychologischen Bedingungen der Regionalplanung zwecks Verbesserung des Konzepts und der Methoden — Studium von Bevölkerungsaufbau und -prognose, von Gemeindefinanzen und Investitionen als Grundlage für Orts- und Regionalplanung — Auswertung der Eidgenössischen Betriebszählung für die Planung — Mitarbeit an verschiedenen regionalen Entwicklungsprogrammen: Malcantone, Locarnese, Val d'Anniviers, Martigny-Entremont, Chablais, Sense, Urner Land- und Forstwirtschaft, Zürcher Berggebiet. Bei den Entwicklungsprogrammen tritt das Institut nur als Animator auf; die Entwicklung muss von der Bevölkerung der Region selbst ausgehen und von ihr getragen werden.

Agrarökonomie

Die Professur für Wirtschaftslehre des Landbaus befasst sich vor allem mit der Weiterentwicklung der Methoden und der volkswirtschaftlichen Anwendung der mikroökonomischen Theorie, des Operations Research und der Oekonometrie. Ziel ist ein nationales Modell für die landwirtschaftliche Produktion. Auf Grund normativer produktionstechnischer Daten werden die Produktionsmöglichkeiten der Schweiz bei optimaler Anpassung der betrieblichen Struktur untersucht. Modellparameter sind die Preise der Produktionsmittel und der Produkte. Mit dem Computer können aus dem Modell das Angebot an Produkten und die Nachfrage nach Produktionsmitteln errechnet werden.

Mit einem ähnlichen, aber einfacheren Operations-Research-Modell werden die Möglichkeiten der Selbstversorgung im Rahmen der Orts-, Regional- und Landesplanung abgeklärt. Hier sind auch der technische Fortschritt, die Zunahme der Einwohner und der Landverlust gegeneinander abzuwägen.

Eine zweite grosse Aufgabe ist die Sicherung der Landesversorgung mit Lebensmitteln in Zeiten gestörter Zufuhr. Dazu wurde ein Modell linearer Programmierung aufgestellt, mit dem Anbaupläne für vorgesehene Ackerflächen ermittelt werden können, die möglichst viel Kalorien liefern. Die Kombination mit einem Rationierungsmodell gestattet es, die optimale Produktion in diätgerechten Monatsrationen auf die einzelnen Verbrauchergruppen aufzuteilen. Schliesslich wurden die kostenoptimalen Mengen für die Vorratshaltung berechnet, die, kombiniert mit einem gestaffelten Mehranbau, die Ernährung des ganzen Landes bis zur vollständigen Selbstversorgung sicherstellen können.

Agrarsoziologie

Die Professur für Agrarsoziologie befasste sich definitionsgemäss mit den Bedingungen und Formen menschlichen Zusammenlebens und Wirkens im Bereich der Land- und Forstwirtschaft. Sie erforschte zuerst die Lebensbedingungen an Grenzstandorten, vorab in der Berglandwirtschaft. Sodann untersuchte sie, welche Kombinationen von Berufen sich als tauglich erwiesen. Weitere Forschungsobjekte waren die überbetriebliche Zusammenarbeit in der traditionellen Landwirtschaft und das Selbstbild von sogenannt biologisch wirtschaftenden Bauern.

Alle diese Arbeiten zeigten, wie wichtig die Denkweise der Bauern für das Schicksal der ländlichen Regionen ist.

Lebensmittelwissenschaft

Chemie und Technologie

Das Laboratorium für Chemie, Technologie und Bodenkunde im Institut für Lebensmittelwissenschaft (das ehemalige Agrikulturchemische Institut) erforscht seit Jahrzehnten die Pektinstoffe und andere Polysaccharide in Lebensmitteln. In neuerer Zeit sind auch Proteine, Polyphenole, Vitamine, Enzyme sowie Geruch- und Geschmackstoffe einbezogen worden. Untersucht werden ihre Konstitution und ihre Reaktionen, ferner ihre Beziehungen zu Qualitätseigenschaften der Lebensmittel, zum Beispiel Aroma, Konsistenz. Diese Kenntnisse werden verwertet zur Verbesserung und Neuentwicklung von Verfahren zur Herstellung von konventionellen und neuartigen Lebensmitteln (Abb. S. 288).

Von Mehl und Mehlprodukten wurden die flüchtigen Aromastoffe gaschromatographisch aufgetrennt und identifiziert. Ein Weizenmehl enthielt auch flüchtige Verbindungen, die es aus der Luft aufgenommen hatte und die wahrscheinlich aus Erdölprodukten stammen. — Die Aenderung des Geruchs von Mehl, Brot und anderen Getreideprodukten zum Beispiel konnte zum Teil auf die enzymatische und die Autoxidation der Fette zurückgeführt werden. Versuche laufen zur Abklärung der Geruchsveränderung beim Altbacken von Brot, ferner über die Zusammensetzung der Schleimstoffe des Mehles und ihre Funktion bei der Teigbildung. — Weizenmehle werden zu küchenfertigen Produkten auch walzengetrocknet. Es wird abgeklärt, wie sich die verschiedenen Bedingungen auf die Lagerfähigkeit der Produkte auswirken. — Mit Gemüse und Kartoffeln werden Versuche zur Warmlufttrocknung, verbunden mit Kochsalzvorbehandlung, durchgeführt. Es werden so Produkte mit besserer Qualität und Haltbarkeit erzielt. — Die Qualität von Kartoffelstock hängt wesentlich von den rheologischen Eigenschaften (Konsistenz, Klebrigkeit, Mehligkeit) ab. Es werden Methoden für die Messung dieser Eigenschaften entwickelt und praktisch erprobt. Auch der Einfluss der Herstellungsbedingungen wird ermittelt. — In den Kartoffelknollen wird während des Wachstums und der Lagerung das pH verfolgt, nachdem sich gezeigt hat, dass es die Geschmacksbildung beim Kochen beeinflusst.

Eine Reihe von Handelsenzymen («Pektinasen», «Hemizellulasen», «Zellulasen») werden fraktioniert und charakterisiert. Bereits konnte eine sehr aktive Polygalakturonase isoliert werden, die mit andern reinen Enzymen zum Studium des Aufbaus pflanzlicher Zellwände eingesetzt werden soll.

Die Untersuchungen an Polysacchariden aus Traubensaft und Wein führten zur Isolierung eines reinen Mannans, das durch Autolyse der Hefe gebildet wird,

Herstellung von Apfelflocken (Trockenapfelmus). Im lebensmitteltechnologischen Praktikum lernen die künftigen Lebensmittelingenieure die Verarbeitung landwirtschaftlicher Rohstoffe bis zum konsumfertigen oder lagerfähigen Produkt. Das Bild zeigt von rechts nach links die Schneidmaschine, darunter das Blanchiersieb — den Dampfkübel zum Blanchieren — das Passiergerät — den Zweiwalzentrockner (vorn läuft der Apfelfilm heraus) — den Granulator (er zerreibt den Film zu Flocken).
Laboratorium für Chemie, Technologie, Bodenkunde (Prof. Neukom und Prof. Solms) im Institut für Lebensmittelwissenschaft.

und eines Arabans, das schon im Traubensaft vorhanden ist. — Kakaobohnen enthalten etwa 8% Stärke, welche je nach der Verarbeitungsmethode die Konsistenz der Schokolade beeinflussen kann. Zurzeit wird untersucht, wie sich die Stärke im Verlauf der Schokoladeherstellung verändert.

Die Erfahrungen, die bei den Arbeiten über pflanzliche Polysaccharide und Glykoproteine gewonnen worden sind, werden auch zur Erforschung der Veränderungen verwendet, die der menschliche Hüftgelenkknorpel beim Altern und bei Erkrankungen erleidet. Diese Forschungen werden gemeinsam mit der Universität Zürich betrieben, ebenso jene über den Abbau der Stärke durch Speichelamylase und deren Einfluss auf die Karies.

Die Geschmackstoffe sind wichtige Bestandteile von Lebensmittelaromen. Ihre Wirkung ist je nach Kombination verschieden und kann nur mit sorgfältiger Sinnenprüfung erkannt werden. Untersucht wurden die Bitterstoffe von Hefe und Käse und die Geschmacksbildung in Kartoffeln bei der Verarbeitung. Die Anwendung und Wirkung von flüchtigen Aromastoffen wird auch an Lebensmittel-Modellsystemen erforscht, so die Retention in proteinreichen Systemen und die Bildung von Einschlussverbindungen mit Stärke.

Lebensmittel-Mikrobiologie

Das Laboratorium für Lebensmittelmikrobiologie befasst sich mit der Entwicklung von einfachen und genügend genauen Methoden zur selektiven Erfassung hygienisch und technologisch wichtiger Mikroorganismen in Lebensmitteln. Schwierig ist besonders der Nachweis von pathogenen und toxigenen Bakterien (unter anderem Salmonellen) in verarbeiteten Lebensmitteln, in denen sie bei der Herstellung geschädigt worden sind und für die einwandfreie Bestimmung erst wiederbelebt werden müssen. Die sichere Wiederbelebung setzt voraus, dass die Schädigung bis in den molekularen Bereich erkannt wird. Erforscht werden weiter Methoden zum Nachweis von Fäulniserregern und Schimmelpilzen, die die giftigen Mykotoxine in die Lebensmittel ausscheiden, sowie die Bedingungen, unter denen selbst xerophile Pilze noch Mykotoxine bilden.

Trotz verbesserter Hygiene nehmen besonders in der Grossverpflegung Lebensmittelvergiftungen durch Staphylokokken ständig zu. In einem langfristigen Programm wird an über 100 Stämmen abgeklärt, unter welchen Kühllager- oder Heisshaltebedingungen sowie bei welchen pH-Werten oder Kochsalzkonzentrationen die Staphylokokken sich noch vermehren und Toxine bilden. — Naturgewürze sind in der Regel mit Bazillus-Endosporen kontaminiert, die sich zum Teil bei Temperaturen über 50 °C am stärksten vermehren und Speisen beim Warmhalten verderben. Verschiedenste Gewürze wurden daher auf die Kontamination mit Bazillen untersucht.

Gewisse Hefen können selbst in konzentrierten Zuckerlösungen noch wachsen. Es laufen Versuche über die Bedingungen, unter denen das Wachstum noch möglich ist, und über die Stoffwechselmechanismen, die das Wachstum erlauben. — Umgekehrt können sich Bakterien auch in Mineralwasser vermehren, das keine organischen Stoffe enthält, ebenso im Rohrnetz von Trinkwasserversorgungen. An Mineralwässern werden nun die Bakterienflora, ihre Zusammensetzung und ihre spezifischen Eigenschaften untersucht.

Weitere Versuche laufen über die mikrobizide und sporizide Wirkung von gasförmigem Formaldehyd, das zur Sterilisation von Abfüllanlagen und Behältern verwendet wird. Pasteurisierte oder sterilisierte Lebensmittel bleiben langfristig nur haltbar, wenn die Behälter mikroorganismendicht verschlossen sind. Die Versiegelung von Plastikbehältern wird heute aber noch nicht einwandfrei beherrscht. Untersucht wird, wie sich Bakterien und Pilze in feinen Kapillaren verhalten, die mit Wasser oder einem Lebensmittel gefüllt sind, und wie gross die Gefahr einer Kontamination durch solche Kapillaren ist.

Der «Frischegrad» und die voraussichtliche Haltbarkeit leicht verderblicher

Lebensmittel werden heute mit Sinnenprüfung und Keimzahlbestimmung beurteilt. Es wird nun geprüft, ob statt dessen die Chromatographie der flüchtigen mikrobiellen Stoffwechselprodukte im Luftraum um die Lebensmittel nicht raschere und sicherere Ergebnisse liefert.

Verfahrenstechnik

Am Laboratorium für Verfahrenstechnik werden die verschiedenen Prozesse: Eindampfen und Trocknen, Pasteurisieren und Sterilisieren, Sterilverfahren und Trennmethoden (Extraktion, Diffusion, Schönung, Aromagewinnung) erforscht. An Aepfeln, Vollei, Fleisch, Rahm und Quark wurden Versuche zur Trocknung mit Kaltluft unternommen und die Veränderungen der Qualität geprüft. — Zur Sterilisation von festen Lebensmitteln wurden Mikrowellen verwendet. Ein Testbazillus wurde unter den Versuchsbedingungen praktisch völlig abgetötet; die Qualität des Gutes war meist vorzüglich. — Wird Brot mit einem Aethanolzusatz verpackt, so bleibt es etwa zwei Jahre haltbar. Bestimmte Aethanolkonzentrationen hemmen Hefen und Schimmelpilze am Wachstum oder töten sie gar ab. — Für die Sterilisation von Flaschen wurden optimale und extreme Bedingungen ermittelt; hernach wurden Versuche zur Sterilabfüllung unternommen.

Statt den Saft aus Obst und Gemüse abzupressen, wurden diese wie Zuckerrüben extrahiert. Die Ausbeute an löslicher Trockensubstanz war immer höher als beim Pressen. — Bisher war es nicht möglich, aus frischen Apfelsäften vorweg alle Aromastoffe zu gewinnen, die bei der Lagerung und Verarbeitung der Säfte beeinträchtigt werden. Es werden daher Versuche unternommen, die Extraktion der Aromastoffe zu verbessern. In andern Versuchen wird geprüft, ob und wie das Eindampfen von Traubensaft die Geruch- und Geschmackstoffe des Weins beeinflusst, der nachher aus dem Traubenkonzentrat hergestellt wird. Dabei wird auch nach den Stoffgruppen geforscht, die an der Aromabildung des Weins beteiligt sind. — Ein weiteres Projekt betraf den Ersatz der absatzweisen Schönung von Getränken durch ein kontinuierliches Verfahren.

In Zusammenarbeit mit dem Laboratorium für Milchwissenschaft wurde eine Strukturanalyse der gewerblichen Käserei durchgeführt. Es konnten arbeitssparende Techniken eingeführt und die Reifungs- und Lagertechnik verbessert werden. Die gewerbliche ist gegenüber der industriellen Käserei insofern im Vorteil, als sie mit viel geringeren Sammeltransportkosten rechnen muss und die Molke in der eigenen Schweinemästerei verwertet oder den Bauern zurückgegeben werden kann. In neuester Zeit wurde ein schweizerischer Kataster über die Milchverwertung hergestellt.

Anhand der Literatur werden die Verfahren der Lebensmittelkonservierung erforscht, die in früheren Jahrhunderten gebräuchlich waren, aber in Vergessenheit gerieten. Vielleicht ergeben sich Unterlagen für die Entwicklung von «neuen» schonenden und möglicherweise weniger Energie verbrauchenden Verfahren, die auch in die moderne Lebensmittelindustrie eingeführt werden können.

Milchwissenschaft

Im Laboratorium für Milchwissenschaft (früher Milchtechnisches Institut) laufen zurzeit Versuche darüber, wie sich die Milch, besonders das Eiweiss, bei der Tiefkühlung verändert und wie diese Veränderung eventuell rückgängig gemacht werden kann, damit sich die Milch nach der Tiefkühlung wieder problemlos zu allen Produkten verarbeiten lässt. Weitere Versuche betreffen die Schädigung der Fettkügelchen, verbunden mit einer Vermehrung des freien Fettes und der freien Fettsäuren, bei der Tiefkühlung und bei der mechanischen Behandlung der Milch.

Methodische Versuche laufen zur Bestimmung der Lipaseaktivität in der Milch, der fettfreien Trockenmasse in Butter (zur genaueren Einstellung des Fettgehaltes bei der Butterherstellung), zur Charakterisierung der Käsereifung mit Gelfiltration, zum Nachweis von Clostridiensporen und Phagen (Bakterienviren), die in der Hartkäserei schon in kleiner Zahl grossen Schaden anrichten können. — Bei Lactobazillus lactis, der in der Hartkäserei verwendet wird, sind schon verschiedene proteolytische Enzyme nachgewiesen worden. Eines davon soll nun isoliert und charakterisiert werden.

Seit 1968 befasst sich das Laboratorium mit der Bewertung der Milchqualität. Gesamtkeimzahl, Laugentest und Hemmstoffgehalt erwiesen sich als Kriterien, mit denen geprüft werden kann, ob die Grundanforderungen erfüllt sind, die sämtliche Verwertungsrichtungen an die Milch stellen. Die Ergebnisse dienten als Grundlage für die Vorschriften zur Qualitätsbezahlung der Milch. Spezielle Untersuchungen waren der Labträgheit der Milch gewidmet, welche die Herstellung von Käse erschwert. — Käse aus Rohmilch hat oft einen ausgeprägteren Geschmack als Käse aus pasteurisierter Milch. In Parallelversuchen werden nun die mikrobiologischen und chemischen Vorgänge miteinander verglichen.

Bei der Käseherstellung bleibt ein beträchtlicher Teil des Eiweisses in der Molke zurück. Versuche, Molkeneiweiss in die Kaseinfraktion einzuverleiben und so den Verlust zu vermindern, führten zum Vorschlag, die Milch für die Quarkherstellung während 2 bis 5 Minuten 95 bis 98 °C heiss zu halten. Aus der Molke (und aus dem Molkereispülwasser) kann man das Eiweiss mit Ultrafiltration abtrennen und so auch die Abwasserbelastung vermindern. In Laborversuchen konnten Käse mit einem Zusatz von bis zu 30% (bezogen auf den Gesamteiweissgehalt) Molkeneiweiss hergestellt werden. Bei langdauernder Reifezeit verändern sich Geruch und Geschmack solcher Käse aber ungünstig, so dass die Beimischung von Molkeneiweiss nur bei der Herstellung von rasch reifendem Weissschimmelkäse in Frage kommt. Die Reifungsvorgänge werden weiter untersucht.

Bei der Ultrafiltration von Milch und Molke fällt ein Filtrat an, das sehr eiweissarm ist und sich daher nicht als Futter eignet. Zusammen mit der Technischen Biologie sind Versuche angelaufen, auf dem Filtrat Hefen zu züchten, die das Abwasser entlasten und selbst als Futter verwendet werden könnten. In

Milchverwertungsbetrieben gelangt immer eine gewisse Menge von Milchbestandteilen ins Abwasser, die sich vielleicht ebenfalls von Hefen verwerten lassen. Es wird in verschiedenen Betrieben untersucht, wo die Milchverluste entstehen und wie sie sich vermindern lassen.

Theoretische Studien werden darüber angestellt, wie und wie weit eine gewerbliche Käserei, verbunden mit einer Schweinemästerei, sich selbst mit Energie versorgen könnte (Faulgasgewinnung, Wärme-Kraft-Koppelung, Wärmerückgewinnung). Die Schlüsse werden praktisch erprobt und könnten zu einem neuen Betriebskonzept führen.

Mikrobiologie

Am Mikrobiologischen Institut und an der seit 1978 selbständigen Professur für Mikrobiologie laufen Forschungsprojekte über Genetik, Biochemie und Regulation des Stoffwechsels von Bakterien und Hefen. Im Vordergrund stehen die Biosynthese- und Abbauwege, die für Mikroorganismen spezifisch sind. In den meisten Projekten unterstützen sich biochemische und genetische Methoden. In weiteren Forschungen werden die Voraussetzungen für die Nutzung der Stoffwechselkapazität von Mikroorganismen in der Praxis untersucht, zum Beispiel in der Schädlingsbekämpfung, beim Abbau industrieller Schadstoffe und in der Produktion von Sekundärmetaboliten und Enzymen.

Essigsäurebakterien zum Beispiel können Sorbit zu Sorbose oxidieren, ein Schritt in der Totalsynthese von Vitamin C. Es wurden Versuche angestellt, diesen Schritt in einem kontinuierlichen Verfahren ablaufen zu lassen. — Essigsäurebakterien können auch andere Stoffe oxidieren, offenbar aber nicht jedes Substrat als Kohlenstoff- und zugleich als Energiequelle ausnützen. Die Frage stellte sich, ob überhaupt alle unvollständigen Oxidationen nutzbare Energie liefern.

Mikroorganismen wachsen rasch und können sich in haploiden und diploiden, beziehungsweise meroploiden bis polyploiden Stadien vermehren. Sie eignen sich deshalb für genetische Studien und zur Abklärung von Regelmechanismen in der Zelle. Die Studien über die Regulation der Tryptophansynthese von Bierhefe haben zur Entdeckung eines «allgemeinen Regelsystems» geführt, dem verschiedene Aminosäurebiosynthesen unterworfen sind.

In der Mikrobengenetik interessiert vor allem die Rolle von Plasmiden, das heisst von extrachromosomalen genetischen Elementen, bei der Bildung von Antibiotika und anderen industriell wichtigen Produkten durch Streptomyceten. Im Zusammenhang mit Plasmiden steht auch die Instabilität der Eigenschaften von Hochleistungsstämmen der Streptomyceten. Möglicherweise ist auch die Fähigkeit zur Melaninbildung in Plasmiden kodiert. Plasmiden sollen nun genetisch, durch Kreuzungsexperimente, und physikalisch nachgewiesen und auf ihre Funktion untersucht werden.

Mikroorganismen bilden verschiedene Peptide, von denen einige antibiotisch

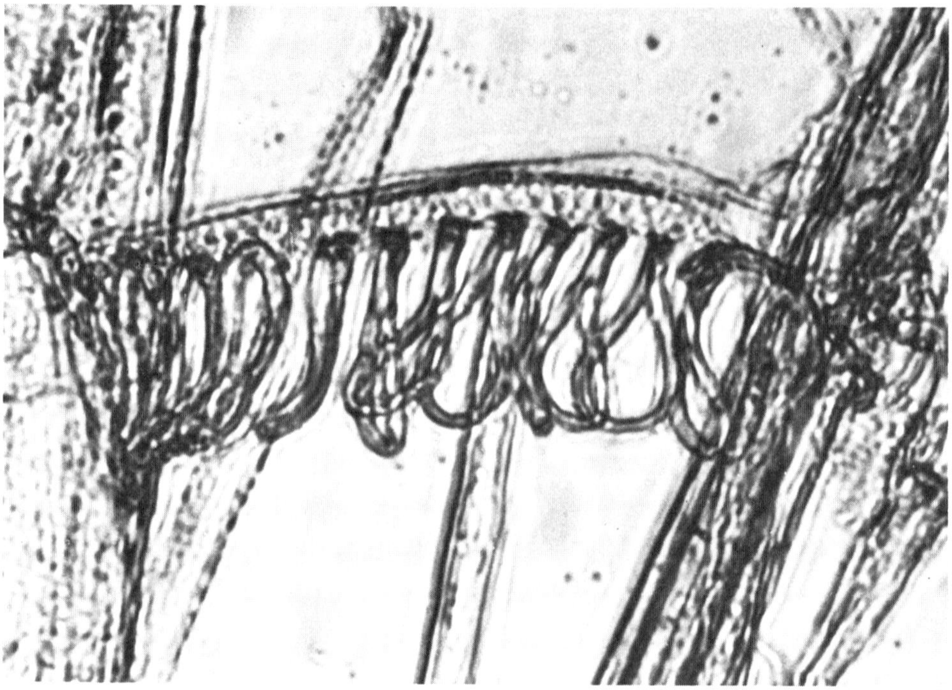

Stroh wurde mit Natronlauge delignifiziert und anschliessend mit Enzymen des Zellulase-Komplexes von *Trichoderma reesei* behandelt. Das Bild zeigt teilweise abgebaute Gefäss- und Faserzellen. Rasterelektronenmikroskop-Aufnahme. Professur für Mikrobiologie (Prof. Fiechter).

(zum Beispiel Gramicidin), andere als Eisenträger (Sideramine) oder als Geschlechtshormone (zum Beispiel in Bierhefe) aktiv sind. In Zusammenarbeit mit der Klinik Balgrist und einer Pharmafirma wird versucht, Peptide nachzuweisen, die Hormoncharakter haben und mit Hormonen von Menschen oder Tieren verwandt sind.

Ein Forschungsprojekt der Technischen Biologie betrifft die Regulation des Stoffwechsels mikrobieller Fliesskulturen, zum Beispiel der Atmung und Gärung von Hefen. Die Versuche schliessen biochemisch-physiologische Probleme ein, zum Beispiel Repression und Depression bestimmter Enzyme, ferner verfahrenstechnische Probleme, zum Beispiel des Mischens und des Stofftransportes. Intensiv wird sodann nach neuen Möglichkeiten zur biokatalytischen Durchführung von technischen Stoffumwandlungsprozessen gesucht. Versuche laufen, lebende Zellen oder daraus isolierte Enzyme auf geeigneten Trägern zu fixieren und so das gewünschte Produkt zellfrei zu erhalten.

Neue Bemühungen gelten der Erschliessung von Rohstoffen. Früher wurden als biologische Substrate praktisch nur Zucker und Stärke aus Abfallprodukten (Melasse, minderwertigem Getreide) verwendet. Heute lässt man Hefen auch auf

Milchsammelstelle in Afghanistan. Von der Professur für Entwicklungszusammenarbeit (Prof. M. Bachmann) im Institut für Lebensmittelwissenschaft wurden in Afghanistan Verfahren der Milchkontrolle und -verarbeitung eingeführt, die den lokalen Verhältnissen angepasst sind.

Methanol wachsen und zum Beispiel Eiweiss produzieren. Daneben laufen Versuche, weitere Photosyntheseprodukte und damit erneuerbare Rohstoffe, zum Beispiel Zellulose und Lignin, technologisch zu verwerten und zum Beispiel Treibstoffersatz biologisch herzustellen (Abb. S. 293). Hoffnungen setzt man in der biologischen Technik ferner auf thermophile Mikroorganismen, die selbst bei einer Temperatur von über 90 °C noch aktiv sind und mit denen viele Prozesse viel rationeller durchgeführt werden könnten.

Entwicklungszusammenarbeit

Das Institut für Lebensmittelwissenschaft betreibt auch Forschung im Dienste der Entwicklungszusammenarbeit. Seit 1970 läuft an der ETH ein Programm zur Nutzung der Sonnenenergie in der Herstellung von Käse und für die Klimatisierung von Lagerräumen. Ein zweites Projekt ist die Entwicklung von Verfahren zur Kontrolle und Verarbeitung von Milch durch Personen, die dafür nur angelehrt sind (vgl. obenstehende Abbildung).

Unterricht und Zahl der Studenten an der Abteilung

Diplomstudium

1958 wurde das Normalstudium von sieben auf acht Semester verlängert. Der neue Plan ermöglichte den Studenten die Bildung von Schwerpunkten innerhalb der allgemeinen Richtung landwirtschaftliche Produktion, und er führte Semesterarbeiten sowie individuelle Diplomarbeiten ein. 1970 wurde das Studium neu in drei Abschnitte gegliedert: in das allgemeine Grundstudium (1. und 2. Semester), das Grundstudium der Landwirtschaft (3., 4. und teilweise 5. Semester) und das Fachstudium (5. bis 8. Semester). Nach dem allgemeinen Grundstudium konnten die künftigen Agronomen fortan zwischen drei Studienrichtungen wählen: Agrarwirtschaft, Pflanzenproduktion und Tierproduktion.

1971 wurde ein Abteilungsrat eingeführt. Er besteht aus je fünf Dozenten, Assistenten und Studenten und vertritt die Abteilung, wo es um Lehr- und Forschungsbereiche, Studienpläne, Prüfungsordnungen und Ausbildungsmethoden geht.

1978 wurde das Normalstudium auf zehn Semester verlängert, und das vierte Semester hievon wurde zu einem obligatorischen Praxissemester erklärt. Drei weitere Monate Praxis sind in den Semesterferien zwischen dem 5. und 9. Semester zu absolvieren. Mit der Verlängerung des Studiums wurde nicht eine inhaltliche Aenderung, sondern eine zeitliche Optimierung des Studienplans bezweckt. Neu eingeführt wurden testatpflichtige Kurse über Vortragstechnik (einschliesslich Konferenztechnik und Abfassung von Manuskripten) im 3. und 5. Semester für alle Richtungen; mit diesen Kursen soll den Studenten ein Stück «Allgemeinbildung» vermittelt werden, das viele der bisherigen Absolventen im Berufs- und erst recht im öffentlichen Leben schmerzlich vermissten. Die Verlängerung des Studiums ermöglichte es auch, die Ausbildung künftiger Landwirtschaftslehrer auszubauen und in den Normalstudienplan des 6. bis 8. Semesters einzugliedern. Das obligatorische Praxissemester wurde eingeführt, weil weitaus die Mehrzahl der Studenten heute aus nichtbäuerlichen Familien kommen und von Landwirtschaft vielfach nicht nur keine Ahnung, sondern ganz falsche Vorstellungen haben. Die obligatorische Praxis kann darum auch nur auf Betrieben geleistet werden, die Gewähr dafür bieten, dass die Praktikanten die landwirtschaftliche Produktion (und die Verwertung landwirtschaftlicher Güter, so die künftigen Lebensmittelingenieure) von der technischen, wirtschaftlichen und sozialen Seite her kennenlernen. Damit die Praxis für alle Beteiligten möglichst erfolgreich wird, hat die Abteilung einen eigenen Praxisberater angestellt, der die Betriebe auswählt, mit den Betriebsinhabern den Kontakt pflegt und die Studenten während der Praxis betreut.

Die Ausbildung von Fachleuten für die Verwertung landwirtschaftlicher Produkte hatte 1934 mit dem Studiengang für Molkereitechniker begonnen. 1946 nahm die Abteilung die Ausbildung von sogenannten Agrotechnologen auf. Das Schwergewicht lag vorerst auf der Gärungstechnik und der Obst- und Traubenverwertung. 1959 und 1964 wurde der Studienplan schrittweise auf das ganze Gebiet der Lebensmittel erweitert. 1971 endlich wurde die Ausbildung von Molkereitechnikern und Agrotechnologen in die vierte Studienrichtung der Abteilung VII, in jene der Lebensmittelingenieure, zusammengefasst. Innerhalb dieser Studienrichtung können die Studenten den Schwerpunkt auf Milchtechnologie, Mikrobiologie oder Lebensmitteltechnologie setzen. Wie für die Agronomen ist das Studium auch für die Lebensmittelingenieure in drei Teile gegliedert: 1. Grundstudium; 2. Studium der Fachgrundlagen, besonders Chemie und Mikrobiologie der Lebensmittel sowie Verfahrenstechnik der Lebensmittelbereitung; 3. Fachstudium: allgemeine Lebensmitteltechnologie, Technologie einzelner Nahrungs- und Genussmittel (zum Beispiel Obst, Milch), Mikrobiologie und Verfahrenstechnik.

Im Vordergrund der chemischen und mikrobiologischen Ausbildung stehen nicht einzelne Nahrungs- oder Genussmittel, sondern grundsätzliche Zusammenhänge zwischen Aufbau und Eigenschaften der Rohstoffe, ihrem Verhalten bei der Verarbeitung und der Qualität der Produkte. Ebenso geht es bei der Verfahrenstechnik nicht um bestimmte Apparate oder Maschinen, sondern um Grundoperationen wie Extrahieren, Filtrieren, Eindampfen, Trocknen, Sterilisieren usw. In der Mikrobiologie geht es in erster Linie um die mikrobiologisch-hygienische Sicherheit der Lebensmittel, den mikrobiellen Verderb und seine Verhütung und schliesslich um die Herstellung von Lebensmitteln mit Hilfe von Mikroorganismen. 1978 stellte die Abteilung dem Schulrat auch den Antrag auf Errichtung eines Schwerpunktes «Ernährungstechnologie» im Studiengang der Lebensmittelingenieure. Der Antrag wurde aber abgelehnt, weil die Lehr- und Hilfskräfte, die dafür nötig wären, wegen des Personalstopps nicht bewilligt werden konnten. Wie für die Agronomen sind die Kurse über Vortragstechnik auch für die Lebensmittelingenieure testatpflichtig, ebenso gelten für diese die gleichen Praxisvorschriften.

Studentenzahl: In den Jahren 1931 bis 1939 studierten an der Abteilung VII durchschnittlich 94 Studenten. Von 1940 bis 1946 stieg die Zahl kontinuierlich bis auf 328, von 1947 bis 1954 sank sie von 324 auf 74, von 1955 bis 1978 stieg sie kontinuierlich wieder an von 78 bis 597. Von 1978 auf 1979 ist die Zahl der neu eingetretenen Studenten von 174 auf 131 zurückgegangen. Die Zahl der Studentinnen, in den obigen Zahlen inbegriffen, betrug bis 1964 höchstens 6, manchmal sogar 0; von 1965 bis 1977 stieg sie kontinuierlich von 8 bis auf 93 oder von 2,8% auf 15,6%.

Weiterbildungskurse

Die Weiterbildung der Absolventen in der Praxis hat die Abteilung VII seit langem als eine wichtige Aufgabe betrachtet. Von 1955 bis 1979 hat sie in Zusammenarbeit mit dem Verband der Ingenieur-Agronomen und Lebensmittelingenieure und mit der Schweizerischen Gesellschaft für Lebensmittelwissenschaft und -technologie insgesamt 76 Weiterbildungskurse an der ETH und an verschiedenen Orten der Schweiz durchgeführt, nämlich 18 auf dem Gebiet der Pflanzenproduktion, 12 über Tierproduktion, 12 über Agrarwirtschaft, 6 über Landtechnik, 6 über Lebensmitteltechnologie, 9 über Marketing und 13 über verschiedene weitere Gebiete, zum Beispiel über Betriebsberatung, Landesplanung, Personalführung usw. In den einzelnen Jahren haben bis 445 Ehemalige und Zugewandte an den Kursen teilgenommen. Neben diesen Weiterbildungskursen sind von einzelnen Instituten noch ein- bis mehrtägige Fachtagungen und -kurse durchgeführt worden.

Nachdiplomstudium

Eigentliche Nachdiplomkurse hat die Abteilung VII bisher nicht organisiert, doch waren einzelne Fachdozenten der Abteilung an den Nachdiplomkursen für Orts-, Regional- und Landesplanung und an jenen über Probleme der Entwicklungsländer beteiligt.

Doktorat

Das Doktorat erfreut sich bei den Studenten an der Abteilung VII zunehmender Beliebtheit. Die Zahl der Doktoranden ist von 7 in der Mitte der fünfziger Jahre kontinuierlich auf 107 im Studienjahr 1978/79 gewachsen oder von 7 auf 18% im Verhältnis zu den Diplomstudenten. Agronomen doktorieren nicht nur an den Instituten der engern Fachgebiete, sondern auch in der Allgemeinen und in der Speziellen Botanik, in der Geobotanik, in der Entomologie. Umgekehrt doktorieren an den der Abteilung zugeordneten Instituten, besonders der Lebensmittelwissenschaft (einschliesslich Bodenkunde) und der Mikrobiologie, auch Chemiker, Naturwissenschafter (Biologen und Geologen), Förster und Physiker. Unter den Doktoranden finden sich regelmässig etwa 15% Ausländer, darunter solche aus Entwicklungsländern.

Entwicklungszusammenarbeit

Das Institut für Lebensmittelwissenschaft erfüllt Aufgaben der Entwicklungszusammenarbeit im Unterricht auch am Ort. Es übt vertraglich das Patronat über ein analoges Institut an der Universität Nairobi in Kenya aus, wo Ehemalige des Instituts als Dozenten wirken und Mitglieder des Instituts immer wieder als Experten zu den Examen oder bei der Planung und Ausführung der Bauten und Einrichtungen zugezogen werden. Eine Reihe von Kenyanern hat an der Abteilung VII studiert; Ziel ist aber der Ausbau des lebensmittelwissenschaftlichen Unterrichts an der Universität Nairobi bis zum Doktorat. Prof. Marc Bachmann ist als Professor nicht nur für Milchwirtschaftslehre, sondern auch für Entwicklungszusammenarbeit zuständig. Als solcher ist er ständiger Berater der Bundesbehörden und in ihrem Auftrag früher in Afghanistan, heute besonders auch in Brasilien als Experte tätig.

*

Dank. Bei der Abfassung dieses Berichtes haben mich Kollegen bereitwillig unterstützt. Ich danke ihnen dafür herzlich.

Die Abteilung für Kulturtechnik und Vermessung

Von Ernst Spiess und Kollegen

Die Ausbildung für Kulturingenieure an der ETH Zürich geht auf das Jahr 1885 zurück. Damals wurde in der Abteilung für Land- und Forstwirtschaft des Polytechnikums als eine der Massnahmen des Bundes zur Förderung der Landwirtschaft eine Studienrichtung Kulturingenieure eingerichtet. Sechs Jahre später wurde die Ausbildung auch auf vermessungstechnische Fächer ausgedehnt. Erst seit 1933 werden die Vermessungsingenieure an der Abteilung VIII ausgebildet, nachdem sie früher aus der Bauingenieurabteilung hervorgingen.

Beide Ingenieurberufe sind in der Praxis in unserem Land fest verankert, wenn auch die Bezeichnung Kulturingenieur gelegentlich Ursache von Missverständnissen ist. Einerseits liegt seine Tätigkeit in der Strukturverbesserung ländlicher Räume, was folgende technische Aufgaben einschliesst: die Gesamtmelioration in Verbindung mit der Raumplanung, im einzelnen die Güterzusammenlegung und Baulandumlegung, die Verbesserung der Infrastruktur und Massnahmen des landwirtschaftlichen Wasserbaues wie etwa Entwässerungen und Bewässerungen, Hochwasserschutz sowie Rekultivierungen, aber auch die Projektierung und den Bau von Wasserversorgungs- und Abwasserreinigungsanlagen. Anderseits übt die Mehrzahl der Kulturingenieure auch die Funktion eines Ingenieur-Geometers aus und befasst sich mit weiteren Problemen aus dem Bereich der Vermessung. In die letztgenannten beiden Aufgabenbereiche teilt er sich mit dem Vermessungsingenieur, welcher spezifischer auf die Landesvermessung, die Landeskartierung und spezielle Messaufgaben ausgerichtet ist. Geodätische und geophysikalische Probleme liegen im Grenzbereich zur wissenschaftlichen Tätigkeit.

Dieses weite Tätigkeitsfeld der Absolventen der Abteilung für Kulturtechnik und Vermessung erfordert in der Grundausbildung ein breites Lehrangebot aus den mathematischen, naturwissenschaftlichen, biologischen, sozialwissenschaftlichen und aus vielen technischen Bereichen. Deshalb ist eine grosse Zahl von Instituten in der Lehre zugunsten der Abteilung tätig. Organisatorisch sind die Institute jedoch nicht den Abteilungen unterstellt, wirken doch die meisten für verschiedene Abteilungen. Drei Institute stehen mit ihren Lehrgebieten der Abteilung VIII aber besonders nahe, nämlich die Institute für

- Kulturtechnik
- Geodäsie und Photogrammetrie
- Kartographie.

Deshalb werden sie hier ausführlicher behandelt, während über die folgenden Institute bei anderen Abteilungen berichtet wird: Angewandte Mathematik, Bauplanung und Baubetrieb, Bau- und Transportmaschinen, Baustatik und Konstruktion, Baustoffe, Werkstoffchemie und Korrosion, Kommunikationstechnik, Geobotanik, Geographie, Geologie, Geophysik, Gewässerschutz und Wassertechnologie, Grundbau und Bodenmechanik, Hydromechanik und Wasserwirtschaft, Informatik, Lebensmittelwissenschaft, Mathematik, Mechanik, Orts-, Regional- und Landesplanung, Pflanzenbau, Physik, Strassen-, Eisenbahn- und Felsbau, Verkehrsplanung und Transporttechnik, Wirtschaftsforschung. Daneben sind einige selbständige Professuren in bedeutendem Masse für die Lehre in der Abteilung VIII tätig, so etwa die Rechtswissenschaft.

Die Abteilung ist verantwortlich für die Lehre in Form von Grundausbildung und Weiterbildung. Die Forschung ist den Instituten vorbehalten. In den nachfolgenden Ausführungen beschränken wir uns im wesentlichen auf die drei erstgenannten Institute. Wo möglich sollen aber Querverbindungen zu andern Instituten aufgezeigt werden, wenn diese für die allgemeine Entwicklung mitbestimmend sind.

Entwicklungstendenzen in der Forschung

Bei aller Diversifizierung der innerhalb der Abteilung vertretenen Berufsgruppen bilden diese Aktivitäten doch ein grosses Ganzes: die Hauptaufgaben sind die Erfassung, Entwicklung, Gestaltung und Sicherung unseres Lebensraumes sowie der Aufbau und die Erhaltung der dafür nötigen Infrastruktur. Wie noch zu zeigen sein wird, ist eine solche ganzheitliche Auffassung dieses Aufgabenkreises eine recht junge Entwicklung. Bestrebungen in dieser Richtung finden sich allerdings schon im Bundesbeschluss vom 23. März 1918 über die Förderung der Güterzusammenlegung.

Fachbereich Raumplanung, Strukturverbesserung und Bodenordnung

Die Versorgungsschwierigkeiten während des Zweiten Weltkrieges liessen die ursprünglich betriebswirtschaftlich begründete Forderung nach Strukturverbesserung in der schweizerischen Landwirtschaft zu einer Ueberlebensfrage werden. Unter dem Eindruck der innert erstaunlich kurzer Zeit erzielten Erfolge mit der Trockenlegung versumpfter Gebiete und der Rationalisierung landwirtschaftlicher Betriebe wurden die Sanierungen auch in der Nachkriegszeit stetig vorangetrieben. Die Zusammenlegung des zerstückelten Grundeigentums, der Ausbau der Erschliessungsnetze, die Erneuerung landwirtschaftlicher Hochbauten und die Vorflutbeschaffung mit Flächenentwässerungen setzten die Hauptakzente der Meliorationsarbeiten anfangs der fünfziger Jahre. Rebberg- und Privatwaldzusammenlegungen sowie Alpmeliorationen ergänzten die Palette der möglichen Massnahmen. Bei der Lösung vieler Probleme konnte zu Beginn der Berichtsperiode von seiten der Hochschule nur eine beschränkte Unterstützung gegeben werden. Der zuständige Lehrbeauftragte und nachmalige Prof. Ernst Tanner schlüsselte für seine Vorlesungen den ganzen Massnahmenkatalog systematisch auf und vermittelte damit dem Nachwuchs eine Basis für die weitere Entwicklung der Methodik. Immer mehr an Bedeutung gewann in diesem Bereich auch die rechtliche Seite der Neuordnung der dinglichen Rechte.

Die nächste Phase ist gekennzeichnet durch die forcierte bauliche Entwicklung in den ursprünglich noch ländlichen Agglomerationsgebieten der Städte und durch den Nationalstrassenbau. Daraus ergaben sich Konflikte mit abgeschlossenen oder laufenden Meliorationen, und es mussten neue Verfahren geschaffen werden, welche diese Entwicklungen miteinbezogen. Für die Abteilung ergab sich daraus eine enge Zusammenarbeit mit der Raumplanung schlechthin, die sich unter anderem in gemeinsam bestrittenen Tagungen und Kolloquien manifestierte.

Mit der Zeit reifte die von den beiden Dozenten, Prof. Ernst Tanner und vor allem seinem Nachfolger, Prof. Theophil Weidmann, in verschiedenen Vorträgen und Artikeln vertretene Ansicht, dass Planung und Landumlegung nur gemeinsam angewandt zum Ziel führen. Fünf Doktorarbeiten aus den Jahren 1970 bis 1978 befassen sich eingehend mit dieser Problematik und zeigen auf, mit welchen technischen und rechtlichen Mitteln Planungen in ländlichen Räumen realisiert werden können und wie in diesem Zusammenhang die Sanierung der ländlichen und landwirtschaftlichen Infrastruktur durchgeführt werden kann.

Seit der Gründung des Institutes für Orts-, Regional- und Landesplanung (ORL-Institut) bestanden enge Verbindungen in der Lehre und auf der Ebene des Kuratoriums durch die Professoren Grubinger und Weidmann. Prof. Weidmann war zudem einige Jahre Direktor dieses Institutes. In jüngster Zeit haben sich diese Beziehungen mit Prof. Dr. Willy Schmid noch verstärkt. Dies ist unter anderem auch materiell begründet, haben doch Strukturverbesserungen im ländlichen Raum nicht nur eine angemessene Produktivitätssteigerung, sondern ebensosehr die Gestaltung und Erhaltung der Kulturlandschaft sowie die Förderung regionaler und örtlicher Entwicklungen im Berg- und Talgebiet zum Ziel. Das aber ruft wiederum nach methodischen Grundlagen und Verfahren für die Planung und Durchführung. Die Fachrichtung Raumplanung, Strukturverbesserung und Bodenordnung mit Prof. Dr. Ulrich Flury trägt diesen Erfordernissen Rechnung. Dabei hat sich eine fachlich gemischte, mehr- bis interdisziplinäre ETH-Forschergruppe, die im Bereich der aargauischen Reusstalsanierung arbeitet, in diesem Sinne einer anwendungsorientierten Umweltforschung und einer

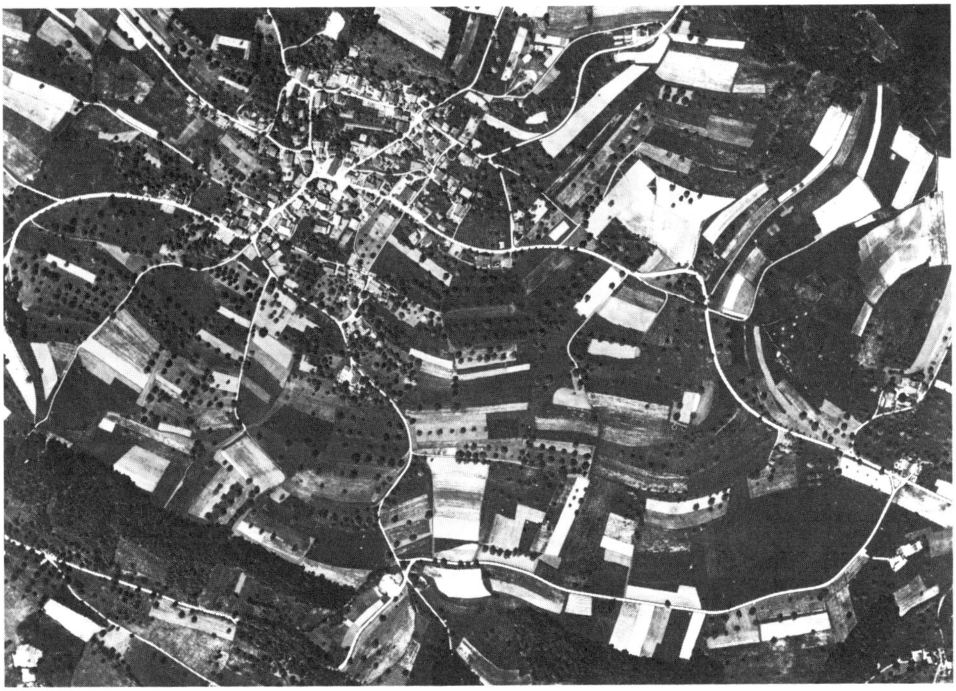

Luftbilder von Aeugst am Albis aus den Jahren 1944 und 1976. Die Auswirkungen der Güterzusammenlegung sind deutlich erkennbar: Arrondierung des Grundbesitzes zu grösseren, wohlgeformten Grundstücken, Erschliessung durch besseres Wegnetz, neue

Forschung über die ländliche Neuordnung verschrieben. Damit rücken diese planerischen Aufgaben wieder näher an den Bereich «Wasser und Boden» heran.

Fachbereich Kulturtechnischer Wasserbau, Wasserwirtschaft und Melioration

Im kulturtechnischen Wasserbau standen während des kriegsbedingten «ausserordentlichen Meliorationsprogrammes» praktische Fragen wie etwa die Erprobung und Verwendung von Ersatzbaustoffen im Vordergrund. Zu Ende des Krieges befanden sich grosse Entwässerungsvorhaben knapp vor dem Abschluss. Die sich von da an verändernde Markt- und Wirtschaftslage hatte einerseits eine Abkehr von Grossprojekten zur Folge, andererseits begann man sich mit einer grösseren Zahl regional unterschiedlicher, oft schon lange aufgeschobener Einzelmassnahmen zu befassen. Die sich daraus stellenden Fragen, der wieder möglich gewordene Zugang zur internationalen Fachliteratur sowie die

landwirtschaftliche Hochbauten. Der starke Rückgang des Obstbaumbestandes ist nicht nur eine Folge der Güterzusammenlegung. Links: Aeugst a. A. 1944; rechts: nach der Güterzusammenlegung.

Forderung, vermehrt der Wirtschaftlichkeit in den Projekten Rechnung zu tragen, waren Anlass zu neuer angewandter Forschung.

Prof. Ernst Ramser unternahm Feldversuche zur Maulwurfsdrainage und zur sogenannten optimalen Draindistanz. Er setzte sich für die wissenschaftliche Bodenkartierung und die Erstellung eines umfassenden Alpkatasters ein, um die Projektierungsgrundlagen zu verbessern. Seine Hinweise, dass es unerlässlich sei, die Hydromelioration als integrale Aufgabe zu behandeln und dabei Boden und Pflanze miteinzubeziehen, wurden damals noch wenig beachtet.

Der neue Vorsteher des Institutes für Kulturtechnik ab 1961, Prof. Dr. Herbert Grubinger, übernahm und vertrat mit Ueberzeugung diese Auffassungen seines Vorgängers. Er entwickelte sie in Richtung einer umfassenden wasserwirtschaftlichen Betrachtungs- und Arbeitsweise im ländlichen Raume weiter. Die Veränderungen der sozio-ökonomischen Strukturen und der Ansprüche der Menschen an die Umwelt führten zu neuen Fragestellungen, wie etwa der ausgewogenen Berücksichtigung von Landwirtschaft und Naturschutz bei den wasserwirtschaftlichen Eingriffen, der Einbezug ingenieurbiologischer Methoden oder dem Berggebiet angepasster Massnahmen. Damit münden die Fragen des Bodenschutzes

Automatische Messstation zur Ermittlung der Abflussmenge in kleinen Einzugsgebieten.

und der Wasserschäden sowie der Gefährdung durch Naturereignisse in die Aufgabe der Neuordnung des ländlichen Raumes ein. Der Zwang zur Kostensenkung, mangelnde Arbeitskräfte und die Erkenntnis, dass nur eine sorgfältige Ursachenanalyse zu optimalen Lösungen führt, hatten zur Folge, dass angewandte Forschung und die Weiterbildung der Ingenieure wieder als notwendig erkannt wurden.

Ausgehend von einem Forschungsauftrag über Ausmass und Entwässerbarkeit ausgedehnter Weideböden auf Flysch und Bündner Schiefer wurden neue Werkstoffe für Drains und Filter sowie mechanisierte Bauverfahren erprobt und zusammen mit Pflanzensoziologen die selektive und kombinierte Berghangentwässerung weiterentwickelt. Parallel dazu konnten im Gelände Studien zur Hydrologie kleiner Einzugsgebiete einsetzen. Dazu wurden mehrere Versuchsgebiete eingerichtet, von denen dasjenige in der Grossen Runs (SZ) nun bereits seit mehr als zehn Jahren Messwerte liefert und auch der Ausbildung des Nachwuchses dient.

Neuerdings gewinnt die Rekultivierung verdichteter Böden und von Deponien auch wissenschaftliches Interesse. Zudem sind die Auswirkungen von Vorflutanlagen auf Biotope und Unterhaltsprobleme zu prüfen. In allen diesen Fällen ergeben sich bodenphysikalische, hydrologische und ökologische, aber auch rein technische Fragen mit betriebs- und arbeitswirtschaftlichem Hintergrund, die zuhanden der Praxis beantwortet werden müssen. Ein weiterer Schwerpunkt liegt bei den vorbeugenden Massnahmen gegen Naturkatastrophen, insbesondere Hochwasser- und Wildbachereignisse. In Verbindung damit stehen Arbeiten über Kolkbildung und Geschiebesammler.

Damit wird deutlich, dass sich die Kulturtechnik wohl stark in die Breite entwickelt hat, aber immer noch durch das Bestreben und die Notwendigkeit zusammengehalten wird, die verschiedenen Einzelerkenntnisse und Massnahmen in ausgewogenen und integralen Lösungen zu verbinden.

Fachbereich Siedlungswasserwirtschaft und Umwelttechnik

Anfangs der siebziger Jahre wurde der Bereich der Kulturtechnik durch die Zusammenfassung der Lehraufträge in der Abwasser- und Wasserversorgungstechnik in einer neugeschaffenen Professur für Siedlungswasserwirtschaft verstärkt. Obwohl ihr Inhaber, Prof. Ernst Trüeb, formell der Abteilung II zugeteilt ist, soll diese Neuerung nicht unerwähnt bleiben, weil seither diese Vertiefungsrichtung von den Diplomanden der Abteilung VIII oft gewählt wird. Vor allem im Bereich des Gemeindeingenieurwesens schliesst sie eine wesentliche Lücke. Die Forschung der Professur ist vornehmlich auf Problemstellungen aus dem Gebiet der Wasserversorgung, insbesondere auf solche der Bewirtschaftung des Grundwassers, gerichtet.

Die Fachbereiche des Institutes für Geodäsie und Photogrammetrie

Die Entwicklung in der gesamten niederen und höheren Geodäsie wurde in der Berichtsperiode wesentlich geprägt durch Akzente auf einer den einzelnen Fachbereichen übergeordneten Ebene. Kennzeichnend für alle Bereiche ist der umwälzende Einfluss der Elektronik in verschiedenen Formen: Elektronische Mess- und Registrierverfahren, insbesondere die elektronische Distanzmessung, dann aber vor allem die elektronische Datenverarbeitung.

Fachbereich Vermessung

Die seit den späten fünfziger Jahren für die Praxis nutzbare Möglichkeit, Distanzen elektronisch zu messen, hatte zur Folge, dass viele geodätische Aufgaben zweckmässiger gelöst werden konnten. Früher hatte man Distanzmessungen wegen des damit verbundenen Arbeitsaufwandes zu vermeiden getrachtet. Lange Distanzen von 60 bis 100 km werden nun mit relativen Genauigkeiten von gegen 10^{-6} bestimmt. Aber auch Tachymetriedistanzen misst man heute am komfortabelsten elektronisch. Die Geräte sind leicht geworden, arbeiten schnell und weitgehend automatisch. Seit ein paar Jahren kann man bei kurzen Distanzen Genauigkeiten von Bruchteilen von Millimetern erreichen. Theodolite und Tachymeter werden zunehmend mit automatischen Registriervorrichtungen ausgestattet.

In diese Entwicklung muss vor allem auch die sich rasch ausbreitende elektronische Datenverarbeitung (EDV) einbezogen werden, und zwar unter drei getrennt zu betrachtenden Gesichtspunkten, nämlich der Vereinfachung alltäglicher Rechnungen, der Vervollkommnung von Berechnungsmodellen und der Integration einzelner Berechnungen in Datenverarbeitungssysteme.

Die sich überstürzende Entwicklung von Taschen- und Tischcomputern verdrängte nicht nur Logarithmen- und Funktionstafeln, sondern auch die auf der logarithmischen Rechnung beruhenden klassischen Rechenverfahren. Auf allen Gebieten der Geodäsie wurden daneben Rechenprogramme für grosse Computer entwickelt, deren Leistungsfähigkeit es sinnvoll machte, umfangreichere Rechnungen durchzuführen und verfeinerte Berechnungsverfahren anzuwenden. So entstanden neben konventionell aufgebauten zweidimensionalen bald dreidimensional angelegte Ausgleichungsprogramme für Triangulationsnetze mit der Möglichkeit, Lotabweichungskomponenten einzuführen oder diese — etwa aus Höhenwinkeln — zu berechnen. Die Bestimmung von Deformationen an Staumauern oder von Grundlagennetzen für die Absteckung der langen Alpentunnels entwickelte sich in diesem Rahmen, aber auch verfeinerte Programme für photogrammetrische Streifen- und Blockausgleichungen nach verschiedenen mathematischen Modellen wurden möglich.

Der Computer stimuliert Verfahren, die es erlauben, durch geschickte Kombination der Messdispositionen den Messaufwand in geodätischen Netzen zu optimieren sowie zusätzliche statistische Informationen, etwa über die Zuverlässigkeit von Netzanordnungen, zu gewinnen. Bei der Auswertung der Messungen kommen zunehmend statistische Tests zur Anwendung, die fehlerhafte Messungen zu erkennen und zu eliminieren erlauben.

Der dritte Aspekt, die Integration von Berechnungen und Messungen in Datenverarbeitungs- oder Informationssystemen, der Einsatz des Computers für die Verarbeitung grösserer Datenmengen, etwa in der Parzellarvermessung oder bei der Projektierung von Verkehrsanlagen, führt zu neuen Problemstellungen. Es geht nicht mehr allein darum, mit Messungen oder Koordinaten zu rechnen, sondern auch, solche Daten zu verwalten, das heisst sie in einem besonderen Datenbank-Verwaltungssystem jederzeit für Berechnungen verfügbar zu halten. Die kontrollierte Nachführung und Erweiterung dieser Datenbasis spielt eine wesentliche Rolle. Ein besonders wichtiges Anliegen ist, solche Systeme benützerfreundlich zu gestalten. Problemorientierte Sprachen mit graphischen Elementen, die auf Bildschirmen bearbeitet und ausgewertet werden können, tragen wesentlich dazu bei, die Beziehung Mensch-System ständig zu verbessern.

Solche Entwicklungen müssen in engerem Kontakt mit der Praxis vorangetrieben werden. Eine Kommission des Schweizerischen Vereins für Vermessung und Kulturtechnik (SVVK) erarbeitete unter dem Präsidium des damaligen Institutsvorstehers, Prof. Dr. h. c. F. Kobold, in den Jahren 1969 bis 1971 ein neues Leitbild der schweizerischen Vermessung. Im letzten Jahr ist auf Initiative aus dem Institut für Geodäsie und Photogrammetrie ein offizielles Projekt «Reform der amtlichen Vermessung» unter Leitung der Eidgenössischen Vermessungsdirektion in Gang gekommen. Eine konkrete Anwendung sei in diesem Zusammenhang noch erwähnt: Prof. Dr. Hugo Kasper berechnete die Klothoidentafeln neu und versah sie mit einer vorzüglichen Einleitung, was viel zur Propagierung der Klothoide als Trassierungselement beitrug. Ein bemerkenswertes internationales Engagement war die Mitwirkung von Prof. Kobold — zeitweise als Präsident — und des Institutes bei der internationalen glaziologischen Grönlandexpedition.

Fachbereich Photogrammetrie

Die Entwicklung der Photogrammetrie kann zu einem beträchtlichen Teil in die vorher unter dem Fachbereich Vermessung beschriebene Tendenz eingebettet werden. Rechnerische Verfahren gewinnen gegenüber den konventionellen optisch-mechanischen Analogverfahren zunehmend an Bedeutung. Computerprogramme für räumliche Transformationen, Orientierungsverfahren und — wie früher erwähnt — umfangreiche Streifen- und Blocktriangulationen wurden entwickelt. Sie gründen auf verfeinerten Modellen über die komplexeren physikalischen Einflüsse auf den gesamten Ablauf zwischen der Erfassung des Luftbildes mit hochentwickelten Aufnahmekameras und der Messung von Bild- und Modellkoordinaten. Automatisch registrierende Auswertegeräte wurden die Regel.

Erwähnenswert sind aber auch viele beispielhafte klassische Anwendungen der Photogrammetrie für die Gletscherforschung und den Denkmalschutz, welche am Institut unter der Leitung von Prof. Dr. M. Zeller und Prof. Dr. H. Kasper betrieben und gefördert wurden.

Die Photogrammetrie entwickelte sich immer mehr zu einer Präzisionsmessmethode, die die terrestrische Vermessung ergänzt. Vorerst waren es die Präzisionsstereokomparatoren, die dank EDV-Einsatz bei diskreten Punktauswertungen zu einer Genauigkeitssteigerung führten.

In eine nächste Entwicklungsstufe wird die kürzlich von Prof. Dr. Hellmut Schmid in Auftrag gegebene Geräte- und Software-Konfiguration führen: Im sogenannten analytischen Plotter werden die Koordinaten eingestellter Bildpunkte über einen integrierten Computer so schnell weiterverarbeitet, dass eine kontinuierliche digitale Auswertung von Linien möglich wird. Dabei werden alle Vorteile der flexiblen Rechentechnik nutzbar: Es lassen sich unkonventionelle Aufnahmedispositionen auswerten, und neue Möglichkeiten zur rechnerischen Orientierung und zur Weiterverarbeitung von Modellkoordinaten bieten sich an.

Grossmassstäblicher Orthophotoplan mit Höhenkurven aus dem Gebiet von Herisau.

Andere neue Komponenten der Photogrammetrie sind differenziell entzerrte und zum Lot orientierte Luftbilder, sogenannte Orthophotos, sowie die modernen Verfahren der Fernerkennung. Ihnen wird die angemessene Aufmerksamkeit geschenkt.

Fachbereich Geodäsie

Auch die Entwicklungen im Bereich der Geodäsie sind in der Berichtsperiode stark durch die Elektronik geprägt worden.

Der spektakulärste Zweig der Geodäsie wurde wohl die Satellitengeodäsie. Die Möglichkeit, nach künstlichen Satelliten Richtungen und Distanzen messen zu können, lieferte der Erdmessung über weltweite Triangulationsnetze neue, genauere geometrische Werte. Daneben fallen wichtige Informationen über das Schwerefeld der Erde an. Damit befasste sich am Institut für Geodäsie und Photogrammetrie vor allem Prof. Dr. Max Schürer. Seine Haupttätigkeit lag allerdings am Astronomischen Institut der Universität Bern und an der Satellitenbeobachtungsstation Zimmerwald bei Bern. Er wirkte aber auch in Zürich als Lehrbeauftragter der ETH.

Schon zu Beginn der Berichtsperiode wurden unter der Leitung von Prof. Kobold aus astronomischen Zenithdistanz-Beobachtungen Berechnungen des Geoides durchgeführt. Dieses war damit im schweizerischen Raum weltweit wohl am besten bekannt. Diese Arbeiten wurden weitergeführt und mit einer international beachteten Doktorarbeit abgeschlossen, in der das Geoid bis in die Grössenordnung Dezimeter festgelegt ist.

Erwähnenswert sind auch die im Rahmen einer internationalen Kommission unter Prof. Kobold geleisteten schweizerischen Beiträge an die Neuausgleichung des Europäischen Dreiecksnetzes mit der neuen internationalen Basis Heerbrugg.

In enger Zusammenarbeit mit dem Institut für Geophysik wurde ein neues Schwerenetz der Schweiz gemessen und ausgeglichen. Modernste Gravimeter, aber auch verfeinerte Mess- und Rechenmethoden trugen dazu bei, dass die neuen Schwerewerte eine Grössenordnung besser als die bisher verwendeten sind. Ein wichtiges Spezialgebiet im Grenzbereich zwischen Geodäsie und Vermessung sind die Messungen von Erdkrustenbewegungen, an denen sich das Institut in nationalem Rahmen beteiligte.

Alle diese Arbeiten auf dem Gebiet der Geodäsie wurden in enger Zusammenarbeit mit der schweizerischen Geodätischen Kommission geleistet, die als Mitglied der Internationalen Assoziation für Geodäsie koordinierend wirkt.

Zum erfreulichen Abschluss der Berichtsperiode hat das Institut eine fünfte vollamtliche Professur für Geodäsie erhalten, an der besonders die moderne Geodynamik gepflegt werden soll.

Fachbereich Kartographie

Aus dem Fachbereich Kartographie sind in der Berichtsperiode in der Schweiz einige markante Ereignisse zu vermerken. Innert 27 Jahren wurden die neuen Landeskartenwerke 1 : 25 000, 1 : 100 000, 1 : 200 000 und 1 : 500 000 geschaffen. Die grossmassstäbliche Kartierung des Landes in den Massstäben 1 : 10 000 oder 1 : 5000 konnte zu 95% abgeschlossen werden. Auch die Erstausgabe des thematischen Landesatlasses fällt in diese Periode. Diese im Hinblick zur Vorkriegszeit stark gesteigerten Aktivitäten konnten nicht ohne Einfluss auf die Entwicklung dieses Bereiches bleiben. So wurden die herkömmlichen Kartenherstellungstechniken praktisch weitgehend durch neue Verfahren abgelöst. Insbesondere das Gravurverfahren und die Stripkopie haben die Arbeitstechniken weitgehend verändert und zu wirtschaftlicheren Arbeitsabläufen geführt. Demgegenüber fasste die computer-gestützte Kartographie nur zögernd Fuss. Die Umstellung auf digitale Verarbeitung graphischer Daten ist ein Schritt von grösster Tragweite, der mit bedeutenden Investitionen für Geräte und grossem Aufwand an Arbeitszeit für die digitale Erfassung der Daten verbunden ist. Die bis heute in der Produktion eingesetzten Zeichenanlagen beschränken sich fast alle ausschliesslich auf den grossmassstäblichen Bereich. Das Angebot an gut brauchbarer Hardware wurde in den letzten Jahren deutlich erweitert. Die Probleme liegen bei der Entwicklung der nötigen Software zur Vorbereitung des Zeichenfiles wie auch auf seiten der Datenerfassung. Diese Entwicklungsarbeiten sind sehr arbeitsintensiv.

Für die computergestützte Kartenherstellung konnte 1975, in Verbindung mit dem Umzug auf den Hönggerberg, ein interaktives Kartierungssystem und eine Präzisionszeichenmaschine installiert werden. Diese Anlage, ursprünglich für allgemein graphische Anwendungen ausgelegt, wurde für kartographische Aufgaben adaptiert. Es wurden Programme für den Entwurf und die Reinzeichnung statistischer Daten in Form von Diagrammkarten entwickelt, mit einer Reihe unterschiedlicher kartographischer Anwendungen experimentiert und zu grundsätzlichen Fragen des Einsatzes solcher Systeme Stellung genommen. Auch in der Kartentechnik konzentrierten sich die Anstrengungen auf verschiedene spezielle Verfahren für bestimmte Anwendungen: kontrollierte Strichbreitenänderungen im Kopierprozess, Konturenherstellung, Umsetzung von Luftbildern zu Kornstrukturbildern zur Verbesserung der Detailwiedergabe.

Die Kartengraphik erfuhr eine stetige und nachhaltige Förderung in verschiedensten Belangen. Zu Beginn der Berichtsperiode entwickelte Prof. Dr. h. c. Eduard Imhof, im Anschluss an ähnlich gelagerte Arbeiten bei Schulkarten, seine hervorragenden kleinmassstäblichen Reliefkarten für Schulatlanten. Dabei waren sowohl das Problem der graphischen Kombination der Schräglichtschattierung mit anderen Elementen wie auch herstellungstechnische Probleme zu lösen. Die gewonnenen Erfahrungen fanden ihren Niederschlag in seinem vielbeachteten Lehrbuch über kartographische Geländedarstellung. Die Redaktionsarbeiten am Atlas der Schweiz wiederum waren Anlass für eine ganze Reihe von Untersuchungen über Darstellungsmethoden in der thematischen Kartographie, ein Bereich, der zu Beginn der sechziger Jahre noch praktisch unbearbeitet war. Die Kartengraphik im Landesatlas, unter der Leitung von Prof. Imhof im Redaktionsbüro an der ETH Zürich konzipiert, fand weitherum viel Anerkennung. Ein zweites Lehrbuch «Thematische Kartographie» wurde aus diesem Erfahrungsschatz heraus entwickelt. Auch in den letzten Jahren unter der Leitung von Prof. Ernst Spiess wurden mit Kartenproben verschiedene graphische Lösungen überprüft und verglichen, wozu man sich auch der Möglichkeiten der interaktiven Zeichenanlage bediente. In der topographischen Kartographie steht die Neukonzeption eines Uebersichtsplanes 1 : 5000 im Vordergrund, bei den thematischen Karten das Bestreben, eine Uebereinstimmung zwischen den Eigenschaften der darzustellenden Sachverhalte und den dafür verwendeten graphischen Darstellungsmitteln zu erzielen.

Die Forschungsaktivitäten der oben erwähnten Institute sind in der Berichtsperiode verschiedentlich durch Querverbindungen zu anderen Instituten, zu Bundesstellen oder privaten Unternehmungen geprägt. Diese Tendenz zu solchen gemeinsamen Arbeiten scheint sich heute eher noch zu verstärken.

Erweiterung der Infrastruktur im Bereich der Institute

Unter diesem Titel muss zuerst auf die doppelschichtige Struktur der hier behandelten Institutionen hingewiesen werden. Die *Abteilung* befasst sich insbesondere mit den Studiengängen und allen anderen mit der Ausbildung der Studierenden zusammenhängenden Fragen. Sie verfügt jedoch, abgesehen von der kleinen Sekretariatsgruppe um den Abteilungsvorstand, welche alle administrativen Aufgaben erledigt, über keine eigenen personellen und finanziellen Mittel zur Durchführung von Lehrveranstaltungen. Den Unterricht für die Abteilungen haben die *Institute* zu erbringen, dies meistens gleichzeitig für mehrere Abteilungen. Daraus folgt, dass zwischen Abteilungen und Instituten keine eindeutige Zuordnung besteht. Bestenfalls haben die Institute den Schwerpunkt ihrer Unterrichtsaktivitäten in einer der verschiedenen Abteilungen. Die Zuweisung der Institute zu einer Abteilung auf dem Wege über die Numerierung, wie sie 1972 eingeführt wurde, ist deshalb eine rein administrative, künstliche Massnahme und oft irreführend. Die Beschränkung der vorstehenden Ausführungen über die Entwicklungen im Bereich Forschung auf die Institute für Kulturtechnik, für Kartographie und für Geodäsie und Photogrammetrie ist deshalb einigermassen willkürlich.

In personeller Hinsicht musste die Abteilung immer mit einer sehr kleinen

Zahl von Fachprofessoren auskommen. Zu Beginn der Berichtsperiode waren es vier Professuren. Diese Zahl hat sich seither immerhin auf zehn erhöht. So wurde 1961 eine zweite Professur für Kulturtechnik, insbesondere kulturtechnische Planung, errichtet (Prof. Ernst Tanner). Im Jahre 1963 wurde ein eigener Lehrstuhl für Baustatik und Konstruktion für die Abteilung geschaffen (Prof. Dr. Karl Hofacker) und im Jahre 1965 mit der Wahl von Prof. Rudolf Conzett eine zweite Professur für Geodäsie. Dieser Ausbau wurde notwendig mit der sprunghaften Erhöhung der Zahl der Neueintretenden in der Abteilung VIII von durchschnittlich 15 auf etwa 45 Studierende ab dem Jahre 1961. Mit dieser Erweiterung des der Abteilung VIII zugeordneten Lehrkörpers konnten langjährige Lehraufträge für wichtige Fachbereiche abgelöst und vollamtlichen Professoren übertragen werden. Zu erwähnen sind hier die Professuren für Hydraulik und ab 1972 für Siedlungswasserwirtschaft (Prof. Ernst Trüeb), welche sowohl der Abteilung II wie der Abteilung VIII dienen. Mit der Abtrennung des Vermessungsunterrichtes für die Bauingenieure ergab sich die Notwendigkeit zur Errichtung einer weiteren Professur für Vermessung, die 1972 realisiert werden konnte (Prof. Francis Chaperon). Prof. Dr. Herbert Matthias übernahm mit seiner Wahl im Jahre 1974 auch die Lehrverpflichtungen in Grundbuchvermessung, von nun an als amtliche Vermessungswerke bezeichnet. Dieser Fachbereich wurde während 35 Jahren von Prof. Dr. h. c. Simon Bertschmann im Lehrauftrag betreut. 1962 wurde er altershalber von Vermessungsdirektor Walter Häberlin abgelöst, dieser wiederum im Jahre 1966 vom Kantonsgeometer des Kantons Baselstadt, Emil Bachmann, der bis 1974 wirkte.

In diesem Zeitpunkt konnte eine dritte Professur für Kulturtechnik geschaffen werden (Prof. Dr. Ulrich Flury), nachdem die eine der beiden bestehenden zur Hälfte vom Institut für Orts-, Regional- und Landesplanung und mit entsprechenden Verpflichtungen absorbiert worden war. Schliesslich ist mit dem Jahre 1979 auch der auslaufende Lehrauftrag für Geodäsie durch eine neue Professur abgelöst (Prof. Dr. Hans-Gert Kahle), womit auch die Nahtstelle zur Geophysik überbrückt ist.

Glücklicherweise war und ist über diesen engeren Kreis der Fachprofessoren hinaus eine grössere Zahl weiterer Professoren, die an der Abteilung lehren, mit ihr sehr verbunden. Das kommt unter anderem darin zum Ausdruck, dass die Professoren Otto Zweifel, Karl Hofacker und Max Jeger das Amt eines Vorstandes der Abteilung VIII versahen und andere Kollegen wichtige Funktionen übernahmen. Für verhältnismässig viele Lehrveranstaltungen der beiden Normalstudienpläne müssen zudem Lehraufträge erteilt werden. Dafür stellten sich immer wieder namhafte Persönlichkeiten aus der Praxis zur Verfügung, so die Leiter eidgenössischer und kantonaler Meliorations- und Vermessungsämter oder die Chefs von fachtechnischen Dienststellen. Auf diese Weise ergab sich unwillkürlich ein enger persönlicher und fachlicher Kontakt zwischen Hochschule und Amtsstellen in unserer Berufsgruppe, die in ihrer Tätigkeit stark auf Dienstleistungen ausgerichtet ist. Im Jahre 1955 betrug die Zahl der Dozenten unserer Abteilung 56, davon waren 21 Lehrbeauftragte. Für das Jahr 1980 rechnen wir mit 96 Dozenten, wovon 30 im Lehrauftrag unterrichten.

Neben den Dozenten spielen im personellen Bereich die Assistenten und wissenschaftlichen Mitarbeiter sowie die Angestellten eine bedeutende Rolle. Die Entwicklung dieser Gruppe in den letzten 25 Jahren ist insofern etwas schwieriger zu beschreiben, als für diese Mitarbeiter verschiedenste Formen von Anstellungsverhältnissen möglich sind. Am ehesten vergleichbar ist die Zahl der festen Assistentenstellen. Die vier Institute verfügten 1955 über 7 Assistentenstellen, heute beträgt ihre Zahl 22. Gegenüber früher hat nun jedes Institut ein Sekretariat. Auch die Zahl der Etatstellen für fachtechnische Mitarbeiter zur Wartung oder Bedienung der gesamten instrumentellen Ausrüstungen konnte erhöht werden. Die Zahl der Mitarbeiter, die aus einzelnen Projekten finanziert, oder aller derjenigen, die nur für einige Tage oder stundenweise als Hilfsassistenten beschäftigt werden, ist hingegen starken Veränderungen unterworfen. Neben Studierenden höherer Semester konnten für diese Lehr- und Forschungsaufgaben öfters Ingenieure aus der Praxis eingesetzt werden. Schliesslich sei noch erwähnt, dass erstmals 1966 und nochmals 1976 in Anbetracht des stetig wachsenden administrativen Aufwandes für die Abteilung je eine halbe Sekretariatsstelle geschaffen wurde.

Eine entscheidende Verbesserung der Infrastruktur brachte für die Abteilung VIII und die drei Institute der Umzug auf den Hönggerberg auf den 1. April 1976. Erste Anzeichen für eine mögliche Aussiedlung gehen auf die Zeit kurz vor dem Jahresende 1968 zurück. Damals zeichnete sich deutlich ab, dass sich das von der Abteilung für Bauingenieurwesen geplante Raumvolumen im Zentrum nicht realisieren liess. Für die Abteilung VIII, die drei mit ihr am engsten verbundenen Institute sowie den Lehrstuhl für Baustatik und Konstruktion an der Abteilung VIII (Prof. Jörg Schneider) drängte sich deshalb ein Mitgehen mit der Abteilung II auf. Die vielseitigen Verflechtungen der beiden Abteilungen, sowohl auf der Ebene der Studienpläne wie auch auf derjenigen der Institute, liessen praktisch keine andere Wahl zu. Bis zu diesem Zeitpunkt hatte die Abteilung VIII im Hauptgebäude ein eigentliches Aschenbrödeldasein gefristet. Trotz den 1965 im Zentrum der ETH angelaufenen umfangreichen Umbauten, mit ihren oft an die Grenze des Tragbaren gehenden Immissionen, konnten die dringenden Raumbedürfnisse der Abteilung hier nur zu einem sehr kleinen Teil befriedigt werden. Von der Benützung weniger Kellerräume abgesehen, blieb nur die Aussiedlung ganzer Gruppen in Wohnhäuser im weiteren Umkreis des Hauptgebäudes übrig, wollte man den Mitarbeitern die nötigen Arbeitsplätze zuteilen. 1975 beispielsweise war das Personal der erwähnten drei Institute auf 10 verschiedene Standorte verteilt. Den Studierenden konnte der Wunsch nach einem eigenen Arbeitsplatz längst nicht mehr erfüllt werden, was sich negativ auf den Studienbetrieb auszuwirken begann. Im Jahre 1967 verlangte der Schulrat erstmals eine Prognose über den personellen Ausbau der Abteilung VIII. Diese Planung konnte in relativ kurzer Zeit auch auf den Raumbedarf ausgeweitet werden, so dass schon im März 1969 die Planungsgrundlagen bereitgestellt waren. Die Abteilung ersuchte den Präsidenten der ETH Zürich, zusammen mit der Abteilung II in den geplanten Neubau auf dem Hönggerberg übersiedeln zu dürfen. Obwohl ein definitiver Entscheid des Schulrates noch Jahre auf sich warten liess, wirkten im Einverständnis mit dem Präsidenten Vertreter der Abteilung VIII in der gemeinsamen Baukommission mit, welcher ein gewisses Mitspracherecht bei der Aufstellung der Raumprogramme und des Konzeptes für den Neubau zustand.

Diese Planungsjahre 1969 bis 1975 gestalteten sich zu einer Durststrecke für die Institute, wurden doch viele Wünsche zurückgestellt, bis sie auf dem Hönggerberg realisiert werden konnten. Grössere neue Geräte konnten wegen Raummangels noch nicht angeschafft werden, auch dies allerdings mit Ausnahmen. So wurde dem Institut für Kartographie eine provisorische Aufstellung der für den Neubau zu beschaffenden Zeichenanlage im alten Physikgebäude bewilligt. Dieser Versuchsbetrieb vermittelte wertvolle Erfahrungen für die definitive Einrichtung auf dem Hönggerberg. 1968 konnte das Institut für Kartographie ein kleines Reprolabor installieren, was ermöglichte, den ganzen herstellungstechnischen Arbeitsablauf einer Karte bis zum druckfertigen Film mit eigenen Mitteln durchzuführen und zu demonstrieren. In den frühen sechziger Jahren hatte man auch den photogrammetrischen Gerätepark entscheidend erneuern und ausweiten können, wie es auch die steigende Zahl der Studierenden erforderte.

Das Hinauszögern der definitiven Raumzuteilung im Neubau auf dem Hönggerberg und die damit verbundenen mehrfachen Umdispositionen erschwerten eine optimale Lösung für die Abteilung VIII. Die fest einzubauenden Anlagen präjudizierten gewisse Entscheide mit der Folge, dass die drei Institute heute im selben Gebäude, aber nicht in unmittelbarer Nachbarschaft zueinander liegen. Grössere Nachteile scheinen aus dieser Tatsache keine zu erwachsen. Für die Institute und die Studierenden ergaben sich gegenüber den prekären Verhältnissen im Zentrum echte Verbesserungen. Die ausgewiesenen Raumbedürfnisse konnten mit einigen Einschränkungen erfüllt werden. Leider musste selbst auf bescheidene Raumreserven verzichtet werden, was verschiedentlich schon wieder zu Engpässen und unglücklichen Umstellungen führte. Für die Studierenden und einige Dozenten wirkt sich die Tatsache negativ aus, dass sie öfters als nötig zwischen beiden Standorten hin und her pendeln müssen, nicht zuletzt deshalb, weil das Hörsaalangebot im Neubau, ursprünglich für zwei Abteilungen geplant, sich nun für drei Abteilungen als zu knapp erweist. Für jeden Studierenden stehen in einem der gut ausgestatteten Zeichensäle ein eigener Arbeitstisch und ein Schrank zur Verfügung. Dies erlaubt die Durchführung grösserer Projektierungs- oder Diplomarbeiten, ohne den Arbeitsplatz immer wieder räumen zu müssen.

Das Institut für Kulturtechnik belegt eher knapp zugemessene Büroräume im obersten Stockwerk des Lehrgebäudes, in direkter Nachbarschaft zum ORL-Institut. Es verfügt darüber hinaus nach mehr als zehnjährigem Provisorium über ausreichende Laborräume, die auch mit neuen Geräten ausgerüstet wurden.

Sie liegen jedoch im Forschungsgebäude, was betriebliche Schwierigkeiten mit sich bringt.

Auf dem Freigelände nördlich des Forschungstraktes konnte ein kleiner Messgarten für bodenphysikalische und sonstige Versuche eingerichtet werden. Im Nordhof ist, im Zusammenwirken mit dem Geobotanischen Institut der ETH, ein bescheidener ökologischer Lehrgarten mit Weihern, Pflanzengesellschaften und Zeigerpflanzen im Entstehen, der auch Platz für Vorführungen bietet. Ein Schwerpunkt für Ausbildung und Forschung wird mehr und mehr das Zentrum der aargauischen Reusstalmelioration in Rottenschwil, das im Rahmen der ETH-Reusstalforschung verschiedenen Fachbereichen und ETH-Instituten zur Verfügung steht und von Prof. Dr. Ulrich Flury betreut wird.

Die Räumlichkeiten des Institutes für Geodäsie und Photogrammetrie liegen mehrheitlich im Erdgeschoss des Haupttraktes des Lehrgebäudes und unmittelbar darunter. Auch hier sind die Bibliothek und die Uebungs- und Praktikumsräume mit den Rechenanlagen und den photogrammetrischen Auswertegeräten in den Institutsbereich integriert. Der Stereokomparator und das computergestützte Auswertesystem wurden in speziell hergerichteten Räumen des ersten Untergeschosses aufgestellt. Im dritten Untergeschoss konnte ein Messkeller mit Kälteraum eingerichtet werden. Für die Feldübung eignet sich das Gelände in der unmittelbaren Umgebung der Hochschulbauten auf dem Hönggerberg. Für die notwendigen Geräte wurden zwei Instrumentendepots angelegt. Eine geodätische Feldstation befindet sich gegenwärtig in der Projektierung.

Studierende bei Vermessungsübungen auf der Dachterrasse des neuen Gebäudes auf dem Hönggerberg.

Das Institut für Kartographie ist in Form eines geschlossenen Blockes im dritten Stockwerk des Nordflügels angeordnet. In einem zentralen Innenbereich sind sämtliche Reproanlagen disponiert, ausgerüstet mit einer Reproduktionskamera, Kopiergeräten, einem Entzerrungsgerät und einer Präzisionszeichenmaschine, alles mit zugehörigen Dunkelkammern. Darum herum gliedern sich die Räume mit dem interaktiven Teil der Zeichenanlage, die Zeichen- und Praktikumsräume, die Kartensammlung und die Büros der Mitarbeiter. Diese Anordnung erlaubt in nächster Nähe die Durchführung aller einschlägigen kartographischen Arbeiten bis zu ein- und mehrfarbigen Kartenproben.

Zu einem reibungslosen und wirtschaftlichen Betriebsablauf trägt auch die Nähe verschiedener wichtiger Dienstleistungsbetriebe bei, wie zum Beispiel die Vervielfältigungszentrale, eine vielseitige Werkstatt, ein Satellit des Rechenzentrums, das Zentrum für interaktives Rechnen und die Baubibliothek.

Einen bedeutenden Umfang in der Ausbildung der Kulturingenieure nehmen auch die Grundlagen des Bauwesens ein. Der dafür zuständige Lehrstuhl für Baustatik und Konstruktion der Abteilung VIII wurde 1976 in das Institut für Baustatik und Konstruktion integriert. Ihm steht nun ebenfalls die grosse Halle des Forschungsgebäudes für Versuche zur Verfügung.

Als allgemein günstig erweist sich die unmittelbare Nachbarschaft einer Reihe weiterer Institute, die ebenfalls Lehrverpflichtungen an der Abteilung VIII wahrnehmen. Auf diese Weise enger mit ihr verknüpft sind unter anderem die Institute für Orts-, Regional- und Landesplanung, für Hydromechanik und Wasserwirtschaft, für Verkehrsplanung und Transporttechnik, für Strassenbau, für Grundbau und Bodenmechanik, für Bau- und Transportmaschinen, für Bauplanung und Baubetrieb, und ebenfalls leicht erreichbar ist das Institut für Geophysik.

Vier Jahre nach dem Einzug in die Neubauten auf dem Hönggerberg, der zweifellos drastischsten äusseren Veränderung der Abteilung VIII seit ihrem Bestehen überhaupt, ist es noch schwierig, die Auswirkungen dieser so sichtbar verbesserten Infrastruktur endgültig zu beurteilen. Es zeigt sich deutlich, dass der Kontakt nach aussen vom Hönggerberg aus nicht mehr so leicht herzustellen ist wie vom Zentrum aus. Viele Besucher scheuen den umständlicheren und längeren Weg zum Hönggerberg, vor allem, wenn sie mit der Bahn anreisen. Es bedarf auch grösserer Anstrengungen, um enge Beziehungen zu den Instituten im Zentrum aufrechtzuerhalten. Dagegen glauben wir, dass unsere Institute in sich und untereinander heute einen stärkeren inneren Zusammenhalt zeigen. Gespräche zwischen den Instituten im Haus ergeben sich auf verschiedenen Ebenen fast zwanglos. Anderseits zeigen frühere Erfahrungen, dass die blosse räumliche Nähe eine interdisziplinäre Zusammenarbeit nicht ohne weiteres sicherstellt.

Unerwartet scharf gebremst wurde der in Gang gekommene Aufschwung durch die Folgen der Rezession, insbesondere durch den Personalstopp. Um für Lehre und Forschung vermehrten Nutzen aus all diesen neuen Einrichtungen zu ziehen, wäre mehr Personal nötig.

Beziehungen auf nationaler und internationaler Ebene

Die Institute sind bestrebt, enge fachliche Kontakte mit den einschlägigen Amtsstellen des Bundes und auch von Kantonen zu pflegen, so unter anderem mit der Landestopographie, der Eidgenössischen Vermessungsdirektion und dem Eidgenössischen Meliorationsamt. Auch die Querverbindungen zur Industrie werden in beiden Richtungen oft benützt und bilden ein wichtiges Glied im ganzen Entwicklungsprozess.

Die Vertreter aller Fachbereiche der Abteilung VIII wirken seit Jahren aktiv in Fachorganisationen mit und unterhalten Beziehungen zu anderen Hochschulen. Auf nationaler Ebene werden die gemeinsamen Interessen unter anderem vom Schweizerischen Verein für Vermessungswesen und Kulturtechnik (SVVK) vertreten. Das Engagement der Hochschule in dieser Organisation ist vielseitig. In erster Linie ist zu erwähnen, dass während der ganzen Berichtsperiode Professoren der ETH Zürich als Chefredaktoren für die Fachzeitschrift des SVVK wirkten, zuerst Prof. Kobold, dann ab 1974 Prof. Conzett. Mit dieser Funktion erfüllt die Hochschule eine wichtige Aufgabe für die ganze Berufsgruppe; einerseits ist sie Mittlerin für die fachliche Förderung, für aktuelle Informationen und Entwicklungstendenzen, anderseits bleibt sie dadurch mit der Praxis eng verbunden. Dozenten und wissenschaftliche Mitarbeiter der ETH haben in den letzten beiden Jahrzehnten in verschiedenen Gremien dieser Fachorganisation mitgearbeitet; Prof. Kobold präsidierte die Kommission, die im Jahre 1970 mit ihrem Bericht «Die schweizerische Vermessung — ein Leitbild» dem ganzen Fachbereich wesentliche Impulse gab. Bei der Abklärung von rechtlichen Fragen und bei der Formulierung des Berufsbildes für das Leitbild waren weitere ETH-Professoren behilflich. Prof. Conzett war massgeblich an den Arbeiten zur Erstellung einer ersten Anleitung für die Durchführung von Grundbuchvermessungen mit automatischer Datenverarbeitung beteiligt und leitet seither die Automationskommission. Erwähnen wir in diesem Zusammenhang nochmals die Initiative zur Reform der amtlichen Vermessung, die ihren Ausgangspunkt in der Antrittsvorlesung von Prof. Dr. Herbert Matthias hatte.

Die andere grosse Berufsorganisation für die Fachbereiche der Abteilung ist der Schweizerische Ingenieur- und Architekten-Verein (SIA). Dieser Dachverband führt seit 1961 eine Fachgruppe der Kultur- und Vermessungsingenieure, die aus dem früheren Kulturingenieurverein hervorgegangen ist. Der Initiative dieser Gruppe verdanken wir unter anderem die Erweiterung der Normensammlung des SIA um die Darstellungsrichtlinien für Bodenverbesserungsprojekte, an der ebenfalls Hochschulangehörige mitwirkten. Professoren der Abteilung sind auch in anderen SIA-Kommissionen aktiv. Für die wissenschaftlichen und fachtechnischen Gespräche und Kontakte spielt eine Reihe weiterer Fachgesellschaften eine wichtige Rolle. Im Jahre 1963 wurde eine Schweizerische Nationalvereinigung für Technik in der Landwirtschaft, Bewässerung und Entwässerung

(AGRID) geschaffen. Prof. Grubinger übernahm das Präsidium dieser Organisation. Die Fachverbände der Siedlungswasserwirtschaft sind der Schweizerische Verband der Abwasserfachleute und der Schweizerische Verein für das Gas- und Wasserfach, deren Arbeit Prof. Ernst Trüeb seit Jahren massgeblich beeinflusst. Sechs Professoren und wissenschaftliche Mitarbeiter der ETH Zürich übten in der Berichtsperiode leitende Funktionen in der Schweizerischen Gesellschaft für Photogrammetrie aus. Je für einige Jahre wirkten die Professoren Kobold, Spiess und Kasper als Präsidenten. Prof. Imhof gründete 1960 die Schweizerische Arbeitsgemeinschaft für Kartographie. Sie wurde im Jahre 1969 durch eine Schweizerische Gesellschaft für Kartographie abgelöst, in der neben Ingenieuren und Geographen mehrheitlich ausübende Kartographen zusammengefasst sind. Diese Fachgesellschaft stand in den ersten fünf Jahren unter der Leitung von Prof. Spiess. Mitarbeiter des Institutes für Kartographie arbeiteten an einer reich illustrierten Lehrschrift über kartographisches Generalisieren in topographischen Karten mit.

Aus diesen wissenschaftlichen Gesellschaften rekrutiert sich auch die Basis für internationale Organisationen, welche die einzelnen Fachbereiche überdecken. So ist die AGRID der International Commission of Irrigation, Drainage and Flood Control (ICID) und der Commission Internationale du Génie Rural (CIGR) angeschlossen. In beiden Komissionen war Prof. Grubinger 1976 bis 1979 an leitender Stelle tätig. Damit besteht die Möglichkeit ständiger fachlicher Information über kulturtechnische Probleme und Forschungsprojekte in Entwicklungsländern. In einer Studiengruppe wurde an einem umfangreichen mehrsprachigen technischen Wörterbuch mitgearbeitet. Prof. Tanner war lange Jahre Sekretär einer Arbeitsgruppe der FAO. Seit kurzem sind auch die Professoren Flury und W. Schmid in der FIG und in der CIGR aktiv. Prof. Trüeb wirkt im Council der International Water Works Association mit.

Im Anschluss an eine sehr erfolgreiche erste internationale technische Konferenz für Kartographie im Jahre 1959 wurde eine Internationale Kartographische Vereinigung gegründet. Einer der Hauptinitianten war Prof. Imhof, dem dann auch als erstem das Präsidium dieser Gesellschaft übertragen wurde. Sie entwikkelte bald eine rege Kommissionstätigkeit, an der sich seit Beginn ohne Unterbruch Angehörige des Institutes für Kartographie der ETH beteiligten. In den letzten 15 Jahren entstanden unter unserer Mitwirkung ein Stoffplan für die Ausbildung von Kartographen verschiedener Stufen, ein Verzeichnis der Ausbildungsstätten und ein illustriertes Lehrbuch. Wir beteiligten uns ebenfalls an der Redaktion eines mehrsprachigen Wörterbuches der Kartographie, eines Glossars für Begriffe aus der digitalen Kartenherstellung und eines Handbuches über kartographische Techniken. Diese Mitarbeit ermöglichte, mit vielen Fachleuten aus dem Ausland Kontakte anzuknüpfen und Einblicke in andere Methoden und Verfahren zu gewinnen. Im Jahre 1978 übernahm das Institut die Aufgabe, für eine Konferenz von Kartographen aus dem deutschen Sprachraum eine umfangreiche Ausstellung thematischer Karten zusammenzustellen. Durch all diese Aktivitäten erhielt das Institut für Kartographie als Gegenleistung viele Anregungen, die zum mindesten eine wertvolle Ergänzung zur Fachliteratur bildeten.

Für das Institut für Geodäsie und Photogrammetrie liegen die Internationale Union für Geodäsie und Geophysik (UGGI), die Internationale Vereinigung der Vermessungsingenieure (FIG) und die Internationale Gesellschaft für Photogrammetrie (SIP) fachlich am nächsten. Institutsmitglieder haben verschiedentlich bedeutende Beiträge für diese Organisationen geleistet. So ist besonders darauf hinzuweisen, dass Prof. Kobold im Jahre 1967 als Präsident des Organisationskomitees den UGGI-Kongress leitete, der gleichzeitig in Zürich, Bern, Luzern und St. Gallen durchgeführt wurde. Ein Jahr später fand in Lausanne der Internationale Kongress für Photogrammetrie statt, an dem ebenfalls eine grössere Zahl von Mitarbeitern der ETH Zürich in der Organisation mitwirkte. Als Kongressdirektor amtete Prof. Bachmann von der ETH Lausanne. Gegenwärtig befasst man sich bereits mit den Vorbereitungen für einen FIG-Kongress in Montreux im Jahre 1981. Prof. Matthias präsidiert in der laufenden Amtsdauer die FIG.

Die Arbeitsweise dieser drei internationalen Vereinigungen ist recht unterschiedlich, was sich auch auf die Form der Mitarbeit auswirkt. In der Internationalen Assoziation für Geodäsie, einer Untergruppe der UGGI, werden von den Mitgliederländern Beiträge zur Lösung von grundlegenden Forschungsproblemen erwartet, die internationale Zusammenarbeit erfordern, wie zum Beispiel die Neuausgleichung des europäischen Dreiecksnetzes oder die Festlegung des für Distanzmessungen anzuwendenden Wertes für die Lichtgeschwindigkeit. In den beiden anderen Gesellschaften liegt der Schwerpunkt in der laufenden Orientierung über die neuesten Entwicklungen mittels technischer und wissenschaftlicher Ausstellungen und Vorträgen an Kongressen und Symposien. Prof. Kobold präsidierte während vier Jahren die EGIG, eine Vereinigung, die die Durchführung der Internationalen glaziologischen Grönland-Expeditionen sicherstellte.

Für den Bereich der Photogrammetrie muss noch der Zusammenschluss einiger europäischer Länder in der OEEPE (Organisation Européenne d'Etudes Photogrammétriques Expérimentales) zur Durchführung von Versuchsarbeiten erwähnt werden. Die beiden Eidgenössischen Technischen Hochschulen haben sich in den 25 Jahren der Existenz dieser Organisation an einer ganzen Reihe solcher Versuche beteiligt, sei es durch Bereitstellen von Testfeldern und Flugaufnahmen, durch Beteiligung an praktischen Auswertearbeiten oder theoretischen Untersuchungen. Da für die Arbeiten gesamthaft ein bedeutendes Potential an qualifizierten Fachleuten zur Verfügung steht, können vergleichbare praxisgerechte Ergebnisse erwartet werden.

Im grösseren Ueberblick zeigen die erwähnten Organisationen eine ziemlich stetige Entwicklung, gelegentlich gefördert durch einige besondere Ereignisse, wie zum Beispiel das Geophysikalische Jahr. Von einigen Arbeitsgruppen abgesehen, lässt jedoch die zeitlich 2 bis 4 Jahre auseinander liegende Abfolge der

Kongresse keine intensivere Zusammenarbeit erwarten. Für die eigenen Forschungsprojekte von Bedeutung sind auch die vielen persönlichen Kontakte, die anlässlich solcher Veranstaltungen angeknüpft werden. Enge Beziehungen mit anderen Hochschulen ermöglichen auch den Austausch junger wissenschaftlicher Mitarbeiter, womit die verschiedenen Forschungsarbeiten vielleicht am nachhaltigsten beeinflusst werden.

Die Veränderungen in den Studiengängen der Abteilung VIII

Die Entwicklungen im Bereich der Lehre werden im wesentlichen aus den Veränderungen der Normalstudienpläne und der Diplomprüfungsregulative ersichtlich. In der Berichtsperiode wurde die Ausbildung der Kulturingenieure viermal, diejenige der Vermessungsingenieure dreimal grösseren Reformen unterzogen. Dazwischen liegt noch eine ganze Anzahl weiterer Teilrevisionen. Verfolgt man die einzelnen Fachbereiche über den ganzen Zeitabschnitt, stellt man jedoch keine drastischen Umstellungen fest, sondern eine schrittweise Anpassung an veränderte Voraussetzungen und Ziele. Gelegentlich sind es nur kleine Korrekturen, deren Gründe nicht selten bei Entwicklungen in anderen Abteilungen zu suchen sind. Eine Ausnahme macht in dieser Beziehung die jüngste Studienplanreform mit dem Entscheid zur Zusammenlegung der ersten vier Semester für Kultur- und Vermessungsingenieure.

Die Abteilungskonferenz stellte im Jahre 1955 fest, dass die 1948 eingeführte Erhöhung der Studienzeit auf acht Semester und die bisherige Ausbildungsrichtung sich bewährt hatten. Jedoch musste der Ueberlastung der Studien- und Prüfungspläne begegnet und die Schwierigkeiten, die durch die Bindung an die Abteilungen I und II entstanden waren, gemildert werden. Mit der im Jahre 1955 genehmigten Studienplanreform gelang es, die Summe der obligatorischen Wochenstunden von 292 auf 277 und die Zahl der Fächer in der mündlichen Schlussdiplomprüfung von 18 auf 10 zu reduzieren. Um diese Zeit zeichnete sich bereits ein Mangel an genügend beruflichem Nachwuchs ab. Offensichtlich interessierten sich immer weniger Studierende aus ländlichen Gebieten für die Bereiche Güterzusammenlegung, Kulturtechnik und Grundbuchvermessung. Gleichzeitig bereitete die Anstellung von Assistenten Mühe, da ihr Lohnniveau vergleichsweise zurückgeblieben war. Im Jahre 1958 richtete der Stadtrat von Zürich eine Eingabe an den Schweizerischen Schulrat, in welcher verlangt wurde, den Mangel an Grundbuchgeometern, der zu einer eigentlichen Notlage geführt habe, zu beheben. Der Eidgenössische Vermessungsdirektor brachte für die Grundbuchgeometer ein sechssemestriges Studium in Vorschlag, was von den Gegnern als ein untaugliches Mittel bezeichnet wurde. Man betonte, dass der Geometer mit Ingenieuren und Architekten auf gleicher Ebene verhandeln können muss und glaubte, dass der vorgeschlagene Abschluss nur ein Jahr vor dem Diplom nicht genügend attraktiv sein würde. In einer Abstimmung im Fachverein (SVVK) wurde ein sechssemestriges Studium für Geometer mit allen gegen zwei Stimmen abgelehnt.

Für die weitere Entwicklung entscheidend war, dass 1959 die Planung und das Baurecht zu obligatorischen Fächern erklärt wurden. Der damalige Abteilungsvorstand Prof. O. Zweifel hatte die Bedeutung der Vorschläge der Dozenten E. Tanner und R. Sennhauser erkannt und die Realisierung dieses wichtigen Schrittes an die Hand genommen. Die Schaffung eines Institutes für Orts-, Regional- und Landesplanung wurde lebhaft begrüsst, eine eigene Abteilung für Planer jedoch abgelehnt. Die Studienplanänderungen der Jahre 1960 und 1961 brachten für die Kulturingenieure eine gewisse Entlastung in der Stundenzahl, eine Vertiefung in den Hauptfächern Kulturtechnischer Wasserbau und Siedlungswasserbau sowie neu den landwirtschaftlichen Pflanzenbau. Für die Vermessungsingenieure wurde die Luftbildinterpretation eingeführt. Ein Jahr später — der Mangel an Grundbuchgeometern hatte sich inzwischen weiter verschärft — wurde für diese ein neuer Studienplan in Kraft gesetzt. Damit wurde auch die Möglichkeit eines Studienabschlusses in der Abteilung VIII B nach sechs Semestern für Geometerkandidaten eröffnet. In all den Jahren seither fand sich jedoch kein einziger Studierender, der nach diesem Programm früher abschliessen wollte. Das Vorlesungsangebot für die Vermessungsingenieure wurde 1963 in den Bereichen Vermessungskunde, Ausgleichungsrechnung und Geodäsie noch etwas erweitert. Das Jahr 1966 brachte eine Neuordnung des Mathematikunterrichtes, unter anderem die Einführung der Linearen Algebra. An der EPUL entschied man sich ebenfalls für eine achtsemestrige Kulturingenieurausbildung, was Anlass zu Koordinationsgesprächen zwischen Zürich und Lausanne gab.

Am 10. November 1969 behandelte die Abteilungskonferenz neue Vorschläge für eine weitere Studienplanrevision für die Kulturingenieure. Mit Hilfe von drei frei wählbaren Vertiefungsrichtungen, nämlich Zusammenlegungswesen mit Ortsplanung, landwirtschaftlicher Wasserbau mit Meliorationen im Berggebiet und Siedlungswasserbau, sollte im auf acht Semester begrenzten Studium eine vertiefte Ingenieurausbildung erreicht werden, ohne zu einer Spezialisierung zu führen. Es wurden auch Verbesserungen im Prüfungssystem angestrebt, so die Möglichkeit der Bewertung von Uebungen im Rahmen eines Kolloquiums anstelle einer mündlichen Prüfung. Diese bedeutenden Aenderungen wurden vom Schulrat im Jahr 1971 in Kraft gesetzt.

Die Bestrebungen um eine Revision des Studienplanes für die Vermessungsingenieure kamen nur langsam voran. Die Meinungen waren insbesondere darüber geteilt, ob die ersten vier Semester mit der Unterabteilung VIII A zusammengelegt werden sollten. Ein entsprechender Antrag wurde 1972 von einer Gruppe von Vermessungsingenieurstudenten heftig bekämpft. Eine Umfrage unter einer grossen Zahl von Ehemaligen zeigte, dass auch diese geteilter Meinung waren. Deshalb wurden vorerst nur kleinere Bereinigungen durchgeführt, die vor allem mit der Umgestaltung des Lehrangebotes der Geologie und der Geophysik zusammenhingen.

Im Jahre 1975 gab der damalige Vorstand Prof. Jörg Schneider als Bauingenieur den Anstoss zu einer umfassenden Studienplanreform. Die wesentlichsten Ziele waren die Zusammenlegung der beiden Unterabteilungen, die Fächer- und Stundenzahlen zu reduzieren, die Studierenden möglichst früh mit konkreten Inhalten ihres zukünftigen Berufes zu konfrontieren, eine frühe Spezialisierung zu vermeiden und im zweiten Studienabschnitt vermehrt ingenieurmässiges Denken und Arbeiten an disziplinübergreifenden Projekten oder Problemen zu schulen und zu üben. Zur Verwirklichung dieser Anliegen musste eine Reihe einschneidender Veränderungen vorgesehen werden: Für Kultur- und Vermessungsingenieure war ein neues gemeinsames Grundstudium zu konzipieren. Die Mathematik wurde auf mehr Semester verteilt. Als Fachrichtungen wurden festgelegt: 1. Raumplanung/Strukturverbesserung/Bodenordnung, 2. Landwirtschaftlicher Wasserbau, Wasserwirtschaft und Melioration, 3. Siedlungswasserbau und Umwelttechnik, 4. Vermessung, 5. Geodäsie und Geophysik und 6. Kartographie. Im Vertiefungsstudium sind die ersten vier für Kulturingenieurstudenten, die letzten drei für Vermessungsingenieurstudenten vorgesehen, wobei jeder Student während seines Studiums mindestens zwei verschiedene Richtungen wählen muss. Für entsprechende Vertiefungsblöcke werden pro Woche 12 Stunden eingesetzt, deren Gestaltung grundsätzlich der Fachrichtung freigestellt ist, so dass traditionelle und projektorientierte Arbeitsweisen möglich sind. Dieser neue Studienplan, der zweifellos eine spürbare Veränderung bewirken wird und einige didaktische Neuerungen bringt, trat auf Beginn des Wintersemesters 1979/80 in Kraft, nachdem er von Schulleitung und Schulrat ohne Aenderung genehmigt wurde.

Beim Vergleich dieses neuesten Studienplanes für Kulturingenieure mit demjenigen von 1955 stellt man fest, dass die Gesamtzahl der obligatorischen Stunden nochmals um 15 gesenkt werden konnte. Vor allem das 3. bis 7. Semester ist nun gegenüber früher entlastet. Bei den Vermessungsingenieuren ist heute der Bereich der Wahlfächer stark erweitert gegenüber der Situation vor 25 Jahren. Neu angeboten wird heute die Technik der Datenverarbeitung und ihre fachspezifischen Anwendungen. Das neue Diplomprüfungsregulativ bringt eine deutliche Vermehrung der Fächer im Schlussdiplom, hauptsächlich deswegen, weil alle grösseren Semesterarbeiten ebenfalls berücksichtigt werden. Eine Beurteilung der Erfahrungen mit diesem neuen Studienplan kann naturgemäss erst ab 1983 erfolgen.

Zum Unterricht gehören natürlich in erster Linie auch Studierende. In der Tabelle 1 sind für die Periode von 1955 bis 1979 die Zahlen der Studierenden in allen Semestern und der erteilten Diplome, aufgeteilt nach Kultur- und Vermessungsingenieuren, dargestellt. Auffallend ist die Verdoppelung der Studentenzahl von 63 auf 123 zwischen 1961 und 1963. Der Höchststand wurde im Jahre 1976 mit 263 Studierenden erreicht; seither ist die Tendenz wieder leicht rückläufig. Seit jeher waren es deutlich weniger Vermessungsingenieure, die das Studium abschlossen, als Kulturingenieure. Ihre Zahl schwankt zwischen null und neun. In den 25 Jahren wurde 506 Kulturingenieuren das Diplom erteilt, aber immerhin auch 64 Vermessungsingenieuren.

Anlässlich der Beratung der Studienplanrevision von 1969 wirkten in der Konferenz erstmals auch Vertreter der Assistenten und Studenten mit. Im Bundesbeschluss vom 24. Juni 1970, der sogenannten Uebergangsregelung, wurde eine solche Mitsprache in Fragen, die den Unterricht betreffen, vom Parlament gesetzlich vorgeschrieben. Eine paritätische Kommission der Abteilung befasste sich in der Folge mit den nötigen organisatorischen Massnahmen. Im Februar 1972 konnten die Satzungen für den Abteilungsrat den Dozenten, Assistenten und Studierenden zur Abstimmung unterbreitet werden. Alle drei Stände stimmten der Vorlage zu. In der Abteilung VIII setzt sich seither der Abteilungsrat aus acht Dozenten, vier Assistenten oder wissenschaftlichen Mitarbeitern und fünf Studierenden zusammen. Diesem Rat obliegt die Begutachtung des Inhalts und organisatorischer Verbesserungen des Unterrichts, der Normalstudienpläne, der Umschreibung und Abgrenzung des Lehrgebietes neuer Professuren und der Abänderung von Prüfungsregulativen, um nur die wichtigsten Bereiche zu nennen. Die meisten dieser Geschäfte werden in der Abteilungskonferenz mit den Dozenten vorbereitet, anschliessend vom Abteilungsrat in letzter Instanz begutachtet und als Antrag der Abteilung der Schulleitung weitergeleitet. Insbesondere musste darum auch die neueste Studienplanreform abschliessend im Abteilungsrat behandelt werden. Seit seinem Bestehen herrscht in diesem neuen Gremium eine erfreulich positive Stimmung. Alle drei Stände arbeiten kooperativ mit an der Lösung der oft nicht einfachen Probleme. Allerdings bringt diese Verdoppelung der Gremien auf Abteilungsebene auch erhebliche zusätzliche Belastungen mit sich.

Seit Beginn der Berichtsperiode haben sich die Abteilungen und die mit ihr verbundenen Institute in Zusammenarbeit mit andern Organisationen auch immer wieder der Fortbildung von Fachleuten dieser Berufssparten angenommen. In den Jahren 1957 und 1960 führte Prof. Imhof zwei achtwöchige internationale Hochschulkurse für Kartographie durch. Im Fachbereich Photogrammetrie wurden schon unter der Leitung von Prof. Zeller verschiedene internationale Kurse durchgeführt. In die Amtszeit von Prof. Kasper fallen das UN-Seminar Photogrammetrie des Jahres 1971 sowie zwei Kurse über Architekturphotogrammetrie im Rahmen des Kulturgüterschutzes (1970 und 1972). Ein zweijähriger Kurs für Geodäten aus Entwicklungsländern wurde durch die Professoren Kobold, Kasper, Zeller und die damaligen Mitarbeiter F. Chaperon und H. Matthias betreut.

Im Jahre 1959 wurde ein Seminar für Gemeindeingenieure eingerichtet, das alle 14 Tage stattfand und auch Interessenten aus der Praxis offenstand. Dieses

Seminar wurde 1964 in ein Kolloquium für ORL-Planung umbenannt und findet sich in dieser Form noch heute regelmässig im Programm. Seit Jahren wird auch ein Teil der Vorträge des Geodätischen und ebenso des Ingenieurhydrologischen Seminars für eine breitere Oeffentlichkeit angelegt. Ein Fortbildungskurs im Jahre 1963 war speziellen Problemen der Kulturtechnik gewidmet. Zu erwähnen wären noch ein Hochschulkurs über Güterzusammenlegungsrecht (1970), Informationstagungen über die Nachführung von EDV-Vermessungen (1974), über Triangulation (1976), über das Thema «Raumplanung Schweiz» (1976), über Mehrzweckkataster (1975 und 1977) sowie Weiterbildungskurse über traditionelle Methoden der Feldentwässerung (1976), über thematische Kartographie, über Reproduktionstechnik für Kartographen (1975 und 1977), über das Thema «Planen und Bauen in der Kulturlandschaft» (1978/79) und über Ingenieurbiologie als Instrument der Meliorationen (1979).

Verschiedene Dozenten der Abteilung wirkten auch in Nachdiplomkursen mit. Prof. Grubinger war acht Jahre lang Mitglied des Leitungsausschusses des Nachdiplomkurses über Probleme der Entwicklungsländer. Prof. Weidmann hatte sich als Direktor des ORL-Institutes auch mit dem Nachdiplomkurs für Raumplanung zu befassen.

Als eine grundsätzliche, weitestgehende Oeffnung der Hochschule für alle Kreise muss auch der Entscheid des Schweizerischen Schulrates aufgefasst werden, dass sich ab Sommersemester 1977 jedermann für einzelne Lehrveranstaltungen einschreiben kann, der das 18. Altersjahr zurückgelegt hat.

Aufgabe und Bedeutung des Kultur- und Vermessungsingenieurwesens in der Gemeinschaft

Volkswirtschaftlich gesehen, übt der Kultur- und Vermessungsingenieur seinen Beruf im tertiären Bereich der Dienstleistungen aus. Zu deren Aufgaben gehören unter anderem der Schutz der Rechte an Grund und Boden, die Gewährleistung des menschlichen Zusammenlebens und dessen Ordnung, die Förderung des sozialen Ausgleichs, die Daseinsvorsorge und die Gewährleistung der wirtschaftlichen Prosperität. Für alle diese Aufgaben sind die Umwelt und der Lebensraum von besonderer, grundlegender Bedeutung, und eben auf diese bezieht sich die Berufsausübung der Kultur- und Vermessungsingenieure in ganz besonderer Weise. Der Schwerpunkt ihrer Tätigkeit liegt darin, die Erdoberfläche geometrisch und physikalisch vom globalen Rahmen bis hin ins Detail zu erfassen und sie mathematisch und graphisch darzustellen, die Strukturen unseres Lebens- und Wirtschaftsraumes kreativ weiter zu entwickeln, zu gestalten und zu ordnen, sie aber auch zu sichern und zu erhalten. Diese Berufsgruppe leistet somit wesentliche Beiträge zu den vielschichtigen Aufgaben in unserem Lande. Sie ist jedoch auch in der Lage, diese Dienstleistungen in den Ländern der Dritten Welt zu erbringen. Dabei kommen die allgemein gültigen Planungs- und Realisierungsverfahren zur Anwendung, allerdings unter immer wieder grundlegend verschiedenen physischen, ökonomischen, rechtlichen, sozialen, politischen und marktwirtschaftlichen Voraussetzungen.

Mit der Ausbildung von 570 Ingenieuren in den letzten 25 Jahren hat die Abteilung VIII im übrigen eine öffentliche Dienstleistung sichergestellt, auf die man von Gesetzes wegen nicht verzichten kann, nämlich die amtliche Vermessung von Grund und Boden in der Schweiz. Sie stellt eine wichtige Massnahme zur Sicherung und Gewährleistung des Grundeigentums dar. 250 private Ingenieurbüros und rund 20 Vermessungsämter, die sich über das ganze Land verteilen, nehmen sich dieser Aufgabe an. Die Vermessungswerke, welche sie im Auftrag der Oeffentlichkeit schaffen und unterhalten, werden von kantonalen Amtsstellen geprüft und überwacht. Die Oberaufsicht obliegt der Eidgenössischen Vermessungsdirektion. In den letzten Jahrzehnten haben die zu lösenden Aufgaben an Komplexität zugenommen. Im Zusammenhang mit der Raumplanung sind schwierige rechtliche Probleme zu meistern. Der Kulturingenieur, dessen Fachkenntnisse die Bereiche Tiefbau, Strukturverbesserung, Raumplanung, Bodenordnung, landwirtschaftlicher Wasserbau, Wasserwirtschaft, Siedlungswasserwirtschaft und Umwelttechnik, Vermessung und die einschlägigen Rechtsgrundlagen umfassen, nimmt auch wegen seiner Vertrauensstellung nicht selten wichtige Koordinationsaufgaben wahr. Besonders vorteilhaft wirkt sich diese breite berufliche Basis im ländlichen Raum und im Berggebiet aus. Dank ihr ist der Kulturingenieur eine wichtige, unerlässliche Stütze der Gemeindebehörden auf planerischer, bautechnischer, vermessungstechnischer und rechtlicher Ebene. Neben dieser beratenden und treuhänderischen Funktion in den Gemeinden bringt er die nötigen Voraussetzungen mit, sich in verschiedenen Richtungen zu spezialisieren, so zum Beispiel im landwirtschaftlichen oder im Siedlungswasserbau. Aber auch bei solchen Aufgaben wird er dank seiner breiten Ausbildung nicht enges Fachwissen vertreten, sondern einer ökologischen und integralen Betrachtungsweise verpflichtet sein.

Der Vermessungsingenieur anderseits ist durch seine Ausbildung prädestiniert, eine Brücke zu schlagen zwischen den kommunalen, kantonalen und nationalen Vermessungs- und Kartenwerken und modernen Datenverarbeitungssystemen für raumbezogene Daten. Zur Lenkung der Entwicklung sind in kürzern Perioden die räumlichen Veränderungen zu erfassen, ihre ursächlichen Zusammenhänge zu untersuchen und diese als vielschichtige Informationen für die Oeffentlichkeit bereitzustellen, wozu mehr und mehr anspruchsvolle digitale Techniken eingesetzt werden. Nicht zu vergessen ist auch der Beitrag der Geodäten zur Gewinnung neuer Erkenntnisse über Form und Aufbau der Erdkruste.

Zusammenfassend kann festgestellt werden, dass Kultur- und Vermessungsingenieure massgeblich am Aufbau einer zweckmässigen Infrastruktur für unsern Lebensraum sowie an dessen Nutzung und Schutz beteiligt waren und bleiben.

Wenn auch manche ihrer Aktivitäten mehr selbstverständliche als aufsehenerregende Dienstleistungen geworden sind, so sind sie aus einem funktionsfähigen Staatswesen nicht wegzudenken.

Die Vorstände der Abteilung VIII von 1955 bis 1980

1955—1956	Prof. Dr. Ed. Imhof
1956—1958	Prof. E. Ramser
1958—1962	Prof. O. Zweifel
1962—1964	Prof. Dr. Ed. Imhof
1964—1966	Prof. Dr. K. Hofacker
1966—1970	Prof. Dr. H. Grubinger
1970—1972	Prof. Dr. F. Kobold
1972—1974	Prof. Dr. M. Jeger
1974—1976	Prof. J. Schneider
1976—1978	Prof. E. Spiess
1978—1980	Prof. R. Conzett

Studentenzahlen der Abteilung für Kulturtechnik und Vermessung von 1955 bis 1979

Jahr	Total Studierende	davon weibl. Anteil	Erteilte Diplome als Kulturingenieure	Erteilte Diplome als Vermessungsingenieure
1955	71	—	3	2
1956	74	—	11	1
1957	68	—	10	1
1958	65	—	11	—
1959	63	—	12	1
1960	61	—	10	2
1961	63	—	10	—
1962	97	1	6	—
1963	123	1	9	1
1964	147	1	7	1
1965	174	2	8	3
1966	194	1	18	1
1967	216	1	17	9
1968	216	1	38	3
1969	204	2	30	3
1970	193	3	25	4
1971	191	2	24	4
1972	199	2	30	2
1973	211	3	36	6
1974	208	4	18	7
1975	239	4	32	4
1976	263	8	36	—
1977	260	11	39	3
1978	247	13	38	1
1979	216	10	28	5

Die Abteilung für Mathematik und Physik

Von Georg Busch, Albert Pfluger und Kollegen

Das Bundesgesetz betreffend die Errichtung einer Eidgenössischen Polytechnischen Schule vom 7. Hornung 1854 hält im I. Abschnitt, Allgemeine Bestimmungen, Artikel 2, folgendes fest:

«Die Aufgabe der polytechnischen Schule besteht darin:
Techniker für den Hochbau, für den Strassen-, Eisenbahn-, Wasser- und Brückenbau, für die industrielle Mechanik, für die industrielle Chemie und Fachmänner für die Forstwirtschaft
unter steter Berücksichtigung der besonderen Bedürfnisse der Schweiz, theoretisch und so weit tunlich praktisch auszubilden.

Es sollen mit der polytechnischen Schule philosophische und staatswirtschaftliche Lehrfächer verbunden werden, soweit sie als *Hilfswissenschaften* für höhere technische Ausbildung Anwendung finden, wie namentlich die neueren Sprachen, *Mathematik, Naturwissenschaften,* politische und Kunstgeschichte, Schweizerisches Staatsrecht und Nationalökonomie.

Die polytechnische Schule kann auch zur Ausbildung von Lehrern für technische Lehranstalten benutzt werden.»

Die Voraussicht, welche aus diesem Gesetz spricht, kann auch heute noch – nach 125 Jahren – nur Respekt und Bewunderung wachrufen, und man kann sich mit Recht fragen, ob die Eidgenössische Technische Hochschule Zürich diese hochgesteckten Ziele erreicht oder übertroffen hat.

Die gegenwärtige «Abteilung für Mathematik und Physik» entstand aus der früheren «Abteilung für Fachlehrer in Mathematik und Physik». Diese wiederum war durch Abspaltung aus einer umfassenderen «Abteilung für Bildung von Fachlehrern in mathematischer und naturwissenschaftlicher Richtung» hervorgegangen, die erstmals im Reglement vom 3. Juli 1899 Erwähnung findet. Die 1932 vorgenommene Aenderung der Benennung der Abteilung trug der Tatsache Rechnung, dass ihre Absolventen in zunehmendem Masse nach Abschluss ihrer Studien Beschäftigung in Industrie- und Forschungslaboratorien im In- und Ausland fanden und nur wenige zum höheren Lehramt übertraten. Wenn heute die Abteilung IX – formell – noch nicht in eine Abteilung IX A für Mathematik und IX B für Physik zerfallen ist, so ist dies wohl vor allem einerseits der Einsicht zu verdanken, dass mathematisches und physikalisches Denken in starker Wechselwirkung stehen und anderseits beide Disziplinen in *allen anderen Abteilungen* der Schule als propädeutische Fächer grundlegende Bedeutung besitzen. Gerade dadurch, dass die Dozenten und Assistenten für Mathematik und Physik die Studierenden *aller* Abteilungen unterrichten, nimmt die Abteilung IX eine Sonderstellung ein. Im Schuljahr 1978/1979 wurden insgesamt etwa 2100 Studierende in propädeutischen mathematischen Vorlesungen und Uebungen unterrichtet und etwa 1250 im propädeutischen Physikunterricht. Die Abteilung bedarf daher notwendigerweise zahlreichen Lehrpersonals, und dieses wiederum verlangt genügend Einrichtungen für zeitgemässe Forschungsarbeiten. Nicht allein die steigende Zahl der Studierenden hat das Wachstum des Lehrkörpers der Abteilung in den letzten 25 Jahren bedingt, sondern vor allem die Zunahme des Umfangs und der Spezialisierung des Unterrichts und der Forschung. Die Anzahl der Studierenden in Richtung Mathematik und Physik, einschliesslich Doktoranden, stieg von 161 im Jahre 1955 auf 936 im abgelaufenen Studienjahr; die Zahl der Dozenten (ordentliche, ausserordentliche und Assistenzprofessoren) und Assistenten (ohne wissenschaftliche Mitarbeiter) dagegen nahm von 33 beziehungsweise 48 auf 110 beziehungsweise 116 zu. Eine Rückschau bietet eine gute Gelegenheit, sich über diese Zahlen Rechenschaft zu geben und das eindrückliche Wachstum zu deuten; dies um so mehr als sich daraus namhafte personelle, bauliche, finanzielle und organisatorische Konsequenzen ergeben haben.

Einschneidend wurde die Struktur der Abteilung durch die *Uebergangsregelung* für die Eidgenössischen Technischen Hochschulen vom 24. Juni 1970 geändert, vor allem durch ihren Artikel 12[2], wonach sich Dozenten, Assistenten, wissenschaftliche Mitarbeiter und Studierende der Abteilungen und Institute über die Art ihrer Meinungsbildung zu verständigen haben. Wohl mag dieser Bestimmung die Absicht zugrunde liegen, den demokratischen Geist, das Gespräch und das Mitbestimmungsrecht innerhalb der Hochschule zu fördern. Dass sie gleichzeitig bei den Angehörigen der Hochschule auch ein ungesundes Standesbewusstsein heraufbeschwor, konnte nicht vorausgesehen werden, wohl aber, dass man die Lehrerschaft weitgehend entrechtete; indirekt auch zum Schaden der Studentenschaft. Die Konferenz der Abteilung für Mathematik und Physik nahm in ihrer Sitzung vom 9. Mai 1978 zur Uebergangsregelung Stellung und sprach sich über die damit gemachten Erfahrungen aus. Sie kam im wesentlichen zu folgenden Schlussfolgerungen:

Die Mitarbeit der Studierenden und Assistenten ist in den Entscheidungsprozessen der Hochschule von grosser Bedeutung. Jedoch vermögen die durch die Uebergangsregelung und die damit verbundenen Aenderungen des Regulativs der Hochschule geschaffenen Strukturen nicht zu befriedigen. In der Uebergangsregelung fehlen Aussagen, welche die Autonomie der Hochschule, die Gleichstellung von Lehre und Forschung sowie die Lehr- und Forschungsfreiheit gewährleisten. Ferner werden die Aufgaben, Rechte und Kompetenzen der Mitglieder des Lehrkörpers nur unvollständig umschrieben. Das neue ETH-Gesetz wird diesen Forderungen Rechnung tragen und die übereilig geschaffenen Reformen korrigieren müssen.

Im folgenden wird versucht, die wesentlichen Entwicklungen der Mathematik und der Physik in Unterricht und Forschung im letzten Vierteljahrhundert darzustellen.

Mathematik

Von Albert Pfluger

Es sind hauptsächlich folgende zwei Tatsachen gewesen, welche den Ausbau der Mathematik an der ETH seit 1950 in Unterricht und Forschung bestimmt haben: die Zunahme an allgemeiner Bedeutung und die geradezu stürmische Entwicklung dieser Wissenschaft im allgemeinen und ihrer angewandten Disziplinen, wie Computerwissenschaften (Numerik, Informatik), Stochastik und Operations Research im besonderen, sowie der rasche Anstieg der Studentenzahl an der ganzen ETH und an der Abteilung IX.

Forschung

Das Institut für angewandte Mathematik

Die Gründung eines *Instituts für angewandte Mathematik* im Jahre 1948, unter Leitung von Prof. E. Stiefel, hat diesen Ausbau eingeleitet. Es war die Zeit, als gerade die ersten Nachrichten über hoch effiziente Rechenautomaten aus den USA in die Schweiz kamen. Zwei junge Assistenten dieses Instituts, Heinz Rutishauser als Mathematiker und Ambros Speiser als Elektroingenieur, verbrachten das Jahr 1949 an der Harvard University und am Institute for Advanced Study in Princeton, wo hervorragende Wissenschafter an vorderster Front der neuen Computertechnik tätig waren. Gegen Ende 1950 konnte ein von Ing. Konrad Zuse konstruierter elektromechanischer Rechenautomat Z_4 an der ETH in Betrieb genommen werden, wohl der erste programmgesteuerte Computer in Europa. Die in dieser Zeit von Stiefel und Rutishauser publizierten Arbeiten auf dem Gebiet der angewandten Mathematik und der Programmiersprache haben in den Recheninstituten der ganzen Welt starke Beachtung und Verwendung gefunden und Zürich zu einem bedeutenden Zentrum gemacht. Zu nennen sind etwa: die Methode des konjugierten Gradienten zur iterativen Lösung von Gleichungssystemen (Stiefel und gleichzeitig Hestenes), die später zu einem wirkungsvollen Optimierungsalgorithmus weiterentwickelt wurde und Eingang in das Operations Research gefunden hat, die Entwicklung des Begriffs der numerischen Instabilität, einer Theorie der numerischen Integration, und der Differenzenquotienten-Algorithmus (Rutishauser). Mit dem Ziel, numerische Mathe-

Mathematikprofessoren an der ETH

Paul Bernays
1888—1977

Ferdinand Gonseth
1890—1975

Heinz Hopf
1894—1971

Louis Kollros
1878—1959

Michel Plancherel
1885—1967

Heinz Rutishauser
1918—1970

Walter Saxer
1896—1974

Eduard Stiefel
1909—1978

Hermann Weyl
1885—1955

matik zu treiben, entwickelten sie ab 1952, zusammen mit Speiser, den elektronischen Rechner Ermeth, der 1955 erfolgreich in Betrieb genommen werden konnte. Während Jahren machte er zahlreiche Mathematiker und Ingenieure mit dem automatischen Rechnen und seinen Problemen bekannt und war von erheblicher Ausstrahlung auf unser Land. Als dann Computerbenützung zu einem Bedürfnis der ganzen ETH wurde, ist auf Antrag Stiefels Ende 1963 ein Rechenzentrum an der ETH gegründet worden, das direkt der Schulleitung (damals Schweizerischer Schulrat) unterstellt war. In Betrieb genommen wurde es mit der Installation der «Control Data 1604» (noch im Hauptgebäude) unter der Leitung von Alfred Schai. Es hat sich zu einem unerlässlichen Instrument in Unterricht, Forschung und auch Verwaltung entwickelt und etabliert.

Zu diesem Zentrum kam später ein zweites hinzu. Durch zwei Mitglieder des Mathematikdepartementes, E. Engeler und P. Huber, ins Leben gerufen und über ein Kuratorium direkt der Schulleitung unterstellt, wurde auf Februar 1978 ein Zentrum für interaktives Rechnen (ZIR) in Betrieb genommen. Die für das Lösen von Problemen wichtige Technik der Interaktivität (rasche Rückkoppelung) ist hier auf eindrückliche Weise dadurch realisiert, dass man jederzeit durch sehr detaillierte Bilder auf dem Bildschirm über den Verlauf des Prozesses orientiert wird, den Verlauf des Prozesses im Bilde verfolgen und sich jederzeit in diesen Prozess einschalten kann. Dieses Verfahren ist an verschiedenen Orten, wie Stereochemie, Bauingenieurwesen, Festkörperphysik usw., einsatzfähig.

Neben dem Rechenzentrum sind im Laufe der Jahre, der stürmischen Entwicklung der angewandten Mathematik entsprechend, aus dem Institut zwei weitere hervorgegangen: das Institut für Operations Research und die Fachgruppe für Computerwissenschaften. Diese sollen anschliessend beschrieben werden. Dem Seminar für angewandte Mathematik, wie es sich später nennt, haben sich dann P. Henrici und Jürg Marti (1971) angeschlossen. Schwerpunkt der Forschung blieb die Behandlung numerischer Probleme verschiedener mathematischer Gebiete, wie Differentialgleichungen, konforme Abbildung, Himmelsmechanik. Neben dem spezifischen Unterricht für Numerik hat diese Fachgruppe auch verschiedene andere Lehrveranstaltungen übernommen beziehungsweise sich an diesen beteiligt: Methoden der mathematischen Physik (mit Hersch), komplexe Analysis für Ingenieure (Henrici), lineare Algebra (Marti) usw. Kurz vor seinem Rücktritt am 25. November 1978 ist Eduard Stiefel gestorben. Mit der modernen Entwicklung der angewandten Mathematik hat er sich um unser Land bleibend verdient gemacht. Für seine Nachfolge konnte Jürgen Moser vom Courant Institute gewonnen werden.

-47-

gebunden ist. Wenn man sie verpflanzt, kann es geschehen dass sie ihre Wirkung ändert oder sogar sinnlos wird.

Ein wichtiger Aspekt ist die Verwendung einer Prozedur als Parameter einer andern Prozedur, wobei das einfachste Modell die Numerische Quadratur mittels Trapezregel, weil die zu integrierende Funktion ~~von~~ von Fall zu Fall wechselt und darum prozedurintern nur als formales Objekt auftreten kann

```
real procedure trapez(a,b,n,fkt);
   value a,b,n;
   real a,b; integer n; real procedure fkt;
   begin
      real h,s;
      integer k;
      h:=(b-a)/n;
      s:=(fkt(a)+fkt(b))/2;
      for k:=1 step 1 until n-1 do
            s:=s+fkt(a+k*h);
      trapez:=s*h;
   end;
```

Heinz Rutishauser. Textseite aus dem Manuskript «Ausgewählte Kapitel der numerischen Mathematik». Vorlesung an der ETH, Sommersemester 1968.

Das Institut für Operations Research

Dieser neue Zweig der Mathematik ist an den beiden Zürcher Hochschulen in Unterricht und Forschung durch H. P. Künzi (Doppelprofessur) eingeführt und dann zusammen mit F. Weinberg weiterentwickelt worden. Dem Institut für Operations Research, 1967 gegründet und der Leitung von Prof. Weinberg unterstellt, obliegt es, das ganze Gebiet dieser Disziplin wissenschaftlich und praktisch zu bearbeiten. In enger Verbindung mit den interessierten Behörden, Anstalten des Bundes, weiteren öffentlichen Körperschaften sowie der schweizerischen Privatwirtschaft wird von den Mitgliedern des Instituts ein Gleichgewicht zwischen Unterricht, Forschung und praktischer Beratung angestrebt, wie das für ein erfolgreiches Operations Research von Wichtigkeit ist. So wird neben den Grundkenntnissen, die den Studenten vermittelt werden, grosses Gewicht gelegt auf die Behandlung von Studienarbeiten in der Praxis. Ueber 200 Semester- und Diplomarbeiten sowie Dissertationen sind bis anhin in allen möglichen Sparten des öffentlichen Dienstes und der Privatwirtschaft durchgeführt worden. Diese praxisorientierte Tätigkeit wird ergänzt durch Fortbildungskurse und Tagungen.

Forschungstätigkeit wird zu einem Teil als Dienstleistung im Auftrage Dritter durchgeführt, zum andern wurden von Doktoranden oder ganzen Projektgruppen aktuelle Problemkreise bearbeitet.

Der Unterricht umfasst eine Grundzügevorlesung an den Abteilungen III A, III B und IX, ein Vertiefungsprogramm an den Abteilungen III A und IX sowie eine Reihe von Spezialvorlesungen an der Abteilung IX im Hinblick auf das Wahlfach.

Das Institut für Informatik

Seine Vorgeschichte geht ins Institut Stiefel zurück, wo Rutishauser in der ersten Hälfte der fünfziger Jahre seine Beiträge zur Computersprache erarbeitet und mit deutlichem Akzent auf Numerik sein «Algol» geschaffen hat (1958). Dieses stellt eine Formulierung der Rechenverfahren dar, die der mathematischen Sprechweise nahesteht und vor allem auf dem europäischen Kontinent auf starke Resonanz gestossen ist, indem es damals zu einer Standardsprache für Ausbildung und Forschung wurde. Aus der Tendenz, den Anwendungsbereich der Computer zu erweitern und über die reine Numerik hinauszugehen, entstand 1968 die Fachgruppe für Computerwissenschaften, mit H. Rutishauser, P. Läuchli und N. Wirth als Professoren. Diese Gruppe hat sich vorerst stark auf die Forschung in Software-Entwicklung konzentriert. In dieser Zeit entstand «Pascal» (N. Wirth), eine auf das Erlernen hin transparent gemachte Computersprache. Als selbständige Weiterentwicklung des Algol zeichnet sie sich durch grosse Einfachheit und breite Anwendungsmöglichkeit aus und hat als Lehrvehikel eine grosse Verbreitung gefunden. Allzufrüh ist im Jahre 1970 Heinz Rutishauser gestorben, ein ganz hervorragender Mathematiker und der Initiant dieser Gruppe. Seine Nachfolge hat Erwin Engeler angetreten.

In der Folge ist diese Fachgruppe um weitere drei Professoren vermehrt (C. A. Zehnder 1970, J. Nievergelt 1975 und E. Anderheggen 1976) und als Institut für Informatik konstituiert worden. Schwerpunkte der Forschung können etwa mit folgenden Stichworten umrissen werden: Programmiermethodik, Compilerbau und Entwicklung eines interaktiven Arbeitsplatzrechners, computerunterstützter Unterricht, Entwicklung von Datenbankkonzepten, Anwendung des Computers in der (nicht-numerischen) Mathematik (wie Gruppentheorie, Graphentheorie) und algorithmische Logik.

Neben propädeutischen Lehrveranstaltungen an den Ingenieurabteilungen konzentriert sich der Unterricht in Informatik hauptsächlich auf die Abteilung IX, wo er allmählich wesentlich ausgebaut und konsolidiert wurde. 1974 sind 3 Wahlfächer eingeführt worden: Theorie der Berechnungen, Computersysteme und Datenverarbeitung. 1977 wurde Informatik als ein Wahlkernfach eingeführt (vgl. auch den Abschnitt über den Unterricht an der Abteilung IX). Jeder Student, der sich für Informatik interessiert, kann heute fast in jedem Semester eine Vorlesung wählen, die für das Schlussdiplom «zählt».

Forschungsinstitut für Mathematik (FIM)

Dieses Institut, das im Dezember 1963 unter der Aegide Pallmann gegründet und der Leitung von Prof. Beno Eckmann anvertraut wurde, hat ein zweifaches Ziel: Einmal sollen erstklassige Gelehrte für längere Forschungsaufenthalte eingeladen und durch deren Zusammenarbeit mit den Dozenten der Mathematik, ihren Mitarbeitern und Doktoranden die Forschung gefördert werden. Dann soll auch einer begrenzten Zahl von qualifizierten (promovierten) Absolventen die Möglichkeit gegeben werden, noch für 1 bis 2 Jahre in der Forschung tätig zu sein.

Grundsätzlich steht dieses Institut allen mathematischen Gebieten zur Verfügung, sind doch allein die wissenschaftlichen Qualifikationen der Einzuladenden massgebend. Doch liegt das Gewicht etwas mehr auf der reinen Mathematik, da die Professoren, die nicht in einem Institut oder einer ähnlichen Einrichtung zu Forschungseinheiten zusammengeschlossen sind und daher eine solche Art von Forschungsförderung nötiger haben, mehr in diesem Teil der Mathematik tätig sind.

Die Professoren Lipman Bers, K. Chandrasekharan und R. Narasimhan gehörten zu den ersten Gästen. Seither hat eine grosse Zahl bedeutender Mathematiker ein Semester und mehr hier verbracht, wichtige Teile ihrer Forschung hier ausgeführt, Anregungen gegeben und auch empfangen, Grund zu künftigen Arbeiten gelegt und dauernde menschliche Verbindungen geknüpft. Die oft gleichzeitige Anwesenheit ganzer Gruppen von Gelehrten aus verschiedenen mathematischen und geographischen Gebieten und der in einem reichhaltigen Programm von Seminaren gepflegte Gedankenaustausch machten dieses Institut zu einem wichtigen Umschlagplatz mathematischer Ideen. Unbelastet durch langwierige Komiteesitzungen oder starre Beschlüsse, gelang es dem Institut, jene Flexibilität und Anpassungsfähigkeit an gegebene Möglichkeiten und Bedürfnisse zu erreichen, die mit eine Voraussetzung sind für seine hohe Effizienz.

Die im Bereich der Professoren des Mathematischen Seminars und damit auch zu einem wesentlichen Teil im Institut gepflegten Forschungsgebiete können leider nur durch Stichworte skizziert werden: Algebraische Topologie und Differentialgeometrie, Analysis, insbesondere komplexe Analysis, Potentialtheorie und harmonische Analysis, Probleme der klassischen und modernen mathematischen Physik, Logik und Grundlagen der Mathematik, Zahlentheorie, Algebra, insbesondere homologische Algebra, Ring- und Gruppentheorie.

Die Fachgruppe Stochastik

Während vieler Jahre bestand der Unterricht in diesem Gebiet aus einer Vorlesung über Wahrscheinlichkeitsrechnung, die von den vierziger Jahren an regelmässig von W. Saxer gehalten wurde. Die wachsende Bedeutung statistischer Methoden verlangte aber gebieterisch einen Ausbau. Durch Beiziehen von auswärtigen Fachleuten wurde ein erster Schritt getan. So erhielt Prof. Arthur Linder von der Universität Genf Lehraufträge und dann ein halbes Extraordinariat für regelmässigen Unterricht und Beratungsdienst im Gebiet der Statistik, vornehmlich für Naturwissenschafter. Nach einem mehrjährigen Studienaufenthalt an den Universitäten Berkeley und Cornell wurde dann Peter Huber 1964 auf den neugeschaffenen Lehrstuhl für mathematische Statistik berufen. In dieser Zeit wurde von ihm, und etwas später in Zusammenarbeit mit Frank Hampel, der 1974 Linders Nachfolge in Unterricht und Beratungsdienst antrat, die Theorie der robusten Schätzung (Verwerfung von Ausreissern) entwickelt und ausgebaut. Sie wird von Fachleuten als eine der interessantesten der letzten 15 Jahre auf dem Gebiet der mathematischen Statistik eingeschätzt. Im Zusammenhang mit dem Zentrum für interaktives Rechnen (ZIR) ist auch Hubers neueres Interesse für «statistical computing» zu erwähnen. Im Zusammenhang mit praktischen Problemen konzentriert sich die Forschung auf eine Zusammenarbeit mit den Biologen der beiden Zürcher Hochschulen sowie auf die Teilnahme an interdisziplinären Projekten wie Hagelabwehr am Institut für Atmosphärenphysik, longitudinale Wachstumsstudien am Kinderspital und Elektroenzephalogrammstudien. Die statistische Beratung bedient in erster Linie Angehörige der ETH, dann andere Hochschulen und auch öffentliche Verwaltungen.

Die traditionell mehr in der reinen Mathematik angesiedelte Wahrscheinlichkeitstheorie ist seit 1966 durch H. Bühlmann vertreten und wurde 1977 verstärkt durch Hans Föllmer. Diese Gruppe ist bekannt durch ihre Aktivität auf den Gebieten der Risiko- und Kredibilitätstheorie und der mathematischen Oekonomie (Bühlmann), der Markov-Prozesse und -Felder, der Martingaltheorie und der Interaktionsprozesse (Föllmer). Beide Gruppen zusammen bilden jetzt die *Fachgruppe für Stochastik.*

Der Ausbau des Unterrichts an der Abteilung IX erfolgte, analog zur Informatik, schrittweise: durch Einführen zunächst des Wahlfachs Wahrscheinlichkeitsrechnung und Statistik (1962), dann dessen Aufteilung in zwei, nämlich Wahrscheinlichkeitstheorie beziehungsweise Statistik (1974), und schliesslich durch die Neuordnung von 1977, als im Schlussdiplom Stochastik als eines der Wahlkernfächer (neben theoretischer Physik und Informatik) eingeführt wurde. Seither hat die Hörerzahl in den dargebotenen Vorlesungen und Prüfungen wesentlich zugenommen.

Nach und nach ist an fast allen Abteilungen irgendein Unterricht in Wahrscheinlichkeitsrechnung und Statistik eingeführt worden, der sich seither etabliert hat. Angefangen hat es zum Beispiel an der Abteilung III A mit einer Vorlesung von Franz Weinberg für Betriebsingenieure. Jetzt wird für die Abteilungen III A und III B, je getrennt, ein solcher Kurs gegeben, ebenso an der Abteilung II, an den Abteilungen IV und X usw. Leider hat Peter Huber auf Herbst 1978 die ETH verlassen, um einem ehrenvollen Ruf an das Department of Statistics der Harvard University zu folgen.

Unterricht

Der propädeutische Analysiskurs an den Abteilungen II, III A, III B, VIII und IX

Diese Grundvorlesung für die genannten Abteilungen wurde unter verschiedenen Namen (höhere Mathematik, Differential- und Integralrechnung, Mathematik I und II, Analysis I und II) gehalten, obschon sich der Inhalt nicht wesentlich unterschied. Gegeben wurde sie im ersten Jahr sowohl deutsch (W. Saxer bis 1966) als auch französisch (F. Gonseth bis 1960, dann M. Rueff). Bis 1966 mit 6V+2U+1K (hier wie im folgenden bedeuten V, U und K 1 Stunde Vorlesung, Uebung und Kolloquium) dotiert, war sie in erster Linie auf die Ausbildung von Ingenieuren ausgerichtet und an deren Denkweise angepasst; dennoch suchte sie auch den Ansprüchen der Abteilung IX gerecht zu werden. Wenngleich die spätere Abtrennung der Abteilung IX durch die freiere Gestaltungsmöglichkeit viele Vorteile bietet, so darf anderseits doch nicht vergessen werden, dass die betont

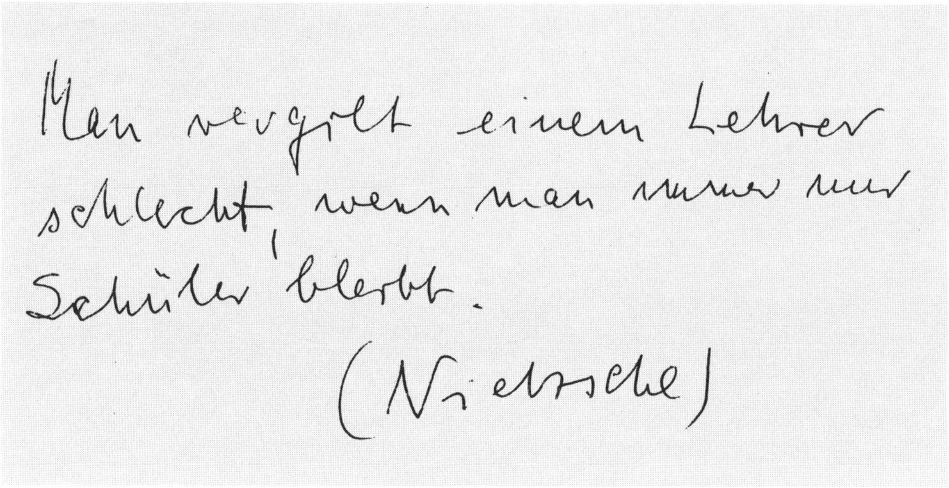

Heinz Hopf. Autograph aus den sechziger Jahren.

anschauliche und anwendungsgerichtete Darbietung des Stoffes im ersten Jahr auch den Mathematik- und Physikstudenten den Vorteil einer breiteren Sicht geboten und durch Zusammensein mit Studierenden verschiedener Fachrichtungen im gleichen Kurs neben menschlichem Gewinn auch das Erlebnis der Vielfalt der Hochschule als Ganzes vermittelt hat.

Als dann die Hörerzahl bei Saxer auf über 600 anstieg, war die Zeit für eine Aufteilung dieses Kurses gekommen: im Herbst 1962 übernahm P. Henrici die Vorlesung für die Abteilungen II, III A und VIII, und ab Herbst 1967 trat eine vollständige Neuordnung dieses Kurses in Funktion. Er wird nun als Analysis I und II in drei Zügen geführt, zwei Ingenieurzügen, der eine für die Abteilungen II und VIII, der andere für die Abteilungen III A und III B, und einem Zug speziell für die Abteilung IX. Stofflich unterscheiden sich die beiden Ingenieurzüge nur unwesentlich voneinander (dagegen stark von dem Kurs an der Abteilung IX, wo mehr Gewicht auf formale Begriffsbildung und Beweise gelegt wird). Sie übernehmen einen Teil der vom Wintersemester 1951/52 an gegebenen Vorlesung Angewandte Mathematik, nämlich was Numerik und Approximationsmethoden betrifft; der andere Teil geht an den Kurs Einsatz von Rechenanlagen über. Dadurch, wie auch durch Verlegen der Vektoranalysis vom 3. Semester (Mathematik III) in den Kurs Analysis II, wurde dieser Kurs stofflich stark erweitert und war dementsprechend rascher zu führen; dies wurde jedoch durch die Autographie Henrici-Huber sowie die Verdoppelung der Uebungsstunden erleichtert, wie auch durch starke Motivierung durch Beispiele und Anwendungen anstelle einzelner Beweise. Der Kurs in französischer Sprache (alle Abteilungen II, III A, III B, VIII) wurde analog umgebaut.

Analysis III, anstelle der früheren Mathematik III, setzt mit 2V + 2U-Wochenstunden die beiden Ingenieurzüge fort und geht stofflich auch etwas weiter: Fourierreihen und Fourierintegral, partielle Differentialgleichungen (Laplace-, Wärme- und Wellengleichung), Diskretisierungsmethoden.

An der Lehrveranstaltung Analysis I, II und III beteiligen sich gegenwärtig die Professoren A. Huber, A. Knus, H. Läuchli, G. Mislin und U. Stammbach, an den Kursen in französischer Sprache J. Hersch und ein Lehrbeauftragter.

Der propädeutische Geometrieunterricht an den Abteilungen II, III A, III B, VIII und IX

Früher bestand dieser aus einem gut dotierten, zweisemestrigen Kurs in darstellender (und projektiver) Geometrie. Dieser musste dann gegenüber der an Bedeutung stets zunehmenden vektoriellen Geometrie und linearen Algebra allmählich das Feld räumen und schliesslich ganz aus dem allgemeinen Unterricht verschwinden. Ein erster Schritt geschah 1938, als in diesen Kurs, der 1948 in Geometrie I und II umbenannt wurde, auch vektorielle Geometrie integriert und eine interessante Verbindung von zeichnerisch-konstruktiven und rechnerisch-algebraischen Methoden hergestellt wurde (E. Stiefel, damals noch Assistent bei L. Kollros). Mit der neuen Ordnung von 1951 wird der Anteil der darstellenden Geometrie stark reduziert und Geometrie II an der Abteilung IX durch eine vierstündige, alle zwei Jahre zu gebende Lehrveranstaltung über projektive Geometrie ersetzt.

An den Ingenieurabteilungen wird 1962 auch lineare Algebra in diesen Kurs aufgenommen und der Kurs in Geometrie und lineare Algebra I und II umbenannt; 1967 jedoch wird der ganze Kurs fallengelassen: der Anteil der vektoriellen Geometrie wird vom grossen Analysiskurs übernommen und der allgemeine Unterricht in darstellender Geometrie, die vor Jahrzehnten noch als ein grundlegendes Bildungsfach für Ingenieure betrachtet wurde, ganz aufgegeben, wobei den besonderen Bedürfnissen der Abteilungen II und VIII durch spezielle Lehrveranstaltungen Rechnung getragen wird. Für jene Studienanfänger dagegen, die sich nicht über einen dem Maturitätstypus C entsprechenden Unterricht in darstellender Geometrie ausweisen können, wird ein obligatorischer Ergänzungskurs (Ch. Clavuot) eingerichtet, und für die lineare Algebra wird eine besondere Lehrveranstaltung organisiert, zunächst an der Abteilung II und später, getrennt davon, auch an den Abteilungen III A und III B.

An der Abteilung IX lief die obige Regelung mit Geometrie I (mit noch etwas darstellender Geometrie, Vektorrechnung im $\mathbb{R}^3$ und affiner Geometrie) und Geometrie II als projektiver Geometrie (alle 2 Jahre) zunächst weiter. Ab 1974 wird dann die darstellende Geometrie eliminiert, und Geometrie I umfasst jetzt verschiedene Gegenstände, je nach Dozent, wie zum Beispiel Vektorrechnung im $\mathbb{R}^3$ mit Anwendungen auf die analytische Geometrie, stereographische Projektion, Möbiustransformationen, Elementares über Kurven und Flächen. Geometrie II ist nur noch empfohlen, aber trotzdem gut besucht.

Die ganze Entwicklung war bedingt durch das Bedürfnis nach neuen Unterrichtsgegenständen in den untern Semestern. Da aber eine gute Kenntnis in darstellender Geometrie für Mathematiklehrer von Wichtigkeit ist, wird darüber von Zeit zu Zeit eine Spezialvorlesung organisiert.

Der Mathematikunterricht an den Abteilungen I, IV, V, VI, VII und X

Seit 1950 besteht dieser aus einer Vorlesung über Differential- und Integralrechnung (5V+2U), die im Sommer für die Abteilungen IV und X durch eine zweistündige Vorlesung über Differentialgleichungen und eine zweistündige Einführung in die Vektorrechnung fortgesetzt wird. 1960 trennte sich die Abteilung I von diesem Kurs los. Für sie wurde nun auch die Analysis, wie schon seit 1946 die Geometrie, separat durch Otto Schläpfer, Professor an der Oberrealschule Zürich, unterrichtet. Nach dessen Rücktritt 1977 wird dieser Unterricht als eine viersemestrige Lehrveranstaltung in Mathematik I, II, III und IV von Ch. Blatter übernommen.

Der zuerst genannte Kurs, dem sich im Herbst 1965 auch die Abteilung V angeschlosssen hat, wird 1971 leicht verstärkt. Er wird im Winter als Analysis I mit 6V+2U-Wochenstunden geführt, umfasst Vektoralgebra, Differential- und Integralrechnung und Reihenentwicklungen und wird im Sommer als Analysis II (2V+2U) mit Vektoranalysis und Differentialgleichungen fortgesetzt. Seit 1977/78, als die Hörerzahl auf über 460 gestiegen und jeder Hörsaal dafür zu klein geworden war, wird er in zwei Zügen geführt: an den Abteilungen IV, X und für die Lebensmittelingenieure der Abteilung VII als dem einen, an den Abteilungen V, VI und für die Ingenieur-Agronomen als dem andern Zug. Einige weitere Lehrveranstaltungen haben sich mit den Jahren an den Abteilungen IV und X etabliert: Lineare Algebra (im 2. Semester), Analysis III (im 3. Semester) und Wahrscheinlichkeitsrechnung und Statistik in höheren Semestern der Abteilung IV, je mit 4 Wochenstunden. Ueberdies partizipieren gewisse Studienrichtungen der Abteilung X an einer Reihe von mathematischen Vorlesungen, die für die Abteilung IX gegeben werden.

Der Mathematikunterricht an der Abteilung IX

Seit Anfang der fünfziger Jahre hat der Mathematikunterricht an der Abteilung IX allmählich eine grundlegende Umgestaltung erfahren. Zwar blieb der Fächerkanon der mündlichen Schlussdiplomprüfung (von mindestens 1925 an) bis 1962 unverändert und umfasste Analysis, Algebra, Geometrie, Theoretische Physik und ein Wahlfach. In den untern Semestern sind zunächst Angewandte Mathematik, mit 2V+2U-Wochenstunden, sowie Lineare Algebra und Analytische Geometrie (diese Vorlesung hat sich dann 1954 in Lineare Algebra I und II verwandelt, mit 4 beziehungsweise 3 Wochenstunden) als neue Lehrveranstaltungen aufgetreten. In der Kursusvorlesung Analytische Funktionen I und II (mit 4V+1U beziehungsweise 4 Wochenstunden), die den wesentlichen Gegenstand der Analysisprüfung im Schlussdiplom bildete, wird dann ab 1955 der zweite Teil durch eine zweistündige Vorlesung über ausgewählte Kapitel der Funktionentheorie ersetzt, weil andere Gegenstände der Analysis, wie Integraltheorie und Funktionalanalysis, in den Vordergrund rückten. Analytische Funktionen I wurde Prüfungsfach im (damals noch einzigen) Vordiplom und vermehrte, zusammen mit Linearer Algebra, den Fächerkanon um zwei (und anstelle von Geometrie konnte Angewandte Mathematik gewählt werden).

Wie zu erwarten war, hatte diese Regelung nicht lange Bestand. Dieses eine Vordiplom war überladen, und die Tendenz, grundlegende Vorlesungen in untere Semester zu verlegen, um neuen oder weiterführenden Unterrichtsgegenständen Platz zu machen, verlangte bald nach einer grundlegenden Studienplanreform. Diese trat im Herbst 1963 in Kraft und brachte im Prüfungsregulativ zwei wesentliche Neuerungen: die Einführung von zwei Vordiplomen, und im Schlussdiplom eine Auflockerung durch die Möglichkeit, drei Wahlfächer zu wählen. Neu geregelt wurde der Analysis-Unterricht im 2. Studienjahr durch Einführung von Analysis III und Analysis IV. Dieser Kurs umfasst die Grundzüge der komplexen Funktionentheorie, der gewöhnlichen Differentialgleichungen sowie der Fourierreihen und Fourierintegrale. Neu kommt ins 3. Semester die Vorlesung Topologische Räume, die als Einführung gedacht ist und als Grundlage für spätere Unterrichtsgegenstände verschiedenster Art dienen soll. Um den Unterricht in Mechanik zeitlich konzentrieren zu können, wurde die bisherige Mechanik I und II (mit 6V+2U+1K im 2. und 4V+2U+1K im 3. Semester) ersetzt durch eine Allgemeine Mechanik (3V+1U) im 3. Semester, die von einem theoretischen Physiker zu geben war. Diese als Einführung in die theoretische Physik konzipierte, anspruchsvolle Vorlesung brachte im Programm zwar den gewünschten Zeitgewinn, dürfte aber manche Studierende den früher gegebenen engen Bezug zur konkreten Wirklichkeit vermissen lassen.

Zum etablierten Bestand an obligatorischen Mathematikvorlesungen im Hinblick auf das Schlussdiplom gehören

- Algebra I und II,
- Differentialgeometrie I und II,

mit je 4 Wochenstunden sowie alle 2 Jahre Mass und Integral (3 Wochenstunden im Wintersemester) beziehungsweise Funktionalanalysis I und II (mit je 3 Wochenstunden im Winter- und im Sommersemester). Auf das vielgestaltige, reichhaltige und übrigens stark wechselnde Angebot an Lehrveranstaltungen für die

Wahlfächer kann hier nicht eingetreten werden. Einen gewissen Eindruck geben die Namen einiger dieser (vor allem neueren) Wahlfächer: Logik und Grundlagen der Mathematik, numerische Mathematik, höhere Wahrscheinlichkeitsrechnung und mathematische Statistik, Methoden der mathematischen Physik, höhere Algebra beziehungsweise Geometrie beziehungsweise Analysis, Elementarmathematik, Versicherungsmathematik sowie 7 weitere Wahlfächer aus früheren Zeiten.

Die in diesem Studienplan vorgesehene Verdichtung des Unterrichts machte es notwendig, zwei Vordiplome einzuführen und das Schlussdiplom durch ein Kern- und Wahlfächersystem aufzulockern. Das 1. Vordiplom betrifft die Vorlesungen Analysis, Geometrie, Lineare Algebra und Angewandte Mathematik (ab 1974 Numerik und Programmieren) der ersten 2 Semester, das 2. Vordiplom die Vorlesungen Analysis III und IV, Topologische Räume, Mechanik, Physik I und II sowie Wahrscheinlichkeitsrechnung und Mathematische Statistik. Der Fächerkanon des Schlussdiploms umfasst 3 obligatorische, sogenannte Kernfächer und 3 Wahlfächer aus der oben gegebenen Liste. Die Kernfächer sind Analysis (Funktionalanalysis I und Mass und Integral), Algebra (Algebra I) und Geometrie (Differentialgeometrie I) sowie Theoretische Physik.

Diese Regelung kann als eine glückliche bezeichnet werden, blieb sie doch in ihrem wesentlichen Rahmen bis 1977 in Kraft. In der Zwischenzeit wurde das Lehrangebot wesentlich erweitert, vor allem im Zusammenhang mit neu eingeführten Wahlfächern (1974): Wahrscheinlichkeitstheorie, Statistik, Theorie der Berechnungen, Computersysteme, Datenverarbeitung, Theoretische Physik, Systemtheorie und Operations Research (schon 1966). Seit dem Wintersemester 1969/70 wird regelmässig im 3. Semester die Elementare Logik und Mengenlehre gelesen, ab Herbst 1974 wird Angewandte Mathematik durch Numerik und Programmieren I und II im 1. Jahr abgelöst. Algebra I wird ab Sommer 1974 alle Jahre gegeben, und Mass und Integral rückt mit 4V + 1U Wochenstunden als jährlich zu haltende Vorlesung Reelle Funktionen ins 4. Semester, vor allem im Hinblick auf Wahrscheinlichkeitsrechnung und mathematische Statistik. Es waren die Bedürfnisse der Praxis, welche diese Vermehrung des Lehrangebotes vor allem in Stochastik und Informatik verlangten und dann 1977 auch zu einer wesentlichen Neuregelung im Bereich der Kernfächer des Schlussdiploms geführt haben. Die Theoretische Physik als Kernfach wird aufgelöst und ersetzt durch drei sogenannte «Wahl-Kernfächer» , nämlich Theoretische Physik I und II, Informatik (Berechenbarkeit, Daten und Prozesse, Computer- und Informationssysteme) und Stochastik (Wahrscheinlichkeitstheorie, Theoretische Statistik, Angewandte Statistik oder Angewandte Wahrscheinlichkeitsrechnung).

Versicherungsmathematik

Während E. Marchand und auch H. Wyss in ihren Vorlesungen über Lebensversicherungsmathematik mehr traditionelle Wege befolgten, hat zunächst B. Nolfi durch seine originellen Untersuchungen zur Spieltheorie seinem Unterricht einen neuen Akzent verliehen. Zu einem eigentlichen Stilwechsel kam es dann durch Ammeter und Kaiser, die sich fast gleichzeitig 1967 habilitierten und regelmässig Lehraufträge erhielten. Stark gefördert werden die Methoden der Risikotheorie durch Ammeter, vor allem durch seine sehr erfolgreiche Behandlung konkreter versicherungstechnischer Probleme im Bereich der Gruppenversicherung. Kaiser versucht erstmals, auch die Probleme der Sozialversicherung mathematisch zu behandeln und im Unterricht entsprechend zu berücksichtigen.

Das Wahlfach Versicherungsmathematik ist 1971 ausgebaut worden: eine Vorlesung über Risikotheorie bildet die Grundlage, und darauf aufbauend sind Lebensversicherungsmathematik oder Sozialversicherungsmathematik wählbar.

Didaktik

Von 1938 bis gegen Ende der fünfziger Jahre bestand die pädagogische Ausbildung für künftige Mathematik- und Physiklehrer im wesentlichen aus drei Lehrveranstaltungen: einer Vorlesung über allgemeine Didaktik, einer Vorlesung Spezielle Didaktik des mathematischen Unterrichts an der Mittelschule und einem sogenannten Didaktikkurs mit Uebungslektionen für Studenten und deren Besprechung. Die Prüfung (zur Erlangung eines Ausweises über pädagogische Ausbildung und Befähigung) umfasste zwei Probelektionen und je eine mündliche Prüfung in allgemeiner und spezieller Didaktik.

Dann aber entstand das Bedürfnis, die Spezielle Didaktik aufgehen zu lassen und auszuweiten in Lehrveranstaltungen über Elementarmathematik. Diese hatten zum Ziel, Gebiete der Elementarmathematik, die mit Gegenständen der Schule in einem mehr oder weniger losen Zusammenhang stehen, in einem dem Diplom entsprechenden Niveau zu durchdenken und dadurch auch gegenüber der sogenannten «modernen Mathematik» (an den Mittelschulen) mit ihrer einseitigen Betonung abstrakter Strukturen andere Aspekte hervorzuheben. 1962 wurde Elementarmathematik ein Diplomwahlfach (der Gruppe II damals), und die pädagogische Prüfung erfuhr stofflich eine gewisse Ausweitung, indem jetzt neben den zwei Probelektionen je eine mündliche Prüfung in Pädagogik und allgemeiner Didaktik sowie eine mündliche Prüfung in Elementarmathematik verlangt werden. Eine wesentliche Erweiterung und Verbesserung der pädagogischen Ausbildung trat im Herbst 1976 in Kraft: Seit diesem Datum wird für die Zulassung zur Didaktikprüfung neben dem Besuch der oben erwähnten Lehrveranstaltungen auch ein zweiwöchiges Unterrichtspraktikum an einer schweizerischen Maturitätsschule oder einem kantonalen Technikum verlangt.

Nachdiplomstudium

In seiner Sitzung vom 23. Januar 1980 hat der Schweizerische Schulrat beschlossen, an der ETH Zürich ab Sommersemester 1980 und bis auf weiteres ein Nachdiplomstudium in Mathematik einzuführen. Dieses Nachdiplomstudium wird der Abteilung für Mathematik und Physik zugeordnet. Seine Organisation und Durchführung ist dem Mathematikdepartement übertragen. Das Nachdiplomstudium umfasst Lehrveranstaltungen über aktuelle Forschungsgebiete der reinen und angewandten Mathematik auf einem diplomierten Mathematikern zugänglichen Niveau. Zu den Lehrveranstaltungen dieses Nachdiplomstudiums werden diplomierte Mathematiker oder Physiker einer ETH sowie Inhaber gleichwertiger Ausweise anderer Hochschulen ohne weitere Voraussetzung zugelassen.

Damit wird ausgeweitet, geplant und organisiert, was bisher in einem kleineren, inoffiziellen Rahmen, in Form diplomübergreifender Vorlesungen und privat organisierter Seminare usw., schon bestanden hat. Es ist vorgesehen, dass durch eingeladene auswärtige Referenten, die auch Gäste des Forschungsinstitutes für Mathematik sein können, sowie durch Professoren der ETH jedes Semester zwei bis vier Nachdiplomkurse angeboten werden.

Mathematikdepartement

Im Jahre 1950 gab es an der ETH 8 Mathematikprofessoren: M. Plancherel und H. Hopf (am Mathematischen Seminar), W. Saxer und E. Stiefel (für den propädeutischen Analysis- und Geometrieunterricht in deutscher Sprache), F. Gonseth und B. Eckmann (für den entsprechenden Unterricht in französischer Sprache), A. Pfluger (für den Unterricht an den Abteilungen I, IV, VI, VII und X) und P. Bernays (ad personam). Heute sind es 30 Professoren, die dem gegen Ende 1975 konstituierten Mathematikdepartement angehören, und es ist wohl bemerkenswert, dass eine Anzahl davon von Haus aus Ingenieure oder Physiker waren. Wie sich dieses «Kollegium der Mathematikprofessoren» (früher so genannt) allmählich veränderte und vermehrte, soll hier kurz beschrieben werden, soweit dies nicht schon aus den vorangehenden Abschnitten hervorgeht und mehr den Bereich des Mathematischen Seminars betrifft.

M. Plancherel, dessen Entdeckung aus dem Jahre 1910 als Plancherelsches Theorem in der modernen harmonischen Analysis eine fundamentale Rolle

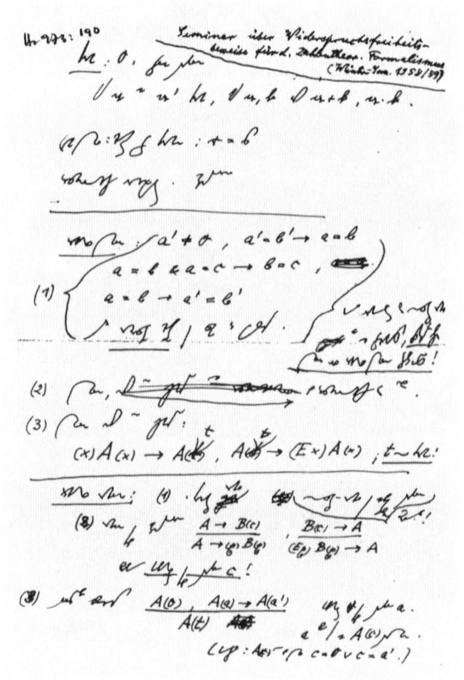

Paul Bernays. Seminar über Widerspruchsfreiheitsbeweise für den zahlentheoretischen Formalismus. Wintersemester 1958/59. Erste Manuskriptseite (Gabelsberger-Stenographie).

spielt, ist im Frühjahr 1955 zurückgetreten. Seine Nachfolge im Unterricht an der Abteilung IX und auch in der Leitung des Mathematischen Seminars hat A. Pfluger angetreten, dessen bisheriger Unterricht von E. Specker übernommen wurde. Im gleichen Jahr wechselte B. Eckmann vom französisch- zum deutschsprachigen Geometrieunterricht über; den ersteren übernahm A. Borel von Herbst 1955 an bis Frühjahr 1957, um dann einem sehr ehrenvollen Ruf an das Institute for Advanced Study in Princeton Folge zu leisten. Im Jahre 1960 trat F. Gonseth zurück, der neben seiner Professur in Mathematik seit 1947 auch eine in Philosophie der Wissenschaften innehatte und zusammen mit P. Bernays auf diesem Gebiet eine weltweit anerkannte Aktivität entfaltete.

Auf seinem Lehrstuhl für Mathematik folge ihm M. Rueff nach, der 1957 den Geometrieunterricht in französischer Sprache übernommen hatte und seit 1956 den Unterricht in Didaktik der Mathematik betreut. Im gleichen Jahr kamen B. Eckmann und E. Specker in ihrem Unterricht ganz zur Abteilung IX, deren bisherige propädeutische Lehrtätigkeit von K. Voss und A. Huber übernommen wurde.

Im Frühjahr 1965 ist Heinz Hopf von einer überaus fruchtbaren Lehr- und Forschertätigkeit zurückgetreten. Er war an der Entwicklung weiter Gebiete der Mathematik, wie algebraische Topologie, Topologie der Mannigfaltigkeiten und Differentialgeometrie im Grossen, wesentlich mitbeteiligt, hat starke Impulse zur Weiterentwicklung dieser Gebiete im In- und Ausland hinterlassen und war für eine ganze Generation von Mathematikern in der Kunst seines Vortrages ein bleibendes Vorbild. Seine Nachfolge hat K. Chandrasekharan angetreten. Auf Herbst 1966 trat Walter Saxer von seiner geliebten und bei einer Unzahl von Studierenden beliebten Vorlesungstätigkeit (vornehmlich in Analysis für die Ingenieurabteilungen und die Abteilung IX) zurück.

Wie in der Folge das Kollegium durch Reorganisation des Unterrichts, durch dessen Erweiterung mit neuen Fachgebieten und die durch hohe Studentenzahlen notwendig gewordene Aufteilung in rascher Folge gewachsen ist, kann hier leider nur durch Aufzählen der Namen beschrieben werden: J. Hersch 1961, P. Henrici 1962, Ch. Blatter 1964, H. Bühlmann, M. Jeger und H. Läuchli 1966, K. Meier und U. Stammbach 1968, M. A. Knus 1969, G. Mislin 1971, R. Kalman 1973, H. Föllmer und K. Osterwalder 1977 (nach dem Rücktritt von Marcel Rueff im Herbst 1976), C. Constantinescu 1978 als Nachfolger von Albert Pfluger.

Während langer Zeit bestand kein eigentlicher Rahmen für dieses «Kollegium der Mathematikprofessoren». Lediglich Pfluger nahm, in seiner Eigenschaft als Vorsteher des Mathematischen Seminars, bei dessen Einbezug in den Unterricht an der Abteilung IX und zur Behandlung wichtiger gemeinsamer Fragen die Aufgabe eines «Convener's» wahr. Die Schaffung eines festen Rahmens wurde jedoch allmählich unumgänglich, und so wurde Ende 1975 ein Mathematikdepartement konstituiert. Das Seminar für angewandte Mathematik, das Institut für Informatik und das Institut für Operations Research als Forschungseinheiten (Institute), sowie a) die Professuren aus dem Bereich des Mathematischen Seminars und b) die Professuren aus dem Bereich der Stochastik werden durch dieses Departement zusammengefasst. Es organisiert den Mathematikunterricht an allen Fachabteilungen der ETH Zürich und führt ihn durch die ihm angehörenden Mitglieder des Lehrkörpers durch. Erster Vorsteher dieses Departementes war Ernst Specker (der 1973 die Leitung des Mathematischen Seminars übernommen hat); seit 1977 hat Alfred Huber dieses Amt inne.

Physik

Von Georg Busch

Der Physikunterricht

Die propädeutischen Physikvorlesungen (*Von Werner Känzig*)

Innerhalb der letzten 15 Jahre hat der propädeutische Physikunterricht an der ETH eine Wandlung durchgemacht, die man äusserlich dadurch charakterisieren könnte, dass die für die meisten Abteilungen obligatorische «grosse Vorlesung» ersetzt wurde durch Unterrichtsveranstaltungen, die mehr auf die Bedürfnisse der einzelnen Abteilungen zugeschnitten sind. Vor 25 Jahren gab es nur zwei verschiedene propädeutische Physikvorlesungen. Prof. *Franz Tank* unterrichtete die Studierenden der Abteilungen für Landwirtschaft, Forstwirtschaft und Pharmazie, und Prof. *Paul Scherrer* hielt die Vorlesung für Bau-, Maschinen- und Elektroingenieure, Chemiker, Kultur- und Vermessungsingenieure, Mathematiker und Physiker und die Naturwissenschafter. Beide Lehrveranstaltungen waren anschauliche Demonstrationsvorlesungen, in denen den Studierenden die physikalischen Phänomene in eindrücklicher Art vorgeführt wurden. Die theoretische Behandlung der Probleme war den mathematischen Vorkenntnissen angepasst und auf das nötigste beschränkt. Bei Scherrer war alles immer ganz einfach; mancher Student hat sich nach der Vorlesung zu Hause vielleicht gefragt, ob es wirklich so einfach sei! Der Hauptzweck dieser Vorlesungen war es, den Studierenden aller Abteilungen eine naturwissenschaftliche Allgemeinbildung auf lange Sicht zu vermitteln.

In den früheren sechziger Jahren begann sich der propädeutische Physikunterricht wesentlich zu ändern. Voran ging die Abteilung für Mathematik und Physik, die im Rahmen einer Lehrplanreform einen speziellen propädeutischen Unterricht für ihre Absolventen einrichtete. Der Beginn wurde vom dritten auf das zweite Semester vorverlegt und der traditionelle zweisemestrige Zyklus durch die Schaffung einer Physik III um ein Semester verlängert. Der neue Zyklus, der auf die anderen Abteilungen kaum Rücksicht zu nehmen hatte, ermöglichte eine bessere Anpassung an den Mathematikunterricht. Zudem wurde der Wunsch der Studenten nach vermehrter Vorbereitung auf die Vorlesungen in theoretischer Physik berücksichtigt. Die Professoren, die den propädeutischen Unterricht erteilen, waren sich einig, dass die Tradition der anschaulichen Demonstrations-

Paul Scherrer
Professor für Physik von 1920 bis 1960

vorlesungen, von Paul Scherrer zu hoher Blüte gebracht, kombiniert werden müsse mit einer tiefergehenden theoretischen Behandlung.

Eine weitere Aufteilung der verbleibenden grossen Vorlesung erwies sich später als unumgänglich, und zwar als Folge sowohl der wachsenden Zahl der Studierenden als auch der Studienplanreformen anderer Abteilungen, die eine Straffung der Studienpläne mit sich brachte. An einigen Abteilungen droht der Physikunterricht dadurch allerdings seine ursprüngliche, zentrale Stellung als Vermittler einer Allgemeinbildung in quantitativer Naturwissenschaft zu verlieren. Immer mehr wurde verlangt, dass der Physikunterricht bestimmte Grundlagen schaffe, auf denen der abteilungsspezifische Unterricht aufbauen könne. So wurde zum Beispiel der Physikunterricht für die Chemiker ins erste und zweite Semester vorverlegt, offenbar um den Chemiestudenten möglichst frühzeitig mit den Methoden der Wellenmechanik vertraut zu machen. Dass ein solches Vorhaben durch die fehlende oder zum mindesten unhomogene mathematische Vorbildung der Studenten erschwert wird, ist leicht einzusehen.

Für die Abteilungen für Maschineningenieurwesen und Elektrotechnik wurde ebenfalls eine auf die Lehrpläne dieser Abteilungen abgestimmte Grundvorlesung geschaffen. Die Lehrpläne sind heute offenbar so belastet, dass die Behandlung eines wissenschaftlichen Teilgebietes von verschiedenen Gesichtspunkten aus als unnötige Wiederholung betrachtet wird. Im Zeitalter der Spezialisierung scheint man zu vergessen, dass die Physik ein vereinigendes Element und die Wurzel aller technischen Wissenschaften ist, und es fragt sich, ob den Studierenden der Ingenieurabteilungen heute noch genügend physikalische

Kenntnisse vermittelt werden. Zu bezweifeln ist auch, ob die Abteilung für Architekten in Zukunft — wie bisher — ganz ohne Physikunterricht auskommen wird.

Zurzeit werden sechs verschiedene, auf die Bedürfnisse der verschiedenen Abteilungen abgestimmte propädeutische Vorlesungen gehalten, nämlich für die Abteilungen für Landwirtschaft, Forstwirtschaft und Pharmazie, für die Abteilungen für Bauingenieurwesen, Kulturtechnik und Vermessung, für die Abteilung für Maschineningenieurwesen, für die Abteilung für Elektrotechnik, für die Abteilungen für Chemie und Naturwissenschaften und für die Abteilung für Mathematik und Physik. In diesen Vorlesungen werden nach wie vor zahlreiche Experimente vorgeführt, und es wird ausgiebig von audiovisuellen Lehrhilfen Gebrauch gemacht. Alle Vorlesungen werden in einem flexiblen Turnus von den Dozenten des Physikdepartements gehalten.

Das physikalische Praktikum

Während Jahrzehnten gab man den angehenden Maschinen-, Elektro- und Vermessungsingenieuren, den Chemikern, Mathematikern, Physikern und Naturwissenschaftern Gelegenheit zu eigenem experimentellem Arbeiten in einem meist vierstündigen Praktikum. Der Zweck war und ist es auch heute noch, die Studierenden zur Beobachtung physikalischer Phänomene anzuhalten und ihnen Grundkenntnisse über physikalische Instrumente und Messmethoden zu vermitteln. Durch die Betreuung einer kleinen Zahl von Studenten, meist nicht mehr als 5 bis 10 Zweiergruppen, ist ein individueller Kontakt zwischen Lehrer und Schüler möglich, von dessen Notwendigkeit ja immer wieder die Rede ist. Trotzdem ist das physikalische Praktikum aus dem Lehrplan einiger Abteilungen gestrichen oder zeitlich reduziert worden, um Platz für speziellere Unterrichtsstunden zu schaffen. Es ist hier nicht der Ort, über diese Massnahmen zu rechten; dass aber die allgemeine Bildung — nicht nur die humanistische — mehr und mehr ausser Kurs gerät, ist nicht mehr zu übersehen.

Dass in einem allgemeinen Praktikum, welches von mehreren hundert Studenten besucht wird, nicht vollkommene Freiheit im Handeln und Gestalten gegeben werden kann, liegt auf der Hand. Die Experimente sind so ausgelegt, dass sie in wenigen Stunden durchgeführt und ausgewertet werden können und vor allem jederzeit störungsfrei und ohne Gefährdung der Studierenden funktionieren; soweit möglich werden modernste, handelsübliche Geräte zur Verfügung gestellt. Der überwiegende Teil der Apparaturen wird jedoch in den Werkstätten des Physikdepartementes speziell für die Verwendung im Praktikum hergestellt. Dabei sind nicht nur physikalische, das heisst methodische und messtechnische, sondern auch didaktische und betriebstechnische Gesichtspunkte massgebend.

Den Studierenden wird empfohlen, sich auf die Arbeiten im Praktikum anhand einer polykopierten «Anleitung zum physikalischen Praktikum an der

ETH Zürich» vorzubereiten. Diese Anleitungen haben sich bewährt und als notwendig erwiesen, da die im Praktikum gestellten Aufgaben mit dem Stoff, der in den Vorlesungen behandelt wird, zeitlich nicht parallel läuft. In den Anleitungen werden die physikalischen Grundlagen der Experimente dargestellt, die zu verwendenden Instrumente beschrieben und die Aufgabe formuliert.

Naturgemäss drängt sich für ein Praktikum dieser Art eine gewisse Beschränkung der Sachgebiete und Methoden auf, unter anderem auch in Anbetracht der sehr unterschiedlichen Vorkenntnisse und Erlebnisse der Studierenden im Experimentieren. Es scheint, dass immer weniger von ihnen Erfahrungen aus der Bastelstube mitbringen. Die Praktikanten haben jedoch Gelegenheit, aus einem grossen Angebot von Versuchen verschiedenen Schwierigkeitsgrades jene auszuwählen, die sie speziell interessieren. Wer wirklich lernen will, hat in diesem Praktikum ausgiebige Möglichkeiten.

Der Fachunterricht

In den früheren Jahrzehnten wurden ausser dem propädeutischen Unterricht und Vorlesungen über theoretische Physik nur noch hin und wieder Spezialvorlesungen über verschiedene Themen der Physik gehalten. Während zum Beispiel für die Kernphysik verhältnismässig moderne Forschungsmittel zur Verfügung standen, wurde dieses Gebiet nur im Rahmen gelegentlicher Spezialvorlesungen unterrichtet — teils von P. Scherrer selbst, teils von Privatdozenten (H. Bleuler, O. Huber, P. Preiswerk, M. Verde, H. Wäffler, W. Zünti). Dies ist nicht überraschend, denn selbst die Quantenmechanik, wohl eine Voraussetzung für das Verständnis der Kernphysik, blieb bis 1960 ein Wahlfach.

Scherrer hielt jedoch während mehr als 25 Jahren regelmässig am Donnerstagabend von 5 bis 7 Uhr eine hervorragende Vorlesung mit Experimenten über ausgewählte Gebiete, die sich hauptsächlich an die Studierenden der Ingenieurabteilungen richtete. Jedoch auch jüngere und ältere Physiker befanden sich unter den Hörern. Auch sie waren immer wieder beeindruckt von Scherrers unvergleichlicher Begabung, in komplexen Zusammenhängen das Wesentliche zu sehen und in eingängiger Weise zu erklären; er war auch ein Meister in der Darstellung auf der Wandtafel. Der kleine Hörsaal im alten Physikgebäude war jedesmal überfüllt; in weiten Kreisen bestand ein offensichtliches Bedürfnis nach einem fortgeschrittenen Unterricht in experimenteller Physik. Die letzte Donnerstagabend-Vorlesung fand im Wintersemester 1956/57 statt über das Thema Neutronenphysik und Kernspaltung. Seither gibt es eine vergleichbare Vorlesung nicht mehr; sei es, dass dafür kein Interesse mehr vorhanden ist, sei es, dass sich niemand mehr dazu die Mühe nimmt.

Anfangs der vierziger Jahre begann *Georg Busch* regelmässig Vorlesungen über ausgewählte Kapitel der Festkörperphysik zu halten, mit denen der Grundstein für die nachmalige Entwicklung dieses Lehr- und Forschungsgebietes an

Pierre Marmier
Professor für Kernphysik von 1958 bis 1973
Rektor der ETH von 1970 bis 1973

der ETH gelegt wurde. Die Themen wechselten häufig, und obwohl diese Vorlesungen während 20 Jahren nicht als obligatorisch galten und über deren Inhalt nie geprüft wurde, waren sie stets sehr gut besucht und entsprachen offenbar einem Bedürfnis.

Pierre Marmier begann seine Lehrtätigkeit im Wintersemester 1955/56 mit einer Vorlesung Einführung in die Kernphysik. Damit schuf er die Basis für die Ausbildung der Physikstudenten auf diesem aufstrebenden Schwerpunkt der Forschung an unserer Hochschule. Der Stoff dieser Vorlesungen fand seinen Niederschlag in einem zweibändigen Werk von P. Marmier und E. Sheldon, «Physics of Nuclei and Particles», das dem Studierenden heute noch als geschätztes Lehrbuch dient und auch im Ausland Verbreitung gefunden hat.

Seit 1962 werden beide Gebiete regelmässig in einem zweisemestrigen Turnus als *Festkörperphysik* I und II, beziehungsweise *Kernphysik* I und II behandelt. Sie wurden als obligatorische Fächer eingeführt und bilden Gegenstand der Schlussdiplomprüfungen für Physiker. Beide Fächer wurden als zweistündige Vorlesungen während zweier Semester abgehalten. Dass man damit weder die Festkörper- noch die Kern- oder Elementarteilchenphysik umfassend — oder dann nur oberflächlich — darbieten kann, liegt auf der Hand. Mit der Reform des Studienplanes im Jahre 1974 wurden daher weitere Vorlesungen, Festkörperphysik III und IV, Kernphysik III und IV sowie Teilchenphysik III und IV, als Diplomwahlfächer eingeführt und damit auf die gleiche Stufe gestellt wie die Wahlfächer Atmosphärenphysik, Optik, Reaktortheorie, Technische Physik, Chemie und Geophysik.

Der Unterricht in *Astronomie* baut auf die Grundvorlesungen über die klassische mathematische und die moderne physikalische Astronomie auf. Spezialvorlesungen über Sonnenforschung, Sternatmosphären, Radioastronomie, Methoden und Instrumente ergänzen das Angebot. Eine populäre Vorlesung wendet sich an Hörer aller Fakultäten; Arbeiten in Astrophysik leiten über zu Diplom- und Promotionsarbeiten. Eine Vorlesung mit praktischen Uebungen in astronomischer Orts- und Zeitbestimmung ist vor allem für angehende Vermessungsingenieure bestimmt.

Im Zusammenhang mit der Schaffung der Gruppen für *Atom-* und *Astrophysik* und für *Radioastronomie* ist das Lehrangebot erweitert worden, indem die für die Astrophysik wichtigsten Gegenstände aus Atom-, Molekül- und Plasmaphysik dem traditionellen Angebot zugefügt wurden. Auch wurde das Lehrangebot um ein astrophysikalisches Praktikum erweitert, welches den Studenten den ersten Kontakt mit der astrophysikalischen Auswertung von Messungen aus einem sehr breiten Bereich astronomischer Disziplinen bietet.

Ende 1969 wurde eine neue Professur für *Optik* eingerichtet und mit *Walter Lukosz* besetzt. Ursprünglich gehörte diese Professur zum Photographischen Institut, doch wurde sie im Frühjahr 1978 verselbständigt. Vorgängig war Dr. *M. Herzberger* Lehrbeauftragter für Optik, der namentlich das Gebiet der theoretischen geometrischen Optik vertrat. Seit 1970 ist Optik Wahlfach für Physiker. Die Vorlesungen befassen sich hauptsächlich mit moderner physikalischer Optik, wie etwa mit Holographie, kohärenter Optik, Lichtleitern und mit der Physik der Laser.

Die Ausbildung in *Nukleartechnik* erfolgte in den Jahren 1955 bis 1960 vorerst mittels Lehraufträgen im Sinne eines Nachdiplomstudiums. Die Teilnehmerzahlen an solchen Veranstaltungen sanken jedoch rapid, nachdem ein Nachholbedarf von bereits im Erwerbsleben stehenden Absolventen unserer Schule befriedigt war. Daher entschloss sich 1960 die Abteilung für Maschineningenieurwesen, Nukleartechnik als Vertiefungsfach in ihren Normalstudienplan einzubauen. Dabei sollten aber gerade die Teilgebiete *Reaktortheorie* und in späteren Jahren Theorie der Kernfusionsanlagen auch von Studierenden der Abteilung für Physik und Mathematik gepflegt werden können. Dieser Uebergang fällt zusammen mit der Berufung von *Walter Hälg* als vollamtlicher Dozent für Reaktortechnik.

Im Zusammenhang mit dem Unterricht über das dynamische Verhalten von Kernkraftanlagen erwies sich die Einführung von neuen digitalen Simulationsmethoden kontinuierlicher Systeme als besonders nützlich. Das Institut für Reaktortechnik hat in den sechziger Jahren die Simulationssprache MIMIC in einer wesentlich verbesserten Version im Rechenzentrum der ETH und später auch der EPFL eingeführt und bildet seither in Jahreskursen die Studenten verschiedenster Abteilungen in der Handhabung dieses Mittels aus.

Unter *technischer Physik* versteht man das Lehr- und Forschungsgebiet, welches die allgemeinen Gesetzmässigkeiten der Physik zur Lösung technischer Probleme heranzieht. Sie war an der Eidgenössischen Polytechnischen Schule schon in den Jahren 1855—1867 vertreten. Kein geringerer als *Rudolf Clausius*, der Schöpfer des Begriffs der Entropie, war der erste Professor für mathematische und technische Physik.

Nach Clausius wurde es still um dieses Fachgebiet. Erst im Jahre 1928 begann man sich im Lehrkörper und im Schweizerischen Schulrat Gedanken über seine Wiedereinführung zu machen. Im Jahre 1934 wurde *Fritz Fischer* als Professor für technische Physik berufen, der das neue Institut für technische Physik an der ETH aufbaute.

Nach dem damaligen Konzept wurden dem neuen Institut überwiegend Forschungsarbeiten zugewiesen, und es sollte in erster Linie Doktoranden als Mitarbeiter aufnehmen.

Die Elektronik hatte in jenen Jahren massgebende Bedeutung für die Industrie erlangt. Auch in unserem Land herrschte die Meinung, dass diese Entwicklung nicht abgeschlossen sei und deshalb für die Zukunft unserer Industrie von zunehmender Bedeutung sein werde. Deshalb wurden am neuen Institut die Elektroakustik und die damals wichtige Technologie der Vakuumröhren als Arbeitsgebiete aufgenommen. Am ebenfalls neu gegründeten Institut für Hochfrequenztechnik beschäftigte sich Prof. F. Tank mit der Erzeugung und der Anwendung von extrem hochfrequenten elektrischen Schwingungen. Schon nach wenigen Jahren wurde das Programm am Institut für technische Physik durch umfangreiche Forschungen auf dem Gebiete der Fernsehtechnik und anderen Sparten der Bildwissenschaften erweitert.

Im Jahre 1937 konnte die neu errichtete Abteilung für industrielle Forschung (AFIF) ihre Arbeit aufnehmen; über deren Gründung wird an anderer Stelle berichtet. Dies führte zu einer bedeutenden Ausweitung des Arbeitsprogrammes am Institut für technische Physik.

Nach dem unerwartet frühen Tod von Prof. Fischer im Jahre 1947 übernahm Prof. E. Baumann als Nachfolger die Weiterführung des Institutes für technische Physik und der Abteilung für industrielle Forschung.

In der Zwischenzeit zeigte sich, dass Institute, die sich vorwiegend mit Forschung beschäftigen, ohne genügende Verankerung im Unterricht, nicht in die Struktur der ETH passen. Es war zum Beispiel sehr schwierig, geeigneten Nachwuchs für das Institut zu gewinnen. Junge diplomierte Akademiker, die zu doktorieren beabsichtigen, verbleiben in der Regel bei ihrem eigenen Hochschullehrer.

In der Folge wurde deshalb auch der Unterricht auf den Stufen vor Diplomabschluss ausgebaut. Der interdisziplinäre Charakter der technischen Physik, die ja eng mit den Ingenieurwissenschaften zusammenarbeiten muss, brachte es mit sich, dass das Institut auf dem Gebiet des Unterrichts mit mehr als einer Abteilung verbunden sein musste. Ein grosser Teil des Unterrichts kam in der Folge der Abteilung III B zugute. Darüber wird an jener Stelle berichtet.

Der Unterricht auf den der Physik nahestehenden Gebieten behandelte die

Hochvakuumtechnik, die Elektronen- und Ionenoptik sowie die photoelektrischen Erscheinungen. Er wurde hauptsächlich in Form von Praktika im Laboratorium durchgeführt.

Die elektronische Schaltungstechnik gehört ebenfalls seit der Gründung des Instituts für technische Physik zu den sorgfältig gepflegten Unterrichtsfächern. Prof. Fischer hielt seinerzeit viel beachtete Vorlesungen über Vier- und Vielpol-Theorie, später folgten Vorlesungen über Fernsehtechnik (Fischer, Baumann) und Theoretische Elektroakustik (Baumann), die bald durch Vorlesungen über Technische Festkörperphysik (Baumann) als Grundlage für die Transistorentechnik abgelöst wurden. Diese Vorlesungen, die in einem zweisemestrigen Turnus erfolgten, wurden sowohl von Physikern wie von Elektroingenieuren gut besucht.

Nach dem Jahre 1966 wurde eine neue Vorlesung über Dünne Schichten (Baumgartner) eingeführt. Später kamen Vorlesungen über Elektronische Bildverarbeitung (Celio), Optische Messtechnik und Informationsverarbeitung (Tiziani) sowie Elektronen- und Ionenoptik (Bas) hinzu.

Ausbildung von Physik-Lehramtskandidaten (Von Fritz Heinrich)

Seit Jahrzehnten wurde die Frage um eine Lehrveranstaltung, die die Ausbildung von Physiklehrern in Mittelschulen und Technika zum Gegenstand hat, fruchtlos diskutiert. 1975 hat sich Prof. *F. Heinrich* entschlossen, eine Demonstrationsvorlesung mit dem Thema «Das Experiment im Physikunterricht» anzukündigen. Die unerwartet starke Beteiligung von etwa 80—100 Hörern — auch von Studenten der Universität Zürich — zeigt das grosse Bedürfnis nach einer solchen Lehrveranstaltung. 1976 hat der Abteilungsrat diese Vorlesung (2 Stunden im Wintersemester) institutionalisiert und zum Obligatorium für alle Lehramtskandidaten erklärt. In dieser Vorlesung sind die Hörer aktiv an der Vorbereitung und Interpretation der Demonstrationsexperimente beteiligt.

Physikalisches Praktikum für Vorgerückte (VP) (Von Fritz Heinrich)

Das VP wird von allen Studierenden der Physik, auch von den angehenden Theoretikern, sowie von den Absolventen physikalisch orientierter Fachrichtungen der Abteilung X für Naturwissenschaften besucht.

Im Rahmen der Physikerausbildung nimmt das Praktikum eine ganz besondere Stellung ein. Der in das 5. Semester eintretende Student hat sein propädeutisches Studium abgeschlossen. Er verfügt über die in den Vorlesungen Physik I—III erarbeiteten Kenntnisse der Elementarphysik und ist mit ausreichendem mathematischem Rüstzeug versehen. Aus dem physikalischen Praktikum für Anfänger bringt er an einfachen Versuchen gewonnene experimentelle Erfahrungen mit. Mit dem Eintritt ins VP treten neue Aufgaben an ihn heran. Er soll lernen, eine physikalische Fragestellung klar zu formulieren, entsprechende Experimente zu planen, durchzuführen, auszuwerten und die Resultate zu interpretieren. Die Aufgabenstellung ist flexibel und lässt der Phantasie und der Initiative weiten Spielraum. Wir wollen damit bewusst einen Kontrast zum propädeutischen Studium hervorrufen: Der Studierende soll angeleitet werden, kreativ zu arbeiten und eigene Ideen zu verwirklichen. Treten dabei einmal Misserfolge auf, so ist er gezwungen, sein Experiment kritisch neu zu überdenken. Die Erziehung zur wissenschaftlichen Wahrheitsliebe und Ehrlichkeit wird auf diese Weise wohl am wirksamsten gefördert.

Es wäre sinnlos und unrealistisch, zu versuchen, dem Studenten während der dreisemestrigen Ausbildung im VP einen Ueberblick über die gesamte Experimentalphysik zu vermitteln. Man ist vielmehr bestrebt, am Beispiel weniger, aber charakteristischer Experimente die Denk- und Arbeitsweise des Experimentalphysikers zu demonstrieren. Die Vertiefung wird vor die Vollständigkeit gestellt. Selbstverständlich müssen dabei der Schwierigkeitsgrad der Versuche und die Anforderungen an die persönliche Initiative sukzessive gesteigert werden. Man beginnt mit relativ einfachen Experimenten, vor allem solchen mit fundamentaler, oft historischer Bedeutung, etwa Messungen der fundamentalen Naturkonstanten (zum Beispiel Elementarladung, Lichtgeschwindigkeit, Plancksches Wirkungsquant usw.), Bestimmung von Kernradien mit Hilfe der Rutherford-Streuung, Elektronenstossversuch nach Franck und Hertz, einfache Aktivierungsexperimente mit Neutronen usw. Auch der experimentiertechnische Aspekt spielt in dieser Phase der Ausbildung eine wichtige Rolle, so zum Beispiel lineare und digitale Elektronik. Dem fortgeschrittenen Studierenden soll die Möglichkeit geboten werden, Themen der *aktuellen Forschung* zu bearbeiten. Das bedeutet, dass das Praktikum einer dauernden Anpassung an den neuesten Stand der Physik bedarf. Wenige Jahre nach der Entdeckung des Mössbauer-Effektes (1956) standen den Praktikanten 3 Messapparaturen zum Studium dieses lehrreichen, aus allen Gebieten der Physik schöpfenden Phänomens zur Verfügung. Weitere aktuelle Versuchsthemen sind: Josephson-Effekt (Entdeckung 1962), Holographie, Lichtstreuung an hochmolekularen Suspensionen, Positronenannihilation in Festkörpern, Supraleitung und andere mehr. Das Schritthalten der Praktikumsversuche mit der Entwicklung der modernen Physik erfordert natürlich erhebliche Investitionen, nicht so sehr an finanziellen Mitteln als an Arbeit: Es ist eine bewährte Tradition, dass Praktikumsexperimente nicht «von der Stange» gekauft, sondern im Praktikum oft unter Mitwirkung der Studenten entwickelt und gebaut werden. Die zwei technischen Mitarbeiter im Praktikum sowie die Departementswerkstatt tragen dazu entscheidend bei. Der letzte Praktikumsversuch wird neuerdings oft ausserhalb des Praktikums bei einer der Forschungsgruppen durchgeführt. Dies schafft einen fliessenden Uebergang vom Praktikum zur Diplomarbeit. Ueberdies wird damit die Möglichkeit eröffnet, Studenten an Apparaturen arbeiten zu lassen, die weit über die Möglichkeiten eines Praktikums hinausgehen, zum Beispiel Experimente am Tandembeschleuniger des Laboratoriums für Kernphysik. Insgesamt stehen zurzeit etwa 90 Versuchsplätze zur Verfügung; nur dort, wo es sinnvoll ist, wird in Zweiergruppen gearbeitet.

Für die intensive *Betreuung* der Praktikanten sorgen 5 Professoren sowie rund 20 Assistenten (aus dem Assistentenpool des Physikdepartements) und 2 technische Mitarbeiter.

Die Verlegung des Praktikums an den *Hönggerberg* (1973) brachte wesentliche Verbesserungen. Die vorzügliche Gestaltung und Ausrüstung der Laboratorien nach dem Muster der Forschungslabors und die zweckmässige Raumeinteilung erleichtern die Arbeit und die Betreuung. Vor allem aber konnte die jahrelange Trennung von Unterricht und Forschung aufgehoben werden. Das Praktikum ist nun wieder an 4 Wochentagen geöffnet, das Zusammenwirken der Studierenden mit dem Lehrpersonal konnte wesentlich intensiviert werden. Als sehr lohnend hat sich die Einrichtung einer kleinen *Praktikumsbibliothek* erwiesen. Hier stehen alle in den Versuchsanleitungen empfohlenen Bücher zur Verfügung. Zudem ist der ansprechend eingerichtete Bibliotheksraum ein begehrter Arbeitsplatz für vorlesungsfreie Stunden. Das Bedürfnis der Studenten, ein stilles Plätzchen zu finden, an dem sie in Ruhe und in einer angenehmen Atmosphäre arbeiten können, ist sehr ausgeprägt.

Auch andere allgemeine Entwicklungen finden ihren Niederschlag im Leben des Praktikums. Als Beispiel sei die rasante Entwicklung der Computerwissenschaften genannt. Es ist selbstverständlich geworden, dass für die Auswertung der experimentellen Resultate Rechenanlagen benutzt werden. Der Enthusiasmus vieler Studenten für das Computisieren geht bisweilen zu weit: Immer wieder muss man Studenten davon überzeugen, dass Rechentechnik und Physik nicht identisch sind.

Ein Mangel soll nicht verschwiegen werden. Die zahlreichen Lehrplanreformen der letzten Jahre haben zu einer starken Zunahme der Zahl von Lehrveranstaltungen geführt. Der Stundenplan ist überfüllt. Die für ein anspruchsvolles Praktikum notwendige Forderung, *kontinuierlich* zu experimentieren, ist nur noch teilweise und unter grossen Schwierigkeiten erfüllbar.

Erfreulich ist die lebhafte Wechselwirkung unseres VP mit anderen Hochschulen. Davon zeugen die zahlreichen Besucher aus dem In- und Ausland. Viele der Zürcher VP-Experimente wurden einschliesslich Versuchsanleitung kopiert und im Unterricht an anderen Hochschulen eingesetzt.

Praktikum in technischer Physik

Am Institut für technische Physik wird ein spezielles Praktikum in Elektronik für Physiker, verbunden mit ergänzenden Vorlesungen, durchgeführt, welches einem grossen, zeitgemässen Unterrichtsbedürfnis entspricht. Das Praktikum in technischer Physik wird als Anteil des physikalischen Praktikums für Vorgerückte angerechnet und zeigt auch in diesem Unterrichtsprogramm den interdisziplinären Charakter des Faches.

Kolloquien und Seminarien

Neben einem gemeinsam mit dem Physikalischen Institut der Universität Zürich veranstalteten allgemeinen Kolloquium werden zahlreiche Proseminarien und Seminarien über Spezialgebiete der reinen und angewandten Physik regelmässig abgehalten. Sie dienen der Weiterbildung und der Information nicht nur der Studierenden und wissenschaftlichen Mitarbeiter, sondern auch der Dozenten. Zum Worte kommen ausser Angehörigen der eigenen Hochschule Referenten in- und ausländischer Hochschulinstitute und industrieller Forschungslaboratorien. Der gegenseitige Gedankenaustausch ist für Lehre und Forschung lebenswichtig, und häufig ergeben sie wertvolle neue menschliche Beziehungen.

Diplom- und Promotionsarbeiten

Aus allen oben dargestellten Fächern kann eine *Diplomarbeit* gewählt werden, so dass dem Studierenden gegenüber früheren Jahren eine viel grössere Freizügigkeit zugestanden wird. Es hat sich damit gewissermassen ein «freier Markt» herausgebildet, und es bleibt nicht mehr verborgen, welche Fächer — aus welchen Gründen auch immer — von den Diplomanden bevorzugt werden.

Mit dem Diplom wird wohl ein acht- bis neunsemestriges Studium abgeschlossen, welches in weiten Bereichen der theoretischen, experimentellen und angewandten Physik solide Grundkenntnisse vermitteln kann. Diese mögen für die Aufnahme einer praktischen Tätigkeit als Physiker oft genügen. Immer mehr zeigt sich jedoch das Bedürfnis nach einer vertieften und spezialisierten Weiterbildung, die heute — solange an unserer Hochschule noch kein geregeltes Nachdiplomstudium möglich ist — am zweckmässigsten auf Grund einer mehrjährigen Promotionsarbeit in einem Forschungsinstitut inner- oder ausserhalb der Hochschule gewonnen werden kann. Von einer Promotionsarbeit erwartet man, dass sie zu neuen wissenschaftlichen Erkenntnissen führt, das heisst eine Forschungsarbeit im wahren Sinne des Wortes darstellt. Originalität der Problemstellung, ein anregendes Arbeitsklima und zeitgemässe Hilfsmittel sind daher unabdingbare Voraussetzungen, die für den fortgeschrittenen Studenten geschaffen werden müssen. Mit Geld allein wird die Forschung nicht gefördert; sie lässt sich daher auch schlecht planen. Forschungsinstitute sind Stätten der Erziehung zur wissenschaftlichen Arbeit und des unablässigen Lernens und Lehrens. Es geziemt sich daher, in gedrängter Form über ihre Tätigkeit auf den Gebieten der reinen und angewandten Physik zu berichten.

Forschung im Bereich der reinen und der angewandten Physik

Schwerpunkte der Forschung

Schon die Auswahl der Gebiete des Fachunterrichts lässt erkennen, dass sich im Laufe der Jahre bestimmte wissenschaftliche Schwerpunkte gebildet haben, die heute in besonders dafür eingerichteten Instituten und Laboratorien Gegenstand der Forschungsarbeiten sind. Diese Schwerpunktsbildung hat mit schmalspurigem Spezialistentum wenig zu tun; sie ist vielmehr die Folge von Tradition, persönlichen Interessen, praktischen Erwägungen und finanziellen Randbedingungen. Während der Wirtschaftskrise in den dreissiger Jahren war Sparsamkeit oberstes Gebot; die Institutskredite waren knapp bemessen, und es gab wenig administratives und technisches Hilfspersonal. Trotz Dienstalterszulagen sanken die Löhne von Jahr zu Jahr. Der Physiker baute seine Apparaturen meistens selbst; er war Theoretiker, Laborant, Mechaniker, Glasbläser, Photograph, Schreiner und Zeichner in einer Person. Die Ansprüche an die Leistungsfähigkeit der Apparaturen war nicht geringer als heute; aber es gab mehr Zeit für ihre Konstruktion und Entwicklung. Die Instrumente und Vorrichtungen für eine Dissertation kosteten selten mehr als tausend Franken — mehr wäre auch gar nicht zu haben gewesen. Man brauchte auch kein Hilfspersonal für ihre Bedienung und keine Computer für die Auswertung der Messergebnisse. Man publizierte in den «Helvetica Physica Acta» und, wenn man seine Resultate für besonders wichtig hielt, in der «Zeitschrift für Physik» — natürlich in deutscher Sprache. Es gab keine internationalen Konferenzen über Spezialgebiete mit mehreren tausend Teilnehmern. Man kannte seine Fachkollegen im In- und Ausland, die auf gleichen oder ähnlichen Gebieten arbeiteten, persönlich, und man tauschte seine Erfahrungen im Briefwechsel aus. Es war ungeschriebenes Gesetz, dass man die Probleme seiner Kollegen respektierte und nicht versuchte, Konkurrenz zu machen.

Das alles ist nicht mehr. Der Zweite Weltkrieg brachte nicht nur in menschlichen, politischen und wirtschaftlichen Bereichen eine Zäsur, sondern auch in wissenschaftlichen. Die Kriegsrüstungen auf beiden Seiten des Ozeans setzten neue Massstäbe. Aus den Grundkenntnissen der Kernphysik entstand eine verheerende Waffe; aus den wenig beachteten Anfängen der Halbleiterphysik gingen elektronische Bauelemente für die Nachrichtentechnik von kriegesentscheidender Bedeutung hervor; die Aerodynamiker und Ballistiker feierten grauenvolle Triumphe. Das Schwergewicht der Forschung hatte sich mehr und mehr in industrielle und staatliche Laboratorien und Entwicklungsstätten verlagert. Allein und selbständig arbeitende Forscher schlossen sich zu Gruppen zusammen; nicht die Neugier, sondern der Auftrag für eine bestimmte Forschung wies ihren

Weg. Wissenschaftlich unterentwickelt zu sein wurde zum schwersten Vorwurf für eine Nation. Wissenschaft ist zum Politikum geworden. – Dass uns dieser Gang der Dinge nicht nur Nachteile gebracht hat, braucht kaum besonders erwähnt zu werden; das tägliche Leben zeigt es zu deutlich.

Der Schweizerische Nationalfonds

Dem Einfluss dieser Entwicklung konnten sich die Hochschulen aller Länder und auch die unsrige nicht entziehen. Ausserdem stieg nach Ende des Krieges die Zahl der Studierenden insgesamt, speziell aber an der Abteilung für Mathematik und Physik rasch an. Entsprechende Massnahmen waren unausweichlich. Neue Lehrstühle wurden geschaffen, neue Institute eingerichtet, und das wissenschaftliche und technische Personal wurde vermehrt. Die Möglichkeit dazu gab nicht zuletzt der im Jahr 1952 auf die Initiative von Prof. *Alexander von Muralt* gegründete Schweizerische Nationalfonds zur Förderung der wissenschaftlichen Forschung. Ohne diese Mittel wären nicht nur die Physik, sondern auch jeder andere Zweig der Wissenschaft in der Schweiz hoffnungslos ins Hintertreffen geraten. Auch für unsere Hochschule war die Unterstützung durch den Nationalfonds von eminenter Bedeutung. Sie ist es auch heute noch, oder sogar in vermehrtem Masse, besonders weil der Nationalfonds in erster Linie die *Grundlagenforschung* fördert. Obwohl die Notwendigkeit ihrer Förderung in jüngster Zeit bezweifelt wird, ist ihre Bedeutung für die Zweckforschung und die technische Entwicklung nur für den Unkundigen nicht offensichtlich. Wissenschaft ist – wie die Kunst – ein Teil unserer Kultur.

Das Hönggerberg-Projekt

Dem unaufhaltsamen Wachstum der Institute und der Modernisierung ihrer Forschungseinrichtungen konnten das alte Physikgebäude an der Gloriastrasse und die Zweigstellen an der Mousson- und der Physikstrasse nicht mehr genügen. Mehrere Ideen zur Erweiterung der alten und zur Errichtung neuer Gebäude in der Umgebung wurden zum Teil verwirklicht, zum Teil verworfen.

Ende der fünfziger Jahre waren die Raumnot derart drückend und die Arbeitsbedingungen in verschiedenen Räumen der Gebäude so bedenklich, dass sich eine durchgreifende Lösung aufdrängte. Dies um so mehr, als die verschiedenen umfangreichen kernphysikalischen Installationen allmählich veralteten und ohnehin durch neue ersetzt werden mussten.

In zahlreichen Gesprächen zwischen Schulratspräsident *Pallmann* und den damaligen Physikprofessoren entstand der Plan, für die Physik auf Stadtgebiet eine «Aussenstation» zu schaffen. Das am besten geeignete Gelände hierfür bot sich auf dem Hönggerberg. Aus den ersten bescheidenen Entwürfen der Professoren G. Busch und P. Marmier im Jahre 1958 entstand ein grosszügiges Projekt für Unterrichts- und Forschungsgebäude, welches leider in späteren Jahren willkürlich gekürzt und abgeändert wurde; insbesondere wurde das Projekt für eine zentrale Werkstatt gestrichen. Es war von Anfang an klar, dass die Physik als Ganzes, das heisst Unterricht und Forschung zusammen, auf den Hönggerberg verlegt werde und nicht etwa nur die Forschungslaboratorien. Dies hätte unweigerlich zu einer Segregation in Lehrer und Forscher geführt, die heute aus anderen Gründen nicht ganz vermieden werden kann.

Man war sich auch bewusst, dass die Hönggerberg-Lösung den Studierenden zumutet, zum Besuch der Unterrichtsstunden zwischen dem ETH-Zentrum und der Aussenstation hin und her zu reisen. Dass dazu die nötigen Verkehrsmittel eingesetzt werden müssen, war ebenso klar. Ausserdem drängten sich Aenderungen in den Stundenplänen auf, die jedoch dank guten Willens der betroffenen Abteilungen und der Studierenden vorgenommen werden konnten. Trotz aller einschneidenden Aenderungen, die das Hönggerberg-Projekt mit sich bringen würde, und trotz der grossen zusätzlichen Arbeit, die auf die Institutsangehörigen zukam, waren sich die massgebenden Stellen einig, dass der Plan sinnvoll und zweckmässig sei.

An dieser Stelle scheint es angebracht, Lob zu spenden, vorab dem Architekten Prof. *A. H. Steiner* und den massgebenden Stellen der Bundesbehörden, die auf die — nicht masslosen — sondern wohl begründeten Wünsche der Fachprofessoren eingingen und diese — oft nach zähen Diskussionen — auch verwirklichten. Besondere Verdienste auf Seite der Physikdozenten kommen Prof. P. Marmier zu, der zusammen mit seinen Mitarbeitern mit der Errichtung des ersten Institutsgebäudes im praktisch noch unerschlossenen Gelände des Hönggerbergs Pionierarbeit leistete. In gleicher Weise Anerkennung verdient Prof. *H. Gränicher,* der als Delegierter des Professorenkollegiums an unzähligen Sitzungen, Besprechungen und Besichtigungen der Baustelle dafür sorgte, dass den Vorschlägen der Physiker namentlich beim Bau des Gebäudes für die Festkörperphysik Nachachtung verschafft wurde. Unschätzbare Dienste leisteten auch die Herren *H. Heeb,* Verwalter am Physikalischen Institut, und *R. Raess,* Betriebsleiter des Laboratoriums für Festkörperphysik, sowie Dr. *A. Gäumann,* wissenschaftlicher Mitarbeiter, Sektionschef der AFIF.

Im August 1961 begannen die Bauarbeiten für das Gebäude der Kernphysik, 1968 war der Gebäudetrakt für die technische Physik und die Abteilung für industrielle Forschung fertiggestellt, und im Juni 1970 bezog die Festkörperphysik ihr neues Haus. Praktikums- und Hörsaalgebäude wurden 1973 dem Betrieb übergeben. Dies bildete den Abschluss einer mehr als 15jährigen, sorgfältigen Planungs- und Bautätigkeit. Mit grosser Befriedigung kann heute festgestellt werden, dass alle für die Physik errichteten Bauten die ihnen zugedachten Funktionen in Unterricht und Forschung glänzend erfüllen und in jeder Hinsicht ausgezeichnete Arbeitsbedingungen bieten. Die Anlage findet in der ganzen Welt kaum ihresgleichen. Dieser Reichtum verpflichtet!

Physikgebäude ETH Zürich, Gloriastrasse 35, erbaut 1887—1890, abgebrochen 1977.

Das architektonisch bestechende Physikgebäude an der Gloriastrasse 35 hat ausgedient. Es war in den Jahren 1887 bis 1890 nach Plänen der Professoren der damaligen Bauschule *F. Bluntschli* und *G. Lasius* mitten in den Rebbergen der Gemeinde Fluntern erbaut worden; im Sommer 1977 wurde es abgebrochen. Es war ein ausserordentlich grosszügig konzipierter Bau mit hohen Räumen, weiten Korridoren, breiten Treppen, grossen Fenstern und dicken Mauern — aber ohne energieverschlingende Luftkonditionierungsanlage. Es liess sich unzählige Um-, An- und Aufbauten gefallen, und seine innere Atmosphäre entbehrte nicht einer gewissen ehrfurchtgebietenden Romantik. Während Jahrzehnten war es die Arbeitsstätte der führenden Köpfe der schweizerischen Physik und Elektrotechnik, und Tausende von Studierenden erhielten darin im Laufe von fast 90 Jahren einen wichtigen Teil ihrer Ausbildung. Das ehrwürdige Gebäude hätte aus inneren und äusseren Gründen ein Denkmal werden können.

Die Institute für reine und angewandte Physik

Zu Beginn der fünfziger Jahre existierten ausser dem Physikalischen Institut (Vorsteher Prof. *P. Scherrer)* das Institut für technische Physik (Vorsteher Prof.

E. Baumann), das Institut für Geophysik (Vorsteher Prof. *F. Gassmann)* sowie die Eidgenössische Sternwarte (Direktor Prof. *M. Waldmeier).*

Im Jahre 1956 gründete Prof. G. Busch das Laboratorium für Festkörperphysik, 1959 folgte die Gründung des Laboratoriums für Kernphysik durch Prof. P. Marmier, und 1962 durfte Prof. *R. Sänger,* wenige Monate vor seinem Tode, das Laboratorium für Atmosphärenphysik eröffnen. Schliesslich entstand 1960 das Laboratorium für Hochenergiephysik unter der Leitung von Prof. *J. P. Blaser.*

Nach dem Rücktritt der Professoren P. Scherrer und F. Tank im Frühjahr 1960 waren die Aufgaben in Unterricht und Forschung und die Organisation des Physikalischen Instituts und der daraus hervorgegangenen Laboratorien neu zu überdenken. Die in der Folgezeit verantwortlichen Professoren waren sich darüber einig, dass die wissenschaftliche Selbständigkeit und Unabhängigkeit der verschiedenen Laboratorien gewahrt bleiben sollen. Demgegenüber erachtete man den Unterricht in Physik auf allen Stufen als gemeinsame Aufgabe. Die Assistenten und wissenschaftlichen Mitarbeiter blieben nach wie vor den verschiedenen Laboratorien zugeteilt und ihren Vorstehern unterstellt; sie wurden jedoch im Sinne eines «Pools» für alle Unterrichtszweige (Vorlesungen, Uebungen, Praktika usw.) dem Physikalischen Institut zur Verfügung gestellt. Diese Lösung hatte sich bewährt, und sie besteht heute noch.

In ähnlicher Weise wurden die den verschiedenen Laboratorien zugeteilten Mitarbeiter und Einrichtungen der technischen Hilfsbetriebe, wie mechanische Werkstatt, Glasbläserei, Photolabor, Materialverwaltung, zu ausgezeichnet ausgerüsteten und äusserst leistungsfähigen gemeinsamen Dienstzweigen ausgestaltet.

Die administrative Leitung des Physikalischen Instituts lag in den Händen des «Professoren-Kollegiums»; eines seiner Mitglieder amtete jeweils während zweier Jahre als Institutsvorsteher. Einem weiteren Mitglied wurde die Funktion eines Delegierten übertragen. Seine Aufgabe bestand in der Führung des Institutspersonals und der Hilfsbetriebe und in der Verwaltung der Institutskredite.

Diese neue Art, ein grosses Institut zu führen, entsprang nicht irgendeiner Modeströmung, sondern dem Willen, Verantwortlichkeiten und Kompetenzen zu teilen, klar abzugrenzen und Arbeitskräfte rationell einzusetzen. Das heutige Physikdepartement besitzt eine völlig analoge Struktur, und die Art seiner Organisation beruht auf den Grundgedanken der frühen sechziger Jahre. Zum Physikdepartement gehören ausser den oben genannten Instituten und Laboratorien die Gruppen für Atom- und Astrophysik und Radioastronomie, das Institut für Molekularbiologie und Biophysik, das Photographische Institut sowie das Institut für Reaktortechnik. Am Physikdepartement sind heute 88 Dozenten, 133 Assistenten und Wissenschafter sowie 209 administrative und technische Mitarbeiter tätig.

Die Uebergangsregelung für die Eidgenössischen Technischen Hochschulen

Durch die Uebergangsregelung vom 24. Juni 1970 wurden den Instituten Reglemente aufgezwungen, deren Sinn und Erfolg sich rückblickend als höchst zweifelhaft herausstellen und deren wörtliche Befolgung jeden Forschungsbetrieb in kurzer Zeit zum Stillstand brächte. Das institutionalisierte Mitsprache- und Mitbestimmungsrecht hat wohl in keinem Institut zu erkennbaren Verbesserungen und Neuerungen des Betriebes oder zu eklatanten Forschungserfolgen geführt. Im Gegenteil, die Zahl der Sitzungen und Satzungen stieg, der Verbrauch an Papier und die Verschwendung an Arbeitszeit wuchsen. In jedem gut geführten Institut hatten kompetente Mitarbeiter von jeher nicht nur das Recht, sondern auch die Pflicht zur Mitsprache und zur Mitbestimmung; dazu braucht es jedoch keine Standesvertreter. Die Verpolitisierung der Institute hat vielerorts kaum zu etwas anderem geführt als zu Streit und Enttäuschungen. Dazu beigetragen hat auch das scheinbar unbegrenzte Wachstum des Verwaltungsapparates der Hochschule und die unglückliche Struktur der Schulleitung. Dass in den verschiedenen Instituten trotzdem gute Arbeit geleistet wurde, ist allein der Begeisterung für die Wissenschaft und der Tüchtigkeit und dem Einsatz jedes Einzelnen zu verdanken.

Ueber die Forschungsarbeiten der Institute gibt der nachfolgende Abschnitt Auskunft. Die Institute sind in alphabetischer Reihenfolge aufgeführt.

Die Forschungsinstitute

Laboratorium für Atmosphärenphysik *(Von Hans Ulrich Dütsch)*

Wolkenphysikalische Forschung

Das Laboratorium für Atmosphärenphysik der ETH wurde in den fünfziger Jahren durch Professor *R. Sänger* aufgebaut. Dabei bestand ein enger Zusammenhang mit den Grossversuchen II und III zur Hagelbekämpfung, die Prof. Sänger als Präsident der eidgenössischen Kommission zum Studium der Hagelbildung und der Hagelabwehr leitete. Während die Experimente gestützt auf das Osservatorio Ticinese der MZA (Leiter *J. Thams)* in der Magadinoebene durchgeführt wurden, war die dazu parallel laufende Grundlagenforschung weitgehend am Laboratorium für Atmosphärenphysik beheimatet. Neben den dort durchgeführten Untersuchungen über Nukleation entwickelte sich dabei eine enge Zusammenarbeit mit dem Eidgenössischen Institut für Schnee- und Lawinenforschung (Leitung Prof. *M. de Quervain).* Dort baute *R. List* in Ausnützung der günstigen klimatischen Verhältnisse zwei Hagelkanäle auf, welche dem experimentellen Studium der Hagelbildung sowie der Einwirkung von Impfstoffen unter möglichst atmosphärenkonformen Verhältnissen dienten. Die Forschung an der ETH beschränkte sich nicht auf das Hagelproblem allein, sondern umfasste das ganze Gebiet der Wolkenphysik, was international mit der Abhaltung einer Konferenz der Kommission für Wolkenphysik der IAMAP (International Association for Meteorology and Atmospheric Physics) an der ETH honoriert wurde.

Ozon und atmosphärische Zirkulation

Nach dem plötzlichen Hinschied von Prof. Sänger konzentrierte sich die Forschung am Laboratorium für Atmosphärenphysik unter der neuen Leitung (Prof. *H. U. Dütsch)* zunächst auf das Studium des atmosphärischen Ozons, unter anderem mit dem Ziel, dadurch zu einem besseren Verständnis der stratosphärischen Zirkulation zu kommen. Die zugehörigen eigenen Messungen stützen sich auf das seinerzeit von Prof. *Götz* aufgebaute Lichtklimatische Observatorium in Arosa, das heute eine Aussenstation der ETH ist. Neben der Fortführung der längsten Gesamtozonreihe der Welt, die für die Beurteilung anthropogener Einwirkungen auf die Ozonschicht bedeutungsvoll geworden ist, wird mit Hilfe der indirekten Umkehrmethode die vertikale Ozonverteilung bis in 45 km Höhe erschlossen, vor allem um den Zusammenhang zwischen Ozonschicht und Sonnenfleckenzyklus zu studieren. Die bisherigen Messungen geben erst Hinweise, die statistisch noch keineswegs signifikant sind; wenn sie sich aber bestätigen sollten, wäre damit ein wichtiges Glied im gesuchten Zusammenhang zwischen solaren Vorgängen und dem Wetter gegeben.

In Zusammenarbeit mit der Meteorologischen Zentralanstalt wird mit dem Einsatz elektrochemischer Sonden die detaillierte vertikale Ozonverteilung erschlossen. Die Kombination der eigenen Resultate sowie der Ergebnisse anderer Stationen mit einem photochemischen Modell der Stratosphäre hat zu quantitativen Einblicken in den Ozontransport durch die stratosphärische Zirkulation geführt.

Mit der modernen photochemischen Theorie des Ozons (Einbezug anderer Spurengase) hat das Studium des bodennahen Ozons an Interesse gewonnen. Die mit der Erforschung der Lokalzirkulation verknüpften Messungen in der Aroser Reinluft wie auch die Untersuchungen im Smogbereich in der Umgebung von Zürich erhalten daher im Forschungsprogramm zunehmende Bedeutung.

Föhn und Wetterfühligkeit

Als nächstes wurde ein Forschungsprogramm über Föhn und Wetterfühligkeit angegliedert. Eine länger andauernde statistische Erhebung an einem grösseren Kollektiv zeigte einen signifikanten Zusammenhang zwischen Beschwerden und

Raymund Sänger
a. o. Professor für Atmosphärenphysik
1962

Befinden der Versuchspersonen und der Amplitude schneller Luftdruckschwankungen mit einer Periode zwischen 4 und 15 Minuten; damit war ein Beweis für die Existenz der umstrittenen sogenannten Wetterfühligkeit des Menschen erbracht, nicht aber eine physiologische Erklärung gegeben.

Mit einem umfangreichen, im Reusstal bei Merenschwand aufgebauten Instrumentarium (Fesselballon, selbstgebauter akustischer Echo-Sounder, Variographennetz usw.) wurde die Erzeugung solcher Luftdruckschwankungen durch den Föhn studiert, der zwar nicht der alleinige, aber ein besonders intensiver Verursacher ist. Die Luftdruckschwankungen im kritischen Frequenzbereich konnten eindeutig mit den Schwerewellen korreliert werden, die im Scherungsbereich zwischen bodennaher Kaltluft und abgehobener Föhnströmung entstehen.

Im Rahmen des internationalen Forschungsprojektes Alpex will die Gruppe nun die bisherigen Ergebnisse in einen grossräumigeren Zusammenhang hineinstellen; die offen gebliebene Frage des biologischen Wetterfühligkeitsmechanismus soll mit Tierversuchen in Druckkammern angegangen werden.

Grossversuch IV zur Hagelabwehr

In den siebziger Jahren wurde die wolkenphysikalische Forschung wieder aufgenommen, wobei der Anstoss erneut vom praktischen Problem der Hagelabwehr ausging. Nach mehrjähriger Vorarbeit ist im Napfgebiet ein Versuchsdispositiv aufgebaut worden. Dieses erlaubt nun die Durchführung eines weiteren Grossversuchs in Zusammenarbeit mit italienischen und französischen Wolkenphysikern. Der negative Ausgang des seinerzeitigen Grossversuchs III hatte zwar die Unwirksamkeit der damals verwendeten Impfmethode (Bodengeneratoren), aber nicht der Silberjodidimpfung als solcher erwiesen. Mit einem 1976 begonnenen fünfjährigen, nach dem Prinzip der Zufallsordnung arbeitenden statistischen Versuch wird nun die russische Methode (Impfung durch direkt in die Hagelbildungszelle geschossene pyrotechnische Raketen) auf ihre Wirksamkeit getestet, da sie allgemein als die vielversprechendste gilt.

Die Gruppe hat einen Wolkenradar aufgebaut, den sie für die Einsatzleitung benötigt, den sie aber — neben Hageldetektoren — auch zur Hagelintensitätsmessung verwendet und der es ihr in Kombination mit Messwagenbeobachtungen erlaubt, wertvolles Material über den Zusammenhang zwischen Gewitterentwicklung und Hagelbildung zu gewinnen. Sie kann sich damit neben den operationellen Aufgaben in zunehmendem Masse der wolkenphysikalischen Forschung zuwenden.

Theoretische Meteorologie

Mit der neuen Professur für theoretische Meteorologie (seit Herbst 1978) wird nun auch die Forschung auf diesem Gebiet aufgenommen. Neben der Wechselwirkung mit den laufenden Programmen stehen vor allem Studien über die Parameterisierung der planetarischen Grenzschicht, über die Thermodynamik von turbulenten Austauschprozessen in der Atmosphäre sowie über die Dynamik von Wolkenelementen im Vordergrund.

Gruppe für Atom- und Astrophysik und Radioastronomie *(Von Kurt Dressler)*

Aus der raschen Entwicklung der Raumforschung und der Radioastronomie nach 1960 ergaben sich willkommene neue Beobachtungsmöglichkeiten zur Ergänzung der traditionellen Methoden der Astronomie und teilweise auch zu deren Ersatz. Die ETH öffnete sich dieser Entwicklung durch die Gründung der Gruppe für Atom- und Astrophysik (Leitung Prof. *K. Dressler)* und der Gruppe für Radioastronomie (Leitung Prof. *G. Epprecht).* Beide haben sich anfänglich fast ausschliesslich mit solarer Spektroskopie beschäftigt; die Gruppe für Atom- und Astrophysik mit dem extremen Ultraviolett und die Gruppe für Radioastronomie mit dem Mikrowellen- und Radiobereich. Entsprechend den Entstehungsmechanismen der beobachteten Strahlung haben sich diese beiden Gruppen mit Arbeiten über atomare Spektroskopie und Plasmaphysik einen internationalen Ruf geschaffen.

Während die Gruppe für Atom- und Astrophysik durch enge internationale Zusammenarbeit Zugang zu solaren Satelliten- und Raketenspektren erhält, hat die Gruppe für Radioastronomie eine eigene Beobachtungsstation aufgebaut. Seit 1970 leistet auch die Gruppe für Infrarotphysik (Prof. *F. Kneubühl*) in Zusammenarbeit mit dem Observatorium Genf mit Hilfe von Stratosphärenballonen wertvolle Forschungsbeiträge zur Bestimmung der Sonnentemperatur durch Messungen der fernen Infrarotstrahlung.

Die Gruppe für Atom- und Astrophysik hat ihr Forschungsgebiet über die Sonne hinaus erweitert; auch die Gruppe für Radioastronomie plant eine Erweiterung. Eigene Beobachtungen im Rahmen europäischer Satellitenprojekte haben die Grundlage zum Studium später Entwicklungsphasen von Sternen geschaffen. Auch dieses neue Gebiet wird in enger internationaler Zusammenarbeit erforscht.

Laboratorium für Festkörperphysik *(Von Georg Busch)*

Probleme der Festkörperphysik und -chemie waren — ohne dass sie ausdrücklich so genannt worden wären — von jeher Gegenstand wissenschaftlicher Arbeiten in physikalischen, physiko-chemischen und chemischen Laboratorien, auch an unserer Hochschule. Am Physikalischen Institut der ETH waren es vor allem die Arbeiten von *Heinrich Friedrich Weber* (1875 bis 1912) über die spezifische Wärme fester Körper, von *Pierre Weiss* (1902 bis 1919) über Ferromagnetismus, von *Peter Debye* (1920 bis 1927) über Dielektrika und von *Paul Scherrer* (1920 bis 1960), der namentlich das Gebiet der Ferroelektrizität entscheidend förderte. Dieses Thema wurde im Scherrerschen Institut neben vielen anderen bearbeitet, wie etwa Streuung von Röntgenstrahlen an Gasen, Flüssigkeiten und Festkörpern, Suszeptibilität paramagnetischer Gase und Lösungen, Lebensdauer metastabiler Ionen in Gasentladungen, Elektronenbeugung an Pulvern, dielektrische Eigenschaften des Eises, Einstein-de-Haas-Effekt am Pyrrhotin, Erzeugung von Mikrowellen in Magnetrons. Ende der dreissiger Jahre fasste jedoch die Kernphysik in zunehmendem Masse Fuss. Naturgemäss blieben für die übrigen Gebiete weder grosses Interesse noch reiche Mittel übrig. Die Tradition der Festkörperphysik drohte zu verkümmern, und zwar im Moment, als ihre wissenschaftliche Bedeutung und ihr praktischer Wert offenkundig wurden. Der Initiative von Georg Busch (1949 bis 1978) und der weitsichtigen Förderung durch Schulratspräsident Hans Pallmann ist es zu verdanken, dass sich die Festkörperphysik in den folgenden Jahren in eindrücklicher Weise entwickelte.

Im Jahre 1956 wurde ein selbständiges Laboratorium für Festkörperphysik und bald darauf der Verein zur Förderung der Festkörperphysik an der ETH gegründet. Die Idee Präsident Pallmanns, auf diese Weise frei verfügbare finanzielle Mittel für *Grundlagenforschung* zu beschaffen, fand in der schweizerischen Industrie Gehör und wirksame Unterstützung, namentlich durch die Herren *O. H. Schlueter* (Landis & Gyr) und Dr. *P. Waldvogel* (Brown Boveri AG). Die Mittel, welche der Verein zur Verfügung stellte, übertrafen den Laboratoriums-

Apparatur hoher Auflösung zur Messung der Photoelektronen- und Bremsstrahlungsemission im Röntgengebiet, welche zur Bestimmung besetzter und unbesetzter Elektronenzustände in Festkörpern dient (Laboratorium für Festkörperphysik).

kredit der ETH um mehr als eine Grössenordnung und erlaubten nicht nur die Inangriffnahme neuer Forschungsprojekte, sondern auch die Anstellung von ausgezeichneten wissenschaftlichen Mitarbeitern. Der besondere Wert der Vereinsmittel lag nicht in erster Linie in ihrer Grösse, sondern darin, dass im Rahmen des Budgets frei darüber verfügt werden konnte, ohne Zwang zu umständlichen und zeitraubenden Formalitäten. Ohne Pallmanns wache Bereitschaft, jederzeit zu helfen, wäre die Festkörperphysik an der ETH kaum lebensfähig geblieben. Es ist ausserordentlich zu bedauern, dass der Verein unter dem Druck der wirtschaftlichen Verhältnisse im Jahre 1974 aufgelöst werden musste. Ein wesentlicher Teil der Möglichkeiten, rasch zu handeln, ging für das Laboratorium damit verloren.

Heute, nach dem Rücktritt von Prof. G. Busch im Herbst 1978, wirken am Institut als Dozenten die Professoren *H. Gränicher, F. Heinrich, W. Känzig, F. Kneubühl, J. L. Olsen, H. Ch. Siegmann* und *P. Wachter* sowie die Privatdozenten *Y. Baer, E. Kaldis, R. Kind, F. Meier, H. U. Nissen* und *S. Yuan*. Am Institut sind zurzeit 65 Assistenten und wissenschaftliche Mitarbeiter sowie 40 technische und administrative Mitarbeiter tätig, die zum Teil aus Sonderkrediten besoldet sind.

Gegenstand der vorwiegend experimentellen Forschungsarbeiten in den ersten Jahren nach der Gründung des Laboratoriums waren Transportphänomene in Halbleitern, wie elektrische und thermische Leitfähigkeit, Halleffekt und Thermospannung. Darauf folgten Untersuchungen über magnetische Eigenschaften von halbleitenden Elementen und intermetallischen Verbindungen. Später stand die Frage nach der Existenz ferromagnetischer Halbleiter im Brennpunkt der Probleme sowie die Feld- und Thermoemission von Elektronen aus Halbleitern und die damit im Zusammenhang stehenden Kontaktphänomene. Zu Beginn der sechziger Jahre wurden Arbeiten über Photoemission im sichtbaren und im ultravioletten Spektralbereich und im Röntgengebiet aufgenommen, mit dem Ziel, Zustandsdichten in Festkörpern zu studieren. Ferner nahmen Experimente über magneto-optische Eigenschaften magnetischer Halbleiter ihren Anfang. Auf einer Seitenlinie entwickelte sich aus dem Studium der Transportphänomene flüssiger Metalle und Legierungen ein ausserordentlich ergiebiges Forschungsgebiet, das heute am Institut für Physik der kondensierten Materie an der Universität Basel erfolgreich weitergepflegt wird.

Seit 1975 befasst sich eine Gruppe mit der Speicherung von Wasserstoff in intermetallischen Verbindungen, die nicht nur praktisch von grösstem Interesse ist, sondern für den Festkörperphysiker auch faszinierende, rein wissenschaftliche Probleme bietet. Von besonderem Interesse sind die katalytischen Vorgänge an der Oberfläche der Materialien, welche dafür verantwortlich sind, dass der Wasserstoff in die Speichersubstanz eintreten kann.

Im Jahre 1929 wurde am damaligen Physikalischen Institut mit primitiven Mitteln zum erstenmal die Frequenzabhängigkeit der Dielektrizitätskonstanten des Eises gemessen. 1932 wurden Untersuchungen an Seignettesalz begonnen. Diese Substanz hat sehr ungewöhnliche dielektrische und piezoelektrische Eigenschaften, die heute im Begriff der Ferroelektrizität zusammengefasst werden. 1935 wurde im primären Kaliumphosphat (KH_2PO_4) eine neue ferroelektrische Substanz entdeckt. Die Physik der Ferroelektrizität und des Eises bildete seither einen Schwerpunkt der Festkörperphysik an der ETH; Prof. H. Gränicher und seine Mitarbeiter haben sie bis in die jüngste Zeit erfolgreich weitergepflegt. Im Laufe der Jahre wurden einige hundert verschiedene Substanzen, meist in kristalliner Form aus wässeriger Lösung, aus Gelen, hydrothermal oder aus Schmelzflüssen, gezüchtet. Neben strukturellen und dielektrischen Untersuchungen wurde vor allem die Methode der magnetischen Kernresonanz und der Quadrupolresonanz zur Aufklärung des Mechanismus der Ferroelektrizität eingesetzt. Heute befasst sich die Gruppe besonders mit den dielektrischen Eigenschaften von Schichtstrukturen wie elektro-optischen und nicht linear optischen Effekten in Isolatoren.

Die Kombination kernphysikalischer Methode mit Problemen der Festkörperphysik führte Prof F. Heinrich zur Anwendung des Mössbauer-Effektes und der Positronen-Annihilation zum Studium von Gitterdefekten in Reinmetallen, Legierungen und neuerdings in den hochaktuellen metallischen Gläsern. Daneben wird mit Hilfe eines magnetischen Elektronenspektrometers Spektroskopie von Röntgen-Photo-Elektronen aus Metallen, Oxiden und amorphen Substanzen betrieben.

Prof. W. Känzig widmete sich nach seiner Berufung an die ETH im Jahre 1961 hauptsächlich dem Studium molekularer Zentren in verschiedenen Isolatoren und ihrer paraelastischen und paramagnetischen Eigenschaften. Diese Arbeiten leiteten über zur Untersuchung der Struktur und der magnetischen Eigenschaften von Alkaliperoxiden, in denen Antiferromagnetismus als Folge der Austauschwechselwirkung zwischen p-Elektronen gefunden wurde. Seit wenigen Jahren werden Probleme der Molkekularbiologie und der Dynamik von Phasengrenzen, wie der Uebergang fest-flüssig, mittels Lichtstreuung bearbeitet.

Forschungsthemen der Gruppe für Infrarotphysik unter der Leitung von Prof. F. Kneubühl sind die Erzeugung von Strahlung im Submillimetergebiet mittels HCN-Lasern und deren Wirkung auf Festkörper und Flüssigkeiten. Die speziell entwickelten, hoch empfindlichen Messgeräte ermöglichten die Messung des thermischen Emissionsvermögens von Mikrokristallen in Abhängigkeit von Form, Grösse und Frequenz sowie die Messung des Minimums der Sonnentemperatur mit Ballonexperimenten. Die Infrarotphysik gewinnt neuerdings grosse Bedeutung im Zusammenhang mit dem Energiehaushalt von Gebäuden.

Experimente im Bereich tiefer Temperaturen, das heisst von einigen Kelvin und tiefer, waren bis zur Mitte der vierziger Jahre nur in wenigen ausländischen Laboratorien möglich. Die industrielle Herstellung von Heliumverflüssigern erschloss das Gebiet der Tieftemperaturphysik jedoch sehr rasch. 1952 wurde am Institut für kalorische Apparate und Kältetechnik der ETH das Kältelaboratorium eingerichtet, welches 1968 unter der Leitung von Prof. J. L. Olsen dem Laboratorium für Festkörperphysik angeschlossen werden konnte. Flüssiges Helium ist seither am Institut eine routinemässig eingesetzte Kühlflüssigkeit geworden, welche nicht nur den Vorstoss ins Gebiet der Milli-Kelvin-Grade ermöglichte, sondern auch die lang ersehnten und notwendigen experimentellen Voraussetzungen für das gesamte Gebiet der Festkörperphysik schuf. Hauptthemen der Forschungsarbeiten bilden das Studium von supraleitenden Metallen und Verbindungen, besonders ihrer Wärmeleitung, Einfluss von Druck und Volumen, Isotopieeffekte, kritische Felder, Magnetostriktionen; zum Teil auch Aspekte ihrer technischen Anwendung. Weitere Probleme sind die Anisotropie der Relaxationszeiten in Metallen, der de Haas-van Alphen-Effekt, nach dem sich die Topologie der Fermiflächen ermitteln lässt.

Ein völlig neues Gebiet der Festkörperphysik wurde durch die Entdeckung spinpolarisierter Photoelektronen durch Prof. H. C. Siegmann und seine Mitarbeiter erschlossen. Dadurch ergaben sich neue Informationen über die Struktur

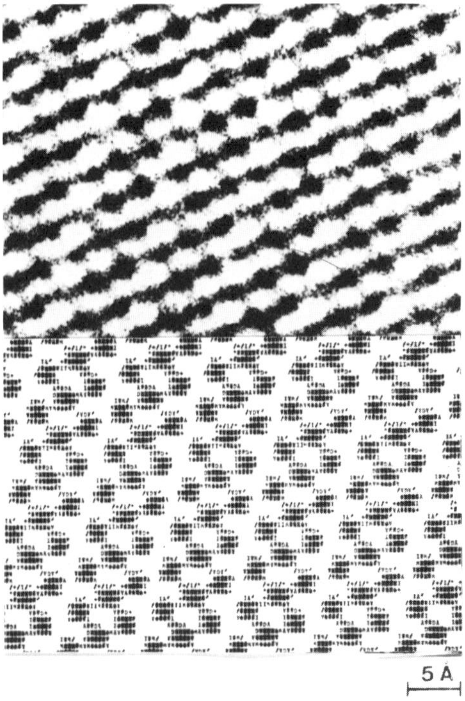

Obere Bildhälfte: Elektronenmikroskopische Aufnahme des Calcium-Silikats Wollastonit, $CaSiO_3$ bei 200 kV Spannung. Die dunklen Flecken entsprechen den Positionen der Calcium-Atome. Die untere Bildhälfte zeigt den auf Grund der dynamischen Theorie der Elektronenbeugung berechneten Bildkontrast im gleichen Massstab.

der Energiebänder in ferromagnetischen Metallen und Halbleitern und eine neue Methode zur Untersuchung der Oberfläche fester Körper. Ausserdem wurde eine intensive Quelle für spinpolarisierte Elektronen entwickelt, welche fundamentale Experimente der Teilchenphysik möglich machte.

Die magnetischen, optischen, magneto-optischen und elektrischen Eigenschaften von Verbindungen der Uebergangselemente sind Hauptgegenstände der Studien der Gruppe von Prof. P. Wachter, die zur Entdeckung neuer magneto-optischer Effekte geführt haben. Seit der Beobachtung von Valenzmischungen und Valenzinstabilitäten in verschiedenen Verbindungen der Seltenen Erden hat dieses Gebiet besondere Aktualität gewonnen. In neuester Zeit treten Verbindungen der Aktiniden mehr und mehr in den Brennpunkt des Interesses.

Für jede Art von Experimenten an Festkörpern, besonders an Halbleitern, sind unweigerlich chemisch und strukturell wohldefinierte Substanzen, womöglich in Form grosser und homogener Einkristalle, notwendig. Die Entwicklung eigener Methoden und apparativer Einrichtungen für die Synthese und Analyse hochreiner Substanzen war daher unumgänglich. Kristalle zahlreicher Verbindungen der Uebergangselemente, einschliesslich der Seltenen Erden und der Aktiniden, werden zur Hauptsache durch Sublimation und chemischen Transport bei Temperaturen bis über 2500 °C hergestellt. Stöchiometrie und Reinheit der Substanzen werden mit chemischen Methoden und Funkenmassenspektroskopie geprüft. Neben den üblichen Methoden zur Kontrolle von Strukturen mittels Röntgenstrahlen verfügt das Laboratorium seit wenigen Jahren über ein äusserst leistungsfähiges Elektronenmikroskop höchster Auflösung. Damit ergibt sich ein neuer Zugang zum Studium von Kristallgitterdefekten, die in der gesamten Festkörperphysik eine zentrale Rolle spielen.

Festkörperphysik und *Festkörperchemie* bilden die Grundlage der *Materialwissenschaften* in weiten Bereichen. Einerseits geht es darum, die physikalischen Eigenschaften bekannter Substanzen im Rahmen der einschlägigen Theorien zu verstehen und anderseits neue eventuell «exotische» Substanzen herzustellen und kennenzulernen oder neue Werkstoffe gleichsam «nach Mass» darzustellen. Die Grenzen jeder technischen Entwicklung werden durch die Eigenschaften der Werkstoffe gesetzt. Es ist heute allgemein bekannt, dass die Güte eines Werkstoffes — oder seine Verwendbarkeit überhaupt — durch seine stoffliche Zusammensetzung, seine Mikrostruktur, seine Reinheit und die Beschaffenheit seiner Oberfläche bestimmt wird. Die Kenntnis dieser Eigenschaften ist auch für den Festkörperphysiker von erstrangiger Bedeutung; denn ohne sie kann er die mechanischen, thermischen, elektrischen, magnetischen, optischen und andere Phänomene, die ihn interessieren, nicht verstehen. Die enge Verknüpfung von Festkörperphysik und Materialwissenschaften ist offensichtlich, und daher rührt auch ihre Bedeutung für die Praxis.

Laboratorium für Hochenergiephysik

(Von Jean-Pierre Blaser und Hans Hofer)

Durch das Wirken von Paul Scherrer und seinen Schülern war das Physikinstitut der ETH im Nachkriegsjahrzehnt zu einem international anerkannten Mittelpunkt kernphysikalischer Forschung geworden. Die Ausstrahlung dieses Institutes äusserte sich in der Berufung zahlreicher Mitarbeiter als Dozenten an in- und ausländische Universitäten sowie durch den Einsatz von ETH-Physikern in der schweizerischen Industrie, deren Interesse für Kernenergie damals wuchs. Das 1960 neu geschaffene Laboratorium für Hochenergiephysik setzte sich die Physik der *Elementarteilchen* zum Ziel. Weltweit war in den fünfziger Jahren klar geworden, dass die Nukleonen selbst eine Struktur besitzen; dies manifestierte sich durch das Erscheinen von neuen Teilchen, den Mesonen. Statt zu versuchen, den sehr komplexen Atomkern direkt zu verstehen, erforschte man die Wechselwirkung zwischen den elementaren Teilchen. Dazu waren aber immer höhere Energien, das heisst immer grössere Beschleuniger, nötig. Das führte zwangsläufig zur Konzentration der Forschung in grossen Zentren. Frühzeitig interessierten sich die Schweizer Kernphysiker dafür, und P. Scherrer gehörte zu den Gründungsmitgliedern des CERN in Genf.

Parallel dazu setzte auf nationaler Ebene eine ähnliche Entwicklung ein. Das

Laboratorium für Hochenergiephysik (LHE) erarbeitete Pläne für einen Mittelenergiebeschleuniger für höchste Intensitäten mit dem Ziel, ein neuartiges Instrument für Forschung mit Pi- und Mü-Mesonen zu schaffen. Nachdem 1966/68 das Parlament die Kredite bewilligt hatte, begann der Bau des Ringbeschleunigers für Protonen von 600 MeV bei 100 Mikroampere, und eine Annexanstalt der ETH, das Schweizerische Institut für Nuklearforschung, SIN, in Villigen, wurde geschaffen. Dieses nahm 1974 den Betrieb als nationales Zentrum auf. Das LHE konnte sich wieder voll der Forschung und dem Unterricht widmen. Für diesen galt es, aufbauend auf der theoretischen Physik und der klassischen Kernphysik das Gebiet der Elementarteilchenphysik einzuführen. In der Forschung wurden in den sechziger Jahren am LHE zwei Richtungen verfolgt. Erstens Kernspektroskopie mit besonderer Berücksichtigung der mit der Physik der Atomhülle zusammenhängenden, hochinteressanten Effekte. Anderseits entsandte das LHE eine starke Gruppe ans CERN, welcher mehrere beachtete Experimente in Teilchenphysik gelangen, in deren Verlauf als Beitrag zum Unterricht eine Anzahl Dissertationen entstanden. Derweil bereiteten sich die in Zürich gebliebenen Gruppen des LHE auf die Forschung am SIN vor, wohin das LHE 1973 umzog.

Die einzigartige Möglichkeit an «jungen», sich noch im Aufbau befindenden Beschleunigeranlagen zu arbeiten und die tägliche Wechselwirkung zwischen Forschung und Technik bildeten beste Voraussetzungen für das LHE. Dieses wagte sich denn auch an schwierige Mittelenergieexperimente heran, vom Glauben beseelt, dass neue und weiterentwickelte Technologien (in diesem Fall eine um zwei Grössenordnungen erhöhte Teilchenstrahlintensität) neue Forschungsergebnisse bringen, eine Tatsache, die in der Vergangenheit meistens zutraf. Die hohe Strahlintensität begünstigt zwei Gruppen von Experimenten: solche, bei denen nach sehr seltenen Ereignissen oder nach sehr kleinen Effekten gesucht wird, und solche, die ganz spezielle Teilchenstrahlbedingungen erfordern. Entsprechend diesen Voraussetzungen haben sich denn auch die Aktivitäten der verschiedenen Forschungsgruppen des LHE entwickelt.

Einige Beispiele dieser Forschungsziele sind: Suche nach «verbotenen» Teilchenreaktionen, Bestimmung von neuen oberen Grenzen der Neutrettomasse, Präzisionsmessung des magnetischen Momentes des Myons, Präzisionsmessung der Energie von Röntgenlinien myonischer und pionischer Atome, Untersuchungen an Atomkernen mit Pionen und Myonen, Untersuchung von Festkörpereigenschaften mit Myonen. Das letzte Beispiel zeigt, dass die hohe Strahlintensität des SIN erlaubt, bekannte Methoden der Teilchenphysik-Grundlagenforschung auf ein anderes Forschungsgebiet, die Festkörperphysik, anzuwenden.

Laboratorium für Kernphysik *(Von Valentin Telegdi)*

Die sechziger Jahre brachten sowohl in der Forschung als auch in der Lehre grosse Aenderungen. Die grösstenteils «selbstgebauten» Beschleuniger im Institut an der Gloriastrasse (12-MeV-Zyklotron, 800-keV-Tensator, 550-keV-Kaskadengenerator) waren nicht mehr konkurrenzfähig, zumal sich der Akzent in der Forschung weltweit zu stets höheren Energien verschob. 1959 wurde in den Vereinigten Staaten ein kommerzieller zweistufiger elektrostatischer Beschleuniger (sogenannter Tandem-van-de-Graaff) mit einer Höchstspannung von 6 MV bestellt. Dieses Gerät wurde 1964 in Betrieb genommen, und zwar im ersten ETH-Gebäude auf dem Hönggerberg-Areal, in einem eigens errichteten und unter der Leitung von *P. E. Marmier* stehenden Laboratorium. Marmier war 1957 als erster Professor für Kernphysik berufen worden. 1969 bis 1973 amtierte er als Rektor der Hochschule; nach seinem frühzeitigen Tode (1973) übernahm *J. Lang* die Leitung des Laboratoriums.

Zu Recht nennt man heute die klassische Kernphysik, wie sie am ETH-Tandem betrieben wird, «Niederenergiephysik». Sie kann nur dann relevante Resultate liefern, wenn der «alte» Beschleuniger durch die modernsten Zusatzgeräte und Nachweismittel (Detektoren) ergänzt wird. Diesem Ziel dienten denn auch der Bau einer polarisierten Ionenquelle für Protonen und Deuteronen (*W. Grüebler,* 1966) sowie der Einbau einer Sputterquelle (*R. Balzer,* 1974), welche die Beschleunigung von Ionen von Beryllium bis Blei ermöglicht.

Die Forschungstätigkeit des Laboratoriums für Kernphysik konzentrierte sich in jüngerer Zeit vor allem auf die Untersuchung von Kernreaktionen mit leichten Kernen als Projektil (*J. Lang* und *R. Müller* in Zusammenarbeit mit der Universität Krakau), auf das Studium sogenannter molekularer Röntgenstrahlen, die beim Zusammenstoss schwerer Ionen entstehen (*W. Wölfli)* sowie auf Präzisionsversuchen mit polarisierten Protonen- und Deuteronenstrahlen (*W. Grüebler* und *V. König).*

Insbesondere auf dem letzten Gebiet nimmt das Labor eine führende Stellung ein; dies bekundete die 1975 an der ETHZ abgehaltene internationale Tagung (Fourth International Symposium on Polarization Phenomena in Nuclear Reactions). Mitarbeiter des Laboratoriums beteiligen sich auch in wachsendem Masse an Experimenten an SIN. Ein besonders interessantes Ergebnis der Institutstätigkeit am SIN ist der Nachweis von Paritätsverletzung in der Proton-Proton-Streuung (M. Simonius u. a.).

Im gegenwärtigen Zeitpunkt wird sorgfältig erwogen, wie der immerhin 15 Jahre alte Tandembeschleuniger weiterhin noch als weltweit konkurrenzfähiges Instrument betrieben werden kann. Besonders interessante Möglichkeiten für die «ausgereifte» Niederenergiephysik bestehen in ihren Anwendungen auf andere Wissensgebiete, zum Beispiel auf die Altersbestimmung von Präparaten durch Messung ihrer ^{14}C-Radioaktivität. In diesem Sinne wurde beschlossen, das Tandem als Quasi-Massenspektrometer auszubauen, um in Zusammenarbeit mit

Ansicht des Tandem-Van de Graaff-Beschleunigers des Laboratoriums für Kernphysik. Hochenergieseite mit Schaltmagnet und Strahlrohren.

der Universität Bern (Prof. *Oeschger)* das beschleunigte ^{14}C *selbst* als Ion nachzuweisen. Dies wird die Empfindlichkeit der ^{14}C-Datierung um viele Grössenordnungen erhöhen, beziehungsweise die mengenmässige Grösse der nötigen Präparate um vieles erniedrigen.

Der Beitritt eines neuen Dozenten (*V. L. Telegdi,* 1976) hat das Programm des Labors erweitert: Zur Forschungstätigkeit gehören jetzt auch Versuche auf dem Gebiet der schwachen Wechselwirkungen, Untersuchungen über Paritätsverletzungen in Atomen und anderes mehr.

Professur für Optik (Von Walter Lukosz)

Arbeitsgebiet dieser Professur ist die experimentelle und theoretische physikalische Optik und Laser-Physik. Unter anderem wurden folgende Themenkreise bearbeitet: Herstellung und Untersuchung von planaren Lichtleitern; Holographie mit Wellenleiterwellen als optische Informationsspeicherung, die mit den Konzepten der integrierten Optik kompatibel ist; Untersuchung des Einflusses von Grenzflächen und Oberflächen auf die Lichtemission fluoreszierender Moleküle, insbesondere auf die Fluoreszenzlebensdauer, und die Richtcharakteristik und Polarisation des emittierten Lichtes.

Institut für Reaktortechnik *(Von Walter Hälg)*

Neutronenstreuung

Im Verlauf der letzten dreissig Jahre hat sich die Neutronenstreuung zu einer wichtigen und vielseitigen experimentellen Methode für die Untersuchung der kondensierten Materie entwickelt. Da sich die für ein erfolgreiches Experiment erforderlichen Neutronenflüsse nur mit einem Reaktor erreichen lassen, blieb die Neutronenstreuung zu Beginn eng mit der Reaktortechnik verknüpft. In den USA wurden erste Versuche 1946 durchgeführt, in der Schweiz war es erst 1960 mit der Inbetriebnahme des Schwerwasserreaktors Diorit am Eidgenössischen Institut für Reaktorforschung möglich, Erfahrungen auf dem neuen Gebiet zu sammeln.

Bedingt durch den äusseren Rahmen, wurden vor allem Messungen an reaktorphysikalisch interessanten Werkstoffen durchgeführt. Erst Ende der sechziger Jahre fand die Neutronenstreuung als Mittel der Grundlagenforschung allgemein Anerkennung; im Ausland führte dies zum Bau eigener Forschungsreaktoren, in der Schweiz zeichnete es sich — in einem viel bescheideneren Rahmen — durch den Uebergang der Forschergruppe zur ETH ab. Seither erfolgte ein beständiger Ausbau, sowohl auf instrumentellem Gebiet als auch in bezug auf die Zusammenarbeit mit anderen Wissenschaftern. Mit der Stillegung des Diorits im Juli 1977 ging leider die für unser Land beste Neutronenquelle verloren.

Zurzeit sind fünf im Institut entwickelte Spektrometer am Leichtwasserreaktor Saphir in Würenlingen installiert. Gemessen wird im 24-Stunden-Betrieb, wobei die instrumentellen Parameter automatisch geändert werden, entsprechend den vom Experimentator vorprogrammierten Daten.

Da den begrenzten Möglichkeiten am Reaktor Saphir ein wachsender Bedarf der schweizerischen Forschung auf dem Gebiet der Neutronenstreuung gegenübersteht, wurden Studien zur Realisierung einer Spallations-Neutronenquelle hohen Flusses am SIN begonnen.

Die Neutronenstreuung gibt einen Einblick in die atomare Dimension der Materie; sie liefert einerseits direkte mikroskopische Informationen, welche mit keiner anderen experimentellen Methode erhältlich sind, anderseits Informationen, welche komplementär sind zu Resultaten aus anderen Experimenten. Die Leistungsfähigkeit der Neutronenstreuung basiert im wesentlichen auf folgenden drei Punkten:

- Die Wellenlänge der thermischen Neutronen ist vergleichbar mit den interatomaren Abständen in Festkörpern und Flüssigkeiten, so dass Interferenzeffekte und somit Strukturaufklärungen möglich sind.
- Die Energie thermischer Neutronen ist vergleichbar mit den Energien elementarer Anregungen in kondensierter Materie (z. B. Phononen, Magnonen, usw.), was eine präzise Bestimmung dieser Energien und ihrer Dispersion ermöglicht.
- Das Neutron hat ein magnetisches Moment, was die Untersuchung magnetischer Strukturen und Wechselwirkungen erlaubt.

Die Forschung ist interdisziplinär, die Einzigartigkeit der Untersuchungsmethode hat zu einer regen Zusammenarbeit mit allen interessierten Hochschulinstituten und Industrielaboratorien geführt. Namhafte Beiträge konnten auf den Gebieten des Magnetismus, der Kristallfelder in Metallen, der Superionenleiter, und als jüngstes und aktuellstes Beispiel, der Wasserstoffspeicherung in Metallen geleistet werden.

Nukleartechnik

Seit 1955, dem Jahr der ersten internationalen Konferenz über Kernreaktoren in Genf, hat sich die Reaktortechnologie enorm entwickelt. Während man sich damals nur an einfache Versuchsreaktoren heranwagte und froh war, wenn die mittels Rechenschieber und Tischrechenmaschine bestimmte kritische Uranmasse bis auf 50% mit der tatsächlich benötigten übereinstimmte, werden heute 1000-Megawatt-Leistungsreaktoren gebaut, die während ihrer ganzen Lebensdauer mit den vorausberechneten Werten in Einklang sind.

Für diese schnelle Entwicklung sind verschiedene Gründe verantwortlich: Die dringende Notwendigkeit, eine neue Energiequelle zu beschaffen, genauere Messungen der physikalischen Grunddaten, die schnelle Entwicklung elektronischer Rechenmaschinen und verbesserte Methoden zur Lösung der Reaktorgleichungen.

Sowohl experimentell wie theoretisch hat das Institut für Reaktortechnik (IRT) an der Reaktorforschung mitgewirkt. Da die ersten Brutreaktoren voraussichtlich mit flüssigem Natrium gekühlt werden, wurde ein Kreislauf aufgebaut, in dem Geschwindigkeitsprofile und andere charakteristische Eigenschaften von fliessendem Natrium gemessen werden.

Das Verhalten von Neutronen in einem Reaktor wird von der Transportgleichung, einer linearen Form der bekannten *Boltzmann* -Gleichung, beschrieben. Einer strengen Lösung dieser Gleichung in der komplizierten Geometrie eines Leichtwasserreaktors ist man heute nicht viel näher als vor 25 Jahren, doch wurden auf dem Gebiet der näherungsweisen Lösung sehr grosse Fortschritte erzielt. In dieser Richtung sind auch am IRT eine Reihe von ein- und zweidimensionalen Methoden zur Reaktorberechnung entwickelt worden. Dabei wurde besonderer Wert darauf gelegt, analytische Lösungen zu finden oder solche, die in einigen Koordinaten analytisch und in anderen diskret sind. Gegenüber vollnumerischen Methoden hat das den Vorteil grösserer Genauigkeit und Schnelligkeit.

Als Alternative zur Energiegewinnung durch Spaltung von Uran, und als Energiequelle der Zukunft, wird heute die Kernfusion betrachtet. Auf diesem Gebiet werden am IRT Untersuchungen über Fusion in einer Migma-Anordnung durchgeführt. Das Projekt geht auf eine amerikanische Anregung zurück.

Die Bereitstellung neuer und leistungsfähiger Methoden zur Reaktorberechnung ist eng mit der Entwicklung elektronischer Computer verknüpft. Dreidimensionale Rechnungen sind auch heute noch zu aufwendig für existierende Maschinen, wenn sie mit der nötigen Genauigkeit ausgeführt werden sollen. Aus dieser Ueberlegung heraus wird am IRT der Prototyp eines Parallelrechners gebaut, der die vielen, bisher sequentiell ausgeführten Schritte einer Rechnung wo immer möglich durch parallele Operationen ersetzt und dadurch die Rechenzeit ganz erheblich verkürzt.

Einige unserer Forschungen auf dem Gebiet der Neutronenstreuung standen und stehen im Zusammenhang mit Energie- und Materialproblemen (Speicherung von Wasserstoff). Anwendungen zum Studium der Struktur und Dynamik von organischen Molekülen und von magnetischen Substanzen finden sich auch in der Biologie und Medizin.

Untersuchungen zum Wärmetransport mittels flüssiger Metalle und Entwicklungen neuer theoretischer Methoden zur Behandlung der Boltzmann-Gleichung führten zu Rechencodes für die Auslegung von Strahlenabschirmungen und Auslegungskonzepten von Energieübertragungsanlagen.

Eidgenössische Sternwarte (Von Max Waldmeier)

Die Eidgenössische Sternwarte hat sich seit ihrem Bestehen der Sonnenforschung gewidmet. Der älteste, bis heute fortgeführte und erweiterte Zweig ist die Sonnenfleckenstatistik, die weltweit bekannt ist und die Grundlage von ungezählten Untersuchungen auf dem Gebiet der solarterrestrischen Beziehungen bildet. In der letzten Generation, während welcher das Institut unter der Leitung von Prof. *M. Waldmeier* (seit 1945) stand, hat sich das Interesse mehr auf die Erscheinungen der höheren Schichten der Sonnenatmosphäre verlagert. Parallel dazu erfolgten bauliche Erweiterungen: der Sonnenturm in Zürich, das astrophysikalische Observatorium in Arosa und die Specola Solare in Locarno Monti. Die Neuinstrumentierung umfasst Coudé-Refraktoren, monochromatische Interferenzfilter, Spektrographen und Koronagraphen. Durch kinematographische Aufnahmen wird die chromosphärische Aktivität nach eruptiven Erscheinungen überwacht. Die auf dem Aroser Observatorium seit 40 Jahren durchgeführten Koronabeobachtungen haben unter anderem zu der Voraussage

Maximumskorona, aufgenommen während der totalen Sonnenfinsternis vom 16. Februar 1980 in Yellapur (Indien). Die Strahlen sind ungefähr gleichmässig um die Sonne verteilt, im Gegensatz zur Minimumskorona, die ausgeprägte Strahlen nur in der Aequatorregion zeigt. Um den starken radialen Helligkeitsgradienten der Korona zu kompensieren, wurde in der Filmebene der Kamera ein entsprechendes Filter eingebaut. Durch eine zentrale Oeffnung in diesem Filter (das auf die Sonne zentriert ist) erkennt man schwach einige Details auf der durch das Erdlicht beleuchteten Mondoberfläche. Der Südpol der Sonne liegt unten, Westen ist rechts.

der solaren Röntgenstrahlung geführt; sie sind ab 1952 durch die Erforschung der Korona anlässlich von 19 totalen Sonnenfinsternissen ergänzt worden. Das dabei gewonnene, umfangreiche Beobachtungsmaterial dient dem Studium der Form der Korona und ihres Magnetfeldes und deren Variationen im 11jährigen Zyklus sowie der Analyse der koronalen Strukturen. Aus der Synthese von Beobachtungen der Protuberanzen und der Korona folgte die Entdeckung einer langsamen koronalen Korpuskularstrahlung, heute Sonnenwind genannt. Die statistische Bearbeitung der Beobachtungen der Sonnenaktivität hat zu einer internationalen Zusammenarbeit geführt, die während über hundert Jahren sukzessive aufgebaut wurde. Die Eidgenössische Sternwarte ist auf ihrem Gebiet ein World Data Center und hat während eines halben Jahrhunderts im Auftrag der Internationalen Astronomischen Union das «Quarterly Bulletin on Solar Activity» herausgegeben.

Institut für Technische Physik (Von Ernst Baumann)

Die Forschung am Institut für Technische Physik (ITP) hängt aufs engste mit der Abteilung für industrielle Forschung (AFIF) zusammen, die ihm im Jahre 1937 angegliedert wurde und die getragen wird von einer Förderungsgesellschaft, der GFF (Gesellschaft zur Förderung der Forschung an der ETH, früherer Name GTP — Gesellschaft zur Förderung der Forschung auf dem Gebiete der technischen Physik). Zur Zeit der Gründung der AFIF herrschten, wie gegenwärtig, für unsere Industrie ungünstige wirtschaftliche Aussichten. Nach dem Willen ihres Gründers sollte die AFIF mit wissenschaftlichem Werkzeug Forschungs- und Entwicklungsarbeiten unternehmen, die vor allem dem Exporterfolg unserer Industrie dienen. Man dachte an die Einführung neuer Industrien und Technologien.

Wie früher erwähnt, war damals schon die Elektronik als entwicklungsfähiges Gebiet Gegenstand lebhafter Diskussion. Ihre enge Verbindung mit vielen Gebieten der Physik war ein weiterer Grund, warum sich auch das ITP und die AFIF bald sehr intensiv mit Problemen der Elektronik beschäftigten. So bedeutete die Entwicklung des Fernsehgrossprojektionsverfahrens (EIDOPHOR) eine schwierige, aber um so interessantere Aufgabe, die auch der wissenschaftlichen Forschung in vielen Beziehungen wertvolle Impulse verleihen konnte. Man denke an die Vakuumtechnik, die Oberflächenphysik, die Elektronenemission, die Elektronenoptik, die Lichtoptik, die photoelektrischen Erscheinungen usw. Auf allen diesen Gebieten sind wissenschaftliche Arbeiten, Publikationen und zahlreiche Dissertationen entstanden.

Die Theorie der elektrischen Netzwerke in allen Aspekten war ebenfalls vertreten. Am ITP entstand in Zusammenarbeit mit der Firma Contraves wohl einer der ersten Analogrechner hoher Präzision: der Stereomat, ein für die Auswertung von komplizierten, dreidimensionalen Beobachtungen (Uebungsschiessen der Fliegerabwehr) bestimmtes Gerät.

Mehr den Materialwissenschaften gehörten Arbeiten über magnetische Werkstoffe (Ferrite) an. Die Untersuchungen über die Ausnützung der Elektrostriktion zur Erzeugung von Ultraschall mit Ferritschwingern gehören zu den ersten Arbeiten, die auf diesem Gebiet bekannt wurden. Die Studien über die Anwendung von Ultraschall zur Reinigung von Metalloberflächen ergänzten das wissenschaftliche Programm und fanden ebenfalls viel Beachtung.

Sehr früh fand auch die Halbleitertechnologie Eingang in das Programm des ITP und der AFIF. Ein Schwerpunkt war hier die Gewinnung von reinsten, für die Halbleitertechnik benötigten Stoffen, wie Indium, Germanium, Silizium usw. Daneben wurden mit bescheidenen Mitteln Einrichtungen geschaffen, die die eigene Herstellung von kleineren integrierten Schaltungen erlauben.

In der technischen Optik richtete sich das Interesse, nach früheren Arbeiten über die Optik des Eidophorverfahrens, auf neue Messmethoden mit Anwendung von Lasern, zum Beispiel zur Ermittlung von Deformationen, sowie auf optische Uebertragungsfunktionen, zu deren Messung das Institut heute über eine universelle Anlage verfügt.

Weitere umfangreiche Arbeiten, die die elektronische Schaltungstechnik betreffen, sind enger mit der Abteilung für Elektrotechnik verbunden und werden dort referiert.

Das ITP und die AFIF umfassen zurzeit 11 weitgehend selbständig arbeitende Forschergruppen mit 3—10 Mitarbeitern. Alle am Institut tätigen Akademiker tragen die Unterrichtsaufgaben gemeinsam, ohne Rücksicht auf die Anstellungsverhältnisse. Eine gut geführte Betriebsbuchhaltung bietet Gewähr dafür, dass im Jahresdurchschnitt ein gerechter Ausgleich der Arbeitsleistungen für die verschiedenen Geldgeber erfolgt.

Neben der beschriebenen, weitgehend institutseigenen Forschung bearbeitet die AFIF zahlreiche Projekte als Auftragsforschung. Der Auftraggeber kommt dabei für alle direkten Kosten, wie Löhne, Material und Spezialeinrichtungen, auf, und er leistet einen angemessenen Beitrag für den Unterhalt der Infrastruktur (Kosten für allgemeine Sekretariatsarbeiten, Laborbetriebskosten usw.). Wie schon erwähnt, werden die über diese Geldquellen privatrechtlich angestellten Mitarbeiter zusätzlich auch (im Einklang mit den Statuten der GFF) in einem zumutbaren Mass für institutseigene Forschungs- und Unterrichtsaufgaben eingesetzt.

Dieses Arbeitsschema bringt auf natürliche Weise einen engen Zusammenschluss von Unterricht, hochschuleigener und angewandter Forschung, und gleichzeitig vermag es die zum Teil auseinanderstrebenden Interessen der Beteiligten zu berücksichtigen; es hat sich bestens bewährt. So ist es zurzeit ungeachtet des sehr hohen Anteils an Unterrichtsaufgaben möglich, etwa 65% der direkten Finanzbedürfnisse (Löhne und Material) aus Quellen zu decken, die nicht dem ETH-Budget angehören.

Der zusätzliche Ausbildungswert, den die jungen Mitarbeiter dabei auf dem Gebiet der industriell organisierten Forschung erhalten, wird von vielen Seiten nicht nur bestätigt, sondern auch sehr geschätzt.

Zugunsten der privatrechtlich angestellten Mitarbeiter der AFIF unterhält die GFF eine grosszügige Unfallversicherung. Ausserdem sorgt sie über ihre gut ausgebaute Personalfürsorgestiftung für eine zeitgemässe soziale Sicherung dieser

Mitarbeiter und ihrer Familienangehörigen und bürgt zudem für die Sicherung der Anstellung im Rahmen des Obligationenrechts.

Es besteht kein Zweifel darüber, dass die ETH aus den grossen Leistungen der GFF reichlichen materiellen Nutzen zieht, wie alle diesbezüglichen Zahlen beweisen. Noch grösser mag der moralische Nutzen für beide Partner, die ETH und die GFF, sein, zeigen doch der Erfolg der AFIF in Unterricht und Forschung an der ETH und ebenso die erfolgreiche Anwendung der Forschungsresultate in der Praxis, wie wichtig diese vorbildliche, für jedermann transparente Zusammenarbeit zwischen Industrie und Hochschule ist.

Leider ist die derzeitige Schulleitung nicht dieser Auffassung. Die Einleitung zum Kapital über die Abteilung IX und der Abschnitt über die Forschung in reiner und angewandter Physik weisen auf die einschneidende Aenderung hin, die die «Uebergangsregelung» vom Juni 1970 für die ETHZ brachte. Diese Ausführungen können aus der Sicht der Technischen Physik nur bestätigt werden: Die beschriebene Entrechtung der Hochschullehrer liess viele Kompetenzen an Verwaltungsbeamte übergehen, die keinerlei direkte Verantwortung und Beziehungen zum Betrieb des betroffenen Institutes haben. Die moderne Bürotechnik fördert zudem die schnelle Aufblähung der Administration. Die wenigen nötigen Führungsgrundsätze gehen verloren, und in der resultierenden grossen Verwirrung entsteht oft — manchmal sicher auch zu Unrecht — der Eindruck, dass mehr Leute gegeneinander als miteinander arbeiten.

Dass unter solchen Umständen die gegenwärtige Struktur des ITP und der AFIF nicht mehr lange bestehen bleiben kann, ist nicht verwunderlich. Möge es der GFF, deren Leistungen zugunsten der ETH belegt sind, gelingen, die Idee der AFIF trotz allem erfolgreich weiterleben zu lassen.

Institut für theoretische Physik (Von Klaus Hepp)

In die Berichtsperiode ragen die letzten grossen Arbeiten von Wolfgang Pauli über das TCP-Theorem und das Lee-Modell der Quantenfeldtheorie. Die Wünsche und Hoffnungen, die Pauli kurz vor seinem unerwartet frühen Tod im Dezember 1958 beschäftigten, haben ihren Niederschlag in Arbeiten Werner Heisenbergs und auch in dessen Buch über «Den Teil und das Ganze» gefunden. Sie waren wohl in ihrem Bestreben nach einer einheitlichen Naturbeschreibung ihrer Zeit voraus. Ausgelöst wurden sie durch die Umwälzung unserer Vorstellungen von der Symmetrie der Natur, welche auf die Entdeckung der Paritätsverlegung folgte.

Nach Paulis Tod übernahm für kurze Zeit sein Kollege Res Jost die gesamte Unterrichtsverpflichtung, dann konnte in Markus Fierz, damals Direktor am CERN, ein würdiger Nachfolger gewonnen werden.

Jost, der zu Beginn der Berichtsperiode dem Lehrkörper als ausserordentlicher Professor für theoretische Physik beigetreten war, beschäftigte sich zunächst

Wolfgang Pauli
Professor für theoretische Physik
von 1928 bis 1958

noch mit der Theorie der Streuung eines Teilchens an einem Potential — insbesondere mit dem sogenannten «Umkehrproblem». 1956/57 wandte er sich aber vermehrt Fragen der allgemeinen relativistischen Quantenmechanik zu, was zu einer regen Tätigkeit auf diesem Gebiet der mathematischen Physik führte. Fierz pflegte, neben tiefgründigen historischen und historisch-psychologischen Studien, vor allem die Einsteinische allgemeine Relativitätstheorie.

Diese grundlegenden Untersuchungen und die von den Dozenten und jüngeren Mitarbeitern getragene begeisternde Atmosphäre am Seminar für theoretische Physik in der alten Villa an der Hochstrasse 60 haben einer Reihe schöner Arbeiten zum Entstehen verholfen. Gastdozenten von überall brachten die Vielfalt: H. Araki, F. J. Dyson, A. Martin, T. M. Rice, M. Ruderman, J. Steinberger, V. L. Telegdi, H. A. Weidenmüller und viele andere. Bücher und «Lecture Notes» entstanden und zirkulierten weit über Zürich hinaus: die «Boulder Lectures» von Jost, die in dem Buch «The General Theory of Quantized Fields» zu einer definitiven Darstellung der axiomatischen Quantenfeldtheorie wurden, Arakis kostbares Manuskript über lokale Observablenalgebren, Hepp's «Théorie de la renormalisation» und, last but not least, die heiteren und feinsinnigen «Vorlesungen zur Entwicklungsgeschichte der Mechanik» von Fierz. Als hervorragendster Schüler von Jost sei hier, unter Abbitteleistung an die Uebergangenen, nur David Ruelle erwähnt, heute Professor am Institut des Hautes Etudes Scientifiques in Paris, dessen «Statistical Mechanics: Rigorous Results» in Zürich mit zwei wichtigen Arbeiten seinen Anfang nahm.

Mit dem Anwachsen der Abteilung für Mathematik und Physik vermehrten sich auch die Unterrichtsverpflichtungen. Zu Paulis Zeiten gaben die vier obligatorischen Vorlesungen Elektrodynamik, Optik und Elektronentheorie, Thermodynamik und Statistische Mechanik eine einzigartige Darstellung der klassischen Physik, während die Quantenmechanik nur in Spezialvorlesungen gebracht wurde. Eine Reform des Unterrichts an der Abteilung IX gestaltete dieses Programm völlig neu. Die Vorlesung Allgemeine Mechanik wurde Beginn und Grundlage des Theorieunterrichts. Das Zusammenlegen von je zwei Vorlesungen über klassische Physik in eine Elektrodynamik und eine Theorie der Wärme schuf Platz für eine zweisemestrige Quantenmechanik. Um die vier höheren Theorievorlesungen jedes Jahr zu bringen und um in der Forschung eine grössere Vielfalt von Gebieten zu entwickeln, musste der Lehrkörper vergrössert werden. 1965 wurden Walter Baltensperger und Walter Hunziker, 1966 Klaus Hepp und 1972 Christoph Schmid als Professoren an die ETH berufen. Seit 1967 wurde der ganze Theoriezyklus jedes Jahr gelesen, 1971 kam eine zweisemestrige Theoretische Physik für Mathematiker hinzu, und seit 1976 gibt es einen viersemestrigen Zyklus von Nachdiplomvorlesungen gemeinsam mit der Universität Zürich. Die Rotation der obligatorischen Vorlesungen unter den Professoren der theoretischen Physik hat sich bewährt und gewährleistet eine einheitliche Darstellung der gesamten Physik.

Im Wintersemester 1971 fand der Umzug auf den Hönggerberg statt, wo die Theoretiker im Zentralgebäude eine schöne neue Heimat fanden, und zwar direkt über der ihnen unentbehrlichen Bibliothek. Heute sind am Institut vier Forschungsschwerpunkte vertreten. Einmal die mathematische Physik (Hepp, Hunziker, Jost), wo klassische und quantenmechanische Systeme mit vielen Freiheitsgraden untersucht werden, insbesondere die Streutheorie und asymptotische Grenzgesetze der Zeitevolution, mit Kontakten zu dem Mathematikdepartement, wo Konrad Osterwalder die Grundlagen der Quantenfeldtheorie erforscht. Zum anderen wird in der Festkörpertheorie (Baltensperger) die Koppelung des Magnetismus von Halbleitern mit den Elektronen und Gitterschwingungen untersucht, ferner die Quantenmechanik der Domänenwände, ungeordnete metallische Leiter und die statistische Mechanik der Kondensation und Koagulation. Weiter werden in der Elementarteilchenphysik (Schmid) Teilchenerzeugungen bei Hochenergiestössen im Rahmen von dualen Resonanzmodellen studiert. In den schwachen Wechselwirkungen werden, ausgehend von quantisierten Eichfeldtheorien, schwache Zerfälle von Teilchen mit Charm und ihre Symmetriestrukturen untersucht. Die Mittelenergiephysik wird im Zusammenhang mit den Experimenten von der SIN-Theoriegruppe bearbeitet. Schliesslich besteht mit der Zürcher Neurologischen Universitätsklinik eine Zusammenarbeit über biophysikalische Probleme des Zentralnervensystems (Hepp). Ein grosser Verlust an Vielfalt war der Rücktritt von Markus Fierz 1977.

Die Abteilung für Naturwissenschaften

Von Albert Frey-Wyssling und Kollegen

Die Abteilung für Naturwissenschaften hat sich seit dem Zweiten Weltkrieg stürmisch entwickelt. 1950 traten 28 Studierende in die Abteilung ein, und den Diplomanden und Doktoranden standen 12 Institute (von welchen 3 Institute der Chemie ausgeschieden sind und eines [Zoologie] aufgelöst worden ist) zur Verfügung.[1] Heute sind etwa 130 Eintritte, 300 Doktoranden und 19 Institutionen (Wintersemester 1978/79) für das Vertiefungsstudium zu verzeichnen. Die Führung der Institute ist von damals 12 ständigen Institutsleitern auf 53 für kurze Perioden wählbare Professoren übergegangen. Der damalige Institutsvater ist von einer Bruderschaft abgelöst worden.

Fachlehrer in Naturwissenschaften

Die heutige Abteilung X ist 1932 aus der Abteilung für Fachlehrer in naturwissenschaftlicher Richtung hervorgegangen. Die Titeländerung drängte sich auf, weil sich eine gründliche Ausbildung in Pädagogik und Didaktik zeitlich nicht mit den hohen Ansprüchen an die vierjährige fachliche Ausbildung vereinbaren liess. Wohl konnte von 1925 bis 1932 im zweiten Vordiplom eine Prüfung in Pädagogik und Didaktik im Austausch gegen ein Grundfach, wie zum Beispiel Mineralogie oder physikalische Chemie, abgelegt werden. Aber es leuchtet ein, dass diese Kompromisslösung nicht befriedigen konnte. Pädagogik und Didaktik wurden daher wie vor 1925 wieder nur als Freifächer weitergeführt. Trotz dieser Aenderung trug das ETH-Diplom der Naturwissenschafter von 1932 bis 1952, entsprechend Artikel 2 des Gründungsgesetzes des Eidgenössischen Polytechnikums, der die Ausbildung von Fachlehrern vorsah, den Vermerk, der Diplominhaber sei fachlich für das höhere Lehramt in Naturwissenschaften befähigt.

Auf Wunsch der Konferenz der kantonalen Erziehungsdirektoren wurde 1952 der Passus über die Befähigung zum höheren Lehramt durch den Bundesrat aus der Diplomurkunde der ETH-Naturwissenschafter gestrichen. Als Folge hievon ist ein fakultatives Zusatzstudium, zum Teil als Nachdiplomstudium, für die Lehramtskandidaten eingerichtet worden, das mit der Erwerbung eines Befähi-

[1] Frey-Wyssling A. und Häusermann E.: Geschichte der Abteilung für Naturwissenschaften an der ETH Zürich 1855—1955. Herausgegeben von der Vereinigung Ehemaliger der Abteilung X.

gungsausweises für das höhere Lehramt in Biologie, Chemie, Physik oder Geographie abschliesst. Die Prüfungsgegenstände für dieses Examen beziehen sich auf Pädagogik, allgemeine und spezielle Didaktik. Auf Psychologie, Philosophie und andere eher den etablierten als den angehenden Lehrer interessierende Fächer wird in der Prüfung verzichtet. Interessanterweise ist dieser Prüfungsplan von 1952 bis heute unverändert erhalten geblieben. Es ist eine der wenigen Institutionen an der Abteilung X, die vom Erneuerungssturm 1955—1980 nicht erfasst worden ist.

Die bescheidenen Ansprüche der Lehramtsprüfung gehen von der Erfahrung aus, dass der begeisternde Lehrer sein Lehrtalent nicht durch Studien erwirbt, sondern als Begabung an die Hochschule mit sich bringt. In dieser Hinsicht hat es sich günstig ausgewirkt, dass im Laufe der Zeit prozentual immer weniger Absolventen der Abteilung X den Lehrerberuf wählten. Von 1855 bis 1945 fiel die Quote von 100% auf 16%. Das heisst, dem Lehramt wandten sich nur wenige innerlich Berufene zu, wodurch sie gegenüber manchen Universitätsabsolventen bevorteilt waren. Heute hat indessen das Interesse am Lehramte zufolge des rezessionsbedingten Stellenmangels für Naturwissenschafter, als Ausweichmöglichkeit, wieder stark zugenommen.

Viele Absolventen der Abteilung für Naturwissenschaften ergreifen, meist ohne Lehramtsprüfung, die akademische Laufbahn. Von den 53 Professoren, bei denen Studierende der Abteilung X diplomieren können, sind 13 aus ihr hervorgegangen, wozu noch weitere 15 Dozenten aus der Klasse der Privatdozenten, Oberassistenten und Konservatoren zu rechnen sind. Die Abteilung X spielt daher eine ähnliche Rolle wie die «Ecole Normale Supérieure de l'Université P. et M. Curie de Paris», die auf die sogenannte «aggrégation» für die akademische Laufbahn vorbereitet. Während jenes Examen jedoch vornehmlich auf den Nachwuchs der einheimischen französischen Universitäten ausgerichtet ist, findet man unsere Absolventen vor allem auch an ausländischen Hochschulen. Es wäre eine dankbare Aufgabe, zu untersuchen, wie viele der diplomierten Naturwissenschafter der ETH an schweizerischen, europäischen und amerikanischen Universitäten dozieren und forschen.

Organisation der Abteilung X

1955 war die Abteilung in 4 Studienrichtungen unterteilt.

A Botanisch-zoologische Richtung
B Chemisch-physikalische Richtung
C Geographisch-geologische Richtung
D Geologisch-mineralogische Richtung mit Ingenieurwissenschaften

Bis 1937 gab es unter D) eine geographische Richtung, die dann in die geologische Richtung C) eingegliedert wurde. An ihre Stelle trat die Studienrichtung D) für Ingenieur-Geologen, die jedoch 1962 wieder aufgehoben wurde.

In der Wegleitung 1962 ist nur die Fachrichtung für Biologie als Einheit erhalten, während in den Fachrichtungen B) und C) je vier Spezialrichtungen als Ba) chemische, Bb) physikalische, Bc) kristallographische, Bd) biochemisch-mikrobiologische sowie Ca) geologische, Cb) petrographische, Cc) geophysikalische und Cd) geographische Teilrichtungen erscheinen. Diese Diversifikation ist weiter fortgeschritten. Im heutigen Lehrplan von 1978 werden zwölf Studienrichtungen unterschieden; sie heissen:

A Biologie	Aa) Systematische und ökologische Biologie Ab) Verhaltensbiologie Ac) Experimentelle Biologie Ad) Technische Biologie
B Molekularwissenschaften und Umweltphysik	B1) Chemie/Biologie B2) Chemie/Physik B3) Chemie/Kristallographie B4) Umweltphysik
C Erdwissenschaften	Ca) Geologie Cb) Petrographie Cc) Geophysik Cd) Geographie

Gesamthaft können in 19 Instituten bei 53 verschiedenen Professoren Diplomarbeiten ausgeführt werden, wovon 29 auf die Biologie, 9 auf Chemie und Physik (ohne die historischen Chemielaboratorien) und 15 auf die Erdwissenschaften entfallen.

Die kleinsten selbständigen Einheiten für Forschung und Lehre sind die *Institute*. Ihre Leitung erfolgt im Turnus durch einen der dem Institute zugeteilten Professoren. Die Assistenten dürfen nicht in Forschungs- und Unterrichtsassistenten aufgeteilt werden, denn alle Mitarbeiter sollen sich am Praktikums- und Uebungsunterricht beteiligen. Neben dem oft ichbezogenen Forschungsstreben muss auch die mehr altruistisch orientierte Vermittlung des Wissens an Anfänger gepflegt werden. Die Institute dürfen nicht zu gross sein, um die Bildung eines freundschaftlichen Teamgeistes nicht zu erschweren; sie sollten aber wegen der Infrastruktur (Sekretariat, technische Hilfe durch Laboranten, Mechaniker oder Gärtner) auch nicht zu klein sein.

Die Zusammenlegung von kleinen Einmanninstituten zu grösseren Einheiten ist daher eine notwendige Massnahme, welcher indessen Grenzen gesetzt sind. So ist zum Beispiel das Institut für Lebensmittelwissenschaften an der landwirtschaftlichen Abteilung VII mit 8 Professoren wohl zu gross geraten. Dies muss hier erwähnt werden, weil es das Historische Institut für Agrikulturchemie, an welchem international berühmte Grössen wie Ernst Schulze, Ernst Winterstein, Georg Wiegner und Hans Pallmann gewirkt haben, samt dem Lehrstuhl für Bodenkunde aufgeschluckt hat. Die Bodenkunde ist ein typisch interdisziplinäres Grundlagenfach (Bodenchemie, Düngerchemie, Tonmineralien, Ionenaustausch, Pflanzenphysiologie), das in die Abteilung X gehört. In der Zahl der 53 Professoren, die an der Abteilung für Naturwissenschaften unterrichten und forschen, sind daher die beiden Bodenkundeprofessoren des Institutes für Lebensmittelwissenschaften mit einbezogen.

Beziehung zur Abteilung IV für Chemie

Nachdem 1932 und 1952 die Fachlehrerausbildung in der oben beschriebenen Weise geregelt war, wurde die Aufgabe der Abteilung X in der *Pflege der reinen Naturwissenschaften* in Lehre und Forschung gesehen. Diese klare Zielsetzung wurde indessen durchbrochen, als 1961 die Abteilung IV für Chemie in die beiden Richtungen reine Chemie und technische Chemie unterteilt wurde. Die Notwendigkeit der Richtung B der Abteilung X, die ein Chemiestudium ohne technische Fächer anbot, erschien daher überflüssig, und man diskutierte die Frage, ob sie nicht aufzuheben sei. Diesem Vorhaben widersetzte sich jedoch die neue Richtung der Abteilung IV, da sie auf Diplomanden mit einem breiteren naturwissenschaftlichen Propädeutikum mit Biologie nicht verzichten wollte. Man kann daher heute von beiden Abteilungen IV und X aus in reiner Chemie abschliessen.

Die Sonderstellung der Abteilung X, sich in erster Linie mit den nichttechnisch bezogenen Grundlagenwissenschaften zu befassen, äusserte sich früher so, dass neben den Abteilungen V Pharmazie und IX Physik nur die Abteilung X für Naturwissenschaften den *Doktor der Naturwissenschaften* verleihen konnte. Alle anderen Abteilungen erteilten den Doktor der technischen Wissenschaften. Wenn Absolventen der technischen Abteilungen den Doktor der Naturwissenschaften erwerben wollten, musste hiefür von der Abteilungskonferenz der Abteilung X die Erlaubnis eingeholt werden. Zahlreiche Kandidaten der Abteilungen VII und VI für Land- und Forstwirtschaft haben von dieser Möglichkeit Gebrauch gemacht. Heute ist im Zusammenhang mit der geschilderten Einführung der Richtung reine Chemie an der Abteilung IV dieses Kontrollrecht der Abteilung X erloschen.

Ausbildung naturwissenschaftlicher Ingenieure

Wie bereits erwähnt, existierte von 1937 bis 1962 die Möglichkeit, sich als Ingenieur-Geologe ausbilden zu lassen. Im Jahre 1945 stellte sich die Frage, ob auch eine Studienrichtung für Ingenieur-Biologen zu schaffen sei. Da während des Zweiten Weltkrieges die ausländischen Brauereihochschulen nicht zugänglich waren, suchte die Gärungsindustrie nach einer Möglichkeit, ihre wissenschaftlichen Mitarbeiter an der ETH auszubilden. Ein solches Studium hätte an der Abteilung X analog zur ingenieur-geologischen Richtung eingerichtet werden können, indem man die erdgeschichtliche Fächergruppe durch Gärungsbiologie und Maschinenlehre, wie sie den Ingenieur-Chemikern vermittelt wird, ersetzt hätte.

Zu diesem Zwecke hätte jedoch an der Abteilung X ein Lehrstuhl für Gärungswissenschaften eingerichtet oder der Lehrstuhl für landwirtschaftliche Bakteriologie übernommen werden müssen. Dies erwies sich damals indessen als unmöglich, und so ist dann durch den Schulrat an der Abteilung für Landwirtschaft der Lehrstuhl für Bakteriologie mit dem Fache Gärungsbiologie erweitert und die besondere Studienrichtung für *Agrotechnologen* geschaffen worden. Der Abteilung X wurde bedeutet, sie solle beim Konzept der Pflege reiner Wissenschaften bleiben, welcher Weisung dann mit der Aufhebung der geologisch-mineralogischen Richtung mit Ingenieurwissenschaften nachgelebt worden ist.

Im Jahre 1978 ist die Ingenieurfrage indessen wieder neu belebt worden. die wirtschaftlich wichtig gewordenen Fragen der technischen Mikrobenkultur (Gärungstechnik, Futterhefeproduktion, Eiweissproduktion in Algengrosskulturen, Abwasserreinigung) haben zur Einführung der Vertiefungsrichtung technische Biologie an der Abteilung X geführt. Sie hat somit die ursprünglich der agrotechnologischen Richtung (die heute an der Abteilung VII als Richtung für Lebensmittelingenieure geführt wird) zugewiesene Aufgabe übernommen.

Da die epochemachenden biologischen Entdeckungen und neuartigen Erkenntnisse der Biologie vor allem an Viren und Einzellern, bei denen das komplizierte Differenzierungsproblem der Vielzeller weitgehend ausgeklammert bleibt, gewonnen worden sind, hat sich die Mikrobiologie neben der Genetik zum gegenwärtig wichtigsten Zweig der Biologie entwickelt. Es ist daher verständlich, dass sie sich auch an der technischen Auswertung ihrer Ergebnisse beteiligen möchte. Logischerweise gehört jedoch die Technik der Mikrobenproduktion analog der Technik der Pflanzenproduktion und der Tierproduktion eher an die Abteilung VII.

Für die Abteilung X ist durch den Einbezug technologischer Fächer die Entwicklung vom Prinzip der Pflege reiner Wissenschaften weg zum Studium angewandter Fragen, entsprechend den Aufgaben der übrigen Abteilungen der ETH, eingeleitet. Die Beschränkung auf reine Wissenschaft kann als ein Ueberbleibsel der vor 1855 erträumten Eidgenössischen Universität, an deren Stelle die Polytechnische Schule getreten ist, betrachtet werden. Die Evolution der Abteilung X zu einer die Ansprüche einer Technischen Hochschule befriedigenden, auf angewandte Wissenschaft ausgerichteten Institution hat somit 125 Jahre gedauert. Als Ergebnis ist die Abgrenzung der Abteilung X als Hort der reinen Wissenschaften verwischt worden.

Als Vorstände der Abteilung X amteten:

1956—60 C. Burri (Petrographie)
1960—64 H. Ulrich (Zoologie)
1964—68 R. Trümpy (Geologie)
1968—69 R. Schwyzer (Molekularbiologie)
1969—72 H. Kern (Spezielle Botanik)
1972—74 M. Grünenfelder (Petrographie)
1974—76 H. Zuber (Molekularbiologie)
1976—78 Ph. Matile (Allgemeine Botanik)
1978—80 St. Müller (Geophysik)

Mit Ausnahme von 1960, als sich kein Vertreter der Chemie zur Verfügung stellte, erfolgte die Amtsübernahme im Turnus A-C-B.

Zur Entlastung des Abteilungsvorstandes wird für jeden der drei Fachbereiche A, B und C ein *Fachreferent* ernannt, der für die Beratung der Studierenden und für Stundenplan- sowie für Prüfungsfragen zuständig ist.

A Biologie

1955 standen den Biologiestudenten vier Institutionen zur Verfügung, heute sind es deren 11. Zwei der damaligen Institute unterrichteten Botanik, das dritte Zoologie und das vierte Entomologie.

Im folgenden sind die Institutionen mit Diplommöglichkeiten für Biologen chronologisch nach ihren Gründungsjahren geordnet. Die Jahreszahlen hinter den Namen der jeweiligen Institutsvorsteher beziehen sich auf ihre Amtsdauer. Bei jedem Institut ist angegeben, wie viele Professoren heute (Wintersemester 1978/79) an ihm tätig sind.

A 0. Zoologisches Institut

Das *Zoologische Institut* wurde ursprünglich von einem Professor beider Hochschulen, der zugleich auch die Paläontologie vertrat, an der Universität geführt (Karl Hescheler, 1914—1937). Es galt zu jener Zeit ein stilles Uebereinkommen, dass man Zoologie mit Vorteil an der Universität im Kontakt mit den Medizinern und Botanik an der ETH gemeinsam mit Förstern, Landwirten und Pharmazeuten studiere. Der Biologiestudent der ETH konnte indessen von den gut eingerichteten Biologielaboratorien beider Hochschulen profitieren. Da kündigte 1937 der Schweizerische Schulrat den Vertrag mit der Universität, da sich zwischen Bund und Kanton administrative Schwierigkeiten hinsichtlich der

Neubesetzung des Zoologielehrstuhles ergeben hatten. Die Konferenz der Abteilung X war mit dem Verlust dieser ausgezeichneten Ausbildungsmöglichkeit in Zoologie und vergleichender Anatomie keineswegs einverstanden; aber sie hoffte, ihn durch die längst fällige Errichtung eines Institutes für Genetik wettzumachen. So wie das Institut für spezielle Botanik für den Ausbau der Pflanzenpathologie und jenes für allgemeine Botanik für die Entwicklung der Pflanzenphysiologie zuständig waren, wurde dem neuen Zoologieinstitut die Pflege der Genetik zugewiesen.

Die Leitung des Institutes wurde dem Inhaber der Professur für Haustierzoologie an der Abteilung VII übertragen (Jakob Seiler, 1938—1956). Es entwikkelten sich gute Beziehungen zum Institut für Entomologie, und während Seilers Amtszeit erschienen berühmt gewordene Arbeiten zur Klärung von Grundsatzfragen der Geschlechtsdetermination. Als Nachfolger wurde Hans Ulrich (1956—1977) aus Göttingen berufen.

Leider konnte sich das dekretierte Institut für Zoologie in der Folge nicht richtig entwickeln, so dass es 1977 vom Schulrat wieder aufgehoben wurde. Der Zoologieunterricht ist nun dem Institut für Entomologie (A 4) und die Genetik, die sich zurzeit mit dem Mutationsgeschehen durch chemische Fremdstoffe beschäftigt, dem Institut für Toxikologie (A 10) zugeteilt.

A 1. Institut für allgemeine Botanik

Das *Institut für allgemeine Botanik* (2 Professoren: Ph. Matile, F. Ruch) entstand, als 1871 bei der Gründung der Abteilung für Landwirtschaft dem Lehrstuhl für allgemeine Botanik (Carl Cramer, 1858—1901) ein Laboratorium für Pflanzenphysiologie angegliedert wurde. Paul Jaccard (1903—1938) wählte als Arbeitsrichtung des Instituts die Holzforschung (Zug- und Druckholz). Von 1957 bis 1969 war es Sitz der International Association of Wood Anatomists. 1950 hat es von der Abteilung VI den Auftrag erhalten, einen Forschungsassistenten für die Uebernahme des geplanten Lehrstuhls für Holztechnologie auszubilden. 1958 konnte dann das *Institut für mikrotechnologische Holzforschung* an der Abteilung VI eingeweiht werden, wobei ihm die von Jaccard geäufnete Holzmustersammlung abgetreten wurde.

1923 führte das Institut den Unterricht über tropische und subtropische Weltwirtschaftspflanzen ein (Andreas Sprecher, 1923—1941), lange bevor sich die Entwicklungshilfe dieses Arbeitsgebietes annahm. Erst 1969 übernahm die Abteilung VII diesen Unterricht.

Durch den Lehrstuhl für tropische Kulturpflanzen kam das Institut in Kontakt mit dem schweizerischen Tabakbau, für welchen es 1936 eine Forschungs- und Beratungsstelle für Schweizer Tabak einrichtete, die während des Krieges mithalf, einen Drittel des schweizerischen Tabakkonsums über inländische Ernten zu decken. 1947 konnte dieses «Centre de recherches pour le tabac indigène»

Die am Institut für Zellbiologie zusammen mit der AFIF entwickelte UHV-Gefrierätzapparatur nach H. Gross, E. Bas und H. Moor.

an die westschweizerische Forschungsanstalt für Landwirtschaft (heute in Changins, Nyon) abgegeben werden.

Die drei geschilderten Weitergaben von Institutionen mit technischen Belangen zeigen, dass die Bereitschaft, an Fragen der angewandten Wissenschaften mitzuarbeiten, immer vorhanden war, dass aber die ausgereiften technischen Arbeitsrichtungen nicht an der Abteilung X institutionalisiert worden sind.

Das Forschungsgebiet des Instituts (Albert Frey-Wyssling, 1938—1970), das Mitarbeiter aus aller Welt anzog, war die Ultrastrukturforschung an biologischen Objekten. Sie wurde schon 1928 durch die Submikroskopische Morphologie auf Grund von indirekten Methoden der Polarisationsoptik und Röntgendiffraktion eingeführt. Als daher kurz vor dem Zweiten Weltkrieg die Entwicklung der Elektronenoptik versprach, die indirekt abgeleiteten Strukturschemata von Zellwänden, Stärkekörnern, Chloroplasten und Myelinfiguren durch direkte Beobachtung auf ihre Richtigkeit zu prüfen, wurde das erste Hochschul-Elektronenmikroskop in Zürich am Institut für allgemeine Botanik installiert. Die vom Schulrat ernannte Kommission für die Anschaffung eines solchen Instrumentes hatte entschieden, dass es nicht in einem physikalischen, sondern in einem biologischen Institut aufgestellt werden müsse. Durch die kriegsbedingten Behinderungen der europäischen Universitäten erlangte das *Laboratorium für Elektronenmikroskopie* an der ETHZ einen Vorsprung und musste daher mit den amerikanischen Strukturforschern in Konkurrenz treten. 1945 wurde mit einem Mikroskop der Schweizer Firma Trüb Täuber gearbeitet. Kurze Zeit bestand eine

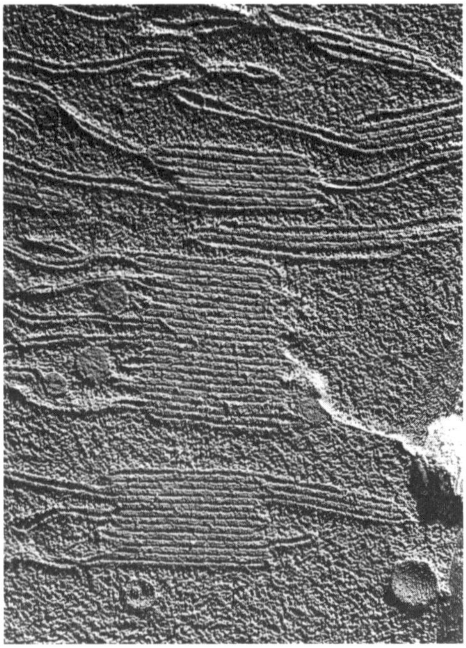

Querschnitt durch einen Spinat-Chloroplasten, 100 000fach vergrössert.

Zusammenarbeit mit der medizinischen Fakultät der Universität Zürich, welche ein Philips-Mikroskop zur Verfügung stellte (1953). Später erfolgte der Ankauf eines Siemens-Mikroskops und die Entwicklung der Gefrierätzmethode (1961), die Weltgeltung errungen hat. Die Entwicklung der Gefrierätzmaschinen führte zu einer Zusammenarbeit mit der Firma Balzers.

1970 umfasste das Institut drei Laboratorien: für Cytologie (F. Ruch), für Pflanzenphysiologie (Ph. Matile) und für Elektronenmikroskopie (K. Mühlethaler). Das letztere ist 1974 aus Mangel an räumlichen Entwicklungsmöglichkeiten vom ETH-Zentrum auf den Hönggerberg verlegt worden (siehe A 9).

Zurzeit werden im Laboratorium für Cytologie Fragen des Chromosomenbaus und der Histochemie bearbeitet, und im Laboratorium für Pflanzenphysiologie gelangt die ultrastrukturelle Zellkompartimentierung, welche das Nebeneinander von Aufbau- und Abbauprozessen in derselben Zelle gestattet, mit den Methoden der Enzymologie und der Elektronenmikroskopie zur Untersuchung.

A 2. Bodenkunde

Das Fach *Bodenkunde* (2 Professoren: R. Bach, H. Sticher) wurde durch Georg Wiegner (1913—1936) am Institut für Agrikulturchemie der Abteilung VII eingeführt, von Hans Pallmann (1936—1949) zur Blüte geführt und, wie erwähnt, dem

Institut für Lebensmittelwissenschaften zugeteilt. Zusätzlich zu den beiden Bodenkundeprofessoren besteht noch eine Professur für Bodenphysik an der Eidgenössischen Anstalt für das forstliche Versuchswesen in Birmensdorf (F. Richard).

A 3. Institut für spezielle Botanik

Das *Institut für spezielle Botanik* (3 Professoren: H. Hess, H. Kern, E. Müller) ist 1927 aus dem Botanischen Museum mit Herbarium am Lehrstuhl für spezielle Botanik (Oswald Heer, 1855—1882, und Carl Schröter, 1884—1926) hervorgegangen. Die Arbeitsrichtung in Pflanzengeographie, Oekologie und Vegetationskunde wurde mit der Wahl von Ernst Gäumann (1927—1964) auf Mykologie und Pflanzenpathologie umgestellt. 1949 erfolgte die Inbetriebnahme einer Aussenstation an der Ackermannstrasse, die 1978 in den vom Institut betriebenen Botanischen Garten Grüningen (Besitzer: Zürcher Kantonalbank) verlegt worden ist. Nach zweijähriger Bauzeit konnte 1952 das grosse Versuchshaus LFV mit Laboratorien und Gewächshaus zum Studium der Pflanzenkrankheiten eingeweiht werden. In diesem Versuchshaus beschäftigte sich eine sehr aktive Forschergruppe erfolgreich mit der Gewinnung neuer Antibiotika aus Mikroorganismen. Die Klasse der eisenhaltigen Sideromycine und Sideroamine wurde entdeckt und in Zusammenarbeit mit dem Laboratorium für organische Chemie chemisch aufgeklärt. Zwei der Leiter des Institutes für Mikrobiologie (A 6) sind aus jenem Forschungsteam hervorgegangen.

Nach langjähriger Arbeit wurde von Mitarbeitern des Instituts für spezielle Botanik 1972 die neue illustrierte Flora der Schweiz und anstossender Gebiete herausgegeben.

Die Berichte A 1 und A 3 zeigen, dass eine wesentliche Aufgabe der historischen Institute an der Abteilung X darin besteht, neue Arbeitsgebiete einzuführen. Ihr unspezifischer Titel erlaubt, auf aktuelle Entwicklungstendenzen der Biologie einzutreten und neuartige Forschungsrichtungen einzuleiten.

A 4. Institut für Entomologie

Das *Institut für Entomologie* (2 Professoren: G. Benz, V. Delucchi) entstand 1928 aus dem Entomologischen Museum der ETH, als der damalige Konservator Otto Schneider-Orelli (1928—1950) zum Professor für Entomologie ernannt wurde. Es bestand schon damals die Möglichkeit für Naturwissenschafter, nach einer Diplomarbeit in Zoologie in Entomologie zu promovieren, wovon bisher 28 Absolventen der Abteilung X A Gebrauch gemacht haben. Als fakultatives Diplomprüfungsfach wurde die Entomologie unter Paul Bovey (1950—1972) bei der Lehrplanrevision der Abteilung X im Jahre 1962 eingeführt.

Neben der Schädlingsbekämpfung in Land- und Forstwirtschaft befasst sich das Institut mit der Biologie, der Taxonomie, der Physiologie und der Oekologie der Insekten. Vor allem der Biocyclus des Lärchenwicklers mit seiner acht- bis zehnjährigen Periode ist im Engadin gründlich erforscht worden. Zu diesem Zwecke steht dem Institut eine kleine Aussenstation in Zuoz zur Verfügung. Ein Hauptanliegen der gegenwärtigen Arbeitsrichtung ist die Entwicklung biologischer Methoden der Insektenbekämpfung, um die Anwendung von Chemikalien so weit wie möglich einzuschränken.

Die entomologischen Sammlungen des damaligen Museums, die inzwischen wesentlich erweitert worden sind, bleiben im Besitze des Institutes. Sie dienen als Basis für die Forschung und den Unterricht über Taxonomie der Insekten.

A 5. Geobotanisches Institut, Stiftung Rübel

Das *Geobotanische Institut, Stiftung Rübel* (1 Professor: E. Landolt), ist 1958 der ETHZ vom Gründer dieser Institution vermacht worden. Die Schenkung umfasste ein Grundstück von 16 Aren mit einem Forschungsgebäude, einem Herbarium von 90 000 Bogen, einer Bibliothek und Wertschriften. Als Nachfolger des altershalber zurückgetretenen Direktors Werner Lüdi des privaten Rübel-Institutes berief und beamtete der Schulrat Heinz Ellenberg (1958—1966) aus Hamburg. Es folgte eine Periode reger internationaler Tätigkeit. Die Permanente Kommission für die Internationalen Pflanzengeographischen Exkursionen (IPE), die seit 1923 ihren Sitz am Institut hat, wurde verjüngt. Die Arbeitsmöglichkeiten erfuhren durch den Bau eines Gewächshauses mit Laboratorien und Versuchsanlagen eine wesentliche Erweiterung. Aber schon 1966 folgte der dynamische Direktor einem Ruf nach Göttingen.

Zur Nachfolge gelangte ein Mitarbeiter des Institutes für spezielle Botanik (A 3), der den Unterricht in Pflanzenökologie, -soziologie und -geographie an den Abteilungen X, VI und VII organisiert sowie den Kulturingenieuren (Abteilung VII) die nötigen Kenntnisse über Vegetationskunde und Naturschutz vermittelt.

A 6. Institut für Mikrobiologie

Das *Institut für Mikrobiologie* (4 Professoren: L. Ettlinger, R. Hütter, Th. Leisinger, W. Schmidt) ist 1963 aus dem Institut für landwirtschaftliche Bakteriologie und Gärungsbiologie (Thorsten Wikén 1948—1957) hervorgegangen, das 1945 im Hinblick auf die Ausbildung von Agrotechnologen an der Abteilung VII in gärungstechnischer Richtung erweitert worden war. Die Umbenennung in Institut für Mikrobiologie erfolgte im Zusammenhang mit der Einführung der Teil-

Plasmamembran der Bäckerhefe nach UHV-Gefrierätzung, 150 000fach vergrössert.

studienrichtung Biochemie-Mikrobiologie (damals Richtung Bd) an der Abteilung für Naturwissenschaften.

1978 ist die gärungstechnische Fachrichtung vom Institut für Mikrobiologie wieder abgetrennt worden (siehe A 11).

A 7. Institut für Verhaltenswissenschaften

Das *Institut für Verhaltenswissenschaften* (3 Professoren: K. Bättig, K. H. Delhees, H. Fischer) wurde 1973 gegründet, nachdem vorgängig ein solcher Lehrstuhl am Institut für Hygiene und Arbeitsphysiologie an den Abteilungen für Ingenieurswissenschaften bestanden hatte. Seine drei Lehrstühle betreffen Verhaltensbiologie, Psychologie und Didaktik. Das Institut ist die Zentralstelle für den Ausbildungsgang Ab, der gekennzeichnet ist durch eine Zusammenarbeit mit der Universität Zürich (Pharmakologie, Hirnforschung, Neurobiologie, Ethologie und Sinnesphysiologie).

A 8. Institut für Gewässerschutz und Wassertechnologie

Das *Institut für Gewässerschutz und Wassertechnologie* (5 Professoren: H. Ambühl, R. Braun, W. Stumm, E. Trüb, K. Wuhrmann) wurde 1974 gegründet als

Unterrichts- und Forschungsinstitution an der Eidgenössischen Anstalt für Wasserversorgung, Abwasserreinigung und Gewässerschutz (EAWAG), deren Direktor Otto Jaag (1958—1970) als Hydrobiologie-Professor aus dem Institut für spezielle Botanik hervorgegangen war. Das Institut befasst sich mit der Mikrobiologie der Abwässer, mit Gewässerschutz, Abfallbeseitigung und Hydrobiologie. Es stehen ihm die technische Versuchsstation Tüffenwies an der Limmat und das Seenforschungslaboratorium Kastanienbaum am Vierwaldstättersee zur Verfügung.

A 9. Institut für Zellbiologie

Das *Institut für Zellbiologie* (4 Professoren: H. Eppenberger, Th. Koller, H. Moor, K. Mühlethaler) ist im Jahre 1974 anlässlich der Verlegung des Laboratoriums für Elektronenmikroskopie mit drei Professoren aus dem ETH-Zentrum (siehe A 1) auf den Hönggerberg entstanden. Der neue, erschütterungsfreie Standort erlaubte, verbunden mit einer Verbesserung der für optimale Abbildung notwendigen Hochvakuumstechnik, die Entwicklung eines Hochleistungsmikroskopes mit einer Punktauflösungsgrenze von 0,2 nm. Die Superstruktur der Doppelstränge und einfachen Fäden der Nukleinsäureketten (Schleifen, Stückaustausch usw.) gelangt bei dieser Auflösung ausgezeichnet zur Darstellung. Die Methoden der Gefrierätzung (äussere und innere Oberflächen) und der Gefrierfrakturierung (äussere und innere Bruchflächen) der Biomembranen (vergleiche B 1) sind bis zur Vollkommenheit entwickelt worden. Sie erschliessen die Anordnung sowie das Auftreten und das Verschwinden von Populationen der als Enzymkomplexe wirksamen makromolekularen Proteinpartikel auf oder in den Membranen.

Die Arbeitsrichtung der vierten Professur des Instituts betrifft die Muskelphysiologie. Die Lokalisation der Kreatinkinase, welche Adenosintriphosphat (ATP) in der Muskelfaser spaltet und dadurch den Energiewechsel im Muskel steuert, wird im Elektronenmikroskop verfolgt.

A 10. Institut für Toxikologie

Das *Institut für Toxikologie* (2 Professoren: Ch. Schlatter, F. E. Würgler) wurde 1975 als Gemeinschaftsinstitution mit der Universität Zürich eröffnet. Im Gegensatz zur toxikologischen Abteilung der Gerichtsmedizin der Universität soll sich das neue Institut nicht mit Vergiftungsfällen, das heisst mit vergangenen Geschehnissen befassen, sondern zukunftsweisend in den Nahrungsketten verborgene, bekannte oder neuartige Giftstoffe aufspüren. Eine grosse Gruppe solcher Verbindungen sind die Mykotoxine, die als Stoffwechselprodukte von Schimmelpilzen entstehen. Die Gefährlichkeit solcher Stoffe gilt als erwiesen, wenn sie im Tierversuch krebserregend wirken. Obwohl derartige, als Bio-assays bezeichnete Untersuchungen oft nur mit unbiologisch hohen Dosen zu Krebserkrankungen führen, werden die Erregerstoffe zu den gefährlichen karzinogenen Giftstoffen gezählt.

Die Auslösung des krankhaften, krebsartigen Zell- und Gewebewachstums durch Giftstoffe beruht auf chemisch induzierten Mutationen der Erbsubstanz. Es bestehen daher interessante Berührungspunkte mit der Genetik, weshalb der Fachbereich Vererbungswissenschaft 1977 dem Institut für Toxikologie zugeteilt worden ist (vergleiche A 0).

A 11. Lehrstuhl für Biotechnik

Ein *Lehrstuhl für Biotechnik* (Professor: A. Fiechter) wurde 1978 durch Verselbständigung des Fachbereiches Gärungstechnik des Institutes für Mikrobiologie (A 6) geschaffen. Es ist geplant, diese Professur zu einem Biotechnologischen Institut auf dem Hönggerberg auszubauen.

*

Diplomarbeiten in Biologie können laut provisorischer Wegleitung 1978 bei einem der 29 Professoren der aufgeführten 11 Institutionen (A 1—A 11) ausgeführt werden. Die erreichte Diversifikation hat die Inangriffnahme des biologischen Vertiefungsstudiums, das früher von den Doktoranden individuell als Nachdiplomstudium gepflegt wurde, in die Diplomandenzeit vorverlegt. Diese frühzeitige Spezialisierung steht in eigenartigem Gegensatz zum immer wieder erhobenen Rufe nach interdisziplinären Studien. Von der «breiten Grundlage», welche die klassischen Abteilungsvorstände der Abteilung X, wie Carl Schröter (1915—21), Hermann Staudinger (1921—26), Paul Niggli (1926—28), Paul Scherrer (1932—34) immer wieder empfahlen, ist nichts übrig geblieben. Damals wurden die biologischen Fächer im Schlussdiplom geprüft, und das 2. Vordiplom war für nichtbiologische Fächer der Naturwissenschaften (wie Geologie, Mineralogie, Petrographie oder Geographie) reserviert. Heute werden in den beiden Vordiplomen Biologie I bis Biologie V geprüft, so dass die Kandidaten keinen Einblick mehr in die Probleme der C-Wissenschaften gewinnen. Diese Entwicklung, welche die Teilrichtungen A und C zu selbständigen Unterabteilungen werden liess, ist einerseits durch die ungeahnte Entwicklung der Naturwissenschaften mit vielen neuen Teilwissenschaften bedingt und andererseits durch den unverhältnismässig starken Zustrom von Biologiestudenten, der die Aufstellung neu geregelter Studienpläne notwendig machte. 1920 studierten 2 zukünftige Biologen im 1. Kurs der Abteilung X, heute (1978) sind es deren 56. Der Zudrang zum Biologiestudium ist zum Teil eine Folge der modernen Antitechnikbewegung, welche viele Maturanden für idealistische Fachbereiche wie Biologie, Soziologie, Psychologie, Philosophie oder Umweltschutz begeistert. Die Ironie des Schicksals will es nun, dass der Zustrom antitechnisch motivierter

Biologen ausgerechnet mit der Installierung der Biotechnik an der Abteilung X A zusammenfällt.

1955 waren alle vier damaligen Biologieinstitute im Gebäude für Land- und Forstwirtschaft LF untergebracht. Heute finden sich nur noch die Institutionen A 1, A 2, A 3 und A 6 an diesem Standort; alle anderen sind über das Hochschulviertel (A 4, A 5 und A 7), und die Region Zürich zerstreut: Toxikologie und Genetik (A 10) in Schwerzenbach, Hydrobiologie und Gewässerschutz (A 8) in Dübendorf, Zellbiologie (A 9) und Biotechnik (A 11) auf dem Hönggerberg. Diese örtliche Zersplitterung ist für eine gedeihliches Studium hinderlich.

In weiser Voraussicht hatte Schulratspräsident Pallmann, dem wir die Schöpfung der Aussenstation Hönggerberg verdanken, 1959 geplant, dass die Physik (Abteilung IX) und die Vertreter der «grünen» Wissenschaften (Abteilungen VI, VII und X A) auf das Land des Hönggerbergs ausgesiedelt werden sollten. Diese *Konzeption Pallmann,* die auf den Erfahrungen der ausländischen Hochschulpolitik beruhte, die überall die Lehr- und Forschungsstätten für Land- und Forstwirtschaft mit ihren Instituten für Biologie getrennt von den Hochschulen für die Bauwissenschaften entwickelte (z. B. Wageningen in Holland, Hohenheim in Süddeutschland, Freising in Bayern) ist jedoch verlassen worden, indem das für die «Grünen» vorgesehene Baugelände für einen Baukomplex der Bauwissenschaften verwendet wurde (Abteilungen II und VIII), die nach dem Plane Pallmann im Zentrum hätten verbleiben sollen und für die vorsorglich neue moderne Hörsäle geschaffen worden waren. Hiedurch ist eine Konzentrierung der Institute der Abteilung X A verunmöglicht, und es ist deshalb vom Standpunkt der ETH-Biologie aus tief bedauerlich, dass es nicht gelungen ist, dem klaren, logischen Konzept Pallmann Nachachtung zu verschaffen.

B Molekularwissenschaften und Umweltphysik

Die drei historischen Laboratorien für anorganische Chemie (3 Professoren), organische Chemie (7 Professoren) und physikalische Chemie (5 Professoren) stellten seit 1956, im Gegensatz zu früher (Hermann Staudinger 1924—1926, W. D. Treadwell 1940—1944, G. Trümpler 1952—1956) keinen Abteilungsvorstand der Abteilung X mehr. Sie sind seit der Unterteilung des Chemiestudiums in Diplomchemiker und Ingenieurchemiker im Jahre 1962 ganz in der Abteilung IV beheimatet, und ihre Tätigkeit wird deshalb im Bericht über die Abteilung Chemie gewürdigt. Aus diesem Grunde ist die frühere Bezeichnung B Chemisch-physikalische Richtung in B Richtung für Molekularwissenschaften und Umweltphysik abgeändert worden. Damit wird angedeutet, dass sich in der Teilrichtung X B neueren Teilwissenschaften der Chemie und der Physik Entwicklungsmöglichkeiten anbieten. Es ist zwar immer noch so, dass die Grosszahl der B-

Kandidaten die Richtung X B 1 mit organischer Chemie und Biochemie wählt; 1978 sind dies 40 von 56 B-Studierenden, welche Zahl sich kaum von der voraussichtlichen Anzahl Studierender der Richtung Diplomchemiker an der Abteilung IV unterscheidet.

Im folgenden sind die Institutionen, an denen Studierende der Abteilung X B diplomieren können, in der Reihenfolge der vier auf Seite 387 verzeichneten Studiengänge aufgeführt.

Den Studierenden der Teilrichtung B 1 Chemie-Biologie stehen neben den Laboratorien für anorganische und für organische Chemie der Abteilung IV die biologisch orientierten Institute für Biochemie und für Molekularbiologie zur Verfügung. Die Biochemiker und Molekularbiologen legen wegen der engen Beziehung zur Biologie Wert darauf, nicht in der Abteilung IV, sondern in der Abteilung X beheimatet zu sein.

B 1. Institut für Biochemie

Das *Institut für Biochemie* (3 Professoren: E. Carafoli, G. Semenza, K. H. Winterhalter) wurde 1955 im Zusammenhang mit der Berufung von Carl Martius (1956—1976) aus Würzburg an die Abteilung für Chemie gegründet. Es liess sich jedoch an dieser Abteilung kein spezieller Studiengang für Biochemie einrichten. So war die Biochemieausbildung zunächst eher ein «postgraduate course», nach Abschluss der allgemeinen Chemieausbildung, als ein eigenständiges Studium.

Aus diesem Grund blieb die Zahl der Chemiker, die sich beruflich biochemischen Fragestellungen zuwandten, zunächst gering. Erst als 1962 an der Abteilung X B ein neuer Lehrgang für Biochemie und Mikrobiologie geschaffen wurde, konnte die Ausbildung von Biochemikern an die Hand genommen werden. Die Zahl der am Institut durchgeführten Diplomarbeiten stieg denn auch von anfänglich 3 auf etwa 20 pro Jahr.

1973 konnte das Institut, das auf verschiedene Räumlichkeiten verteilt und zum Teil in einer Baracke untergebracht war, vereint in den hohen Turm des neuen Chemiegebäudes übersiedeln.

Die zurzeit verfolgten Forschungsrichtungen können unter dem Generalthema «Sauerstoff und Biomembranen» zusammengefasst werden, wobei die polare Durchschleusung von Nähr- oder Ausscheidungsstoffen durch das Plasmalemma der Zellen gegen das Konzentrationsgefälle mit Hilfe des Einsatzes von Atmungsenergie das zentrale Problem bildet.

B 2. Institut für Molekularbiologie und Biophysik

Das *Institut für Molekularbiologie und Biophysik* (3 Professoren: R. Schwyzer, K. Wüthrich, H. Zuber) besteht seit 1963. Es befasst sich mit der Morphologie

(Strukturaufklärung) und der Physiologie biologisch wichtiger Proteine (Hormone, Enzyme, Farbstoffträger). Aehnlich wie beim Vererbungscode der Nukleinsäuren gilt es, die molekulare «Linguistik» der Aminosäurensequenzen in den Polypeptiden der Eiweissstoffe zu ergründen. Besonders interessant sind die Studien über die hitzebeständigen Proteine der Algenbewohner in für andere Lebewesen unbiologisch heissen Thermal- und Geysirquellen, da sie über die Möglichkeit der Existenz von Leben bereits während der archaischen Abkühlungsperiode des Erdballs Auskunft geben können. Die Struktur eines anderen wichtigen Proteins, des lichtsammelnden C-Phycocyans, ist aufgeklärt worden; es erlaubt gewissen Blaualgen, in Wassertiefen zu leben, wo die Lichtintensität für die Photosynthese ohne diesen Lichtüberträger zu gering ist.

Während die Definition der Biochemie als Lehre von den biogenen Stoffen klar und einfach ist, ergeben sich Schwierigkeiten, kurz und eindeutig zu sagen, was Biophysik ist. Nach der Auffassung des Professors für Biophysik (K. Wüthrich) sind die Biophysiker Forscher, die ihre Grundausbildung weder als Biologen noch als Biochemiker, sondern als Physiker erhalten haben und daher die biologischen Probleme, mit denen sie sich befassen, mit physikalischen Fragestellungen und Methoden angehen.

Für die Studienrichtungen B 2 Chemie/Physik und B 3 Physik/Kristallographie gibt es ausser dem Institut für Kristallographie und Petrographie keine Institute an der Abteilung X. Die Absolventen dieser Richtungen sind, sofern sie nicht Kristallographie wählen, auf die Laboratorien für physikalische oder für anorganische Chemie (Abteilung IV) oder das Institut für Festkörperphysik (7 Professoren Abteilung IX) angewiesen.

B 3. Kristallographie

Das Fach *Kristallographie* (2 Professoren: W. M. Meier, A. Niggli) gehört zum Institut für Kristallographie und Petrographie, welches ein Glied des Zentrums für Erdgeschichte ist. Da sich die Kristallstrukturlehre jedoch zu einer chemischen Wissenschaft entwickelt hat, ist die Ausbildung von Kristallographen der chemischen Teilrichtung X B zugeteilt.

Die angestrebte Ausrichtung auf die Chemie hat allerdings nicht verhindern können, dass 1957 an der Abteilung für Chemie eine Professur für chemische Kristallographie (J. D. Dunitz) geschaffen wurde, die sich ursprünglich mit Strukturfragen von Verbindungen der organischen Chemie zu befassen hatte, heute jedoch den Kristallographie-Unterricht gemeinsam mit den Kristallographen der Abteilung X bestreitet.

Eine wichtige Erkenntnis des Kristallographen Fritz Laves (1954—1976) war die Feststellung, dass die Gitterstruktur der Kristalle selten in idealer Form verwirklicht ist, weil häufig Fehlstellen im Gitter auftreten, wodurch gewisse Kristalleigenschaften in unerwarteter Weise beeinflusst und erst nach Aufklärung

F. H. Laves 1955 bei kristallographisch-strukturellen Diskussionen (ganz rechts, stehend, C. Burri).

der bestehenden Ordnungs-Unordnungs-Beziehungen verstanden werden können.

Die derzeitige Forschung befasst sich mit Kristallstruktur-Aufklärungen, mit der Untersuchung magnetischer Struktur- und Phasenumwandlungen, mit Zeolithenproblemen und mit den Kristallisationsvorgängen in Gläsern, unter anderem im von den Astronauten auf die Erde gebrachten Mondglas.

Rund 20 der Laves-Schüler und Assistenten sind heute Hochschulprofessoren für Kristallographie. Da die Habilitation eine Vorbedingung für die Berufung an Universitäten ist, hatte die Abteilung X gelegentlich Schwierigkeiten mit der Häufung von Privatdozenten in Kristallographie.

Der Lehrgang B 4 nennt sich Umweltphysik. Die Vertiefungsstudien zum Diplom sind möglich am Institut für Geophysik (2 Professoren), das den Erdwissenschaften zugeteilt ist, und am

B 4. Laboratorium für Atmosphärenphysik

Laboratorium für Atmosphärenphysik (1 Professor: H. U. Dütsch). Diese Institution ist aus dem Unterricht in Meteorologie hervorgegangen, für welchen 1954 durch einen Vorstoss von Fritz Gassmann (Geophysik, 1927—1969) an den

Abteilungen IX und X B ein Spezialplan ausgearbeitet wurde. Ferner erfolgte die Einrichtung eines Laboratoriums für Atmosphärenphysik (Raimund Sänger, 1931—1962). Der Physiker Sänger war ursprünglich Mitarbeiter der AFIF und Dozent für Ballistik an der Militärabteilung XI. Sein Laboratorium beschäftigte sich namentlich mit der Hagelabwehr im Tessin.

Der 1962 in Kraft gesetzte Studienplan der Abteilung X führte als Wahlfach Physik der Atmosphäre ein. Als nach einem dreijährigen Interregnum die Professur für Atmosphärenphysik 1965 wieder besetzt wurde, waren die Diplomanden in diesem Fach grossteils Physiker der Abteilung IX. Seither hat sich jedoch die Herkunft der Diplomanden auffällig zugunsten der X B-Absolventen verschoben. Dies wird auf den Ausbau des Lehrplans (B 4) mit propädeutischem Unterricht in den Fächern Klimatologie und Wetterkunde zurückgeführt, die im 2. Vordiplom gewählt werden können. Das Laboratorium für Atmosphärenphysik ist deshalb im neuen Lehrplan 1978 der Teilrichtung Umweltphysik (B 4) der Abteilung X zugewiesen worden.

Seine Forschungsgebiete sind: Ozon in der Tropo- und der Stratosphäre, Föhn- und Wetterfühligkeit, Hagelforschung und theoretische Meteorologie.

*

Neben den Institutionen A 1—A 11 und B 1—B 4 bestehen an der Abteilung X noch die Institute für Geologie (5 Professoren), für Petrographie (6 Professoren, siehe B 3), für Geophysik (2 Professoren) und für Geographie (2 Professoren), deren Entwicklung und Tätigkeit in einem besonderen Abschnitt über Erdwissenschaften behandelt werden. Hieraus ergibt sich die Zahl der 19 Institutionen mit 53 Professoren, an welchen die Studierenden der Naturwissenschaften diplomieren können.

Durch diese Diversifikation ist Gewähr geleistet, dass in allen Sparten naturwissenschaftlicher Forschung gründlich ausgebildete Naturwissenschafter zur Verfügung stehen.

C Erdwissenschaften

Von Rudolf Trümpy unter Mitarbeit von Johannes Neher

Zum Bereich der Erdwissenschaften im weiteren Sinn gehören an der ETHZ vier Institute, mit zum Teil eng verbundenen, zum Teil auch divergierenden Interessen: das Geologische Institut, das Institut für Kristallographie und Petrographie (bis 1955 Mineralogisch-Petrographisches Institut), das Institut für Geophysik und das Geographische Institut. Die drei erstgenannten («Geowissenschaften» oder Erdwissenschaften im engeren Sinn) nehmen im Gesamtrahmen der ETH insofern eine Sonderstellung ein, als sie nicht nur die Studierenden der ETH, sondern auch diejenigen der Universität Zürich ausbilden. Einige Professoren dieser Institute gehören deshalb auch der Philosophischen Fakultät II an. Umgekehrt betreut das Paläontologische Institut der Universität Zürich auch die Studierenden der ETH. Diese Doppelfunktion der Institute hat nie zu irgendwelchen Schwierigkeiten geführt und erlaubte eine sinnvolle Konzentration der Mittel. Dagegen bestehen Geographische Institute, mit unterschiedlichen Zielsetzungen, sowohl an der ETH als auch an der Universität.

Im folgenden soll versucht werden, den Ausgangszustand in den Jahren unmittelbar nach dem Weltkrieg zu umreissen, allgemeine Entwicklungstendenzen aufzuzeigen und schliesslich die Geschichte der einzelnen Institute kurz zu beschreiben.

Der Zustand um 1950

In der Zeit vor, während und nach dem Krieg standen die Zürcher Institute stark unter dem Einfluss zweier dominierender, ganz verschieden gearteter Persönlichkeiten: Paul Niggli und Rudolf Staub. Rudolf Staub gehörte zur glücklichen Generation jener Alpengeologen, die nach dem Aufkommen der Deckenlehre mit ungeheurer Begeisterung an der Entwirrung des vorher unverständlichen Knotens der alpinen Gebirge teilgenommen hatten. Diese Begeisterung übertrug sich auf jene Sternstunden, wo er seine Studenten, von einem Berggipfel aus, am grossen Abenteuer der alpinen Synthese teilhaben liess. Neben ihm wirkte Alphonse Jeannet, ein Makropaläontologe-Biostratigraph klassischer Richtung, der sich mit unendlicher Geduld seinen Seeigeln und seinen Ammoniten widmete und auch Konservator der Sammlung war. Wolfgang Leupold, ein sehr origineller Geologe, der in der Erdölindustrie tätig gewesen war, brachte die Mikropaläontologie, ein damals recht neues Werkzeug der Biostratigraphie, und eine strengere geometrische Behandlung tektonischer Probleme mit; ferner lehrte er allgemeine und regionale Erdölgeologie. Die Forschungsarbeiten waren während des Krieges notgedrungenerweise auf die Schweiz (vor allem Graubünden und Wallis) beschränkt, die Methoden und Denkweisen blieben vielleicht eher konventionell, aber dies war in den dreissiger und vierziger Jahren, die relativ wenig neue Impulse erhielten, überall der Fall.

Auf Anregung von Rudolf Staub wurde im Zweiten Weltkrieg der Geologische Dienst der Armee organisiert; und in der Folge leisteten viele junge Geologen und Petrographen ihren Aktivdienst in dieser recht farbigen Einheit. So erhielten sie einen Einblick in die praktischen Probleme der Bau- und Wassergeologie; anderseits vermochten sie bei ihren Kameraden von der Abteilung II und von der Genietruppe Verständnis für die Möglichkeiten und Grenzen geologischer Prognosen zu wecken. Geologen wurden nun verstärkt bei der Projektierung und Ausführung von Bauten herangezogen, was allerdings zur Folge hatte, dass der langjährige Assistent-Konstrukteur und spätere Titularprofessor, Hans Suter, recht oft die Hauptvorlesungen halten musste.

Noch stärker als Rudolf Staub prägte Paul Niggli, der hochangesehene Vorsteher des Mineralogisch-Petrographischen Institutes, das Gesicht jener Epoche. Er war einer der letzten Wissenschafter, die noch gleichzeitig in den Gebieten der Kristallographie, Mineralogie und Petrographie eine führende Rolle spielen konnten. Er trug wesentlich zur Entwicklung der Kristallstrukturforschung bei, indem er mithalf, die theoretischen Grundlagen dafür zu schaffen, während gleichzeitig Ernst Brandenberger (auch in Zusammenarbeit mit der EMPA) Pionierarbeit in bezug auf die experimentelle Methodik leistete. Die Mineralogie lag hauptsächlich in den Händen des feinsinnigen Robert L. Parker. Die petrographische Forschung konzentrierte sich auf den Bereich der Zentralmassive und des Penninikums im Tessin. Conrad Burri, ein sehr kenntnisreicher Petrograph, studierte die Vulkanite des Mittelmeergebietes und beschäftigte sich intensiv mit Kristalloptik. Francis de Quervain führte umfassende Untersuchungen über nutzbare Gesteine und Mineralien der Schweiz (Bausteine, Strassenbaugesteine, Erz usw.) durch; darüber hinaus hat er sich als Leiter der am Institut beheimateten Schweizerischen Geotechnischen Kommission um die Herausgabe der geotechnischen Karte verdient gemacht.

Neben dem Geologischen und dem Mineralogisch-Petrographischen Institut spielten die beiden andern Institute, mindestens was die Anzahl der Dozenten und Hauptfachstudierenden betraf, vorerst eine bescheidenere Rolle.

Das Institut für Geophysik ist das jüngste der erdwissenschaftlichen Institute der ETH. Der für die Entwicklung der Geophysik in Zürich entscheidende Schritt erfolgte mit der Schaffung einer ausserordentlichen Professur für Geophysik an der ETH im Jahre 1942. Die Stelle wurde mit Fritz Gassmann besetzt. Sie ermöglichte den Ausbau des schon 1934 gegründeten Instituts («Einmannbetrieb») zum eigentlichen Lehr- und Forschungsinstitut. Die Forschungstätigkeit des Instituts galt in erster Linie der Physik der festen Erde. Gassmann, von Haus aus Mathematiker, befasste sich vor allem mit den Problemen der Elastizität poröser Medien und mit der Ausbreitung elastischer Wellen in porösen Medien (sein späteres Hauptwerk «Seismische Prospektion»), ferner mit Problemen der Gravimetrie, insbesondere mit der Interpretation eines gravimetrischen Profiles durch die Alpen. Eine enge Beziehung bestand von allem Anfang an zu den Geodäten der ETH (Vorlesung über Potentialtheorie und anderes).

Das Geographische Institut bestand seit 1925, ein Lehrstuhl schon seit 1899. 1941 wurde Heinrich Gutersohn gewählt. Er hat während fast 30 Jahren der Geographie der Schweiz wesentliche Impulse verliehen, welche sich besonders in praktischen Anwendungsbereichen positiv auswirkten, so vor allem in der Landesplanung, der Entwicklungshilfe, der Verkehrsplanung usw. Im Vordergrund stand jedoch die Ausbildung der zukünftigen Geographen und die Vermittlung geographischer Kenntnisse an Studenten anderer Abteilungen der ETH. In Anlehnung an den ersten Geographieprofessor der ETH, Jakob Früh, pflegte Gutersohn besonders die Geographie der Schweiz. Seine bekanntesten Werke sind der schweizerischen Landeskunde gewidmet. Auch sein Einsatz in vielen Kommissionen und Fachgesellschaften ist zu erwähnen. Auf nationaler Ebene kommt Gutersohn das Verdienst zu, der schweizerischen Landesplanung entscheidend zur Geburt verholfen zu haben. In seinen Bestrebungen, der Geographie in ihrer praktischen Anwendbarkeit als Landes- und Landschaftsplanung und -gestaltung den ihr gebührenden Platz zu sichern, wurde Gutersohn tatkräftig unterstützt von seinem damaligen Assistenten und nachmaligen Professor Ernst Winkler. Winkler war seit 1943 Leiter der neugeschaffenen Zentrale (Institut) für Landesplanung, welche dem Geograpischen Institut der ETH angegliedert war. Mit bescheidenen finanziellen und personalen Mitteln wurden hier wichtige Grundlagen für die Planungspraxis erarbeitet.

Allgemeine Tendenzen, 1950—1980

Während dieser Jahrzehnte erfolgte in den Erdwissenschaften, nach einer Phase relativer Stagnation, eine Zeit stürmischer Entwicklung. Sie spiegelt sich auch in der Geschichte der erdwissenschaftlichen Institute: die Studentenzahlen verdreifachten sich, viele neue Professoren und «Junior-Staff»-Stellen wurden geschaffen, ein weltweites Netz internationaler Beziehungen hergestellt und aufwendige Apparaturen eingerichtet. Aber das grossartigste Laboratorium lag bereits vor den Toren Zürichs: nicht nur der Ruf der ETH und die guten Arbeitsmöglichkeiten, sondern vor allem das klassische Studienobjekt der Schweizer Alpen vermochten viele Forscher an unsere Hochschulen zu ziehen.

Eine allgemeine Tendenz dieser Epoche war natürlich die vermehrte Hinwendung zu quantitativen Methoden. Zwar waren diese in der Geophysik, zum Teil auch in der Petrographie-Mineralogie und vor allem aber in der Kristallographie bereits gebräuchlich, bedingten aber einen gewaltigen Aufwand an mühseliger Rechenarbeit. Erst mit dem Einsatz der elektronischen Rechenanlagen konnte sich die quantitative Arbeitsmethode wirklich durchsetzen und konnte auch in den traditionellerweise eher beschreibenden Erdwissenschaften, Geologie und Geographie, Fuss fassen. Parallel damit verlief eine eindrückliche quantitative und qualitative Verbesserung der instrumentellen Infrastruktur. Heute gehören die Zürcher Institute zu den besteingerichteten Europas. Viele dieser Apparaturen kommen mehreren erdwissenschaftlichen wie auch anderen Instituten zugute.

Sogleich nach dem Krieg begann die Oeffnung der Institute gegen aussen: alte Beziehungen wurden wieder aufgenommen, viele neue angeknüpft. Forschungsgruppen aus den verschiedenen Instituten arbeiteten im Mittelmeergebiet, in den alpinen Ketten Asiens, in der Arktis. An den grossen erdwissenschaftlichen Abenteuern der sechziger und siebziger Jahre — der Mondforschung, der Plattentektonik, den Tiefsee-Bohrkampagnen im Rahmen des JOIDES-Unternehmens — nahmen viele Forscher aus den drei geowissenschaftlichen Instituten teil, und auch die Geographen engagierten sich im Weltgletscherinventar und im

Schneetreiben um Mitternacht: Forschungsstation «Upper Ice II» auf dem obersten Plateau der McGill-Eiskappe auf 1920 m über Meer und 80° Nord auf Axel Heiberg Island (Kanada).

North-Water-Projekt der USA und Kanadas. Mehrere Kongresse und Symposien, wovon nur die 14. Generalversammlung der International Union of Geodesy and Geophysics (1967) erwähnt sei, wurden in Zürich durchgeführt. Jeden Sommer wurden Scharen ausländischer Erdwissenschafter durch die Alpen geführt.

Neue Forschungsrichtungen, neue Bedürfnisse in der Ausbildung und neue Laboratorien kamen auf. An die Stelle der alten, von einer einzigen starken Persönlichkeit getragenen Institute traten Komplexe von Forschungsgruppen, die oft ihr Eigenleben entwickelten. Die Baugeologie und die Geologieausbildung der Ingenieure spaltete sich immer deutlicher vom restlichen Geologischen Institut ab; auch innerhalb desselben wurden die Gruppen für experimentelle Geologie und für Mikropaläontologie selbständiger. Noch stärker war diese Tendenz am Mineralogisch-Petrographischen Institut, was schon äusserlich in der Umbenennung in Institut für Kristallographie und Petrographie zum Ausdruck kam. Hier bildeten sich de facto drei Unterinstitute, Kristallographie, Petrographie/Petrologie und das 1964 errichtete Laboratorium für Isotopengeochemie und Massenspektrometrie. In der Geophysik blieb der Zusammenhalt stärker gewahrt. Die Geographie sonderte sich, vor allem durch Neugestaltung ihrer Lehrpläne, stärker von den übrigen erdwissenschaftlichen Instituten ab. Auch hier war es notwendig, gegenüber der Aufspaltung in physische und Humangeographie immer wieder den ganzheitlichen Charakter der Wissenschaft zu betonen. 1961 wurde ein selbständiges Institut für Orts-, Regional- und Landesplanung, als Stätte interdisziplinärer Forschung und Nachdiplomausbildung, errichtet. Es blieb mit dem Geographischen Institut, vorab durch das Wirken von Ernst Winkler, eng verbunden.

Diesen zentrifugalen Tendenzen stehen zentripetale gegenüber. Die Zusammenarbeit zwischen Geologie, Petrographie (inklusive Isotopengeochemie) und Geophysik hat sich in diesen Jahrzehnten entscheidend verstärkt. Sie kommt im Zusammenschluss der drei Institute (mit dem Geographischen Institut als assoziiertem Mitglied) zu einem Departement der Erdwissenschaften (1979) zum Ausdruck. Diese vorerst lockere Struktur soll eine bessere Koordination der Lehrpläne und eine bessere Ausnutzung der Infrastruktur ermöglichen.

Der Umbau des Naturwissenschaftlichen Gebäudes (1965—72) brachte viele Unannehmlichkeiten, so vor allem die Notwendigkeit, die reichen Sammlungsbestände auszulagern. Während sich die Mineralogisch-Petrographische Sammlung heute wieder in einem erfreulichen Zustand präsentiert, hat sich die Revision und Neuaufstellung der Geologischen Sammlung verzögert; 1980 konnte die Ausstellung wieder eröffnet werden. Das Institut für Geophysik und die Baugeologie sind seit 1968 auf dem Hönggerberg beheimatet. Zwar sind die Räumlichkeiten, besonders für die Geophysik, befriedigend, doch wirkt sich die räumliche Trennung von den übrigen erdwissenschaftlichen Instituten nicht immer günstig aus.

Die Studentenzahlen stiegen in den fünfziger Jahren sprunghaft an und sind seither langsamer angewachsen; sie dürften mit etwa 120 Hauptfachstudierenden (inklusive Doktoranden) 3- bis 4mal höher sein als um 1950. Da in den sechziger Jahren einige neue Stellen geschaffen werden konnten, ist das Zahlenverhältnis zwischen Dozenten und Studierenden immer noch verhältnismässig günstig. Der Zuwachs an Studierenden betraf zuerst vor allem die Geologie, seit einigen Jahren aber verstärkt auch die drei anderen Institute. Etwa 35% der Geologie- und etwa 20% der Petrographie-Hauptfachstudenten sind an der Universität Zürich immatrikuliert; bei den Nebenfachstudenten ist der Anteil der Universität noch höher, wenn man von den speziellen Kursen für die Abteilungen II, VI, VII und VIII absieht.

Die Lehrpläne wurden in der Berichtszeit laufend den veränderten Verhältnissen angepasst; mehr und mehr neue Kurse wurden aufgenommen, so dass sich zuletzt eine zeitliche Ueberbelastung der Studierenden ergab, was wieder korrigiert werden musste. Die Einführung eines Grundkurses, von Dozenten der geowissenschaftlichen Institute gehalten, bedeutet einen wichtigen Fortschritt. Ausbildungsziel auf Diplomniveau sind Erdwissenschafter mit einer soliden naturwissenschaftlichen Basis. In der Geologie und Petrographie wurde stets besonderes Gewicht auf die Feldarbeit gelegt; Diplomarbeiten müssen immer mit einer Kartierung verbunden sein. Versuchen zu allzu frühzeitiger Spezialisierung oder zur Schaffung eines besonderen Diploms für Ingenieur-Geologen bzw. Ingenieur-Petrographen war kein dauernder Erfolg beschieden. Der Anteil der Doktoranden ist hoch: um 70% der Diplomanden in der Geologie und Petrographie, um 40% in der Geophysik und um 30% in der Geographie. Viele Doktoranden in der Kristallographie, zum Teil auch in der Geophysik, haben ihr Diplom an der Fachrichtung X B oder an einer anderen Abteilung erworben. Ein erheblicher Anteil der Doktoranden kommt von ausländischen Hochschulen; unbefriedigend ist dagegen die akademische Mobilität innerhalb der Schweiz wie auch der geringe Anteil ausländischer Studierender auf der Vordiplomstufe.

Gegenüber 1950, wo die Geologen weit vorwiegend «ins Oel», die Geographen «in die Schule» gingen, hat sich das Berufsbild der Erdwissenschafter diversifiziert. Zwar ist immer noch ein grosser Teil der Geologen, Petrographen und Geophysiker im Ausland, in der Industrie und seltener in Landesanstalten tätig. Die intensive Bautätigkeit der sechziger Jahr erlaubte es aber auch vielen Absolventen, Stellen in der Bau- und Wassergeologie zu finden. Diese Aufgaben werden in der Schweiz nicht von einer staatlichen Anstalt, sondern von Privatfirmen wahrgenommen, was seine Vorteile und seine Nachteile hat. Viele Absolventen der Zürcher Institute sind weiterhin in der Forschung tätig geblieben. Dies gilt besonders für «forschungsintensive» Gruppen wie die Kristallographie, aus welcher viele in der Schweiz und im Ausland, insbesondere in Deutschland, wirkende Dozenten hervorgegangen sind. Auch bei den Geographen hat sich das Berufsbild differenziert; zur traditionellen Laufbahn als Mittelschullehrer treten Möglichkeiten im Bereich der Umweltforschung, der Landesplanung in ihren verschiedenen Bereichen, bei der Entwicklungshilfe usw.

Die studentische Bewegung der Jahre 1968 und 1969 ging an den erdwissenschaftlichen Instituten nicht spurlos, aber ohne Beeinträchtigung von Lehre und Forschung vorüber. Es wurde versucht, einigen berechtigten Kritiken jener Studentengeneration soweit wie möglich Rechnung zu tragen. Am Geologischen Institut, am Institut für Kristallographie und Petrographie sowie am Institut für Geophysik bestehen heute kollegiale Institutsleitungen, in welchen alle Professoren, die übrigen Leiter von Forschungsgruppen sowie Vertreter des Mittelbaus mitwirken. Diese Regelung funktioniert gut. Klagen über die Vielzahl der Sitzungen und über den sich verhärtenden Kleinkrieg mit der Verwaltung dürften keine Besonderheit der erdwissenschaftlichen Institute sein.

Geologisches Institut

In der alpinen Geologie bahnte sich nach dem Krieg eine neue Phase an, indem das Hauptgewicht auf eine neue Interpretation der Vorgeschichte der Faltung gelegt wurde. Auswärtige Kollegen brachten unter anderem Kunde von der Entfaltung der Sedimentologie ab 1948, wo der Mechanismus der Turbiditätsströme viele Erscheinungen der alpinen Ablagerungen in einem neuen Licht erscheinen liess. Rudolf Trümpy, der 1953 Alphonse Jeannet nachfolgte, interessierte sich in erster Linie für Probleme der alpinen Geologie. Dadurch trat die Biostratigraphie etwas in den Hintergrund. Die Makropaläontologie der Invertebraten wurde nun vor allem am Paläontologischen Institut der Universität gepflegt, namentlich seit 1957, als Emil Kuhn-Schnyder dessen Vorsteher wurde.

Die Photogeologie, seit den dreissiger Jahren eine Stärke des Geologischen Instituts, erhielt durch die Lehrtätigkeit von Justus Krebs neue Impulse.

1958 trat Rudolf Staub in den Ruhestand; sein Nachfolger und neuer Vorsteher des Instituts wurde Augusto Gansser, der als Forscher und Erdölgeologe weite Teile Asiens, Südamerikas und der Arktis bereist hatte, aber dennoch mit der alpinen Geologie eng verbunden geblieben war. Mit ihm vollzog sich eine weitere Oeffnung des Instituts nach aussen. Sie kommt unter anderem in den Arbeitsgebieten der Doktoranden zum Ausdruck: zwar arbeiteten viele von ihnen nach wie vor in den Alpen, namentlich in den Kristallingebieten (seit 1972 in enger Zusammenarbeit mit den Petrographen), aber anderseits wurde im nördlichen Iran von 1959 bis 1978 ein grosses Forschungsprojekt durchgeführt, das auch der Landesaufnahme zugute kam. Kleinere Gruppen arbeiteten in Grönland, in der Türkei, in Venezuela, in Italien, in Andalusien und Marokko sowie (unter der Leitung des Strukturgeologen A. G. Milnes) in Norwegen.

1960 wurde die reichhaltige Institutsbibliothek durch die Hauptbibliothek der ETH übernommen; diese Lösung hat sich bewährt.

1964 trat Wolfgang Leupold zurück; seine Stelle nahm Hans M. Bolli ein. Hier ergab sich die umgekehrte Entwicklung wie beim Wechsel Jeannet/Trümpy: War Leupold in erster Linie ein Geologe gewesen, der die Mikropaläontologie als Hilfsmittel benutzt hatte, so kam mit Bolli einer der führenden Mikropaläontologen ans Institut. Seit einigen Jahren wurden zunehmend auch die kleinsten kalkschaligen Organismen, das Nannoplankton, untersucht. Ein unentbehrliches Hilfsmittel zu deren Studium ist das Scanning-Elektronenmikroskop, das 1969, im Verbund mit anderen Instituten, angeschafft wurde. Die Paläobotanik, dank Oswald Heer eine alte Tradition des Zürcher Instituts, wird durch René Hantke betreut; dabei erwies sich die Pollenanalyse als wichtiges Werkzeug nicht nur für die Analyse der Quartärbildungen, sondern erlaubte sogar, dank dem Einsatz des Gastprofessors N. Pantič, erstmals eine Datierung der sonst fossilleeren Bündnerschiefer. Spezialuntersuchungen (durch J. Neher) gelten den Mikroben in den Gesteinen, durch deren Einfluss Mineralien abgebaut und Mineralneubildungen erzeugt werden.

1960 wurde Ezio Dal Vesco ans Institut berufen, zuerst als Assistenzprofessor und ab 1971 als Professor; er verstarb schon 1980. Er betreute vor allem die Praktika und später den Unterricht für die Studierenden der Ingenieurabteilungen. Die Baugeologie und die damit verbundene Dienstleistungstätigkeit führen heute mehr und mehr ein Eigenleben, und diese Abtrennung vom übrigen Insti-

Geologisch-petrographische Expedition in den Annapurna-Himalaya 1975, unter Leitung der Professoren Augusto Gansser und Volkmar Trommsdorff. Aus der Unternehmung resultierte ein neuer Schnitt durch einen Teil des Himalaya und eine Charakterisierung der Hauptaufschiebung dieses gewaltigen Gebirges — seit vielen Jahren Forschungsobjekt der ETH-Erdwissenschafter. Die Aufnahme entstand auf genau 5000 m über Meer.

tut, welche durch die Verlegung der Baugeologie auf den Hönggerberg noch verstärkt worden ist, bringt nicht nur Vorteile. Der Unterricht in praktischer Geologie (Erdöl, Erze, Wasser usw.) wird seit dem Rücktritt von Wolfgang Leupold durch der Praxis nahestehende Lehrbeauftragte erteilt.

In der Geologie setzte um die Mitte der sechziger Jahre eine eigentliche Revolution ein, bedingt durch das Aufkommen der Plattentektonik, die ein kohärentes Modell der Struktur und Geschichte der Erde schuf. Rudolf Staub erlebte diese Entwicklung nicht mehr — er war 1961 verstorben —, aber der Mobilismus der Kontinentalschollen, den er und seine Zeitgenossen unter den alpinen Geologen, vor allem Emile Argand, immer vertreten hatten, erfuhr seine glanzvolle Rechtfertigung. Dieser Umbruch wurde durch die enge Zusammenarbeit von Geophysikern und Geologen möglich; auf zürcherischer Ebene spielte diese Zusammenarbeit, vor allem seit 1970, sehr gut. Aber die eigentliche Bestätigung der Plattentektonik ist den Bohrkampagnen in der Tiefsee, im Rahmen des JOIDES -Projektes, zu verdanken. Zwischen 1969 und 1978 nahmen zwölf Dozenten und wissenschaftliche Mitarbeiter des Instituts, als Mikropaläontologen,

Sedimentologen und zum Teil sogar als wissenschaftliche Leiter, an solchen Forschungsfahrten teil. Kein europäisches Institut hat einen annähernd so hohen Anteil an diese Forscherteams gestellt.

Die Stärke des Geologischen Instituts lag von jeher in der Feldarbeit. Aber mit dem Aufkommen neuer Methoden und Denkweisen wurde es notwendig, den quantitativen Aspekten der Wissenschaft, der experimentellen und theoretischen Geologie stärker Rechnung zu tragen. 1967 wurde Kenneth J. Hsü ans Geologische Institut berufen. In kurzer Zeit baute er eine erstaunliche Zahl von Forscherteams auf, die sich unter anderem der modernen Sedimentologie, der Seeforschung und der Felsmechanik widmeten. Als eine der spektakulärsten Entdeckungen sei der Nachweis der spätmiocaenen Austrocknung des Mittelmeers erwähnt. Während die Geologen früher nur mit Hammer, Kompass und Polarisationsmikroskop arbeiteten, verfügt das Geologische Institut nun über ein gut ausgebautes Instrumentarium.

1976 trat Augusto Gansser zurück. Mit John G. Ramsay konnte ein Tektoniker und Strukurgeologe von weltweitem Ruf für das Zürcher Institut gewonnen werden.

Institut für Kristallographie und Petrographie *(Von Alfred Niggli)*

Das frühere Mineralogisch-Petrographische Institut wurde kurz nach dem Ersten Weltkrieg von Paul Niggli übernommen und bis zu seinem Tode 1953 geprägt. Er war einer der letzten Wissenschafter, die noch gleichzeitig auf den Gebieten der Kristallographie, der Mineralogie und der Petrographie führend sein konnten. Nach dem Zweiten Weltkrieg erfolgte eine zunehmende Oeffnung nach aussen durch internationale Kontakte und Zusammenarbeit. Unter der Leitung von Fritz Laves (1954—1976) wurde das Institut — vor allem bezüglich der experimentellen Möglichkeiten, aber auch personell — wesentlich ausgebaut. Die wachsende Bedeutung einer sich nicht nur auf die Erdwissenschaften beziehenden Kristallographie kam in der Umbenennung in Institut für Kristallographie und Petrographie zum Ausdruck.

Seit 1976 besteht eine kollegiale Institutsleitung mit wechselndem Vorsteher. Da das Institut departementsartig aus den drei hauptsächlichen Gruppen Kristallographie, Petrographie/Petrologie und Isotopengeochemie/Massenspektrometrie zusammengesetzt ist, wurde und wird die Autonomie dieser Gruppen, die alle die Grösse eines mittleren Institutes erreicht haben, laufend verstärkt. Dabei sei daran erinnert, dass das Institut den Lehr- und Forschungsbedürfnissen nicht nur der Fachbereiche B und C der Abteilung X, sondern auch der Abteilungen IV und IX sowie der Philosophischen Fakultät II dient; einige Dozenten sind daher «Doppel-Professoren» an der ETH und an der Universität Zürich.

Die «Oeffnung nach aussen» führte nach 1945 zu Auslandkontakten und zunehmendem Postgraduate-Austausch. Dabei hat das Institut in wachsendem Ausmasse Dozenten im In- und Ausland hervorgebracht und die internationalen

Beziehungen auch dadurch gepflegt, dass es mehrere internationale und europäische Kongresse und Konferenzen durchführte.

Obwohl eine über die infrastrukturelle Verflechtung im Institutsrahmen hinausgehende und sich laufend verbessernde Zusammenarbeit der drei Gruppen in Lehre und Forschung besteht, soll die Entwicklung der Arbeitsrichtungen in den letzten 50 Jahren gruppenweise skizziert werden. Allgemein kann gesagt werden, dass die interdisziplinäre Zusammenarbeit mit anderen Fachgebieten im In- und Ausland verstärkt wurde und dass wegen der Bedeutung für Umwelt und Gesellschaft eine vermehrte Ausrichtung auf Rohstoffprobleme (Zusammenarbeit der Petrographie/Petrologie mit der Geologie) einerseits und auf Material- beziehungsweise Werkstoffentwicklungen (dies auch in Zusammenarbeit mit der Industrie) anderseits erfolgte.

Was die *Kristallographie* betrifft, fällt vor allem die sprunghafte Entwicklung der Kristallstrukturforschung in die Berichtsperiode. Nachdem schon Paul Niggli wesentlich zu den theoretischen Grundlagen beigetragen hatte, leistete Ernst Brandenberger in Zürich (auch im Zusammenhang mit der EMPA) Pionierarbeit bezüglich der experimentellen Methodik; er wurde in der Folge durch Alfred Niggli abgelöst. Anschliessend ermöglichten in den letzten zwei Jahrzehnten die Automatisierung von Diffraktionsmessgeräten und vor allem die Verfügbarkeit elektronischer Grossrechenanlagen, immer komplexere Probleme anzugehen. Unter Fritz Laves lag das Forschungsschwergewicht auf Feldspäten und metallischen Verbindungen (insbesondere bezüglich Ordnungs-Unordnungs-Problemen), doch wurde und wird eine enge Zusammenarbeit mit der Chemie bezüglich verschiedenster organischer Molekülstrukturen gepflegt — seit am Organisch-chemischen Laboratorium der ETH selbst Strukturforschung getrieben wird, vor allem mit der Universität. Dabei geht es ja nicht nur um die Erfassung der Architektur des festen Zustandes, sondern auch darum, den Zusammenhang mit verschiedensten Eigenschaften zu verstehen; ein zurzeit aktuelles Problem ist zum Beispiel die Untersuchung magnetischer Struktur- und Phasenumwandlungen. Daneben ist selbstverständlich auch die Weiterentwicklung der experimentellen, rechnerischen und interpretationsmässigen Methodik stets ein Forschungsgebiet für sich gewesen, und durch vermehrte Zusammenarbeit mit der Mathematik wurde eine frühere Tradition mathematisch-kristallographischer Forschung (heute insbesondere bezüglich verallgemeinerter Symmetrien) wiederbelebt. Im Laboratorium für Kristallchemie werden unter Leitung von Walter M. Meier seit Jahren vor allem Probleme der Zeolithforschung bearbeitet, wozu nicht zuletzt bedeutende industrielle Anwendungen (so unter anderem selektive Katalysatoren mit Molekularsiebwirkung in der petrochemischen Energieversorgung) Anlass geben. Im Vordergrund stehen Fragen der gezielten Synthese bestimmter Gerüsttypen, der Beziehungen zwischen Struktur und Stabilität sowie Untersuchungen silikat-chemischer Reaktionsmechanismen. In methodischer Hinsicht wird dabei in erster Linie die Strukturanalyse mittels Pulverdaten wesentlich gefördert und ausgebaut, so dass es heute möglich erscheint, auf diese

Weise selbst komplizierte Strukturen mit über 100 Parametern (auch bei Reaktionsbedingungen) zu analysieren.

Die spezielle *Mineralogie* und phänomenologische Kristallographie erlebten ihre Blüte unter Robert Parker; heute werden sie vor allem im Zusammenhang mit der Mineralogisch-Petrographischen Sammlung (Konservator: Walter Oberholzer) weiter gepflegt. Dagegen hat die *technische* Mineralogie wesentlich an Bedeutung gewonnen: Probleme wie Gläser und deren Kristallisation (auch Mondgläser von Apollo 14), Keramik (besonders Hochtemperaturkeramik in Zusammenarbeit mit der EPFL), Verwendungsmöglichkeiten mineralischer Abfall- und Rohstoffe zur Herstellung von Leichtbaustoffen (Schaumglas) oder Gewinnung von Al_2O_3 aus Kaolin und Tonen führen zu weitreichender interdisziplinärer Zusammenarbeit, auch mit der Industrie; diese Arbeiten werden von Gerhard Bayer geleitet. Schliesslich wurde die mineralogische Arbeitsgruppe unter Max Müller-Vonmoos des Instituts für Grundbau und Bodenmechanik dem Institut angegliedert; sie befasst sich mit Problemen feinkörniger Lockergesteine und mit der Untersuchung von Tonmineralien.

In der *Petrographie* wurde unter Paul Niggli eine breitgefächerte Forschung in Kontakt mit anderen Fachgebieten, insbesondere bezüglich des Kristallins im Aare-Gotthard-Massiv und im Penninikum sowie an Vulkaniten des Mittelmeergebietes, betrieben — letzteres vor allem durch C. Burri, der sich im übrigen auch intensiv mit der Kristalloptik befasste. Nach seiner Ablösung durch Volkmar Trommsdorff sind diese Gebiete in den letzten Jahren eher zugunsten von Untersuchungen über die Metamorphose (Karbonatgesteine, basische und ultrabasische Gesteine) sowie von regionaler Petrographie in den Zentralalpen (Tessin, Malenco) und im Himalaja in den Hintergrund getreten. Was die technische Petrographie betrifft, hat sich bis 1970 Francis de Quervain umfassenden Untersuchungen über nutzbare Gesteine und Mineralien der Schweiz (Bausteine, Strassenbaugesteine, Erz usw.) gewidmet; darüber hinaus hat er sich als Leiter der nach wie vor am Institut beheimateten Schweizerischen Geotechnischen Kommission um die Herausgabe der geotechnischen Karte verdient gemacht. Schliesslich befasst sich das Laboratorium für Geochemie und Silikatanalyse im wesentlichen mit Gesteins- und Mineralanalyse; dabei wurden seit der Ablösung von Johann Jakob durch Max Weibel immer modernere Verfahren (von Schnellanalysenmethoden bis zu Röntgenfluoreszenz und Elektronenmikrosonde) eingesetzt.

Seit einigen Jahren wird durch Allan B. Thompson das Gebiet der experimentellen *Petrologie* auf- und ausgebaut. Es geht dabei einerseits um die Entwicklung der physikalisch-chemischen Grundlagen und anderseits um die Ermittlung thermodynamischer Daten für Minerale und Gesteine, wobei das Schwergewicht auf Pelitgesteinen und magmatischen Gesteinen liegt. Naturgemäss hat sich die Zusammenarbeit von Petrographie und Petrologie mit der Geologie immer enger entwickelt — mit ein Grund für die Bildung eines Departementes für Erdwissenschaften im Rahmen der Abteilung X.

Entnahme einer grossen Gesteinsprobe am Südhang des St. Gotthards.

Das Laboratorium für *Isotopengeochemie und Massenspektrometrie* wurde 1964 als interdisziplinäre Arbeitsgruppe von Erdwissenschaftern (Marc Grünenfelder und Rudolf Heinrich Steiger) und erdwissenschaftlich orientierten Experimentalphysikern (angeführt von Peter Signer) geschaffen. Mittels massenspektrometrischer Isotopenanalyse als Arbeitsmethode werden Gesteine und Mineralien der Alpen zwecks Aufdeckung der über 2 Milliarden Jahre dauernden Geschichte dieses letztmals vor etwa 20 Millionen Jahren reaktivierten Erdkrustensegmentes datiert, wobei zur Interpretation Vergleichsmessungen an ausseralpinen Gesteinen und Minerallagerstätten herangezogen werden. Damit soll durch Aussagen über die Bildungsbedingungen von Gesteinen und Erzlagerstätten sowie über die Wechselbeziehungen zwischen Erdmantel und Erdkruste ein Beitrag an die Lösung petrologisch-geologischer Probleme geleistet werden. In Zusammenarbeit mit verschiedenen ausländischen Gruppen werden ausserdem Probleme der Wechselwirkung zwischen Mondmaterie, Meteoriten und interplanetarem Medium untersucht, insbesondere die zeitliche Veränderung des Sonnenwindes und der «solaren Stürme» über geologische Zeiträume. Eigene apparative Entwicklungen zur Verbesserung der Messtechnik haben auch das Interesse der Industrie gefunden.

Zu Fragen des *Gesamtinstitutes* muss zunächst die in der Berichtsperiode erfolgte wesentliche Verbesserung der Infrastruktur (wissenschaftliche Einrichtungen für Forschung und Lehre, Bibliothek, mechanische und Schleifwerkstätten) erwähnt werden. Auch die Mineralogisch-Petrographische *Sammlung* konnte durch Ankäufe und verschiedene Schenkungen ihren Bestand auf zurzeit etwa 40 000 Mineralstufen, 35 000 Gesteins- und Erzproben und 1500 Edelsteine erweitern; nach mehrjähriger, durch den Umbau des NO-Gebäudes bedingter Auslagerung ersteht nun seit 1974 die Schausammlung in neuem Glanze.

Institut für Geophysik *(Von Nazario Pavoni)*

Unter Fritz Gassmann erfolgte ein kontinuierlicher Ausbau des jungen Instituts in Lehre und Forschung. Die Geophysik – nach dem Zweiten Weltkrieg in stürmischer Entwicklung begriffen – erhielt dadurch in Zürich schon zu Beginn der fünfziger Jahre den ihr zukommenen Platz innerhalb der Erdwissenschaften. Eine besondere Sorge bildeten von Anfang an die Beschaffung und Wartung feldtüchtiger Apparaturen zur Ausführung von Arbeiten nach den verschiedenen Hauptrichtungen der angewandten Geophysik. Dies führte zur Einrichtung mehrerer Labors (Seismologielabor, Magnetiklabor, Radiometrielabor) und einer eigenen Werkstatt. Ebenso wurde das Institut mit einer guten Fachbibliothek ausgerüstet.

Durch den Anschluss des Schweizerischen Erdbebendienstes im Jahre 1957, welcher bis dahin der Schweizerischen Meteorologischen Zentralanstalt angegliedert war, erfuhr das Institut für Geophysik eine wesentliche Erweiterung. Die Leitung des Erdbebendienstes übernahm Max Weber, Privatdozent für theoretische und experimentelle Geophysik seit 1952. Auf Grund der engen Wechselbeziehungen zur Geologie wurde 1959 die Stelle eines Institutsgeologen geschaffen. 1963 wurde am Institut eine zweite ausserordentliche Professur für Geophysik errichtet. Sie wurde durch Max Weber besetzt. Webers Interesse galt in erster Linie der Entwicklung und dem Bau geophysikalischer Messapparaturen, insbesondere der Konstruktion eines elektronischen Breitbandseismographen, sowie – noch vor der Computer-Aera – der Entwicklung von Näherungsmethoden für die Interpretation von seismischen Laufzeitkurven und geoelektrischen Sondierungsmessungen.

Die Verlegung des Instituts 1968 aus dem Zentrum auf den Hönggerberg brachte die lang ersehnte Vereinigung der Arbeitsräume, Labors und der Werkstatt unter einem Dach, wenn auch nicht wie ursprünglich vorgesehen in einem eigenen Gebäude. Sie brachte anderseits eine noch verstärkte Trennung der Geophysik von den übrigen Erdwissenschaften der beiden Hochschulen. Nach dem Rücktritt von F. Gassmann Ende des Sommersemesters 1969 übernahm Max Weber für knapp zwei Jahre interimistisch die Leitung des Instituts.

Mit der Wahl von Stephan Müller im Jahre 1971 als Nachfolger von F. Gassmann erfuhr die Geophysik in Zürich einen kräftigen Impuls. Das Institut wurde beträchtlich erweitert. Es umfasst heute mehr als 40 Mitarbeiter (davon 19½

Etatstellen) und Doktoranden, einschliesslich zwei Professoren, drei Privatdozenten und zwei Lehrbeauftragte. Die Zusammenarbeit mit den übrigen erdwissenschaftlichen Disziplinen an der ETH wurde wesentlich vertieft. Der Schweizerische Erdbebendienst erfuhr nach jahrelanger Stagnation einen raschen Ausbau. Das Stationsnetz umfasst heute 14 Stationen, davon sind 11 durch Funk direkt mit der Zentrale im HPP-Gebäude auf dem Hönggerberg verbunden. Ebenso erhielt die internationale Zusammenarbeit im Rahmen zahlreicher gemeinsamer wissenschaftlicher Forschungsprojekte, durch Austausch von Dozenten und Mitwirkung in internationalen Fachgremien eine starke Förderung. Erwähnt seien in diesem Zusammenhang die Durchführung des First Meeting of the European Geophysical Society 1973 und des Fifth International Symposium on Recent Crustal Movements 1974 an der ETH in Zürich.

1974 wurde William Lowrie als zweiter Professor für Geophysik ans Institut gewählt. Durch ihn erhielt insbesondere die Forschungsrichtung Geomagnetik eine beschleunigte Entwicklung. Anfang 1977 konnte auf dem Adlisberg die neue geomagnetische Messstation in Betrieb genommen werden. Die Apparaturen dieses Labors erlauben unter anderem eine rasche und zuverlässige Messung und Untersuchung auch äusserst schwacher Magnetisierungen der Gesteine, von Sedimenten, Kalken unter anderen, und machen das Labor zu einem der besteingerichteten in Europa.

Das Institut umfasst heute folgende Forschungsgruppen und wichtigste Arbeitsrichtungen:

Schweizerischer Erdbebendienst: Aufbau von modernen Erdbebenstationsnetzen; Studium des Raum-Zeit-Verhaltens der seismischen Aktivität im Alpen- und Voralpenraum. Erstellung von seismischen Risikokarten der Schweiz (D. Mayer-Rosa, St. Müller).

Allgemeine und experimentelle Seismologie: Sprengseismische Erforschung des tieferen Untergrundes in Europa, insbesondere der Alpen, des Juras und des mitteleuropäischen Riftsystems. Analyse der Dispersion und Absorption seismischer Oberflächenwellen in Mittel- und Westeuropa (J. Ansorge, St. Müller, E. Wielandt).

Geomagnetik: Tektonische Studien in den Alpen und den Apenninen sowie in Westeuropa (Spanien, Portugal, Nordwestfrankreich). Paläomagnetische Stratigraphie verschiedenaltriger Gesteinskomplexe. Magnetische Eigenschaften von natürlichen Eisenoxiden (F. Heller, W. Lowrie).

Gravimetrie und Geodynamik: Herausgabe einer neuen Schwerekarte der Schweiz. Erstellung von «Dichteprovinz»-Karten. Isostatische Anomalien und Dynamik der Alpen. Zusammenhang zwischen Wärme- und Schwereanomalien. Berechnung und Interpretation von Geoidundulationen aus Satellitenbahnstörungen und Oberflächenanomalien. Zusammenhänge zwischen Seismizität und junger Tektonik im lokalen, regionalen und globalen Rahmen. Erstellung einer seismotektonischen Karte der Schweiz (H.-G. Kahle, N. Pavoni).

Gesteinsmagnetisches Labor Adlisberg des Instituts für Geophysik.

Geothermik und Radiometrie: Vorbereitung der geothermischen Landesaufnahme im Hinblick auf die Nutzbarmachung geothermischer Energie. Zusammenhänge zwischen geothermischem Feld und grossräumigen geodynamischen Prozessen. Entwicklung von Messverfahren für die Erkundung und Kartierung von radioaktiven Erzlagerstätten. Laborbestimmungen der Uran- und Thoriumgehalte von Gesteinsproben (L. Rybach, D. Werner).

Im Rahmen der verschiedenen Forschungsprojekte arbeiten die Forschungsgruppen und der Schweizerische Erdbebendienst eng zusammen. Ueber die Forschungsrichtungen Gravimetrie/Geodynamik bestehen gemeinsame Interessen mit dem Institut für Geodäsie und Photogrammetrie. Durch die Errichtung einer neuen Professur für Geodäsie mit Schwerpunkt höhere Geodäsie und Geodynamik sollen diese Verbindungen noch enger gestaltet werden.

Eine wertvolle und fortschrittliche Neuerung in der Administration des Instituts bedeutete die Schaffung der Institutsleitung (1974) als oberstes leitendes Organ, in welchem die Forschungsgruppen vertreten sind, bestehend aus den zwei Professoren, drei Forschungsgruppenvertretern und drei Ständevertretern, die jährlich neu gewählt werden. Das Institut ist seit vier Jahren, das heisst seit der Errichtung des Physikdepartementes an der ETH, als assoziiertes Mitglied dem Physikdepartement angegliedert. Naturgemäss fühlt sich die Geophysik den übrigen Erdwissenschaften sehr eng verbunden. Nach über zehnjährigen Bemühungen steht nun die Bildung eines Departementes der Erdwissenschaften vor der Tür. Das Institut für Geophysik wird ihm als Vollmitglied angehören.

Geographisches Institut *(Von Hans Rudolf Brunner)*

Die Aera Gutersohn ging 1970 mit dessen Pensionierung zu Ende. Sein Nachfolger für den physisch-geographischen Bereich wurde Fritz Müller, er übernahm gleichzeitig die Leitung des Instituts. Seit 1961 an der McGill-Universität in Montreal (Kanada) widmete er sich der Klima- und Gletscherforschung in der Hocharktis. Neben anderen wichtigen Projekten werden diese Untersuchungen in einem grösseren Rahmen vermehrter projektorientierter Forschung weitergeführt. Dabei geht es um Erkenntnisse im synoptischen und mesoklimatischen Bereich des Massenhaushalts und der Bewegungen der Gletscher. Die Ergebnisse und Erfahrungen kamen nicht zuletzt auch einem schweizerischen Projekt von eminent praktischer Bedeutung für unseren Wasserhaushalt zugute: Auf der Grundlage neuester Luftaufnahmen wurden nach den Richtlinien der Unesco/IAHS alle Gletscher unseres Landes aufgenommen und die Daten auf Rechenanlagen gespeichert und als «Firn und Eis der Schweizer Alpen» 1976 auch der Oeffentlichkeit zugänglich gemacht. Auf Grund dieser Pionierarbeit betrauten Unesco und UNEP das Institut mit dem technischen Sekretariat für ein Weltgletscherinventar; zudem kam auch noch der Permanente Dienst für Gletscherfluktuationen der Internationalen Union für Geodäsie und Geophysik hinzu. Für die entsprechenden Arbeiten in Klimatologie (Strahlung, Energiehaushalt), in Hydrologie (Wasserhaushalt und Verdunstung) sowie in Glazologie (Energie- und Massenhaushalt) ist das Geographische Institut instrumentell gut ausgerüstet, im wissenschaftlichen Bereich wie auch für praktische Problemlösungen. Von 1970 bis zu seinem altersbedingten Rücktritt 1977 betreute Ernst Winkler das zweite Ordinariat mit dem Schwergewicht Humangeographie (Kulturgeographie und Landesplanung). Die andauernde Vakanz dieses Lehrstuhls bedeutet für die auf ganzheitliche Betrachtung gerichtete Ausbildung der Geographen einen unzumutbaren Zustand.

Die 1975 in Koordination mit der Universität errichtete dritte Professur, für quantitative Geographie, wurde mit Dieter Steiner besetzt. Er wirkte zuvor an den Universitäten Zürich und Waterloo (Kanada). Mit der quantitativen Geographie, welche sich nicht als dritte Teilrichtung versteht, vollzog sich der Anschluss an die neueren Tendenzen in fast allen Disziplinen. Die erkenntnis- und wissenschaftstheoretischen Folgen waren dabei tiefgreifend und sind noch nicht überall voll verdaut. Die quantitativen Methoden dienen allen Forschungsrichtungen der Geographie zur Typisierung und zur numerischen, graphischen und kartographischen Darstellung von Sachzusammenhängen und Prozessen im Hinblick auf Modellbildung, Theoretisierung, Diagnose und Prognose. Die dazu notwenige Ausrüstung mit einem interaktiven Mini-Computer-System (PDP11/40-Ramtek-Anlage) und diversen Zusatzgeräten konnte angeschafft werden.

Neben diesen Hauptforschungsbereichen befassen sich die Mitarbeiter des Instituts noch mit zahlreichen anderen, meist kleineren Projekten aus dem allgemeinen Komplex des Verhältnisses von Mensch und Umwelt; dazu gehören ebenso Studien zum Problem Energie und Wachstum wie auch eine Untersuchung zur ökologischen Qualität unserer Umwelt. Noch mehr sollte jedoch versucht werden, Theorie und empirische Forschung in ein ausgewogenes Verhältnis zu bringen; das empirische Datensammeln überwiegt vielfach noch.

Seit 1945 hat das Geographische Institut rund 50 Diplomgeographen ausgebildet. Während früher nicht immer alle Jahrgänge belegt waren, erhalten in der letzten Zeit jedes Jahr durchschnittlich 5 bis 7 Geographen ihr Diplom. Das vermehrte Umweltbewusstsein dürfte nicht ohne Einfluss auf die grössere Attraktivität des Geographiestudiums gewesen sein.

Dass die Geographie im neuzuschaffenden Departement der Erdwissenschaften nicht Vollmitglied, sondern assoziiert sein wird, hängt nicht damit zusammen, dass die Geographie nicht mehr Erdwissenschaft sein will, jedoch damit, dass für 1983 die Verlegung der Geographischen Institute der ETH und der Universität in die Gebäude der zweiten Ausbauetappe der Universität auf dem Irchel (dem früheren Strickhofareal) geplant ist. Die Institute sollen nicht zusammengelegt werden, jedoch sollen damit die bestehenden Kapazitäten besser ausgelastet werden.

*

Durch den unerwarteten Hinschied von Fritz Müller im Juli 1980, während der Drucklegung dieses Berichtes, erlitt das Geographische Institut einen schweren Verlust.

Die Abteilung für Militärwissenschaften

Von Rudolf Steiger

Im Jahre 1907 schrieb Ulrich Wille in einem Aufsatz über die militärwissenschaftliche Abteilung des Polytechnikums:

«Solchem (Oberflächlichkeit und Verkennung der Bedeutung des Wissens, der Verfasser) wird dadurch vorgebeugt, dass irgendwo eine Stelle ist, wo die Wissenschaft ihrer selbst wegen gepflegt wird; wo sie wohl dem Bedürfnis des lebendigen realen Lebens dienen will, aber nicht für das dürftigste Tagesbedürfnis zugestutzt werden muss... Diese Stelle zu sein ist die oberste Aufgabe der militärwissenschaftlichen Abteilung am eidg. Polytechnikum; sie hat übrigens damit keine andere Aufgabe als wie die Hochschulen im allgemeinen haben, und worin der wesentliche Unterschied zwischen Hochschule und Fachschule besteht.»[1]

Als vor gut einem Jahr, im Wintersemester 1978/79, die Abteilung für Militärwissenschaften ohne Festschrift und ohne Feier, militärisch nüchtern sozusagen, ins 101. Jahr ihres Bestehens trat, stellte E. A. Kägi in einem zu diesem Anlass verfassten Artikel in der «Neuen Zürcher Zeitung» fest:

«Die drei Militärschulen sind, blickt man zurück auf die Instruktorenausbildung, ein grosser Fortschritt, und sie verdienen eine gute Dotierung und einen weiteren Ausbau. Aber man muss sich im klaren sein, dass sie höchstens auf dem Niveau einer Ingenieurschule oder einer Pädagogischen Hochschule, somit nach deutscher Einstufung einer „Fachschule", stehen und nicht den Rang einer eigentlichen Hochschule mit wissenschaftlichem Rang und eigenen Forschungsinstituten beanspruchen können.»[2]

Wenn wir als Arbeitshypothese nun einmal annehmen, dass sowohl die von Wille angestrebte Zielsetzung als auch die kritische Beurteilung von Kägi in ihrer Tendenz richtig sind, müssen wir feststellen, dass an der Abteilung XI zwar offenbar anerkennenswerte Leistungen und Fortschritte erzielt worden, aber andererseits auch noch deutliche Mängel und Lücken vorhanden sind. Gewiss, im Rahmen einer Festschrift ist man versucht, in erster Linie das Erreichte, den Erfolg darzustellen. Unvergleichlich nutzbringender und der Sache dienlicher ist hingegen der Vergleich des Ist-Zustandes mit dem Soll-Zustand. Um diese Differenz zwischen Erreichtem und der Zielsetzung klar herauszuschälen, wollen wir zuerst einen Ueberblick über die Entwicklung der letzten 25 Jahre gewinnen, um uns dann den zukünftigen Aufgaben der Abteilung XI zuzuwenden.

Ueberblick der Entwicklung von 1955 bis 1980[3]

Instruktionsoffizier — Beruf oder Berufung?

Die Gefahr, die Ausbildung der Instruktionsoffiziere zu vernachlässigen, ist in einer Milizarmee — wo jene ja nur ein verschwindend kleines Kontingent des gesamten Offizierskorps bilden — zwangsläufig viel grösser als in einer Berufsarmee. Diese erste Schwierigkeit wurde durch die früher weit verbreitete und bis in unsere Tage von einzelnen vertretene Ansicht verstärkt, das Metier des Instruktors lasse sich nicht erlernen, Instruktionsoffizier werde man aus Berufung. Es soll an dieser Stelle in keiner Art und Weise versucht werden, diese Berufung in Frage zu stellen oder gar verneinen zu wollen. Berufung ja, aber nur als eine unter verschiedenen Voraussetzungen und sicher nicht als Ersatz für eine Berufsausbildung. Dass diese Betrachtungsweise nicht neu, sondern nur gelegentlich in Vergessenheit geraten ist, zeigt folgende Aussage von Wille, der von 1903 an als Dozent und von 1909 bis 1913 als Vorstand der Abteilung XI wirkte:

«Den Instruktor muss man gleich ansehen und ganz nach den Grundsätzen heranbilden wie jeden anderen Lehrer. Niemand fällt es ein, jemanden als Lehrer anzustellen, der die Sache nicht weiter und nicht höher erlernt hat als jene, deren Lehrer er sein soll. Vom Instruktor aber meint man bei uns, dass er das notwendige Wissen durch unangeleitetes, ungeregeltes und unkontrolliertes Selbststudium und das notwendige Können ohne jede Anleitung nur durch die allerniedrigste Routine erwerben könne.»[4]

Es muss immer wieder darauf hingewiesen werden, dass unsere Instruktionsoffiziere eben keine eigentlichen Berufsoffiziere im Sinne von Truppenführern, sondern in erster Linie militärische Lehrer sind.

Vor allem zwei Randbedingungen sind es, die an die Lehrtätigkeit des Instruktors besonders hohe Anforderungen stellen. Erstens: Obwohl jegliche militärische Ausbildung letztlich auf einen möglichen Kriegseinsatz ausgerichtet sein muss, erfolgt sie eben im Frieden. Folglich kann sie nur erfolgreich sein, wenn sie auch andere als nur für das Gefecht massgebende Faktoren und Verfahren (zum Beispiel Erkenntnisse aus der Lernpsychologie und der Motivationsforschung) berücksichtigt. Zweitens: Weil — eine Ausnahme bilden nur die eigentlichen Kaderschulen — in erster Linie die Milizkader vor die Truppe gehören, hat der Instruktor seine Lehrtätigkeit indirekt, gleichsam im Hintergrund, als unauffälliger Helfer und Berater zu erfüllen. Dies setzt Zurückhaltung, hohes Verantwortungsbewusstsein, pädagogisches Geschick und vor allem ein tiefes Verständnis für das Wesen unseres Milizsystems voraus.

Diese bewusst unvollständigen Hinweise sollen verdeutlichen, dass auch in unserer Zeit eine gewisse Berufung und ein Mindestmass an Begabung für die

Instruktorentätigkeit zwar durchaus vorhanden sein müssen, aber in keiner Weise als alleinige Basis dienen können. Wie jeder Lehrer muss auch der angehende Instruktor, der ja unabhängig von seiner zivilen Vorbildung einen neuen Beruf ergreift, für sein Metier gründlich ausgebildet und vorbereitet werden.

Vor allem dank der jahrelangen geistigen Einwirkung von Wille ist es seit der bundesrätlichen Verordnung vom 27. März 1911 die Hauptaufgabe der Abteilung XI, den Instruktionsoffizieren eine militärwissenschaftlich fundierte Grundausbildung zu vermitteln. Wie und mit welchen Zielsetzungen diese Aufgabe während der letzten 25 Jahre gelöst worden ist, soll nun dargestellt werden.

Von der Vorschule zu den Militärschulen I-III

Obwohl in der bundesrätlichen Verordnung vom 10. Juli 1929 über die Abteilung für Militärwissenschaften klar festgelegt war, die Militärschule bereite die Instruktionsoffiziere auf den Lehrerberuf vor und vermittle ihnen eine allgemeine militärische Bildung sowie die Grundlagen zu selbständigen wissenschaftlichen Arbeiten, wurde die bisher dreisemestrige Ausbildungszeit — als Folge des schon damals herrschenden und bis heute nicht behobenen Instruktorenmangels — auf zwei Semester gekürzt.

Im Jahre 1943 wies Divisionär Bircher, ein unermüdlicher Kämpfer für die Instruktorenausbildung und während über 30 Jahren Dozent für Kriegsgeschichte und Taktik an der militärwissenschaftlichen Abteilung, im Nationalrat in einem viel beachteten Votum auf die völlig ungenügende Ausbildung der Instruktionsoffiziere hin:

«Es ist zu einem unabänderlichen Erfordernis geworden, dass zum mindesten diejenigen Offiziere, die für die Ausbildung unserer Armee verantwortlich sind, die Grundlagen für die Erfüllung ihrer Aufgabe in wissenschaftlicher Methodik verankert erhalten. Es sind nun bald 70 Jahre verflossen, ohne dass wir imstande gewesen wären ..., dem Offizierskorps eine genügende kriegswissenschaftliche Ausbildung zu verschaffen.»[5]

Vor allem die fundierte Kritik Birchers führte nach dem Zweiten Weltkrieg zu einer Intensivierung der Instruktorenausbildung. Die bisher auf zwei Wintersemester verteilte Militärschule wurde von 1952 an auf einen dem Kalenderjahr entsprechenden Ganzjahreskurs verlängert, was eine zusammenhängende, methodischere Ausbildung erlaubte.

Am 26. Oktober 1954 erliess der Bundesrat eine neue Verordnung über die militärwissenschaftliche Abteilung, deren wesentlichste Neuerung darin bestand, dass eine zwei Wintersemester dauernde Vorschule mit folgender Zielsetzung eingeführt wurde:

«Die Vorschule dient zur Förderung und Vertiefung der allgemeinen Bildung von Instruktionsoffizieren und Instruktionsoffiziersaspiranten, die keine abgeschlossene akademische Bildung besitzen.»[6]

Etwas differenzierter beschreibt Brigadier A. Steiger, von 1948 bis 1958 Direktor der Abteilung XI, die Zielsetzung dieser Vorschule:

«Einmal sollen die allgemeinen Grundlagen für einen wissenschaftlichen militärischen Unterricht geschaffen werden, damit die Absolventen der Vorschule geistig gerüstet ihrer weiteren Ausbildung zu folgen vermögen, und sodann sollen auch jene Voraussetzungen erarbeitet werden, welche eine allgemeine akademische Vorbereitung vermittelt, damit der junge Instruktionsoffizier sich gegenüber akademisch geschulten Untergebenen nie unterlegen fühlt und in Fragen der allgemeinen Bildung mitzureden befähigt ist.»[7]

Obwohl sich in der praktischen Durchführung dieser Vorschule recht bald zeigte, dass die hochgesteckte Zielsetzung in der knappen Zeit von nur zwei Wintersemestern kaum zu verwirklichen war, gelang es dank einer geschickten Fächerauswahl, den Absolventen im Sinne eines generellen Ueberblicks die grossen Zusammenhänge unseres Kulturgeschehens und der allgemeinen Geschichte aufzuzeigen und die wichtigsten Gegenwartsfragen schlaglichtartig zu erhellen.

Im Lehrgang der eigentlichen Militärschule, der von 1954 an neben der individuellen Arbeitszeit mindestens 37 Unterrichtswochen umfasste, wurden den Teilnehmern vor allem militärpolitische, strategische, taktische und militärtechnische Kenntnisse sowie die Grundlagen der Menschenführung und der militärischen Erziehung vermittelt. Bedeutsam war auch die gesetzliche Verankerung von Auslandreisen, um das Studium von Kampfbeispielen an Ort und Stelle zu ermöglichen und gleichzeitig die allgemeine und kulturelle Horizonterweiterung zu fördern.

Eine markante Etappe in der Entwicklung der Instruktorenausbildung wurde dann durch die bundesrätliche Verordnung vom 8. November 1960 eingeleitet. An die Stelle des umfassenden Bildungsgedankens, der ja zur Einführung der Vorschule geführt hatte, trat nun vermehrt das Prinzip einer eigentlichen Berufsausbildung im Rahmen verschiedener Militärschulen. Aus der Ueberzeugung heraus — die vor allem von Oberst i Gst Cuénoud, von 1959 bis 1961 Direktor der Abteilung XI, gefördert worden war —, dass die Anforderungen an einen Instruktionsoffizier je nach Stufe (zum Beispiel Einheitsinstruktor oder Lehrer in den Generalstabskursen) sehr verschieden sind, wurden die bisherige Vorschule und die Militärschule durch die neuen Militärschulen I, II und III abgelöst, deren Zielsetzungen stichwortartig wie folgt umschrieben werden können:[8]

Militärschule I (Dauer: ein Kalenderjahr)

Vorbereitung der Teilnehmer auf ihre Tätigkeit als Erzieher und Ausbilder in Rekruten-, Unteroffiziers- und Offiziersschulen und daher zu Beginn der Instruktorenlaufbahn zu besuchen. Vermittlung der hierfür notwendigen militärischen, pädagogischen, methodischen und technischen Kenntnisse sowie Förderung der kulturellen Interessen.

Militärschule II (Dauer: etwa 9 Monate)

Vorbereitung der Teilnehmer auf ihre Tätigkeit als Lehrer in den höheren Offizierskursen, wie Zentralschulen und Generalstabskursen. Vermittlung der für diesen Einsatz notwendigen militärwissenschaftlichen Ausbildung und Förderung des Verständnisses für Belange des öffentlichen Lebens.

Militärschule III (Dauer: 2—3 Monate)

Vorbereitung der Teilnehmer auf die Tätigkeit als Schul- oder Kurskommandant oder eine höhere Funktion in der Militärverwaltung.

Rund 80 Jahre nach der Gründung der militärwissenschaftlichen Abteilung konnte im Jahre 1960 somit zum erstenmal von einer mehrjährigen, systematisch aufgebauten Ausbildung der Instruktionsoffiziere gesprochen werden. Vorerst allerdings mit gewissen Einschränkungen, denn 1966 musste Divisionär Roesler, der die Abteilung XI von 1962 bis 1967 leitete, feststellen:

«Zurzeit läuft die 6. Militärschule I mit 17 Teilnehmern. Im Jahre 1963 fand eine etwas abgekürzte Militärschule III statt, eine Militärschule II konnte bis heute nicht durchgeführt werden, da die hierfür in Betracht fallenden Teilnehmer wegen ihrer zu starken Inanspruchnahme als Instruktions- und Truppenoffiziere nicht in genügender Zahl freigemacht werden konnten.»[9]

Der «Ist-Zustand» der Abteilung XI

Der letzte vom Bundesrat genehmigte Schritt in der Entwicklungsgeschichte der militärwissenschaftlichen Abteilung beruht auf der im Sommer 1975 beschlossenen Verordnung, deren allgemeine Richtlinien mit kleinen Einschränkungen noch heute Gültigkeit besitzen.[10]

Dank den Bemühungen von Brigadier Schuler, der die Abteilung XI von 1968 bis 1976 leitete, wurden die allgemein zugänglichen Vorlesungen und Uebungen über militärische Sachgebiete aus der Abteilung für Geistes- und Sozialwissenschaften (Abteilung XII) herausgelöst und der militärwissenschaftlichen Abteilung übertragen, so dass seit 1975 sämtliche militärischen Lehrveranstaltungen an der ETH von einer Abteilung betreut werden können. Hauptaufgabe der

Abteilung XI blieb aber nach wie vor die Ausbildung der Instruktionsoffiziere an den Militärschulen I, II und III.

Mit Führungs- und Dozentenaufgaben waren im März 1979 hauptamtlich an der Abteilung XI tätig:

Divisionär Stutz	Direktor der Abteilung XI und Kommandant der Militärschule III; Dozent für Taktik und militärpolitische Gegenwartsfragen.
Oberst i Gst Mottier	Direktor-Stellvertreter; Dozent für Staatskunde und Leiter des Sprachunterrichts.
Oberst i Gst Brun	Kommandant der Militärschule II; Dozent für Lehrmethodik.
Major i Gst Bender	Kommandant der Militärschule I; Dozent für Führungslehre.
Dr. Steiger	Dozent für Militärgeschichte, Wissenschaftliche Arbeitsmethodik und Gesprächsführung.

Neben dieser hauptamtlich tätigen Abteilungsleitung besteht der Lehrkörper der Abteilung XI aus nebenamtlichen Dozenten, denen vom Präsidenten der ETHZ auf Antrag des Direktors der Abteilung XI Lehraufträge erteilt werden. So unterrichteten zum Beispiel an den 1978 durchgeführten Militärschulen 12 Divisionäre und Brigadiers, 10 Hoch- und Mittelschulprofessoren sowie 25 Lehrbeauftragte aus der Verwaltung, dem Instruktionskorps und der Privatwirtschaft.

Als Folge des bereits einmal erwähnten Instruktorenmangels — auch im Sommer 1978 «fehlten» 146 (19%) Instruktionsoffiziere und 245 (21%) Instruktionsunteroffiziere[11] — musste in der heute gültigen Verordnung über die militärwissenschaftliche Abteilung die 1960 festgelegte Dauer der drei Militärschulen um insgesamt sechs Monate gekürzt und deren Zielsetzungen den neuen Verhältnissen angepasst werden.

Ueber Teilnehmer, generelles Ausbildungsziel und Dauer der drei Militärschulen, wie sie seit 1976 durchgeführt werden, soll folgende Tabelle Auskunft geben:

Militärschule	*Teilnehmer*	*Ausbildung zum (stark vereinfacht)*	*Dauer*
I	Subalternoffiziere und Hauptleute im Probedienst	Erzieher und Ausbilder in Rekruten- und Unteroffiziersschulen	6 Monate zurzeit 2 mal jährlich
II	Subalternoffiziere und Hauptleute	Lehrer in Offiziers- und Zentralschulen sowie höheren Offizierskursen	12 Monate
III	Majore und Oberstleutnants	Schul- und Kurskommandanten	2 Monate

Der Unterricht an den Militärschulen — in der Regel pro Tag vier bis sechs Lektionen zu 45 Minuten — erfolgt je nach Fachgebiet und Lernziel in Form von Vorlesungen, Seminaren, Kolloquien und Uebungen. Die auf den ersten Blick zahlreichen Freistunden benötigen die Militärschüler im Sinne individueller Arbeitszeit für die Vorbereitung von Vorträgen, das Schreiben von Seminararbeiten, das Anlegen taktischer Uebungen und den intensiven Sprachunterricht. An dieser Stelle auf die einzelnen Unterrichtsfächer einzugehen würde zu weit führen, zumal die Studienpläne ja seit einigen Jahren vollumfänglich im ETH-Stundenplan erscheinen. Trotzdem soll wenigstens die Gewichtung der drei wichtigsten Unterrichtsblöcke in tabellarischer Form dargestellt werden:

	Militärschule I	*Militärschule II*	*Militärschule III*
Pädagogik und Führungslehre	60%	20%	20%
Militärisches Fachwissen	20%	40%	20%
Umwelt und Allgemeinbildung	20%	40%	60%

Jeder Ausbildungsbedarf lässt sich bekanntlich als Differenz zwischen dem Anforderungsprofil einer bestimmten beruflichen Stellung und den beim Anwärter schon vorhandenen Kenntnissen und Fertigkeiten definieren. Mit dieser Analyse ist seit dem Frühjahr 1978 eine vom Ausbildungschef der Armee eingesetzte und vom Direktor der Abteilung XI geleitete Kommission beschäftigt, die sich in eine Lehrplan- und Validierungsgruppe aufgliedert. Ohne den Ergebnissen dieser Arbeitsgruppen vorgreifen zu wollen — ihre Tätigkeit wird voraussichtlich Ende 1980 abgeschlossen sein —, können die Militärschulen I und II als Grundausbildung, die Militärschule III eher als Weiterausbildung bezeichnet werden.

Um den Inhalt der oben erwähnten Ausbildungsblöcke etwas zu konkretisieren, sollen einige Lernziele — im Sinne von Beispielen und ohne jeden Anspruch auf Vollständigkeit — vorgestellt werden.

Pädagogik und Führungslehre

Als Führerpersönlichkeiten können die Instruktionsoffiziere

- Verhaltensweisen erfolgreicher Führungskräfte auf ihrer und den unterstellten Stufen umschreiben und Konsequenzen für das eigene Führungsverhalten ableiten (Militärschule I);
- die Eigenarten junger Erwachsener erfassen, diese sachgerecht behandeln und fördern sowie Unteroffiziers- und Offizierskader auswählen (MS I und II);
- Führungsmodelle in Armee und Wirtschaft vergleichen sowie Folgerungen für die eigene Führungstätigkeit ableiten (MS II und III);
- Führungsprobleme unter Einschluss wehrpsychologischer Erkenntnisse und konfliktpsychologischer Aspekte auf ihrer Stufe lösen (MS II und III).

Als Ausbilder können sie

- Lehrpläne für Rekruteneinheiten und Unteroffiziersklassen der eigenen Truppengattung gestalten (MS I);
- den Unterricht auf diesen Stufen unter Berücksichtigung der lern- und unterrichtspsychologischen sowie fachdidaktischen Gesichtspunkte niveaugerecht planen und durchführen sowie den Lehr- und Lernerfolg kontrollieren (MS I);
- wehrpsychologische Erkenntnisse in der militärischen Ausbildung zum Tragen bringen (MS II und III).

Militärisches Fachwissen

Als militärische Fachleute können sie

- Uebungen auf Stufe Kp/Bttr der eigenen Truppengattung planen und anlegen (MS I);
- militärgeschichtliche Ereignisse und Zusammenhänge erfassen, um die militärpolitische Lage der Gegenwart zu verstehen (MS II);
- Aufgaben, Möglichkeiten und Grenzen der schweizerischen Sicherheitspolitik darstellen (MS II und III);
- die Doktrin der Truppenführung vertreten und Konzepte der einzelnen Truppengattungen und Dienstzweige erklären (MS II);
- Einsatzdoktrin ausländischer Armeen darstellen und aktuelle Probleme ausländischer Militärpolitik überblicken (MS II und III).

Umwelt und Allgemeinbildung

In diesem Bereich sind die Instruktionsoffiziere bereit,

- Aufgaben, Kompetenzen und Verantwortung ihrer Tätigkeit zu beschreiben und die Anliegen der Armee und des Berufes zu vertreten (MS I);
- eine Diskussion im Rahmen ihrer Tätigkeit gründlich vorzubereiten und kompetent zu leiten (MS I);
- aktuelle staats-, wirtschafts- und gesellschaftspolitische Probleme zu verfolgen und sich an der öffentlichen Entscheidungsfindung zu beteiligen (MS II und III);
- allgemeine geschichtliche Erscheinungen und Strömungen zu studieren, um die aktuelle Lage besser zu verstehen (MS II und III).

Diese ausgewählten Richtziele der drei wichtigsten Unterrichtsblöcke, die selbstverständlich für jedes einzelne Unterrichtsfach in eine Reihe von Informationszielen aufgegliedert sind, verdeutlichen das Bestreben, die nach wie vor sehr kurze Ausbildungszeit an den Militärschulen durch klar definierte und somit jederzeit überprüfbare Lernziele optimal auszunützen.

Teilnehmer der Militärschule II beim Erarbeiten von Lösungen taktischer Probleme.

Betrachtet man die Geschichte der Abteilung für Militärwissenschaften und insbesondere die Zeit der letzten Jahre sowie den «Ist-Zustand», so darf gewiss von einer positiven Entwicklung mit einigen namhaften Fortschritten gesprochen werden. Dass wir auf dem Weg zu einer in allen Punkten befriedigenden Ausbildung der Instruktionsoffiziere und vor allem im Hinblick auf eine ihrem Namen gerecht werdende ETH-Abteilung aber noch keineswegs am angestrebten Ziele angekommen sind, soll im nächsten Kapitel aufgezeigt werden.

Der «Soll-Zustand» der Abteilung XI[12]

Wenn wir uns nun einige Gedanken über den «Soll-Zustand» der Abteilung XI machen wollen, so geschieht dies keineswegs, um das bisher Erreichte und Geleistete in Frage zu stellen oder um gar Kritik zu üben. Vielmehr soll der Gefahr vorgebeugt werden, auf Bestehendem und scheinbar Bewährtem auszuruhen, der Routine und damit der Verknöcherung zu verfallen. Und bei aufgeschlossenem, bewusstem Ueberdenken dieses «Soll-Zustandes», den man auch mit zukünftigen Aufgaben der Abteilung XI umschreiben könnte, wird man feststellen, dass zur Erreichung desselben gar nicht zum Aufbruch nach neuen Ufern geblasen werden muss, sondern vielmehr zum Teil bis in die Gründungszeit der militärwissenschaftlichen Abteilung zurückgehende Verbesserungsvorschläge endlich realisiert werden sollten.

Militärwissenschaftliche Forschung

In seinem in der Einleitung bereits erwähnten Artikel, in welchem E. A. Kägi den wissenschaftlichen Anspruch der Abteilung XI in Frage stellt, hält er fest, dass in der Schweiz zwar manche bemerkenswerten Beiträge zur Militärwissenschaft geleistet worden, dieselben aber auffallenderweise mit wenigen Ausnahmen nicht aus der «Militärakademie» an der ETH hervorgegangen seien.

Am einfachsten wäre nun die Behauptung, diese Feststellung entspreche schlicht und einfach nicht den Tatsachen. Und in der Tat drängt sich hier eine differenzierte Betrachtungsweise auf. Auf den ersten Blick ist es zwar richtig, dass gerade in den letzten Jahren viele militärwissenschaftliche Forschungsbeiträge nicht direkt aus der Abteilung XI hervorgegangen sind. Nimmt man die Autoren aber etwas genauer unter die Lupe, so wird man unschwer feststellen, dass zahlreiche seit Jahren an der Abteilung XI als nebenamtliche Lehrbeauftragte tätig sind. Ohne nun auf einzelne Arbeiten und Studien einzugehen, seien doch einige derjenigen Dozenten erwähnt, die sich gerade in jüngster Zeit im Bereich militärwissenschaftlicher Forschung betätigt haben:

Dr. Ruth Meyer (Militärsoziologie); Oberst i Gst E. Brun (Militärpädagogik); Prof. Dr. H.-K. Knöpfel (Wehrpsychologie); Prof. Dr. D. Frei, Prof. Dr. C. Gasteyger (Militärpolitik); Dr. A. Stahel (Sicherheitspolitik); Prof. Dr. W. Schaufelberger, Dr. G. Däniker, Dr. D. Reichel, Dr. R. Steiger (Militärgeschichte).

Mit dieser lückenhaften Aufzählung soll nicht der Nachweis erbracht werden, im Bereich der Forschung sei an der Abteilung XI alles zum besten bestellt. Wir wollen uns aber auch der Tatsache nicht verschliessen, dass die militärwissenschaftliche Forschung in der Schweiz vor allem in den letzten Jahren durch Beiträge von Lehrbeauftragten dieser Abteilung entscheidend bereichert worden ist. Sich mit dieser Feststellung zu begnügen wäre zu einfach und der Sache wenig dienlich. Offen bleibt nach wie vor die Frage, warum die abteilungsinterne Forschungstätigkeit offenbar vernachlässigt worden ist. Um sie zu beantworten oder wenigstens nach einer Begründung zu suchen, müssen wir einen kurzen Blick auf die Entwicklungsgeschichte der militärwissenschaftlichen Abteilung werfen.

Während sich in der Schweiz des 17. und 18. Jahrhunderts nur vereinzelte, von Kantonen und privaten Kreisen gegründete Einrichtungen zur militärwissenschaftlichen Förderung von Offizieren finden lassen,[13] wurden in fast allen benachbarten Ländern eigentliche Militärakademien mit mehrjährigen Lehrgängen und anerkannten akademischen Abschlüssen gegründet.

«In allen diesen Ländern (zum Beispiel Frankreich, Preussen, Oesterreich-Ungarn und Italien, der Verfasser) haben eben die führenden Geister längst erkannt, dass der Krieg kein Handwerk mehr, sondern zu einer Wissenschaft geworden und die Schaffung eines intellektuell auf höchster Stufe stehenden Offizierskorps für den Erfolg im Krieg eine der ersten Vorbedingungen ist.»[14]

Dieser von einem Dozenten der militärwissenschaftlichen Abteilung im Jahre 1913 gemachten Bemerkung stand die um die Jahrhundertwende in der Schweiz weit verbreitete Meinung gegenüber, unsere militärischen Ausbilder benötigten nicht in erster Linie eine wissenschaftlich fundierte Ausbildung, weil ihre Tätigkeit ja primär handwerklicher Natur sei. Diese Grundhaltung hatte zweifelsohne auch mitgespielt, als am 15. Oktober 1855 das Eidgenössische Polytechnikum ohne eine militärwissenschaftliche Abteilung eröffnet wurde, weil sich im Nationalrat die Ansicht der Hochschulkommission durchgesetzt hatte, militärischer Unterricht sei an der Eidgenössischen Militärschule in Thun zu erteilen.[15]

Obwohl es ja dann dank den mehrjährigen Bemühungen von Bundesrat Welti im Wintersemester 1878/79 zur Gründung einer Militärabteilung kam, und diese unter General Wille mit der bundesrätlichen Verordnung vom 27. März 1911 den Status einer eigentlichen ETH-Abteilung erhielt, blieb sie bis zum heutigen Tag eine «Fachhochschule» für Instruktionsoffiziere, in der zwar sehr intensiv unterrichtet, aber kaum geforscht worden ist.

Damit die Abteilung XI — etwas überspitzt formuliert — in Zukunft nicht zur blossen Vermittlerin von Lerninhalten absinkt, sollte nun endlich der abteilungsinternen Forschung die ihr zukommende Bedeutung verliehen werden. Dass diese Forderung nicht neu, aber bisher aus verschiedenen Gründen nicht realisiert worden ist, soll ein Zitat von Divisionär Roesler belegen:
«Sehr erwünscht wäre es, wenn sich die Arbeit der Abteilung nicht allein in dieser Lehrtätigkeit erschöpfte, sondern sich auch die Möglichkeit ergeben würde, militärwissenschaftliche Forschung zu betreiben.[16]

Diese Forschung müsste in erster Linie eine Synthese aus wissenschaftlichen Erkenntnissen und den Anforderungen der militärischen Praxis anstreben; mit andern Worten: die Abteilung XI sollte die Nahtstelle zwischen Wissenschaft und Armee bilden. Sie müsste in der Lage sein,

- einerseits militärwissenschaftliche Forschung zu betreiben und daraus allgemein nutzbare Resultate zu erbringen und
- anderseits Zentrum der militärwissenschaftlichen Ausbildung für Instruktionsoffiziere und andere Studierende der Hochschulen zu sein.

Im Vordergrund solcher Forschungstätigkeit würden in einer ersten Phase sicher jene Bereiche stehen, die einen direkten Zusammenhang mit dem zu erteilenden Unterricht aufweisen, also zum Beispiel Militärpädagogik, Militärsoziologie, Sicherheitspolitik und Militärgeschichte. Dabei wird die Abteilung XI gewisse Forschungsprojekte selbst durchführen und zudem die grosse militärwissenschaftliche Produktion des In- und Auslandes sichten sowie ihre Uebertragbarkeit auf unsere Verhältnisse überprüfen müssen. Wünschenswert wäre zudem, dass die vielen wissenschaftlich tätigen Militärfachleute unseres Landes im Rahmen der Abteilung XI für ganz bestimmte, zeitlich begrenzte Projektorganisationen zusammengefasst werden könnten. Die Probleme und Konsequenzen — zum Beispiel die Gründung eines militärwissenschaftlichen Institutes —, die sich aus der Forderung nach solcher Forschungsarbeit ergeben, werden mit dem Einverständnis des Präsidenten der ETH und des Ausbildungschefs zurzeit geprüft.

Dass die Forderung nach militärwissenschaftlicher Forschung — im weitesten Sinne verstanden — nicht nur einem abteilungsinternen Bedürfnis entspricht, zeigt die am 5. März 1979 erfolgte Antwort des Bundesrates auf die Interpellation Künzi betreffend Sicherheitspolitik:

«An den bundeseigenen Hochschulen wird zurzeit geprüft, inwiefern durch eine Erweiterung der Abteilung für Militärwissenschaften die sicherheitspolitische Lehre und Forschung verstärkt werden können.»[17]

Hauptamtliche Dozenten

Beim Lesen der letzten Zeilen mag die Frage aufgetaucht sein, warum man nicht wenigstens in der jüngsten Vergangenheit die abteilungsinterne Forschungstätigkeit gefördert habe. Die Antwort lautet bedauerlich einfach: Weil dafür keine personellen Mittel zur Verfügung standen. Noch die Verordnung vom 8. November 1960 verlieh der militärwissenschaftlichen Abteilung das Recht auf vom Bundesrat gewählte Professoren. Aber heute — basierend auf der Verordnung vom 11. August 1975 — ist nur noch Unterricht im Lehrauftragsverhältnis möglich. Die Hintergründe dieser der Sache schadenden Entwicklung sind vielfältig; zweifelsohne aber spielte jene wenig bildungsfreundliche, eher auf das Handwerkliche ausgerichtete Haltung, von der wir bereits gesprochen haben, eine entscheidende Rolle. Deshalb waren — wie schon erwähnt — im Jahre 1978 rund 50 nebenamtliche Lehrbeauftragte an der Abteilung XI tätig. Die hinter dieser Regelung steckende Absicht war offensichtlich, mit diesen Lehrbeauftragten eine bewegliche, den Entwicklungen der Unterrichtsfächer und der Schülerbestände leicht anzupassende Lösung zu finden und anderseits über diese qualifizierten Vertreter verschiedenster Wissensgebiete vielseitige Kontakte mit der nichtmilitärischen Umwelt her- und sicherzustellen. Neben den unbestrittenen Vorteilen dieses Verfahrens sind aber auch vier gewichtige Nachteile zu nennen:

- Fachliche Kompetenz reicht für die Lehrtätigkeit an der Abteilung XI bei weitem nicht aus. Gerade weil die Instruktionsoffiziere ja zu Lehrern ausgebildet werden müssen, sollten die Dozenten über methodisches Geschick, Sicherheit auf dem Gebiet der Erwachsenenausbildung und Verständnis für die keineswegs homogene Vorbildung ihrer Zuhörer aufweisen. Diese weitgespannte Lehrbefähigung geht gelegentlich Dozenten ab, die nur für einen vielleicht 12 Stunden umfassenden Lehrauftrag verpflichtet werden.

- Für zivile Dozenten ohne näheren Kontakt mit den aktuellen Problemen der Armee ist es manchmal recht schwierig, die wertvollen und notwendigen Bezüge zwischen ihrem wissenschaftlichen Fachgebiet und dem Tätigkeitsfeld der Zuhörer herzustellen. Der Unterricht läuft dann Gefahr, im luftleeren Raum zu bleiben, und das vorgeschriebene Lernziel wird nur teilweise erreicht.
- Je qualifizierter der nebenamtliche Dozent ist, um so grösser ist in der Regel seine hauptberufliche Belastung. Damit verringert sich für ihn die Möglichkeit, an der Abteilung XI ein in sich geschlossenes Stoffgebiet allein zu behandeln, weil er sich nur für einen minimale Stundenzahl zur Verfügung stellen kann. Dies führt in einigen Fächern, die an und für sich ein Ganzes bilden, zur Aufteilung auf verschiedene Lehrbeauftragte, eine Zersplitterung, welche den Lernerfolg beeinträchtigt und auch durch lernzielorientierte Abteilungsführung nicht aus der Welt zu schaffen ist.
- Weil sich der Lehrkörper der militärwissenschaftlichen Abteilung sozusagen ausschliesslich aus nebenamtlichen Lehrbeauftragten zusammensetzt, blieb auch die abteilungsinterne Forschungstätigkeit eine bisher kaum erfüllbare Forderung.

Um einerseits die Vorteile, welche die Anstellung nebenamtlicher Lehrbeauftragter mit sich bringt, weiterhin nutzen zu können und anderseits die eben erwähnten Nachteile auf ein Minimum zu reduzieren, sollten an der Abteilung XI vier Kategorien von Dozenten tätig sein:

Hauptamtliche zivile Dozenten

Die eigentlichen militärwissenschaftlichen Fächer, wie zum Beispiel Militärpädagogik, Militärsoziologie, Militärgeschichte und Sicherheitspolitik, sollten von hauptamtlichen zivilen Dozenten betreut werden, die sowohl in der Forschung als auch in der Lehre tätig sein könnten. Bei der Wahl müssten sie etwa folgende Anforderungen erfüllen: Abgeschlossenes Hochschulstudium; militärwissenschaftliche Publikationen; mehrjährige erfolgreiche Unterrichtstätigkeit auf Mittel- oder Hochschulstufe; nach Möglichkeit Generalstabsausbildung.

Instruktoren der Abteilung XI

Es dürfte kaum zu widerlegen sein, dass ein Instruktionsoffizier unter den besonderen Verhältnissen seines Aufenthaltes an der Abteilung XI einen militärischen Chef braucht, der ihm bei der Meisterung der Schwierigkeiten in der ungewohnten Umgebung behilflich ist und durch erzieherische Beeinflussung sicherstellt, dass die Einordnung in die Besonderheiten des Instruktorenberufes nicht verlorengeht. Deswegen wäre die bewährte Institution der für einige Jahre an die Abteilung XI abkommandierten Schulkommandanten unter allen Umständen beizubehalten. Ihre Hauptaufgabe ist die Führung ihrer Militärschule, und zudem können sie als Dozenten für militärische Fächer — zum Beispiel militärische Führungslehre, bei der die praktische Erfahrung eine ganz wesentliche Rolle spielt — eingesetzt werden.

Nicht zur Abteilung XI gehörende Instruktoren

Beim breit gefächerten Unterrichtsangebot bleiben sie weiterhin für jene rein militärischen Teilbereiche nötig — zum Beispiel truppengattungsspezifische Aspekte im Rahmen des allgemeinen Taktikunterrichtes —, soweit diese nicht von den Schulkommandanten übernommen werden können.

Zivile Lehrbeauftragte

Es wird auch in Zukunft Fächer geben, die aus verschiedenen Gründen weder von den hauptamtlichen Dozenten noch von Instruktoren erteilt werden können, aber trotzdem ins Lehrangebot der Abteilung XI gehören. Für diese Bereiche (wir denken beispielsweise an Kunstgeschichte, Wirtschaftskunde oder Verwaltungsrecht) wären — allerdings in sehr viel kleinerem Umfang als heute — zivile Lehrbeauftragte oder Gastdozenten von anderen Hochschulabteilungen beizuziehen, wobei vor allem die Zusammenarbeit mit der Abteilung XII intensiviert werden sollte.

Mit der Anstellung von wissenschaftlich qualifizierten, hauptamtlich tätigen Dozenten könnten an der Abteilung XI die dringend notwendige Einheit von Lehre und Forschung sichergestellt und für die militärwissenschaftliche Ausbildung der Instruktionsoffiziere sowie anderer interessierter Studenten optimale Voraussetzungen geschaffen werden.

Anerkannte Lehrgänge

«Dass man das (die Bedeutung der Abteilung XI, der Verfasser) nicht von Anfang an einsah, ist der Grund, weswegen die Spitzen der Militärverwaltung und der Instruktion immer der militärwissenschaftlichen Abteilung sehr gleichgültig gegenüberstanden, warum diese nie recht zum Blühen und Gedeihen kommen konnte und warum unser Instruktionskorps nicht auf der Höhe steht, auf der es stehen könnte und unbedingt stehen sollte.»[18]

General Wille

Auch heute geniessen die Lehrgänge der Abteilung XI noch nicht überall das Ansehen, das ihnen als Ort der zentralen Berufsausbildung für Instruktionsoffiziere eigentlich zukommen müsste. Vergleiche mit anderen militärischen Ausbildungskursen sind deshalb unzulässig, weil an der Abteilung XI die theoretischen Grundlagen für einen neuen Beruf erworben werden. Es geht hier also nicht um die Vermittlung eines eng begrenzten Stoffgebietes in nahezu gebrauchsfertiger Form, sondern um das Erarbeiten von solidem Wissen aus dem ganzen militärischen Bereich und von Kenntnissen darüber, wie dieses Wissen in der Praxis nutzbringend anzuwenden und weiterzugeben ist. Ueber die militärische Grundausbildung hinaus, wie sie die Schulen und Kurse der Gruppe für Ausbildung und der Dienstabteilungen vermitteln, muss der Teilnehmer an den Lehrgängen der Abteilung XI mit den wesentlichen Anforderungen seines Berufes durch eine Instanz vertraut gemacht werden, welche den Dingen unbelastet durch die kurzfristigen Sachzwänge des Verwaltungsalltages etwas tiefer auf den Grund gehen kann.

Im 1970 erschienenen «Oswald-Bericht», der übrigens die Ausbildung der Instruktionsoffiziere sehr ausführlich behandelt und zahlreiche, in der Zwischenzeit zum Teil realisierte Lösungsvorschläge beinhaltet, lesen wir:

«Wie im zivilen Lehramt auch nicht auf jeder beliebigen Stufe unterrichtet werden kann, ohne dass der Lehrer die entsprechenden Schulen besucht und die notwendigen Prüfungen bestanden hätte, muss auch für das militärische Lehramt ein Ausbildungssystem geschaffen werden, das den Anforderungen der verschiedenen Stufen Rechnung trägt. Die Verwendung des militärischen Lehrers auf der jeweils höheren Stufe muss von der erfolgreichen Absolvierung des betreffenden Lehrgangs (Prüfung!) abhängig gemacht werden.»[19]

«Die Militärschulen müssen selektionierend wirken und gewährleisten, dass nur der Tüchtige weiterkommt.»[20]

Durch die in den vorangehenden Kapiteln erwähnte Forschungstätigkeit von hauptamtlichen Dozenten wäre zu erreichen, dass die Militärschulen den Teilnehmern mehr bieten und damit in jeder Beziehung als grundlegende theoretische Ausbildung ernst genommen werden könnten. Anderseits hätte die Einführung von selektionierenden Schlussprüfungen dafür zu sorgen, dass sie auch ernst genommen werden müssten. Die heute gültige Vorschrift, wonach ein Instruktionsoffizier erst dann definitiv gewählt werden kann, wenn er die Militärschule I mit Erfolg absolviert hat, bedeutet einen ersten Schritt in dieser Richtung.

Erstrebenswert wäre gewiss auch, wenn sich in Zukunft die Ausbildung der Instruktionsoffiziere nicht auf den Besuch der Militärschulen I bis III beschränken, sondern durch eine Art berufsbegleitender Post-graduate-Kurse ergänzt würde. Ob die Abteilung XI nach einem entsprechenden Ausbau eines Tages ein vollwertiges militärwissenschaftliches Studium mit akademischem Abschluss wird anbieten oder mindestens diesbezügliche Koordinationsaufgaben übernehmen können, das ist ein Fragenkomplex, dessen Bearbeitung eben erst begonnen hat.

Jedenfalls steht ausser Zweifel, dass die Möglichkeit, an der militärwissenschaftlichen Abteilung anerkannte Lehrgänge mit aussagekräftigen und den beruflichen Werdegang mitbestimmenden Prüfungen zu absolvieren, die Attraktivität des Instruktorenberufes stark erhöhen würde!

Zusammenfassung und Schlussbemerkung

Im Jahre 1897 schrieb ein königlich preussischer Oberst in einer recht gründlichen Studie über das schweizerische Militärwesen:

«In der Schweiz ist für das militärische Erziehungs- und Bildungswesen zu keiner Zeit Erhebliches geschehen. Es ist dies eine Erscheinung, welche sich aus den staatlichen Verhältnissen der Eidgenossenschaft erklärt. Berufssoldaten, deren Dienste dem Vaterlande gewidmet waren, so dass es sich verlohnt hätte, für ihren Einsatz besondere Fürsorge zu treffen, gab es entweder gar nicht oder verschwindend wenige ...»[21]

Und 10 Jahre später, im Frühjahr 1907, stellte Ulrich Wille ebenso unmissverständlich fest:

«Der Instruktor wird heutzutage noch nach den gleichen Grundsätzen für seinen Beruf ausgebildet und in denselben eingeführt wie in der guten alten Zeit der Schusterlehrling in den seinen, nur vielleicht mit dem Unterschied, dass der Schusterlehrling hie und da in den Kunstgriffen des Handwerks vom Meister oder vom Altgesellen unterwiesen wurde.»[22]

Vergleicht man diese um die Jahrhundertwende geäusserte Kritik an der fehlenden oder zumindest äusserst mangelhaften Ausbildung der Instruktionsoffiziere mit dem «Ist-Zustand» der Abteilung XI, so darf von einer höchst erfreulichen Entwicklung gesprochen werden. Vor allem die Bestrebungen der letzten Jahre, den Instruktionsoffizieren im Rahmen der Militärschulen I—III durch lernzielorientierten Unterricht die theoretischen Grundlagen für ihren Beruf zu vermitteln, weisen zweifelsohne in die richtige Richtung und haben die in sie gesetzten Erwartungen grösstenteils erfüllt.

Beim kritischen Ueberdenken des «Soll-Zustandes» der Abteilung XI haben wir aber auch einige Mängel festgestellt, die zu beheben Aufgabe der nächsten Jahre sein wird. Neben der Einführung von aussagekräftigen und nicht ohne Einfluss bleibenden Prüfungen an den Militärschulen drängt sich in erster Linie die Anstellung von wissenschaftlich und didaktisch qualifiziertem Lehrpersonal auf. Wenn die Abteilung XI nicht nur eine «Fachschule» für Instruktionsoffiziere, sondern eine ihrer Bezeichnung gerecht werdende Hochschulabteilung sein soll, so muss sie über hauptamtliche Dozenten verfügen können. Nur auf diese Weise werden die Voraussetzungen dafür geschaffen, dass auch abteilungsintern die dringend notwendige Forschungstätigkeit betrieben werden und die Abteilung XI über die Militärschulen hinaus anerkanntes Zentrum der militärwissenschaftlichen Ausbildung sein kann.

Gewiss: Finanzknappheit und Personalstopp sind keine günstigen Randbedingungen für Ausbau- und Erweiterungspläne. Anderseits kann aber auch kein Zweifel daran bestehen, dass es sich beim «Soll-Zustand» der Abteilung XI nicht einfach um den Wunsch nach Vergrösserung mit noch zu definierenden Inhalten, nach vermehrtem Ansehen um ihrer selbst willen handelt. Vielmehr geht es darum, rund 100 Jahre nach der Abteilungsgründung jenen Zustand zu erreichen, der für jede Hochschulabteilung unabdingbare Voraussetzung ist: Die Einheit von Lehre und Forschung.

Anmerkungen

1 *Wille, U.* Die militärwissenschaftliche Abteilung des Polytechnikums, in: Allgemeine Schweizerische Militärzeitschrift, Nr. 12/1907, S. 89.
2 *Kägi, E. A.* Militär als Wissenschaft, in: Neue Zürcher Zeitung, Nr. 49 vom 28. 2. 1979, S. 31.
3 *Vgl. Steiger, R.* Abteilung für Militärwissenschaften an der ETH Zürich: Von der Gründung bis 1975, in: Allgemeine Schweizerische Militärzeitschrift, Nr. 12/1978, S. 625—632.
4 *Wille, U.* a. a. O. S. 90.
5 *Bircher, E.* Förderung der Eidgenössischen Militärschule, in: Allgemeine Schweizerische Militärzeitung, Nr. 7/1943, S. 338/39 (wörtlicher Abdruck der vor dem Nationalrat gehaltenen Rede).
6 Verordnung über die Abteilung für Militärwissenschaften an der ETH vom 26. Oktober 1954, Art. 13.
7 *Steiger, A.* Zur Entwicklung der militärwissenschaftlichen Abteilung an der ETH, in: Festschrift Eugen Bircher, Aarau 1952, S. 194.
8 Vgl. Verordnung über die Abteilung für Militärwissenschaften an der ETH vom 8. November 1960, Art. 7—15.
9 *Roesler, I.* Die militärwissenschaftliche Abteilung der ETH, in: Der Schweizer Soldat, Nr. 19/1966, S. 494.
10 Vgl. Verordnung über die Abteilung für Militärwissenschaften an der ETH vom 11. August 1975.
11 Vgl. Information Stab Gruppe für Ausbildung, Nr. 1/1978, S. 9.
12 Vgl. *Stutz, A.* Abteilung für Militärwissenschaften an der ETH Zürich: Allgemeine Zielsetzungen für die Zukunft, in: Allgemeine Schweizerische Militärzeitschrift, Nr. 1/1979, S. 11—15. — *Steiger, R.* 100 Jahre Abteilung für Militärwissenschaften, in: ETH-Bulletin, Februar 1979, S. 22/23.
13 Vgl. *Poten, B.* Geschichte des Militär-, Erziehungs- und Bildungswesens in der Schweiz, Berlin 1897, S. 2—16.
14 *Zschokke, B.* Die kriegswissenschaftliche Ausbildung unseres Offizierskorps, Zürich 1913, S. 14.
15 Vgl. *Oechsli, W.* Geschichte der Gründung des eidgenössischen Polytechnikums mit einer Uebersicht seiner Entwicklung 1855—1905, Frauenfeld 1905, S. 76.
16 *Roesler, I.* a. a. O. S. 494.
17 Schweizerischer Bundesrat. Schriftliche Beantwortung (78.559) der Interpellation Künzi vom 7. 12. 1978, Sicherheitspolitik, Wissenschaftliche Bearbeitung, S. 2.
18 *Wille, U.* a. a. O. S. 90.
19 Bericht der Kommission für Fragen der militärischen Erziehung und Ausbildung in der Armee (Oswald-Bericht) vom 8. Juli 1970, S. 79/80.
20 ebenda, S. 80.
21 *Poten, B.* a. a. O. S. 1.
22 *Wille, U.* a. a. O. S. 90.

Die Abteilung für Geistes- und Sozialwissenschaften

Von Otto Angehrn

Bilanz der äusseren Veränderungen

Ein Namenswechsel von Bedeutung

Generationen von ETH-Absolventen sind während ihres Studiums mit jenem Lehrbereich in meistens eher lose Beziehung gekommen, der bis in die letzte Vergangenheit den umständlichen und unterschwellig vielleicht etwas abwertenden Namen *«Allgemeine Abteilung für Freifächer, XII A Philosophische und Staatswissenschaftliche Unterabteilung»* trug. Ihre gleichgeordnete «Schwester» war *«XII B Mathematisch-naturwissenschaftlich-technische Unterabteilung»*.

Sofern Goethes Verse im «Faust» «Bei euch, ihr Herrn, kann man das Wesen gewöhnlich aus dem Namen lesen» auf die Unterabteilung XII A überhaupt je zugetroffen hatten, war dies jedenfalls in neuerer Zeit immer weniger der Fall. Im besonderen hatte die Bezeichnung «Freifach-Abteilung» immer mehr an Sinn eingebüsst, da nur ein Teil ihrer Dozenten im eigentlichen Freifachunterricht tätig, ein anderer — tendenziell wachsender — dagegen in die Normalstudienpläne der Fachabteilungen eingespannt ist. Aber auch die aus dem universitären Sprachgebrauch übernommenen Begriffe «philosophisch» und «staatswissenschaftlich» gaben die fachliche Ausrichtung der Disziplinen, die der Lehrbereich der Abteilung umfasst, nicht genügend deutlich wieder.

Auf Antrag der Unterabteilung XII A beschloss der Schweizerische Schulrat im Jahre 1976, diesen Fachbereich in eine selbständige Abteilung umzuwandeln und sie neu

- *Abteilung für Geistes- und Sozialwissenschaften*
- *Section des sciences humaines*
- *Sezione delle scienze umane*

zu nennen.

Gleichzeitig wurde die *«Mathematisch-naturwissenschaftlich-technische Unterabteilung XII B»*, die kaum je eine eigentliche Identität entwickelt hatte, aufgehoben.

Die Umwandlung der ehemaligen Freifach-Unterabteilung in eine Voll-Abteilung mit ihr gemässer Bezeichnung war mehr als nur eine kosmetische Operation: sie bedeutete eine Verdeutlichung und in gewissem Sinne auch Hebung ihrer Stellung innerhalb der ETH.

Unter formalen Gesichtspunkten blieb indessen ein Unterschied gegenüber den übrigen ETH-Abteilungen bestehen: diese gelten im offiziellen Jargon der Hochschule als «Fachabteilungen», die Abteilung für Geistes- und Sozialwissenschaften dagegen nicht. Auch wenn man in Namen mehr als nur «Schall und Rauch» erkennt, darf wohl gesagt werden, dass diese Unterscheidung zwar wohl unter organisatorischen Gesichtspunkten, nicht dagegen der Sache nach von Bedeutung ist.

Die französische und italienische Bezeichnung der «neuen» Abteilung bringen den grundlegenden Gegenstand, auf den sich Lehre und Forschung ihrer Dozenten ausrichtet, prägnant zum Ausdruck: sie befassen sich mit dem «Menschen» als Erscheinung unserer Welt. In der deutschen Terminologie ist der entsprechende Sammelbegriff «Humanwissenschaften» nicht gebräuchlich, sondern werden die Wissenschaften, die sich mit dem Menschen befassen, in «Geistes- und Sozialwissenschaften» untergliedert, wobei zwischen den beiden Bereichen fliessende Grenzen bestehen.

Fächerstruktur der Abteilung

Die Bezeichnung «Freifachabteilung» war, wie erwähnt wurde, in der neueren Vergangenheit dadurch immer mehr obsolet geworden, dass sie in wachsendem Masse Lehrtätigkeiten umfasste, die Bestandteil von Normalstudienplänen an den Fachabteilungen bilden.

Aus Gründen der Verständlichkeit für den Aussenstehenden ist hier kurz auf die recht heterogene und komplizierte Struktur des Lehrangebots im Bereiche der Geistes- und Sozialwissenschaften einzugehen. Das Vorlesungsverzeichnis der ETH enthält traditionell folgenden Passus:

«Jeder Student hat in jedem Semester mindestens eine Vorlesung allgemein bildenden Inhalts an der Abteilung XII zu hören (Art. 13 des Reglementes für die ETH Zürich). Der Besuch von Veranstaltungen, die im Normalstudienplan der betreffenden Abteilung als obligatorische Fächer aufgenommen sind, sowie der Besuch von Sprachkursen gilt nicht als Erfüllung dieser Verpflichtung.»

Aus diesem Text geht zunächst hervor, dass — was im vorangehenden angedeutet wurde — das Lehrangebot der Abteilung XII zwei verschiedene Bereiche umfasst:

- Fächer, die nicht Bestandteil von Normalstudienplänen bilden und somit «reine Freifächer» darstellen: der ETH-Student muss zwar Vorlesungen allgemein bildenden Inhalts hören, ist aber nicht zum Besuch einer bestimmten in diesen Bereich fallenden Vorlesung verpflichtet.

- Lehrveranstaltungen, die in den Normalstudienplänen einzelner Fachabteilungen figurieren.

Was diese zweite Kategorie von Fächern und die sie betreuenden Dozenten betrifft, bestehen zu den Fachabteilungen ausserordentlich mannigfaltige Beziehungen, die in allen Nuancen und Schattierungen darzustellen die Geduld und das Interesse des Aussenstehenden ungebührlich zu strapazieren bedeuten würde. Es seien hierzu nur zwei Punkte aufgeführt:

- Einzelne dieser Disziplinen sind fest und ohne Wahlmöglichkeit für den Studenten in Normalstudienpläne eingefügt. Dies gilt speziell für bestimmte Lehrveranstaltungen im Bereiche der Rechtslehre, der Wirtschaftswissenschaften, der angewandten Psychologie und der Pädagogik. Die betreffenden Dozenten sind somit voll oder teilweise in Lehrpläne integriert, was nicht ausschliesst, dass sie trotzdem nicht dem illustren Kreis der Fachprofessoren der Abteilung, an der sie wirken, zugerechnet werden. Sie sind dort wohl akkreditiert, nicht aber im eigentlichen Sinne inkorporiert.
- Einzelne Mitglieder der Abteilung XII wirken zur Hauptsache als Fachprofessoren an einer Fachabteilung und halten daneben Vorlesungen, die in den Lehrbereich der Abteilung XII fallen. Solches gilt von Professoren im Bereich der Architektur, der Kunstgeschichte und zum Teil der Rechtslehre.

Entsprechend verschieden sind auch die Möglichkeiten für Dozenten der Abteilung XII, an Promotionen mitzuwirken: jene Professoren, die in die Normalstudienpläne von Fachabteilungen einbezogen sind, haben Gelegenheit, sich an Promotionsverfahren zu beteiligen, während den «Freifach»-Professoren solche Möglichkeiten nicht offenstehen.

Die Lehrtätigkeit der Abteilung XII untergliedert sich heute in die folgenden sieben Hauptbereiche:

1 Philosophie, Psychologie, Pädagogik
2 Literatur und Sprachen
3 Sprachkurse
4 Kunst und Musik
5 Geschichte, Politik und Gesellschaft
6 Wirtschaft
7 Recht

Entwicklung des Lehrangebots 1955—1980

Die nachfolgende Aufstellung macht ersichtlich, wie sich, gemessen in Semesterwochenstunden, das heutige Lehrangebot der Abteilung XII nach Umfang und innerer Struktur mit jenem des Jahres 1955 vergleicht:

	1980	*1955*	*Differenz*
Philosophie, Psychologie, Pädagogik	20	8	+12
Literatur, Sprachen	28	13	+15
Sprachkurse	30	16	+14
Kunst, Musik	22	21	+ 1
Geschichte, Politik, Gesellschaft	8	7	+ 1
Wirtschaft	18	13	+ 5
Recht	10	6	+ 4
Insgesamt	136	84	+52

Die Uebersicht zeigt, dass sich die Gesamtzahl der im Bereich der Abteilung XII durchgeführten Lehrveranstaltungen im betrachteten Zeitraum um rund 60% erhöht hat.

Wenn zwischen der Entwicklung des Lehrangebots in Geistes- und Sozialwissenschaften und jener der Zahl der ETH-Absolventen auch kein notwendiger Zusammenhang besteht, mag es dennoch von Interesse sein, die entsprechenden Ziffern zu vergleichen: der Erweiterung der Lehrtätigkeit im Bereiche der Abteilung XII um rund 60% steht eine Zunahme der Zahl der ETH-Studierenden um annähernd 100% gegenüber.

Innerhalb der Lehrtätigkeit der Abteilung haben sich im betrachteten Zeitraum Verschiebungen vollzogen, die nicht ohne Belang sind:

- Die Fächergruppe *Philosophie, Psychologie, Pädagogik* hat dadurch eine Ausweitung erfahren, dass zu den traditionellen Fächern Philosophie und Allgemeine Psychologie als neue Lehrgebiete Betriebspsychologie, Allgemeine Didaktik und Experimentelle Psychologie hinzukamen. Das Interesse der ETH-Absolventen für Vorbereitung auf Lehrtätigkeiten hat merklich zugenommen.

Während die Philosophie in ihrer klassischen Ausrichtung die Kontinuität bewahren konnte, kam die Vertretung der Philosophie und Geschichte der exakten Wissenschaften, die mit einem mathematischen Lehrstuhl verbunden war, 1960 an ein Ende. Doch ist es nach langen Bemühungen schliesslich gelungen, auf das Jubiläumsjahr 1980 eine selbständige Professur für Philosophie der Wissenschaften zu errichten und zu besetzen.

- Von besonderer Bedeutung ist die absolute und relative Zunahme des Lehrangebots in den Bereichen *Literatur, Sprachen* sowie *Sprachkurse*. Mehr als die Hälfte der Erweiterung des Lehrangebots der Abteilung XII entfällt auf Lehrveranstaltungen in dieser Fächergruppe. Im einzelnen erklärt sich die Zunahme wie folgt:

  a) Zu den Sprachen, die schon im Jahre 1955 im Lehrprogramm der Abteilung figurierten: Deutsch, Französisch, Italienisch, Englisch, Spanisch und Russisch, kam als zusätzliches Element Einführung in die arabische Sprache hinzu.

b) Für Sprachkurse, die der Einführung in einzelne Sprachen und der Weiterbildung in denselben dienen, wurden in vermehrtem Masse Lehraufträge vergeben, was eine wesentliche Erweiterung der Zahl der entsprechenden Lehrveranstaltungen ermöglichte. Damit konnten zugleich die Professoren der philologischen Disziplinen von eigentlichem Sprachunterricht entlastet werden, was ihnen die Möglichkeit bot, sich in vermehrtem Masse auf Sprachwissenschaft und Literatur als Gegenstände ihrer Lehrtätigkeit zu konzentrieren.

Ergänzend mag darauf hingewiesen werden, dass gegenwärtig — im Gegensatz zum Jahre 1955 — Einführung in Chinesisch sowie in Neuportugiesisch nicht geboten werden.

- Im Fächerbereich *Kunst, Musik* sind im Vergleich zum Jahre 1955 weder dem Gesamtumfange noch der inneren Gliederung nach nennenswerte Veränderungen zu verzeichnen. Eine Erweiterung des Lehrangebots um 3 Wochenstunden erklärt sich im wesentlichen daraus, dass Plastisches Gestalten als neuer Lehrbereich in das Programm der Abteilung XII aufgenommen wurde, während die im Jahre 1955 bestehende ausserordentliche Professur für farbiges Gestalten und Zeichnen der Abteilung für Architektur angegliedert war.
- Die Fächergruppe *Geschichte, Politik, Gesellschaft* erfuhr vorübergehend eine Veränderung, indem zu den traditionellen Disziplinen Geschichte in deutscher Sprache und Geschichte in französischer Sprache neu eine Lehrveranstaltung in Agrarsoziologie hinzutrat. Ein Antrag der Abteilung, eine Professur für Allgemeine Soziologie zu errichten, wurde vom Schweizerischen Schulrat im Prinzip gutgeheissen.
- Die Ausweitung des Lehrangebots in Fächern, die sich mit *Wirtschaft* befassen, erklärt sich aus der Schaffung einer zusätzlichen Professur für Volkswirtschaftslehre. Dadurch wurde eine gewisse Differenzierung des Unterrichts nach speziellen Problembereichen sowie nach Interessen der verschiedenen Fachabteilungen ermöglicht. Der Vollständigkeit halber ist darauf hinzuweisen, dass die Lehrveranstaltungen im Bereiche der Betriebswirtschaftslehre zur Hauptsache im Lehrangebot der Abteilung III A (Vertiefungsrichtung Betriebswissenschaften) sowie der Abteilung VII (Ausbildung von Lebensmittelingenieuren sowie Agrarwirtschaftern) figurieren.
- Die in der Gruppe *Recht* zu verzeichnende Erweiterung des Lehrangebots hängt damit zusammen, dass zwei zusätzliche Professuren geschaffen wurden, deren eine voll der Abteilung XII angegliedert ist, während die andere vorwiegend im Bereiche des Nachdiplomstudiums Raumplanung tätig ist. Der rechtswissenschaftliche Unterricht konnte damit in vermehrtem Masse nach den Gebieten des privaten und des öffentlichen Rechts differenziert und den gewandelten Bedürfnissen der einzelnen Fachabteilungen angepasst gestaltet werden.

Insgesamt lässt sich die Entwicklung der Lehrtätigkeit der Abteilung XII wie folgt charakterisieren:

- Die Freifächer (ohne Sprachkurse) erfuhren keine nennenswerte Erweiterung. Soweit eine solche eintrat, erklärt sie sich daraus, dass sich die Professoren der Philologie dank der Befreiung von eigentlichem Sprachunterricht in vermehrtem Masse mit Sprachwissenschaft und Literatur befassen konnten. Während die Sprachkurse eine wesentliche Erweiterung erfuhren, haben die im engeren Sinne akademischen Lehrveranstaltungen nur eine relativ schwache Zunahme zu verzeichnen.
- Ein wesentlicher Teil der zusätzlichen Lehrveranstaltungen der Abteilung XII steht in Zusammenhang mit neuen Unterrichtsbedürfnissen der Fachabteilungen. Dies gilt im besonderen für Wirtschaftswissenschaft, Rechtslehre, Betriebspsychologie, experimentelle Psychologie und Didaktik.

Lehrinhalte im Jahre 1980

Im folgenden wird ein Ueberblick über die grundlegende Orientierung der Lehrstoffgestaltung in den einzelnen wissenschaftlichen Sparten der Abteilung XII geboten. Die Gliederung entspricht der Struktur des Lehrangebots, wie sie im vorangehenden dargestellt wurde.

Philosophie, Psychologie, Pädagogik

Proff. Karl H. Delhees, Paul Feyerabend, Hardi Fischer, Gerhard Huber, Eberhard Ulich.

Die *Philosophie* bemüht sich über die Schranken der Einzelwissenschaften hinaus um Erkenntnis der lebendigen Ganzheit des Menschen und der Welt. Dazu bedarf es auch der kritischen Auseinandersetzung mit den grossen Gestalten der philosophischen Ueberlieferung und den verschiedenen Strömungen des gegenwärtigen Denkens. Diskussion der philosophischen Grundprobleme (Metaphysik, Erkenntnistheorie, Ethik) und Studium von Texten bedeutender Philosophen greifen ineinander und fördern die eigene Besinnung.

Die *Wissenschaftstheorie* ist heute zu einem schwierigen, mit Spitzfindigkeiten überladenen und für das Verständnis der Wissenschaften nutzlosen Fach entartet. Auf vier Wegen wird versucht werden, das Fach zu reformieren: 1. Studium der Klassiker, das heisst von Platon, Aristoteles, Galilei, Mach, Duhem und anderen; 2. Herstellung einer engeren Verbindung mit der wissenschaftlichen Forschung; 3. Zubereitung der Wissenschaftsgeschichte für den Gebrauch der wissenschaftlichen Forschung; 4. Herstellung einer engeren Verbindung zwischen Wissenschaftstheorie und den von den Ergebnissen der Wissenschaften betroffenen Bürgern.

Die *allgemeine Psychologie* ist die Grundlagenwissenschaft für die verschiedenen Formen der angewandten Psychologie. Ihr Gegenstand sind die allgemeinen Gesetzmässigkeiten des Verhaltens und Erlebens. Die Systematik der allgemeinen Psychologie umfasst die Grundzüge des Lernens, der Motivation, der kognitiven Prozesse, der Entscheidungen, des Sprechens, des Handelns, des sozialen Interagierens. Innerhalb der allgemeinen Psychologie werden auch übergreifende Themen behandelt, wie allgemeine Persönlichkeitspsychologie und allgemeine Sozialpsychologie.

Gegenstand der *Arbeits- und Betriebspsychologie* ist die Analyse und Gestaltung von Arbeitsbedingungen, Arbeitsinhalten und Organisationsstrukturen nach den Kriterien Schädigungs- und Beeinträchtigungsfreiheit, Zumutbarkeit und Persönlichkeitsförderlichkeit. Die Arbeits- und Betriebspsychologie bedient sich sozialwissenschaftlicher wie naturwissenschaftlicher Methoden und gewinnt zunehmende Bedeutung für die Konzeption und Bewertung von Arbeitstätigkeiten und Organisationsstrukturen. Daraus ergibt sich der spezielle Bezug zur Ausbildung in den ingenieurwissenschaftlichen Abteilungen.

Die Abteilungen IV, IX und X erteilen im Anschluss an das Fachstudium einen Ausweis über die Befähigung für das höhere Lehramt. Dazu sind Studien in Pädagogik, allgemeiner Didaktik und spezieller Didaktik erforderlich. Die *Pädagogik* stellt die Tätigkeit des Lehrers, der nicht nur unterrichtet, sondern auch erzieht, in den weitern Zusammenhang, worin der Heranwachsende sich mit der Welt auseinandersetzt und so sich selber bildet.

Die *allgemeine Didaktik* macht die insbesondere aus der kognitiven Psychologie, der Lernpsychologie, der pädagogischen Psychologie, der Entwicklungspsychologie und den Erziehungswissenschaften gewonnenen Erkenntnisse der Unterrichtsgestaltung des höheren Schulwesens zugänglich. Dabei werden vornehmlich die allgemeinen didaktischen Förderungsmassnahmen im individualisierten Gruppen- und Frontalunterricht einer Analyse unterzogen. Praxisbezug und Anwendungen im Mathematik- und Naturwissenschaftsunterricht stehen im Vordergrund.

Literatur

Proff. Dante Isella, Roger Kempf, Adolf Muschg, Roland Ris, Brian Vickers.

Die Dozenten der *deutschen Literatur* versuchen Literatur zu verstehen sowohl als Produkt wie auch als Prozess; zu ihren geschichtlichen und sozialen Bedingungen wie zu den Bedingungen ihres ästhetischen Eigen-Sinns.

Unter den deutschsprachigen Literaturen betrachten sie insbesondere die deutschschweizerische als Teil eines kulturellen Systems, zu dessen Verständnis dasjenige der Mundarten, der gesprochenen Sprache überhaupt, gehört. Sie üben sich vor allem im Lesen literarischer Texte, untersuchen aber auch andere Formen sprachgebundener Kommunikation. Sie machen Erfahrungen mit eigener Schreibarbeit und erweitern ihr Verständnis älterer Werke in der persönlichen Begegnung und Auseinandersetzung mit lebenden Autoren.

Littérature française: Notre enseignement — faut-il le préciser? — n'a guère d'affinités avec cette «histoire littéraire» où le littéraire et l'historique sont également sacrifiés à un découpage arbitraire des époques et des esthétiques.

Les écrivains français étant peut-être plus sensibles que d'autres aux manifestations de la conjoncture, c'est à un ensemble que nous portons attention. Comment, par exemple, étudier, en 1857, le double procès des *Fleurs du mal* et de *Madame Bovary,* et comprendre le reproche, adressé à Baudelaire ou Flaubert, de «tout mettre à nu», sans se référer à l'idéologie bourgeoise et à ce qui la révèle: la législation et la censure, les gazettes et l'opinion, la mode, la cuisine, les comportements sexuels? Les grandes œuvres, souveraines par l'écriture, n'en renvoient pas moins à des réalités socio-historiques et à un imaginaire collectif que notre ambition s'attache à explorer.

Letteratura italiana: Ogni semestre si propongono due corsi di Storia della letteratura italiana di due ore settimanali ciascuno. Nel primo corso si affrontano temi e questioni di letteratura del Novecento, in modo da accostare la cultura letteraria nel suo farsi, sia con attenzione all'attualità sia con una prospettiva ravvicinata ai fatti recenti. Nel secondo corso si esaminano autori e opere del passato di valore esemplare o fra i più significativi per l'uomo d'oggi. Il metodo di approccio è quello che fa del «testo» il punto di partenza e di arrivo della propria analisi, mettendone in rilievo lo «specifico» letterario. Col che si procura altresì di collocarlo storicamente, cioè di farne scaturire le linee di una storia letteraria vista come storia della cultura espressiva o, se si vuole, linguistica.

The study of *English and American literature* in this department is based, first, on a thorough knowledge of the meaning of the text, and on its existence as the product of an individual writer working within a specific convention at a given moment in history. This approach allows the study of the genesis of a text from the biographical and psychological point of view; it also makes it possible to situate the text within a literary tradition, according to styles and genres; and it enables the study of those social and historical factors which helped shape the text and its reception. The literature chosen for study is taken from a wide period, from the Renaissance to modern times, and students are encouraged to take part in discussions, both in colloquia run in combination with the lecture courses and in separate discussion classes.

Kunst

Proff. André Corboz, Georg Moersch, Adolf Max Vogt.

Von der *Kunstgeschichte,* wie sie an Universitäten betrieben wird, unterscheidet sich die Kunstgeschichte an der ETH in drei Aspekten. Erstens ist sie traditionsgemäss stark auf Architekturgeschichte hin orientiert, weniger auf Geschichte der Malerei und Bildhauerei, denn die künftigen Architekten und Bauingenieure der Schule brauchen eine detaillierte Kenntnis der Bauentwicklung. Zweitens liegt das Interesse mindestens so sehr bei jüngeren und jüngsten Geschichtsstufen (18.—20. Jahrhundert) wie bei älteren Epochen. Drittens wird nicht von Stilgeschichte ausgegangen, sondern weit mehr von Bauaufgaben,

Konstruktionsmethoden und Funktionen im Gesamtzusammenhang der Umwelt.

Das verhältnismässig junge Fach *Geschichte des Städtebaus* hat sich aus der Zusammenarbeit von Architekten, Archäologen, Architekturhistorikern und Soziologen entwickelt. Es zieht nicht den Einzelbau und seine Stilmerkmale in Betracht, sondern die Gesamtgestalt eines Gemeinwesens (Dorf oder Stadt) zum privaten Raum (Wohnzonen, Arbeitszonen) wird untersucht; die Entwicklung des Aussenraums (Plätze, Strassen) verglichen; die Flexibilität des Eigentums über die Generationen hin beobachtet.

Denkmalpflege: Die enormen Wandlungen der europäischen und amerikanischen Stadt sowie der Einzug der Technologie in aussereuropäische Kulturen haben der Pflege von alten Einzelbauten und von alten Stadtkernen eine rasch sich steigernde Bedeutung gegeben. Die Ausweitung des Schutzbegriffs vom Einzelobjekt auf ganze Siedlungen und Landschaften ist unausweichlich geworden, bleibt zugleich problematisch. Die vier Stufen von Konservierung über Restaurierung und Renovation bis zur Rekonstruktion sind die Grundlage zur Erörterung von Theorie und Praxis der Denkmalpflege.

Geschichte

Proff. Jean-François Bergier, Hans Werner Tobler.

Geschichte an der ETH ist ein typisches Freifach. Anders als an einer Universität geht es deshalb nicht darum, Spezialisten auszubilden, sondern vielmehr darum, den interessierten Studenten aller Fachabteilungen sowie weiteren Fachhörern die Bedeutung der Geschichte als lebendige Tradition näherzubringen. Wichtige Gegenwartsprobleme sind deshalb meist Ausgangspunkt unserer Lehrveranstaltungen, die sich mit jenen historischen Wurzeln und Prozessen befassen, die unsere Gegenwartssituation noch immer nachhaltig prägen. Dabei wird ebenso auf die Entwicklung der heute industrialisierten Länder eingegangen wie auf jene der Dritten Welt, auf die internationalen Beziehungen ebenso wie auf die innere Entwicklung von Staaten und Regionen. Sozial- und wirtschaftsgeschichtliche Fragestellungen erhalten in dieser Perspektive ihre besondere Bedeutung. So erscheinen zum Beispiel die alltäglichen Lebensverhältnisse der breiten Bevölkerungsschichten in einem neuen Licht, gesellschaftliche Voraussetzungen und Auswirkungen der Technik werden erörtert, Fragen kollektiver Mentalität Beachtung geschenkt usw.; kurz: politische Ereignisgeschichte im traditionellen Sinne behält dabei zwar ihren Platz, wird aber — entsprechend der allgemeinen Entwicklung der Geschichtswissenschaft — vermehrt eingebettet in eine umfassendere Sicht historischer Vorgänge, im Sinne einer «histoire totale».

Volkswirtschaftslehre

Proff. Bruno Fritsch, Hans Würgler.

In jeder Volkswirtschaft stellen sich — unabhängig von der Wirtschaftsordnung — folgende Fragen: Welche Güter sollen in welchen Mengen produziert werden? Wie sind die Produktionsfaktoren (Arbeit, Rohprodukte, Boden, Technik) einzusetzen? Welche Produktionsmethoden sollen zur Anwendung kommen? Wie ist die Verteilung der produzierten Güter an die Mitglieder der Volkswirtschaft vorzunehmen?

Die Vorlesungen und Seminare in Volkswirtschaftslehre haben zum Ziel, die Studenten mit diesen Problemen zu konfrontieren und Lösungsvorschläge zu erarbeiten. Einem kurzgefassten Ueberblick über die wichtigsten Bereiche der Wirtschaftstheorie folgt daher die Vermittlung des gegenwärtig zur Anwendung gelangenden wirtschaftspolitischen Instrumentariums.

Das Verständnis um die wichtigsten gesamtwirtschaftlichen Zusammenhänge sowie das wirtschaftspolitische Instrumentarium sollen den Absolventen der ETH in seiner späteren Tätigkeit befähigen, sich in den mannigfaltigen Auseinandersetzungen Mensch-Wirtschaft-Technik zu behaupten, das heisst einzelne Probleme zu erkennen und zu ihrer Lösung beizutragen. Die Verknappung der natürlichen Ressourcen in den nächsten Jahrzehnten sowie die zunehmende Umweltbewusstheit der Stimmbürger und Konsumenten wird die Naturwissenschafter der Zukunft stärker herausfordern, als dies bisher der Fall war. Dies ist denn auch der Grund, warum die Abteilung XII alles daran setzt, den ETH-Absolventen eine gründliche und relativ breit angelegte Ausbildung in Volkswirtschaftslehre zu bieten.

Betriebswirtschaftslehre

Prof. Otto Angehrn.

Der Unterricht in Betriebswirtschaftslehre hat zum Ziel, den angehenden Betriebsingenieuren und Lebensmittelingenieuren sowie den Absolventen des Zusatz- und Nachdiplomstudiums in Betriebswissenschaften ein Grundverständnis in Belangen der Unternehmungswirtschaft zu vermitteln. Im besonderen sollen sie lernen, finanz- und leistungswirtschaftliche Informationen zu lesen, zu interpretieren und auf Problemsituationen anzuwenden sowie die Ergebnisse der Unternehmungstätigkeit auf Grund systematischer Analyse kritisch zu bewerten.

Rechtswissenschaft

Proff. Hans-Peter Friedrich, Riccardo Jagmetti, Martin Lendi.

Der Unterricht im Bereiche des Rechts ist zum grösseren Teil in die von den Fachabteilungen angebotene Ausbildung eingefügt. Dort soll den angehenden Ingenieuren und Naturwissenschaftern vor allem das Verständnis für Wesen und Funktion der Rechtsordnung und deren Auswirkungen namentlich anhand von Beispielen aus ihrem Fachbereich nähergebracht werden. Dementsprechend stehen die auf den Boden bezogenen Normen, also das Sachenrecht sowie das Bau- und Planungsrecht, im Vordergrund. Ferner sind die Rechtsgrundsätze darzustellen, welche die Auswirkungen der Technik auf Mensch und Umwelt im Auge haben, eingeschlossen die wirtschaftliche Auswertung technischer Erkenntnisse (Vertragsrecht, Patentrecht).

Die Veranstaltungen rechtlichen Gehalts können selbstverständlich nicht eine elementare oder gar umfassende rechtswissenschaftliche Ausbildung vermitteln; dies ist Sache der juristischen Fakultäten. Studierende der ETH sollen indessen in die Lage versetzt werden, anhand der ihnen bekannt gewordenen Methoden der Aufstellung und der Anwendung der Rechtsnormen deren Funktion und Gehalt zu erfassen und das Gespräch mit den Juristen zu führen. Für bestimmte Ausbildungsrichtungen (zum Beispiel Kultur- und Vermessungsingenieure) werden darüber hinaus auf wissenschaftlicher Ebene vertiefte Kenntnisse in einzelnen Rechtsfragen vermittelt.

Die Einführung in das Verständnis der Rechtsordnung als eines Teils der Sozialordnung berührt, weitergehend, unmittelbar auch die der Abteilung aufgegebene Bildungsaufgabe. Lehrveranstaltungen über Recht, die einführenden Charakter haben, richten sich somit an alle Studierenden und Hörer; dies gilt namentlich für Vorlesungen und Uebungen, die sich mit der Entstehung und dem Grundgehalt der Rechtsordnung befassen. Auch die Darstellung der Beziehungen zwischen Recht und Technik, als eines Teils der gesellschaftlichen Ordnung, fällt in den umfassenden Aufgabenbereich der Abteilung.

Institutionelle Wandlungen

Von den grundlegenden institutionellen Wandlungen, die die ETH in der jüngeren Vergangenheit erfuhr, seien im folgenden jene dargestellt, die für die Lehrtätigkeit der Abteilung XII von prinzipieller Bedeutung waren.

Verpflichtung zum Besuch von Vorlesungen

Im Jahre 1955 enthielten die Semesterprogramme unter dem Titel «Vorlesungen der Freifächerabteilung XII A» folgenden Text:

«Die Studierenden werden insbesondere auf die Allgemeine Abteilung für Freifächer (XII A: Philosophische und staatswissenschaftliche Unterabteilung) aufmerksam gemacht, deren Kurse allgemein bildenden Inhaltes für alle ein wichtiges und wohltuendes Gegengewicht zur sonstigen Konzentration auf mathematisch-technische oder naturwissenschaftliche Probleme bilden. Jeder Studierende ist verpflichtet, in jedem Semester mindestens eine, im Normalstudienplan seiner Fachabteilung nicht als obligatorisches Fach enthaltene Vorlesung der Abteilung XII A zu belegen. Vor der Zulassung zur Schlussdiplomprüfung hat er sich mit einem Schlusstestat — das auf Grund des regelmässigen Besuches der betreffenden Vorlesung und Teilnahme an den eventuell zugehörigen Uebungen und Kolloquien erteilt wird — darüber auszuweisen, dass er im Laufe seines Studiums mindestens eine Vorlesung aus der schweizerischen Geschichte (einschliesslich Kunstgeschichte, Staatskunde, Literatur oder Wirtschaft) gehört hat.»

Vergleichen wir diesen Text mit der entsprechenden Formulierung, wie sie in den heutigen Semesterprogammen üblich ist, so zeigen sich folgende Unterschiede:

- Die Schulleitung hat es aufgegeben, gestützt auf das Argument des «wichtigen und wohltuenden Gegengewichts zur sonstigen Konzentration auf mathematisch-technische oder naturwissenschaftliche Probleme», zum engagierten Besuch von Vorlesungen im Bereich der Abteilung XII zu «animieren».
- Die ausdrückliche Verpflichtung zum Besuch einer Vorlesung, die sich auf schweizerische Belange bezieht, ist dahingefallen.
- Für Vorlesungen ohne Uebungen ist die Testatpflicht allgemein aufgehoben worden.

Es lässt sich nicht strikte beweisen, wohl aber mit guten Gründen annehmen, dass sich diese formalen Lockerungen in Verbindung mit anderen Faktoren auf die Intensität des Besuchs von Freifachvorlesungen wenig fördernd ausgewirkt haben.

Disziplinen der Abteilung XII als Prüfungsfächer

Einem Vorschlag der Abteilung folgend, fasste der Schweizerische Schulrat am 20. Mai 1976 nachstehenden Beschluss:

«An den Abteilungen I bis IV und VI bis X müssen die Kandidaten der Schlussdiplomprüfung die Möglichkeit haben, in den Fachprüfungen wahlweise in einem Fach aus dem Bereich der Geistes- und Sozialwissenschaften geprüft zu werden.»

Mit diesem Beschluss wurden die betroffenen Fachabteilungen zugleich verpflichtet, ihre Diplomprüfungsregulative in entsprechendem Sinne anzupassen.

Die einzelnen Fachabteilungen haben seither entsprechend ihren spezifischen Verhältnissen die dem Studierenden eingeräumte Möglichkeit, sich in einer Disziplin der Abteilung XII prüfen zu lassen, in ihre Prüfungsregulative aufgenommen.

Die den Studierenden gebotene Möglichkeit, ein Freifach als Prüfungsfach zu wählen, bedeutet zum mindesten in formaler Hinsicht eine wesentliche Veränderung des Status der Abteilung XII im Ausbildungssystem der ETH. Welche Folgen sich hieraus für die Lehrtätigkeit der Abteilung XII ergeben, lässt sich im gegenwärtigen Zeitpunkt noch nicht absehen.

«Engere» und «Erweiterte» Abteilungskonferenz

Die ETH-Uebergangsregelung sieht vor, dass die Fachabteilungen Abteilungsräte einzuführen haben, in deren Rahmen Dozenten, Assistenten und Studenten Fragen des Fachunterrichts gemeinsam beraten.

Für die Abteilung XII konnte ein eigentlicher Abteilungsrat nicht vorgesehen werden, da ihr Assistenten und Studenten formal nicht zugeteilt sind. Die Abteilung war indessen der Auffassung, dass auch in ihrem Bereiche dem Mittelbau und den Studierenden die Möglichkeit geboten werden sollte, Fragen des Unterrichts im Verein mit den Dozenten zu besprechen. In diesem Sinne rief sie zunächst ein beratendes Gremium ins Leben, in dessen Rahmen eine Delegation der Professoren zusammen mit einer solchen der Vereinigung der Assistenten, wissenschaftlichen Mitarbeiter und Doktoranden der ETH (AVETH) und des Verbandes der Studierenden an der ETH (VSETH) Fragen von gemeinsamem Interesse behandelten. Auf Veranlassung der Schulleitung wurde in einer folgenden Phase die «Erweiterte Abteilungskonferenz» geschaffen, in der neben den Dozenten der Abteilung eine Vertretung des AVETH und eine solche des VSETH Fragen des Lehrprogramms besprechen. Daneben besteht als Organ der Dozenten die «Engere Abteilungskonferenz», die in analogem Sinne wie die Abteilungskonferenzen der Fachabteilungen Angelegenheiten behandelt, für die sie ausschliesslich zuständig ist.

Die Schaffung der «Erweiterten Abteilungskonferenz» bietet, grundsätzlich betrachtet, neue Möglichkeiten zur besseren Verknüpfung der Lehrtätigkeit der Dozenten und der Bildungsbedürfnisse der Studierenden. Dagegen liesse sich kaum sagen, dass davon wirksame Impulse im Sinne einer vermehrten Integration der Lehrtätigkeit der Abteilung XII in das Ausbildungssystem der ETH ausgegangen wären.

Auf die Auswirkungen einzelner institutioneller Neuerungen wird im folgenden 2. Teil dieses Berichts zurückzukommen sein.

Zwischen Ideal und Wirklichkeit

«Scientiae — artes»

Nach minuziöser Restauration präsentiert sich heute die Nordfassade des ETH-Hauptgebäudes in neuer Schönheit. Nur wenige der Vorübergehenden werfen mehr als einen flüchtigen Blick darauf, und noch geringer mag die Zahl jener sein, die die Sgraffiti und Inschriften im einzelnen zur Kenntnis nehmen. Und doch bedeutet diese Wanddekoration in ihrer Gesamtheit nichts anderes als eine programmatische Aussage darüber, was die ETH sein will: ein Tempel der Wissenschaften und der Musen.

Schon allein die Tatsache, dass Inschriften in lateinischer Sprache an der Fassade angebracht sind, ist von grundsätzlicher Bedeutung: die ETH bringt damit zum Ausdruck, dass sie an antike Kultur anknüpft. Im besonderen aber ist die das Gesamtbild dominierende Formulierung von Bedeutung:

Non fuerat nasci nisi ad has scientiae artes

«Es wäre nicht wert, geboren zu werden, es sei denn zum Dienste der Wissenschaft und der Künste»: Damit ist doch wohl zum Ausdruck gebracht, dass die ETH einerseits die strengen Wissenschaften, anderseits die schönen Künste zu pflegen als ihre Aufgabe betrachtet.

Die Inschriften enthalten im weiteren eine lange Reihe von Bedingungen, die der Studierende erfüllen muss, um «den Lohn der Wissenschaften und der Künste davonzutragen».

Die Sgraffiti verdeutlichen den Auftrag, zu dem sich die ETH bekennt, dadurch, dass sie die Köpfe von siebzehn grossen Geistern der Kulturgeschichte, worunter — was besondere Erwähnung verdient — Homer, Perikles, Aristoteles, Leonardo da Vinci und Alexander von Humboldt, darstellen.

Wer als Fremder zum ersten Mal der Nordfassade des Semper-Baus ansichtig wird, kann kaum anders als zum Schluss gelangen, in diesem Hause entfalte sich menschlicher Geist im weitesten Sinne des Wortes.

Alte und neue Probleme der Abteilung

In Uebereinstimmung mit dem, was die Nordfassade des Hauptgebäudes zum Ausdruck bringt, umfasste die ETH schon anlässlich ihrer Eröffnung im Jahre 1855 neben den eigentlichen Fachabteilungen (am Anfang deren 5) eine Philosophische und staatswissenschaftliche Abteilung. Auf diese Weise verwirklichte die Eidgenossenschaft wenigstens der Idee nach die «Bundesuniversität», zu deren Schaffung sie, ohne von dieser Kompetenz Gebrauch zu machen, durch die Bundesverfassung legitimiert ist.

Die Dozenten der Geistes- und Sozialwissenschaften mögen wohl seit jeher ihren Status an der Hochschule als mit gewissen Problemen belastet empfunden haben. Probleme ergaben sich für sie von Anfang an daraus, dass sie trotz des Wohlwollens der vorgesetzten Behörden im Lehrsystem der ETH eine Randposition einnahmen, seitens der Studierenden weitgehend auf höfliches Desinteresse stiessen und sich, nicht zuletzt wegen mangelnder Forschungsmöglichkeiten, nicht in ähnlicher Weise wie die Dozenten der Fachabteilungen zu entfalten vermochten. Was speziell das Verhalten der Studenten betrifft, sei folgende unmissverständliche Feststellung eines prominenten ETH-Kenners zitiert: «Es war schon zu meiner Zeit so, und auch jetzt ist es eigentlich bemühend zu sehen, wie ein Grossteil der Studierenden die Freifächer als Beigabe besucht, meistens in der ersten und zweiten Woche und dann in der letzten wieder, so dass man den Eindruck hat, es seien nur sehr wenige, die wirklich davon profitieren.»

Die Abteilungskonferenz hat sich immer wieder mit diesen strukturellen Problemen, eigentlichen «Dauerbrennern», befasst, ohne eine durchgreifende Lösung finden zu können.

Trotz der ihr immanenten Problematik vermochte indessen die Abteilung XII immer wieder herausragende Dozenten anzuziehen. Hierin zeigt sich, dass die ETH bei aller von Unterricht und Forschung her gegebenen Begrenzung der Wirkungsmöglichkeiten für den Geistes- und Sozialwissenschafter ein dankbares Tätigkeitsfeld darstellen kann.

Im Laufe der letzten Jahrzehnte und insbesondere in den sechziger Jahren entwickelten sich im Bereich der Wissenschaften und der Technik neue Bedingungen, die für die Abteilung XII von grundlegender Bedeutung sind und mit denen sie sich intensiv auseinandersetzen muss. Als neue wesentliche Gegebenheiten sind vor allem die folgenden zu nennen:

- Die an der ETH vertretenen Disziplinen erfuhren zum Teil eine stürmische Expansion. Es entwickelten sich neue Ausrichtungen wissenschaftlicher Tätigkeit, für die neue Lehrstühle geschaffen wurden. Gleichzeitig nahm die Zahl der Studierenden von Jahr zu Jahr stark zu.
- Die Intensität des Studiums und damit die vom Studenten zu erfüllenden Anforderungen an Zeiteinsatz und Lerneifer steigerten sich namhaft. Die Normalstudienpläne stellten an den Studierenden höhere Ansprüche.
- Die Aktivisten der studentischen Organisationen setzten sich gegen die erhöhte Beanspruchung der Hochschulabsolventen zur Wehr. Sie forderten Begrenzung der Belastung im Unterricht und verlangten vermehrte Berücksichtigung gesellschaftlicher Anliegen in ihrer Ausbildung. Es begann das böse Wort «Fachidiot» zu zirkulieren.
- Während früher die Hochschulen eine Art geschlossenen, von der Oeffentlichkeit nicht näher beachteten Tempelbezirk dargestellt hatten, begannen sie nun in das Rampenlicht öffentlichen Interesses zu treten. In der Vortragsreihe «Bildungsanforderungen in der industriellen Welt», die die ETH im Wintersemester 1968/69 veranstaltete, äusserte sich Prof. Hubert Bloch, Basel, zu diesem Punkt wie folgt:

«Die Förderung der Wissenschaft wurde zu einem Hauptanliegen des Staates und die Hochschule als Zentrum der wissenschaftlichen Forschung zu einem Objekt der staatlichen Sorge, zu einem wirtschaftlichen Faktor, ja zum Träger und Ausdruck wesentlicher Ueberlebenswerte des Staates. Deshalb stiegen die Anforderungen der Oeffentlichkeit an die Hochschule. Sie sollte eine Doppelrolle übernehmen, was sie bisher nur widerwillig getan hatte. Neben den herkömmlichen Funktionen der Pflege der Lehre und Forschung erwartet man von der Hochschule auch eine aktive Rolle in der Gestaltung der Gesellschaft und eine bestimmende Förderung der Wirtschaft des Landes.»

NON FUERAT NAS
SCIENTIAE
HARUM PALMAM

NUMINE INDOLE COGNOSCENDO INTUENDO MEDITATIONE EXPERIMENTO CONSTANTIA IMPETU

SIMON LAPLACE GEORGES CUVIER CONRAD GESSNER ALEXANDER V. HUMBOLDT ISAAC NEWTON LEONARDO DA VINCI JEAN PERRONET ARISTOTELES

Gottfried Sempers Sgraffito an der Nordfassade der ETH (1863, ausgeführt von den Dresdener Malern Wilhelm A. Walther und Karl G. Schönherr). Uebersetzt besagt die Inschrift: Es wäre nicht wert, geboren zu werden, wenn nicht für die Wissenschaften und

Der erwähnte Vortragszyklus setzte nach den Worten von Gerhard Huber «ein gewichtiges hochschulpolitisches Moment»: «Die Grundtendenz besteht darin, dass die Wichtigkeit der nichtfachlichen Bildung für die ETH-Studenten, die künftig als verantwortliche Ingenieure und Wissenschafter in der Gesellschaft tätig sind, herausgestellt wird.»

Die dargelegten Gegebenheiten waren für die Abteilung XII von unmittelbarer Aktualität. Sie sah sich vor die Frage gestellt, welche Konsequenzen sich für ihre Aufgabe hieraus ergeben und wie sie darauf reagieren solle. Im besonderen waren zwei Momente für sie von entscheidender Bedeutung:

- Auf der einen Seite drohte die zunehmende Belastung der Studierenden durch fachliche Ausbildung den an sich schon begrenzten Entfaltungsraum für die Lehrtätigkeit in Geistes- und Sozialwissenschaften noch mehr einzuengen. Im

NISI AD HAS
ARTES
FERETIS

EXEMPLO ACUMINE DISCIPLINA AUDACIA
INVENTIONE LABORE LIBERTATE CURA

ER MICHELANGELO DANIEL BERNOULLI RAFAEL SANZIO JAMES WATT
PERIKLES ALBRECHT DÜRER GALILEO GALILEI JAKOB BERZELIUS

Künste. In ihnen werdet ihr den Siegespreis gewinnen: durch göttliche Fügung, Begabung, Erkennen, Betrachten, Nachdenken, Versuch, Beständigkeit, Eifer, durch Beispiel, Erfindung, Scharfsinn, Arbeit, Disziplin, Freiheit, Kühnheit, Sorgfalt.

besonderen hatten die «reinen» Freifächer eine solche Entwicklung zu befürchten.

– Auf der andern Seite schienen sich der Abteilung im Zusammenhang mit Forderungen, die seitens der Studierenden, der Wirtschaft sowie der politischen Oeffentlichkeit erhoben wurden, neue Wirkungsmöglichkeiten zu eröffnen, von denen primär die sozialwissenschaftlichen, sekundär aber auch die geisteswissenschaftlichen Disziplinen profitieren würden. Optimisten witterten «Morgenluft» für die Abteilung XII.

Da die regulären Abteilungskonferenzen weder zeitlich noch dem äusseren Rahmen nach ausreichten, um die neue Situation in vertiefter Weise zu ergründen und gestützt auf eine solche Analyse eine Art Politik zu formulieren, beschloss die Abteilung, sich in Lenzburg zu einer Wochenendtagung zu versammeln.

Lenzburg I (1969) — Lenzburg II (1978)

Vorwegnehmend sei darauf hingewiesen, dass die Abteilung XII A die Ergebnisse ihrer Beratungen im I. «Lenzburgianum» in einem Dokument niederlegte, das den Titel trägt:

Ausbau der Abteilung XII A, Anträge der Abteilungskonferenz an den Schweizerischen Schulrat zur künftigen Stellung der Geistes- und Sozialwissenschaften an der ETH Zürich, November 1969

Im Titel dieses Dokuments kommt ein Zweifaches zum Ausdruck:
- Die Abteilung betrachtet den Ausbau ihres Bestandes als wesentliche Voraussetzung für ein gedeihliches Wirken in der Zukunft.
- Die Verwirklichung des gewollten Ausbaus hängt zuletzt davon ab, ob sich der Schweizerische Schulrat mit den Anliegen der Abteilung identifiziert und entsprechende Entscheidungen trifft.

Im zusammenfassenden Ueberblick dargestellt, präsentiert sich das Ergebnis der Arbeitstagung wie folgt:

Eine zunächst durchgeführte *Standortbestimmung* zeigte, dass die in der Abteilung zusammengefassten Geistes- und Sozialwissenschaften nicht in einer Weise in das Lehrsystem der ETH integriert sind, wie dies seit jeher wünschenswert war, angesichts der neueren Entwicklung im Hochschulbereich aber zu einem dringlichen Erfordernis geworden ist. Sie verfügt nicht über adäquate Möglichkeiten, um — wie dies der umfassenden Bildungsfunktion der Hochschule für die Studierenden und ihrer Rolle innerhalb der Gesellschaft entsprechen würde — den angehenden Ingenieuren und Naturwissenschaftern ein vertieftes Verständnis unserer durch Wissenschaft und Technik zunehmend bestimmten Welt zu vermitteln und zur verantwortlichen Bewältigung der sich darin stellenden Probleme zu helfen.

Zur genaueren Bestimmung der ihr im Rahmen der Hochschule zukommenden Stellung erarbeitete die Abteilungskonferenz sodann einen systematisierten *Katalog der ihr zukommenden Aufgaben:*

«Die Abteilung XII A hat bei den Studierenden das philosophisch-historisch-gesellschaftswissenschaftliche Verständnis der Grundlagen unserer Zeit zu fördern. Dazu gehört:

- Besinnung auf den Menschen, Einsicht in seine anthropologischen und psychologischen Strukturen, in die Prinzipien seines Denkens und die Form des sprachlichen und künstlerischen Ausdrucks;
- Vergegenwärtigung der geschichtlichen Grundlagen heutiger Gesellschaftsformen und des Wesens historischer Strukturen und Prozesse,
- Einführung in die Struktur und Probleme der Gesellschaftsordnungen und Förderung des Verständnisses für die zwischen Wirtschaft, Recht und Technik bestehenden Beziehungen, im Hinblick auf ihre künftige Gestaltung.»

Als logische Folge aus der in diesem Sinne entwickelten Aufgabenbestimmung wurde die *Schliessung* wesentlicher *Lücken im Lehrangebot* der Abteilung postuliert. Neue Lehrstühle und Lehraufträge sollten den gewandelten Anforderungen an die geistes- und sozialwissenschaftliche Ausbildung an der Hochschule Rechnung tragen. Erste Priorität wurde dabei der Schaffung von Lehrstühlen für Philosophie der Wissenschaften, für Geschichte der Wissenschaften und der Technik sowie für Soziologie zuerkannt.

Die Arbeitstagung befasste sich im weiteren mit der Frage der *Forschung* im Bereiche der Geistes- und Sozialwissenschaften. Es wurde davon ausgegangen, dass auch in dieser Hinsicht, analog zur Lehrtätigkeit, innerhalb der Abteilung namhafte Unterschiede bestanden: Während jene Fachgruppen, die in den Unterricht der Fachabteilungen integriert sind, von der ETH mit Mitteln und Einrichtungen für Forschungstätigkeit ausgestattet worden waren, lebten die Dozenten der «reinen» Freifächer sozusagen in einem Zustand der «Obdachlosigkeit»: nicht nur, dass ihnen keine finanziellen Mittel für Forschung zugesprochen waren, sondern es standen ihnen auch keine persönlichen Arbeitsräume noch Seminarlokale für ihre Unterrichtsveranstaltungen zur Verfügung. Man erwartete von ihnen, dass sie «zu Hause» arbeiteten und sich der klassischen Vorlesungsräumlichkeiten bedienten.

Diesem Zustand sollte nach dem Vorschlag der Abteilung durch Schaffung eines Instituts für Geisteswissenschaften, das alle in diesem Bereich tätigen Dozenten umfassen und ihnen eine minimale räumliche und materielle Unterbauung ihrer Lehr- und Forschungstätigkeit zu bieten hätte, abgeholfen werden.

Die Schaffung eines solchen Instituts wurde in enger Verbindung mit einem minimalen Ausbau der *Infrastruktur der Abteilung* gesehen: diese sollte unter anderem zum mindesten über ein funktionsfähiges Sekretariat verfügen.

Wenn aber die Abteilung XII den ihr zukommenden, anspruchsvoller gewordenen und noch werdenden Aufgaben genügen sollte, waren nicht zuletzt Aenderungen im *institutionellen* Bereich vonnöten. In dieser Richtung unterbreitete die Abteilung dem Schweizerischen Schulrat folgende Postulate:

- Aenderung des Namens der Abteilung
- Generelle Zulassung geistes- und sozialwissenschaftlicher Disziplinen als Wahlfächer im Schlussdiplom
- Schaffung der Promotionsmöglichkeit in speziellen Fächern geistes- und sozialwissenschaftlicher Richtung.

Auch wurde das traditionelle Postulat nach durchgehender Freihaltung der Stunden von 17 bis 19 Uhr für den Unterricht an der Abteilung XII in die Wunschliste zuhanden der vorgesetzten Behörde aufgenommen.

Zur Zulassung geistes- und sozialwissenschaftlicher Disziplinen als Wahlfächer und als Gegenstand von Promotionsverfahren ist erklärend zu bemerken, dass die Abteilung XII in keinem Sinne an eine Verlagerung der Ausbildung innerhalb der ETH vom eigentlichen Fachstudium weg in die Richtung der in ihr vertretenen Disziplinen dachte; ihre diesbezüglichen Postulate bedeuten einfach, dass es einem Studierenden nicht ein für allemal verwehrt sein sollte, eines ihrer Freifächer als Prüfungsgegenstand zu wählen, ebenso wie es ihren Professoren unter bestimmten Bedingungen möglich sein sollte, eine Promotion zu betreuen.

Der Schweizerische Schulrat eröffnete über die Anträge der Abteilungskonferenz XII A ein Vernehmlassungsverfahren, in das er die Fachabteilungen sowie die Verbände der Assistenten und der Studierenden einbezog. Die Ergebnisse dieser Meinungserhebung sind der Abteilung nicht bekannt; es würde auch zu weit führen, sie im einzelnen darzulegen.

Was die Wirkungen betrifft, die von der Arbeitstagung Lenzburg I der Abteilung XII und ihren Anträgen ausgingen, ist folgendes festzustellen:

Wie im vorangehenden erwähnt wurde, leistete der Schweizerische Schulrat dem Wunsch der Abteilung nach Umbenennung Folge, ebenso wie er beschloss, Geistes- und Sozialwissenschaften, die nicht in die Lehrpläne der Fachabteilungen integriert sind, als Wahlfächer im Schlussdiplom zuzulassen. Im weiteren bot die Schulleitung Hand zur Schaffung der gewünschten organisatorischen Infrastruktur der Abteilung. Schliesslich kam auch die Professur für Philosophie der Wissenschaften zustande, die im Jahre 1980 in Funktion getreten ist. Ferner wurden neue Lehraufträge im Bereiche der Sprachkurse vergeben.

Damit wurde einem Teil der von der Abteilungskonferenz vorgebrachten Ausbauwünsche Rechnung getragen. Ein weiterer Teil blieb einstweilen unerfüllt. Im besonderen betraf dies die Mehrheit der postulierten zusätzlichen Lehrstühle und Lehraufträge sowie die Schaffung eines Instituts für Geisteswissenschaften, wobei immerhin zu vermerken ist, dass inzwischen ein Institut für Geschichte sowie ein Zentrum für Renaissance-Studien geschaffen wurden.

Ein erster Faktor, der den Ausbau der Abteilung XII im Sinne ihrer in Lenzburg I formulierten Vorstellungen behinderte, lag in der ungünstigen Entwicklung der Bundesfinanzen, die Personalplafonierung und sonstige Sparmassnahmen zur Folge hatte. Dabei spielte auch ein zunehmender Widerstand der Oeffentlichkeit gegen Hochschulen, Wissenschaft und Forschung eine Rolle.

Aber auch die von der Abteilung im Jahre 1969 hoffnungsfroh in Aussicht genommene verstärkte Verankerung ihrer Disziplinen im Lehr- und Forschungssystem der ETH kam nicht im erwarteten Sinn und Ausmass zustande.

Eine verbesserte Integration der Geistes- und Sozialwissenschaften in das Lehrprogramm der ETH hätte vor allem erforderlich gemacht, dass die Beanspruchung der Studierenden durch den Fachunterricht in einem gewissen Ausmasse reduziert oder zum mindesten begrenzt werden könnte. In Wirklichkeit war eine Entwicklung in diesem Sinne nicht zu verzeichnen. Zum Teil veränderten sich die Verhältnisse sogar in entgegengesetztem Sinne, indem sich die Beanspruchung der Studierenden durch den Fachunterricht noch intensivierte, was nicht ohne Rückwirkungen auf die Möglichkeit der Geistes- und Sozialwissenschaften, vermehrte Ausstrahlung zu erlangen, bleiben konnte.

Eine Behinderung erweiterter Wirkungsmöglichkeiten der Abteilung XII ergab sich auch daraus, dass sich die Studierenden wieder verstärkt auf die Fachausbildung als Vorbereitung auf ihre berufliche Tätigkeit konzentrierten und sich in vermindertem Ausmasse mit Fragen, die jenseits ihrer Fachausbildung liegen, beschäftigten. Dazu mag die wirtschaftliche Rezession mit ihren ungünstigen Folgen im Bereiche des Arbeitsmarktes nicht unwesentlich beigetragen haben.

Von der Feststellung ausgehend, dass ihre im Jahre 1969 gehegten Erwartungen und formulierten Ansprüche inzwischen nur teilweise Erfüllung gefunden hatten, beschloss die Abteilungskonferenz im Jahre 1978, sich zu einer zweiten Arbeitstagung in Lenzburg zu versammeln.

Von der Aufbruchstimmung, die die erste Lenzburger Tagung beseelt hatte, war in «Lenzburg II» nicht mehr viel zu verspüren: die Abteilungskonferenz war sich der Grenzen bewusst, die in absehbarer Zukunft einer Realisierung ihrer Postulate von 1969 gesetzt sein würden. In diesem Sinne konzentrierte sie sich darauf, die Bedingungen herauszuarbeiten, die erfüllt werden müssten, um die von ihr seit längerem angestrebte Integration in Lehre und Forschung der ETH im Rahmen der gegebenen Schranken zu verwirklichen. Sie nahm die anlässlich der Arbeitstagung Lenzburg I formulierten Wünsche und Forderungen, die diesem Ziele unabdingbar zugeordnet sind, wieder auf und präsentierte sie der vorgesetzten Behörde in Form eines Exposés:

«Die Stellung der Abteilung für Geistes- und Sozialwissenschaften an der ETH Zürich — Anträge der Abteilungskonferenz an den Präsidenten der ETHZ — März 1979».

Im besonderen bemühte sich die Abteilungskonferenz an ihrer zweiten Lenzburger Tagung, Mittel und Wege zu vermehrter Zusammenarbeit mit den Fachabteilungen, zu Verstärkung der Anreize zum Besuch ihrer Lehrveranstaltungen, zu besserer Anpassung ihres Unterrichts an die Nachfrage seitens der Hörer sowie zu wirksamerer Bekanntmachung ihrer Aufgabe und Tätigkeit im Rahmen der Hochschule zu finden. Sie befasste sich ferner mit der Frage, wie den bisher nicht mit Instituts-Infrastruktur ausgestatteten Dozenten Mittel für Forschungstätigkeit zugänglich gemacht werden sollen.

Die Schulleitung liess in ihrer Stellungnahme zu den Anträgen der Abteilung wohlwollende Bereitschaft zur Berücksichtigung ihrer Anliegen zum Ausdruck kommen.

Zur Bildungsaufgabe der Abteilung XII

Die Abteilung XII befasste sich immer wieder mit der Grundfrage: Worin besteht in einem letzten Sinne ihre Aufgabe, und wie kann sie dieser im gegebenen Rahmen der Hochschule gerecht werden?

Damit ist zunächst die Frage gestellt, was Allgemeinbildung an sich und was sie im Rahmen der ETH-Ausbildung bedeutet.

Im Vortragszyklus 1968/69, von dem oben die Rede war, haben verschiedene Referenten die Frage nach Wesen, Sinn und praktischer Realisierung der Allgemeinbildung mit verschiedenen Schwerpunktsetzungen behandelt. Die einen bezeichneten es als Hauptaufgabe des auf umfassende Bildung ausgerichteten Unterrichts, dass den Studierenden Gelegenheit geboten wird, sich mit Grundfragen der mitmenschlichen Beziehungen und solchen von Wirtschaft, Gesellschaft und Staat zu befassen, während andere die Aufgabe eher darin sahen, sie im Sinne der humanistischen Tradition mit den Humaniora in Kontakt zu bringen. Wie Gerhard Huber als Diskussionsleiter es formulierte, mögen dabei einzelne Referenten noch etwas Umfassenderes im Auge gehabt haben, nämlich «diese beiden zunächst entgegengesetzten Gesichtspunkte zusammenzubringen, so dass gar das Idealbild eines humanistisch kultivierten technischen Managers auftaucht».

Die Verschiedenheiten der Aufgabenstellung standen dabei in Verbindung mit unterschiedlichen Zielsetzungen des allgemeinbildenden Unterrichts, wie die einzelnen Vortragsredner sie sahen:

- Die einen erblicken das primäre Ziel solchen Unterrichts darin, den Studenten dazu anzuleiten, sich als geistiges Wesen und damit als Mensch im vollen Sinne des Wortes zu entfalten, wobei etwa darauf hingewiesen wurde, dass solche geistige Entwicklung sich im beruflichen Leben als fördernd erweise.
- In anderen Referaten wurde unmittelbarer Zwecknutzen anvisiert: der ETH-Student soll durch Besuch von Lehrveranstaltungen im Bereich der Sozialwissenschaften sich das für Führungsaufgaben in der Wirtschaft nötige Rüstzeug aneignen.

Die Frage, in welcher Richtung und mit welchen Zielsetzungen Allgemeinbildung zu vermitteln sei, ist für die ETH als solche und davon abgeleitet für die geistes- und sozialwissenschaftliche Abteilung von eminenter Bedeutung. Dazu sollen im folgenden einige grundsätzliche Ueberlegungen angestellt werden.

Zunächst erhebt sich die Frage, ob es überhaupt realistisch ist, dem ETH-Studenten Allgemeinbildung vermitteln zu wollen. Im Zentrum der Ausbildung des ETH-Studenten steht eine äusserst intensive Vermittlung von Wissen im speziellen Fachbereich, den er gewählt hat. Von daher ergeben sich von vornherein strikte Begrenzungen für Ausbildungsmöglichkeiten in irgendwelchen anderen Richtungen. Allgemeinbildung anzustreben stellt damit ein allzu ambitiöses Ziel dar.

Dies gilt um so mehr, als der überwiegende Teil der ETH-Studenten einen Typ von Matura absolviert hat, der sie mit jenen Disziplinen, die in den Lehrbereich der Abteilung XII fallen, nur in beschränktem Umfange oder überhaupt nicht in Kontakt brachte. Die Dozenten dieser Abteilung können daher nur in relativ begrenztem Ausmasse auf vorhandenen Grundlagen aufbauen. Sie müssen zuerst die Denkgrundlagen ihrer Disziplin vermitteln, bevor sie im eigentlichen Sinn wissenschaftliche Fragen behandeln können.

Der Unterricht in geistes- und sozialwissenschaftlichen Fächern, wie er an der ETH zu bieten ist, kann andererseits auch nicht mit entsprechenden Lehrveranstaltungen an der Universität gleichgesetzt werden. Während an der Universität Spezialisten eines Fachgebiets von einer Vielzahl spezialisierter Dozenten ausgebildet werden, gilt es an der ETH, Nichtspezialisten mit Erscheinungen der Welt in Kontakt zu bringen, die ausserhalb ihres engeren Interessenkreises liegen, ohne ihnen eine in sich geschlossene Lehre vermitteln zu können.

Die Heranführung des ETH-Absolventen an jene Lebensbereiche, mit denen sich die in der Abteilung XII vertretenen Fächer befassen, hat bei den sozialwissenschaftlichen und den geisteswissenschaftlichen Disziplinen je in besonderer Weise zu erfolgen.

Die *sozialwissenschaftlichen* Disziplinen sind zum Teil fest, zum Teil lose in die Lehrprogramme der Fachabteilungen eingefügt. Sie vermitteln zwar nicht fachtechnische Kenntnisse im engeren Sinne, befassen sich aber mit Erscheinungen, die sich aus der Anwendung der Technik in Wirtschaft, Gesellschaft und Staat ergeben und mit dem Handeln des Menschen in diesen Bereichen zu tun haben. Diese Disziplinen bilden mit dem Fachunterricht zusammen ein Ganzes und sind damit in das Lehrsystem im eigentlichen Sinne integriert.

Demgegenüber kann bei *geisteswissenschaftlichen* Freifächern von eigentlicher Integration kaum gesprochen werden. Dazu müsste die Vorstellung von einem Ganzen bestehen, in das sie sich ergänzend einordnen. Eine solche Vorstellung eines Ganzen besteht wohl kaum. Im Grunde bilden die geisteswissenschaftlichen Disziplinen nicht eine Vervollständigung des Fachunterrichts, sondern einen Kontrast dazu. Sie bringen den Studenten mit dem «Anderen» des Menschseins und Lebens in Beziehung, das im Fachunterricht nicht geboten werden kann, wenn er nicht seinen Charakter verleugnen will. Sie zeigen Dimensionen des Daseins auf, die jenseits der Fachbereiche liegen und mit den Menschen als geistigen Wesen zu tun haben. Worin kann das Ziel solchen Unterrichts liegen?

Zunächst sei aufgezeigt, um was es dabei nicht gehen kann: Es kann beim Unterricht in Geisteswissenschaften nicht darum gehen, Wissen im strikten Sinne des Wortes zu vermitteln; dazu ist der zeitliche Rahmen zu begrenzt. Es handelt sich auch nicht darum, Universalgenies noch zum Beispiel etwa Freizeitphilosophen heranzubilden. Als Ziel dieses Unterrichts kann ferner nicht gelten, zu erreichen, dass der ETH-Absolvent künftigen Management-Aufgaben besser gewachsen ist, weil er dank dem geisteswissenschaftlichen Unterricht gelernt hat,

Gedanken zu formulieren oder Wesentliches und Unwesentliches auseinanderzuhalten. Wenn der Besuch von Freifachvorlesungen diesen Effekt hervorbringt, so ist dies zwar erfreulich, aber nicht das Ziel des Unterrichts. Auch geht es gewiss nicht darum, dem Studierenden Kenntnisse zu vermitteln, die ihm ermöglichen, an Parties «mitzureden».

Im Zusammenhang mit geisteswissenschaftlichen Fächern von Nutzen und Effekt zu sprechen, ist überhaupt fragwürdig. Der Humanist denkt nicht an Nutzen, sondern beschäftigt sich mit Fragen des Menschen um ihrer selbst willen. Dies heisst nicht, dass er nicht gewisse Wirkungen erzielen will.

Auch der Unterricht in geisteswissenschaftlichen Disziplinen soll beim Hörer, der ihn besucht, Wirkungen auslösen. Diese mögen zur Hauptsache etwa in folgendem bestehen:

- Der Studierende überschreitet die Grenzen des Fachbereichs, in dem er sich während seines Studiums zur Hauptsache betätigt, und öffnet sich dem Menschsein als solchem. Es entwickelt sich in ihm der Sinn für das Humanum in seiner allgemeinen Bedeutung.
- Auf solche Weise kann Befangenheit im Fachlichen und damit vielleicht auch Neigung zu Banausentum und zu Vorurteilen abgebaut werden. Der Studierende sieht seine berufliche Spezialaufgabe in die menschliche Umwelt einbezogen, als deren Glied er sich versteht. Sein Charakter und sein Verhalten als Mensch können damit an Weite gewinnen.
- Der Studierende lernt, Fragen zu stellen und Antworten zu erarbeiten. Im besonderen eröffnet ihm Unterricht in Sprache und Literatur den Weg zum Ausdruck von Gedanken und damit zu einem Denken, das von dem seines Faches verschieden sein mag. Dadurch entwickelt sich auch seine Kommunikationsfähigkeit, die heute mangels gemeinsamer Sprache im argen liegt.
- Geisteswissenschaftliche Lehrveranstaltungen können im Studenten schlummernde Anlagen zu kreativer Gestaltung wecken und in ihrer Entfaltung fördern.
- Nicht zuletzt wird sich der Student der Relativität allen menschlichen Tuns wie auch der technischen Perfektion bewusst: Technische Vollkommenheit bewirkt nicht von sich aus Vollkommenheit des Menschen noch der Menschheit.

Es liegt nahe, dass im engen zeitlichen Rahmen, der dem geistes- und sozialwissenschaftlichen Unterricht gesetzt ist, und angesichts der intensiven Beanspruchung durch das Fachstudium nur begrenzte Bildungswirkungen erzielt werden können. Um so mehr Bedeutung kommt der Frage zu, ob es gelingt, den Studenten so zu motivieren, dass er sich mit dem, was die erwähnten Disziplinen ihm zu bieten haben, innerlich zu identifizieren vermag.

Wenn der ETH-Student durch Besuch von Lehrveranstaltungen in Geistes- und Sozialwissenschaften dazu geführt wird, sich dem «Andern» des Lebens zu erschliessen, so ist damit keineswegs in Frage gestellt, dass er in dem von ihm

Karl Schmid (1907—1974), seit 1944 Professor für deutsche Sprache und Literatur, 1953—57 Rektor der ETH, als solcher leitender Organisator ihrer Jahrhundertfeier.

gewählten Ausbildungsfach Spezialist werden und bleiben soll. Es geht nicht um eine Antithese zwischen Spezialist und Generalist, sondern darum, dass der Studierende sein inneres Leben erweitert und zu jenen menschlichen Bereichen eine Beziehung findet, die jenseits des exakt Messbaren liegen.

Nicht alle Absolventen des ETH-Studiums sind für Geistes- und Sozialwissenschaften in gleichem Ausmasse anzusprechen. Daher mag es in einem gewissen Sinne fragwürdig erscheinen, alle Studierenden zum Besuch von Lehrveranstaltungen in diesen Disziplinen zu verpflichten, mit dem oben erwähnten Effekt, dass die Mehrheit davon nur recht wenig mitnimmt. Eine bessere Lösung könnte darin bestehen, Unterricht in Freifächern nur für jene Studierenden vorzusehen, die dafür aus eigenem Antrieb zugänglich sind, diesen dann aber eine intensivere Ausbildung zukommen zu lassen, als dies heute möglich ist. Die seit kurzem den Studenten gebotene Möglichkeit, ein Freifach für die Schlussdiplomprüfung zu wählen, mag einen ersten Schritt in dieser Richtung darstellen.

Es mag wohl angebracht sein, diese Darstellung mit einem Gedenken an Karl Schmid, Rektor der ETH anlässlich ihrer 100-Jahr-Feier, zu beschliessen. Er war die Personifikation jener Art von Bildung, wie sie die Abteilung für Geistes- und Sozialwissenschaften der akademischen Jugend zu vermitteln hat. In ihm verbanden sich humanistische Kultur, umfassender und kritischer Blick für die Realitäten des Lebens und Liebe zur Heimat zu einer harmonischen Einheit. Als der Schreibende an die ETH gewählt wurde, schrieb ihm Karl Schmid spontan einen Glückwunsch mit einem Satz, der sein menschliches Wesen unverwechselbar zum Ausdruck brachte: «Seien Sie glücklich, an der ETH wirken zu dürfen; es ist eine schöne Schule.»

Die Kurse für Turnen und Sport

Von Heinz Keller

«Nicht immer schreitet das Gute rasch vorwärts...», stellte 1837 Dr. J. U. L. Werner, Lieutenant der königlichen sächsischen Armee und Direktor eines gymnastischen Instituts – im Hinblick auf die Entwicklung des Sports, das heisst damals der «Turnkunst» –, fest. Recht kongruent, aber zeitlich verschoben, stellten sich ähnliche Probleme in Zürich:

Vom ersten schriftlichen Antrag, die ETH Zürich habe eine eidgenössische «Turnlehreranstalt» zu errichten, dauerte es genau ein halbes Jahrhundert, bis der Schweizerische Schulrat am 31. Oktober 1934 dem damaligen Vorstand der Abteilung X, Prof. Dr. E. Gäumann, den Auftrag erteilte, einen Entwurf für die Ausbildung von Turn- und Sportlehrern für höhere Mittelschulen auszuarbeiten.

Anstoss zur schliesslichen Realisierung gab der damalige Waffenchef der Infanterie, Oberstkorpskommandant Wille, in seinem Brief vom 5. Juli 1933. Er forderte, es seien unbedingt auf dem Gebiete des Turn- und Sportwesens «Führer» auszubilden, «die eine allgemeine Bildung auf der Höhe eines Hochschulabsolventen besitzen».

Der erste Jahreskurs für das Eidgenössische Turnlehrerdiplom II wurde auf Grund des Bundesratsbeschlusses vom 3. Juli 1936 der ETH übertragen und der Abteilung X für Naturwissenschaften angegliedert. Die damalige Lösung verpflichtete den Absolventen, im Besitze des Diploms I zu sein (seit 1924 an der Universität Basel verwirklicht) und über ein abgeschlossenes Sekundar-, Gymnasial- oder Fachlehrerexamen zu verfügen. Die anspruchsvollen Aufnahmebedingungen, aber auch die langdauernde Kriegszeit bewirkten, dass in den ersten sechs Jahren, unter der Leitung von Dr. Karl Mülly, nur etwa fünf Absolventen die Ausbildung erfolgreich beenden konnten. Die Einführung der dritten Turnstunde für Knaben führte zu grösserem Bedarf an Turnlehrern, so dass bereits ab Herbst 1942 ein erster zweisemestriger Kurs für das Eidgenössische Turnlehrerdiplom I an der ETH Zürich mit insgesamt 10 Teilnehmern eröffnet werden konnte.

Drei grundsätzlichen Problemen sah sich diese Ausbildung von diesem ersten Beginn an gegenübergestellt:

– Einerseits schien der Ausbildungsinhalt für die ETH aussergewöhnlich, wenn nicht fremd zu sein.

- Andererseits war die gesetzgebende Behörde das EMD, obwohl der Schweizerische Schulrat mit der Durchführung beauftragt wurde, was aber für die ETH eine weitere Inkonformität bedeutete.
- Als dritte Besonderheit war die ausschliessliche Ausrichtung auf die Ausbildung von «Lehrern» zu werten.

Ueberblick der Entwicklung von 1947 bis 1977

Der utilitaristische Gedanke der Wehrertüchtigung vermochte der Leibeserziehung während und unmittelbar nach dem Zweiten Weltkrieg entsprechendes Gewicht zu verleihen. So ist es nicht erstaunlich, dass die Volks-, Mittel- und Hochschule die Lernziele und -inhalte im Fachbereich Sport klar und eindeutig darauf ausrichteten. Wenn Korpskommandant Wille in seiner ersten Eingabe an den Schweizerischen Schulrat noch von «Führern» für das Turnen sprach, so hatte dies damals seine absolute Berechtigung.

Als 1947 die Leitung der Kurse für Turnen und Sport an Dr. Jürg Wartenweiler übertragen und zugleich eine ausserordentliche Professur geschaffen wurde, so war damit die personelle Grundlage für eine akzentuierte pädagogische Ausrichtung der zukünftigen Turn- und Sportlehrerausbildung gegeben:

«... kommt die Schule dem vermehrten Bewegungsbedürfnis nicht nach, so wenden sich die Schüler mit dem entsprechenden Teil ihrer Aufmerksamkeit und Liebe von ihr ab, und sie verliert nicht nur ein wertvolles Erziehungsgebiet, sondern sie liefert die Schüler der wildgewordenen Sportbewegung direkt aus.»

Die zahlreichen Bestrebungen Prof. Dr. J. Wartenweilers hatten unter anderem folgende Ziele:

- Die Turn- und Sportlehrerausbildung sollte in Verbindung mit der gesamten Lehrerausbildung der entsprechenden Stufe gesehen werden. Das heisst, das Eidgenössische Turn- und Sportlehrerdiplom I sollte vollwertiger Bereich in der Sekundar- oder Bezirkslehrerausbildung werden, das Diplom II vollwertiges Fach im entsprechenden Mittelschullehrerstudium. Trotz intensivster Unterstützung von Prof. Dr. T. Müller, Lehrbeauftragter für Lehrübungen und Spiele, und dem seit 1959 an den Kursen tätigen Psychologie- und Pädagogikdozenten Prof. Dr. K. Widmer konnten erst 1976 erste Fortschritte verzeichnet werden: Das Eidgenössische Turn- und Sportlehrerdiplom II wurde im Rahmen des Lizentiates der Philosophischen Fakultät I der Universität Zürich als erstes Nebenfach anerkannt.
- Die Kurse für Turnen und Sport sollten vollwertig in eine Abteilung der ETH Zürich integriert werden. Die Angliederung an die Abteilung X für Naturwis-

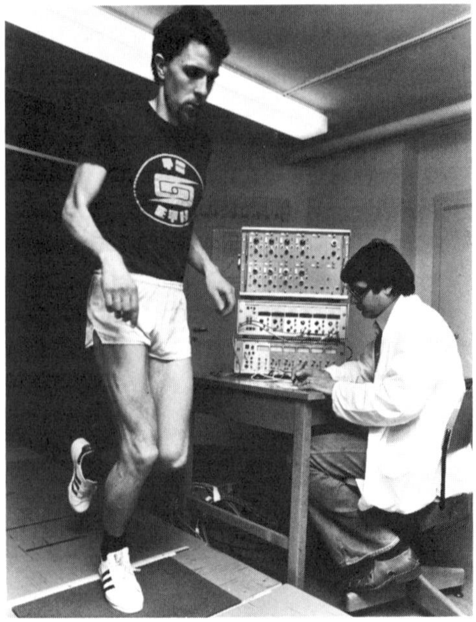

Gang- und Laufanalysen im Labor für Biomechanik.

senschaften sollte zu einem echten Einbau vorangetrieben werden. Nach mehr als zwanzigjährigen Bemühungen konnte in diesem Problem jedoch noch keine Lösung gefunden werden.

- Die theoretisch-wissenschaftliche Ausbildung der Turn- und Sportlehrer sollte durch einen jungen Forschungszweig bereichert werden: Die Biomechanik. Prof. Dr. J. Wartenweiler, als einer der Initianten dieser Wissenschaftsdisziplin, erhielt 1967 das Präsidium der Internationalen Gesellschaft für Biomechanik. Im Rahmen der ETH Zürich baute Prof. Dr. J. Wartenweiler unter Mithilfe seines späteren Nachfolgers, Dr. B. M. Nigg, ein weltweit bekanntes Labor für Biomechanik auf.

Von 1947 bis 1977 schwankten die Studentenzahlen zwischen 5 (1952) und etwa 100 Teilnehmern (1976). Die ständig wachsenden Teilnehmerzahlen, die damit verbundene Vergrösserung des Lehrkörpers, die drohende Verknappung der finanziellen Mittel und der ansteigende Material- und Lokalbedarf waren weitere dringliche Kursprobleme in den siebziger Jahren.

1972 brachte das neue Bundesgesetz über die Förderung von Turnen und Sport unter anderem eine Rahmenordnung für die Ausbildung der Lehrer für das Schulturnen und die Förderung der sportwissenschaftlichen Forschung. Diese beiden gesetzlichen Grundlagen veranlassten die Dozentenkonferenz, am 1. Juni 1972 dem Präsidenten der ETHZ, Prof. H. Hauri, den Antrag für ein achtsemestriges Studium in Sportwissenschaften zu stellen. Aber auch dieser Effort blieb kaum belohnt: Das Diplom I konnte auf vier Semester ausgedehnt

Der lehrmethodisch-didaktischen Ausbildung kommt mit rund 30% der Gesamtausbildungszeit eine zentrale Bedeutung zu: Ein zukünftiger Turn- und Sportlehrer versucht, seine Klasse zu «lenken» . . .

werden, das Diplom II blieb aber auf vorläufig sechs Semester beschränkt. Eine Integration in die Studienrichtungen der ETH blieb der damaligen aktiven Dozentenkonferenz noch vorenthalten.

Die Entwicklung von 1977 bis 1980

Mit dem Hinschied von Prof. Dr. J. Wartenweiler musste für diese Ausbildung eine Sofortmassnahme getroffen werden. Die ETH setzte interimistisch für die inzwischen auf 300 Studierende angewachsenen Kurse einen Leitungsausschuss ein: H. Keller (Vorsitz), U. F. Freudiger (Betriebsdirektor ASVZ), P. Gygax (Lehrbeauftragter ETH), Prof. Dr. E. Jenny (Präsident ASVZ).

Das Labor für Biomechanik wurde von den Kursen getrennt und unter die Führung von Dr. B. M. Nigg gestellt. Die unter Präsident H. Ursprung eingesetzte Planungskommission der ETHZ kam 1978 zum Schluss und zur Empfehlung, den Ausbau in zwei Richtungen vorzusehen:

- kurzfristig ist eine Kombination mit der Mittelschullehrerausbildung in die Wege zu leiten;
- längerfristig ist ein Studiengang Sportwissenschaft in Erwägung zu ziehen.

Als wesentlichste Resultate der jüngsten Entwicklung können bezeichnet werden:

- Straffung und Koordination des Lehrangebotes;
- Neuregelung der Aufnahmeprüfung und damit verbunden Stabilisierung der Studentenzahlen;
- Schaffung von einer ganzen (G. Lehmann) und drei halben Oberassistenzen (PD Dr. H. U. Wanner, Dr. B. M. Nigg, P. Gygax);
- Straffung der Administration, Umzug ins Hauptgebäude der ETHZ.

Auf Beginn 1980 wird die Leitung der Kurse für Turnen und Sport H. Keller übertragen. Ein ihm beigegebener wissenschaftlicher Beirat wird die Problematik Sportwissenschaft und Professur zu behandeln haben.

Folgende Hauptaufgaben zeichnen sich für die Kursleitung ab:

- Verlängerung des Studiums Diplom II auf acht Semester (ab Herbst 1980);
- Integration der Turn- und Sportlehrerausbildung ins höhere Lehramt;
- Richtig gelagerte Selektion vor, während und am Ende der Ausbildung.

Ein Jubiläum ist etwas Fröhliches, eine Festschrift hat demzufolge mit dem entsprechenden Optimismus eine eher positive Bilanz zu ziehen. Ich möchte dies folgendermassen versuchen: Wenn der Lehrer im Fachbereich Sport Kenner und Könner in speziellen Fragen der menschlichen Bewegung und des Sports, wenn er Erzieher zum Sport und durch den Sport, wenn Sport für unsere Jugend etwas Gutes, etwas Fröhliches sein soll, so sind wir im Moment institutionell am Anfang eines guten Weges, haben inhaltlich noch Erfreuliches zu meistern und persönlich noch viel, ja sogar sehr viel zu geben.

Assistenten- und Studentenschaft/Bedienstete

Die Assistentenschaft

Von Clemens Hug

In der Festschrift zum 100-Jahr-Jubiläum der ETH sucht man vergeblich nach einem Kapitel über die Assistenten. Selbstverständlich hat es sie auch damals schon gegeben, wenn auch zahlenmässig — verglichen mit heute — in recht bescheidener Zahl. Funktionsmässig bildeten sie bereits gemäss ETH-Reglement von 1924 einen Teil des Lehrkörpers. Es gab jedoch keine organisierte Assistentenschaft, analog etwa der Gesamtkonferenz der Dozenten, und so fehlte wohl auch das Bedürfnis nach einer geschichtlichen Selbstdarstellung. Man fühlte sich in den fünfziger Jahren vielmehr als Angehöriger seiner Abteilung, seines Institutes, Lehrstuhls, Laboratoriums oder wie immer die Bezeichnung der entsprechenden Hochschuleinheit lautete. Der noch vorherrschenden Ordinarien-Struktur der Hochschule entsprechend, war man ausschliesslich «vertikal» engagiert, «horizontales» Gruppendenken war in dieser nachhumboldtschen «Doyen-Landschaft» fremd. Kontakte zwischen Assistenten der verschiedenen Abteilungen waren kaum vorhanden, soweit sie sich nicht aus den Anforderungen des Unterrichtes ergaben, oder aber sie beschränkten sich aufs Gesellschaftliche. Man sah nur wenige gemeinsame Probleme. Die Personalstruktur der Assistentenschaft war aber auch keineswegs so einheitlich, wie dies der Name vermuten liesse. Es waren im wesentlichen zwei Gruppen zu unterscheiden. Auf der einen Seite — zahlenmässig stark überwiegend — die Unterrichtsassistenten, junge Absolventen, deren Ziel vor allem die Ausarbeitung einer Doktorarbeit war und die ihren Aufenthalt an der ETH nur für wenige Jahre planten. Auf der andern Seite die kleine Zahl von «Assistent-Konstrukteuren», die heutigen Oberassistenten, ältere und erfahrene Mitarbeiter, die meistens eine akademische Laufbahn anstrebten und dementsprechend länger an der Hochschule zu bleiben beabsichtigten. Zwischen diesen beiden Gruppen gab es auf Grund der anderen beruflichen Zielsetzung, aber auch des altersmässigen Abstandes und der unterschiedlichen hierarchischen Stellung nur wenig Zusammengehörigkeitsgefühl und gemeinsame Interessen. Die jüngere Gruppe neigte in soziologischer Hinsicht und in ihrer Denk- und Verhaltensweise mehr den Studenten, die Gruppe der Oberassistenten mehr den Dozenten zu. Ein eigenständiger «akademischer Mittelbau», wie man heute die Gruppe der Assistenten und wissenschaftlichen Mitarbeiter oft bezeichnet, war nicht nur organisatorisch, sondern auch von der Idee her nicht existent. So stellte sich die Situation in den fünfziger Jahren dar.

Die rasche Zunahme der Studentenzahlen in den sechziger Jahren und die Wandlungen im Lehrbereich, das heisst die immer stärkere Verlagerung des Unterrichtes von reinen Magistralvorlesungen auf Uebungen, Praktika, Seminarien usw., führten zu einer starken Vermehrung der Assistentenstellen, bildete doch die Betreuung solcher Unterrichtsveranstaltungen einen Hauptschwerpunkt der Assistententätigkeit. In die selbe Zeit fielen auch die grossen Anstrengungen zur Förderung und zum Ausbau der Hochschulforschung, was ebenfalls eine Erweiterung des wissenschaftlichen Personalbestandes zur Folge hatte. Der Schwerpunkt der Tätigkeit dieser Mitarbeiter lag nun stärker in der Forschung als im Unterricht.

So entstanden neben den eigentlichen Assistentenstellen Forschungsstellen, die teils mit öffentlichen Geldern (Personaletat des Bundes, Forschungskredite der ETH, Forschungsaufträge des Bundes, Nationalfonds), teils aus privaten Mitteln (private Forschungsaufträge, Industriestipendien usw.) finanziert wurden. Diese wissenschaftlichen Mitarbeiter füllten in der Struktur der Assistentenschaft sowohl qualifikationsmässig wie auch altersmässig die Lücke zwischen den jungen Doktoranden und den älteren Oberassistenten. Sie verfügten bereits über Forschungserfahrung und betrachteten ihre Aufgabe an der Hochschule als zumindest mittelfristig, ohne darin bereits eine Lebensstelle zu sehen.

Mit dieser Entwicklung begann sich erst ein eigenes Selbstverständnis der Assistentenschaft heranzubilden. Durch die verstärkte zahlenmässige Bedeutung

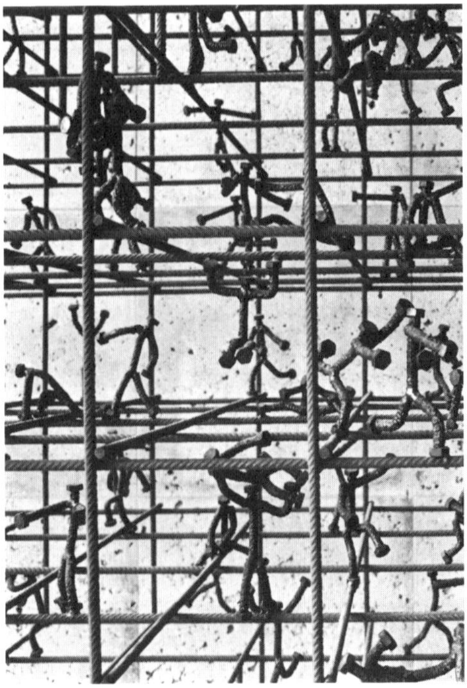

Condition humaine oder (Ein-)Geschlossene Gesellschaft. Felix Fehlmanns Eisenplastik versteht das Leben und Wirken der Menschen in der ETH als Kosmos im Kleinen. Eingangshalle Praktikumsgebäude ETH Hönggerberg. Gesamtaufnahme, Ausschnitt.

und die bessere strukturelle Geschlossenheit erhielt sie zunehmend auch ein hochschulpolitisches Eigengewicht. Dies fiel in die Zeit der — von ausländischen Vorbildern nicht unbeeinflussten — Hochschulreformdiskussionen und in die Vorbereitungsphase des neuen ETH-Gesetzes Ende der sechziger Jahre.

Die Diskussionen um das ETH-Gesetz zeigten, dass die Assistenten ihre Interessen nur wahrnehmen können, wenn sie entsprechend organisiert sind, ja die Uebergangsregelung von 1970 (Bundesbeschluss über die ETH), die den Hochschulständen gewisse Mitspracherechte zugestand, setzte eine Assistentenschaft als organisierte Körperschaft geradezu voraus. Dies führte 1969 zur Gründung der Vereinigung der Assistenten, wissenschaftlichen Mitarbeiter und Doktoranden an der ETH, heute meist unter der Abkürzung AVETH bekannt. Dabei wurde aus gesetzestechnischen Gründen die privatrechtliche Form des Vereins gewählt, obschon der Hauptzweck der Vereinigung, die Wahrnehmung der Mitspracherechte der Assistentenschaft in der Hochschule, öffentlichrechtlicher Natur ist. Die AVETH hat sich in ihrer seitherigen Tätigkeit bewusst auf die Wahrnehmung dieser Mitspracherechte sowie auf Hochschul- und Standesfragen beschränkt. Damit konnte die organisatorische Einheit und Geschlossenheit des Mittelbaus trotz seiner heterogenen Zusammensetzung erreicht und erhalten werden. Es haben sich denn auch keine Splitterorganisationen wie bei den Studenten gebildet. Ein einziges Mal hat die AVETH 1974 mit dem «Hochschul-Manifest» und einer öffentlichen Unterschriftensammlung gegen die bundesrätliche Anstellungsbeschränkung von Ausländern an der ETH diesen Rahmen etwas weit gefasst. Aber schon hier zeigten sich die Grenzen der Möglichkeiten einer allgemeinen Standesorganisation. Während dieses Manifest den einen zuwenig weit ging und sie die Forderung nach einem Streik und einem Marsch nach Bern erhoben, sahen andere darin bereits eine Ueberschreitung des Auftrages der AVETH, ja einen versteckten Anspruch auf ein «politisches Mandat». Die Assistentenvereinigung stand in einer Krise und drohte auseinanderzubrechen.

Ein wichtiges Instrument der Mitsprache, das die Uebergangsregelung brachte, bildeten die Abteilungsräte. Hier wirkten die Assistenten stets aktiv mit, und oft kam ihnen eine ausgesprochene Ausgleichsfunktion zwischen den Studenten und den Dozenten zu. Dies äusserte sich auch darin, dass verschiedene Abteilungsräte von Assistenten präsidiert wurden. Die Mitarbeit in der Reformkommission und die Vertretung im Schweizerischen Schulrat waren weitere wichtige Mittel, die Meinung der Assistenten zu artikulieren. Das Vernehmlassungsrecht der Assistenten in allgemeinen Hochschulfragen wurde stets von der AVETH wahrgenommen, was mit einem recht hohen Zeitaufwand für die in ihren Organen engagierten Mitglieder verbunden war. Ein besonderes Anliegen bildete für die AVETH das neue Institutsreglement, waren doch die Assistenten davon ganz besonders betroffen. Auch wenn die Vorstellungen und Wünsche der AVETH nur zum kleineren Teil in das heutige Reglement Eingang gefunden haben, bildet es in all den Instituten, in denen ein Konsens aller Institutsangehörigen möglich ist, eine gute Grundlage für eine fortschrittliche Institutsorganisation. Dies ging beispielsweise sogar so weit, dass in einem Institut ein Mittelbauangehöriger zum Institutsvorsteher ernannt wurde. Die wichtigste standespolitische Frage, mit der sich die AVETH fast ständig beschäftigte, war die Neuordnung der Anstellungsverhältnisse und das neue Assistentenreglement. Mit der oben geschilderten raschen Zunahme der Assistentenstellen und deren sehr unterschiedlichen Finanzierung ging die früher einheitliche Anstellungsordnung verloren. Für gleiche Funktionen bestand ein Nebeneinander einer Vielzahl von Anstellungsformen öffentlichrechtlichen und privatrechtlichen Charakters mit sehr unterschiedlichem Lohnniveau und sozialer Sicherheit. So konnte es vorkommen, dass neben dem sozial gut gesicherten Bundesangestellten in gleicher Funktion ein schlechter bezahlter Kollege mit privatrechtlichem Vertrag und ohne eine minimale soziale Sicherheit stand. Dieser Zustand wurde nicht nur als ungerecht empfunden, er führte auch zu einer starken Verunsicherung unter den Assistenten. Das neue Assistentenreglement soll nun die längst notwendige Vereinheitlichung der Anstellungsverhältnisse bringen. Ein Problem der jüngsten Vergangenheit war der Personalstopp des Bundes und die angespannte Lage auf dem Arbeitsmarkt für Akademiker, was die ETH zu einschneidenden Massnahmen, wie die grundsätzliche Befristung der Anstellungsverhältnisse, veranlasste. Sicher muss anerkannt werden, dass eine vernünftige Stellenrotation im Mittelbau notwendig ist, schon damit die nachfolgenden Generationen von Hochschulabsolventen auch die Möglichkeit zur weiteren Ausbildung an der Hochschule erhalten. Das nicht immer ganz glückliche Vorgehen der Verwaltung und die als ungenügend empfundene Information waren denn auch zur Hauptsache Ursprung einer grossen Unruhe im Mittelbau, der von diesen Massnahmen hauptsächlich betroffen wurde. Die angespannte Arbeitsmarktsituation hat die AVETH aber auch zu neuen Tätigkeitsgebieten geführt, wie die Information der Diplomanden und jungen Absolventen über die Möglichkeiten und Zukunftschancen in ihrem Beruf oder zur Idee eines akademischen Stellenvermittlungspools, der gemeinsam mit den Arbeitgebern und der GEP organisiert werden soll.

Zieht man eine Bilanz der siebziger Jahre, muss man feststellen, dass nur eine geringe Zahl der auch von den Assistenten unterstützten Reformpostulate verwirklicht wurde oder tatsächlich zum Tragen kam. Heute scheint aber auch der Bestand dieser Institutionen, die sich durchaus bewährt haben, gefährdet zu sein. Blickt man auf die Hochschulreformdiskussionen zurück, so zeigt sich, dass in der Folge des Ideen- und Ideologienstreites zwischen den Hochschulgruppen, und insbesondere zwischen Studenten und Dozenten, faktisch keine Gruppe ihre Ideen verwirklichen konnte, sondern dass die Entwicklung zu einer immer stärkeren Entscheidungskonzentration bei der Hochschulverwaltung, ja eigentlich zur «verwalteten Hochschule» geführt hat. In dieser Zeit hat die akademische Freiheit, der freie Spielraum in Lehre und Forschung, auf allen Stufen abgenommen, was heute nicht zuletzt auch von den Dozenten mit Bedauern erkannt wird. Diese Entwicklung vernünftig zu korrigieren, bleibt eine Aufgabe eines zukünftigen hochschulpolitischen Engagements aller Hochschulangehörigen.

Geschichte des VSETH – Versuch einer Darstellung

Von Autoren des VSETH
(Walter Brunner, Paul Deubelbeiss, Markus Gaegauf, Barbara Haering, Kurt Ritter, Beat Vorburger und Martin Werder)

Anlässlich der 100-Jahr-Feier der Eidgenössischen Technischen Hochschule wurde ein dickes Geschichtswerk veröffentlicht. Der Autor legte eine integrierte Geschichte der Institutionen vor, es gab keine separate Geschichte der Studentenschaft. Heute, 25 Jahre später, scheint auch hier der Pluralismus eingekehrt zu sein: Die Studentenschaft wird eingeladen, ihre Geschichte der letzten dreissig Jahre selbst zu schreiben. Wir sind froh darüber, diesen Zeitabschnitt selber darstellen zu können, denn er erscheint uns als der bedeutendste in der über hundertjährigen Geschichte des Verbandes der Studierenden an der ETH. Während 1955 eine Beschreibung durch einen offiziellen Chronisten durchaus angemessen erschien, wäre derselbe Versuch heute geradezu absurd. Die Studentenschaft steht in einem ganz anderen Verhältnis zu «ihrer» Hochschule. Damit sind wir beim zentralen Thema unseres Beitrages angelangt. Wir wollen zeigen, wie sich das Verhältnis der Studenten und ihres Verbandes zu dieser Hochschule und zu dieser Gesellschaft verändert hat. Wir wollen zeigen, wie wir zu unseren heutigen Positionen gekommen sind, in welcher Tradition wir stehen.

Eine Gruppe ehemaliger und jetziger Studenten hat sich ans Quellenstudium gemacht. Was wir in der uns zur Verfügung stehenden Zeit gefunden haben, wurde manche Stunde diskutiert, Konzepte wurden entwickelt, Zusammenhänge gesucht. So stellt diese Arbeit ein Gemeinschaftswerk dar. Sie erhebt nicht den Anspruch, eine umfassende Darstellung der letzten dreissig Jahre zu sein. Wir glauben aber, die Hauptlinien herausgearbeitet zu haben und so ein Verständnis für die Entwicklung möglich zu machen.

Vom Kriegsende in die sechziger Jahre

In den fünfziger Jahren führte der Verband der Studierenden an der ETH ein geruhsames Leben. Kritik und Auflehnung waren Begriffe, die weitgehend unbekannt waren. Die Vereinstätigkeit widerspiegelte oberflächlich das normale Leben an der Hochschule; nicht verwunderlich, wenn man die weitgehende Uebereinstimmung der Studenten mit ihrer Hochschule betrachtet. Es war die Zeit des Kalten Krieges, eine Zeit, in der ein gemeinsamer äusserer Feind alle einte. So waren denn die konsequenten Stellungnahmen im antikommunistischen Engagement das einzig durchgehende politische Moment in der Tätigkeit des VSETH. Dabei erfolgten recht prononcierte politische Stellungnahmen und Aktionen. 1956/57 wurde eine grosse Ungarnhilfe organisiert, zusammen mit der Studentenschaft der Uni Zürich. Lastwagenkonvois mit Medikamenten fuhren nach Budapest, und auf dem Nachhauseweg transportierten sie Flüchtlinge. Als 1960/61 der Akademische Sportverband eine Delegation an die Universiade in Sofia entsenden wollte, kam es zu heftigen Debatten im studentischen Parlament, dem Delegiertenconvent (DC).

Man lehnte eine Teilnahme ab, «da Sportanlässe mit Ostblockstudenten immer zu propagandistischen Zwecken missbraucht werden». Die Delegierten sahen sich «in einem geistigen Krieg mit dem Osten, und in Zürich werden beispielsweise Spione verhaftet». Der eigene Standpunkt war klar: «Wir wissen, dass wir 1. keine Ideologie haben und 2. dass wir dagegen sind».

Solch markige Aeusserungen führten selbstverständlich nicht zu einem Eingreifen der Schulbehörden wegen Missbrauchs des politischen Mandates. Ebensowenig waren irgendwelche Proteste in den grossen Tageszeitungen zu finden. Die Uebereinstimmung der politischen Position der Studentschaft mit der offiziellen Ideologie war nahezu vollkommen. Diese Gemeinsamkeit machte es dem VSETH auch möglich, im wesentlichen nur «herzliche» Kontakte mit den Schulbehörden zu pflegen. Die Studentenpolitik erfolgte weitgehend losgelöst von der eigenen Basis, das heisst der Mehrheit der Studierenden. Zwei Zitate aus dem Jahresbericht 1959/60 mögen diese Uebereinstimmung mit den Behörden belegen: «Selbst wenn die Sache (die von uns vorgebracht wurde) dann in einem dem VSETH ungünstigen Sinne entschieden wurde, so war der Vorstand doch überzeugt, dass der Entscheid nicht grundlos gefällt wurde, wie dies leider ab und zu im DC behauptet wird.» Und zur Aufgabe des VSETH-Präsidenten wird angeführt: «Als Präsident hat man immer zweierlei Verpflichtungen, sowohl gegenüber den Studenten als auch gegenüber den Schulbehörden.» — In diesen idyllischen Zeiten fanden die DC-Sitzungen noch im Restaurant Linde statt, wo man weitgehend unter sich war. Gewisse Zweifel kamen manchmal schon auf, meinte doch ein Präsident, dem DC hafte «das Odium eines biertrinkenden Kaninchenzüchtervereins» an.

Das distanzierte Verhältnis zur Basis zeigte sich auch in den Beziehungen zu den Fachvereinen, den studentischen Organisationen in den Fachabteilungen. Sie waren völlig informell, die Fachvereine betrieben eine weitgehend unabhängige Vereinspolitik, manchmal so, dass der Dachverband überhaupt nicht wusste, was in den einzelnen Abteilungen geschah.

Einzig im Bereich der Sozialpolitik war die «Herzlichkeit» der Verhältnisse nicht gewährleistet. Das Wohnungsproblem wurde im Laufe der fünfziger Jahre immer grösser. Im Winter 1956/57 gründete der VSETH die WOKO, die studentische Wohnkommission. «Vorstandsmitglieder des VSETH hatten sich in zunehmendem Masse Sorgen gemacht über den immer grösser werdenden Zimmermangel.» — Es zeigt sich das Selbstverständnis der damaligen Funktionäre: Der Vorstand hat sich Sorgen gemacht!

Wenige Jahre später legte die WOKO ein Konzept für eine Campus-Siedlung auf dem Hönggerberg vor. Hier sollten an die 1000 Studenten untergebracht werden! Der Schulrat nahm die Anregung entgegen. In diesem Zusammenhang tauchten zum erstenmal Mitspracheforderungen auf. Diese wurden aber nicht etwa damit begründet, dass die studentischen Interessen von denen der offiziellen Stellen verschieden seien. Sie ergaben sich vielmehr aus der Tradition der Universität, aus jener alten Vorstellung einer Einheit der Interessen von Lehrenden und Lernenden. So wurden Ansätze weggewischt, die objektiv unterschiedlichen Interessen von Studenten und Hochschulleitung zu erkennen und nach ihren Ursachen zu fragen.

Die Studentenschaft identifizierte sich mit ihrer Hochschule. An der 100-Jahr-Feier des VSETH (1964) wird dies öffentlich demonstriert: Festredner ist Bundesrat Tschudi. Die Gesellschaft der Ehemaligen, GEP, stiftet eine neue Fahne für den Verein. Und der studentische Festredner bittet um Entschuldigung, wenn er «zu dieser Feierstunde» einige Gedanken über den notwendigen Ausbau der Hochschule darlegt. Er verweist auch auf einen Vorfall in den ersten Jahren der ETH. Ueber die Hälfte der Studenten organisierte damals einen Vorlesungsstreik, weil sie mit dem Rektor nicht einverstanden war. «Der Schweizerische Schulrat konnte selbstverständlich auf die Rücktrittsforderung nicht eingehen.» Aber es war nur noch Fassade. Der Alltag war vielmehr charakterisiert durch eine andere Bemerkung: «Das latente Unwohlsein vieler Studenten nimmt zu.»

Frühlingserwachen oder vom Unwohlsein zum Referendum

Für das Unbehagen lagen durchaus objektive Gründe vor: Die Studentenzahlen hatten in fünf Jahren um beinahe 50 Prozent zugenommen. Die Studienbedingungen verschlechterten sich zusehends. Die Raumnot an der Hochschule nahm zu. Ueberfüllte Hörsäle und zu kleine Uebungs- und Praktikumsräume wurden teilweise zur Regel. Zudem fehlten immer mehr günstige Zimmer für Studenten. Durch die langsame Verschiebung der sozialen Herkunft der Studenten — der Anteil der Mittel- und Unterschicht vergrösserte sich — wurde dieses Problem noch verschärft.

Die Zunahme der Studenten und damit die Zunahme von Absolventen brachte ein weiteres Problem mit sich: Der Status des Ingenieurs drohte zu sinken. Die Auseinandersetzungen in den späteren sechziger Jahren um die Anerkennung des Ing. HTL sind ein Ausdruck dafür. 1963/64 konnten die meisten Studenten den tendenziellen Fall ihrer Stellung nur ahnen. Zusätzlich verunsichert wurden sie durch eine öffentliche Debatte über die «Eigengesetzlichkeit der Technik», einer sich ausbreitenden Angst vor der Beherrschung des Menschen durch die Technik.

Der geruhsam dahintreibende VSETH wurde aufgeschreckt. Neben dem festgestellten Unbehagen sahen sich die Funktionäre im VSS, dem Verband Schweiz. Studentenschaften, mit der politischen Argumentation der welschen Studentenschaften konfrontiert. Diese hatten, angeregt durch die Diskussionen in Frankreich, eine politische Wendung vollzogen. Sie verstanden sich als «Jeunes travailleurs intellectuels» und gelangten zu einer Politik des «syndicalisme» (= gewerkschaftliche Interessenvertretung). Solche Positionen konnten von den Deutschschweizern eindeutig als «links» identifiziert werden. Damit war es ihnen unmöglich geworden, mitzumachen. Sie suchten nach einer eigenen Antwort, zum Teil auch um den Welschen zu beweisen, «dass nicht jeder Fortschritt von links kommt».

1964 kam man in einem Seminar über Aufgaben und Organisation der Studentenschaft zu einem neuen Selbstverständnis: «Der Student ist ein freies immatrikuliertes Glied der Hochschule, die er unmittelbar zur Erlernung eines akademischen Berufes und mittelbar zur Entfaltung seiner Persönlichkeit besucht. Wir stellen fest, dass heute an der ETH die Entfaltung der Persönlichkeit, die der einzige Unterschied in der Ausbildung an einer Hochschule und an einem Technikum ist, wegen Ueberlastung der Studienpläne zu kurz kommt.» Damit lösten sich die Studenten langsam von «ihrer» Hochschule und definierten sich neu: «Die Studenten bilden einen eigenen Stand und stehen ausserhalb der Gesellschaft.»

Um die besonderen Interessen dieses Standes auch vertreten zu können, ist eine Strukturreform des Verbandes nötig. Formal werden zunächst einmal die Fachvereine näher an den Dachverband gebunden. Dadurch soll sich das Gewicht in den Verhandlungen erhöhen. Gleichzeitig wächst die Einsicht, dass studentische Interessen auch auf politischem Weg vertreten werden müssen. So wird der Passus «Der Verband untersagt sich jede politische Handlung» ersetzt durch ... «untersagt sich jede parteipolitische Handlung». In einem Rechenschaftsbericht wird dieses politische Mandat begründet. «Klar muss immer nur der Ansatz unseres materiellen Standpunktes sein: die subjektive Interessenvertretung der Studenten.» Weiterhin soll aber auf politisch fundierte Analysen verzichtet werden, denn die parteipolitische Neutralität bleibt oberstes Gebot: «Wir geben unumwunden zu, dass unsere Meinung, der Staat müsse sich vermehrt der Bedürfnisse von Student und Hochschule annehmen, zu einem guten Teil eine Linksprägung hat, auch wenn sie, um es noch einmal zu betonen, keinen politischen Ausgangspunkt haben darf.» — Es kann halt einfach nicht sein, was nicht sein darf!

Fasziniert von den Eindrücken einer Schwedenreise, machte sich der neustrukturierte Verband an die Arbeit: Die genossenschaftlichen Selbsthilfeorganisationen werden gefördert und ausgebaut. Da man nicht beliebig lange auf den Staat warten kann, will man vorerst die Dinge selber in die Hand nehmen. Auch hier ist der politische Blick versperrt: Im Reisebericht aus Schweden wird zwar erwähnt, wie die Regierung mit grosszügigen Finanzhilfen die Selbstorganisation möglich macht. Nirgends steht aber ein Wort, dass dies vielleicht mit der Tradition einer sozialistischen Regierung zusammenhängen könnte. Eine weitere wesentliche Folge der Diskussionen ist die teilweise Professionalisierung der Studentenschaftsarbeit: Um ein verstärktes Engagement überhaupt möglich zu machen, soll ein Teil der Vorstandsarbeit existenzsichernd bezahlt werden. Und 1968 setzt zum erstenmal ein VSETH-Präsident für ein Jahr mit seinem Studium aus, um den Posten vollamtlich auszufüllen.

Damit war aber das «latente Unwohlsein» keineswegs bewältigt. Wenn es durch die verschiedenen Aktivitäten vielleicht auch möglich wurde, halbwegs gesichert zu studieren, so stand die berufliche Zukunft unvermindert düster da. Es war leicht einzusehen, dass es in der Industrie gar nicht so viele leitende Positionen gab, wie man Kommilitonen im Semester hatte. Doch anstelle einer Auseinandersetzung mit den Umstrukturierungsprozessen in der Wirtschaft tritt die Beschäftigung mit einer antitechnischen Kulturkritik. Die Fragen hätten etwa lauten können: Warum wurden die Mittelschulen ausgebaut, warum fordert der Wissenschaftsrat eine Erhöhung der Abschlussquoten, warum werden plötzlich mehr hochausgebildete Techniker gebraucht? Damit wären Fragen nach der Triebkraft der technologischen Entwicklung aufgetaucht. Eine politische Bewertung von ökonomischen Ereignissen wäre möglich geworden. Doch dafür lag keine Theorie vor, welche zu den politischen Ansichten passte. So stützte sich die Studentenschaft auf die Technizismuskritik. 1965 organisierte der VSETH ein Seminar in Dürrenäsch. Unter Beteiligung verschiedener ETH-Professoren wurde über die Eigengesetzlichkeit der Technik diskutiert. Ein Philosophieprofessor formulierte dabei die zentralen Thesen: «Soweit unsere Kultur heute durch die Technik bestimmt wird, ist sie eine Kultur der Mittel. Für sie ist kennzeichnend, dass die Frage nach dem Sinn (der uns unerreichbar vermittelt erscheint) vernachlässigt wird. Im gleichen Mass aber schlägt die Beherrschung der Natur durch den Menschen um in ein Beherrschtwerden des Menschen durch die Technik.» Diesem Beherrschtwerden können Wissenschafter und Ingenieure entgegenwirken, wenn sie ihre menschliche Verantwortung wahrnehmen. Dazu ist jedoch echte Bildung vonnöten, die mehr als nur technische Ausbildung beinhaltet. Gerade diesen Bildungsauftrag erfüllt die ETH nicht. Eine «kompensatorische Bildungswirkung» kann nur durch vermehrte Konfrontation des Studenten mit den humanistischen Ueberlieferungsgehalten erreicht werden.

So kommen die Studenten zu ihren Forderungen nach einer Reorganisation und verstärkten Eingliederung der geisteswissenschaftlichen Abteilung. Denn nur damit kann die Erziehung zum «Menschen und Akademiker» erreicht werden.

Diese Thesen stehen im Gegensatz zu den Forderungen des Wissenschaftsrates. Dieser verlangte eine Straffung der Studien durch vermehrte Spezialisierung. Da man sich jedoch einig war über die Bedeutung der Persönlichkeitsbildung — was diese Einigkeit in der Praxis auch immer bedeuten mochte — wird damit einmal mehr einem Konflikt ausgewichen. Dem einzelnen Studenten ist dadurch in keiner Art und Weise geholfen; wen wundert es, wenn sich niemand für die Politik des Vorstandes interessiert?

Dieser Zustand hält über die Jahre hinweg an. Die Studentenbewegungen im Ausland werden von den Studentenschaften höchstens wahrgenommen. Die internationalen Proteste zum Vietnamkrieg oder die Auseinandersetzungen um Notstandsgesetze und Hochschulreformen in der Bundesrepublik zeitigen keine oder wenig Auswirkungen in der ETH-Studentenschaft. Die politisch denkenden Studenten haben sich in der FSZ, der Fortschrittlichen Studentenschaft Zürich, zusammengeschlossen. Durch sie werden die oben genannten Themen an den Zürcher Hochschulen überhaupt zur Sprache gebracht. Der Vorstand dämmert dahin, bis die Uebernahme der EPUL zu einer Revision des ETH-Gesetzes führt.

Das Referendum oder die Geister, die ich rief...

Im Frühjahr 1968 erreichte die internationale Studentenbewegung einen Höhepunkt. In Frankreich kam es zu Massendemonstrationen und zum Generalstreik im Pariser Mai. In der BRD waren die Studenten mit ihren grossen Demonstrationen und Besetzungen vorübergehend ebenfalls zu einem Machtfaktor geworden. Die Inhalte und Forderungen dieser Bewegungen wurden auch in der Schweiz bekannt und lösten Bewegung unter einem Teil der Studenten aus. In Zürich war es vor allem die FSZ, welche mit Vorträgen und anderen Veranstaltungen die Studenten zu mobilisieren versuchte. An der ETH gärte es zuerst in der Architekturabteilung. Im Sommersemester 1968 nahm die hochschulpolitische Diskussion schon einen breiteren Raum ein. Der VSETH-Vorstand wurde ebenfalls aufmerksam. Im Juni forderte er einen vollamtlichen Vizepräsidenten für Hochschulfragen, «offenbar, weil man die Relevanz hochschulpolitischer Fragen zu ahnen begann», wie es im folgenden Jahresbericht heisst! Zu den Aufgaben dieses Vize gehörte ein Ausbau der Information, Schaffung einer Kartei über Hochschulfragen und Basisarbeit mit den Fachvereinen.

Die Reformvorstellungen von damals muten bescheiden an: Meist ging es gegen «Doppelspurigkeiten» und Assistentenmangel. Eine Rationalisierung des Hochschulbetriebes wurde angestrebt, um das Studium für den Einzelnen überschaubarer zu gestalten — Forderungen also, welche die Studenten schon ein

Jahr später als Hauptziele einer bloss technokratischen Hochschulreform erkannten. Wissenschaftskritik und Hinterfragen der Ausbildungsziele waren höchstens bei Einzelnen in Ansätzen vorhanden. Die Reformen sollten unbedingt von Dozenten und Studenten gemeinsam an die Hand genommen werden. Die alte Idee von der Gemeinschaft der Lehrenden und Lernenden mit letztlich gleichen Zielvorstellungen wurde weiter gepflegt. Mitsprache und Mitbestimmung sah man im gleichen Zusammenhang; sie waren Teil der Forderung, auch am Hochschulleben beteiligt zu sein. Gesellschaftsverändernde Absichten waren in diesem Zeitpunkt noch kaum auszumachen.

Im Sommer 1968 begann auch der politische Kurswechsel des VSETH. Die Globus-Unruhen brachten den Studenten erste politische Erfahrungen. Sie erlebten eine tendenziöse Darstellung der Ereignisse in der Presse, eine Identifikation der Demonstranten mit «den Studenten». Der Vorstand wollte sich als Vermittler in den Konflikt um das autonome Jugendhaus einschalten, blitzte aber beim Stadtrat ab. «Dies zeigt uns die wahren politischen Realitäten und war deshalb eine erste Lektion, die uns in Zukunft von Nutzen sein kann», meinte der Präsident in seinem Jahresbericht.

Aus solchen Erfahrungen zog der Vorstand den Schluss, es sei an der Zeit, «dass wir von der sogenannten Kommissionszimmer-Politik wegkommen sollten ...». Anstelle einer ständischen Interessenpolitik trat eine Politik mit radikaldemokratischen Forderungen. Diese ging davon aus, dass sämtliche Aenderungen innerhalb der bestehenden Gesellschaft erreicht werden könnten. Voraussetzung dazu ist die radikale Anwendung aller demokratischen Mittel. Diese Position hat ihre Wurzeln in der schweizerischen Tradition von Demokratie und einer festen Ueberzeugung, dass die formalen demokratischen Instrumente auch tatsächlich spielen: Wenn auch einiges zum argen bestellt ist in diesem Staat: wir können es ändern, wenn wir uns aller zur Verfügung stehenden Mittel bedienen. Die innenpolitische Ruhe und das Verhalten der Gewerkschaften unter dem Friedensabkommen prägten die studentischen Einschätzungen.

Gegen Ende der Sommerferien 1968 verabschiedete das Parlament ein revidiertes ETH-Gesetz. Der Bund hatte vom Kanton Waadt die EPUL (Ecole Polytechnique de l'Université de Lausanne) übernommen. Dies war die Gelegenheit, das alte Gesetz den «neuen Gegebenheiten» anzupassen. Ein einziger kleiner Paragraph über die Mitsprache der Studenten war alles, was dem Parlament als vorweggenommene Antwort auf eine schweizerische Studentenbewegung einfiel. Von den Studenten war niemand an der Umarbeitung des Gesetzes beteiligt gewesen. Am 22. Oktober wurde die Vorlage im Vorstand ausgiebig besprochen und kritisiert. Eine Woche später veröffentlichte der «Studentische Wochenkalender» die wichtigsten Punkte. Man wollte die Basis für das Gesetz interessieren, eine breite Diskussion in Gang bringen.

Am 21. November diskutierte ein ausserordentlicher DC über das Gesetz und ein mögliches Referendum. Das Gesetz wurde abgelehnt, der DC «erachtet es als Uebergangsgesetz». Dennoch wurde ein Referendum verworfen. Die Mehr-

Delegierte der Fach- und Nationalitätsvereine am Fünfzig-Jahr-Jubiläum der ETH, 1905, vor dem Hauptportal des Semperbaus (aus VSETH, Festschrift 1863—1913).

heit der Delegierten glaubte an einen Betriebsunfall in Regierung und Parlament. Es sollte doch möglich sein, durch intensive Kontakte mit Parlamentariern Veränderungen in der gewünschten Richtung von Mitsprache und Mitbeteiligung zu erreichen.

Die Basis war anderer Meinung. «Verzögerung der Abstimmung um 5 Minuten wegen tumultuöser Kundgebungen in den Zuschauerreihen» ist im Protokoll vermerkt. Das studentische Parlament entschliesst sich, eine so wichtige Frage der Urabstimmung zu unterbreiten. Zehn Tage später entscheiden sich die Studenten mit grossem Mehr für die Durchführung des Referendums. «Was dann folgte, war für alle Beteiligten eine recht bewegte Zeit», stellte der folgende Jahresbericht fest. Nahezu 50 000 Unterschriften konnten auf der Bundeskanzlei deponiert werden; das Referendum war innert kurzer Zeit zustande gekommen.

Zu Beginn der Unterschriftenaktion schlossen sich einige Studenten zum «Komitee ETH-Gesetz» zusammen. Es wurde zum geistigen Zentrum der Aktionen. In ihm waren vor allem die linken studentischen Organisationen vertreten, die FSZ und die LSZ (Liberale Studentenschaft Zürich). Die Diskussion über die verweigerte Mitbestimmung führte alsbald zu der Frage nach dem Funktionieren dieses Staates. Eine recht naive Staats- und Kapitalismuskritik setzte ein: Der

Studentische Vertreter 1969 im Referendumskampf gegen das neue ETH-Gesetz.

Staat wurde als grundsätzlich getrennt von der Wirtschaft gesehen. Den wirtschaftlich Mächtigen war es aber gelungen, sich des Staates zu bemächtigen und ihn für ihre Zwecke zu benutzen. Es galt somit, ihnen den Staat wieder streitig zu machen; eine radikale Demokratisierung sollte zum Erfolg führen. Das ETH-Gesetz-Referendum stellte in diesen Ueberlegungen einen ersten Schritt auf dem Wege dar. Auf einer Arbeitstagung in Morschach im Januar 1969 wurde folgendes festgehalten: «Der Ausgang der Abstimmung über das Referendum (soll) in seiner Bedeutung ... gegenüber der Bewusstseinsbildung bezüglich gesellschaftspolitischer Probleme zurücktreten.» Folglich sei «der Meinungsbildungsprozess ... längerfristig zu planen». «Durchschaubarkeit von Entscheidungsmechanismen soll und kann die Demokratisierung im Sinne einer Identität von Arbeit und Verantwortung in allen gesellschaftlichen Bereichen einleiten.» Umfassende Bildung und Information der Bevölkerung wurden als unabdingbare Voraussetzung angesehen, die Konzeption des gesamten schweizerischen Bildungswesens stand demnach zur Debatte.

In den Monaten vor der Abstimmung nahm der Aktionismus stark zu. Die inhaltlichen politischen Debatten verloren an Gewicht. Für viele beteiligte Studenten wurde der Referendumskampf zu einem Happening. Interne Schwierigkeiten der FSZ hatten einen Rückzug ihrer Leute aus dem Komitee zur Folge.

Szene aus dem Abstimmungskampf.

Das ursprüngliche politische Ziel trat immer mehr in den Hintergrund. Ein späterer DC nahm die Morschacher Thesen zurück, der Vorstand erklärte: «Das Nein hat eine Wirkung auf den Bund als politischer Machtfaktor.»

Immer mehr Parteien und Verbände schwenkten in der Vorphase der Abstimmung auf die Nein-Linie ein; ein «Sieg» war möglich geworden. Die Aussichten auf einen «messbaren» Abstimmungserfolg zerstörten die langfristigen politischen Perspektiven. In einem gewaltigen Arbeitsaufwand wurden Flugblätter gedruckt und verteilt, Artikel geschrieben, Veranstaltungen organisiert.

Das deutliche «Nein» am 1. Juni 1969 wurde als grosser Sieg gefeiert. Doch schon am Abstimmungsabend zeigte es sich, dass man eine Volksabstimmung ganz verschieden interpretieren kann. Und letztlich ist die Interpretation der Mächtigen die «richtige».

Uebergangsregelung und Experimentierphase

Die Zeit nach dem Referendum müsste eigentlich in verschiedenen Geschichten beschrieben werden: Eine erste Geschichte wäre die der Expertenkommission für ein neues ETH-Gesetz. Wir könnten da ein Lehrstück schreiben, mit oder ohne Lehre. Eine Geschichte wäre die der verschiedenen Interpretationen der Uebergangsregelung. Sie ist ein Beispiel, wie ein offener Rahmenerlass unter die Juristen fallen kann und dabei übel zugerichtet wird.

Eine weitere Geschichte könnte von den Reformideen handeln. Hier wird es kafkaesk; Vorschläge werden von einem Gremium zum anderen geschoben und schliesslich irgendwo in der immer grösser werdenden Verwaltung abgewürgt. Wenn wider alle Erfahrung gewisse Ideen doch nicht ganz umzubringen waren, so wurden sie in einem solchen Masse verwässert, dass sie kaum mehr zu erkennen waren.

Schliesslich liesse sich die Geschichte der Mitbestimmung zu Papier bringen. Wahrscheinlich brauchten wir dafür einen Samuel Beckett als ghost writer. Nur er scheint in der Lage zu sein, das wechselhafte Schicksal von etwas zu beschreiben, das es bei uns nie gab.

Also bleiben wir bescheiden und versuchen zu skizzieren, wie wir diese Zeit erlebt haben. Wir schreiben — hier vielleicht besonders — aus unserem Blickwinkel. Vor allem auch deshalb, weil wir zeigen wollen, warum wir in den letzten zehn Jahren eine solche Politik betrieben haben und in welcher Tradition auch die aktuelle Studentenpolitik an der ETH steht.

Verwirrung und Suche nach einem eigenen Standpunkt

Das alte, neu aufgelegte Gesetz war verworfen; es ging nun darum, ein neues, besseres Gesetz zu erarbeiten. Mit grossem Vertrauen erwarteten die Studenten, dass die Parteien ihre Versprechungen wahr machen würden. Nur hatten sie dabei übersehen, dass die Parteien bei ihrem Einschwenken auf die «Nein-Linie» nie wirkliche Versprechen für die Zukunft gemacht hatten. In den herrschenden Kreisen war man allenfalls bereit, die Wünsche und Forderungen der Studenten «einer ernsthaften Prüfung zu unterziehen», wie sich die FdP (Freisinnig-demokratische Partei) ausdrückte. Es war so, wie ein Jahr später eine studentische Situationsanalyse feststellte: «Die Parteien haben uns erlaubt, Referendum zu spielen — es blieb beim Spielen.»

Die parlamentarischen Arbeiten an der Uebergangsregelung machten schnell klar, was überhaupt zu erreichen war: «Das Minimum, das wir erreichen können, ist das, was die Reaktion dulden will, nämlich nichts. Das Maximum, das wir erreichen können, ist das, was die Technokraten dulden, nämlich die Forderung nach einer Rationalisierung und Funktionalisierung der Universität, wie es sich die Wirtschaft vorstellt.» — In die Uebergangsregelung, welche im Laufe des Jahres 1970 verabschiedet wurde, hatten kaum studentische Forderungen Eingang gefunden. Einige «Kann-Bestimmungen» sollten für die nächsten fünf Jahre ein «Experimentieren mit neuen Unterrichts- und Organisationsformen» ermöglichen. Wie wir heute sehen, geschah nicht einmal dies im Sinne der erfolgreichen Gegnerschaft gegen das alte Gesetz.

Der Katzenjammer unter den Studenten war gross. Es mangelte an politischem Verständnis, um diese Situation analysieren und verstehen zu können. Der damalige Vorstand des VSETH stellte fest: Seiner «Unsicherheit über die eigentlichen Ziele einer Studentenpolitik stand das totale Desinteresse einer grossen Mehrheit der Studenten gegenüber». Die Studenten hatten «im Juni zwar die Abstimmung gewonnen, aber ihr Ziel verloren», nämlich die Sensibilisierung einer breiteren Oeffentlichkeit (auch in der Hochschule) für die Probleme von Hochschule und Wissenschaft. — Im Sommer 1970 begannen einige engagierte Kommilitonen, die jüngste Vergangenheit aufzuarbeiten. Sie erarbeiteten Kriterien, mit denen man die Situation verstehen und Ansätze für eine eigenständige, neue Politik formulieren konnte.

Auf der einen Seite standen die «Basisaktivisten», hervorgegangen aus der ersten Opposition gegen das neu-alte Gesetz. Aus den jüngsten Erfahrungen leiteten sie ab, dass durch Mitarbeiten in den verschiedenen Gremien kaum Veränderungen zu erreichen seien. Sie wollten sich deshalb darauf beschränken, in den einzelnen Semestern, an der Basis, eine Politik des Widerstandes gegen die technokratischen Veränderungswünsche zu führen. Das Ziel war, aus der «prinzipiellen Hoffnungslosigkeit» der Situation zu einer Bewusstseinsbildung der Studenten zu kommen. Denn die Hochschule ist nicht der Schauplatz der wesentlichen gesellschaftlichen Auseinandersetzungen. Diese spielen sich an anderen Orten in der Gesellschaft ab, und dies sollte den Studenten bewusst werden und es — für später — auch bleiben. Diese Widerstandspolitik war spätestens dann zum Scheitern verurteilt, als die technokratischen Reformen begannen. Die ärgsten Leerläufe und offensichtlichen Aergernisse wurden beseitigt und das Studium effizienter und übersichtlicher gestaltet. Es war schwierig bis unmöglich, in dieser Situation eine langfristige Politik zu vermitteln, welche zudem keine konkreten Gegenvorstellungen für das Studium brachte.

Der Vorstand hatte zu dieser Zeit immer in den Hochschulgremien mitgearbeitet. Er glaubte, dass auf diesem Weg doch einiges an Verbesserungen für die Studenten erreicht werden könne. Gleichzeitig sah er in der Berichterstattung aus den Gremien eine Möglichkeit, bewusstseinsbildend wirken zu können, indem er zeigte, wie in den verschiedenen Kommissionen mit den Anliegen der Studenten umgesprungen wurde.

Die neue Position: Kritische Distanz und politische Opposition

Die grundsätzliche studentische Position, welche die ganze Politik der siebziger Jahre prägte, entstand also aus einem Kompromiss: Auf der einen Seite wurden die politischen Ueberlegungen der Basisaktivisten aufgenommen; kaum einer der studentischen Funktionäre erwartete wirkliche Veränderungen durch die Gremienpolitik. Auf der anderen Seite stand die Hoffnung, wenigstens in kleinen Schritten zur Verbesserung der Studiensituation beizutragen oder — wie es in neuerer Zeit immer häufiger der Fall ist — eine weitere Verschlechterung zu verhindern.

Dieser Entscheid für eine Teilnahme von studentischen Vertretern in allen möglichen Mitsprachegremien brachte alle Frustrationen und Verschleisserscheinungen mit sich, denen Reformer in einem nicht reformwilligen System ausgesetzt sind. Die Studenten versuchten immer wieder, Koalitionen zu finden, mit denen sich wenigstens ein Teil der Vorstellungen durchsetzen liesse. Sie schlossen Kompromisse, reduzierten ihre Forderungen im voraus, um eher Gehör zu finden, wurden selber Teil einer grossen Verschleissmaschine. Daneben stand die publizistische Tätigkeit, der Versuch, alle Studenten immer wieder in die Politik miteinzubeziehen. Die grundsätzlichen Positionen sollten vermittelt werden, die Bewusstseinsbildung weitergehen. In Arbeitsgruppen, im Vorstand, in vielen Seminarien, wurde die Politik immer wieder diskutiert. Die Vorstellungen zur Veränderung der Hochschule in den Dienst der Gesellschaft blieben nicht auf einen kleinen Kreis beschränkt, sie wurden in die Hochschulöffentlichkeit getragen.

Die Studentenschaft stellte sich damit auf den Boden der politischen Opposition, wie sich der Vorstand 1971 ausdrückte. Das war neu und sollte auch nicht ohne Folgen bleiben. Das galt für die verschiedenen Bereiche der konkreten Aktionen wie auch für das Verhältnis zur Obrigkeit, insbesondere zur Schulleitung. Diese Hochschule war endgültig nicht mehr «unsere» Hochschule. Wir sahen eine Institution, die nicht bereit war, ihr Selbstverständnis in Frage zu stellen. Wir sahen uns mit Studienzielen und Studienplänen konfrontiert, zu denen wir nichts zu sagen hatten. Neben dieser Fremdbestimmung im Studium vermissten wir die Mitbestimmung in Lehre und Forschung. Die Konflikte waren programmiert, denn Bewusstseinsbildung unter den Studenten sollte nicht sein.

In den Konflikten zeigte sich schnell, dass die Studenten in dieser Zeit nicht plötzlich zu einem homogenen Block geworden waren. Gegen den Kurs der konsequenten Interessenvertretung gab es Kritik und Opposition. Diese blieb jedoch immer so klein, dass die Beteiligten aus der verbandsinternen Diskussion ausstiegen, um sich zu profilieren: Die SOS, studentische Organisation für Selbsthilfe, wurde gegründet. Sie engagierte sich lautstark für einen reinen, «unpolitischen» Dienstleistungsbetrieb der Studentenschaft. Die Schulleitung hat öfters auf diese Splittergruppe gesetzt, um die Einheitsorganisation der Studenten zu schwächen. So konnte die SOS und ihr nahestehende Leute mit zum Teil offenem Wohlwollen der Schulleitung gegen die öffentlichrechtlichen Beiträge an den VSETH kämpfen. Der — zuletzt fehlgeschlagene — juristische Weg erschien dieser Opposition bequemer als die politische Auseinandersetzung. Dies ist nicht verwunderlich, fällt es doch einigermassen schwer, Argumente zu finden, um die Studenten gegen ihre eigentlichen Interessen zu mobilisieren.

Neben diesen recht direkten Versuchen, die Studentenschaft zu schwächen, gab und gibt es auch subtilere Mittel. Eines davon ist der grosse Vernehmlassungszirkus. Zu allem und jedem wird eine Vernehmlassung durchgeführt. Dadurch ist die Mitsprache zwar formal gewährleistet. Es bedeutet aber gleichzeitig, dass man weder am Entwurf noch am Beschluss echt beteiligt ist. Der Einfluss in einer Vernehmlassung bemisst sich nach der zur Verfügung stehenden Macht; Demokratie ist anders. Wer lange genug an Vernehmlassungen gearbeitet hat, wird das Gefühl nicht mehr los, dies sei alles eine ideale Beschäftigungstherapie, um einen von kreativer Arbeit abzuhalten.

Studentische Politik als gewerkschaftliche Interessenvertretung

Wie gestaltete sich die eigene Politik? Wir wollen versuchen, die gemeinsamen Linien aufzuzeigen und nicht eine umfassende Darstellung zu geben. — Als wesentliches Element erscheint dabei die Bildungspolitik, die weitgehend als Sozialpolitik betrieben wurde. Dies entsprach zum Teil einer notwendigen Beschränkung auf das Machbare. Anderseits stellte es die Antwort auf die veränderte Situation der Studenten dar. Die soziale Lage der Studenten hatte sich verändert. Dazu trugen nicht nur die zunehmende Zahl von Studenten aus der Unter- und Mittelschicht bei, sondern auch jene Studenten, die sich politisch und sozial vom Elternhaus lösten und damit in ökonomische Schwierigkeiten gelangten. Sozialpolitik wurde dadurch zur Bildungspolitik, sie ermöglichte überhaupt erst den Entscheid für Bildung. Die neue studentische Sozialpolitik orientierte sich gleichzeitig auch an den allgemein politischen Realitäten. Es ging nicht länger darum, für eine an sich schon privilegierte Schicht noch mehr herauszuholen. Die Studentenschaft fand sich mit den Lehrlings- und Schülerorganisationen ebenso zusammen wie mit den Gewerkschaften. Aktionen an der Hochschule wurden gemeinsam unternommen, Vorstösse der anderen Organisationen ausserhalb wurden unterstützt. Dabei ergaben sich bemerkenswerte Unterschiede im Echo. Die verschiedenen Kampagnen für günstige Mensapreise haben immer ein grosses Interesse gefunden. Die Forderung nach billigem Essen bezog alle in Ausbildung Stehenden mit ein, ebenso die Arbeiter und Angestellten an der ETH. Die eigene Betroffenheit war leicht zu erkennen, das Engagement entsprechend spontan.

In der Stipendienpolitik wurde es schon bedeutend schwieriger, genügend Mitarbeiter zu mobilisieren. Wohl waren auch hier viele betroffen. Jedoch lag alles etwas ferner, man konnte kaum hoffen, die eigenen Stipendien noch erhöht zu bekommen. Die Geschichte des «Lausanner Modells», einer Verfassungsinitiative, welche die schweizerischen Studentenschaften 1969 lancierten, ist beispielhaft. Die Initiative strebte eine elternunabhängige Studienfinanzierung in Form von rückzahlbaren Darlehen an. Während die Unterschriftensammlung noch mit einigem Elan voran ging, liess das Interesse später merklich nach. Das Projekt blieb natürlich zunächst einmal in den Schubladen der Verwaltung liegen; danach wurden viele Versprechungen gemacht und wenig konkrete Massnahmen vorbereitet. Im Sommer 1974 sollte die Initiative, versehen mit einer ablehnenden Empfehlung des Parlaments, zur Abstimmung kommen. Zu erwarten war, dass die meisten Parteien sich der Ablehnung anschliessen würden. Es fehlten der Studentenschaft der Mut und die Mittel, allein in einen Abstimmungskampf zu ziehen. In manchen Sitzungen war immer wieder über die Mobilisation von Helfern, den Einsatz von vielen Kommilitonen diskutiert worden. Doch es fanden sich immer wieder dieselben Leute zu den Sitzungen ein. Diese setzten sich dann bei anderen Abstimmungen ein, nachdem das Lausanner Modell zurückgezogen worden war. Danach wurden zwei Stipendiengesetze im Kanton Zürich abgelehnt, das Hochschulförderungsgesetz wurde vom Volk ebenfalls verworfen. Immer waren da studentische Interessen angesprochen. Jedoch waren es Dinge, die in einiger Zukunft lagen, wo die Realisierung nicht mehr zu einem persönlichen Vorteil der derzeitigen Studenten führen konnte.

Die Tendenz des Nicht-Engagements, liegt sie wirklich nur in der Mittelbarkeit der Probleme? Ist sie nicht eher Ausdruck der veränderten gesellschaftlichen Situation? Die Aussichten auf Berufsverbote und andere Repressionen haben ihre Eindrücke hinterlassen. Die Rezession hat auch die Aussichten auf einen guten Job sinken lassen. Fleissig studieren, um gut zu sein, ist wieder «in». Politisches Engagement kann da fast nur hinderlich sein — zumindest könnten viele so denken.

Vielleicht hat auch darum der studentische Dienstleistungssektor seine heutige grosse Bedeutung erhalten. Ein kulturelles Angebot vermitteln, günstige Bücher verkaufen, billig reisen und wohnen, das ist gut, wird auch viel benützt. Bei alternativen Kulturangeboten, bei denen nicht nur konsumiert werden soll, wird es schon schwieriger. Wenn es nicht nur darum geht, günstige Wohnungen zu vermitteln, sondern auch einen Rahmen zu schaffen für neue Formen des Zusammenlebens, da wird es bereits wieder suspekt. Denn hier ist wieder Veränderung beabsichtigt, das In-Frage-Stellen des Ueberkommenen. Auch dies scheint uns ein Ausdruck eines vermehrten Rückzuges ins Private zu sein. So ist die Arbeit nicht nur wegen der vielen Steine von oben schwerer geworden. Es wird auch zunehmend schwieriger, die eigenen Positionen weiterzuvermitteln.

Die Studienreformpolitik ist mit ähnlichen Schwierigkeiten bei längerfristigen Arbeiten konfrontiert. Die Pflästerlipolitik der kleinen Studienplanreformen ist akzeptiert. Manchmal dauern die Diskussionen etwas länger, ist es besonders mühsam, irgendwelche Einzelinteressen von Dozenten zurückzubinden. Wenn die studentischen Forderungen aber darüber hinausgehen, schlägt der Wind schnell um. Wo Raum für eigene Initiative und Entfaltungsmöglichkeiten geschaffen werden soll, wenn es um Selbstbestimmung im Studium geht, so stehen beinahe unüberwindliche Hindernisse im Weg. Das projektorientierte Studium an der Abteilung für Naturwissenschaften ist ein Beispiel dafür. Die ersten Diskussionen lösten ein grosses Echo sowie ein gewisses Wohlwollen der Dozenten an der eigenen Abteilung aus. Viel freiwillige Arbeit wurde in die Vorbereitung gesteckt, und viel Ablehnung durch die Schulleitung war alsbald als Dämpfer da. Schliesslich gelang es 1976 — mit vereinten Kräften der ganzen Abteilung — das Experiment durchzusetzen. Drei Jahre später, als die Schulleitung das Experiment durch den Schulrat beenden liess, regte sich nur noch ein müder Protest bei den Studenten. Gerade hier zeigt es sich, wohin ein weitergehendes Engagement — nicht nur in bildungspolitischen Fragen — unweigerlich führt: Wir geraten ins allgemeinpolitische Aktionsfeld — zusätzliche Assistentenstellen werden nämlich mit dem Hinweis auf den allgemeinen Personalstopp beim Bund verweigert.

Auch bei der Forschungspolitik, dem jüngsten Kind einer konsequenten studentischen Politik, ergibt sich dieser Zusammenhang. Schon bei den Diskussionen um das Institutsreglement wurde klar, dass die Institutskönige sich nicht in die Karten blicken lassen wollten. So setzt man die Studenten vor die Türe, indem sie schlicht nicht als Mitglieder eines Institutes betrachtet werden. Die Assistenten bekamen in den Institutsräten einen bescheidenen Platz zugewiesen. Sämtliche Entscheide fallen nach wie vor im exklusiven Klub der Institutsleitung. Eine wirkliche Mitbeteiligung aller Betroffenen, wie sie in der Uebergangsregelung vorgesehen war, wäre gefährlich gewesen: Die Interessen, welche hinter gewissen Projekten stehen, wären vielleicht ans Licht gekommen.

In den folgenden Jahren hat der VSETH begonnen, seine Vorstellungen zur Forschung an der Hochschule zu formulieren. Konkrete Forderungen wurden bei einer Diskussion über die Prioritäten in der schulinternen Forschungsförderung angemeldet. Der Schulrat verdankte die Vorschläge und legte sie zu den Akten. Die Fragen nach der externen Forschungsfinanzierung blieben unbeantwortet, einmal mehr tat man uns als unqualifizierte Störer ab. In den nationalen Programmen des Nationalfonds tauchten allerdings ähnliche Grundforderungen auf, wie wir sie formuliert hatten. Und in der Parlamentsdebatte über den Nationalfonds im Sommer 1979 standen diese Fragen auch zur Diskussion.

Und die Moral von dieser Geschichte...

Damit ist klar geworden, warum die Studentenschaft an der ETH immer auf dem «politischen Mandat» beharrte, auf dem Recht, auch zu allgemeinpolitischen Fragen Stellung nehmen zu können. Denn die Forderung nach grundsätzlichen Reformen in der Ausbildung kommt nicht an der Frage nach der Funktion von Ausbildung in dieser Gesellschaft vorbei. Wer nach Mitbestimmung in der Forschung ruft, will auch wissen, von wem welche Forschung wozu betrieben wird. Und wenn wir uns für angemessene Mensapreise einsetzen, kommen wir an der Frage nach der Kaufkraft von Lehrlingen und Arbeitern nicht vorbei. Wer so wohnen möchte, dass er nicht durch irgendwelche Vorschriften ständig eingeschränkt wird, der muss wohl die Frage nach Mieterschutz und Verfügungsrecht des Eigentümers stellen. Und wer ein menschengerechtes Leben mitermöglichen möchte, darf sich vor der Frage nach unserem Verhältnis zur Umwelt und deren Zerstörung nicht drücken. Damit ist der Kreis geschlossen, denn eine technische Hochschule trägt das Ihre bei zum heutigen und zukünftigen Verhältnis des Menschen beziehungsweise seiner Produktion zur Umwelt. Und wir dürfen es nicht länger zulassen, dass eine «bewusstlose» Ausbildung und Forschung betrieben wird, die gesellschaftliche Folgeprobleme und Verantwortlichkeiten als unwissenschaftlich abtut und diese Fragen aus der Arbeit in die Freizeit oder an die Abteilung XII verdrängt.

Bei diesen Fragen ist es immer leicht, den Fragesteller politisch abzudrängen, ihn in eine «Grauzone der Halblegalität» zu stellen. Und es ist immer schwieriger zu zeigen, dass die Fragen und das Engagement nicht aufgesetzt sind. Es bedeutet einen grösseren Arbeitsaufwand, Zusammenhänge zu zeigen, als einfach nur zu denunzieren. Wenn wir die letzten zehn Jahre betrachten, so wird deutlich, dass die Studentenschaft als Organisation immer wieder versucht hat, Informationsarbeit zu leisten, bewusstseinsbildend zu wirken, zu jener Transparenz beizutragen, die in einer wirklichen Demokratie nötig ist. In der Tagespolitik hat sie damit insofern Erfolg gehabt, als ihre Linie in all den Jahren von der Basis nie verworfen wurde.

Wie weit die langfristigen Ziele erreicht wurden, muss sich noch weisen. Jedenfalls gibt es keinen Grund, nicht im gleichen Sinne weiterzufahren.

Die Stellung der Bediensteten — heute und vor 25 Jahren

Von Peter Köberle und Kollegen (Personalausschuss der ETHZ)

Die personalrechtliche Situation

Die letzten 25 Jahre haben den Beamten und Angestellten einige Aenderungen gebracht. Das Fehlen einer umfassenden Mitsprache führte am 2. November 1956 dazu, dass der Bundesrat die Einführung von Personalausschüssen zuliess. Auf dem Gebiete der Arbeitszeit sind folgende Neuerungen zu vermerken: Arbeitete man im Jahre 1955 noch 45,5 Stunden pro Woche (6 Tage), so reduzierte sich die Arbeitszeit ab 1958, bis sie 1967 den noch heute gültigen Stand von 44 Stunden in 5 Tagen erreichte. Fortschritte konnten im Laufe der letzten 25 Jahre auch bei den Ruhetagen vermerkt werden. 1972 kamen Bestimmungen in die Beamtenordnung, wonach die in die Ferien fallenden allgemeinen Feiertage nachzugewähren seien. Der Bundesrat verfügte dann 1977, dass das gesamte Bundespersonal einen einheitlichen Anspruch von 62 Ruhetagen erhielt. Auch die Ferienregelung erfuhr Neuerungen. Ab 1968 hatten alle Bediensteten Anspruch auf 3 Wochen Ferien.

1964: 4 Wochen ab dem 45. Altersjahr
1972: 4 Wochen ab dem 40. Altersjahr
1979: 4 Wochen ab dem 30. Altersjahr

Ab 1981 hat folgende Regelung Gültigkeit:

4 Wochen bis und mit 49. Altersjahr
5 Wochen ab dem 50. Altersjahr
6 Wochen ab dem 60. Altersjahr

Die Anpassung der Lohnbezüge vollzog sich in Schüben. 1958 wurde eine erste Reallohnerhöhung von 3,5% bewilligt. Weitere Erhöhungen erfuhren die Löhne in den Jahren 1962/64/69 und 1971. Ab 1. Januar 1973 wird das 13. Monatsgehalt ausbezahlt. Eingeführt und 1980 von den beiden Räten für weitere 4 Jahre verlängert wurde der neue Modus des Teuerungsausgleichs, d. h. Anpassung an die Indexänderung auf den 1. Januar beziehungsweise 1. Juli. Eine weitere Verbesserung brachte die im Jahre 1963 durchgeführte Revision der Aemterklassifikation. Als Ausweitung der Rechte der Beamten und Angestellten ist auch die Bildung einer paritätisch zusammengesetzten *begutachtenden Kommission für Stellenbewertung* zu bezeichnen. An der ETH selber brachte die Uebergangsregelung einige Aenderungen der Mitsprache der Bediensteten, die im folgenden umschrieben werden.

Personalentwicklung 1955–1980

Der Personalbestand (Etat-Personal) entwickelte sich in den letzten 25 Jahren kontinuierlich, entsprechend den gewachsenen Anforderungen in Lehre und Forschung und den gestiegenen Studentenzahlen.

Etatstellen

1955	1960	1965	1970	1975
etwa 750	869	1395	2022	2566

Ein 1976 verfügter Personalstopp brachte einen Stillstand bei 2562 Stellen, was die Erfüllung der Aufgaben seither wesentlich erschwert.

Personalausschuss an der ETHZ

Am 20. August 1970 fand die Abstimmung über den von 335 Bediensteten der ETH eingereichten Antrag zur *Schaffung eines Personalausschusses* statt, wobei sich die Mehrheit der Stimmberechtigten mit dem Antrag einverstanden erklärte. In der Folge wurde eine einzige Wahlliste mit 7 Mitgliedern und 7 Ersatzleuten eingereicht; nach stiller Wahl konnte der erste Personalausschuss der ETH Zürich am 1. Januar 1971 seine Arbeit aufnehmen. Dieser stützt sich auf die Verordnung über alle Personalausschüsse in der allgemeinen Bundesverwaltung vom 14. Oktober 1960 sowie die revidierten Verordnungen vom 3. September 1975 und 1. Juli 1976. Die Tätigkeit des Personalausschusses umfasst folgende wichtige Aufgaben.

Art. 3

Aufgabe

1 Die Personalausschüsse fördern die Zusammenarbeit zwischen der Verwaltung und den Bediensteten. Die vorgesetzten Stellen unterstützen sie.

2 Die Personalausschüsse beraten und begutachten:

a) geplante Verbesserungen der Dienstorganisation, des Arbeitsablaufs, des Arbeitsmaterials, der Arbeitsgeräte, der Diensträume und der Betriebsanlagen;

b) Sparmassnahmen;

c) Unfallverhütung und hygienische Massnahmen;

d) Wohlfahrtseinrichtungen, Bildungs- und Prüfungswesen;

e) allgemeine Fragen des Dienstbetriebes wie beispielsweise Ferienzuweisung, Diensteinteilung, Bürozuteilung, Arbeitszeitschichtung.

Rund 700 Techniker und Handwerker helfen, wissenschaftliche Ideen ohne grosse bürokratische Umwege in die Praxis umzusetzen, und betreuen die Infrastrukturen der ETH. Hier werden zwei Werkstücke eines Kamerahalters vor dem Schweissen justiert.

[3] Die zuständige Dienstabteilung oder Amtsstelle orientiert die Personalausschüsse, soweit zweckdienlich, über Massnahmen, die sie nach Absatz 2 zu treffen beabsichtigt, und setzt ihnen eine Frist zur Stellungnahme.

[4] Vorschläge und Anregungen können den Personalausschüssen direkt unterbreitet werden von:
a) einzelnen oder mehreren Bediensteten;
b) Mitgliedern der Personalausschüsse;
c) Personalverbänden;
d) der Verwaltung.

Dazu kommt gemäss Uebergangsregelung für die ETH, Art. 9, Abs. 3:

«Zur Behandlung der Geschäfte über Hochschulfragen allgemeiner Natur, über Lehr- und Forschungsbereiche, Studienpläne, Prüfungsanordnungen und Ausbildungsmethoden ist zu den Sitzungen des Schulrates ausserdem je ein Vertreter der Assistenten und wissenschaftlichen Mitarbeiter, der Studentenschaft sowie der Bediensteten (Beamte und Angestellte) beider Hochschulen mit beratender Stimme einzuladen.»

Ferner delegiert der Personalausschuss Mitglieder in verschiedene Kommissionen.

Der Personalausschuss hat sich in den vergangenen Jahren mit unterschiedlichem Erfolg verschiedener Probleme angenommen. Dazu gehören zum Beispiel:

- die Neuordnung der Nichtbetriebsunfallversicherung für die ETH-Angehörigen auf den 1. September 1971 mit ganz wesentlich verbesserten Leistungen,
- die Umfrage vom Wintersemester 1978/79 bei der ETH Hönggerberg über die Arbeitsverhältnisse.

Institutsreglement

Einen bedeutenden Schritt in der Mitsprache des Personals an den Instituten brachte das auf den 1. Januar 1974 in Kraft gesetzte Institutsreglement.

Insbesondere sei an dieser Stelle auf die Institutsräte hingewiesen. Im Artikel 14 des Institutsreglementes ist die minimale Zusammensetzung des Institutsrates umschrieben. Darin wird festgehalten, dass sich dieser aus dem Institutsvorsteher und mindestens aus je einem Vertreter der Mitarbeiter mit abgeschlossener Hochschulbildung und einem Vertreter ohne Hochschulbildung zusammensetzen muss. Für die Wahl ihres Vertreters ist jede Gruppe der Institutsangehörigen zuständig und bestimmt auch das Wahlverfahren. Im gegenseitigen Einverständnis der Gruppen können sich diese auf eine grössere Mitgliederzahl einigen.

Die Bedeutung der Mitsprache des Personals im Institutsrat wird durch die Geschäfte unterstrichen, die in diesem Gremium behandelt werden müssen:

- das Tätigkeitsprogramm und die mittel- und langfristige Planung;
- die Anträge über Kredite, Personalstellen und Räume;
- die interne Verteilung der finanziellen Mittel, Personalstellen, Arbeitsräume und Einrichtungen;
- die Entgegennahme wichtiger Aufträge für Forschung und wissenschaftliche Dienstleistungen;
- Benützungs- und Sicherheitsordnungen;
- die Tätigkeitsberichte des Instituts.

Diese Aufstellung zeigt, dass durch die Vertreter alle Institutsangehörigen sehr weitgehend orientiert werden. Wesentlich erscheint uns auch, dass jedes Mitglied die Versammlung des Institutsrates einberufen und bei Meinungsverschiedenheiten an einen Schlichtungsausschuss gelangen kann.

Es steht den Instituten frei, durch eigenen Satzungen das Institutsreglement zu ergänzen oder zu erweitern. Eine grosse Anzahl hat von dieser Möglichkeit Gebrauch gemacht. Dazu ist jedoch die Zustimmung der Mehrheit jeder einzelnen Gruppe der Institutsangehörigen nötig. Im Artikel 21 ist das zwingende Recht vorgeschrieben, welche Grundsätze und Bestimmungen nicht geändert

Die ETH-eigenen Postbüros im Zentrum und auf dem Hönggerberg haben täglich über 10 000 ein- und ausgehende Sendungen zu bewältigen. Mitarbeiter der Poststelle 8093 Zürich (ETH Hönggerberg) beim Sortieren von Briefpost.

werden dürfen. Hier erscheint es uns wesentlich, dass die Zusammensetzung des Institutsrates und der Grundsatz der Mitwirkung aller Gruppen gewährleistet sein muss.

Leider besteht in den Departementen, die zum Teil eine grössere Anzahl von Bediensteten beschäftigen, noch keine analoge Regelung.

Bibliothekskommission

Ihr gehören Vertreter der Dozenten, Assistenten, Studenten, des Personals und der Annexanstalten an. An den Sitzungen nimmt jeweils auch mindestens ein Vertreter der Bibliotheksleitung teil.

Die Bibliothekskommission ist ein beratendes Organ der Schulleitung in Bibliotheksfragen. Sie vertritt den Standpunkt der Benützer. Die Kommission nimmt zuhanden der Schulleitung Stellung zur Weiterentwicklung der Dienstleistungen der Bibliothek, zur Automatisierung, zur Personalfrage (Stellendotie-

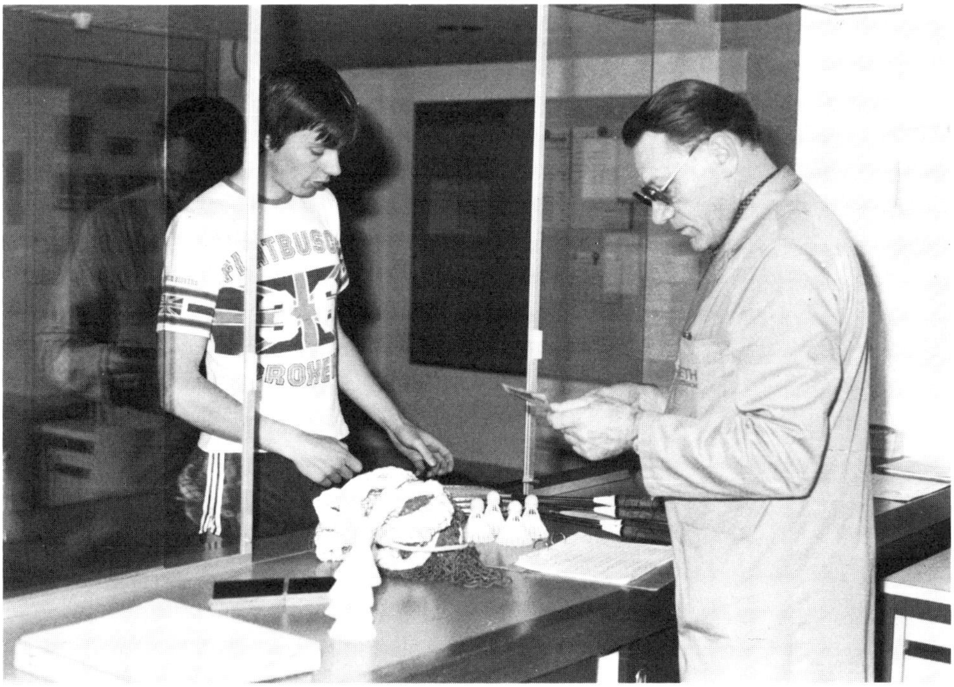

Der Hausdienst — «Mädchen für alles» an der ETH! Er hält die zahlreichen Hörsäle, Hallen und Büros sauber, hilft bei Kongressen und Ausstellungen, ist Ordnungshüter rund um die Uhr und so manches mehr.

rung) und zur Organisation des gesamten Bibliothekswesens der ETH (Verhältnis Hauptbibliothek/Fachbereichs- und Institutsbibliotheken).

Eine erste konkrete Aufgabe der Kommission war die Ausarbeitung der neuen Benützungsordnung der Bibliothek.

Im weiteren nahm die Kommission Stellung zu den Plänen für die Entwicklung eines neuen automatischen Bibliothekssystems mit interaktivem Katalogzugriff auch für die Benützer, das voraussichtlich in den nächsten fünf Jahren realisiert werden soll.

Mensakommission

Zur Wahrung der Interessen der Mensabenützer wurde 1971 die Mensakommission eingesetzt. Sie gilt als gewähltes Organ, als Diskussionspartner gegenüber dem Schweizerischen Verband Volksdienst (SV).

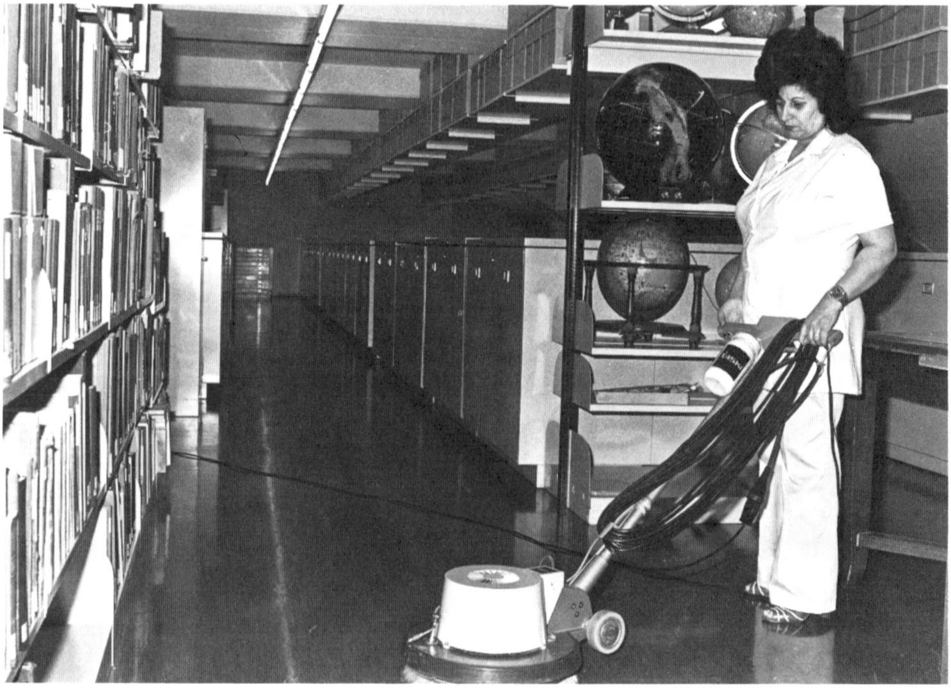

Oben: Bodenpflege in der Kartensammlung der ETH-Bibliothek.
Links: Materialausgabe fürs Turnen — hier zu freiem Badminton-Spiel nach 21 Uhr.

Die Mitglieder der Kommission setzen sich aus Vertretern des VSETH, des AVETH, des PA-ETHZ und der Dozentenkommission zusammen. Sie sind für zwei Jahre gewählt.

Die Kommission ist befugt, über Angelegenheiten, die keine finanziellen Konsequenzen haben, beispielsweise über Fragen des Verkaufssortiments, inkl. Menüfragen, Beratung über ernährungswissenschaftliche Fragen, Behandlung von Anregungen und Reklamationen, Organisation des Verpflegungsbetriebes usw., zu befinden.

Ueber die Verhandlungen der Mensakommission wird ein Beschlussprotokoll geführt. Beschlüsse von allgemeinem Interesse werden veröffentlicht.

Gegen Entscheide der Mensakommission kann innert 20 Tagen nach Veröffentlichung beim Präsidenten der ETHZ rekurriert werden. Rekurse haben nur aufschiebende Wirkung, wenn der Präsident der ETHZ dies ausdrücklich anordnet.

Die Mitglieder der Mensakommission stehen allen zur Verfügung, die ein Anliegen betreffend der Mensen der ETHZ haben.

Gemischte Kommission und Reformkommission

Im Januar 1970 wurde unter Rektor Marmier erstmals ein «Gremium aller Stände» einberufen. Unter dem Präsidium von Professor Hans-Peter Friedrich trafen sich je vier Professoren, vier Assistenten und vier Studenten zu einer ersten Sitzung. Damals wurde deutlich, dass der Stand der Bediensteten im allgemeinen Bewusstsein kaum existierte: Rektor Marmier wies in seinem Eröffnungsreferat deutlich auf diesen Umstand hin, indem er betonte, «dass es sich bei der Gemischten Kommission nicht um das nach der Uebergangsregelung vorgesehene, auf Hochschulebene zu bildende gemischte Gremium handelt. Es fehlen ja auch die Bediensteten ...». An der dritten Sitzung beschloss die Kommission, dass sie um zwei Vertreter des Personals zu erweitern sei, und schon an der folgenden Sitzung, am 1. Juni 1970, waren die ersten, vom Rektor berufenen Vertreter dabei. Die nun so zusammengesetzte *Gemischte Kommission* arbeitete in der Folge (nebst einigen anderen Geschäften) einen Vorschlag für ein Statut der Reformkommission aus. Dieses wurde am 8. Dezember 1970 unverändert vom Schweizerischen Schulrat gutgeheissen. Das Personal ist seither mit vier Vertretern in der Reformkommission vertreten (1 Präsident, 7 Professoren, 7 Assistenten, 7 Studenten, 4 Personalvertreter).

Die Untervertretung des Personals (4 statt 7) wurde damit begründet, dass der überwiegende Teil der Geschäfte die Lehre und Forschung beträfen und damit das Personal nur indirekt tangierten. Dies führte in der Folge dazu, dass für die Mitarbeit in Arbeitsgruppen nur wenige Personalvertreter gefunden werden konnten, wohl aus dem Gefühl heraus, von der Gesamtkommission nicht für voll mitverantwortlich angesehen zu werden. Im Februar 1971 übernahm die *Reformkommission* die Funktion der Gemischten Kommission. Die wohl wichtigste Aufgabe der jungen Kommission war die Ausarbeitung des «ETH-Modells 1971» sowie die «Antworten der Reformkommission auf die Fragen der eidgenössischen Expertenkommission für das ETH-Gesetz». Hervorzuheben sind ferner auch die Verbindungen mit der Reformkommission der EPF Lausanne. Die Personalvertreter in der Reformkommission wurden bisher durch eine vom Personalausschuss organisierte stille Wahl mittels Publikation im ETH-Bulletin bestimmt. Trotz zeitweise starker Belastung haben sie sich vergleichsweise sehr lange, das heisst im Durchschnitt für 4 Jahre, für ihr Amt zur Verfügung gestellt und damit wesentlich zu einer gewissen Kontinuität in der Kommissionsarbeit beigetragen. Auch wenn die Reformkommission keine Entscheidungsbefugnisse hat, so ist sie aus der Sicht des Personalausschusses doch das geeignete Gremium, um Anstösse verschiedenster Art in eine durchdachte, von allen Betroffenen akzeptierbare Form zu bringen.

Vereinigung der Pensionierten der ETH (PVETH)

(Von Oscar Neuhaus)

Seit 1976 besteht eine Vereinigung der Pensionierten an der ETH. Mitglieder dieser Vereinigung können alle Pensionierten der ETH, der Annexanstalten sowie der eidgenössischen Anstalten, die mit der ETH zusammenarbeiten, werden. Die PVETH bezweckt, die zwischenmenschlichen Beziehungen unter den Mitgliedern zu pflegen durch Veranstaltung kultureller und geselliger Anlässe sowie die gegenseitige Hilfe. So besteht die Möglichkeit, dass alle Mitglieder, ohne Klassenunterschied, in der PVETH etwas finden, um den dritten Lebensabschnitt zu bereichern, ja eventuell zu erleichtern. Jedes Mitglied hat Anrecht auf das ETH-Bulletin, die PVETH-Information und den PVETH-Personalausweis, der folgende Vorteile bietet:

- kostenlose Benützung von ETH-Bibliothek und Freizeitwerkstätte
- kostenlose Besuche von Freifachvorlesungen an der ETH
- ermässigte Preise in den Mensen ETH-Zentrum und Hönggerberg sowie beim Besuch vom Opernhaus, Schauspielhaus und Theater am Neumarkt.

Heute erweist sich die Vereinigung der Pensionierten der ETH mit ihren 181 Mitgliedern als anerkannte, lebensbereichernde Institution.

Organisatorische und bauliche Entwicklung

Der Schweizerische Schulrat und die Entwicklung der ETH Zürich 1956 bis 1979

Von Hans Rudolf Denzler

Der durch das Gründungsgesetz von 1854 mit der unmittelbaren Leitung und Ueberwachung der Anstalt ETH beauftragte Schweizerische Schulrat, zusammengesetzt aus einem vollamtlichen Präsidenten und sechs nebenamtlichen Mitgliedern, befasste sich nach dem hochschulpolitischen und gesellschaftlichen Höhepunkt der Zentenarfeier von 1955 wiederum treu, beharrlich und gewissenhaft mit den ihm übertragenen Leitungs- und Verwaltungsgeschäften. Im Mittelpunkt seiner Arbeit stand — und steht noch heute — die Gewinnung hervorragender Lehrer und Forscher als Professoren. Ihm war die Verantwortung der Auslese anvertraut, während die förmliche Ernennung dem Bundesrat übertragen ist. Es darf die Behörde mit Befriedigung erfüllen, dass die vom Präsidenten mit grösster Sorgfalt vorbereiteten Wahlvorschläge, über die jeweils ausführlich und offen referiert und diskutiert wurde, in fast allen Fällen die Billigung des Bundesrates fanden. Die Schaffung und Besetzung neuer Professuren bedeutete nicht nur, den sich stets entwickelnden Unterricht durch hochqualifizierte, der Schule vollamtlich verpflichtete Dozenten sicherzustellen, sondern es wurden damit gleichzeitig grundlegende Entscheidungen im Bereich der wissenschaftlichen Forschung gefällt, planerische Massnahmen also, die sich langfristig viel stärker als die Dotierung einzelner Professuren oder Institute mit Personal, Finanzen und Raum auswirken sollten.

Ein weiterer Bereich, dem sich der Schulrat zu widmen hatte, war die ständige Fortentwicklung der Studiengänge und Prüfungsordnungen, wie sie vor allem im Erlass von Normalstudienplänen und Prüfungsregulativen zum Ausdruck kam. Hier war die Behörde rechtssetzend tätig, indem sie die Wege festlegte, auf denen ein akademischer Grad erworben werden konnte, wohl wissend, dass damit nur ein Rahmen gesetzt werden konnte, der von den Dozenten auszufüllen ist. Die Lehrfreiheit als ungeschriebenes Verfassungsrecht lässt sich durch Studienpläne nicht ersetzen, wohl aber in gewisser Hinsicht zielgerichtet orientieren.

In den ersten 14 Jahren der Berichtsperiode waren dem Schulrat zudem Verwaltungsaufgaben übertragen, unter deren Last er oft stöhnte. Wohl war damals der Schulratsekretär faktisch Leiter der Hochschulverwaltung und gestattete es die Verordnung über die Eidgenössische Technische Hochschule (von 1924) dem Präsidenten, eine grosse Zahl von Verwaltungsgeschäften selbst zu erledigen. Dennoch hatte sich der Schulrat, der sich schon damals nur etwa sechsmal jährlich zu Sitzungen versammelte, dauernd mit Stipendien- und Darlehensgewährungen, mit der Ausrichtung von Beiträgen zulasten ungezählter Fonds, mit der Verleihung von Preisen und Prämien, mit Dozenten- und Studentenaustauschen, mit Lehraufträgen, akademischen Gästen und Gastdozenten zu befassen. Zur Entlastung erwägte der Schulrat zu Beginn der sechziger Jahre die Schaffung eines vollamtlichen Vizepräsidiums, eventuell eine personelle Verstärkung auf der Stufe der Schulratskanzlei. Eine radikale Veränderung der Situation, wie sie im Jahre 1969 eintreten sollte, war damals noch nicht erkennbar. Erste Schritte zur Entlastung vor allem des Präsidenten wurden nach Amtsantritt von Minister Burckhardt in die Wege geleitet, indem ein besonderer Delegierter für Fragen der Annexanstalten seine Stabsfunktionen aufnahm.

Eine Analyse der Tätigkeit des Schulrates, wie sie sich in den Protokollen niedergeschlagen hat, lässt für den Zeitraum 1956 bis 1979 drei Phasen erkennen, die sich mit den Begriffen Ausbau, Umbruch und Engpass charakterisieren lassen. Sie seien im folgenden etwas näher betrachtet.

Ausbau (1956 bis 1968)

Vorbereitungen für einen beispiellosen Ausbau des Schulratsbereiches, der damals neben der ETH (Zürich) die Annexanstalten EMPA[1], FHK[2], EAFV[3] und EIR[4] umfasste, trat der Schulrat in räumlicher, personeller und finanzieller Hinsicht. Er hatte insbesondere die Grundlagen zu schaffen, die es Bundesrat und eidgenössischen Räten gestatteten, in Bundesbeschlüssen über bauliche Erweiterungen sowie in den Voranschlägen grünes Licht für eine steile Aufwärtsentwicklung zu geben und einen Stand zu erreichen, der die gegen Mitte der siebziger Jahre erkennbar werdende Gefahr des Numerus clausus für die Bundeshochschule abwenden liess und gleichzeitig in vielen Bereichen der wissenschaftlichen Forschung den Anschluss an ein hohes internationales Niveau möglich machte.

In *baulicher* Hinsicht fiel ein grundlegender Entscheid 1957/58 mit dem Entschluss, die dringend erforderliche Schaffung neuer Hochschulgebäude nicht ausschliesslich im zu eng gewordenen ETH-Zentrum im Hochschulquartier zu realisieren, sondern auf den Hönggerberg auszuweichen. Ihm folgten in rascher Reihe Bundesbeschlüsse über den Landerwerb, über die Erstellung der Physik-Neubauten sowie — in einigem zeitlichem Abstand (1970) — der Neubauten, die ursprünglich für die Lehr- und Forschungsinstitute der Bauingenieure sowie der Kultur- und Vermessungsingenieure bestimmt waren und über deren Belegung durch grosse Teile der Abteilung für Architektur noch zu sprechen sein wird. Ein während langer Jahre verfolgtes Projekt zur Errichtung einer grossen Studentensiedlung auf dem Hönggerberg wurde schliesslich fallengelassen, nachdem es gelungen war, einige Häuser einer privaten Ueberbauung zu erwerben. Lag somit der Schwerpunkt der Planungs- und Bautätigkeit während knapp zwanzig

Jahren auf dem Hönggerberg, einer ursprünglich grünen Wiese, auf der die Interessen der Stadt Zürich, privater Baugenossenschaften und der Eidgenossenschaft anfänglich miteinander in Konflikt traten, so blieb dennoch auch das Zentrum im Hochschulquartier von Neu-, Um- und Ausbauten nicht verschont. Anträgen des Schulrats folgend, bewilligte das Parlament die Kredite für die Neu- und Umbauten des Instituts für physikalische Chemie, des Hauptgebäudes, des Maschinenlaboratoriums, der beiden naturwissenschaftlichen Gebäude, des Rechenzentrums, des Laborgebäudes für Elektrotechnik, des alten Physikgebäudes, der Hochschulsportanlage Fluntern (gemeinsam mit dem Kanton Zürich). Weitere Raumbedürfnisse konnten durch den Erwerb bestehender Gebäude befriedigt werden.[5]

Nicht weniger deutlich als an der Vergrösserung der der Hochschule zur Verfügung stehenden Räumlichkeiten zeigte sich der Ausbau der ETH in den zum Teil beträchtlichen jährlichen *Stellenvermehrungen*, zu denen sich der Bund im Rahmen der Voranschläge bereit fand. Die damaligen Zuwachszahlen erweisen sich aus heutiger Sicht als Zeichen beinahe paradiesischer Verhältnisse. Sie erlaubten dem Schulrat, den Lehrkörper kräftig zu verstärken, die Institute mit Mitarbeitern aller Kategorien zu dotieren, die wissenschaftlichen Dienstleistungsbetriebe (wie Bibliotheken und Rechenzentrum) angemessen auszubauen und die zentrale Hochschulverwaltung bescheiden zu erweitern. Für Details sei auf die separate tabellarische Zusammenstellung (vgl. Anhang, S. 677–679) verwiesen.

Aus der gleichen Zusammenstellung wird auch die Aufwärtsentwicklung der der ETH zur Verfügung gestellten *finanziellen Mittel* im Rahmen der jährlichen Voranschläge ersichtlich. Gewiss drückt sich in der nominellen Zunahme insbesondere der Rubrik Unterricht und Forschung, welche (neben den Mitarbeitern) die eigentliche operationelle Reserve des Schulrates darstellte, die Teuerung aus, es liegt darin aber auch echtes Wachstum, das der Schule in Unterricht und Forschung zugute kam. Das Bild wäre indessen nicht vollständig, würden die bedeutenden Kreditanteile nicht berücksichtigt, die in den vielen Bundesbeschlüssen über den weiteren Ausbau der ETH mit dem besonderen Zweck der apparativen Erstausstattung von Neubauten und Umbauobjekten enthalten waren. Sie ermöglichten die Anschaffung zweckmässiger und moderner Apparate und Einrichtungen ausserhalb des jährlichen Betriebskredites. Sie sollten in späteren Jahren eine der Ursachen für die Engpass-Situation werden, über die noch zu reden sein wird.

In der Ausbauperiode verwirklichte der Schulrat verschiedene weitere Wünsche und Projekte und hatte er sich mit unerwartet aufgetretenen Ereignissen zu befassen, die Auswirkungen auf die Hochschule zeitigten. So leitete er die Schaffung von Assistenzprofessuren zur Entlastung der Ordinarii im Unterricht in die Wege; er erreichte wiederholt Verbesserungen der Bezüge der Professoren, wobei ab 1962 die direkte finanzielle Beteiligung der Professoren an den Studiengeld-Einnahmen verschwand; er traf Grundsatzentscheidungen im Hinblick auf

Hans Pallmann, 1903–1965, Präsident des Schweizerischen Schulrates 1949–1965.

die spätere Entwicklung der Molekularbiologie und der Hochenergiephysik; er führte Ausbildungsgänge für Verfahrensingenieure (Abteilung III A) und Chemiker (Abteilung IV) ein; er gestattete die Durchführung schriftlicher Vordiplomprüfungen; er führte interdisziplinäre Vorlesungen gemeinsam mit der Universität Zürich ein; er liess die Hochenergiegruppe innerhalb des Physikinstitutes zur Annexanstalt SIN[6] verselbständigen; er traf Massnahmen, um den zu erwartenden ungarischen Flüchtlingsstudenten die Studienaufnahme an der ETH zu ermöglichen. Andere Projekte, mit denen sich die Behörde eingehend befasste, wurden nicht verwirklicht: so die Erstellung einer Kernenergie-Heizkraftanlage im Fernheizkraftwerk, die Errichtung einer besonderen Abteilung für Ingenieur- beziehungsweise für technische Wissenschaften oder für angewandte Physik.

Der Schulrat liess sich durch die in jenen Jahren reichlich zur Verfügung stehenden Mittel nicht dazu verleiten, allen Wünschen, die in grosser Zahl und von verschiedener Seite an ihn herangetragen wurden, leichthin zu entsprechen. Aus den Protokollen sind vielfältige *Planungsansätze* zu erkennen, die sich zwar zunächst hauptsächlich auf die bauliche Entwicklung bezogen, in der Folge aber auch die Bereiche der Dozentenschaft, ja des Personals insgesamt umfassten.

Durch den unerwarteten Hinschied von Präsident *Pallmann* am 13. Oktober 1965 war die Spitze der Behörden während einiger Monate verwaist. In verdankenswerter Weise trat Vizepräsident Seippel, gemeinsam mit Schulratssekretär Bosshardt, der ihm die Verwaltungsgeschäfte weitgehend abnahm, in die Lücke, bis am 1. April 1966 Minister Dr. J. *Burckhardt* das Präsidium übernahm, der die Behörde in den folgenden, bewegten Jahren souverän leitete.

Umbruch (1968 bis 1974)

Schon 1958 sah sich der Schulrat mit einem Problem konfrontiert, das in der Folge in mehr als einer Beziehung zu einem Umbruch führen würde:

Im Nationalrat wurde durch eine Motion Sollberger die Frage aufgeworfen, ob nicht der Zeitpunkt gekommen sei, der *Ecole Polytechnique de l'Université de Lausanne* (EPUL) eine Bundesunterstützung zukommen zu lassen. Der Schulrat, um seine Stellungnahme befragt, hielt dafür, dass eine Subventionierung der EPUL durch den Bund «in einem bestimmten Rahmen der Prüfung wert» erscheine, dass sie aber vom Bund nur für die Dauer des Bestehens eines Nachwuchsproblemes in Aussicht zu nehmen sei; gedacht war damals an eine gezielte Förderung des technisch-wissenschaftlichen Nachwuchses für die Schweiz, während die Ausbildung von Ausländern, deren prozentual grosser Anteil auffiel, nicht Sache des Bundes sein könne. 1960 nahm der Bundesrat einen einmaligen Baubeitrag in der Höhe von höchstens einem Drittel der Baukosten für die Schaffung und Ausstattung von Laboratorien in Aussicht; eine Beteiligung an den Betriebskosten wurde abgelehnt. Sechs Jahre danach unterbreitete der Staatsrat des Kantons Waadt dem Bundesrat das förmliche Gesuch um Uebernahme der EPUL als zweite Bundeshochschule. Der damalige Vorsteher des Eidgenössischen Departements des Innern, Bundesrat H. P. Tschudi, ersuchte den Schulrat um seine Stellungnahme. Dieser ging behutsam und sorgfältig an das staats- und hochschulpolitisch sowie juristisch und finanziell heikle Thema heran, indem er zunächst eine kleine Arbeitsgruppe unter Leitung von alt Schulratssekretär Bosshardt bildete, welche im Einvernehmen mit den Behörden des Kantons Waadt und der EPUL ein Inventar aller Probleme aufstellen und Lösungsvorschläge ausarbeiten sollte. Zuvor wurden einige grundsätzliche Fragen im direkten Gespräch zwischen Dr. Bosshardt und Direktor Cosandey vorbesprochen und geklärt, wobei tiefgreifende Unterschiede im Schulsystem und Organisationsfragen, insbesondere die Stellung des Schulrates, im Vordergrund standen. In beharrlicher, aber im Verborgenen ablaufender Arbeit konnten in den wenigen zur Verfügung stehenden Monaten des Jahres 1967 auf der Stufe des Schulrates alle offenen Punkte bereinigt und Meinungsverschiedenheiten beseitigt werden, was dem Bundesrat gestattete, die Uebernahme der EPUL durch den Bund mit Botschaft vom 4. März 1968 zu beantragen und gleichzeitig ein

Dr. Hans Bosshardt, 1901—1973, Sekretär des Schweizerischen Schulrates 1930 bis 1966.

Bundesgesetz über die Eidgenössischen Technischen Hochschulen vorzulegen, welches das Gründungsgesetz von 1854 ersetzen sollte.

Der *Gesetzesentwurf* sah die Unterstellung beider Technischer Hochschulen des Bundes unter den Schweizerischen Schulrat vor, dessen Mitgliederzahl von sieben auf neun erhöht und dem neben dem vollamtlichen Präsidenten zwei ebenfalls vollamtliche Vizepräsidenten angehören sollten; je einem von ihnen sollte die unmittelbare Leitung einer ETH obliegen. Das weitere Schicksal dieser Vorlage dürfte wohl vielen Lesern dieser Zeilen noch bekannt sein: überwältigende Annahme in beiden Räten — Zustandekommen des vor allem von studentischer Seite unterstützten fakultativen Referendums — Ablehnung des Bundesgesetzes in der Volksabstimmung vom 1. Juni 1969. Um die in der Sache nicht bestrittene Uebernahme der EPUL durch den Bund nicht zu gefährden, sahen sich die eidgenössischen Räte veranlasst, am 24. Juni 1970 einen befristeten Bundesbeschluss über die Eidgenössischen Technischen Hochschulen zu erlassen, der als *«Uebergangsregelung»* bekanntgeworden ist und nach einer ersten Verlängerung vom 20. Juni 1975 auch heute noch gilt.[7]

Es ist hier nicht der Ort, ausführlich über die Gründe zu reden, die zum Zustandekommen des Referendums und zur Ablehnung des Gesetzesentwurfes geführt haben. Aus der Sicht des Schulrates mögen die weltweiten Unruhen, namentlich unter der studentischen Jugend, des Jahres 1968 und damit zusammenhängend die enttäuschten Erwartungen in eine radikale Veränderung der Hochschulstrukturen sowie die nicht befriedigten Wünsche nach Mitwirkung, ja Mitbestimmung eine entscheidende Rolle gespielt haben.

Der Schulrat hat die Uebergangsregelung aus verschiedenen Gründen begrüsst: sie ermöglichte eine effiziente Oberleitung und Koordination der beiden Bundeshochschulen, sie brachte der Behörde die längst gewünschte Entlastung und Verstärkung, sie erlaubte die Mitbeteiligung von Vertretern der Angehörigen beider Hochschulen (und eines Vertreters der Annexanstalten) an der Entscheidungsfindung in wichtigen Fragen des Studienganges und der Organisation, sie bildete die Grundlage für die Mitwirkung auf Abteilungs- und Institutsebene, sie ist die Basis für das Wirken der Reformkommissionen.

Freilich vollzog sich die Anwendung der Uebergangsregelung auf der Ebene des Schulrates nicht ohne gewisse Anfangsschwierigkeiten. So wurde vor allem von studentischer Seite eine beschränkte Oeffentlichkeit der Schulratssitzungen in dem Sinne verlangt, dass die Vertreter aller Gruppen von Hochschulangehörigen bei der Behandlung sämtlicher Geschäfte, also auch der personenbezogenen (wie Wahl- oder Beförderungsanträge), zugegen sein sollten. Schon vor Inkrafttreten jenes Bundesbeschlusses hatte der Schulrat Studenten zu einzelnen Geschäften eingeladen. Schliesslich konnte man sich in dem Sinne einigen, dass Sitzungen mit Gästen und solche ohne Gäste durchgeführt wurden, dass jedoch die gesamte Traktandenlisten auch den Gästen zugestellt werden. Der Schulrat verwirklichte auch die ihm auferlegte Publikationspflicht über die Verhandlungen; als eines der Instrumente kann das seit Oktober 1967 erscheinende ETH-Bulletin bezeichnet werden.

Sodann ergaben sich Probleme aus dem Umstand, dass gemäss Uebergangsregelung die direkte Leitung der beiden ETH je einem Vizepräsidenten des Schulrates übertragen ist. Es bedurfte also einer förmlichen Kompetenzzuweisung an diese Vizepräsidenten, die später in ihrer Stellung als Schulleiter den Titel «Präsident» führten.

Ferner hatte der Schulrat eine Reihe von Mitwirkungspostulaten, die in der Uebergangsregelung verankert sind, zu verwirklichen. Er tat dies durch die Einsetzung von Abteilungs- und Institutsräten sowie durch die Anordnung von Vernehmlassungen bei den Gruppen oder Einheiten der beiden Schulen.

Durch die Uebergangsregelung wurde die *hochschulpolitische Stellung* des Schulrates rechtlich und faktisch nicht unbedeutend verändert. Die unmittelbare Leitung und Verwaltung der beiden Bundeshochschulen ist nicht mehr ihm übertragen, sondern den beiden Präsidenten der ETH. Wohl bleibt er oberste gemeinsame Spitze, Antragsorgan gegenüber dem Bundesrat und Rechtssetzungsorgan für Studien- und Prüfungsfragen, doch sind ihm hiebei vorrangig Koordinations- sowie mittel- bis langfristige Planungsaufgaben übertragen. Von vielen Verwaltungsgeschäften, die ihn in früheren Jahren so sehr belasteten, ist er befreit.

Der Umbruch, der diese Periode kennzeichnet, hat aber noch eine andere Ursache, die ausserhalb der Hochschulsphäre liegt. Das am 1. Oktober 1969 in Kraft getretene Bundesgesetz über das Verwaltungsverfahren übertrug dem Schulrat auch noch rechtsprechende Funktionen, indem er als *Beschwerdein-*

stanz zu handeln hat, wann immer eine Verfügung einer ihm direkt unterstellten Instanz angefochten wird. Es sind damit nach dem Willen des Gesetzgebers praktisch alle Anordnungen einer Hochschule oder Annexanstalt in gewissem Sinne justiziabel geworden, auch diejenigen, die — wie Prüfungsentscheide — nicht eigentlich justiziabel sein können. Die Behandlung von Beschwerden belastet den Schulrat seit etwa 1971 in zunehmendem Masse und weit stärker, als dies früher die Verwaltungsgeschäfte taten. So hatte er sich neben ungezählten Prüfungsverfügungen, zahlreichen Entlassungsverfügungen auch mit der Beschwerde von zwei Gastdozenten der Abteilung für Architektur zu befassen, deren Lehraufträge nicht erneuert worden waren, mit der Anfechtung der Erhöhung von Mensapreisen, mit einem Disziplinarentscheid gegen den Präsidenten des VSETH, mit dem Problem der Festsetzung der studentischen Beiträge an den VSETH, mit Beschwerden im Zusammenhang mit der angeblichen Verletzung von Mitwirkungsrechten, mit einer Beschwerde über die Aufstellung von Photokopierautomaten durch eine studentische Vereinigung, mit Beschwerden über Zulassungsverfügungen usw.

Es ist verständlich, wenn sich der Schulrat, der seit 1969 nicht mehr über die Verwaltungsbeamten der ETH Zürich verfügen konnte, im Laufe der Jahre einen eigenen kleinen Stab aufbauen musste, der heute neben den bereits erwähnten Mitarbeitern noch über eine Verwaltungskoordination sowie über einen Wissenschaftskoordinator und das erforderliche Kanzleipersonal verfügt.

In der Periode 1968 bis 1974 fallen mehrere bemerkenswerte Entscheidungen des Schulrates. Hier sei zunächst die Synchronisierung der Aufnahmebedingungen für die beiden Bundeshochschulen, der Erlass einer Uebertrittsregelung sowie die Koordinierung der Studienpläne erwähnt. Ferner wurde der Zugang zu beiden Hochschulen für Absolventen von Höheren Technischen Lehranstalten erleichtert. Die Eidgenössische Anstalt für Wasserversorgung, Abwasserreinigung und Gewässerschutz (EAWAG), ursprünglich ein Institut der ETHZ, wurde in eine Annexanstalt umgewandelt. Auf Grund gewisser Erosionserscheinungen an der Abteilung für Architektur wurden anlässlich einer Lehrplanrevision die Lehrinhalte verbindlich festgelegt. Für beide Hochschulen wurden neue, moderne Disziplinarordnungen erlassen (die bis heute nicht ein einziges Mal angewendet werden mussten!). An der ETHZ wurde eine Reihe neuer Institute und Departemente errichtet, darunter zwei Institute, die von ETHZ und Universität Zürich gemeinsam getragen werden (biomedizinische Technik und Toxikologie). In einem weiteren Beschwerdefall war zu entscheiden, ob der Präsident der ETHZ den grösseren Teil der Abteilung für Architektur und die meisten ihrer Institute zu Recht in den ursprünglich für andere Benützer vorgesehenen Neubau auf dem Hönggerberg verlegt habe, der sonst nicht richtig hätte belegt werden können; die Wogen schlugen damals recht hoch, haben sich aber seither weitgehend gelegt. Das Fernheizkraftwerk wurde als Annexanstalt aufgehoben und als Betriebsabteilung der ETH Zürich eingegliedert. Das Prüfungswesen wurde in dem Sinne geändert, als bei mündlichen Prüfungen stets ein Beisitzer zugegen sein muss. Anlässlich einer Totalrevision der Promotionsordnung der ETHZ wurde der Druckzwang für Dissertationen abgeschafft. Ebenfalls für die ETHZ wurde ein Institutsreglement erlassen, das die Rechte und Pflichten der Institute, ihrer Angehörigen und Organe festhält.

Nachdem der Schulrat seit 1969 faktisch und seit 1970 auch rechtlich von der direkten Leitung der beiden ihm unterstellten Hochschulen entlastet worden war, sollen im folgenden kurz die Prinzipien für die *Leitungs- und Verwaltungsorganisation der ETHZ* aufgezeigt werden. Formell steht, wie bereits dargelegt, der Präsident an der Spitze der Hochschule. Er vertritt die Schule nach aussen und trägt sowohl rechtlich als auch politisch die Verantwortung allein. Unterstützt wird er in seinen Leitungsaufgaben vom Rektor, der von der Professorenschaft gewählt wird und der die akademische Spitze in Unterricht und Forschung darstellt, sowie vom Betriebsdirektor, dem — mit Ausnahme des Rektorates — die zentralen Verwaltungs- und Dienstleistungsbetriebe unterstellt sind.

Die aus Präsident, Rektor und Betriebsdirektor bestehende De-facto-Schulleitung wird unterstützt von einem Generalsekretariat und drei Stabsabteilungen (Forschung, Planung sowie Presse- und Informationsdienst). Als beratende Organe stehen der Schulleitung oder einzelnen ihrer Mitglieder Kommissionen zur Seite, die nach dem Milizsystem aufgebaut sind und sich im wesentlichen aus Hochschulangehörigen zusammensetzen; als besonders wichtige seien hier die Planungs-, die Forschungs-, die Computer- und die Bibliothekskommission genannt. Auch der Rektor wird in seinen Obliegenheiten unterstützt durch drei nebenamtliche Delegierte aus der Professorenschaft für die Unterrichtsbereiche der Diplomstudien sowie der Weiterbildung und für den Forschungsbereich. — Das Konzept dieser Reorganisation wurde vom Schulrat in den Jahren 1971 bis 1973 gutgeheissen.

Die *bauliche Erweiterung* der ETHZ blieb auch in dieser Phase des Umbruches nicht stehen. An neuen Vorhaben wurden die Chemieneubauten in Angriff genommen sowie die Studentenmensa und Mehrzweckhalle vor dem Hauptgebäude, die Erweiterung des Institutsgebäudes für Molekularbiologie auf dem Hönggerberg, die Errichtung einer Feldstation für Pflanzenbau und die Projektänderung für das alte Physikgebäude an der Gloriastrasse (Neubau statt Umbau) botschaftsreif gemacht. Bis 1973 durfte der Schulratsbereich auch mit jährlichen *Stellenzuteilungen* rechnen, wenn auch die vom Bund zugestandenen Personalvermehrungen in zunehmendem Masse nur Bruchteile dessen ausmachten, was in der Planung als unerlässlich bezeichnet worden war. Der Präsident der ETHZ sah sich deshalb schon Ende 1973 veranlasst, dem Schulrat bekanntzugeben, dass er sämtliche Wahlvorbereitungen für Professuren, die nicht bereits ausgeschrieben wurden, vorläufig sistieren müsse. Das bedeutete einen Rückschlag für die vom Schulrat erarbeitete und beschlossene Dozentenplanung sowie der Planung von Teilbereichen innerhalb der ETHZ.

Engpass (1974 bis 1979)

Zu Beginn des Jahres 1974 sah sich der Schulrat veranlasst, einmal mehr dem Bundesrat die immer prekärer werdende Situation an den Hochschulen und Annexanstalten vor Augen zu führen, die durch die als völlig ungenügend erachtete Dotation mit neuen Stellen bereits entstanden war und weiterhin zu befürchten war. Aus der besonderen Mission der ihm unterstellten Einheiten leitete er den Anspruch ab, nicht gleich behandelt zu werden wie die allgemeine Bundesverwaltung. Nicht nur schien ihm ein praktisches Nullwachstum mit dem vom Parlament bewiesenen Mut zum räumlichen Ausbau unvereinbar, sondern es verunmöglichte auch den inneren Ausbau in Unterricht und Forschung. Die in dieser Eingabe zum Ausdruck kommende Sorge hat sechs Jahre später nichts von ihrer Aktualität verloren; nur ist das Nullwachstum zum Dauerzustand geworden. Die Perspektiven auf der finanziellen und baulichen Seite sind, was die ETHZ betrifft, durch die Ablehnung der Bundesfinanzreform in der Volksabstimmung nicht rosiger geworden. Der Schulratsbereich hatte sich darauf einzustellen, die bestehenden sowie vielerlei neue Aufgaben mit unverändertem Personalbestand und nur wenig wachsenden Budgets zu bewältigen.

Die beiden Bundeshochschulen sahen sich in dieser Lage im Vergleich mit ihren kantonalen Schwesteranstalten in einer bevorzugten Situation, weil wenigstens die Studentenzahlen nicht (noch nicht?) explosiv anwuchsen. An der ETHZ blieb die Zahl der Neueintritte innerhalb enger Grenzen insgesamt stabil, wenn auch beträchtliche Unterschiede von Abteilung zu Abteilung festzustellen waren. Erwähnenswert ist in diesem Zusammenhang der beinahe dramatische Rückgang bei Architekten und Bauingenieuren sowie die bedeutende Zunahme bei Elektroingenieuren und Pharmazeuten. Die erstellten Neubauten gestatteten die Aufnahme aller Studierwilligen, die im Bau befindlichen Objekte, insbesondere für die Elektrotechnik, werden auch einen weiteren Anstieg ohne grosse Mühe bewältigen lassen.

In der sich immer mehr zuspitzenden Engpass-Situation kam einer sorgfältigen Planung und Prioritätenfestsetzung besonderes Gewicht zu, ergänzt durch Koordination zwischen den Mitgliedern des Schulratsbereiches. Solchen Führungsaufgaben hat sich der Schulrat mit grossem Ernst unterzogen und dabei für seinen Bereich beispielhafte Planungs- und Koordinationsarbeit geleistet. Gewissermassen auf unternehmerischer Ebene hat er Zielvorstellungen und Planungsgrundsätze entwickelt, die in der Folge in Mehrjahresplänen und in Budgets ihre Auswirkung finden. Mit Entscheiden über die Dozentenplanung der beiden Hochschulen hat er die Entwicklung in Lehre und Forschung vorgezeichnet. Er hat auch nicht davor zurückgeschreckt, Koordinationsentscheidungen zu treffen, indem er in bestimmten Gebieten, etwa der Felsmechanik, der Mikrotechnik, der technischen Biologie, der Plasmaphysik, Schwerpunkte nach Zürich oder nach Lausanne verlegte, oft zum Bedauern der dadurch nicht begünstigten Schule.

Auf dem Platze Zürich trat eine Engpass-Situation im wörtlichen Sinne ein, indem sich ETHZ, Universität und Kantonsspital trotz der Aussenstationen Hönggerberg und Irchel auf wenigen Quadratkilometern als konkurrierende Kauf- und Mietinteressenten gegenüberstanden. Hier half eine von den Zürcher Stimmbürgern angenommene Sonderbauordnung für das Hochschulquartier weiter, die einerseits eine bessere Ausnutzung der Areale zulässt, anderseits aber auch für eine klare Abgrenzung der Interessensphären sorgt und mittelfristig zu einer Rückführung von für Hochschulzwecke beanspruchten Gebäuden zu Wohnzwecken führen wird.

Mit Billigung des Schulrates führte die ETHZ in der Forschung den Grundsatz der Projektfinanzierung ein. Das bedeutet, dass von der für Unterricht und Forschung bestimmten jährlichen Voranschlagspauschale nur ein Teil zu Jahresbeginn an die Abteilungen und Institute verteilt wird, mit welchem die Grundlast finanziert werden soll. Der Rest bleibt zunächst in der Hand der Schulleitung, die auf Grund durch die Forschungskommission begutachteter Forschungsgesuche Kredite für einzelne Forschungsprojekte zuspricht. Damit wird einerseits eine gewisse Forschungssteuerung erzielt, die sich an den vom Schulrat gutgeheissenen Mehrjahresplänen zu orientieren hat, anderseits ist eine bessere Kontrolle über den Einsatz der Forschungsmittel gewährleistet. Auf dem Weg der Projektfinanzierung werden auch grössere apparative Anschaffungen der Institute ermöglicht.

Gerade auf dem Gebiet der apparativen Ausrüstung zeichnet sich für das Ende der siebziger Jahre ein weiterer Engpass ab: zahlreiche Einrichtungen, die seinerzeit mit sogenannten Botschaftskrediten im Zusammenhang mit Neu- oder Umbauten angeschafft werden konnten, sind inzwischen am Ende ihrer natürlichen Lebensdauer angekommen oder durch die rasante technische Entwicklung veraltet. Es gilt deshalb, den Ersatz vorzubereiten. Da aber für die ETHZ grössere Neubauten oder Umbauten in absehbarer Zeit nicht zu erwarten sind, entfällt die Möglichkeit einer Finanzierung über Botschaftskredite. Die jährlichen Betriebskredite reichen für solche Ersatzanschaffungen bei weitem nicht aus. Der Schulrat wird sich deshalb bald entscheiden müssen, welche anderen Finanzierungsmöglichkeiten er dem Bundesrat zuhanden des Parlamentes vorschlagen will.

Trotz Engpässen verschiedener Art konnte der Schulrat auch im letzten Berichtsabschnitt eine Reihe wegweisender Massnahmen treffen. Soweit von ihnen die ETHZ direkt betroffen ist, seien erwähnt: die Einführung von Nachdiplomstudien in Molekularbiologie und Biophysik, in Automatik und Nachrichtentechnik, in Siedlungswasserbau und Gewässerschutz; der Erlass eines Reglementes für die Weiterbildung; die Einführung von Betriebsabrechnungen als Kontroll- und Führungsmittel der Institute, Verwaltungsabteilungen und der Schulleitung; die Umbenennung der bisherigen Allgemeinen Abteilung für Freifächer in eine Abteilung für Geistes- und Sozialwissenschaften und deren Verbindung (über Wahlfächer in der Schlussdiplomprüfung) mit den Fachabteilungen; die

Einführung eines Studienganges in Verhaltenswissenschaften; die Errichtung von Departementen für Physik, für Mathematik und für Erdwissenschaften sowie von Instituten für Verkehrsplanung und Transporttechnik und für Tierproduktion sowie für Wald- und Holzforschung; die versuchsweise, befristete Einführung eines projektorientierten Studiums an der Abteilung für Naturwissenschaften; die Neuregelung des Rücktrittsalters der Professoren.

Mit besonderer Sorgfalt widmet sich der Schulrat seit 1978 den Beziehungen zwischen den ihm unterstellten Schulen und Anstalten, namentlich den Problemen der Aufgabenverteilung und der Mittelzuwendung. In diesem Zusammenhang hat er eine Studie ausarbeiten lassen, die versucht, mit wissenschaftlichen Mitteln Antworten auf die Frage zu finden, ob und wie sich die Betriebsgrösse einer Schule auf ihr Rendement auswirkt, ob Zusammenhänge bestehen zwischen den eingesetzten personellen und finanziellen Mitteln einerseits und den Leistungen in Unterricht, Forschung und Dienstleistungen anderseits («Effets de taille»-Studie). Sie lässt gewisse vergleichende Schlüsse zwischen den beiden Schwesternhochschulen ETHZ und EPFL zu und dürfte für Koordination und globale Planung auf der Schulratsebene auch in Zukunft von Bedeutung sein.

Ausblick

Beim Eintritt ins Jubiläumsjahr 1980 ist die Stellung, Funktion und Arbeitsweise des Schweizerischen Schulrats in mehr als einer Hinsicht anders als 25 Jahre zuvor.

Unverändert ist seine direkte Unterstellung unter den Bundesrat als kollegiale Landesregierung geblieben; unverändert gut sind seine Beziehungen zum jeweiligen Vorsteher des Eidgenössischen Departementes des Innern, der seine Anträge und Anliegen vor Bundesrat und Parlament zu vertreten hat; unverändert gross ist das Engagement der Behörde für die Hochhaltung der Qualität in Lehre und Forschung.

Was den Hochschulbereich betrifft, so hat sich der Schulrat heute mit zwei Anstalten zu befassen, die sich in vielem ergänzen, in einigen Bereichen überschneiden und ganz selten konkurrenzieren möchten, wenn nicht der Schulrat lenkend und Gewichte verteilend eingriffe. Er ist aber nicht mehr direktes Leitungs- oder Verwaltungsorgan, sondern seit der Uebernahme der EPUL durch den Bund auf eine höhere Ebene gehoben worden.

Auch in der Arbeitsweise hat sich der Schulrat gewandelt. Vorbei sind die idyllischen Zeiten der Samstagvormittags-Sitzungen mit anschliessendem gemeinsamem Mittagessen im Studentenheim. Man tagt heute abwechslungsweise in Zürich oder Lausanne, gelegentlich auch in Bern. Der Teilnehmerkreis an den Sitzungen hat sich beträchtlich ausgeweitet, nämlich (in den Sitzungen mit Gästen) rund verdreifacht. Manches Votum erhält mit Rücksicht auf die Zuhörerschaft eine andere Nuance, als wenn man unter sich wäre.

Als nicht leicht zu lösendes Problem erweist sich — trotz teilweise überbordender schriftlicher Dokumentation — der Informationsvorsprung der hauptamtlichen vor den nebenamtlichen Mitgliedern. Umgekehrt wird es als bereichernd empfunden, wenn die letzteren ihre Kenntnisse und Erfahrungen aus Industrie, Forschung, Verwaltung und Politik in die Beratungen einfliessen lassen, womit sichergestellt werden kann, dass die Entscheidungen des Schulrates auf solidem Fundament ruhen.

Die Zukunft des Schjulrates ist insofern im ungewissen, als nicht feststeht, welche Stellung und welche Aufgaben ihm der Gesetzgeber im Zusammenhang mit einem neuen ETH-Gesetz übertragen wird. Es bleibt zu hoffen, dass es im wesentlichen die bisherigen sein werden, welche den Schulen und Annexanstalten einen bemerkenswerten akademischen Freiraum erhalten halfen.

Mitglieder und Sekretäre des Schweizerischen Schulrates 1955 bis 1979

(in alphabetischer Aufzählung)

Schulratsmitglieder:

Bärtschi E. Dr., Nationalrat	1955—1957	
Barrelet J.-L., Ständerat	1955—1972	
Burckhardt J. Dr., Minister	1966—1978	Präsident 1966—1978
Caruzzo F., Nationalrat	1947	
Corthésy J.-C.	1970—1973	
Cosandey Maurice, Prof.	1969	Vizepräsident 1969—1978 Präsident 1978
Egli G. Dr., Nationalrat	1955—1957	
Frech E., Stadtrat	1972	
Gicot H., Dr. h.c.	1955—1967	
Hauri H. Prof.	1968—1973	Vizepräsident 1968—1973
Hürlimann H. Dr., Ständerat	1970—1973	
Lombardi G. Dr.	1967	
Müller H., Nationalrat	1955—1963	
Pallmann H., Prof.	1955—1965	Präsident 1955—1965
Rogger H. Dr., Regierungsrat	1960	
Seippel C.	1955—1969	Vizepräsident 1957—1969
Speiser A. Prof. Dr.	1970	
Spühler W. Dr., Ständerat	1955—1959	
Thomann W., Stadtrat	1960—1971	
Ursprung H. Prof. Dr.	1973	Vizepräsident 1973
Vincenz G. C. Dr.	1974	
Vittoz B. Prof.	1978	Vizepräsident 1978
von Moos L., Ständerat	1957—1959	
Waldvogel G. Dr.	1973	
Weber R. Dr., Nationalrat	1970	

Schulratssekretäre:

Bosshardt Hans Dr.	1955—1966
Denzler Hans Rudolf Dr.	1966—1969
Fulda Johannes Dr.	1976
Haller Walter Dr.	1972—1975
Schindler Peter Dr.	1969—1972

Anmerkungen

1 Eidgenössische Materialprüfungs- und Versuchsanstalt, Dübendorf und St. Gallen
2 Fernheizkraftwerk
3 Eidgenössische Anstalt für das Forstliche Versuchswesen, Birmensdorf
4 Eidgenössisches Institut für Reaktorforschung, Würenlingen (ab 1. Mai 1960)
5 Zur Baugeschichte der ETHZ vgl. den nachfolgenden Beitrag von H. Hauri
6 Schweizerisches Institut für Nuklearforschung, Villigen
7 Mit Botschaft vom 24. November 1979 beantragt der Bundesrat die nochmalige Verlängerung der Geltungsdauer der Uebergangsregelung um höchstens fünf Jahre.

Die bauliche Entwicklung der ETH Zürich 1945–1980

Von Hans H. Hauri

Planung und Entwicklung

In den Jahren unmittelbar nach dem Zweiten Weltkrieg verzeichnete die ETH ein starkes Ansteigen der Studentenzahlen, eine Folge sowohl des Nachholbedarfs junger Schweizer als auch des besonders grossen Zustroms von Ausländern aus kriegsgeschädigten Staaten. Gegen die beträchtliche Raumnot im Unterricht, die überfüllten Hörsäle und den Mangel an Zeichen- und Laborplätzen musste man sich notdürftig mit organisatorischen Mitteln und mit kleineren Um- und Anbauten behelfen, war doch zunächst an eine grosszügige bauliche Erweiterung nicht zu denken: Die wirtschaftliche Lage war zu unsicher für eine langfristige Investitionspolitik.

Der Schulrat kannte jedoch die Notwendigkeit einer Erweiterung. Insbesondere Schulratspräsident Pallmann nahm gleich nach seinem Amtsantritt 1949 die Planung eines langfristigen Ausbaues an die Hand, den seiner Ueberzeugung nach nicht allein die wachsenden Studentenzahlen notwendig machten, sondern besonders auch die Bedürfnisse der Forschung. Die Kriegsjahre hatten gezeigt, welch gewaltige technische Fortschritte dank systematischer Forschung möglich sind; Radar, Düsenflugzeug und Nukleartechnik waren die eindrücklichsten Zeugen für die sprunghafte Entwicklung in den kriegführenden Industrienationen. Wollte die Schweiz im kommenden Konkurrenzkampf eine Chance haben, so musste auch sie eine hochwertige Forschung pflegen, und dafür war die ETH sicherlich eine wichtige und geeignete Institution des Bundes. Am dringendsten wurde aus der Sicht der damaligen Situation ein Ausbau der Physik gefordert.

Noch bevor der russische Erfolg mit dem Sputnik die westliche Welt aufschreckte, hatte Pallmann vor den verschiedensten Gremien für seine Ausbaupläne geworben und bereits den Bundesrat überzeugt. Als er, unterstützt von den interessierten Professoren und ohne grossen Mitarbeiterstab, die Möglichkeiten untersuchte, erkannte er bald, dass der notwendige Raum, insbesondere für die Forschungslaboratorien der Physik, in der näheren Umgebung der alten ETH nicht zu finden war. Er entschloss sich für eine Aussenstation, welche zunächst die Physik und später andere Abteilungen aufnehmen sollte; die Wahl fiel schliesslich auf den Hönggerberg. 1959 gab das Parlament mit dem Kredit für die Landkäufe den Startschuss für eine bauliche Entwicklung, die zum bisher grössten Hochschulausbau der Schweiz werden sollte.

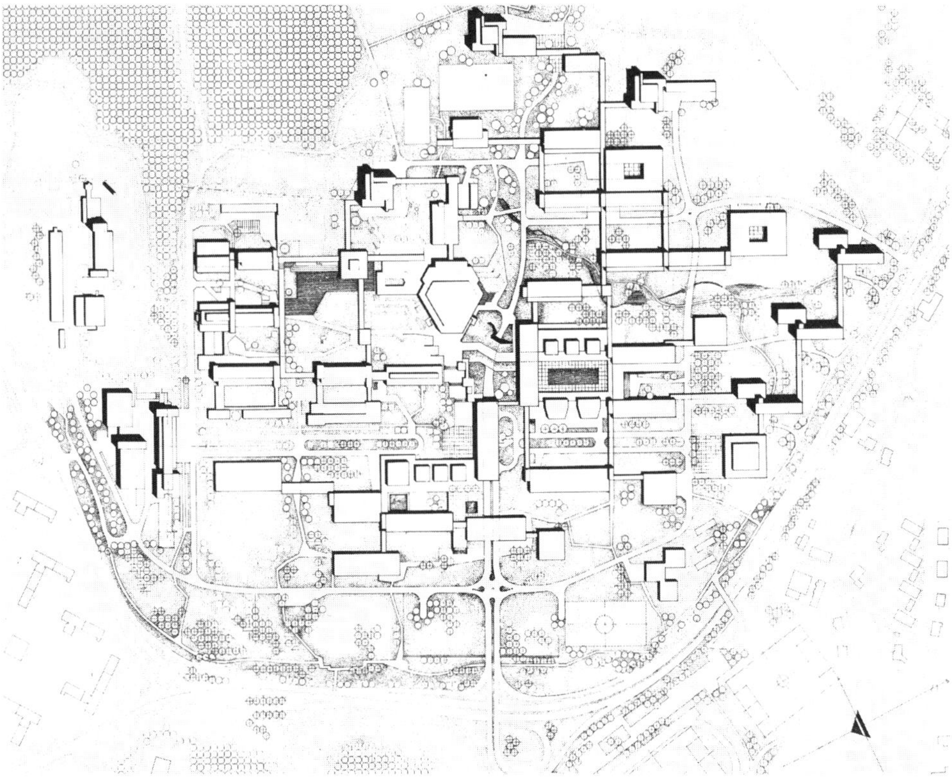

Dem Bau der Aussenstation Hönggerberg gingen eingehende Planungsstudien voraus, die im Laufe der Zeit immer wieder überarbeitet werden mussten. Das Bild zeigt eine Planstudie von 1970 (Architekt: Prof. A. H. Steiner). Der Vergleich mit dem Flugbild in diesem Buch macht offenbar, dass nicht alles nach diesen Vorstellungen realisiert wurde.

Unterdessen hatte sich das schweizerische Hochschulwesen gewaltig entwikkelt. Die rasch wachsende und modernisierte Industrie verlangte mehr und besser ausgebildete Fachleute und entsprechende Forschungsstätten. Die Jugend drängte sich an die Hochschulen, und die überforderten Universitätskantone riefen nach der Hilfe des Bundes. Eine weitsichtige Planung war notwendig; daher erstellte im Auftrag des Bundesrates Prof. H. Labhart als Präsident des neugeschaffenen Wissenschaftsrates einen ersten Bericht zum Ausbau der schweizerischen Hochschulen. Die publizierten Prognosen beeindruckten die Politiker so sehr, dass in der Folge das Parlament verschiedentlich grosse Summen für die Erweiterung der ETH bewilligte. Doch die Schwierigkeiten eines forcierten Ausbaues lagen nicht in der Geldbeschaffung allein, sondern ebenso bei einer leistungsfähigen Planung und Baubegleitung. Laufend mussten die Pläne angepasst werden, an geänderte Forschungsbedürfnisse, an neu aufgetauchte Gebiete, an verzögerte Landbeschaffungen, an nicht eingehaltene Bautermine. In Abteilungen, deren Ausbauwünsche zurückgestellt worden waren, wuchs die Ungeduld. Eine gewisse Planungsorganisation wurde dringend notwendig.

Pallmann betrieb die Planung weitgehend selbst, mit einem einzigen persönlichen Mitarbeiter und unter Beizug der jeweils betroffenen Professoren. Erst sein Nachfolger, Dr. J. Burckhardt, setzte 1968 eine permanente Planungskommission als beratendes Organ ein. Er begann auch, die Abteilungen als solche zu konsultieren und liess Bedarfsprognosen erstellen.

Etwas intensiver konnte sich der selber aus dem Bauwesen kommende neue Vizepräsident des Schulrates und spätere ETH-Präsident der Planungsaufgabe widmen, als diese ihm nach der Uebernahme der EPUL durch den Bund zufiel. Inzwischen waren auf dem Hönggerberg, im Zentrum und bei den Annexanstalten die Bauarbeiten der ersten grossen Etappen in vollem Gange. Das Konzept Pallmanns hatte durch die schwerwiegende Entscheidung, die Bauingenieurabteilung auf den Hönggerberg zu verlegen, eine starke Veränderung erfahren. In der Hochschulpolitik wurde der Ruf nach einer raschen Gangart immer stärker, denn unterdessen waren viele kantonale Mittelschulen entstanden, und die Kapazität der Hochschulen genügte dem Ansturm immer weniger. Im Parlament wurde sogar die Frage aufgeworfen, ob die Erweiterung der zwei technischen Hochschulen überhaupt genüge oder ob eine dritte erforderlich werde. Zur gleichen Zeit stellte die benachbarte Universität Zürich fest, dass auch sie für ihren Ausbau auf einen zweiten Standort ausweichen müsse. In dieser Situation wurden die Ausbaupläne einer kritischen Ueberprüfung unterzogen.

Um eine wesentliche Grundlage dafür zu schaffen, galt es, die künftigen Studentenzahlen so gut wie möglich abzuschätzen. Von 1960 bis 1970 war hier der Anstieg — von 4200 auf 6700 — verhältnismässig viel stärker gewesen als das Bevölkerungswachstum. Selbst wenn die Quoten konstant bleiben sollten, liess die Grösse der Jahrgänge Heranwachsender zunächst eine weitere Zunahme erwarten. Erst etwa ab 1975 sollten sich dann die geburtenschwächeren Jahrgänge bemerkbar machen. Zur gleichzeitigen starken Vermehrung des Lehrkörpers trug auch das Bestreben bei, das Verhältnis zwischen Professoren, Assistenten und Studenten nicht nur konstant zu halten, sondern in Anpassung an internationale Richtwerte zu verbessern. Analysen des Raumbedarfs in der eigenen Schule und Vergleiche mit anderen Hochschulplanungen lieferten Richtwerte, mit deren Hilfe sich zukünftig notwendige Gebäude und Landflächen ermitteln liessen. Das schon von Pallmann genannte Planungsziel von 10 000 Studierenden (Normalstudien, Nachdiplomstudien und Doktoranden) und eine im erwünschten Verhältnis dazu stehende Zahl von Lehrkräften und Personal schienen für schweizerische Verhältnisse ein Maximum darzustellen, das nicht überschritten werden sollte.

Eine Prognose, ob und wann diese Zahlen erreicht würden, liess sich jedoch aus den Studien nicht ableiten, da die Studentenzahlen und die allgemeine Entwicklung stets grossen, unvorhersehbaren Schwankungen unterworfen sind.

Der Bauplanung musste indes ein einigermassen definiertes Ziel gesetzt wer-

Das naturwissenschaftliche Gebäude an der Sonneggstrasse wurde aufgestockt und erheblich umgebaut. Dabei hat man auch die Haupthalle erneuert und Galerien eingesetzt (Architekt: Prof. A. Roth). ▶

Beim Ausbau des Hauptgebäudes hat man in die Lichthöfe Auditorien und darum herum Foyers und Treppen eingebaut (Architekt: Prof. Ch. E. Geisendorf).

den. Die Erfahrung hatte gezeigt, dass die Realisierung einer grösseren Bauetappe von den ersten Planungsschritten bis zum Bezug selbst bei bestem Willen aller Beteiligten mindestens zehn Jahre dauert. In solchen Zeitabschnitten können sich die Raumbedürfnisse eines einzelnen Zweiges vollständig ändern. Dies legte die Aufteilung in eine langfristige, eine mittelfristige und eine kurzfristige Planung nahe.

Die langfristige Planung hatte sich an keinem Zeittermin zu orientieren, sondern lediglich an dem für den Endausbau gesteckten Ziel von 10 000 Studierenden; falls es einmal zur Ueberschreitung dieser Zahl kommen sollte, müssten die zusätzlichen Studienplätze an anderer Stelle geschaffen werden. Das Ergebnis der Untersuchungen zeigte, dass der Hönggerberg, insbesondere wegen der einschränkenden Auflagen für seine Ausnutzung, diesen Richtzahlen nicht genügen konnte. Da auch eine weitere Landbeschaffung im Zentrum ausgeschlossen war, stiegen Zweifel auf, ob diese Zweiteilung der ETH wirklich die richtige und endgültige Lösung sein sollte.

Diese Frage wurde 1970 noch einmal überprüft. Da weder das Zentrum noch der Hönggerberg die ganze ETH aufnehmen konnte, wäre nur eine Gesamtverlegung der Hochschule in Frage gekommen. Die ETH hätte dann die Bauten auf dem Hönggerberg gestoppt und für unabhängige Forschungsinstitute verwendet. Die Gebäude im Zentrum hätte die Universität Zürich übernehmen können, was dieser einen Verzicht auf die Bauten im Irchel erlaubt hätte. Ein geeigneter

Standort für eine neue ETH liess sich aber nicht finden. Als Möglichkeit wurde der Flugplatz Dübendorf untersucht, unter der Annahme, dass die Armee auf den dortigen Flugbetrieb verzichten könne. Die ETH wäre damit wieder in die Nähe der EMPA und der EAWAG gerückt, und die damals projektierte U- und S-Bahn hätte eine gute Verkehrsverbindung gebracht.

Aber selbst diese optimistischen Annahmen und unbegrenzte finanzielle Mittel wären unzureichend gewesen: gefehlt hätte die Zeit zur Realisierung. In der Stadt Zürich machte sich derweil eine Reaktion auf die von der Hochkonjunktur geschürte Bautätigkeit bemerkbar. Unzufriedenheit über die Entvölkerung der Wohnquartiere äusserte sich in zunehmendem Widerstand gegen den Abbruch oder die Umfunktionierung von Wohnbauten. Eine weitere unkontrollierte Ausdehnung des Hochschulquartiers musste deshalb, auch im Interesse der Hochschule selbst, unterbunden werden. Für besonders schwierige Umstände sorgt in Zürich die Tatsache, dass sich die Universität und das Kantonsspital mit der ETH in das Hochschulareal teilen müssen. Für die Zukunft galt es daher, eine gemeinsame Baupolitik zu finden. Auf Initiative des ETH-Präsidenten wurde von Kanton, Stadt und ETH eine gemeinsame Arbeitsgruppe geschaffen. Ihre Leitung übernahm der nachmalige Bundesrat Fritz Honegger. Ausgehend von Vorschlägen der Planungsstelle der ETH, versuchten lange Verhandlungen einen Perimeter für das Hochschulareal festzulegen, die Interessengebiete für die Beteiligten abzustecken und Baunormen zu entwickeln, die eine optimale Ausnutzung des beschränkten Gebietes unter Wahrung der öffentlichen Interessen ermöglichten. Daraus entstand die Sonderbauordnung für das Hochschulquartier, welche schliesslich 1977 von den Stimmbürgern der Stadt Zürich angenommen wurde.

Die mittelfristige Planung befasste sich mit den Prioritäten für die einzelnen Abteilungen und Forschungszweige. Wie in einem Schachspiel musste sie die einzelnen Züge rechtzeitig durchdenken. Wenn eine Fachrichtung neue Gebäude bezog, hinterliess sie freigewordenen Raum, der für andere Benutzer vorbereitet werden musste oder weitere Neubauten ermöglichte. Wie bei einem richtigen Schachspiel gab es jedoch einen «Gegner», der diese Absichten oftmals durchkreuzte: im einzelnen nicht vorhersehbare Entwicklungen, vor allem die starken Verschiebungen in den Studentenzahlen zwischen den Fachrichtungen, erzwangen immer wieder Aenderungen in den Belegungsplänen.

In der kurzfristigen Planung ging es um Projektierung und Realisierung der einzelnen Bauvorhaben. Vor allem jene Kulminationsphase etwa zwischen 1970 und 1974, in der jährlich für gegen 100 Millionen Franken gebaut wurde, stellte an die Organe der Schulleitung und der Eidgenössischen Baudirektion gewaltige Anforderungen, die nur mit Mühe zu erfüllen waren.

Die Bauorganisation des Bundes sieht eine klare Aufgabenteilung vor: Die Eidgenössische Baudirektion ist für die Erstellung der ETH-Bauten zuständig. Die Feststellung der Bedürfnisse, das Setzen der Prioritäten und damit die generelle Planung sind Sache der Schule und des Schulrates. Der Bundesrat beschliesst, welche Anträge er in Form von Baubotschaften dem Parlament zur Kreditgewährung vorlegt.

In Wirklichkeit lassen sich die Aufgaben jedoch nicht so leicht trennen. Die Behörden der Schule mussten in allen Belangen von Planung und Realisierung eng mit jenen des Bundes zusammenarbeiten, so mit dem Finanzdepartement beim Erstellen mehrjähriger Investitionspläne, die allerdings laufend überholt werden mussten, und mit der Baudirektion beim fortgesetzten kritischen Ueberprüfen des Ausbaustandes und beim Anstreben von Kosteneinsparungen durch Vereinheitlichungen. Dank gutem Willen hat diese Zusammenarbeit stets gut funktioniert.

Eine zusätzliche Sorge bereitete den Beteiligten die in der Hochkonjunktur herrschende Bauteuerung. Sie liess die Kosten bis zur Fertigstellung der Bauten oft um über 30% ansteigen. Für diese Teuerung und für inzwischen beschlossene Aenderungen mussten vom Parlament jeweils Nachtragskredite verlangt werden, deren Begründung nicht immer einfach war. In der Zeit von 1945 bis 1979 wurden so 14 Baubotschaften für Baukredite und Landkäufe erstellt, welche für die ETH Zürich einen Gesamtbetrag von rund 1094 Millionen Franken ausmachten.

Der Hönggerberg

Nachdem sich Schulratspräsident Pallmann für eine Aussenstation entschlossen hatte, nahm er die Suche nach einem geeigneten Standort auf. Dieser sollte auf dem Gebiet der Stadt Zürich und nicht allzuweit vom ETH-Zentrum entfernt liegen. Die Gebiete Allmend Fluntern, Tobelhof und Adlisberg, die von der ETH aus leicht zu erreichen sind, erwiesen sich bei genauerer Prüfung als zu klein. Im August 1957 machte die Bauinspektion auf den Hönggerberg aufmerksam. Dort gab es noch genügend freies Land, das zu einem Teil bereits im Besitz der Stadt Zürich war. Die ETH sollte davon 46 ha für ihre Zwecke beanspruchen dürfen. Das Gebiet gehörte zwar zu einer Grünzone, aber die Stadt erklärte sich nach Verhandlungen zu einer Freigabe bereit, unter der Auflage, dass die Ueberbauung genügend Freiflächen aufweise und öffentlich zugänglich bleibe.

Der ehemalige Stadtbaumeister, A. H. Steiner, war inzwischen zum Professor für Architektur gewählt worden und erhielt den Auftrag, einen Ueberbauungsplan auszuarbeiten. Noch stiess jedoch die Freigabe des Landes für die Zwecke der ETH auf grosse Widerstände: Eine Baugenossenschaft wollte hier Wohnbauten errichten. Erst als ihr von der Stadt Zürich anderes Land in Höngg zur Verfügung gestellt wurde, war dieses Hindernis beseitigt.

Im Jahre 1959 bewilligten die eidgenössischen Räte einen Kredit von 35,5 Millionen Franken für Landkäufe; damit genehmigten sie den Grundsatzentscheid für die Aussenstation Hönggerberg.

Pallmanns Pläne sahen vor, dass auf dem Hönggerberg zunächst die Institute und Lehrgebäude für die Physik entstehen sollten, nach und nach gefolgt von weiteren Fachrichtungen: von Architektur, Forstwirtschaft, Landwirtschaft, Biologieinstituten, der Versuchsanstalt für Wasser- und Erdbau und einer Studentensiedlung.

Diese Auswahl befolgte den Grundsatz, einerseits kleinere Abteilungen mit möglichst in sich geschlossenen Lehrplänen, anderseits Forschungsinstitute mit grossem Platzbedarf und dringenden Ausbaubedürfnissen in die Aussenstation zu verlegen.

1961 sprachen die Räte die ersten Baukredite für die Bauten der Energieversorgung, die sogenannte Kernphysik I und die technische Physik. Diese Bauten wurden denn auch plangemäss als erste errichtet.

Die ursprünglichen Pläne für die Physik- und Biologieinstitute mussten in der Folge mehrmals gehörig revidiert werden, weil die Entwicklung in Lehre und Forschung die Baurealisierung regelrecht überrollte. So hatte man zum Beispiel als Kernphysik II einen Beschleuniger vorgesehen. Auf diesem Gebiet war der Gang der Dinge damals international besonders rasant; in Genf hatte einige Jahre vorher das Europäische Kernforschungszentrum CERN zwei grosse Beschleuniger in Betrieb genommen. Im Zuge dieser Tendenz wurde auch das Projekt der ETH immer grösser, zumal sich weitere schweizerische Hochschulen

Die ETH Hönggerberg im Flugbild — eine Hochschule im Grünen, Frühling 1980.

dem Vorhaben anschlossen. Schliesslich entstand daraus das SIN, das später als Annexanstalt in Villigen errichtet wurde.

Die Anlagen für die Biologie erfuhren eine gewaltige Vergrösserung. 1972 wurde über das Projekt von 1965 hinaus ein zusätzlicher Bau für die Molekularbiologie bewilligt.

Auf andere Bauten dagegen wurde schliesslich verzichtet, so auf ein separates Gebäude für die Geophysik und auf eine grosse zentrale Werkstatt.

Von den 1965 für den Hönggerberg bewilligten Krediten entfielen 153 Millionen Franken allein auf die Physikbauten. Darunter befanden sich die Unterrichtsgebäude, die Physikbibliothek und die grosse Mensa.

Stück für Stück wurden die Pläne von Prof. A. H. Steiner, im wesentlichen seinem ursprünglichen Gesamtplan entsprechend, verwirklicht. Das Institut für Kernphysik nahm 1964/65 als erstes seinen Betrieb auf. Ab 1973 konnten die Physikpraktika auf dem Hönggerberg durchgeführt und auch die Physikvorlesungen in den grossen Hörsälen abgehalten werden. Die Bauten bewähren sich aufs beste, und Forscher, Lehrer sowie Studierende sind mit den Einrichtungen sehr zufrieden.

Auch das Transportproblem ist gelöst: Die Stadt Zürich erstellte mit Beiträgen des Bundes eine neue Strasse von der Waid am ETH-Areal vorbei bis zur Ver-

Die imposantesten Bauten des Physikareals auf dem Hönggerberg bilden zweifellos der grosse Hörsaaltrakt und das Hochhaus für das Physikpraktikum (Architekt: Prof. A. H. Steiner).

bindung mit Neuaffoltern. Die Verkehrsbetriebe der Stadt Zürich verlängerten eine Autobuslinie auf den Hönggerberg und betreiben zwischen diesem und dem Zentrum auf Rechnung der ETH Pendelkurse.

Der weitere Ausbau des Hönggerbergs nahm allerdings einen andern Verlauf, als ihn Pallmann vorgesehen hatte. Ausgehend vom bereits 1953 gefällten Entscheid, die EMPA nach Dübendorf zu verlegen, wollte der Schulratspräsident auf dem freiwerdenden Areal einen Neubau für die Bauingenieure errichten. Diese litten schon seit langem unter grosser Raumnot und besassen insbesondere fast keine Räumlichkeiten für die Forschung. Als jedoch auch 1965, nach dem Freiwerden des EMPA-Areals, die Projektierung des Bauingenieurgebäudes zugunsten der Physik immer weiter hinausgeschoben wurde, setzten die ungeduldig gewordenen Professoren der Abteilung II einen eigenen Planungsstab ein. Mit einem dort erstellten Raumprogramm gelangten sie an die Behörden und an die Oeffentlichkeit. Als dies nichts fruchtete, erreichten sie, dass bei der Behandlung der Baubotschaft 1967 im Parlament Postulate eingereicht und auch überwiesen wurden, welche verlangten, in kürzester Frist sei ein Neubau für die Bauingenieure zu erstellen. Dies versetzte den Schulrat in Zugzwang.

Die Architekten Max Ziegler und Erik Lanter, welche einen früheren Wettbewerb zu diesem Gegenstand gewonnen hatten, erhielten den Auftrag, die Ueberbauung des EMPA-Areals nach dem Raumprogramm der Abteilung zu studieren. Schon bald stellten sie aber fest, dass sich das gewünschte Bauvolumen auf dem Areal höchstens mit einem Hochhaus hätte realisieren lassen; ein solches kam aber aus städtebaulichen Gründen nicht in Frage. Genügend Land stand zu jener Zeit nur auf dem Hönggerberg zur Verfügung.

Schulratspräsident Burckhardt stellte deshalb die Bauingenieurabteilung vor die Wahl, sich mit einem stark reduzierten Raumprogramm auf dem EMPA-Areal zu begnügen oder auf den Hönggerberg zu ziehen. Die Professoren der Abteilung II gaben einstimmig dem Hönggerberg den Vorzug, und nachdem eine Umfrage auch in den anderen Abteilungen keine gegenteilige Meinung zutage gefördert hatte, wurde im Juli 1968 der entsprechende Entschluss gefasst.

In kürzester Frist galt es nun, ein Projekt von beträchtlichen Ausmassen zu erarbeiten. Kurz nach Beginn der Projektierung wünschte auch die Abteilung für Kultur- und Vermessungswesen in das Gebäude der Bauingenieure aufgenommen zu werden. Da die beiden Abteilungen II und VIII viele Gemeinsamkeiten aufweisen, wurde dem Wunsch entsprochen und das Raumprogramm dementsprechend erweitert.

Eine Frucht bereits gemachter Erfahrungen war die Absicht, das Gebäude nicht nur auf die gerade vorhandenen Bedürfnise auszulegen. Vielmehr sollte es auch späteren Entwicklungen genügen. Deshalb erhielt es Raumreserven, die einer Extrapolation auf das Planungsziel entsprachen, die allerdings vorübergehend für andere Zwecke genutzt werden müssen. Diese Voraussetzung legte eine möglichst flexible Bauweise nahe, und sie führte, zusammen mit den speziellen Bedürfnissen der Lehre, wo man gerne Hörsäle, Zeichensäle und Assistenzen in enger Beziehung hat, zu einem kompakten Flachbau mit grossen Bautiefen.

Die Zwischenwände sind nichttragend, lassen sich leicht verschieben und ermöglichen es, die Raumzuteilung auf einen sehr späten Zeitpunkt hinauszuschieben und auch später leicht wieder zu ändern. Anderseits bedingt dies aber eine Vollklimatisierung des Gebäudes. Auch der Forschungstrakt wurde in ähnlicher Weise auf eine vielseitige Verwendbarkeit ausgelegt.

Kurz vor Vollendung der Gebäude kam es in der Schweiz zum Ende der Hochkonjunktur, und im Bauwesen trat eine empfindliche Rezession ein. In der Folge gingen die Studentenzahlen an den Bauabteilungen rapide zurück und liessen den Raumbedarf der Abteilung II geringer, die Reserven noch grösser werden. Vor die Frage gestellt, wem sie diesen Raum zuteilen sollte, richtete die Schulleitung ihr Augenmerk bald auf die Architekturabteilung. Diese litt im Hauptgebäude an Raummangel, ihr damaliges Ausweichquartier im sogenannten Globus-Provisorium am Bahnhofquai war von der Stadt Zürich aufgekündigt worden, und sie konnte beim neuen, stark gedrosselten Ausbautempo nicht daran denken, in absehbarer Zeit ein eigenes Gebäude zu erhalten. So entschied die Schulleitung im April 1974, die Architekturabteilung auf den Hönggerberg zu verlegen.

Der grosse, zusammenhängende Gebäudekomplex für Lehre und Forschung im Bauwesen auf dem Hönggerberg wird aufgelockert durch eine begrünte Hofanlage, wo sich die verglasten Fassaden gegenseitig spiegeln (Architekt: Max Ziegler).

Die Architekturprofessoren waren mit diesem Entscheid gar nicht einverstanden. Wohl hatten alle früheren Standortplanungen eine Verlegung auf den Hönggerberg vorgesehen, doch hatte die Abteilung selber dazu nie Stellung bezogen. Es gab Rekurse, die erfolglos blieben, und der Kompromiss, einige Lehrstühle der Architektur im Hauptgebäude verbleiben zu lassen, wirkt sich auf den Betrieb heute eher nachteilig aus.

Das Gebäude der Bauwissenschaften fügt sich sehr gut in die Landschaft ein; von aussen lässt es kaum erahnen, wie gross es eigentlich ist. Nicht alle hier Tätigen konnten sich allerdings mit der etwas nüchternen, büromässigen Atmosphäre und mit der Vollklimatisierung restlos abfinden.

Präsident Pallmann sah in seinen Plänen vor, auf dem Hönggerberg auch Studentenwohnungen zu errichten, hatten doch die Studierenden schon gegen Ende des Weltkrieges grosse Mühe gehabt, in der Stadt Zürich und in der näheren Umgebung angemessene Unterkunft zu finden. Die wachsenden Studentenzahlen und die gleichzeitige Verknappung des Wohnraumes in Stadt und Region konnten die Verhältnisse nur verschlimmern. Es gab zwar stets einige kleinere Studentenheime auf privater Basis, doch setzte sich die Einsicht durch, dass der Bund, auch ohne gesetzliche Verpflichtung, seinen Beitrag zur Bewältigung des studentischen Wohnproblems leisten sollte. Erhebungen wiesen mehrmals das dringende Bedürfnis nach. Stadt, Kanton und ETH führten Verhandlungen und erarbeiteten Konzepte für die gemeinsame Bewältigung der Aufgabe, die allerdings bis heute keine grosse Wirkung gezeitigt haben.

1968 wurde gemäss dem Konzept Pallmann dazu ein Architekturwettbewerb veranstaltet. Für die Studentensiedlung auf dem Hönggerberg war ein Vollausbau mit 800 Betten vorgesehen; sie sollte aber auch die Infrastruktur erhalten, die angesichts der etwas isolierten Lage notwendig schien. Gewinnerin des Wettbewerbes war übrigens eine junge Absolventin der Architekturabteilung, Susanne Wettstein.

Auf den Bau dieser grossen Anlage wurde aber später verzichtet. Man hatte eingesehen, dass einerseits die Absonderung der Studenten von der Wohnbevölkerung in unseren Verhältnissen nicht erwünscht ist, anderseits die Baulandreserve für den Endausbau kaum ausreicht; die geplante Siedlung hätte mehr als einen Viertel des Hönggerbergareals beansprucht!

1971 kaufte die Schulleitung der ETH mit der mutigen Rückendeckung von Bundesrat Tschudi sozusagen handstreichartig in einer entstehenden Wohnüberbauung am Schauenberg, in unmittelbarer Nähe des Hönggerbergareals, mehrere Wohnblöcke im Werkvertrag. Darin sind neben 16 Dienstwohnungen und 16 Gastdozentenwohnungen auch 32 Studentenwohnungen eingerichtet worden, welche dem Problem viel rascher und auch sparsamer entgegenwirkten, als es mit dem Wettbewerbsprojekt möglich gewesen wäre.

Seither hat die ETH keine weiteren Studentenhäuser mehr gebaut; das Postulat besteht weiterhin, doch ist der Wohnungsmangel zurzeit nicht so gravierend.

Zu einer modernen Hochschule gehören auch Sportanlagen. Für den Hönggerberg war zunächst die Beteiligung an einer geplanten städtischen Sportanlage auf dem Kappenbühl westlich des ETH-Areals vorgesehen. Als die Lehr- und Forschungsbauten Gestalt annahmen, stellte sich jedoch heraus, dass aus der städtischen Anlage vorläufig nichts wurde. Eine Turnhalle auf dem eigenen Areal, alsbald wenigstens als erster Schritt projektiert, wurde bei der Vorbehandlung der Baubotschaft respektive der Bauvoranschläge von den Bundesbehörden mehrmals als weniger dringlich eingestuft und gestrichen. Dies erzeugte an der ETH einige Erbitterung, zumal gleichzeitig in Lausanne für die EPFL grosszügige Sportanlagen entstanden. Auf die Aufnahme des Unterrichtes hin griff der ETH-Präsident zur Selbsthilfe: Eine kleine Sportfläche, die er im Rahmen der Umgebungsarbeiten hinter den Physikbauten anlegen liess, und eine Traglufthalle, die er aus Betriebsmitteln mietete, ermöglichten während der ersten fünf Jahre wenigstens einen bescheidenen Sportbetrieb. Die unschöne und in der Sommerzeit recht heisse «Wurst» ärgerte allerdings nicht nur den Architekten, der sich zu einem Gratisprojekt für eine definitive Lösung verpflichtete, sondern sie führte auch zu einer Geldsammlung durch die Gesellschaft Ehemaliger Studierender der ETH; diese erbrachte eine Summe, welche schliesslich mit Zuschüssen des Bundes und der Stadt Zürich den Bau einer Sporthalle und deren Vollendung bis 1979 erlaubte.

Heute sind auf dem Hönggerberg die wesentlichen Bauvorhaben der ersten Etappen abgeschlossen. Man kann mit Befriedigung feststellen, dass der Betrieb gut funktioniert und dass die Bemühungen der Architekten und Bauorgane, eine optimale Gestaltung und Nutzung der Freiflächen herbeizuführen, Erfolg zeitigten. Die grosszügig bemessenen Parkplätze sind unterirdisch angelegt, die Freiflächen begrünt und mit Bäumen bepflanzt, und nicht nur die Studenten, sondern auch viele Spaziergänger aus der Stadt benützen das Umgelände. Eine erstaunliche Nebenerscheinung bleibe nicht unerwähnt: Die vom Schweizer Volksdienst ausgezeichnet geführte Mensa wird auch von vielen vorwiegend älteren Leuten aus der Stadt aufgesucht, welche dort ihren Kaffee trinken und sich neben jungen Leuten offensichtlich wohl fühlen — sicherlich ein kleines, aber doch ein schönes Zeichen der Verbundenheit der ETH mit dem Volk.

Bauten im ETH-Zentrum

Als gegen Ende des Zweiten Weltkrieges die Studentenzahlen stark anstiegen, wurde eine bauliche Erweiterung des ETH-Zentrums unumgänglich. In einer Baubotschaft von 1945 beantragte der Bundesrat einen Kredit von 27 Millionen Franken für verschiedene Um-, An- und Aufbauten bei den Lehr- und Forschungsgebäuden der ETH sowie für Liegenschaftskäufe. Die Räte bewilligten diese Summe, doch die Realisierung vollzog sich nur schleppend. Vorerst fehlte es, kriegsbedingt, an Baumaterialien, dann übten die Behörden Zurückhaltung, um die nach damaligen Vorstellungen überhöhte Baukonjunktur zu dämpfen. Projektänderungen und die Teuerung führten schliesslich dazu, dass trotz einem Nachtragskredit im Jahre 1955 nicht alle Vorhaben ausgeführt werden konnten. Zu den wichtigsten realisierten Erweiterungen zählten ein neuer grosser Hörsaal für Experimentalphysik, Erweiterungsbauten für die Versuchsanstalt für Wasserbau und Erdbau, für technische Physik, für Chemie, Institute für Elektrotechnik sowie Gewächs- und Versuchshäuser für Botanik. Nicht realisiert wurde ein geplanter Ausbau des Hauptgebäudes mit einem grossen Hörsaal im Lichthof.

Erst ein neuer Kredit von 1958 erlaubte es dann, den Neubau für physikalische Chemie und erhebliche Erweiterungen des alten Chemiegebäudes für die anderen Chemielaboratorien in Angriff zu nehmen.

Obwohl in den folgenden Jahren der Ausbau des Hönggerberges Priorität hatte, waren auch im Zentrum weitere bauliche Massnahmen unerlässlich. So wurde das Physikgebäude aufgestockt, die Elektrotechnik erhielt einen Bau an der Sternwartstrasse, und das Geobotanische Institut der Stiftung Rübel an der Zürichbergstrasse wurde erweitert.

Die Universitätstrasse wird von den Neubauten der Chemie gesäumt, dominiert von einem eindrücklichen Gebäudekubus (Architekten: Golliard-Dora-Pilloud).

Ein nächster entscheidender Schritt war der Neubau für das Rechenzentrum. Das Computerzeitalter war angebrochen, und die ETH, die ihre früheren Rechenanlagen noch im Hauptgebäude hatte unterbringen können, sollte nun eine moderne Grossrechenanlage erhalten. Dafür war, weil auch die Benutzer und die mit dem Rechenzentrum verbundenen Institute Räumlichkeiten beanspruchten, ein Neubau erforderlich. Er konnte am Zehnderweg entstehen, an einer zwar etwas exzentrisch liegenden Stelle, wo aber bereits Land gekauft worden war – ursprünglich für die EAWAG, deren Verlegung nach Dübendorf jedoch inzwischen beschlossene Sache war. Obschon der Bau, entworfen von Prof. W. Custer, erhebliche technische Anforderungen stellte, konnte er 1970 rechtzeitig und zu aller Zufriedenheit vollendet werden.

Zusammen mit der grossen Baubotschaft 1965, deren Schwerpunkt die Physikbauten des Hönggerbergs waren, wurden auch erhebliche Kredite für Ausbauprojekte im Zentrum verlangt und erteilt. Dazu gehörte die Erweiterung des Maschinenlaboratoriums an der Tannenstrasse. Diesem sogenannten ML 2 mussten übrigens die letzten noch in Nachbarschaft des Hauptgebäudes verbliebenen Privathäuser mit Ladengeschäften weichen. Ein Ausbau des Innenhofes und Aufstockungen erzielten auch beim Naturwissenschaftlichen Gebäude eine massive Erweiterung. Der gewichtigste Brocken und das meistdiskutierte Vorhaben dieser Etappe war aber der Ausbau des Hauptgebäudes, welches seit der letzten Erweiterung durch Architekturprofessor Gull 1919—1924 praktisch unverändert geblieben war — als einziges im ganzen Umkreis. Mit seiner markanten, gegen die Stadt gerichteten Fassade von Semper optisch nach wie vor als Zentrum der ETH-Anlage wirkend, sollte es auch im Unterrichtsbetrieb wieder zentrale Funktionen übernehmen.

Wie erheblich der Mangel an Hörsälen noch immer war, zeigte eine Untersuchung, die für den Endausbau einen Gesamtbedarf von über 19 000 Plätzen auswies, vor allem auch in grossen Hörsälen für die propädeutischen Fächer, die zum Teil für mehrere Abteilungen gemeinsam erteilt werden. Ausserdem sollten die Verwaltung und die zentralen Dienste wie auch die Graphische Sammlung im Hauptgebäude untergebacht bleiben. Viel mehr Raum benötigte insbesondere die gewaltig angewachsene Hauptbibliothek, welche ständig modernisiert und erweitert wurde. Aus dem Zusatzbedarf und dem sich gleichzeitig abzeichnenden allgemeinen Raummangel folgte zwingend, dass der Ausbau alle möglichen Raumreserven umfassen sollte. Da jedoch die in der Denkmalpflege vorherrschende Auffassung verlangte, die bestehenden alten Bauteile von Semper und auch von Gull müssten in ihrer Erscheinung unangetastet bleiben, stand nur der Weg offen, in den Lichthöfen die bestehenden Auditorien zu über- und unterbauen und neue Grossauditorien einzusetzen, die Dachregion so weitgehend wie möglich auszubauen und gegen innen zu erweitern und im Untergrund Schutzräume, Lagerräume und technische Einrichtungen unterzubringen. Ergänzend kam dazu eine Einstellgarage für Autos unter dem Eingang Rämistrasse. Später folgten der Aufbau des Dozentenfoyers auf dem Dach über der Haupthalle und der Ausbau der Kuppel. Bei letzterer entwickelte sich ein Scharmützel unter den Denkmalpflegern. Gull hatte 1919 eine für die damalige Zeit neuartige und gewagte Konstruktion in teilweise vorfabriziertem Sichtbeton mit betonten Tragrippen erstellt. Nachträglich erwies sich diese jedoch als undicht, und deshalb musste sie mit Ziegeln zugedeckt werden. Professor Geisendorf, der nun die Umbauten projektierte, versuchte mit Unterstützung der Ingenieure den ursprünglichen Zustand wieder herzustellen, was mit den jetzt verfügbaren Mitteln durchaus lösbar gewesen wäre und einer technischen Hochschule wohl angestanden hätte. Aus der städtischen und kantonalen Denkmalpflege erwachsende Opposition erreichte indes nach langem Hin und Her, dass das Bauwerk wieder unter der dumpfen und unscheinbaren Ziegelhaut verschwinden musste.

Die älteren Semester werden sich gerne an die Häuserecke mit dem Zigarrenladen «Schrämli» an der Tannenstrasse erinnern.

An Architekten, Bauingenieure und Bauunternehmungen stellte der Umbau des Hauptgebäudes besonders hohe Anforderungen: sie mussten die neuen Räume richtig in die ohnehin recht verzwickten Formen der Altbauten einpassen und dabei schwierige architektonische und statische Probleme meistern. Ausserdem mussten die Fundationen der Altbauten um viele Meter in den Boden hinein unterfangen werden — und dies alles, während im Gebäude voller Unterrichtsbetrieb herrschte. Die Umbauarbeiten, nach den Plänen von Prof. Ch. E. Geisendorf und Prof. A. Roth, gelten im allgemeinen Urteil als gut geglückt.

In engem Zusammenhang mit dem Hauptgebäude steht der Ausbau der Polyterrasse, der mit einem Kredit von 1970 bewilligt worden war. Schon längst war das vom Schweizer Volksdienst geführte und von einem Verein getragene Studentenheim an der Clausiusstrasse mit seinem Mensabetrieb den Anforderungen nicht mehr gewachsen, und in den verschiedenen Neubauten waren kleinere Verpflegungsstätten entstanden. Das Konzept sah vor, mit einer grossen Studentenmensa eine Zentralküche zu verbinden, welche alle diese Verpflegungsstätten zusätzlich beliefern sollte. Nach Prüfung verschiedener Standorte fiel die Wahl im Sinne einer optimalen Raumausnützung auf den Plan, die Mensa anstelle der alten Polyterrasse vor dem Hauptgebäude in den Hang hineinzubauen. Die Decke des Gebäudes sollte wieder eine Terrasse auf gleicher Höhe

Heute steht dort die Erweiterung des Maschinenlaboratoriums mit seiner modernen Stahlfassade (Architekt: Prof. Ch. E. Geisendorf).

bilden, und zwischen den beiden Bauten konnte die Leonhardstrasse unterirdisch durchgeführt und mit Vorfahrt und Anlieferungsspuren versehen werden.

Neben den 1200 Mensa- und Caféplätzen und der Grossküche bietet die Anlage Raum für mannigfache studentische Dienstleistungen. Ursprünglich war vorgesehen, auch ein Grossauditorium für 1200 Plätze einzubauen. Die hohen Kosten und das nicht mehr genügend ausgewiesene Bedürfnis führten zum Verzicht auf dieses Vorhaben, an dessen Stelle zunächst mehrgeschossige Einbauten für vielfache Verwendbarkeit in Aussicht genommen wurden. Dabei war speziell an die Architekturabteilung gedacht, die unter chronischer Raumnot litt und deren Ausweichquartier im Globus-Provisorium befristet war. Kurz vor Vollendung entschied sich die Schulleitung aber doch zu einem Grossraum, der in erster Linie als Sporthalle dient, aber auch für Grossveranstaltungen bestens geeignet ist. Heute steht dieses Bauwerk, ebenfalls entworfen von Prof. Ch. E. Geisendorf, voll in Betrieb. Wer auf der neuen Polyterrasse steht, ahnt kaum, was sich darunter alles verbirgt.

Ein weiteres grosses Bauvorhaben, das mit der Baubotschaft 1967 bewilligt wurde, betraf die neuen Chemiebauten. Die ganze Zeile der noch verbliebenen alten Wohnhäuser an der Universitätstrasse zwischen dem alten Chemiegebäude und der schon bestehenden Physikalischen Chemie wurde abgerissen, und an

Auch das Auditorium Maximum hat sich gewandelt. Aus dem hohen Vortragssaal mit der Rednertribüne ist ein eleganter Mehrzwecksaal mit allen technischen Einrichtungen, inklusive Uebersetzerkabinen entstanden, der sich auch für grosse Konferenzen eignet (Architekt: Prof. A. Roth).

ihrer Stelle entstand nach den Plänen von Architekt Rohn ein grosses Gebäude, bestehend aus einem Sockelgeschoss längs der Universitätstrasse und einem abgerückten Hochhaus. Darin sind ein Hörsaal, zahlreiche Studentenpraktika und Forschungsräume für die organische und physikalische Chemie sowie für die Biochemie untergebracht.

Von Anfang an war vorgesehen, dass die Elektrotechnik die Physikbauten im Zentrum «erben» sollte. So wurde denn auf den Zeitpunkt hin, da die Physiker ausziehen würden, das Projekt ausgearbeitet, wie das alte, nicht sehr zweckmässige Physikgebäude von Architekt Blunschli aus dem Jahr 1887 in zwei Etappen ausgehöhlt und im Innern neu aufgebaut werden sollte. Mit der Botschaft 1967 erfolgte auch die Genehmigung des entsprechenden Kredits. Aus verschiedenen Gründen wurde jedoch der Entschluss auf Weisung des ETH-Präsidenten in Wiedererwägung gezogen: Einmal hatte der Ausbau des Hauptgebäudes gezeigt, wie mühsam und störend solche Umbauarbeiten sind, wenn gleichzeitig unterrichtet werden soll. Zweitens legte die langfristige Planung eine optimale Nutzung der zur Verfügung stehenden Bauzone nahe, und eine solche ist mit einem Umbau nicht zu erreichen.

An der Stelle des alten Physikgebäudes an der Gloriastrasse ist dieser Neubau entstanden, welcher nun der Elektrotechnik zur Verfügung steht (Architekt: Karl Flatz).

Und schliesslich war das alte Gebäude nicht dermassen schutzwürdig, dass es unbedingt erhalten werden musste. Wohl bestimmte eine Auflage der Stadt Zürich, ein Neubau dürfe äusserlich nicht grösser in Erscheinung treten als das alte Haus; doch dank tieferem Vordringen in den Boden hinein und einer Beschränkung der Geschosshöhen auf das Notwendige gelang es, in diesem Volumen eine um etwa 50% grössere Nutzfläche von höherer Qualität unterzubringen, ohne dass die Baukosten in entsprechendem Mass angestiegen wären. Die eidgenössischen Räte stimmten dieser Aenderung mit der Botschaft 1972 zu und bewilligten den entsprechenden Kreditzusatz. Das Gebäude, projektiert von Architekt Flatz, wird 1980 bezogen.

Damit sind die grossen Bauvorhaben im ETH-Zentrum vorläufig abgeschlossen. Die heutige Situation mit reduzierten Finanzmitteln und stagnierenden Studentenzahlen macht eine wesentliche Raumerweiterung unmöglich. Trotzdem bleiben immer wieder Bauaufgaben zu bewältigen. Gewichtsverlagerungen zwischen den einzelnen Fachrichtungen und neue Forschungsbedürfnisse bedingen wiederholt Umdisposition und damit verbunden auch Umbauten, abgesehen von den zeitbedingten Renovationen und Verbesserungen. Als grösseres Vorhaben in diesem Sinne läuft zurzeit noch der Umbau des land- und forstwirtschaftlichen Gebäudes. Bedingt durch die in kurzer Zeit überaus stark angewachsene Zahl der Studierenden an den «grünen» Abteilungen und durch den geplanten Forschungsschwerpunkt in technischer Biologie hat diese Bauaufgabe erste Priorität erhalten.

Ein Blick auf die Baukomplexe des ETH-Zentrums zeigt heute, dass in den vergangenen Jahren der Raum für alle Lehr- und Forschungszweige ganz gehörig erweitert und erneuert worden ist. Dabei ist allerdings nicht alles nach den ursprünglichen Plänen abgelaufen. Ein besonderes Mahnmal für die Irrfahrten einer Hochschulplanung stellt das Areal der alten EMPA dar. Durch den Wegzug dieser Anstalt sollte vor einem Vierteljahrhundert Platz für eine erste Neuüberbauung freiwerden; doch die alten baufälligen Gemäuer stehen heute noch dort, immer wieder durch Renovationen notdürftig im Gebrauchszustand erhalten.

ETH-Bauten ausserhalb Zürichs

Auch ausserhalb der Standorte Zentrum und Hönggerberg wurden für die ETH eine Reihe von Bauvorhaben realisiert, zum einen für Annexanstalten, zum andern für Forschungsstationen von ETH-Instituten, die aus betrieblichen Gründen an gewisse Standorte gebunden sind.

Als erste Annexanstalt verliess die Eidgenössische Materialprüfungsanstalt die nähere Umgebung der ETH. Gegen Ende des Zweiten Weltkrieges war die Prüftätigkeit, zu welcher die EMPA nach Statut verpflichtet ist, so angewachsen, dass die Anstalt in Schlieren behelfsmässige Räumlichkeiten benutzen musste und dass definitive Bauten in Schlieren und damit eine Zweiteilung zwischen Lehr- und Prüfungsbetrieb zur Diskussion standen. 1953 fiel aber der Entscheid für eine grosszügige Lösung mit einer Gesamtverlegung nach Dübendorf. Bis 1965 entstanden dort die Bauten für alle Abteilungen der EMPA mit Ausnahme des von Anfang an in St. Gallen geführten Zweiges, der sich hauptsächlich mit Textilprüfungen befasst. Die Bauten sollen hier nicht näher beschrieben werden, da dies in den Publikationen der EMPA ausführlich geschehen ist. Bis heute gab es sowohl in Dübendorf wie auch in St. Gallen Erweiterungen, entsprechend den wachsenden Bedürfnissen der technischen Entwicklung.

Als nächste Institution verliess die Eidgenössische Anstalt für das forstliche Versuchswesen (AEFV), heute auch eine Annexanstalt, ihre verschiedenen Objekte im ETH-Zentrum. Mit einem Kredit aus dem Jahr 1955 konnte ihr in Birmensdorf, angrenzend an das schon vorhandene Versuchsgelände auf dem Territorium von Uitikon, ein Neubau errichtet werden.

Mit der grossen Baubotschaft von 1965 kamen gleich drei Annexanstalten zum Zuge. Die Eidgenössische Anstalt für Wasserversorgung, Abwasserreini-

Zürich und «seine» ETH. Flugaufnahme des Zentrums, Frühling 1980.

gung und Gewässerschutz (EAWAG), die gewaltig an Bedeutung gewonnen hatte, seit der Gewässerschutz zur Grossaufgabe geworden war, wurde als Annexanstalt nach Dübendorf in unmittelbare Nähe der EMPA verlegt. Sie erhielt dort einen zweckmässigen und ausreichend bemessenen Neubau. Zur EAWAG gehört auch ein Laboratorium für Seenforschung, das mit einem Kredit von 1972 einen Neubau in Kastanienbaum am Vierwaldstättersee erhielt.

Eine Annexanstalt, die nicht aus der ETH hervorging, ist das Eidgenössische Institut für Reaktorforschung (EIR) in Würenlingen. Ursprünglich von der gemischtwirtschaftlichen Reaktor AG mit Bundesbeteiligung erbaut und betrieben, diente es der schweizerischen Eigenentwicklung auf dem Gebiet des Reaktorbaus. Nach Auflösung der Reaktor AG unterstellte der Bundesrat den Forschungsbetrieb dem Schweizerischen Schulrat, der nun auch die Erweiterungsbauten in den Rahmen der ETH-Planung einzubeziehen hatte. Mit Mitteln aus dem Botschaftskredit 1965 wurde das Reaktorgebäude wesentlich erweitert.

In unmittelbarer Nähe des EIR entstand mit einem Kredit von rund 100 Millionen Franken und späteren erheblichen Nachtragskrediten eine weitere Annexanstalt, das Schweizerische Institut für Nuklearforschung (SIN). Wie schon im Abschnitt über die Physikbauten dargestellt, ist dieses Projekt als Fortsetzung der schon vor dem Kriege an der ETH mit Erfolg gebauten Kern-

Beim Umbau der Dachregion des Hauptgebäudes zeigte die Kuppel für einige Zeit ihr wahres Gesicht, eine Rippenkonstruktion aus dem Jahre 1919. Jetzt ist dieses Frühwerk der Betonvorfabrikation wieder unter einer Ziegelhaut versteckt.

beschleuniger zu betrachten. Allerdings hatte der inzwischen international erfolgte Sprung in der Entwicklung von Beschleunigern zur Folge, dass die Schweiz ebenfalls eine Grossanlage bauen musste, um auf diesem Gebiete weiterhin mitreden zu können. In Villigen wurde nun ein Protonenbeschleuniger von 800 MeV mit hohem Protonenstrom gebaut. Die Anlage läuft an sich zufriedenstellend, Probleme hatte man aber mit dem dazugekauften Injektor.

Eine Annexanstalt, die vorgesehen, aber dann doch nicht gebaut wurde, ist die Versuchsanstalt für Wasserbau und Erdbau (VAWE). Ihre Tätigkeit war während und nach dem Krieg, als der Bau von Wasserkraftanlagen in der Schweiz eine Hochblüte erlebte, von grösstem nationalem Interesse. Sie vermochte die Aufträge für Modellversuche kaum zu meistern, und ihre Anlagen an der Gloriastrasse mussten mehrmals erweitert werden. Präsident Pallmann hatte in seinen Plänen einen Neubau auf dem Hönggerberg mit hoher Priorität vorgesehen. Als entschieden war, die EAWAG nach Dübendorf zu verlegen, entschloss sich der Schulrat, die VAWE ebenfalls zur Annexanstalt zu machen und in Dübendorf anzusiedeln. Obschon dort ein entsprechendes Areal erworben wurde, ist es bis heute noch nicht zur Realisierung gekommen. Als die Finanzmittel langsam knapper wurden, schob man das Vorhaben ständig vor sich her und liess es schliesslich fallen. Heute steht die Versuchsanstalt noch immer an ihrem angestammten Platz, wobei allerdings ein Teil ihrer Aufgaben, speziell der Erdbau und die mit der Lehre enger verbundenen Bereiche, bei den Bauingenieuren auf dem Hönggerberg untergebracht wurde.

Von den ETH-Instituten, die ausserhalb Zürich Versuchsgelände oder Bauten erhielten, seien nur die grösseren Vorhaben erwähnt, es sind dies:

- Erwerb und Ausbau des Lehr- und Versuchsgutes für Tierzucht in der Chamau bei Hünenberg;
- Alp Weissenstein für Tierzucht;
- Versuchsgut Rossberg bei Kemptthal;
- Feldstation für Pflanzenbau in Lindau-Eschikon und andere mehr.

Diese Berichterstattung über den Ausbau der ETH bleibt zwangsläufig unvollständig, denn es ist nicht möglich, auf beschränktem Raum alle wichtigen Bauten zu erwähnen und gebührend zu kommentieren.

Ob die Erweiterung der ETH richtig geplant wurde und ob die erstellten Bauten zweckmässig und gut sind, wird erst eine nächste Generation beurteilen können. Sicher dürfen wir aber mit Befriedigung feststellen, dass die ETH dank der Grosszügigkeit des Bundesrates und des Parlaments die Gunst der Zeit ausnützen und sich für eine gedeihliche Weiterentwicklung den notwendigen Raum sichern konnte.

Bibliothek, Rechenzentrum, Graphische Sammlung

La Bibliothèque principale

Par Jean-Pierre Sydler

Une bibliothèque passe pour être un hâvre de paix où se réfugient ceux qui craignent les efforts et les combats d'une autre profession. On n'imagine donc guère qu'un rapport après 125 ans d'activité puisse différer beaucoup de celui du centenaire. Tel est cependant le cas.

Pendant les 100 premières années de son existence, la bibliothèque de l'EPF de Zurich a rassemblé 290 000 volumes avec un accroissement annuel atteignant 10 000 unités en 1955. Durant les 25 années suivantes, le rythme s'est accéléré de façon forcenée; actuellement, de 150 à 200 000 documents viennent s'ajouter par an aux collections qui comptent plus de 2,5 millions d'ouvrages. Le prêt a passé de 80 000 unités en 1955 à 260 000 aujourd'hui. Le personnel, lui, n'a augmenté durant la même période que de 22 à 140 employés et s'efforce de maîtriser les fonctions toujours plus volumineuses et complexes qu'on attend de lui. Ces quelques chiffres reflètent l'évolution effrénée des publications. C'est par millions que paraissent chaque année monographies, articles de périodiques, rapports, brevets. On estime que 90% de tous les documents produits depuis le début de l'écriture sont le fait des auteurs encore vivants. Mais ces chiffres laissent aussi soupçonner que bien des problèmes doivent se cacher derrière la façade paisible des bibliothèques.

Durant le premier siècle de l'Ecole, les directeurs de la bibliothèque pouvaient encore avoir une vue d'ensemble de leur organisme et même en connaître tous les travaux de façon pratique. La nouvelle génération ne peut plus y prétendre et les bibliothécaires deviennent, qu'ils le veuillent ou non, des technocrates de l'information. Il s'avère même avantageux que les cadres supérieurs actuels de la bibliothèque EPF n'aient pas eu la formation professionnelle stricte et poussée qu'on exige de leurs collègues étrangers. Comme scientifiques, ils ont conservé le sens critique qui accroche des «pourquoi?» aux méthodes traditionnelles quand elles grincent devant les situations nouvelles. L'accroissement du nombre des publications ne pose pas seulement des problèmes de place ou de capacité de travail, il exige des solutions adéquates qui doivent assurer aussi la continuité de l'évolution. On ne change pas du jour au lendemain le fonctionnement d'une bibliothèque de grande ampleur. Toute modification entraîne nécessairement le parallélisme de deux systèmes durant une phase de transition qui peut s'avérer fort longue. En 1958 par exemple, on décida d'abandonner les règles de catalogage basées sur les instructions grammaticales prussiennes pour passer à l'ordre mécanique des mots des titres, comme il devenait d'usage dans le monde anglo-saxon. On facilitait la consultation des catalogues, mais on sapait l'unité du catalogage européen. Quinze ans plus tard, presque toutes les bibliothèques avaient adopté le nouveau système. Entre temps, la bibliothèque EPF avait réduit aux initiales les prénoms des auteurs, rompant avec une tradition sacro-sainte qui exigeait au contraire qu'on les complétât à tout prix. Cette mesure de simplification aussi s'introduit peu à peu partout.

Après une rénovation des greniers en 1956/57, on put oublier pour quelque temps le lancinant problème du manque de place et réfléchir à l'avenir. L'extension du bâtiment principal posait en effet dans toute son acuité la question des buts et des fonctions de la bibliothèque. Pouvait-on freiner son accroissement en limitant les services à l'enseignement et à la recherche de l'EPF seulement? Quels besoins du pays tout entier pouvait-on raisonnablement prendre en considération? Direction, commission de bibliothèque et autorités de l'Ecole étudièrent le problème.

L'expérience montre que les usagers sont en général satisfaits d'une bibliothèque qui peut livrer immédiatement 80% des ouvrages demandés. Si l'on cherche à améliorer ce rendement, il faut augmenter les collections de façon exponentielle. On arrive vite à une impossibilité à cause des crédits disponibles. C'est pourquoi on a organisé, tant sur le plan national qu'international, un prêt entre bibliothèques, qui, par collaboration, rend chaque bibliothèque plus efficace. Dans le cas particulier du Poly, on constate facilement que l'éventail des travaux est si vaste et la littérature indispensable si étendue que la plupart des besoins des autres usagers suisses peuvent être couverts du même coup. En renforçant convenablement les crédits d'achat de la bibliothèque, on peut satisfaire les membres de l'Ecole qui profitent des publications des domaines annexes nécessaires à l'industrie, et les lecteurs externes qui disposent des documents spécialisés qu'exigent l'enseignement et la recherche de pointe de l'EPF. Et la Confédération surtout y trouve son compte, car elle n'a pas besoin de créer une centrale indépendante pour l'achat et le prêt de la littérature technique nécessaire à tout le pays, comme de nombreux pays ont dû le faire. Cette conception fut admise et la bibliothèque devint officieusement une bibliothèque nationale technique, le centre de gravité suisse pour la littérature des techniques et des sciences exactes et naturelles. Il parut également raisonnable de confier à la bibliothèque le rôle de centrale de conservation où instituts et firmes peuvent déposer les ouvrages peu employés, tout en étant sûrs qu'un exemplaire au moins en reste disponible pour le pays. D'autres tâches s'ajoutèrent presque automatiquement au cahier de charges. Le nombre des publications sous forme de microfiches augmentait de telle sorte qu'un choix devenait impossible et que seul un achat en bloc était raisonnable. La bibliothèque pouvait aussi jouer le rôle de centrale pour toute la Suisse, cela d'autant plus que la plupart des documents concernaient l'énergie, l'aéro- et l'astronautique, l'environnement. Le même raisonnement conduisit à créer une collection de cartes thématiques. Pour réaliser ce programme, on devait donc envisager une bibliothèque assez grande pour contenir la littérature courante, et prévoir pour un avenir rapproché un dépôt pour les ouvrages moins demandés.

Mais où fallait-il construire cette nouvelle bibliothèque? Les usagers rêvent tous de bibliothèques en libre accès, où l'on peut fureter, avec la fausse certitude de trouver les documents voulus sans passer par les catalogues. Le bâtiment nécessité par une telle organisation aurait été si vaste qu'un terrain n'aurait pu être trouvé qu'en pleine campagne. Il valait mieux y renoncer et maintenir la bibliothèque au centre de l'Ecole, comme une mémoire au milieu de l'intelligence. Une conception d'ensemble s'imposa. La bibliothèque reste dans le bâtiment principal de l'EPF, conserve ses collections sous une forme compacte et organise un prêt rapide. Les bibliothèques d'instituts sont remplacées par des unités de département plus importantes où les lecteurs ont l'accès direct qu'ils souhaitent et où ils trouvent tous les livres dont ils ont constamment besoin pour leur travail. Ces ouvrages ne peuvent pas être empruntés, mais un exemplaire de prêt est à la bibliothèque centrale. L'accroissement harmonieux du système est réglé par une juste répartition des crédits. Les bases étaient posées. Il en découla avec le temps au Hönggerberg la bibliothèque de physique et celle pour la construction, qui réunit toutes les bibliothèques de génie civil, d'architecture, de géodésie, d'organisation du territoire; d'autres bibliothèques de département suivront quand la place et les crédits le permettront.

Quant à la bibliothèque principale, elle fut rénovée et agrandie dans les étages supérieurs du bâtiment central. Bien que des considérations d'esthétique et de conservatisme aient empêché la réalisation idéale qu'aurait permise la surface disponible, la solution adoptée doubla la capacité. Durant les neuf ans que durèrent les travaux, les services restèrent toujours en activité et, paradoxalement, ce fut pendant cette période que débuta une nouvelle révolution. Depuis longtemps déjà, on avait mécanisé certaines fonctions. En particulier, les commandes étaient transmises par poste pneumatique. Mais une poste pneumatique n'arrive pas à suivre un guichet de prêt qui doit émigrer pour faire place aux perforatrices des ouvriers. On introduisit donc un système de téléscripteurs, nommé Selex, qui se branchait où les nécessités l'exigeaient. Grâce à une console, à une centrale de distribution et à des terminaux répartis dans les dépôts, le lecteur pouvait commander ses livres indépendamment de la géographie momentanée.

Dans toute recherche, c'est le hasard qui, souvent, donne le point de départ d'où il faut savoir tirer les conséquences. Pour la bibliothèque, ce fut l'introduction du Selex qui conditionna son développement. Il était évident que la masse des documents, l'ampleur des tâches, la vitesse qu'on exigeait des services posaient des problèmes que seul l'ordinateur pouvait peut-être résoudre. Plusieurs bibliothèques avaient déjà commencé à travailler dans ce domaine. Des systèmes naissaient, plus ou moins viables, qui ne se laissaient malheureusement pas adapter sans autre aux dimensions d'une grande bibliothèque. Et nulle part ne se posait la question du prêt avec magasins fermés. La bibliothèque EPF dut donc créer une section spéciale pour développer, analyser et programmer un

Catalogues et centre d'information de la bibliothèque (Architecte: Prof. A. Roth).

système automatisé, en étroite collaboration avec les bibliothécaires. On ne pouvait pas tout aborder à la fois, on établit un plan à long terme qui, pierre à pierre, conduirait à la mosaïque finale.

Le prêt ayant été reconnu fonction primordiale dans la conception d'ensemble, c'est lui qui eut priorité. Comme les lecteurs avaient pris l'habitude de taper leurs commandes sur un téléscripteur, ils admirent sans autre de le faire sur une console. L'ordinateur s'intercale dans le processus, annonce les livres déjà prêtés, envoie les ordres dans les dépôts voulus, contrôle les délais, écrit des réclamations, notifie cotisations et amendes. De plus, la console peut être située n'importe où et être reliée par téléphone à l'ordinateur. Le Selex avait engendré un système unique au monde par lequel n'importe quel usager peut commander un ouvrage depuis n'importe où, en dialogue avec l'ordinateur. A une condition cependant: le lecteur doit disposer du catalogue de la bibliothèque. C'était le deuxième problème à résoudre.

Un simple calcul montre que la bibliothèque aurait dû ajouter à ses fichiers traditionnels au moins 5 millions de cartes en 10 ans. Les meubles de catalogue auraient envahi tous les locaux. Comme une solution on-line était prématurée, on introduisit le système dit COM (Computer output on microforms). Dès 1976, toutes les données du catalogage ont été mises sous une forme lisible par machine et l'ordinateur produit à volonté tout ce qui est utile aux employés et aux usagers: Catalogues alphabétique, systématique, par mots clés, listes de thèses, de bibliographies, de cartes, parution et cumulation par mois, par semestre, par année. Pour compléter le système, les anciens catalogues ont été microfilmés. Comme chaque microfiche contient plus de 3000 titres, la question de place ne se pose plus. Le sempiternel travail d'intercalation est éliminé. Un institut, une firme peut commander à la carte l'appareil d'information dont il a besoin et se connecter au système du prêt par console et par ligne téléphonique. Tout le système de la commande des livres est décentralisé. Une première phase importante de l'automatisation est réalisée. On ne peut cependant pas se reposer sur ses lauriers, car il faut déjà penser aux améliorations futures. Les microfiches pourront dès que possible être remplacées par des catalogues on-line. Il faudra par contre continuer assez longtemps encore à envoyer livres ou reproductions par la poste, mais on rêve déjà de remplacer cette étape, la plus lente du système, par l'envoi électronique de fac-similés.

Parallèlement et successivement, d'autres projets furent mis en chantier. Le système PEKOS permet le contrôle de l'arrivée des 10 000 périodiques courants et en accélère la manutention grâce à un dialogue avec l'ordinateur. La machine annonce les volumes prêts à être reliés, mais elle signale surtout les fascicules en retard, qu'on peut réclamer avant leur épuisement. Ce système est particulièrement riche en enseignement car il impose aux bibliothécaires une nouvelle façon de penser. Pour qu'on ordinateur sache de quelle revue il s'agit, il doit recevoir des indications univoques. Mais un employé n'a pas le temps d'écrire sans faute de frappe un titre long et compliqué. Il indique une abréviation simple, l'ordinateur signale tous les titres qui admettent cette abréviation, l'employé choisit le titre convenable et la transmission est parfaite. Cette avance par une suite de décisions successives en dialogue avec la machine est fondamentale et entraînera pour les bibliothécaires une véritable révolution. Elle ne concerne pas seulement le contrôle des périodiques, mais aussi les catalogues alphabétiques et systématiques. Partout se dessine une tendance très nette vers l'introduction de catalogues on-line qui rend inéluctables un accès simple et rapide et une révision radicale des méthodes et des mentalités traditionnelles.

Pour analyser un autre aspect des stratégies de recherche, la bibliothèque a encore développé un système nommé EDIS. Lorsqu'il fait une recherche systématique, l'usager ne trouve pas toujours du premier coup la notion qu'il désire, mais en général il arrive dans ses environs. EDIS peut alors lui proposer les notions plus générales ou plus particulières et, ici aussi par une suite de décisions en dialogue avec la machine, l'amener à l'endroit souhaité. A partir de ce point, on a alors accès aux titres des documents qui sont liés à cette notion. Cette description trop sèche ne permet guère de deviner qu'on est là au centre d'un autre cercle de problèmes, de tous les problèmes de documentation. Lorsque l'usager recherche quelque chose, il emploie les mots de son langage et préfère les catalogues par mots-clés. Pour ordonner les notions, il faut une classification. En bref, l'homme correspond à la linguistique, la machine à la systématique. Au lieu d'additionner catalogue par mots-clés et catalogue systématique, il faut en chercher une symbiose. Dès l'abord, on se rend vite compte de la complexité de ce problème. C'est tout un système de correspondances qui s'impose, entre synonymes d'une même langue, entre descripteurs de langues différentes, entre termes de classifications plus ou moins parallèles. Qu'on le veuille ou non, c'est à ce problème qu'il faut s'attaquer si l'on veut satisfaire les besoins futurs des usagers.

Pour le moment, la recherche par matières traverse une phase intermédiaire fort intéressante. Pour une information scientifique, les monographies ne suffisent plus; les articles de périodiques, les rapports, qui paraissent plus rapidement, sont beaucoup plus importants. Comme leur nombre est considérable, il faut une organisation raffinée pour découvrir les publications pertinentes. Les firmes des disciplines riches étant prêtes à payer pour ce travail, on a assisté à la naissance et au développement rapide d'une industrie de la documentation. Les analyses d'articles de périodiques, souvent complétées par un résumé, ont d'abord été réunies dans des bibliographies (Chemical abstracts, Engineering index), mais, très vite, elles ont été mises en mémoire d'ordinateur. Certaines institutions ont concentré ces banques de donnés et les ont mises à disposition de tous les intéressés par transmission téléphonique. Il est déjà devenu d'usage courant que les chercheurs européens consultent depuis leur console les centres américains de Lockheed, SDC, etc., en empruntant les moyens de transmission, Telenet, Tymnet, connectés par satellites.

Ces réseaux sont caractéristiques de l'évolution de la documentation scientifique et technique. On assiste à une prise de conscience de l'importance économique de cette information, pour la recherche, pour l'industrie, pour la décision à tous les niveaux. On se rend compte aussi que l'information est une matière première de grande valeur et qu'on ne peut pas l'obtenir gratuitement. Sa manutention est même si chère qu'il faut éviter autant que faire se peut tous les travaux à double. Les bibliothèques américaines l'ont compris et organisent des réseaux pour leurs catalogues on-line, la centrale pouvant même être confiée à une firme commerciale. Un peu partout, on cherche à répartir les disciplines pour créer des réseaux de collections. Les communautés européennes projettent depuis longtemps un réseau Euronet pour l'information scientifique et technique. L'idée de collaboration se répand. On propose des règles de catalogage unifiées pour permettre l'échange, une numérotation univoque et internationale pour livres et revues. Toutes ces tendances sont encore dispersées et il faut espérer qu'elles convergeront bientôt vers uns solution commune.

Quel est le rôle de la bibliothèque de l'EPF dans ce contexte presque mondial? Grâce à une heureuse évolution, elle est devenue un centre pour la technique et constitue un des nœuds du réseau des collections qui doit se bâtir en Suisse. Ses catalogues sur microfiches apportent à la communauté une information sur les monographies qui complète les renseignements commerciaux essentiellement orientés vers les articles de périodiques; leur mise en accès direct par ordinateur, combinée avec le prêt automatisé à distance, constituera un facteur d'accélération et d'amélioration appréciable. D'autre part, à cause de ses usagers et de ses documents, la bibliothèque doit tenir compte de plusieurs langues, allemand, français, anglais en premier lieu, et les solutions qu'il lui faut envisager pour la recherche documentaire sont marquées par des considérations linguistiques trop souvent négligées. Par là même, elles peuvent apporter à la communauté un élément qui intéresse les bibliothécaires, les documentalistes, voire les traducteurs.

La bibliothèque doit trouver un nouvel équilibre. Cela suppose un examen constant de l'utilité de ses fonctions et le courage de renoncer à certaines d'entre elles. C'est pourquoi on a réduit sa collection de brevets; comme elle ne contenait pas les nouveautés allemandes, ni les brevets russes, japonais, ses services devenaient douteux et il était préférable de mettre sur pied à Berne une collection complète plus efficace. Dans le même ordre d'idées, on peut citer le centre de documentation. Pendant plus de 40 ans, la bibliothèque a classifié elle-même des articles de revues pour les domaines utiles au pays: électrotechnique, textile, énergie, etc. Lorsqu'il s'est avéré que les services commerciaux offraient des produits plus complets et plus rapides, on a renoncé à être producteur pour devenir consommateur, en utilisant en particulier la documentation automatisée des banques de données. Mais là encore se pose un nouveau problème. Il existe en Suisse certains centres qui donnent accès à la littérature pour la médecine, la chimie, les machines. Une coordination s'impose pour éviter des doubles emplois. Il devient de plus en plus clair que la bibliothèque de l'EPF doit assurer d'une part les services indispensables à l'Ecole et d'autre part certaines fonctions nécessaires dans le cadre suisse. C'est un rôle ingrat, car il est évident qu'elle devra alors s'occuper de ce qui n'est pas rentable pour une entreprise commerciale. La bibliothèque ne peut guère autofinancer des services qui n'intéressent que les petites firmes et les chercheurs des disciplines où l'argent est rare. Ces secteurs sont cependant vitaux pour le pays et leur ravitaillement en information est une nécessité non seulement morale, mais pratique. Le coût d'une bibliothèque se laisse facilement déterminer. Son rendement par contre n'est pas chiffrable. Quelle est la valeur d'une idée suscitée par un document et qui conduit à une découverte, à une invention, à une rationalisation et qui évite peut-être de longues expériences? En mettant à la disposition de tous un organisme dont les usagers ne paient comptant que le prix de revient des services, l'Etat fait un investissement rentable, car il y a gros à parier que les gains intellectuels qui profiteront au pays l'amortiront bien vite.

L'Ecole polytechnique est une institution qui ne peut pas vivre en vase clos. Une interaction constante avec la pratique est un facteur essentiel pour le progrès de l'Ecole et de l'industrie. La même philosophie vaut pour la bibliothèque. En plus de ses tâches quotidiennes, elle s'efforce d'adapter ses méthodes à l'évolution, en trouvant sa propre solution quand c'est indispensable, en profitant des réalisations externes si c'est possible, en employant l'ordinateur quand ses performances sont inégalables, mais en laissant une large place au travail intellectuel. Grâce au soutien des autorités, elle a réussi à atteindre un niveau élevé et il faut souhaiter qu'elle pourra s'y maintenir pour le bien de tous.

Das Rechenzentrum

Von Alfred Schai

Das Rechenzentrum der ETH (RZETH) wurde am 4. Mai 1963 durch Schulratsbeschluss gegründet. Der Anstoss kam vom Leiter des Instituts für angewandte Mathematik, Prof. Dr. E. Stiefel, der Ende 1962 als Vorsitzender der damaligen technischen Kommission für Rechengeräte die Frage der zukünftigen Entwicklung der Computereinrichtungen an der ETH behandelte.

Zu jener Zeit konnte die ETH bereits auf eine stolze, 12jährige Computergeschichte zurückblicken. Als erste Hochschule auf dem Kontinent betrieb die ETH im Institut für angewandte Mathematik von 1950 bis 1954 eine programmgesteuerte, digitale Rechenmaschine, die Relaismaschine Z 4 von K. Zuse, und ab 1955 die im Institut für angewandte Mathematik gebaute Röhrenmaschine ERMETH.

Im Verlauf der fünfziger Jahre entwickelte sich die Computerindustrie in einer unerwarteten Weise und schloss damit die Periode ab, während welcher Computer an Hochschulen und Forschungsstätten gebaut wurden. Der Bedarf an grosser Rechenleistung nahm an der ETH derart zu, dass dringend die Ablösung der ERMETH durch eine technologisch modernste Transistormaschine vorbereitet werden musste, obwohl die numerischen und programmiertechnischen Eigenschaften der ERMETH der Konkurrenz aus der Industrie auch gegen Ende ihrer Einsatzzeit gewachsen waren. Als verschiedene Institute begannen, auswärts zu rechnen (zum Beispiel auf der Ferranti-Mercury beim CERN, auf der IBM 650 bei der PTT) oder die Beschaffung von Rechenmaschinen wie IBM 650 oder 1620 zu beantragen, war es nötig, den Computerbetrieb an der ETH neu zu gestalten.

*

Wie mehrere andere neue Institutionen ist das RZETH aus dem Institut für angewandte Mathematik hervorgegangen. Die direkte Unterstellung unter den Schweizerischen Schulrat und seine Selbständigkeit trat das RZETH nicht mit leeren Händen an. Im Gegenteil! Die Mitgift bestand aus einem grossen Knowhow jener Mitarbeiter, welche das RZETH aus dem Institut hat übernehmen dürfen. Auch die Wahl einer neuen Rechenanlage und alle nötigen Vorbereitungen zu deren Beschaffung geschahen noch im Schosse des Instituts für angewandte Mathematik, wo eine Arbeitsgruppe Hochstrasser, Rutishauser, Schai Vor- und Nachteile der Angebote CDC 1604-A, IBM 7090, Remington Rand 1107, English Electric KDF 9 untersucht hatte.

Zuse-Relaiscomputer Z4 (1950—1954).

Am 12. Mai 1964 erfolgte die offizielle Uebergabe der Anlage 1604-A, welche im Hauptgebäude 12d installiert worden war, in den gleichen Räumlichkeiten, in welchen bis zu ihrem Abbruch im Herbst 1963 die ERMETH ihre für die numerische Mathematik an der ETH so wertvollen Dienste geleistet hatte.

Dieser Standort wurde als Provisorium betrachtet, plante und erwartete man doch schon seit 1960 geeignete Räumlichkeiten in einem Neubau auf dem alten EMPA-Areal.

Die 1604-A gehörte zu jener Generation Rechenmaschine, bei welcher die Rechenarbeiten ab einem schnellen Magnetband, und zwar sequentiell, zur Durchführung gelangten. Es wurde in der Hauptmaschine ein Programm nach dem andern verarbeitet, so wie diese vorgängig, stapelweise und in der Reihenfolge ihrer Abgabe mit Hilfe einer separaten, kleinen Maschine auf das Magnetband kopiert worden waren. Diese Vorbereitungsarbeit und in ähnlicher Art auch das Herausdrucken der Resultate besorgte die «off-line»-Maschine 160-A, entsprechend der 1401 bei IBM-Anlagen. Die Ideen des «Spooling» und des «Multiprogramming» auf der Hauptmaschine waren noch nicht verwirklicht.

Zwei Merkmale der neuen Maschine passten gut in die damalige Computererfahrung an der ETH und prägten in einem gewissen Mass die weitere Entwicklung.

Elektronische Rechenmaschine der ETH, ERMETH (1955–1963).

- Die 1604-A war — im Gegensatz zur dezimal und seriell arbeitenden ERMETH — eine sehr schnelle, parallele Binärmaschine. Die Befehls- und Adressierungstechnik jedoch, aber auch die Art der Darstellung von Zahlen hatte grosse Aehnlichkeit mit den entsprechenden Strukturen der ERMETH (2 Befehle pro 48-Bit-Wort, 2 Oktalstellen für den Befehl, 1 Stelle für den Index und 5 Stellen für die Adresse, Festkommadarstellung und Gleitkommazahlen mit grossem Exponentenbereich).
- Die Anlage verfügte über einen ausserordentlich leistungsfähigen und interessanten Algolcompiler, welcher nach Wahl entweder direkten Maschinencode oder Assemblercode erzeugte. Ersteres gestattete ein sehr schnelles Compilieren, und letzteres erlaubte es, über die Assemblersprache Unterprogramme, welche in verschiedenen Programmiersprachen geschrieben worden waren, zusammenzuschliessen oder über Assemblerausdruck sich mit der Compilertechnik, welche in dem aus Oake-Ridge stammenden Compiler benützt wurde, vertraut zu machen.

Die ersten Betriebsjahre des RZETH standen ganz im Zeichen der Programmiersprache Algol 60, an deren Entwicklung die ETH mit H. Rutishauser massgebend beteiligt war. Im Mai 1958 wurde in der «Zurich Conference on Algorithmic Language» die Basis zur Sprache Algol 58 gelegt, welche sich dann zu Algol 60 entwickelte. Für die meisten an dieser Sprachentwicklung nicht direkt Beteiligten gestaltete sich das Aneignen dieser Sprache als recht mühsam, und zwar vor allem deshalb, weil die Art ihrer Definition mit Hilfe eines sogenannten Produktionssystems für viele etwas vollkommen Unbekanntes war. Mit speziellen Algolprogrammierkursen und mit der Aufnahme des Programmierens in die Lehrpläne sowie vereinfachter Darstellung der Algolsyntax mit Syntaxdiagrammen versuchte man Algol 60 in den Griff zu bekommen. Das gelang in der Folge recht gut, und bald erkannte und schätzte man ihre Qualitäten für Numerik, Programmiermethodik und Compilertechnik.

*

Obwohl die 1604-A rund 400mal leistungsfähiger war als die ERMETH, musste nach einem halbjährigen Einschichtbetrieb auf den Zweischichtbetrieb übergegangen werden. Die Benützung der Anlage, vor allem von seiten der Chemie und der Reaktorforschung, entwickelte sich von 1964 bis 1966 derart stürmisch, dass die Anlage bereits nach zwei Betriebsjahren vollkommen überlastet war. Ende 1966 beschloss der Schweizerische Schulrat, eine Delegation Speiser, Zehnder, Oppliger, Schai nach den USA zu schicken, mit dem Auftrag, grundsätzliche Fragen im Zusammenhang mit der Organisation und der Dimensionierung der Datenverarbeitung an Hochschulen abzuklären und im speziellen Probleme betreffend die Anschaffung eines neuen Computersystems für die ETH zu untersuchen.

Diese Abklärungen fielen in jene Zeit, in welcher, ausgelöst durch bahnbrechende Arbeiten am MIT beim Projekt MAC, die Idee des interaktiven Rechnens von verteilten Teilnehmerkonsolen her — damals propagiert unter dem Schlagwort Timesharing — die Gemüter bewegte.

Als Resultat des USA-Aufenthaltes wurde dem Schweizerischen Schulrat im Dezember 1966 beantragt, es sei an der ETH ein modernes Computersystem zu verwirklichen, welches etwa zehnmal leistungsfähiger sei als die Anlage 1604-A und welches die Fähigkeiten des Timesharing besitzen soll. Zur Bestimmung des Finanzrahmens für die Beschaffung dieser neuen Computereinrichtungen wurden Vergleiche mit entsprechenden Hochschulen in den USA angestellt, wo im Mittel 5% des Hochschuljahresbudgets für die Computerausrüstung eingesetzt wurden und wo man eine Verdoppelung des Computerbedarfes alle 2 Jahre prognostizierte.

Die Bauarbeiten für die Verwirklichung des Neubaus für ORL und RZETH an der Clausiusstrasse 55 fielen in die schlimmsten Bauhochkonjunkturjahre hinein. Verzögerungen in der Fertigstellung zwangen das RZ 1967, nach einer Zwischenlösung Umschau zu halten, um der erdrückendem Nachfrage nach Rechenleistung entsprechen zu können. Die ETH schloss mit der Firma Fides einen Vertrag ab, gemäss welchem die ETH von einem Satelliten 8231 im HG 11d aus während zweier Jahre mindestens einen Drittel der Kapazität der anfangs 1968 bei Fides in Betrieb genommenen CDC 6500 benützen konnte. Ein zweiter Satellit wurde im EIR aufgestellt und wie der erste über eine 40 800-Baud-Datenübertragungsleitung der PTT mit dem Fides-Zentrum verbunden. Der Anlauf, 1967 den EIR-Satelliten über die moderne Pulse-Code-Modulationstechnik zu verbinden, scheiterte nicht an Kosten oder Realisierbarkeit, sondern an betrieblichen Problemen wegen Wechselwirkung mit dem Telefonrundspruch.

Im Hinblick auf die kommende grosse Computerbeschaffung wurde 1968 eine neue Computerkommission gegründet, welche die Kommission der Rechenge-

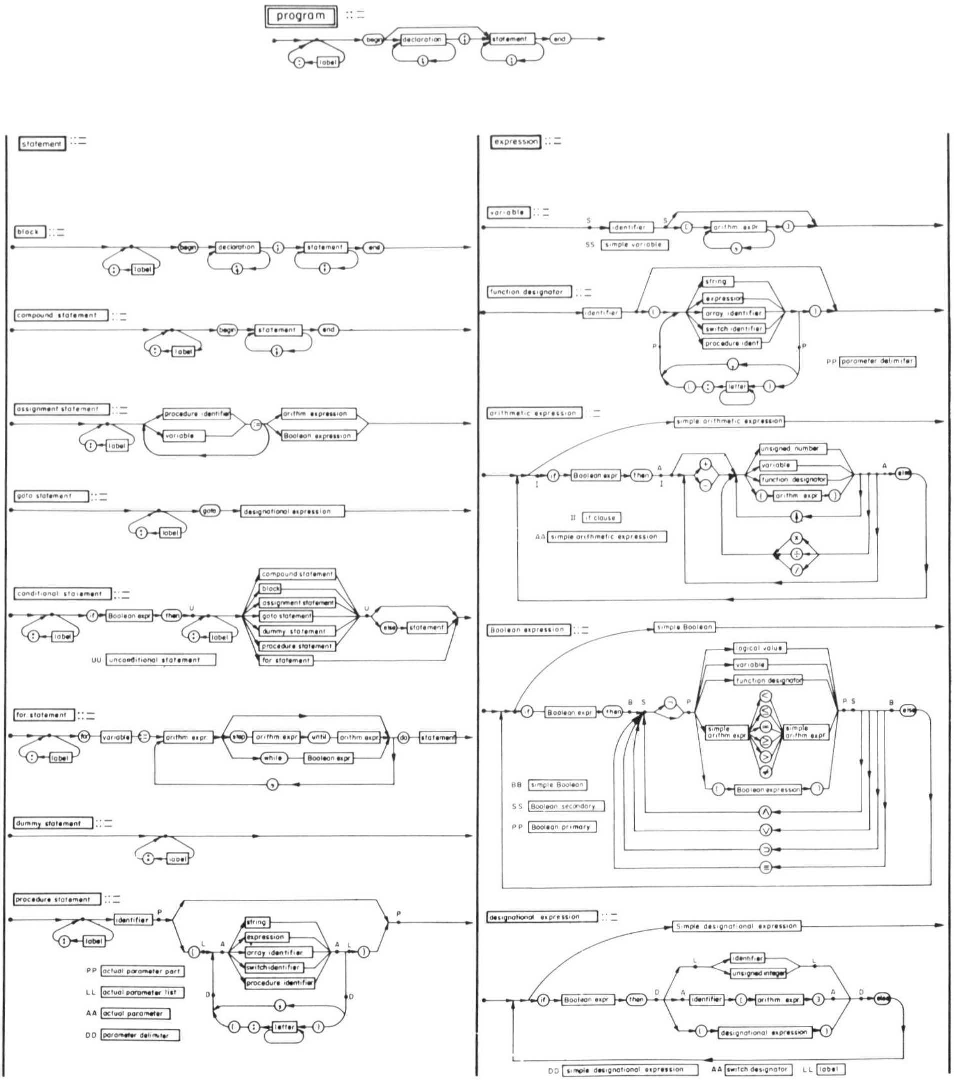

Syntaxdiagramm für ALGOL 60 (1964, Ausschnitt).

Die vierte Computer-Generation der ETHZ CDC 6400/6500 bei Bezug des RZ-Neubaus 1970.

räte ablöste und als ihre Hauptaufgabe die Wahl und Beschaffung der heutigen Anlage wahrzunehmen hatte. In engerer Wahl standen die Offerten CDC 6400/6500, IBM 360-85 und UNIVAC 1108 MP. Am 11. Februar 1969 hatten sich die damaligen Mitglieder der Kommission (von Wurstemberger, Günthard, Hälg, Läuchli, Meier, Rutishauser, Schai, Speiser, Stiefel, Wirth, Zehnder) für das Doppelsystem CDC 6400/6500 mit 4 Satellitenstationen je im Hauptgebäude, auf dem Hönggerberg, im EIR und im RZ entschieden.

Die gleichzeitige Inbetriebnahme eines Neubaus mit seinen umfangreichen, technischen Installationen und einer komplexen Anlage mit einem noch komplexeren Betriebssystem ETHOS im Jahre 1970 war für alle Mitarbeiter des RZETH eine riesige Aufgabe. Vor allem das Nichtstandard-Betriebssystem ETHOS für das Doppelsystem 6400/6500 stellte extreme Anforderungen an die Systemgruppe des RZETH.

In den ersten Betriebsmonaten wurde man sich der Komplexität dieser Betriebssysteme bewusst und musste erfahren, dass ein Mehrmaschinen-Betriebssystem zwar vom betrieblichen Standpunkt her gesehen sehr erwünscht ist — heute streben viele Zentren diese Betriebsart an —, dass dessen Realisierung als Nichtstandard-Produkt 1970 vielleicht doch etwas verfrüht war. Aehnlich stand es mit dem Timesharing. Das Betriebssystem gestattete zwar diese Betriebsart; die Zuverlässigkeit und Beeinträchtigung der gesamten Systemleistung aber waren so schlecht, dass die Computerkommission im April 1971 beschloss, ein eigenes, nicht vollinteraktives, aber effizientes Konsolesystem Venus in Betrieb zu nehmen.

Es wurde in der Folge alles versucht, um den Lieferanten zu bewegen, die Multi-Mainframe-Möglichkeit als Standardeinrichtung in dessen Betriebssystementwicklung aufzunehmen. Die Bemühungen waren umsonst. Es blieb dem RZ nichts anderes übrig, als eine eigene Lösung zu finden, um von den betrieblichen Vorteilen seines Mehrmaschinensystems profitieren und gleichzeitig die vielen Verbesserungen und neuen Einrichtungen bei dem sich dauernd entwickelnden Standardbetriebssystem übernehmen zu können.

Eine reelle Lösung für die Weiterentwicklung seines Betriebssystems bot sich dem RZ an, als das Computing Center der Universität London mit der Entwicklung eines effizienten Permanentfile-Systems begann, das vollkommen kompatibel mit dem Standardbetriebssystem SCOPE 3.4 konzipiert wurde. Ein gutes Permanentfile-System ist eine ideale Basis, auf welcher sich ein Nachfolger-ETH-Multimainframe-Betriebssystem EMOS entwickeln liess.

Der Wechsel auf EMOS erfolgte Ende 1975 und war eine der schmerzhaftesten Operationen, welche das RZETH erleben musste. Die Durchführung der Rechenarbeiten vieler Benutzer aus Unterricht und Forschung, Verwaltung und Bibliothek waren vor allem während der Monate September, Oktober, November stark beeinträchtigt, obwohl rechenzeitmässig die Anlage in diesen Monaten mehr Leistung erbrachte als je.

In der Folge zeigte es sich aber bald, dass das neue System über wesentliche Vorteile verfügte. Voll zum Tragen kamen diese Vorteile, als 1977 die Leistung des RZ-Systems durch Zufügen einer dritten Zentraleinheit Cyber 174 verdoppelt werden musste. Mit dem Tripelsystem 6400/6500/Cyber 174 unter dem Betriebssystem EMOS und 6 leistungsfähigen Satellitenstationen steht heute am RZETH ein wirkungsvolles System im Einsatz mit weitgehender Manövrierfähigkeit und sehr grosser Verfügbarkeit. Die tiefgehenden Kenntnisse, welche sich die Systemspezialisten bei der Entwicklung von EMOS haben aneignen müssen, machen sich heute insofern bezahlt, als wesentliche Leistungsverbesserungen durch optimales Einstellen des Systems erreicht werden konnten, wie es auch möglich war, Einrichtungen zu verwirklichen, welche im Standardsystem nicht zu finden sind. Von unschätzbarem Wert ist auch die sehr weitgehende Unabhängigkeit des RZETH von Computerlieferanten.

Mit dem Einsatz von Minicomputern als Prozessrechner an den verschiedensten Stellen der ETH zu Beginn der siebziger Jahre, aber vor allem mit dem Aufkommen der preisgünstigen Mikroprozessoren und Mikro-Computerbausteinen hat eine Entwicklung des verteilten Rechnens begonnen, welche das RZ nicht unberührt liess. 1977 wurden am RZ wieder Hardware-Entwicklungsarbeiten aufgenommen, um den Erfordernissen im Zusammenhang mit den durch die Kleinrechner ermöglichten verschiedenartigsten Automatisierungsbestrebungen gerecht zu werden. Das RZETH unterstützt mit Hardware- und Software-Einrichtungen das Ankoppeln von Minicomputern, neue Geräte für verteilte graphische Ausgabe, schnelle Datenübertragung oder das effiziente Programmieren von Mini- und Mikrocomputern in höheren Programmiersprachen.

*

Das RZETH hat seit seiner Gründung im Jahr 1963 eine starke Entwicklung erlebt, die sich am eindrücklichsten mit einigen wenigen, den Rechenbetrieb charakterisierenden Kennzahlen zeigen lässt.

Das Personal des RZ ist von einem Anfangsbestand von 10 Mitarbeitern auf den heutigen Bestand von 55 Mitgliedern angestiegen. Eine sprunghafte Zunahme war im Jahr 1969, vor Inbetriebnahme des heutigen Systems, zu verzeichnen und im Jahr 1974, als 12 Mitarbeiter der 1969 gegründeten Koordinationsstelle für Datenverarbeitung dem RZ zugeordnet wurden.

Das Betriebsbudget für laufende Ausgaben ist von Fr. 40 000.— auf rund Fr. 500 000.— gestiegen. Seit 1974 führt das RZ eine genaue Betriebsabrechnung, in welcher die gesamten Aufwendungen, wie kalkulatorische Abschreibungen, Personal- und Raumkredite usw., für die Erfüllung seiner Serviceaufgaben erfasst werden. Diese Kosten bewegen sich im Bereich von 9 bis 11 Millionen Franken pro Jahr und entsprechen etwa 2,7—3% des totalen Jahresbudgets der ETHZ mit Annexanstalten. Das grösste Wachstum ist natürlich im Rechenbetrieb zu verzeichnen. Im ersten halben Betriebsjahr der 1604-A im Jahr 1964 wurden total 12 000 Programme verarbeitet; heute werden fast gleichviele Programme an einem einzigen Spitzentag ausgeführt. Das Jahrestotal 1978 betrug 1 250 000 Programme. Der Wert aller 1964 durchgeführten Rechenarbeiten gemäss Volltarif war 1,3 Millionen Franken, der entsprechende Betrag im Jahr 1978 stieg auf 52,3 Millionen Franken.

Die Entwicklungen auf dem Gebiet der Informatik stossen mit unverminderter Lebendigkeit vorwärts und bestimmen den Rhythmus, mit dem es weitergeht. Das RZETH ist bestrebt, mit dem schnellen Tempo Schritt zu halten und rechtzeitig die Computerkonzepte der achtziger Jahre auszulegen, damit auch in der Zukunft die geeignetsten Computereinrichtungen und ein guter Dienstleistungsbetrieb verwirklicht sind und dem Unterricht und der Forschung an der ETH zur Verfügung stehen.

Die Graphische Sammlung

Von Erwin Gradmann

Graphische Sammlungen, herkömmlicherweise oft auch Kupferstichkabinette genannt, sind fast durchwegs mit Museen und Bibliotheken verbunden.

Der einzigartige Fall, dass eine derartige Sammlung an einer Technischen Hochschule eingerichtet ist, hat folgende Gründe: Im 19. Jahrhundert entstanden an allen Hochschulen Graphik-Sammlungen mit Reproduktionsgraphik und partiell Originalgraphikbeständen, die als Anschauungsmaterial dem Unterricht in Kunstgeschichte dienten. Sie wichen schliesslich der Dokumentation im Mittel der Photographie und des Lichtbildes. Eine solche Lehrsammlung bestand auch am ehemaligen Eidgenössischen Polytechnikum. Durch eine Stiftung des Bürgermeisters J. J. Hess, erste Ankäufe im Kunsthandel, Erwerbung der Sammlung des Malers Rudolf Bühlmann im Jahre 1870, Zuwendungen privater und öffentlicher Hand wandelte sich der Charakter der Lehrsammlung in eine öffentliche Institution.

Weitere gewichtige Schenkungen folgten, wie ein Legat von Stadtrat Landolt (1890); die Stiftung der Sammlung von Heinrich Schulthess-von Meiss mit besonders wertvollen Beständen, welche — da sie der Eidgenossenschaft 1898 testamentarisch vermacht worden war — ihren Platz in der Graphischen Sammlung gefunden hat. Damit war die Sammlung zu einem angesehenen Kunstinstitut gediehen, das für den weiteren Ausbau auf jährliche Ankaufskredite der ETH angewiesen war. Die Kredite waren anfänglich recht bescheiden, konnten jedoch nach dem Zweiten Weltkrieg allmählich erhöht werden. Zusätzliche Mittel aus dem Zentenarfonds sowie kleinere und grössere Schenkungen haben seit 1947 wesentlich zur Mehrung des Sammlungsgutes beigetragen (Georges Bloch, Helen Dürler-Tobler, Nesto Jacometti, Viktor E. Näf, Rosa Burki, Kurt Sponagel, Ernst Sonderegger, Schweizerische Bankgesellschaft und andere).

Hinzu kamen Deposita der Eidgenössischen Kunstkommission und der Gottfried Keller-Stiftung. Diese brachte mit der grosszügigen Schenkung Georges Bloch von 475 graphischen Blättern Picassos — die verschiedenen Museen zugeteilt wurden — unserer Sammlung einen Zuwachs von 63 Werken des Meisters.

Das Schwergewicht der Ankaufspolitik liegt bei der Graphik des 19. und 20. Jahrhunderts, wobei auch Ergänzungen und Erweiterungen der Bestände an alter Graphik nicht ausser acht gelassen wurden. Der Zuwachs an graphischen Blättern (Ankäufe und Schenkungen) beläuft sich seit 1947 auf rund 8000 Werke.

Eine wichtige Aufgabe war die Anlage eines Sachkataloges, die nun abgeschlossen ist. Der ständigen Nachfrage nach Dokumentation im Bereich der Kulturgeschichte kann damit Genüge getan werden. Die Graphik ist wesentlichstes Bildungsgut der Lebensbewegungen der Vergangenheit.

Sammlungs- und Ausstellungstätigkeit sind die zentralen Aufgaben des Instituts. Der Ausstellungsbetrieb ist im Jahr 1924 aufgenommen und seit den ersten Nachkriegsjahren intensiv fortgesetzt worden. So gelangten Werke aus ausländischen Museen zur Ausstellung, ebenso sind sammlungseigene Bestände im Ausland gezeigt worden. Die Beziehungen zu europäischen Sammlungen (Schriftenaustausch) haben damit ganz allgemein das internationale Ansehen des Instituts gefördert.

Eine Liste aller Ausstellungen seit 1948 belegt die öffentliche Tätigkeit der Graphischen Sammlung.

Leider ist mit der Um- und Ausbauphase der ETH der Ausstellungs- und Lehrbetrieb in der Graphischen Sammlung durch starke räumliche Beschränkung empfindlich getroffen, ein Zustand, der seit 1969 besteht. Das führte zur Reduktion auf kleinere Ausstellungen aus eigenen Beständen.

Leiter der Sammlung von 1947 bis 1978 Erwin Gradmann, seither Leo Zihler.

Ausstellungen seit 1948

1948 Meisterholzschnitte des 15. und 16. Jahrhunderts
Indische Miniaturen
Alfred Kubin
Schweizer Graphik 1848 — 1948

1949 Emil Nolde
Otto Baumberger
Gustav Klimt und Egon Schiele
Schweizer Bildhauer-Zeichnungen I

1950 Picasso (Aquarelle, Zeichnungen, Druckgraphik 1903—1949)
Studentische Kunst in der Schweiz
Max Liebermann, Max Slevogt, Lovis Corinth
Die farbige Zeichnung I (Neue Schweizer Druckgraphik, Zeichnungen und Aquarelle)

1951 Max von Mühlenen
Als die Graphik Photographie wurde ... (Originale und reproduzierende Graphik von der Romantik bis zum Impressionismus)
Edvard Munch und moderne norwegische Graphik
Volkskunst, Volkstümliche Graphik

Max Pechstein (Zwickau 1881—1955 Berlin), Mann und Weib, handkolorierte Lithographie, 1909. Das Werkverzeichnis der Druckgraphik Max Pechsteins von Paul Fechter erwähnt von diesem Druck (Nr. 73) nur ein handkoloriertes Exemplar. Das Blatt stammt aus der Sammlung Kurt Sponagel in Zürich und wurde 1966 aus dem Zürcher Kunsthandel erworben.

1952 Pierre Bonnard und Edouard Vuillard
Neue deutsche Graphik
Phantastik und Komik
Ernst Sonderegger

1953 Sie leben heute ... (O. Dalvit, C. Forster, W. Frei, C. Graeser, E. Jacob, W. Jonas, Oe. Koch, L. Leuppi)
Hans Gassebner
Schweizer Graphik des 15. bis 19. Jahrhunderts
Die farbige Zeichnung II (Neue Schweizer Druckgraphik, Zeichnungen, Pastelle und Aquarelle)

1954 Britische Graphik der Gegenwart. International Color Lithograph Exhibition
Walter Müller: Mensch und Technik im Gebirge
Emil Burki
Graphik des Impressionismus
Giovanni Battista Piranesi
Ernst Georg Rüegg/Sigismund Righini

1955 Dankspende des deutschen Volkes (Deutsche Graphik 1952)
Europäische Graphik aus sechs Jahrhunderten
Schweizer Graphik seit Hodler
Jubiläums-Ausstellung «100 Jahre ETH»

1956 Englische Aquarelle 1750—1850
Georges Item
Moderne serbische Graphik
Rembrandt, Radierungen
Die farbige Zeichnung III (Neue Schweizer Druckgraphik, Zeichnungen, Pastelle, Aquarelle)

1957 Ca' Gioiosa (Kinderkunst)
Maurice Vlaminck
Schweizer Bildhauer-Zeichnungen II
Phantastik in der Graphik (Psychiatriekongress)
Max Hunziker (Gouache-Blätter zu Texten von Juan de la Cruz)
Gustave Doré

1958 Johann Bernhard Fischer von Erlach (Architekturausstellung)
Entomologische Ausstellung (veranstaltet vom Entomologischen Institut der ETH)
Studentische Kunst 1958
Spielkarten aus aller Welt (Spielkartenmuseum Bielefeld)
Teo Otto (Zeichnungen und Bühnenbilder)
Der Wald im Wandel der Zeit (veranstaltet von der Forstwirtschaftlichen Abteilung der ETH)

1959 Elena Schiavi (Enkaustische Malerei)
Neuerwerbungen
Otto Baumberger (Auswahl 1945—1959)
Picasso (Lithographien 1919—1959)
Meister der Graphik im 15. und 16. Jahrhundert

1960 Handzeichnungen alter Meister aus der Akademie der Bildenden Künste in Wien
Französische Graphik
Schweizer Handzeichnungen und Druckgraphik aus dem Besitz der Gottfried Keller-Stiftung

1961 Moderne französische Graphik
Neuerwerbungen
Imagerie populaire
Handzeichnungen alter Meister aus dem Kupferstichkabinett der Ehem. Staatlichen Museen Berlin
Moderne holländische Graphik (Stedelijk Museum Amsterdam)

1962 Fritz Pauli, Ignaz Epper, Robert Schürch
Oskar Kokoschka
Alte und moderne Graphik
Schwarzweiss und bunt (Neue Schweizer Druckgraphik und Handzeichnungen)

1963 Ars Graphica
Zeichnungen von Bonnard, Vuillard, Vallotton, Maillol u. a.
Goya / G. B. Piranesi
Alfred Kubin, sein Werk, seine Sammlung (Staatl. Graphische Sammlung Albertina, Wien)

1964 Architektur des Klassizismus in der Schweiz
Christian Rohlfs, das Spätwerk (Museum Folkwang, Essen)
Die Schweiz — Voyage pittoresque
Barock-Architektur aus dem Piemont (Museo Civico, Turin)

1965 Neuerwerbungen seit 1956
Adolf Loos (Museum des XX. Jahrhunderts, Wien; Architekturphotos)
Eduard Imhof (Reliefs, Karten, Zeichnungen, Aquarelle)
Albrecht Dürer

1966 Revolutionsarchitektur (Zeichnungen und Architekturstiche aus der Bibliothèque Nationale, Paris)
«L'Œuvre Gravé» Paris-Zürich
Französische Meisterzeichnungen aus Schweizer Privatsammlungen
Theatrum mundi, eine Bildwelt aus fünf Jahrhunderten

Pieter van der Heyden, nach Pieter Bruegel d. Ae. (1525—1569), Der Sommer. Kupferstich, um 1558.

1967 Oesterreichische Zeichnungskunst von der Romantik bis zur Gegenwart (Staatl. Graphische Sammlung Albertina, Wien)
Schweizer Graphik des 15.—20. Jahrhunderts (Jubiläumsausstellung 100 Jahre Graphische Sammlung ETH)
Graphik der Fauves

1968 Francesco Borromini (Architekturausstellung)
René Auberjonois, Zeichnungen
Meister des Holzschnitts
Giovanni Battista Piranesi
Max Klinger

1969 Neue britische Zeichnungen, Aquarelle und Gouachen (British Council)
Neuerwerbungen 1966—1969
Peter Bruegel
Arnold Kübler, Zeichnungen und Skizzenbücher
Editions Lafranca, Locarno

1970 Josef Weisz, Blumen der Alpen (handkolorierte Holzschnitte)
Wilhelm Lehmbruck, Radierungen und Zeichnungen (Lehmbruck-Museum, Duisburg)
Helen Dahm, Zeichnungen und Druckgraphik
Israhel van Meckenem und Matthäus Zasinger
Albert Nyfeler, Aquarelle und Skizzen
Tschechische Graphik (Künstlergruppe «Hollar», Prag)

1971 Wilhelm Thöny, Zeichnungen und Aquarelle
Oskar Dalvit, Zeichnungen, Holz- und Linolschnitte, Lithographien
Albrecht Dürer, Holzschnitte
Albrecht Dürer, Kupferstiche
Pablo Picasso

1972 Karl Stauffer-Bern
Honoré Daumier
Romantik, Druckgraphik und Zeichnungen
Max Hunziker
Fritz Janschka, Radierungen zu James Joyce «Ulysses»

1973 Italienische Meister des 15. und 16. Jahrhunderts
Picasso (Depositum der Gottfried Keller-Stiftung)
Lucas Cranach d. Ae. und Künstler seiner Zeit
Neuerwerbungen 1969—1973
Souvenir de la Suisse. Landschaft — Folklore — Tourismus

1974 Französische Graphik des 19. Jahrhunderts
Martin Schongauer
Max Gubler, Zeichnungen zu E. Hemingway «The Old Man and the Sea» (Depositum der Gottfried Keller-Stiftung)
Das Tier in der Graphik
Griechenland-Aquarelle aus dem Griechenland-Album des Grafen Karl von Rechberg

1975 Spektrum. Originalgraphik von Mitarbeitern der Zeitschrift «Spektrum»
Claire Lise Holy, Bilder aus New York (Handzeichnungen 1971—75)
William Hogarth (1697—1764). Karikatur und Gesellschaftskritik
Jahreszeiten und Monatsbilder. Landschaft und bäuerliche Arbeitswelt.
Neuerwerbungen. Ankäufe und Schenkungen 1974/75

1976 Fritz Pauli (1891—1968). Radierungen
Giovanni Battista Piranesi. «Carceri» und «Vedute di Roma»
Commedia dell'arte, Szenen und Figuren. (Sammlung G. Oreglia, Stockholm)
Botanische Illustration in Zürich (in Zusammenarbeit mit den Instituten

Pablo Picasso (1881—1973), La répétition. Lithographie, 1954.

für allgemeine und spezielle Botanik der ETH und der Fachklasse für wissenschaftliches Zeichnen an der Kunstgewerbeschule Zürich)
Jacques Ernst Sonderegger/Emil Burki. Holzschnitte und Holzstöcke
Neuerwerbungen 1976

1977 Max Röthlisberger, Arbeiten für das Theater. Szenenentwürfe, Modelle und Figurinen
Figürliches Gestalten. Arbeiten aus dem Kurs an der Abteilung XII an der ETH (K. Däniker)
Félix Vallotton (1865—1925). Holzschnitte, Radierungen, Lithographien
Peter Paul Rubens (1577—1640). Arbeiten aus seiner Kupferstecherwerkstatt
Graphik der grossen Zeitenwende (15. und 16. Jahrhundert)

1978 Bildsprache des Barock. Graphik des 17. Jahrhunderts
Graphik des 18. Jahrhunderts
Graphik des 19. Jahrhunderts. Goya — Romantiker — Daumier
Graphik des Impressionismus und der Jahrhundertwende

1979 Graphik des Expressionismus
Graphik des 20. Jahrhunderts
Der Holzschnitt

1980 60 Werke aus 30 Jahren (Rückblick auf die Ankaufstätigkeit von Erwin Gradmann)
Der Kupferstich
Schweizer Graphik der Gegenwart (Neuerwerbungen 1979/80)

Ausserhalb der ETH gezeigte Ausstellungen der Graphischen Sammlung

Schweizer Graphik von Urs Graf bis Hodler	Wanderausstellung *Deutschland/Holland* 1953–1954
Schweizer Graphik der Gegenwart	Wanderausstellung *Deutschland* 1954–1955
Meisterwerke der Graphik von Dürer bis Picasso	Kunsthaus *Chur,* 1956
Moderne Schweizer Graphik	*Bregenz,* Palais Thurn und Taxis, 1959
Dürer und Rembrandt	*Pully,* Maison Pulliérane, 1960
Francisco Goya	*Pully,* Maison Pulliérane, 1965
Europäische Graphik des 15.–20. Jahrhunderts (Jubiläumsausstellung 100 Jahre Graphische Sammlung)	*Helmhaus Zürich,* 1967
Voyage pittoresque (Schweizer Druckgraphik und Zeichnungen 1750–1850)	Wanderausstellung *England,* 1967–1968
Rembrandt (zum 300. Todestag)	*Muraltengut Zürich,* 1969
Francisco Goya	*Vaduz,* Liechtensteinische Staatl. Kunstsammlung, 1970
Francisco Goya	*Salzburg,* Museumspavillon Mirabellgarten, 1971
Giovanni Battista Piranesi	*Pully,* Maison Pulliérane, 1972
Französische Graphik des 19. Jahrhunderts	*Feldkirch,* Palais Liechtenstein, 1974
Graphik der grossen Zeitenwende (15./16. Jh.)	*Feldkirch,* Schattenburg, 1977
Giovanni Battista Piranesi	*Salzburg,* Museumspavillon Mirabellgarten, 1978
La Gravure Suisse 1918–1979 (Jahresgaben der Schweizerischen Graphischen Gesellschaft)	*Lausanne,* Palais de Beaulieu, 1979

Anhang

Nobelpreisträger

Während ihrer Amtszeit in Zürich wurde folgenden Professoren, die an der Eidgenössischen Technischen Hochschule tätig waren, ein Nobelpreis zuerkannt:

Chemie
1939

Leopold Ruzicka (1887–1976)
für seine Arbeiten über Polymethylene und höhere Terpenverbindungen

Physik
1945

Wolfgang Pauli (1900–1958)
für seine Entdeckung des Ausschluss-Prinzips, auch Pauli-Prinzip genannt

Chemie
1975

*Vladimir Prelog (*1906)*
für Arbeiten über die Stereochemie organischer Moleküle und Reaktionen

Erst nach Aufgabe ihrer Tätigkeit an der ETH wurden folgende Professoren ausgezeichnet:

Chemie
1915

Richard M. Willstätter (1872–1942)
(Universität München)
für seine Untersuchungen von Farbstoffen im Pflanzenreich, besonders Chlorophyll (ETH 1905–12)

Physik
1921

Albert Einstein (1879—1955)
(Kaiser Wilhelm-Institut für Physik, Berlin)
für seine Verdienste um die theoretische Physik, besonders für die Entdeckung des für den photoelektrischen Effekt geltenden Gesetzes (ETH 1912—14)

Chemie
1936

Peter J. W. Debye (1884—1966)
(Universität Berlin)
für die Beiträge zur Kenntnis der Molekülstruktur, die er durch seine Untersuchungen über Dipolmomente sowie über Röntgen- und Elektroneninterferenzen in Gasen geliefert hat (ETH 1920—27)

Chemie
1938

Richard Kuhn (1900—1967)
(Universität Heidelberg)
für seine Arbeiten über Carotinoide und Vitamine (ETH 1926—29)

Medizin
1950

*Tadeus Reichstein (*1897)*
(Universität Basel)
zusammen mit anderen für ihre Entdeckungen betreffend die Hormone der Nebennierenrinde, ihre Struktur und biologischen Wirkungen (ETH 1930—37)

Chemie
1953

Hermann Staudinger (1881—1965)
(Universität Freiburg i. Br.)
für seine Entdeckungen auf dem Gebiet der makromolekularen Chemie (ETH 1912—26)

Als Absolventen der ETH sind später ausgezeichnet worden:

Physik
1952

*Felix Bloch (*1905)*
(Stanford University)
zusammen mit anderen für die Ausarbeitung neuer Methoden für kernmagnetische Präzisionsmessungen und die dabei gemachten Entdeckungen (ETH-Studium 1924—27)

Medizin
1978

*Werner Arber (*1929)*
(Universität Basel)
zusammen mit anderen für die Entdeckung von Restriktionsenzymen und deren Anwendung auf die molekulare Genetik (ETH-Studium 1949—53)

Ehrendoktoren und Ehrengäste der ETH Zürich

(Stand 1. April 1980)

Ehrendoktoren

Folgenden Persönlichkeiten wurde die Würde eines Ehrendoktors der ETH Zürich verliehen.

Auf Antrag der Abteilung für Architektur

Bluntschli Friedrich, Dr., a. Prof. ETH, Zürich 1922

Berlage H. P., Dr., Dipl. Arch. ETH, 's-Gravenhage 1926

Klöti Emil, Dr., Stadtpräsident, Zürich 1930

Portevin Albert, Prof. à l'Ecole Centrale des Arts et Manufactures à Paris 1938

Wright Frank Lloyd, Architekt, Wisconsin 1955

Le Corbusier (Charles-Edouard Jeanneret), Architekt, Paris 1955

Aalto Alvar, em. Prof. am MIT, Cambridge (Massachusetts), Helsinki 1963

Schmidt Georg, Dr., Prof. in München, a. Direktor des Kunstmuseums Basel, Binningen 1964

Auf Antrag der Abteilung für Bauingenieurwesen

Dietler Hermann, Ehem. Direktionspräsident der Gotthardbahn, Luzern 1911

Schucan Achill, Dipl. Ing. ETH, Direktor der Rhätischen Bahnen, Chur 1913

Zschokke Conrad, Dipl. Ing. ETH, Dr. phil. h. c., a. Prof. ETH, Präsident und Delegierter des Verwaltungsrates der Firma Conrad Zschokke AG, Aarau 1915

Held Leonz, Direktor der Abteilung für Landestopographie, Bern 1916

Heim Albert, Dr., a. Prof. ETH und Universität Zürich 1919

Rothplez Ferdinand, Dipl. Ing. TH Dresden, Direktor der Bauabteilung der Schweizerischen Bundesbahnen für den Simplontunnel II, Bern 1921

Schrafl Anton, Dipl. Ing. ETH, Präsident der Generaldirektion der Schweizerischen Bundesbahnen, Bern 1926

Mörsch Emil, Dr., a. Prof. ETH, o. Prof. TH Stuttgart 1929

Büchi Jakob, Dipl. Ing. ETH, Ingénieur Conseil und Leiter der Hydraulik AG, Zürich 1930

Gruner Heinrich E., Dipl. Ing. ETH, Beratender Ingenieur, Basel 1930

Gugler Felix, Dipl. Ing. ETH, Direktor der Firma Motor-Columbus AG, Baden 1930

Finsterwalder Sebastian, Dr., o. Prof. TH München 1930

Wild Heinrich, Oberingenieur, Chefkonstrukteur der Verkaufs AG Wilds geodätische Instrumente, Heerbrugg 1930

Ammann O. H., Chief Engineer, The Port of New York Authority, New York 1930

Rohn Arthur, a. Prof. ETH, Präsident des Schweizerischen Schulrates, Zürich 1930

Mesnager Augustin, Prof. Ecole Nationale des Ponts et Chaussées, Paris 1930

Exner Wilhelm, Dr., Präsident des Staatlichen Technischen Versuchsamtes, Wien 1930

Walther Heinrich, Dr., Nationalrat und Präsident des Verwaltungsrates der Schweizerischen Bundesbahnen, Luzern 1932

Kaech Arnold, Dipl. Ing. ETH, Direktor der Kraftwerke Oberhasli AG, Innertkirchen 1932

Bühler Arnold Gottl., a. Nationalrat, Frutigen 1935

Zwygart Alfred, Direktor der Bauabteilung der Nordostschweizerischen Kraftwerke AG, Baden 1937

Eggenberger Hans, Oberingenieur für Elektrifikation bei der Generaldirektion der Schweizerischen Bundesbahnen, Bern 1937

Bosshardt Oskar, Bauingenieur ETH, Inhaber eines privaten Ingenieurbüros, Basel 1943

Ryniker Adolf J., Schiffsbau-Ingenieur, Direktor des Schiffahrtsamtes der Schweizerischen Eidgenossenschaft, Basel 1945

Timoshenko Stephen, Prof. Stanford University, Stanford (California) 1947

Torroja y Miret Eduardo, Prof. an der TH für Civilingenieure Madrid, Direktor des Technischen Instituts für Bauforschung und Zement, Madrid 1950

Campus Fernand, Prof. Université Liège, Recteur Université Liège 1951

Terzaghi von Karl, Dr., Prof. Harvard University, Cambridge (Massachusetts) 1953

De Marchi Giulio, Dr., Prof. TH Mailand 1955

De Noronha Antonio Alves, o. Prof. Universität Brasilien, Rio de Janeiro 1955

Schneider Gustav, Dr. Ing., Präsident der Wasser- und Schiffahrtsdirektion, Freiburg i. Br. 1961

Steinhardt Otto, Dr. Ing., Prof. TH Friedericiana, Karlsruhe, Direktor der Versuchsanstalt für Stahl, Holz und Stein der TH Karlsruhe 1965

Gicot Henri, Ing. civ. dipl. EPF, Dr. h. c., Ingénieur Conseil à Fribourg 1968

Birkenmaier Max, Dipl. Bauingenieur ETH, Präsident des Verwaltungsrates der Stahlton AG, Zürich 1969

Baldinger Friedrich, dipl. Bauing. ETH, a. Direktor des Eidg. Amtes für Umweltschutz, Bern 1975

Massonnet Charles, Professor an der Universität Liège 1977

Auf Antrag der Abteilung für Maschineningenieurwesen

Sulzer-Ziegler Eduard, Dr. jur., Maschineningenieur der TH Dresden, Teilhaber von Gebrüder Sulzer, Winterthur 1912

Zoelly-Veillon Heinrich, Dipl. Ing. ETH, Delegierter des Verwaltungsrates der Maschinenfabrik Escher Wyss AG, Zürich 1912

Piccard Paul, Dipl. Ing. EPF, Prof. Ecole d'Ingénieurs à Lausanne, Administrateur-Directeur de Piccard, Pictet et Co, Genève 1912

Züblin Wilhelm, Dipl. Ing. ETH, Beratender Ingenieur, Winterthur 1916

Weber Jules, Ingenieur, Delegierter des Verwaltungsrates der Schweizerischen Lokomotiv- und Maschinenfabrik, Winterthur 1918

Sulzer-Imhof Jakob, Dipl. Ing. ETH, Präsident des Verwaltungsrates der Sulzer Unternehmungen AG, Vizepräsident des Verwaltungsrates der Firma Gebrüder Sulzer AG, Winterthur 1918

Naville Gustav, Ing. ETH, Präsident der Aluminium Industrie AG, Vizepräsident des Schweizerischen Schulrates, Zürich 1918

Bell Theodor, Ingenieur in der Firma Th. Bell & Co AG, Kriens 1918

Amsler Alfred, Dr. phil., Alleiniger Inhaber und Leiter der Firma Alfred J. Amsler & Co, Schaffhausen 1919

Saurer Adolph, Gründer und Chef der Maschinenfabriken Adolph Saurer AG, Arbon 1919

Zollikofer Hermann, a. Direktor der Gas- und Wasserwerke der Stadt St. Gallen, St. Gallen 1923

Sulzer-Schmid Carl, Dipl. Ing. TH Dresden, Präsident des Verwaltungsrates der Sulzer Unternehmungen AG, Präsident des Verwaltungsrates der Gebrüder Sulzer AG, Winterthur 1927

Tzaut Alfred, Dipl. Ing. ETH, Direktor der Schweizerischen Unfallversicherungsanstalt, Luzern 1928

Grammel Richard, Dr., o. Prof. TH Stuttgart 1929

Prandtl Ludwig, Dr., o. Prof. Universität Göttingen 1930

Love A. E. H., Prof. Oxford University 1930

Scheitlin Emil, Direktor der Firma Gebrüder Sulzer AG, Winterthur 1936

Noack Walther G., Oberingenieur der AG Brown, Boveri & Cie, Baden 1936

Büchi Alfred, Dipl. Ing. ETH, Direktor des Büchi-Syndikats, Winterthur 1938

Halter Oskar, Dipl. Ing. ETH, Direktor der Firma J. J. Rieter & Co AG, Winterthur 1938

Meyer Adolf, Dr., Dipl. Ing. ETH, Direktor der AG Brown, Boveri & Cie, Baden 1941

Sulzer Robert, Dipl. Ing. ETH, Delegierter des Verwaltungsrates der Firma Gebrüder Sulzer AG, Winterthur 1941

Turrettini Fernand, Dipl. Ing. EPF, Administrateur-Délégué de la Société Genevoise d'instruments de physique, Genève 1942

Oederlin Friedrich, Delegierter des Verwaltungsrates der Firma Gebrüder Sulzer AG, Winterthur 1942

Törnebohm Hilding Valdemar, Direktor der Firma Schwedische Kugellagerfabriken AG, Göteborg 1942

Dübi Ernst, Dr., Dipl. Ing. ETH, Präsident des Verwaltungsrates und Generaldirektor der Gesellschaft der Ludwig von Roll'schen Eisenwerke AG, Gerlafingen 1944

Birkigt Marc, Ingénieur, Directeur Général des Sociétés Hispano Suiza, Barcelona 1944

Neeser René, Dipl. Ing. ETH, Administrateur-Délégué des Ateliers des Charmilles SA, Genève 1944

Schmidheiny Jakob, Dipl. Ing. ETH, Präsident des Verwaltungsrates der Maschinenfabrik Escher Wyss AG, Zürich 1945

Baumann Karl, Dipl. Ing. ETH, Direktor der Metropolitan-Vickers Electrical Company Ltd., Manchester 1951

von Karman Theodor, Dr., a. Direktor des Guggenheim Aeronautical Laboratory und des Jet Propulsion Laboratory am California Institute of Technology, Mitarbeiter im Advisory Group for Aeronautical Research and Development, Paris, Pasadena (California) 1955

Maag Max, Ing. ETH, Erfinder der Maag-Verzahnung und Gründer der Firma Max Maag, Zürich 1955

Müller Ernst, Delegierter des Verwaltungsrates der Firma Georg Fischer AG, Schaffhausen 1956

Seippel Claude Paul Charles, Direktor der AG Brown, Boveri & Cie, Baden, Vizepräsident des Schulrates, Ennetbaden 1959

Wiedemann Eugen, Prof., Abteilungsleiter der AG Brown, Boveri & Cie, Baden 1961

Gaden Daniel, Direktor der Ateliers des Charmilles und Prof. EPF, Genève 1961

Wildhaber Ernest, Dipl. Ing. ETH, Rochester (N.Y.) 1962

Betz Albert, Dr., o. Prof. Universität Göttingen 1962

Darrieus Georges Jean-Marie, ancien Ingénieur à la Compagnie Electromécanique, ancien Président de la Société d'encouragement de l'industrie nationale et de la Société des ingénieurs civils de France, Paris 1964

Dryden Hugh C., Dr., Administrative Deputy der National Aeronautics and Space Administration (NASA), Washington 1964

Draper Charles Stark, Dr., Prof. am MIT, Cambridge (Mass.) 1966

Kilchenmann Walter, Dipl. Maschineningenieur ETH, Direktor Gebrüder Sulzer AG, Winterthur 1967

Mettler Erhard, Industrieller, Zollikon 1968

Hess Kurt, Dipl. Ing. ETH, Präsident und Delegierter des Verwaltungsrates der Firma Rieter AG, Winterthur 1968

Dzung Lang Shuen, Wissenschaftlicher Mitarbeiter der AG Brown, Boveri & Cie, Baden 1969

Stierlin Hans, Dipl. Maschineningenieur ETH, Direktor der SIBIR Kühlapparate GmbH, Schlieren 1970

Sturm Berthold, Dr. phil., Direktor der Abteilung für angewandte Physik der Farbenfabriken Bayer, Leverkusen 1972

Houbolt John C., Dr., Vizepräsident der Aeronautical Research Associates of Princeton, Princeton (N. J.) 1975

Steiner Max, Generaldirektor Gebr. Sulzer AG, Winterthur 1975

Ernst Dietrich, Dipl. Ing., Generaldirektor der Siemens AG, Erlangen 1977

Scholl Fritz, Delegierter des Verwaltungsrates ETA AG, Grenchen 1978

Auf Antrag der Abteilung für Elektrotechnik

Boveri Walter, Mitbegründer der AG Brown, Boveri & Cie, Baden 1916

Behn-Eschenburg Hans, Dr. phil., Elektroingenieur und Direktor der Maschinenfabrik Oerlikon, Küsnacht 1919

Thury René, Ancien Chef-Electricien de la Cie de l'Industrie Electrique (Sécheron), Genève 1919

Huber-Stockar R. A. Emil, Dipl. Ing. ETH, ständiger technischer Berater bei der Generaldirektion der Schweizerischen Bundesbahnen, Bern 1925

Nizzola Agostino, Dipl. Ing. ETH, Präsident des Verwaltungsrates der Firma Motor-Columbus AG, Baden 1925

Emde Fritz, Dr., o. Prof. TH Stuttgart 1929

Brown Sidney, Delegierter des Verwaltungsrates der AG Brown, Boveri & Cie, Baden 1930

Bitterli Emile-Laurent, Administrateur-Délégué de la Cie Générale d'Electricité, Paris 1930

Schindler Dietrich, Delegierter des Verwaltungsrates der Maschinenfabrik Oerlikon, Zürich 1931

Blattner Emil, Dr., Prof. Technikum Burgdorf 1932

Muri Alois, Chef der Abteilung für Telegraphie und Telephonie der Generaldirektion der Eidgenössischen Post- und Telegraphenverwaltung, Bern 1934

Landry Jean, Prof. und Directeur de l'Ecole d'Ingénieurs à Lausanne 1937

Schiesser Max, Delegierter des Verwaltungsrates der AG Brown, Boveri & Cie, Baden 1937

Gyr Karl Heinrich, Dr., Präsident des Verwaltungsrates der Firma Landis & Gyr AG, Zug 1945

Niesz Henri, Direktor der Firma Motor-Columbus AG, Baden 1950

Roth Arnold, Dr., Dipl. Ing. ETH, Delegierter des Verwaltungsrates und Direktor der Firma Sprecher & Schuh AG, Aarau 1951

Gerber Franz, Dipl. Ing. ETH, Obermaschineningenieur der Schweizerischen Bundesbahnen, Bern-Wabern 1955

Jackson Willis, D. Sc., Director of Research and Education Metropolitan-Vikkers Electrical Co Ltd., Manchester 1955

Juillard Ernest, Dr., Prof. EP de l'Université de Lausanne 1956

Boveri Walter, Dr., Präsident des Verwaltungsrates der AG Brown, Boveri & Cie, Baden 1956

Winiger Arthur, Dipl. El.-Ing., Delegierter des Verwaltungsrates der Elektrowatt (Elektronische und Industrielle Unternehmungen AG), Zürich 1957

Schottky Walter, Dr., em. Prof. Universität Würzburg und Rostock, Wissenschaftlicher Mitarbeiter des Siemens-Konzerns, Erlangen 1960

Seiz Walter, Dr. Ing., Prof. TH München, Direktor des Institutes für elektrische Maschinen und Geräte an der TH München 1962

Wanger Willi, Dr. sc. techn., Technischer Direktor der elektrischen Konstruktions- und Versuchsabteilungen der AG Brown, Boveri & Cie, Baden, im Ruhestand, Ennetbaden 1968

Laible Theodor, Dipl. El.-Ing. ETH, Beratender Ingenieur der Maschinenfabrik Oerlikon, Zürich 1968

Guanella Gustav, Dipl. El.-Ing. ETH, Vorstand der Abteilung für Hochfrequenz-Kleingeräte der AG Brown, Boveri & Cie, Baden, Zürich 1969

Prinz Hans, Prof. Dr. Ing., Technische Hochschule München 1977

Studer Willi, Ingenieur-Konstrukteur, Regensdorf/ZH 1978

Auf Antrag der Abteilung für Chemie

Gnehm Robert, Dr., a. Prof. ETH, Präsident des Schweizerischen Schulrates, Zürich 1909

Werner Alfred, Dr. phil., Prof. Universität Zürich 1914

Sandmeyer Traugott, Dr. phil. h. c., Chemiker, Mitglied des Verwaltungsrates der Firma J. R. Geigy AG, Basel 1915

Fries Leonhard, Direktor der Versuchsstation Schweizerischer Brauereien in Zürich 1915

Schindler Martin, Generaldirektor der Aluminium-Industrie AG, Neuhausen 1917

Lunge Georg, Dr. phil., a. Prof. ETH, Zürich 1919

Schenker Erhard, Direktor der Eidgenössischen Pulverfabrik, Wimmis 1921

Lorenz Richard, Dr., a. Prof. ETH, Prof. Universität Frankfurt a. Main 1923

Reverdin Frédéric, Dr., Chemiker, Mitarbeiter für Anilinfarbstoffe der Firma CIBA AG, Basel 1924

Schmidt Robert E., Dr., Ehem. Vorstand der I. G. Farbenindustrie AG, Werk Leverkusen, Zürich 1924

Willstätter Richard, Dr., a. Prof. ETH, Prof. Universität München 1925

Schoellhorn Fritz, Präsident des Verwaltungsrates der Brauerei Haldengut, Winterthur 1928

Engi Gadient, Dr., Delegierter des Verwaltungsrates der Gesellschaft für Chemische Industrie in Basel, Geschäftsführer und Vizepräsident der Schweizerischen Gesellschaft für Chemische Industrie, Riehen 1929

Bredig Georg, Dr., a. Prof. ETH, o. Prof. TH Karlsruhe 1930

Chuard Ernest, Dr., Ancien Conseiller Fédéral, Lausanne 1930

Geigy J. Rudolf, Dr., Präsident des Verwaltungsrates der Firma J. R. Geigy AG Basel 1930

Frossard Joseph, Directeur général de la Compagnie Nationale de Matières Colorantes, Paris 1933

Fichter Friedrich, Dr., Prof. Universität Basel 1937

Harworth W. N., Dr., Prof. University Birmingham 1937

Fauser Giacomo, Dr., Ingénieur Conseil et Vice-Président de la Société Montecatini, Novara 1937

Weber Julius, Dr., Dipl. Ing. Chem. ETH, Direktor der Aluminium-Industrie AG, Neuhausen 1939

Leemann Hans, Dr., Vizepräsident und Delegierter des Verwaltungsrates der Firma Sandoz AG, Basel 1942

Kunz Max, Dr., a. Konsul, ehem. Vorstand der Hauptlaboratorien der I. G. Farbenindustrie AG, Ludwigshafen a. Rh., Zürich 1946

Barell Emil Christoph, Dr., Verwaltungsratspräsident und Delegierter der Firma Hoffmann-La Roche & Co AG, Basel 1946

Stoll Arthur, Dr., Vizepräsident und Delegierter der Firma Sandoz AG, Basel 1947

Schenker Ernst, Dipl. Ing. ETH, Delegierter des Verwaltungsrates und Generaldirektor der Firma Lonza Elektrizitätswerke und Chemische Fabriken AG, Basel 1947

Hartmann Max, Dr., Delegierter des Verwaltungsrates und Direktor der Firma CIBA AG, Basel 1948

Karrer Paul, Dr., Prof. und Direktor des Chemischen Institutes der Universität Zürich 1955

Staudinger Hermann, Dr., a. Prof. ETH, em. Prof. Universität Freiburg i. Br. 1955

Käppeli Robert, Dr., Präsident des Verwaltungsrates der CIBA AG und Mitglied des Vorstandes der Gesellschaft zur Förderung der Forschung an der ETH, Basel 1956

Koechlin Hartmann, Dr., Leiter der Technisch-wissenschaftlichen Abteilung der J. R. Geigy AG, Basel 1958

Krebser Adolf, Dr., Direktor der Firma Geigy AG, Basel 1964

Plattner Placidus. Dr., Prof., Mitglied der Generaldirektion der Firma Hoffmann-La Roche & Co AG, Basel 1966

Reichstein Tadeus, Dr., em. Prof. Universität Basel 1967

Woodward Robert Burns, Dr., Prof. Harvard University, Cambridge, Mass., Leiter des Woodward Research Institute in Basel, Cambridge (Mass.) 1967

Bijvoet Johannes Martin, Dr., em. Prof. Universität Utrecht 1969

Grob Kurt, Dr., Professor Kantonsschule Rämibühl, Zürich 1974

Cornforth John W., Dr., Royal Society Professor, University of Sussex, Brighton 1975

Auf Antrag der Abteilung für Pharmazie

Tschirch Alexander, Dr., Prof. Universität Bern 1926

Siegfried Kurt, Dr., Präsident des Verwaltungsrates der AG vorm. B. Siegfried und Co, Zofingen 1930

Wander Albert, Dr., Seniorchef der Firma Dr. A. Wander AG und Präsident des Verwaltungsrates, Bern 1940

Casparis Paul, Dr., Prof. Universität Bern 1955

Schou Sven Aage, Dr., Prof. Dänische Hochschule für Pharmazie, Kopenhagen 1955

Hofmann Albert, Dr., Leiter der Forschungsabteilung für Naturstoffe der Sandoz AG, Basel 1969

Hegnauer Robert, Dr., Prof. Universität Leiden 1971

Higuchi Takeru, Prof. Dr., The University of Kansas, Lawrence (Kansas) 1978

Auf Antrag der Abteilung für Forstwirtschaft

Flury Philipp, Adjunkt der Eidgenössischen Zentralanstalt für forstliches Versuchswesen Zürich 1918

Barbey Auguste, Expert forestier, Lausanne 1919

Biolley Henri, Dipl. Forstingenieur ETH, Kantonsforstinspektor in Neuenburg 1923

Fankhauser Franz, Dr., Dipl. Forstingenieur ETH, Adjunkt der Eidgenössischen Inspektion für Forstwesen, Jagd und Fischerei, Bern 1923

Graser Herman, Forstmeister i. R., Weimar 1937

Sieber Hermann, Dipl. Ing. ETH, Leitender Direktor der Cellulosefabrik Attisholz AG, Attisholz 1943

Ilvessalo Yrjö, Dr., Prof. an der Forstlichen Forschungsanstalt Finnlands, Helsinki 1955

Meyer Karl Alfons, alt Sekretär der Schweizerischen Anstalt für das forstliche Versuchswesen, Kilchberg-Zürich 1963

Fahrni Alfred, Leiter der Fahrni-Institut AG, Zürich 1969

Lienert Leo, Kantonsoberförster, Sarnen 1974

Auf Antrag der Abteilung für Landwirtschaft

Wyssmann Ernst, Dipl. Ing. Agr. ETH, Direktor der Schweizerischen Käseunion, Bern 1921

Martinet Gustave, Directeur de l'Etablissement d'essai et de contrôle de semences, Lausanne 1921

Schulthess Edmund, Bundesrat, Vorsteher des Eidgenössischen Volkswirtschaftsdepartementes, Bern 1930

Fehr Victor, Praktischer Landwirt, Präsident der Schweizerischen Gesellschaft schweizerischer Landwirte, Ittingen 1931

Bertschinger Carl, Gutsdirektor der Fabrik von Maggis Nahrungsmitteln, Kemptthal 1941

Forchet Ferdinand, Dr., Conseiller d'Etat, Lausanne 1946

Braun-Blanquet Josias, Dr., Directeur de la Station Internationale de Géobotanique, Montpellier 1946

Giuliani Renzo, Dr., Prof., Università di Firenze 1946

Kluyver Albert Jan, Dr., Prof. an der TH Delft 1955

Steden Anton, Dr., o. Prof. an der Hochschule für Bodenkultur, Wien 1955

Laur Ernst, Dr. iur., Leiter des Heimatwerkes, Thalwil 1963

Breirem Kurt, Dr., Prof. an der Landwirtschaftlichen Hochschule in As-Vollebekk, Norwegen 1963

Wahlen Fritz Traugott, Prof., alt Bundesrat, Bern 1971

Akerberg Erik Hjalmar, Dr., Prof., Direktor der Swedish Seed Association, Svalöv, Schweden 1971

Mrak Emil M., Dr., Prof., ehem. Präsident des Davis Campus der University of California, Davis (California) 1971

Lush Jay L., Dr., Prof. an der Iowa State University, Anes (Iowa) 1971

Baggiolini Mario, Stazione Federale di Ricerche Agronomiche, Domaine de Changins, Nyon 1977

Währen Max E., Versicherungsangestellter, Bern 1979

Auf Antrag der Abteilung für Kulturtechnik und Vermessung

Zölly, Hans, Dipl. Ing. ETH, Stellvertreter des Direktors und Chefingenieur für Geodäsie und Photogrammetrie der Eidgenössischen Landestopographie, Bern 1943

Tardi Pierre, Prof. ETH et Inspecteur Général Géographe à Paris 1955

Lehmann Edgar, Dr., Prof. Universität Leipzig, Direktor des Deutschen Instituts für Länderkunde, Leipzig 1955

Schmidheini Albert, Verwaltungsrat der Wild Heerbrugg AG als Delegierter und Direktor der Optischen Werke. Seit 1950 Generaldirektor, Heerbrugg 1956

Bertele Ludwig, Inhaber und Leiter eines Büros für optische Berechnungen, Wildhaus 1958

Schermerhorn Willem, Dr., em. Prof. TH Delft, Direktor des International Training Centre for Aerial Survey, Delft 1963

Wolf Helmut, Dr. Ing., Prof. Universität Bonn 1970

Auf Antrag der Abteilung für Mathematik und Physik

Dedekind Richard, Dr., a. Prof. ETH, o. Prof. TH Braunschweig 1909

Schwarz Hermann Amandus, Dr., a. Prof. ETH, o. Prof. Universität Berlin, Geh. Reg.-Rat, Berlin 1914

Geiser Carl Friedrich, Dr., a. Prof. ETH, Küsnacht 1918

Hilbert David, Dr., o. Prof. Universität Göttingen 1922

Schaertlin Georg Gottfried, Dr., Direktor der Schweizerischen Lebensversicherungs- und Rentenanstalt, Zürich 1927

Einstein Albert, Dr., a. Prof. ETH, Direktor des Kaiser-Wilhelm-Instituts für Physik, Berlin 1930

Weyl Hermann, Dr., a. Prof. ETH, Prof. am Institute for Advanced Study, Princeton (N. J.) 1945

Polya Georg, Dr., a. Prof. ETH, Prof. Stanford University, Stanford (California) 1947

Cartan Henri, Dr., Prof. Ecole Normale Supérieure, Paris 1955

Debye Peter, Dr., a. Prof. ETH, em. Prof. Cornell University, Ithaca (N. Y.) 1955

Ostrowski Alexander, Dr., Prof. Universität Basel 1958

Behnke Heinrich, Dr., Prof. Universität Münster, Westfalen 1960

Stern Otto, Dr., Prof. University of Pittsburgh, Berkeley (California) 1960

de Rham Georges, Dr., Prof. Universités Lausanne et Genève, Lausanne 1961

Ammeter Hans, Direktor der Schweizerischen Lebensversicherungs- und Rentenanstalt, Zürich 1964

Wentzel Gregor, Dr., Prof. am Enrico Fermi Institute of Nuclear Science, University of Chicago (Illinois) 1966

Siegel Carl Ludwig, Dr., em. Prof. Universität Göttingen 1967

Wightman Arthur Strong, Dr., Prof. Princeton University (N. J.) 1969

Auf Antrag der Abteilung für Naturwissenschaften

Lang Arnold, Dr., Prof. Universität Zürich und ETH 1914

Schmid Friedrich, Landwirt, Oberhelfenschwil 1919

Zschokke Friedrich, Dr., o. Prof. Universität Basel 1920

Bachmann Hans, Dr., Prof. Kantonsschule Luzern 1924

Meister Jakob, Prof. Kantonsschule Schaffhausen 1925

Wegelin Heinrich, Dipl. Fachlehrer ETH, Prof. an der Thurgauischen Kantonsschule, Frauenfeld 1926

Amann Jules, Dr., Dipl. Apotheker, Privatgelehrter, Lausanne 1928

Chodat Robert, Dr., Prof. Universität Genf 1930

Zangger Heinrich, Dr., Direktor des Instituts für gerichtliche Medizin der Universität Zürich 1933

Meister Friedrich, alt Sekundarlehrer, Horgen 1935

Lugeon Maurice, Dr., Prof. Universität Lausanne 1937

Huber-Pestalozzi Gottfried, Dr. phil. et med., Praktischer Arzt, Zürich 1947

Geiger Ernst, Sekundarlehrer in Hüttwilen 1948

Helbling Robert, Dr., Bergingenieur, Inhaber eines Vermessungsbüros, Flums 1949

Kreis Alfred, Dipl. Fachlehrer ETH, Prof. an der Kantonsschule Chur 1950

Maag Rudolf, Dr., Leiter der Chemischen Fabrik Dr. R. Maag AG, Dielsdorf 1953

Fallot Paul, Dr., Prof. Collège de France, Paris 1955

von Frisch Karl, Dr., Prof. Universität München 1955

Saxer Friedrich, a. Reallehrer an der Sekundarschule in St. Gallen 1960

Weber Paul, a. Primarlehrer, Zürich 1963

Barth Tom F. W., Dr., Prof. Universität Oslo, Direktor des geologischen Museums, Oslo 1967

Müller Paul, a. Lehrer in Oberentfelden/AG 1969

Seitter Heinrich, pens. SBB-Zugführer, Sargans 1976

Cymorek Siegfried, biolog.-techn. Mitarbeiter der Firma Desowag-Bayer GmbH., Krefeld 1979

Auf Antrag der Abteilung für Freifächer

Philosophische und staatswissenschaftliche Unterabteilung[1]

Mann Thomas, Dr., Prof., Schriftsteller, Kilchberg 1955

Jung Carl Gustav, Dr., Prof., Psychologe, Küsnacht 1955

Etter Philipp, Dr., Bundesrat, Vorsteher des Eidgenössischen Departementes des Innern, Bern 1955

Mathematisch-naturwissenschaftlich-technische Unterabteilung[2]

Stucky Alfred, Dr., Directeur de l'Ecole Polytechnique de l'Université de Lausanne 1955

Ständige Ehrengäste

Folgende Persönlichkeiten wurden zu Ständigen Ehrengästen der ETH Zürich ernannt:[3]
(in Klammern antragstellende Abteilung und Jahr der Ehrung)

Ringwald Fritz, Ingenieur, Luzern (III B, 1945)

Beusch Willi, Dipl. Ing. ETH, Zug (III B, 1958)

Sieber Urs, Delegierter des Verwaltungsrates der Cellulose-Fabrik Attisholz (VI, 1960)

Hoff Nicholas J., Prof. Dr., Stanford (California) (III A, 1971)

Isler Otto, Dr. Ing. chem., Dr. h. c., Basel (IV, 1975)

Cattani Olga, Zürich (VIII, 1975)

Waldis Alfred, Direktor Verkehrshaus der Schweiz, Luzern (III A, 1976)

Herger Hans, ehemals Direktor der AG Brown, Boveri & Cie., Altdorf (III A, 1980)

[1] Diese Unterabteilung wurde 1976 umbenannt in: *Abteilung für Geistes- und Sozialwissenschaften*

[2] Diese Unterabteilung wurde 1976 aufgehoben, als die Abteilung für Freifächer umbenannt wurde.

[3] Bis 1977 wurden die Ständigen Ehrengäste als «Empfänger von Ehrenadressen» bezeichnet. Die verstorbenen Ehrengäste sind, sofern ihr Ableben dem Rektorat mitgeteilt wurde, nicht mehr aufgeführt.

Rektoren und Präsidenten der ETH Zürich (1855–1980)

Rektoren[1]		Professoren für
1855–1859	Joseph Wolfgang von Deschwanden	darstellende Geometrie
1859–1865	Pompejus Alexander Bolley	technische Chemie, pharmazeutische u. forensische Chemie, Agrikulturchemie u. Toxikologie
1865–1867	Gustav Anton Zeuner	Mechanik u. theoretische Maschinenlehre
1867–1871	Elias Landolt	Forstwirtschaft
1871–1872	Johannes Wislicenus	allgemeine Chemie
1872–1875	Carl Culmann	Ingenieurwissenschaften
1875–1881	Gustav Adolf Kenngott	Mineralogie
1881–1887	Carl Friedrich Geiser	höhere Mathematik u. synthetische Geometrie
1887–1891	Karl Wilhelm Ritter	graphische Statik, Brücken- u. Eisenbahnbau
1891–1895	Carl Friedrich Geiser	s. oben
1895–1899	Albin Herzog	technische Mechanik
1899–1905	Robert Gnehm	technische Chemie
1905–1909	Jérôme Franel	Mathematik in französischer Sprache
1909–1911	Ulrich Grubenmann	Mineralogie u. Petrographie
1911–1913	Theodor Vetter	englische Sprache u. Literatur
1913–1919	Emil Bosshard	technische Chemie u. chemische Technologie
1919–1923	Walter Wyssling	angewandte Elektrotechnik
1923–1926	Arthur Rohn	Baustatik, Brückenbau u. Hochbau in Eisen
1926–1928	Charles Andreae	Eisenbahn- u. Tunnelbau
1928–1931	Paul Niggli	Mineralogie u. Petrographie
1931–1935	Michel Plancherel	höhere Mathematik
1935–1939	Fritz Baeschlin	Geodäsie u. Topographie
1939–1943	Walter Saxer	höhere Mathematik
1943–1947	Franz Tank	Hochfrequenztechnik u. Physik
1947–1948	Hans Pallmann	Agrikulturchemie
1949–1951	Fritz Stüssi	Baustatik I, Hoch- u. Brückenbau in Stahl
1951–1953	Henry Favre	technische Mechanik
1953–1957	Karl Schmid	deutsche Sprache u. Literatur

[1] Bis 1911 (Umbenennung des Polytechnikums in «Eidg. Technische Hochschule») wurden die Hochschulleiter als «Direktoren» bezeichnet.

1957–1961	Albert Frey-Wyssling	allgemeine Botanik u. Pflanzenphysiologie
1961–1965	Walter Traupel	thermische Turbomaschinen
1965–1969	Hans Leibundgut	Forstwissenschaften
1969–1973	Pierre E. Marmier	Kernphysik
1973–1977	Heinrich Zollinger	Textil- u. Farbstoffchemie
1977–	Hans Grob	Strassen-, Untertage- u. Eisenbahnbau, inkl. Felsmechanik

Präsidenten

Bis 1968 hatte der Präsident des Schweizerischen Schulrates die direkte Leitung der ETH inne. Mit der Uebernahme der «Ecole polytechnique de l'Université de Lausanne» wurden zwei vollamtliche Vizepräsidenten des Schulrates gewählt und mit der Leitung der beiden Schulen betraut. Seit 1971 führen sie den Titel eines Präsidenten der ETH.

Präsidenten des Schweizerischen Schulrates

1854–1857	Johann Konrad Kern	
1857–1888	Johann Karl Kappeler	
1888–1905	Hermann Bleuler	
1905–1926	Robert Gnehm	Prof. f. technische Chemie
1926–1948	Arthur Rohn	Prof. f. Baustatik, Brückenbau und Hochbau in Eisen
1949–1965	Hans Pallmann	Prof. f. Agrikulturchemie
1966–1978	Jakob Burckhardt	
1978	Maurice Cosandey	Prof. f. Holzbau, ETH Lausanne

Präsidenten der ETHZ

1968–1973	Hans Hauri	Prof. f. Baustatik und Konstruktion
1973	Heinrich Ursprung	Prof. f. Zoologie

Verzeichnis der Lehrkräfte (1855–1980)

(Stand 1. April 1980)

Professoren

Das nachfolgende Verzeichnis basiert auf den Angaben der Festschrift «Eidgenössische Technische Hochschule, 1855–1955», Zürich 1955, S. 226–254. Für die Zeit von 1955 bis 1980 war es leider nicht immer möglich, dieselben Daten wie für die vorangegangene Periode zusammenzutragen, so dass dieser Abschnitt nicht ganz einheitlich gestaltet werden konnte. Die Angaben für die Zeit 1855–1955 werden wegen ihres biographischen und wissenschaftshistorischen Interesses unverändert und vollständig übernommen. Dem «Verzeichnis der Lehrkräfte» von 1955 ist folgende redaktionelle Anmerkung vorangestellt:

«Die formelle Unterscheidung in ordentliche und ausserordentliche Professoren besteht erst seit dem Reglement von 1924. Es wurden deshalb in der Liste bei Anstellungen vor 1924 keine näheren Bezeichnungen beigefügt, obwohl schon vor 1924 die Bezeichnung „ordentlicher Professor" zur Unterscheidung vom Titularprofessor öfters verwendet wurde. Nach 1924 hatten alle vorher angestellten Professoren die Stellung von ordentlichen Professoren.

Die Titularprofessoren wurden bis anfangs des 20. Jahrhunderts meist Honorarprofessoren (Prof. hon.) genannt; sie sind in der Liste durchwegs als Titularprofessoren aufgeführt. Lehrtätigkeit an andern Hochschulen ist nur vermerkt, soweit sie in der Stellung als Professor (ohne Unterscheidung in ordentliche und ausserordentliche Professuren) erfolgte; nur bei der Universität Zürich ist auch die Privatdozententätigkeit berücksichtigt. Wo das Lehrgebiet des Privatdozenten mit dem des späteren Professors übereinstimmt, ist es nur einmal aufgeführt.

Die Amtsdauern sind durchwegs auf die Semester bezogen, obwohl man im 19. Jahrhundert nach Jahreskursen gliederte.»

Abplanalp, Hans, v. Brienz. * 22. 5. 1925. o. Prof. 15. 11. 1969—31. 7. 1970 f. Tierzucht.

Ackeret, Jakob, v. Zürich. * 17. 3. 1898 in Zürich. PD WS 1928 f. theoretische und experimentelle Aerodynamik, a. o. Prof. WS 1931 f. Aerodynamik, o. Prof. WS 1934—30. 9. 1967.

Affolter, Ferdinand, v. Deitingen (SO) und seit 1905 von Zürich. * 17. 3. 1847 in Deitingen. Prof. WS 1884—SS 1891 und wieder SS 1896 bis WS 1925 f. Militärwissenschaften. † 30. 11. 1926 in Näfels (GL).

Ambühl, Heinz, v. Dürnten (ZH). * 10. 10. 1928. a. o. Prof. 1. 10. 1972 f. Hydrobiologie.

Amstutz, Eduard, v. Sigriswil (BE). * 18. 11. 1903 in Sigriswil. a. o. Prof WS 1937 f. Flugzeugstatik und Flugzeugbau, o. Prof. WS 1943, WS 1949—30. 9. 1969 f. Werkstoffkunde und Materialprüfung in mech.-technischer Richtung. 1. 10. 1949—30. 9. 1969 Direktor der Hauptabteilung A der EMPA und zugleich Direktionspräsident der EMPA.

Anderegg, Giorgio, v. Wangen a. d. Aare (BE). * 15. 8. 1926. PD 1. 10. 1964 f. spez. anorganische Chemie, Ass.-Prof. 1. 10. 1967 f. anorganische Chemie, a. o. Prof. 1. 10. 1973.

Anderheggen, Edoardo, v. Belgien. * 25. 6. 1939. PD 1. 4. 1971 f. Computeranwendung im Bauingenieurwesen, insbes. auf dem Gebiet der Berechnung u. Bemessung von Tragwerken, a. o. Prof. 1. 10. 1976 f. Informatik.

Andreae, Charles, v. Fleurier (NE). * 23. 8. 1874 in Fleurier. PD WS 1918, Prof. SS 1921 f. Eisenbahn- und Tunnelbau; Rektor 1926—1928. Seit SS 1928 beurlaubt als Direktor der Technischen Hochschule Kairo. Rücktritt auf WS 1937. † 9. 9. 1964.

Angehrn, Otto, v. Muolen (SG). * 4. 2. 1916. a. o. Prof. 1. 10. 1962 f. Betriebswirtschaftslehre, o. Prof. 1. 10. 1964 f. Betriebswirtschaftslehre und Marktforschung.

Anliker, Max, v. Gondiswil (BE). * 25. 12. 1927. o. Prof. 1. 10. 1971 f. biomedizinische Technik (Doppelprofessur mit Uni Zürich).

Arduini, Charles, v. Montpreveyres (VD). * 4. 1. 1808 in Civitella del Tronto bei Ascoli Piceno (Italien). Prof. WS 1861—SS 1881 f. italienische Sprache und Literatur. † 23. 10. 1881 in Oulens (VD).

Arigoni, Duilio, v. Gentilino (TI). * 6. 12. 1928. PD 1. 4. 1961 f. spez. organ. Chemie, a. o. Prof. 1. 4. 1962, o. Prof. 1. 4. 1967.

Bach, Roman, v. Eschenz (TG). * 5. 6. 1921. a. o. Prof. 1. 4. 1963 f. Bodenkundc, o. Prof. 1. 4. 1970.

Bachmann, Hugo, v. Niedermuhlern (BE). * 27. 9. 1935. Ass.-Prof. 1. 10. 1969 f. Massivbau, a. o. Prof. 1. 1. 1972 f. Baustatik und Konstruktion, o. Prof. 1. 10. 1977.

Bachmann, Markus Rud., v. Langnau (BE). * 1. 3. 1928. a. o. Prof. 1. 10. 1971 f. Milchwirtschaftslehre, o. Prof. 1. 10. 1977 f. Milchwirtschaftslehre u. Entwicklungszusammenarbeit.

Badoux, Henri, v. Cremin (VD). * 22. 5. 1871 in Cremin. Prof. SS 1915—SS 1941 f. Forstwissenschaften. † 1. 8. 1951 in Zürich.

Baeschlin Fritz, v. Glarus. * 5. 8. 1881 in Glarus. Prof. SS 1909—WS 1946 f. Geodäsie und Topographie; Rektor 1935—1939. † 6. 12. 1961 in Zollikon.

Bagdasarjanz, Benjamin, v. Zürich. * 19. 5. 1893 in Achalkalki (Kaukasus). a. o. Prof. SS 1948 f. forstliche Bautechnik, o. Prof. WS 1952—30. 9. 1963 f. forstliches Bau- und Transportwesen.

Baggenstos, Heinrich, v. Gersau (SZ). * 13. 8. 1929. Ass.-Prof. 1. 4. 1969 f. Elektrotechnik, a. o. Prof. 1. 10. 1973.

Balduzzi, Franco, v. Zürich. * 10. 3. 1923. a. o. Prof. 1. 1. 1965 f. Bodenmechanik.

Baltensperger, Walter, v. Zürich. * 30. 5. 1927. PD 1. 10. 1959—30. 9. 1963 f. Physik, a. o. Prof. 1. 10. 1965 f. theoretische Physik, insbes. theoretische Festkörperphysik, o. Prof. 1. 4. 1972 f. theoretische Physik.

Bamberger, Eugen, v. Berlin. * 19. 7. 1857 in Berlin. Prof. Universität München 1891, Prof. ETH SS 1893—SS 1905 f. allgemeine Chemie. † 10. 12. 1932 in Ponte Tresa (TI).

Bättig, Karl, v. Hergiswil b. Willisau (LU). * 4. 5. 1926. PD 1. 4. 1962 f. experimentelle Pharmakologie u. angew. Physiologie, Ass.-Prof. 1. 10. 1965 f. Hygiene u. Arbeitsphysiologie, a. o. Prof. 1. 5. 1969, o. Prof. 1. 1. 1973 f. vergl. Physiologie und Verhaltensbiologie.

Bauder, Alfred, v. Zürich. * 10. 5. 1934. PD 1. 10. 1966 f. physikal. Chemie, Ass.-Prof. 1. 4. 1969, a. o. Prof. 1. 10. 1973, o. Prof. 1. 10. 1976.

Bauer, Bruno, v. Zürich. * 27. 2. 1887 in Töss-Winterthur. o. Prof. WS 1927—31. 3. 1957 f. angewandte Elektrotechnik, Direktor des Fernheizkraftwerks 1932—31. 3. 1957. † 21. 10. 1972.

Baumann, Ernst, v. Attelwil (AG). * 4. 9. 1909 in Murgenthal (AG). o. Prof. SS 1940 f. Schwachstromtechnik, SS 1948—30. 9. 1979 f. technische Physik.

Baumberger, Otto, v. Zürich. * 21. 5. 1889 in Altstetten-Zürich. a. o. Prof. WS 1947—31. 3. 1959 f. farbiges Gestalten und Zeichnen. † 26. 12. 1961 in Weiningen (ZH).

Baumgartner, Willy, v. Malters (LU). * 7. 9. 1920. Ass.-Prof. 1. 10. 1966 f. technische Physik, a. o. Prof. 1. 10. 1972, o. Prof. 1. 4. 1979.

Baur, Emil, v. Ulm a. D. * 4. 8. 1873 in Ulm. Prof. Technische Hochschule Braunschweig 1907, Prof. ETH WS 1911—SS 1942 f. physikalische Chemie und Elektrochemie. † 14. 3. 1944 in Zürich.

de Beaumont (Bouthillier de Beaumont), Ami, v. Genf. * 13. 1. 1820 in Genf. Prof. WS 1856—SS 1857 f. höhere Mathematik in franz. Sprache; später Prof. Universität Paris. † 12. 7. 1866 in Paris.

Becker, Fridolin, v. Ennenda (GL) und seit 1905 von Zürich. * 24. 4. 1854 in Linthal (GL). PD WS 1887 f. Topographie und Geodäsie, Hilfslehrer und Tit.-Prof. WS 1890 f. Plan- und Kartenzeichnen und Topographie, Prof. WS 1901—SS 1921. † 24. 1. 1922 in Küsnacht (ZH).

Behn-Eschenburg, Hermann, v. Stralsund. * 14. 2. 1814 in Stralsund. PD Universität Zürich 1851, Prof. 1852 bis 1872, Prof. ETH WS 1855 f. englische Sprache und Literatur. † 23. 1. 1873 in Zürich.

Benz, Georg. A., v. Marbach (SG). * 14. 7. 1926. PD 1. 10. 1966 f. Insektenphysiologie u. Insektenpathologie, a. o. Prof. 1. 7. 1968 f. Entomologie, o. Prof. 1. 4. 1972.

Berchtold, Max, v. Seegräben (ZH). * 6. 9. 1916. o. Prof. 1. 11. 1959 f. Thermodynamik u. Verbrennungsmotoren.

Berg, Wolfgang, v. Maur (ZH). * 30. 3. 1908. o. Prof. 1. 10. 1961—31. 3. 1978 f. Photographie.

Berger, Karl, v. Sennwald (SG). * 30. 11. 1898 in Balgach (SG). PD SS 1936, a. o. Prof. SS 1949—31. 3. 1969 f. Hochspannungstechnik.

Bergier, Jean-François, v. Lausanne, Le Mont s. Lausanne, Chardonne (VD). * 5. 12. 1931. o. Prof. 1. 9. 1969 f. Geschichte in franz. Sprache, 1974 f. Geschichte.

Bernays, Paul, v. Zürich. * 17. 10. 1888 in London. PD Universität Zürich 1913, Universität Göttingen 1919, daselbst Prof. 1922—1933, PD ETH WS 1939, a. o. Prof. WS 1945—31. 3. 1959 f. höhere Mathematik. † 18. 9. 1977 in Zürich.

Biäsch, Hans, v. Davos (GR). * 4. 10. 1901 in Davos Platz. a. o. Prof. 1. 4. 1953 f. angew. Psychologie, insbes. Arbeitspsychologie, o. Prof. 1. 4. 1966—30. 9. 1971. † 5. 7. 1975 in Zürich.

Bickel, Erich, v. Bubikon (ZH). * 5. 3. 1895 in Göttingen. o. Prof. WS 1943 f. Materialkunde, Verarbeitung der Metalle und Werkzeugmaschinen, SS 1954 f. metallische Werkstoffe und Fertigungstechnik, 1. 10. 1960 f. Werkstoffkunde und Formgebung der Metalle, 1. 4. 1961 f. Werkzeugmaschinen und Fertigungstechnik. † 28. 10. 1963 in Zürich.

Birchler, Linus, v. Einsiedeln (SZ). * 24. 4. 1893 in Einsiedeln. o. Prof. WS 1934—30. 9. 1960 f. Kunstgeschichte und Archäologie. † 2. 1. 1967.

Blaser, Jean-Pierre, v. La Chaux-de-Fonds (NE). * 25. 2. 1923. o. Prof. 1. 10. 1959 f. Experimentalphysik, Direktor des SIN in Villigen seit 1968.

Blatter, Christian, v. Basel u. Niedermuhlern (BE). * 25. 7. 1935. Ass.-Prof. 1. 9. 1964 f. Mathematik, a. o. Prof. 1. 4. 1970, o. Prof. 1. 4. 1979.

Bluntschli, Friedrich, v. Zürich. * 29. 1. 1842 in Zürich. Prof. SS 1881—SS 1914 f. Baukunst. † 27. 7. 1930 in Zürich.

Böhler, Eugen, v. Bergöschingen (Baden), seit 1935 von Zollikon (ZH). * 27. 11. 1893 in Neuhaus (Baden). Prof. SS 1924—31. 3. 1964 f. Nationalökonomie, Finanzwissenschaft und Statistik. † 11. 7. 1977 in Zollikon.

Böhmert, Karl Viktor, v. Rosswein (Sachsen). * 23. 8. 1829 in Quesitz bei Leipzig. Prof. WS 1866 f. Nationalökonomie und Statistik; auch Prof. Universität Zürich 1866—1875; Prof. Polytechnikum Dresden SS 1875. † 12. 2. 1918 in Dresden.

Böhni, Hans, v. Berlingen (TG). * 3. 1. 1937. PD 1. 4. 1972 f. Korrosion u. Korrosionsschutz, Ass.-Prof. 1. 4. 1973 f. Ingenieur-Chemie, a. o. Prof. 1. 10. 1976.

Bolley, Pompejus Alexander, v. Heidelberg, seit 1850 v. Eggenwil (AG). * 7. 5. 1812 in Heidelberg. Prof. WS 1855 f. technische Chemie, pharmazeutische und forensische Chemie, Agrikulturchemie und Toxikologie; Direktor des Polytechnikums 1859—1865. † 3. 8. 1870 in Fluntern-Zürich.

Bolli, Hans Martin, v. Frauenfeld (TG) u. Beringen (SH). * 2. 8. 1917. a. o. Prof. 1. 10. 1964 f. Geologie, o. Prof. 1. 4. 1972 (Doppelprofessur mit der Uni Zürich).

Borel, Armand, v. Neuenburg und Couvet (NE). * 21. 5. 1923 in La Chaux-de-Fonds (NE). o. Prof. WS 1955—31. 3. 1957 f. höhere Mathematik in französischer Sprache. Prof. Institute for Advanced Study in Princeton/USA 1. 4. 1957.

Borgnis, Fritz, v. Neuheim (ZG). * 24. 12. 1906. PD 1. 10. 1947—30. 9. 1951 f. techn. Physik, insbes. techn. Optik, o. Prof. 1. 9. 1960—31. 3. 1977 f. Hochfrequenztechnik.

ten Bosch, Moritz, v. 's-Gravenhage (Holland), seit 1943 v. Zürich. * 4. 7. 1883 in 's-Gravenhage. Prof. WS 1923—SS 1949 f. Maschinenzeichnen, Maschinenbau, speziell Maschinenelemente. † 12. 2. 1950 in Zürich.

Bosshard, Emil, v. Winterthur. * 24. 6. 1860 in Zürich. PD SS 1892 f. technisch-chemische Fächer, Tit.-Prof. 1901, Prof. SS 1908—SS 1930 f. technische Chemie und chemische Technologie; Rektor 1913 bis 1919. † 20. 2. 1937 in Zürich.

Bosshard, Hans Heinrich, v. Wädenswil (ZH). * 9. 9. 1925. PD 1. 10. 1956 f. spez. Gebiete d. Holztechnologie, a. o. Prof. 1. 4. 1958 f. Holztechnologie, o. Prof. 1. 4. 1964, seit 1970 f. Holzkunde u. Holztechnologie.

Bourgeois, Conrad, v. Grandson, Yverdon und Bonvillars (VD). * 18. 12. 1855 in Lausanne. Prof. WS 1889 f. Forstwissenschaft. † 8. 9. 1901 in Corcelettes b. Grandson (VD).

Bourne, John R., v. Grossbritannien. * 27. 11. 1932. o. Prof. 1. 4. 1968 f. chem. Verfahrenstechnik.

Bovey, Paul, v. Cheseaux und Romanel s. Lausanne (VD). * 19. 1. 1905 in Romanel. a. o. Prof. WS 1950 f. Entomologie, o. Prof. 1. 10. 1960—30. 9. 1972.

Brandenberger, Ernst, v. Flaach (ZH). * 28. 2. 1906 in Zürich. PD SS 1933 f. Kristallstrukturlehre und Materialprüfung. Tit.-Prof. 1942, a. o. Prof. SS 1947 f. allg. Metallkunde, o. Prof. WS 1949 f. Werkstoffkunde und Materialprüfung in physikalischer und chemischer Richtung. † 5. 9. 1966 in Davos.

Brändli, Heinrich, v. Wald (ZH). * 18. 4. 1938. a. o. Prof. 1. 4. 1975 f. Verkehrsingenieurwesen.

Brauchli, Jakob Hans, v. Bern, Grossandelfingen u. Wigoltingen. * 23. 6. 1933. Ass.-Prof. 1. 10. 1972 f. Mechanik in deutscher Sprache, a. o. Prof. 1. 10. 1978 f. Mechanik.

Braun, Rudolf, v. Lenzburg (AG). * 24. 1. 1920. a. o. Prof. 1. 4. 1970 f. Abfallbeseitigung, o. Prof. 1. 10. 1973.

Bredig, Georg, v. Glogau (Schlesien). * 1. 10. 1868 in Glogau. Prof. Universität Heidelberg 1901, Prof. ETH SS 1910 f. physikalische Chemie und Elektrochemie, Prof. Technische Hochschule Karlsruhe WS 1911—1933.

Brem, Ernst, v. Rudolfstetten (AG). * 24. 3. 1922. o. Prof. 1. 5. 1975 f. Betriebswissenschaften.

Brunner, William, v. St. Gallen. * 7. 7. 1878 in Wattwil (SG). o. Prof. ETH und a. o. Prof. Universität Zürich SS 1926—SS 1945 f. Astronomie. † 1. 12. 1958 in Zürich.

Büchel, Alfred, v. Rüthi (SG). * 18. 2. 1926. Ass.-Prof. 1. 10. 1970 f. techn. Betriebswissenschaften, a. o. Prof. 1. 10. 1973.

Büchi, Jakob, v. Bischofszell (TG). * 25. 7. 1903 in Bischofszell. PD WS 1932, a. o. Prof. SS 1936—SS 1943 f. Arzneiformen und Arzneizubereitung, o. Prof. WS 1944—30. 9. 1972 f. pharmazeutische Chemie.

Buck, Alfred, v. Küsnacht (ZH). * 24. 5. 1921. Ass.-Prof. 1. 10. 1967 f. kalorische Apparate, Kälte- u. Verfahrenstechn., a. o. Prof. 1. 4. 1973, o. Prof. 1. 10. 1977.

Bühler, Anton, v. Hauerz (Württemberg). * 2. 1. 1848 in Hauerz. Prof. WS 1882 f. Forstwirtschaft, Prof. Universität Tübingen WS 1896. † 1. 1. 1920 in Tübingen.

Bühlmann, Hans, v. Sempach (LU). * 30. 1. 1930. o. Prof. 1. 10. 1966 f. Mathematik, Delegierter des Rektors für Forschung 1. 10. 1973—28. 2. 1977.

Bukowiecki, Antoni, v. Zürich. * 6. 1. 1910. PD 1. 10. 1958 f. Korrosion u. Korrosionsschutz, Tit.-Prof. 1964, o. Prof. 1. 4. 1968 f. Ingenieur-Chemie. † 13. 9. 1975.

Burckhardt, Jakob, v. Basel. * 25. 5. 1818 in Basel. PD Universität Basel 1844, daselbst Prof. 1845 und 1848—1855, Prof. ETH WS 1855 f. Kunstgeschichte und Archäologie, Prof. Universität Basel SS 1858—1893. † 8. 8. 1897 in Basel.

Burri, Conrad, v. Bern. * 22. 5. 1900 in Bern. PD SS 1930, a. o. Prof. WS 1932 f. spezielle Mineralogie und Petrographie, o. Prof. SS 1954, 1963—30. 9. 1970 für Petrographie.

Busch Georg, v. Zürich, *12. 9. 1908 in Zürich. PD SS 1942 f. Physik des festen Körpers, Tit.-Prof. 1948, a. o. Prof. SS 1949 f. Physik, o. Prof. SS 1955—30. 9. 1978.

Calgari, Guido, v. Osco (TI). * 13. 12. 1905 in Biasca (TI). o. Prof. WS 1952 f. italienische Sprache und Literatur. † 8. 9. 1969 in Montecatini.

Camenzind Alberto, v. Gersau (SZ) u. Lugano (TI). * 7. 6.1914. o. Prof. 1. 9. 1965 f. Architektur.

Carafoli, Ernesto, v. Italien, * 14. 10. 1932. a. o. Prof. 1. 10. 1973 f. Biochemie, o. Prof. 1. 1. 1976.

Carnal, Henri, v. Souboz (BE). * 27. 1. 1939. Ass.-Prof. 1. 4. 1965—31. 3. 1966 f. Mathematik, insbes. Analysis. Prof. Universität Bern 1. 4. 1966.

Carrard, Alfred, v. Châtelard-Montreux, Orbe, Fey und Rueyres (VD). * 26. 1. 1889 in Montreux. PD WS 1926 f. Psychotechnik, a. o. Prof. SS 1945 f. Arbeitswissenschaften. † 5. 9. 1948 in Lausanne.

Cérésole, Maurice, v. Vevey (VD). * 14. 12. 1860 in Vevey. Prof. WS 1908—WS 1916 f. technische Chemie und chemische Technologie. † 2. 4. 1936 in Petit-Lancy (GE).

Chaix, Bernard, v. Genf. * 29. 7. 1920. o. Prof. 1. 8. 1970 f. Maschinen u. Anlagen f. flüssige Medien, 1971 f. Flüssigkeitstechnik.

Challemel-Lacour, Paul-Armand, v. Avranches (Normandie, Frankreich). * 19. 5. 1827 in Avranches. Prof. WS 1856—SS 1859 f. französische Literatur; später französischer Aussenminister. † 26. 10. 1896 in Paris.

Chandrasekharan, Komaravolu, v. Indien. * 21. 11. 1920. o. Prof. 1. 10. 1965 f. Mathematik.

Chaperon, Francis, v. St-Gingolph (VS). * 27. 11. 1926. o. Prof. 1. 10. 1972 f. Vermessung.

Charton, Pierre, v. Paris. * 14. 5. 1853 in Paris. Prof. SS 1888 f. Nationalökonomie, Finanzwissenschaft und Statistik in französischer Sprache. † 29. 7. 1917 in Kilchberg (ZH).

Cherbuliez, Atoine-Elisée, v. Genf. * 29. 7. 1797 in Genf. Prof. Akademie Genf 1833—1847, Prof. ETH WS 1855 f. Nationalökonomie. † 7. 3. 1869 in Zürich.

Christoffel, Elwin Bruno, v. Montjoie (Rheinpreussen). * 10. 11. 1829 in Montjoie. Prof. WS 1862 f. höhere Mathematik, Prof. Gewerbeakademie Berlin SS 1869, Universität Strassburg 1872. † 15. 3. 1900 in Strassburg.

Clausius, Rudolf Immanuel, v. Köslin (Preussen). * 2. 1. 1822 in Köslin. Prof. WS 1855 f. Physik, auch Universität Zürich 1857, Prof. Universität Würzburg WS 1867, Universität Bonn 1869, daselbst Rektor. † 24. 8. 1888 in Bonn.

Clerc, Charly, v. Neuenburg und Genf. * 15. 8. 1882 in Neuenburg. o. Prof. SS 1933—SS 1952 f. französische Sprache und Literatur. † 20. 10. 1958 in Les Près d'Enge (NE).

Cohn, Gustav, v. Marienwerder (Westpreussen). * 12. 12. 1840 in Marienwerder. Prof. SS 1875 f. Nationalökonomie und Statistik, Prof. Universität Göttingen SS 1884. † 17. 9. 1919 in Göttingen.

Constantinescu, Corneliu, Flüchtling m. pol. Asyl i. d. Schweiz. * 9. 2. 1929 in Buzău (Rumänien). o. Prof. 1. 4. 1978 f. Mathematik.

Conzett, Rudolf, v. Schiers (GR). * 7. 6. 1922. a. o. Prof. 1. 4. 1965 f. Geodäsie, o. Prof. 1. 4. 1969.

Corboz, André, v. Genf. * 5. 6. 1928. o. Prof. 1. 4. 1980 f. Geschichte des Städtebaus.

Corradini, Corrado, v. Turin. * 1852 in Turin. Prof. Universität Turin, Prof. ETH nur SS 1882 f. italienische Sprache und Literatur, Prof. Akademie Turin 1888. † 1923.

Cramer, Karl, v. Zürich. * 4. 3. 1831 in Zürich. PD Universität Zürich 1855, PD ETH WS 1857, Prof. WS 1860 f. allgemeine Botanik, auch Prof. Universität Zürich 1861—1901. † 24. 11. 1901 in Zürich.

Crasemann, Edgar, v. Niederwichtrach (BE). * 29. 1. 1896 in Strättligen (BE). a. o. Prof. WS 1936 f. spezielle Agrikulturchemie, o. Prof. SS 1943—31. 3. 1966. † 18. 7. 1973.

Culmann, Carl, v. Bergzabern (Rheinpfalz), seit 1868 v. Zürich. * 10. 7. 1821 in Bergzabern. Prof. WS 1855 f. Ingenieurwissenschaften; Direktor des Polytechnikums 1872—1875. † 9. 12. 1881 in Zürich.

Curti, Paul, v. Rapperswil (SG). * 15. 5. 1882 in Zürich. o. Prof. SS 1927—WS 1947 f. Militärwissenschaften.

Custer, Walter, v. Rheineck u. Altstätten (SG). * 21. 9. 1909. a. o. Prof. 1. 10. 1960 f. Architektur, insbes. ORL, o. Prof. 1. 1. 1971—31. 3. 1980 f. Architektur u. Raumplanung.

Daenzer, Walter F., v. Adelboden (BE). * 23. 9. 1906 in Reinach (AG). o. Prof. WS 1954—31. 3. 1975 f. Betriebswissenschaften und Fabrikorganisation.

Dal Vesco, Ezio, v. Bellinzona (TI). * 29. 5. 1921. Ass.-Prof. 1. 4. 1960 f. Geologie, insbes. Geologie der Schweiz, o. Prof. 1. 4. 1971 für Baugeologie. † 18. 2. 1980.

Debye, Peter, v. Masstricht (Holland). * 24. 3. 1884 in Maastricht. Prof. Universität Zürich 1911, Universität Utrecht 1912, Universität Göttingen 1914, Prof. ETH SS 1920 f. Physik, Prof. Universität Leipzig WS 1927, Universität Berlin 1935 bis 1941. Nobelpreis 1936. † 2. 11.1966 in Ithaca (USA).

Decher, Otto, v. Augsburg. * 1. 10. 1845 in Augsburg. Prof. SS 1890 f. Topographie und Geodäsie. † 19. 9. 1903 in Zürich.

Decoppet, Maurice, v. Suscévaz (VD). * 21. 4. 1864 in Suscévaz. Prof. SS 1902—SS 1914 f. Forstwissenschaften. † 7. 12. 1922 in Bern.

Dedekind, Julius Wilh. Richard, v. Braunschweig. * 6. 10. 1831 in Braunschweig. Prof. SS 1858 f. theoretische Mathematik, Prof. Carolinum (sp. Technische Hochschule) Braunschweig WS 1862 bis 1894. † 12. 2. 1916 in Braunschweig.

Delhees, Karl. H., v. St. Gallen. * 25. 9. 1932. o. Prof. 1. 7. 1977 f. allg. Psychologie.

Delucchi, Vittorio, v. Arogno (TI). * 21. 5. 1925. a. o. Prof. 1. 7. 1968 f. Entomologie, o. Prof. 1. 4. 1972.

von Deschwanden, Joseph Wolfgang, v. Kerns (NW) und Zürich. * 21. 7. 1819 in Stans. Prof. WS 1855 f. darstellende Geometrie, 1. Direktor des Polytechnikums 1855—1859; auch Prof. Universität Zürich 1855 bis 1863. † 11. 4. 1866 in Hottingen-Zürich.

Deuel, Hans, v. Geroldswil (ZH). * 4. 5. 1916 in Leipzig. PD SS 1947, o. Prof. SS 1949 f. Agrikulturchemie. † 17. 1. 1962 in Bern.

Dietrich, Karl, v. Thal (SG). * 13. 1. 1936. Ass.-Prof. 1. 4. 1973 f. Verkehrsingenieurswesen, a. o. Prof. 1. 4. 1976, o. Prof. 1. 4. 1979.

Diserens, Edouard, v. Savigny (VD). * 28. 8. 1885 in Pandex b. Lausanne. Prof. Universität Lausanne 1915. Prof. ETH SS 1921—WS 1940 f. Kulturtechnik. † 18. 4. 1954 in Lausanne.

Dracos, Themistocles, v. Zollikon (ZH). * 5. 2. 1928. Ass.-Prof. 1. 12. 1963 f. Hydraulik, o. Prof. 1. 4. 1970.

Dressler, Kurt P. A., v. Riehen (BS), Unterentfelden (AG) u. USA. * 16. 9. 1929. o. Prof. 1. 4. 1968 f. Molekularspektroskopie. Delegierter des Rektors für Weiterbildung seit 1. 10. 1977.

Droz, Théophil, v. Le Locle (NE), Mont-Tramelan (BE) und Genf. * 22. 2. 1844 in Tramelan (BE). Prof. Universität Genf 1874 f. Religionsgeschichte, Prof. ETH WS 1881 f. französische Literatur. † 8. 6. 1897 in La Tour-de-Peilz (VD).

Dubas, Pierre, v. Enney (FR). * 24. 12. 1924. Ass.-Prof. 1. 4. 1961 f. Baustatik, Hoch- u. Brückenbau in Stahl u. Holz, o. Prof. 1. 4. 1966 f. Baustatik und Stahlbau.

Dubs, Robert, v. Aesch b. Birmensdorf (ZH) und Zürich. * 3. 1. 1880 in Wien. o. Prof. WS 1927—WS 1949 f. Maschinenbau und Maschinenkonstruieren. † 10. 3. 1963 in Zollikon.

Dufraisse, Marc-Etienne, v. Ribérac (Frankreich). * 1811 in Ribérac. Prof. WS 1855—SS 1871 f. Rechtslehre. † 1876 in Paris.

Düggeli, Max, v. Luzern. * 29. 7. 1878 in Luzern. Hilfslehrer WS 1907, Tit.-Prof. 1909, Prof. WS 1914 f. landwirtschaftliche Bakteriologie. † 14. 8. 1946 in Zürich.

Dünner, Ernst, v. Zürich. * 2. 3. 1887 in Zürich. Prof. WS 1923—31. 3. 1957 f. Elektromaschinenbau. † 18. 6. 1961 in Zollikon.

Dunitz, Jack D., v. Grossbritannien. * 29. 3. 1923. a. o. Prof. 1. 10. 1957 f. Strukturbestimmung organ. Molekel, 1963 f. Kristallographie, o. Prof. 1. 10. 1964 f. chem. Kristallographie.

Dunkel, William, v. Bubendorf (BL). * 26. 3. 1893 in New York. o. Prof. SS 1929—31. 3. 1959 f. Architektur.

Durrer, Robert, v. Kerns (OW), Unterägeri (ZG) und Basel. * 18. 11. 1890 in Arbon (TG). o. Prof. WS 1943—31. 3. 1961 f. Metallurgie. † 13. 2. 1978.

Dutoit, André Georges, v. Moudon. * 18. 8. 1913. o. Prof. 1. 4. 1957 f. Elektromaschinenbau, 1975—31. 3. 1980 f. elektrische Maschinen.

Dütsch, Hans-Ulrich, v. Winterthur. * 26. 10. 1917. o. Prof. 1. 4. 1965 f. Physik der Atmosphäre.

Eckmann, Beno, v. Bern. * 31. 3. 1917 in Bern. PD WS 1942 f. Mathematik, daneben Prof. Universität Lausanne SS 1945, o. Prof. ETH WS 1948 f. höhere Mathematik in französischer Sprache, 1963 f. Mathematik.

Eder, Robert, v. Fischingen (TG). * 8. 8. 1885 in Bischofszell (TG). PD WS 1915, Prof. WS 1917 f. Pharmazie. † 10. 5. 1944 in Zürich.

Eggert, John, v. Berlin. * 1. 8. 1891 in Berlin. Prof. Universität Berlin 1924—1937, a. o. Prof. ETH WS 1946, o. Prof. SS 1947—30. 9. 1961 f. Photographie. † 29. 9. 1973.

Ehrlich, Rudolf, v. Wien. * 1858. Prof. SS 1892 bis WS 1894 f. mechanische und Baukonstruktionsfächer.

Eichelberg, Gustav, v. Zürich. * 21. 11. 1891 in Ensisheim (Elsass). o. Prof. WS 1919 f. technische Wärmelehre, Brennkraftmaschinenbau und Kältetechnik, 1951—30. 9. 1959 f. Thermodynamik und Verbrennungsmotoren. † 6. 2. 1976.

Einstein, Albert, v. Ulm, seit 1901 v. Zürich. * 14. 3. 1879 in Ulm. Prof. Universität Zürich 1909, Universität Prag 1911, Prof. ETH WS 1912 f. theoretische Physik, Preussische Akademie der Wissenschaften und Direktor des Kaiser Wilhelm-Instituts f. Physik in Berlin SS 1914, Prof. Institute for Advanced Study in Princeton (USA) 1933. Nobelpreis 1921. † 18. 4. 1955 in Princeton.

Elias, Hans Georg, v. Deutschland. * 29. 3. 1928. PD 1. 4. 1961 f. spez. organ. Technologie, Ass.-Prof. 1. 10. 1963—30. 9. 1971 f. org.-chem. Technologie, insbes. makromolekulare Chemie. Michigan Macromolecular Institute, Midland (Mich.) 1971.

Ellenberg, Heinz, v. Deutschland. * 1. 8. 1913 in Hamburg. a. o. Prof. 1. 10. 1958—28. 2. 1966 f. Geobotanik. Prof. Universität Göttingen 1. 3. 1966.

Emch, Franz, v. Mühledorf (SO). * 3. 10. 1924. a. o. Prof. 1. 10. 1965 f. Verfahrenstechnik der Lebensmittelbereitung, o. Prof. 1. 4. 1972.

Engeler, Erwin, v. Wagenhausen (TG). * 13. 2. 1930. PD 1. 4. 1964—31. 3. 1968 f. Mathematik. o. Prof. 1. 8. 1972 f. Computer-Wissenschaften, 1974 f. Informatik.

Engler Arnold, v. Zizers (GR) und seit 1911 v. Zürich. * 29. 1. 1869 in Stans (NW). Prof. SS 1897 f. Forstwissenschaften. † 15. 7. 1923 in Zürich.

Eppenberger, Hans M., v. Basel u. Mogelsberg (SG). * 20. 6. 1936. Ass.-Prof. 1. 10. 1970 f. Zoologie, insbes. Entwicklungsbiologie, a. o. Prof. 1. 10. 1973, o. Prof. 1. 4. 1975 f. Biologie.

Epprecht, Georg W., v. Zürich, * 6. 8. 1921. PD 1. 10. 1957 f. Höchstfrequenztechnik, a. o. Prof. 1. 4. 1960 f. techn. Elektrizitätslehre u. Hochfrequenztechnik. o. Prof. 1. 10. 1964.

Epprecht, Wilfried, v. Zürich. * 16. 3. 1918. PD 1. 4. 1951 f. Kristallstrukturlehre, Kristallstrukturbest. u. Materialprüfung m. Röntgenstrahlen, Tit.-Prof. 1958, a. o. Prof. 1. 10. 1966 f. techn. Werkstofflehre. o. Prof. 1. 10. 1968 f. Werkstofflehre.

Erismann, Theodor, v. Zürich u. Aarau (AG). * 29. 8. 1921. PD 1. 4. 1957 f. mechan. Rechengeräte, 1966 f. Analogrechengeräte und Randgebiete, o. Prof. 1. 12. 1969 f. Werkstoffkunde und Materialprüfung. Gleichzeitig Dir. Präs. der EMPA u. Leiter der EMPA Dübendorf.

Ermatinger, Emil, v. Schaffhausen. * 21. 5. 1873 in Schaffhausen. Prof. WS 1909—SS 1943 f. deutsche Literatur; auch Prof. Universität Zürich 1912 bis 1943. † 17. 9. 1953 in Zürich.

Ernst, Fritz, v. Winterthur. * 14. 6. 1889 in Winterthur. a. o. Prof. WS 1943, o. Prof. WS 1947 f. deutsche Literatur; auch Prof. Universität Zürich SS 1948. † 26. 3. 1958 in Zürich.

Ernst, Richard, v. Winterthur. * 14. 8. 1933. PD 1. 10. 1968 f. physikal. Chemie, insbes. physikal.-chem. Messtechnik, Ass.-Prof. 1. 10. 1970 f. physikalische Chemie, a. o. Prof. 1. 4. 1972, o. Prof. 1. 10. 1976.

Eschenmoser, Albert, v. Balgach/SG. * 5. 8. 1925. PD 1. 10. 1956 f. spez. org. Chemie, a. o. Prof. 1. 10. 1960, o. Prof. 1. 10. 1965 f. allg. organ. Chemie.

Escher von der Linth, Arnold, v. Zürich. * 8. 6. 1807 in Zürich. PD Universität Zürich 1834, Prof. 1852—1872, Prof. ETH SS 1856 f. Geologie. † 12. 7. 1872 in Zürich.

Escher, Rudolf, v. Zürich. * 8. 6.1848 in Zürich. PD WS 1873 f. Maschinenlehre und Maschinenbau, Prof. WS 1876 f. mechanische Technologie. † 11. 11. 1921 in Zürich.

Ess, Hans, v. Neuwilen u. Alterswilen (TG). * 12. 3. 1911. a. o. Prof. 1. 4. 1960 f. zeichnerisches u. farbiges Gestalten, o. Prof. 1. 10. 1973—30. 9. 1977.

Ettlinger, Leopold, v. Zürich. * 3. 10. 1914. o. Prof. 1. 4. 1958 f. landw. Bakteriologie und Gärungsbiologie, 1963 f. Mikrobiologie.

Favre, Henry, v. Genf und Vallorbe (VD). * 10. 6. 1901 in Eaux-Vives-Genf. PD WS 1935 f. Hydraulik, o. Prof. SS 1938—31. 3. 1966 f. technische Mechanik; Rektor 1951—1953. † 29. 5. 1966.

Felber, Theodor, v. Sursee (LU). * 25. 2. 1849 in Sursee. Prof. SS 1894—SS 1917 f. Forstwissenschaften. † 27. 1. 1924 in Zürich.

Feyerabend, Paul, v. Oesterreich. * 13. 1. 1924. o. Prof. 1. 10. 1979 f. Philosophie der Wissenschaften (mit halber Lehrverpflichtung).

Fiechter, Armin, v. Dürrenroth (BE). * 5. 10. 1924. PD 1. 4. 1967 f. techn. Mikrobiologie, a. o. Prof. 1. 6. 1969 f. mikrobiologische Technologie, o. Prof. 1. 6. 1972 f. Mikrobiologie.

Fiedler, Wilhelm, v. Chemnitz, seit 1875 v. Zürich. * 3. 4. 1832 in Chemnitz. Prof. Polytechnikum Prag 1864, Prof. ETH WS 1867—SS 1907 f. darstellende Geometrie und Geometrie der Lage. † 19. 11. 1912 in Zürich.

Fierz, Hans Eduard, v. Zürich. * 5. 1. 1882 in Zürich. Prof. WS 1917—WS 1951 f. technische Chemie. † 25. 8. 1953 in Zürich.

Fierz, Markus E., v. Zürich. * 20. 6. 1912. PD 19. 12. 1939—31. 3. 1940 f. theoretische Physik, o. Prof. 1. 4. 1960—30. 9. 1977.

Fischer, Fritz, v. Oberdiessbach (BE). * 9. 2. 1898 in Signau (BE). o. Prof. WS 1933 f. technische Physik. † 28. 12. 1947 in Zürich.

Fischer, Hardi, v. Zürich u. Meisterschwanden (AG). * 5. 8. 1922. PD 1.10. 1961 f. Experimentalpsychologie und ihre Anwendungen, a. o. Prof. 1. 1. 1966 f. allg. Didaktik u. experimentelle Psychologie, o. Prof. 1. 10. 1970 f. Didaktik u. experimentelle Psychologie.

Fliegner, Albert, v. Hirschberg (Preussen), seit 1867 v. Zürich. * 15. 9. 1842 in Warschau, PD WS 1868 f. darstellende Geometrie, Tit.-Prof. 1871, Prof. SS 1872—SS 1912 f. Mechanik und Maschinenlehre. † 21. 4. 1928 in Lugano.

Flück, Hans, v. Brienz (BE). * 6. 3. 1901 in Interlaken (BE). PD 1. 3. 1930 f. Pharmakognosie u. techn. Mikroskopie, a. o. Prof. 1. 10. 1935 f. Pharmakognosie, o. Prof. 1. 4. 1966—31. 3. 1971.

Flury, Ulrich, v. Kleinlützel (SO). * 6. 9. 1934. Ass.-Prof. 1. 4. 1974 f. Kulturtechnik, a. o. Prof. 1. 10 1976.

Föllmer, Hans, v. Deutschland. * 20. 5. 1941. o. Prof. 1. 4. 1977 f. Mathematik.

Fornallaz, Pierre, v. Haut-Vully (FR) * 6. 7. 1924. o. Prof. 1. 4. 1968 f. Feintechnik.

Forrer, Johann, v. Wildhaus (SG). * 22. 3. 1887 in Wildhaus. o. Prof. WS 1931 f. Schwachstromtechnik. † 11.1. 1940 in Erlenbach (Zürich).

Franel, Jérôme, v. Provence (VD) und seit 1905 v. Zürich. * 29. 11. 1859 in Travers (NE). Prof. SS 1886—SS 1929 f. Mathematik in französischer Sprache; Direktor des Polytechnikums 1905—1909. † 21. 11. 1939 in Zürich.

Frey-Wyssling, Albert, v. Olten (SO) und Küsnacht (ZH). * 8. 11. 1900 in Küsnacht. PD WS 1927 f. Spezialgebiete der allgemeinen Botanik, o. Prof. WS 1938—30. 9. 1970 f. allgemeine Botanik und Pflanzenphysiologie. Rektor 1957—1961.

Frey, Joh. Heinrich, v. Frankfurt a. M., seit 1867 v. Zürich. * 15. 6. 1822 in Frankfurt a. M. Prof. Universität Zürich 1848—1889, Rektor 1854—1856; Prof. ETH WS 1855—SS 1889 f. Zoologie. † 17. 1. 1890 in Oberstrass-Zürich.

Friedrich, Hans-Peter, v. Basel. * 30. 9. 1919. o. Prof. 1. 4. 1967 f. Rechtswissenschaft, insbes. Privatrecht.

Fritsch, Bruno, v. Basel. * 24. 7. 1926. o. Prof. 1. 7. 1965 f. Nationalökonomie.

Frobenius, Georg Ferdinand, v. Berlin. * 26. 10. 1849 in Berlin. Prof. Universität Berlin 1874, Prof. ETH WS 1875 f. höhere Mathematik, Prof. Universität Berlin WS 1892. † 3. 8. 1917 in Berlin-Charlottenburg.

Früh, Johann Jakob, v. Märwil-Affeltrangen (TG) und Zürich. * 22. 6. 1852 in Märwil. PD WS 1891 f. physikalische Geographie, auch PD Universität Zürich 1892—1899, Prof. ETH SS 1899—SS 1923 f. Geographie. † 8. 4. 1938 in Zürich.

Gäumann, Ernst, v. Tägertschi (BE). * 6. 10. 1893 in Lyss (BE). o. Prof. WS 1927 f. Botanik, inbegr. Pflanzenpathologie. † 5. 12. 1963.

Gansser, Augusto, v. Lugano u. Basel. * 28. 10. 1910. o. Prof. 1. 4. 1958—31.3. 1977 f. Geologie.

Gassmann, Fritz, v. Küsnacht (ZH). * 27. 7. 1899 in Zürich. PD SS 1928, a. o. Prof. 1. 7. 1942 f. Geophysik, o. Prof. WS 1952—30. 9. 1969.

Gaullieur, Eusèbe Henri, v. Corcelles (NE). * 21. 1. 1808 in Auvernier (NE). Prof. WS 1855 f. Schweizergeschichte (Amt nicht angetreten). † 29. 4. 1859 in Genf.

Geering, Hans Peter, v. Zürich. * 7. 6. 1942. a. o. Prof. 1. 10. 1979 f. Mess- u. Regeltechnik.

Geier, Gerhard, v. Ramsen (SH). * 19. 3. 1935. Ass.-Prof. 1. 10. 1970 f. anorgan. Chemie, a. o. Prof. 1. 10. 1976.

Geisendorf, Charles Edouard, v. Chancy (GE). * 16. 7. 1913. o. Prof. 1. 4. 1957 f. Architektur.

Geiser, Carl Friedrich, v. Langenthal (BE). * 26. 2. 1843 in Langenthal. PD WS 1863 f. reine und angewandte Mathematik, Tit.-Prof. 1869, Prof. WS 1873—SS 1913 f. höhere Mathematik und synthetische Geometrie. Direktor des Polytechnikums 1881—1887 und 1891—1895. † 7. 3. 1934 in Küsnacht (ZH).

Genton, David L., v. Chardonne (VD). * 13. 10. 1916. a. o. Prof. 1. 10. 1964—30. 9. 1970 f. Eisenbahnwesen (mit halber Unterrichtsverpflichtung), o. Prof. ETHL 1. 10. 1970.

Gerber, Hans, v. Trub (BE). * 28. 12. 1904 in Oberburg (BE). o. Prof. SS 1950 f. Maschinenbau und Maschinenkonstruieren, WS 1955—30. 9. 1969 f. hydraulische Maschinen und Anlagen.

Gerber, Hans-Jürg, v. Langnau (BE). * 3. 11. 1929. a. o. Prof. 1. 10. 1970 f. Experimentalphysik, o. Prof. 1. 10. 1977.

Gerecke, Eduard, v. Zürich. * 28. 5. 1898 in Zürich. PD WS 1947 f. elektrische Stromrichter, o. Prof. SS 1952 f. allgemeine Elektrotechnik, 1. 10. 1962—30. 9. 1968 für Automatik und industrielle Elektronik.

Gerlach, Heinz-Günter F., v. Deutschland, * 21. 10. 1927. Ass.-Prof. 1. 3. 1970—30. 6. 1975 f. elektrische Maschinen.

Gerlich, Eduard, v. Oderau (Schlesien). * 3. 2. 1836 in Oderau. Prof. WS 1882—SS 1903 f. Ingenieurwissenschaften. † 14. 10. 1904 in Zürich.

Gerwig, Ernst, v. Basel. * 15. 1. 1893 in Basel. a. o. Prof. SS 1944—30. 9. 1962 f. Betriebswirtschaftslehre. † 12. 11. 1972.

Gisler, Hans, v. Zürich. * 17. 5. 1889 in Unterstrass-Zürich. a. o. Prof. WS 1947—31. 3. 1959 f. Modellieren und Figurenzeichnen. † 9. 2. 1969.

Gladbach, Ernst, v. Darmstadt, seit 1875 v. Fluntern-Zürich. * 30. 10. 1812 in Darmstadt. Prof. SS 1857—SS 1890 f. Baukonstruktionslehre und Baumateriallehre. † 25. 12. 1896 in Zürich.

Glavitsch, Hans, v. Oesterreich. * 2. 2. 1934. o. Prof. 1. 4. 1978 f. Energie-Uebertragungssysteme.

Glogau, Gustav, v. Tilsit. * 6. 6. 1844 in Laukischken (Preussen). PD Universität Zürich 1878—1883, PD ETH SS 1881 f. Philosophie und Pädagogik, Prof. SS 1882, Prof. Universität Halle SS 1883, Universität Kiel 1884. † 22.3. 1895 in Laurion (Griechenland).

Gnehm, Robert, v. Stein a. Rh. (SH) und seit 1905 v. Zürich. * 21. 8. 1852 in Stein a. Rh. PD WS 1875—SS 1877 f. Chemie, Tit.-Prof. 1876; Prof. WS 1894 WS 1904 f. technische Chemie; Direktor des Polytechnikums 1899—1905. Schulratspräsident 1905—1926. † 4. 6. 1926 in Zürich.

Gonet, Charles, v. Vuarrens (VD). * 30. 6. 1892 in Nyon (VD). o. Prof. WS 1941—30. 9. 1957 f. Forstwissenschaften. † 14. 1. 1963 in Lausanne.

Gonseth, Ferdinand, v. Krattigen (BE). * 22.9. 1890 in Sonvilier (BE). PD ETH SS 1917—SS 1920 f. Mathematik, Prof. Universität Zürich SS 1920, Universität Bern WS 1920, o. Prof. ETH WS 1929 f. höhere Mathemaik in französischer Sprache, 1947—30. 9. 1960 f. höhere Mathematik in französischer Sprache und Philosophie der Wissenschaften. † 17. 12. 1975.

von Gonzenbach, Willi, v. St. Gallen. * 7. 4. 1880 in St. Gallen. PD Universität Zürich 1914, Prof. ETH WS 1920—SS 1950 f. Hygiene und Bakteriologie. † 16. 10. 1955 in Zürich.

Gradmann, Erwin, v. Aarau. * 2. 8. 1908. PD 1. 10. 1952 f. die graphische Kunst u. ihre Beziehung zu den andern Künsten. Tit.-Prof. 1958. a. o. Prof. 1. 4. 1961 f. Kunstgeschichte, insbes. graphische Künste, o. Prof. 1. 4. 1967—30. 9. 1978. Konservator der Graph. Sammlung der ETHZ 1947—1978.

Gränicher, Heini, v. Bern u. Zofingen (AG). * 11. 2. 1924. a. o. Prof. 1. 7. 1961 f. Experimentalphysik, insbes. Festkörperphysik, o. Prof. 1. 10. 1970 f. Experimentalphysik. Direktor des EIR in Würenlingen seit 1. 4. 1972.

Graf, Joh. Jakob, v. Rafz (ZH). * 26.7. 1854 in Rafz. Hilfslehrer und Tit.-Prof. SS 1890 f. Modellieren und Figurenzeichnen, Prof. WS 1896 bis SS 1924 f. Kunstzeichnen und Modellieren. † 6. 1. 1925 in Rafz.

Grandjean, Etienne, v. La Côte-aux-Fées und Buttes (NE). * 24. 2. 1914 in Bern. o. Prof. WS 1950 f. Hygiene, 1973 f. Hygiene und Ergonomie.

Grandmougin, Eugène, v. Mülhausen (Elsass). * 3. 1. 1871 in Mülhausen. Prof. WS 1905—SS 1908 f. technische Chemie.

Grassmann, Peter, v. München. * 13. 8. 1907 in München. o. Prof. WS 1950—30. 9. 1975 f. kalorische Apparate und Kältetechnik.

Grob, Hans, v. Dinhard (ZH). * 28. 5. 1917. o. Prof. 1.10.1964 f. Strassen-, Untertage- u. Eisenbahnbau, inkl. Felsmechanik, Rektor seit 1. 10. 1977.

Gross, Herbert, v. Lully (VD). * 19. 6. 1936. Ass.-Prof. 1. 10. 1966—30. 9. 1967 f. Mathematik, insbes. Geometrie in deutscher Sprache, o. Prof. Universität Zürich 1. 10. 1967.

Grossmann, Marcel, v. Höngg-Zürich. * 9. 4. 1878 in Höngg-Zürich. Prof. WS 1907—SS 1927 f. darstellende Geometrie und Geometrie der Lage. † 7. 9. 1936 in Zürich.

Grubenmann, Ulrich, v. Teufen (AR) und Zürich. * 15. 4. 1850 in Trogen (AR). PD SS 1888, Prof. WS 1893—SS 1920 f. Mineralogie und Petrographie; Direktor des Polytechnikums 1909—1911; auch PD Universität Zürich 1888, hier Prof. 1893 bi 1920. † 16. 3. 1924 in Zürich.

Grubinger, Herbert, v. Oesterreich. * 11. 9. 1922. o. Prof. 1. 4.1961 f. Kulturtechnik, insbes. kulturtechn. Wasserbau.

Grünenfelder, Marc, v. Niederurnen (GL). * 20. 8. 1928. PD 1. 10. 1961 f. Petrographie u. Lagerstättenkunde, Ass.-Prof. 1. 4. 1963 f. Petrographie, a. o. Prof. 1. 10. 1968, o. Prof. 1. 10. 1972 (Doppelprofessur mit der Universität Zürich).

Günthard, Hans H., v. Wädenswil (ZH). * 19. 11. 1916 in Hirzel (ZH). PD WS 1951, a. o. Prof. WS 1952 f. spezielle physikalische Chemie, o. Prof. WS 1959 f. physikalische Chemie.

Guggenbühl, Gottfried, v. Küsnacht (ZH) und Zürich. * 3. 4. 1888 in Hombrechtikon (ZH). PD WS 1921 f. neue Geschichte, o. Prof. SS 1928—30. 9. 1958 f. Geschichte, insbes. Schweizergeschichte und schweizerische Verfassungskunde. † 23. 1. 1959 in Küsnacht (ZH).

Guggenbühl, Walter, v. Meilen (ZH). * 3. 3. 1927. PD 1. 10. 1959 f. Schaltungstechnik von Halbleiterkontaktelementen, Tit.-Prof. 1970, o. Prof. 1. 4. 1973 f. elektronische Schaltungstechnik.

Gugler, Heinrich, v. Courrendlin (BE). * 12. 11. 1873 in Schussenried (Württemberg). Prof. SS 1922—SS 1943 f. mechanische Technologie. † 9. 8. 1951 in Zürich.

Guilland, Antoine, v. Bernex (GE) und seit 1905 v. Zürich. * 16. 6. 1861 in Carouge (GE). Prof. SS 1895—SS 1929 f. Geschichte und Geographie in französischer Sprache. † 23. 2. 1938 in Zürich.

Gull, Gustav, v. Altstetten, seit 1898 v. Zürich. * 7. 12. 1858 in Altstetten-Zürich. Prof. WS 1900—SS 1929 f. Architektur. † 10. 6. 1942 in Zürich.

Gut, Rudolf, v. Zürich. * 21. 3. 1926. PD 1. 10. 1964 f. spez. anorgan. Chemie, Ass.-Prof. 1. 10. 1967 f. anorgan. Chemie, a. o. Prof. 1. 10. 1973.

Gutersohn, Heinrich, v. Matzingen (TG) und seit 1920 v. Zürich. * 14. 10. 1899 in Zürich. o. Prof. WS 1941—31. 3. 1970 f. Geographie.

Guyer, August, v. Uster (ZH). * 29. 7. 1897 in Uster. o. Prof. SS 1931—30. 9. 1967 f. chemische Technologie. † 26. 4. 1980 in Zürich.

Haefeli, Robert, v. Zürich. * 4. 8. 1898 in Luzern. PD WS 1941, a. o. Prof. WS 1947—SS 1953 f. Erdbaumechanik und Schneemechanik. † 18. 4. 1978.

Hälg, Walter, v. Basel u. Herrenhof (TG). * 30. 4. 1917. o. Prof. 1. 4. 1960 f. Reaktortechnik. Delegierter des Rektors für Forschung 1. 3. 1977.

Hampel, Frank, v. Deutschland. * 11. 2. 1941. a. o. Prof. 1. 4. 1974 f. Statistik, o. Prof. 1. 4. 1979.

Hantzsch, Arthur Rudolf, v. Dresden. * 7. 3. 1857 in Dresden. Prof. SS 1885 f. allgemeine und analytische Chemie, Prof. Universität Würzburg SS 1893, Universität Leipzig 1903—1928. † 14. 3. 1935 in Dresden.

Hardegger, Emil, v. Gams (SG). * 25. 11. 1913. PD 1. 10. 1948 f. spez. Kapitel der organ. Chemie, Tit.-Prof. 1956, a. o. Prof. 1. 10. 1957 f. spez. organ. Chemie, o. Prof. 1. 1. 1966 f. organ. Chemie f. Pharmazeuten u. Biologen. † 18. 5. 1978.

Hartland, Stanley, v. Grossbritannien. * 29. 10. 1932. o. Prof. 1. 1. 1971 f. Chemie-Ingenieurwesen.

Hartwich, Karl, v. Tangermünde (Preussen). * 26. 3. 1851 in Tangermünde. Prof. WS 1892 f. Pharmazie. † 25. 2. 1917 in Zürich.

Hauri, Hans Heinrich, v. Reitnau (AG). * 18. 6. 1924. o. Prof. 1. 4. 1963—30. 9. 1968 f. Baustatik und Konstruktion; vollamtl. Vizepräsident des schweiz. Schulrates und Präsident der ETHZ 1. 10. 1968—30. 9. 1973; o. Prof. 1. 10. 1973 f. Baustatik und Konstruktion.

Hauser, Albert, v. Wädenswil. * 21. 8. 1914. PD 1. 4. 1956 f. neuere Wirtschaftsgeschichte mit bes. Berücksicht. d. schweiz. Wirtschaftsgeschichte; Tit.-Prof. 1962, a. o. Prof. 1.10. 1965 f. schweiz. Wirtschaftsgesch. einschliessl. Agrar- u. Forstgesch. u. insbes. Agrarsoziologie, o. Prof. 1. 4. 1970 f. schweiz. Wirtschaftsgeschichte, 1971—30. 9. 1979 f. Geschichte und Soziologie der Land- u. Forstwirtschaft.

Heer, Oswald, v. Glarus und Zürich. * 31. 8. 1809 in Niederuzwil (SG). PD Universität Zürich 1834, Prof. 1835—1881, Prof. ETH WS 1855—WS 1881 f. spezielle Botanik. † 27. 9. 1883 in Lausanne.

Heierli, Richard, v. Zürich u. Gais (AR). * 4. 4. 1932. a. o. Prof. 1. 10. 1968—30. 9. 1971 f. Siedlungswasserbau.

Heilbronner, Edgar, v. Zürich. * 13. 5. 1921. PD 1. 10. 1954 f. Elektronentheorie organ. Verbindungen, a. o. Prof. 1. 10. 1959 f. spez. organ. Chemie, o. Prof. 1. 10. 1964—30. 9. 1968 f. theoretische organ. Chemie, o. Prof. Universität Basel 1. 10. 1968.

Heim, Albert, v. St. Gallen und Zürich. * 12. 4. 1849 in Zürich. PD ETH und Universität Zürich WS 1871, Prof. ETH WS 1873—SS 1911 f. Geologie, auch Prof. Universität Zürich 1887—1911. † 31. 8. 1937 in Zürich.

Heinrich, Fritz, v. Thalwil (ZH). * 11. 6. 1924. PD 1. 10. 1960 f. Physik, Ass.-Prof. 1. 4. 1961 f. Experimentalphysik, a. o. Prof. 1. 4. 1966, o. Prof. 1. 4. 1972.

Hemmi, Peter, v. Trimmis (GR). * 27. 8. 1938. Ass.-Prof. 1. 4. 1967—31. 7. 1972 f. Regelung u. Dampfanlagen.

Hennings, Friedrich, v. Schleswig, seit 1899 v. Zürich. * 15. 12. 1838 in Kiel. Prof. WS 1903—WS 1920 f. Ingenieurwissenschaften (Eisenbahnbau und Strassenbau). † 2. 2. 1922 in Biebrich am Rhein (Deutschland).

Henrici, Peter, v. Basel. * 13. 9. 1923. o. Prof. 1. 10. 1962 f. höhere Mathematik, 1. 10. 1963 f. Mathematik.

Hepp, Klaus, v. Deutschland. * 11. 12. 1936. PD 1. 4. 1964 f. theoretische Physik, a. o. Prof. 1. 10. 1966 f. allg. theoretische Physik, o. Prof. 1. 10. 1967.

Herbert, Fritz, v. Deutschland. * 2. 6. 1944. Ass.-Prof. 1. 9. 1978—30. 9. 1979 f. Meteorologie, Prof. Universität Frankfurt. 1. 10. 1979.

Hersch, Joseph, v. Chêne-Bougeries (GE). * 12. 6. 1925. PD 1. 10. 1958 f. Mathematik, o. Prof. 1. 10. 1962 f. höhere Mathematik in franz. Sprache, 1. 10. 1963 f. Mathematik in franz. Sprache.

Herzog, Albin, v. Homburg (TG). * 26. 10. 1852 in Homburg. PD WS 1875 f. Mathematik, Prof. WS 1877 f. technische Mechanik; Direktor des Polytechnikums 1895—1899. † 13. 6. 1909 in Zürich.

Hescheler, Karl, v. St. Gallen. * 3. 11. 1868 in Schönenwerd (SO). PD Universität Zürich 1898, Prof. 1903—1937; Prof. ETH SS 1914—SS 1937 f. Zoologie und vergleichende Anatomie. † 11. 10. 1940 in Zürich.

Hess, Friedrich, v. Hefenhofen (TG). * 13. 10. 1887 in Rorschach (SG). o. Prof. SS 1925 f. Bauzeichnen auf Grund elementarer Baukonstruktionslehre und Formenlehre, 1948—31. 3. 1957 f. Baukonstruktionselemente und Einführung in die Architektur. † 19. 2. 1962.

Hess, Hans Ernst, v. Koppigen (BE). * 10. 4. 1920. PD 1. 10. 1954 f. Systematik der Blütenpflanzen, a. o. Prof. 1. 4. 1967 f. spez. Botanik, insbesondere Phanerogamenkunde, o. Prof. 1. 4. 1974 f. spezielle Botanik.

Heusser, Hans, v. Zürich. * 4. 5. 1922. a. o. Prof. 1. 11. 1957 Physiologie und Hygiene landw. Nutztiere, o. Prof. 1. 4. 1970 f. Landwirtschaft, 1971 f. Tierhygiene.

Hidber, Carl, v. Mels (SG). *15. 1. 1932. Ass.-Prof. 1. 1. 1970 f. Verkehrsingenieurwesen, a. o. Prof. 1. 5. 1972, o. Prof. 1. 4. 1979.

Hilgard, Karl Emil, v. Belleville (Illinois, USA), seit 1917 v. Zürich. * 21. 2. 1858 in Zürich. Prof. SS. 1899—SS 1906 f. Wasserbau. † 21. 6. 1938 in Zürich.

Hirsch, Arthur, v. Königsberg, seit 1940 v. Zürich. * 19. 7. 1866 in Königsberg. PD SS 1893 f. Mathematik, Tit.-Prof. 1897, Hilfslehrer f. höhere Mathematik 1. 1. 1902, Prof. SS 1903—SS 1936. † 18. 11. 1948 in Zürich.

Hoesli, Heinrich Bernhard, v. Glarus. * 13. 1. 1923. a. o. Prof. 1. 4. 1960 f. architekton. Entwerfen, o. Prof. 1. 4. 1967.

Hofacker, Karl, v. Waldenburg (BL). * 6. 7. 1897 in Luzern. o. Prof. SS 1942 f. Baustatik, Hoch- und Tiefbau; SS 1963—31. 3. 1967 f. Baustatik, Stahlbeton- und Brückenbau.

Hofer, Hans, v. Hasli (BE). * 17. 10. 1934. a. o. Prof. 1. 10. 1973 f. experimentelle Hochenergiephysik.

Hofer, Paul, v. Schüpfen (BE). * 8. 8. 1909. a. o. Prof. 1. 10. 1964 f. Geschichte des Städtebaus und allg. Denkmalpflege, o. Prof. 1. 10. 1967—30. 9. 1979.

Hofmann, Hans, v. Wald (ZH). * 8. 4. 1897 in Zürich. o. Prof. SS 1941 f. Architektur. † 25. 12. 1957 in Zürich.

Honegger, Emil, v. Hinwil (ZH) und Zürich. * 29. 4. 1892 in Bergamo (Italien). PD SS 1923 f. Materialprüfungswesen, a. o. Prof. WS 1931 f. Textilmaschinenbau und Textilindustrie, o. Prof. WS 1934—30. 9. 1962.

Hopf, Heinz, v. Gräbschen (Schlesien), seit 1944 v. Zollikon (ZH). * 19. 11. 1894 in Gräbschen. o. Prof. SS 1931—31. 3. 1965. f. höhere Mathematik. † 3. 6. 1971.

Hopff, Heinrich, v. Kaiserslautern. * 19. 10. 1896 in Kaiserslautern. a. o. Prof. Universität Mainz 1951, o. Prof. ETH WS 1952—31. 3. 1967 f. organisch-chemische Technologie. † 16. 7. 1977.

Howald, Oskar, v. Thörigen (BE). * 2. 3. 1897 in Zürich. PD SS 1928 f. Agrarpolitik, o. Prof. SS 1936—31. 3. 1967 f. landwirtschaftliche Betriebslehre. † 17. 10. 1972.

Hsu, Kenneth Jinghwa, v. USA. * 1. 7. 1929. a. o. Prof. 1. 4. 1967 f. Geologie, o. Prof. 1. 4. 1974.

Huber, Alfred, v. Binningen (BL). * 12. 6. 1922. PD 1. 4. 1957 f. Mathematik. o. Prof. 1. 1. 1960 f. höhere Mathematik, 1963 f. Mathematik.

Huber, Benedikt, v. Basel. * 25. 3. 1928. o. Prof. 1. 7. 1973 f. Architektur u. Raumplanung.

Huber, Gerhard, v. Basel u. Oberkulm (AG). * 4. 9. 1923. o. Prof. 1. 4. 1956 f. Philosophie u. Pädagogik.

Huber, Peter, v. Besenbüren (AG). * 25. 3. 1934. o. Prof. 1. 10. 1964—31. 3. 1979 f. mathem. Statistik. Prof. Harvard Universität (USA) 1. 4. 1979.

Huder, Jachen, v. Ardez (GR). * 16. 8. 1922. Tit.-Prof. 1968, a. o. Prof. 1. 4. 1971 f. Grundbau u. Bodenmechanik, o. Prof. 1. 4. 1977.

Hütter, Ralf, v. Schönenbuch (BL) u. Basel. * 15. 9. 1931. PD 1. 10. 1964 f. spez. Botanik, insbes. Systematik der Kryptogamen, Ass.-Prof. 1. 4. 1967 f. Mikrobiologie, o. Prof. 1. 4. 1969.

Hug, Walther, v. Affeltrangen (TG). * 14. 4. 1898 in Rorschach (SG). o. Prof. WS 1944 f. Rechtslehre, 1962—31. 3. 1967 f. Rechtswissenschaft.

Hugi, Hans, v. Kiesen (BE). * 24. 3. 1928. a. o. Prof. 1. 10. 1969 f. Baustatik und Konstruktion, o. Prof. 1. 4. 1976.

Hunziker, Walter, v. Gontenschwil u. Aarau (AG). * 9. 11. 1935. Ass.-Prof. 1. 10. 1965 f. theoretische Physik, a. o. Prof. 1. 4. 1969, o. Prof. 1. 4. 1972.

Hurwitz, Adolf, v. Hildesheim (Deutschland). * 26. 3. 1859 in Hildesheim, Prof. Universität Königsberg 1884, Prof. ETH WS 1892 f. höhere Mathematik. † 18. 11. 1919 in Zürich.

Ibl, Norbert, v. Zürich. * 3. 11. 1921. PD 1. 10. 1954 f. physikal. Chemie u. Elektrochemie, a. o. Prof. 1. 4. 1964 f. Elektrochemie, o. Prof. 1. 7. 1971 f. Chemie-Ingenieur-Wesen.

Imhof, Eduard, v. Fahrni (BE). * 25. 1. 1895 in Schiers (GR). Hilfslehrer WS 1922, a. o. Prof. WS 1925 f. Plan- und Kartenzeichnen, Topographie und verwandte Fächer, o. Prof. SS 1950—31. 3. 1965 f. Plan- und Kartenzeichnen, Topgraphie und Kartographie.

Isella, Dante, v. Italien. * 10. 11. 1922. o. Prof. 1. 7. 1977 f. italienische Sprache und Literatur.

Jaag, Otto, v. Beringen (SH). * 29. 4. 1900 in Guntmadingen (SH). PD SS 1933, Tit.-Prof. 1941, a. o. Prof. WS 1945 f. spezielle Botanik, 1957 f. Hydrologie, Abwasserreinigung und Gewässerschutz, o. Prof. 1. 10. 1963—30. 9. 1970. † 31. 7. 1978.

Jaccard, Paul, v. Ste-Croix (VD). * 18. 11. 1868 in Lausanne. Prof. SS 1903-SS 1938 f. allgemeine Botanik und Pflanzenphysiologie. † 9. 5. 1944 in Zürich.

Jagmetti, Riccardo, v. Mairengo (TI). * 18. 6. 1929. Ass.-Prof. 1. 4. 1962 f. Rechtswissenschaft in franz. u. deutscher Sprache, o. Prof. 1. 10. 1966 f. Rechtswissenschaft, insbes. öffentl. Recht in franz. u. deutscher Sprache.

Jaray, Werner, v. Luzern. * 15. 9. 1920. a. o. Prof. 1. 4. 1965 f. architektonisches Entwerfen, o. Prof. 1. 4. 1967.

Jeannet, Alphonse, v. Les Ponts-de-Martel, Noiraigue und Brot-Dessous (NE). * 17. 9. 1883 in Le Quartier près La Chaux-du-Milieu (NE). Prof. Universität Neuenburg 1921, a. o. Prof. ETH WS 1931—SS 1953 f. Geologie. † 9. 9. 1962 in Vevey.

Jeger, Max, v. Meltingen (SO). * 23. 5. 1923. PD 1. 4. 1962 f. Mathematik, mit bes. Berücks. der Mittelschulmathematik, a. o. Prof. 1. 4. 1966 f. Mathematik, insbes. Elementarmathematik, o. Prof. 1. 4. 1972 f. Mathematik.

Jeger, Oskar, v. Zürich. * 24. 7. 1917. PD. 1. 4. 1950 f. spez. organ. Chemie, Tit.-Prof. 1956. a. o. Prof. 1. 10. 1957, o. Prof. 1. 10. 1965 f. Chemie organ. Naturstoffe.

Jenny, Hans, v. Schwanden (GL) und Stäfa (ZH). * 21. 10. 1886 in Stäfa. o. Prof. SS 1927 bis WS 1941 f. Baustatik, Hoch- und Grundbau. † 7. 9. 1961 in Zürich.

Jenny, Peter, v. Sool (GL). * 16. 5. 1942. Ass.-Prof. 1. 7. 1977 f. Grundlagen des bildnerischen Gestaltens, a. o. Prof. 1. 4. 1980.

Jost, Res, v. Wyningen (BE). * 10. 1. 1918 in Bern. a. o. Prof. SS 1955 f. theoretische Physik, o. Prof. SS 1959.

Känzig, Werner, v. Oberbipp (BE). * 7. 2. 1922. PD 1. 4. 1954—31. 3. 1958 f. Physik. o. Prof. 1. 10. 1961 f. Experimentalphysik, insbes. Festkörperphysik.

Kahle, Hans-Gert, v. Deutschland. * 11. 1. 1944. PD 1. 4. 1976 f. Geophysik, a. o. Prof. 1. 10. 1979 f. Geodäsie.

Kalman, Rudolf, Emil, v. USA. * 19. 5. 1930. o. Prof. 1. 11. 1973 f. mathematische Systemtheorie.

Kargl, Ludwig, v. Wien. * 1. 11. 1846 in Wien. PD WS 1870 f. Maschinenbau, Prof. SS 1872 f. Geostatik, technische Mechanik und Maschinenlehre. † 18. 12. 1875 in Zürich.

Karner, Leopold, v. Wien. * 24. 10. 1888 in Wien. o. Prof. SS 1927 f. Baustatik, Hoch- und Brückenbau in Holz und Eisen. † 19. 4. 1937 in Herrliberg (ZH).

Kasper, Hugo, v. Au (SG). * 2. 1. 1908. PD 1. 10. 1956 f. Vermessungsmethoden zur Herstellung kleinmassstäblicher Karten, a. o. Prof. 1. 10. 1961 f. Geodäsie, insbes. Photogrammetrie, o. Prof. 1. 4. 1969—30. 9. 1973.

Kayser, Heinrich, v. Kirch-Beerfurt (Hessen). * 31. 3. 1873 in Kirch-Beerfurt. Prof. SS 1907 f. Wasserbau, Prof. Technische Hochschule Darmstadt SS 1908—1937.

Keller, Ernst, v. Konolfingen (BE). * 20. 12. 1921. a. o. Prof. 1. 10. 1968 f. Pflanzenbau, o. Prof. 1. 10. 1972.

Keller, Karl, v. Meilen (ZH). * 24. 5. 1814 in Meilen. Prof. WS 1859 f. deutsche Sprache. † 6. 7. 1878.

Keller, Konrad, v. Felben (TG) und seit 1905 v. Zürich. * 24. 1. 1848 in Felben. PD ETH und Universität Zürich SS 1875 f. Zoologie, Tit.-Prof. ETH 1889, Prof. WS 1898—WS 1927 f. spezielle Zoologie nebst Anatomie und Physiologie sowie Anthropologie. † 23. 3. 1930 in Zürich.

Kempf, Roger, v. Frankreich. * 6. 7. 1927. o. Prof. 1. 4. 1968 f. französische Sprache und Literatur.

Kenngott, Gustav Adolf, v. Breslau. * 6. 1. 1818 in Breslau. Prof. WS 1856—SS 1893 f. Mineralogie; Direktor des Polytechnikums 1875—1881; auch Prof. Universität Zürich 1857—1893. † 14. 3. 1897 in Lugano (TI).

Kern, Hans, v. Bülach (ZH). * 8. 9. 1914. a. o. Prof. 1. 9. 1964 f. Bauelemente des Maschinenbaus u. d. Elektrotechnik, 1967 f. Methoden systematischer Gestaltung in der Elektrotechnik, o. Prof. 1. 10. 1968 f. Apparatebau der Elektrotechnik.

Kern, Heinz, v. Bülach (ZH). * 30. 3. 1927. PD 1. 4. 1957 f. spez. Botanik, insbes. Kryptogamenkunde u. Pflanzenpathologie, a. o. Prof. 1. 4. 1960 f. Kryptogamenkunde u. Pflanzenpathologie, o. Prof. 1. 4. 1964 f. spezielle Botanik.

Kinkel, Gottfried, v. Oberkassel bei Bonn, seit 1875 v. Zürich. * 11. 8. 1815 in Oberkassel. Prof. Universität Bonn 1846, Prof. ETH WS 1866 f. Archäologie und Kunstgeschichte. † 13. 11. 1882 in Unterstrass-Zürich.

Kneubühl, Fritz K., v. Zürich u. Aeschlen (BE) * 7. 3. 1931. PD 1. 10. 1963 f. Experimentalphysik, Ass.-Prof. 1. 10. 1966 f. Experimentalphysik, insbes. Festkörperphysik, a. o. Prof. 1. 4. 1970 f. Experimentalphysik, o. Prof. 1. 4. 1972.

Knuchel, Hermann, v. Tscheppach (SO). * 15. 10. 1884 in Schüpfen (BE). Prof. SS 1922 bis SS 1952 f. Forstwissenschaften. † 31. 7. 1964 in Männedorf.

Knus, Max Albert, v. Peseux (NE) u. Märstetten (TG). * 14. 4. 1942. Ass.-Prof. 1. 10. 1969 f. Mathematik, a. o. Prof. 1. 10. 1972, o. Prof. 1. 4. 1979.

Koblet, Rudolf, v. Winterthur. * 13. 2. 1904 in Schlatt (ZH). PD WS 1939, o. Prof. WS 1951—30. 9. 1972 f. Pflanzenbau.

Kobold, Fritz, v. Bremgarten (BE) und seit 1910 v. Zürich. * 12. 8. 1905 in Zürich. o. Prof. SS 1947—31. 3. 1974 f. Geodäsie und Topographie.

Koch, Walo, v. Laufenburg (AG). * 29. 11. 1896 in Laufenburg, a. o. Prof. WS 1939 f. systematische Botanik und Pflanzensoziologie. † 18. 7. 1956.

Kohler, Pierre, v. Lausanne. * 16. 4. 1887 in Lausanne. o. Prof. WS 1926 f. französische Sprache und Literatur, Prof. Universität Bern WS 1932.

Kohlrausch, Friedrich, v. Rintelen (Deutschland). * 14. 10. 1840 in Rintelen. Prof. Universität Göttingen 1867, Prof. ETH WS 1870 f. technische und mathematische Physik, Prof. Polytechnikum Darmstadt WS 1871, Universität Würzburg 1875, Universität Strassburg 1888—1895. † 17. 1. 1910 in Marburg/L.

Koller, Theodor, v. Zürich. * 23. 3. 1936. PD 1. 10. 1972 f. Biophysik, o. Prof. 1. 1. 1974 f. Zellbiologie.

Kollros, Louis, v. La Chaux-de-Fonds (NE). * 7. 5. 1878 in La Chaux-de-Fonds. Prof. SS 1909—SS 1948 f. darstellende Geometrie und Geometrie der Lage in französischer Sprache. † 19. 6. 1959 in Zürich.

Kopp, Emil, v. Strassburg. * 3. 3. 1817 in Wasselheim (Elsass). Prof. Universität Turin 1866, Prof. ETH SS 1871 f. technische Chemie. † 30. 11. 1875 in Fluntern, Zürich.

Kopp, Johann Jakob, v. Steckborn (TG). * 15. 10. 1819 in Steckborn. Prof. SS 1860 f. Forstwissenschaft. † 15. 3. 1889 in Zürich.

Kostorz, Gernot, v. Deutschland. * 9. 3. 1941. o. Prof. 1. 4. 1980 f. Physik.

Kraemer, Adolf, v. Darmstadt, seit 1898 v. Zürich. * 25. 5. 1832 in Berleburg (Westfalen). Prof. SS 1871—SS 1905 f. landwirtschaftliche Betriebslehre und Tierproduktion. † 2. 12. 1910 in Zürich.

Kramel, Herbert E., v. Oesterreich, * 18. 9. 1936. a. o. Prof. 1. 10. 1971 f. Architektur und Konstruktion, o. Prof. 1. 4. 1976.

Krause, Hans W., v. Männedorf (ZH). * 27. 8. 1927. o. Prof. 1. 10. 1962 f. Textilmaschinenbau u. Textilindustrie.

Kronauer, Heinrich, v. Winterthur. * 8. 11. 1822 in Brugg (AG). Prof. WS 1856 f. mechanische Technologie. † 22. 12. 1873 in Zürich.

Kübler, Olaf, v. Deutschland. * 4. 4. 1943. PD 1. 10. 1978 f. Bildwissenschaften, a. o. Prof. 1. 11. 1979.

Künzi, Hans Paul, v. Zäziwil (BE). * 30. 1. 1924. PD 1. 4. 1954—31. 3. 1964 f. Mathematik. Prof. Universität Zürich 1. 4. 1964. o. Prof. 1. 10. 1966—31. 10.1972 f. Operations Research (Doppelprof. mit d. Universität Zürich).

Künzi, Niklaus, v. Adelboden (BE). * 3. 9. 1936. a. o. Prof. 1. 4. 1978 f. Züchtungslehre.

Küpfer, Max, v. Lauperswil (BE), seit 1896 v. Zürich. * 19. 5. 1888 in Zürich. PD SS 1921 f. anatomische und physiologische Fächer, spezielle Anatomie und Physiologie der Haustiere, Tit.-Prof. 1925, o. Prof. SS 1928—SS 1933 f. spezielle Zoologie. † 25. 6. 1940 in Zürich.

Kuhlmann, Karl, v. Lippe-Detmold und Potsdam, seit 1932, v. Wallisellen (ZH). * 20. 10. 1877 in Detmold. Prof. WS 1912—WS 1947 f. theoretische Elektrotechnik und Elektromaschinenbau. † 7. 10. 1963 in Basel.

Kuhn, Emil, v. Zürich. * 29. 4. 1905. a. o. Prof. 16. 10. 1955 f. Paläontologie, o. Prof. 1. 4. 70—14. 4. 76 (Doppelprofessur mit der Universität Zürich).

Kuhn, Richard, v. Wien. * 3. 12. 1900 in Wien. o. Prof. WS 1926 f. allgemeine Chemie, Prof. Universität Heidelberg WS 1929. Nobelpreis 1938.

Kummer, Walter, v. Höchstetten (BE). * 10. 8. 1875 in Bern. PD WS 1908 f. elektrische Traktion. Prof. WS 1912—SS 1940 f. Maschinenlehre. † 9. 3. 1962 in Zürich.

Kundt, August Eberhard, v. Schwerin. * 18. 11. 1839 in Schwerin. Prof. SS 1868 f. Physik, Prof. Universität Würzburg SS 1870, Universität Strassburg 1872, Universität Berlin 1888. † 21. 5. 1894 in Israelsdorf bei Lübeck.

Kunz, Heinrich, v. Uster u. Meilen (ZH). * 26. 5. 1922. o. Prof. 1. 10. 1972 f. Architektur u. Bauplanung.

Kuonen, Viktor, v. Termen, Ried-Brig u. Glis-Brig (VS). * 14. 7. 1931. o. Prof. 1. 10. 1963 f. forstl. Ingenieurwesen.

Kurt, Alfred, v. Solothurn und Attiswil (BE). * 30. 6. 1916 in Solothurn. o. Prof. WS 1952 f. Forstwissenschaften. Direktor der Eidg. Anstalt für das forstl. Versuchswesen v. 1. 1. 1955—31. 12. 1968.

Lacombe, Marius, v. Begnins (VD). * 7. 2. 1862 in Lausanne. Prof. Universität Lausanne 1892, Prof. ETH WS 1894 f. darstellende Geometrie in französischer Sprache, Prof. Universität Lausanne WS 1908. † 19. 3. 1938 in Chexbres (VD).

Läuchli, Hans, v. Aarau. * 1. 2. 1933. Ass.-Prof. 1. 10. 1966 f. Mathematik, insbes. Analysis, a. o. Prof. 1. 4. 1970 f. Mathematik, o. Prof. 1. 4. 1979.

Läuchli, Peter, v. Aarau. * 4. 6. 1928. PD 1. 4. 1961 f. angewandte Mathematik, Ass.-Prof. 1. 10. 1964, a. o. Prof. 1. 8. 1968 f. Computer-Wissenschaft, 1974 f. Informatik.

Landis, Jakob, v. Schönenberg. * 20. 6. 1926. PD 1. 4. 1966 f. spezielle Tierernährung, Ass.-Prof. 1. 4. 1967 f. Tierernährung, a. o. Prof. 1. 10. 1970, o. Prof. 1. 10. 1976.

Landolt, Elias, v. Kleinandelfingen (ZH), seit 1875 v. Zürich. * 28. 10. 1821 in Kleinandelfingen. Prof. WS 1855—SS 1893 f. Forstwirtschaft; Direktor des Polytechnikums 1867—1871. † 18. 5. 1896 in Zürich.

Landolt, Elias, v. Zürich. * 24. 7. 1926. PD 1. 10. 1957 f. spez. Botanik, insbes. Systematik der Blütenpflanzen, a. o. Prof. 1. 4. 1964 f. spez. Botanik, insbes. Phanerogamenkunde, 1. 5. 1966 f. Geobotanik, o. Prof. 1. 4. 1967.

Lang, Arnold, v. Oftringen (AG) und seit 1905 v. Zürich. * 18. 6. 1855 in Oftringen. Prof. Universität Jena 1886, Prof. ETH WS 1889—WS 1913 f. Zoologie; auch Prof. Universität Zürich 1889—1914, daselbst Rektor 1898—1900. † 30. 11. 1914 in Zürich.

Lang, Hans-Jürgen, v. Riehen (BS). * 30. 5. 1929. o. Prof. 1. 10. 1968 f. Grundbau und Bodenmechanik.

Lang, Jürg, v. Zürich. * 20. 2. 1936. PD 1. 10. 1966 f. Experimentalphysik, Ass.-Prof. 1. 10. 1970 f. Physik, a. o. Prof. 1. 10. 1973 f. Experimentalphysik.

Lardy, Pierre, v. Neuenburg und Auvernier (NE). * 24. 9. 1903 in Bern. o. Prof. WS 1946 f. Baustatik, Hoch- und Brückenbau in Stein, Beton und Eisenbeton. † 29. 10. 1958 in Zürich.

Lasius, Georg, v. Osternburg (Oldenburg), seit 1875 v. Zürich. * 15. 4. 1835 in Oldenburg. PD SS 1863, Hilfslehrer SS 1864, Prof. WS 1867—SS 1923 f. Baukonstruktionslehre und Architekturzeichnen. † 28. 6. 1928 in Zürich.

Laur, Ernst, v. Basel. * 27. 3. 1871 in Basel. PD SS 1901 f. Agrarpolitik, Prof. WS 1908—WS 1935 f. Landwirtschaft, vorzugsweise Betriebslehre. † 30. 5. 1964 in Effingen (AG).

Laves, Fritz, deutscher Staatsangehöriger. * 27. 2. 1906 in Hannover. Prof. Universität Göttingen 1939, Universität Halle 1944, Universität Marburg 1945, Universität Chicago 1949, o. Prof. ETH SS 1954 f. Mineralogie und Petrographie, 1958—31. 3. 1976 f. Kristallographie und Petrographie. † 12. 8. 1978.

Le Roy, Henri Louis, v. Delsberg (BE). * 5. 6. 1926. PD 1. 10. 1957 f. Biometrik u. Populationsgenetik, a. o. Prof. 1. 4. 1959, o. Prof. 1. 4. 1967.

Leemann, Hans, v. Meilen (ZH). * 15. 2. 1881 in Meilen. PD WS 1911 f. Grundbuch- und Vermessungsrecht, Tit.-Prof. 1916, Prof. SS 1918 f. Rechtslehre. † 27. 7. 1939 in Zollikon (ZH).

Lehmann, Otto, v. Wien, seit 1938 v. Zürich. * 9. 6. 1884 in Wien. Prof. Universität Wien 1925, o. Prof. ETH SS 1928 f. Geographie. † 12. 4. 1941 in Disentis (GR).

Leibbrand, Kurt, v. Berlin. * 19. 5. 1914 in Berlin. a. o. Prof. WS 1950 f. Eisenbahn- und Verkehrswesen, o. Prof. SS 1954—15. 2. 1963.

Leibundgut, Hans, v. Affoltern i. E. (BE). * 28. 6. 1909 in Schüpbach (BE). o. Prof. SS 1940—30. 9. 1979 für Forstwissenschaften. Rektor Okt. 1965—Sept. 1969.

Leifer, Larry John, v. USA. * 2. 7. 1940. Ass.-Prof. 1. 10. 1973—30. 9.1976 f. biomedizinische System-Analyse.

Leisi, Hans Jörg, v. Attiswil (BE). * 18. 2. 1931. PD 1. 10. 1967 f. Physik, Ass.-Prof. 1. 12. 1970 f. Experimentalphysik, a. o. Prof. 1. 10. 1973.

Leisinger, Thomas, v. Davos (GR). * 31. 7. 1936. PD 1. 4. 1971 f. Mikrobiologie, Ass.-Prof. 1. 10. 1972, a. o. Prof. 1. 4. 1974.

Lendi, Martin, v. Tamins (GR). * 23. 9. 1933. Ass.-Prof. 1. 10. 1969 f. Orts-, Regional- u. Landesplanung, a. o. Prof. 1. 10. 1972 f. Rechtswissenschaft, o. Prof. 1. 10. 1976.

Leupold, Wolfgang, v. Aarau und Zofingen (AG). * 20. 12. 1895 in Bern. PD SS 1940 f. historische Geologie und Mikropaläontologie, Tit.-Prof. 1942, a. o. Prof. WS 1943—31. 3. 1964 f. praktische Geologie.

Leuthold, Heinrich A., v. Wädenswil (ZH). * 20. 3. 1914. o. Prof. 1. 4. 1957 f. elektrische Anlagen und Energiewirtschaft. Direktor des Fernheizkraftwerkes (1959 bis 1974).

Leuthold, Peter, v. Maschwanden (ZH). * 23. 2. 1937. PD 1. 10. 1971 f. spez. Methoden der elektr. Nachrichtenübertragung, o. Prof. 1. 10. 1977 f. Nachrichtentechnik.

Leyer, Albert, v. Zürich. * 26. 9. 1902 in Gossau (SG). o. Prof. WS 1949—30. 9. 1964 f. Grundlagen der Maschinenkonstruktion. Prof. Techn. Hochschule Stuttgart 1. 10. 1964.

Linder, Arthur, v. Reichenbach (BE). * 26. 10. 1904 in Lausanne. Prof. Universität Genf 1945, a. o. Prof. ETH 1. 10.1948 f. mathem. Statistik, o. Prof. 1. 1. 1969—31. 3. 1973.

Liver, Peter, v. Flerden (GR). * 21. 8. 1902 in Flerden. o. Prof. SS 1940 f. Rechtslehre, Prof. Universität Bern WS 1944.

Lörtscher, Hans, v. Spiez (BE). * 1. 8. 1908 in Spiez. o. Prof. WS 1947—30. 9. 1976 f. Landwirtschaft.

Lorenz, Richard, v. Jena. * 13. 4. 1863 in Wien. Tit.-Prof. WS 1896, Prof. WS 1898 f. Elektrochemie und physikalische Chemie, Prof. Akademie f. Sozial- und Handelswissenschaften Frankfurt a. M. SS 1910, Universität Frankfurt a. M. 1914. † 23. 6. 1929 in Frankfurt a. M.

Lowrie, William, v. Grossbritannien. * 4. 4. 1939. a. o. Prof. 1. 9. 1974 f. Geophysik.

Lübke, Wilhelm, v. Dortmund. * 17. 1. 1826 in Dortmund. Prof. SS 1861 f. Kunstgeschichte und Archäologie, Prof. Polytechnikum Stuttgart SS 1866, Technische Hochschule Karlsruhe 1885. † 4. 4. 1893 in Karlsruhe.

Lüthy, Herbert, v. Wetzikon (TG) u. Stettfurt (TG). * 15. 1. 1918. PD 1. 4. 1958 f. neuere allg. und schweiz. Geschichte unter bes. Berücksichtig. d. Wirtschafts- u. Gesellschaftsgeschichte, o. Prof. 1. 10. 1958—31. 3. 1971 f. allg. u. schweiz. Geschichte in deutscher Sprache. Prof. Universität Basel 1. 4. 1971.

Luisi, Pier Luigi, v. Italien. * 23. 5. 1938. PD 1. 4. 1972 f. makromolekulare Chemie, Ass.-Prof. 1. 4. 1972, a. o. Prof. 1. 4. 1980.

Lukosz, Walter, v. Deutschland. * 30. 11. 1932. Ass.-Prof. 1. 1. 1970 f. Optik, a. o. Prof. 1. 10. 1975.

Lunge, Georg, v. Breslau, seit 1895 v. Zürich. * 15. 9.1839 in Breslau. Prof. SS 1876—SS 1907 f. technische Chemie und chemische Technologie. † 3. 1. 1923 in Zürich.

Machatschek, Fritz, v. Wischau (Mähren). * 22. 9. 1876 in Wischau, Prof. deutsche Universität Prag 1915, Prof. ETH SS 1924 f. Geographie. Prof. Universität Wien SS 1928, Universität München 1935 bis 1946. † 22. 9. 1957 in München.

Mansour, Mohamed A., Vereinigte Arabische Republik, * 30. 8. 1928. a. o. Prof. 1. 9. 1968 f. Automatik, o. Prof. 1. 10. 1973.

Marcet, Enrique, v. Oberhofen (BE). * 24. 6. 1924. PD 1. 10 1961 f. Dendrologie, spez. der Genetik u. Züchtung von Forstpflanzen, Ass.-Prof. 1. 4. 1965 f. Waldbau, a. o. Prof. 1. 10. 1970 f. Dendrologie.

Marchand, François Xavier, v. Chercenay (BE). * 30. 5. 1799 in Chercenay. Prof. SS 1856 f. Forstwissenschaft. † 1. 11. 1859 in Zürich.

Marcou, Jules, v. Salins (Frankreich). * 20. 4. 1824 in Salins. Prof. SS 1856—SS 1858 f. Paläontologie. † 1898 in Cambridge (Massachusetts, USA).

Marinček, Borut, v. Küsnacht (ZH). * 22. 2. 1915. PD 1. 4. 1951 f. spezielle Metallurgie, Tit.-Prof. 1959, o. Prof. 1. 4. 1961—31. 3. 1980 f. Metallurgie, Giessereikunde u. metallische Werkstoffe.

Marmier, Pierre E., v. Sévaz (FR). * 8. 1. 1922. PD 1. 4. 1956 f. Physik, a. o. Prof. 1. 10. 1957 f. Kernphysik, o. Prof. 1. 10. 1958. Rektor 1969—1973, † 3. 9. 1973.

Marti, Jürg, v. Aarberg (BE). * 24. 5. 1935. a. o. Prof. 1. 12. 1970 f. angew. Mathematik, o. Prof. 1. 10. 1977.

Martin, William, v. Perroy (VD) und Genf. * 20. 2. 1888 in Genf. o. Prof. WS 1933 f. Geschichte in französischer Sprache. † 7. 2. 1934 in Zürich.

Martius, Carl, v. Deutschland. * 1. 3. 1906. o. Prof. 1. 10. 1956—31. 3. 1976 f. Biochemie.

Matile, Philippe, v. La Sagne (NE). * 20. 1. 1932. PD 1. 10. 1962 f. Pflanzenphysiologie, Ass.-Prof. 1. 10. 1963, a. o. Prof 1. 4. 1967, o. Prof. 1. 4. 1970 f. allg. Botanik.

Matthias, Eugen A., v. Zürich. * 15. 2. 1923. o. Prof. 1. 2. 1965 f. Werkzeugmaschinen u. Fertigungstechnik.

Matthias, Herbert Jakob, v. Zürich. * 21. 12. 1927. o. Prof. 1. 4. 1974 f. Vermessung.

Maurer, Jakob, v. Zürich u. Vechigen (BE). * 28. 12. 1929. Ass.-Prof. 1. 8. 1966 f. Planungstechnik der ORL, a. o. Prof. 1. 10. 1970 f. Methodik der Raumplanung, o. Prof. 1. 4. 1977.

Medicus, Fritz, v. Stadtlauringen (Bayern), seit 1935 v. Zürich. * 23. 4. 1876 in Stadtlauringen. Prof. SS 1911—SS 1946 f. Philosophie und Pädagogik. † 13. 1. 1956 in Zürich.

Meier, Carl Alfred, v. Schaffhausen. * 19. 4. 1905. PD 1. 4. 1949 f. Psychologie des gesunden Menschen, Tit.-Prof. 1960, a. o. Prof. 1. 4. 1968 f. allg. Psychologie, o. Prof. 1. 7. 1971—31. 3. 1975.

Meier, Kurt, v. Schiers (GR). * 22. 7. 1924. o. Prof. 1. 10. 1968 f. Mathematik.

Meier, Walter, v. Trub (BE). * 26. 9. 1926. a. o. Prof. 1. 4. 1966 f. Kristallchemie und Mineralsynthese, o. Prof. 1. 4. 1973 f. Kristallographie, insbes. Kristallchemie (Doppelprofessur mit der Universität Zürich).

Meissner, Ernst, v. Rehetobel (AR) und Zofingen (AG). * 1. 9. 1883 in Zofingen. PD SS 1909 f. reine und angewandte Mathematik, Prof. SS 1910—WS 1937 f. technische Mechanik. † 17. 3. 1939 in Zollikon (ZH).

Meissner, Joachim, v. Deutschland. * 11. 3. 1929. o. Prof. 1. 9. 1974 f. Chemie, 1975 f. Polymer-Physik.

Melchior, Hans, v. Ausserferrera (GR). * 23. 2. 1935. a. o. Prof. 1. 7. 1976 f. Elektronik.

Menn, Christian, v. Zillis (GR). * 3. 3. 1927. o. Prof. 1. 10. 1971 f. Baustatik u. Konstruktion.

Méquet, Edouard Armand, v. Versailles. * 16. 1. 1821 in Agon (Manche, Frankreich). Prof. WS 1860—WS 1885 f. Mathematik in französischer Sprache. † 9. 11. 1897 in Coutances (Manche).

Meyer-Peter, Eugen, v. Herisau (AR). * 25. 2. 1883 in Herisau. Prof. SS 1920—WS 1951 f. Wasserbau. † 18. 6. 1969.

Meyer-Schweizer, Eugen, v. Herisau (AR). * 4. 12. 1857 in Herisau. Prof. SS 1894—WS 1922 f. Maschinenbau und Maschinenzeichnen. † 20. 3. 1936 in Herisau.

Meyer, Karl, v. Buchs (LU). * 21. 11. 1885 in Buchs. Prof. Universität Zürich 1920—1947, o. Prof. ETH SS 1928—WS 1946 f. allgemeine Geschichte. † 30. 11. 1950 in Kreuzlingen (TG).

Meyer, Peter, v. Basel. * 14. 12. 1894 in München. PD SS 1935, Tit.-Prof. 1949, a. o. Prof. SS 1951—31. 3. 1962 f. Systematik u. Aesthetik der neueren Baukunst (Doppelprofessur mit der Universität Zürich).

Meyer, Victor, v. Berlin. * 8. 9. 1848 in Berlin. Prof. WS 1872 f. Chemie, Prof. Universität Göttingen SS 1885, Universität Heidelberg 1889. † 8. 8. 1897 in Heidelberg.

Minkowski, Hermann, v. Königsberg. * 22. 6. 1864 in Alexoten (Russland). Prof. Universität Bonn 1893, Universität Königsberg 1894, Prof. ETH WS 1896 f. höhere Mathematik, Prof. Universität Göttingen WS 1902. † 12. 1. 1909 in Göttingen.

Mislin, Guido, v. Schönenbuch (BL). * 13. 4. 1941. a. o. Prof. 1. 10. 1972 f. Mathematik, o. Prof. 1. 4. 1979.

Moersch, Emil, v. Calw (Württemberg). * 30. 4. 1872 in Reutlingen (Württemberg). Prof. WS 1904—SS 1908 f. Baustatik, Brücken- und Hochbau in Eisen, Prof. Technische Hochschule Stuttgart 1916—1939. † 29. 12. 1950 in Stuttgart-Weil im Dorf.

Mörsch, Georg, v. Deutschland. * 15. 3. 1940. o. Prof. 1. 1. 1980 f. Denkmalpflege.

Moor, Hans, v. Basel. * 11. 6. 1933. PD 1. 10. 1964 f. biolog. Ultrastruktur-Forschung, Ass.-Prof. 1. 10. 1967 f. Molekularbiologie, zytolog. Richtung, 1968 f. Molekularbiologie, a. o. Prof. 1. 4. 1970 f. allg. Botanik, o. Prof. 1. 10. 1973.

Moos, Johannes, v. Schongau (LU). * 3. 2. 1862 in Aesch (LU). Prof. WS 1898 f. Landwirtschaft. † 22. 1. 1929 in Zürich.

Moschytz, George, v. Zürich u. USA. * 18. 4. 1934. o. Prof. 1. 10. 1973 f. Nachrichtentechnik.

Moser, Jürgen, v. USA. * 4. 7. 1928 in Königsberg (Deutschland). o. Prof. 1. 7. 1980 f. Mathematik.

Moser, Karl, v. Baden (AG). * 10. 8. 1860 in Baden. Prof. WS 1915—SS 1928 f. Baukunst. † 28. 2. 1936 in Zürich.

Moser, Werner, v. Baden (AG). * 16. 7. 1896. o. Prof. 1. 10. 1958—30. 9. 1963 f. Architektur. † 19. 8. 1970.

Mousson, Albert, v. Zürich und Bern. * 17. 3. 1805 in Solothurn. PD Universität Zürich, Prof. 1836 bis 1878, Prof. ETH WS 1855—SS 1878 f. experimentelle Physik und physikalische Geographie. † 6. 11. 1890 in Zürich.

Mühlethaler, Kurt, v. Bollodingen (BE). * 27. 10. 1919. PD 1. 4. 1953 f. Anwendung der Elektronenmikroskopie in der Biologie, a. o. Prof. 1. 4. 1959 f. Elektronenmikroskopie, 1965 f. Molekularbiologie, zytologische Richtung, o. Prof. 1. 4. 1965, 1968 f. Molekularbiologie.

Müller, Emil, v. Zollikon u. Uetikon a. S. * 5. 3. 1920. PD 1. 10. 1966 f. spez. Botanik, insbes. Systematik u. Biologie der Pilze, a. o. Prof. 1. 4. 1970 f. spez. Botanik, insbes. Mykologie, o. Prof. 1. 10. 1973.

Müller, Fritz, v. Steinmaur (ZH) * 16. 4. 1926. o. Prof. 1. 4. 1970 f. Geographie.

Müller, Jean, v. Kreuzlingen-Emmishofen (TG). * 26. 5. 1929. Ass.-Prof. 1. 4. 1961—31. 3. 1964 f. Experimentalphysik. Prof. Universität Genf 1. 4. 1964.

Müller, Johann Jakob, v. Seen-Winterthur (ZH). * 7. 3. 1846 in Seen-Winterthur, Prof. WS 1872 f. technische und mathematische Physik. † 14. 1. 1875 in Zürich.

Müller, Robert, v. Stein a. Rh. (SH). * 7. 1. 1908 in Baden (AG). PD SS 1944 f. Flussbau und flussbauliche Hydraulik, a. o. Prof. WS 1947—31. 12. 1956 f. Hydraulik.

Müller, Stephan, v. Deutschland. * 30. 7. 1930. o. Prof. 1. 5. 1971 f. Geophysik (Doppelprofessur mit der Universität Zürich seit 1977).

Münzel, Kurt Eugen, v. Baden (AG). * 12. 7. 1912 in Baden. PD SS 1946 f. galenische Pharmazie, a. o. Prof. SS 1948—SS 1954 f. Arzneiformung und Arzneizubereitung.

Muschg, Adolf, v. Zollikon. * 13. 5. 1934. a. o. Prof. 1. 10. 1970 f. deutsche Sprache u. Literatur.

Nägeli, Karl Wilhelm, v. Kilchberg (ZH). * 27. 3. 1817 in Kilchberg. PD Universität Zürich 1842, Prof. 1849—1852 und 1855—1857, Prof. Universität Freiburg i. Br. 1852, Prof. ETH WS 1855 f. allgemeine Botanik, Prof. Universität München WS 1857. † 10. 5. 1891 in München.

Narutowicz, Gabriel, v. Kowno (Polen), seit 1895 v. Untereggen (SG) und seit 1914 auch v. Zürich. * 17. 3. 1865 in Telsze (Polen). Prof. SS 1908—SS 1919 f. Wasserbau. Präsident der Republik Polen 9. 2. 1922. † (ermordet) 16. 12. 1922 in Warschau.

Neukom, Hans, v. Rafz (ZH). * 19. 8. 1921. PD 1. 4. 1962 f. Chemie landwirtsch. Produkte, a. o. Prof. 1. 4. 1963 f. chemische Agrotechnologie, o. Prof. 1. 10. 1965 f. Agrikulturchemie.

Niccard, A.-Pol. * 1805 in Paris. Prof. WS 1855—SS 1856 f. französische Sprache und Literatur. † 1891.

Nievergelt, Jürg, v. Zürich u. USA. * 6. 6. 1938. o. Prof. 1. 8.1975 f. Informatik.

Niggli, Alfred, v. Grüsch (GR). * 1. 4. 1922. PD 1. 10. 1958 f. Symmetrielehre u. Kristallstrukturbestimmung, a. o. Prof. 1. 10. 1960 f. Kristallstrukturforschung, o. Prof. 1. 4. 1966 (Doppelprofessur mit der Universität Zürich). Rektor der Universität Zürich 1972—1974.

Niggli, Paul, v. Aarburg und Zofingen (AG). * 26. 6. 1888 in Zofingen. PD ETH WS 1913 und Universität Zürich 1914, Prof. Universität Leipzig SS 1915, Universität Tübingen 1918, Prof. ETH WS 1920 f. Mineralogie und Petrographie; Rektor 1928—1931; auch Prof. Universität Zürich seit 1920, daselbst Rektor 1940—1942. † 13. 1. 1953 in Zürich.

Nösberger, Josef, v. St. Antoni u. Heitenried (FR). * 28. 4. 1935. PD 1. 10. 1970 f. Pflanzenbau, a. o. Prof. 1. 10. 1972, o. Prof. 1. 10. 1978.

Nowacki, Anton, v. Hüttchen bei Schönlancke (Posen), seit 1905 v. Zürich. * 30. 12. 1839 in Samolenz (Posen). Prof. WS 1871—SS 1907 f. Landwirtschaft, vorzugsweise Pflanzenproduktion und Ackerbau. † 29. 8. 1925 in Zürich.

Oechsli, Wilhelm, v. Riesbach-Zürich. * 6. 10. 1851 in Riesbach-Zürich. Prof. SS 1887 f. Schweizergeschichte und Schweizer Politik; auch Prof. Universität Zürich 1893—1919. † 26. 4. 1919 in Weggis (LU).

Oertli, Jakob J., v. Ossingen (ZH). * 16. 7. 1927. o. Prof. 1. 10. 1979 f. Pflanzenbau.

Olsen Jørgen Lykke, v. Grossbritannien. * 10. 5. 1923. PD 1. 4. 1956 f. Physik, a. o. Prof. 1. 10. 1961 f. Experimentalphysik, insbes. Tieftemperaturphysik, o. Prof. 1. 4. 1972 f. Experimentalphysik.

Onigkeit, Dietmar, v. Herrliberg. * 28. 6.1929. a. o. Prof. 1. 6. 1968 f. Wirtschaftslehre des Landbaues, o. Prof. 1. 4. 1970.

Orelli, Johannes, v. Mettmenstetten (ZH), seit 1875 v. Zürich. * 12. 3. 1822 in Mettmenstetten. Prof. WS 1859 f. Mathematik und Differential- und Integralrechnen. † 8. 4. 1885 in Zürich.

Osterwalder, Konrad, v. Stettfurt (TG). * 3. 6. 1942. o. Prof. 1. 7. 1977 f. Mathematik.

Oswald, Franz, v. Bünzen (AG). * 24. 1. 1938. a. o. Prof. 1. 4. 1972 f. Architektur u. Entwurf.

Oth, Jean François Michel, v. Belgien. * 19. 10. 1926. o. Prof. 1. 10. 1969 f. Chemie.

Ott, Hanns H., v. Winterthur. * 5. 5. 1920. o. Prof. 1. 2. 1965 f. Grundlagen der Maschinenkonstruktion.

Pallmann, Hans, v. Frauenfeld (TG). * 21. 5. 1903 in Frauenfeld. PD WS 1932, a. o. Prof. WS 1935 f. spezielle Agrikulturchemie, o. Prof. WS 1936 f. Agrikulturchemie; Rektor 1947—1948. Schulratspräsident 1949. † 13. 10. 1965 in Zollikon.

Pauli, Wolfgang, v. Wien, seit 1949 v. Zollikon (ZH). * 25. 4. 1900 in Wien. Tit.-Prof. Universität Hamburg 1926, o. Prof. ETH SS 1928 f. theoretische Physik. Nobelpreis 1945. † 15. 12. 1958.

Perlia, Xavier, v. Luxemburg. * 16. 12. 1923. PD 1. 4. 1960 f. physikal. u. chem. Arzneimittelprüfung, Ass.-Prof. 1. 4. 1963 f. pharmazeutische Chemie, a. o. Prof. 1. 10. 1969 f. Pharmazie, o. Prof. 1. 10. 1973.

Pernet, Jean, v. Ormond-Dessus (VD). * 18. 12. 1845 in Ormond-Dessus. Prof. WS 1890 f. Experimentalphysik. † 15. 2. 1902 in Zürich.

Pestalozzi, Karl, v. Zürich. * 4. 5. 1825 in Neuhof b. Wildegg (AG). Hilfslehrer SS 1856 f. Ingenieurwissenschaften, Tit.-Prof. 1864, Prof. WS 1881 f. Strassen-, Kanal- und Wasserbau. † 14. 1. 1891 in Zürich.

Petit, Armand-Albert, v. Gasny (Eure, Frankreich). * 16. 11. 1860 in Gasny. Prof. WS 1887—SS 1890 f. Geschichte und Geographie.

Pfändler, Wilhelm, v. Flawil (SG) und Zürich. * 13. 12. 1877 in Wattwil (SG). Prof. WS 1923—SS 1947 f. englische Sprache und Literatur. † 23. 11. 1950 in Zürich.

Pfluger, Albert, v. Oensingen (SO). * 13. 10. 1907 in Oensingen. PD WS 1938—SS 1939, o. Prof. WS 1943 f. höhere Mathematik, 1963—31. 3. 1978 f. Mathematik.

Piccard, Auguste, v. Lutry und Villars Ste-Croix (VD). * 28. 1. 1884 in Basel. PD SS 1915, Tit.-Prof. 1917, Prof. SS 1920 f. Physik, vorzugsweise Experimentalphysik, Prof. Universität Brüssel SS 1922. † 25. 3.1962 in Lausanne.

Pino, Piero, v. Italien. * 9. 4. 1921. o. Prof. 1. 10. 1968 f. makromolekulare Chemie.

Pizzo, Guiseppe, v. Padua. * 7. 2. 1856 in Padua. Prof. WS 1882 f. italienische Sprache und Literatur. † 10. 4. 1930 in Zürich.

Plancherel, Michel, v. Bussy (FR). * 16. 1. 1885 in Bussy. Prof. Universität Freiburg i. Ue. 1911, Prof. ETH WS 1920—WS 1954 f. höhere Mathematik; Rektor 1931—1935. † 4. 3. 1967 in Zürich.

Platter, Julius, v. Bozen (Südtirol) seit 1894 v. Zürich. * 27. 12. 1844 in Kastelruth (Tirol). Prof. Universität Czernowitz 1877, Universität Zürich 1879—1884, Prof. ETH WS 1884—SS 1922 f. Nationalökonomie und Statistik. † 3. 11. 1923 in Zürich.

Plattner, Placidus Andreas, v. Untervaz (GR). * 1. 5. 1904 in Chur. PD SS 1941, Tit.-Prof. 1942, a. o. Prof. WS 1945—WS 1951 f. spezielle organische Chemie.

Polya, Georg, v. Budapest, seit 1918 v. Zürich. * 13. 12. 1887 in Budapest. PD WS 1914, Tit.-Prof. 1920, o. Prof. SS 1928—WS 1942 f. höhere Mathematik, Prof. Universität Stanford (USA) 1943.

Potterat, Louis, v. Chavannes-le-Chêne (VD). * 11. 7. 1869 in Yverdon. PD SS 1894—SS 1898 f. Eisenbahnwesen, Prof. SS 1917 f. Hochbau, Leitung der Polytechnischen Schule in Kairo WS 1926. † 3. 1. 1928 in Lausanne.

Pozzi, Angelo, v. Genesterio (TI). * 12. 8. 1932. o. Prof. 1. 11. 1971 f. Bauplanung u. Baubetrieb.

Prášil, Franz, v. Radkersburg (Steiermark), seit 1906 v. Zürich. * 16. 9. 1857 in Radkersburg. Prof. SS 1894—SS 1926 f. Maschinenbau und Maschinenkonstruieren. † 3. 1. 1929 in Zürich.

Prelog, Vladimir, v. Zürich. * 23. 7. 1906 in Sarajevo. Prof. Universität Zagreb 1940, PD ETH WS 1942 f. organische Chemie, Tit.-Prof. 1945, a. o. Prof. SS 1947, o. Prof. WS 1950 f. spezielle organische Chemie, 1. 10. 1957—30. 9. 1976 für organische Chemie. Nobelpreis 1975.

Primas, Hans, v. Zürich. * 18. 6. 1928. PD 1. 10. 1960 f. spez. physikal. Chemie, a. o. Prof. 1. 7. 1961, o. Prof. 1. 10. 1966 f. physikal. Chemie, insbes. Quantenchemie, 1. 10. 1976 f. physikal. Chemie, insbes. theoretische Chemie.

Profos, Paul, v. Matzendorf (SO). * 31. 7. 1913. PD 1. 10. 1946 f. Dampferzeugungsanlagen, o. Prof. 1. 10. 1958 f. Regelung und Dampfanlagen (mit ½ Unterrichtsbelast.), o. Prof. mit voller Unterrichtsbelast. 1. 10. 1960, 1973—30. 9. 1978 f. Mess- und Regeltechnik. Vizedirektor des Fernheizkraftwerks im Nebenamt (1959—März 1974), Direktor ad interim (März—Mai 1974).

Prym, Friedrich Emil, v. Düren (Rheinpreussen). * 28. 9. 1841 in Düren. Prof. WS 1865 f. höhere Mathematik, Prof. Universität Würzburg SS 1869—1909. † 15. 12. 1915 in Bonn.

Puhan, Zdenko, v. Jugoslawien. * 6. 12. 1935. o. Prof. 1. 10. 1971 f. Milchwissenschaft.

Pulfer, Rudolf, v. Rümligen (BE). * 29. 5. 1873 in Zimmerwald (BE). Prof. WS 1917 f. Forstwissenschaften. † 26. 11. 1921 in Zürich.

de Quervain, Francis, v. Bern, Burgdorf u. Vevey. * 26. 8. 1902. PD 18. 12. 1943 f. techn. Petrographie, Tit.-Prof. 1949, a. o. Prof. 1. 10. 1956 f. technische Petrographie (ad personam), o. Prof. 1. 10. 1967—30. 9. 1970.

Quiby, Henri, v. Genf. * 25. 3. 1884 in Genf. o. Prof. WS 1929—WS 1953 f. Dampfturbinen- und Turbokompressorenbau und Wärmekraftanlagen, 1951—31. 3. 1954 f. thermische Turbomaschinen. † 4. 4. 1976.

Raabe, Joseph Ludwig, v. Brody (Galizien), seit 1836 v. Schwamendingen-Zürich. * 15. 5. 1801 in Brody. PD Universität Zürich 1833, Prof. 1843 bis 1859, Prof. ETH WS 1855—WS 1857 f. höhere Mathematik. † 12. 1. 1859 in Zürich.

Rahn, Johann Rudolf, v. Zürich. * 24. 4. 1841 in Zürich. PD Universität Zürich 1869, Prof. 1870 bis 1912, Prof. ETH SS 1883 f. Kunstgeschichte und Archäologie. † 28. 4. 1912 in Zürich.

Rambert, Eugène, v. Montreux (VD). * 6. 4. 1830 in Montreux. Prof. WS 1860 f. französische Literatur, Prof. Akademie Lausanne WS 1881. † 21. 11. 1886 in Lausanne.

Ramsay, John G., v. Grossbritannien. * 17. 6. 1931. o. Prof. 1. 1.1977 f. Geologie (Doppelprof. mit der Universität Zürich).

Ramser, Ernst, v. Schnottwil (SO). * 22. 4. 1894 in Langenthal (BE). o. Prof. SS 1941—31. 3. 1961 f. Kulturtechnik. † 24. 8. 1963.

Rauscher, Manfred, v. Rüegsau (BE). * 23. 2. 1904 in Rüegsau. o. Prof. SS 1950 f. Flugzeugstatik und Flugzeugbau, 1957—31. 3. 1974 f. Flugzeugstatik u. Leichtbau.

Rebstein, Johann Jakob, v. Töss-Winterthur, seit 1892 v. Hottingen-Zürich. * 4. 5. 1840 in Töss-Winterthur. PD SS 1873 f. Mathematik, Tit.-Prof. 1896, Prof. WS 1898 f. Kataster- und Vermessungswesen. † 14. 3. 1907 in Zürich.

Recordon, Benjamin, v. Rances (VD) und seit 1905 v. Zürich. * 2. 9. 1845 in Vevey (VD). Prof. Akademie Lausanne 1881, Prof. ETH WS 1890—SS 1916 f. Baukonstruktionslehre. † 19. 7. 1938 in Vevey.

Reichert, Konrad, v. Deutschland. * 14. 12. 1930. o. Prof. 1. 12. 1979 f. Energiewandlung.

Reichstein, Thadeus, v. Kiew (Russland), seit 1915 v. Zürich. * 20. 7. 1897 in Wloclawek (Polen). PD SS 1930 f. organische Chemie, Tit.-Prof. 1934, a. o. Prof. SS 1937 f. spezielle organische und physiologische Chemie, Prof. Universität Basel WS 1938. Nobelpreis 1950.

Reissner, Josef N., v. Oesterreich. * 9. 2. 1939. a. o. Prof. 1. 4. 1972 f. metallische Werkstoffe.

Reuleaux, Franz, v. Eschweiler bei Aachen (Deutschland). * 30. 9. 1829 in Eschweiler. Prof. SS 1856 f. Maschinenlehre, Prof. Gewerbeakademie Berlin WS 1864. † 19. 8. 1905 in Berlin.

Richard, Felix, v. Langenthal. * 6. 11. 1915. PD 1. 4. 1951 f. forstl. Bodenkunde, Titularprofessor 1962, a. o. Prof. 1. 10. 1966 f. Bodenphysik, o. Prof. 1. 4. 1973.

Richarz, Werner, v. Bern u. Zürich. * 22. 7. 1926. PD 1. 4. 1964 f. chemische Reaktions- und Verfahrenstechnik, Ass.-Prof. 1. 4. 1969 f. Reaktionstechnik, a. o. Prof. 1. 4. 1972 f. Chemie-Ingenieurwesen.

Rieber, Hans, v. Deutschland. * 2. 4. 1934. a. o. Prof. 1. 10. 1976 f. Paläontologie (Doppelprofessur mit der Universität Zürich).

Rieder, Jürg, v. Fanas (GR). * 16. 3. 1911 in Chur. a. o. Prof. WS 1946—30. 9. 1956 f. Anatomie und Physiologie der landwirtschaftlichen Nutztiere.

Rippin, David W. Th., v. Grossbritannien. * 14.1. 1935. o. Prof. 1. 11. 1970 f. Chemie-Ingenieurwesen.

Ris, Roland, v. Lyss (BE). * 29. 9. 1939. o. Prof. 1. 4. 1976 f. deutsche Sprache und Literatur.

Ritter, Karl Wilhelm, v. Alstätten (SG), seit 1890 v. Zürich. * 14. 4. 1847 in Liestal (BL). PD SS 1870 f. Ingenieurwissenschaften, Prof. Polytechnikum Riga SS 1873, Prof. ETH SS 1882—SS 1905 f. graphische Statik, Brücken- und Eisenbahnbau; Direktor des Polytechnikums 1887—1891. † 18. 10. 1906 in Rämismühle-Zell (ZH).

Ritter, Max, v. Lichtensteig (SG). * 4. 8. 1884 in Biel. PD WS 1910—WS 1919 f. technische Statik und Eisenbetonbau, o. Prof. SS 1927 f. Baustatik II, Hoch- und Brückenbau in Stein, Beton und Eisenbeton. † 25. 2. 1946 in Küsnacht (ZH).

Rölli, Hans, v. Altbüron (LU) und seit 1905 v. Zürich. * 7. 2. 1863 in Altbüron. Prof. SS 1896 bis SS 1917 f. Rechtslehre. † 13. 1. 1920 in Zürich.

Rösli, Alfred, v. Zürich u. Pfaffnau (LU). * 7. 12. 1920. o. Prof. 1. 10. 1973 f. Materialwissenschaften.

Rössler, Max, v. St. Gallen-Tablat. * 7. 1. 1940. Ass.-Prof. 1. 4. 1973—30. 9. 1979 f. Operations Research.

Rohn, Arthur, v. Genf und Würenlos (AG). * 1. 4. 1878 in Genf. Prof. WS 1908 f. Baustatik, Brückenbau und Hochbau in Eisen; Rektor 1923—1926. Schulratspräsident 1926—1948. † 3. 10. 1956 in Zürich.

Ronner, Heinz, v. Oppikon (TG). * 29. 12. 1924. a. o. Prof. 1. 10. 1963 f. baukonstruktives Entwerfen, o. Prof. 1.4. 1971 f. Architektur und Konstruktion.

Roš, Mirko, v. Lauzovo (Oesterreich), seit 1915 v. Dättwil (AG). * 19.9. 1879 in Zagreb. Prof. Technische Hochschule Zagreb 1923, Tit.-Prof. ETH 1924, o. Prof. WS 1937—SS 1949 f. Werkstoffkunde in mech.-techn. Richtung und Materialprüfung. † 29. 5. 1962 in Baden (AG).

Rosenmund, Max, v. Liestal (BL), seit 1865 v. Zürich. * 12. 2. 1857 in Liestal. Prof. SS 1904 f. Topographie und Geodäsie. † 18. 8. 1908 in Zürich.

Rosset, Paul René, v. Saint-Blaise (NE) und Bougy-Villars (VD). * 1. 6. 1905 in Saint-Blaise. PD WS 1936, Prof. Universität Neuenburg 1937, o. Prof. ETH SS 1945—31. 3. 1973 f. Nationalökonomie, Finanzwissenschaft und Statistik in französischer Sprache. † 12. 11. 1977.

Rossignol, Georges, v. Paris. * 1864 in Buenos Aires. Prof. WS 1891—SS 1894 f. Geschichte in französischer Sprache.

Rotach, Martin Christoph, v. Herisau (AR). * 15. 9. 1928. o. Prof. 1. 4. 1964 f. Verkehrsingenieurwesen. Direktor des ORL-Instituts 11. 7. 1964—30. 9. 1971.

Roth, Alfred, v. Wangen a. d. Aare (BE). * 21. 5. 1903. o. Prof. 1. 4. 1957—31. 3. 1970 f. Architektur.

Roth, Otto, v. Teufen (AR) und seit 1905 v. Zürich. * 25. 8. 1853 in Teufen. PD Universität Zürich 1890—1893, Prof. ETH SS 1894—WS 1919 f. Hygiene und Bakteriologie. † 6. 9. 1927 in Teufen.

Rothpletz Emil, v. Aarau. * 21. 2. 1824 in Aarau. Prof. SS 1878 f. Kriegsgeschichte, Strategie, Taktik, Heeresorganisation und Heeresverwaltung. † 13. 10. 1897 in Zürich.

Rott, Nikolaus, v. USA. * 6. 10. 1917. o. Prof. 1. 10. 1967 f. Strömungslehre.

Ruch, Fritz, v. Engi (GL). * 27. 7. 1920. PD. 1. 10. 1952 f. Zytologie u. zytol. Untersuchungsmethoden, Tit.-Prof. 1957, a. o. Prof. 1. 4. 1960 f. allg. Botanik, insbes. Zytologie, o. Prof. 1. 4. 1966 f. botanische Zytologie und Histologie.

Rudinger, Josef, v. der Tschecholsowakei. * 20. 4. 1924. o. Prof. 1. 10. 1970 f. Molekularbiologie. † 30. 4. 1975.

Rudio, Ferdinand, v. Wiesbaden (Deutschland), seit 1888 v. Fluntern-Zürich. * 2. 8. 1856 in Wiesbaden. PD SS 1881 f. Mathematik, Tit.-Prof. 1885, Prof. WS 1889—WS 1927; Oberbibliothekar der ETH 1894—1920. † 21. 6. 1929 in Zollikon (ZH).

Rueff, Marcel, v. Lajoux (BE) u. Zürich. * 25. 11. 1910. a. o. Prof. 1. 10. 1957 f. Geometrie in franz. Sprache, o. Prof. 1. 10. 1961 f. höhere Mathematik in franz. Sprache u. spez. Didaktik, 1. 10. 1963—30. 9. 1976 f. Mathematik in franz. Sprache u. spez. Didaktik.

Rüegger, Ulrich Reginald, v. Luzern. * 7. 1. 1893 in Laibach (Krain). PD WS 1917 f. Transportanlagen für Massengüter, o. Prof. WS 1940—SS 1953 f. Maschinenlehre. † 5. 5. 1969.

Rüst, Ernst, v. Thal (SG). * 19. 1. 1878 in Oberriet (SG). a. o. Prof. SS 1928—SS 1945 f. Photographie. † 31. 10. 1956 in Zürich.

Rüttimann, Johann Jakob, v. Regensberg und Guntalingen (ZH). * 17. 3. 1813 in Regensberg. Regierungsrat 1844—1856, Ständerat 1848—1854, Bundesrichter 1849—1854. PD Universität Zürich 1844, Prof. 1854—1871, Prof. ETH SS 1857 f. Staatsrecht, seit 1872 auch f. Handelsrecht und Verwaltungslehre. † 10. 1. 1876 in Enge-Zürich.

Rutishauser, Heinz, v. Bottighofen (TG). * 30. 1. 1918 in Weinfelden (TG). PD 1. 10. 1951 f. Mathematik, a. o. Prof. 1. 4. 1955 f. angewandte Mathematik, o. Prof. 1. 4. 1962—1. 8. 1968 f. Computer-Wissenschaft. † 10. 11. 1970.

Ruzicka, Leopold, v. Vukovar (Slavonien), seit 1917 v. Zürich. * 13. 9. 1887 in Vukovar. PD SS 1918 f. organische Chemie, Tit.-Prof. 1923, auch PD Universität Zürich 1920—1924, Prof. Universität Utrecht WS 1926, o. Prof. ETH WS 1929—30. 9. 1957 f. allgemeine Chemie. Nobelpreis 1939. † 26. 9. 1976.

Rys, Paul, v. Zürich. * 3. 4. 1938. PD 1. 10. 1971 f. techn. Chemie, Ass.-Prof. 1. 10. 1971 f. Farbstoff- u. Textilchemie, a. o. Prof. 1. 4. 1975 f. technische Chemie.

Sachs, Karl, v. Ennetbaden (AG). * 30. 5. 1886 in Wien. Lehrauftrag WS 1931 f. elektrische Triebfahrzeuge, PD SS 1935, Tit.-Prof. 1940, a. o. Prof. WS 1947—30. 9. 1956 f. elektrische Zugförderung und Grundlagen des Eisenbahnmaschinenbaus. † 16. 4. 1980.

Sänger, Raymund, v. Adliswil (ZH). * 17. 12. 1895. PD 21. 2. 1931 f. Physik, Tit.-Prof. 1948, a. o. Prof. 1. 4. 1962 f. Atmosphärenphysik. † 29. 9. 1962.

de Salis, Jean-Rodolphe, v. Val Bregaglia und Chur (GR). * 12. 12. 1901 in Bern. o. Prof. SS 1935—30. 9. 1968 f. Geschichte in französischer Sprache.

Salvisberg, Otto Rudolf, v. Köniz (BE). * 19. 10. 1882 in Köniz. o. Prof. WS 1929 f. Architektur. † 23. 12. 1940 in Arosa (GR).

de Sanctis, Francesco, * 28. 3. 1817 in Morra Irpino (Italien). Prof. SS 1856—SS 1860 f. italienische Literatur, Prof. Universität Neapel 1871 bis 1877; wiederholt italienischer Unterrichtsminister. † 30. 12. 1883 in Neapel.

Sapsworth, Charles, v. London. * 1863 in London. Prof. SS 1890 f. englische Sprache und Literatur, Prof. Universität Cambridge WS 1892.

Savioz, Raymond, v. Grimisuat s. Sion (VS). * 29. 3. 1903 in Grimisuat. Prof. Universität Kairo 1935, Universität Alexandrien 1943, Universität Mainz 1947, o. Prof. ETH 1. 1. 1949 f. Philosophie und Pädagogik. † 2. 1. 1955 in Zürich.

Saxer, Walter, v. Altstätten (SG). * 2. 12. 1896 in Stein (Appenzell). o. Prof. WS 1927 f. darstellende Geometrie und Geometrie der Lage, WS 1936 f. höhere Mathematik, 1963—30. 9. 1966 für Mathematik. Rektor 1939—1943. † 25. 6. 1974.

Sayir, Mahir, v. der Türkei. * 6. 3. 1940. Ass.-Prof. 1. 1. 1969 f. Mechanik in deutscher Sprache, a. o. Prof. 1. 4. 1972, o. Prof. 1. 10. 1976 f. Mechanik.

Schaal, Rolf, v. Deutschland. * 4. 5. 1924. a. o. Prof. 1. 8. 1967 f. Baukonstruktion, o. Prof. 1. 4. 1972 f. Architektur und Konstruktion.

Schader, Jacques, v. Basel. * 24. 3. 1917. o. Prof. 1. 4. 1960—31. 7. 1970 f. Architektur.

Schädelin, Walter, v. Bern. * 30. 12. 1873 in Koppigen (BE). Prof. SS 1924—WS 1939 f. Forstwissenschaften. † 21. 12. 1953 in Zürich.

Schär, Eduard, v. Bern. * 7. 12. 1842 in Bern. PD SS 1873 f. pharmazeutische Fächer, Tit.-Prof. 1874, Prof. WS 1881 f. Pharmazie und pharmazeutische Chemie, Pharmakognosie und Toxikologie, Prof. Universität Strassburg WS 1892. † 2. 10. 1913 in Strassburg.

Schardt, Hans, v. Basel. * 18. 6. 1858 in Basel. Prof. Akademie Neuenburg 1897, Prof. ETH WS 1911—SS 1928 f. Geologie; auch Prof. Universität Zürich 1911—1928. † 3. 2. 1931 in Zürich.

Schaufelberger, Walter, v. Fischenthal (ZH). * 23. 5. 1940. Ass.-Prof. 1. 10. 1972 f. Automatik, a. o. Prof. 1. 4. 1977.

Schellenberg, Hans Konrad, v. Zürich. * 28. 4. 1872 in Hottingen-Zürich. PD WS 1901 f. Spezialgebiete der Botanik, Tit.-Prof. 1907. Prof. WS 1908 f. Landwirtschaft, vorzugsweise allgemeiner und spezieller Pflanzenbau. † 27. 10. 1923 in Zürich.

Scherr, Johannes, v. Hohenrechberg (Württemberg). * 3. 10. 1817 in Hohenrechberg. PD Universität Zürich 1850—1852, Prof. ETH WS 1860 f. allgemeine Geschichte. † 21. 11. 1886 in Zürich.

Scherrer, Paul, v. Mosnang (SG). * 3. 2. 1890 in Herisau (AR). Prof. SS 1920—31. 3. 1960 f. Physik. † 25. 9. 1969.

Schläpfer, Paul, v. Rehetobel (AR). * 19. 6. 1881 in Walzenhausen (AR). PD SS 1922 f. technische Chemie, Tit.-Prof. 1924, o. Prof. WS 1937—SS 1949 f. Chemie und Werkstoffkunde in physikalisch-chemischer Richtung. † 12. 1. 1973.

Schlatter, Christian, v. Zürich. * 17. 11. 1937. o. Prof. 1. 4. 1975 f. Toxikologie.

Schmid, Ambrosius, v. Malans (GR). * 25. 7. 1880 in Malans, o. Prof. SS 1929—SS 1947 f. Landwirtschaft, speziell Tierproduktionslehre. † 31. 12. 1947 in Zollikon (ZH).

Schmid, Christoph, v. Möriken (AG). * 19. 9. 1937. o. Prof. 1. 4. 1972 f. theoretische Physik.

Schmid, Helmut H., v. USA. * 12. 9. 1914. o. Prof. 1. 4. 1974 f. Photogrammetrie.

Schmid, Karl, v. Wikon (LU) und seit 1927 v. Zürich. * 31. 3. 1907 in Zürich. a. o. Prof. SS 1944, o. Prof. WS 1947 f. deutsche Sprache und Literatur; Rektor 1953—1957. † 4. 8. 1974.

Schmid, Willy, v. Basel u. Thalwil (ZH). * 26. 7. 1943. a. o. Prof. 1. 4. 1978 f. Kulturtechnik.

Schmidt, Eberhard, v. Halle (Deutschland). * 23. 2. 1908 in Halle. o. Prof. SS 1950—WS 1953 f. Betriebswissenschaft und Produktionstechnik.

Schmidt, Wilhelm Adolf, v. Berlin. * 26. 9. 1812 in Berlin. Prof. Universität Berlin 1845, Universität Zürich 1851—1859, Prof. ETH WS 1855 f. allgemeine Geschichte, Prof. Universität Jena SS 1860. † 10. 4. 1887 in Jena.

Schmidt-Lorenz, Wilhelm, v. Deutschland. * 6. 11. 1922. o. Prof. 1. 10. 1973 f. Lebensmittel-Mikrobiologie.

Schnebli, Dolf, v. Baden (AG). * 27. 12. 1928. o. Prof. 1. 10. 1971 f. Architektur u. Entwurf.

Schneebeli, Heinrich, v. Ottenbach (ZH). * 31. 7. 1849 in Ottenbach. PD SS 1870 f. physikalische Fächer, auch PD Universität Zürich 1871, Prof. Akademie Neuenburg SS 1873, Prof. ETH SS 1879 f. Experimentalphysik. † 13. 5. 1890 in Zürich.

Schneider, Jörg, v. Deutschland. * 26. 5. 1934. a. o. Prof. 1. 4. 1967 f. Baustatik, Stahlbeton- u. Brückenbau, o. Prof. 1. 4. 1970, 1974 f. Baustatik und Konstruktion.

Schneider, Otto, v. Arni bei Biglen (BE). * 10. 8. 1880 in Münchenbuchsee (BE). Tit.-Prof. 1921, a. o. Prof. WS 1928—SS 1950 f. Entomologie. † 31. 10. 1965.

Schneider, Walter, v. Rorbas (ZH). * 28. 1. 1928. PD 1. 4. 1963 f. spez. anorgan. Chemie, a. o. Prof. 1. 4. 1964 f. anorganische Chemie, o. Prof. 1. 4. 1969.

Schneider, Werner, v. Bern u. Wohlen (AG). * 26. 11. 1935. Ass.-Prof. 1. 4. 1964—31. 7. 1965 f. technische Physik.

Schnitter, Gerold, v. Zürich. * 25. 10. 1900 in Basel. o. Prof. SS 1952 f. Wasserbau, 1960—31. 3. 1970 f. Hydraulik, Wasserbau und Grundbau.

Schottky, Friedrich, v. Breslau. * 24. 7. 1851 in Breslau. Prof. WS 1882 f. höhere Mathematik, bes. Funktionentheorie, Prof. Universität Marburg WS 1892, Universität Berlin 1902—1923. † 12. 8. 1935 in Berlin.

Schröter, Karl, v. Karlsruhe, seit 1868 v. Zürich. * 19. 12. 1855 in Esslingen (Württemberg). PD WS 1878 f. Botanik, Prof. SS 1884—WS 1925. † 7. 3. 1939 in Zürich.

Schröter Moritz, v. Bielitz (Schlesien). * 22. 12. 1813 in Bielitz. Prof. Polytechnikum Stuttgart 1863, Prof. ETH SS 1865 f. Maschinenbau und Maschinenkonstruktion. † 29. 9. 1867 in Zürich.

Schüle, François Louis, v. Genf. * 24. 11. 1860 in Genf. Prof. Universität Lausanne 1899, Prof. ETH WS 1901—WS 1923 f. Baustatik, Technologie der Baumaterialien, Materialprüfung, Baukonstruktionen in Eisen. † 4. 1. 1925 in Zürich.

Schürch, Alfred, v. Sumiswald (BE) u. Küsnacht (ZH). * 2. 6. 1916. PD 1. 4. 1962 f. spezielle Fütterungslehre, Ass.-Prof. 1. 4. 1963 f. spezielle Agrikulturchemie o. Prof. 1. 4. 1966 f. Tierernährung.

Schürch, Hans, v. Rohrbach (BE). * 26. 3. 1921. o. Prof. 1. 4. 1975 f. Leichtbau. † 5. 12. 1979.

Schütz, Jean-Philippe, v. Thielle-Wavre (NE). * 4. 6. 1939. a. o. Prof. 1. 10. 1979 f. Waldbau.

Schulze, Ernst, v. Bovenden bei Göttingen. * 31. 7. 1840 in Bovenden. Prof. WS 1872 f. Agrikulturchemie und landwirtschaftliche Technologie. † 15. 6. 1912 in Zürich.

Schumann, Walter, v. Zürich. * 27. 4. 1927. PD 1. 10. 1959 f. Mechanik, Ass.-Prof. 1. 4. 1961, o. Prof. 1. 4. 1966 f. Mechanik in franz. Sprache.

Schwarz, Hermann Amand, v. Berlin. * 25. 1. 1843 in Hermsdorf (Schlesien). Prof. Universität Halle 1867, Prof. ETH SS 1869 f. höhere Mathematik. Prof. Universität Göttingen WS 1875, Universität Berlin 1892—1917. † 30. 11. 1921 in Berlin.

Schwarzenbach, Gerold, v. Horgen (ZH). * 15. 3. 1904 in Horgen. PD Universität Zürich WS 1930, a. o. Prof. 1943, o. Prof. 1947, o. Prof. ETH SS 1955—31. 8. 1973 f. anorganische Chemie. † 20. 5. 1978.

Schweitzer, Alfred, v. Wien und seit 1909 v. Zürich. * 30. 8. 1875 in Budapest. PD SS 1901 f. Physik, Tit.-Prof. 1903, Prof. WS 1912—WS 1919 f. Physik, bs. Experimentalphysik. † 27.5. 1920 in Weesen (SG).

Schweitzer, Gerhard, v. Deutschland. * 23. 3. 1937. a. o. Prof. 1. 4. 1978 f. Mechanik.

Schweizer, Alexander, v. Zürich. * 7. 4. 1843 in Zürich. Prof. SS 1898 f. Militärwissenschaften (Kriegsgeschichte, Strategie, Taktik, Heeresorganisation und Heeresverwaltung). Oberstdivisionär. † 18. 9. 1902 in Zürich.

Schwyzer, Robert, v. Zürich. * 8. 12. 1920. o. Prof. 1. 10. 1963 f. molekulare Biologie chem. Richtung, 1968 f. Molekularbiologie.

Seebach, Dieter, v. Deutschland. * 31. 10. 1937. o. Prof. 1. 4. 1977 f. Chemie.

Seiler, Jakob, v. Merishausen (SH). * 16. 5. 1886 in Merishausen. Prof Universität München 1924. Universität Erlangen 1932, a. o. Prof ETH WS 1933 f. spez. Zoologie, o. Prof. WS 1938—30. 9. 1956 f. Zoologie. † 19. 8. 1970.

Seippel, Paul, v. Gingins (VD). * 24. 4. 1858 in Lausanne. Prof. SS 1898 f. französische Literatur und Sprache. † 13. 3. 1926 in Genf.

Semenza, Giorgio, v. Italien. * 23. 6. 1928. o. Prof. 1. 9. 1969 f. Biochemie.

Semper, Gottfried, v. Altona (Hamburg), 1861 Ehrenbürger v. Affoltern a. A. (ZH). * 29. 11. 1803 in Hamburg. Direktor der Bauakademie in Dresden 1834 bis 1849, Prof. ETH WS 1855—SS 1871 f. Architektur. † 15. 5. 1879 in Rom.

Servient, Jean-Pierre-Ferdinand, v. Point à Pitre (Guadeloupe). * 1823 auf Guadeloupe. Prof. WS 1855 f. höhere Mathematik in französischer Sprache. † im März 1856 auf der Ueberfahrt nach den Antillen (ohne das Amt angetreten zu haben).

Sheldon, Eric, v. Grossbritannien. * 24. 10. 1930. PD 1. 10. 1963 f. Physik, insbes. Kernphysik, Ass.-Prof. 1.4. 1964—31. 7. 1969 f. Experimentalphysik.

Siegmann, Hans-Christoph, v. Deutschland. * 7. 9. 1935. PD 1. 10. 1972 f. Festkörperphysik, o. Prof. 1. 10. 1974 f. Physik.

Signer, Peter, v. Herisau (AR). * 11. 3. 1929. Ass.-Prof. 1. 1. 1965 f. Geo- u. Kosmochronologie, a. o. Prof. 1. 1. 1968, o. Prof. 1. 10. 1973.

Simon, Wilhelm, v. Biel (BE). * 26. 9. 1929. PD 1. 4. 1961 f. Instrumentalanalyse i. d. org. Chemie, Ass.-Prof. 1. 10. 1965 f. organ.-chem. Instrumentalanalyse, a. o. Prof. 1. 10. 1967, o.Prof. 1. 4. 1970 f. Chemie.

Solms, Jürg, v. Zürich. * 9. 2. 1925. a. o. Prof. 1. 10. 1965 f. chem. Agrotechnologie, 1971 f. Lebensmittelchemie und -technologie, o. Prof. 1. 4. 1972.

Specker, Ernst, v. Zürich. * 11. 2. 1920 in Zürich. PD WS 1952 f. Mathematik, o. Prof. SS 1955, 1963 f. Mathematik, insbes. f. mathematische Logik.

Speidel, Markus O., v. Deutschland, * 25. 5. 1937. o. Prof. 1. 4. 1980 f. physikalische Metallurgie.

Speiser, Peter Paul, v. Gelterkinden (BL). * 26. 4. 1921. a. o. Prof. 1. 4. 1961 f. Arzneiformung und Arzneizubereitung, o. Prof. 1. 4. 1967.

Spieker, Helmut, v. Deutschland. * 13. 1. 1933. o. Prof. 1. 10. 1971 f. Architektur u. Entwurf.

Spiess, Ernst, v. Zürich. * 28. 2. 1930. Ass.-Prof. 1. 4. 1964 f. Kartographie, a. o. Prof. 1. 4. 1965, o. Prof. 1. 4. 1970.

Stadler, August, v. Zürich. * 24. 8. 1850 in Zürich. PD SS 1877—SS 1882 f. Philosophie, Prof. WS 1892 f. Philosophie und Pädagogik. † 16. 5. 1910 in Zürich.

Stadler, Julius, v. Zürich. * 8. 8. 1828 in Zürich. Hilfslehrer WS 1855 f. Baufächer, PD SS 1868, Tit.-Prof. 1872, Prof. WS 1872—WS 1892 f. Architektur, Stillehre und Ornamentenzeichnen, 1882 auch für Landschaftszeichnen. † 27. 11. 1904 in Lauenen (BE).

Städeler, Georg, v. Hannover. * 25. 3. 1821 in Hannover. Prof. Universität Göttingen 1851, Universität Zürich 1853—1870, Prof. ETH WS 1855—31. 12. 1870 f. analytische Chemie. † 11. 1. 1871 in Hannover.

Stahel, Max, v. Turbenthal (ZH). * 8. 7. 1900 in Flawil (SG). PD WS 1941 f. Betriebswirtschaftslehre und Unfallverhütung im Bauwesen, o. Prof. SS 1950 f. Eisenbahn- und Strassenbau. † 9. 12. 1963.

Stammbach, Urs, v. Uerkheim (AG). * 26. 10 1939. Ass.-Prof. 1. 10. 1968 f. Mathematik, a. o. Prof. 1. 10. 1972, o. Prof. 1. 4. 1979.

Staub, Rudolf, v. Glarus. * 29. 1. 1890 in Glarus. PD WS 1926 f. Geologie, o. Prof. WS 1928—30. 9. 1957, auch Prof. Universität Zürich 1928. † 25. 6. 1961.

Staudinger, Hermann, v. Karlsruhe, seit 1920 v. Zürich. * 23. 3. 1881 in Worms. Prof. Technische Hochschule Karlsruhe 1908, Prof. ETH WS 1912 f. allgemeine Chemie, Prof. Universität Freiburg i. Br. SS 1926. Nobelpreis 1953. † 8. 9. 1965.

Steiger, Kurt, v. Bern und Bleienbach (BE). * 22. 10. 1908 in Bern. a. o. Prof. WS 1954—30. 9. 1960 f. Arzneiforschung und Arzneizubereitung.

Steiger, Rudolf Heinrich, v. Zürich u. Uetikon a. S (ZH). * 5. 4. 1932. Ass.-Prof. 1. 10. 1967 f. Petrographie, a. o. Prof. 1. 10. 1973 f. Isotopengeologie, o. Prof. 1. 10. 1977, 1979 f. Petrographie.

Steiner, Albert Heinrich, v. Zürich. * 26. 7. 1905. o. Prof. 1. 4. 1957—30. 9. 1970 f. Architektur.

Steiner, Dieter, v. Dürrenäsch (AG). * 21. 9. 1932. o. Prof. 1. 9. 1975 f. quantitative Geographie.

Steiner, Max, v. Signau (BE). * 26. 8. 1935. Ass.-Prof. 1. 11. 1972 f. Mess- u. Regeltechnik, a. o. Prof. 1. 4. 1978.

Stenflo, Jan Olof, v. Schweden. * 10. 11. 1942. a. o. Prof. 1. 4. 1980 f. Astronomie (Doppelprofessur mit der Universität Zürich).

Stern, Alfred, v. Göttingen. * 22. 11. 1846 in Göttingen. Prof. Universität Bern 1887, Prof. ETH WS 1887— WS 1927 f. allgemeine Geschichte. † 24. 3. 1936 in Zürich.

Sticher, Hans, v. Hochdorf (LU). * 10. 4. 1934. PD 1. 4. 1970 f. Bodenkunde, a. o. Prof. 1. 10. 1975 f. Bodenchemie.

Sticher, Otto, v. Hochdorf (LU). * 8. 10. 1936. PD 1. 10. 1970 f. Pharmakognosie m. bes. Berücksichtigung der Chemie der Wirkstoffe, a. o. Prof. 1. 4. 1972 f. Pharmakognosie, o. Prof. 1. 4. 1979.

Stiefel, Eduard, v. Zürich. * 21. 4. 1909 in Zürich. PD SS 1942, o. Prof. WS 1943 f. höhere Mathematik, WS 1953 f. angewandte Mathematik. † 25. 11. 1978.

Stiefel, Julius, v. Russikon (ZH), seit 1890 v. Hottingen-Zürich. * 30. 5. 1847 in Zürich. PD Universität Zürich 1870, PD ETH SS 1871 f. deutsche Literatur, Prof. SS 1885; auch Prof. Universität Zürich 1887. † 24. 6. 1908 in Zürich.

Stocker, Johann Gustav, v. Schönenberg (ZH). * 15. 4. 1820 in Meilen (ZH). PD WS 1855, Tit.-Prof. 1857, Prof. WS 1859 f. Mathematik in französischer Sprache, seit 1881 f. höhere Mathematik in französischer Sprache. † 27. 5. 1889 in Bouzareh (Algier).

Stodola, Aurel, v. Lipto St. Miklos (Ungarn), seit 1905 v. Zürich. * 10. 5. 1859 in Lipto St. Miklos. Prof. WS 1892—SS 1929 f. Maschinenbau und Maschinenkonstruktion. † 25. 12. 1942 in Zürich.

Stradal, Oldrich, v. der Tschechoslowakei. * 23. 8. 1911. a. o. Prof. 1. 12. 1971 f. Bauplanung und Baubetrieb, o. Prof. 1. 4. 1976.

Stranzinger, Gerald, v. Oesterreich. * 26. 10. 1939. a. o. Prof. 1. 1. 1977 f. Züchtungslehre.

Strutt, Maximilian Julius, aus Holland. * 2. 10. 1903 in Soerakarta (Java). o. Prof. SS 1948 f. theoretische Elektrotechnik, 1957—31. 3. 1974 f. höhere Elektrotechnik.

Stüssi, Fritz, v. Glarus und Wädenswil (ZH). * 3. 1. 1901 in Wädenswil. PD SS 1935 f. Stabilitäts- und Festigkeitsprobleme, o. Prof. WS 1937—31. 3. 1966 f. Baustatik I, Hoch- und Brückenbau in Stahl. Rektor 1949—1951.

Stumm, Werner, v. Horgen (ZH) u. Basel. * 8. 10. 1924. o. Prof. 1. 10. 1970 f. Gewässerschutz, gleichzeitig Direktor der EAWAG, Dübendorf.

Tami, Rino, v. Lisora di Monteggio (TI). * 7. 8. 1908 o. Prof. 1. 4. 1957—31. 3. 1960 f. Architektur.

Tank, Franz, v. Zürich. * 6. 3. 1890 in Hottingen-Zürich. PD Universität Zürich 1918, Prof. ETH SS 1922 f. Physik, 1933—31. 3. 1960 f. Hochfrequenztechnik und Physik; Rektor 1943—47.

Tanner, Ernst, v. Oberhallau (SH). * 28. 2. 1901. a. o. Prof. 1. 4. 1961—31. 3. 1966 f. Kulturtechnik, insbes. kulturtechn. Planung. † 20. 8. 1971.

Telegdi, Valentin, v. USA. * 11. 1. 1922. o. Prof. 1. 7. 1976 f. Physik.

Tetmajer von Przerwa, Ludwig, v. Krompach (Ungarn), seit 1877 v. Wipkingen-Zürich. * 14. 7. 1850 in Krompach. PD WS 1873 f. Ingenieurwissenschaften, Tit.-Prof. 1878, Prof. SS 1881 f. Baumechanik; Prof. Technische Hochschule Wien WS 1901, daselbst Rektor. † 31. 1. 1905 in Wien.

Thévenaz, Pierre, v. Bullet (VD) und Neuenburg. * 5. 4. 1913 in Neuenburg. o. Prof. WS 1946 f. Philosophie und Pädagogik, Prof. Universität Lausanne WS 1948.

Thomann, Erwin, v. Märwil-Affeltrangen (TG). * 6. 11. 1879 in Münchwilen (TG). o. Prof. SS 1932—WS 1949 f. Eisenbahn- und Strassenbau. † 7. 9. 1960 in Orselina.

Thomann, Hans Heinrich., v. Märwil (TG). * 2. 8. 1929. o. Prof. 1. 9. 1967 f. Strömungslehre.

Thompson, Alan B., v. Grossbritannien. * 1. 5. 1947. a. o. Prof. 1. 12. 1976 f. Petrologie (Doppelprof. mit der Universität Zürich).

Thürlimann, Bruno, v. Häggenschwil (SG) und Wuppenau (TG). * 6. 2. 1923. o. Prof. 1. 4. 1960 f. Baustatik, Hoch- u. Brückenbau in Stein, Beton, Eisenbeton u. vorgesp. Beton; 1973 f. Baustatik und Konstruktion.

Tobler, Gustav Adolf, v. Zürich. * 22. 6. 1850 in Zürich. PD SS 1876 f. angewandte Elektrizität, Tit.-Prof. 1889, Prof. SS 1905—WS 1922 f. angewandte Elektrizität, speziell Schwachstromtechnik; auch PD Universität Zürich 1876—1890. † 3. 7. 1923 in Zürich.

Tobler, Hans Werner, v. Lutzenberg (AR). * 1. 8. 1941. a. o. Prof. 1. 10. 1973 f. Geschichte, o. Prof. 1. 10. 1979.

Traupel, Walter, v. Basel. * 23. 4. 1914 in Basel. o. Prof. SS 1954 f. thermische Turbomaschinen. Direktor des Fernheizkraftwerkes 1957—1959. Rektor 1961—1965.

Treadwell, Frederic Pearson, v. Portsmouth (USA), seit 1910 v. Zürich. * 5. 2. 1857 in Portsmouth. PD WS 1882, Tit.-Prof. 1885, Prof. WS 1893 f. analytische Chemie. † 24. 6. 1918 in Zürich.

Treadwell, William Dupré, v. Portsmouth, seit 1919 v. Zürich. * 25. 3. 1885 in Zürich. PD SS 1917, Prof. SS 1919—WS 1954 f. analytische Chemie. † 25. 7. 1959 in Zürich.

Treichler, Johann Jakob, v. Richterswil (ZH). * 27. 11. 1822 in Richterswil. Regierungsrat 1856 bis 1859, Prof. Universität Zürich 1872—1895, Prof. ETH WS 1876—SS 1895 f. allgemeine Rechtslehre und Verwaltungsrecht. † 7. 9. 1906 in Zürich.

Trepp, Christian, v. Nufenen (GR). * 11. 12. 1930. o. Prof. 1. 11. 1975 f. thermische Verfahrens- u. Kältetechnik.

Trommsdorff, Ernst Volkmar, v. Deutschland. * 17. 9. 1936. o. Prof. 1. 4. 1972 f. Petrographie (Doppelprofessur mit der Universität Zürich).

Tromp, Hermann, v. St. Gallen. * 16. 7. 1910. o. Prof. 1. 10. 1957 f. Forstwissenschaften.

Trüeb, Ernst, v. Winterthur u. Neftenbach (ZH). * 27. 11. 1924. o. Prof. 1. 4. 1972 f. Siedlungswasserwirtschaft.

Trümpler, Gottfried, v. Küsnacht (ZH). * 27. 7. 1889 in Küsnacht. PD SS 1922, o. Prof. SS 1943—30. 9. 1959 f. physikalische Chemie. † 30. 3. 1975.

Trümpy, Rudolf, v. Ennenda (GL). * 16. 8. 1921 in Glarus. a. o. Prof. 1. 10. 1953 f. Geologie, o. Prof. 1. 4. 1964 (Doppelprofessur mit der Universität Zürich).

Tschischwitz, Benno, v. Schweidnitz (Schlesien). * 1828. Prof. SS 1874—SS 1876 f. englische Sprache und Literatur.

Turmann, Max, v. Bordeaux (Frankreich). * 23. 2. 1866 in Bordeaux. Prof. Freiburg i. Ü. 1906, Prof. ETH SS 1918—SS 1936 f. Nationalökonomie, Finanzwissenschaft und Statistik in französischer Sprache. † 22. 7. 1943 in Vivier (Indre, Frankreich).

Ulich, Eberhard, v. Deutschland. * 29. 11. 1929. o. Prof. 1. 10. 1972 f. Arbeits- u. Betriebspsychologie.

Ulrich, Johann Jakob, v. Zürich. * 28. 2. 1798 in Andelfingen (ZH). Prof. WS 1855—WS 1873 f. Landschaftszeichnen. † 17. 3. 1877 in Zürich.

Ulrich, Johannes Martin, v. Deutschland. * 11. 1. 1909. o. Prof. 1. 4. 1957—31. 3. 1977 f. Zoologie. † 27. 4. 1977.

Ursprung, Heinrich P. K., v. Zurzach, Ueken (AG) u. USA. * 13. 3. 1932. o. Prof. 1. 9. 1969—30. 9. 1973 f. Zoologie (Entwicklungsbiologie). Präsident der ETHZ seit 1. 10. 1973 und gleichzeitig vollamtl. Vizepräs. des Schweiz. Schulrates.

Vallat, Jean, v. Bure (BE). * 26. 10. 1924. o. Prof. 1. 4. 1967 f. landw. Betriebslehre.

de Vallière, René, v. Moudon (VD). * 23. 3. 1880 in Vevey (VD). Prof. WS 1931—WS 1949 f. Betriebswissenschaften. † 21. 2. 1968.

Veith, Georg, v. Konstanz. * 21. 11. 1821 in Konstanz. Prof. Polytechnikum Stuttgart 1865, Prof. ETH SS 1868—WS 1893 f. Maschinenbaukunde und Maschinenkonstruieren. † 2. 7. 1903 in Stuttgart.

Venanzi, Luigi, v. Grossbritannien. * 9. 2. 1927. o. Prof. 1. 9. 1973 f. anorgan. Chemie.

Vetter, Theodor, v. Zürich und Stein a. Rh. (SH). * 28. 6. 1853 in Dägerlen (ZH). PD ETH und Universität Zürich WS 1887, Prof. ETH SS 1895 f. englische Sprache und Literatur; Rektor 1911—1913; auch Prof. Universität Zürich 1891—1922, daselbst Rektor 1918—1920. † 23. 7. 1922 in Zürich.

Viatte, Auguste, v. Saignelégier (BE). * 27. 6. 1901 in Pruntrut (BE). Prof. Universität Laval (Quebec, Kanada) 1933, Universität Nancy 1949, o. Prof. ETH WS 1952—30. 9. 1967 f. französische Sprache und Literatur.

Vickers, Brian, v. Grossbritannien. * 13. 12. 1937. o. Prof. 1. 10. 1975 f. englische Sprache u. Literatur.

Vischer, Daniel-Lucas, v. Basel. * 12. 12. 1932. o. Prof. 1. 4. 1970 f. Wasserbau, gleichzeitig Direktor der VAW.

Vischer, Friedrich Theodor, v. Hausen (Württemberg). * 30. 6. 1807 in Ludwigsburg (Württemberg). Prof. Universität Tübingen 1837—1845, 1847—1855, Prof. ETH und Universität Zürich WS 1855 f. deutsche Literatur, Prof. Universität Tübingen und Polytechnikum Stuttgart WS 1866 bis 1869 bzw. 1877. † 14. 9. 1887 in Gmunden (Österreich).

Vogt, Adolf Max, v. Zürich. * 16. 6. 1920. a. o. Prof. 1. 4. 1961 f. Kunstgeschichte, o. Prof. 1. 10. 1967.

Volkart, Albert, v. Zürich. * 22.4. 1873 in Zürich. o. Prof. WS 1925—SS 1943 f. Landwirtschaft, vorzugsweise allgemeinen und speziellen Pflanzenbau und Pflanzenpathologie. † 3. 8. 1951 in Männedorf (ZH).

Von Gunten, Hans, v. Sigriswil (BE). * 20. 8. 1930. a. o. Prof. 1. 10. 1966 f. Baustatik und Konstruktion, o. Prof. 1. 10. 1969.

Voss, Konrad, v. Deutschland. * 9. 8. 1928. Ass.-Prof. 1. 7. 1960 f. höhere Mathem., insbes. Geometrie in deutscher Sprache, o. Prof. 1. 10. 1963 f. Mathematik, insbes. Geometrie in deutscher Sprache.

Wachter, Peter, v. Deutschland. * 16. 3. 1932. PD 1. 4. 1970 f. Physik, a. o. Prof. 1. 4. 1972 f. Experimentalphysik, o. Prof. 1. 10. 1973.

Wahlen, Fritz Traugott, v. Trimstein-Rubigen (BE). * 10. 4. 1899 in Gmeis bei Grosshöchstetten (BE). o. Prof. WS 1943—SS 1951 f. Pflanzenbau.

Waldmeier, Max, v. Hellikon (AG). * 18. 4. 1912 in Olten (SO). PD WS 1939 f. Astrophysik, o. Prof. WS 1945—30. 9. 1979 f. Astronomie. (Doppelprofessur mit der Universität Zürich seit 1945.)

Waltenspühl, Paul, v. Muri (AG). * 31.12.1917. o. Prof. 1. 4. 1959—30. 9. 1973 f. Architektur.

Wartenweiler, Georg, v. Neukirch an der Thur (TG). * 30. 11. 1915 in Frauenfeld (TG). a. o. Prof. WS 1947 f. Leibesübungen. † 9. 11. 1976.

Waser, Peter Gaudenz, v. Zürich. * 21. 7. 1918. o. Prof. 1. 10. 1965 f. Pharmakologie (Doppelprofessur mit der Universität Zürich). Rektor der Universität Zürich 1978—1980.

Weber, August, v. Strassburg. * 28. 5. 1867 in Strassburg. Prof. WS 1895—SS 1911 f. mechanisch-technische und Baukonstruktionsfächer. † 25. 1. 1924 in Mülhausen (Elsass).

Weber, Friedrich, v. Magdala (Thüringen), seit 1901 v. Zürich. * 7. 11. 1843 in Magdala. Prof. Land- und Forstwirtschaftliche Akademie Hohenheim (Württemberg) 1873, Prof. ETH SS 1875 f. mathematische und technische Physik. † 24. 5. 1912 in Zürich.

Weber, Fritz, v. Täuffelen-Biel. * 6. 2. 1928. o. Prof. 1. 4. 1971 f. Tierzucht. † 11. 8. 1977.

Weidmann, Theophil, v. Adlikon (ZH) u. Kilchberg (ZH). * 2. 4. 1909. a. o. Prof. 1. 4. 1966 f. Kulturtechnik, insbes. Planung (einschl. Güterzusammenlegung), o. Prof. 1. 4. 1969—31. 3. 1977.

Weinberg, Franz, v. Zürich. * 20. 11. 1924. PD 1. 10. 1959 f. mathem. Methoden der Betriebswissenschaften, a. o. Prof. 1. 4. 1964 f. mathem. Methoden der Betriebswissenschaften (Operations Research), o. Prof. 1. 4. 1969 f. Operations Research.

Weiss, Pierre, v. Mülhausen (Elsass). * 23. 3. 1865 in Mülhausen. Prof. Universität Lyon 1899, Prof. ETH SS 1902 f. Experimentalphysik, Tit.-Prof. Universität Strassburg WS 1919—1936. † 24. 10. 1940 in Lyon.

Weyl, Hermann, v. Elmshorn (Schleswig-Holstein). * 9. 11. 1885 in Elmshorn. Prof. WS 1913 f. höhere Mathematik, Prof. Universität Göttingen WS 1930, Institute f. Advanced Study, Princeton (USA) 1933. † 9.12. 1955.

Widmer, Fritz G., v. Ellikon a. d. Thur (ZH). * 26. 9. 1935. o. Prof. 1. 10. 1971 f. Verfahrenstechnik. Delegierter für Planung seit 1. 7. 1976.

Wiegner, Georg, v. Leipzig. * 20. 4. 1883 in Leipzig. Prof. SS 1913 f. Agrikulturchemie. † 14. 4. 1936 in Zollikon (ZH).

Wiesinger, Kurt, v. Stettin, seit 1932 v. Zürich. * 10. 8. 1879 in Stettin. Prof. 1. 7. 1912—SS 1949 f. Maschinenbau. † 5. 3. 1965 in Lugano.

Wikén, Torsten Olof, v. Söderhamm (Schweden). * 8. 8. 1912 in Söderhamm. o. Prof. 1. 1. 1948—31. 3. 1957 f. landwirtschaftliche Bakteriologie und Gärungsbiologie. Prof. Techn. Hochschule Delft 1. 4. 1957.

Wild, Johannes, v. Richterswil (ZH). * 13. 3. 1814 in Richterswil. Prof. WS 1855—SS 1889 f. Topographie und Geodäsie. † 22. 8. 1894 in Zürich.

Wild, Urs Paul Rolf, v. Winterthur u. Gossau (ZH). * 17. 4. 1936. PD 1. 4. 1970 f. physik. Chemie, insbes. Kurzzeitphotoch. u. -spektroskopie, Ass.-Prof. 1. 4. 1972 f. physikalische Chemie, a. o. Prof. 1. 4. 1977.

Wildi, Max, v. Suhr (AG). * 22. 3. 1904 in Zürich. Prof. Handelshochschule St. Gallen 1931, PD Universität Zürich 1939, o. Prof. ETH WS 1947—31. 3. 1973 f. englische Sprache und Literatur.

Wille, Ulrich, v. La Sagne (NE) und Zürich. * 5. 4. 1848 in Hamburg. Prof. WS 1907 bis 31. 12. 1912 f. Militärwissenschaften. General der schweiz. Armee 1914—1918. † 31. 1. 1925 in Meilen (ZH).

Willstätter, Richard, v. Karlsruhe. * 13. 8. 1872 in Karlsruhe. Prof. Universität München 1902, Prof. ETH WS 1905 f. allgemeine Chemie, Kaiser Wilhelm-Institut Berlin WS 1912, Prof. Universität München 1916—1925, Nobelpreis 1915. † 3. 8. 1942 in Locarno (TI).

Winkler, Ernst, v. Wangen (ZH). * 11. 4. 1907. PD 24. 3. 1945 f. Gesamtgebiet der Geographie, spez. Methodologie u. Kulturgeographie, Tit.-Prof. 1955, a. o. Prof. 1. 10. 1960 f. Landesplanung u. Kulturgeographie, o. Prof. 1. 4. 1970—30. 9. 1977.

Winterstein, Ernst, v. Ernsthal (Sachsen), seit 1906 v. Zürich. * 17. 6. 1865 in Ernsthal. PD SS 1894, Hilfslehrer SS 1901 f. Chemie und Agrikulturchemie, Tit.-Prof. 1902, Prof. SS 1913—SS 1935 f. Chemie. † 4. 7. 1949 in Zürich.

Winterhalter, Kaspar Heinrich, v. Lichtensteig (SG). * 17. 2. 1937. PD 1. 4. 1969 f. Molekularbiologie, o. Prof. 1. 10. 1977 f. Biochemie.

Wirth, Niklaus E., v. Zürich. * 15. 2. 1934. a. o. Prof. 1. 8. 1968 f. Computer-Wissenschaften, o. Prof. 1. 10. 1972, 1974 f. Informatik. (Doppelprofessur mit der Universität Zürich 1. 8. 1968—15. 10. 1976).

Wislicenus, Johannes, v. Halle, seit 1861 v. Zürich. * 24. 6. 1835 in Klein-Eichstedt (Sachsen). PD SS 1860—SS 1864, PD Universität Zürich 1860, daselbst Prof. 1864—1872, Prof. ETH SS 1871 f. allgemeine Chemie; Direktor des Polytechnikums 1871—1872; Prof. Universität Würzburg WS 1872, daselbst Rektor 1880 bis 1882, Prof. Universität Leipzig 1885, daselbst Rektor 1893—1894. † 5. 12. 1902 in Leipzig.

Wolf, Johann Rudolf, v. Zürich. * 7. 7. 1816 in Fällanden (ZH). PD Universität Bern 1844, Prof. 1853, Prof. ETH WS 1855 f. Astronomie; auch Prof. Universität Zürich 1855—1893, Bibliothekar der ETH 1855—1893. † 6. 12.1893 in Zürich.

Wolfer, Alfred, v. Maur (ZH) und seit 1905 v. Zürich. * 27. 1. 1854 in Schönenberg (ZH). PD SS 1883 f. Astronomie, Hilfslehrer und Tit.-Prof. SS 1891, Prof. SS 1894—WS 1925; auch Prof. Universität Zürich 1894—1924. † 8. 10. 1931 in Grub (SG).

Würgler, Friedrich E., v. Winterthur. * 29. 6. 1936. Ass.-Prof. 1. 10. 1970 f. Zoologie, a. o. Prof. 1. 10. 1973 f. Zoologie, insbes. Genetik, o. Prof. 1. 4. 1978 f. Genetik.

Würgler, Hans, v. Russikon (ZH). * 4. 3. 1927. a. o. Prof. 1. 4. 1964 f. Nationalökonomie, o. Prof. 1. 4. 1965.

Wüthrich, Kurt Hermann, v. Brügglen (SO). * 4. 10. 1938. PD 1. 10. 1970 f. Biophysik, Ass.-Prof. 1. 10. 1972, a. o. Prof. 1. 4. 1976.

Weber, Heinrich, v. Heidelberg. * 5. 3. 1842 in Heidelberg. Prof. Universität Heidelberg 1869, Prof. ETH SS 1870 f. höhere Mathematik, Prof. Universität Königsberg WS 1875, Technische Hochschule Berlin 1883, Universität Marburg 1884, Universität Göttingen 1892, Universität Strassburg 1895. † 17. 5. 1913 in Strassburg.

Weber, Heinrich, v. Zürich. * 22. 3. 1907 in Bern. o. Prof. WS 1948 f. Schwachstromtechnik, 1950—30. 9. 1973 f. Fernmeldetechnik.

Weber, Max, v. Wohlen (AG). * 4. 9. 1916. PD 1. 4. 1952 f. theoret. u. experiment. Geophysik, a. o. Prof. 1. 10. 1963 f. Geophysik. † 11. 12. 1976.

Weder, Hans-Georg, v. Diepoldsau (SG). * 22. 3. 1936. PD 1. 10. 1973 f. Biophysik, Ass.-Prof. 1. 4. 1976 f. pharmazeutische Chemie, a. o. Prof. 1. 10. 1978.

Wehrli, Christoph, v. Zürich. * 29. 7. 1928. Ass.-Prof. 1. 4. 1961 f. Mechanik in deutscher Sprache, a. o. Prof. 1. 4. 1964, o. Prof. 1. 4. 1970. Delegierter des Rektors für Studienfragen 1. 10. 1973—30. 9. 1977, Delegierter des Rektors für Diplomstudien seit 1. 10. 1977.

Weibel, Max, v. Schüpfen (BE). * 6. 3. 1931. PD 1. 4. 1960 f. Geochemie, m. Berücks. der analyt. Methoden, Ass.-Prof. 1. 10. 1964 f. Geochemie, a. o. Prof. 1. 10.1970.

Wuhrmann, Karl, v. Winterthur. * 23. 7. 1912. PD 1. 10. 1958 f. Mikrobiologie, insbes. Mikrob. d. Wasserversorg. u. Abwasserreinigung, Tit.-Prof. 1966, a. o. Prof. 1. 10. 1968 f. Mikrobiologie der Wasserversorgung u. Abwasserreinigung, o. Prof. 1. 4. 1972.

Wyssling, Walter, v. Stäfa (ZH) und seit 1905 v. Zürich. * 12. 1. 1862 in Zürich. Prof. WS 1895—WS 1926 f. angewandte Elektrotechnik; Rektor 1919—1923. † 22. 2. 1945 in Wädenswil (ZH).

Zaengl, Walter, v. Deutschland. * 6. 4. 1931. o. Prof. 1. 10. 1969 f. Hochspannungstechnik.

von Zeerleder, Alfred, v. Bern. * 22. 3. 1890 in Bern. Tit.-Prof. 1930, a. o. Prof. SS 1945—31. 3. 1957 f. Leichtmetalle und Elektrometallurgie. † 2. 10. 1976.

Zehnder, Carl August, v. Baden u. Birmenstorf (AG). * 5. 10. 1937. Ass.-Prof. 1. 7. 1970 f. Computer-Wissenschaften, a. o. Prof. 1. 7. 1973, 1974 f. Informatik, o. Prof. 1. 4. 1979. Delegierter d. Rektors für Studienorganisation 1. 10. 1973—30. 9. 1977.

Zeller, Max, v. Zürich. * 17. 1. 1891 in Unterstrass-Zürich. a. o. Prof. SS 1935—31. 3. 1961 f. Photogrammetrie.

Zemp, Joseph, v. Luzern. * 17. 6. 1869 in Wolhusen (LU). Prof. Universität Freiburg i. Ü. 1898, Tit.-Prof. ETH WS 1904, Prof. WS 1912—SS 1934 f. Kunstgeschichte und Archäologie; auch Prof. Universität Zürich 1913—1928. † 4. 7. 1942 in Zürich.

Zeuner, Gustav Anton, v. Chemnitz (Sachsen), seit 1863 v. Zürich. * 30. 11. 1828 in Chemnitz. Prof. WS 1855 f. Mechanik und theoretische Maschinenlehre; Direktor des Polytechnikums 1865—1867; Direktor der Bergakademie Freiberg WS 1871, Prof. Polytechnikum Dresden 1873. † 17. 10. 1907 in Dresden.

Ziegler, Hans, v. Winterthur. * 5. 9. 1910 in Winterthur. o. Prof. SS 1942 f. technische Mechanik, 1967—30. 9. 1977 f. Mechanik in deutscher Sprache.

Zollikofer, Edzard, v. St. Gallen. * 13. 7. 1906 in Guatemala. a. o. Prof. SS 1944, o. Prof. WS 1947—30. 9. 1971 f. Milchtechnik.

Zollinger, Heinrich, v. Zürich. * 29. 11. 1919. Ass.-Prof. 1. 4. 1960 f. organ. chem. Technologie, insbes. Textilchemie, a. o. Prof. 1. 4. 1962, o. Prof. 1. 4. 1967 f. Textil- u. Farbstoffchemie. Rektor 1. 10. 1973—30. 9.1977.

Zoppi, Giuseppe, v. Broglio (TI). * 12. 9. 1896 in Broglio. o. Prof. WS 1931—WS 1951 f. italienische Sprache und Literatur. † 18. 9. 1952 in Locarno-Monti (TI).

Zschokke, Conradin, v. Aarau. * 14. 4. 1842 in Aarau. Prof. WS 1892—6. 12. 1897 f. Wasserbau, Tit.-Prof. bis WS 1899. Nationalrat 1897—1917. † 17. 12. 1918 in Aarau.

Zuber, Herbert, v. Deutschland. * 24. 10. 1926. PD 1. 10. 1967 f. Molekularbiologie chem. Richtung, Ass.-Prof. 1. 10. 1968 f. Molekularbiologie, o. Prof. 1. 4. 1970.

Zweifel, Otto, v. Linthal (GL). * 29. 7. 1911 in Köln. o. Prof. WS 1953 f. Maschinenlehre, 1956—30. 9. 1976 f. Maschinen im Bau- u. Transportwesen.

Zwicky, Kaspar, v. Mollis (GL) und seit 1905 v. Zürich. * 8. 12. 1863 in Mollis. Prof. WS 1888—SS 1933 f. Kulturtechnik. † 12. 8. 1935 in Zürich.

Zwicky, Rudolf, v. Mollis (GL). * 30. 11. 1923. o. Prof. 1. 10. 1968 f. Leistungselektronik, 1971 f. industrielle Elektronik und Messtechnik.

Titularprofessoren und Privatdozenten

Vergleiche allgemeine Bemerkungen zur Gestaltung dieses Verzeichnisses vorn, S. 595. Redaktionelle Anmerkung in der «Festschrift 1955»:

«In diesem Abschnitt sind die Privatdozenten mit und ohne Professorentitel, die Hilfslehrer mit Professorentitel sowie die Lehrbeauftragten mit Professorentitel aufgeführt. Ueber die Benennung des Titularprofessors vergleiche unter „Professoren“. Als Amtsdauer der Privatdozenten ist die Zeit angegeben, während der sie offiziell dem Lehrkörper angehörten ohne Rücksicht darauf, dass manche erst mehrere Semester nach Aufgabe der Lehrtätigkeit zurücktraten oder gestrichen wurden. Auf die Angabe des — oft nur schwer feststellbaren — Todesdatums wurde in vielen Fällen verzichtet, vor allem bei jenen Dozenten, die nur kurze Zeit an der Hochschule wirkten und dann in die Privatwirtschaft übergingen. Auch in den Angaben der Geburtsdaten konnte bei aus dem Ausland stammenden Dozenten keine Vollständigkeit erreicht werden.»

Abeljanz, Haruthiun, v. Lori-Wardablur (Armenien), seit 1884 v. Zürich. * 25. 4. 1849 in Lori-Wardablur. PD SS 1874—WS 1885 f. Chemie, Prof. Universität Zürich 1884—1920. † 11. 10. 1921 in Zürich.

Amberg, Ernst, v. Zürich. * 6. 9. 1871 in Zürich. Lehrauftrag WS 1912 f. Mathematik und analytische Geometrie, Tit.-Prof. 1918. † 15. 3. 1952 in Zürich.

Ammann, Hans, v. Schaffhausen. * 15. 6. 1907 in Zürich. PD 1. 4. 1948—30. 3. 1972 f. photogr. Technologie, Tit.-Prof. 1957. † 30. 3. 1972.

Ammeter, Hans, v. Zollikon u. Isenfluh (BE). * 29. 8. 1912. PD 1. 10. 1966 f. Versicherungsmathematik, Tit.-Prof. 1973.

Amstein, Hermann, v. Wila (ZH). * 27. 8. 1840 in Wila. PD nur WS 1875 f. mathematische Fächer, Prof. Akademie Lausanne 1875. † 4. 10. 1922 in Lausanne.

André, Michel, v. Yens s. Morges. * 26. 3. 1936. PD 1. 10. 1967—30. 9. 1971 f. Mathematik, WS 1971 Prof. EPFL.

Andronescu, Plautius, v. Bukarest. * 10. 12. 1893 in Zürich. PD WS 1923—SS 1932 f. elektrotechnische Fächer.

Annaheim, Joseph, v. Lostorf (SO). * 24. 8. 1843 in Lostorf. PD ETH und Universität Zürich SS 1876—SS 1881 f. Chemie. † 21. 8. 1912 in Zürich.

Arbenz, Paul, v. Grossandelfingen (ZH). * 23. 9. 1880 in Zürich. PD ETH und Universität Zürich SS 1908 f. Geologie, Prof. Universität Bern SS 1914, daselbst Rektor 1932—1933. † 30. 1. 1943 in Bern.

Arni, Paul, v. Biezwil (SO). * 8. 5. 1899 in Biezwil. PD SS 1936—SS 1947 f. Mikropaläontologie.

Asboth, Emil, v. Hermannstadt (Siebenbürgen). * 23. 5. 1854 in Ujarad (Banat). PS SS 1881—SS 1882 f. Maschinenbau, Prof. Technische Hochschule Budapest 1882—1899.

Asper, Gottlieb, v. Wollishofen-Zürich. * 15. 4. 1854 in Wollishofen-Zürich. PD WS 1876—WS 1888 f. Zoologie; auch PD Universität Zürich 1877, daselbst Prof. 1889. † 23. 6. 1889 in Weissenburg (BE).

Auerbach, Hans Th., v. USA. * 19. 6. 1919. PD 1. 10. 1971 f. Reaktortheorie, Tit.-Prof. 1978.

Bäbler, Fridolin, v. Matt (GL). * 11. 4. 1895 in Matt. PD WS 1943—SS 1965 f. Mathematik, Tit.-Prof. 1954. † 3. 1. 1968.

Bär, Yves, v. Ottenbach (ZH). * 8. 12. 1937. PD 1. 4. 1976 f. Experimentalphysik.

Baechler, Karl, v. Trub (BE). * 4. 11. 1857 in Bern. PD WS 1895—SS 1904 f. Milchwirtschaft. † 9. 8. 1935 in Bern.

Baltzer, Richard Armin, v. Zwochau (Sachsen), seit 1880 v. Zürich. * 16. 1. 1842 in Zwochau. PD ETH und Universität Zürich WS 1872—WS 1883 f. Mineralogie, Geologie und Paläontologie, Prof. Universität Bern 1884. † 4. 11. 1913 in Hilterfingen (BE).

Banbauer, Hans Ulrich, v. Deutschland. * 18. 5. 1929. PD 1. 10. 1961—31. 3. 1966 f. Mineralogie.

Bandle, Catherine, v. Frauenfeld (TG). * 22. 3. 1943. PD 1. 4. 1974—30. 9. 1975 f. Mathematik.

Baragiola, Wilhelm Italo, v. Como, seit 1912 v. Zürich. * 23. 7. 1879 in Strassburg. PD SS 1908 und seit WS 1910 f. Gärungschemie und -technik sowie Oenologie, seit 1918 auch f. Agrikulturchemie und Lebensmittelchemie, Tit.-Prof. 1925. † 28. 5. 1928 in Zürich.

Barbieri, Johannes, v. Graz, seit 1878 v. Hottingen-Zürich. * 18. 5. 1852. PD SS 1879 f. Chemie, Tit.-Prof. 1889, Hilfslehrer WS 1895 f. Photographie. † 13. 6. 1926 in Zürich.

Bariska, Mihaly, v. Männedorf (ZH). * 25. 1. 1936. PD 1. 4. 1975 f. ausgew. Kapitel aus d. Gebiet der Holztechnologie.

Bas, Enis, v. Zürich. * 30. 5. 1919. Lehrauftrag WS 1977—1978 f. Physik, Tit.-Prof. 1976.

Bayer, Gerhard, v. Oesterreich. * 2. 9. 1923. PD 1. 10. 1968 f. Kristallchemie, Tit.-Prof. 1975.

Beck, Alexander, v. Schaffhausen. * 13. 4. 1847 in Schaffhausen. PD SS 1869—SS 1873 f. Mathematik und darstellende Geometrie, Prof. Polytechnikum Riga 1873, wieder PD ETH SS 1899—SS 1901. † 14. 8. 1926 in Zürich.

Behn-Eschenburg, Hans, v. Stralsund, seit 1908 v. Zürich. * 10. 1. 1864 in Oberstrass-Zürich. PD WS 1893 f. Elektrotechnik (nicht angetreten). † 18. 5. 1938 in Küsnacht (ZH).

Benecke, Franz, v. Berlin. * 27. 1. 1857 in Berlin. PD SS 1885—WS 1886 f. landwirtschaftlich-botanische Fächer.

Benes, Josef, v. d. Tschechoslowakei. * 26. 12. 1917. WS 1969/1970 Lehrauftrag an der Abt. IX f. allg. Physik, Kernphysik, Tit.-Prof. 1975.

Benz, Arnold, v. Winterthur. * 21. 4. 1945. PD 1. 10. 1979 f. Astrophysik.

Berdez, Henri, v. Vevey und Rossinière (VD). * 10. 7. 1841 in Vevey. Hilfslehrer und Tit.-Prof. SS 1874—SS 1877 f. Zoologie. Prof. Universität Bern WS 1877. † 25. 1. 1901 in Bern.

Berge, Hermann, v. Magdeburg, seit 1872 v. Altikon (ZH). * 1. 10. 1845. PD SS 1876—SS 1881 f. Botanik.

Berl, Ernst, v. Freudenthal (Schlesien). * 7. 7. 1877 in Freudenthal. PD WS 1906—SS 1912 f. allgemeine Chemie, PD Technische Hochschule Wien 1916, Prof. Technische Hochschule Darmstadt 1919 bis 1933. † 16. 2. 1946 in Pittsburgh (USA).

Berl, Hugo, v. Freudenthal (Schlesien). * 11. 5. 1855. PD SS 1876—SS 1877 f. Ingenieurwissenschaften.

Bernoulli, Hans, v. Basel. * 17. 2. 1876 in Basel, PD SS 1913—WS 1925 f. Städtebau. Tit.-Prof. 1919.

Bernoulli, Rudolf, v. Basel. * 24. 12. 1880 in Basel. PD SS 1924—SS 1947 f. Kunstgeschichte, Tit.-Prof. 1935; Konservator der Kupferstichsammlung bis 1947. † 9. 10. 1948 in Kilchberg (ZH).

Bertschinger, Hermann, v. Lenzburg, seit 1913 v. Zürich. * 1. 7. 1878 in Lenzburg. PD WS 1911 bis WS 1930 f. Schiffahrtseinrichtungen, Stadtrat von Zürich 1925—1927. † 25. 5. 1937 in Zürich.

Bertschinger, Karl, v. Lenzburg. * 21. 6. 1856 in Lenzburg. PD WS 1884—SS 1887 f. Geologie. † 26. 8. 1893 in Königsfelden (AG).

Bertschinger, Robert, v. Zürich. * 16. 11. 1887 in Aussersihl-Zürich. PD SS 1943 f. Metallographie und allgemeine Metallkunde. † 29. 9. 1954 in Singen (Deutschland).

Bertschmann, Simon, v. Zürich. * 24. 4. 1893 in St. Gallen. Lehrauftrag SS 1928—31. 3. 1963 f. Vermessungswesen, Tit.-Prof. 1942.

Bessard, Frédéric, v. Bellerive (VD). * 1837. PD SS 1865—SS 1866 f. darstellende Geometrie, Prof. Polytechnische Schule Riga 1866.

Besso, Michele, v. Zürich. * 25. 5. 1873 in Riesbach-Zürich. PD SS 1916—SS 1938 f. Theorie und Praxis des Erfindungsschutzes.

Beusch, Werner, v. Grabs (SG). * 25. 2. 1930. PD 1. 10. 1968 f. Experimentalphysik.

Beyel, Christian, v. Zürich. * 22. 11. 1854 in Zürich. PD WS 1883—SS 1934 f. Mathematik in geometrischer Richtung. † 16. 1. 1941 in Zürich.

Bianca, Wolfgang, v. Zürich. * 7. 10. 1913. PD 1. 10. 1970 f. Bioklimatologie der Haustiere, Tit.-Prof. 1972.

Bickel, Hans, v. Bubikon (ZH). * 17. 8. 1925. PD 1. 10. 1977 f. Tierernährung, Tit.-Prof. 1979.

Bieler, Anton, v. Bonaduz (GR). * 7. 4. 1897 in Zug. PD 1. 10. 1950—29. 5. 1960 f. chem. Hochdruckmethoden, Tit.-Prof. 1957. † 29. 5. 1960.

Blangey, Jean-Louis, v. Genf. * 28. 10. 1879 in Genf. PD SS 1938—31. 3. 1950 f. Spezialgebiete der Chemie, Tit.-Prof. 1943. † 23. 8. 1960.

Bleuler, Ernst, v. Zollikon (ZH). * 4. 1. 1916 in Küsnacht (ZH). PD WS 1946—SS 1950 f. Experimentalphysik.

Bodmer, Albert, v. Wald (ZH). * 1. 1. 1859 in Stäfa (ZH). PD WS 1885—SS 1889 f. physische Geographie und Geologie. † 18. 6. 1936 in Adliswil (ZH).

Böhlen, Bruno, v. Bützberg (BE). * 21. 10. 1930. PD 1. 4. 1965—31. 3. 1973 f. instrumentelle Messmethoden i. d. chem. Technik (mit Berücksicht. von Problemen der Lufthygiene).

Boesch, Melchior, v. Ebnat (SG). * 6. 4. 1852 in Ebnat. PD SS 1885—WS 1890 f. Philosophie, PD Universität Zürich 1891—1898. † 30. 12. 1910 in Rickenbach (ZH).

Bollinger, Otto. * 2. 4. 1843 in Altenkirchen (Bayern). Hilfslehrer und Tit.-Prof. WS 1872 f. Zoologie, Anatomie und Physiologie der Haustiere, auch PD Universität Zürich 1871—1874, Prof. Universität München SS 1874, daselbst Rektor 1908—1909. † 13. 8. 1909 in München.

Bollmann, Walter, v. Weisslingen (ZH). * 24. 9. 1920. PD 1. 10. 1962 f. Gitterfehler in Kristallen, Tit.-Prof. 1977.

Bourcart, Jean Jacques, v. Lyon * 8. 6. 1835. PD SS 1872—SS 1881 f. Industrieverwaltung.

Brändli, Konrad, v. Dürnten (ZH). * 22. 9. 1844 in Zürich. PD WS 1870 f. Aesthetik und allgemeine Literaturgeschichte. † 15. 1. 1871 in Zürich.

Brandenberger, Heinrich, v. Töss-Winterthur. * 12. 7. 1896 in Wien. PD WS 1927—30. 9. 1955 f. Werkzeugmaschinen und Getriebelehre.

Brandenberger, Konrad, v. Flaach (ZH). * 21. 7. 1873 in Flaach. Lehrauftrag WS 1912 f. Einführung in den mathematischen Unterricht, Tit.-Prof. 1918. † 2. 1. 1919 in Zürich.

Braun-Blanquet, Josias, v. Chur. * 3. 8. 1884 in Chur. PD SS 1923—SS 1930 f. Botanik.

Brechna, Habibo, v. Zürich. * 26. 10. 1926. PD 1. 10. 1973 f. Tieftemp.- u. Supraleit.-Elektrotechnik.

Brentano, Johannes, aus Sachsen, seit 1919 v. Zürich. * 27. 6. 1888 in Wien. PD SS 1917—SS 1922 f. Physik.

Bretscher, Egon, v. Zürich. * 23. 5. 1901 in Zürich. PD WS 1935—SS 1939 f. chemische Grenzgebiete der Physik.

Brocher, Henri, v. Genf. * 10. 10. 1835 in Genf. PD WS 1865 f. Nationalökonomie und Statistik, auch PD Universität Zürich 1866, Prof. Akademie Lausanne 1867—1875 und 1888—1905, auch Universität Genf 1873—1905. † 22. 6. 1907 in Genf.

Brun, Charles, v. Genf. * 12. 9. 1851 in Hamburg. PD Universität Zürich 1890, Prof. 1902—1921, PD ETH SS 1902 f. Kunstgeschichte. † 6. 1. 1923 in Zürich.

Brunner, Heinrich, v. Zürich. * 2. 5. 1847 in Lübeck. PD SS 1871—SS 1873 f. Chemie, Prof. Akademie Lausanne WS 1873. † 7. 1. 1910 in Lausanne.

Brunner, Max, v. Zürich. * 13.6. 1901 in Rüti (ZH). PD 1. 10. 1950—30. 9. 1971 f. techn. Chemie, Tit.-Prof. 1956.

Bühler, Rolf E., v. Zürich u. Männedorf (ZH). * 27. 7. 1930. PD 1. 10. 1970 f. physikal. Chemie.

Bürer, Theo, v. Walenstadt (SG). * 13. 9. 1929. PD 1. 4. 1964—31. 3. 1977 f. physikalische Chemie.

Bürgi, Hans-Beat, v. Olten (SO). * 20. 1. 1942. PD 1. 4. 1975 f. allg. u. strukturelle Chemie.

Bugmann, Erich, v. Döttingen (AG). * 1. 4. 1927. PD 1. 4. 1975 f. Oekologie u. Humangeographie.

Burdet, Claude A., v. Mathod (VD). * 24. 2. 1942. PD 1. 10. 1970 f. angewandte Mathematik.

Burger, Hans, v. Eggiwil (BE). * 11. 2. 1889 in Bremgarten (AG), Lehrauftrag WS 1935 f. Natur- und Heimatschutz und Forstwesen, Tit.-Prof. 1943—31. 12. 1954. † 31. 10. 1973.

Burger, Hermann, v. Burg (AG). * 10. 7. 1942. PD 1. 10. 1975 f. deutsche Sprache u. Literatur.

Burger, Heinrich Jakob, v. Heilbronn, seit 1878 v. Zürich. * 5. 1. 1849 in Heilbronn. PD WS 1893 f. graphische Vervielfältigung. † 19. 2. 1917 in Zürich.

Burger, Uli, v. Burg (AG). * 2. 6. 1934. PD 1. 10. 1973 f. Ausgleichsvorgänge u. Ueberspannungen in Hochspannungsnetzen.

Burri, Robert, v. Malters (LU) und Bern. * 13. 7. 1867 in Cham (ZG). Hilfslehrer WS 1899 bis WS 1906 f. landwirtschaftliche Bakteriologie, Tit.-Prof. 1903. † 16. 5. 1952 in Bern.

Cadisch, Joos, v. Präz (GR). * 1. 9. 1895 in Bern. PD WS 1925—WS 1928 f. Geologie, PD Universität Basel 1929, Prof. Universität Bern 1943.

Cairoli, Renzo, v. Lodrino (TI). * 26. 9. 1931. PD 1. 10. 1966—30. 9. 1969 f. Mathematik, Prof. EPFL WS 1969.

Calm, Arthur, v. Lieben bei Prag. * 23. 11. 1859. PD ETH und Universität Zürich SS 1883 f. Chemie. † 22. 1. 1885 in Fluntern-Zürich.

Castoro, Nicola, v. Toritto bei Bari (Italien). * 7. 11. 1871 in Toritto. PD WS 1906—SS 1908 f. Chemie der Pflanzenstoffe.

Celio, Tino, v. Quinto (TI). * 29. 5. 1928. PD 1. 10. 1973 f. techn. Physik, insb. elektron. Bildverarbeitung.

Cherbuliez, Antoine Elisée, v. Genf und Bern. * 22. 8. 1888 in Genf. PD WS 1942—30. 9. 1958 f. Musikwissenschaft und Musikgeschichte, Tit.-Prof. 1952; auch PD Universität Zürich 1923, daselbst Prof. 1950. † 15. 10. 1964.

Cherbuliez, Emile, v. Genf. * 4. 3. 1837 in Genf. PD WS 1908 f. Geschichte der Physik und mathematische Physik. † 20. 11. 1914 in Zürich.

Cherry, Richard, v. England. * 3. 1. 1939. PD 1. 4. 1975 f. Biochemie.

Choffat, Paul, v. Soubey (BE). * 14. 3. 1849 in Pruntrut (BE). PD WS 1875—WS 1882 f. Paläontologie und Geologie, auch PD Universität Zürich 1876—1882. † 6. 6. 1919 in Lissabon.

Clerc, Jean Thomas, v. Bofflens (VD). * 25. 7. 1934. PD 1. 4. 1975 f. analytische Chemie.

Constam, Emil, v. New York, seit 1908 v. Zürich. * 19. 2. 1858 in New York. PD SS 1885 f. Chemie, Tit.-Prof. 1899. † 11. 2. 1917 in Zürich.

Contzen, Heinrich, v. Anhalt-Köthen. * 23. 5. 1835 in Heringshausen (Waldeck). PD ETH und Universität Zürich SS 1875—WS 1878 f. Nationalökonomie und Statistik. † 14. 12. 1888 in Bromberg (Posen).

Cotti, Piero, v. Cureggia (TI). * 6. 7. 1931. PD 1. 10. 1973 f. Experimentalphysik.

Culmann, Paul, v. Zürich. * 23. 2. 1860 in Unterstrass-Zürich. PD WS 1885—SS 1890 f. mathematisch-physikalische Disziplinen. † 27. 11. 1936 in Neuilly-sur-Seine.

Custer, Gustav, v. Rheineck und Altstätten (SG) * 12. 5. 1849. PD WS 1888—SS 1894 f. Gesundheitspflege. † 24. 9. 1934 in Zürich.

Dällenbach, Walter, v. Otterbach (BE). * 29. 5. 1892 in Burgdorf (BE). PD WS 1919—SS 1934 f. physikalische Grundlagen der Technik.

Dänliker, Karl, v. Stäfa (ZH). * 6. 5. 1849 in Elsau (ZH). PD WS 1875—WS 1888 f. Schweizergeschichte und allgemeine Geschichte, auch PD Universität Zürich 1875, daselbst Prof. 1887. † 14. 9. 1910 in Küsnacht (ZH).

Dänliker, René, v. Hombrechtikon. * 8. 11. 1939. PD 1. 10. 1978 f. angewandte Physik.

Défago, Geneviève, v. Val-d'Illiez (VS). * 18. 7. 1942. PD 1. 10. 1977 f. Pflanzenpathologie.

Denzler, Albert, v. Greifensee, seit 1871 v. Zürich. * 8. 12. 1859 in Fluntern-Zürich. PD WS 1887—SS 1903 f. Physik. † 5. 4. 1919 in Zürich.

Dietrich, Volker, v. Deutschland. * 1. 6. 1940. PD 1. 10. 1972 f. Petrographie.

Dina, Alberto, v. Mailand. * 2. 7. 1873. PD WS 1900—WS 1902 f. elektrotechnische Fächer.

Disteli, Martin, v. Olten (SO). * 5. 8. 1862 in Olten. PD SS 1891—SS 1897 f. Mathematik, Prof. Technische Hochschule Karlsruhe 1900, Universität Strassburg 1902, Technische Hochschule Dresden 1905, Technische Hochschule Karlsruhe 1909—1917, Universität Zürich 1920. † 26. 10. 1923 in Olten.

Dobler, Max, v. Zürich. * 6. 2. 1937. PD 1. 10. 1975 f. Röntgenstrukturanalyse biolog. wicht. Substanzen.

Dodel, Arnold, v. Bauma (ZH). * 16. 10. 1843 in Affeltrangen (TG). PD SS 1870—WS 1881 f. Botanik, auch PD Universität Zürich 1870, daselbst Prof. 1880—1903. † 11. 4. 1908 in Zürich.

Doerig, Johannes, v. Appenzell. * 27. 1. 1906. Lehrauftrag 1. 10. 1945—31. 3. 1977 f. spanische Sprache u. Kultur, Tit.-Prof. 1966.

Dürst, Johann Ulrich, v. Mitlödi (GL). * 4. 10. 1876 in Köln. PD WS 1902 f. Zoologie, Tierzucht und Landwirtschaftslehre, Prof. Universität Bern SS 1908—1946.

Dumas, Gustave, v. Bussigny (VD). * 25. 3. 1872 in Etivaz (VD). PD SS 1905 f. höhere Mathematik, Tit.-Prof. 1913, Prof. Universität Lausanne WS 1913.

Dunn, Irving J., v. USA. * 15. 12. 1938. PD 1. 10. 1976 f. chem. Reaktionstechnik.

Dupasquier, Gustave, v. Neuenburg und Fleurier (NE). * 10. 8. 1876 in Auvernier (NE). PD WS 1908 f. mathematische Fächer, SS 1910 auch f. Versicherungswesen, auch PD Universität Zürich 1909, Prof. Universität Neuenburg WS 1911. Oberstdivisionär. † 23. 1. 1953 in Neuenburg.

Durege, Karl Heinrich, v. Danzig, seit 1862 v. Zürich. * 13. 7. 1821 in Danzig. PD ETH und Universität Zürich SS 1858 f. Mathematik, Tit.-Prof. 1862, Prof. Technische Hochschule und deutsche Universität Prag SS 1864. † 19. 4. 1893 in Prag.

Durtschi, Ernst, v. Spiez. * 13. 4. 1893. Lehrauftrag Abt. VII 1933—31. 3. 1963 f. landwirtschaftl. Genossensch'wesen, Marktlehre sowie Agrarrecht, Tit.-Prof. 1958.

Dutler, Hans, v. Richterswil. * 6. 10. 1929. PD 1. 10. 1967 f. Chemie enzymatischer Reaktionen.

Ebel, Friedrich, v. Reichelsheim im Odenwald (Deutschland). * 3. 2. 1901 in Reichelsheim. PD WS 1928—SS 1929 f. Chemie.

Eberhard, Emil, v. Schänis (SG). * 6. 5. 1928. PD 1. 10. 1963—30. 9. 1967 f. Mineralogie, Prof. Hannover 1967.

Eberlein, Ernst, v. Deutschland. * 21. 5. 1945. PD 1. 10. 1978 f. Mathematik.

Egli, Ernst, v. Hittnau (ZH). * 17. 1. 1893 in Wien. Lehrauftrag SS 1942 f. Städtebau, Tit.-Prof. 1947. † 20. 10. 1974.

Egli, Jakob, v. Uhwiesen (ZH). * 17. 5. 1825 in Uhwiesen. PD WS 1866—WS 1885 f. Geographie, auch PD Universität Zürich 1866, daselbst Prof. 1883—1891. † 24. 6. 1908 in Zürich.

Eiberle, Kurt, v. Zürich. * 25. 3. 1930. PD 1. 10. 1971 f. Wildkunde, Tit.-Prof. 1976.

Einsele, Arthur, v. Lutzenberg (AR). * 6. 1.1944. PD 1. 4. 1977 f. techn. Mikrobiologie.

Emblik, Eduard, v. Deutschland. * 4. 12. 1906. PD 1. 4. 1960 f. Kälteanwendung, Tit.-Prof. 1972.

Engeli, Max, v. Engishofen (TG). * 26. 3. 1934. PD 1. 10. 1966 f. nicht-numerische Datenverarbeitung, Tit.-Prof. 1973.

Engfer, Roland E., v. Deutschland. * 5. 12. 1934. PD 1. 10. 1972—30. 9. 1976 f. Physik.

Erdös, Paul, v. Ungarn. * 6. 4. 1930. PD 1. 4. 1966 f. Physik.

Ernst, Alfred, v. Winterthur. * 21. 2. 1875 in Winterthur. PD ETH SS 1902—WS 1926 f. allgemeine Botanik. PD Universität Zürich 1902, daselbst Prof. 1905—1945, Rektor 1928—1930.

Escher, Paul, v. Stuttgart. * 23. 5. 1832 in Stuttgart. PD WS 1857—WS 1858 f. Mathematik.

Etter, Hermann, v. Bischofszell (TG). * 15. 4. 1912 in Steckborn (TG). PD SS 1950—31. 3. 1960 f. Waldertragslehre.

Farny, Jean Lucien, v. La Chaux-de-Fonds. * 23. 4. 1871 in La Chaux-de-Fonds. Hilfslehrer 1. 1. 1900 f. Dynamo- und Dampfmaschinenbau, WS 1922—SS 1925 f. Elektromaschinen- und Apparatebau, Tit.-Prof. 1902. † 31. 1. 1945 in Zürich.

Federer, Bruno, v. Berneck (SG). * 10. 8. 1936. PD 1. 10. 1978 f. experiment. Meteorologie.

Fehlmann, Julius Werner, v. Basel. * 17. 8. 1887 in Basel. PD SS 1914—31. 3. 1956 f. Zoologie, Tit.-Prof. 1926. † 8. 6. 1959.

Fehr, Daniel, v. Mettmenstetten (seit 1851). * 21 2. 1819. PD WS 1855 f. Kunstgeschichte, auch PD Universität Zürich 1850—1881 f. Philosophie. * 23. 4. 1881 in Fluntern-Zürich.

Feist, Franz, v. Frankfurt am Main. * 24. 6. 1864 in Frankfurt am Main. PD SS 1890 f. Chemie, auch PD Universität Zürich 1894, PD Universität Kiel SS 1901, daselbst Prof. 1913—1929.

Felsche, Jürgen, v. Deutschland. * 8. 11. 1939. PD 1. 10. 1972—30. 9. 1973 f. Kristallographie, Prof. Universität Konstanz 1973.

Fichter, Rudolf, v. Basel. * 26. 3. 1914. Sektionschef I EMPA, Lehrauftrag WS 1961—31. 3. 1979 f. naturwissenschaftl. Werkstofflehre, Tit.-Prof. 1972.

Fiedler, Ernst, v. Chemnitz, seit 1876 v. Zürich. * 22. 7. 1861 in Chemnitz. PD SS 1886—SS 1923 f. Mathematik. † 16. 7. 1954 in Zürich.

*Fiedler, Karl Alfred,*v. Chemnitz, seit 1875 v. Zürich. * 27. 12. 1863 in Chemnitz. PD Universität Zürich 1889, PD ETH SS 1890 f. Zoologie. † 2. 4. 1894 in Zürich.

Fischer, Fritz, v. Triengen (LU). * 16. 11. 1914 in Triengen. PD 1. 4. 1966—31. 3. 1980 f. Forstgenetik, Tit.-Prof. 1969.

Flörke, Otto W., v. Deutschland. * 2. 8. 1926. PD 1. 10. 1960—30. 9. 1964 f. Kristallchemie.

Foerster, Friedrich Wilhelm, v. Berlin. * 2. 6. 1869 in Berlin. PD SS 1903—WS 1911 f. Philosophie, auch PD Universität Zürich 1898—1912, Prof. Universität Wien 1913, Universität München 1914—1920.

Fornallaz, Paul-François, v. Haut-Vully (FR). * 25. 1. 1892 in Orbe (VD). PD SS 1943—31. 3. 1962 f. Arbeitswissenschaft.

Frey, Karl (Konrad Falke), v. Zürich. * 19.3. 1880 in Aarau. PD SS 1906—WS 1912 f. Aesthetik, auch PD Universität Zürich 1910—1912. † 28. 4. 1942 in Florida (USA).

Fringeli, Urs, v. Bärschwil (SO). * 26. 11. 1939. PD 1. 10. 1977 f. biophysikal. Chemie.

von Fritsch, Karl, v. Weimar. * 11. 11. 1838 in Weimar. PD WS 1863—SS 1866 f. Mineralogie und Geologie, auch PD Universität Zürich 1864. Dozent Senckenbergische Naturforsch. Gesellsch. Frankfurt am Main. SS 1867, Prof. Universität Halle 1874. † 9. 1. 1906 in Grossgoddula b. Dürrenberg (Preussen).

Fritz, Hermann, v. Bingen a. Rh. (Hessen). * 3. 9. 1830 in Bingen a. Rh. Hilfslehrer WS 1859 f. technisches Zeichnen, Tit.-Prof. 1872. † 16. 8. 1893 in Zürich.

Fritzsche, Robert, v. Zürich. * 15. 6. 1919. Direktor Eidg. Forsch.anst. Wädenswil, Lehrauftrag WS 1959 f. Obstbau und Tafelobstverwertung, Tit.-Prof. 1972.

Forsch, Reinhart, v. Zürich. * 4. 6. 1935. PD 1. 4. 1974 f. Elementarteilchen- u. Mittelenergiephysik.

Fürst, Andor, aus Ungarn, seit 1952 v. Zürich. * 28. 7. 1916 in Györ (Ungarn). PD WS 1952—30. 9. 1956 f. organische Chemie.

Furrer, Albert, v. Zürich. * 17. 11. 1939. PD 1. 4. 1979 f. Experimentalphysik.

Furrer, Willi, v. Bauma (ZH) und Bern. * 7. 8. 1906 in Luzern. PD WS 1941—30. 9. 1976 f. Elektroakustik, Tit.-Prof. 1949.

Furter, Max, v. Dottikon (AG). * 29. 2. 1904 in Boniswil (AG). PD SS 1937—WS 1946 f. Methoden der organischen Chemie.

Futó, László P., v. Ungarn. * 14. 9. 1921. PD 1. 4. 1969 f. ausgew. Kapitel auf dem Gebiete der Holztechnologie.

Gäumann, Tino, v. Tägertschi (BE). * 8. 12. 1925. PD 1. 10. 1957—31. 3. 1965 f. kernphysikal. Chemie.

Gander, Walter, v. Saanen (BE). * 24. 5. 1944. PD 1. 10. 1979 f. numerische Mathematik.

Ganter, Camille, v. Zürich. * 27. 4. 1934. PD 1. 4. 1974 f. organische Chemie.

Gasser, Theo, v. Schwyz. * 9. 5. 1941. PD 1.10. 1975—31. 3. 1978 f. Wahrscheinlichkeitstheorie u. Statistik, m. bes. Berücks. d. angew. Statistik.

Gastell, Joseph, v. Mainz. * 17. 10. 1822 in Mainz. PD Universität Zürich 1852—1855 f. Botanik, PD ETH SS 1856—SS 1871 f. pharmazeutische Warenkunde, Tit.-Prof. 1861. † 5. 11. 1880 in Genf.

Geiger, Martin, v. Bosco-Gurin (TI). * 15. 6. 1936. PD 1. 10. 1976 f. quant. Methoden zur Untersuchung u. Prognose d. Entw. städt. Regionen.

Gentilli, Amadeo, v. Wien. * 1841 in Wien. PD SS 1891—WS 1898 f. Eisenbahn- und Strassenbau.

Gerber, Walter, v. Bern. * 2. 9. 1902. Lehrauftrag 1958—1. 10. 1972 f. Ausbreitung radio-elektr. Wellen, Tit.-Prof. 1970.

Gerlach, Hans, v. Ellikon (ZH). * 13. 8. 1932. PD 1. 10. 1971—30. 9. 1979 f. organische Chemie, Tit.-Prof. 1978, Prof. Bayreuth 1979.

Gerson, Fabian, v. Zürich. * 23. 9. 1928. PD 1. 4. 1966—31. 3. 1969 f. ESR-Spektroskopie organ. Radikale, Prof. Universität Basel 1969.

Gessner, Hermann, v. Zürich. * 4. 2. 1897 in Aarau. PD SS 1931—31. 3. 1967 f. Kolloidchemie, Tit.-Prof. 1946.

Giedion, Siegfried, v. Lengnau (AG). * 14. 4. 1888 in Zürich. PD WS 1948—30. 9. 1958 f. Kulturgeschichte. † 9. 4. 1968.

Gigon, Andreas, v. Basel und Goumois (BE). * 6. 5. 1942. PD 1. 10. 1978 f. Pflanzenökologie.

Ginsburg, Theo, v. Zürich. * 24.10. 1926. PD 1. 10. 1962 f. numerische Mathematik.

Giorgio, Hans, v. Scanfs (GR). * 15. 9. 1886 in Chur. PD SS 1920—SS 1924 f. Sozialversicherung und Arbeiterschutzgesetzgebung.

De Girard, Raymond, v. Freiburg i. Ue. * 8. 7. 1862 in Freiburg. PD WS 1890—WS 1894 f. Geologie, Prof. Universität Freiburg i. Ue. 1896. † 18. 3. 1944 in Genf.

Girtanner, Hermann, v. St. Gallen. * 10. 3.1858 in St. Gallen. PD WS 1883—SS 1884 f. Ingenieurwissenschaften. † 9. 6. 1926 in Bern.

Glattfelder, Adolf, v. Zufikon (AG). * 15. 6. 1940. PD 1. 10. 1973 f. Entwurf höherer Regeleinrichtungen.

Goldberg, Wolf, v. Werro (Estland). * 30. 6. 1905 in Rujen (Lettland). PD SS 1941—WS 1945 f. Chemie.

Goldschmidt, Heinrich, v. Prag. * 4. 12. 1857 in Prag. PD WS 1881—SS 1894 f. Chemie, Tit.-Prof. 1885, auch PD Universität Zürich 1882—1884, Prof. Universität Heidelberg 1896, Universität Oslo 1900—1928. † 20. 9. 1937 in Oslo.

Goldstein, Alexander, v. Winterthur. * 6. 10. 1916 in Zürich. PD WS 1952—30. 9. 1960 f. Nachrichtentechnik für Elektrizitätswerke.

Good, Anton, v. Mels (SG). * 13. 6. 1947. PD 1. 4. 1977 f. Mathematik.

Gouzy, Auguste, v. Lausanne. * 8. 2. 1831 in Lausanne. PD WS 1861—SS 1862 f. Mathematik.

Gregorig, Romano, v. Italien. * 11. 4. 1908. PD 1. 4. 1956—31. 3. 1958 f. Wärmeaustauscher.

Grete, Ernst August, v. Celle (Hannover). * 29. 9. 1848 in Celle. PD SS 1878 f. chemische Fächer. † 26. 3. 1919 in Zürich.

Grob, Kurt, v. Dinhard (ZH). * 11. 7. 1920. PD 1. 10. 1974 f. hochauflösende Gaschromatographie.

Gröbli, Walter, v. Oberuzwil (SG). * 23. 9. 1852 in Oberuzwil. PD SS 1877—SS 1894 f. Mathematik und mathematische Physik. † 26. 6. 1903 in Quinto (TI).

Grossmann, Gustav, v. Budapest. * 10. 8. 1878. PD WS 1904—WS 1907 f. physikalische und elektrotechnische Fächer.

Grossmann, Heinrich, v. Zürich. * 2. 6. 1895 in Höngg-Zürich. PD 24. 6. 1933—30. 9. 1965 f. Forstgeschichte und Forstgeographie, Tit.-Prof. 1959.

Gruebler, Martin, v. Meerane (Sachsen). * 19. 12. 1851 in Meerane. PD WS 1880—SS 1885 f. technische Mechanik.

Grüebler, Willi, v. Zürich. * 6. 7. 1926. PD 1. 10. 1966 f. Physik, insbes. Kernphysik.

Grünhut, Robert, v. Oberhofen (BE). * 10. 2. 1861 in Brünn (Tschechoslowakei). Lehrauftrag SS 1928—WS 1931 f. Eisenbahn- und Strassenbau, Tit.-Prof. 1931. † 9. 2. 1953 in Lugano.

Gsell, Robert, v. St. Gallen. * 20. 12. 1889 in St. Gallen. Lehrauftrag WS 1927 f. Flugwesen. Tit.-Prof. 1939. † 15. 3. 1946 in Belpmoos (BE).

Gübeli, Otto, v. Goldingen (SG) und seit 1952 v. Zürich. * 10. 9. 1913 in Zürich. PD WS 1947—31. 3. 1963 f. Wasseranalyse, Tit.-Prof. 1952. Prof. Universität Laval, Québec (Kanada) 1963.

Guekos, Georg, v. Griechenland. * 15. 8. 1940. PD 1. 10. 1973 f. Lichttechnik.

Günthart, August, v. Zürich. * 8. 7. 1879 in Unterstrass-Zürich. PD SS 1911—SS 1912 f. Botanik.

Güntherodt, Hans-Joachim, v. Deutschland. * 17. 7. 1939. PD 1. 10. 1973 f. exp. Physik der kondensierten Materie.

Guggenheim, Sigmund, v. Gailingen (Baden), seit 1901 v. Zürich. * 27. 4. 1884 in Diessenhofen (TG). PD SS 1911—SS 1917 f. Elektrotechnik. † 21. 4. 1941 in Zürich.

Gull, Erhard, v. Zürich. * 28. 6. 1895 in Zürich. PD SS 1923—30. 9. 1956 f. Architektur.

Gunstensen, Emmanuel, v. Flekkefjord (Norwegen). * 27. 9. 1853 in Flekkefjord. PD SS 1888—SS 1889 f. Ingenieurwissenschaften.

Gut, Günther, v. Reiden (LU). * 5. 2. 1929. PD 1. 10. 1965 f. technisch-chem. Arbeitsmethoden, Tit.-Prof. 1974.

Guye, Charles-Eugène, v. Les Verrières und Côte-aux-Fées (NE) und seit 1923 v. Plainpalais (GE). * 15. 10. 1866 in St-Christophe (VD). PD WS 1893—WS 1900 f. Physik, Prof. Universität Genf 1900—1930. † 15. 7. 1942 in Genf.

Ha, Tae-Kyu, v. Korea. * 4. 5. 1937. PD 1. 4. 1975 f. numerische Meth. d. Quantenchemie.

Haas, Leonhard, v. Kriens und Littau (LU). * 28. 9. 1908 in Emmenbrücke-Littau (LU). PD 1. 4. 1954—30. 9. 1978 f. Geschichte der Neuzeit, Lehrauftrag WS 1971/72, Tit.-Prof. 1973.

Haefliger, Hans, v. Langnau b. Reiden (LU). * 14 7. 1912 in Olten (SO). PD WS 1951 f. neuere Geschichte, bes. Schweizergeschichte. † 20. 1. 1953 in Wald (ZH).

Haemig, Emil, v. Zürich. * 27. 5. 1878 in Zürich. PD SS 1916 f. Soziologie, seit 1918 auch f. Statistik, Tit.-Prof. 1923. † 23. 6. 1939 in Zürich.

Häne, Johannes, v. Kirchberg (SG). * 6. 3. 1862 in Kirchberg. PD SS 1900 f. Geschichte des Wehr- und Kriegswesens der alten Eidgenossenschaft und Kulturgeschichte, Tit.-Prof. 1929, auch PD Universität Zürich 1899—1913. † 18. 8. 1931 in Schuls (GR).

Hagen, Jakob, v. Uerschhausen (TG). * 31. 5. 1883. Lehrauftrag WS 1933—SS 1954 f. Hydraulik, Hydrometrie, Gewässerkunde und Wasserversorgung, Tit.-Prof. 1948.

Halin, Jürgen, v. Deutschland. * 30. 9. 1943. PD 1. 4. 1975 f. Grundl. u. Anw. d. digitalen Simulation.

Haller, Paul, v. Zürich und Zofingen (AG). * 7. 3. 1902. Lehrauftrag WS 1949—31. 3. 1972 f. Baumaterialienkunde und Materialprüfung, Tit.-Prof. 1966.

Handschin, Edmund, v. Gelterkinden (BL). * 18. 10. 1941. PD 1. 4. 1974 f. Systemtechnik in der el. Energieübertragung.

Hantke, René, v. Lütisburg (SG). * 22. 1. 1925. PD 1. 10. 1960 f. Paläobotanik u. Quartärgeologie, Tit.-Prof. 1966.

Harlacher, Andreas, v. Schöfflisdorf (ZH). * 21. 9. 1842 in Schöfflisdorf. Hilfslehrer WS 1866—SS 1869 f. Zeichnungs- und Konstruktionsunterricht, PD WS 1867 f. Ingenieurwissenschaften, Prof. Polytechnikum Prag WS 1869, daselbst Rektor. † 28. 10. 1890 in Lugano (TI).

Hartmann, Johannes, v. Degersheim (SG). * 19. 6. 1858. PD SS 1885—SS 1887 f. Ingenieurfächer. † 2. 7. 1943 in Wettingen (AG).

Hartmann, Walter L., v. Lüen (GR). * 15. 9. 1923. PD 1. 10. 1968 f. betriebl. Unfallverhütung sowie Sicherheits-Analysen, Tit.-Prof. 1977.

Hauffe, Leopold, v. Judenburg (Steiermark). * 1840. Hilfslehrer WS 1866 f. technisches Zeichnen und PD WS 1866 f. Maschinenbau, Prof. Polytechnikum Brünn WS 1867.

Hauser, Helmut, v. Oesterreich. * 18. 11. 1936. PD 1. 4. 1977 f. Biochemie.

Heierli, Jakob, v. Gais (AR). * 11. 8. 1853 in Schwänberg-Herisau (AR). PD Universität Zürich 1889—1912, PD ETH WS 1900 f. Urgeschichte. † 18.7. 1912 in Zürich.

Heim, Arnold, v. St. Gallen und Zürich. * 20. 3. 1882 in Zürich. PD SS 1908—SS 1911 f. Geologie, auch PD Universität Zürich 1908—1911 und 1924—1928, Prof. Universität Kanton (China) 1929—1931.

Heinemann, Franz, v. Luzern. * 10. 8. 1870 in Hitzkirch (LU). PD WS 1899—SS 1940 f. allgemeine Kulturgeschichte.

Heinzerling, Christian, v. Biedenkopf (Hessen-Nassau). * 16. 9. 1851 in Biedenkopf. PD SS 1886 bis WS 1888 f. chemische Technologie und Gewerbehygiene.

Heis, Leonhard, v. München. * 19. 12. 1879 in München. PD SS 1924—WS 1929 f. Physik.

Held, Fritz, v. Weiningen (TG). * 4. 5. 1916 in Bern. PD 1. 4. 1950 f. Technologie u. Werkstoffk. elektrotechn. Baustoffe, Tit.-Prof. 1958.

Heller, Friedrich, v. Deutschland. * 17. 4. 1939. PD 1. 4. 1979 f. Geophysik.

Hemmig, Julius, v. Walfershausen-Wetzikon (ZH) und seit 1875 v. Zürich. * 29. 12. 1842 in Hinwil (ZH). PD SS 1871. † 6. 1. 1889 in Hottingen-Zürich.

Henne-Amryhn, Otto, v. Sargans (SG). * 26. 8. 1828 in St. Gallen. PD Universität Zürich 1882—1884, PD ETH nur WS 1884 f. Geschichte. † 30. 4. 1914 in Weiz (Steiermark).

Henneberg, Lebrecht, v. Schaffhausen. * 27. 9. 1850 in Wolfenbüttel (Braunschweig). PD SS 1877—SS 1878 f. Mathematik und mathematische Physik, Prof. Technische Hochschule Darmstadt 1878—1922. † 29. 4. 1933.

Henrici-Olivé, Gisela, v. Deutschland u. Spanien. * 26. 11. 1925. PD 1. 4. 1966 f. makromolekulare Chemie, insb. Reaktionsmechanik.

Herzog, Gerhard, v. Zürich. * 30.4. 1904 in Zürich. PD WS 1933—SS 1942 f. Physik der Röntgenstrahlen und Radioaktivität.

Herzog, Theodor, v. Freiburg i. Br. * 7. 7. 1880 in Freiburg i. Br. PD SS 1907—WS 1913 f. Botanik, Prof. Universität München 1920, Universität Jena 1936.

Heumann, Karl, v. Darmstadt. * 10. 9. 1850. PD WS 1877 f. technische und theoretische Chemie, Tit.-Prof. 1878. † 5. 8. 1894 in Zürich.

Heuscher, Johann, v. Schwellbrunn (AR) und Zürich. * 15. 5. 1858 in Gais (AR). PD WS 1896 f. Zoologie, auch PD Universität Zürich 1895, daselbst Prof. 1902—1912. † 10. 11. 1912.

Heusser, Hans, v. Gossau (ZH) und seit 1951 v. Zürich. * 23. 2. 1917 in Shanghai (China). PD WS 1950—30. 9. 1958 f. spezielle organische Chemie.

Hezner, Laura, v. München. * 15. 9. 1862 in Apfelthal (Bayern). PD SS 1910 f. chemische Mineralogie und Petrographie. † 10. 10. 1916 in Pfronten-Röfleuten (Bayern).

Hippenmeier, Felix, v. Zürich u. Gottlieben (TG). * 12. 12. 1919. PD 1. 10. 1975 f. Arzneimittelprüf., u. a. über die prakt. Anford. an eine sachgem. Herstell. u. Kontr. (GMP) v. Arzneimitteln.

Hirsig, René, v. Amsoldingen (BE). * 5. 9. 1944. PD 1. 10. 1978 f. Verhaltenswissenschaft.

Hirt, Richard, v. Rheinau (ZH). * 5. 9. 1939. PD 1. 4. 1976 f. forstl. Strassenbau.

Hochstrasser, Urs, v. Zürich u. Gisikon (LU). * 12. 1. 1926. Delegierter f. Fragen d. Atomenergie, Lehrauftrag 1. 10. 1961—30. 9. 1967 f. Mathemat. Probleme d. Reaktortheorie, Tit.-Prof. 1966.

Höfle, Hanns H., v. Deutschland. * 16. 5. 1941. PD 1. 4. 1975 f. Informationssystem im Forstbetrieb.

Hörler, Arnold, v. Teufen (AR) u. Zürich. * 30. 9. 1903. Lehrauftrag 1. 4. 1948—30. 9. 1973 f. Kanalisationen, Abwasserreinig. u. Siedlungswasserbau, Tit.-Prof. 1963.

Hoffet, Paul, v. Illzach (Elsass), seit 1890 v. Zürich. * 23. 8. 1865 in Illzach. PD nur WS 1890 f. Maschinenbau, Prof. Universität Lausanne 1901 bis 1911. † 11. 5. 1945 in Bern.

Hoffmann, Silvio, v. Basel. * 26. 8. 1905 in Basel. PD SS 1943 f. Bakteriologie. † 18. 3. 1948 in Männedorf (ZH).

Hofmann, Franz, v. Tablat (SG). * 21. 8. 1921. PD 1. 4. 1959—31. 3. 1971 f. Sedimentanalyse und ihre prakt. Anwendung.

Hoigné, Jürg, v. Zürich. * 19. 5. 1930. PD 1 10. 1965 f. aquatische Chemie.

Holzhalb, Rudolf, v. Zürich. * 13. 7. 1835 in Zürich. Hilfslehrer SS 1874 WS—1881 f. Landschaftszeichnen, Tit.-Prof. 1875. † 5. 8. 1885 in Zürich.

Hopfer, Ulrich, v. Deutschland. * 7. 4. 1939. PD 1. 4. 1973—30. 9. 1974 f. Biochemie.

Hottinger, Max, v. Zürich. * 23. 10. 1879 in Zürich. PD SS 1920 f. Heizungsanlagen. † 13. 1. 1948 in Zürich.

Huber, Heinz, v. Eppenberg (SO). * 25. 4. 1926 in Zofingen (AG). PD nur SS 1955 f. Mathematik.

Huber, Martin C. E., v. Basel u. Schaffhausen. * 2. 5. 1936. PD 1. 10. 1978 f. Atomphysik.

Huber, Otto, v. Mägenwil (AG). * 13. 8. 1916 in Zürich. PD SS 1951—31. 3. 1959 f. Physik, Tit.-Prof. 1952 und o. Prof. Universität Freiburg i. Ue. 1953.

Huber, Paul, v. Mägenwil (AG). * 1. 10. 1910 in Rekingen (AG). PD SS 1941—SS 1942 f. Physik, Prof. Universität Basel 1942.

Hückel, Erich, v. Göttingen. * 9. 8. 1896 in Charlottenburg-Berlin. PD SS 1925—SS 1931 f. Physik, Prof. Technische Hochschule Stuttgart 1935, Universität Marburg/L 1937.

Hug, Johann Kaspar, v. Bubikon (ZH). * 7. 1. 1821 in Bubikon. PD Universität Zürich 1835—1884, PD ETH WS 1855—SS 1883 f. Mathematik. † 19. 7. 1884 in Riesbach-Zürich.

Hunziker, Otto, v. Bern und Unterstrass-Zürich. * 13. 8. 1841 in Hottingen-Zürich. PD WS 1886—WS 1907 f. Pädagogik und Kulturgeschichte, auch PD Universität Zürich 1879, daselbst Prof. 1890 bis 1901. † 23. 5. 1909 in Kilchberg (ZH).

Jäckli, Heinrich, v. Nürensdorf (ZH). * 22. 12. 1915 in Zürich-Seebach. PD 1. 4. 1955—31. 3. 1980 f. allg. Geologie, spez. exogene Dynamik, Tit.-Prof. 1969.

Jaeger, Charles, v. Auboranges (FR). * 26. 3. 1901. PD SS 1943—WS 1950 f. theoretische Hydraulik.

Jäggi, Jakob, v. Aarburg (AG). * 25. 1. 1829 in Aarburg. PD SS 1872, Tit.-Prof. 1889. † 21. 6. 1894 in Zürich.

Jaggi, Ernst, v. Gossliwil (SO). * 6. 2. 1917. Direkt.-Präs. d. Verb. Ostschweiz. landwirt. Genossensch. W'thur, Lehrauftrag WS 1963 f. landwirtschaftl. Organisationsformen, Tit.-Prof. 1972.

Jakob, Johann, v. Rapperswil-Dieterswil (BE). * 21. 5. 1887 in Rapperswil-Dieterswil. PD SS 1921—SS 1957 f. Mineral- und Gesteinschemie, Tit.-Prof. 1925. † 5. 11. 1968.

Jegen, Georg, v. Klosters (GR). * 3. 1. 1882 in Klosters. PD WS 1917—WS 1926 f. Parasitenkunde und Bienenzucht.

Jordan, Pierre, v. Rueyres (VD). * 27. 2. 1921. PD 1. 4. 1956 f. Anwend. radioaktiver Isotopen i. d. Chemie.

Jung, Carl Gustav, v. Basel. * 26. 7. 1875 in Kesswil (TG). PD Universität Zürich 1905—1913, PD ETH WS 1933—WS 1941 f. Psychologie, Tit.-Prof. 1935. † 6. 6. 1961.

Junod, Pierre, v. Ste-Croix (VD). * 17. 2. 1930. PD 1. 10. 1967 f. Physik.

Kadenbach, Bernhard, v. Deutschland. * 21. 8. 1933. PD 1. 10. 1972—30. 9. 1973 f. Biochemie, Prof. Marburg 1973.

Kaiser, Ernst, v. Degersheim (SG). * 13. 5. 1907. PD 1. 10. 1966—30. 9. 1977 f. Wirtschafts- u. Sozialmathematik, Tit.-Prof. 1973. † 25. 5. 1978.

Kaldis, Emanuel, v. Griechenland. * 8. 3. 1931. PD 1. 4. 1973 f. präparative Methoden d. Festkörperphysik.

Kasser, Peter, v. Niederbipp (BE). * 19. 9. 1914. Sektionschef Ia VAW bis 30. 9. 1979, Tit.-Prof. 1972.

Kaufler, Felix, v. Wien. * 4. 8. 1878 in Wien. PD WS 1904—SS 1912 f. allgemeine und organische Chemie.

Kawalki, Wilhelm, v. Danzig. * 8. 6. 1863 in Danzig. PD WS 1896—SS 1898 f. Physik.

Keel, Carl Friedrich, v. Rebstein (SG) und Basel. * 1. 6. 1880 in Rebstein. PD SS 1920 f. Verwendung des Azetylens. † 18. 3. 1947 in Cureglia (TI).

Keel, Carl Guido, v. Basel. * 18. 3. 1911 in Villars-sur-Glâne (FR). PD WS 1951—30. 9. 1967 f. Schweisstechnik. † Ende Febr. 1974.

Keese, Reinhart, v. Deutschland. * 3. 6. 1934. PD 1. 4. 1975—31. 3. 1978 f. organische Chemie.

Keiser, Ludwig, v. Zug. * 14. 12. 1816 in Zug. Hilfslehrer WS 1855 f. Modellieren, Tit.-Prof. 1857. † 8. 1. 1890 in Zürich.

Keller, Johannes, v. Mandach (AG). * 21. 12. 1852 in Mandach. PD SS 1882 f. Mathematik in geometrischer Richtung. † 20. 9. 1918 in Zürich.

Keller, Walter, v. Dettighofen (TG). * 13. 4. 1922. PD 1. 10. 1963 f. Chemie d. Stoffwechselprod. v. Mikroorganismen u. verwandter Naturstoffe, Tit.-Prof. 1968.

Kienast, Alfred, v. Horgen (ZH). * 4. 8. 1879 in Horgen. PD SS 1909-SS 1949 f. Mechanik und Mathematik, Tit.-Prof. 1931.

Kiess, Helmut, v. Deutschland. * 7. 2. 1931. PD 1. 4. 1979 f. Mechanismen d. Bildaufzeichnung.

Kind, Raymond, v. Genf. * 6. 4. 1937. PD 1. 4. 1979 f. Experimentalphysik.

Kinkel, Manfred, v. Oberkassel b. Bonn, seit 1875 v. Zürich. * 15. 3. 1863 in London. PD nur SS 1893 f. Ingenieurwissenschaften.

Kippenberger, Karl, v. Siegen (Westfalen). * 23. 5. 1868 in Siegen. PD SS 1895—SS 1897 f. gerichtliche Chemie und Lebensmittelchemie, auch PD Universität Zürich 1895, Universität Jena 1896, Prof. Universität Kairo 1896—1898, PD Universität Köngisberg 1900, Universität Bonn 1903, daselbst Prof. 1908—1935. † 31.3. 1936 in Bonn.

Kleiber, Max, v. Biel-Benken (BL). * 4. 1. 1893 in Zürich. PD WS 1928-SS 1932 f. Fütterungslehre.

Kleiner, Adolf, v. Maschwanden (ZH) und Zürich. * 29. 4. 1849 in Maschwanden. PD SS 1875—SS 1885 f. Physik, auch PD Universität Zürich 1875, daselbst Prof. 1879—1915, Rektor 1908—1910. † 3. 7. 1916 in Bern.

Klötzli, Frank, v. Thun. * 7. 2. 1934. PD 1. 4. 1969 f. Pflanzensoziologie, Tit.-Prof. 1976.

Knöpfli, Albert, v. Illighausen (TG). * 9. 12. 1909. Lehrauftrag SS 1964—30. 9. 1979 f. Denkmalpflege, Tit.-Prof. 1972.

Kobel, Fritz, v. Krauchthal (BE). * 10. 5. 1896 in Schleumen b. Hindelbank (BE). PD WS 1931—31. 3. 1966 f. Zytologie und Vererbungslehre, Tit.-Prof. 1940.

Koblet, Werner, v. Winterthur. * 16. 5. 1932. PD 1. 10. 1969 f. Weinbau.

Koch, Johann Jakob, v. Diessenhofen (TG). * 20. 5. 1847 in Diessenhofen. PD SS 1872—WS 1872 f. Pharmakognosie. † 8. 11. 1916 in Zürich.

König, Volker, v. Deutschland. * 26. 12. 1932. PD 1. 4. 1972 f. Experimentalphysik.

Köppel, Viktor H., v. Au (SG). * 7. 9. 1936. PD 1. 4. 1973 f. Petrographie, insb. Isotopengeochemie.

Kohler, Michael, v. Küsnacht (ZH). * 6. 10. 1812. Tit.-Prof. mit Lehrauftrag WS 1873 f. Garten-, Obst- und Weinbau. † 12. 4. 1884 in Küsnacht.

Kopp, Robert, v. Beromünster (LU). * 16. 2. 1859 in Beromünster. PD SS 1886—SS 1900 f. Physik. † 16. 2. 1936 in St. Gallen.

Korda, Désiré, v. Kisbér (Ungarn). * 8. 1. 1864 in Kisbér. PD WS 1914 f. drahtlose Telegraphie und Hochfrequenzmaschinen. † 1. 4. 1919 in Zürich.

Kovats, Ervin, v. Ungarn. * 29. 9. 1927. PD 1. 10. 1966—28. 2. 1970 f. spez. organisch-analyt. Methoden, Prof. EPFL 1970.

Kozak, Theophil, v. Milié (Bukowina), seit 1912 v. Basel. * 26. 11. 1852 in Milié. PD WS 1886 f. Volkswirtschaft und Statistik. Prof. Universität Basel WS 1890. † 25. 3. 1913 in Basel.

Kraeger, Heinrich, v. Bremen. * 12. 3. 1870 in Bremen. PD Universität Zürich 1898, PD ETH WS 1899 f. deutsche und englische Literatur, Lektor in Berlin WS 1900, Prof. Kunstakademie Düsseldorf 1902, PD Technische Hochschule Berlin 1921—1937.

Kraft, Ferdinand, v. Heidelberg. * 3. 12. 1844 in Bufleben bei Gotha (Thüringen). PD SS 1886 f. Mechanik und geometrisches Rechnen, auch PD Universität Zürich 1890—1903. † 19. 10. 1924 in Rüschlikon (ZH).

Krauer, Hartmann, v. Zürich. * 30. 10. 1831 in Regensberg (ZH). PD SS 1872 f. Weinbau. † 11.4. 1901 in Zürich.

Kreyenbühl, Johannes, v. Pfaffnau (LU). * 2. 11. 1846 in Pfaffnau. PD Universität Zürich 1881—1900, PD ETH WS 1883—SS 1892 f. Philosophie und Pädagogik. † 24. 10. 1929 in Zürich.

Kroeger, Heinrich, v. Deutschland. * 22. 5. 1930. PD 1. 4. 1964—31. 3. 1972 f. Genetik u. Entwickl.-Physiologie, Prof. Saarbrücken 1972.

Kühne, Hellmut, v. Zürich. * 8. 1. 1911. Lehrauftrag WS 1949—SS 1978 f. ausgewählte Kapitel der Holztechnologie, Tit.-Prof. 1965.

Künzler, Bartholomäus, v. Walzenhausen (AR) und seit 1871 v. Zürich. * 11. 5. 1828. PD WS 1864 f. Mathematik. † 5. 5. 1872 in Zürich.

Kuhn, Walter, v. Orpund (BE). * 22. 4. 1915. Lehrauftrag WS 1955—SS 1980 f. Meteorologie, Tit.-Prof. 1969.

Kummer, Irène E., v. Heiden (AR). * 7. 8. 1944. PD 1. 10. 1975 f. neuere franz. u. deutsche Literatur.

Kunz, Jakob, v. Brittnau (AG). * 3. 11. 1874 in Brittnau. PD WS 1904 f. Physik, Prof. Universität Michigan 1908, Universität Illinois 1923. † 18. 7. 1939 in Urgana (Illinois, USA).

Kupper, Josef, v. Buttisholz u. Luzern. * 10. 3. 1932. PD 1. 4. 1979 f. Versicherungsmathematik.

Labhart, Heinrich, v. Steckborn (TG). * 27. 6. 1919 in Winterthur. PD SS 1952—SS 1955 f. Physik.

Lang, Herbert, v. Deutschland. * 21. 4. 1933. PD 1. 4. 1980 f. Hydrologie.

Lattmann, Charles, v. Winterthur u. Bauma (ZH). * 7. 4. 1913. PD 1. 10. 1967—31. 3. 1975 f. Betriebspsychologie u. Personalwesen.

Lauber, Anselm U., v. Luzern. * 1. 4. 1920. Sektionschef Ia EMPA u. Lehrauftrag SS 1963 f. Akustik, Tit.-Prof. 1972.

Leemann, Ursula, v. Winterthur. * 7. 10. 1936. PD 1. 4. 1975 f. Zytochemie.

Lenz, Friedrich, v. Deutschland. * 12. 12. 1942. PD 1. 10. 1978 f. theoret. Kern- u. Teilchenphysik.

Lezzi, Markus, v. Zürich. * 1. 7. 1938. PD 1. 4. 1976 f. Zellbiologie.

Lichtenhahn, Carlo, v. Basel. * 22. 10. 1914. Sektionschef Eidg. Amt f. Strassen- u. Flussbau, Bern, Lehrauftrag SS 1970—31. 3. 1980 f. Flussbau, Tit.-Prof. 1973.

Liebling Thomas M., v. Bolivien u. Oesterreich, * 15. 9. 1942. PD 1. 10. 1973 f. Operations Research.

Liechti, Paul, v. Murten. * 27. 3. 1843 in Murten. PD WS 1869—SS 1870 f. chemische Fächer. † 8. 11. 1903 in Aarau.

Lincke, Felix, v. Leipzig. PD WS 1869—SS 1872 f. Maschinenbau.

Litsos, Charilaos, v. Athen. * 2. 9. 1890 in Athen. PD WS 1918—WS 1920 f. Bergbautechnik.

Löhle, Karl, v. Hörhausen-Gündelhart (TG). * 24. 9. 1865 in Wangen (Amt Konstanz). PD WS 1890—SS 1893 f. Ingenieurfächer, SS 1898—SS 1915 f. Fabrikbauten, Eisenkonstruktionen des Hochbaus, Tit.-Prof. 1907. † 1. 12. 1948 in Zürich.

Lombardi, Luigi, v. Dronero (Italien). * 21. 8. 1867 in Dronero. PD WS 1895—SS 1897 f. elektrotechnische Fächer, Prof. Universität Turin 1897, Universität Neapel 1901, Universität Rom 1921—1937.

Lommel, Eugen, v. Edenkoben (Bayern). * 19. 3. 1837 in Edenkoben. PD ETH und Universtität Zürich SS 1866 f. Mathematik, Prof. land- und forstwirtschaftliche Akademie Hohenheim WS 1867, Prof. Universität Erlangen 1868, daselbst Rektor 1881—1882, Prof. Universität München 1886, daselbst Rektor 1898—1899. † 19. 6. 1899 in München.

Lorenz, Jakob, v. Lichtensteig (SG). * 10. 3. 1883 in St. Gallen. PD SS 1923—SS 1933 f. Nationalökonomie. † 1. 9. 1946 in Freiburg i. Ue.

Lorenzi, Paolo, v. Italien. * 19. 12. 1932. PD 1. 10. 1971 f. makromolekulare Chemie.

Lossier, Henri, v. Genf. * 17. 10. 1878. PD WS 1904—WS 1906 f. graphische Statik.

Lotmar, Walter, v. Bern. * 19. 7. 1908 in München. PD WS 1953—30. 9. 1969 f. technische Optik.

Ludewig, Heinrich Carl, v. Stettin. Hilfslehrer und Tit.-Prof. WS 1864—SS 1868 f. Maschinenbau und Maschinenkonstruieren, Prof. Polytechnische Schule München WS 1868.

Lüdi, Fritz, v. Heimiswil (BE). * 16. 5. 1903 in Bern. PD SS 1940 — 30. 9. 1958 f. Hochfrequenztechnik.

Lüthi, Hans-Jakob, v. Rüderswil (BE). * 14. 10. 1946. PD 1. 10. 1977 f. Operations Research.

Lüthi, Hans Rudolf, v. Rüderswil (BE). * 25. 3. 1912. Sektionschef Ia Eidg. Forsch.anstalt Wädenswil, Lehrauftrag WS 1950—30. 9. 1978 f. Wein- und Obstweinbereitung, Tit.-Prof. 1972.

Lüthy, Peter, v. Holziken (AG). *28. 8. 1938. PD 1. 4. 1975 f. Mikrobiologie.

Lugeon, Jean, v. Chevilly (VD). * 4. 8. 1898 in Lausanne. PD SS 1940—31. 3. 1968 f. Meteorologie, Tit.-Prof. 1948. † 21. 2. 1976.

Maeder, Daniel, v. Basel. * 31. 1. 1918. PD 1. 10. 1955—31. 3. 1962 f. Physik.

Magyar, Balazs, v. Ungarn. * 24. 9. 1934. PD 1. 10. 1972 f. anorg. Analytik.

Maillard, Gustave, v. Chesalles s. Oron (VD). * 29. 1. 1860 in Ollon (VD). PD SS 1886—WS 1886 f. Geologie und Paläontologie.

Mantel, Gustav, v. Kappel (Baden), seit 1867 v. Zürich. * 26. 8. 1853 in Zürich. PD SS 1891—WS 1897 f. Ingenieurfächer. † 1. 7. 1908 in Zürich.

Manukian, Badrig K., v. Bulgarien. * 1. 1. 1927. PD 1. 4. 1966—31. 3. 1970 f. synthet. Farbstoffe u. Zwischenprodukte.

Marchand, Emile, v. Sonvilier (BE) und Neuenburg. * 13. 2. 1890 in La Chaux-de-Fonds (NE). Lehrauftrag WS 1921—31. 3. 1966 f. Versicherungsmathematik, Tit.-Prof. 1930. † 21. 4. 1971.

Martin, Rudolf, v. Zürich. * 1. 7. 1864 in Zürich. PD SS 1893—WS 1905 f. Anthropologie, PD Universität Zürich 1902, daselbst Prof. 1899—1910, Prof. Universität München 1917. † 11. 7. 1925 in München.

Martinoli, Piero, v. Marolta (TI). * 2. 1. 1941. PD 1. 10. 1977 f. Experimentalphysik. Prof. Univ. Neuenburg 1978.

Matthieu, Paul, v. Neuenburg und Corcelles-Cormondrèche (NE) und seit 1922 v. Zürich. * 22. 8. 1909 in Basel. PD WS 1948 f. angewandte Mathematik, auch PD Universität Zürich 1947—1952, Prof. Universität Berlin WS 1952.

Mauricio, Adam, v. Vicosoprano (GR). * 2. 9. 1862 in Krakau. PD SS 1903—WS 1907 f. Botanik, Prof. Technische Hochschule Lemberg SS 1908. † 4. 3. 1941.

Mayer-Eymar, Karl, v. St. Gallen. * 29. 7. 1826 in Marseille. PD SS 1857—SS 1864 und WS 1867—WS 1896 f. Paläontologie, Prof. Universität Zürich 1875—1906. † 25. 2. 1907 in Zürich.

Meier, Felix, v. Glattfelden (ZH). * 25. 8. 1943. PD 1. 10. 1978 f. Experimentalphysik.

Meili, Friedrich, v. Zürich. * 2. 4. 1848 in Hinwil (ZH). PD WS 1880—SS 1889 f. Verkehrs- und Handelsrecht, auch PD Universität Zürich SS 1880, daselbst Prof. 1885—1912. † 15. 1. 1914 in Zürich.

Meister, Otto, v. Zürich. * 3. 5. 1844 in Liestal (BL). PD SS 1872—WS 1885 f. angewandte Chemie. † 6. 6. 1923 in Zürich.

Mennig, Johannes, v. Deutschland. * 30. 6. 1925. PD 1. 10. 1979 f. Anw. semianalytischer Meth. auf Probleme d. Ing.-Wissenschaften.

Mertens, Evariste, v. Schaffhausen, seit 1895 v. Zürich. * 9. 12. 1846 in Breda (Holland). PD SS 1886 f. Obstbau. † 23. 3. 1907 in Zürich.

Merz, Viktor, v. Herisau (AR). * 13. 12. 1839 in Odessa. PD SS 1866—WS 1870 f. Chemie, auch PD Universität Zürich 1866, daselbst Prof. 1869—1893. † 25. 5. 1904 in Lausanne.

Messerschmidt, Johann Baptist, v. Bamberg. * 9. 12. 1861 in Bamberg. PD ETH und Universität Zürich WS 1897—WS 1898 f. höhere Geodäsie. † 13. 4. 1912 in München.

Messner, O. H. Caspar, v. Winterthur (ZH). * 3. 2. 1917. Lehrauftrag SS 1951 f. Technologie der Metalle, Tit.-Prof. 1969.

Meyer, Arnold, v. Andelfingen (ZH). * 11. 9. 1844 in Andelfingen. PD SS 1870 f. Mathematik, Prof. Universität Zürich SS 1877. † 7. 7. 1896 in Zürich.

Meyer, Arnold, v. Wangenried (BE). * 10. 6. 1921. PD 1. 10. 1965 f. Anwend. betriebswiss. Erkenntnisse in Dienstleistungsbetrieben.

Meyer, Erwin, v. Bassersdorf (ZH) u. Altstätten (SG). * 26. 7. 1905. Lehrauftrag 1. 10. 1956—30. 9. 1975 f. elektr. Zugsförderung und Grundl. des Eisenbahnmasch.baus, Tit.-Prof. 1963.

Meyer, Eugen, v. Schleitheim (SH). * 14. 5. 1868 in Berg bei Stuttgart. PD SS 1893 f. maschinentechnische Fächer, Dozent Technische Hochschule Hannover WS 1896, Prof. Universität Göttingen 1898—1900. † 31. 12. 1930 in Stuttgart.

Meyer, Rolf, v. Bassersdorf (ZH). * 9. 4. 1936. PD 1. 4. 1979 f. physikalische Chemie.

Michler, Wilhelm, v. Walheim (Württemberg). * 27. 12. 1846. PD WS 1875—WS 1881 f. Chemie, Tit.-Prof. 1878, Prof. Polytechnikum Rio de Janeiro 1882. † 26. 11. 1889 in Rio de Janeiro (Brasilien).

Milnes, Alan G., v. England. * 9. 5. 1938. PD 1. 4. 1971 f. Strukturgeologie.

Misslin, Emil, v. Basel. * 19. 11. 1878 in Basel. PD WS 1917—SS 1920 f. spezielle organische Technologie.

Mösch, Kasimir, v. Frick (AG) und seit 1892 v. Oberstrass-Zürich. * 15. 2. 1827 in Frick. PD SS 1868—SS 1874 f. Geologie und Paläontologie. † 18. 8. 1898 in Zürich.

von Moos,, Armin, v. Zürich. * 20. 2. 1907 in Wülflingen-Winterthur. PD WS 1948—30. 9. 1968 f. gesteinkundlich-geotechnische Probleme des Baugrundes sowie Grundwasserfragen.

Morell, Karl, v. Wil (SG). * 28. 9. 1822 in St. Fiden-St. Gallen. PD ETH und Universtität Zürich WS 1861 f. Schweizergeschichte. † 19. 4. 1866 in Zürich.

Moret, François, v. Vuadens (FR). * 16. 10. 1828. PD nur WS 1868 f. Mathematik. † 31. 1. 1900 in Freiburg i. Ü.

Morf, Werner E., v. Zürich u. Illnau-Effretikon (ZH). * 22. 12. 1945. PD 1. 4. 1980 f. analytische Chemie.

Moser, Arnold, v. La Chaux-de-Fonds (NE). * 6. 6. 1881 in La Chaux-de-Fonds. PD WS 1914—WS 1917 f. Baustatik. † 28. 2. 1936.

Müllen, Klaus, v. Deutschland. * 2. 1. 1947. PD 1. 10. 1977 f. organische Chemie.

Müller, Helmut, v. Zürich. * 19. 6. 1908. PD 1. 4. 1956—30. 9 1973 f. Astronomie, Tit.-Prof. 1959.

Müller, Klaus, v. Basel. * 12. 2. 1944. PD 1. 10. 1978 f. organische Chemie.

Müller, Richard, v. Zürich und Schmerikon (SG). * 24. 7. 1929. PD 1. 4. 1967 f. Experimentalphysik.

Müliy, Karl, v. Zürich. * 12. 10. 1877 in Zürich. PD SS 1926—30. 9. 1947 f. Körpererziehung und Leibesübungen, Tit.-Prof. 1933. † 27. 3. 1960.

Nachtweh, Alwin, v. Lodnitz-Troppau (Tschechoslowakei). * 2. 5. 1868 in Lodnitz-Troppau. PD SS 1898 f. landwirtschaftlichen Maschinenbau und landwirtschaftliches Bauwesen, Prof. Universität Halle WS 1900, Technische Hochschule Hannover 1905. † 1. 9. 1939.

Nagel, Peter, v. Deutschland. * 12. 5. 1935. PD 1. 4. 1976 f. Planung u. Organisation v. Projektvorhaben.

Niederer, Peter v. Masein (GR) u. Zürich. * 1. 5. 1941. PD 1 4. 1980 f. biomed. Techn., insb. Biomechanik.

Nissen, Hans-Ude, v. Deutschland. * 7. 12. 1932. PD 1. 4. 1973 f. Elektronenmikroskopie i. d. Erdwissenschaft.

Nitsche, Rudolf, v. Deutschland. * 28. 10. 1922. PD 1. 4. 1967—31. 3. 1971 f. Kristallographie.

Nogler, Gian Andrea, v. Ardez (GR). * 6. 6. 1934. PD 1. 10. 1978 f. Embryologie d. Angiospermen.

Nolfi, Padrot, v. Tschierv (GR). * 21. 1. 1903 in Tschierv. PD 1. 4. 1944—31. 3. 1968 f. Anwend. d. Mathematik auf Sozialprobleme, Tit.-Prof. 1956. † 8. 10. 1973.

Nour Eldin, Hassan A., v. Dübendorf (ZH). * 30. 3. 1934. PD 1. 10. 1971 f. Automatik, insb. computergest. Anlagen.

Nussbaumer, Ernst A., v. Riehen (BS), Mümliswil (SO) und USA. * 27. 1. 1929. PD 1. 10. 1975 f. Steuerung u. Regelung v. Raumschiffen.

Nussbaumer, Harry, v. Zürich. * 16. 11. 1935. PD 1. 4. 1972 f. Astrophysik.

Odinga, Theodor, v. Uster und Horgen (ZH). * 1. 11. 1866 in Bremerhaven. PD SS 1891—WS. 1892 f. deutsche Literaturgeschichte. Nationalrat 1912—1931. † 29. 3. 1931 in Küsnacht (ZH).

Oehler, Karl, v. Zürich. * 7. 2. 1903 in Frankfurt a. M. PD SS 1940—30. 9. 1969 f. Eisenbahnsicherungseinrichtungen.

Oettel, Felix, v. Chemnitz. * 25. 6. 1862 in Chemnitz. PD WS 1895—SS 1896 f. technische Elektrochemie.

Offermann, Erich, v. Schaffhausen. * 31. 12. 1890 in Schaffhausen. PD SS 1931—WS 1954 f. technische Messkunde. Tit.-Prof. 1952. † 24. 6. 1966.

Onitsch-Modl, Emma, v. Oesterreich. * 3. 10. 1919. PD 1. 4. 1956 f. Pulvermetallurgie.

Osswald, Franz Max, v. Augsburg, seit 1892 v. Winterthur. * 13. 8. 1879 in Winterthur. PD WS 1928 f. angewandte Akustik. † 21. 5. 1944 in Winterthur.

Ott, Emil, v. Aarburg (AG) und Zürich. * 4. 8. 1877 in Aarburg. Lehrauftrag SS 1907—SS 1945 f. Leuchtgasindustrie, Tit.-Prof. 1921. † 8. 3. 1962.

Ott, Ernst, v. Lauerz (SZ). * 22. 2. 1934. PD 1. 10. 1974 f. spez. Waldbau, insb. Gebirgswaldbau.

Ott, Erwin, v. Elberfeld-Wuppertal. * 18. 7. 1886 in Elberfeld. PD SS 1913—WS 1915 f. organische Chemie.

Palit, Basanta B., v. Indien, * 1. 1. 1932. PD 1. 4. 1978 f. Theorie d. elektr. Maschinen.

Parker, Robert, v. London. * 1. 5. 1893 in London. PD WS 1926—31. 3. 1963 f. Mineralogie und Petrographie, Tit.-Prof. 1932. † 11. 5. 1973.

Pasternak, Peter, v. Odessa, seit 1897 v. Zürich. * 20. 1. 1885 in Odessa. PD WS 1921—SS 1932 f. technische Baustatik und Eisenbetonbau. Direktor der Eisenbeton-Arbeitshochschule Moskau 1929.

Peierls, Rudolf, v. Berlin. * 5. 6. 1907 in Berlin. PD SS 1932—SS 1934 f. theoretische Physik.

Perrier, Albert-Léon, v. Coppet (VD). * 3. 6. 1883 in Coppet. PD WS 1910—SS 1912 f. Physik, Prof. Universität Lausanne 1914.

Peter, Albin, v. Sargans. * 1. 2. 1876 in Sargans. Lehrauftrag 1905 f. Molkereitechnik, Tit.-Prof. 1916. † 29. 12. 1935 in Zollikofen (BE).

Peyer im Hof, Friedrich, v. Schaffhausen. * 7. 6. 1842 in Schaffhausen. PD SS 1868 f. Baufächer (nicht angetreten). † 19. 3. 1919 in Schaffhausen.

Pfister, Rudolf, v. Luzern. * 17. 4. 1867 in Luzern. PD SS 1894—WS 1895 f. technische Mikroskopie.

v. Philipsborn, Henning, v. Deutschland. * 11. 3. 1934. PD 1. 10. 1972—30. 9. 1980 f. Kristallographie.

Piccard, Jules, v. Lutry. * 20. 9. 1840 in Lausanne. PD SS 1862—WS 1868 f. Agrikulturchemie, Prof. Universität Basel SS 1869—1903. † 11. 4. 1933 in Lausanne.

Plaskowski, Zbigniew, v. Winterthur. * 28. 6. 1921. Lehrauftrag WS 1952 f. Aerodynamik, Tit.-Prof. 1968.

Platz, Hermann, v. Wertheim (Baden), seit 1925 v. Zürich. * 3. 1. 1879 in Wertheim am Main. Lehrauftrag WS 1947—WS 1948 f. Architektur, Tit.-Prof. 1948. † 24. 1. 1958.

Platzmann, Adolf, v. Leipzig. * 1854 (?). PD SS 1876—WS 1879 f. Landwirtschaft.

Pliska, Vladimir, v. d. Tschechoslowakei. * 11. 9. 1934. PD 1. 10. 1976 f. Hormone.

Prabucki, Alwin L., v. Deutschland. * 20. 5. 1931. PD 1. 4. 1967 f. chem. Aspekte der tierischen Produktion.

Preiswerk, Peter, v. Basel. * 16. 1. 1907 in Basel. PD WS 1946—30. 9. 1962 f. Experimentalphysik, Tit.-Prof. 1950.

Pretsch, Ernö, v. Forel (FR). * 3. 9. 1942. PD 1. 4. 1980 f. analytische Chemie.

Purwins, Hans-George, v. Deutschland. * 30. 7. 1939. PD 1. 4. 1977 f. Experimentalphysik.

de Quervain, Alfred, v. Vevey (VD), Burgdorf (BE) und Bern. * 15. 6. 1879 in Uebeschi (BE). PD SS 1909 f. Geographie und Meteorologie, auch PD Universität Zürich 1906, daselbst Tit.-Prof. 1915. † 12. 1. 1927 in Zürich.

de Quervain, Marcel, v. Bern, Burgdorf, Vevey. * 17. 5. 1915. Lehrauftrag 1. 10. 1962 f. Lawinenverbauung und Wolkenphysik, Tit. Prof. 1969.

Rathe, Eric J., v. Basel u. Chur. * 28. 10. 1931. PD 1. 10. 1965 f. Elektroakustik, Tit.-Prof. 1978.

Rehmke, Johannes, v. Elmshorn (Schleswig-Holstein). * 1. 2. 1848 in Elmshorn. PD WS 1883 f. Philosophie und Pädagogik, PD Universität Berlin SS 1884, Prof. Universität Greifswald 1885 bis 1921. † 23. 12. 1930 in Marburg/L.

Reich, Willi, v. Zürich. *27. 5. 1898. Lehrauftrag 1959—30. 9. 1969 f. Musikgeschichte und Musikwissenschaft, Tit.-Prof. 1966.

Reye, Carl Theodor, v. Ritzebüttel bei Hamburg. * 20. 6. 1838 in Cuxhaven. PD SS 1863 f. Mathematik und Physik, Tit.-Prof. 1867, Prof. Polytechnikum Aachen WS 1870, Universität Strassburg 1872—1908. † 2. 7. 1919 in Würzburg.

Richard, Otto, v. Wynau (BE). * 1. 5. 1911 in Zürich. PD WS 1948—WS 1952 f. landwirtschaftliche Bakteriologie.

Rieder, Peter, v. Vals (GR). * 23. 3. 1940. PD. 1. 4. 1973 f. Agrarwirtschaft.

Rieder, Werner, v. Oesterreich. * 21. 5. 1919. PD 1. 4. 1958—30. 9 1974 f. Lichtbogenphysik.

Rikli, Martin, v. Basel. * 22. 9. 1868 in Basel. PD WS 1899—SS 1930 f. Pflanzengeographie, Tit.-Prof. 1909. † 25. 1. 1951 in Zürich.

Rist, Günther, v. Zürich u. St. Gallen. * 28. 7. 1938. PD 1. 4. 1976 f. Elektronenspinresonanz i. d. phys. Chemie.

Röthlisberger, Hans, v. Langnau i. E. (BE), * 1. 2. 1923. PD 1. 10. 1972 f. Glaziologie.

Rollier, Louis, v. Nods (BE). * 19. 5. 1859 in Nods. PD ETH und Universität Zürich WS 1903 f. Stratigraphie und historische Geologie, Tit.-Prof. 1911. † 3. 6. 1931 in Zürich.

Rose, Livingstone M., v. England. * 22. 8. 1935. PD 1. 10. 1974 f. Entwurf (Design) chem. Prozesse.

Roth, Hans, v. Wangen a. d. Aare (BE) und Bern. * 30. 10. 1882 in Wangen a. d. Aare. PD WS 1917—SS 1935 f. Wasserbau.

Roth, Hermann, v. Pizy (VD). * 16. 6. 1917. PD 1. 4. 1970—30. 9. 1979 f. Fischereiwissenschaft u. Fischzucht, Tit.-Prof. 1971.

Rott, Nikolaus, v. Budapest (Ungarn). * 6. 10. 1917 in Budapest. PD WS 1947—SS 1951 f. theoretische Aerodynamik.

Rotten, Markus, v. Lemberg (Galizien), seit 1878 v. Fischenthal (ZH). * 29. 10. 1846 in Lemberg. PD SS 1877—WS 1877 f. Maschinenlehre und Maschinenbau. † 10. 2. 1892 in Berlin.

Ruchonnet, Charles, v. Saint-Saphorin (VD). * 14. 2. 1832 in Lausanne. PD SS 1863—WS 1867 f. Mathematik in französischer Sprache. † 12. 5. 1914 in Lausanne.

Ruckli, Robert, v. Luzern. * 27. 4. 1906 in Luzern. PD WS 1948—31. 3. 1956 f. Probleme des Strassenbaus.

Rübel, Eduard, v. Zürich. * 18. 7. 1876 in Zürich. PD SS 1917—SS 1934 f. Botanik, Tit.-Prof. 1923. † 24. 6. 1960.

Ruelle, David P., v. Belgien. * 20. 8. 1935. PD 1. 4. 1962—31. 3. 1966 f. theoretische Physik.

Rybach, Ladislaus, v. Küsnacht (ZH). * 1. 4. 1935. PD 1. 10. 1973 f. Geophysik.

Ryniker, Adolf J., v. Habsburg (AG). * 27. 4. 1875 in Lauterbrunnen (BE). PD SS 1925—WS 1941 f. Schiffbau und Schiffahrt.

Saitschick, Robert, v. Mistislaw (Russland), seit 1899 v. Zürich. * 24. 4. 1867 in Mistislaw. PD WS 1894 f. moderne Literaturgeschichte, seit 1896 auch f. russische Sprache, seit 1902 f. slawische Literatur und russische Sprache, Tit.-Prof. 1907, Prof. Universität Köln SS 1914—1923.

Saljé, Ernst, v. Deutschland. * 20. 6. 1919. PD 1. 10. 1956—30. 9. 1963 f. ausgew. Kapitel über Berechng. u. Konstr. v. Werkzeugmaschinen.

Sauter, Joseph, v. Genf. * 11. 1. 1871 in La Chaux-de-Fonds (NE). PD nur WS 1897 f. physikalische Mechanik.

Sauter, Willi, v. Ermatingen (TG). * 25. 7. 1928. Konservator d. entomologischen Sammlung; Lehrauftrag 1. 10.1959 f. Entomologie, Tit.-Prof. 1971.

Schär, Alfred, v. Bern, seit 1882 v. Zürich. * 10. 10. 1874 in Zürich. PD SS 1904—SS 1938 f. deutsche Literaturgeschichte, auch PD Universität Zürich 1908—1920. † 12. 4. 1953 in Rüschlikon (ZH).

Schärf, Henryk, v. Rohatyn (Polen). * 17. 3. 1907 in Rohatyn. PD WS 1945 f. Mathematik, Prof. Universität St. Louis (USA) SS 1948.

Schaffner, Kurt, v. Zürich u. Effingen (AG). * 6. 10. 1931. PD 1. 10. 1964—30. 9. 1972 f. organische Radikalchemie, Tit.-Prof. 1970, Prof. Genf 1972.

Scheck, Florian, v. Deutschland. * 20. 11. 1936. PD 1. 4. 1970—31. 3. 1978 f. theoret. Physik, Tit.-Prof. 1975.

Schellenberg, Hans, v. Pfäffikon (ZH), seit 1925 v. Zürich. * 15. 1. 1901 in Zürich. PD SS 1941 f. Installationen. † 30. 6. 1970.

Schild, Karl, v. Grenchen (SO). * 6. 1. 1875 in Grenchen. PD SS 1907—WS 1911 f. Physik und Elektrotechnik, WS 1920—SS 1930 f. Schwachstromtechnik.

Schildknecht, Hermann, v. Eschlikon (TG). * 25. 6. 1899 in Zürich. PD SS 1932—SS 1951 f. landwirtschaftliche Bewässerung.

Schinz, Emil, v. Zürich. * 2. 7. 1817 in Zürich. PD WS 1864 und seit WS 1871 f. Mathematik. † 30. 3. 1887 in Fluntern-Zürich.

Schinz, Hans, v. Zürich. * 6. 12. 1858 in Zürich. PD Universität Zürich 1889, PD ETH WS 1890 bis SS 1895, Prof. Universität Zürich 1892—1929. † 30. 10. 1941 in Zürich.

Schläpfer, Otto, v. Wädenswil (ZH). * 14. 8. 1917. Lehrauftrag 1. 10. 1966—30. 9. 1977 f. darstellende Geometrie, Tit.-Prof. 1965.

Schmid, Beat, v. Vals (GR). * 23. 3. 1943. PD 1. 4. 1980 f. quant. Meth. d. Raumplanung.

Schmid, Hans W., v. Basadingen u. Schlattingen (TG). * 29. 10. 1931. PD 1. 10. 1970 f. pharmazeut. Chemie, unt. spez. Berücksicht. d. Arzneimittelprüfung.

Schmid, Paul, v. Kesswil (TG). * 31. 8. 1930. PD 1. 10. 1969 f. bes. Fragen auf dem Gebiete d. Waldmess- u. Waldertragskunde.

Schmid, Rolf, v. Mühleberg (BE) u. Basel. * 11. 12. 1937. PD 1. 10. 1972 f. Petrographie.

Schmid, Werner, v. Basel, Affeltrangen und Buch (TG). * 29. 8. 1841 in Frauenfeld. PD WS 1876—SS 1878 f. Chemie, auch PD Universität Zürich 1876—1878. † 2. 3. 1900 in St. Louis (Missouri, USA).

Schmidlin, Julius, v. Dättlikon (ZH), seit 1891 v. Winterthur. * 1. 1. 1880 in Winterthur. PD WS 1906—WS 1912 f. Chemie, Tit.-Prof. 1912.

Schmidt, Gustav, v. Meinsdorf (Oldenburg), seit 1890 v. Fluntern-Zürich. * 5. 4. 1861 in Meinsdorf. PD WS 1887—WS 1897 f. Nationalökonomie und Finanzwissenschaft, auch PD Universität Zürich 1888—1898. † 29. 7. 1905 in Bern.

Schmidt, Karl, v. Tiefenbach (Württemberg). * 1841. PD WS 1873—SS 1874 f. Maschinenlehre und Maschinenbau.

Schoch, Gustav, v. Pfäffikon (ZH). * 9. 9. 1833 in Zürich. PD SS 1874—SS 1898 f. Zoologie und Mikroskopie. † 28. 2. 1899 in Zürich.

Scholl, Roland, v. Würzburg. * 30. 9. 1865 in Zürich. PD ETH und Universität Zürich WS 1893 f. Chemie, Prof. Technische Hochschule Karlsruhe SS 1896, Universität Graz 1907, Technische Hochschule Dresden 1916—1933.

Schoop, Hermann, v. Dozwil (TG). * 27. 2. 1875 in Dozwil. PD WS 1923 f. Politik und Kultur der angelsächsischen Länder, Prof. Universität Neuenburg WS 1924.

Schröder, Ernst, v. Mannheim. * 25. 11. 1841 in Pforzheim. PD SS 1865—SS 1868 f. Mathematik, Prof. Polytechnikum Darmstadt 1874, Polytechnikum Karlsruhe 1876. † 17. 6. 1902 in Karlsruhe.

Schröter, Moritz, v. Karlsruhe, 1868—1881 v. Zürich. * 25. 2. 1851. PD WS 1876 f. Maschinenbau, Prof. Technische Hochschule München SS 1879. † 12. 3. 1925 in München.

Schüepp, Hannes, v. Zufikon (AG). * 12. 6. 1931. PD 1. 4. 1974 f. Bodenmikrobiologie.

Schütze, Hans, v. Zürich. * 13. 6. 1908 in Wattwil (SG). PD WS 1949—30. 9. 1965 f. technisch-chemische Arbeitsmethoden.

Schuler, Hans Werner, v. Schwyz. * 24. 9. 1889 in Rorschach (SG). PD WS 1937—30. 9. 1957 f. elektrische Installationstechnik. † 24. 12. 1962.

Schultz, Ludolf, v. Deutschland. * 28. 1. 1937. PD 1. 10. 1973—30. 9. 1977 f. Isotopenkosmologie u. Massenspektroskopie.

Schulz, Heinz H., v. Deutschland. * 5. 6. 1935. PD 1. 4. 1970 f. Kristallographie.

Schwalbe, Karl, v. Quedlinburg. * 17. 8. 1838 in Quedlinburg. PD Universität Zürich 1869—1874, PD ETH SS 1872—WS 1872 f. Gesundheitspflege. † 14. 6. 1903 in Los Angeles (USA).

Schwarz, Hans Rudolf, v. Zürich. * 20. 11. 1930. PD 1. 10. 1964—30. 9. 1972 f. angewandte Mathematik, Prof. Universität Zürich 1972.

Schwarzenbach, Dieter, v. Horgen (ZH). * 21. 3. 1936. PD 1. 10. 1972—30. 9. 1973 f. Kristallographie, Prof. Universität Lausanne 1973.

von Seckendorff, Arthur, v. Dresden. * 1. 7. 1845 in Schweizerhall (BL). PD SS 1868—SS 1870 f. Forstwissenschaft, Dozent forstwirtschaftliche Schule Mariabrunn bei Wien 1870.

Seibl, Joseph, v. Oesterreich. * 11. 3. 1924. PD 1. 4. 1967 f. Massenspektrometrie, Tit.-Prof. 1974.

Seidel, Robert, v. Kirchberg (Sachsen), seit 1880 v. Witikon-Zürich, 1903 v. Zürich. * 23. 11. 1850 in Kirchberg. PD WS 1905—SS 1929 f. Pädagogik, Tit.-Prof. 1923, auch PD Universität Zürich 1908—1929. † 19. 7. 1933 in Zürich.

Senti, Richard, v. Flums (SG). * 17. 2. 1935. PD 1. 4. 1973 f. spez. Probleme d. landw. Binnenmarktes u. Aussenhandels.

Shah, Arvind V., v. Zürich u. Indien. * 4. 12. 1940. PD 1. 10. 1978 f. digitale Schaltungstechnik.

Sidler, Georg Joseph, v. Zug und Unterstrass-Zürich. * 30. 8. 1831 in Zug. PD ETH WS 1855—SS 1856 f. Mathematik und Astronomie, auch PD Universität Zürich 1854—1856, PD Universität Bern 1856, daselbst Prof. 1866—1898. † 9. 11. 1907 in Bern.

Siegfried, Hermann, v. Zofingen (AG). * 14. 2. 1819 in Zofingen. PD WS 1856—WS 1858 f. Ingenieurwissenschaften f. Militär. Generalstabschef 1866. † 5. 12. 1879 in Bern.

Siegfried, Walter, v. Schaffhausen. * 17. 4. 1907 in Schaffhausen. PD 1. 10. 1948—30. 9. 1977 f. prakt. Werkstoffkunde, Tit.-Prof. 1971.

Soliva, Marcel, v. Ilanz (GR). * 24. 5. 1926. PD 1. 4. 1963 f. spez. Probleme der pharmazeut. Technologie, Tit.-Prof. 1974.

Sommerhalder, Hugo, v. Gontenschwil (AG). * 27. 11. 1912. PD 1. 10. 1959—31. 3. 1965 f. deutsche Literatur.

Soom, Erich, v. Ursenbach (BE). * 28. 10. 1919. PD 1. 10. 1956—30. 9. 1968 f. statist. Methoden in den Betriebswissenschaften.

Speiser, Ambrosius, v. Basel. * 13. 11. 1922 in Basel. PD WS 1952 f. Schaltungstechnik, 1972 f. techn. Aspekte d. Unternehmungsführung, Tit.-Prof. 1962.

Sperb, René P., v. Wädenswil. * 5. 5. 1943. PD 1. 10. 1978 f. Mathematik.

Sprecher, Andreas, v. Chur. * 15. 10. 1871 in Grabs (SG). Lehrauftrag SS 1923—WS 1941 f. tropische Agrikultur, Tit.-Prof. 1926. † 13. 8. 1951 in Zürich.

Stäger, Hans, v. Maienfeld (GR). * 28. 8. 1896 in Romanshorn (TG). PD SS 1936—WS 1952 f. Werkstoffkunde der elektrischen Baustoffe.

Stähelin, Peter, v. Basel. * 13. 5. 1924. PD 1. 4. 1959—31. 3. 1960 f. Physik, Prof. Hamburg 1960.

Stambach, Johann, Jakob, v. Aarau und seit 1888 v. Winterthur. * 16. 4. 1843 in Uerkheim (AG). PD SS 1888—SS 1898 f. Geodäsie. † 18. 2. 1918 in Winterthur.

Stamm, Otto A., v. Schleitheim (SH). * 2. 4. 1930. PD 1. 4. 1964—31. 3. 1972 f. Textilchemie.

Standfuss, Max, v. Parchwitz (Preussen). * 6. 6. 1854 in Schreiberhan (Schlesien). PD ETH und Universität Zürich SS 1892 f. Entomologie, Tit.-Prof. 1899, Hilfslehrer WS 1905. † 22. 1. 1917 in Zürich.

Stebler, Friedrich Gottlieb, v. Seedorf (BE). * 11. 8. 1852 in Safnern (BE). PD SS 1876—WS 1900 f. technisch-landwirtschaftliche Fächer. † 7. 4. 1935 in Lahr (Deutschland).

Steiger, Arnald, v. Flawil (SG). * 2. 10. 1896 in Zürich. PD Universität Zürich 1925, daselbst Prof. 1933 f. Romanistik, Leiter der Militärschule der ETH WS 1948.

Steiger, Eduard, v. Schlierbach (LU). * 19. 12. 1859 in Schlierbach. PD WS 1888—SS 1901 f. Chemie. † 27. 11. 1922 in St. Gallen.

Stein, Ludwig, v. Berlin, seit 1893 v. Zürich. * 12. 11. 1859 in Erdös (Ungarn). PD SS 1886 f. Philosophie, Tit.-Prof. 1889, auch PD Universität Zürich 1886, Prof. Universität Bern WS 1891—1910. † 14. 7. 1930 in Berlin.

Steiner, René, v. Sumiswald (BE). * 31. 8. 1920. Lehrauftrag 1. 4. 1967 f. Materialtechnologie und Werkstofflehre, Tit.-Prof. 1975.

Steinmann, Arnold, v. St. Gallen. * 8. 1. 1849 in St. Gallen. PD WS 1874—WS 1879 f. Eisenbahnverwaltung und -betrieb, Eisenbahn-, Post- und Telegraphenrecht.

Stern, Otto, v. Sohrau (Oberschlesien). * 17. 2. 1888 in Sohrau. PD WS 1913—WS 1915 f. physikalische Chemie.

Stickelberger, Ludwig, v. Buch (SH). * 18. 5. 1850 in Buch. PD WS 1874 f. Mathematik, Prof. Universität Freiburg i. Br. WS 1879—1924. † 11. 4. 1936 in Basel.

Stiner, Gottlieb, v. Unterentfelden (AG). * 25. 8. 1865 in Unterentfelden. PD SS 1894—WS 1894 f. Mathematik. † 27. 10. 1928 in Winterthur.

Stössel, Johann, v. Bäretswil (ZH). * 8. 5. 1837 in Bäretswil. PD nur WS 1861 f. Nationalökonomie, auch PD Universität Zürich 1861—1862. Regierungsrat 1875—1917. † 7. 11. 1919 in Rüschlikon (ZH).

Stössel, Johannes, v. Bäretswil (ZH) und seit 1892 v. Zürich. * 26. 9. 1856 in Bäretswil. PD SS 1887 f. Physik. † 7. 3. 1895 in Zürich.

Stoll, Otto, v. Osterfingen (SH) und Zürich. * 29. 12. 1849 in Frauenfeld (TG). PD SS 1886—WS 1894 f. Geographie, auch PD Universität Zürich 1884, daselbst Prof. 1891—1912. † 18. 8. 1922 in Zürich.

Stoll, Peter, v. Osterfingen (SH). * 21. 6. 1923 in Bischofszell (TG). PD 1. 4. 1955—31. 3. 1967 f. Physik, Tit.-Prof. 1957.

Storrer, Hans H., v. Siblingen (SH). * 25.11. 1939. PD 1. 4. 1973—30. 9. 1973 f. Mathematik, Prof. Univ. Zürich 1973.

Strässler, Sigfrid, v. Wil b. Rafz (ZH). * 22. 1. 1938. PD 1. 10. 1977 f. theoretische Physik.

Strickler, Albert, v. Hirzel (ZH). * 25. 7. 1887 in Wädenswil (ZH). PD SS 1916—SS 1926 f. wirtschaftliche Kalkulationen im Maschinenbau.

Studer, Hugo, v. Oberhofen-Illighausen (TG) und seit 1878 von St. Gallen. * 17. 5. 1865 in Altstätten (SG). Lehrauftrag WS 1908 f. Eisenbahnbetrieb und Verkehrswesen, Tit.-Prof. 1916. † 5. 3. 1931 in Zürich.

Studer, Walter, v. Unterschlatt (TG). * 22. 4. 1919 in Gisenhard bei Ossingen (ZH). PD WS 1950—30. 9. 1970 f. Landtechnik.

Stutz, Theo, v. Volketswil (ZH). * 7. 3. 1926. PD 1. 4. 1961 f. elektronische Schaltungstechnik, Tit.-Prof. 1978.

Stutz, Ulrich, v. Pfäffikon (ZH), seit 1875 v. Zürich. * 15. 11. 1826 in Mönchaltorf (ZH). PD SS 1860—SS 1891 f. Geologie. † 9. 6. 1894 in Basel.

Suter, Ernst, v. Basel. * 28. 4. 1884 in Basel. PD SS 1924—SS 1927 f. Methode der Festpunkte.

Suter, Hans, v. Aesch b. Birmensdorf (ZH), seit 1931 v. Zürich. * 3. 12. 1892 in Oberstrass-Zürich. Tit.-Prof. mit Lehrauftrag 1949—30. 9. 1959 f. Geologie.

Tauber, Eduard, v. Ratibor (Schlesien). * 31. 3. 1846 in Ratibor. PD SS 1882—WS 1885 f. Chemie, auch PD Universität Zürich 1881—1886.

von Tavel, Franz, v. Bern und Vevey (VD). * 10. 5. 1863 in Bern. PD SS 1892—SS 1896 f. Botanik. † 30. 12. 1941 in Bern.

Thies, Hans, v. Deutschland. * 17. 4. 1938. PD 1. 10. 1977 f. Hochdrucktechnik.

Thurnherr, Gustav, v. Oberriet (SG). * 29. 4. 1876 in Heiden (AR). PD WS 1902—SS 1919 f. graphische Statik und Betonbauten. † 26. 9. 1937 in Zollikon (ZH).

Tiziani, Hans, v. Oberriet (SG). * 1. 7. 1936. PD 1. 10. 1977 f. techn. Physik.

Trier, Georg, v. Prag. * 7. 7. 1884 in Prag. PD WS 1913—WS 1931 f. Grenzgebiete der physiologischen und technischen Chemie.

Troesch, Max, v. Thunstetten (BE). * 12. 6. 1900 in Biglen (BE). PD SS 1945 f. Automobilbetrieb. † 19. 6. 1966.

Tuchschmied, Karl, v. Thundorf (TG). * 2. 2. 1847 in Felben (TG). PD SS 1869—WS 1871 f. Chemie, Tit.-Prof. 1871. † 3. 7. 1883 in Riesbach-Zürich.

Ulrich, Jakob, v. Waltalingen (ZH). * 23. 9. 1856 in Waltalingen. PD SS 1882—WS 1883 f. romanische Sprachen und Literatur, auch PD Universität Zürich 1880, daselbst Prof. 1884—1901. † 6. 9. 1906 in Zürich.

Urbanska, Krystyna, v. Polen. * 9. 6. 1935. PD 1. 10. 1970 f. Geobotanik, insbes. Zytogeographie der Pflanzen, Tit.-Prof. 1979.

Valat, Amadé, v. Belfort (Frankreich). * 1851. PD SS 1876—WS 1878 f. Ingenieurwissenschaften.

Varga, Tamas, v. Ungarn. * 1. 9. 1935. PD 1. 10. 1972 f. Werkstoffmech., insb. Bruchsicherheitsbeurt. bei versch. Belast.-Arten u. -Dauer; ab 1980 werkst.mech., insbes. werkst.gegebene Versagensarten u. Meth. zu deren Vermeidung, inkl. Qualitätssicherung.

Verde, Mario, v. Tarent (Italien). * 6. 6. 1920 in Tarent. PD WS 1950—SS 1954 f. theoretische Physik, Prof. Universität Turin 1951.

Vögeli, Franz Anton, v. Zürich. * 23. 10. 1825 in Zürich. PD nur SS 1859 f. Chemie. † 30. 4. 1874 in Zürich.

Vögeli, Hans Heinrich, v. Zürich. * 4. 1. 1810 in Ellikon a. d. Th. (ZH). PD WS 1866—SS 1874 f. Schweizergeschichte, auch PD Universität Zürich 1836, daselbst Prof. 1870. † 10. 10. 1874 in Zürich.

Völlm, Ernst, v. Amriswil (TG). * 7. 10. 1898 in Sonvilier (BE). PD SS 1933 f. Rechnungsmethoden, Tit.-Prof. 1948. † 23. 1. 1962.

Vogel, Jakob, v. Zürich. * 1. 4. 1935. PD 1. 4. 1973 f. Computer-Aided Design, insb. Analyse u. Synth. el. Netzwerke u. Systemsimulation.

Vogt, Emil, v. Basel. * 12. 4. 1906 in Basel. PD WS 1933—SS 1940 f. Urgeschichte, PD Universität Zürich 1940, daselbst Prof. 1945.

Volkmar, Gustav, v. Hersfeld (Hessen), seit 1869 v. Hüttikon (ZH). * 11. 1. 1809 in Hersfeld. PD Universität Zürich 1853, daselbst Prof. 1858—1893 f. Neues Testament, PD ETH SS 1856—WS 1863 f. Kulturgeschichte. † 9. 1. 1893 in Zürich.

Wäffler, Hermann, v. Schaffhausen. * 8. 2. 1910 in Leningrad. PD WS 1943—SS 1950 f. Atomphysik, Tit.-Prof. 1950, Prof. Universität Zürich WS 1950.

Waelsch, Emil, v. Prag. * 9. 4. 1863 in Prag. PD WS 1893—SS 1894 f. höhere Geometrie, Prof. Technische Hochschule Brünn 1895. † 5. 6. 1927 in Brünn.

Waldvogel, Paul, v. Genf. * 20. 7. 1908 in Genf. PD WS 1943—1946 f. Elektrotechnik.

Walter, Hans Chr., v. Deutschland. * 21. 8. 1937. PD 1. 4. 1975 f. exp. Mittelenergie- u. Kernphysik.

Walter, Heinrich, v. Hombrechtikon (ZH). * 12. 6. 1864 in Füssen (Bayern). PD WS 1891—SS 1897 f. Ingenieurwissenschaften.

Walther, Alfred, v. Zürich und Basel. * 17. 9. 1886 in Zürich. PD WS 1927—WS 1939 f. allgemeine Betriebswirtschaft, Prof. Universität Bern 1940.

Wanner, Hans Urs, v. Altbüron (LU). * 7. 6. 1933. PD 1. 10. 1969 f. techn. u. pharmazeut. Hygiene.

Wartha, Vinzenz, v. Fiume (Jugoslawien). * 17. 7. 1844 in Fiume. PD WS 1866 f. Chemie, Prof. Polytechnikum Ofen WS 1867, Polytechnikum Budapest 1871. † 17. 7. 1914 in Budapest.

Wartmann, Bernhard, v. St. Gallen. * 8. 12. 1830 in St. Gallen. PD nur SS 1856 f. Botanik. † 3. 6. 1902 in St. Gallen.

Weber, Julius, v. Aussersihl-Zürich. * 3. 3. 1853 in Baden bei Wien. PD WS 1878 f. Ingenieurwissenschaften. † 9. 2. 1886 in Aussersihl-Zürich.

Weber, Julius, v. San Francisco (USA), seit 1878 v. Zürich. * 4. 9. 1864 in Zürich. PD SS 1919 f. Geologie und Lagerstättenkunde der Rohstoffe des Bergbaus und der Industrie. † 16. 1. 1924 in Winterthur.

Weber, Leonhard, v. Wohlen (AG). * 23. 1. 1883 in Wohlen. PD SS 1925—SS 1931 f. Mineralogie, Prof. Universität Freiburg i.Ü. 1925.

Wehner, Roland K., v. Deutschland. * 17. 4. 1935. PD 1. 4. 1976 f. theoretische Physik. Prof. Westfälische Wilhelms-Universität, Münster, 1980.

Wehrli, Hansuli, v. Schaffhausen u. Ellikon (ZH). * 14. 6. 1935. PD 1. 10. 1971—30.9. 1975 f. Chemie organischer Naturstoffe.

Weilenmann, August, v. Knonau (ZH). * 9. 1. 1843 in Knonau. PD SS 1869 f. Meteorologie, Tit.-Prof. 1901, auch PD Universität Zürich 1876—1892. † 9. 11. 1906 in Zürich.

Weiler, Adolf, v. Winterthur. * 27. 12. 1851 in Winterthur. PD WS 1875—SS 1878 f. Mathematik, auch PD Universität Zürich 1891, daselbst Prof. 1899. † 1. 5. 1916 in Zürich.

Weinstein, Alexander, v. Astrachan (Russland). seit 1925 v. Zürich. * 21. 1. 1897 in Saratow (Russland). PD SS 1928—WS 1930 f. Mathematik, PD Universität Breslau 1928—1933.

Weiss, Otto, v. Winterthur, seit 1929 v. Zürich. * 29. 3. 1890 in Herisau (AR). PD SS 1940 f. allgemeine und Schweizergeschichte der Neuzeit, Tit.-Prof. 1947. † 28. 12. 1950 in Zürich.

Weitbrecht, Karl, v. Schorndorf (Württemberg). * 8. 12. 1847 in Neuhengstett (Württemberg). PD WS 1892 f. Aesthetik und ästhetisch-kritische Literaturgeschichte, Prof. Technische Hochschule Stuttgart SS 1893. † 10. 6. 1904 in Stuttgart.

Weith, Heinrich, v. Homburg vor der Höhe (Hessen-Nassau). * 2. 6. 1849 in Homburg v. d. H. PD ETH und Universität Zürich SS 1876 f. Mathematik. † 5. 6. 1877 in Homburg v. d. H.

Weith, Wilhelm, v. Homburg vor der Höhe (Hessen-Nassau). * 9. 5. 1846 in Homburg v. d. H. PD WS 1866 f. Chemie, Tit.-Prof. 1870, auch PD Universität Zürich 1866, daselbst Prof. 1871. † 29. 11. 1881 in Ajaccio (Korsika).

Went, Dirk F., v. Holland. * 6. 5. 1936. PD 1. 4. 1979 f. Fortpflanzungsbiologie.

Werdmüller, Johann Konrad, v. Zürich. * 12. 11. 1819 in Zürich. Hilfslehrer WS 1855—WS 1889 f. Figurenzeichnen, Tit.-Prof. 1875. † 3. 9. 1892 in Freiburg i. Br.

Werner, Alfred, v. Mülhausen, seit 1894 v. Zürich. * 12. 12. 1866 in Mülhausen (Elsass). PD SS 1892 bis SS 1893 f. Chemie, Prof. Universität Zürich 1893—1919. † 15. 11. 1919 in Zürich.

Wideröe, Rolf, v. Norwegen. * 11. 7. 1902 in Oslo. PD 1.10. 1953—30. 9. 1972 f. kernphysikalische Technik, Tit.-Prof. 1962.

Widmoser, Peter, v. Oesterreich. * 3. 6. 1935. PD 1. 4. 1973 f. Hydrologie u. landwirtsch. Wasserbau.

Wiedeburg, Otto, v. Prettin (Preussen). * 14. 11. 1866 in Prettin. PD nur SS 1892 f. Physik.

Wiel, Josef, v. Bonndorf (Baden). * 1. 5. 1831 in Bonndorf. PD WS 1875 f. Hygiene. † 5. 3. 1881 in Fluntern-Zürich.

Wiemken, Andres, v. Binningen (BL). * 14. 4. 1942. PD 1. 4. 1975 f. Pflanzenphysiologie.

Wietlisbach, Johann Viktor, v. Bremgarten (AG). * 24. 8. 1854 in Bremgarten. PD SS 1880 bis WS 1883 f. Mathematik und Physik. † 26. 11. 1897 in Bern.

Wild, Heinrich, v. Wädenswil (ZH). * 17. 12. 1833 in Uster (ZH). PD ETH und Universität Zürich SS 1858 f. Physik, Prof. Universität Bern SS 1859, daselbst Rektor 1867—1868, Direktor des physikalischen Zentralobservatoriums in Petersburg 1868—1897. † 5. 9. 1902 in Zürich.

Winter, Heinrich Georg, v. Leipzig. * 1. 10. 1848 in Leipzig. PD SS 1876—WS 1883 f. Botanik, auch PD Universität Zürich 1878—1883. † 16. 8. 1887 in Connewitz bei Leipzig.

Winterstein, Alfred, v. Zürich. * 7. 2. 1899 in Zürich. PD WS 1929—WS 1931 f. Chemie, wieder SS 1936 f. Biochemie und physiologische Chemie. † 16. 9. 1960.

Wirz, Emil, v. Menziken (AG). * 25. 11. 1885 in Reinach (AG). PD SS 1917—SS 1934 f. technische elektrische Messinstrumente.

Wislicenus, Hugo. * 29. 12. 1836 in Kleineichstedt (Preussen). PD ETH und Universität Zürich SS 1863 f. deutsche Sprache und Literatur. † 8. 8. 1866 am Grünhorn (BE), abgestürzt.

Wölfli, Willy, v. Schangnau (BE). * 28. 12. 1930. PD 1. 10. 1967 f. Physik, Tit.-Prof. 1976.

Wolf, Julius, v. Brünn (Tschechoslowakei). * 20. 4. 1862 in Brünn. PD WS 1887—SS 1888 f. Nationalökonomie, auch PD Universität Zürich 1885, daselbst Prof. 1888, Prof. Universität Breslau 1897, Technische Hochschule Berlin 1913—1923. † 1. 5. 1937 in Berlin.

Wolfke, Mieczyslaw, v. Lask (Polen). * 29. 5. 1883 in Lask. PD WS 1913—WS 1919 f. Optik, auch PD Universität Zürich 1914—1920 und SS 1922, Prof. Universität Warschau SS 1920—1922, Technische Hochschule Warschau WS 1922. † 1947.

Wreschner, Arthur, v. Breslau. * 9. 7. 1866 in Breslau. PD SS 1903—SS 1932 f. Philosophie, auch PD Universität Zürich 1900, daselbst Prof. 1910—1932. † 5. 9. 1932 in Zürich.

Wysling, Hans, v. Stäfa (ZH) u. Zürich. * 20. 6. 1926. PD 1. 10. 1968—30. 9. 1973 f. neuere deutsche Literatur.

von Wyss, Georg Heinrich, v. Zürich. * 30. 7. 1862 in Zürich. PD SS 1888—WS 1893 f. Physik, auch PD Universität Zürich 1889. † 2. 4. 1900 in Davos (GR).

Wyss, Hans, v. Alchenstorf (BE). * 2. 8. 1901 in Bern. PD 1. 10. 1948—30. 9. 1971 f. Versich'mathematik, Tit.-Prof. 1956. † 19. 8. 1977.

Wyss, Theophil, v. Dulliken (SO). * 21. 6. 1890 in Zürich. PD WS 1927 f. Statik und Brückenbau, WS 1951—30. 6. 1960 f. Werkstoffprüfung und Werkstoffkunde, Tit.-Prof. 1943. † 17. 10. 1971.

Yuan, Si, v. China. * 25. 4. 1921. PD 1. 4. 1970 f. Physik, Tit.-Prof. 1978.

Zähner, Hans, v. Zürich. * 7. 6. 1929. PD 1. 10. 1960—30. 9. 1964 f. Mykologie der Antibiotica.

Zeier, Hans, v. Luzern. * 27. 3. 1939. PD 1. 4. 1972 f. Verhaltenswissenschaft.

Zogg, Hans, v. Weite-Wartau (SG). * 19. 4. 1916 in Wädenswil (ZH). PD 1.4. 1951 f. spez. Pflanzenpathologie. Tit.-Prof. 1966.

Zoller, Heinrich, v. Basel und Beringen (SH). * 27. 1. 1923. PD 1. 10. 1959—30. 9. 1963 f. Geobotanik, spez. Vegetationsgeschichte.

Zschokke, Bruno, v. Aarau und Malans (GR). * 23. 10. 1860 in Solothurn. PD WS 1902 f. Materialprüfungswesen, Tit.-Prof. 1918. † 12. 2. 1926 in Zürich.

HILFSLEHRER

Redaktionelle Anmerkung in der «Festschrift 1955»: «Der Gebrauch der Bezeichnungen Hilfslehrer und Assistent (mit Lehrauftrag) ist in den ersten Jahrzehnten schwankend; aufgenommen wurden nur die in den Programmen ausdrücklich als Hilfslehrer bezeichneten Persönlichkeiten.»

Krönert, Traugott, v. Deuben (Sachsen). Hilfslehrer WS 1855—SS 1857 f. technisches Zeichnen.

Niederer, Eugen, v. St. Gallen. * 18. 7. 1823 in Kirchberg (SG). Hilfslehrer WS 1855—WS 1864 f. Arbeiten in Metall. † 13. 4. 1865 in Pfäfers (SG).

Rollenbuz, Gustav, v. Zürich. * 9. 11. 1808 in Zürich. Hilfslehrer WS 1855—31. 12. 1858 f. Arbeiten in Holz. † 4. 2. 1891 in Riesbach-Zürich.

Schneebeli, Heinrich, v. Rutschwil (ZH) und seit 1908 v. Zürich. * 21. 3. 1854 in Zürich. Hilfslehrer WS 1887—SS 1897 f. Landwirtschaft; Direktor der Landwirtschaftlichen Schule Strickhof in Zürich 1897. † 28. 4. 1917 in Zürich.

Stadler, Ferdinand, v. Zürich. * 23. 2. 1813 in Zürich. Hilfslehrer WS 1855—WS 1856 f. Architektur. † 24. 3. 1870 in Zürich.

Stigler, August, v. Renchen (Baden). * 26. 7. 1832. Hilfslehrer WS 1857—WS 1858 f. techn. Zeichnen.

Die Entwicklung der Abteilungen, 1855–1980: Professoren und Lehrgebiete

(Stand 1. April 1980)

Ziel der folgenden Darstellungen ist es, das naturgemäss unübersichtliche Verzeichnis der Professoren durch eine graphische Uebersicht zu ergänzen. Darin wird die Tätigkeitsdauer der Professoren an der ETH über dem Zeitmassstab der vergangenen 125 Jahre angegeben, geordnet nach Abteilungen und Lehrgebieten. So ergeben sich horizontale Zeilen von Vorgängern und Nachfolgern.

Auf dem linken Rand ist der offizielle Titel des Lehrstuhls aufgeführt, wie er in den ersten Jahren gültig war. Mit der Entwicklung der Fachgebiete wurden diese Bezeichnungen geändert, d. h. immer wieder den neuen Schwerpunkten angepasst. Auf dem gedrängten Raum der Graphik war es indessen unmöglich, die laufenden Aenderungen zu berücksichtigen. Einfachheitshalber ist am rechten Rand nur die heutige Bezeichnung der Professuren aufgeführt. Dabei wurde es wegen der grossen Zahl von Professoren nötig, Gruppen zu bilden, deren Bezeichnung nicht immer wörtlich genau mit den Professuren übereinstimmen. Einzelne Kollegen haben während ihrer Tätigkeit an der ETH das Lehrgebiet gewechselt. Auch solche Komplikationen konnten der Uebersichtlichkeit wegen nicht dargestellt werden, es sei denn ein Abteilungswechsel.

Im Prinzip sind nur Professoren aufgeführt. Eine Ausnahme bilden einzelne Kunstfachlehrer, wie sie zu Anfang der Schule noch üblich waren, sowie die letzten 5 Kommandanten der Militärschulen, welche nicht mehr als Professoren gewählt worden sind. Lehrgebiete, die in mehr als einer Abteilung beheimatet sind, z. B. Kunstgeschichte (Abt. I und XII), wurden nur einmal aufgeführt. Genauere Einzelheiten sind dem Verzeichnis der Lehrkräfte zu entnehmen.

Abteilung I: Architektur

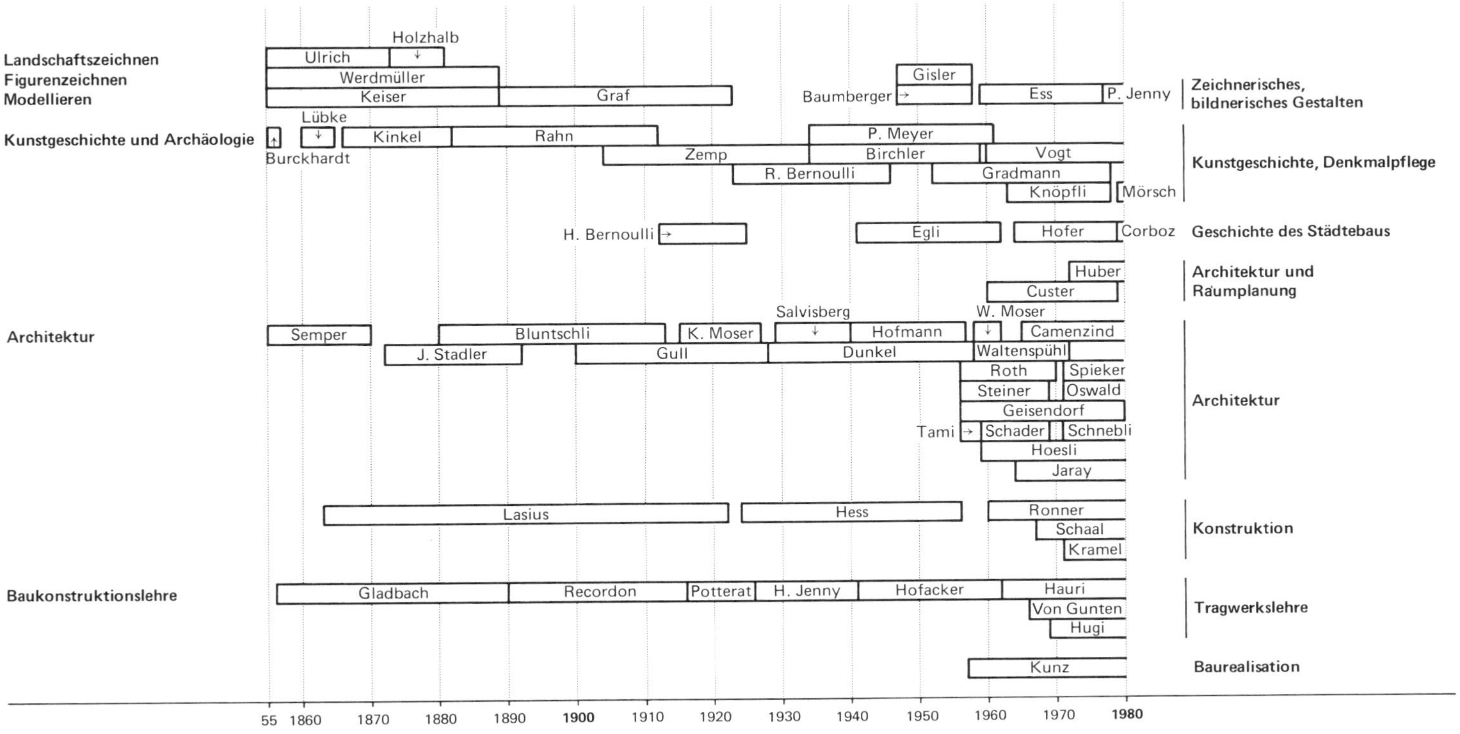

Abteilung II: Bauingenieurwesen

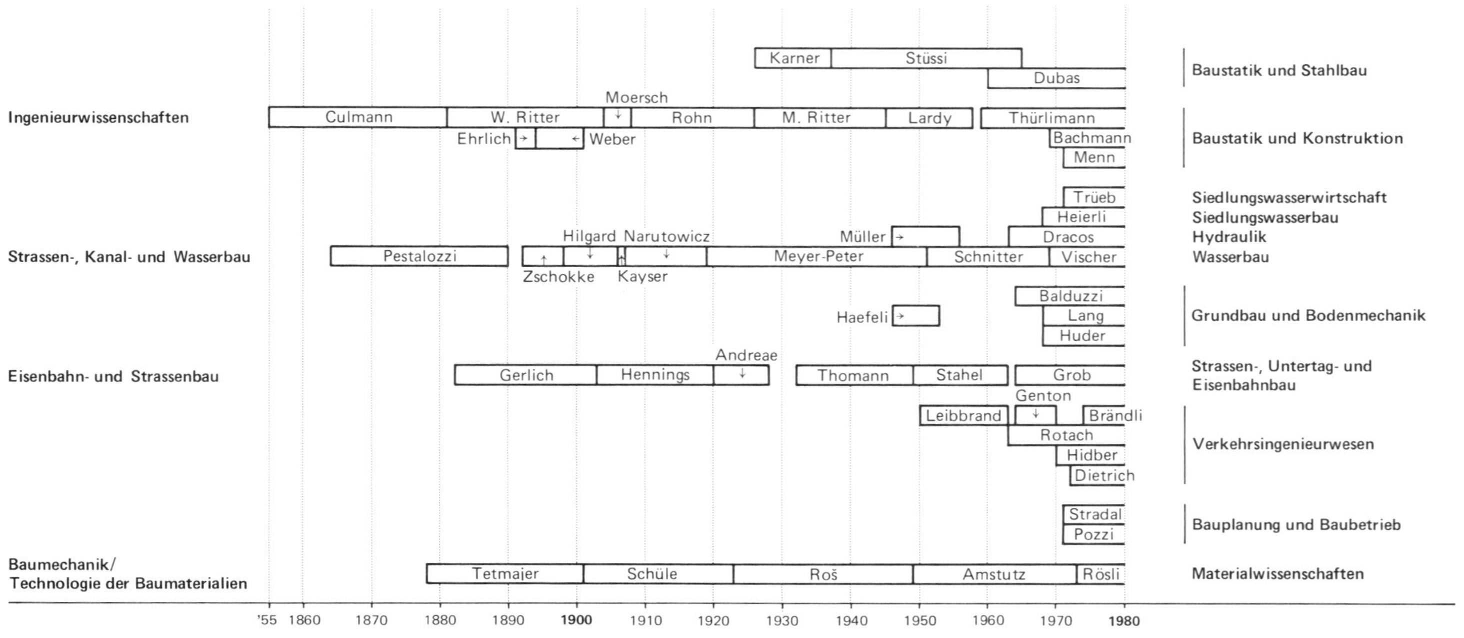

Abteilung IIIA: Maschineningenieurwesen

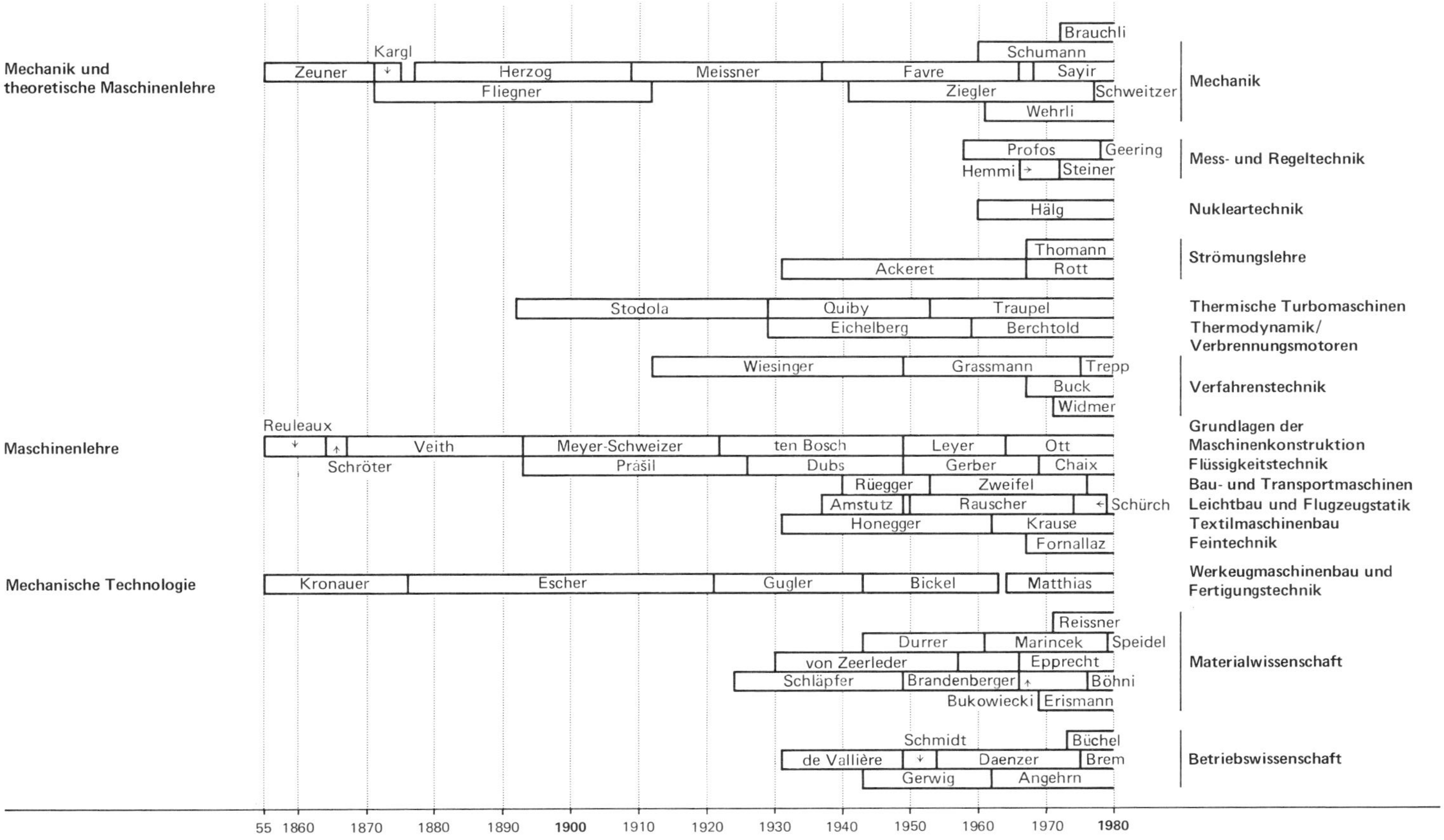

Abteilung IIIB: Elektrotechnik

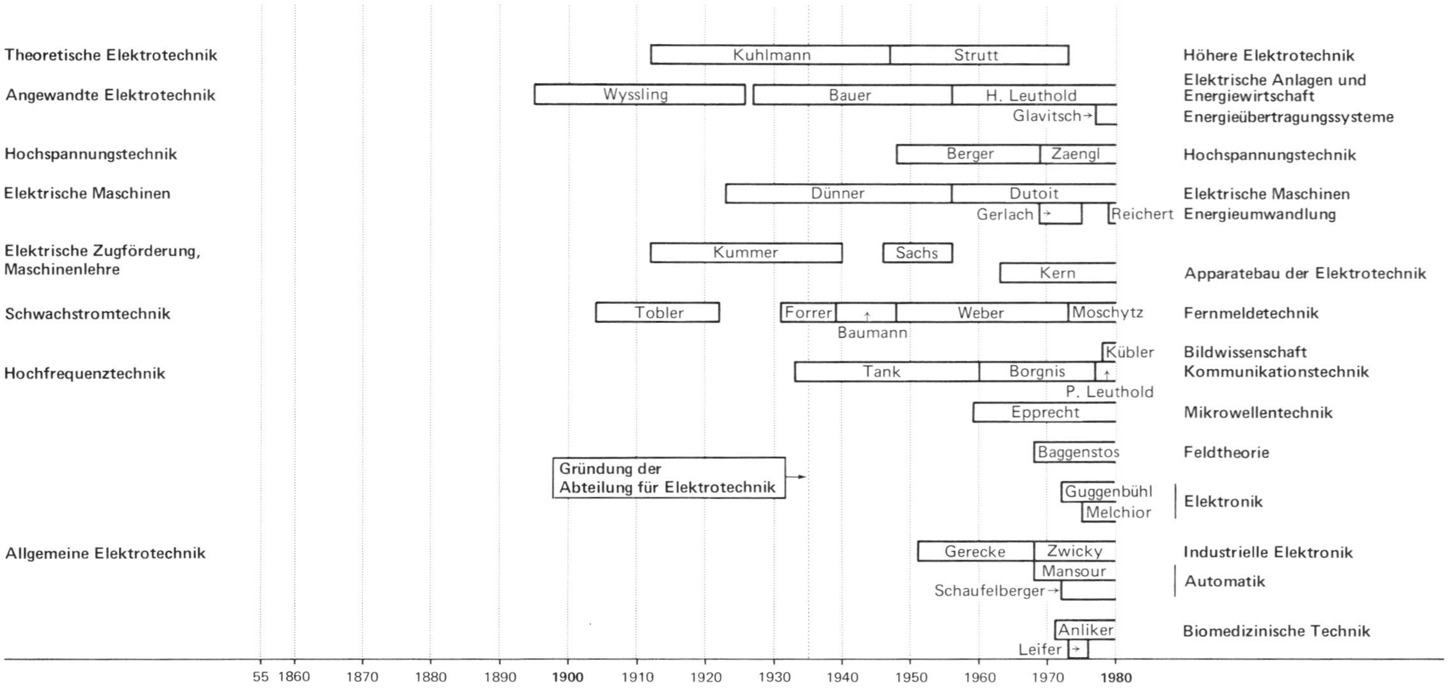

Abteilung IV: Chemie

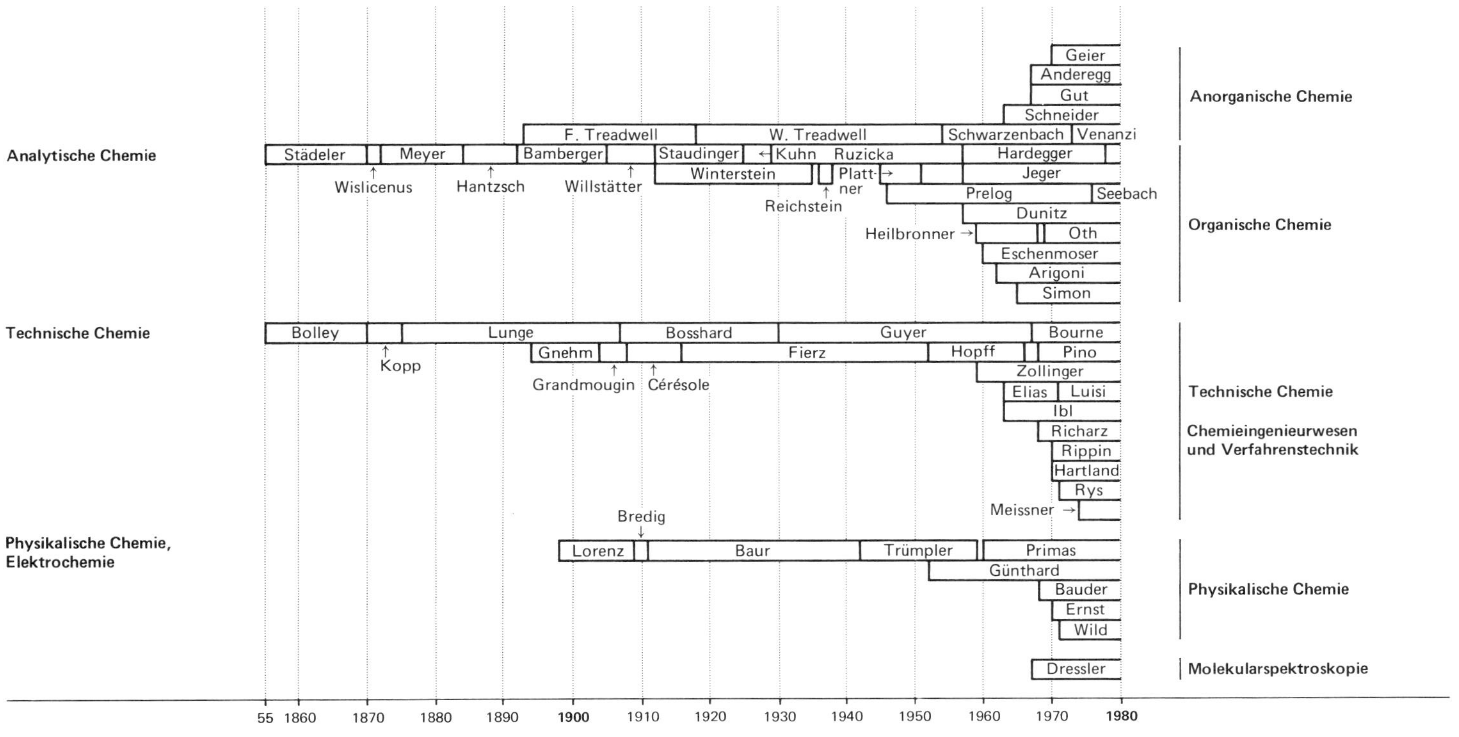

Abteilung V: Pharmazie

Abteilung VI: Forstwirtschaft

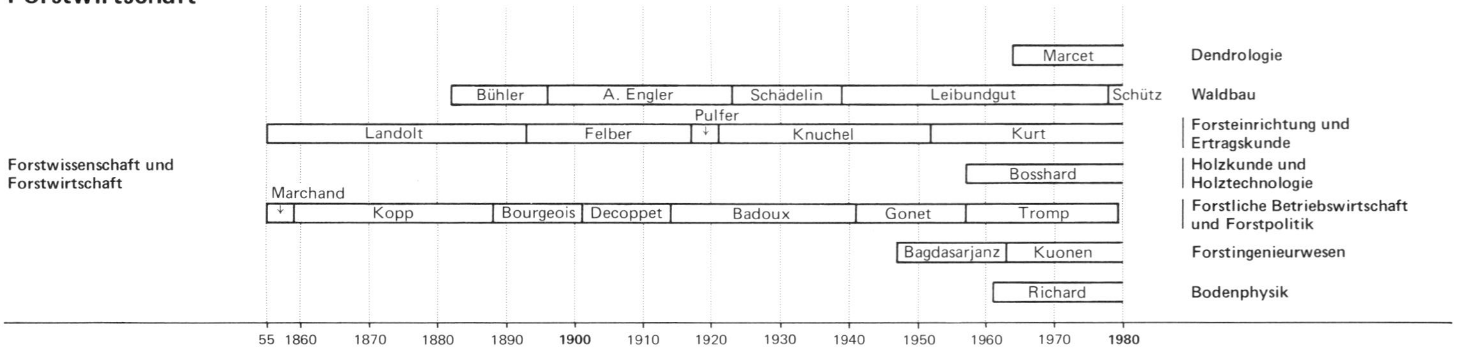

Abteilung VII: Landwirtschaft

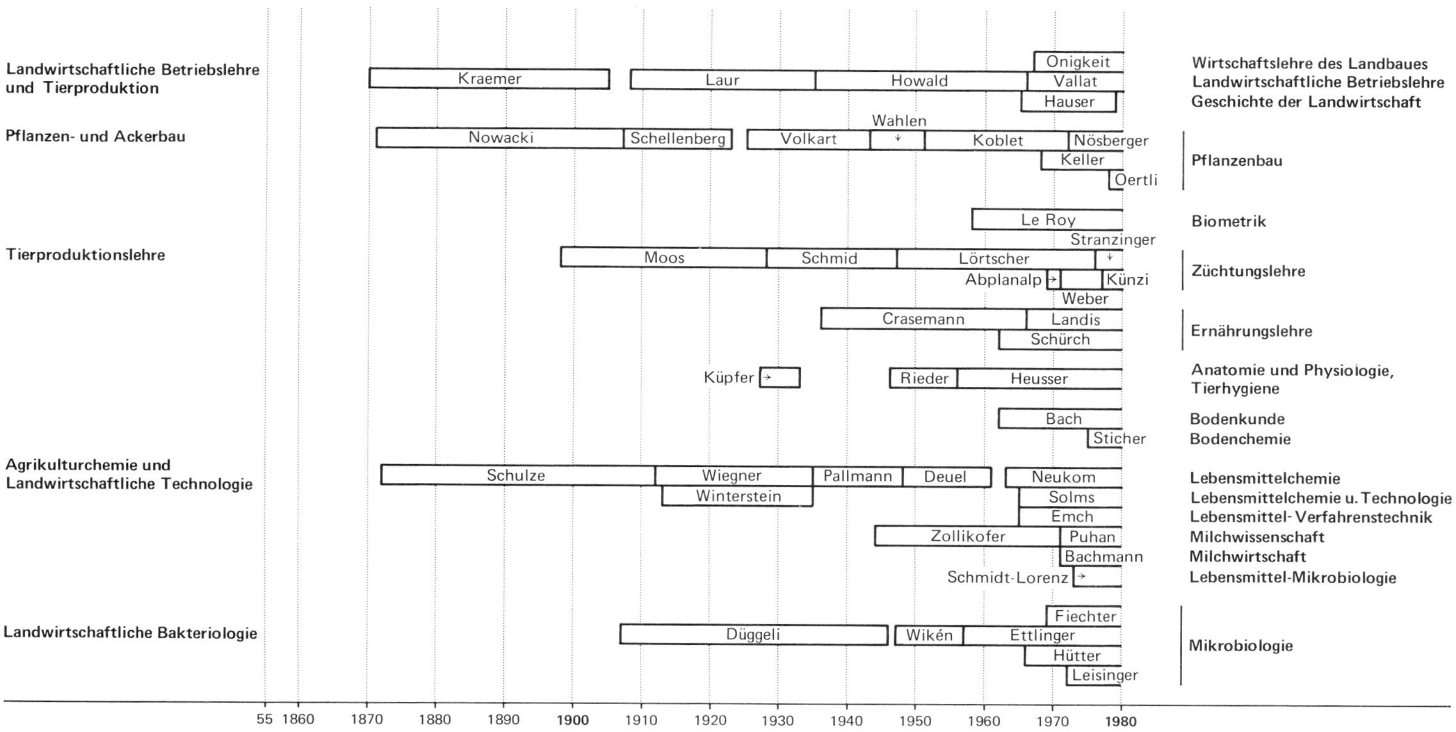

Abteilung VIII: Kulturtechnik und Vermessung

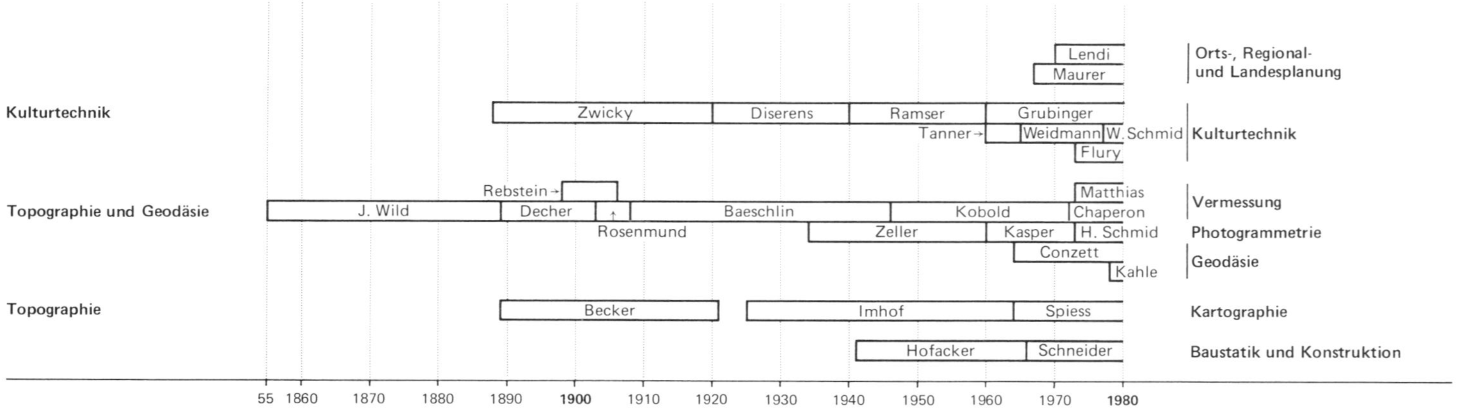

Abteilung IX: Mathematik und Physik / Mathematik

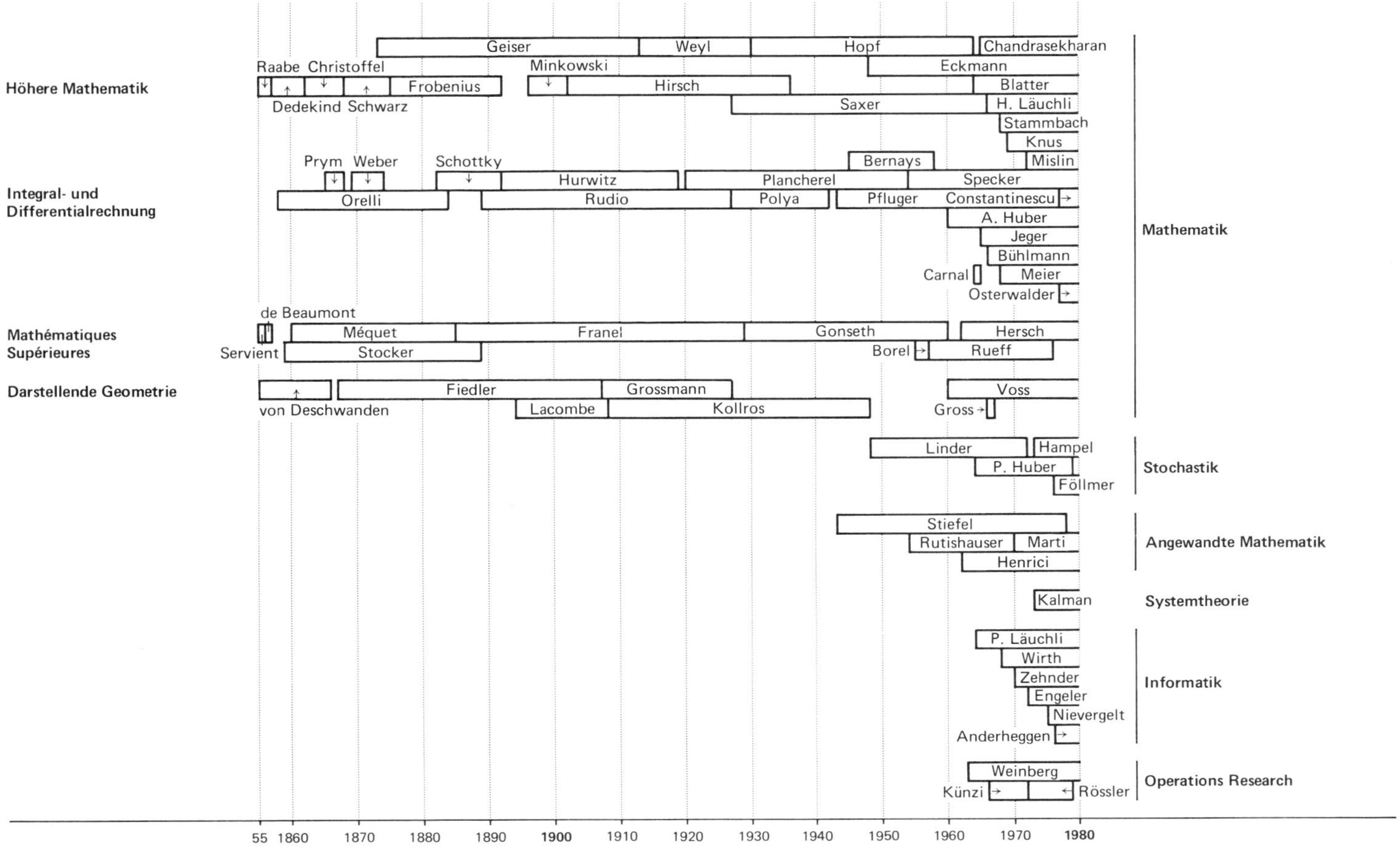

Abteilung IX: Mathematik und Physik / Physik

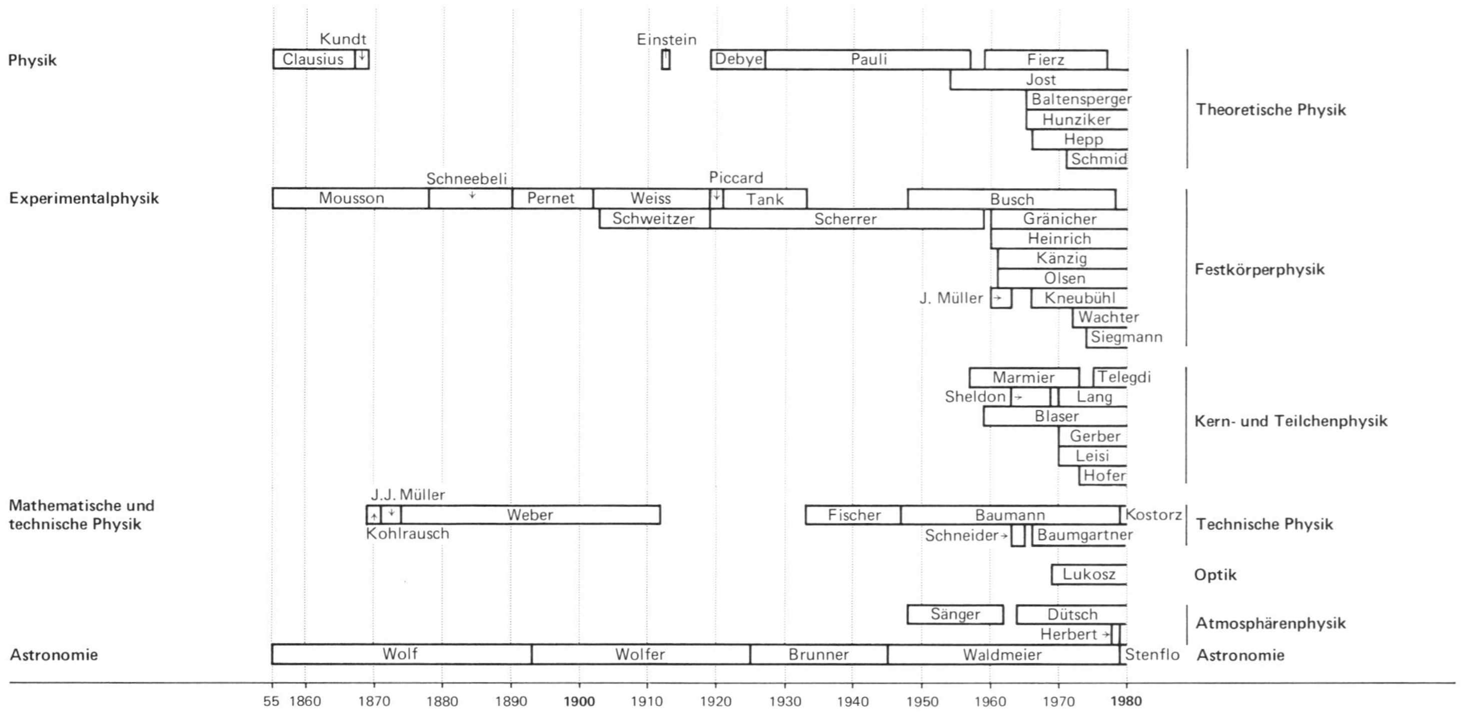

Abteilung X: Naturwissenschaften / Erdwissenschaften und Umweltphysik

Abteilung X:
Naturwissenschaften / Biologie und Molekularwissenschaft

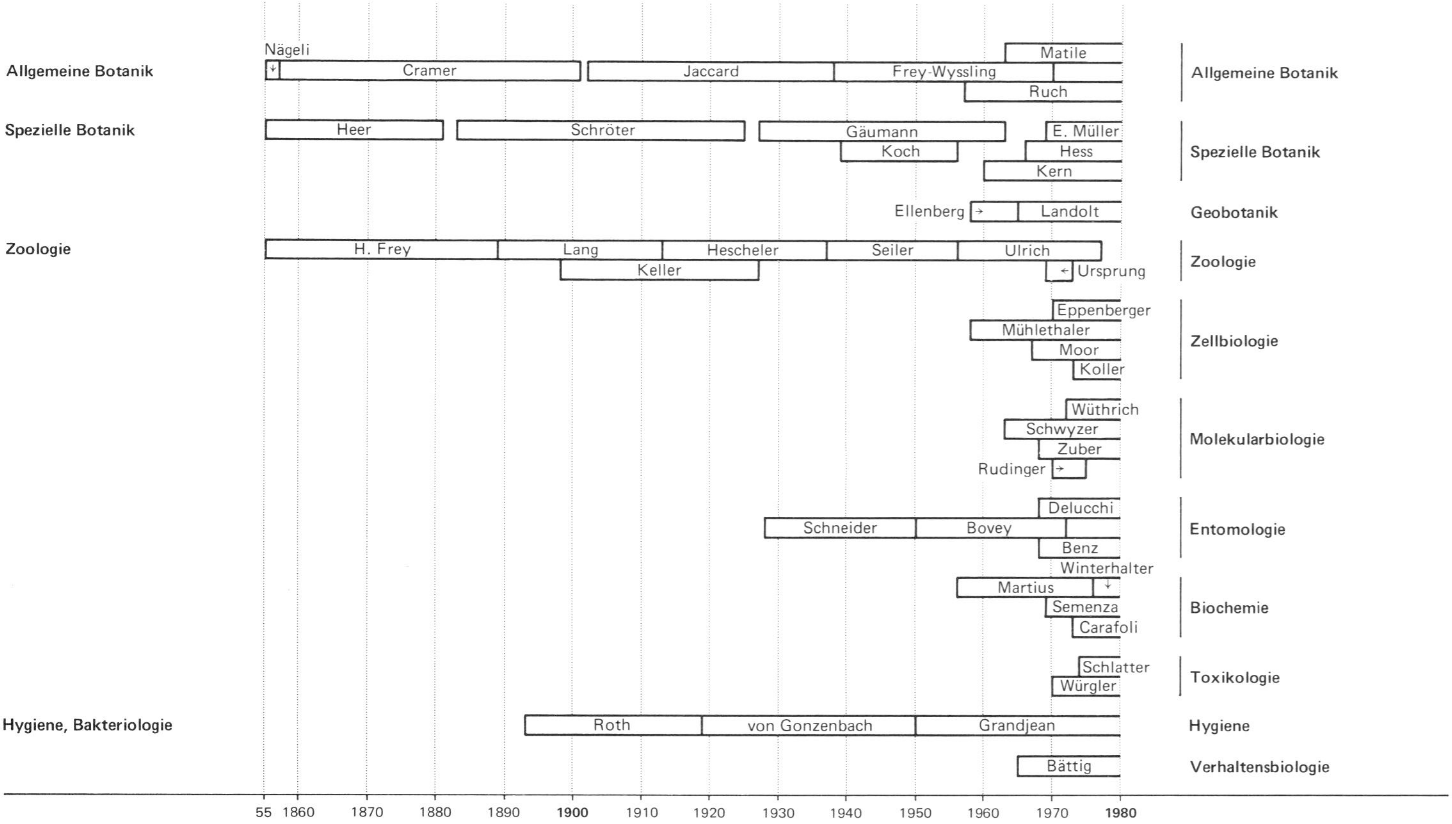

Abteilung XI: Militärwissenschaften

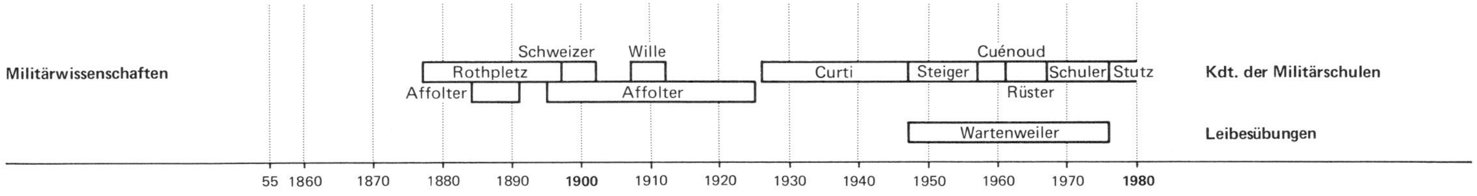

Abteilung XII: Geistes- und Sozialwissenschaften

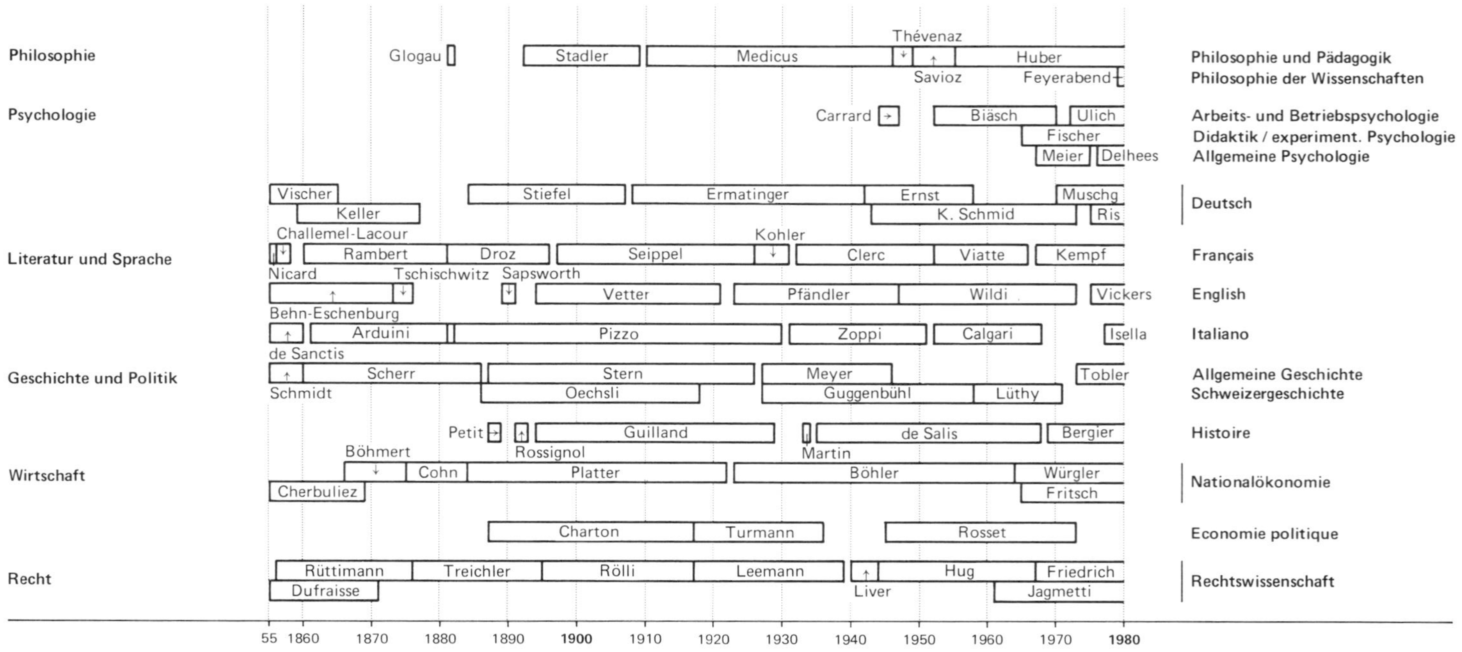

Die Entwicklung der Studenten- und Absolventenzahlen (1855–1980)

Studenten nach Abteilungen (1855–1980)

Die untenstehende Tabelle basiert auf den Angaben des Abschnitts "Frequenz" der Festschrift 1955, S. 255 ff., und führt die Zahlenreihe bis zum Schuljahr 1979/80 weiter (Studentenzahlen 1954/55 – 1978/79, ohne Doktoranden).

Der Tabelle "1855–1955" ist folgende redaktionelle Bemerkung vorangestellt: "Die Zahlen sind auf Grund der Jahresberichte zusammengestellt; doch sind einige, besonders die der ersten drei Jahre, auf Grund der für die Weltausstellung in Paris 1889 veröffentlichten Statistik (Die Eidg. Polytechnische Schule in Zürich, Zürich 1889) berichtigt. Gegenüber der 1930 vom Eidgenössischen Statistischen Amt herausgegebenen Statistik ergeben sich, ausser einigen vereinzelten Abweichungen, Differenzen wegen irrtümlicher Einreihung der Kulturingenieure; diese sind dort in den Jahren 1888/89–1892/93 der Abteilung für Landwirtschaft doppelt, in den Jahren 1907/08–1910/11 sowohl der Abteilung für Landwirtschaft als auch der Abteilung für Bauingenieurwesen zugezählt; um diese Doppelzählung sind auch die Totalzahlen dieser Jahre zu hoch. Die Freifachhörer (Zahl der Hörer des Wintersemesters, vermehrt um den Zuwachs des Sommersemesters; vgl. Oechsli, Polytechnikum S. 388 Anm. 64) sind in der Gesamtzahl nicht inbegriffen."

Schuljahr	I Architektur	II Bauingenieurwesen	IIIA Maschineningenieurwesen	IIIB Elektrotechnik	IV Chemie	V Pharmazie	VI Forstwirtschaft	VII Landwirtschaft	VIII Kulturtechnik und Vermessung	IX Mathematik und Physik	X Naturwissenschaften	XI Militärwissenschaften	Vorkurs	**Total**[1]	**davon Schweizer**	**Schweizer in %**	Fachhörer
Vorbereit. kurs 1855														50			
1855/56	9	20	16		13		4			9				71	68	95,8	
1856/57	9	27	22		17		7			16				98	91	92,8	
1857/58	8	36	27		7		6			14				98	86	87,8	
1858/59	10	31	25		13		10			20				109	94	86,2	
1859/60	19	49	51		14		11			21			30	195	137	70,2	
1860/61	27	90	89		29		14			32			55	336	193	56,4	
1861/62	26	126	117		47		19			32			67	434	230	53,0	
1862/63	35	140	147		51		22			45			70	510	265	52,0	
1863/64	34	138	188		61		20			47			72	560	266	47,5	
1864/65	51	118	125		56		21			30			78	479	244	50,9	

[1] inkl. Abt. XI (Militärwissenschaften)

Schuljahr	I	II	IIIA	IIIB	IV	V	VI	VII	VIII	IX	X	XI	Vorkurs	**Total**	**davon Schweizer**	**Schweizer in %**	Fachhörer
1865/66	41	138	155		70		21			29			94	548	236	43,1	
1866/67	52	146	159		59		24			30			81	551	243	44,1	
1867/68	42	159	168		62		27			43			88	589	250	42,2	
1868/69	41	150	169		72		16			42			98	588	248	42,2	
1869/70	37	193	161		86		14			37			104	632	233	37,0	
1870/71	25	230	141		76		17			36			123	648	232	35,8	
1871/72	22	262	135		91		18	7		33			121	689	242	35,1	
1872/73	22	260	124		94		17	9		20			129	675	270	40,0	
1873/74	25	287	138		88		14	14		26			84	676	277	40,9	
1874/75	28	300	150		69		22	16		34			92	711	322	45,3	
1875/76	35	296	161		64		24	19		35			91	725	330	45,5	
1876/77	38	253	157		80		39	16		48			79	710	361	50,8	
1877/78	38	198	145		84		53	17		51			54	640	331	51,7	
1878/79	31	161	134		69		54	12		60			43	564	300	53,2	
1879/80	26	135	126		81		48	16		64			45	541	297	54,9	
1880/81	25	115	107		86		43	14		61			37	488	261	53,5	
1881/82	27	113	89		89		35	16		60				429	240	55,9	
1882/83	31	101	88		92		33	12		51				408	232	56,9	
1883/84	30	92	88		119		19	19		46				413	224	54,2	
1884/85	24	90	97		122		19	18		42				412	220	53,4	
1885/86	21	87	119		119		17	17		34				414	198	47,8	
1886/87	25	104	152		133		19	26		37				496	211	42,5	
1887/88	22	133	172		161		16	28		48				580	226	39,0	
1888/89	20	164	192		157		17	39	4	40				633	261	41,2	
1889/90	34	163	180		147		19	41	4	34				622	279	44,9	
1890/91	44	170	210		158		20	35	3	36				676	328	48,5	
1891/92	42	169	238		166		16	35	4	33				703	359	51,1	
1892/93	41	194	247		147		18	31	6	41				725	377	52,0	
1893/94	39	192	262		134		20	25	8	40				720	411	57,1	
1894/95	39	198	288		138		27	26	9	32				757	431	56,9	
1895/96	48	177	323		139		27	24	9	40				787	441	56,0	
1896/97	53	178	322		167		30	29	12	50				841	485	57,7	
1897/98	59	170	332		183		29	44	9	45				871	522	59,9	
1898/99	74	180	322		200		35	57	14	53				935	553	59,1	
99/1900	75	196	361		213		37	55	14	56				1007	620	61,6	
1900/01	66	204	380		212		35	50	15	42				1004	642	63,9	
1901/02	59	234	416		216		34	55	15	36				1065	707	66,4	
1902/03	58	263	469		241		29	46	17	46				1169	764	65,4	
1903/04	61	283	522		241		30	51	22	53				1263	807	63,9	
1904/05	67	286	548		230	8	30	51	25	21	27			1293	798	61,7	
1905/06	74	299	554		224	12	33	57	21	19	32			1325	803	60,6	

Schuljahr	I	II	IIIA	IIIB	IV	V	VI	VII	VIII	IX	X	XI	Turnen und Sport	Total	davon Schweizer	Schweizer in %	Fachhörer
1906/07	70	284	531		215	10	39	55	21	26	30			1281	771	60,2	
1907/08	66	291	543		208	12	36	53	18	27	31			1285	782	60,9	
1908/09	71	322	529		223	18	40	54	24	29	26			1336	821	61,5	
1909/10	76	349	531		226	21	34	44	17	23	24			1345	836	62,2	
1910/11	76	367	532		204	20	37	44	13	24	16			1333	867	65,0	
1911/12	70	399	524		188	19	47	38	Bis 1920 in der Zahl der Abt II enthalten	41	12	15		1353	905	66,9	
1912/13	62	395	529		151	23	56	47		33	14	21		1331	931	69,9	
1913/14	78	417	540		128	26	63	40		40	18	26		1376	967	70,3	
1914/15	88	428	557		126	24	59	35		36	17	11		1381	963	69,7	
1915/16	106	513	626		152	40	57	65		38	18	10		1625	1155	71,1	
1916/17	125	547	719		205	45	65	81		42	17	13		1859	1326	71,3	
1917/18	145	560	783		251	56	67	108		39	14	3		2026	1457	71,9	
1918/19	173	574	848		328	62	68	145		34	17			2249	1672	74,3	
1919/20	152	495	874		355	70	82	173		29	23	14		2267	1732	76,4	
1920/21	122	406	789		335	70	70	146	10	26	24	13		2011	1646	81,8	
1921/22	98	323	726		290	70	76	138	21	24	20	9		1795	1512	84,2	
1922/23	82	249	649		215	68	70	141	27	24	20	8		1553	1331	85,7	
1923/24	77	265	647		177	70	56	139	33	24	29	14		1531	1306	85,3	
1924/25	83	248	662		176	73	49	133	34	24	32	17		1531	1259	82,2	
1925/26	91	232	625		162	71	34	125	23	30	32	18		1443	1145	79,3	
1926/27	96	207	624		154	74	32	112	27	30	37	17		1410	1073	76,1	
1927/28	103	199	635		162	79	30	98	32	29	25	12		1404	1016	72,4	
1928/29	115	201	640		198	84	29	102	34	36	37	10		1486	1037	69,8	
1929/30	143	211	654		215	87	34	98	48	38	33	15		1576	1132	71,8	
1930/31	160	210	675		219	98	31	85	56	35	40	15		1624	1170	72,0	
1931/32	172	243	729		218	115	26	84	60	47	47	16		1757	1276	72,6	
1932/33	186	254[2]	702		220	112	32	75	74	64	48	13		1780	1280	71,9	
1933/34	220	269	683		224	102	45	69	91	64	56	22		1845	1350	73,2	
1934/35	214	264	624		215	112	49	73	87	61	52	23		1774	1317	74,2	
1935/36	209	250	309	241	215	118	55	85	84	71	66	18		1721	1309	76,1	
1936/37	190	240	286	229	220	110	68	100	88	80	69	18		1698	1329	78,3	
1937/38	174	245	323	229	274	111	70	112	80	78	74	21		1791	1380	77,1	
1938/39	157	252	386	226	309	103	59	123	69	75	79	21		1859	1416	76,2	
1939/40	149	257	446	228	344	92	64	124	61	84	80			1929	1495	77,5	
1940/41	140	269	462	249	387	129	71	150	67	100	94			2118	1732	81,8	
1941/42	157	299	513	263	412	135	77	175	71	117	98			2317	1963	84,7	
1942/43	174	385	579	304	447	144	98	189	89	147	133			2689	2350	87,4	
1943/44	221	441	580	340	477	164	109	238	96	159	132			2957	2615	88,4	222
1944/45	251	505	614	401	512	162	114	251	106	177	149			3222	2879	89,4	553
1945/46	333	629	764	503	588	156	127	297	116	193	164	20		3890	3237	83,2	342

[2] Bis hieher Vermessungsingenieure inbegriffen, im folgenden in Abt. VIII

Schuljahr	I	II	IIIA	IIIB	IV	V	VI	VII	VIII	IX	X	XI	Turnen und Sport	Total	davon Schweizer	Schweizer in %	Fachhörer
1946/47	356	660	764	557	597	158	119	328	100	220	142	45		4046	3231	79,9	766
1947/48	403	670	759	588	616	163	108	324	80	217	154	59		4141	3238	78,2	824
1948/49	436	642	647	549	462	151	93	298	64	230	135	52		3759	2880	76,6	810
1949/50	434	627	610	525	423	144	73	265	53	212	129	59		3554	2750	76,8	792
1950/51	416	577	541	454	387	140	77	235	46	201	125	52		3251	2619	80,6	701
1951/52	389	545	495	423	313	139	71	165	49	169	114	45		2917	2424	83,1	732
1952/53	361	529	460	402	275	125	71	118	53	143	123	37		2697	2285	84,7	733
1953/54	341	515	465	412	289	119	58	90	62	137	117	41		2646	2294	86,7	736
1954/55	345	524	474	399	271	125	50	74	71	161	121	37	15	2667	2322	87,0	382
1955/56	352	539	470	423	304	129	53	78	74	188	118	40	8	2776	2399	86,4	410
1956/57	360	593	494	442	350	134	49	92	68	227	125	38	16	2988	2561	85,7	463
1957/58	402	623	566	526	386	127	61	105	65	321	137	39	26	3384	2684	79,3	485
1958/59	434	643	638	558	430	120	69	117	63	397	117	43	31	3660	2836	77,4	472
1959/60	444	621	693	610	446	118	72	123	61	419	135	51	19	3812	2924	76,7	512
1960/61	475	629	720	627	433	117	63	131	63	502	160	22	29	3971	3079	77,5	527
1961/62	470	657	765	643	422	118	75	140	97	555	171	17	28	4158	3277	78,8	531
1962/63	514	708	801	685	472	109	78	166	123	586	193	34	29	4498	3584	79,6	495
1963/64	545	775	839	721	482	105	90	210	147	624	246	39	30	4853	3920	80,7	527
1964/65	623	869	826	755	481	102	119	226	174	624	274	39	42	5154	4227	82,0	595
1965/66	728	947	835	833	455	106	131	290	194	658	293	38	41	5549	4596	82,8	687
1966/67	755	959	853	842	466	101	150	314	216	640	329	37	49	5711	4705	82,3	505
1967/68	765	952	836	835	444	107	157	321	216	635	366	38	63	5735	4865	84,8	1080
1968/69	799	926	840	890	455	126	166	330	204	668	377	39	45	5865	4955	84,4	1120
1969/70	837	848	833	912	457	144	155	334	193	676	401	39	39	5868	4922	83,8	344
1970/71	891	801	780	871	460	156	144	377	191	689	417	21	59	5857	4925	84,0	1100
1971/72	912	758	763	854	450	161	153	389	199	677	443	36	83	5878	4973	84,6	433
1972/73	952	702	735	811	430	186	149	408	211	663	427	20	94	5788	4915	84,9	453
1973/74	1013	686	738	824	391	202	163	439	208	641	436	44	92	5877	5002	85,1	593
1974/75	945	656	700	825	359	265	189	450	239	632	446	23	151	5880	5068	86,1	526
1975/76	827	580	713	871	341	294	225	504	263	631	486	46	144	5925	5144	86,8	377[3]
1976/77	752	482	735	889	374	330	241	521	260	661	512	65	173	5995	5282	88,1	396
1977/78	697	420	767	919	340	400	231	568	247	715	527	53	173	6057	5363	88,5	419
1978/79	672	354	829	1010	347	410	226	621	237	710	531	48	174	6169	5491	89,0	395
1979/80	633	319	837	1020	317	427	211	594	211	672	536	60	166	6003	5330	88,7	410

[3] Einführung 'Hörer'

Studenten und Absolventen nach Abteilungen, 1855/1930–1980

Total aller ETH-Studenten und Absolventen, Abteilungen I bis XI

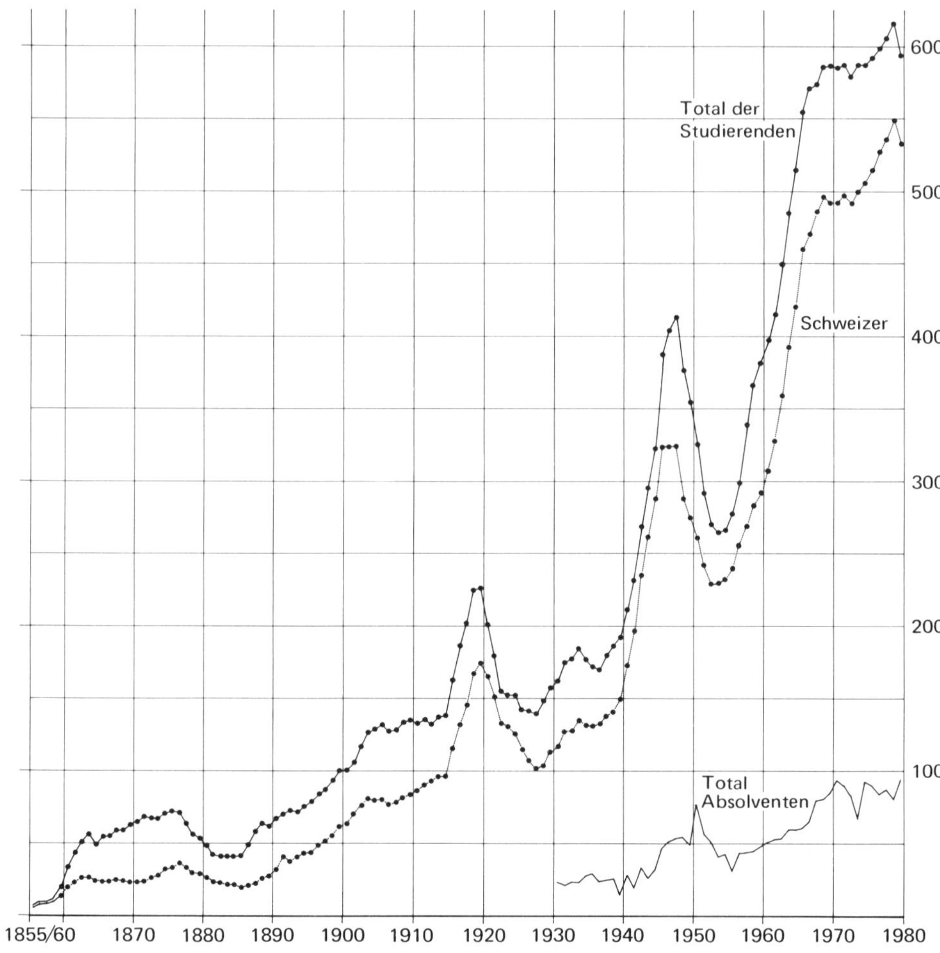

Abteilung I:
Architektur

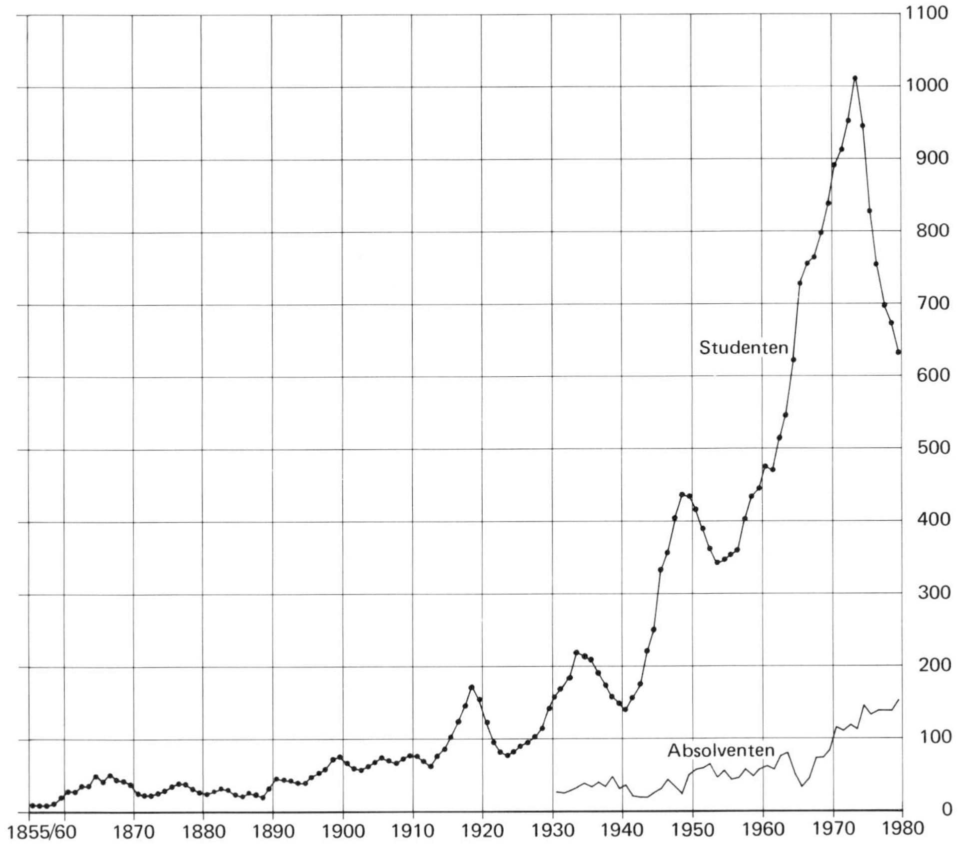

Abteilung II:
Bauingenieurwesen

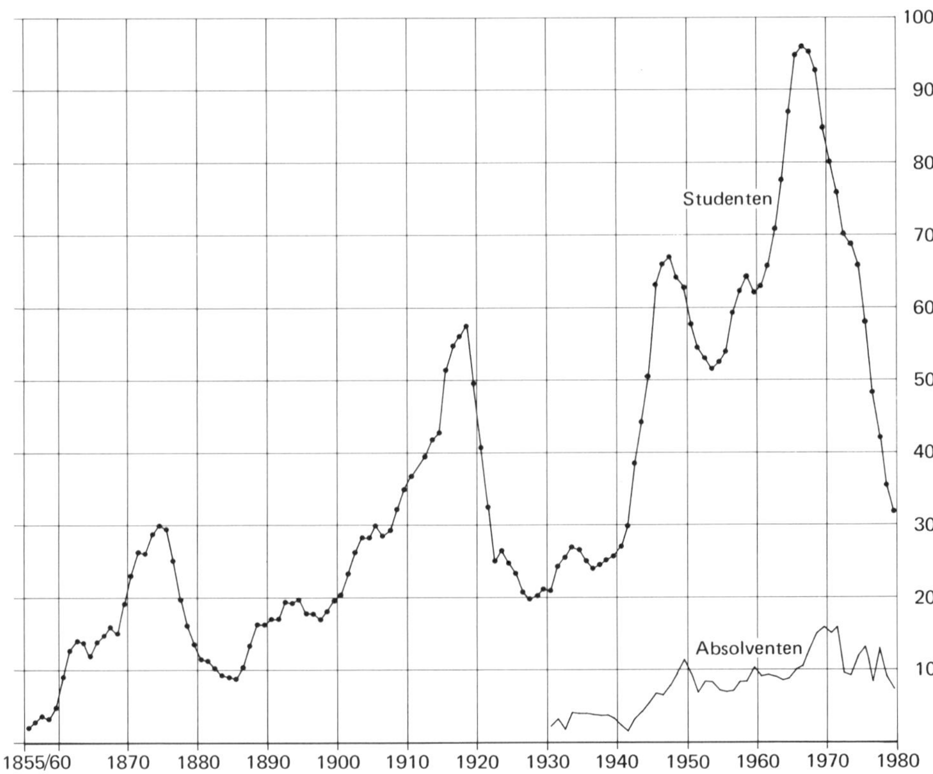

Abteilung IIIA:
Maschineningenieurwesen

Abteilung IIIB:
Elektrotechnik

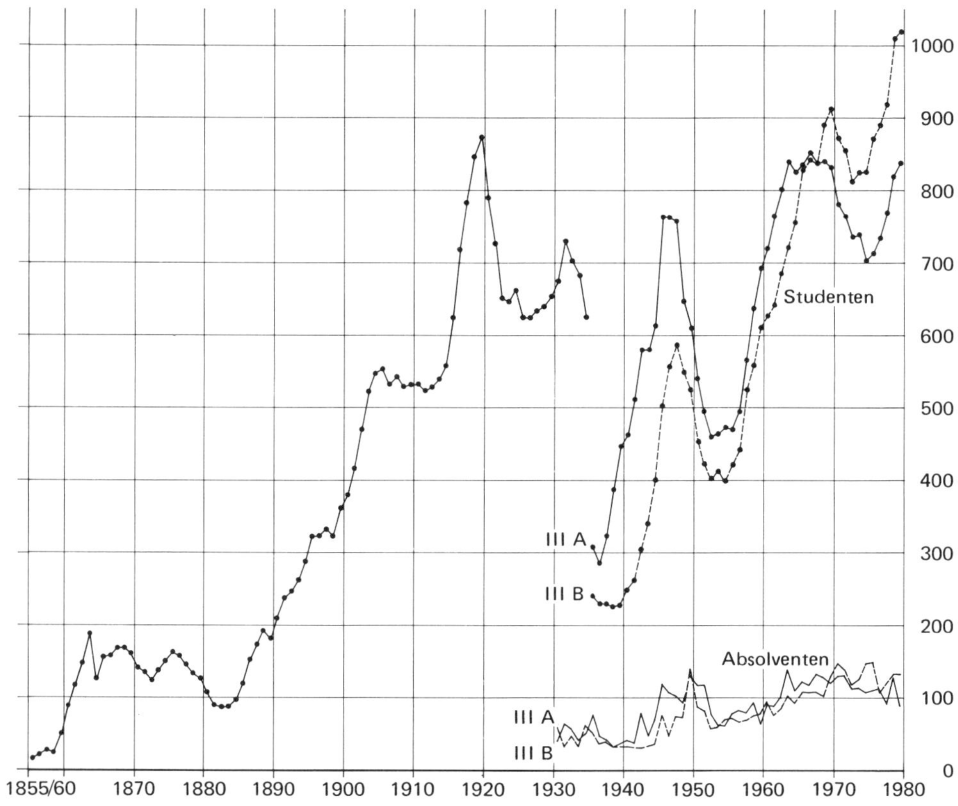

Abteilung IV:
Chemie

Abteilung V:
Pharmazie

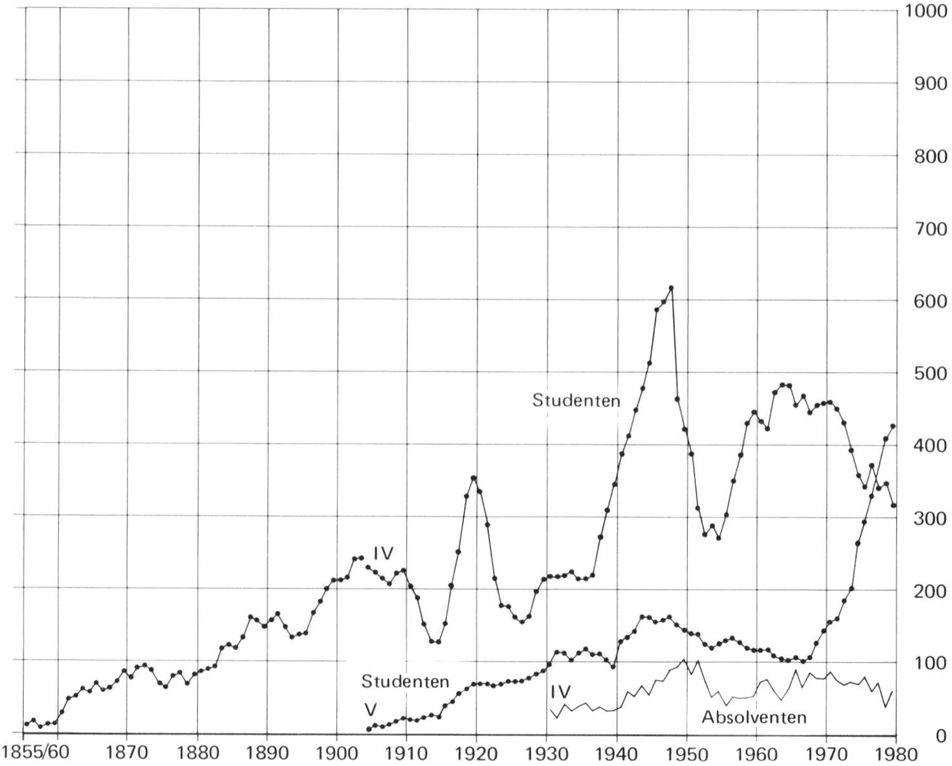

Absolventenzahl Abt. V vgl. S. 671

Abteilung VI:
Forstwirtschaft

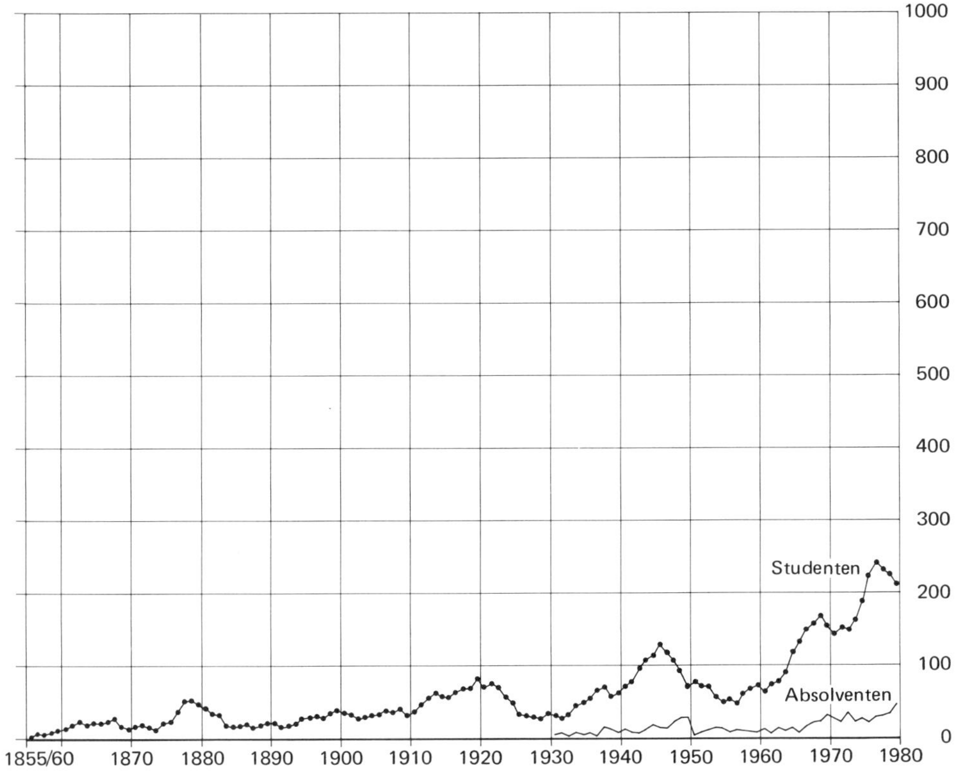

Abteilung VII:
Landwirtschaft

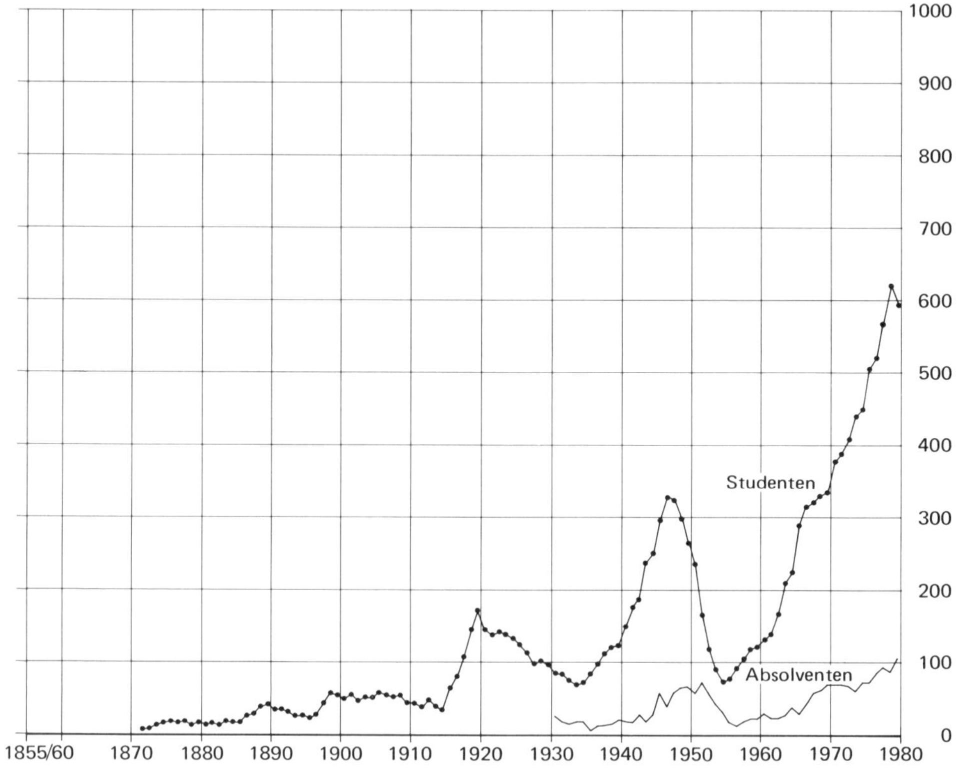

Abteilung VIII:
Kulturtechnik und Vermessung

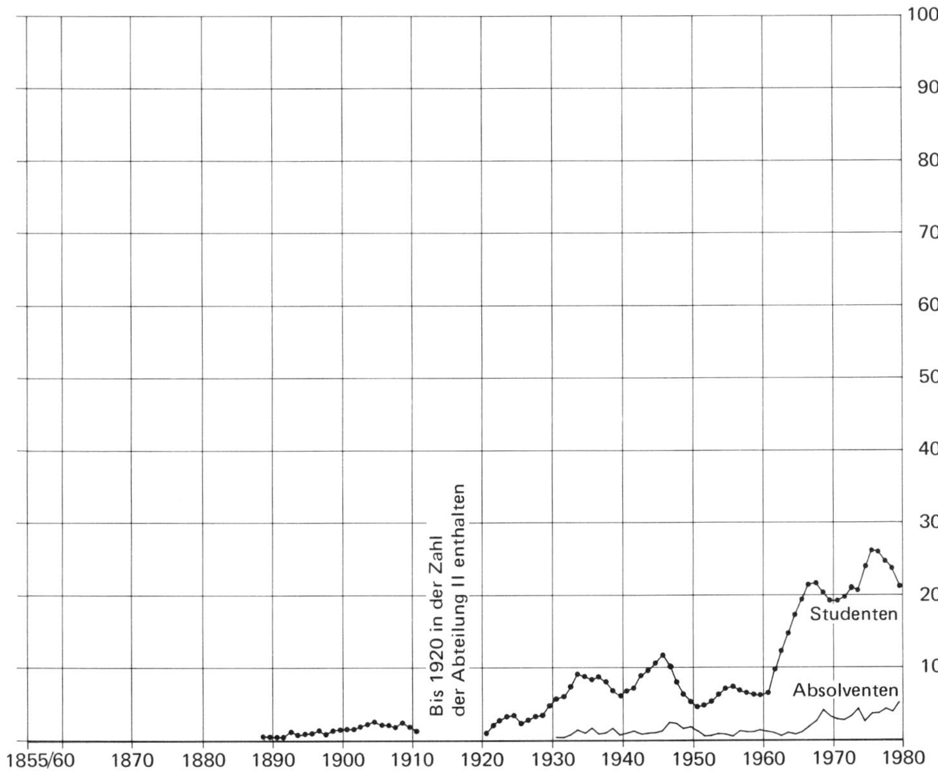

Abteilung IX:
Mathematik und Physik

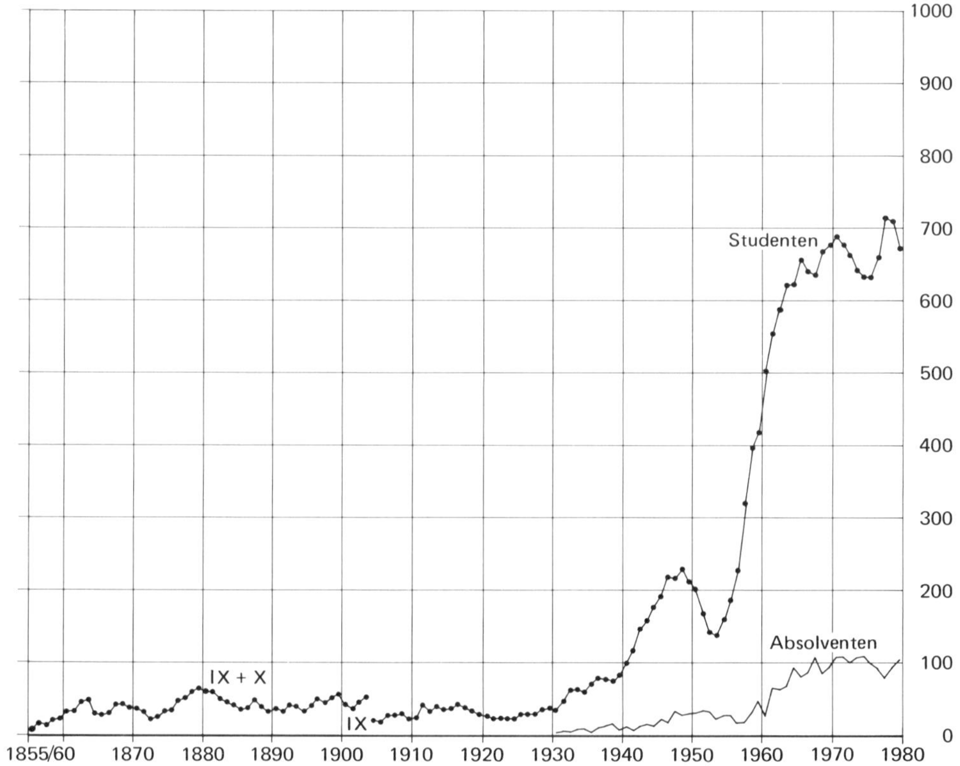

Abteilung X:
Naturwissenschaften

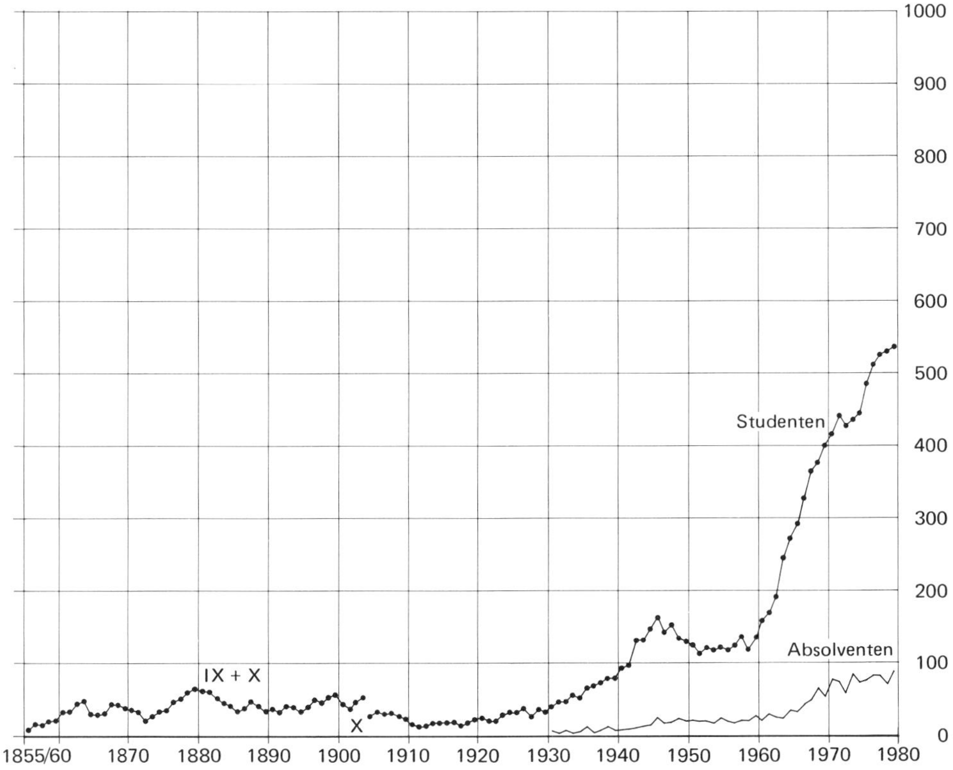

Erteilte Diplome pro Abteilung und Studienjahr (1860/61 bis 1978/79)

Studienjahr	I Architektur	II Bauingenieurwesen	IIIA Maschineningenieurwesen	IIIB Elektrotechnik	IV Chemie	V Pharmazie	VI Forstwirtschaft	VII Landwirtschaft	VIII Kulturtechnik und Vermessung	IX Mathematik und Physik	X Naturwissenschaften	Total
1860 / 61	5	5	10		4		5	–	–	2		31
1870 / 71	3	9	9		4		3	–	–	7		35
1880 / 81	4	11	8		9		6	1	–	10		49
1890 / 91	1	22	15		19		3	4	–	5		69
1900 / 01	7	17	46		20		5	11	6	11		123
1910 / 11	10	46	69		28	–	8	9	6	1	3	180
1920 / 21	29	57	133		35	–	7	38	–	5	5	309
1930 / 31	26	20	56		31	–	7	19	4	6	4	173
1940 / 41	19	32	45	35	57	–	9	23	12	9	8	249
1950 / 51	59	81	112	82	108	3	3	69	6	28	20	571
1960 / 61	58	91	94	87	84	1	11	22	10	40	31	529
1970 / 71	111	145	116	137	93	2	27	74	28	98	75	906
1971 / 72	119	161	122	133	73	2	20	69	31	123	67	920
1972 / 73	113	87	113	110	77	1	35	60	43	98	75	812
1973 / 74	142	96	125	145	80	3	25	68	25	101	86	896
1974 / 75	122	124	105	140	65	1	27	78	36	101	66	865
1975 / 76	142	121	120	124	76	4	22	64	36	94	94	897
1976 / 77	142	106	98	123	59	9	27	91	42	82	66	845
1977 / 78	136	110	92	120	66	7	30	98	39	102	79	879
1978 / 79	152	84	119	142	31	11	33	83	51	98	92	896

Erteilte Doktordiplome pro Abteilung und Studienjahr (1900/01 bis 1978/79)

Studienjahr	I Architektur	II Bauingenieurwesen	IIIA Maschineningenieurwesen	IIIB Elektrotechnik	IV Chemie	V Pharmazie	VI Forstwirtschaft	VII Landwirtschaft	VIII Kulturtechnik und Vermessung	IX Mathematik und Physik	X Naturwissenschaften	Total
1900 / 01	–	–	–	–	–	–	–	–	–	–	–	–
1910 / 11	–	–	1	–	7	2	–	–	–	–	3	13
1920 / 21	2	1	2	–	8	1	–	1	–	3	1	19
1930 / 31	1	4	4	–	19	4	–	1	–	3	3	39
1940 / 41	1	2	1	2	17	6	–	1	–	3	11	44
1950 / 51	1	–	5	6	67	4	4	10	–	14	12	123
1960 / 61	1	1	12	8	51	8	3	11	2	15	19	131
1970 / 71	3	3	13	12	57	7	2	16	1	35	29	178
1971 / 72	1	5	12	13	42	14	3	18	3	37	37	185
1972 / 73	3	1	17	10	40	8	3	12	4	45	36	179
1973 / 74	4	4	22	15	48	8	6	20	2	43	42	214
1974 / 75	4	3	18	16	61	8	4	19	–	35	51	219
1975 / 76	3	4	19	15	42	8	1	20	3	39	49	203
1976 / 77	2	3	16	14	53	9	7	20	2	42	51	219
1977 / 78	2	6	15	19	59	6	3	22	1	43	55	231
1978 / 79	3	7	20	12	39	15	8	16	2	36	51	209

Internationale Ausstrahlung der ETH

Land	Herkunft d. Ausländ. Absolv.[1] 1930–79 Anzahl	%	Wohnsitz der GEP-Mitgl.[2] im Ausland (1980) Anzahl	%	Land	Herkunft d. Ausländ. Absolv.[1] 1930–79 Anzahl	%	Wohnsitz der GEP-Mitgl.[2] im Ausland (1980) Anzahl	%
Norwegen	632	13,4	59	4,0	Litauen	6	0,1	–	–
Deutschland	567	12,1	81	5,5	Venezuela	6	0,1	9	0,6
Frankreich	552	11,7	239	16,2	Hongkong	5	0,1	2	0,1
Luxemburg	382	8,1	194	13,2	Tunesien	5	0,1	1	0,1
Ungarn	364	7,7	3	0,2	Vietnam	5	0,1	–	–
Niederlande	322	6,9	135	9,2	Zaïre	5	0,1	1	0,1
Polen	209	4,5	3	0,2	Ecuador	4	0,1	1	0,1
Italien	206	4,4	38	2,6	El Salvador	4	0,1	–	–
Türkei	171	3,6	6	0,4	Estland	4	0,1	–	–
Tschechoslowakei	160	3,4	–	–	Marokko	4	0,1	1	0,1
Österreich	153	3,3	25	1,7	Pakistan	4	0,1	–	–
Griechenland	139	3,0	22	1,5	Peru	4	0,1	8	0,6
Ägypten	69	1,5	11	0,8	Irak	3		–	–
Iran	51	1,1	2	0,1	Kolumbien	3		2	0,1
USA	45	1,0	274	18,6	Panama	3		–	–
Staatenlos	43	0,9	–	–	Südafrika	3		21	1,4
Indien	39	0,8	–	–	Thailand	3		2	0,1
Jugoslawien	39	0,8	1	0,1	Australien	2		60	4,1
Schweden	38	0,8	17	1,2	Japan	2		9	0,6
Liechtenstein	37	0,8	–	–	Kanada	2		40	2,7
Rumänien	35	0,7	–	–	Nepal	2		4	0,3
Spanien	31	0,7	23	1,6	Philippinen	2		–	–
Finnland	29	0,6	2	0,1	Saudi-Arabien	2		1	0,1
Israel	28	0,6	1	0,1	Ghana	1		2	0,1
Grossbritannien	27	0,6	29	2,0	Guatemala	1		1	0,1
China	26	0,6	–	–	Haiti	1		–	–
Indonesien	25	0,5	6	0,4	Kenia	1		1	0,1
Dänemark	24	0,5	2	0,1	Monaco	1		–	–
Argentinien	22	0,5	15	1,0	Nicaragua	1		–	–
Brasilien	21	0,4	39	2,7	Nigeria	1		–	–
Belgien	20	0,4	29	2,0	Tansania	1		4	0,3
Bolivien	13	0,3	4	0,3	Uruguay	1		1	0,1
Sowjetunion	13	0,3	2	0,1	Elfenbeinküste	–		2	0,1
Portugal	12	0,3	5	0,3	Paraguay	–		2	0,1
Syrien	11	0,2	–	–	Costa Rica	–		1	0,1
Bulgarien	10	0,2	–	–	Obervolta	–		1	0,1
Island	9	0,2	2	0,1	Senegal	–		1	0,1
Mexiko	9	0,2	17	1,2	Mauritius	–		1	0,1
Chile	8	0,2	5	0,3	Madagaskar	–		1	0,1
Afghanistan	6	0,1	–	–	Moçambique	–		1	0,1
Lettland	6	0,1	–	–	Honduras	–		1	0,1
Libanon	6	0,1	–	–	Total	4'701	100	1'473	100
					Schweizer Absolv.	21'467			
					Total Absolventen	26'168			
					in der Schweiz			7'881	
					Total GEP-Mitglieder			9'354	

[1] Studierende ohne Diplomabschluss und Doktoranden nicht berücksichtigt

[2] GEP: Gesellschaft Ehemaliger Studierender an der Eidgenössischen Technischen Hochschule (Mitgliederzahl ca. 36% aller ETH-Absolventen)

Herkunft der ausländischen ETH-Absolventen (1930—1979)

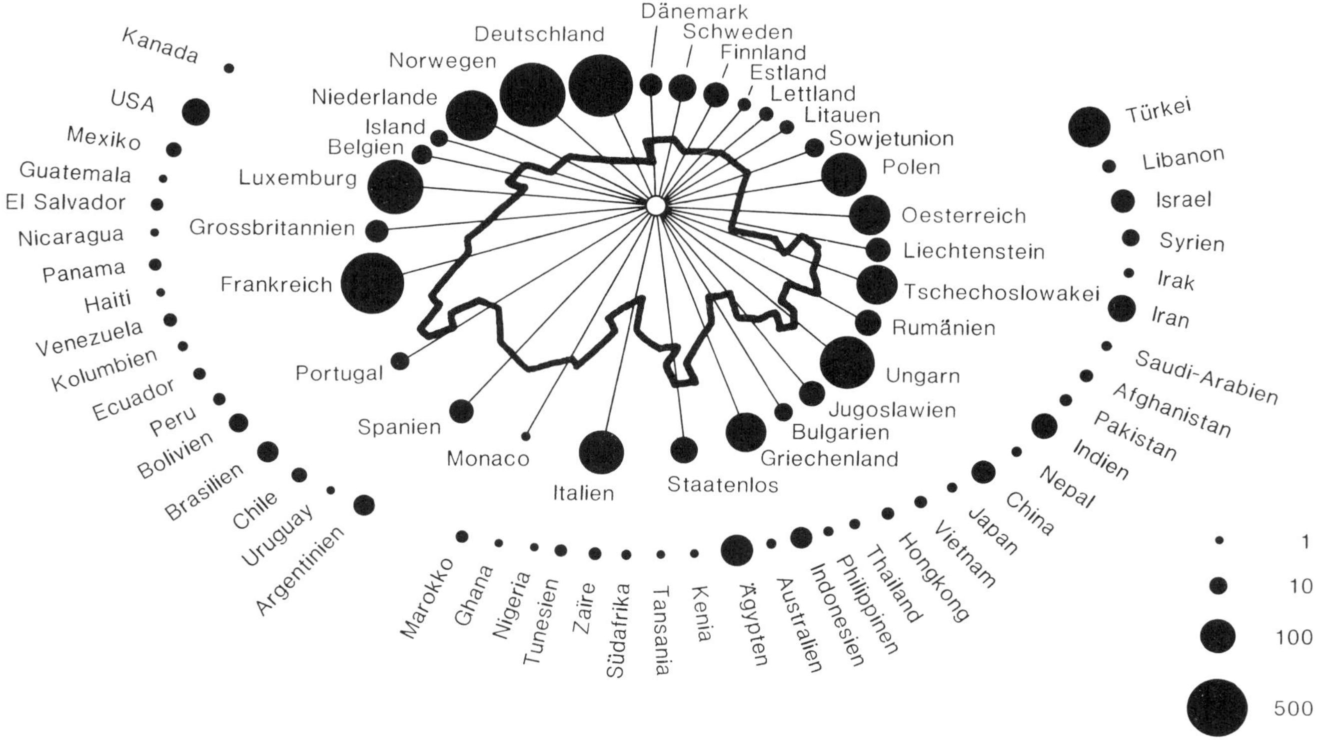

Wohnsitz der GEP-Mitglieder im Ausland (1980)

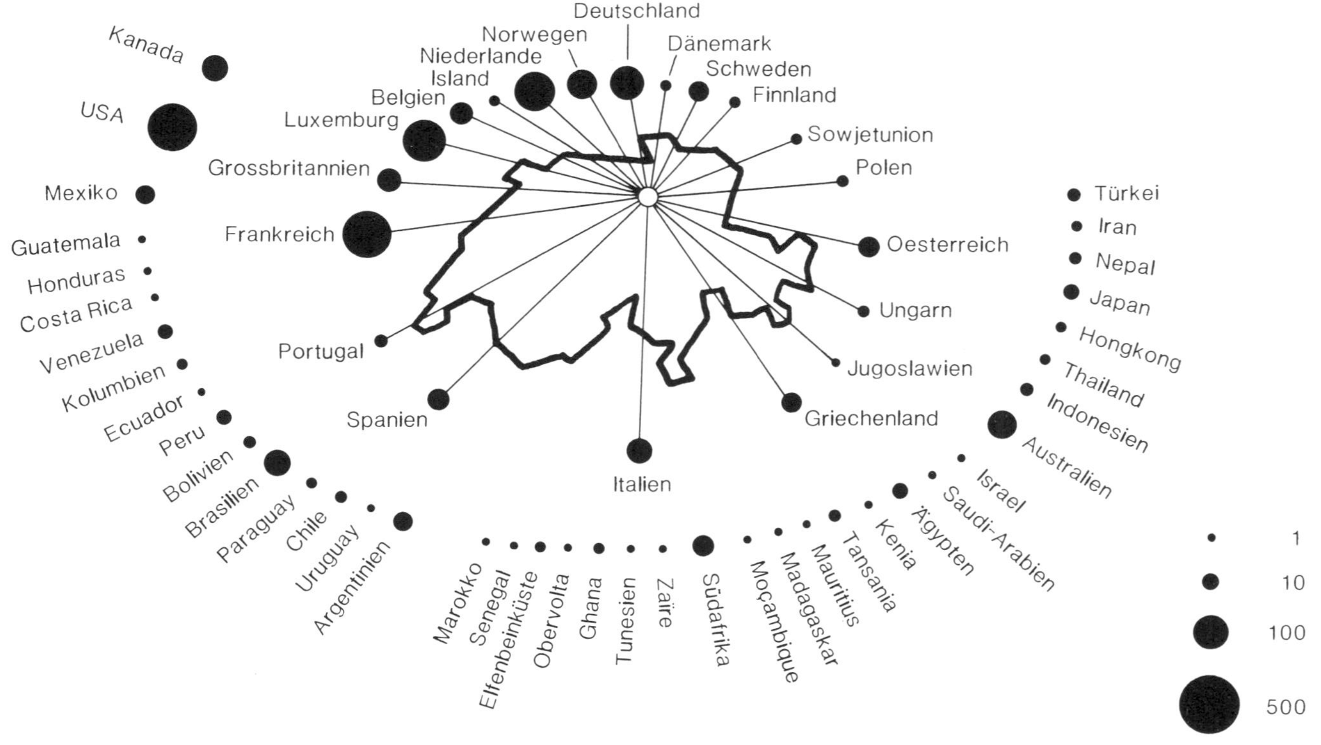

Ausländeranteil Wintersemester 1906/07. Im Schuljahr 1906/07 zählte die ETH 1281 Studierende, davon stammten 35% aus dem Ausland. «Akademie 1907», Bierzeitung des Akad. Ingenieur-Vereins.

Ausgaben und Einnahmen der ETHZ (1955–1979)

Die bewilligten Ausgaben in Millionen Franken gemäss Staatsrechnung

	1955	1960	1965	1970	1975	1979
Personalbezüge inkl. Hausdienst und Betriebspersonal	4,156	7,857	16,983	31,012	70,181	85,048
Bezüge der Lehrerschaft	5,037	7,964	16,907	36,542	75,727	75,450
Unterricht und Forschung	2,052	3,908	11,079	22,372	34,400	44,445
Betriebsausgaben	0,310	0,271	0,832	2,122	4,838	7,410
Brennstoffe und elektrische Energie	1,525	1,970	1,858	3,025	5,473	7,699
Hauptbibliothek	0,110	0,199	0,730	1,608	2,452	2,886
Übrige Ausgaben	1,293	0,717	2,200	3,746	5,688	5,514
	14,483	22,886	50,589	100,427	198,759	228,452

Die hauptsächlichsten Einnahmen in Millionen Franken gemäss Staatsrechnung

	1955	1960	1965	1970	1975	1979
Schulgelder und Honorare Prüfungsgebühren	1,067	1,448	1,897	2,098	1,921	2,179
Einnahmen Institute und Dienstleistungsbetriebe	0,693	1,488	2,372	2,027	2,585	3,089
Abgabe von Wärme und elektr. Energie aus FHK	1,867	1,970	2,258	3,183	4,065	3,964
Übrige Einnahmen	0,074	1,131	1,926	1,463	1,861	3,237
	3,701	6,037	8,453	8,771	10,432	12,469

Lehrkörper und Personal (1955–1979)

	1955	1960	1965	1970	1975	1979
Professoren	105	125	179	225	265	261
Privatdozenten (inkl. Titularprofessoren)	73	73	67	79	113	144
Lehrbeauftragte (inkl. Privatdozenten)	112	150	149	245	311	328
Wissenschaftliche Mitarbeiter	323	498	576	637	883	1127
Assistenten	248	282	461	778	863	740
Beamte und Angestellte	392	631	976	1251	1544	1652
Hausdienst- und Betriebspersonal	134	204	326	228	264	245

Die Entwicklung der Raumverhältnisse (1945–1980)

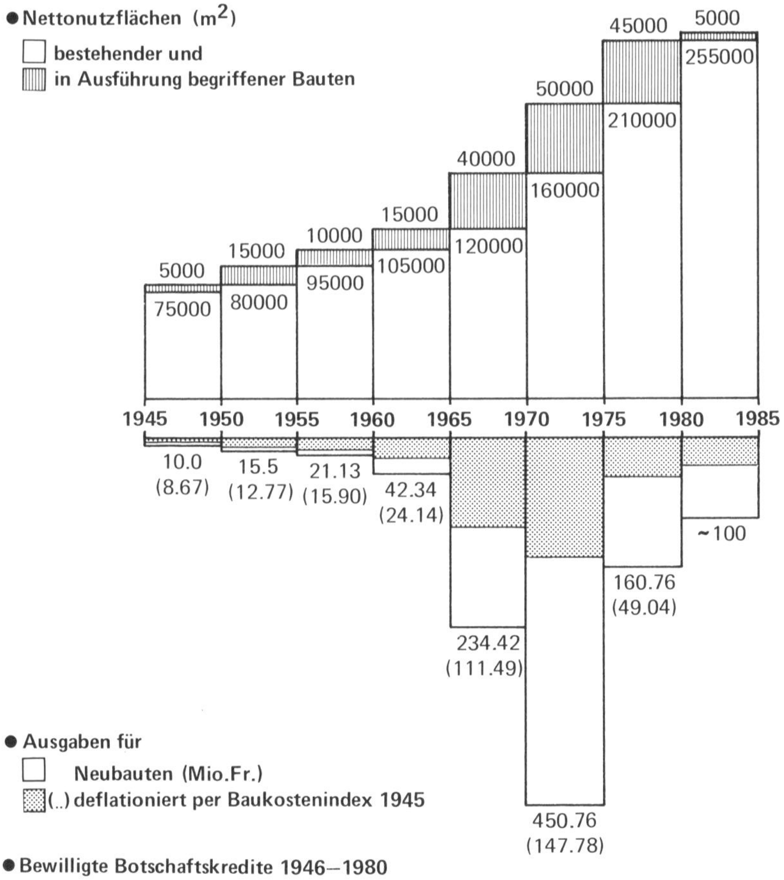

● **Bewilligte Botschaftskredite 1946–1980**

Bauten	997.670 Mio.Fr. (Ausgaben: 937.174 Mio.Fr.)
Apparate	90.398
Mobiliar	30.996
Landerwerb	115.239

● **Raumsortiment und Belegungsdichte**	**1950**	**1980**
Institutsräume m^2	48000	183000
Unterrichtsräume m^2	24000	57000
Betriebsräume m^2	8000	15000
Total Nettonutzfläche m^2	80000	255000
Studenten (inkl. Doktoranden)	3200	7200
Personalstellen	865	4000
Unterrichtsräume m^2/Student	7.5	8.0
Institutsräume m^2/Personalstelle	55.5	45.8

Abbildungsverzeichnis
(Quellenangaben)

S. 577 Nobelpreisträger:
Leopold Ruzicka (ETH-Bibliothek/Photopress Zürich).
Wolfgang Pauli (ETH-Bibliothek/Bilderdienst).
Vladimir Prelog (T. Binz, Mannheim).
Richard M. Willstätter (ETH-Bibliothek).

S. 578 Albert Einstein (idem).
Peter J. Debye (ETH-Bibliothek/F. Schmelhaus Zürich).
Richard Kuhn (ETH-Bibliothek).
Tadeus Reichstein (idem).
Hermann Staudinger (idem).

S. 579 Felix Bloch («Les Prix Nobel», ETH-Bibliothek).
Werner Arber (Biozentrum Basel).

S. 676 «Frequenz der Ausländer WS 1906/07» (ETH-Bibliothek).

Die meisten Photographien stammen aus schuleigenen Archiven. Mehrere wurden von Mitarbeitern eigens und mit viel Einsatz aufgenommen. Angehörige, Institutionen und Privatpersonen stellten entgegenkommenderweise die restlichen zur Verfügung. Das Photographische Institut der ETHZ (Prof. F. Tomamichel und Mitarbeiter) fertigte den Grossteil der Druckvorlagen an. Ihnen allen sei auch an dieser Stelle herzlich gedankt!